LA ENCICLOPEDIA

LA GUÍA DEFINITIVA DEL UNIVERSO STAR WARS

LA ENCICLOPEDIA

LA GUÍA DEFINITIVA DEL UNIVERSO STAR WARS

Textos

**Dan Brooks   Megan Crouse   Kelly Knox   Amy Ratcliffe   Amy Richau
Brandon Wainerdi   Dan Zehr   Adam Bray   Cole Horton   Patricia Barr
Daniel Wallace   Ryder Windham   Matt Jones**

Diseño de cubierta

Brian Rood

CONTENIDO

INTRODUCCIÓN

Si te suenan Ric Olié, los porgs, los Alas-U, IG-88, el agente Zuvio y los ewoks, seguro que eres fan de *Star Wars.* Pero si reconoces alguno de esos nombres, eres un fenómeno, porque ninguno se menciona en las películas de la saga. Debes de haber adquirido ese conocimiento de otra forma, seguramente a través de juguetes, cómics, libros o por pura ósmosis.

Para los fans puede ser todo un reto descubrir cosas sobre ciertos temas, porque en el cine hay muchos droides, naves estelares, armas y lugares que nunca se identifican. ¿Cómo buscar un tema en una enciclopedia si no sabes su nombre? Es casi tan difícil como averiguar el origen de un dardo especialmente letal del que no hay registros en los Archivos Jedi.

Por suerte, los autores, editores y diseñadores de la *Enciclopedia de Star Wars* están aquí para ayudarte. Este original compendio presenta una gran cantidad de imágenes e información sobre muchos personajes, criaturas, lugares, tecnología y vehículos, todo organizado según su primera aparición destacada en la tradición oficial de *Star Wars,* ya sea en películas, series de acción real, de animación u otras fuentes. Para encontrar cualquier entrada, puedes consultar el índice al final del libro.

Así pues, si ya conoces la saga de *Star Wars,* no te resultará difícil encontrar lo que buscas. Y si eres un nuevo fan, te animo a adentrarte en una galaxia muy muy lejana. ¡Pronto serás todo un experto!

RYDER WINDHAM

Un rebelde siempre es un rebelde.

Meterme en la piel de la guerrera errante y estoica Ahsoka Tano ha sido una de las mayores alegrías de mi vida. Como fan del personaje desde sus inicios en la animación, me hacía una ilusión tremenda ponerme esas lentillas de un azul glacial y empuñar sus dos espadas de luz. Pero lo más emocionante y conmovedor fue llevar su nuevo traje, porque significaba que íbamos a acompañarla en otra aventura: una historia en la que se reencontraba con viejos amigos (¡y enemigos!) mientras emprendía nuevos retos y luchas que la hacían madurar y evolucionar de un modo que, en mi opinión, hace que su trama siga siendo una de las mejores jamás contadas.

A pesar de los problemas y contratiempos a los que se enfrenta, Ahsoka es siempre leal y muy apasionada, y se mantiene firme en sus creencias. Creo que encarna muy bien lo que significa ser un Jedi, porque es todo un símbolo de fe, esperanza y sabiduría. Además, es una maestra consumada en su oficio y, sin embargo, siempre quiere ser mejor, y eso es algo a lo que todos podemos aspirar. Esta experiencia ha sido tan extraordinaria como profundamente enriquecedora, lo cual es aún más conmovedor porque... ¡esto es solo el principio!

Y qué comienzo tan inolvidable, ya que *Star Wars* ha estado presente en mi vida desde que tengo uso de razón. Es todo un honor formar parte de esta galaxia. Estamos todos en deuda con su creador, el genial George Lucas, quien imaginó y plasmó este vasto mundo que me sigue asombrando e inspirando, especialmente la propia Ahsoka.

Star Wars ha estimulado la imaginación de niños y adultos durante generaciones. Todos los que topan con ella la adoran y comparten, y con razón, así como todos los que tienen la oportunidad de enriquecerla y dejar su huella en la saga. Es una franquicia increíble que está a otro nivel a la hora de construir mundos, pues es realmente incomparable en su alcance, amplitud y profundidad. Y la *Enciclopedia de Star Wars* celebra ese esplendor sin igual. En sus páginas encontrarás cientos de entradas fascinantes que rinden homenaje y detallan a la perfección esta magnífica saga.

Así que, adelante, joven padawan, coge este libro y deléitate con todo lo que hay que saber sobre una galaxia muy muy lejana...

PERSONAJES Y CRIATURAS

Seres extraordinarios, formas de vida increíbles y droides sensibles conviven a lo largo y ancho de la galaxia. Los viajes espaciales los reúnen en combinaciones fascinantes y, a veces, explosivas.

Desde los chatarreros más diminutos y las criaturas más grandes del árido planeta Tatooine hasta los moradores más pobres, los adinerados aristócratas y los droides de servicio de la ciudad planetaria de Coruscant, seres innumerables pueblan la galaxia. Si bien no todas las civilizaciones han alcanzado o adquirido la tecnología necesaria, y algunas siguen siendo aislacionistas, los transportes espaciales han propiciado el comercio y el intercambio cultural entre miles de mundos y sociedades. Es común encontrar literalmente decenas de especies alienígenas en cualquier puerto espacial que se precie.

Durante milenios, muchos planetas han estado protegidos por los Jedi, una orden ancestral de guardianes de la paz con poderes aparentemente sobrenaturales. Los Jedi sostienen que todas las formas de vida de la galaxia se mantienen unidas conectadas por un campo de energía llamado «la Fuerza», al igual que el universo mismo. Las batallas de los Jedi contra sus enemigos Sith, malvados y sedientos de poder, provocan un impacto significativo en muchos mundos y afectan a las vidas de sus habitantes y al curso de la historia galáctica.

PORTER ENGLE

ESPECIE Ikkrukkiana **FILIACIÓN** Jedi

Porter Engle, uno de los mejores espadachines de la era de la Alta República, también es uno de sus mejores chefs. Se cría en el Templo Jedi y se hace muy amigo de Barash Silvain, hasta el punto de que se consideran hermanos. Durante un asedio, Porter se distingue por un extraordinario combate con espada de luz y se gana el apodo de «Hoja de Bardotta». Más de 100 años después, prospera como cocinero en el puesto avanzado Jedi de Elphrona. Porter ayuda a los Jedi Bell Zettifar, Loden Greatstorm e Indeera Stokes a rescatar a prisioneros de los merodeadores Nihil y es enemigo mortal de la general Viess, con quien se enfrenta en numerosas ocasiones.

VILDAR MAC

ESPECIE Kiffar **PLANETA NATAL** Kiffex
FILIACIÓN Jedi, Convocatoria de la Fuerza

Vildar Mac teme al lado oscuro desde que alguien muy sensible a la Fuerza atacó su hogar cuando tenía cuatro años. Más tarde, se encuentra con los Sin Nombre en Jedha y se enfrenta a Yana Ro y al Heraldo. Con la ayuda de Tey Sirrek, Vildar supera sus miedos y planta cara al lado oscuro. Después es el representante Jedi en la Convocatoria de la Fuerza y asigna a Matty Cathley la investigación de la Senda de la Mano Abierta en Dalna.

BARASH SILVAIN

ESPECIE Kage **PLANETA NATAL** Cuarcita
FILIACIÓN Jedi

Barash tiene la rara habilidad de usar la Fuerza para saber si alguien miente. Creció en el Templo Jedi y se hizo muy amiga de Porter Engle, a quien considera su hermano. En el Asedio de Firevale, le falla su poder para sonsacar la verdad y se retira de la Orden Jedi tras tomar una decisión ritual que más tarde se dará en llamar «el voto Barash».

MATTHEA CATHLEY

ESPECIE Twi'lek
FILIACIÓN Jedi, Convocatoria de la Fuerza

El Consejo Jedi destina a Jedha a Matty y a su maestra, Leebon. Matty instruye a Vildar Mac en la Convocatoria de la Fuerza y se queda atrapada cuando este lucha contra la Senda de la Mano Abierta por los artefactos que controlan a los Sin Nombre. Matty también lucha en la batalla de Dalna.

SAV MALAGÁN

ESPECIE Kyuza **PLANETA NATAL** Phatrong
FILIACIÓN Jedi, piratas de Maz Kanata

Sav Malagán se escabulle de su maestro Jedi, Kaktorf, para unirse a Maz Kanata, Dexter Jettster y su banda de piratas. Se infiltra en la banda de los Dank Graks y asiste a la batalla de Jedha. Décadas más tarde, ya como maestra Jedi destinada en Takodana, Sav repele a Krix Kamerat y sus asaltantes Nihil.

GELLA NATTAI

ESPECIE Humana
FILIACIÓN Jedi

Durante una misión en los planetas en guerra de Eiram y E'ronoh, esta caballero Jedi se cuestiona su lugar en la galaxia: decide ir por libre y convertirse en buscadora de caminos. Pero, cuando ambos planetas firman la paz, Gella se ve arrastrada de nuevo a la Orden… y a la órbita del encantador traidor Axel Greylark.

CREIGHTON SUN

ESPECIE Humana
FILIACIÓN Jedi

El Consejo Jedi envía a Creighton Sun y Aida Forte a supervisar las negociaciones entre Eiram y E'ronoh en Jedha. Cuando la tensión entre ambas delegaciones aumenta, Creighton convence a las tropas de que se retiren. En la batalla de Dalna, los ejecutores droides de la Senda lo inmovilizan y se enfrenta a los Sin Nombre, pero sobrevive gracias a Yaddle.

SILANDRA SHO

ESPECIE Humana
FILIACIÓN Jedi

Silandra se distingue de los demás Jedi por su escudo. Tras entrenar a Rooper Nitani, se lo entrega cuando es nombrado caballero. Luego ayuda al maestro Jedi Creighton Sun a investigar la Senda de la Mano Abierta en Jedha y cuestiona a la Madre de la Senda.

AIDA FORTE

ESPECIE Nikta
FILIACIÓN Jedi

Aida Forte y Creighton Sun son nombrados supervisores Jedi del tratado de paz entre los planetas rivales Eiram y E'ronoh. Aida también lucha junto a la maestra Yaddle y la jovencita Cippa Tarko mientras investiga la implicación de la Senda de la Mano Abierta en el fomento de la guerra. Aida pierde la vida a manos de los ejecutores droides de la Senda.

ROOPER NITANI

ESPECIE Humana **PLANETA NATAL** Rohm
FILIACIÓN Jedi

Como padawan, Rooper profesa lealtad absoluta a su maestra, Silandra Sho. En Gloam, derriba el techo de una cueva para salvar a Dietrix Jago y a Dass y Spence Leffbruk de unos Katikoots transformados en monstruos. Gracias a ella, Fel Ix, exmiembro de la Senda de la Mano Abierta, comprende que los Jedi no son sus enemigos.

ROK BURAN

ESPECIE Humana
FILIACIÓN Jedi

El maestro aventurero Jedi Rok Buran se queda varado en los páramos de Gloam tras un ataque de mineros Katikoot mutados en monstruos. Se une a los Rastreadores del *Witherbloom,* pero la nave choca con una de la Senda que transporta un cargamento de Sin Nombre. Rok y el padawan Coron Solstus sobreviven por los pelos.

OLIVIAH ZEVERON

ESPECIE Humana
FILIACIÓN Jedi, Convocatoria de la Fuerza

Oliviah trabaja junto a la maestra Leebon como representante en la Convocatoria de la Fuerza en Jedha. Cuando conoce a la Madre de la Senda, se da cuenta de que son hermanas, pero las separaron en la infancia porque Oliviah era más sensible a la Fuerza. Oliviah defiende la conducta de los Jedi ante su hermana.

CHAR-RYL-ROY

ESPECIE Cereana
FILIACIÓN Jedi

El maestro Jedi Char-Ryl-Roy y su padawan, Enya Keen, son figuras clave en las batallas de Jedha y Dalna. En Dalna, Char-Ryl-Roy concierta una negociación con la Senda de la Mano Abierta para evitar que ataque a los Jedi. El maestro habla a la Senda desde la calma y la razón, pero no logra persuadirla y pierde la vida a manos del Gran Nivelador.

ENYA KEEN

ESPECIE Humana
FILIACIÓN Jedi

La padawan Enya Keen tiene un don tanto para el combate con la espada de luz como para reparar droides. Se cuenta entre los muchos Jedi enviados a las batallas de Jedha y de Dalna. En Dalna, pierde a Char-Ryl-Roy. A partir de entonces, blande una espada de luz con el cristal kyber de su maestro.

ARKOFF

ESPECIE Wookiee
FILIACIÓN Jedi

Arkoff es un sabio y paciente maestro Jedi que trabaja junto a la caballero Jedi Lily Tora-Asi en el templo de Banchii. Es un hábil espadachín que se niega a sucumbir a la ira. Cuando Azlin Rell está herido y el cazarrecompensas Vol Garat lo captura, Arkoff ayuda a rescatar al joven Jedi.

LEEBON

ESPECIE Seloniana
FILIACIÓN Jedi, Convocatoria de la Fuerza

Como delegada Jedi de la Convocatoria de la Fuerza, Leebon representa a una de las muchas sectas de la Fuerza en Jedha. Ayuda a su padawan, Matty Cathley, y a su ayudante, la caballero Jedi Oliviah Zeveron, en su conflicto con la Senda de la Mano Abierta. Sucumbe a los poderes del Nivelador.

ADY SUN'ZEE

ESPECIE Mirialana
FILIACIÓN Jedi

Ady Sun'Zee es la padawan de la maestra Sylwin en el puesto de avanzada de Batuu. Juntas estudian artefactos antiguos. Ady lucha junto al maestro Yoda cuando un artilugio impregnado del lado oscuro siembra la corrupción y la confusión en el templo de Batuu. Más adelante es nombrada caballero e instruye a la padawan Nooa.

WERTH PLOUTH

ESPECIE Nautolana
FILIACIÓN Senda de la Mano Abierta

Werth Plouth, conocido como el Heraldo, es el segundo al mando de la Madre y un ferviente adepto a la inquina que la Senda profesa a los Jedi. Provoca disturbios en Jedha en nombre de la secta, pero pronto él y Yana Ro sospechan que la Madre miente a sus miembros. La Madre lo mata con la espada de luz de Oliviah Zeveron.

ELECIA ZEVERON

ESPECIE Humana
FILIACIÓN Senda de la Mano Abierta

Elecia Zeveron, alias la Madre, transforma la Senda de la Mano Abierta en una organización criminal dedicada a robar artefactos sensibles a la Fuerza. Es hermana de la Jedi Oliviah Zeveron, está ligeramente sintonizada con la Fuerza e impresiona a los acólitos de la secta con su don para el cultivo. Cuando se erige en líder de la secta, crea un grupo clandestino de Niños de la Senda para robar artefactos. Sus argucias la ponen en conflicto tanto con su segundo al mando, el Heraldo, como con la joven adepta Marda Ro. Finalmente, Marda mata a la Madre utilizando los mismos monstruos Sin Nombre que esta había soltado contra los Jedi.

YANA RO

ESPECIE Evereni
FILIACIÓN Senda de la Mano Abierta

Yana Ro es prima de Marda Ro y una de las ladronas de los Niños de la Senda que roban artefactos de la Fuerza para la Madre. Yana se alía con el Heraldo para arrebatar a la Madre el control de la secta. Tras la batalla de Dalna, salva a un grupo de exmiembros de la Senda.

MARDA RO

ESPECIE Evereni
FILIACIÓN Senda de la Mano Abierta

Marda Ro crece en la Senda de la Mano Abierta. Se hace amiga del Jedi Kevmo Zink, pero lo pierde a manos de los Sin Nombre. Eso refuerza su creencia de que usar la Fuerza es malo. Mata a la Madre y se hace con la nave insignia de la secta, *Eléctrica Mirada*, y con el Sin Nombre llamado el Nivelador.

ORLEN MOLLO

ESPECIE Quarren **PLANETA NATAL** Mon Cala
FILIACIÓN República

Orlen es uno de los dos cancilleres de la República junto con Kyong Greylark. Suele dedicar su tiempo a planetas fuera de Coruscant y a lejanas rutas hiperespaciales. Durante las tensas negociaciones de paz entre Eiram y E'ronoh, las contundentes palabras de Orlen hacen que el monarca de E'ronoh atienda sus súplicas.

KYONG GREYLARK

ESPECIE Humana **PLANETA NATAL** Coruscant
FILIACIÓN República

Kyong forma parte de la pareja de cancilleres de la República durante la era de la exploración del hiperespacio. Dimite para evitar que ella y su hijo Axel sean utilizados como peones por la Senda de la Mano Abierta. Participa en la batalla de Dalna, donde despliega las habilidades de combate adquiridas en la Academia de Coruscant.

TARNA MIAK

ESPECIE Humana
FILIACIÓN Convocatoria de la Fuerza, Hechiceros de Tund

En la Convocatoria de la Fuerza de Jedha, Tarna representa a los Hechiceros de Tund, un grupo del lado oscuro. En el mercado, zanja una discusión con una ráfaga de fuego. Cuando la Senda de la Mano Abierta siembra el caos, Tarna se une a la lucha contra sus ejecutores droides.

TEY SIRREK

ESPECIE Sephi
FILIACIÓN Ninguna

Tey Sirrek es un ladrón con mucha labia, pero usa sus habilidades para el bien. Durante la investigación de los Jedi sobre la Senda de la Mano Abierta en Jedha, se hace amigo de Vildar Mac y acaba protegiéndolo y salvando a Oliviah Zeveron.

RADICAZ DOBBS, ALIAS SUNSHINE

ESPECIE Humana **PLANETA NATAL** Eriadu
FILIACIÓN Senda de la Mano Abierta

Radicaz Dobbs es un contrabandista cautivado por el carisma de la Madre de la Senda. Consigue objetos sensibles a la Fuerza y huevos de los Sin Nombre para la secta. Atrapa a Dass y Spence Leffbruk en Gloam. Luego viaja al Planeta X con Marda Ro a por más huevos de los Sin Nombre.

DASS LEFFBRUK

ESPECIE Humana
FILIACIÓN República

Este joven explorador hiperespacial emprende una de las primeras misiones conocidas al Planeta X con su padre, Spence. Más tarde, entabla amistad con la padawan Rooper Nitani. Juntos, Dass, Rooper y Sky Graf participan en la Carrera Hiperespacial y la usan como tapadera para tratar de volver al Planeta X.

SKY GRAF

ESPECIE Humana **FILIACIÓN** Clan Graf

Sky pertenece al clan Graf y desea estar a la altura de las hazañas exploradoras de su familia en el hiperespacio. Se alía con Rooper Nitani y Dass Leffbruk en la búsqueda del Planeta X, en parte porque quiere encontrar a su padre desaparecido. Ayuda a Fel Ix, exmiembro de la Senda, a reencontrarse con su familia en Dalna.

KRADON MINST

ESPECIE Villarandi **PLANETA NATAL** Jedha
FILIACIÓN Bar Enlightenment

Kradon es el propietario y camarero de Enlightenment, un bar de Jedha abierto a todo el que esté dispuesto a pagar por sus copas (o su información). Es el paño de lágrimas de Keth Cerapath y ayuda a Vildar Mac, Matty Cathley y Tey Sirrek a escapar de la Senda de la Mano Abierta.

AXEL GREYLARK

ESPECIE Humana **PLANETA NATAL** Coruscant
FILIACIÓN República, Senda de la Mano Abierta

Como hijo de Kyong Greylark, canciller de la República, Axel se codea con la alta sociedad, aunque solo suele frecuentarla para salir de fiesta. La Madre de la Senda aprovecha su rencor hacia los Jedi para reclutarlo como agente. Axel recibe el nombre en clave de «Caos», pero al final repudia la Senda en favor de su propia madre y de su amiga Jedi Gella Nattai.

ARKIK VON

ESPECIE Geonosiana
FILIACIÓN Dank Graks

Como líder y portavoz de los Dank Graks, Arkik Von es uno de los miembros más agresivos de la entrometida banda. Gobierna los bajos fondos de Takodana hasta que la reina pirata Maz Kanata lo desbanca. Cuando trata de recuperar el control del planeta, se enfrenta a Maz y a la padawan encubierta Sav Malagán.

SPAMEL

PLANETA NATAL Jedha **TAMAÑO** 4,90 m de altura
HÁBITAT Desierto

Estos cuadrúpedos de largas patas son autóctonos de la luna desértica de Jedha. Algunos viven en libertad, pero los ciudadanos de Jedha han domesticado a muchos y los usan para viajar por las arenas. Los jinetes trepan a la silla de montar con una escala de cuerda. Los spamels han cambiado mucho en Jedha entre la Alta República y la ocupación imperial. Han pasado de participar en los desfiles de la Ciudad Sagrada y transportar a los Jedi, a servir de montura para las patrullas de soldados de asalto. Tras la destrucción de la Ciudad de Jedha, llevan mascarillas para mitigar los daños del aire contaminado.

KEEVE TRENNIS

ESPECIE Humana **FILIACIÓN** Jedi

Keeve es la padawan de Sskeer y admira a Avar Kriss. En su prueba para convertirse en caballera Jedi, salva a varios ximpi de las langostas estelares depredadoras ridadi. Trennis, Sskeer, Ceret y Terec se adentran en los túneles de Sedri Menor y descubren que allí se esconden los drengir. Cuando Sskeer se une a la mente colectiva de esta especie, Keeve establece un vínculo con ella y averigua la ubicación de la Gran Progenitora, aunque sufre visiones terroríficas. Keeve convence a Avar de que no mate a una inerme Lourna Dee y la consuela tras la caída de Faro Starlight. Tras ser ascendida a maestra, se convierte en una insólita aliada de Lourna.

Caída de Starlight
Cuando los Jedi saben que el Faro Starlight no puede recuperarse, Stellan estrella la estación espacial en el océano de Eiram para evitar que caiga en una zona poblada. Avar Kriss y Elzar Mann lloran amargamente a su amigo.

En el Gran Salón
Avar Kriss persigue a Lourna Dee hasta el Gran Salón de los Nihil y mata a Zeetar en venganza por las heridas de Terec.

AVAR KRISS

ESPECIE Humana **FILIACIÓN** Jedi

Avar Kriss, una de las principales Jedi de la Alta República, une a otros miembros de la Orden gracias a su sentido de la moral y a su forma única de percibir la Fuerza. Kriss crece en el Templo Jedi, donde forja una estrecha amistad con sus compañeros Jedi Stellan Gios y Elzar Mann.

Kriss es la mariscal del Faro Starlight, la estación espacial que simboliza el apogeo de la República. Negocia una cautelosa tregua entre la República y las fuerzas hutt para luchar contra los voraces drengir.

Su entereza se pone a prueba cuando está a punto de matar a la líder de los piratas Nihil, Lourna Dee, en un ataque de ira. Su compañera Keeve Trennis le recuerda el código Jedi, y ambas capturan a Lourna en lugar de matarla. Su victoria se ve interrumpida por un ataque de los Nihil que acaba destruyendo el Faro Starlight. Avar se considera parcialmente responsable de las muertes ocurridas durante la caída del faro. Con la esperanza de redimirse, viaja a la Zona de Oclusión. Estos turbadores reveses minan su confianza y su concentración, lo cual entorpece su sintonía con la Fuerza. Ella y Porter Engle capturan la *Cacofonía,* nave de los Nihil, y descubren cómo atravesar el muro de tormentas que rodea la Zona de Oclusión. Tras ese golpe a los Nihil, empieza a recuperar su conexión con la Fuerza.

STELLAN GIOS

ESPECIE Humana **FILIACIÓN** Jedi

Este maestro Jedi entrena a la padawan Vernestra Rwoh hasta convertirla en caballera Jedi. Es ascendido al Consejo Jedi durante el conflicto contra los piratas Nihil, donde defiende con firmeza que los Jedi son el brazo del lado luminoso de la Fuerza. Durante el desastre del *Ruta Legado,* Gios protege a la gente de Ta'klah de la lluvia de escombros.

Stellan es designado protector de la canciller Lina Soh durante la Feria de la República. Cuando los piratas Nihil asaltan la feria, Stellan hace gala del voto Jedi y practica la defensa en lugar del ataque.

Stellan es el mariscal en funciones del Faro Starlight durante el ataque que derriba la estación espacial. Permanece a bordo mientras la estación se desmorona, dirigiéndola hacia el océano de Eiram para minimizar los daños colaterales. Salva muchas vidas, pero muere en el accidente.

LODEN GREATSTORM

ESPECIE Twi'lek
FILIACIÓN Jedi

Como maestro de Bell Zettifar, Loden instruye a su padawan en la filosofía Jedi y el combate con espada de luz, y le enseña a salvarse utilizando la Fuerza para frenar su caída desde una gran altura. Marchion Ro lo atrapa y lo tortura durante el Gran Desastre. Cae petrificado ante los Sin Nombre.

SSKEER

ESPECIE Trandoshana
FILIACIÓN Jedi

Sskeer entrena a su padawan Keeve Trennis para que sea feroz pero también compasiva, como él. Pierde un brazo en la batalla de Kur. Los drengir le infectan y hacen que luche tanto contra la influencia de la mente colectiva como contra el lado oscuro. Al final, Sskeer ayuda a Keeve y a Avar Kriss a inmovilizar a la Gran Progenitora.

ELZAR MANN

ESPECIE Humana **FILIACIÓN** Jedi

Este maestro Jedi ayuda a la República a buscar los restos mortales del desastre del *Ruta Legado*. Junto con la Jedi Avar Kriss y el analista de la República Keven Tarr, crea un equipo de droides para predecir dónde emergerán los restos desperdigados por el hiperespacio. A medida que avanza la guerra contra los Nihil, Elzar cede a su ira y frustración, y usa el lado oscuro para lanzar grandes plataformas flotantes contra las naves piratas que atacan la Feria de la República en Valo. Se entrena con Orla Jareni, una Jedi buscadora de caminos, y aprende a fluir con la Fuerza.

Elzar está en la estación espacial Faro Starlight cuando la asaltan los Nihil. Se defiende reuniendo a los droides de la estación y abriendo las puertas atascadas con la Fuerza. Mata por error a Chancey Yarrow, una científica Nihil que intentaba salvar el faro. Tras el ataque, Elzar se reconforta al reencontrarse con sus compañeros Jedi, especialmente con Avar Kriss, pero aún está muy afectado por la muerte de Stellan Gios y se siente muy culpable por matar a Yarrow.

Tormenta contra tormenta
Elzar ayuda a repeler a los Nihil durante la Feria de la República en Valo. Invoca al lado oscuro para lanzar los pabellones flotantes de la Feria contra la flota pirata.

VERNESTRA RWOH

ESPECIE Mirialana
FILIACIÓN Jedi

La precoz Vernestra es una de las caballeras Jedi más jóvenes de la historia y se convierte en maestra de Imri Cantaros cuando ambos son aún adolescentes. Ayuda a Imri, Honesty Weft, Avon Starros y J-6 a luchar contra los Nihil mientras están varados en Wevo. Su carrera como Jedi dura más de un siglo.

BELL ZETTIFAR

ESPECIE Humana
FILIACIÓN Jedi

Bell Zettifar, padawan de Loden Greatstorm, está decidido a rescatar a su maestro cuando este cae en manos de los Nihil. Suele ir acompañado de una perra llamada Ascua. Es amigo íntimo de Burryaga y lidera su búsqueda cuando lo dan por perdido tras la destrucción del Faro Starlight.

BURRYAGA

ESPECIE Wookiee **PLANETA NATAL** Kashyyyk
FILIACIÓN Jedi

Es uno de los primeros Jedi en darse cuenta de que las Emergencias son restos de una nave espacial, lo cual es clave para rescatar a los supervivientes. Suele trabajar con su maestra, Nib Assek, o con Bell Zettifar. Durante la caída del Faro Starlight, aterriza en el océano de Eiram junto con la mitad inferior de la estación, pero sobrevive.

TEREC Y CERET

ESPECIE Kotabi **PLANETA NATAL** Sagamore
FILIACIÓN Jedi

Los gemelos Terec y Ceret comparten una profunda conexión con la Fuerza. Ceret es capturado e infectado por los drengir en Sedri Menor. Los hermanos se reencuentran en la batalla contra los hutt, en la que Terec rescata a Ceret de un rancor desbocado. También se enfrentan a los Sin Nombre.

LULA TALISOLA

ESPECIE Humana
FILIACIÓN Jedi

Lula se entrena como Jedi con la unida tripulación del *Star Hopper*, que incluye a los maestros Yoda, Torban Buck y Kantam Sy, así como a los padawan Qort y Farzala Tarabal. Invita a Zeen Mrala a unirse a los Jedi, y más tarde se confiesan su amor. Lula decide no convertirse en caballera Jedi y se centra en averiguar cuál será su próximo paso con Zeen.

LILY TORA-ASI

ESPECIE Humana
FILIACIÓN Jedi

Lily es la padawan de Arkoff y, más tarde, la maestra de Keerin Fionn. Vive en el Templo Jedi de Banchii y negocia la paz entre los colonos de la República y los banchiianos. Lucha contra los Nihil y descubre que las espadas de luz son inútiles contra los drengir… pero el fuego no.

REATH SILAS

ESPECIE Humana **PLANETA NATAL** Coruscant
FILIACIÓN Jedi

Siendo padawan, Reath sobrevive por los pelos a la captura de los drengir en la estación amaxine. Con su maestro Cohmac Vitus, Vernestra Rwoh e Imri Cantaros, repele a los Nihil en Tiikae y destruye el proyector del pozo gravitatorio Corazón de la Gravedad. Ayuda a frustrar un complot Nihil en Corellia.

RAM JOMARAM

ESPECIE Humana
PLANETA NATAL Valo
FILIACIÓN Jedi

Ram se siente más unido a la Fuerza cuando repara algo. Junto con los bonbraks, lucha contra los Nihil y los drengir para lograr que la red de comunicaciones de la Torre Crashpoint de Valo funcione para pedir ayuda a la República. Suele viajar en compañía de Zeen Mrala y Lula Talisola.

ESTALA MARU

ESPECIE Kessuriana **FILIACIÓN** Jedi

Estala y su astromecánico KC-78 se encargan de las operaciones de Faro Starlight. Con Avar Kriss y Rodor Keen resuelve un complot de asesinato en la estación espacial. Se ocupa de la supervisión cuando Avar descubre una operación hutt en Sedri Menor. Cuando el Faro Starlight cae, lo mantiene unido con la Fuerza el tiempo suficiente para que los demás escapen, pero pierde la vida.

TORBAN BUCK

ESPECIE Chagriana
FILIACIÓN Togruta

Torban Buck, alias Cubos de Sangre, es un sanador Jedi. A bordo del *Saltador Estelar*, enseña a un grupo de padawans, entre los que se cuentan Lula Talisola y su amiga, Zeen Mrala. Torban ayuda a evacuar a los niños del Faro Starlight durante su destrucción y combate a los Sin Nombre junto a Sian Holt y Emerick Caphtor.

COHMAC VITUS

ESPECIE Humana **FILIACIÓN** Jedi

Cohmac y Orla Jareni, su amiga de la infancia, se encuentran entre los Jedi varados en la estación amaxine, amenazados tanto por los drengir como por los Nihil. Lo pasa muy mal cuando desaparece Dez Rydan. Siguen atormentándolo el dolor y la rabia cuando investiga un complot Nihil en Corellia. Al final acaba abandonando la Orden Jedi.

EMERICK CAPHTOR

ESPECIE Humana
FILIACIÓN Jedi

Como joven Jedi, Emerick crece junto a Stellan Gios y escucha a menudo la canción de cuna sobre la misteriosa Shrii-Ka-Rai. Décadas después, colabora con la detective privada Sian Holt para averiguar qué mató al maestro Jedi Loden Greatstorm. Durante la caída del Faro Starlight, supera su miedo y se enfrenta a un Sin Nombre.

MARCHION RO

ESPECIE Evereni **FILIACIÓN** Nihil

Como Ojo del Nihil, Marchion Ro es un rey pirata que busca riqueza y poder tanto para él como para su tripulación. Comanda la nave insignia *Eléctrica Mirada,* controla rutas hiperespaciales secretas y posee la vara de mando del mortífero Gran Nivelador. Ordena a los Nihil que saboteen la *Ruta Legado,* lo cual causa el Gran Desastre. Lo atormenta la voz de su padre, Asgar. Además de combatir a los Jedi, Marchion lidia con las luchas internas de sus lugartenientes, sobre todo de Lourna Dee y Pan Eyta. Dirige el ataque a la Feria de la República y la creación de la Zona de Oclusión Nihil. A partir de entonces, gobierna la zona y supervisa la Muralla de Tormenta desde una fortaleza en Hetzal.

LOURNA DEE

ESPECIE Twi'lek **PLANETA NATAL** Aaloth **FILIACIÓN** Nihil

La adaptable y despiadada Lourna asciende al rango de corredora de Tempestad de los Nihil. Captura al Jedi Loden Greatstorm y lidera el asalto a la Feria de la República. Lucha contra Avar Kriss y casi pierde la vida, pero los Jedi la atrapan. Durante la caída del Faro Starlight, roba la nave insignia Jedi *Ataraxia* y se convierte en mercenaria al servicio del hutt Skarabda el Sabio. Mientras los Jedi, los hutt y los Nihil se enfrentan en la fortaleza de Skarabda, la Jedi Keeve Trennis revela a Skarabda que Lourna mató a su hermana, Myarga. Lourna, acosada por todos lados se ve obligada a aliarse con Keeve.

PAN EYTA

ESPECIE Dowutin **PLANETA NATAL** Dowut **FILIACIÓN** Nihil

Pan es uno de los tres corredores de Tempestad de Marchion Ro. Como tal, lidera a los piratas Nihil. Es aliado y rival de Lourna Dee, Kassav Milliko y Marchion. Ataca la Feria de la República y es repelido por la flota togruta. Al final, Lourna lo mata.

KRIX KAMERAT

ESPECIE Humana **PLANETA NATAL** Trymant IV **FILIACIÓN** Ancianos de las Rutas, Nihil

Este miembro de los Ancianos de la Senda se sorprende cuando su amiga Zeen Mrala muestra su sensibilidad a la Fuerza, lo que va en contra de las enseñanzas de la Senda. Se une a los Nihil para oponerse a ella y consigue audiencia con Marchion Ro. Lucha contra la República en Dol'har Hyde y Takodana.

GHIRRA STARROS

ESPECIE Humana **PLANETA NATAL** Hosnian Prime **FILIACIÓN** Nihil

Esta senadora de la República proporciona información confidencial a los Nihil, con los que se ha aliado en secreto. Hace la vista gorda mientras estos destruyen las balizas de comunicación del Faro Starlight y lo dejan indefenso. En la Zona de Oclusión, dirige las operaciones de los planetas ocupados, pero se enfrenta a su compañero y líder Nihil, Marchion Ro. Intenta que la República reconozca el territorio Nihil como estado soberano.

ABEDIAH VIESS

ESPECIE Mirialana **FILIACIÓN** Ejército mercenario, Nihil

Esta general mercenaria con armadura beskar se bate en duelo con Porter Engle en el asedio de Firevale. Discute con el mariscal de campo Tozen, que la contrató, porque quiere arrasar la ciudad y él difiere. Finalmente, Viess lo traiciona y ataca la ciudad, pero se retira ante la superioridad numérica del enemigo. Décadas después, se une a los Nihil.

DRENGIR

ESPECIE Drengir **PLANETA NATAL** Mulita **FILIACIÓN** Drengir

Los drengir son plantas conscientes unidas por una mente colectiva controlada por la Gran Progenitora. Devoran todo lo que encuentran al paso. Los Sith atrapan a una población de drengir en la estación amaxine, pero, una vez liberadas, las plantas intentan colonizar la galaxia. Los drengir demuestran ser enemigos formidables contra Jedi como Avar Kriss, Lily Tora-Asi, Reath Silas y Dez Rydan. La Gran Progenitora intenta utilizar las conexiones de Avar con la Fuerza para infiltrarse en otras mentes Jedi. Avar y Keeve Trennis la erradican y la sellan en Mulita, silenciando a los drengir en su era.

LOS SIN NOMBRE

ESPECIE Sin Nombre **PLANETA NATAL** Planeta X **FILIACIÓN** Senda de la Mano Abierta, Nihil

Los Sin Nombre son depredadores que parecen alimentarse de la Fuerza. Proceden del misterioso Planeta X, que rebosa energía tanto del lado oscuro como del luminoso. La Madre de la Senda de la Mano Abierta los utiliza para vengarse de los Jedi. En la batalla de Dalna, un Sin Nombre conmociona tanto a Azlin Rell que se obsesiona con las criaturas, consumido por el deseo de averiguar qué son y atormentado por las visiones que le provocan.

Marchion Ro recurre a los conocimientos centenarios de su familia para redescubrir al Sin Nombre llamado el Gran Nivelador.

AZLIN RELL

ESPECIE Humana **FILIACIÓN** Jedi

Después de ser atacado por los Sin Nombre, este obediente caballero Jedi se sume en un sueño intranquilo lleno de visiones. Su exposición a los Sin Nombre y su posterior investigación del lado oscuro le conceden una vida extraordinariamente larga. Aunque no se pasa totalmente al lado oscuro, deja de ser un Jedi. Durante su obsesivo estudio, se cambia los ojos por lentes cibernéticas. Destruye una ciudad en el planeta Travyx Prime para borrar todo rastro que lleve al mundo natal de los Sin Nombre.

LINA SOH

ESPECIE Humana **PLANETA NATAL** Daghee **FILIACIÓN** República

Su visión de la República da lugar a muchos proyectos conocidos como sus Grandes Obras, como el Faro Starlight y la Feria de la República. Lina tiene un hijo, Kitrep, y suele ir acompañada de sus dos targons. Los Nihil atacan durante su mandato, lo que la lleva a cerrar varias rutas hiperespaciales y a movilizar a las fuerzas de la Coalición de Defensa de la República. Suele discrepar del senador Tia Toon. Durante el ataque a la Feria de la República, pilota un caminante experimental contra los Nihil y resulta herida en un accidente. Tras la destrucción del Faro Starlight, traslada una flota de defensa de la República al Borde Exterior.

TY YORRICK

ESPECIE Tholothiana **FILIACIÓN** Jedi

Ty Yorrick es una cazadora de monstruos en sintonía con la Fuerza. Descubre que el gretalax que ataca un asentamiento en el planeta Loreth está formado por dos seres simbióticos que actúan de forma agresiva porque los han separado. Lucha contra los Nihil y los drengir, y se alía con Jedi como Elzar Mann.

ZEEN MRALA

ESPECIE Mikkiana **PLANETA NATAL** Trymant IV
FILIACIÓN Ancianos de la Senda

Zeen Mrala se cría en la secta de los Ancianos de la Senda junto a su amigo Krix Kamerat. Luego la abandona para aprender de los Jedi, junto a Lula Talisola. Se hace amiga de Lula, Farzala Tarabal, Qort y otros mientras luchan contra los Nihil y disfrutan de la vida en el Faro Starlight.

AVON STARROS

ESPECIE Humana
FILIACIÓN República

La joven inventora Avon Starros es hija de una senadora. Está varada en el planeta Wevo junto con Imri Cantaros, Honesty Weft y Vernestra Rwoh. Es un tanto oportunista, como cuando roba la espada de luz rota de Imri. Pero, en última instancia, es una fuerza del bien y se opone a los Nihil, sobre todo a la doctora Mkampa.

SIAN HOLT

ESPECIE Humana
FILIACIÓN República

Esta investigadora privada ayuda al Jedi Emerick Caphtor a dar caza al mortífero traficante de armas Arathab Fel. Cuando los Sin Nombre incapacitan a Caphtor, Sian coge su espada de luz. Su investigación lleva a los Jedi a descubrir que los Sin Nombre son los responsables de la muerte de Loden Greatstorm.

MYARGA LA INMISERICORDE

ESPECIE Hutt
FILIACIÓN Hutts

Myarga la Inmisericorde tiene un trato con los granjeros de Sedri Menor. Compra cebada al colono corrupto Kalo Sulman y acude a cobrar mientras Avar Kriss está en el planeta investigando a los drengir. Se alía a regañadientes con ella para combatir a los drengir, y al final Lourna Dee la asesina.

AFFIE HOLLOW

ESPECIE Humana
FILIACIÓN La *Nave*

Esta aventurera capitana espacial trabaja junto a sus compañeros de tripulación Leox Gyasi y Geode. Descubre que su madre adoptiva, la líder del Gremio Byne, Scover Byne, se ha servido de prácticas dudosas y trabajadores forzados, por lo que la entrega a la República. Affie pilota la *Nave* fuera del Faro Starlight durante la evacuación.

SYLVESTRI YARROW

ESPECIE Humana
FILIACIÓN República

Sylvestri Yarrow es piloto del Gremio Byne hasta que descubre que su madre, Chancey Yarrow, opera con los Nihil. Suele trabajar con su copiloto Neeto Janajana y el droide M-227. Junto con los Jedi Reath Silas e Imri Cantaros, desactiva el Corazón de la Gravedad, proyector del pozo gravitatorio de los Nihil.

JORDANNA SPARKBURN

ESPECIE Humana **PLANETA NATAL** Tiikae
FILIACIÓN Familia San Tekka

Jordanna y su vollka, Remy, patrullan los desiertos de Tiikae para impedir que los asaltantes zygerrianos y los Nihil se aprovechen de la población. Rescata de los Nihil a su antigua novia, la piloto Sylvestri Yarrow, y establece una incómoda alianza con los Jedi Vernestra Rwoh, Reath Silas e Imri Cantaros.

BARÓN BOOLAN

ESPECIE Ithoriana **FILIACIÓN** Nihil

El barón Boolan se cría en la Senda de la Mano Abierta y es liberado por los Nihil. Como jefe del Ministerio de Fomento de los Nihil, lleva a cabo horribles experimentos para crear monstruos de retazos que utilizan la Fuerza, conocidos como los Hijos de la Tormenta. Lega sus investigaciones sobre los Sin Nombre a su protegido, Niv Drendow Apruk.

MELIS SHRYKE

ESPECIE Humana **PLANETA NATAL** Bantoo
FILIACIÓN Nihil

Antes de que los Nihil invadan su ciudad, Melis Shryke es heredera de una noble fortuna. Luego se une a los piratas y comanda la nave *Cacofonía*. Admira a la general Viess, pero desafía su poder. Prefiere destruir su nave antes de que caiga en manos de los Jedi.

NIV DRENDOW APRUK

ESPECIE Umbarana
FILIACIÓN Nihil

Como aprendiz del barón Boolan, tiene acceso a los Sin Nombre que este mantiene presos y a los medios para controlarlos. Lo acompaña Deblindrix, un Sin Nombre criado en cautividad. Viaja a los restos del *Innovador*, nave de investigación de la República bajo el lago Lonisa, en Valo.

NASH DURANGO

ESPECIE Humana **PLANETA NATAL** Tenoo **FILIACIÓN** Servicio de lanzaderas Durango

Nash aprende a pilotar de niña. Puede volar entre campos de asteroides, construirse un deslizador y reparar vehículos. En su maniobra por excelencia, el acelerón, Nash aumenta la velocidad en círculo y luego se detiene en el aire para dejar la nave en caída libre. Suele ir con su compañero droide RJ-83 y capitanea tanto la nave *Halcón de Fuego Carmesí,* del servicio de lanzaderas Durango, como el esquife de carreras *Crimson Bolt*.

Nash casi cae en la tentación de pedirle a sus amigos Jedi Kai Brightstar, Lys Solay y Nubs que la ayuden con la Fuerza en una carrera de esquifes contra su rival, Raena Zess. Pero, en vez de eso, ambas colaboran para sacar sus esquifes del barro y Nash usa un géiser para lanzarse por delante de ella y ganar la carrera.

Nash organiza un concierto en el Templo Jedi para agradecer a los Jedi lo que han hecho por Kublop Springs. Más tarde, se pone nerviosa al tener que transportar a la princesa Inaya, pero al final está tan cómoda con ella que le deja pilotar el *Crimson Firehawk*.

«¿Queréis que vaya volando a ayudaros? Vuestra piloto está lista.» **NASH DURANGO**

GAVI

ESPECIE Humana
FILIACIÓN Jedi

Gavi crece en el Templo Jedi de Valo junto al caballero Jedi Ram Jomaram, sus compañeros Tep Tep y Kildo, y la recluta Nihil Driggit Parse. Se disfraza de asesino de las Calaveras Escarlatas para luchar contra los Nihil y explora el pecio del *Innovador,* una nave de la República, para recuperar material médico.

LAS MADRES DE NASH

ESPECIE Humana
FILIACIÓN Servicio de lanzaderas Durango

Las esposas Kryys Durango y Ceeli están muy orgullosas de su hija, Nash Durango, a quien animan en la regata de esquifes, la Clásica de Kublop. Son propietarias del servicio de lanzaderas Durango. Kryys es mecánica y ayuda a Nash a construir un nuevo deslizador.

KAI BRIGHTSTAR

ESPECIE Humana **PLANETA NATAL** Hosnian Prime **FILIACIÓN** Jedi

Kai Brightstar tiene potencial para ser un gran líder y caballero Jedi. Con ocho años, llega al Templo Jedi de Tenoo para entrenarse con la maestra Zia Zanna durante la época de la Alta República. Es un optimista lleno de energía que hace migas con sus compañeros Lys Solay y Nubs. Como amigo leal, decide salvar a Nubs de una caída, aunque eso conlleve la pérdida de su espada de luz. Es un alumno entusiasta que acomete las lecciones con gusto y sabe muchísimo sobre la tradición Jedi. Está siempre dispuesto a vivir nuevas experiencias y aventuras, pero a veces acaba causando problemas sin querer debido a su entusiasmo y su exceso de confianza, como cuando se lanza con su Vector Jedi a un campo de asteroides sin decirle a nadie adónde va.

Kai siempre ve el lado bueno de las cosas y nunca piensa mal de nadie, pero le cuesta confiar en Ace Kallisto, que es una vieja amiga de la maestra Zia… y una ladrona. Sin embargo, al final aprende que, aunque está mal que Ace robe, la gente siempre puede cambiar.

Una tradición milenaria
Para los Jedi, mejorar la destreza con la espada usando un dispositivo remoto de entrenamiento es casi un rito de iniciación. Kai es un joven decidido que ha llamado la atención del mismísimo gran maestro Yoda.

LYS SOLAY

ESPECIE Pantorana **PLANETA NATAL** Pantora **FILIACIÓN** Jedi

Lys es una joven Jedi pantorana del templo de Tenoo muy aficionada a las criaturas. Se hace amiga de un gargantúa –una especie de primate enorme que suele ser muy tímido– y es experta en montar wellagrins, unas criaturas que viven en la nieve. En una ocasión, calma a uno que está atrapado entre espinas e intuye que otro está hambriento. Pero su amor por los animales puede distraerla: un día está tan absorta contemplando a un raro insecto bifflefly que casi se queda sin comer antes de una excursión escolar.

Lys es rápida y observadora tanto para los estudios como para la aventura. Encuentra un rastro de aceite que contiene una pista crucial para resolver el robo a la chatarrera Marlaa Jinara. Se desanima con facilidad y, cuando el joven Jam desaparece, siente que ha fracasado. Pero es muy ingeniosa y se da cuenta de que, si toca su flauta de Andraven, Jam la oirá. A Lys también se le ocurre la idea de recuperar a un kibbin desaparecido poniéndole como cebo al pez que tanto le gusta.

Una especie totalmente nueva
En una aventura, Lys se une a los miembros de la Sociedad Galáctica de los Entusiastas de las Criaturas y descubre un joven ejemplar de una especie desconocida para la Orden Jedi. Ella misma se encarga de reunirlo con su madre.

NUBS

ESPECIE Pooba **PLANETA NATAL** Myllnaab **FILIACIÓN** Jedi

Nubs se entrena para ser Jedi junto a Kai Brightstar y Lys Solay. Como buen pooba, es muy fuerte y, aunque suele hablar en su idioma, él y sus amigos no tienen problemas para entenderse.

Entusiasta y optimista, a veces se arranca a cantar de felicidad. Recurre a su serenidad para meditar y utilizar la Fuerza. Le encantan las plantas y la naturaleza, y suele meditar junto a su árbol Tenoo favorito. Se caracteriza por su carácter alegre, pero, cuando Raxlo lo interrumpe al tratar de recoger la savia del árbol, muestra su lado más fiero: convoca a sus amigos y juntos impiden que desestabilice el árbol.

Nubs haría cualquier cosa por proteger la naturaleza, pero su fascinación por las plantas le acarrea problemas cuando lleva sin querer a Tenoo una enredadera gruñona de rápido crecimiento… y la planta casi destruye el Templo Jedi con sus poderosos brotes. Sin embargo, Nubs se da cuenta de que la enredadera deja de crecer a la sombra y recuerda que su maestra le dijo que a la planta no le gustaba la luz del sol. Así que cubre el centro de la planta con una tela y el templo se salva.

Túnicas personalizadas
Como muchos jovencitos Jedi, Nubs tiene túnicas hechas a medida que se adaptan a su anatomía.

RJ-83

TIPO Unidad RJ **FILIACIÓN** Servicio de lanzaderas Durango

RJ-83, el compañero de Nash Durango, es un droide con cuerpo y patas retráctiles que se recogen en su cabeza en forma de cúpula. Cuando Nash y sus amigos Jedi salen de misión, RJ-83 monta guardia en el *Halcón de Fuego Carmesí*. En la nave cumple muchas funciones, como informar a Nash cuando dejan el hiperespacio y ayudar a descargar. RJ-83 se balancea en un garfio para recuperar los suministros de Hap cuando Taborr intenta huir con los bienes robados. Distrae con un cuento al ayudante de Raxlo, RC-99, para que los niños se cuelen en la cosechadora de Raxlo. Admira a Kit, el droide DJ de la banda local Ku-Bops.

ZIA ZALDOR ZANNA

ESPECIE Humana **PLANETA NATAL** Denon **FILIACIÓN** Jedi

Esta maestra es la mentora de los jovencitos Jedi del templo de Tenoo, entre los que se cuentan Kai Brightstar, Lys Solay y Nubs. Es amable y paciente con ellos, y los anima a concentrarse, usar la Fuerza y confiar los unos en los otros. Les encarga misiones muy diversas, desde aprender a pilotar cazas estelares Vector Jedi hasta ayudar a los wellagrin a emigrar. De niña, Zia lucha contra la joven pirata Ace Kallisto. Pero, a medida que crecen, comprende que Ace no es tan mala como parece y le coge cariño. Desde entonces, cree firmemente que las personas que hacen cosas malas también pueden elegir hacer el bien.

TABORR VAL DORN

ESPECIE Humana **PLANETA NATAL** Vuundalla
FILIACIÓN Piratas de Taborr

Taborr Val Dorn, que en realidad es Cyrus Vuundir, príncipe de Vuundalla, es un joven pirata al mando de un barco y dos lacayos, EB-3 y Pord. Suele robar botines para venderlos e impresionar a los piratas más veteranos de la Torre Yarrum. A menudo se enfrenta a Kai Brightstar, Lys Solay, Nubs y Nash Durango, pero con su vara eléctrica planta cara a Kai y su espada de luz. Intenta robar la madera del árbol de Tenoo que hay en un tren, pero acaba convirtiéndose en un reacio aliado de Kai cuando ambos se quedan atrapados en un vagón.

DEE

FILIACIÓN Jedi

Dee trabaja en el Templo Jedi de Tenoo, del que cuida cuando la maestra Zia no está. Cuando Kai trata de programar droides para limpiar el templo y la cosa sale mal, Dee pide ayuda a Zia y Yoda. Suele llevar a los jovencitos de excursión, por ejemplo a los campos de lava de Tiss'ell y a una clase sobre el cuidado de las plantas.

GORGOJO DE TIERRA GEDONIANO

PLANETA NATAL Tenoo

El gorgojo de tierra gedoniano es una de las criaturas favoritas de Lys Solay. Es pequeño, peludo y tiene grandes orejas para detectar a los depredadores de los bosques de Tenoo. De todas las entradas de la *Guía Galáctica de Criaturas* de SF-R3, la que más le gusta a Lys es la de este gorgojo.

RAENA ZESS

ESPECIE Humana **PLANETA NATAL** Tenoo
FILIACIÓN Familia Zess

Raena es la rival de Nash en la clásica carrera de esquifes de Kublop. Durante la carrera, Nash y sus amigos Jedi se quedan atascados con ella en el barro. Raena juega sucio porque cree que los Jedi han usado sus poderes para hacer trampa. Pero cuando se entera de que no es así, ayuda a remolcar los esquifes para sacarlos del fango.

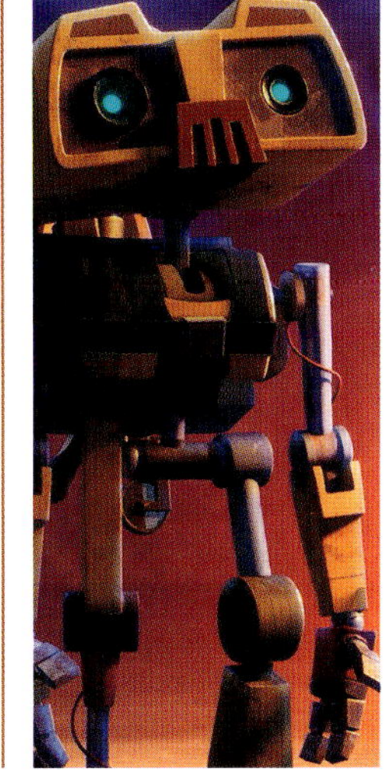

OG-LC

TIPO Droide piloto
FILIACIÓN Buscadores del hiperespacio

OG-LC es un aventurero que explora la galaxia en el *Cazaestrellas*. Un buen día, la nave choca con dos asteroides y se queda varado. Con la ayuda de Kai Brightstar, Lys Solay, Nubs y Nash Durango, logra escapar y se enfrenta a su miedo: vuelve a volar a través del campo de asteroides. Luego lleva a los jovencitos Jedi al misterioso planeta de Tharnaka para encontrar una piedra que contiene la historia de los tharnakianos, un pueblo desaparecido. OG-LC quiere llevar la piedra de vuelta al Templo Jedi de Tenoo para que la estudien y protejan, pero de pronto descubre que en Tharnaka aún queda un habitante, Ishbul Ekwesh. OG-LC colabora con él para devolver el artefacto a los tharnakanos.

JG-1

FABRICANTE Taborr **TIPO** Droide
FILIACIÓN Chatarrería de Marlaa Jinara

JG-1, antes llamada «Chatarrón», es un droide grande y fuerte que Taborr ha construido con piezas del desguace de Marlaa Jinara. Por orden de Taborr, lucha contra Kai Brightstar y Lys Solay y los atrapa en un almacén. Cuando Kai la convence de que no tiene que obedecer a Taborr, la droide vuelve con Marlaa y trabaja en su chatarrería.

MARLAA JINARA

ESPECIE Chandra-Fan **PLANETA NATAL** Chad
FILIACIÓN Chatarrería de Marlaa Jinara

Marlaa tiene una chatarrería en Kublop Springs, donde crea arte con objetos desechados. Cuando Taborr Val Dorn le roba piezas para construir a la droide gigante Chatarrón, Marlaa pide ayuda a Kai Brightstar y a Lys Solay, y también recluta a Nubs para que la ayude a levantar piezas pesadas. A Marlaa le preocupa que los piratas roben demasiado, pues se quedará sin chatarra para vender y tendrá que abandonar su querido hogar. Cuando ponen a raya a Taborr, Marlaa acoge a Chatarrón y la bautiza como JG-1. Luego ayuda a los jovencitos Jedi a encontrar un kibbin perdido entre un montón de latas de pescado.

WELLAGRIN

PLANETA NATAL Andraven

Los wellagrins son criaturas domesticadas propiedad de los pastores andraven Gumar, Jam y Varna. Tienen la piel azul claro y moteada, dos pares de cuernos, bigotes y ojos grandes. Con sus cuatro aletas y su cola, se deslizan por el hielo y la nieve, y disfrutan explorando y nadando en grupo. Han consumido toda la comida de sus pastos y los están trasladando al huerto del otro lado de las montañas, adonde Gumar y Jam los guían con sus flautas andraven. Por el camino, Gumar, Jam, Kai Brightstar, Lys Solay y Nubs se quedan atrapados en una avalancha y las criaturas los llevan a un lugar seguro.

CHIGG

ESPECIE Abedneda **PLANETA NATAL** Abednedo
FILIACIÓN Piratas de la Torre Yarrum

El pirata Chigg tiene su base de operaciones en la Torre Yarrum. Cuando Kai Brightstar, Lys Solay, Nash Durango y Nubs llegan a la torre, Chigg es muy amable con ellos. Se come una gomifruta robada y acusa a Taborr, que fue quien la robó. Luego asiste al Festival de la Gomifruta de Kublop Springs invitado por Nash.

WEEBO

ESPECIE Rodiana
PLANETA NATAL Tenoo

Esta agricultora vive en Kublop Springs, en Tenoo, donde cosecha gomifrutas. Cuando Taborr le roba la cosecha, pide ayuda a Hap y describe a los piratas a los jovencitos Jedi Kai Brightstar, Lys Solay y Nubs. Contrata al cazarrecompensas Ansen Strung para que busque a su burowga desaparecido.

AVE DEVORABAYAS

PLANETA NATAL Yamradi **HÁBITAT** Bajo tierra

Este pájaro es autóctono del planeta Yamradi. Lys Solay lo bautiza cuando ella y sus aliados lo descubren en una misión. Es un ave grande que vive en un nido subterráneo y a veces cambia las plumas. Cuando SF-R3 y CAM-E viajan a Yamradi para buscar al misterioso chillaroo, una devorabayas los confunde con las brillantes bayas que come. Mientras SF-R3 y CAM están en su nido, nacen sus crías. Cuando Kai Brightstar y Nubs acaban cubiertos de bayas, el ave los atrapa, pero en realidad se limita a zampar su comida favorita y no supone ningún peligro.

ZEPHER

ESPECIE Mon Calamari **PLANETA NATAL** Mon Cala
FILIACIÓN Servicio de lanzaderas Durango

Zepher es un mecánico de naves que vive en una de las lunas de Tenoo. Es amigo de la maestra Zia y de las madres de Nash, a quienes enseñó todo lo que saben sobre reparación de vehículos estelares. Modifica tres Vectores Jedi para que Kai Brightstar, Lys Solay y Nubs puedan pilotarlos.

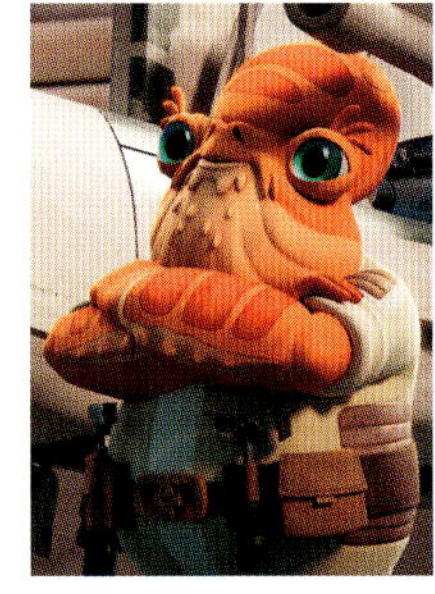

RAXLO

ESPECIE Gozzo
PLANETA NATAL Drahgor III
FILIACIÓN Corporación Raxlo

Raxlo siempre quiere amasar créditos, cosa que suele hacer cosechando árboles con su droide, RC-99. Pero, cuando intenta talar un bosque federiano, se las tiene que ver con Kai Brightstar, Lys Solay y Nubs. Tampoco lo tiene fácil cuando intenta recolectar savia del árbol tenoo favorito de Nubs.

ACE KALLISTO

ESPECIE Humana **PLANETA NATAL** Rex Strata

Esta ladrona es una vieja amiga de Zia Zaldor Zanna. Roba la lanzadera de Zia con la maestra y Kai Brightstar dentro, y se estrellan los tres contra una cueva. Con los láseres de la nave, ahuyenta a los stalaats que bloquean la entrada de la caverna. Luego viaja a Tharnaka para devolverle a Ishbul Ekwesh la piedra de la historia del planeta y combate a su infame tripulante, Tooba Jinx.

FARAZ

ESPECIE Houk **PLANETA NATAL** Rex Strata

Faraz es un mecánico que conoce bien a Zia, quien lleva a Kai Brightstar a su taller para comprar una herramienta. Faraz la recuerda como a la jovencita que una vez estrelló uno de sus motodeslizadores, así que, cuando le presta una moto, le pide que se la devuelva de una pieza.

SKRIFFLE

PLANETA NATAL Federian
TAMAÑO 13 cm de largo
HÁBITAT Bosques

Los skriffles son roedores voladores que viven en los árboles federianos. Cuando Raxlo empieza a talar su bosque, un grupo huye al árbol más alto. Los jovencitos Jedi Kai Brightstar, Lys Solay y Nubs tratan de salvar el bosque acompañados de un skriffle. Este chirría a Raxlo y lo asusta, y luego llama al resto del grupo. Juntas, las criaturas roen las cuerdas que Raxlo usó para atar a los Jedi. Otros skriffles se balancean en lianas con Lys para enredar la cosechadora de Raxlo y alejar el vehículo de los árboles. Cuando Raxlo abandona el planeta, los animalitos regresan a la seguridad del bosque.

GARGANCHIE

ESPECIE Gargantúa

Lys Solay llama Garganchie a este gargantúa grande, fuerte y simpático parecido a un primate. Slaygh y Braygh lo liberan sin querer mientras lo transportan a la Reserva Natural de Sil Gohtta. A Garganchie le asustan los ruidos fuertes y la gente, pero, como es tan grandote, siembra el pánico sin querer. Huye a la naturaleza y se esconde en una cueva. Lys Solay convence a Kai Brightstar y a Nubs de que es inofensivo. Garganchie se asusta de un deslizador y se sube a una torre para escapar. Cuando Slaygh y Braygh se caen de la torre, la criatura se lanza tras ellos y las salva.

ANSEN STRUNG

ESPECIE Dowutin **PLANETA NATAL** Dowut
FILIACIÓN Cazarrecompensas

Raena Zess contrata a Ansen Strung, un cazarrecompensas, para que busque a una mascota kibbin que ha desaparecido. Ansen quiere encontrarla antes de que se haga de noche, pero el tiempo se agota. Está a punto de rendirse cuando Kai Brightstar y Nubs le animan a seguir. Luego enseña a su hermana Senna su oficio.

SLAYGH Y BRAYGH

ESPECIE Besalisk
PLANETA NATAL Kundu Menor
FILIACIÓN Ejecutor de la ley de Kundu

Slaygh *(izquierda)* y Braygh *(derecha)* son hermanas y alguaciles de un pueblecito de Kundu. Un buen día, liberan por error a un gargantúa cautivo llamado Garganchie. Como lo consideran un peligro, se lanzan a salvar la ciudad, pero acaban asustando a la tierna criatura. Cuando esta las salva de una caída, las hermanas se dan cuenta de su error. Lys Solay anima a Braygh a acariciar la cabeza de Garganchie, y Slaygh jura que repararán los daños que ha causado. Al final, se encariñan tanto con él que lloran cuando se va y piden visitarlo en la reserva de animales.

PRINCESA INAYA

ESPECIE Humana
PLANETA NATAL Hazun

Esta princesa se queda varada en Tenoo mientras viaja en busca de un regalo para su padre. Contrata a Nash Durango y a sus amigos Jedi para que la lleven a casa. Cuando el pirata Taborr aborda la nave para robar el regalo, Inaya se suma a la lucha para recuperarlo y vencer al villano.

LOS KU-BOPS

ESPECIE Varias
PLANETA NATAL Tenoo
FILIACIÓN Ninguna

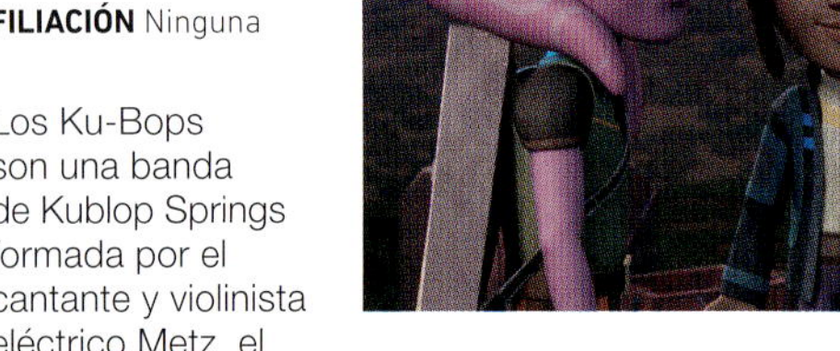

Los Ku-Bops son una banda de Kublop Springs formada por el cantante y violinista eléctrico Metz, el bajista Bruff y el DJ droide K1-T. Su gran admiradora Nash Durango los contrata para que toquen en un festival en honor a los Jedi. Bruff retrasa la llegada del grupo porque Metz no le deja cantar. Mientras discuten, se suben los dos a un deslizador que se descontrola y acaba en el río. Nash y Lys Solay los rescatan y convencen a Metz para que deje cantar a Bruff.

MYCHO ZALA

ESPECIE Zekodoana
PLANETA NATAL Zeko IV
FILIACIÓN Maestra Zia Zaldor Zanna

El prospector Mycho Zala es aliado de la maestra Zia Zaldor Zanna. Cuando se queda varado en Tatooine, Zia le envía a Kai Brightstar con un condensador de hiperimpulsor. Como Mycho habla jawés, logra negociar con un grupo de jawas que topan con Kai, Nash Durango y RJ-83.

DRAIVEN BOSH

ESPECIE Moldwarp **PLANETA NATAL** Lespectus
FILIACIÓN Ninguna

Draiven roba la escultura del Día del Visitante de Kublop Springs para añadirla a su ilícita colección de arte. Kai Brightstar, Lys Solay y Nubs lo entretienen para que no salga de Tenoo antes de que la maestra Zia llegue para ayudarlos a recuperarla. Cuando por fin se la quitan, Draiven jura que algún día la añadirá a su colección.

VARISH

ESPECIE Malangsha **PLANETA NATAL** Langsha-Raang **FILIACIÓN** Ninguna

Varish enseña jardinería a los jovencitos Jedi en el planeta Langsha-Raang. Le da a Nubs una bolsa de semillas ideales para el Templo Jedi de Tenoo, pero, junto con ellas, Nubs se lleva por accidente una semilla de vid gruñona. Para frenarla, aplica las enseñanzas de Varish, quien luego se hace cargo de la planta.

ORI

ESPECIE Humana **PLANETA NATAL** Tenoo **FILIACIÓN** Banda Gangul

Ori es uno de los niños obligados a robar para los Ganguls, una banda de moteros. Cuando estos encierran a varios Jedi en una celda, Ori los saca y moviliza a los habitantes de Aklyrr Bend contra la banda. Los Ganguls tratan de huir en deslizadores robados, pero Ori los persigue y ayuda a liberar la ciudad.

SENNA STRUNG

ESPECIE Dowutin **PLANETA NATAL** Dowut **FILIACIÓN** Ninguna

Senna quiere ser cazarrecompensas, como su hermano Ansen. Cuando este no responde a su llamada habitual, se lanza a buscarlo. Comete varios errores que la desaniman, pero supera sus miedos para ayudar a Ansen y a sus amigos Jedi a atrapar a un burowga desaparecido.

EB-3

FABRICANTE Cybot Galactica **MODELO** Unidad SP-4 **TIPO** Droide piloto e ingeniero

Este droide pirata es uno de los secuaces de Taborr. Roba el regalo de la princesa Inaya del *Halcón de Fuego Carmesí* y lo lleva a la nave de su jefe. Empuña una vibrohoja que lanza a Lys Solay. Por orden de Taborr, piratea un tren automático para hacerse con su control, pero la tarea le lleva más tiempo del esperado. EB-3 y Pord se quedan atrapados en un vagón junto con Nubs y Lys. El droide ataca a Lys para llegar al panel de control. Más tarde, sugiere que él y Pord colaboren con Lys y Nubs para escapar del vagón.

HAP

ESPECIE Lateron
PLANETA NATAL Tenoo
FILIACIÓN El Grifo de Savia de Hap

El dueño del café Grifo de Savia de Hap es toda una institución en Kublop Springs. Además de llevar la cafetería, es el comentarista de la Clásica de Kublop, la famosa carrera de esquifes. Cuando unos piratas asaltan su negocio, pide ayuda a Nash Durango. Y cuando lo visita su mejor amigo, Geeli, encarga unos ingredientes especiales para prepararle su guiso favorito, aunque está nervioso porque nunca lo ha hecho. Tiene la cocina muy limpia y ordenada, y se enfada cuando Nubs tira cosas. Prepara el guiso para Geeli mientras los jovencitos Jedi intentan atrapar a unas criaturas que han salido inesperadamente de unos huevos rarísimos que venían con el pedido de ingredientes especiales.

PORD

ESPECIE Gamorreana **PLANETA NATAL** Vuundalla **FILIACIÓN** La banda de Taborr

Esta joven gamorreana forma parte de la tripulación pirata de Taborr junto con EB-3. Como leal secuaz, sigue las órdenes de Taborr en golpes como el robo de las gomifrutas, los ópalos o la madera del árbol de Tenoo. Pord es pequeña pero robusta y tiene fuerza de sobras para tirar de dos vagones de tren. Es una bravucona que disfruta burlándose de los jovencitos Jedi cuando su banda tiene la sartén por el mango, pero sale pitando cuando las cosas no van bien. Blande una impresionante vibrolanza, pero su torpeza le juega malas pasadas cuando la usa en combate.

NAK-IL

ESPECIE Togruta
FILIACIÓN Togruta

Nak-il es la pareja de Pav-ti y el padre de Ahsoka Tano, cuyo nacimiento celebra con sus conciudadanos. Cuando un raxshir se lleva a Ahsoka, Pav-ti la busca con un grupo de vecinos. Más tarde, Nak-il se separa de su hija cuando esta se une a los Jedi.

PAV-TI

ESPECIE Togruta
FILIACIÓN Togruta

Pav-ti, la madre de Ahsoka Tano, vive en un pequeño pueblo con su compañero, Nak-il. Lleva a Ahsoka a una cacería ritual y mata a un kybuck. Es ducha en el manejo de blásteres y cuchillos, pero no logra derribar al gran raxshir que se lleva a Ahsoka. Al final, los Jedi apartan a Ahsoka de la familia de Pav-ti.

RAXSHIR

TAMAÑO 4 m de largo
HÁBITAT Bosque

El raxshir es un gran felino con dientes de sable que habita en el bosque junto a la aldea de Ahsoka Tano. Un raxshir ataca a la madre de Ahsoka, Pav-ti, le arranca el bláster de las manos y se lleva a la pequeña a lo más profundo del bosque. Pero Ahsoka lo amansa con la Fuerza y el raxshir la devuelve a los brazos de su madre.

DAGONET

ESPECIE Humana
PLANETA NATAL Wayyl
FILIACIÓN República

Es uno de los senadores más veteranos de la República, pero desatiende Wayyl, el planeta al que representa. Él y sus guardias abren fuego contra los Jedi que acuden a investigar el secuestro de su hijo. El maestro Jedi Dooku casi mata a Dagonet, pero su hijo suplica en su nombre y convence a Dooku de que se retire.

LARIK

ESPECIE Humana **PLANETA NATAL** Raxus Secundus **FILIACIÓN** República

Senador de la República por el planeta Raxus Secundus. Se beneficia de las empresas extranjeras que industrializan su mundo. Llama a la maestra Jedi Katri y luego a Dooku y a Mace Windu para que investiguen a los rebeldes de Raxus. Su guardia mata a Katri.

SEMAGE

ESPECIE Humana
PLANETA NATAL Raxus Secundus
FILIACIÓN Raxus Secundus

Semage es un guardia del corrupto Larik, senador de la República. Él y su compañero Hanel se rebelan contra Larik y matan a la maestra Jedi Katri, enviada para ayudar al senador. El maestro Dooku y Mace Windu luchan contra Semage y lo encarcelan, pero Dooku insta a él y a los suyos a no desfallecer.

ELDRA KAITIS

ESPECIE Twi'lek **FILIACIÓN** Jedi

El cártel criminal de Xrexus captura a la padawan Eldra Kaitis, quien se convierte en una insólita aliada de Darth Maul cuando ambos se ven obligados a luchar codo con codo para vencer a los cazarrecompensas del cártel. Después se baten en duelo y, aunque Eldra casi lo aplasta bajo unas rocas, Maul acaba matándola.

OBI-WAN KENOBI

ESPECIE Humana **PLANETA NATAL** Stewjon
FILIACIÓN Jedi

Obi-Wan Kenobi es un Jedi y un veterano de las Guerras Clon. Ha sobrevivido a duelos con tres señores del Sith y ha entrenado a dos generaciones de Skywalker antes de volverse uno con la Fuerza.

PACIFICADORES GALÁCTICOS

Como miembros de la Orden Jedi, el maestro Jedi Qui-Gon Jinn y su padawan, Obi-Wan, ponen sus habilidades y su experiencia con la Fuerza al servicio de la República Galáctica. Como la mayoría de los Jedi, Kenobi es identificado a los seis meses de nacer y comienza su entrenamiento de inmediato para aprender a controlar el miedo y la ira a una edad temprana. Al principio, a Obi-Wan y a Qui-Gon les cuesta entenderse. Durante los primeros años de su relación, Kenobi viaja en una misión no autorizada a Lenahra, en las Regiones Desconocidas. Además de las operaciones en Kashyyyk y el sistema Codia, Kenobi y Jinn pasan un año en Mandalore protegiendo a la duquesa Satine Kryze. Kenobi se enamora de Satine y se plantea abandonar a los Jedi, pero no lo hace. Más tarde, en una misión en Pijal, Kenobi y Jinn superan sus diferencias para detener una guerra y pasan a ser buenos amigos y compañeros. Su última misión juntos es en Naboo, planeta al que ayudan a liberarse de la Federación de Comercio. Sin embargo, Qui-Gon cae en combate ante un Sith, al que Obi-Wan derrota. El último deseo de Qui-Gon es que Anakin Skywalker sea entrenado como Jedi, así que Obi-Wan, que acaba de ser nombrado caballero, toma al joven como padawan.

Maestro y aprendiz Jedi
Qui-Gon y Obi-Wan se defienden de un ataque en un acorazado de la Federación de Comercio.

GENERAL DEL EJÉRCITO DE LA REPÚBLICA

Tras diez años entrenando a Anakin, Obi-Wan se encuentra con su padawan en el epicentro de la primera batalla de las Guerras Clon. Son de los pocos Jedi que sobreviven a la batalla de Geonosis, y ambos ascienden en la Orden poco después. También los reclutan como oficiales del Gran Ejército de la República, que se forma rápidamente. Como generales Jedi, Obi-Wan y Anakin Skywalker participan en combates contra los separatistas y se enfrentan a sus ejércitos o agentes en muchos mundos, entre ellos Christophsis, Cato Neimoidia, Orto Plutonia, Felucia, Mandalore, Yerbana y Utapau. El talento diplomático de Obi-Wan, en concreto su reputación de impedir o detener batallas sin usar una sola arma, le granjean el apodo de «El Negociador».

Duelo ardiente
Anakin y Obi-Wan intercambian golpes mientras la base minera de Mustafar se desmorona.

LOS AMIGOS DEVIENEN ENEMIGOS

Pese a querer a Anakin como a un hermano, Obi-Wan intenta llevarlo ante la justicia tras enterarse de que este se ha convertido en el señor del Sith Darth Vader y es responsable de la matanza de varios Jedi. Vader no está dispuesto a rendirse, y se baten en duelo con espadas de luz en Mustafar. Obi-Wan lo vence, le quita su espada y lo deja herido de gravedad a orillas de un río de lava.

GUARDIÁN SECRETO

Tras las Guerras Clon, Obi-Wan entrega al niño Luke Skywalker a los familiares de Anakin, Owen y Beru Lars, en Tatooine. Obi-Wan asume el nombre de «Ben» Kenobi y vive como un ermitaño en los alrededores mientras vigila y protege con discreción a Luke. Cuando la inquisidora Reva secuestra a Leia Organa, Kenobi abandona Tatooine para rescatarla. En esta misión, descubre la Senda Oculta y se enfrenta a Vader en su nueva forma cibernética. Tras devolver a Leia a sus padres, Obi-Wan regresa a Tatooine, donde un fantasmal Qui-Gon le enseña a preservar su espíritu tras la muerte, como ha hecho Jinn. Allí, Obi-Wan se enfrenta por última vez a Maul, que lo ha seguido y sigue con sed de venganza.

MENTOR JEDI

Años después, Kenobi convence a Luke para que se una a él en una misión para rescatar a Leia. Para que Luke, Leia y los demás tengan tiempo de escapar, Kenobi se bate en duelo con Vader y es abatido. Sin embargo, sigue aconsejando a Luke e incluso se le aparece en forma de espíritu en varias ocasiones. Durante la batalla de Exegol, Kenobi también ofrece a Rey unas palabras de aliento.

Espada de luz de Anakin
Obi-Wan entrega a Luke la espada de Anakin, consciente de que Luke puede ser la única esperanza de la galaxia para vencer a Darth Vader y al emperador.

De héroe a exiliado
A lo largo de toda su vida, Obi-Wan cumple con los postulados de la Orden Jedi y usa sus habilidades para ayudar a quienes lo necesitan. Tras la caída de la República, adopta la imagen pública de un ermitaño en Tatooine, mientras protege en secreto a Luke Skywalker y su familia.

El padawan de Dooku
Durante una misión en la que su maestro pierde el control y se vuelve violento, Jinn actúa rápido para calmar las aguas.

Duelo en el desierto
Qui-Gon y Darth Maul combaten por primera vez en Tatooine cuando el aprendiz de Sith intenta capturar a la reina Padmé Amidala.

QUI-GON JINN

ESPECIE Humana **PLANETA NATAL** Coruscant
FILIACIÓN Jedi

A diferencia de muchos Jedi, Qui-Gon Jinn está dispuesto a saltarse las normas para lograr sus fines. Su inconformismo y su creencia en las antiguas profecías Jedi suelen enfrentarlo a sus colegas, sobre todo a los del Consejo.

UN MAESTRO JEDI ORIGINAL

Qui-Gon se entrena como Jedi con Dooku en Coruscant, donde entabla amistad con su compañero padawan Eno Cordova. Dooku y Qui-Gon llevan a cabo muchas misiones juntos, incluida una al planeta Wayyl para rescatar al hijo de un senador de la República, durante la cual Dooku toma una decisión controvertida.

Qui-Gon es noble, paciente, sabio y muy sensible a la Fuerza, y también es un astuto guerrero cuya mayor fortaleza es quizá su empatía con otras formas de vida, incluidas las más desafortunadas. Una vez nombrado caballero Jedi, toma un padawan, Obi-Wan Kenobi, que sigue el Código Jedi más estrictamente que su maestro. Aunque Jinn y Kenobi no siempre están de acuerdo, aprenden a colaborar. Tras una misión en Pijal, Qui-Gon decide quedarse como maestro de Obi-Wan en vez de unirse al Gran Consejo Jedi.

NATURALEZA EMPÁTICA

En una ocasión, Qui-Gon viaja a Naboo durante el bloqueo del planeta por parte de la Federación de Comercio. Poco después de llegar, rescata al paria gungan Jar Jar Binks de una estampida de criaturas que huyen de las naves de guerra invasoras de los droides de combate. Jar Jar jura estar en deuda de por vida con Qui-Gon, cuya naturaleza compasiva lo lleva a tomarlo bajo su protección, para consternación de Obi-Wan. Con la ayuda de Jar Jar, los Jedi viajan a Otoh Gunga y consiguen un sumergible que les permite ir por el núcleo de Naboo hasta su capital, Theed.

ANTIGUA PROFECÍA

Mientras escoltan a la reina Amidala desde Naboo hasta Coruscant, Qui-Gon y sus aliados improvisan una parada en el mundo de Tatooine, en el Borde Exterior, donde descubren a un joven esclavo llamado Anakin Skywalker. Qui-Gon observa que Anakin es muy sensible a la Fuerza y pronto tiene razones para creer que es el Elegido de una antigua profecía y que está destinado a convertirse en Jedi, destruir a los Sith e instaurar el equilibrio en la Fuerza. Qui-Gon ayuda a liberar a Anakin de su esclavitud y decide que le entrenará como Jedi en Coruscant.

EL GUERRERO OSCURO

En Tatooine, un guerrero de capa negra que empuña un sable de luz ataca a Qui-Gon. Jinn escapa con sus aliados y comunica al Consejo Jedi y, más tarde, a su antiguo maestro, Dooku, que cree que su rival es un señor del Sith ducho en las artes Jedi. En la batalla de Naboo, el guerrero ataca de nuevo y hiere de muerte a Qui-Gon. Con su último aliento, Jinn hace prometer a Obi-Wan que entrenará a Anakin como Jedi.

DESDE EL INFRAMUNDO DE LA FUERZA

Más de una década después de la muerte de Qui-Gon, Obi-Wan y Anakin viajan al misterioso planeta Mortis, donde los sorprende una aparición fantasmal del Jedi asesinado. El espíritu de Qui-Gon le dice a Obi-Wan que el planeta es un conducto por el que fluye la Fuerza y que presenta grandes peligros para el Elegido. Le dice a Anakin que recuerde su entrenamiento y confíe en su instinto. En la era imperial, Qui-Gon vuelve a aparecerse a Obi-Wan durante su exilio en Tatooine porque cree que su antiguo aprendiz está preparado para aprender más sobre la Fuerza.

«Siente, no pienses. Usa tu instinto.»

QUI-GON JINN

Jedi inconformista
Pese a ser un maestro Jedi muy cualificado, Qui-Gon Jinn es un espíritu impulsivo e inquieto, y sigue tenazmente su propio camino para instaurar el equilibrio en la Fuerza.

Plan de fuga
Varados en Tatooine, Anakin y Shmi acogen a Qui-Gon, Jar Jar y Padmé en su hogar, donde traman cómo reparar su nave dañada.

Más lecciones
En Tatooine, Jinn visita a su antiguo aprendiz como espíritu de la Fuerza y le enseña a conectar con la Fuerza cósmica.

DARTH SIDIOUS (SHEEV PALPATINE)

ESPECIE Humana **PLANETA NATAL** Naboo
FILIACIÓN República, Sith, Imperio

Sheev Palpatine, el discreto representante del pacífico planeta Naboo, es en realidad el señor del Sith Darth Sidious, que planea destruir la Orden Jedi y gobernar la galaxia como emperador.

SENADOR DE NABOO

Cuando la Federación de Comercio invade Naboo, la reina Amidala pide consejo a Palpatine, que es el representante de Naboo en el Senado galáctico. Palpatine le confiesa que el líder de la República, el canciller supremo Finis Valorum, tiene poco poder en el Senado y que los burócratas están al mando. Palpatine añade que, si Amidala quiere que la Federación de Comercio responda ante la justicia, lo mejor que puede hacer es pedir una moción de censura contra Valorum y presionar para que se elija a un líder más fuerte. Amidala sigue su consejo y Valorum se ve obligado a abandonar su cargo. Para sorpresa de Amidala, el Senado elige a Palpatine como canciller supremo.

Encuentro con Anakin
Tras la batalla de Naboo, Palpatine conoce al joven piloto que ayudó a derrotar a la fuerza invasora de la Federación de Comercio.

ESTRATEGIAS POLÍTICAS

Cuando los senadores se enteran de que los separatistas están usando las fundiciones geonosianas para fabricar un ejército de droides, votan a favor de conceder poderes de emergencia al canciller supremo Palpatine. Gracias a esta votación, Palpatine puede activar en el acto un ejército de clones para luchar contra los separatistas, pese a que la Orden Jedi está desconcertada por el dudoso origen de los clones. Palpatine lamenta que la guerra civil le obligue a asumir poderes de emergencia y afirma que está deseando renunciar a ellos cuando la guerra termine.

En las subsiguientes Guerras Clon, Palpatine contrae aún más responsabilidades. Una de sus tareas más importantes implica trabajar con el Senado para aprobar leyes que financien la guerra y evitar que la burocracia interfiera en los programas que el Consejo Jedi considera esenciales para la guerra.

¡SEÑOR DEL SITH AL DESCUBIERTO!

En los últimos días de las Guerras Clon, Palpatine le cuenta a Anakin Skywalker, su aliado y representante personal en el Consejo Jedi, una historia sobre el señor del Sith Darth Plagueis, que usó la Fuerza para crear vida y evitar la muerte. Según Palpatine, solo el lado oscuro de la Fuerza lleva hasta los secretos de Plagueis. Más

Secretos Sith
En sus aposentos, Palpatine se gana la confianza de Anakin al revelarle su verdadera identidad y sus sospechas sobre las actividades sediciosas de los Jedi.

tarde, Palpatine revela que él mismo es un Sith, Darth Sidious, y promete enseñarle todo lo que sabe del lado oscuro si se alía con él. Como Jedi, Anakin sabe que su deber es detener a Palpatine. No obstante, sus pesadillas, en las que su amada esposa, Padmé, muere en el parto, lo convencen de que solo los poderes Sith de Palpatine podrán salvarla. Anakin accede a convertirse en el aprendiz de Sidious, Darth Vader, y a aplastar la Orden Jedi. Tras ello, Palpatine se declara emperador galáctico.

AMPLIACIÓN DEL PODER

A lo largo de su reinado, Palpatine expande su dictadura por toda la galaxia y somete a más sistemas bajo el control imperial. Supervisa la sustitución del ejército de clones por soldados de asalto y convierte en chivo expiatorio al líder imperial Edmon Rampart, que lleva a cabo la destrucción de las instalaciones de clonación de Kamino. Poco después, Palpatine encarga al doctor Royce Hemlock que investigue la clonación en unas instalaciones de Wayland.

Tras diecinueve años de gobierno, Palpatine disuelve el Senado galáctico y otorga el poder a los moffs regionales. El Imperio promete orden y justicia a los mundos lejanos, pero sus ciudadanos pagan un alto precio: los obliga a servir y explota los recursos de sus sistemas. Esta expansión imperial es necesaria para mantener su miríada de proyectos secretos, como la estación de combate Estrella de la Muerte, una creciente flota de superdestructores estelares y el programa de investigación de armas avanzadas llamado Iniciativa Tarkin.

Durante este tiempo, Sidious también refuerza un bastión secreto Sith en Exegol, buscando formas de preservar su vida tras la muerte. Como subproducto de sus experimentos, Palpatine crea un «hijo» estrangulado, Dathan, que de adulto huye de su padre. Más tarde, Dathan y su esposa Miramir dejan a su hija Rey en Jakku para ocultarla de su abuelo.

LA CAÍDA DEL EMPERADOR

Tras ser desafiado por la Alianza Rebelde y Crimson Dawn, Palpatine muere a manos

Ataque relámpago
En la batalla de Exegol, Palpatine usa la Fuerza para desatar una temible descarga de rayos con la que destruye muchas naves de guerra en órbita.

de su aprendiz, Darth Vader. Para proteger a su hijo, Luke Skywalker, Vader lanza a su maestro por el núcleo de la segunda Estrella de la Muerte hacia un fin abrasador. La caída del emperador pone en marcha su último plan secreto, llamado la Contingencia. Tras su muerte, varios líderes imperiales reciben instrucciones para llevar a cabo la Operación Ceniza, un complot ideado por Palpatine para castigar a los mundos que le habían fallado. En el caos resultante, varios imperiales elegidos reciben la orden de huir a las Regiones Desconocidas de la galaxia y reagruparse para poder regresar algún día y gobernar de nuevo.

EL REGRESO DE PALPATINE

Pero ese no es el único plan de contingencia de Palpatine. Vive en un laboratorio de Exegol y clona cuerpos, entre ellos el que Kylo Ren conoce como el líder supremo Snoke. Finalmente, vuelve a alzarse con su flota de la Orden Final y los sectarios del Sith Eterno. Palpatine quiere usar el excepcional poder en la Fuerza de su nieta, Rey, para prolongar su vida, por lo que trata de convertirla al lado oscuro. Sin embargo, con la ayuda de Ben Solo, que se ha reformado, Rey consigue resistirse y vuelve el poder de los Sith contra Palpatine, a quien destruye de una vez por todas.

La amenaza fantasma
Solo Palpatine sabe cuáles son sus verdaderos objetivos, pero para lograrlos usa una aterradora combinación de intrigas políticas, engaños, crueldad y puro poder del lado oscuro.

Negociaciones agresivas
Aunque Padmé prefiere no recurrir a la violencia, está dispuesta a defenderse si es preciso. Sobrevive a la batalla de Geonosis, donde mueren más de cien Jedi.

PADMÉ AMIDALA

ESPECIE Humana
PLANETA NATAL Naboo
FILIACIÓN Casa Real de Naboo, República

Padmé Amidala, representante de su idílico planeta natal e idealista en una época de corrupción y guerra, está decidida a hacer lo que haga falta para corregir los errores de la debilitada República.

SERVICIO REAL

Nacida de padres humildes en Naboo, Padmé Naberrie se dedica al servicio público y con ocho años se incorpora a la Legislatura de Aprendices. A los 14, es elegida reina de Naboo, adopta el nombre formal de Amidala y tiene un séquito leal de cinco doncellas. Cuando la Federación de Comercio invade Naboo, Amidala y Sabé, la doncella más leal, intercambian sus papeles.

Mientras sigue de incógnito, Padmé se desvía de camino a Coruscant para hacer una parada de emergencia en Tatooine.

La toma del palacio
El capitán Panaka entrena intensamente a Padmé para el combate. Esta pone en práctica sus habilidades durante el asalto al Palacio Real.

Allí conoce a Anakin Skywalker, un niño esclavizado que se le une en su viaje. Cuando llega al planeta, el Senado galáctico le niega su ayuda, así que Padmé lo pone patas arriba y convoca nuevas elecciones para elegir otro líder. Ante la falta de ayuda, regresa a su hogar, donde se alía con los nativos gungan para liberar el planeta. Su pueblo la quiere tanto que propone cambiar la constitución de Naboo para que pueda servir más tiempo, pero ella se niega.

LA VIDA COMO SENADORA

Padmé se sorprende cuando su sucesora, la reina Réillata, le pide que ejerza como senadora de Naboo. Pensaba dedicar su tiempo a liberar a los esclavos de Tatooine (entre ellos, la madre de Anakin, Shmi), pero acepta el cargo, y Sabé la ayuda en secreto. Padmé es una gran senadora, y la primera gran ley que promueve, la Moción para la Cooperación en el Borde Medio, salva del hambre a millones de personas en Bromlarch. Años más tarde, casi la asesinan en Coruscant, por lo que se retira de incógnito a Naboo con Anakin como protector Jedi. Cuando Anakin percibe que su madre está en peligro, ambos viajan a Tatooine, pero no pueden evitar la muerte de Shmi. Entonces se dirigen a Geonosis para ayudar a Obi-Wan Kenobi y sobreviven a la primera batalla de las Guerras Clon. Padmé y Anakin se enamoran y se casan en secreto. Sabé continúa sirviendo de señuelo a Padmé y a veces la remplaza en el Senado. Sin embargo, al descubrir que se ha casado en secreto con Anakin, entristece y se separa de ella. Sabé se vuelca en el objetivo de Padmé de liberar a los esclavos de Tatooine.

Durante las Guerras Clon, la galaxia se convierte en un lugar muy peligroso para una senadora leal, pero Padmé viaja a muchos focos conflictivos, como Rodia, Mandalore, Batuu y Escipión, con la intención de resolver los problemas con diplomacia. Intenta reconectar con su vieja amiga Mina Bonteri, antigua senadora de la República que ahora forma parte del Senado separatista. Ambas colaboran para encontrar una solución pacífica a las Guerras Clon. El Senado separatista aprueba su moción, pero el general Grievous ataca el suministro eléctrico de Coruscant mientras se celebra la votación. El ataque terrorista atemoriza a los senadores e impide que se apruebe la moción.

EL OCASO DE LA REPÚBLICA

Cuando Anakin regresa de los asedios del Borde Exterior, Padmé le dice que está embarazada. La senadora compagina su trabajo con su matrimonio secreto y su avanzado embarazo. El Consejo Jedi intenta arrestar a Palpatine, y Padmé se queda atónita cuando este usa ese motivo como pretexto

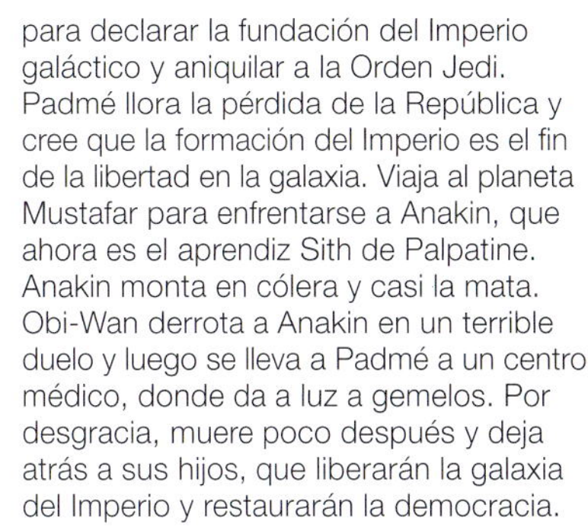

para declarar la fundación del Imperio galáctico y aniquilar a la Orden Jedi. Padmé llora la pérdida de la República y cree que la formación del Imperio es el fin de la libertad en la galaxia. Viaja al planeta Mustafar para enfrentarse a Anakin, que ahora es el aprendiz Sith de Palpatine. Anakin monta en cólera y casi la mata. Obi-Wan derrota a Anakin en un terrible duelo y luego se lleva a Padmé a un centro médico, donde da a luz a gemelos. Por desgracia, muere poco después y deja atrás a sus hijos, que liberarán la galaxia del Imperio y restaurarán la democracia.

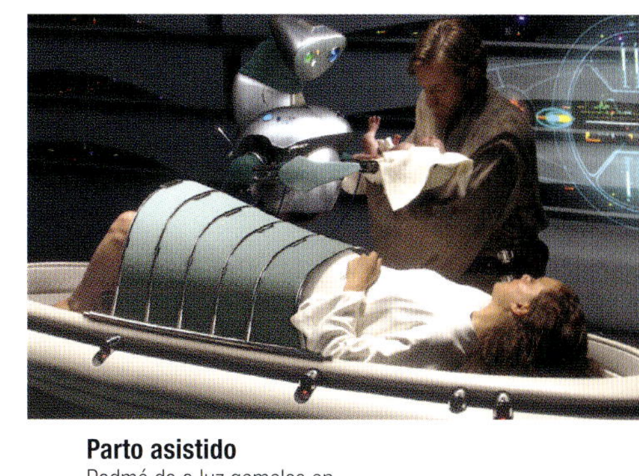

Parto asistido
Padmé da a luz gemelos en Polis Massa, ante Obi-Wan y un droide matrona.

Un atuendo elaborado
La túnica de la reina Amidala está cubierta de símbolos históricos que expresan la majestad del pueblo libre de Naboo. La elaborada túnica también la protege, porque resiste los disparos de bláster y, si es necesario, se la puede quitar con rapidez. Muchas de sus joyas ocultan dispositivos muy útiles.

KAADU

PLANETA NATAL Naboo **ALTURA** 2 m
HÁBITAT Ciénagas

Los kaadu son unos reptavianos bípedos de Naboo. Son veloces y ágiles y tienen un oído finísimo y un desarrollado sentido olfativo; aunque son sobre todo terrestres, también pueden respirar bajo el agua durante largos periodos. Los gungan han empleado kaadu domesticados como monturas para viajar por las ciénagas y los bosques de Naboo durante muchas generaciones; tanto es así que el Gran Ejército Gungan los utiliza como cabalgadura de sus patrullas.

QUARSH PANAKA

ESPECIE Humana **PLANETA NATAL** Naboo
FILIACIÓN Reales Fuerzas de Seguridad de Naboo, Imperio

El valiente e ingenioso Quarsh Panaka entra en combate por primera vez cuando se enfrenta a piratas en el sector espacial de Naboo. Luego se convierte en el capitán de las Fuerzas de Seguridad de la reina Amidala y, aunque ha entrenado bien a su gente, sabe que su mundo es vulnerable a un ataque planetario; aunque pide que se refuercen las medidas de seguridad, desoyen su consejo. Tras la invasión de la Federación de Comercio, Panaka acompaña a la reina a Coruscant para solicitar al Senado que refuerce las defensas de Naboo y después participa en la batalla para liberar el planeta. Panaka sirve a Amidala durante todo su mandato, pero su relación se tensa cuando vuelven a estar en desacuerdo acerca del nivel de defensa de Naboo. Se retira al final del mandato de Amidala. Cuando el gobernador Bibble se retira de su cargo, el Imperio nombra moff a Panaka, que aplica rápidamente cambios en Naboo. Años después recibe a Leia Organa y sospecha de su relación con Padmé Amidala. Sin embargo, antes de que pueda trasladar sus sospechas a Palpatine, es asesinado por el extremista rebelde Saw Gerrera que, sin saberlo, ayuda a mantener en secreto el linaje de Leia.

SIO BIBBLE

ESPECIE Humana **PLANETA NATAL** Naboo
FILIACIÓN Casa Real de Naboo

Sio Bibble es un filósofo que pertenece a la nobleza y al Consejo Real Consultivo de Naboo y es elegido gobernador de Naboo antes del reinado de la reina Amidala. Sirve a múltiples monarcas sucesivos, a quienes ayuda en sus tareas regias, y se ocupa de los representantes regionales directamente. Permanece en Naboo durante la ocupación de la Federación de Comercio mientras la reina Amidala viaja a Coruscant en busca de ayuda. Años después, asiste al funeral de Amidala y se retira al poco tiempo.

NUTE GUNRAY

ESPECIE Neimoidiana **PLANETA NATAL** Neimoidia
FILIACIÓN Federación de Comercio, separatistas

Los neimoidianos son célebres por su excepcional talento organizativo y comercial, pero Nute Gunray, virrey de la Federación de Comercio, es más corrupto y cruel que la mayoría. Motivado por las promesas de su siniestro benefactor Sith, Darth Sidious, Gunray emprende un camino ambicioso e ilícito hacia el poder mientras supervisa el bloqueo y la invasión de Naboo. Pero su verdadera naturaleza cobarde aflora cuando la reina Amidala y los libertadores de Naboo vuelan por los aires a sus droides protectores, recuperan el planeta y ponen fin a la ocupación de la Federación de Comercio. Gracias a los recursos de su organización, Gunray es declarado inocente en el cuarto juicio de la República por la invasión de Naboo. Durante las Guerras Clon, sigue obedeciendo a los señores del Sith. Se esconde en el planeta Mustafar, donde lo coge desprevenido la aparición de Darth Vader, que llega para matarlo.

Aliado separatista
Cuando el conde Dooku invita a la Federación de Comercio a unirse a los separatistas, Gunray insiste en que antes Dooku se deshaga de Padmé, con quien está resentido.

Líder sobre el terreno
OOM-9 hace una seña a los vehículos multitropa y a los tanques de combate acorazados para que se coloquen en sus puestos al comienzo de la batalla de Naboo.

OOM-9

MODELO Droide de combate comandante OOM
FABRICANTE Autómatas de Combate Baktoid
FILIACIÓN Federación de Comercio

Como todos los primeros droides de combate B1, OOM-9 es incapaz de pensar de forma autónoma y recibe instrucciones desde la nave de control de droides de la Federación de Comercio. Sin embargo, OOM-9 fue especialmente programado como droide comandante para la invasión de Naboo y como principal contacto para los líderes de la Federación, los neimoidianos Nute Gunray y Rune Haako. En Naboo, OOM-9 dirige a las tropas droides terrestres para ocupar asentamientos y destruir transmisores de comunicación, e impedir así que los ciudadanos del planeta informen de la invasión o pidan ayuda. OOM-9 conduce a los droides contra los guerreros gungan en la batalla de Naboo.

Recibir órdenes
Los líderes de la Federación de Comercio se comunican a través de mensajes holográficos para dirigir a OOM-9 durante la invasión de Naboo.

Guía remolón
Jar Jar duda si llevar a Obi-Wan y Qui-Gon hasta Otoh Gunga: teme que el jefe Nass siga enfadado con él por haber destruido sus propiedades.

JAR JAR BINKS

ESPECIE Gungan **PLANETA NATAL** Naboo
FILIACIÓN Gran Ejército Gungan, Senado galáctico

En los últimos años de la República, el bueno y amable de Jar Jar Binks se sorprende en pleno centro de los acontecimientos galácticos. Sin darse cuenta, el infeliz gungan es una pieza clave del ascenso de Darth Sidious.

UN AYUDANTE MUY TORPE

Desterrado de la ciudad subacuática de Otoh Gunga tras haber destruido por accidente el preciado sumergible del líder Nass, Jar Jar Binks rebusca marisco crudo en las turbias ciénagas de Naboo cuando las fuerzas invasoras de la Federación de Comercio están a punto de aplastarlo. Por suerte, el caballero Jedi Qui-Gon Jinn salva a Jar Jar Binks, que acto seguido se declara humilde servidor de los Jedi. El desgraciado gungan conduce a Qui-Gon y a su aprendiz, Obi-Wan, hasta Otoh Gunga, donde consiguen un submarino bongo para continuar hasta su destino, la ciudad de Theed. Una vez allí, advierten a la reina Amidala de la inminente invasión de la Federación.

Cuando el Senado galáctico se niega a ayudar a Amidala y los suyos, esta le pide a Jar Jar que contacte con el resto de los gungan. Con la ayuda de Jar Jar, los naboo y los gungan forjan una alianza para liberar su asediado planeta. Justo antes de la batalla terrestre contra los ejércitos droides de la Federación, el jefe Nass asciende a Jar Jar a general del Gran Ejército Gungan. Tras la batalla, Jar Jar continúa escalando en la sociedad gungan, dejando atrás su pasado difícil y marginal.

TROPIEZOS EN LA POLÍTICA

Llegará a ser elegido alto representante por Naboo en el Senado galáctico, junto a Padmé Amidala. Mientras que su compasión lo dice todo de su gran personalidad, su inherente credulidad y su naturaleza confiada resultan fácilmente aprovechables por los políticos menos escrupulosos. A pesar de que Jar Jar se opone a la Ley de Creación Militar, sin darse cuenta posibilita que el canciller supremo Palpatine reclute un ejército de clones que luchen contra las fuerzas separatistas. Aun así, dentro de la corrupción reinante en el Senado, resulta un rara avis: un político virtuoso cuyo único interés es el bien superior de la República y del pueblo.

GESTIONES DIPLOMÁTICAS

Durante las Guerras Clon, Jar Jar adopta un papel activo en la República, llevando a cabo misiones en Toydaria, Rodia y Florrum. También contribuye a impedir que un virus letal escape de un laboratorio secreto de Naboo. Cuando los separatistas provocan una guerra civil en Mon Cala, Jar Jar convence a los gungan para que envíen a su ejército en apoyo de la República y se une a la batalla. Cuando se rompen las relaciones entre los gungan y los humanos de Naboo, Jar Jar, Anakin Skywalker y Padmé regresan al planeta y detienen al ministro separatista gungan responsable del conflicto. A petición de la reina Julia de Bardotta, Jar Jar y el maestro Jedi Mace Windu investigan la desaparición de los Maestros Dagoyanos, rescatan a la reina cuando ella también es secuestrada e impiden que Madre Talzin obtenga aún más poder. Al final de las Guerras Clon, Jar Jar sigue siendo representante de Naboo y asiste al funeral de Padmé en Theed.

EXILIADO UNA VEZ MÁS

Años después, Jar Jar regresa a Naboo, pero los gungan lo destierran de nuevo por su participación en el auge de Palpatine. Ahora, Jar Jar se dedica a entretener a los refugiados jóvenes de Theed. Aunque los niños lo adoran y lo califican cariñosamente de payaso, los adultos no le hacen el menor caso. Jar Jar conoce a un individuo herido llamado Mapo al que adopta como aprendiz.

Propuesta valiente
Durante una sesión del Senado, Jar Jar toma la iniciativa y propone la moción que otorga poderes de emergencia al canciller supremo Palpatine, una medida de gran impacto en la República Galáctica.

Cultura gungan

Los gungan, originarios del planeta Naboo, son una especie anfibia con fuertes pulmones capaces de mantener la respiración durante largos periodos. Por tanto, se sienten igual de cómodos en agua que en tierra. Veneran la naturaleza y el equilibrio y hacen todo lo que pueden para no sobrecargar su ecosistema nativo, por lo que no se fían de la gente de fuera y cuentan con una milicia permanente, el Gran Ejército Gungan.

«¡Sois supertope!» **JAR JAR BINKS**

CAPITÁN TARPALS

ESPECIE Gungan **PLANETA NATAL** Naboo
FILIACIÓN Gran Ejército Gungan

Jefe de una patrulla de kaadu en Otoh Gunga, el capitán Tarpals está alerta ante ladrones y criaturas peligrosas que amenacen la ciudad subacuática. Culpa a Jar Jar Binks, propenso a los accidentes, de numerosos altercados, hasta que se convierte en héroe y luchan juntos en la batalla de Naboo. Durante las Guerras Clon, el valiente Tarpals somete y ayuda a capturar al general Grievous en Naboo, aunque le cuesta la vida.

JEFE NASS

ESPECIE Gungan **PLANETA NATAL** Naboo
FILIACIÓN Alto Consejo Gungan, Gran Ejército Gungan

Como gobernante de Otoh Gunga, el jefe Rugor Nass preside el Alto Consejo, ente encargado de gobernar a los habitantes gungan de Naboo. No le agradan los humanos de Naboo porque cree que consideran a los gungan como una especie primitiva. Sin embargo, tras la invasión de la Federación de Comercio, la reina Amidala le pide ayuda y se da cuenta de que ambas especies deben unir sus fuerzas para defender su planeta. Nass finalmente abandonó su cargo, pero atendió el funeral de Amidala en Theed.

MONSTRUO ACUÁTICO SANDO

TAMAÑO 200 m de longitud **PLANETA NATAL** Naboo

El monstruo acuático sando, una criatura musculosa de patas palmeadas y enormes fauces, es el mayor depredador de los océanos de Naboo y el único capaz de atravesar a mordiscos el caparazón blindado de un asesino marino opee. Come sin parar para mantener su cuerpo colosal y devora bancos de peces como si nada. Los exploradores y navegantes gungan rara vez lo avistan, pues puede esconderse y vivir cientos de años en el abismo. En la era imperial, Sabé invoca a un sando para matar a Darth Vader. Sin embargo, la criatura no es rival para este, que lo despacha sin despeinarse. ZED-6-7, el droide de Vader, conjetura que, al ser una especie rara con un lento ciclo vital, es probable que se extinga.

Instinto asesino
El misterioso, gigantesco y siempre voraz monstruo acuático sando acecha para matar *(arriba)*. Sus dientes afilados como cuchillas descuartizan con facilidad al desafortunado asesino marino opee que, despistado, se le ponga a tiro *(dcha.)*.

ASESINO MARINO OPEE

LONGITUD MEDIA 20 m **PLANETA NATAL** Naboo, Strokill Prime

Fieros depredadores submarinos, los opees son unos crustáceos que acechan en las cuevas de las profundidades oceánicas de Naboo y Strokill Prime. Utilizan un largo señuelo para atraer a potenciales presas y una combinación de natación y propulsión para perseguir a sus víctimas. Las engancha con su pegajosa lengua hasta introducir la presa en sus letales fauces. Tan agresivos como constantes, los opees no temen a depredadores más grandes. Hasta los navegadores gungan más veteranos evitan las rutas pobladas por estas criaturas, pues saben que, para los opees, los pasajeros de la nave bongo son un manjar irresistible.

«¡Gran pez gooba! ¡Dientes, qué montón!» **JAR JAR BINKS**

Lengua látigo
La lengua del asesino marino opee atrapa la bongo gungan que transporta a Qui-Gon Jinn, Obi-Wan Kenobi y Jar Jar Binks a través del cabo de Naboo. Por suerte, un pez más grande se interpone sin darse cuenta y salen ilesos.

PEZ GARRA COLO

LONGITUD MEDIA 40 m
PLANETA NATAL Naboo

Normalmente oculto en las galerías del fondo oceánico de Naboo, el pez garra colo espera inmóvil durante horas hasta capturar a su presa con sus grandes garras temporomandibulares, de las que obtiene su nombre. Antes de atacar, el colo emite un grito hidrosónico para desorientar a su víctima, a la que aturde con sus colmillos venenosos. Llega a dilatar tanto la mandíbula que es capaz de tragarse una presa mucho más grande que su cabeza. Si no deja inconsciente a su presa antes de tragársela, corre el riesgo de que la criatura devorada intente salir del estómago a mordiscos. Para los adinerados de la galaxia, la carne de colo es una exquisitez.

SABÉ

ESPECIE Humana **PLANETA NATAL** Naboo
FILIACIÓN Casa Real de Naboo, Amidalanos, Crimson Dawn, Imperio

Esta doncella real instruida y competente sirve a la reina Padmé Amidala y es una de sus amigas más leales. En ocasiones, se hace pasar por la reina para confundir a los enemigos de Padmé, como, por ejemplo, durante la invasión de Naboo por parte de la Federación de Comercio. Sabé y Padmé intercambian sus papeles y engañan a los neimoidianos, a quienes hacen creer que Sabé es la reina. Cuando llega a su fin el reinado de Padmé y es nombrada senadora, Sabé sigue ayudándola en la sombra. Libera a veinticinco esclavos en Tatooine, ayuda a trasladar alguno a otro planeta e investiga quién trata de asesinar a Padmé.

Cuando Padmé muere, Sabé acude desconsolada a su funeral. Ella y su compañera, Tonra, investigan su muerte, y Sabé es uno de los fundadores del grupo rebelde de los Amidalanos. Ese camino la lleva a aliarse con Darth Vader en varias misiones y al final descubre que es Anakin Skywalker. Durante un tiempo, también se alía con Crimson Dawn. Sabé casi sucumbe a sus oscuros deseos de poder y control, pero finalmente resiste la tentación y Vader la abandona.

RIC OLIÉ

ESPECIE Humana **PLANETA NATAL** Naboo
FILIACIÓN Fuerzas Reales de Seguridad de Naboo, Cuerpo de Cazas Espaciales de Naboo, Amidalanos

Aviador veterano del Cuerpo de Cazas Espaciales de Naboo, Ric Olié puede pilotar cualquier nave de la flota y responde directamente ante el capitán Panaka. Tiene el honor de capitanear la nave real de la reina Amidala, y poco después de conocer a Anakin Skywalker, que entonces tiene nueve años, le enseña a manejarla. En la batalla de Naboo, Olié pilota una caza estelar N-1 y lidera el asalto del Escuadrón Bravo contra la nave de guerra de la Federación. Tras la muerte de su reina, Olié se une a los Amidalanos, un grupo rebelde que quiere vengar la muerte de Padmé. Cerca de Theed, lidera un ataque contra Vader, a quien cree responsable de las muertes de Padmé y Anakin. Olié no se percata de que está combatiendo a Anakin y cae ante la espada de Vader.

EIRTAÉ

ESPECIE Humana **PLANETA NATAL** Naboo
FILIACIÓN Casa Real de Naboo, Amidalanos

El capitán Quarsh Panaka recluta a Eirtaé como doncella de la reina Amidala, para quien ejerce de experta en comunicaciones. Tras la batalla de Naboo, se traslada a Otoh Gunga para dedicarse a la ingeniería y el arte. Acaba inventando una tecnología antigravedad que las doncellas usan tras escapar de las garras de Darth Vader.

RABÉ

ESPECIE Humana
PLANETA NATAL Naboo
FILIACIÓN Casa Real de Naboo, Amidalanos

Rabé es una leal doncella de Padmé, a quien le arregla el pelo y protege. También es una apasionada estudiante de música. Tras la muerte de Padmé, Rabé y el resto de los Amidalanos se comprometen a matar a su asesino.

SACHÉ

ESPECIE Humana **PLANETA NATAL** Naboo
FILIACIÓN Casa Real de Naboo, Amidalanos

La más joven de las doncellas de Amidala se convierte en una heroína de la batalla de Naboo después de ser torturada por la Federación de Comercio. Marcada por esa experiencia, se acaba dedicando a la política. Es muy leal a las otras doncellas, sobre todo a su esposa, Yané, y a sus hijos.

SARGENTO TONRA

ESPECIE Humana **PLANETA NATAL** Naboo
FILIACIÓN Casa Real de Naboo, Amidalanos

Tonra sirve en las Fuerzas de Seguridad Reales de Naboo y lucha en la batalla contra la Federación de Comercio. Luego colabora con Sabé para hallar a Shmi Skywalker en Tatooine y liberar al mayor número posible de esclavos. Miembro de los Amidalanos, muere en Naboo a manos de Darth Vader y los soldados de la muerte.

Mecánico intrépido
Sin importarle el fuego láser enemigo, R2-D2 repara con rapidez la nave de la reina para salvarla a ella y a sus aliados.

R2-D2

FABRICANTE Industrias Automaton
TIPO Droide astromecánico de serie R2
FILIACIÓN República, Alianza Rebelde, Resistencia

R2-D2 está siempre dispuesto a ayudar a sus amigos, por muy peligroso que sea. Es íntimo del droide de protocolo C-3PO, con quien ha participado en muchas batallas históricas.

UN INTRÉPIDO ASTROMECÁNICO

El astromecánico R2-D2, un versátil droide utilitario destinado al mantenimiento y la reparación de naves estelares y tecnología relacionada, está equipado con diversas herramientas que guarda en sus compartimentos. Como propiedad de las Reales Fuerzas de Seguridad de Naboo, es uno de los droides que sirven a bordo de la nave estelar de la reina. Cuando la Federación obliga a Padmé a huir a Naboo y su nave tiene que abrirse paso a través de un bloqueo, R2-D2 resulta decisivo para que Amidala y sus aliados Jedi escapen. Posteriormente, R2-D2 conoce al joven piloto Anakin Skywalker y le sirve sin querer de copiloto en la batalla de Naboo.

AL SERVICIO DE LA REPÚBLICA

Tras el fin del reinado de Padmé Amidala, R2-D2 continúa a su servicio en sus viajes como senadora de la República. Cuando un asesino trata de matar a Padmé en Coruscant, la Orden Jedi asigna a Anakin el papel de guardaespaldas y R2-D2 le presta su apoyo. Más tarde, junto con C-3PO, R2 asiste a la boda secreta de Padmé y Anakin. En las Guerras Clon, es el astromecánico del caza de Skywalker. Tras la caída de Anakin en el lado oscuro y su posterior duelo con Obi-Wan Kenobi en Mustafar, R2 está con Padmé cuando esta da a luz a los gemelos Luke y Leia. A diferencia de C-3PO, R2-D2 no sufre un borrado de memoria: lo recuerda todo cuando ambos entran al servicio del senador Bail Organa.

MENSAJERO DECIDIDO

Casi dos décadas después del ascenso del Imperio, R2-D2 y C-3PO sirven a la princesa Leia Organa de Alderaan, que también es agente de la Rebelión. Cuando Leia intenta entregar datos sobre la Estrella de la Muerte a sus aliados, Darth Vader captura su nave burladora de bloqueos. La princesa se apresura a grabar un mensaje y ordena a R2-D2 que se lo entregue a Obi-Wan Kenobi junto con los datos que lo acompañan. Pese a las protestas de C-3PO, el leal astromecánico acata sus órdenes a rajatabla y ayuda a los rebeldes a destruir la Estrella de la Muerte.

AGENTE SECRETO

R2 lleva a cabo muchas misiones para la Rebelión en la Guerra Civil Galáctica. Incluso se enfrenta a un destructor estelar para rescatar a C-3PO y ayuda a Luke a descubrir cosas sobre los Jedi. Dado que los astromecánicos son casi omnipresentes, no llaman mucho la atención ni levantan sospechas en los puertos imperiales ni los enclaves criminales. R2-D2 se convierte en un experto en colarse en territorio enemigo para ayudar a sus amigos. De hecho, durante el rescate de Han Solo por parte de la Alianza, ayuda al equipo a infiltrarse en el palacio de Jabba el Hutt.

DROIDE LEAL

Tras la Guerra Civil Galáctica, R2-D2 acompaña a Luke Skywalker en su misión para descubrir los secretos de la Fuerza y entrenar a la siguiente generación de Jedi. Participa con Luke en incontables misiones, desde el rescate de Grogu, alias el Niño, un ser sensible a la Fuerza a quien sacan de la nave del moff Gideon, hasta la búsqueda de Ochi de Bestoon. R2-D2 vive en Ossus, donde ayuda al maestro Skywalker con su nuevo Templo Jedi y los jovencitos a su cargo. Cuando Grogu decide poner fin a su entrenamiento, el droide pilota el Ala-X de Luke para llevarlo de vuelta con Din Djarin.

DE VUELTA A LA LUCHA

Durante el ascenso de la Primera Orden, el droide es testigo de la destrucción del templo de Luke, tras la caída de Ben Solo en el lado oscuro. Skywalker pierde la esperanza, se esconde y deja a R2-D2 con Leia Organa. Afectado por la desaparición de su amo, el droide entra en modo de bajo consumo durante años. Solo vuelve a funcionar a pleno rendimiento cuando se da cuenta de que tiene los datos del mapa perdido que indica la ubicación de Luke en Ahch-To. Al reencontrarse con Skywalker, R2-D2 lo convence para que vuelva a conectar con la Fuerza. Después, el leal droide vuelve a la Resistencia con Rey y Chewbacca. Tras las bajas en Crait, se une a una misión en Batuu y más tarde lo destinan a Ajan Kloss. Cuando Rey y su equipo parten en una misión para averiguar más cosas sobre Exegol, R2-D2 permanece junto a Leia en la base de la Resistencia. Y cuando su amigo C-3PO regresa de la aventura con la memoria borrada, R2 lo restaura con una copia de seguridad. Más tarde, el valiente astromecánico sirve como copiloto del general Dameron en la batalla de Exegol, y vive para contarlo y celebrarlo.

Droide duradero
Al haber sobrevivido a innumerables batallas y situaciones desesperadas, R2-D2 ha desarrollado una personalidad notablemente fuerte para un droide. Sigue demostrando una y otra vez ser un astromecánico de confianza, que no duda en correr peligro si es para ayudar a sus aliados.

Planes secretos
La princesa Leia confía a R2-D2 los planos robados de una superarma imperial, la Estrella de la Muerte.

MAUL

ESPECIE Zabrak **PLANETA NATAL** Dathomir
FILIACIÓN Sith, Hermanos de la Noche, Crimson Dawn, Colectivo Sombra

Maul, una máquina de matar forjada por Darth Sidious y alimentada por el odio, es el primer Sith conocido que mata a un Jedi en combate en más de mil años, pero al final lo traiciona su propio maestro.

EL CAMINO HACIA EL MAL

Maul nace como Hermano de la Noche en Dathomir y Darth Sidious se lo arrebata a su madre, Talzin, para convertirlo en su aprendiz Sith. Así aprende el poder del lado oscuro. Sidious le enseña a manejar una espada de luz de doble hoja, con la que Maul quiere vengarse de los Jedi por la diezma de las filas Sith. Durante su entrenamiento, Maul mata a la padawan Jedi Eldra Kaitis y usa su nombre para formar la banda del cártel de Kaitis. Sidious lo lleva a Malachor, donde Maul tiene una visión de sí mismo como Jedi y la rechaza.

Enviado por Sidious para acabar con la problemática reina Amidala, Maul la localiza en Tatooine, donde tiene un breve enfrentamiento con uno de sus dos protectores Jedi, Qui-Gon Jinn, que escapa con Amidala. Pero cuando los dos Jedi escoltan a Amidala de vuelta a Naboo, Maul acude para acabar con ellos. Se enfrenta a ellos y los atrae hacia el complejo generador de Theed. Aunque consigue matar a Qui-Gon, su aprendiz Obi-Wan logra abatir a Maul.

Duelo en el generador
Maul da muerte a un maestro Jedi en Naboo, pero subestima las dotes con la espada de luz del aprendiz de caballero, que corta al Sith por la mitad.

MALTRECHA CRIATURA

Durante más de una década, la Orden Jedi da a Darth Maul por muerto. Pero durante las Guerras Clon, cuando Asajj Ventress traiciona a Savage Opress, Madre Talzin informa a Savage de que tiene un hermano exiliado en el Borde Exterior que puede enseñarle a ser más poderoso. Opress va hasta Lotho Menor y encuentra a Maul en un estado lamentable, con el torso herido e injertado con piernas droides. Opress ayuda a Maul a recuperarse, y juntos buscan venganza contra quienes los convirtieron en monstruos.

EL COLECTIVO SOMBRA

Madre Talzin restablece la mente de Maul y lo dota de piernas cibernéticas, y Maul y Savage Opress atraen a Obi-Wan a una trampa para vengarse. Aunque no logran matarle, siembran muerte y destrucción en varios mundos mientras Maul va ganando adeptos entre los piratas espaciales y la Guardia de la Muerte mandaloriana con el objetivo de levantar su propio ejército, el Colectivo Sombra. Entonces, Darth Sidious decide intervenir porque no está dispuesto a permitir que la influencia de Maul aumente sin control. El lord Sith se enfrenta a Maul en un duelo y lo derrota con facilidad. Maul es encarcelado en Stygeon Prime, donde lo torturan, pero no lo matan, porque Darth Sidious cree que aún le puede ser útil. Los mandalorianos leales a Maul lo rescatan, y huye a Dathomir bajo la protección de Madre Talzin.

Una vez más, Sidious se ve obligado a actuar, y esta vez se sirve del poderío del ejército separatista. Sus flotas de droides aplastan al Colectivo Sombra, Talzin muere y Maul se retira a Mandalore para preparar su última batalla. Al final de las Guerras Clon, las fuerzas de la República asedian Mandalore. Lideradas por el comandante Rex y Ahsoka Tano, derrotan a Maul y a sus seguidores mandalorianos. El villano es encarcelado en la nave republicana *Tribunal*. Durante la Orden 66, Maul destroza los motores del hiperimpulsor de la nave en el camino de vuelta a Coruscant y ayuda a Ahsoka a escapar de los clones con él.

CRIMSON DAWN

Maul, que no se deja intimidar por sus intentos fallidos de gobernar a través del hampa, dirige la oscura banda criminal Crimson Dawn. La lidera desde la seguridad de su planeta natal, Dathomir, y deja que sus lugartenientes sean la cara de la organización. Uno de ellos es Dryden Vos, cuyas tácticas despiadadas lo ayudaron a convertir Crimson Dawn en una formidable empresa criminal durante los primeros años del Imperio. Tras la muerte de Vos, su mano derecha, Qi'ra, se pone en contacto con Maul y pasa a ser la cara visible del grupo. A través de Qi'ra y Crimson Dawn, Maul persevera en su sed de venganza contra los Sith, a quienes la banda intenta destruir.

> «Por fin nos revelaremos a los Jedi. Por fin podremos vengarnos.»
>
> **DARTH MAUL**

ACTO FINAL

La insaciable sed de poder de Maul lo lleva al planeta Malachor en busca de una superarma Sith que le permitiría vengarse de todos sus enemigos. Cuando Ahsoka Tano, Kanan Jarrus y Ezra Bridger, que llegan al planeta en busca de maneras de derrotar a los Sith, lo encuentran, afirma llevar años perdido en el planeta. Maul manipula al joven Ezra Bridger para que sea su «aprendiz». Sin saberlo, Ezra lleva a Maul hasta Tatooine, en busca del maestro Jedi Obi-Wan Kenobi. El antiguo Sith se enfrenta a su viejo adversario en el desierto y percibe que, en realidad, se ha escondido para proteger a Luke Skywalker. Con el futuro de los Jedi en juego, Kenobi no tiene otra opción que luchar. El Jedi solamente necesita tres golpes de su espada de luz para derrotar a Maul, que muere en brazos de su mayor enemigo. Así terminan décadas de búsqueda de venganza.

Sed de venganza
El ardiente deseo de matar al Jedi que lo hirió es lo único que mantiene vivo a Maul.

Guerrero vengativo
Maul es uno de los Sith más mortíferos y mejor entrenados en la historia de su orden. Su cara tatuada simboliza su total devoción al lado oscuro, ya que representa su odio hacia los Jedi.

DARTH VADER (ANAKIN SKYWALKER)

ESPECIE Humana **PLANETA NATAL** Tatooine
FILIACIÓN Jedi, República, Sith, Imperio

Hijo fruto de la profecía, posiblemente concebido por la voluntad de la propia Fuerza, Anakin Skywalker deja una huella indeleble en la historia de la galaxia, a la que guía en épocas de luz y oscuridad.

HACIA LA LIBERTAD

Cuando el Jedi Qui-Gon Jinn y sus aliados se quedan varados en Tatooine, Anakin Skywalker, un ingenioso y joven esclavo, hace lo que puede por ayudarlos. Se inscribe en una carrera de vainas con la esperanza de ganar un premio en metálico para comprar las piezas de repuesto para la nave, pero, sin que el chico lo sepa, Qui-Gon hace una apuesta con el dueño de Anakin, Watto. Cuando Anakin gana, ayudado por sus reflejos y su sensibilidad a la Fuerza, no solo consigue el dinero; también su libertad. Qui-Gon cree que es el Elegido que traerá el equilibrio a la Fuerza, pero otros Jedi no están tan seguros. Más tarde, Anakin se convierte en el aprendiz de Obi-Wan Kenobi y ambos emprenden misiones por toda la galaxia, entre ellas las de Carnelion IV y Dallenor. En su papel de canciller supremo Palpatine, Darth Sidious influye en el impresionable Anakin.

APRENDIZ DE PÍCARO

Años más tarde, cuando Anakin protege a Padmé Amidala, siente que su madre, Shmi Skywalker, está en apuros y corre a Tatooine para salvarla. Allí la encuentra moribunda en un campamento tusken. Shmi fallece en sus brazos, tras lo cual Anakin masacra a los nómadas sin piedad. Destrozado por la muerte de su madre, promete que aprenderá a impedir que la gente muera. Antes de la 1.ª batalla de Geonosis, Anakin y Padmé se confiesan su amor. Tras la contienda, y pese a contravenir el Código Jedi, se casan en secreto en Naboo.

UN NUEVO CABALLERO

En las Guerras Clon, Anakin es nombrado caballero y se convierte en un general Jedi célebre por sus habilidades de combate y sus tácticas en el campo de batalla. El Consejo Jedi le asigna una padawan, Ahsoka Tano, con la esperanza de que su colaboración los beneficie a los dos. Junto al capitán Rex y el resto del 501.º Batallón Clon, la pareja Jedi participa en muchos combates críticos, como en Geonosis, Kamino, Mon Cala y Umbara.

ATRACCIÓN POR EL LADO OSCURO

Según la guerra continúa, Anakin empieza a dudar de la Orden Jedi, sobre todo cuando el Consejo falla a Ahsoka y esta abandona a los Jedi. En una misión para rescatar a Palpatine, a quien capturan en la batalla de Coruscant, el canciller sigue aprovechándose de las debilidades de Anakin e insta al joven a matar al conde Dooku. Poco después, Skywalker empieza a tener sueños en los que Padmé muere en el parto. Anakin no tarda en advertir la desconfianza entre Palpatine y el Consejo Jedi, y se debate entre la lealtad al canciller y sus deberes para con el Consejo. Tras enterarse de que Palpatine es un señor del Sith, informa al Consejo, pero luego se alía con Palpatine, que le promete poderes para prolongar la vida a fin de salvar a Padmé.

General Jedi
Anakin sirve con distinción en las Guerras Clon y recibe elogios por su estrategia.

LA CONVERSIÓN EN DARTH VADER

Anakin, rebautizado como Darth Vader, pasa a ser el aprendiz Sith de Palpatine. Ayuda a aniquilar a los enemigos de los Sith, entre ellos sus antiguos aliados del Templo Jedi, y ello permite a Palpatine declararse emperador. Un cruento duelo con Obi-Wan en el abrasador Mustafar deja a Vader mutilado y al borde de la muerte, pero Palpatine rescata a su aprendiz y lo transforma en un cíborg. Luego le dice que mató a Padmé en Mustafar.

A LA CAZA DE JEDI

Una vez reconstruido, Vader emprende varias misiones para Palpatine, entre ellas la de forjar una nueva espada de luz. Busca a un superviviente Jedi y reutiliza su cristal kyber, que cambia de verde a rojo. Sidious pone a Vader al mando de la Inquisición, y este trata a los inquisidores como burdas herramientas. Vader mata personalmente a varios supervivientes Jedi, como Jocasta Nu, bibliotecaria jefe, y Eeth Koth, exmiembro del Consejo Jedi. También construye una fortaleza en Mustafar, un planeta que no solo le trae recuerdos dolorosos, sino que está vinculado al lado oscuro. Intenta utilizar el castillo para resucitar a Padmé, pero fracasa.

Cuando el antiguo maestro de Vader, Obi-Wan, reaparece temporalmente, llama la atención de Vader y sus inquisidores, que emprenden una cacería por toda la galaxia. El Sith está tan concentrado en perseguir a su antiguo mentor y hacerle sufrir que deja escapar del Imperio a una red rebelde. Tras muchos contratiempos, Obi-Wan se impone y vence a Vader. Cuando Kenobi se disculpa por haber fallado a su alumno, Vader afirma que fue él quien mató a Anakin. Obi-Wan abandona al abatido señor del Sith y vuelve a las sombras. Poco después, un Vader vengativo se dirige a Jedha, donde mata a la maestra Jedi Cere Junda, una superviviente que había escapado de sus garras en Nur.

REBELIÓN APLASTANTE

En los años siguientes, Vader actúa como ejecutor del emperador mientras surgen células rebeldes por toda la galaxia. Cuando la actividad rebelde en Lothal se intensifica, Vader se enfrenta al Jedi Kanan Jarrus y a su padawan, Ezra Bridger, y descubre que están trabajando con su antigua aprendiz, Ahsoka. En el Templo Sith de Malachor, esta se bate en duelo con Vader para ganar tiempo a fin de que Kanan y Ezra puedan huir, pero consigue escapar antes de que su antiguo maestro pueda asestarle un golpe mortal. Más tarde, el señor del Sith recluta a la fuerza a un contrabandista para recuperar la Estrella Brillante, un antiguo artefacto que Vader cree que resucitará a Padmé. Sin embargo, el contrabandista interfiere en sus planes y destruye la poderosa reliquia.

Cuando la Alianza Rebelde roba los planos de la Estrella de la Muerte de la cámara acorazada de Scarif, Vader trata de recuperarlos sin éxito. Detecta la presencia de Obi-Wan en la superarma y se bate en duelo con el Jedi por última vez. El señor del Sith sale victorioso, pero Obi-Wan pasa a ser uno con la Fuerza. La Alianza usa los planos para descubrir un punto débil en la Estrella de la Muerte y destruirla, pese a la presencia de Vader en la batalla de Yavin.

CAMBIO DE PLANES

El emperador culpa a Vader de la victoria rebelde y este debe trabajar duro para recuperar su favor. A tal fin, se alía con la doctora Chelli Lona Aphra para formar un ejército secreto y dar con el piloto rebelde que destruyó la Estrella de la Muerte. Tras descubrir que el piloto es su propio hijo, Luke Skywalker, Vader conspira para convertirlo al lado oscuro y gobernar juntos la galaxia. Por otro lado, compite por el favor del emperador con el gran general Tagge y con un humanoide cibernético llamado Cylo. Al final, Vader se las ingenia para recuperar la confianza de su amo.

REDENCIÓN

Tras llevar al Imperio a la victoria en la batalla de Hoth, Vader tiende una trampa a Luke en la Ciudad de las Nubes y lo atrae a un duelo para revelarle que es su padre. Pero no logra ganarse la lealtad de Luke, lo cual disgusta a Sidious y obliga a Vader a demostrar su valía una vez más para no perder su posición. Ese objetivo lo lleva a Exegol, donde conoce el verdadero alcance del poder de su maestro. Además, topa con Sabé, la antigua doncella de Padmé, y, durante un tiempo, intenta corromperla para que sirva al Imperio. En esa época tumultuosa para la galaxia, la banda criminal Crimson Dawn trata de destruir la Orden Sith, y Vader trabaja con Sidious para impedirlo.

Más tarde, el señor del Sith ayuda al emperador a tender una trampa a Luke y a sus aliados rebeldes en la segunda Estrella de la Muerte, que está en órbita en torno a Endor. Allí, Luke entra en la sala del trono del emperador y este le incita a luchar contra su padre. Cuando Luke se niega a matar a Vader, el emperador desata una descarga de rayos generados por la Fuerza sobre el joven Jedi. Entonces Vader se da cuenta de que quiere salvar a su hijo, por lo que tiene que destruir a su maestro. Vader mata al emperador, o eso parece, pero no sobrevive al combate. Gracias a su hijo Luke, Anakin se redime y se convierte en uno con la Fuerza.

UNO CON LA FUERZA

A veces, Anakin se aparece a sus seres queridos. Ayuda a Ahsoka Tano a emprender un camino menos cínico y pesimista, y también se aparece a su hijo Luke para ayudarlo y advertirlo de un peligro durante la Nueva República.

C-3PO

MODELO Droide de protocolo **PLANETA NATAL** Tatooine **FILIACIÓN** República, Alianza Rebelde, Resistencia

Este droide de protocolo de relaciones cibernéticas humanas es quisquilloso y tímido, pero también es un amigo leal que sobrevive a miles de aventuras con R2-D2.

Amigos
Nada más conocerse, R2-D2 y C-3PO se suman al equipo de boxes de la vaina de carreras de Anakin en la Clásica de Boonta Eve, celebrada en la Gran Arena de Mos Espa.

«GRACIAS SEAN DADAS AL HACEDOR»
C-3PO fue creado por Anakin Skywalker, un niño de nueve años que lo programó para ayudar a su madre, Shmi. Al principio, C-3PO no tiene carcasa y soporta la vergüenza de estar «desnudo», con sus partes y cables a la vista. Poco después de su activación, conoce a R2-D2, Qui-Gon Jinn, Padmé Naberrie y Jar Jar Binks, que van a Coruscant. Anakin parte con sus nuevos amigos y deja a C-3PO con Shmi. Más tarde, Shmi y C-3PO se trasladan a la granja de humedad de Lars, y Shmi lo dota de un revestimiento metálico.

AL SERVICIO DEL SENADO
Una década después de que Anakin abandone a C-3PO en Tatooine, el droide de protocolo se reencuentra con su creador y es arrastrado a la batalla que da comienzo a las Guerras Clon. Junto con R2-D2, es testigo de la boda secreta de Anakin y Padmé y, posteriormente, se convierte en traductor y asistente personal en reuniones del Senado y misiones diplomáticas. Cuando los Sith toman el control de la República, C-3PO asiste al nacimiento de los gemelos de Padmé, Luke y Leia. Para asegurarse de que nadie, sobre todo los Sith, sepan de su existencia, a C-3PO le borran la memoria y olvida su pasado. Luego entra al servicio del senador Bail Organa junto con R2-D2, y más adelante trabaja para la hija de Bail, la princesa Leia Organa.

Misión a Rodia
C-3PO sirve a la senadora Padmé Amidala y al representante Jar Jar Binks durante las Guerras Clon.

VENTA DEL DROIDE
Casi veinte años después de las Guerras Clon, C-3PO sigue siendo propiedad de Leia cuando, a regañadientes, se suma a R2-D2 en una misión para buscar a Obi-Wan Kenobi en Tatooine. Pero los jawas atrapan a los droides y se los venden a Owen Lars y a su sobrino, Luke Skywalker, para la granja de humedad. Owen y C-3PO ya habían convivido en la granja en el pasado, pero Owen no lo reconoce, y C-3PO no lo recuerda.

AGENTE DE LA ALIANZA
En la Guerra Civil Galáctica, C-3PO ejecuta misiones por toda la galaxia para la Alianza, y en ellas descuella como diplomático y traductor experto. Destacan sus aventuras en Cymoon 1, Nar Shaddaa, Kakra y la Ciudad de las Nubes, en Bespin, donde lo desmontan temporalmente.

UN DIOS DORADO
C-3PO acompaña a un equipo rebelde a la Luna Boscosa de Endor. Allí conoce a los ewoks, una especie indígena de guerreros primitivos que desconfían de los humanos, pero creen que el droide dorado es un dios. C-3PO no se considera un buen narrador, pero su relato sobre los grandes acontecimientos de la Guerra Civil Galáctica anima a los ewoks a aliarse con los rebeldes. Al ganarse su lealtad, C-3PO desempeña un papel clave en la victoria de la Rebelión en la batalla de Endor.

AGREGADO DEL SENADOR ORGANA
Una vez establecida la Nueva República, C-3PO retoma su función de ayudante y representante en el Senado galáctico, esta vez para Leia Organa. El indispensable droide de protocolo hace de traductor para la renombrada senadora, gestiona su correspondencia y, de vez en cuando, la acompaña a grabar las actas del Senado. La senadora confía tanto en C-3PO que lo envía en su lugar cuando la general Hera Syndulla, de las Fuerzas de Seguridad de la Nueva República, es interrogada sobre su papel en una misión de reconocimiento no autorizada en Seatos.

JEFE DE ESPIONAJE DE LA RESISTENCIA
Siempre leal a Leia Organa, C-3PO permanece a su lado cuando esta lidera la Resistencia contra la Primera Orden. Sirve al incipiente grupo militar como líder de una red de inteligencia droide. Sus agentes, que actúan de incógnito por toda la galaxia, son los ojos y oídos mecánicos de la Resistencia, vigilan la actividad de la Primera Orden e informan a C-3PO para su análisis. Tras la batalla de D'Qar, la red suspende sus operaciones mientras la Resistencia huye.

C-3PO lo ve todo
Aunque suele quejarse de que nadie le cuenta nada, C-3PO está en el centro de los servicios de inteligencia de la Resistencia.

SACRIFICIO
C-3PO adopta un papel más activo en la Resistencia cuando sus miembros se trasladan a Ajan Kloss y se unen a Rey y los demás en la búsqueda de Exegol. El valiente droide renuncia a sus recuerdos para saltarse sus protocolos de traducción e interpretar un mensaje Sith que llevará a Rey hasta Palpatine y a su destino. Cuando se reencuentra con R2-D2, su mejor amigo le restaura la memoria con una copia de seguridad que hizo justo antes de que partiera en la arriesgada misión.

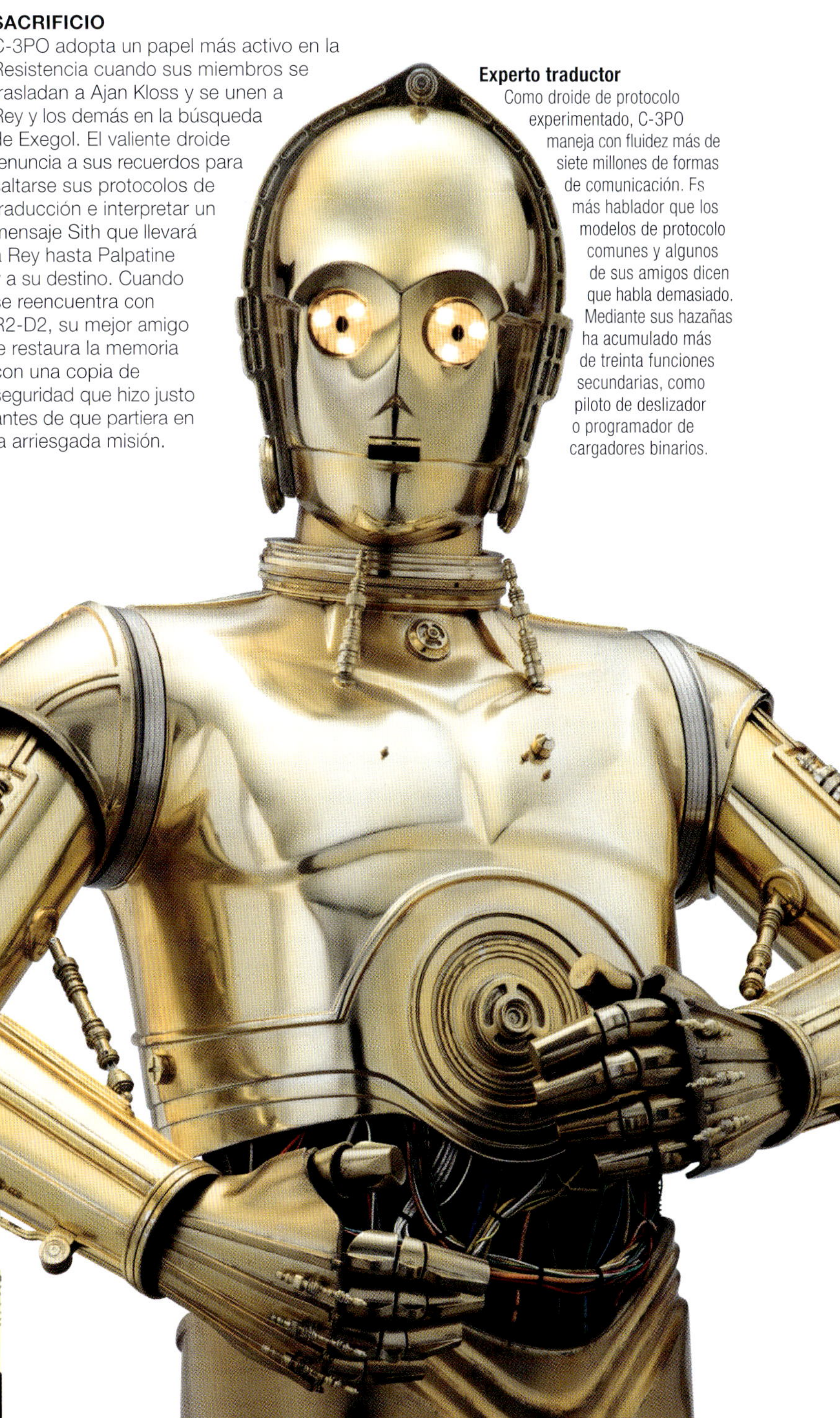

Experto traductor
Como droide de protocolo experimentado, C-3PO maneja con fluidez más de siete millones de formas de comunicación. Fs más hablador que los modelos de protocolo comunes y algunos de sus amigos dicen que habla demasiado. Mediante sus hazañas ha acumulado más de treinta funciones secundarias, como piloto de deslizador o programador de cargadores binarios.

RONTO

PLANETA NATAL Tatooine
ALTURA MEDIA 5 m **HÁBITAT** Desierto

Saurio autóctono de Tatooine, Ronto es un enorme herbívoro cuadrúpedo. Los jawas usan estas domesticadas bestias para viajar y transportar mercancías entre distantes zonas comerciales. Pese a su tamaño y su apariencia imponentes, son asustadizos y se sobresaltan fácilmente; también son fieles a sus dueños. Necesitan grandes cantidades de agua, pero se las apañan en el desierto. Su piel desprende calor, igual que los pliegues de su hocico, que les protegen los ojos de la arena.

SEBULBA

ESPECIE Dug **PLANETA NATAL** Malastare
FILIACIÓN Ninguna

Sebulba, un oponente formidable en el circuito de carreras de vainas del Borde Exterior, pilota una vaina naranja trucada y superpotente. Tiene un talento excepcional, pero gran parte de su éxito se debe a que hace cualquier cosa para asegurarse la victoria a cualquier precio. No le quita el sueño sabotear el vehículo de un adversario antes de una carrera, y suele ocultar armas ilícitas en su vaina para distraer o derribar a otros pilotos. En una ocasión, embiste y destroza con su vehículo la vaina del niño esclavo Anakin Skywalker, que no puede terminar la carrera.

Pero, a pesar de su conducta atroz, Sebulba es popular entre muchos aficionados a las carreras porque con él el espectáculo está asegurado, como bien saben los organizadores. Siempre que compite, garantiza una gran afluencia de público y, por lo tanto, grandes beneficios.

En la Clásica de Boonta Eve, viste un traje de cuero hecho a medida y decorado con las monedas de sus premios en carreras anteriores. Parte como favorito, pero esta vez Anakin esquiva sus crueles tácticas y es el primero en cruzar la línea de meta. Por si no le bastara con perder la carrera, Sebulba también pierde el control de su vaina y se estrella contra las arenas del desierto. Por suerte para él, sobrevive para participar en muchas competiciones más.

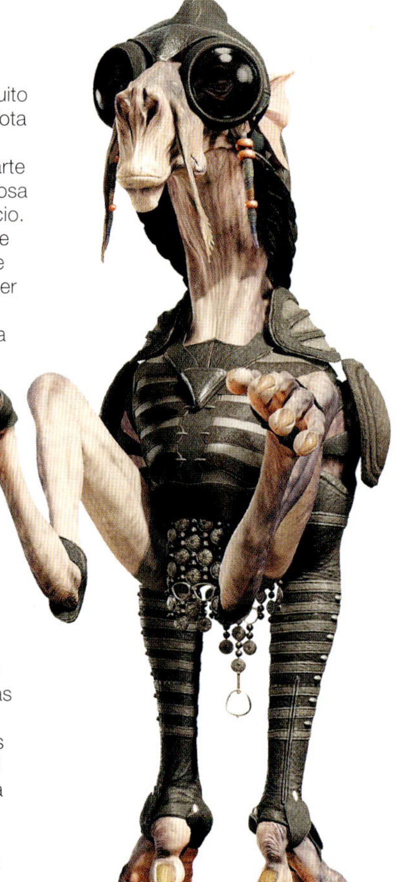

WALD

ESPECIE Rodiana **PLANETA NATAL** Tatooine
FILIACIÓN Civil, vendedor

Wald es uno de los amigos de la infancia de Anakin Skywalker en Mos Espa y forma parte de su equipo de carreras.

Años más tarde, pasa a ser miembro de una colonia de antiguos esclavos en Gabredor III. Sin saberlo, lucha junto a su antiguo amigo, que ahora es Darth Vader, para salvar su hogar.

WEAZEL

ESPECIE Humana **PLANETA NATAL** Tatooine
FILIACIÓN Cártel hutt, Jinetes de las Nubes

Weazel trabaja como agente de los hutt en Tatooine y está entre el público cuando Anakin Skywalker gana la famosa Clásica de Boonta Eve.

Al ver el daño que causan las bandas criminales (y ahora el Imperio), renuncia a su antigua vida y se une a los Jinetes de las Nubes. Es la mano derecha de Enfys Nest y su mejor espía.

QUINLAN VOS

ESPECIE Kiffar **PLANETA NATAL** Kiffu
FILIACIÓN Jedi

Quinlan Vos, antiguo padawan del maestro Tholme, es un maestro Jedi sarcástico y con fama de no respetar las reglas. Rastreador experto, es célebre por su capacidad psicométrica de leer los recuerdos de otros con solo tocar los objetos que han tocado. Sus misiones suelen tener que ver con miembros del inframundo galáctico y así conoce a Aayla Secura, una twi'lek sensible a la Fuerza que será su aprendiz de Jedi.

Durante las Guerras Clon, Vos se asocia con Obi-Wan Kenobi para localizar al fugitivo señor del crimen Ziro el Hutt. Gracias a sus conexiones en el submundo, Vos descubre que el Consejo Hutt ha decidido contratar al cazarrecompensas Cad Bane para sacar a Ziro de la cárcel. Vos y Obi-Wan viajan a Nal Hutta y se reúnen con el Consejo Hutt, que niega conocer el paradero de Ziro y Cad. Al final, los Jedi averiguan que Ziro ha escapado al planeta Teth y que Cad Bane también lo persigue. Cuando llegan a Teth, encuentran a Cad Bane merodeando cerca del cadáver de Ziro. Bane niega ser responsable de su muerte y los Jedi tratan de detenerlo por crímenes anteriores, pero huye al espacio.

Más tarde, Vos acepta una misión para asesinar al conde Dooku. Finge ser un cazarrecompensas y conoce a Asajj Ventress, antigua aprendiz de Dooku y también cazarrecompensas. Se une a ella en una misión a Mustafar y allí le revela su verdadera identidad y su misión. Asajj accede a ayudarlo con la condición de que acepte su tutelaje en el lado oscuro. Durante el entrenamiento, Vos y Asajj se enamoran, para sorpresa de ambos. Atacan a Dooku en Raxus, pero fracasan y Vos es detenido.

Poco después, parece que la tortura de Dooku ha quebrado a Vos, que en realidad está fingiendo para completar su misión. Cuando Asajj intenta rescatar a Vos, este rechaza su ayuda y se convierte en un agente separatista conocido como Almirante Enigma. Asajj y los Jedi intentan capturar a Enigma, pero solo encuentran a Vos en una celda. Los Jedi lo acogen pese a que Asajj insiste en que sigue en el lado oscuro. Cuando los temores de Asajj se confirman, los Jedi ponen a prueba la lealtad de Vos pidiéndole de nuevo que mate a Dooku. Vos y Asajj viajan a la nave de Dooku, pero los Jedi interfieren y acaban estrellándose con Dooku en Christophsis. Asajj se sacrifica para salvar a Vos de los Sith. Encolerizado, Vos vence a Dooku pero este huye cuando aquel decide perdonarle la vida. Vos puede regresar a la Orden tras esta demostración de misericordia y vuelve a estar en activo.

Lucha en Kashyyyk cuando se activa la Orden 66 y logra escapar. En cierto momento topa con la Senda Oculta, grupo que ayuda a ocultar del Imperio a las personas sensibles a la Fuerza. Vos los ayuda a poner a varios jovencitos a salvo.

A la caza de Ziro
En busca de Ziro el Hutt, Quinlan y Obi-Wan se enfrentan a miembros del Consejo Hutt en un bar de Nal Hutta *(izda)*.

BANTHA

PLANETA NATAL Tatooine
ALTURA MEDIA 2 m **HÁBITAT** Desierto

Los banthas, grandes cuadrúpedos con greñas y ojos curiosos y brillantes, se domestican fácilmente y se crían en muchos planetas de la galaxia. Los machos se distinguen por un par de largos cuernos en espiral. La carne y la leche de bantha son productos comunes de alimentación, y las botas, chaquetas y otros artículos de piel de bantha son bastante habituales. En Tatooine, los granjeros de humedad usan a los banthas como bestias de carga, pero para los tusken, que los veneran, son leales compañeros. Estos nómadas del desierto los montan en fila india para dejar pocas huellas en la arena y ocultar su número.

DEWBACK

PLANETA NATAL Tatooine
ALTURA MEDIA 9 m **HÁBITAT** Desierto

Los dewbacks son grandes lagartos usados como cabalgaduras y bestias de carga en su nativo Tatooine, donde acarrean mercancía de comerciantes o granjeros de humedad, tiran de piezas de vainas de carreras hasta la parrilla de salida o trabajan al servicio de patrullas de soldados de asalto de la guarnición imperial. El dewback soporta el calor y el polvo, que suelen causar averías mecánicas en los vehículos de alta tecnología. Cuando los soles se ponen y las temperaturas caen, los dewbacks se aletargan y es muy raro que se muevan.

WATTO

ESPECIE Toydariana **PLANETA NATAL** Toydaria
FILIACIÓN La tienda de Watto

Este veterano herido es el dueño de una tienda de chatarra y un desguace en Mos Espa, además de un jugador empedernido y un ávido aficionado a las carreras de vainas. Watto hace una apuesta sobre una carrera contra otra jugadora, Gardulla la Hutt, y le gana dos esclavos, Shmi Skywalker y su hijo Anakin, ambos expertos mecánicos. Años más tarde, Qui-Gon Jinn intenta comprarle un hiperimpulsor de segunda mano a Watto, quien se queda tan intrigado como inquieto cuando el desconocido le propone una apuesta por la que puede perder a Anakin o ganar una nave. Watto pierde la apuesta y Anakin queda libre, tras lo cual abandona Tatooine para convertirse en Jedi.

Sin el talento de Anakin para la mecánica, el negocio de Watto quiebra y el toydariano tiene que venderle a Shmi al granjero Cliegg Lars. Cuando Anakin vuelve a Mos Espa en busca de su madre, Watto le da una pista sobre su paradero.

«Estés donde estés, mi amor estará contigo.» SHMI SKYWALKER

SHMI SKYWALKER

ESPECIE Humana **PLANETA NATAL** Tatooine
FILIACIÓN Granjera de humedad

Shmi, la madre de Anakin, es una mujer cariñosa y de voz dulce. Crea un buen hogar para su hijo y lucha por darle un futuro mejor para que se libere del chatarrero Watto. Sabe que Anakin tiene poderes especiales: puede ver las cosas antes de que sucedan. Pero será con la llegada del caballero Jedi Qui-Gon a Mos Espa cuando se dará cuenta de que su hijo tiene el potencial y la oportunidad de convertirse en Jedi. Con la ayuda de Qui-Gon, Anakin se gana la libertad compitiendo en una carrera de vainas, pero Qui-Gon es incapaz de persuadir a Watto para que libere también a Shmi. Antes de partir con Qui-Gon, Anakin promete que volverá para liberarla. También deja atrás a C-3PO, el droide de protocolo que construyó para ayudar a su madre.

La adicción al juego deja a Watto en la miseria y se ve obligado a vender a Shmi. Cliegg Lars, un granjero de humedad, se enamora de ella y compra su libertad. Shmi y Cliegg se casan y ella pasa a ser la cariñosa madrastra del hijo de Cliegg, Owen. Junto con C-3PO, viven todos en la granja de humedad de la familia. Posteriormente, Shmi se une a los Soles Blancos, un grupo dedicado a liberar a los esclavos de Tatooine, junto a Beru Whitesun, la compañera de Owen. Shmi crea una herramienta de desprogramación para desactivar los chips de control de los esclavos y, con mucho valor, la prueba consigo misma primero para anular el chip que aún tiene implantado.

Diez años después de la partida de Anakin, Shmi está sola recogiendo las setas que crecen en los evaporadores, cuando una banda de bandidos tusken la rapta. Cliegg y una partida de granjeros intentan rescatarla, pero los tusken les tienden una emboscada: dejan lisiado a Cliegg y matan a muchos de sus aliados. Un mes más tarde, Anakin, atormentado por las pesadillas en las que ve cómo torturan a Shmi, regresa a Tatooine con la decisión de encontrar a su madre. Aunque Cliegg insiste en que Shmi debe de estar muerta, Anakin consigue una moto-jet y sigue el rastro de los tusken por el desierto. Cuando llega a su campamento, halla a su madre en las últimas. Solo le quedan fuerzas para decirle que lo quiere, antes de morir. Enfurecido, Anakin se deja llevar por el lado oscuro y masacra a los tusken. Luego regresa al hogar de los Lars, donde entierra a Shmi. Esta experiencia tan traumática hace que Anakin anhele el poder de impedir que mueran sus seres queridos.

JAWAS

ESPECIE Jawa **PLANETA NATAL** Tatooine
FILIACIÓN Carroñeros del desierto

Los jawas, que peinan los desiertos en busca de chatarra y droides descarriados, son humanoides de un metro de altura que visten bastas túnicas tejidas a mano. Con sus armas improvisadas, incapacitan a los droides perdidos y los cargan en sus casas móviles, llamadas reptadores de las arenas. Como los granjeros de humedad de Tatooine viven lejos de los desguaces y los mercaderes de droides, suelen comerciar con ellos, pese a su fama de mercachifles que arreglan la chatarra de cualquier manera. Algunos audaces clanes de jawas se han aventurado fuera del planeta en busca de chatarra.

EOPIE

PLANETA NATAL Tatooine
ALTURA MEDIA 2 m **HÁBITAT** Desierto

Bestia de carga omnívora y obstinada de Tatooine, el eopie es famoso por su resistencia: a menudo forzado hasta el límite por los moradores del planeta bisolar. Este cuadrúpedo de pie firme es de piel clara, hocico flexible y malas pulgas. Sus crías son muy vulnerables y suelen ser presa de depredadores, por lo que los eopies viajan en manadas. Los granjeros de humedad usan a los más viejos para que se coman el exceso de malezas que podrían echar a perder las valiosas cosechas de humedad.

KITSTER BANAI

ESPECIE Humana **PLANETA NATAL** Tatooine
FILIACIÓN Civil

El joven y optimista Kitster Banai es uno de los mejores amigos de la infancia de Anakin, junto con Wald. Cuando Anakin compite en la Clásica de Boonta Eve, Kitster forma parte de su equipo de boxes de confianza. Después de ganar la carrera, Anakin le da unos créditos a Kitster, que los usa para mejorar su vida. Más tarde, Sabé lo libera de la servidumbre, tras lo cual Kitster se instala con Wald y otros antiguos esclavos en una colonia de Gabredor III. En la era imperial, Sabé y Darth Vader, que no olvida a sus antiguos amigos, salvan la colonia del desastre.

BEN QUADINAROS

ESPECIE Toong **PLANETA NATAL** Tund
FILIACIÓN Carreras de vainas

De baja estatura, para los estándares toong, Ben Quadinaros es el participante más alto de la Clásica de Boonta Eve, y también el más novato. Su vaina de carreras, ensamblada a toda prisa, falla y se cala ya en la parrilla de salida, antes de que sus cuatro motores se rompan y estallen en todas direcciones. Quadinaros persevera en este deporte hasta ser anunciado como el mayor rival de Sebulba.

GASGANO

ESPECIE Xexto **PLANETA NATAL** Troiken **FILIACIÓN** Carreras de vainas

Piloto muy competitivo, de cuatro brazos y dos piernas, Gasgano puede manejar múltiples mandos a la vez. Su predilección por la alta velocidad se combina con un carácter cruel que se enciende cuando los demás pilotos intentan adelantarlo. Corre en nombre de Gardulla la Hutt en la Clásica de Boonta Eve, quien apuesta por él grandes sumas contra Jabba. Gasgano acaba la Boonta en segundo puesto, tras Anakin Skywalker.

Vaina personalizada Gasgano pilota una vaina Ord Pedrovia hecha a medida, con nueve metros de motores protuberantes para una potente aceleración.

TEEMTO PAGALIES

ESPECIE Veknoid
PLANETA NATAL Moonus Mandel
FILIACIÓN Carreras de vainas

El extravagante Teemto Pagalies, marginado en su planeta natal, pilota una vaina de cola larga IPG-X1131 con motores de 10,65 metros. En la segunda vuelta de la Clásica de Boonta Eve, unos bandidos tusken le disparan y hacen que se estrelle. Por fortuna, sobrevive y vuelve a correr.

Motores largos Sentado en la cabina de su IPG-X1131 *(arriba)*, Pagalies se jacta de tener los motores más largos de la Clásica de Boonta Eve *(izda.)*.

ODY MANDRELL

ESPECIE Er'Kit **PLANETA NATAL** Tatooine
FILIACIÓN Carreras de vainas

Insensato buscador de emociones con apetito insaciable por la alta velocidad, Ody Mandrell pilota su enorme vaina Exelbrok desenfrenada y temerariamente. Durante una parada en boxes en la Clásica de Boonta Eve, uno de sus droides es succionado por una de las tomas del motor, lo que inutiliza su vehículo y lo descalifica de la carrera.

CLEGG HOLDFAST

ESPECIE Nosauriano **PLANETA NATAL** Nuevo Plympto **FILIACIÓN** Carreras de vainas

Periodista para *Podracing Quarterly* (revista sobre las carreras de vainas), el arrogante Holdfast participa en las carreras para cubrir las noticias desde dentro. Los otros corredores opinan que es mejor periodista que piloto, pero él luce con orgullo una serie de medallas decorativas, muestra de sus proezas. En la segunda vuelta de la Clásica de Boonta Eve, Sebulba usa su lanzallamas oculto al pasar junto a Holdfast. Las llamaradas cuecen los motores del nosaurio, obligándole a estrellarse.

FODE Y BEED

ESPECIE Troig **PLANETA NATAL** Pollillus
FILIACIÓN Carreras de vainas

Exuberantes, coloridos y no siempre fieles a los hechos, Fode y Beed son los famosos comentaristas de la Clásica de Boonta Eve. Fode y Beed, al igual que todos los troig, comparten un cuerpo con dos cabezas, cada una con su personalidad y su idioma. La cabeza moteada de rojo de Fode retransmite en básico, mientras que su homólogo Beed, de cabeza moteada en verde, lo hace en huttés.

JABBA EL HUTT

ESPECIE Hutt **PLANETA NATAL** Tatooine
FILIACIÓN Gran Consejo Hutt, Sindicato Crymorah

Este repugnante gánster es el jefe del crimen en el Borde Exterior. El longevo Jabba lleva siglos gobernando sus territorios y siempre se impone a sus adversarios, sean criminales o no.

JEFE DEL CRIMEN

Durante la Alta República, Jabba asiste a un banquete en Hynestia para negociar un tratado entre el Clan Hutt y la familia real hynestiana. Todo forma parte de una treta que los hutt esperan usar como excusa para ejercer la violencia, pero un trío de Jedi –Lynela Kabe-Oyu, Stellan Gios y Vernestra Rwoh– se percata de la traición y Jabba acaba arrestado por un tiempo.

Siglos después, Jabba basa sus operaciones en un opulento palacio de Tatooine. Sus lucrativos y desagradables negocios incluyen la esclavitud, el tráfico de armas, el contrabando de especia, el juego y la extorsión. Jabba asiste a la Clásica de Boonta Eve, que gana inesperadamente Anakin Skywalker, pero en realidad le aburren las carreras.

TRATOS SECRETOS

En las Guerras Clon, secuestran a Rotta, el hijo de Jabba. Los Jedi lo rescatan y descubren que los separatistas y el propio tío de Jabba, Ziro, son los responsables del secuestro. Tras ello, Jabba se compromete a ayudar a la República en la guerra. Cuando el barón Papanoida, presidente de Pantoran, visita su palacio y exige una muestra de sangre de Greedo, el cazarrecompensas de Jabba, este accede a su petición cuando se entera de que Papanoida está buscando a sus hijas desaparecidas.

Jabba teme que Ziro exponga las actividades ilegales de los hutt, por lo que contrata al cazarrecompensas Cad Bane, que saca a Ziro de la cárcel. Jabba paga entonces en secreto a Sy Snootles para que localice los documentos incriminatorios de Ziro, lo mate y se los entregue a Jabba. Cuando Maul forma su propia banda criminal, el Colectivo Sombra, coacciona a Jabba y al resto del cártel hutt para que se le unan, pero abandonan el grupo cuando Maul es encarcelado.

BAJO EL IMPERIO

Jabba sigue operando en la era imperial. Su mayordomo, Bib Fortuna, le procura una mascota: un joven rancor de Ord Mantell que se convertirá en uno de los métodos de ejecución favoritos de Jabba. Tras una sequía en Tatooine, Jabba aplica un impuesto sobre el agua a sus habitantes y envía a cazarrecompensas a por todo el que se resista. El Hutt contrata como contrabandista al capitán del *Halcón Milenario*, Han Solo, que pasa a ser el mejor de su plantilla. En una ocasión, Han recibe el encargo de adquirir una urna que, según Jabba, contiene las cenizas de uno de sus enemigos. Sin embargo, en realidad la urna contiene el núcleo neural de un peligroso droide. Han se niega a dárselo a Jabba, por lo que, cuando la urna acaba en manos del Hutt, solo contiene las cenizas de un ronto carbonizado.

En otra misión, Han tiene que deshacerse de un cargamento que le había conseguido a Jabba para evitar que el Imperio lo aprese. Más tarde, el Hutt exige una compensación y envía cazarrecompensas a por Han. Greedo intenta abatirlo en la cantina de Mos Eisley, pero fracasa. Después, Han se enfrenta a Jabba, que accede a concederle una prórroga en el pago, pero con muchos intereses. Cuando el Hutt se entera de que Han se ha unido a la Alianza Rebelde en lugar de trabajar para devolverle el dinero, ofrece una gran recompensa por su cabeza.

Mal negocio
Solo le asegura a Jabba el Hutt en el hangar 94 del puerto espacial de Mos Eisley que le rembolsará la mercancía perdida de valiosas especias. Jabba le recuerda a Han que no hacerlo podría costarle la vida.

NUEVOS TRATOS Y VIEJAS CUENTAS

Tras la batalla de Yavin, el Imperio necesita más armas, por lo que el emperador envía a Vader a negociar con Jabba. Este despacha a varios guardias del Hutt y exige el uso personal de dos de sus cazarrecompensas, después de lo cual acuerdan que Jabba suministrará armas al Imperio a cambio de créditos. Además, los hutt podrán seguir con sus actividades criminales. En otra ocasión, los contrabandistas Lando Calrissian y Sana Starros estafan a Jabba y le roban armas y 20000 créditos.

El cazarrecompensas Boba Fett codicia la sustanciosa recompensa de Jabba por Han Solo, así que colabora con Darth Vader para capturar al díscolo rebelde, que acaba encerrado en carbonita. Pero a Boba se lo roban y Han acaba en manos de Crimson Dawn. Tras esto, Jabba ofrece una recompensa por Fett, pues cree que lo ha traicionado, y eso desata el caos entre los cazarrecompensas de la galaxia. Jabba asiste con el Consejo Hutt a la subasta que Crimson Dawn organiza en Jekara. Han está a la venta y el Hutt se lo queda por un millón de créditos. Sin embargo, Vader se lo reclama para atraer a Luke Skywalker. Jabba intenta resistirse, pero accede cuando Vader amenaza con alterar los términos del acuerdo entre los hutt y el Imperio. Luego vuelve a Tatooine mientras el resto del Consejo Hutt, indignado, inicia una batalla contra el Imperio… y pierde. Aprovechando el conflicto, Boba recupera al congelado Han.

Jabba, que ahora es el único miembro del Consejo, controla los clanes Hutt, y al final se hace con su trofeo: Boba Fett le entrega a Han Solo congelado en carbonita y exige que se cancele su recompensa. El Hutt acepta alegremente e instala el trofeo en su sala del trono. Jabba prevé que los amigos de Han intentarán rescatarlo, pero confía en que fracasarán. Ese exceso de confianza lo lleva a morir en su lujosa barcaza, la *Khetanna*, a manos de Leia Organa, que pasa a ser conocida como la Extermina-hutts.

GARDULLA LA HUTT

ESPECIE Hutt **PLANETA NATAL** Nal Hutta **FILIACIÓN** Gran Consejo Hutt

Los hutt controlan el comercio de contrabando en el Borde Exterior, por lo que obtienen sus ganancias deshonestas lejos de la atenta mirada de la ley y el orden. Gardulla la Hutt lleva siglos activa en el hampa y ejerce un inmenso poder desde su palacio en Nal Hutta. En los años previos a la batalla de Naboo, esclaviza a Anakin Skywalker y a su madre, Shmi, pero los pierde en una apuesta contra Watto. Gardulla asiste con Jabba a la Clásica de Boonta Eve, en la que Anakin gana la carrera. Durante las Guerras Clon, Gardulla apresa en su palacio al traidor Ziro el Hutt, lo que atrae la atención indeseada de los investigadores Jedi Obi-Wan Kenobi y Quinlan Vos.

BIB FORTUNA

ESPECIE Twi'lek **PLANETA NATAL** Ryloth **FILIACIÓN** Corte de Jabba

Este twi'lek de dientes afilados trabaja para Jabba el Hutt como mayordomo y ayudante jefe desde hace más de tres décadas. Demuestra una paciencia infinita para lidiar con los malos hábitos de su amo. Por ejemplo, lo despierta cada vez que el Hutt se queda dormido en las carreras de vainas. Natural de Ryloth, Bib controla casi todo en el palacio de Jabba en Tatooine, incluida la recepción de viajeros que hacen escala en la remota fortaleza.

Cuando la actividad de Jabba exige ayuda externa, Bib es el enlace. Contacta con Cid y la Fuerza Clon 99 para recuperar a un joven rencoroso para el Hutt. También contrata a Han Solo y a Chewbacca en varias ocasiones, y es su principal punto de contacto.

Jabba exhibe a Han congelado en la pared de su sala del trono. Tras esto, Fortuna es el primero de sus administradores en interceptar a Luke Skywalker cuando acude a rescatar a Han. Debido a su débil voluntad, Bib es muy vulnerable a los trucos mentales Jedi, lo que permite a Luke llegar hasta Jabba sin problemas.

Una vez asesinado Jabba, Bib se convierte en el nuevo daimyo de Tatooine y asume el control del imperio criminal de los hutt. Varios años después de la caída del Imperio, Boba Fett lo mata para reclamar su trono.

RATTS TYERELL

ESPECIE Aleena **PLANETA NATAL** Aleen **FILIACIÓN** Ninguna

Bajo de estatura, pero con reflejos rápidos como un rayo, Ratts Tyerell escala posiciones en la clasificación de los mejores corredores de vainas de la galaxia, y logra uno de los primeros puestos de salida en la Clásica de Boonta Eve, previa a la batalla de Naboo. Su vaina tiene gran propulsión, pero al atascársele el acelerador en la segunda vuelta, pierde el control dentro de una cueva, se estrella contra una estalactita y perece en una violenta explosión.

AURRA SING

ESPECIE Palliduvana **PLANETA NATAL** Nar Shaddaa **FILIACIÓN** Cazarrecompensas

Una de las asesinas más letales de la galaxia, Aurra Sing se gana el pan como sicaria. La antena bioinformática que le sobresale del cráneo recoge datos extrasensoriales, que le permiten localizar amenazas simultáneas y apuntar muy lejos con su fusil de francotirador de cañón largo. Aunque Sing prefiere trabajar en solitario, encuentra a su alma gemela en el pirata Hondo Ohnaka, con quien llega a tener incluso un breve idilio. A veces también trabaja con el cobarde klatooiniano Castas y el brutal cazarrecompensas trandoshano Bossk.

Antes del bloqueo de Naboo, Darth Maul contrata a Aurra Sing, Cad Bane y otros dos cazarrecompensas para que le ayuden a capturar y asesinar a una padawan Jedi. Aurra quiere tomarse un descanso y se va de vacaciones en el *Halcyon* con Zam Wesell. Pero otro pasajero, Colram Vestig, contrata a la pareja para que proteja a su hijo, Wilmar, durante una excursión de safari a Numidian Prime.

Durante las Guerras Clon, Sing se alía con Boba Fett, el niño que hereda la nave *Esclavo I* de su padre, Jango Fett. Sing engatusa a Boba Fett con la promesa de vengarse de los Jedi que ejecutaron a su padre, y después aprovecha el enorme parecido del chico con los más jóvenes clones de la República para sabotear y destruir la *Resistencia*, un destructor de la República. Tras tomar como rehenes a los supervivientes, Sing se retira a la base de Hondo Ohnaka, en Florrum, pero los investigadores Jedi la siguen de cerca. Intenta escapar en la *Esclavo I*, pero Ahsoka Tano causa grandes daños a la nave y da a Sing por muerta. Sin que lo sepan sus perseguidores, Sing sobrevive y es rescatada por Hondo. Por un tiempo se oculta para curar sus heridas, pero más tarde intenta asesinar a la senadora Amidala en un Congreso de Refugiados en Alderaan. Ahsoka vuelve a frustrar sus planes y es apresada, pero huye y sirve a Cad Bane como francotiradora durante la misión para rescatar a Ziro el Hutt de una cárcel de Coruscant. Tobias Beckett, un contrabandista que trabaja para Crimson Dawn, afirma que ha acabado con Aurra Sing.

Arma letal
Las legendarias dotes asesinas de Aurra Sing hacen que no le falte el trabajo *(centro)*. Durante la Clásica de Boonta Eve, Sing observa atónita cómo el joven Anakin Skywalker gana la competición limpiamente *(dcha.)*.

TUSKENS

ESPECIE Tusken **PLANETA NATAL** Tatooine
FILIACIÓN Ninguna

Los tusken, comúnmente llamados moradores de las arenas, son nómadas del desierto nativos de Tatooine. Rara vez se les ve la cara, pues se cubren el cuerpo con múltiples capas de apretada tela y llevan máscaras con filtros respiratorios para sobrevivir al duro entorno desértico del planeta. Viven en pequeños clanes en los rocosos Eriales de Jundland, se desplazan a lomos de peludos banthas y disimulan su número marchando en fila india. Las comunidades foráneas suelen tacharlos de salvajes, pero en realidad los tusken tienen una compleja jerarquía cultural, son leales entre sí y suelen mostrarse dispuestos a negociar con los que invaden sus tierras. Sus guerreros llevan fusiles y bastones gaffi, unas armas metálicas que sirven tanto de porra como de hacha y se fabrican a mano tras un ritual. Un típico campamento tusken consiste en un pequeño grupo de tiendas custodiadas por los hostiles massiffs.

Emboscada en el desierto
URoRRuR'R'R, el líder de los tusken, ataca a Luke Skywalker unos segundos antes de que Obi-Wan Kenobi acuda al rescate.

Justo antes de la batalla de Geonosis, un grupo de saqueadores tusken secuestra a Shmi, la madre de Anakin Skywalker. Cuando Anakin llega al campamento, la herida Shmi lleva semanas cautiva y muere antes de que su hijo pueda rescatarla. En represalia, un enfurecido Anakin masacra a toda la tribu tusken.

En la era imperial, los tusken tienden una emboscada a Ezra Bridger y al astromecánico rebelde Chopper, a quienes salva Maul, el antiguo aprendiz de Sith. Años después, Anakin, que ya es Darth Vader, regresa a Tatooine después de la batalla de Yavin y diezma otra aldea tusken. Temerosos de su ira, los tusken erigen un santuario a Vader y sacrifican en su honor a varios de los suyos para que no vuelva. Tras la muerte de Jabba en Tatooine, una tribu tusken captura a Boba Fett, pero este se gana su respeto al derrotar a una bestia de la arena y pasa a ser un guerrero de alto rango de la tribu.

Posteriormente, el grupo acaba destruido y Boba Fett busca vengarse de quienes considera responsables de su aniquilación. Din Djarin, que suele negociar con los tusken, forja una alianza entre una de sus tribus y el pueblo de Mos Pelgo para abatir a un dragón krayt.

«Nunca pido permiso para hacer algo.» **AURRA SING**

CANCILLER SUPREMO VALORUM

ESPECIE Humana **PLANETA NATAL** Coruscant
FILIACIÓN Senado galáctico

Finis Valorum es el canciller supremo de la República en los años previos a la batalla de Naboo. Envía a su asesor de gobierno, Silman, y al maestro Jedi Sifo-Dyas a una misión secreta para reunirse con el Sindicato Pyke, pero no regresan jamás y se les da por muertos. Pese a sus buenas intenciones es incapaz de impedir que la Federación de Comercio imponga un bloqueo al planeta Naboo y ordena que dos embajadores Jedi, Qui-Gon Jinn y Obi-Wan Kenobi, negocien el levantamiento del bloqueo; en vez de eso, la Federación invade Naboo. La reina Amidala de Naboo acaba promoviendo una moción de censura contra Valorum, que es destituido. Durante las Guerras Clon, Valorum recibe la visita de su viejo amigo Yoda, al que informa de la misión a la que envió a Silman y a Sifo-Dyas.

YODA

FILIACIÓN Jedi

Yoda es el último Gran Maestro de la Orden Jedi y tiene 900 años. El Imperio lo obliga a exiliarse, pero entrena a Luke Skywalker en las artes de los Jedi y luego se integra en la Fuerza.

EN EL CONSEJO

Yoda, de cuyos primeros años de vida se sabe muy poco, ejerce una influencia inmensa en la Orden Jedi. Como Gran Maestro, el más anciano y sabio de la Orden, pertenece al Consejo Jedi junto a otros maestros de alto rango y enseña a los alumnos jóvenes en el Templo Jedi.

En los albores de la Alta República, Yoda forma parte del Consejo y envía a varios Jedi a Jedha y Dalna en busca de la Senda de la Mano Abierta. Décadas después, visita el Templo Jedi de Tenoo para entrenar a Kai Brightstar, Lys Solay y Nubs. Durante un tiempo, desaparece para desentrañar el misterioso origen de los Sin Nombre. A su regreso a la Orden, se alía con el enigmático antiguo Jedi Azlin Rell para avanzar en sus investigaciones.

Discusión entre iguales
El maestro Yoda comparte su sabiduría con los miembros del Consejo. Cuando el deber llama a los Jedi a otras partes de la galaxia, dan parte directamente a Yoda a través de un holograma.

LA OSCURIDAD AVANZA

Cuando Qui-Gon Jinn lleva a Anakin ante el Consejo, Yoda afirma que es demasiado peligroso para entrenarlo. Aunque cambia de opinión cuando un Sith mata a Qui-Gon en Naboo, la sensación de inquietud jamás lo abandona. En años posteriores, Yoda vigila de cerca al padawan Skywalker y a su maestro, Obi-Wan Kenobi.

El conde Dooku, antiguo alumno de Yoda, se erige en líder del movimiento separatista. Cuando Dooku se convierte en una amenaza para la paz galáctica, Yoda comanda un ejército de soldados clon contra las fuerzas separatistas en Geonosis y se enfrenta a Dooku en un duelo. Durante las Guerras Clon, Yoda trata a cada soldado clon como un individuo digno de respeto. No obstante, a medida que avanza el conflicto, Yoda y Mace Windu perciben un aumento de la oscuridad que disminuye su capacidad para emplear la Fuerza. Al final, sus propios soldados clon tienden una emboscada en Kashyyyk a Yoda, que huye del planeta con la ayuda del wookiee Chewbacca.

Duelo de maestros
Los poderes de los lados luminoso y oscuro de la Fuerza pueden apreciarse en el combate de Yoda contra el emperador Palpatine. Viéndose superado, Yoda se bate en retirada y espera para entrenar a un nuevo abanderado que lidere la lucha contra el mal.

EN EL EXILIO

Al regresar a Coruscant, Yoda se enfrenta al emperador Palpatine en un espectacular despliegue de Fuerza. El enfrentamiento empieza en la oficina de Palpatine y llega a la Cámara del Senado galáctico. Aunque Yoda es un duro rival, el emperador utiliza la Fuerza para atacarlo con descargas y lanzarle plataformas. Al final, Yoda, incapaz de resistir los embates de su adversario, escapa por los pelos, ayudado por el senador Bail Organa. Tras dejar a los gemelos de Anakin y a Padmé Amidala a cargo de Obi-Wan y Bail Organa, Yoda se traslada a los pantanos de Dagobah para comenzar una nueva vida lejos de los cazadores del Imperio. El remoto mundo ofrece a Yoda la oportunidad de meditar sobre la Fuerza, y una cueva oscura se convierte en su lugar de retiro espiritual.

UNA NUEVA ESPERANZA

Luke llega a Dagobah tras la batalla de Hoth para convertirse en Jedi. Durante el entrenamiento, Yoda le oculta la verdad de su relación con Vader por temor a que pueda empujarlo al lado oscuro. Skywalker pierde el primer enfrentamiento con Vader en la Ciudad de las Nubes, pero Yoda lo declara Jedi cuando regresa a Dagobah. Acto seguido, Yoda se fusiona con la luz de la Fuerza.

La última lección de Luke
«Somos lo que ellos producen después». Yoda le explica a Luke que la verdadera carga de todos los maestros es que se verán superados por sus alumnos.

DE MAESTRO A MAESTRO

Décadas después, Yoda se aparece ante Luke que, desencantado de la Orden Jedi, está a punto de quemar la biblioteca Jedi de Ahch-To. Antes de que Skywalker pueda actuar, Yoda lanza un rayo que destruye la biblioteca. El maestro Yoda enseña una lección más a Skywalker para que deje de mirar al pasado: el fracaso es el mejor maestro. Esto ayuda a Luke a superar sus fracasos y a percatarse de que ha de ayudar a la Resistencia y enfrentarse a Kylo Ren. Yoda se cuenta entre los que hablan con Rey cuando esta se comunica con los antiguos Jedi y luego fulmina al resucitado emperador Palpatine.

Las apariencias engañan
Dooku y Luke Skywalker parecen subestimar a Yoda, convencidos de que su pequeño tamaño y edad avanzada lo hacen menos formidable. Sin embargo, la verdadera fuerza de Yoda reside en su interior.

Duelo en el lado oscuro
Yoda se enfrenta al conde Dooku en Geonosis, y lo obliga a huir.

Ser luminoso
Yoda obtiene la fuerza de los seres vivos de Dagobah e intenta enseñarle a Luke que la Fuerza se encuentra en todas partes.

> «Elige el camino correcto, no el fácil.» **YODA**

MACE WINDU

ESPECIE Humana **PLANETA NATAL** Haruun Kal
FILIACIÓN Jedi

El maestro Mace Windu, cuya reputación solo supera Yoda, lidera el Consejo Jedi en el ocaso de la República. Muere víctima de la traición, pero nunca ceja en su lucha contra el lado oscuro.

EL OCASO DE LA REPÚBLICA

Tras incorporarse a la Orden Jedi, Windu se une a la maestra Jedi Cyslin Myr en una misión en Mathas para perseguir a un Jedi renegado. En las últimas décadas de la República, Mace rescata de unos piratas a la joven Depa Billaba y a su hermana, Sar Labooda, y más tarde toma a Depa como padawan. Con el tiempo, Mace alcanza el rango de maestro Jedi y vuelve a su planeta natal para investigar la desaparición de un cargamento de cristales kyber. Más tarde, acepta el puesto de la maestra Katri en el Consejo Jedi tras su muerte en Raxus. Sin embargo, sigue yendo al campo de batalla y combate en Ontotho y Oosalon. En cierto momento, su antigua padawan, Billaba, se une a él en el Consejo. Juntos, se suman al resto de los queridos maestros Jedi en la misión a Kwenn.

LA AMENAZA SITH

Cuando estalla la batalla de Naboo, Windu ya es un miembro de alto rango del Consejo Jedi y le preocupan mucho los indicios del regreso de los Sith. Tras el funeral de Qui-Gon, lleva a cabo una misión en el planeta Metagos para ayudar a su población. Más tarde, indaga la creciente influencia del lado oscuro a medida que el movimiento separatista del conde Dooku toma forma. Cuando Obi-Wan Kenobi halla pruebas de que los separatistas se preparan para declarar la guerra a la República, Mace dirige a un grupo especial de doscientos Jedi a Geonosis para combatir. En la arena de ejecución geonosiana, se enfrenta al agente de Dooku, Jango Fett, y lo decapita de un solo golpe de espada.

Gran experiencia
Mace Windu no se deja impresionar por el joven Anakin Skywalker, y al principio rechaza su admisión para ser entrenado como Jedi.

LAS GUERRAS CLON

En las Guerras Clon, Mace Windu acepta el rango de general del Gran Ejército de la República y actúa como estratega y combatiente de primera línea en muchos conflictos con los separatistas. En uno de sus primeros enfrentamientos, Mace lidera a un pequeño equipo Jedi en Hissrich. Allí debe derrotar a uno de los suyos cuando el maestro Prosset Dibbs los traiciona. En Ryloth, Mace lidera a los pilotos de AT-RT del Escuadrón Rayo para ayudar al libertador Cham Syndulla a salvar su mundo. Descubre a la bestia Zillo dormida en Malastare y escapa de varios atentados contra su vida por parte de Boba Fett, el hijo huérfano de Jango, que busca venganza. Hacia el final de la guerra, Mace se alarma ante la creciente amenaza del lado oscuro y redobla su esfuerzo por desenmascarar al presunto manipulador Sith responsable de todo. También lidera la defensa de Anaxes durante los asedios del Borde Exterior.

CARA A CARA CON EL MAL

Tras la batalla de Coruscant, Mace se entera de que el canciller supremo Palpatine es el señor del Sith que ha sembrado el caos en la galaxia. Tras esto, elige a un pequeño escuadrón de Jedi –Agen Kolar, Kit Fisto y Saesee Tiin– para detener al canciller, pero mueren todos cuando Palpatine contraataca. Mace parece ir ganando hasta que Anakin interviene y le corta la mano. Después Palpatine sella su destino con una descarga generada por la Fuerza que lo lanza por la ventana hacia la muerte. Décadas después, la voz de Mace ofrece apoyo a la Jedi Rey durante su batalla final contra Palpatine.

Contra los separatistas
Mace ofrece sus consejos a Anakin mientras las Guerras Clon asolan la galaxia.

Batalla final
El poder del lado oscuro que emplea Palpatine sorprende a Mace.

Defensor de la Fuerza
Mace Windu es un guerrero formidable y un juez severo y con carácter. Cree en los hechos, no en las palabras, y es el primer Jedi que se enfrenta al conde Dooku en Geonosis. Forma un escuadrón para detener al canciller Palpatine cuando descubre su secreta condición Sith.

«¡Se acabó! ¡Llegó la hora de poner punto final!»

MACE WINDU

KI-ADI-MUNDI

ESPECIE Cereana **PLANETA NATAL** Cerea
FILIACIÓN Jedi

Ki-Adi-Mundi es un maestro Jedi cereano cuya barba blanca y sabias facciones dan fe de sus años al servicio de la Orden Jedi. En las postrimerías de la República, se une al Consejo Jedi, y cuando sus miembros deciden ir a Kwenn, Mundi se infiltra en una de las bandas del planeta para investigar su sospechoso comportamiento. Solo revela su identidad cuando los malhechores atacan a los otros miembros del Consejo.

Tras la invasión de Naboo por la Federación de Comercio, Ki-Adi-Mundi ayuda a evaluar el potencial de Anakin Skywalker en la Fuerza cuando Qui-Gon Jinn lo lleva a Coruscant. A Jinn le preocupa la posibilidad de que los Sith hayan regresado, pero eso no basta para inquietar al maestro Mundi, quien recuerda al Consejo que hace un milenio que no se ha visto a ninguno. Años más tarde, Mundi forma parte de la fuerza de la República que viaja a Carnelion IV, donde el grupo rescata al caballero Jedi Obi-Wan Kenobi y a su padawan, Anakin, y sofoca una guerra entre dos facciones del planeta. Cuando más tarde el conde Dooku emerge como jefe del movimiento separatista, el maestro se niega a creer que este sea capaz de orquestar atentados y recalca a sus colegas que Dooku es un idealista político incapaz de asesinar.

Sin embargo, pronto estalla la guerra entre la República y los separatistas de Dooku. Ki-Adi-Mundi es uno de los Jedi que viaja a Geonosis, donde se infiltra en la arena de ejecución. Sobrevive a la batalla posterior y recibe el rango de general en el Gran Ejército de la República. El maestro dirige a los marines galácticos, soldados clon capitaneados por el comandante Bacara, en los enfrentamientos contra los ejércitos droides separatistas. Al principio de la contienda, el general Grievous hiere a Ki-Adi-Mundi, pero este sobrevive. A medida que la guerra continúa, el Mundi ve cuánto ha crecido Anakin como Jedi y como guerrero, y en la segunda batalla de Geonosis compite con él en una apuesta amistosa sobre quién de los dos puede destruir más droides de combate.

Cuando Sidious promulga la Orden 66, el maestro Mundi y sus clones intentan capturar a Mygeeto en el Borde Exterior. Bacara ordena a sus tropas que abran fuego contra su general Jedi mientras este lidera la carga a través de un puente, y Ki-Adi-Mundi cae bajo el ataque sorpresa.

Evaluación de Anakin
Con sus compañeros del consejo, Ki-Adi-Mundi contempla el destino del joven Anakin.

Desprevenido
Los soldados clon de Ki-Adi-Mundi lo traicionan en Mygeeto.

PLO KOON

ESPECIE Kel Dor **PLANETA NATAL** Dorin
FILIACIÓN Jedi

Plo Koon es un kel dor que necesita una máscara para protegerse los ojos y los pulmones en los entornos ricos en oxígeno. Antes de la batalla de Naboo, descubre a Ahsoka Tano, una joven togruta sensible a la Fuerza, y la lleva a Coruscant para que se convierta en Jedi. Plo forma parte del Consejo Jedi, donde su opinión infunde respeto. Durante la misión del grupo a Kwenn, Plo y Saesee Tiin median en una empresa para llegar a un acuerdo entre los empleados descontentos y sus jefes. Tras ello, los trabajadores ayudan a sus nuevos aliados cuando unos criminales atacan al Consejo Jedi en el planeta.

El estallido de las Guerras Clon permite a Plo demostrar su talento en combate. Apoya a las tropas clon que expresan su individualidad y forja un fuerte vínculo con sus soldados, que, al estar liderados por el comandante Wolffe, pasan a llamarse Wolfpack. En algunas de sus primeras misiones, Plo y sus tropas van a Quarmendy e Hisseen.

Un conflicto posterior enfrenta a la armada de Plo con el crucero separatista *Malevolencia* y termina en una derrota casi absoluta. Plo y un puñado de soldados clon sobreviven en una cápsula de salvamento y evaden a los escuadrones de droides de combate hasta que los rescatan.

Plo se reincorpora rápido a la lucha y ayuda a Ahsoka a guiarse por los bajos fondos de Coruscant para descubrir el paradero de Aurra Sing. Más tarde, Plo y Ahsoka viajan a Florrum y detienen a un joven Boba Fett. En una misión posterior, Plo dirige la flota de la República al planeta prisión de Lola Sayu para rescatar al maestro Jedi Even Piell de la Ciudadela, y pilota la cañonera que recoge al equipo de rescate.

Al final de las Guerras Clon, Plo pilota su caza Jedi durante la captura del planeta Cato Neimoidia por parte de la República. Durante un vuelo de reconocimiento posterior a la batalla, sus pilotos clon reciben la Orden 66 y disparan contra su nave. Pierde la vida cuando su caza se estrella contra una de las ciudades de Cato Neimoidia.

Encuentro con Ahsoka
Plo Koon percibe la Fuerza en Ahsoka Tano, una chica togruta, cuando está de visita en su planeta. Impresionado por su potencial, la lleva al Templo Jedi para entrenarla.

SAESEE TIIN

ESPECIE Iktotchi **PLANETA NATAL** Iktotch
FILIACIÓN Jedi

Saesee Tiin es un maestro Jedi de la especie cornuda iktotchi. Es uno de los miembros más tranquilos del Consejo, más conocido por su destreza como piloto que por su dominio de la Fuerza, y supervisa las mejoras de las naves de la Orden. Mientras está en Kwenn, confía en sus habilidades para reequipar una flota de deslizadores a fin de apaciguar un conflicto laboral.

Durante las Guerras Clon, Tiin se une al intento de liberar a Even Piell, que ha caído en manos de los separatistas y está preso en la ciudadela del planeta Lola Sayu. Mientras Obi-Wan Kenobi y Anakin Skywalker lideran la misión de rescate, Tiin pilota la cañonera de Plo Koon durante el peligroso rescate y lidera a sus compañeros Adi Gallia y Kit Fisto en la lucha contra las fuerzas droides de Lola Sayu. La batalla de Umbara le ofrece otra oportunidad de proporcionar cobertura aérea para tropas de la República cuando ayuda a Obi-Wan, Anakin y a Pong Krell a capturar el mundo sombrío para la República.

Al final de las Guerras Clon, Mace Windu confía a Tiin la noticia de que el canciller supremo Palpatine es en realidad un poderoso lord Sith. Tiin acompaña al maestro Windu al despacho del canciller, junto con Agen Kolar y Kit Fisto. Cuando Mace comunica que va a detener a Palpatine, el canciller entra en acción. Agen Kolar es el primero en caer. Tiin intenta contraatacar, pero Palpatine es más rápido y acaba con el maestro Jedi iktotchi.

Veterano de guerra
El general Saesee Tiin *(izda.)*, exhausto, ha visto un gran número de combates en las Guerras Clon, incluido el intrépido rescate de Obi-Wan Kenobi, Anakin y Padmé durante la batalla de Geonosis *(arriba)*.

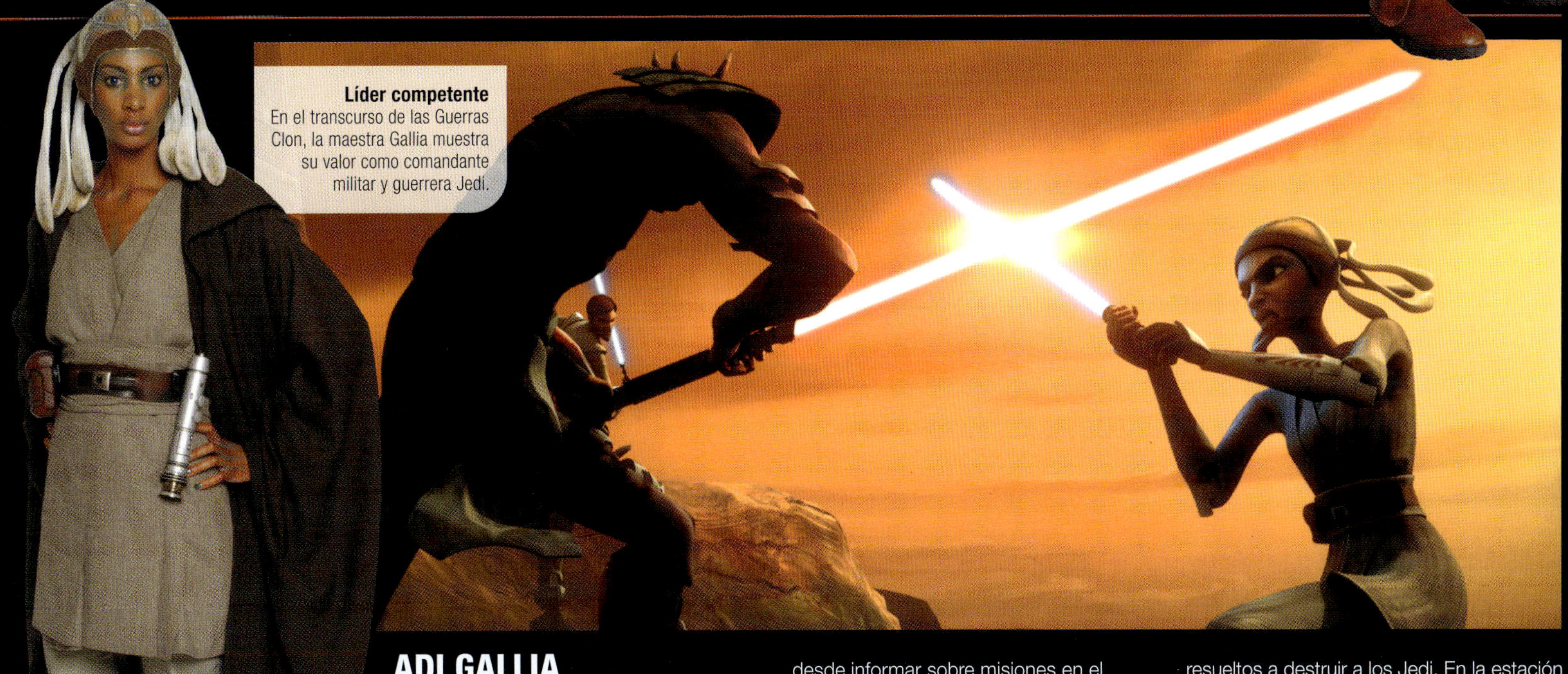

Líder competente
En el transcurso de las Guerras Clon, la maestra Gallia muestra su valor como comandante militar y guerrera Jedi.

ADI GALLIA

ESPECIE Tholothiana **PLANETA NATAL** Tholoth
FILIACIÓN Jedi

Tanto Adi Gallia como su prima, Stass Allie, sirven en la Orden Jedi, pero solo Gallia forma parte del Consejo Jedi antes de las Guerras Clon, y ejerce su alto cargo durante años. En la misión del Consejo en Kwenn, Gallia colabora con Yoda para investigar un ataque y descubre que las bandas locales se han aliado. Gracias a sus pesquisas, Depa Billaba, otra consejera, se da cuenta de que planean atacar a los Jedi.

Cuando estalla el conflicto armado en Geonosis, Gallia desempeña un papel clave en la respuesta Jedi, desde informar sobre misiones en el Templo a los generales, como Iskat Akaris y Tulon Voidgazer, hasta comandar tropas en campos de batalla lejos de Coruscant. Con Anakin Skywalker, lidera los esfuerzos para rescatar al maestro Jedi Eeth Koth de la nave insignia del general Grievous y, en otra ocasión, pilota un caza estelar durante una audaz fuga de la Ciudadela de Lola Sayu. Cuando Grievous destruye su flota, Gallia es capturada. Plo Koon persigue a Grievous, aborda su nave con un contingente de soldados clon y la rescata.

Adi muere cuando ella y Obi-Wan persiguen al peligroso dúo formado por Maul y Savage Opress, los vengativos Hermanos de la Noche del lado oscuro, resueltos a destruir a los Jedi. En la estación de Cybloc, los Jedi siguen su rastro hasta Florrum. Cuando llegan, se encuentran con una batalla entre el líder pirata Hondo Ohnaka y los dos Hermanos de la Noche, y ven que muchos de los antiguos miembros de la banda de Ohnaka ahora trabajan para los zabraks. Obi-Wan y Gallia intentan igualar la contienda, pero sus enemigos resultan demasiado poderosos. Opress embiste a Gallia con sus cuernos y luego le asesta un golpe mortal con su espada de luz de hoja roja. Su prima Allie ocupa su lugar en el Consejo.

Muchas décadas después, Rey oye la voz de Gallia llamándola mientras derrota a Darth Sidious en Exegol.

EETH KOTH

ESPECIE Zabrak **PLANETA NATAL** Iridonia
FILIACIÓN Jedi, Iglesia de Iluminación Ganthic

Eeth Koth es un estimado maestro Jedi zabrak que se incorpora al Consejo en los últimos años de la República. En una ocasión, viaja con los otros miembros a Kwenn, donde ayuda a hacer inventario de los artefactos del puesto de avanzada y recupera objetos robados. Más adelante, ayuda a valorar si Anakin Skywalker es apto para el entrenamiento Jedi. Koth permanece en el Consejo durante la crisis separatista y forma parte de las fuerzas de asalto que invaden Geonosis al principio de las Guerras Clon. Aunque lo dan por muerto en batalla cuando su cañonera recibe un disparo directo, Koth regresa al servicio activo y se pone al frente del destructor de la República *Steadfast*. El general Grievous ataca la nave y captura a Koth, que revela su ubicación mediante un código durante una transmisión de holograma de Grievous. El Consejo lo localiza y encomienda la misión de rescate a Anakin Skywalker y Adi Gallia. Hacia el final de las Guerras Clon, Koth es expulsado del Consejo y abandona la Orden. Se convierte en sacerdote de la Iglesia de Iluminación Ganthic y se casa con Mira, también zabrak. Darth Vader y sus inquisidores encuentran a la pareja justo después de que Mira haya dado a luz a su hijo. Koth intenta ofrecer información a cambio de la vida de su familia, pero los villanos lo rechazan. Vader mata a Koth en combate y Mira consigue escapar, pero su hijo es capturado por la Decimotercera Hermana.

OPPO RANCISIS

ESPECIE Thisspiasiana **PLANETA NATAL** Thisspias
FILIACIÓN Jedi

Este longevo thisspiasiano es un curioso miembro del Consejo Jedi, al que pertenece desde hace siglos. La mitad inferior de su cuerpo es como la de una serpiente y suele sentarse enroscado en silenciosa contemplación. Sus largas uñas son como garras, y una espesa barba le cubre el rostro. Durante la Alta República, rescata y asesora a la pirata Lourna Dee y lidera la defensa del puesto de avanzada Jedi en Tanalorr. Cuando viaja a Kwenn en la misión del Consejo, lo impresiona el declive del planeta. Es uno de los primeros Jedi en enterarse de que los Sith han regresado tras la aparición de Darth Maul. En las Guerras Clon, es un Jedi de alto rango y un consejero militar clave, y acaba siendo un general que coordina las fuerzas de la República en toda la galaxia. Es uno de los pocos Jedi que sobreviven a la Orden 66, y lo persiguen los inquisidores.

«Para recorrer el camino de los Jedi, hay que ser fuerte de espíritu. Eso requiere disciplina.»

OPPO RANCISIS

EVEN PIELL

ESPECIE Lannik **PLANETA NATAL** Lannik
FILIACIÓN Jedi

Como muestra su rostro, el maestro Piell está curtido en mil batallas. Se incorpora al Consejo Jedi antes de la batalla de Naboo. Viaja con él a Kwenn, pero llega a través del espaciopuerto, donde contempla la pobreza en que se ha sumido este mundo, antaño glorioso. Años más tarde, Even participa en el ataque de la República contra Geonosis al principio de las Guerras Clon y luego las fuerzas separatistas lo capturan a él y a Wilhuff Tarkin, capitán de la armada de la República. Encarcelado en la Ciudadela de Lola Sayu, no cede a la tortura y no revela las coordenadas ultrasecretas de la ruta Nexus. Pese al intento de rescate de Anakin Skywalker y Ahsoka Tano, un anooba le provoca una herida mortal cuando intenta huir de la Ciudadela.

DEPA BILLABA

ESPECIE Humana **PLANETA NATAL** Chalacta **FILIACIÓN** Jedi

La maestra Jedi Depa Billaba es la antigua padawan de Mace Windu y goza de gran prestigio por su sabiduría. Es un valioso miembro del Consejo durante los últimos años de la República. Investiga de incógnito a la banda de piratas de los Riftwalkers cuando el Consejo viaja al planeta Kwenn. Llega junto con Mace a la órbita de Kwenn justo a tiempo para impedir que la banda mate a todo el Consejo. Participa en la misión del Senado que salva al planeta Bromlarch de la hambruna. Su hermana, Sar Labooda, también sirve como Jedi, pero muere en la batalla de Geonosis. Durante las Guerras Clon, Billaba y Mace se enfrentan a Ochi de Bestoon en las junglas de Malathon IX, donde todos los combatientes sobreviven. Más tarde, sufre una devastadora derrota contra las fuerzas del general Grievous en Haruun Kal y entra en coma. Se recupera y, junto al jovencito Caleb Dume, detiene un bombardeo del Templo Jedi. Toma a Caleb como padawan y combaten juntos en Kardoa y contra Grievous en Mygeeto. Durante la Orden 66, muere protegiendo a Caleb en Kaller. Este adopta el nombre de Kanan Jarrus y, más tarde, le rinde homenaje uniéndose a una célula rebelde en Lothal y tomando a Ezra Bridger como padawan.

Acción en Kaller
En Kaller, Depa y Caleb se quedan impresionados con la Fuerza Clon 99, que los rescata de un ataque separatista.

YADDLE

FILIACIÓN Jedi

Dada su baja estatura, grandes orejas y larga esperanza de vida, es miembro de la misma especie que el maestro Jedi Yoda, y también comparte su notable sensibilidad a la Fuerza. Tras ascender en la Orden Jedi, obtiene la mayor recompensa posible por su contribución: un puesto en el Consejo. Durante la Alta República, entrena a jovencitos como Vernestra Rwoh. En la batalla de Dalna, Yaddle lucha con la joven Cippa Tarko contra la Senda de la Mano Abierta. Siglos después, se une al Consejo en Kwenn, donde calma a un técnico iracundo que cuestiona el proceder de los Jedi. Poco después, ayuda a decidir si Anakin Skywalker es apto para el entrenamiento Jedi y contribuye al esfuerzo de la Orden para resolver la crisis del bloqueo de Naboo y encontrar pistas sobre el regreso de los Sith. Es una de las primeras Jedi en descubrir que el conde Dooku está trabajando con Darth Sidious, lo que la lleva a morir a manos del conde justo después de la muerte de Qui-Gon en Naboo.

LOTT DOD

ESPECIE Neimoidiano **PLANETA NATAL** Cato Neimoidia **FILIACIÓN** Federación de Comercio, Senado galáctico, separatistas

La Federación de Comercio controla la mayor parte de la flota interestelar del Borde Exterior, lo que la convierte en una de las entidades más poderosas de la galaxia. Su influencia se hace evidente cuando Lott Dod es nombrado miembro del Senado galáctico, cargo reservado solo para representantes de sistemas y sectores. Dod frustra el establecimiento de tributos para las zonas de libre comercio y ayuda a organizar en secreto la invasión de Naboo. Cuando la monarca de Naboo, la reina Amidala, acude a Coruscant para suplicar la liberación de su planeta, Dod afirma que no tiene ninguna prueba. Durante las Guerras Clon, y aunque se declara neutral, Dod defiende los intereses de los separatistas.

YARAEL POOF

ESPECIE Quermian **PLANETA NATAL** Quermia **FILIACIÓN** Jedi

Yarael Poof, un maestro Jedi con dos cerebros, domina el control mental y forma parte del Consejo desde hace siglos. Destaca entre sus miembros por su elevada estatura, y posee un segundo par de brazos que oculta bajo la túnica. En la Alta República, asesora a la canciller Lina Soh y asiste a la inauguración de la estación espacial Faro Starlight. Décadas después, durante la misión del Consejo en Kwenn, investiga la actividad criminal en el planeta junto a Ki-Adi-Mundi. En la batalla de Geonosis, el maestro Jedi Coleman Trebor ocupa su puesto en el Consejo.

MAS AMEDDA

ESPECIE Chagriano **PLANETA NATAL** Champala **FILIACIÓN** República, Senado galáctico, Imperio

Mas Amedda, chagriano con grandes dotes para la política, recibe un cargo de élite en el gobierno de la República cuando se convierte en vicecanciller durante el mandato del canciller supremo Valorum. Los acontecimientos que rodean la batalla de Naboo dan pie a una moción de censura contra Valorum y acaban con su caída, pero Amedda conserva el cargo cuando Palpatine asume el poder. Ávido de poder y pragmático, Amedda asesora al canciller Palpatine durante la crisis separatista y, antes de las Guerras Clon, organiza una súbita votación en el Senado que concede poderes de guerra al canciller y permite que la República se haga con el control del ejército clon descubierto en Kamino.

Después de la Orden 66, Amedda proclama que Palpatine dará paso a una nueva era de libertad y, a continuación, arroja a un horno una de las espadas de luz del maestro Yoda. Su férrea lealtad a Palpatine le granjea el puesto de gran visir del Imperio galáctico, oficialmente el segundo al mando de Palpatine. Se le concede la dirección del Consejo Imperial Regente, un nuevo organismo que supervisa el funcionamiento diario del Imperio para que Sidious pueda centrarse en amasar más poder a través del lado oscuro de la Fuerza. Amedda suele sustituir al emperador en el Senado y ocuparse de asuntos políticos como el Proyecto de Ley de Reclutamiento para la Defensa Imperial. Incluso viaja con Palpatine al bastión Sith de Exegol. Sin embargo, cuando Palpatine muere, Amedda queda desprovisto de poder real y el Imperio se descompone en múltiples facciones. El almirante de flota Gallius Rax, que controla la mayoría de la flota superviviente, no ayuda a Amedda en Coruscant. Amedda intenta entregarse a la Nueva República, pero los líderes de esta se niegan a aceptar esa rendición vacía. Los soldados de Rax lo encierran en el palacio imperial hasta que un grupo de niños lo rescatan y lo entregan a la Nueva República. Tras la batalla de Jakku, la mayoría de las fuerzas imperiales que quedaban han caído y Amedda representa al Imperio en la firma de la Concordancia Galáctica. Entonces, se convierte en el líder del gobierno provisional de Coruscant.

SENADOR TIKKES

ESPECIE Quarren **PLANETA NATAL** Mon Cala **FILIACIÓN** República, Senado galáctico, separatistas

Tikkes representa a Mon Cala en el Senado galáctico. Simpatizante del movimiento separatista del conde Dooku, dimite de su cargo en el Senado para apoyar a la Confederación de Sistemas Independientes, y es recompensado con un asiento en el Consejo Separatista. Al final de las Guerras Clon, Tikkes es asesinado por Darth Vader en Mustafar.

KOLARA

ESPECIE Humana **PLANETA NATAL** Carnelion IV **FILIACIÓN** Cerrada

La joven piloto Kolara vive en Carnelion IV, un planeta devastado por la guerra, y es miembro de la facción de los cerrados, que luchan contra los abiertos. Roba la espada de luz de Anakin Skywalker y ayuda a la líder de su facción, Madre Pran, a capturarlo. Luego lo libera para detener el conflicto.

SLY MOORE

ESPECIE Umbarana **PLANETA NATAL** Umbara
FILIACIÓN República

Sly Moore, una umbarana sensible a la Fuerza, es la administrativa jefe del canciller supremo Palpatine y suele serle fiel, incluso cuando este se dirige a la galaxia desde el podio del canciller en pleno centro de la Cámara del Senado. Moore suele guardar silencio y custodia con celo los secretos de Palpatine. Durante la era imperial, sigue sirviendo en la oficina del gran visir. Vigila de cerca a senadores potencialmente rebeldes, como Mon Mothma, y frustra sus maniobras políticas en el Senado. Tras la captura de Han Solo en la Ciudad de las Nubes, Palpatine la envía a Mustafar para poner a prueba a su vacilante aprendiz Darth Vader. Vader la derrota, por lo que Palpatine la degrada. Más tarde, Moore contrata a IG-88 para asesinar a Vader. Cuando su complot fracasa, convence a Vader para que no la mate y le ayuda durante la subasta de Han en Crimson Dawn. En esa época, Moore se une a Crimson Dawn y sobrevive a la destrucción del grupo.

ORN FREE TAA

ESPECIE Twi'lek **PLANETA NATAL** Ryloth
FILIACIÓN Senado galáctico, Senado imperial

Codicioso y corrpto, Orn Free Taa es un corpulento senador que representa a Ryloth en el Senado galáctico. Es el líder del comité lealista del canciller Palpatine e impulsa la Ley de Creación Militar. Cuando los separatistas ocupan Ryloth en las Guerras Clon, Taa se alía con su rival, Cham Syndulla, para ayudar a Mace Windu a recuperar el planeta. Más adelante, Taa se convierte en rehén en el asalto de Cad Bane al edificio del Senado. Tras su liberación, Taa sigue siendo senador durante las Guerras Clon y la era imperial. Al principio, Taa mantiene su alianza con Cham y ambos colaboran con el Imperio. No obstante, cuando Taa y el vicealmirante imperial Edmon Rampart apresan a los aliados de Cham por contrabando, Syndulla vuelve a rebelarse. En esta crisis, Taa resulta herido mientras Cham lidera el Movimiento Ryloth Libre (MRL). Cuando el Movimiento Libertario de Ryloth de Syndulla interfiere con la producción de especias del planeta, el emperador, Darth Vader y Taa lo visitan a bordo del destructor *Peligroso*, y son atacados por rebeldes. Furioso, Vader está a punto de matar a Taa, pero el emperador le pide que se detenga. El senador Taa sobrevive a la destrucción del Peligroso por parte de las tropas rebeldes de Syndulla.

DORMÉ

ESPECIE Humana **PLANETA NATAL** Naboo
FILIACIÓN Casa Real de Naboo, Amidalanos

Dormé es la doncella más unida a Padmé Amidala en su etapa como senadora. Justo antes del inicio de las Guerras Clon, cuando los separatistas atentan de nuevo contra Amidala, Dormé le hace de señuelo para que Padmé pueda esconderse. Tras la muerte de Amidala, se convierte en Amidalana e incluso se infiltra en el Imperio por lealtad a sus compañeras.

GREGOR TYPHO

ESPECIE Humana **PLANETA NATAL** Naboo
FILIACIÓN Casa Real de Naboo

Durante la ocupación de Naboo, encarcelan a Gregor Typho en el Campo Tres, donde apoya a sus compañeros de prisión y espera la ocasión de contraatacar. Durante la batalla, Typho lucha con valor y pierde el ojo izquierdo. La reina Amidala lo elige como sargento y luego ejerce de asesor de seguridad y leal guardaespaldas durante su carrera como senadora. Más adelante, sucede a Mariek Panaka como capitán del cuerpo de seguridad de Padmé. Durante el ascenso del movimiento separatista, Padmé recibe una serie de amenazas a su seguridad, como el bombardeo de su nave y el intento de asesinato con kouhuns en su apartamento. Typho autoriza un plan para enviar a Padmé a Naboo disfrazada y bajo la protección de Anakin Skywalker.

Tareas de seguridad
El capitán Typho departe con la senadora Amidala, disfrazada como piloto de caza de Naboo tras aterrizar en Coruscant.

Mientras, Typho permanece en Coruscant con Dormé, la doncella de Padmé, como señuelo. En las Guerras Clon, continúa sirviendo a Padmé e incluso combate en Hebekrr Minor y Naboo. Después de la Orden 66, Padmé ignora su consejo de no viajar a Mustafar y Typho no vuelve a verla. Más tarde, Typho se une al grupo rebelde de los Amidalanos, pero muere cuando la célula intenta matar a Darth Vader en Naboo.

KIT FISTO

ESPECIE Nautolano **PLANETA NATAL** Glee Anselm
FILIACIÓN Jedi

Como miembro anfibio del Consejo Jedi, Kit Fistoy conduce a los ejércitos de la República a la victoria en los mundos acuáticos de la galaxia. Su fisiología lo convierte en el candidato ideal para librar batallas sobre y bajo las olas. Durante las Guerras Clon, Fisto se desplaza a Geonosis y es uno de los Jedi que se infiltran en la arena de ejecución para enfrentarse a los soldados droide del conde Dooku.

Poco después se une a Mace Windu y a otros dos Jedi en una misión al planeta Hissrich, donde impiden que los separatistas sigan arrebatando al planeta su flora única para usarla como fuente de energía.

Más adelante en la guerra, Fisto y su antiguo padawan Nahdar Vebb persiguen al general Grievous hasta la tercera luna de Vassek, donde quedan atrapados en el interior de la fortaleza de Grievous. Grievous mata a Vebb en un duelo de espadas de luz y Fisto logra escapar de Vassek gracias a su droide astromecánico. Se vuelve a sumergir bajo las olas para salvar al príncipe Lee-Char de Mon Cala de la insurrección separatista liderada por el comandante Riff Tamson y apoyada por las fuerzas revolucionarias de la Liga de Aislamiento Quarren.

Cuando las Guerras Clon se acercan a su fin, Mace descubre que el canciller supremo Palpatine ha estado llevando una doble vida como lord Sith. Kit Fisto y los maestros Agen Kolar y Saesee Tiin acompañan a Mace hasta el despacho del canciller, con el fin de enfrentarse a él y arrestarlo. Sin embargo, Palpatine demuestra unas habilidades de lucha extraordinarias. Desenfunda una espada de luz oculta y acaba con Fisto antes de que el sorprendido nautolano pueda alzar su propia espada para defenderse.

Táctica de batalla
Fisto habla con un clon oficial médico para decidir qué van a hacer con una fragata médica que se aproxima a un puesto de avanzada de la República y que se cree que podría estar infectada con una enfermedad contagiosa.

Al frente del ataque
Fisto dirige una unidad de soldados clon durante el feroz enfrentamiento de Geonosis. Durante la guerra, el maestro no pierde su famoso sentido del humor.

LUMINARA UNDULI

ESPECIE Mirialana **PLANETA NATAL** Mirial
FILIACIÓN Jedi

Maestra Jedi estricta, respetada y experta en combate. Durante un conflicto en Ontotho, la envían junto con Mace Windu para apoyar a los Jedi Eno Cordova y Cere Junda. Ayuda a Mace a derrocar al señor de la guerra Guattako en Oosalon.

En honor a las tradiciones de su planeta natal, toma como padawan a Barriss Offee, también mirialana. Con sus túnicas y tatuajes faciales, Unduli y Offee forman un dúo inconfundible.

Cuando estallan las Guerras Clon, las habilidades de Offee ya se han desarrollado lo suficiente para que Unduli pueda confiar en ella en combate y ambas Jedi sirven como miembros de la fuerza de vanguardia que interviene en la batalla de Geonosis. Al avanzar la guerra, la maestra acepta un cargo de mando y toma el control del 41.º Cuerpo de Élite, en colaboración con el comandante clon Gree. Más tarde escolta a Nute Gunray, prisionero de la Federación de Comercio, hasta que la comandante separatista Asajj Ventress sube a bordo de la nave para liberarlo. Unduli rechaza la ayuda de la padawan Ahsoka Tano y pierde el combate contra Ventress, lo que permite la huida de Nute Gunray.

En la segunda batalla de Geonosis, la maestra Unduli persigue al líder separatista Poggle el Menor hasta una remota red de catacumbas, donde se halla el nido de la insectoide reina Karina. Superada por los drones de la reina, Luminara está a punto de convertirse en la anfitriona involuntaria de los gusanos cerebrales, pero Anakin y Obi-Wan la rescatan.

Hacia el final de las Guerras Clon, Luminara participa en las batallas conocidas como los asedios del Borde Exterior. Junto al comandante Gree y el 41.º Cuerpo de Élite se desplaza al planeta Kashyyyk, hogar de los wookie y donde también se encuentra el maestro Yoda. Aunque las fuerzas de la República consiguen vencer a los invasores separatistas, los generales Jedi no prevén la traición de sus tropas clon. Cuando Darth Sidious transmite la ultrasecreta Orden 66 a todos los comandantes clon, Gree y sus soldados se alzan contra los Jedi. Unduli, a diferencia del maestro Yoda, no logra huir de la emboscada y es capturada.

Unduli es encarcelada en la Aguja de Stygeon Prime hasta su ejecución. Algunos supervivientes Jedi dan crédito al rumor de que sigue viva y viajan al planeta, pero resulta ser una trampa del Imperio. El Gran Inquisidor ha conservado sus restos (con una presencia residual de la Fuerza) en una celda para atraer a los Jedi a su muerte o, aún peor, al lado oscuro.

La Fuerza Jedi
En Geonosis, Luminara se prepara para la batalla junto a la maestra Jedi Shaak Ti, miembro del Consejo.

BARRISS OFFEE

ESPECIE Mirialana **PLANETA NATAL** Mirial
FILIACIÓN Jedi

Barriss Offee, padawan de la maestra Jedi Luminara Unduli, participa en las Guerras Clon hasta que se vuelve contra la República en un sorprendente acto de traición. Offee y Unduli comparten la herencia del pueblo mirialano, aunque sus vínculos como Jedi son mucho más fuertes.

Cuando estallan las Guerras Clon, Offee lucha en Geonosis junto a su maestra y ambas sobreviven a la batalla. Durante los primeros enfrentamientos, Offee se muestra reticente a luchar en una guerra, pero la maestra Jedi Depa Billaba la ayuda a adaptarse. Offee supera la prueba que Unduli le prepara en un antiguo templo, tras lo cual ambas vuelven a Geonosis para atacar una fábrica de droides. Junto con la padawan Ahsoka Tano, Offee destroza las instalaciones y contribuye a la victoria de la República. En el viaje de vuelta a Geonosis, Offee y Ahsoka deben contener un ataque de gusanos que intentan controlar el cerebro. Offee sucumbe a los gusanos, pero Ahsoka consigue romper el hechizo al exponerlos a temperaturas gélidas.

Más adelante, tras la participación de Offee en la batalla de Umbara, una misteriosa explosión en el Templo Jedi causa varios muertos y da pie a una investigación que considera a Ahsoka como principal sospechosa. Sometida a juicio y obligada a defender su fidelidad, Ahsoka es exonerada después de que la investigación de Anakin señale a Barriss Offee como culpable. Offee lo confiesa todo y argumenta que los Jedi se habían convertido en los agresores en esa guerra y que su acto había sido un golpe justificado contra una orden corrupta y sin guía. Después de la Orden 66, Barriss se convierte en Inquisidora, pero finalmente se marcha para forjar de nuevo su propio camino.

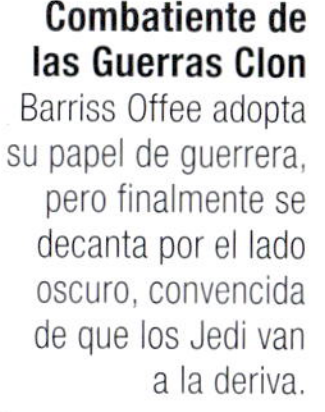

Combatiente de las Guerras Clon
Barriss Offee adopta su papel de guerrera, pero finalmente se decanta por el lado oscuro, convencida de que los Jedi van a la deriva.

BAIL ORGANA

ESPECIE Humana **PLANETA NATAL** Alderaan
FILIACIÓN Senado galáctico, Alianza Rebelde

Este senador de firmes principios es un inspirador defensor de la democracia, tanto dentro como fuera del Senado.

LUCHA POR LA PAZ

Bail es el virrey de la Casa de Organa en Alderaan y un funcionario electo que trabaja con políticos afines, como Mon Mothma o Padmé Amidala. Durante la crisis separatista, ejerce de asesor del canciller supremo Palpatine en el Senado galáctico. Dada la historia pacifista de Alderaan, Bail trata de impedir las Guerras Clon y lidera los esfuerzos de ayuda en Christophsis. Tiene un papel decisivo en las negociaciones con el rey Katuunko de Toydaria para conseguir ayuda vital para los sufridos twi'leks de Ryloth, y organiza una conferencia sobre refugiados en su planeta natal. No tarda en percatarse de que los poderes de emergencia de Palpatine amenazan con otorgar al canciller la autoridad de un dictador. Se opone a financiar más tropas y, cuando varios de sus colegas mueren en extrañas circunstancias, aumentan sus sospechas sobre el juego sucio de Palpatine.

Recogida rápida
Bail pilota un aerodeslizador para recoger a Yoda tras su combate contra Palpatine.

Senador imperturbable
El sigilo y la paciencia son los grandes aliados de Bail durante sus años de lucha para acabar con el Imperio galáctico del emperador Palpatine.

Aliados
En los albores del Imperio, el senador Organa crea una red de inteligencia que incluye a la antigua Jedi Ahsoka Tano.

LOS PRIMEROS REBELDES

Cuando las Guerras Clon tocan a su fin, Bail es testigo de la matanza de los Jedi a manos de las tropas clon de la República en el Templo Jedi. Ofrece refugio en el acto a dos de sus aliados más próximos: Yoda y Obi-Wan Kenobi. Tras la muerte de Padmé, Bail y su esposa, Breha Organa, adoptan a su hija, Leia. Bail continúa en el Senado y, junto a Mon Mothma, organiza en secreto una resistencia armada contra el emperador Palpatine.

Al inicio del reinado del emperador, Bail localiza a la antigua Jedi Ahsoka Tano, que más tarde dirigirá su red de inteligencia. En los albores del Imperio, Organa tiene reservas sobre el proyecto de Ley de Reclutamiento de Defensa, que propone un ejército de seres orgánicos para sustituir a las tropas clon. Comparte su inquietud con la senadora Riyo Chuchi sobre la coincidencia de la destrucción de las instalaciones de clonación kaminoanas y el auge del nuevo ejército imperial.

UNA FAMILIA UNIDA

Bail respalda la opinión y la férrea voluntad de su hija desde que es una niña. Cuando la inquisidora Reva orquesta el secuestro de Leia, Bail viaja a Tatooine para implorar a Obi-Wan Kenobi que la rescate y la devuelva a Alderaan.

Años más tarde, Bail envía a R2-D2 y C-3PO a recopilar información sobre la célula rebelde de los Espectros y, poco después, a Ahsoka con una pequeña flota rebelde para ayudar al grupo en Mustafar.

Ya mayor de edad, Leia demuestra su competencia como agente y llena de orgullo a Bail: salva a un grupo rebelde de un ataque imperial. Tras la batalla de Garel, ambos proporcionan al Escuadrón Fénix tres naves para reforzar su flota. Cuando la Alianza Rebelde se forma oficialmente con Mothma como líder pública, Bail permanece en las sombras para proteger Alderaan.

UNA MUERTE PREMATURA

Cuando la Alianza descubre la existencia de la Estrella de la Muerte, Bail aboga por luchar contra el Imperio. Mothma le pide que le ruegue a su viejo aliado Obi-Wan que abandone el exilio, misión que delega en Leia. Entretanto, él regresa a Alderaan para preparar a su pacífico pueblo para la guerra. Poco después de la batalla de Scarif, el gran moff Tarkin ordena disparar la Estrella de la Muerte contra Alderaan, y una sola ignición mata a Bail, Breha y millones de personas. Bail es recordado como un héroe rebelde y un mártir de la Nueva República.

Paternidad
Cuando Padmé muere en Polis Massa, Bail acepta llevarse a Leia a casa para criarla con su esposa Breha.

ZAM WESELL

ESPECIE Clawdita **PLANETA NATAL** Zolan **FILIACIÓN** Cazarrecompensas

Esta cazarrecompensas clawdita puede cambiar de forma y adoptar cualquier apariencia. Entrenada en combate por los caballeros guerreros de Mabari, es una agente hábil que prefiere atacar desde lejos, ya sea con su fusil de francotiradora o con sus droides sonda teledirigidos. Aliada de la cazarrecompensas Aurra Sing, Zam se va de vacaciones con ella a bordo del *Halcyon*. Zam ha trabajado muchas veces con Jango Fett, como por ejemplo en Snugano y Tython, y acepta su encargo de asesinar a la senadora Padmé Amidala de Naboo. Sin embargo, cuando los guardianes Jedi de su presa la acorralan y le cortan un brazo, Wesell pasa a ser un estorbo, al que Fett silencia para siempre con un sable envenenado de Kamino.

Medidas evasivas
Jango Fett usa su mochila propulsora Z-6 para salir disparado fuera del alcance de sus enemigos.

JANGO FETT

ESPECIE Humana **FILIACIÓN** Mandalorianos, cazarrecompensas, separatistas (bajo contrato)

Jango es el donante genético a partir del cual se crea el ejército de clones de la República, por lo que es la plantilla de millones de soldados en las Guerras Clon. Se gana este papel tras años de excelencia como cazarrecompensas, oficio en el que ha usado con pericia sus pistolas bláster gemelas y su puntera armadura mandaloriana. Jango, un expósito acogido por un mandaloriano, se convierte en un guerrero altamente cualificado que combate en las Guerras Civiles Mandalorianas.

Poco después de la batalla de Naboo, en una luna de Bogden, el conde Dooku –que se hace llamar Tyranus– le hace a Fett una lucrativa oferta para clonarlo. La propuesta lo obliga a trasladarse al lejano mundo de Kamino, pero Fett la acepta con una condición: que los genetistas kaminoanos le den un clon inalterado para criarlo como su hijo. En la siguiente década, Jango Fett cuida de su hijo, Boba, y lo instruye para que siga sus pasos, pero no siente orgullo alguno por el ejército de clones que se ha creado con él. Junto a otros tres cazarrecompensas, lleva a Boba a una misión para capturar a un twi'lek en Ord Mantell. Jango se enorgullece cuando Boba mata a un par de los otros cazarrecompensas por haberlos traicionado y deja vivo al tercero, que se mantuvo al margen, para que lo cuente.

Lecciones de vuelo
Jango enseña a su hijo, Boba, a pilotar su preciada nave estelar.

Por esa época, Jango y el cazarrecompensas Tarr Kligson dan un golpe que se tuerce. Kligson resulta herido y Jango se niega a abandonarlo a su suerte. Tarr le da las coordenadas de Haven, una estación droide donde Jango lo deja al cuidado de sus habitantes.

Junto a Zam Wesell, Fett acepta un contrato de Nute Gunray, de la Federación de Comercio, para matar a la senadora Padmé Amidala. Wesell fracasa y Fett se ve obligado a eliminarla para que no revele sus secretos a los investigadores Jedi. Pero el dardo con el que la mata proporciona la pista que conduce a Obi-Wan Kenobi hasta Kamino. Jango y Boba Fett huyen del planeta en su nave. Más adelante, en Geonosis, el conflicto entre los Jedi de la República y los separatistas del conde Dooku desemboca en una guerra. Fett se enfrenta al maestro Jedi Mace Windu, que lo decapita con un golpe de su espada de luz. Boba continúa el legado de su padre.

KOUHUN

PLANETA NATAL Indoumodo **TAMAÑO MEDIO** 30 cm de largo **HÁBITAT** Varios

El kouhun es un artrópodo venenoso de múltiples patas con un caparazón segmentado y aguijones en la parte delantera y posterior del cuerpo. Casi todas las víctimas inyectadas con su veneno mueren en cuestión de minutos. Además, esquiva las medidas de seguridad con una facilidad pasmosa, de ahí que la cazarrecompensas Zam Wesell emplee a dos para intentar matar a Padmé en su piso de Coruscant. Anakin Skywalker y Obi-Wan Kenobi los exterminan. Más tarde, el criminal Lanse Crowder intenta matar a Phee Genoa con un kouhun.

SHAAK TI

ESPECIE Togruta **PLANETA NATAL** Shili **FILIACIÓN** Jedi

Tras la batalla de Naboo, en los años previos a las Guerras Clon, la maestra Shaak Ti asciende al Consejo Jedi. En esa época ejecuta una misión con Obi-Wan Kenobi y Anakin Skywalker en Naran-Shiv. Después de sobrevivir a la batalla de Geonosis, lidera a los nuevos soldados clon de la República. Durante su despliegue en Kamino, Ti dirige un contraataque contra las fuerzas combinadas del general Grievous y Asajj Ventress. Junto con Obi-Wan y Anakin, ordena a los clones que ataquen a los acuadroides y otros soldados robóticos separatistas. Su heroica hazaña evita que los vitales laboratorios de clones de Kamino caigan en manos enemigas.

A cierta altura de las Guerras Clon, Ti y la maestra Jedi Aayla Secura colaboran para encarcelar a una peligrosa entidad del lado oscuro conocida como «fenómeno estelar» en el Templo Jedi de Sason.

Cuando el soldado clon Tup ataca inesperadamente y mata a la general Jedi Tiplar, Ti intenta descubrir el motivo de este acto atroz. La interferencia de los Sith y de los kaminoanos impide que los Jedi lleguen a descubrir que todos los clones llevan incrustado en el cerebro un biochip que contiene órdenes que pueden ser activadas para su cumplimiento inmediato. Al final de las Guerras Clon, Ti no puede evitar que el general Grievous se introduzca en Coruscant y secuestre al canciller supremo Palpatine.

Durante la Orden 66, Ti se halla en el Templo Jedi y graba un mensaje holográfico en el que suplica que quien quiera que lo abra se asegure de que los Jedi prosigan. Darth Vader la asesina mientras está meditando.

Jedi de alto rango
La maestra Jedi Shaak Ti es destinada a Kamino para vigilar las operaciones de clonación durante la guerra.

COLEMAN TREBOR

ESPECIE Vurk **PLANETA NATAL** Sembla **FILIACIÓN** Jedi

Coleman Trebor se gana un sitio en el Consejo Jedi durante la crisis separatista. Cuando él y los demás miembros descubren la presencia de fuerzas separatistas en Geonosis, Trebor se une a la vanguardia para detener a Dooku antes de que estalle la guerra. Jango Fett dispara y mata a Trebor cuando este participaba en la emboscada a Dooku en la arena de ejecución.

DEXTER JETTSTER

ESPECIE Besaliska **PLANETA NATAL** Ojom **FILIACIÓN** Él mismo

Dexter es un longevo besalisko con una vida intensa y centenaria. Durante la Alta República, se dedica a la exploración hiperespacial y es miembro de la banda pirata de Maz Kanata. Cuando la banda de los Dank Graks secuestra a Maz, Dex lidera una facción para rescatarla.

Muchas décadas después, Dex entabla amistad con un padawan Jedi, el joven Obi-Wan Kenobi, en el planeta Lenahra. Tras ayudarlo, se instala en Coruscant y abre un restaurante. Los dos siguen siendo amigos y Dex le pide ayuda para atrapar a un ladrón que opera en su local. Por aquel entonces, Sabé y Tonra se convierten en clientes habituales. Obi-Wan también confía en Dex y, antes de las Guerras Clon, le muestra un extraño objeto, que este identifica como un mortífero sable de Kamino. Dex lo anima a seguir con sus pesquisas en Kamino, lo que lleva a Obi-Wan a descubrir el ejército clon.

Durante las Guerras Clon, Dex lamenta la reducción del menú debido a la escasez, pero sigue atendiendo a sus clientes, como Sabé, y a sus amigos, como Obi-Wan.

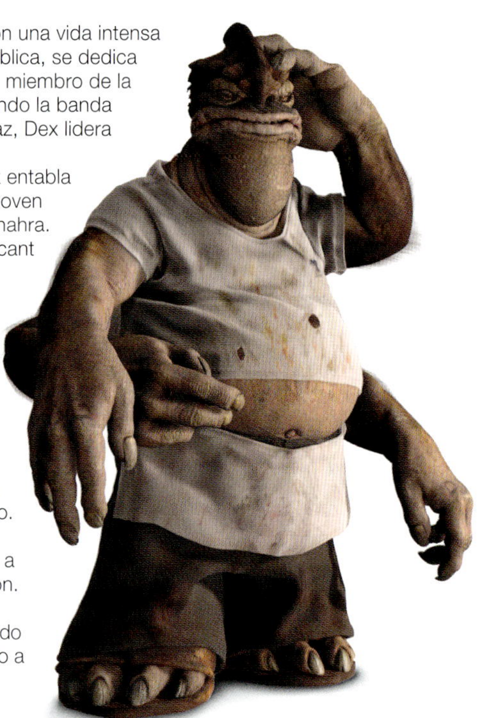

JOCASTA NU

ESPECIE Humana **PLANETA NATAL** Coruscant **FILIACIÓN** Jedi

Jocasta Nu es una formidable maestra Jedi que sirve en el Gran Consejo en las últimas décadas de la República Galáctica. Participa en las deliberaciones del Consejo sobre la misión a Nameel. Más adelante, abandona su cargo, quizá para centrarse en su papel de bibliotecaria jefe de los Archivos Jedi. Tiene una fe ciega en sus documentos, pero esa fe flaquea cuando no puede ayudar a Obi-Wan Kenobi a encontrar las coordenadas de Kamino. En las Guerras Clon, Nu intenta reclutar para los Archivos a Iskat Akaris, recién nombrada caballera, y se inquieta ante la negativa de la díscola Jedi. Más tarde, la metamorfa Cato Parasitti la noquea y la suplanta, hasta que Ahsoka Tano la desenmascara.

Nu sobrevive a la Orden 66 e intenta resucitar a la Orden Jedi. Lejos de Coruscant, construye una base oculta con una biblioteca de holocrones. Entonces regresa a Coruscant para recuperar de los Archivos un holocrón con la lista de todos los niños sensibles a la Fuerza conocidos. Justo cuando ha conseguido el holocrón, ve cómo el Gran Inquisidor revuelve los Archivos sin el menor respeto y decide batirse en duelo con él. Casi muere, pero Vader detiene al Inquisidor, lo que provoca una pelea entre ambos y permite a Nu eliminar los archivos. Nu intenta huir, pero Vader la captura y se da cuenta de que Sidious podría usar el holocrón para sustituirlo, así que lo destruye y mata a Nu. Años después, Luke Skywalker, que está creando su propia Orden Jedi, halla la base oculta de Nu.

Lista para la batalla
Anakin, Ahsoka y otros Jedi ejercen también de comandantes, como Aayla.

AAYLA SECURA

ESPECIE Twi'lek **PLANETA NATAL** Ryloth **FILIACIÓN** Jedi

El caballero Jedi Quinlan Vos descubre que Aayla Secura es sensible a la Fuerza, la recluta para la Orden y la toma como padawan. Más tarde, Aayla es nombrada caballera y destaca como entrenadora de combate con espadas de luz. Una alumna suya es la maestra Jedi que se convertirá luego en la inquisidora Séptima Hermana.

Secura forma parte del equipo de rescate enviado a Geonosis. Se distingue en combate contra los ejércitos de droides separatistas y, cuando estallan las Guerras Clon, está al mando de una flota de la República y suele liderar el 327.° Cuerpo Estelar junto al comandante Bly.

En una misión a Escander, Asajj Ventress la atrapa, pero sus tropas la rescatan. Poco después, la flota de Secura sufre graves pérdidas en Quell. Anakin y Ahsoka Tano acuden en su ayuda y tienen que hacer un peligroso salto hiperespacial para escapar con vida de la batalla. Su nave se estrella en Maridun, donde Secura pide ayuda a una tribu lurmen para curar al herido Anakin. Cuando el general separatista Lok Durd usa el planeta para probar su mortífero defoliador, Secura pone fin a la amenaza.

Con la guerra más avanzada, Secura acepta un cargo en Coruscant. Cuando la bestia Zillo, una extraña criatura titánica trasladada a la capital para estudiarla, escapa y arrasa la ciudad, Secura y Yoda la distraen para que el canciller supremo Palpatine pueda tomar medidas contra sus ataques. Más adelante, Secura viaja con su droide QT-KT para investigar una instalación separatista. Se enfrenta a Ventress una vez más, pero no obtiene información relevante.

Después de ascender a maestra Jedi, Secura y la maestra Shaak Ti colaboran para encarcelar a un fenómeno estelar, una peligrosa criatura sensible a la Fuerza, en el interior del Templo Jedi de Sason.

Primera guerrera
En Geonosis, Aayla Secura participó en la primera batalla de las Guerras Clon.

Junto a los maestros Windu, Kenobi y Tiplee, Secura viaja a Ord Mantell para investigar el escenario de una batalla entre las fuerzas separatistas del conde Dooku y las tropas de Maul. Los Jedi rastrean a sus enemigos, que ahora se han aliado, hasta Vizsla Keep 09 y se enfrentan a ellos. Dooku mata a Tiplee y escapa con Maul.

Hacia el final de las Guerras Clon, Secura, confiada en el inminente triunfo de la República, acepta una misión en Felucia. Pero, mientras lidera el 327.° Cuerpo Estelar por las junglas del planeta, Bly recibe el aviso de iniciar la Orden 66. Sus tropas clon abren fuego y disparan por la espalda a la desprevenida Secura. Años más tarde, la voz de Aayla apoya a Rey cuando esta derrota a Darth Sidious.

Traicionada
Secura muere en Felucia cuando los soldados clon que comanda se alzan contra ella.

REINA JAMILLIA

ESPECIE Humana **PLANETA NATAL** Naboo
FILIACIÓN Casa Real de Naboo

Jamillia, una apasionada defensora de la democracia, se presenta como candidata cuando hay que votar qué reina sustituirá a Amidala, pero pierde ante Réillata, que se convierte en la siguiente monarca. Jamillia se vuelve a presentar a otra elección y gana. Su reinado coincide con el punto álgido de la crisis separatista. Pide personalmente a Amidala que rescate a varios artistas de Naboo, entre ellos su hermana, que están atrapados tras las líneas separatistas.

Equipo completo
La unidad astromecánica R4-P17 está equipada con herramientas y dispositivos tales como un soldador y un extintor.

R4-P17

FABRICANTE Industrias Automaton
TIPO Droide astromecánico **FILIACIÓN** República

R4-P17, o «R4», es el droide astromecánico asignado al caza estelar de Obi-Wan. R4 muestra una gran valentía tras la agresión separatista. Como producto de las Industrias Automaton, está diseñado para servir como copiloto y calcular trayectos a la velocidad de la luz, y también sirve como droide de mantenimiento y reparaciones. Antes de las Guerras Clon, R4-P17 viaja con Obi-Wan a bordo del caza estelar Delta-7. Cuando la investigación de Obi-Wan sobre los turbios asuntos de Coruscant lo llevan hasta Geonosis, R4 ayuda a su amo a atravesar un peligroso campo de asteroides mientras persigue a Jango Fett. R4 no abandona este papel durante las Guerras Clon, y pasa del Delta-7 al nuevo interceptor Eta-2 cuando Obi-Wan realiza misiones en Teth, Rodia, Mandalore y otros puntos problemáticos de la galaxia. Al final de las Guerras Clon, R4 y Obi-Wan colaboran una última vez en la batalla de Coruscant. Mientras Obi-Wan intenta atravesar una nube de enemigos con su nave, un enjambre de droides zumbadores se pega a la nave para sabotearla. Los droides separan la cúpula que protege a R4 a modo de cabeza y ponen fin así a su vida operativa. Obi-Wan sustituye a R4-P17 con otro droide, R4-G9, para la misión de Utapau.

Fin de un droide
Después del ataque de los droides que R4 sufre durante la batalla de Coruscant, R4 es desmontado y la caótica batalla no permite repararlo.

TAUN WE

ESPECIE Kaminoano
PLANETA NATAL Kamino
FILIACIÓN Clonadores

Taun We es la coordinadora del proyecto del ejército clon de la República y sirve al primer ministro, Lama Su, como auxiliar administrativa y contacto principal de Jango Fett en Ciudad Tipoca. Cuando Obi-Wan llega a Kamino, Taun We organiza una reunión entre el visitante y Lama Su para hablar de los progresos del proyecto de clonación. Más adelante, lleva a Obi-Wan a conocer al clon principal, Jango, y a su hijo clonado, Boba. En la era imperial, Lama Su envía a Taun We a Bora Vio para recuperar a la clon Omega, capturada por Cad Bane por orden de Su. Sin embargo, Fennec Shand la mata por encargo de la rebelde kaminoana Nala Se, que quiere mantener a Omega lejos de Su.

PRIMER MINISTRO LAMA SU

ESPECIE Kaminoano **PLANETA NATAL** Kamino
FILIACIÓN Clonadores

Lama Su, el primer ministro de Kamino, recibe de un comprador al que conoce como Sifo-Dyas el pedido de suministrar un enorme ejército clon a los Jedi. Además, Su colabora con los Sith, y Darth Tyranus le entrega un biochip que debe copiar e implantar en todos los clones. Durante las Guerras Clon, uno de los clones se avería y mata a un Jedi. Tyranus ordena a Su y a los kaminoanos que se encarguen de la investigación, para impedir que los Jedi descubran que el chip contiene la orden secreta de acabar con ellos si se activa. Tras las Guerras Clon, el Imperio renuncia a las tropas clon y prefiere entrenar reclutas orgánicos. Temiendo por el futuro de su pueblo, Su intenta hacerse con Omega y, por extensión, con los medios para clonar combatientes superiores, pero Nala Se, que cuida de la niña, se lo impide. Más tarde, el Imperio encarcela a Lama mientras las ciudades de Kamino y casi toda su población son aniquiladas. Tras esto, Su empieza a negociar con los imperiales para conseguir su libertad.

SOLDADOS CLON

ESPECIE Humana **PLANETA NATAL** Kamino
FILIACIÓN República

A falta de un ejército para luchar contra los separatistas del conde Dooku, la República recibe miles de soldados clon. Pero los clones son un ardid para ayudar al canciller supremo Palpatine a eliminar a los Jedi, tras lo cual se declara emperador del Primer Imperio galáctico.

CREACIÓN SECRETA

Palpatine y Dooku unen sus fuerzas para hacerse con el control de un ejército de clones que se está creando en secreto en los laboratorios de genética de Kamino. Cada clon, todos copias modificadas de Jango Fett, crece a un ritmo acelerado y recibe un intenso entrenamiento en tácticas de batalla. Algunos de ellos ocupan cargos de élite como comandos de reconocimiento avanzado, mientras que otros estudian táctica para convertirse en oficiales.

Aprendizaje programado
Obi-Wan Kenobi supervisa el funcionamiento interno de las instalaciones de clonación de Kamino *(arriba)*.

Ninguno de ellos conoce los detalles del plan de Palpatine, y cuando llega la orden de entrar en acción como soldados del Gran Ejército de la República, los clones cumplen con su deber y luchan con honor.

PRIMERA GENERACIÓN

Cuando el maestro Yoda recibe al primer grupo de clones, estos enseguida entran en acción en la batalla de Geonosis. Estos soldados clon lucían una armadura blanca, con insignias en el casco. Usan las armas pesadas, incluidos los caminantes AT-TE y las cañoneras LAAT/i, y logran imponerse a los separatistas tras una dura batalla.

> «Solo somos clones, señor. Se supone que somos prescindibles.»
>
> **SARGENTO CLON**

Preparando un contraataque
Tres clones de primera generación toman la iniciativa contra un ataque de droides de batalla separatistas.

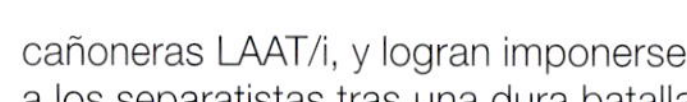

LAS GUERRAS CLON

Los soldados clon de la República dan nombre al conflicto entre la República y los separatistas: las Guerras Clon. Destinados a todos los rincones de la galaxia, los clones luchan en Christophsis, Maridun, Ryloth y otros planetas. Sometidos a las órdenes de los generales Jedi, soldados clon como el capitán Rex y el comandante Cody trabajan con Anakin Skywalker, Obi-Wan Kenobi y otros. Abandonan la armadura original en favor de la armadura Fase II, más avanzada y fácil de personalizar.

LA ORDEN 66

Palpatine ordena a los kaminoanos que implanten un chip inhibidor a todos los soldados clon que impedirá que puedan oponerse a ciertas órdenes, en concreto a la que pretende acabar con los Jedi: la Orden 66. La conspiración está a punto de salir a la luz cuando el chip inhibidor de un clon falla, pero los kaminoanos eliminan las pruebas. Cuando las Guerras Clon están a punto de llegar a su fin, Darth Sidious ejecuta la Orden 66, y todos los clones se vuelven contra los Jedi.

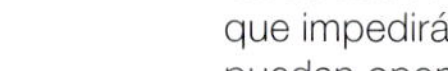

Traición
Aayla Secura recibe un disparo en la espalda de los soldados clon que estaban a sus órdenes.

CLONES DEL IMPERIO

El ejército clon sigue al servicio del Imperio galáctico durante los años posteriores a la Orden 66. Con el ADN modificado para que envejezcan rápidamente, el horizonte de los soldados clon que quedan es muy limitado. Cuando el Imperio destruye la fábrica de clones de Kamino, casi todos se ven obligados a retirarse, ya que el Senado aprueba la Ley de Reclutamiento de Defensa y anuncia el fin de su servicio. Sin embargo, un pequeño reducto ocupa puestos especiales, como por ejemplo en la Guardia Real de Palpatine o como oficiales de entrenamiento. El propio Palpatine aboga por un cuerpo de soldados de asalto voluntarios reclutados en los sistemas galácticos leales al Imperio. Muchos clones sin suerte luchan por abrirse camino fuera del servicio militar y se convierten en una visión cada vez más rara en la galaxia.

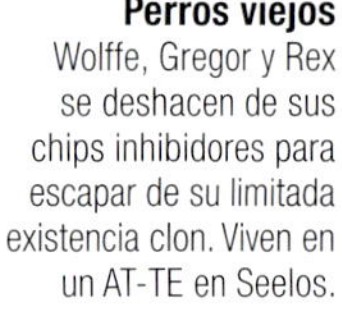

Perros viejos
Wolffe, Gregor y Rex se deshacen de sus chips inhibidores para escapar de su limitada existencia clon. Viven en un AT-TE en Seelos.

BOBA FETT

ESPECIE Humana **PLANETA NATAL** Kamino
FILIACIÓN Cazarrecompensas, Garra de Krayt, su emporio criminal

Boba Fett es un clon de Jango Fett, que lo cría como si fuera su hijo. Sobrevive a las Guerras Clon y se convierte en un cazarrecompensas implacable y muy bien pagado, y después en un señor del crimen por derecho propio.

ORÍGENES CLÓNICOS

Cuando el mandaloriano Jango Fett accede a ser el donante genético de un ejército de clones creado en Kamino, solicita un clon inalterado para criarlo como su heredero. Durante diez años, Boba Fett crece en el entorno clínico de la Ciudad Tipoca de Kamino, y de vez en cuando acompaña a su padre en la búsqueda de recompensas por dinero. La primera misión de Boba con Jango es en Ord Mantell, donde mata a dos cazarrecompensas que los traicionan. Obi-Wan Kenobi descubre la operación de clonación de Kamino, lo que lleva a Jango y Boba a huir a Geonosis. Allí, un equipo de ataque Jedi asalta la arena de ejecución y aplasta a los defensores separatistas. El líder de los Jedi, Mace Windu, decapita a Jango Fett con su espada de luz.

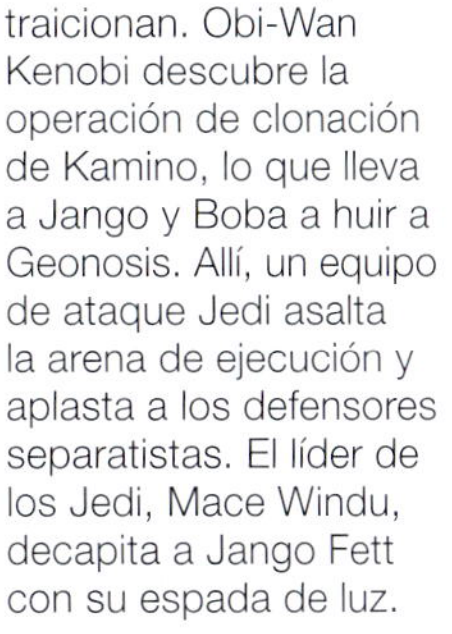

Curtido en la batalla
Boba Fett como cazarrecompensas profesional es legendaria. Todos los rasguños y las abolladuras de su armadura son prueba de las numerosas veces que ha estado al borde de la muerte.

El legado de su padre
Cuando Jango muere en Geonosis, Boba sigue con el trabajo de su padre. Odia a todos los Jedi, y, en particular, a Mace Windu.

SUS PRIMEROS PINITOS

La asesina Aurra Sing pasa a ser la mentora del huérfano Boba. Junto con los cazarrecompensas Bossk y Castas, Fett se hace pasar por un cadete clon y provoca el accidente de una nave de la República llamada *Resistencia*. La República captura a Fett en Florrum. Más tarde, Boba crea otro equipo al que llama Garra de Krayt. El grupo recibe el encargo de defender un aerodeslizador en Quarzite y, después, de rescatar a un Jedi del palacio del conde Dooku en Serenno. De joven, Boba también aprende de Cad Bane y Hondo Ohnaka.

LA FORJA DE UN NOMBRE

En los primeros años de la era imperial, Boba consolida su temible reputación como cazarrecompensas legendario y su larga asociación con el capo Jabba el Hutt. En una ocasión, busca a la cazarrecompensas Caij Vanda en Koboh y topa con el superviviente Jedi Cal Kestis.

Tras la derrota Imperial en la batalla de Yavin, Vader lo contrata para que averigüe la identidad del piloto rebelde que hizo estallar la Estrella de la Muerte, lo que conduce a Boba hasta Luke Skywalker. Más tarde, Fett comunica sus hallazgos a Vader y le revela que su hijo está vivo.

TRAS LA PISTA DE HAN

Después de la batalla de Hoth, Darth Vader reúne a un grupo de cazarrecompensas para que busquen el *Halcón Milenario*, la nave de Han Solo. Boba tiende una trampa a Han en la Ciudad de las Nubes y el contrabandista acaba encerrado en una losa de carbonita. Pero, durante el viaje para entregarle a Han a Jabba, Crimson Dawn le roba la carga. Entonces el Hutt ofrece una recompensa por Boba y el hábil mandaloriano se ve obligado a despachar a muchos de sus colegas. Con casi todo en contra y a un alto precio, Boba recupera su presa y se la entrega sana y salva al señor del crimen, y después está en el palacio de Jabba cuando Luke Skywalker trata de rescatar a Han. Durante un combate contra los Jedi en el Gran Pozo de Carkoon, Han, que está desorientado, propina un golpe a la mochila propulsora de Boba y este cae en las fauces del descomunal Sarlacc.

FUERA DEL SARLACC

Fett despierta en uno de los estómagos de la criatura. Para salir, perfora a la bestia con un lanzallamas y después trepa por la arena hasta la superficie. Se encuentra tan débil que, cuando unos jawas tropiezan con él, lo dejan inconsciente y le quitan la armadura (que luego le venden a Cobb Vanth).

> «Muerto no me sirve.»
>
> **BOBA FETT**

Una tribu tusken encuentra a Boba y lo hace prisionero. Tras varias palizas e intentos de huida, Boba se gana el respeto de los nómadas cuando mata a una bestia de la arena y de paso salva a un niño. La tribu lo acoge como a uno más y le enseña su cultura. Boba les devuelve el favor ayudándolos a abordar un tren que el Sindicato Pyke usa para aterrorizarlos. El jefe tusken invita a Boba a participar en una ceremonia sagrada que termina con Fett fabricando su propio bastón gaffi.

La armonía dura muy poco, pues los pykes se vengan y aniquilan a los tusken. Fett vaga por el desierto y encuentra a Fennec Shand, que está gravemente herida. Le salva la vida y acuerdan trabajar juntos.

NUEVO PROPÓSITO

El antiguo cazarrecompensas renuncia a sus viejas costumbres y, con la ayuda de Fennec, busca su armadura, misión que lo lleva hasta Tython y a Din Djarin, un compañero cazarrecompensas mandaloriano. Din le cede la armadura cuando se entera de que la heredó del expósito Jango Fett. En deuda con él, Boba y Fennec lo ayudan a rescatar a su protegido, Grogu, que está en manos del moff Gideon.

Una vez pagada su deuda, Boba y Fennec vuelven a Tatooine y se hacen con el control de la banda criminal de Jabba tras asesinar a su actual líder, Bib Fortuna. Poco a poco, Boba construye una nueva banda en Mos Espa y elige el respeto en lugar del miedo para establecer su posición como nuevo daimio. Así se va ganando la admiración de varios criminales, entre ellos el cazarrecompensas wookiee Krrsantan. Además, dos rivales hutt, los Mellizos, le regalan un rancor. Entre Boba y los pykes estalla pronto una guerra de bandas, que desemboca en una fatídica batalla en las calles de Mos Espa. Durante el enfrentamiento, Boba vence a su antiguo mentor, Cad Bane, y, con la ayuda de sus aliados, elimina a los pykes y sus acólitos. Victoriosos, los supervivientes se unen bajo el mando de Boba, que disfruta del nuevo respeto que se ha ganado.

Aliados en combate
Din y Boba se parecen mucho. Ambos son guerreros mandalorianos y expertos cazarrecompensas, y los dos desean cambar su vida, por lo que se apoyan mutuamente en ese trance.

Encuentro fatídico
Owen Lars y Beru Whitesun se encuentran con Padmé Amidala y Anakin Skywalker, cuyo hijo Luke será criado por aquellos *(dcha.)*. Cuando Luke llega a la adolescencia, el tiempo y el riguroso clima de Tatooine han dejado sus marcas en el rostro de Owen *(abajo)*.

«Creo que somos hermanastros. Sabía que algún día aparecerías.» **OWEN LARS A ANAKIN**

OWEN LARS

ESPECIE Humana **PLANETA NATAL** Tatooine **FILIACIÓN** Ninguna

Owen Lars, un serio y pragmático agricultor de Tatooine, aprende su estricta ética de trabajo de su padre, Cliegg Lars. Cuando este se casa con Shmi Skywalker, Owen se ve arrastrado a la complicada vida del hijo de Shmi, Anakin Skywalker. Owen conoce a Anakin cuando los tusken secuestran a Shmi, y cree que no se parece en nada a ella. Sin embargo, la relación entre Owen y Beru decide a Skywalker a casarse con Padmé. Anakin recupera el cadáver de Shmi y vuelve a la granja de los Lars. Cliegg muere poco después a raíz de las heridas que sufrió mientras buscaba a su esposa. Owen y su mujer, Beru, heredan la granja de humedad, y Obi-Wan Kenobi les pide que críen al hijo de Anakin, Luke, como si fuera suyo. La pareja accede, y Owen acepta que Obi-Wan se quede a vivir en Tatooine de incógnito con el nombre de Ben, pero insiste en que se mantenga alejado. Owen es protector y no quiere que Luke viva un futuro como el de Anakin, por eso no permite que Obi-Wan entrene al niño, e incluso le prohíbe visitarlo. Por su parte, Owen mantiene a Luke ocupado en la granja. Cuando el cazarrecompensas Krrsantan secuestra a Owen, Obi-Wan intenta rescatarlo, pero Owen se cae por un acantilado. Por suerte, Luke vuela al rescate en su saltador T-16 y logra colocar la nave por debajo de Owen, quien aterriza sobre uno de sus blásteres. Pero ese no es el único peligro al que se enfrenta la familia Lars. El rescate de Leia Organa por parte de Obi-Wan hace que la Tercera Hermana se fije en Tatooine y el hijo de Anakin. Owen se entera de que la inquisidora ha preguntado por la ubicación de la granja de los Lars y corre a casa para avisar a Beru. Owen lucha contra la Tercera Hermana, que lo vence pero al final no mata a Luke. Tras ese mal trago, Owen le dice a Ben que puede ver a Luke. Muchos años después, y pese a los esfuerzos de Owen por mantener a Luke a salvo del Imperio, unas tropas de asalto llegan a la granja y, acatando órdenes de Darth Vader, ejecutan a Owen y a Beru.

BERU WHITESUN LARS

ESPECIE Humana **PLANETA NATAL** Tatooine **FILIACIÓN** Whitesuns

Beru Whitesun, natural de Tatooine, conoce a los Lars desde niña. Tras topar con Shmi Skywalker en la tienda de Watto, le presenta a Cliegg Lars y la ayuda a liberar a los esclavos. Beru acaba enamorándose de Owen Lars justo antes de la batalla de Geonosis, y está en la granja de humedad de la familia cuando Anakin Skywalker llega en busca de su madre, Shmi. Tras la muerte de Shmi, Beru sigue liberando esclavos. Beru y Owen se casan más tarde, y Obi-Wan Kenobi deja a su cuidado a Luke Skywalker, el hijo de Anakin. Lo crían como si fuera su hijo y mantienen en secreto su verdadera identidad. Cuando un cazarrecompensas captura a Owen, la valiente Beru coge un fusil para ir a por su marido, pero Obi-Wan y Luke lo salvan antes.

La llegada de la Tercera Hermana pone a todos en peligro. La inquisidora deduce que el hijo de Vader vive con los Lars, así que va a la granja para matarlo y saciar su sed de venganza. Owen cree que deberían marcharse y esconderse, pero Beru insiste en que no abandonará su hogar. Sin vacilaciones, saca las armas de su escondite y urde un plan para proteger a Luke. Al caer la noche llega Reva, pero Beru no se echa atrás: ordena al chico que corra mientras ella distrae a la atacante. Al final, Luke vuelve a la granja sano y salvo. No obstante, cuando las tropas de asalto imperiales llegan a la granja en busca de los droides R2-D2 y C-3PO, un escuadrón de ejecución mata a Beru y a Owen con sus blásteres.

Dispuesta a plantar cara
El inminente ataque interrumpe la labor de Beru en la granja de humedad. Es ella quien decide que tienen más posibilidades de defender a Luke en su casa.

Mirada al futuro
Beru Lars desempeña un papel vital en el destino de la galaxia cuando acepta criar a Luke Skywalker. Su naturaleza sensible y maternal inculcan a Luke un amor por la familia y un fuerte sentido moral *(izda.)*.

CLIEGG LARS

ESPECIE Humana **PLANETA NATAL** Tatooine **FILIACIÓN** Ninguna

Cliegg Lars, el granjero hosco y de voluntad inquebrantable, vive en Tatooine con su mujer, Shmi Skywalker. Pierde a su amada, y también la pierna derecha, a manos de un grupo de moradores de las arenas. Anakin Skywalker halla el cuerpo de su madre, pero Cliegg muere al cabo de poco, y lega la granja a su hijo Owen y su mujer Beru.

POGGLE EL MENOR

ESPECIE Geonosiano
PLANETA NATAL Geonosis
FILIACIÓN Separatistas

El archiduque Poggle el Menor controla las factorías de droides de Geonosis durante las Guerras Clon. Con el apoyo de Darth Sidious, Poggle fabrica millones de droides de combate B1 para la Federación de Comercio y luego un superdroide de combate nuevo para los separatistas del conde Dooku. Cuando los guerreros de Poggle capturan a Obi-Wan Kenobi, Anakin Skywalker y Padmé Amidala en Geonosis, Poggle ordena su ejecución y se queda allí para luchar contra los soldados de la República. Entrega a Dooku los planes de una estación de combate, para que los ponga a salvo.

Más adelante, en las Guerras Clon, Poggle destruye su fábrica de droides para evitar que caiga en manos de la República. Busca la protección de la reina geonosiana Karina que, sin embargo, lo hace prisionero de guerra. La República lo interroga y no lo libera hasta que acuerda con el teniente comandante Orson Krennic construir en Geonosis una estación de combate para la República. Sin embargo, el archiduque tiene otros planes y trama un alzamiento en Geonosis que sabotea la construcción y le permite incorporarse al Consejo Separatista. Fallece en Mustafar, junto al resto del Consejo.

Presencia imponente
Poggle está al mando de todos los geonosianos y de la mayoría de los productos robóticos producidos en sus fábricas, como este droide táctico de la serie T.

WAT TAMBOR

ESPECIE Skakoano
PLANETA NATAL Skako Menor
FILIACIÓN Separatistas, Unión Tecnológica

Wat Tambor lleva un traje presurizado y habla por un altavoz electrónico. Es ingeniero jefe de la Unión Tecnológica y controla los activos de guerra más avanzados de toda la galaxia. Forma parte del Consejo Separatista durante las Guerras Clon y es prisionero de la República durante un breve periodo tras la batalla de Ryloth. Cuando regresa a Skako Menor, usa a Eco, un soldado clon que ha capturado, para acceder a la estrategia de la República y ayudar a los separatistas, hasta que el clon es rescatado. Tambor fallece en Mustafar, más adelante.

SHU MAI

ESPECIE Gossam **PLANETA NATAL** Castell
FILIACIÓN Gremio de Comercio, separatistas

Como presidenta del Gremio de Comercio, Shu Mai controla los recursos financieros comunes de algunas de las empresas más importantes de la galaxia. Utiliza su influencia para obtener un puesto en el Consejo Separatista, pero le dice al conde Dooku que el Gremio solo prestará apoyo a su movimiento en secreto. Es una lealtad secreta que desemboca en su muerte en Mustafar.

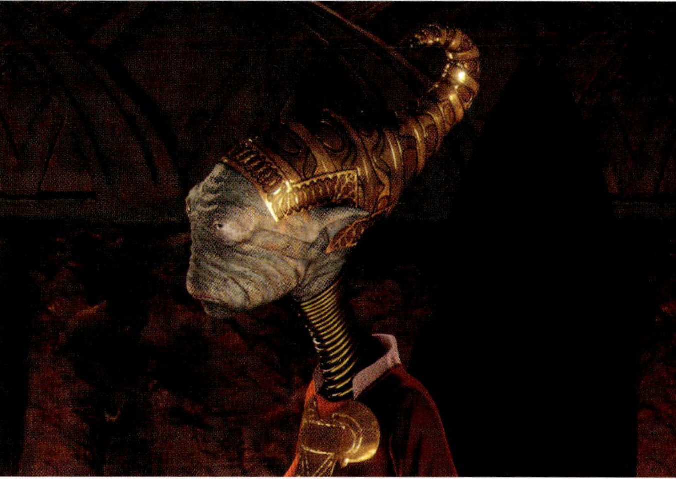

SAN HILL

ESPECIE Muun **PLANETA NATAL** Scipio
FILIACIÓN Clan Bancario Intergaláctico, separatistas

Como presidente del Clan Bancario Intergaláctico, San Hill tiene mucha influencia. Antes de la batalla de Geonosis, se reúne en secreto con el conde Dooku y promete el apoyo de su cártel financiero a los separatistas. Es asesinado por Vader en Mustafar, junto con otros miembros del Consejo Separatista.

MASSIFF

PLANETA NATAL Varios **ALTURA MEDIA** 1 m
HÁBITAT Desierto

Los massiffs son cazadores de Tatooine y Geonosis. Aunque tienen una mordedura muy poderosa, muchos emplean massiffs amaestrados como animales de guardia, incluidas las tribus de los moradores de las arenas, los piratas weequays y los soldados clon. Las espinas de sus lomos les confieren un nivel añadido de defensa, y sus enormes ojos les permiten ver de noche.

PASSEL ARGENTE

ESPECIE Koorivar
PLANETA NATAL Kooriva
FILIACIÓN Alianza Corporativa, separatistas

Tras obtener el cargo de magistrado de la Alianza Corporativa, Passel Argente pasa a formar parte del Senado galáctico y es uno de los senadores que apoya la destitución del canciller Valorum. Argente dimite para convertirse en miembro del Consejo Separatista, y es uno de los fallecidos en Mustafar.

DARTH TYRANUS (CONDE DOOKU)

ESPECIE Humana **PLANETA NATAL** Serenno
FILIACIÓN Jedi, Sith, separatistas

«Soy mucho más poderoso que cualquier Jedi. Incluido tú.» CONDE DOOKU

Nadie sospecha que el conde Dooku es el señor del Sith Darth Tyranus. Sin embargo, el antiguo Jedi es el aprendiz de Darth Sidious y mueve en secreto los hilos de una falsa guerra que parte la galaxia en dos.

COMIENZOS JEDI

Dooku nace en la familia gobernante de Serenno y se incorpora a la Orden Jedi cuando se descubre que es sensible a la Fuerza. Mantiene una relación familiar secreta con su hermana, Jenza, lo cual es poco habitual en los Jedi. De jovencito, se hace amigo de Sifo-Dyas, y ambos se meten en líos al colarse en la Colección Bogan del Templo Jedi. Cuando llega el momento, Dooku pasa a ser el padawan del maestro Yoda. Con el tiempo, se convierte en uno de los mejores Jedi de su generación.

Es un veterano de guerra, y su talento con la espada de luz inspira a muchos aprendices. Durante su pertenencia a la Orden Jedi, entrena a Rael Averross y a Qui-Gon Jinn, con los que establece fuertes vínculos. Dooku se obsesiona con las antiguas profecías de los místicos Jedi, cosa que solo saben Rael y Qui-Gon. Esas profecías lo llevan a explorar en secreto el lado oscuro, e incluso llega a usar rayos generados por la Fuerza para proteger a Qui-Gon en combate. Pierde la fe en la Orden Jedi y en la República después de numerosas misiones en las que ambas organizaciones parecen mostrar poca preocupación por quienes han jurado proteger.

CAMBIO DE ORDEN

En cierto momento, Dooku decide dejar la Orden Jedi, pero sigue manteniendo buenas relaciones con sus compañeros, los visita y les ofrece consejo. Sin embargo, cae bajo la influencia de Darth Sidious, que lo tienta para que se una a los Sith.

Ambos se enteran del plan secreto de Sifo-Dyas: encargar a los kaminoanos un ejército de clones para la República. Tras esto, Dooku ordena al Sindicato Pyke que ejecute a su viejo amigo. Dooku ve a Qui-Gon por última vez, cuando su antiguo padawan lleva al joven Anakin Skywalker al Templo Jedi. La maestra Yaddle percibe la inquietud de Dooku y lo sigue hasta una reunión clandestina con Darth Sidious. Allí, los interrumpe para ofrecerle a Dooku una segunda oportunidad, pero es demasiado tarde y él la mata. Entonces se convierte en el nuevo aprendiz de Sidious, Darth Tyranus. Los Sith se hacen cargo del trato con los kaminoanos y Dooku logra que Jango Fett sea el modelo genético del ejército de clones.

En la década siguiente, Dooku se erige en líder de un movimiento separatista que convence a miles de sistemas estelares de que se escindan de la República. En Rattatak, recluta a Asajj Ventress como aprendiz.

Poco después, en Geonosis, Dooku intenta reclutar al aprendiz de Qui-Gon, Obi-Wan Kenobi, para que lo ayude a destruir a Darth Sidious, pero el Jedi se niega. Posteriormente, Dooku no hace nada por evitar el intento de ejecución de Obi-Wan, Anakin y Padmé en Geonosis. Cuando los Jedi y el ejército de clones llegan para salvar al trío, estalla un conflicto entre la República y los separatistas. Dooku vence a Obi-Wan y mutila a Anakin antes de enfrentarse a Yoda en un duelo de espadas de luz y escapar. Los Jedi saben que es un Sith, pero no están seguros de si es el maestro o el aprendiz.

Huida de Geonosis
Perseguido por una cañonera de la República, Dooku huye a bordo de una moto deslizadora hasta un hangar para abandonar la batalla de Geonosis.

GUERRAS CLON

Dooku lidera los ejércitos de droides de combate separatistas, con la ayuda de Ventress y del cíborg general Grievous. Secuestra a Rotta, el hijo de Jabba, para enfrentar a los hutt con la República, pero fracasa y, por un breve espacio, es el rehén del rey pirata Hondo Ohnaka. Cuando Darth Sidious le ordena que elimine a Ventress, abandona a su aprendiz a su suerte y elige al zabrak Savage Opress como guardaespaldas contra las Hermanas de la Noche de la Madre Talzin. Su antigua aprendiz y las Hermanas de la Noche tratan de acabar con Dooku para vengar su traición, pero este responde destruyendo su fortaleza de Dathomir.

Tras el ataque de Dooku contra el pueblo mahran, el Consejo Jedi acuerda asesinarlo y encarga el trabajo a Asajj Ventress y al maestro Jedi Quinlan Vos, pero fracasan. Dooku captura a Vos y lo atrae al lado oscuro. El Jedi se convierte en un líder separatista clave, pero al final regresa a la luz, gracias a la intervención de Asajj.

FIN DE LA PARTIDA

Cuando los separatistas atacan Coruscant, Dooku obedece las órdenes de su maestro Darth Sidious y espera a bordo de la *Mano Invisible* para tender una trampa a Anakin. Pese a sus propias maquinaciones, Dooku no sospecha que Sidious planea acabar con él. El conde vence a Obi-Wan y desafía a Anakin mientras Palpatine los observa, fingiendo ser un prisionero indefenso. Como Dooku se ha batido en duelo con Anakin varias veces en el pasado, no espera que el caballero Jedi ofrezca mucha resistencia. Pero Anakin ha ganado una gran habilidad desde su último enfrentamiento y planta cara a Dooku. Tras desarmar a su rival, el joven Jedi coge la espada de luz de Dooku y acerca ambas a la garganta de Dooku. El conde espera que su maestro intervenga, pero cuando Palpatine ruge «¡mátalo!», el conde se da cuenta de la inevitabilidad de la traición Sith.

Papel especial
Dooku cree que su maestro acudirá a su rescate si el duelo con Anakin se vuelve peligroso, pero no imagina que Palpatine pueda traicionarlo.

De Jedi a Conde
Dooku acaba profundamente decepcionado con la Orden Jedi y no hay nada que pueda convencerlo para que permanezca en ella. Sin embargo, Yoda, su antiguo maestro, desconfía y cree que la marcha de su antiguo padawan se debe a motivos ocultos.

ONACONDA FARR

ESPECIE Rodiana **PLANETA NATAL** Rodia
FILIACIÓN Senado galáctico

Onaconda Farr, senador de la República, es amigo de la familia de Padmé Amidala y acompaña a la joven y a su padre, Ruwee, para ayudar al pueblo de Shadda-Bi-Boran. Cuando Amidala empieza su carrera senatorial, Farr está deseoso de apoyarla y la acoge en su grupo político junto a los senadores Mothma y Organa. Sin embargo, en las Guerras Clon la secuestra en nombre de los separatistas para procurar suministros a su planeta natal, Rodia. Más tarde, Farr cambia de opinión y entrega al separatista Nute Gunray, tras lo cual es readmitido en el Senado. Cuando se une a Organa para poner fin a la desregulación de los bancos y ayudar a la República a financiar la guerra, su ayudante lo envenena para beneficiar a los separatistas.

ORRAY

PLANETA NATAL Geonosis
TAMAÑO MEDIO 2 m de altura, 3 m de longitud **HÁBITAT** Desierto

Estas bestias de carga son las monturas de los nativos de Geonosis, entre ellos los picadores que guían hacia la arena de ejecución a los carros con los prisioneros condenados. Los orrays amaestrados se identifican por la coraza metálica que cubre su cola amputada.

REEK

PLANETA NATAL Geonosis (luna de Codian)
TAMAÑO MEDIO 2 m de alto, 4 m de largo
HÁBITAT Praderas

Los reek son unas criaturas herbívoras con tres cuernos, de actitud terca y muy peligrosas cuando cargan de cabeza. En la arena de ejecución de Geonosis, los utilizan para amenazar a los prisioneros. Esta especie tiene unos aros en la nariz que los cuidadores geonosianos usan para mantenerlos bajo control. Estos animales viven en Ylesia y en su luna de Codia, pero se han exportado a toda la galaxia debido a su fuerza y resistencia. Cuando Anakin Skywalker se enfrenta a un reek en la arena, calma a la criatura utilizando la Fuerza y a continuación monta en ella. Por desgracia, Jango Fett mata al reek, que a pesar de su porte no resiste el disparo del bláster.

Señales de advertencia
Cuando un reek piafa es porque se está preparando para cargar contra su objetivo *(arriba)*. El general Grievous monta un reek a través de las junglas de Saleucami (*dcha.).*

Depredador y presa
Un nexu furioso le enseña los dientes al jinete geonosiano.

NEXU

PLANETA NATAL Cholganna
TAMAÑO MEDIO 1 m de alto, 2 m de largo
HÁBITAT Bosques

El nexu es un depredador felino con varios ojos y una cola larga y sin pelo. Evolucionó en el planeta boscoso de Cholganna y se ha extendido por otros mundos gracias a su valor como animal de ataque. Cuando un nexu captura a su presa con sus afiladas garras, la muerde y la zarandea de forma salvaje hasta matarla. En la arena de ejecución de Geonosis, Padmé Amidala sufre el ataque de un nexu después de que la criatura acabe con un guardia y centre toda su atención en ella. El animal le da un zarpazo, pero aparece un reek que lo embiste y lo mata. Algunos nexus se pueden domesticar: un espécimen llamado Furball acompaña a la banda de cazarrecompensas liderada por T'onga hasta que muere prematuramente.

ACKLAY

PLANETA NATAL Vendaxa **ALTURA MEDIA** 3 m
HÁBITAT Tierra y agua

El acklay es un crustáceo anfibio gigante originario de Vendaxa. Protegido por un duro caparazón, se desplaza con seis patas puntiagudas y usa las garras para despedazar a las presas. Tiene la boca llena de dientes afilados y utiliza un órgano que tiene bajo la mandíbula para percibir la electricidad de su presa. En Geonosis, los acklays se usan en la arena de ejecución. Los picadores geonosianos mantienen a las criaturas más grandes bajo control picándolas con lanzas de palo largo. Obi-Wan Kenobi está a punto de morir atacado por un acklay, pero logra eludir las garras del animal hasta que recupera su espada de luz y acaba con él. Décadas después, Kylo Ren llega a Vendaxa mientras persigue a la Resistencia y asusta a un acklay con su espada de luz.

Enfrentamiento mortal
Armado con una lanza, Obi-Wan se enfrenta a un acklay en la arena de ejecución.

STASS ALLIE

ESPECIE Tholothiana **PLANETA NATAL** Tholoth
FILIACIÓN Jedi

Stass Allie forma parte del Consejo Jedi durante las Guerras Clon y lucha con valentía como miembro del equipo de ataque Jedi asignado a la primera batalla de Geonosis. Destinada en Saleucami durante los asedios del Borde Exterior, la maestra Allie muere cuando se activa la Orden 66. Sus soldados clon escoltas disparan a su moto deslizadora, con la que sufre un accidente mortal.

GENERAL WHORM LOATHSOM

ESPECIE Kerkoidiano **PLANETA NATAL** Kerkoidia **FILIACIÓN** Separatistas

Después de que el general Loathsom capture el planeta Christophsis, la República lo invade para liberarlo. Loathsom contraataca con sus droides de combate, protegidos tras un potente escudo deflector. Incapaz de hacer mella en la barrera, Obi-Wan Kenobi negocia los términos de la rendición con Loathsom, lo que permite que Anakin Skywalker y Ahsoka Tano destruyan el generador de escudo. El general es capturado y trasladado a Coruscant, donde es encarcelado por traición.

ALMIRANTE WULLF YULAREN

ESPECIE Humana **PLANETA NATAL** Coruscant
FILIACIÓN Armada de la República, Imperio

Wullf es uno de los comandantes de flota más insignes de la República. Ha participado en incontables conflictos navales, como el de la derrota ante el almirante Trench en la batalla de los estrechos de Malastare. En las Guerras Clon, Yularen lucha en Kudo III, Christophsis, Ryloth, Devaron y Geonosis, y colabora con Jedi de alto rango en casi todas las contiendas.

Tras la guerra, lo nombran coronel y líder de la Oficina de Seguridad Imperial (OSI). Se interesa mucho por la carrera de Kallus, el competente agente de la OSI, y de Thrawn, un prometedor teniente chiss a quien Wullf pone en contacto con altos cargos imperiales. Tras el atraco a Aldhani, Palpatine otorga a Yularen un poder casi ilimitado para perseguir a los rebeldes y acabar con toda actividad criminal. Al día siguiente, Yularen informa a la junta de la OSI del grave peligro que corre la galaxia y aprueba que la supervisora Dedra Meero dé caza al rebelde de nombre en clave Axis.

Thrawn pide ayuda a Yularen para investigar a Cisne Nocturno y para identificar al agente rebelde con el nombre clave de «Fulcrum» que se ha infiltrado en las filas imperiales. Yularen se sorprende cuando Thrawn le dice que Fulcrum es Kallus, pero deciden dejar que siga operando para pasar información falsa a los rebeldes. Una vez terminada la Estrella de la Muerte, Yularen es destinado a la estación y muere cuando esta estalla en pedazos.

ALMIRANTE TRENCH

ESPECIE Harch **PLANETA NATAL** Secundus Ando
FILIACIÓN Separatistas

Antes de las Guerras Clon, este harch de rostro arácnido se gana su fama como comandante naval cuando derrota a Wullf Yularen en la batalla de los estrechos de Malastare. Nombrado almirante de la flota separatista, impone un bloqueo en Christophsis, pero Anakin Skywalker le arrebata su crucero. Aun así, logra sobrevivir y asume el mando de las operaciones separatistas en Ringo Vinda. Las fuerzas de la República impiden que bombardee el planeta Anaxes y Anakin lo mata.

COMANDANTE CLON CODY

ESPECIE Humana **PLANETA NATAL** Kamino
FILIACIÓN República

Este clon llamado CC-2224 adopta el nombre de «Cody» y es asignado al 212.º Batallón de Ataque del general Kenobi como su segundo al mando. Mantiene una relación de estrecha camaradería con el capitán Rex y lucha junto a Obi-Wan Kenobi en Hisseen, Christophsis, Teth, en la batalla del Puente Abrion y en la segunda batalla de Geonosis. Ayuda a sacar al maestro Jedi Even Piell de la prisión de la Ciudadela en Lola Sayu, y, más tarde, captura la capital de Umbara, pese a la traición del maestro Pong Krell. Cody colabora con Kenobi, el general Skywalker y Ahsoka Tano para liberar a los esclavos de Kadavo y participa en la batalla por Anaxes. Por orden del general Windu, Cody y Rex forman un equipo, con la Fuerza Clon 99, para descubrir cómo han obtenido los separatistas el algoritmo de estrategia de Rex. Resulta herido al principio de la misión, pero Rex y los demás la cumplen, y Cody se recupera pronto.

Al final de las Guerras Clon, poco después de su triunfo en Yerbana, Cody acompaña a Obi-Wan a Utapau, donde recibe la Orden 66. A la orden de Cody, un AT-TE dispara a Obi-Wan, que se cae al agua. En la era imperial, Cody solicita personalmente a Crosshair, miembro de la Fuerza Clon 99, para llevar a cabo una misión en Desix, cuyo pueblo ha secuestrado a un gobernador imperial. Cody convence a la líder de Desix para que se retire pacíficamente, pero se sorprende al saber que el gobernador quiere que la maten, orden que finalmente cumple Crosshair. A su regreso a Coruscant, Cody abandona el ejército imperial, desengañado.

A sus órdenes
Cody lucha junto a Obi-Wan Kenobi en Utapau *(izda.)*. Los soldados clon y sus generales Jedi interceptan una comunicación entre dos generales separatistas que planean un ataque en Kamino *(abajo)*.

Líder nato
Reconocible por su armadura azul, Rex ha nacido para liderar a los soldados clon.

CAPITÁN REX

ESPECIE Humana **PLANETA NATAL** Kamino
FILIACIÓN República, célula rebelde de Rex, Alianza rebelde

Este clon de alto rango, destinado en la designación CT-7567 de Kamino, elige el nombre de Rex y lucha en las Guerras Clon junto a los comandantes Jedi.

COMPAÑERO DE LOS JEDI

Cuando estallan las Guerras Clon, al capitán Rex se le adjudica el mando de la compañía Torrente de la 501.ª Legión, y parte de inmediato para sofocar los puntos más conflictivos de la galaxia, incluidos Mimban y Arantara. En Christophsis, Rex se pone a las órdenes del general Anakin Skywalker y su nueva padawan, Ahsoka Tano. Es el inicio de una colaboración entre Rex y un grupo unido de Jedi, entre los que se incluyen Anakin, Ahsoka y Obi-Wan Kenobi, que le demuestran que sus opiniones son valoradas.

VENCE LA REPÚBLICA

La confianza entre los Jedi y Rex permite la participación de este en combates de alta prioridad, incluida la lucha contra el general Lok Durd en Maridun y la destrucción de la Estación Skytop. En la luna de Rishi, el capitán Rex y el comandante Cody descubren unas escuchas a la República por parte de los separatistas. Rex ansía el éxito absoluto en todas las misiones sin importarle el riesgo personal, y llega a infectarse con el virus Sombra Azul en su afán por destruir un laboratorio separatista en Naboo. Cuando el capitán Rex está al mando, la República acostumbra a vencer la batalla.

> «Juraste lealtad a la República. Tienes un deber.»
> **CAPITÁN REX**

Con los Jedi
Rex es uno de los pocos soldados clon que pasa mucho tiempo con comandantes Jedi de alto rango como Anakin y Ahsoka. Tiene en alta estima a los Jedi después de haber visto su valor en batalla.

Planificando el ataque
Después de recibir entrenamiento táctico avanzado en Kamino, Rex utiliza sus conocimientos para probar nuevas estrategias de batalla.

CRECEN LAS DUDAS

No todas las misiones son impecables. En Saleucami, un disparo deja a Rex al borde de la muerte, pero se recupera gracias a los cuidados de un clon que abandonó el ejército de la República para llevar una vida tranquila como campesino. Rex, que en un principio desprecia al desertor, aprende a matizar su postura. En posteriores enfrentamientos de las Guerras Clon, Rex defiende a sus soldados cuando reciben órdenes sin sentido y muy arriesgadas. En Umbara, se niega a obedecer unas peligrosas órdenes del Jedi Pong Krell, lo que permite descubrir las simpatías separatistas de este. Tales experiencias muestran a Rex un lado distinto de la guerra. Empieza a ver que el deber prima sobre la obediencia ciega.

BUEN SOLDADO

Casi al final de las Guerras Clon, el general Skywalker asciende a Rex a comandante. Rex acompaña a Ahsoka a Mandalore, que liberan de Maul y sus fuerzas. Cuando Rex y Ahsoka suben a un crucero de la República para viajar a Coruscant, el emperador Palpatine activa la Orden 66. Rex trata de luchar contra la programación, pero desenfunda sus armas para disparar contra la antigua Jedi. Resiste el tiempo suficiente para decirle a Ahsoka que busque a «Cincos». Ahsoka acude al astromecánico R7 y consigue los archivos de dicho soldado clon, designado como CT-5555. Estos revelan la existencia de los chips de control de los clones. Con la ayuda de otros droides leales y la Fuerza, Ahsoka extrae el chip de Rex en el hangar médico. Rex y Ahsoka se defienden de los ataques de las tropas clon el tiempo suficiente para robar un Ala-Y y escapar.

El Imperio declara a Rex muerto en combate. Tras separarse de Ahsoka, Rex empieza a crear una célula rebelde para luchar contra el Imperio. Localiza a la Remesa Mala y les pide que se reúnan con él en Bracca. El ingenioso clon usa el hangar médico de un crucero desguazado para quitarles los chips de control. Luego se separan, pero Eco acaba uniéndose a Rex para ayudar a los clones vulnerables de toda la galaxia.

Una nueva misión
Trabajando en la sombra, Rex recluta a otros para su grupo rebelde. La prominente senadora Riyo Chuchi los ayuda en sus investigaciones.

OFICIAL REBELDE

Años más tarde se oculta junto a otros dos clones en el remoto planeta Seelos. Su amiga Ahsoka Tano le envía la tripulación del *Espíritu* a fin de recabar información sobre bases militares de la República abandonadas. Aunque Kanan Jarrus se muestra reticente a trabajar con un clon, ambos resuelven sus diferencias y Rex se convierte en un fiel aliado de los Espectros. Es clave para el éxito de misiones rebeldes vitales, como el robo de cazas Ala-Y en la Estación Reklam, el levantamiento del bloqueo imperial a Lothal y la batalla de Endor, durante la que la segunda Estrella de la Muerte es destruida.

Unión de fuerzas
Después de años de vida en solitario, Rex colabora con otra veterana de guerra, la antigua Jedi Ahsoka Tano.

«Ahora caes... Como deben caer todos los Jedi.» ASAJJ VENTRESS

Enfrentamiento
Ventress se prepara en el monasterio de la Orden de B'omarr para enfrentarse a los Jedi que quieren rescatar a Rotta el Hutt.

ASAJJ VENTRESS

ESPECIE Dathomiriana
PLANETA NATAL Dathomir
FILIACIÓN Separatistas, Hermanas de la Noche

Con la vida marcada por la tragedia –su mentor Jedi fue asesinado, y un maestro Sith quiere verla muerta–, Asajj Ventress es una asesina letal con un plan propio: ser considerada una auténtica Sith.

ASESINA OSCURA

Asajj Ventress fue arrebatada a las Hermanas de la Noche siendo una niña. La crio el Jedi errante Ky Narec como su padawan en el planeta Rattatak. La muerte de su maestro le causa dolor e ira, lo cual la abre al lado oscuro y la lleva a convertirse en una señora de la guerra en su devastado mundo. Se ve obligada a hacer de gladiadora hasta que el conde Dooku la rescata y le ofrece un puesto a su lado.

En las Guerras Clon, Asajj pasa a ser una asesina y líder separatista clave. Se encuentra por primera vez con Obi-Wan Kenobi cuando este se reúne con Eyam, ministro de Defensa de Cato Neimoidia, como emisario de los Jedi ante la Federación de Comercio. Forjan una frágil alianza, pero Ventress sigue siendo la agente del conde Dooku. En Tatooine, secuestra a Rotta, hijo de Jabba el Hutt, por orden de Dooku, que quiere que los hutt se involucren en las Guerras Clon en el bando separatista. Sin embargo, los Jedi atacan a Ventress en Teth y devuelven a Rotta a su padre. Más tarde, Dooku ordena a Ventress que libere a Nute Gunray, retenido en un crucero de la República, y que lo lleve a Coruscant, donde se enfrenta a la maestra Jedi Luminara Unduli, a la que está a punto de derrotar, hasta que aparece Ahsoka Tano. Con la ayuda de un guardia del Senado, Argyus, rescata a Gunray. En Kamino, Ventress intenta robar el ADN de los clones, pero Anakin se lo impide.

HERMANA DE LA NOCHE

Al sentir que Ventress gana poder en la Fuerza, Darth Sidious ordena a Dooku que mate a su oscura acólita. Este destruye la nave de Ventress en Sullust, y la asesina huye a Dathomir para unirse a otras Hermanas de la Noche. Poco después, tras un encuentro con la Madre Talzin, jura vengarse de Dooku. Mientras Ventress se somete a un ritual de renacimiento para reafirmar su lealtad al clan, Dooku envía al general Grievous a Dathomir para aniquilar a las Hermanas de la Noche. A instancias de Talzin, Ventress huye del planeta y cree que es la única Hermana que queda.

Aprendiz del lado oscuro
Asajj Ventress, asesina implacable ducha en la Fuerza a la que el conde Dooku pone a prueba sin piedad, blande sin piedad sus originales espadas de luz gemelas durante su carrera de cazarrecompensas.

CAZARRECOMPENSAS

Tras matar al cazarrecompensas Oked, Ventress ocupa su lugar en una misión encabezada por Boba Fett para proteger el baúl de un tren. Cuando lo abren, ven que en su interior hay una chica. Ventress libera a la joven. Más tarde, al descubrir que ofrecen una recompensa por Savage Opress, Ventress resuelve darle caza. La búsqueda la lleva hasta Opress y Maul, que han hecho prisionero a Obi-Wan Kenobi. Ventress y el maestro Jedi aúnan fuerzas y salvan la vida por los pelos. Obi-Wan intenta reclutarla para la causa, pero ella se niega. Ventress rescata entonces a dos hermanas de un ladrón en los niveles inferiores de Coruscant. Pero, en vez de cobrarse la recompensa, ayuda a Ahsoka Tano a averiguar quién bombardeó el Templo Jedi.

Regreso a Dathomir
Asajj Ventress enseña al maestro Jedi Quinlan Vos a usar el lado oscuro de la Fuerza en Dathomir, su planeta natal.

DISCÍPULA OSCURA

Ventress y el Jedi Quinlan Vos se alían para asesinar al conde Dooku y, para prepararse para la misión, Ventress lleva al Jedi a Dathomir, su planeta natal, y le enseña los aspectos más oscuros de la Fuerza. Durante el tiempo que pasan juntos, mantienen una relación romántica. Los contactos separatistas de Ventress la informan de que Dooku asistirá a una gala en el planeta Raxus, lo que ofrece a Ventress y Vos una oportunidad para atacar. El intento de asesinato fracasa cuando Dooku captura a Vos y lo atrae completamente al lado oscuro tras convencerlo de que Ventress lo ha traicionado. En un principio, parece que Ventress se sacrifica para salvar a Vos de Dooku, lo que inspira a aquel a volver al lado luminoso. Sin embargo, luego reaparece misteriosamente para evaluar el potencial del clon mejorado Omega en la Fuerza.

GENERAL GRIEVOUS

ESPECIE Kaleesh **PLANETA NATAL** Kalee
FILIACIÓN Separatistas

Este cíborg, comandante del ejército separatista, es temido en toda la República y alberga un deseo vengativo de asesinar a los Jedi, cuyas espadas de luz guarda como trofeos.

Combate mortal
Obi-Wan Kenobi y el general separatista Grievous se enfrentan al principio de las Guerras Clon, a bordo del *Malevolencia*.

Callejón sin salida
El general Grievous adopta una postura agresiva antes de atacar a Obi-Wan en Utapau.

CAZADOR DE JEDIS

Tras sufrir heridas casi mortales, el guerrero Grievous recibe ciberimplantes que le otorgan las habilidades de combate propias de los Jedi. Es un adversario intimidante que se enfrenta a menudo con los generales de la Orden, e incluso los más curtidos hallan la muerte al desafiarlo. En una ocasión, aniquila una flota al mando de Plo Koon y deja solo un puñado de supervivientes. Durante un duelo en la estación de Skytop, casi añade a su colección la espada de la aprendiz Ahsoka Tano, pero huye cuando su poderoso maestro, Anakin Skywalker, interviene en el último segundo. Poco después, el maestro Jedi Kit Fisto recibe la orden de rastrear la guarida de Grievous, y escapa a duras penas con vida tras la muerte de su antiguo padawan, Nahdar Vebb, que muere a manos del cíborg. Más tarde, Grievous secuestra al maestro Eeth Koth y se burla de los Jedi en un holograma; el rescate que organizan Anakin, Obi-Wan Kenobi y Adi Gallia casi fracasa.

GOLPES SEPARATISTAS

El ejército de Grievous causa estragos por toda la galaxia atacando objetivos clave. En Kamino, su cautela hace que Obi-Wan sospeche que se trae algo más grande entre manos, cosa que confirma cuando descubre a droides acuáticos montando ataques submarinos. Su objetivo es destruir las instalaciones de clonación, cruciales para el esfuerzo bélico de la República, pero los Jedi cambian las tornas y Grievous se retira. Tras cazar Jedi en el planeta Ledeve, Grievous descubre uno de los templos ocultos de la Orden. Allí tiene una visión de su yo del pasado, por lo que monta en cólera y ordena arrasar la estructura mientras él está en órbita. El conde Dooku también le encarga misiones que sirven a los vengativos fines de los Sith: en Naboo, la senadora Amidala se ve forzada a intercambiar prisioneros con Grievous para salvar a Anakin, y en Dathomir el general acaba con todo un clan de Hermanas de la Noche.

CONTIENDAS POSTERIORES

Tras batirse en duelo con Ahsoka una vez más en Florrum, Grievous interviene cuando Obi-Wan y Anakin impiden que los separatistas compren un cristal kyber gigante en Utapau. Pero no logra impedir que los Jedi destruyan el cristal. Poco después, combate a la maestra Jedi Depa Billaba en Haruun Kal, donde la vence con crueldad. Cuando el Colectivo Sombra de Maul va ganando poder, Grievous viaja con Darth Sidious a Dathomir para salvar a Dooku de la Madre Talzin y de Maul, y esta vez Grievous consigue matar a Talzin.

DISTRACCIÓN SITH

La *Mano Invisible*, nave insignia del general Grievous, encabeza el asalto separatista a Coruscant que conduce a la captura del canciller supremo Palpatine. Obi-Wan y Anakin abordan la nave para rescatar a Palpatine, y Grievous huye, pero deja atrás a sus magnaguardias para que ataquen a los Jedi. Mientras el Consejo persigue al cíborg por toda la galaxia, Palpatine –que es Darth Sidious oculto a plena vista– desvela su nefasto plan para acabar con la Orden y declararse emperador. Transmite a los Jedi la ubicación de Grievous en Utapau, y Obi-Wan va en su busca. Kenobi aparece por sorpresa en la asamblea separatista celebrada en el planeta del Borde Exterior, donde se enfrenta a Grievous y lo mata.

No cometas el mismo error
Aunque los implantes cibernéticos del general Grievous mejoran su capacidad de lucha, se enfurece cuando lo confunden con un droide.

Sin rendición
Grievous se niega a rendirse en Naboo y se enfrenta a los gungan. El general Tarpals lo aturde, no sin antes recibir una herida mortal.

«Sus espadas láser serán un buen complemento para mi colección.» GENERAL GRIEVOUS

Temido por los Jedi

El general Grievous, temido guerrero kaleesh en el pasado, es ahora una máquina cibernética. Cree que sus miembros mecánicos lo hacen superior a sus enemigos. Los científicos implantaron sus ojos y su cerebro en un cuerpo hecho de una aleación de duranio, y los demás órganos vitales están protegidos por una bolsa de piel sintética. Dooku entrena a Grievous en el arte del combate con espada de luz, que se adapta muy bien a su cuerpo cíborg. Grievous carece de las habilidades de la Fuerza, pero tiene una gran agilidad y poderío para combatir a su adversario. Maestro de las formas clásicas de las artes Jedi, se adapta al estilo de lucha de sus oponentes.

AHSOKA TANO

ESPECIE Togruta **PLANETA NATAL** Coruscant
FILIACIÓN Orden Jedi, Alianza Rebelde

Ahsoka Tano, la aprendiz que Anakin Skywalker nunca esperó tener, es tan testaruda como su maestro. Se gana su respeto y amistad, aprende de él y transmite su sabiduría. En su camino para convertirse en Jedi, se mantiene fiel a sí misma.

Maestro a su pesar
Al principio, Anakin no está entusiasmado con su nueva aprendiz, pero acepta su deber como Jedi y transmite su experiencia a Ahsoka.

LA PADAWAN DE ANAKIN SKYWALKER

El Consejo Jedi asigna a Anakin el entrenamiento de Ahsoka porque cree que la nueva padawan, optimista y fiel al reglamento, será una buena influencia para su impulsivo maestro. También espera que la mentoría de esta brillante joven lo ayude a desprenderse de sus ataduras. Las lecciones de Anakin pronto causan impresión. Cuando Ahsoka se alía con Barriss Offee, la aprendiz de Luminara Unduli, en la segunda batalla de Geonosis, su estilo audaz contrasta con la cautela de Offee.

MISIONES EN SOLITARIO

Dadas sus excepcionales habilidades Jedi, Ahsoka efectúa misiones sin su maestro poco después de empezar su aprendizaje. Cuando secuestran a las hijas del barón Papanoida, se ofrece voluntaria para ayudar a su amiga, la senadora Riyo Chuchi, a investigar el caso, para lo cual utiliza la telequinesis y sus primeros trucos mentales. Poco después, ayuda a la duquesa Satine Kryze a destapar la corrupción en las altas esferas del gobierno de Mandalore. Acosada por visiones del asesinato de Padmé Amidala, Ahsoka insiste en unirse al equipo de seguridad del Senado y frustra el plan de la cazarrecompensas Aurra Sing. Cuando unos cazadores trandoshanos atrapan a Ahsoka y la llevan a Wasskah, ya tiene la confianza necesaria para guiar a los jovencitos Jedi secuestrados en la lucha contra sus captores.

LA MAESTRA

Mientras trabaja con el sobrino de la duquesa Satine, Korkie, y sus amigos para encontrar a los traidores, Ahsoka muestra sus dotes de liderazgo. Cuando el Consejo Jedi acepta la propuesta de Anakin de entrenar a los insurgentes de Onderon que luchan por derrocar al rey separatista, Ahsoka y Obi-Wan Kenobi se le unen en la misión. Impresionados por la evolución de Ahsoka, los dos generales confían tanto en ella que la dejan como única consejera Jedi en las últimas etapas del exitoso levantamiento de Onderon. Poco después, Yoda le asigna la custodia de los jovencitos Jedi que se aventuran hacia Ilum, donde se someten a rigurosas pruebas de fuerza física y mental antes de fabricar sus propias espadas de luz.

RENUNCIA A LA ORDEN JEDI

Tras un atentado contra el Templo Jedi, Ahsoka y Anakin investigan lo sucedido. Mientras Ahsoka interroga a la terrorista Letta Turmond sobre su cómplice, alguien que actúa en las sombras asfixia a la prisionera con la Fuerza. Ahsoka defiende su inocencia ante el almirante Wilhuff Tarkin, pero es arrestada por el asesinato de Turmond. Tras recibir una ayuda misteriosa –una tarjeta frente a su celda, guardias aturdidos y un comunicador–, Ahsoka escapa de prisión, pero eso la incrimina más. Anakin la encuentra, pero no logra convencerla para que se entregue. Al final, Ahsoka encuentra una aliada inesperada en Asajj Ventress, una paria del lado oscuro que conduce a Anakin hasta las pistas que demuestran que Barriss Offee es la auténtica traidora. La fe de Ahsoka en la Orden se tambalea y rechaza la oferta de reincorporarse al Consejo Jedi. Tras entablar amistad y socorrer a las futuras rebeldes Rafa y Trace Martez, ayuda a la República una vez más: lidera el asedio de Mandalore para expulsar a Maul del poder. En esa batalla, Palpatine activa la Orden 66… y Ahsoka debe luchar por su vida.

REAPARICIÓN

Tras la muerte de su amiga Padmé, Ahsoka le dice a Bail Organa que está cansada de luchar. Trabaja de granjera, pero pronto usa la Fuerza para ayudar a alguien, lo que atrae la atención de un inquisidor. Tano vence al guerrero del lado oscuro, que destruye la aldea, y luego se pone en contacto con Organa para que ayude a los supervivientes. Desde entonces, y con el nombre en clave de «Fulcrum», Ahsoka se une a la naciente Rebelión.

CARA A CARA CONTRA VADER

Ahsoka trabaja con la tripulación del *Espíritu*, que ahora forma parte de la célula Fénix, y se cruza con Darth Vader. Gracias a la Fuerza, empieza a sospechar que se trata de Anakin Skywalker. Ahsoka viaja al planeta Malachor con Ezra Bridger y Kanan Jarrus en busca de información sobre la Inquisición. Allí encuentran un antiguo Templo Sith y el mismísimo Vader los acorrala. En ese momento, se confirman los temores de Ahsoka sobre su identidad. Cuando Tano implora piedad a Anakin, Vader la ataca, impertérrito. Ya parece sentenciada, cuando de pronto una mano la arrastra hacia un portal. La mano es de Ezra Bridger, que ha viajado desde el futuro a través de un misterioso mundo entre mundos para salvarla. Ahsoka y Ezra deben regresar cada uno a su tiempo, pero Tano promete volver a encontrarse con él algún día.

EN BUSCA DE EZRA

Poco después de salvar a Ahsoka desde un mundo entre mundos, Ezra desaparece junto al gran almirante Thrawn con la ayuda de unos purrgil. En los años siguientes, el Imperio cae y Ahsoka entrena a Sabine Wren como padawan Jedi, pero pronto se separan. A Ahsoka le preocupa la amenaza de Thrawn y pierde la esperanza de reunirse con Ezra, pero rastrea a sus socios, entre ellos Morgan Elsbeth, en busca de información. Su misión la lleva a Corvus, donde se encuentra con Din Djarin y Grogu, y el primero la ayuda a capturar a Elsbeth. Tras entregarla a la Nueva República, Ahsoka visita a Luke Skywalker en Ossus, donde está construyendo un nuevo Templo Jedi, y orienta a Din sobre Grogu. Más tarde, Morgan escapa y Ahsoka descubre un mapa estelar que, según Elsbeth, la llevará hasta Thrawn. Tras una experiencia cercana a la muerte y una visión de Anakin, una Ahsoka más optimista sigue a Morgan a otra galaxia y llega a Peridea, donde halla a Ezra y a Thrawn y se reencuentra con Sabine. No logra impedir el regreso de Thrawn a la galaxia conocida, pero cree que Peridea es el lugar donde debe estar.

Hoja de Talzin
Ahsoka combate a Morgan Elsbeth en Peridea para que Ezra Bridger pueda escapar. Elsbeth blande la Espada de Talzin, un arma encantada capaz de desviar una espada de luz.

Una Jedi instintiva
A pesar de que Ahsoka posee un gran talento para la Fuerza, su compasión dificulta su camino en la Orden Jedi. Al final, Ahsoka recupera la confianza para tomar la decisión adecuada, muy a su pesar.

ROTTA EL HUTT

ESPECIE Hutt **PLANETA NATAL** Tatooine
FILIACIÓN Hutt

Rotta es el hijo de Jabba el Hutt. Después de su secuestro por parte de Asajj Ventress, Jabba llega a un acuerdo con la República para que lo rescaten. Cuando Anakin y Ahsoka liberan a Rotta en Teth, se dan cuenta de que el pequeño está enfermo. Ahsoka consigue el medicamento que lo salva.

ZIRO EL HUTT

ESPECIE Hutt **PLANETA NATAL** Sleheyron
FILIACIÓN Hutt

Ziro es el tío de Jabba el Hutt. Conspira con el conde Dooku para secuestrar al hijo de Jabba, Rotta. La senadora Padmé Amidala intenta establecer comunicaciones con los hutt, que creen que los Jedi son los responsables del secuestro. Después del fracasado intento de asesinato de Padmé, Ziro es detenido. A través de un holocomunicador confiesa a Jabba que participó en el secuestro de Rotta y es encarcelado en Coruscant. Cad Bane libera a Ziro y lo entrega al Consejo Jedi, que teme que Ziro revele sus oscuros tejemanejes a la República. Con la ayuda de Sy Snootles, Ziro huye de los hutt. Snootles lo sigue hasta Teth, recupera una tableta de datos con los secretos de los hutt y lo mata.

REY KATUUNKO

ESPECIE Toydariano
PLANETA NATAL Toydaria
FILIACIÓN República

Debido a la dependencia de su planeta de la Federación de Comercio, el rey Katuunko solo puede ayudar en secreto al planeta Ryloth durante las Guerras Clon. Cuando el canciller Palpatine solicita el uso de Toydaria como base, envía a Yoda a Rugosa. Yoda impresiona a Katuunko con su carácter Jedi, y el rey ayuda a la República. Al final, Savage Opress, el aprendiz de Dooku, mata al rey por su apoyo a los Jedi.

COMANDANTE FOX

ESPECIE Humana **PLANETA NATAL** Kamino
FILIACIÓN República, Imperio

Fox, el comandante clon CC-1010, lidera la guardia de Coruscant y ayuda a Padmé Amidala a capturar a Ziro el Hutt. Destinado a una base militar de la República, busca a la fugitiva Ahsoka, acusada de asesinar a Letta Turmond, pero se le escapa. Más tarde, Fox mata al soldado clon Cincos antes de que este pueda revelar la conspiración que existe en la República. Fox participa en la Orden 66 en Coruscant, y cuando la Jedi Jocasta Nu, que ha sobrevivido, regresa al Templo Jedi, Fox rodea el edificio con sus tropas. Nu huye del Templo perseguida por Darth Vader, pero los soldados de Fox les disparan a ambos, ya que Fox no les había informado de que la amenazante figura estaba de su lado. Ese descuido le cuesta la vida.

NALA SE

ESPECIE Kaminoana **PLANETA NATAL** Kamino
FILIACIÓN Kamino, República, Imperio

Nala Se es la jefa de investigación médica en la fábrica de clonación kaminoana. Desempeña un papel crucial en la creación del ejército de clones y colabora con la República en las Guerras Clon, pero oculta la existencia de los chips de control. Presta especial atención a la clon mejorada Omega. Cuando se entera de que el primer ministro, Lama Su, quiere que extraiga información genética de Omega, ayuda a la clon a escapar y la mantiene lejos de su alcance. Después, cuando el Imperio destruye Kamino, Nala se niega a cooperar con un viejo conocido, el médico imperial Royce Hemlock, para continuar con los experimentos de clonación.

R7-A7

MODELO Droide astromecánico de la serie R
FILIACIÓN República, célula rebelde de Rex

El droide astromecánico R7-A7 acompaña a Ahsoka Tano en las misiones a Ryloth, Cato Neimoidia y Umbara durante las Guerras Clon. Tras la ejecución de la Orden 66, Ahsoka busca su ayuda. R7 accede a los archivos sobre los chips de control que los kaminoanos implantaron en los clones y le aplica una descarga a Rex para que Tano pueda llevarlo a un quirófano, donde R7-A7 le extrae el chip. Mientras intentan escapar de la nave, los soldados clon disparan al droide. Tano y Rex lo reparan, tras lo cual R7-A7 pasa a ser el droide astromecánico de las hermanas Martez y copiloto del *Ángel de Plata*.

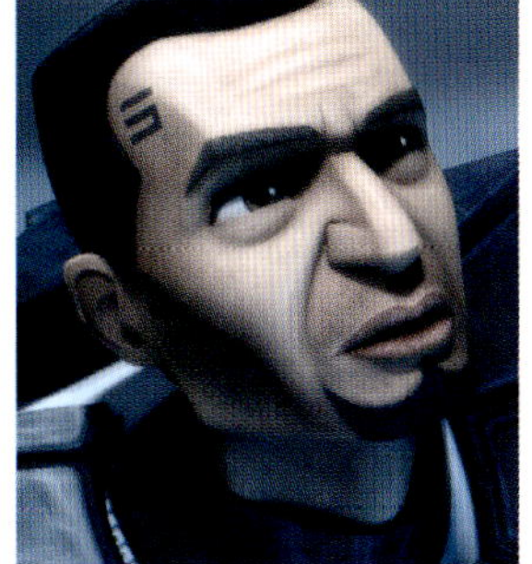

SOLDADO CLON CINCOS

ESPECIE Humana **PLANETA NATAL** Kamino
FILIACIÓN República

El apodo de «Cincos» se debe a su designación clon, CT-27-5555. De cadete se entrena junto al Escuadrón Dominó. Tras defender la Estación Rishi del ataque de Grievous, pasa a formar parte de la 501.ª Legión. En Umbara, Cincos alza la voz contra el general Jedi Krell, que resulta ser un traidor. Cincos también descubre la verdad sobre el canciller Palpatine y la Orden 66, pero el comandante Fox acaba con él antes de que revele la conspiración.

COMANDANTE WOLFFE

ESPECIE Humana **PLANETA NATAL** Kamino
FILIACIÓN República, rebeldes

El comandante Wolffe, también llamado clon CC-3636, lidera el batallón Wolfpack a las órdenes del general Jedi Plo Koon. En una misión para eliminar al *Malevolencia*, todo el batallón, salvo Wolffe, Sinker y Boost, es aniquilado. En la batalla de Khorm y durante una pelea con Asajj Ventress, Wolffe pierde el ojo derecho. Pese a todo sigue activo y ayuda a Plo a rescatar a los Jedi detrás de las líneas enemigas. También lleva ayuda a Aleena. En Coruscant, Wolffe pierde el conocimiento cuando se enfrenta a la Jedi fugitiva Ahsoka Tano y a Ventress. Él y Plo encuentran la espada de luz del fallecido Jedi Sifo-Dyas. En algún momento, Wolffe se extirpa el chip de control. Durante la era imperial vive con sus compañeros clones Gregor y Rex en el planeta Seelos, en un AT-TE modificado, y conocen a la tripulación del *Espíritu*. Wolffe, que desea proteger a sus hermanos clones, informa al Imperio de los visitantes, pero Rex lo convence de que no son el enemigo. Tras vencer a una tropa imperial, Rex abandona Seelos, y Gregor y Wolffe se trasladan a un AT-AT. Tres años después se unen a Rex para participar en la liberación de Lothal.

Hermano clon
Wolffe teme a los Jedi, por lo que oculta mensajes de Ahsoka Tano, una vieja amiga de Rex, para protegerlo.

HONDO OHNAKA

ESPECIE Weequay **PLANETA NATAL** Florrum
FILIACIÓN Banda Ohnaka, Soluciones Ohnaka

Hondo Ohnaka es el astuto líder de la banda Ohnaka, con base en el planeta Florrum, y en una ocasión asiste a una subasta del cártel Xrexus donde van a vender a un padawan Jedi. En las Guerras Clon, sus piratas secuestran al conde Dooku e intentan venderlo a la República. Hondo captura también a Obi-Wan Kenobi y a Anakin Skywalker, que, junto a Dooku, logran huir con ayuda de unos soldados clon. Más tarde, los Jedi luchan contra la banda de Hondo en el planeta Felucia, donde los Jedi y unos cazarrecompensas a sueldo ayudan a defender a los campesinos.

Posteriormente, Anakin paga a Ohnaka para que entregue armas a los rebeldes de Onderon. Ohnaka se alía con Ahsoka y un grupo de jóvenes Jedi para repeler un ataque separatista contra Florrum, y cuando Maul y Savage Opress intentan contratar a la cazarrecompensas, Ohnaka se alía con Obi-Wan Kenobi para expulsarlos. En la era imperial, la banda pirata se descompone y Hondo se ve obligado a emprender operaciones más modestas, como intentar robar en el Templo de Kyber de Jedha para el cazatesoros Dok-Ondar. Con el cazarrecompensas IG-88, intenta capturar a la teniente Qi'ra del Crimson Dawn, pero el plan sale mal y es ella la que obtiene la recompensa por las cabezas de ellos. Hondo logra escapar, y se une a Han Solo y Chewbacca a bordo del *Halcón Milenario*.

Años después, Hondo asalta el *Cuerno Roto*, la nave del criminal Cikatro Vizago, y encierra al anterior propietario en una celda de su propia nave. Conoce al rebelde Ezra Bridger y lo incluye en su último plan. Tras muchos engaños, Hondo y Ezra se separan, aunque entablan una curiosa amistad; más adelante se reencuentran, cuando Hondo comparte con Ezra, y con el Imperio, la ubicación de dos lasats que han sobrevivido al asedio de Lasan. Los rebeldes rescatan a los lasats y Hondo es encarcelado por el Imperio. Comparte celda con Melch, un ugnaught que le habla de una estación de reciclaje con valiosos cazas estelares que se podrían robar para la Rebelión. Hondo contacta con Ezra, y consigue su liberación y la de Melch a cambio de información. Tras ayudar a los rebeldes, Hondo se queda con una lanzadera para él y su nueva tripulación ugnaught. La modifica y la bautiza como *Última oportunidad*.

Más tarde, Hondo ayuda a los espectros a liberar a una criatura capturada por el Imperio y les pide ayuda cuando un ataque a una nave imperial sobre Wynkahthu le sale mal. A su vez, Hondo responde a la llamada de ayuda para liberar al planeta natal de Ezra. En cierto momento, Hondo se alía con Lando Calrissian y Maz Kanata para robar un tesoro al general imperial Kardan a bordo del *Halcyon*, un crucero estelar de lujo. Tras su éxito, Hondo usa el botín para crear Soluciones de Transporte Ohnaka, que según él es un negocio legítimo. Pero sigue participando en actividades ilícitas, como ayudar a la contrabandista Sana Starros en una misión a cambio de una comisión.

Décadas después, en Batuu, Hondo sigue al frente de su empresa y cuenta a los visitantes sus aventuras. Tras la batalla de Crait, llega a un acuerdo con Chewbacca para que le preste el *Halcón*. Entonces contrata a una tripulación temporal para secuestrar un tren de la Primera Orden que lleva un cargamento de coaxium. La misión sale a pedir de boca, pero no está claro cuánto coaxium se pudo salvar.

Vida de un líder
En la era imperial, Melch es cómplice de Hondo y pronto se percata de la despreocupación de su líder por su bienestar.

GUNDARK

PLANETA NATAL Vanqor
ALTURA MEDIA 2 m
HÁBITAT Cuevas

Los gundark son unas criaturas feroces y agresivas, famosas por su gran fuerza. Después de un aterrizaje de emergencia en Vanqor, Anakin Skywalker y Obi-Wan Kenobi despiertan a un gundark en una cueva. Ambos Jedi usan la Fuerza para repeler a la criatura con piedras. Cuando el *Endurance* se estrella en Vanqor, R2-D2 se enfrenta a un gundark. El droide ata a la criatura a la nave de Anakin y acaba con ella.

RIYO CHUCHI

ESPECIE Pantorana **PLANETA NATAL** Pantora
FILIACIÓN República, célula rebelde de Rex

La senadora Riyo Chuchi investiga junto con Chi Cho, Anakin y Obi-Wan una base de la República que ha quedado en silencio. Tras la muerte de Cho, Chuchi negocia la paz entre los pantoranos y los talz. Cuando las hijas del barón pantorano Papanoida son secuestradas, pide ayuda a Ahsoka Tano. Tras encontrar a una de las hijas en un crucero de la Federación de Comercio, oyen una conversación que confirma que la Federación trabaja para los separatistas. Chuchi conserva su puesto en el Senado Imperial y se convierte en una apasionada defensora del bienestar de los soldados clon. En paralelo, se une a la célula rebelde del capitán Rex, antiguo soldado clon. Con la ayuda de la Remesa Mala, destapa el papel del vicealmirante Edmon Rampart en la destrucción de Ciudad Tipoca.

THI-SEN

ESPECIE Talz **PLANETA NATAL** Orto Plutonia
FILIACIÓN Aldea de Talz

Thi-Sen es el jefe de la pacífica tribu de Talz, atrapada entre la República Galáctica y las fuerzas separatistas. La tribu ataca un puesto de avanzada de la República y a las fuerzas droides. Un segundo destacamento encabezado por Anakin y Obi-Wan negocia un alto el fuego. Convencido de que los talz son intrusos, el gobernador Cho de la luna Pantora les declara la guerra. Después de la muerte de este, la senadora Riyo Chuchi utiliza a C-3PO para hacer las paces con Thi-Sen.

NARGLATCH

PLANETA NATAL Orto Plutonia
TAMAÑO MEDIO 6 m
HÁBITAT Adaptable

El narglatch es un depredador silencioso que puede vivir en distintos climas. En el mundo helado de Orto Plutonia, los talz los utilizan como monturas. La piel de los narglatch es vulnerable a los blásteres y valorada por algunas culturas como trofeo. Los cachorros son muy bonitos, pero se vuelven muy peligrosos al crecer. Un grupo de estas criaturas diseminan el caos en Coruscant.

DR. NUVO VINDI

ESPECIE Faust **PLANETA NATAL** Adana
FILIACIÓN Separatistas

Nute Gunray financia el trabajo del doctor Nuvo Vindi para recrear el virus sombra azul en un laboratorio de la Federación de Comercio construido bajo los pantanos de Naboo. Padmé tropieza con la guarida mientras investiga la muerte de una manada de shaak. Al llegar a Naboo, sus amigos Jedi la ayudan a capturar a Vindi. Este se niega a entregar el antídoto para salvar a Padmé y Ahsoka Tano, pero Obi-Wan Kenobi y Anakin Skywalker viajan a Iego para hallar una cura.

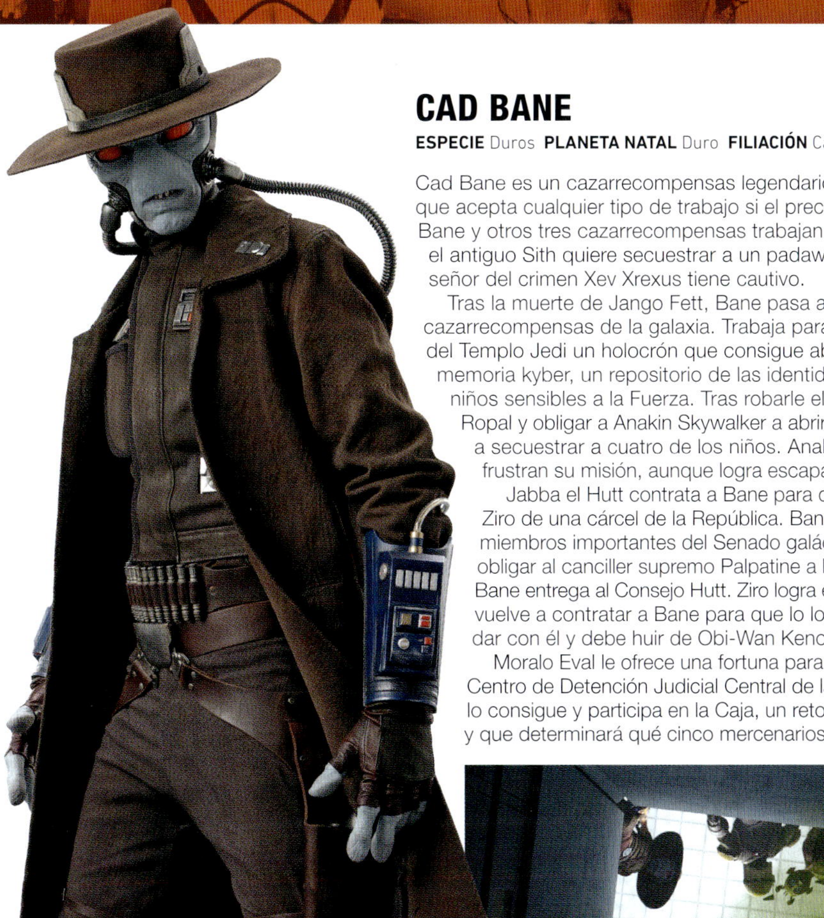

CAD BANE

ESPECIE Duros **PLANETA NATAL** Duro **FILIACIÓN** Cazarrecompensas

Cad Bane es un cazarrecompensas legendario y despiadado que acepta cualquier tipo de trabajo si el precio es el adecuado. Bane y otros tres cazarrecompensas trabajan para Maul cuando el antiguo Sith quiere secuestrar a un padawan Jedi que el señor del crimen Xev Xrexus tiene cautivo.

Tras la muerte de Jango Fett, Bane pasa a ser el mejor cazarrecompensas de la galaxia. Trabaja para Sidious y roba del Templo Jedi un holocrón que consigue abrir el cristal de memoria kyber, un repositorio de las identidades de todos los niños sensibles a la Fuerza. Tras robarle el cristal al Jedi Bolla Ropal y obligar a Anakin Skywalker a abrirlo, Bane es enviado a secuestrar a cuatro de los niños. Anakin y Ahsoka Tano frustran su misión, aunque logra escapar.

Jabba el Hutt contrata a Bane para que libere a su tío Ziro de una cárcel de la República. Bane captura a varios miembros importantes del Senado galáctico y los usa para obligar al canciller supremo Palpatine a liberar a Ziro, que Bane entrega al Consejo Hutt. Ziro logra escapar y el Consejo vuelve a contratar a Bane para que lo localice, pero no logra dar con él y debe huir de Obi-Wan Kenobi y Quinlan Vos.

Moralo Eval le ofrece una fortuna para que los saque del Centro de Detención Judicial Central de la República. Bane lo consigue y participa en la Caja, un reto planteado por Eval y que determinará qué cinco mercenarios serán contratados para secuestrar al canciller Palpatine. Después de superar la prueba, Bane es elegido personalmente por el conde Dooku y lidera el equipo, compuesto por Embo, Derrown, Twazzi y Rako Hardeen (que en realidad es Obi-Wan de incógnito). Viajan a Naboo para secuestrar a Palpatine durante el Festival de la Luz y lo consiguen, pero Dooku traiciona a Bane. La operación de los cazarrecompensas era una maniobra de distracción y Dooku no se presenta a la cita con el equipo. Entonces, Bane es derrotado por Obi-Wan.

En los albores del Imperio galáctico, el primer ministro kaminoano, Lama Su, contrata a Bane para que atrape a Omega, una clon no modificada. Bane colabora con Todo 360 y rastrea a Omega hasta la Fuerza Clon 99. La captura, pero pronto interfiere Fennec Shand, otra cazarrecompensas que quiere agenciarse a la presa. Sin embargo, Omega escapa y frustra a ambos.

En los años siguientes, Bane continúa ejerciendo de cazarrecompensas y, tras la caída del Imperio, trabaja para el Sindicato Pyke como ejecutor en Tatooine. La banda lo usa para recuperar el control del árido planeta, sobre todo en Mos Pelgo, donde el mariscal Cobb Vanth ha denunciado a los pykes. Según parece, Bane mata a Vanth en un duelo, tras lo cual el Sindicato Pyke envía al victorioso cazarrecompensas a luchar contra Boba Fett, antiguo alumno de Bane. Ambos se enfrentan en Mos Espa, donde Fett vence a Bane.

La Caja
Cad Bane y sus compañeros examinan la siguiente fase de la competición para cazarrecompensas de Moralo Eval, la Caja.

Choque de leyendas
Bane y Boba se conocen desde hace décadas y se cuentan entre los mejores cazarrecompensas de la galaxia. En una calle de Mos Espa, se baten en duelo y Boba sale victorioso.

SOLDADO CLON ECO

ESPECIE Humana **PLANETA NATAL** Kamino **FILIACIÓN** República, Remesa Mala

CT-1409 (en origen identificado como CT-21-0408) recibe el apodo de «Eco» porque siempre repite las normas. De cadete es parte del Escuadrón Dominó y, junto a otros novatos que luego pasan a la 501.ª Legión, frustra el intento de Grievous de capturar la Estación Rishi. Eco colabora con Cincos y el capitán Rex en un algoritmo estratégico que identifica las debilidades de la República para poder resolverlas. Eco comprueba obsesivamente el programa antes de cada batalla.

Tras el heroísmo mostrado en la batalla de Kamino, Eco y Cincos son ascendidos a soldados ARC. Luego, Eco participa en el rescate del maestro Jedi Even Piell de la Ciudadela, pero desaparece en acción y lo dan por muerto. Sin embargo, Eco sobrevive y es capturado por el enemigo. El líder separatista Wat Tambor lo transforma en cíborg para que pueda interactuar con ordenadores. Tambor utiliza su conocimiento del algoritmo de estrategia para ayudar a los separatistas en la batalla. Rex, que sospecha que Eco está vivo, dirige la Fuerza Clon 99, un pequeño equipo de soldados únicos, para rescatarlo. Eco usa sus habilidades para dar información falsa a los separatistas y garantizar así la victoria de la República en Anaxes. Ahora conocido como el Héroe de Anaxes, Eco es ascendido a cabo y se une a la Fuerza Clon 99, también conocida como Remesa Mala.

Cuando acaban las Guerras Clon, la Fuerza Clon 99 viaja a Kaller para ofrecer refuerzos a la general Jedi Depa Billaba y a su padawan, Caleb Dume. Cuando entran en combate, el canciller supremo Palpatine ordena a los clones que activen la Orden 66. Eco es inmune a la orden, como casi toda la Remesa Mala, pero ninguno logra salvar a Billaba de las otras tropas. Cuando Eco y su escuadrón asimilan la magnitud de lo que está pasando, vuelven a Kamino en el *Merodeador* y se enteran de que la República se ha transformado en el Imperio galáctico.

En Kamino, mientras el nuevo régimen decide si continuar creando clones o reclutar civiles para el servicio militar, Eco conoce a Omega, una clon que no ha sido modificada genéticamente. Cuando la Remesa Mala comprende que Omega está en peligro por culpa de sus creadores, deserta con la joven a cuestas. Sin embargo, Crosshair permanece con el Imperio. Eco y sus compañeros siguen huyendo y protegen a Omega de los kaminoanos, el Imperio y los cazarrecompensas. Para sobrevivir, aceptan dudosos encargos de la criminal Ciddarin Scaleback, alias Cid, residente de Ord Mantell. Al igual que su miembro más reciente, Omega, Eco aboga por el uso de sus habilidades para ayudar a los necesitados en esta época tumultuosa de la galaxia.

Tras reencontrarse con su antiguo líder, el capitán Rex, Eco muestra mucho interés por unirse a su célula rebelde. La Remesa Mala contribuye a exponer la destrucción de Ciudad Tipoca ante el Senado Imperial. Después de eso, Eco abandona al grupo y pasa a liderar el equipo de Rex, donde lucha para rescatar a las tropas clon encarceladas. Sin embargo, vuelve a ayudar a la Remesa Mala cuando esta se infiltra en Eriadu para obtener información a fin de rescatar a Crosshair, que está preso. La misión se tuerce y Tech se pierde. Entonces Eco y los supervivientes vuelven con Cid, que los traiciona y facilita la captura de Omega por parte del Imperio. Pese a todo lo que han pasado, los miembros restantes del equipo están decididos a rescatarla.

Casco personalizado
El casco de Eco se ha diseñado para adaptarse a sus modificaciones cibernéticas.

Tirador consumado
Eco nunca falla con su bláster.

Eco y Omega
Ambos están muy unidos. Omega se angustia cuando Eco se marcha a luchar con Rex.

TODO 360

FABRICANTE Vertseth Automata **TIPO** Droide de servicio técnico
FILIACIÓN Cazarrecompensas

Todo 360, cómplice habitual de Cad Bane, explota en un conducto de ventilación cuando Bane lo usa como cebo para robar un holocrón del Templo Jedi para Darth Sidious. Anakin Skywalker lo reconstruye, pero el droide escapa y luego ayuda a Bane a capturar a C-3PO y R2-D2. En la era imperial, Todo sigue con Bane cuando este intenta cobrar la recompensa por Omega, miembro de la Remesa Mala.

SOLDADO CLON WAXER

ESPECIE Humana **PLANETA NATAL** Kamino **FILIACIÓN** República

Waxer es parte de la Compañía Fantasma durante las misiones en Krystar, Ryloth y Geonosis. Durante la de Ryloth, el equipo de reconocimiento de Waxer y Boil explora una aldea twi'lek abandonada y halla a una joven, Numa, que les muestra los pasadizos usados por los soldados clon para liberar a los twi'lek. Waxer muere cuando el general Krell traiciona a los clones en Umbara.

CATO PARASITTI

ESPECIE Clawdita **PLANETA NATAL** Zolan
FILIACIÓN Cazarrecompensas

Cato Parasitti se hace pasar por Ord Enisence y Jocasta Nu para neutralizar la seguridad del Templo Jedi, y para que Cad Bane llegue a la cámara de los holocrones. Ahsoka Tano derrota posteriormente a Parasitti en un duelo, y, mientras es su prisionera, les ofrece a los Jedi información sobre el próximo objetivo de Bane: Bolla Ropal, el guardián del cristal de memoria kyber. Tras salir de la prisión, Parasitti trata de asesinar a unos delegados arturianos, pero Ahsoka y Padmé la detienen.

SUGI

ESPECIE Zabrak **PLANETA NATAL** Iridonia
FILIACIÓN Cazarrecompensas

Sugi es la dueña de la nave *Halo* y tiene un gran sentido del honor y del deber. La contratan, junto a los también cazarrecompensas Rumi Paramita, Embo y Seripas, para defender a un pueblo de campesinos de los piratas de Ohnaka. El equipo de Sugi se une a tres Jedi (Obi-Wan, Anakin y Ahsoka) para repeler a los piratas, y, aunque Paramita muere, Sugi y el resto de sus aliados logran expulsar a los piratas. El equipo cobra la recompensa y Sugi se ofrece a llevar a los Jedi en su nave. Luego, el jefe wookiee Tarfful contrata a Sugi para que ayude a varios de sus amigos, que los trandoshanos están cazando en Wasskah. Sugi devuelve a Coruscant a algunos de los Jedi que han sobrevivido. Tras este trabajo, el Gran Consejo Hutt contrata a Sugi, Embo y otros dos cazarrecompensas para que los protejan, pero huyen cuando no pueden detener a Maul y a su Colectivo Sombra. Sugi inspira a Jas Emari, su sobrina, a seguir sus pasos. Jas será la siguiente propietaria del *Halo*.

SERIPAS

ESPECIE Ssori **FILIACIÓN** Cazarrecompensas

Este cazarrecompensas lleva un traje mecánico cuando lleva a cabo alguna misión. Como parte del equipo de Sugi, protege una granja de Felucia de un grupo de piratas weequay liderados por Hondo Ohnaka. Junto con Ahsoka, Seripas adiestra a los campesinos para la batalla. A pesar de que su traje queda destruido, logra derrotar a un pirata durante la defensa de Felucia. Más tarde, Seripas y Sugi piden ayuda a los wookiee para rescatar a Chewbacca y Ahsoka, que fueron retenidos por unos trandoshanos en Wasskah.

GWARM

ESPECIE Weequay **PLANETA NATAL** Florrum
FILIACIÓN Banda Ohnaka

Gwarm es el segundo de a bordo de la banda Ohnaka y el que extorsiona a los campesinos de Felucia para que le entreguen valiosos cultivos nisilinos. Los piratas se enfrentan a los cazarrecompensas contratados por los campesinos y a tres Jedi. Gwarm ordena la retirada para salvar a Ohnaka, cuando este está a merced de Anakin, y los piratas huyen con las manos vacías.

EMBO

ESPECIE Kyuzo
PLANETA NATAL Phatrong
FILIACIÓN Cazarrecompensas

Acompañado de su querido anooba Marrok, Embo es letal, ya sea con la ballesta o con un certero golpe de casco. Acostumbra a colaborar con Sugi y forma parte del equipo que defiende a los campesinos de Felucia. Es también uno de los once cazarrecompensas (incluido Obi-Wan, bajo el disfraz de Rako Hardeen) que participan en la competición de la Caja. Recibe el encargo de encontrar a Rush Clovis, pero Anakin frustrará sus planes. Más tarde, defiende al Gran Consejo Hutt de Maul y Savage Opress, se incorpora al equipo de cazarrecompensas de Boba Fett, Garra de Krayt, y participa en misiones en Quarzite y Serenno.

Embo trabaja durante la era Imperial, pero, lamentablemente, Marrok muere. Después de la batalla de Endor, Embo se une a Dengar y Jeeta para capturar para Mercurial Swift a Jas Emari, cazarrecompensas y sobrina de Sugi. La encuentran en Jakku y están a punto de capturarla, pero ella los persuade para que se cambien de bando a cambio del perdón total de la Nueva República. Tras la batalla de Jakku, Embo se incorpora a la nueva tripulación de cazarrecompensas de Jas.

SIONVER BOLL

ESPECIE Bivall
PLANETA NATAL Protobranch
FILIACIÓN República

Sionver Boll diseña la bomba de electroprotones empleada en la batalla de Malastare para acabar con una invasión de droides separatistas. La explosión despierta a la bestia Zillo. Palpatine ordena que acaben con la criatura, pero Zillo huye y siembra el caos en Coruscant antes de que Boll produzca suficiente toxina para matarla.

BESTIA ZILLO

PLANETA NATAL Malastare **TAMAÑO MEDIO** 97 m de altura
HÁBITAT Bajo tierra

En la batalla de Malastare, tras la detonación de una bomba de electroprotones, se descubre un espécimen de esta mítica bestia, cuya coraza es casi invulnerable al armamento de la República. Eso despierta el interés del canciller supremo Palpatine, que manda atrapar y transportar a la criatura a un centro de investigación en Coruscant. La bestia Zillo se libera de sus ataduras y causa estragos en la capital. Muere a causa de una toxina creada por Sionver Boll, pero su cuerpo se conserva y sirve a un proyecto de clonación. Más tarde, una joven bestia Zillo clonada escapa de su celda mientras la transportan en una nave imperial y devora a la tripulación. La nave se estrella en Silla y la Remesa Mala la inspecciona para recuperar un valioso cargamento. No espera encontrarse con semejante criatura, que pronto empieza a absorber energía de una red eléctrica local y a aumentar de tamaño. Una flota imperial llega para atraparla y, a continuación, sus tropas acorralan a todos los testigos, salvo a la Remesa Mala, que logra huir.

MON MOTHMA

ESPECIE Humana **PLANETA NATAL** Chandrila **FILIACIÓN** República, Alianza Rebelde, Nueva República

Mon Mothma, una política experta e inspiradora, tiene un papel crucial en la historia galáctica. Desde su cargo, protege a los oprimidos e intenta que la galaxia sea más equitativa y segura para todos.

CAÍDA DE LA REPÚBLICA

Junto a sus colegas senadores Padmé Amidala, Bail Organa y Onaconda Farr, Mothma promueve un movimiento para poner fin a los combates y reanudar la diplomacia en las Guerras Clon. Mothma, Organa y Padmé se oponen a que el canciller supremo Palpatine abuse de su poder en tiempos de guerra y temen que no renuncie a ellos después del conflicto. Su miedo se materializa cuando Palpatine transforma la República en el Imperio galáctico. Poco después de que Palpatine se haga con el poder, Mothma pierde a su amiga Padmé.

LUCHA CLANDESTINA

En la era imperial, Mothma y Organa permanecen en el Senado, pero crean en secreto una red de células rebeldes para oponerse al nuevo régimen. Mothma forja alianzas políticas clave y mantiene las apariencias como senadora leal al Imperio. Bajo esa fachada, financia una red rebelde y utiliza fundaciones benéficas como tapadera. Se asocia con Luthen Rael, que la mantiene alejada de la red mientras esta participa en operaciones para golpear al Imperio. Mothma compagina con mucha cautela sus responsabilidades de senadora y su labor clandestina con la Rebelión en ciernes, al tiempo que gestiona su compleja relación con su marido, Perrin Fertha, y su hija, Leida. Y todo bajo el creciente escrutinio imperial.

Campeona de la democracia
Los senadores Mon Mothma, Bail Organa y Padmé Amidala debaten las opciones para contrarrestar los poderes del canciller *(arriba)*. Mon Mothma y Hera Syndulla hablan del plan de Hera para destruir la fábrica de defensores TIE de élite en Lothal *(dcha.)*.

DECLARAR LA REBELIÓN

Tras un levantamiento en Ghorman, Mothma se rebela públicamente y es tachada de traidora. Mientras huye de Coruscant junto a la célula rebelde Escuadrón Oro, el Escuadrón Fénix, otro grupo rebelde, rescata a toda la tripulación. Mothma llega a Dantooine, desde donde se dirige a toda la galaxia para anunciar su dimisión del Senado y la formación de la Alianza para restaurar la República. Como líder del grupo debe tomar decisiones difíciles: cuando un contingente rebelde es asediado en Atollon, Mothma se niega a enviarles ayuda para proteger al resto de la Alianza. Mucho después, aprueba el ataque contra Lothal que libera al planeta. Cuando la Alianza descubre la existencia de la Estrella de la Muerte, Mothma le pide a Jyn Erso que los ayude a encontrar a su padre –Galen Erso–, que participó en su diseño. Aunque averiguan que los planes de la Estrella de la Muerte se hallan en la base imperial de Scarif, Mothma carece del pleno apoyo del consejo de la Alianza y no puede aprobar una misión para conseguirlos, así que Jyn decide hacerlo por su cuenta. Mothma se alegra cuando el almirante Raddus les ofrece refuerzos. La misión es un éxito y logran los planos, aunque a costa de muchas vidas rebeldes. Un año después, Mothma huye por muy poco de la derrota rebelde en los muelles espaciales de Mako-Ta y ordena a los supervivientes que se dispersen hasta que puedan reunirse de nuevo. Dos años después, los rebeldes descubren que el Imperio está construyendo otra Estrella de la Muerte sobre Endor. Mothma aprueba un ataque contra ella e instruye personalmente a los líderes rebeldes.

UN NUEVO COMIENZO

Tras la victoria rebelde en Endor, Mothma instaura la Nueva República y el Senado galáctico en Chandrila. Ella es elegida primera canciller, pero casi muere cuando la Armada Imperial finge entablar negociaciones de paz para intentar asesinarla a ella y a otros líderes de la Nueva República. Regresa a su puesto y, con la ayuda de sus aliados, persuade a los senadores para que aprueben una batalla contra el Imperio sobre Jakku. Después de la victoria de la Nueva República en Jakku, Mothma firma la Concordancia Galáctica, el tratado de paz entre la Nueva República y el Imperio. Demuestra cautela ante posibles peligros, incluso cuando otros no los ven, y le preocupa que, como opina Hera Syndulla, el gran almirante Thrawn vuelva para comandar el remanente imperial. Mothma continúa al frente de la Nueva República hasta que una enfermedad la obliga a dimitir. Años más tarde, le ofrece a Leia Organa su apoyo cuando se desvela que el padre de su amiga es Darth Vader.

RUSH CLOVIS

ESPECIE Humana **PLANETA NATAL** Scipio
FILIACIÓN Clan Bancario Intergaláctico

El senador Rush Clovis colabora con la senadora Padmé Amidala a fin de aprobar la moción para la Cooperación en el Borde Medio que salva a los habitantes de Bromlarch de un desastre natural. Años después, en las Guerras Clon, la Orden Jedi sospecha de Clovis y recluta a Padmé para que recabe información sobre él. Amidala es envenenada cuando descubre que Clovis se ha aliado con los separatistas, pero Clovis, enamorado de ella, obliga a Lott Dod, su cómplice, a darle el antídoto. Anakin Skywalker, celoso del afecto que Clovis siente por Padmé, lo abandona. Para expiar su culpa, el senador suplica a Padmé que lo ayude a desenmascarar la corrupción del Clan Bancario, pero durante una batalla en Scipio, Anakin salva a Padmé y Clovis muere.

Intriga en Scipio
En Cato Neimoidia, Rush Clovis conspira con los separatistas para financiar una fábrica de droides *(arriba)*. Clovis y Padmé llegan a Scipio para investigar la corrupción en el Clan Bancario *(dcha.)*.

KARINA LA GRANDE

ESPECIE Geonosiana **PLANETA NATAL** Geonosis **FILIACIÓN** Separatistas

Hay quien dice que todas las reinas de Geonosis se llaman Karina la Grande. Residen en las catacumbas bajo el planeta y controlan un ejército de drones geonosianos. Durante las Guerras Clon, la reina Karina da órdenes a través de Poggle el Menor. Los Jedi la descubren después de que haya capturado a Luminara Unduli, que había seguido a Poggle hasta ella. Se cree que esta Karina muere cuando los soldados clon destruyen el templo durante el rescate de los Jedi.

TERA SINUBE

ESPECIE Cosiano **PLANETA NATAL** Cosia **FILIACIÓN** Jedi

El longevo Tera Sinube se convierte en maestro Jedi en la Alta República. Durante esa época, trabaja junto a muchos Jedi famosos, como Porter Engle, Stellan Gios y Sav Malagán. En las Guerras Clon, se conoce al dedillo el hampa de Coruscant. Cuando alguien le roba la espada de luz a Ahsoka Tano, la padawan pide ayuda a Sinube. Buscan al principal sospechoso, Nack Movers, y lo encuentran muerto en su apartamento, donde también están Cassie Cryar e Ione Marcy. Ahsoka persigue a Cryar, que ha huido, mientras Sinube interroga a Marcy antes de que también huya. Cuando los Jedi localizan a los fugitivos en el andén de una estación, Marcy es detenida por un droide policía y Ahsoka acorrala en un tren a Cryar, que trata de huir a la desesperada con dos rehenes, pero Sinube consigue desarmarlo y le devuelve la espada de luz a Ahsoka. Tras sobrevivir a la Orden 66, unos inquisidores lo asesinan durante el ascenso del Imperio y acaba enterrado en la Fortaleza de la Inquisición.

DUQUESA SATINE KRYZE

ESPECIE Humana **PLANETA NATAL** Mandalore
FILIACIÓN Consejo de gobierno mandaloriano

Al principio de las Guerras Clon, la duquesa Satine Kryze aboga por la paz, y forma y dirige el Consejo de Sistemas Neutrales. Cuando empieza a correr el rumor de que está creando un ejército para los separatistas en secreto, el Alto Consejo Jedi envía a investigar a Obi-Wan Kenobi, con quien Satine había trabado amistad durante la guerra civil mandaloriana. La duquesa y Obi-Wan viajan a Concordia, luna de Mandalore, donde son atacados por el gobernador Pre Vizsla y la Guardia de la Muerte. Tras salir con vida por los pelos, Satine se dirige a Coruscant para avisar al Senado galáctico del peligro que supone la Guardia de la Muerte. Por desgracia, su nave es atacada por droides de batalla, y el senador Tal Merrik, conspirador separatista, la toma como rehén. Cuando Obi-Wan Kenobi y Anakin Skywalker la liberan, Satine acude al Senado y demuestra que las pruebas a favor de la intervención militar se han falsificado, lo que provoca que los senadores rechacen la decisión de invadir Mandalore.

A medida que crece el mercado criminal en Mandalore, Satine, con la ayuda de Padmé Amidala, intenta impedir que la población se implique. Pide a los Jedi que la ayuden a desenmascarar a los contrabandistas, y Ahsoka Tano se presenta con un grupo de cadetes en la Academia Real Mandaloriana. Satine revela que el responsable del mercado criminal es el primer ministro Almec, quien la encarcela, pero es rescatada por Ahsoka y los cadetes.

Cuando Maul y Savage Opress llegan a Mandalore, Vizsla convence a los habitantes del planeta de que solo la Guardia de la Muerte tiene suficiente poder para detener el Colectivo Sombra, de Darth Maul y Opress. Expulsada del poder, la duquesa envía una señal de peligro a Obi-Wan, que intenta rescatarla, pero ambos son capturados. Maul hiere de muerte a Satine, ante un Obi-Wan impotente, y la duquesa expresa su amor eterno por él al morir.

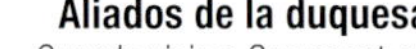

Aliados de la duquesa
Cuando viaja a Coruscant en busca de una solución pacífica al conflicto de Mandalore, la duquesa Satine pide ayuda a la senadora Padmé Amidala *(dcha.)*. Korkie Kryze y sus amigos de la Academia Real liberan a la duquesa encarcelada *(abajo)*.

PRIMER MINISTRO ALMEC

ESPECIE Humana **PLANETA NATAL** Mandalore
FILIACIÓN Consejo de gobierno mandaloriano, Colectivo Sombra

Almec es miembro de la facción pacífica Nuevos Mandalorianos. Ejerce de primer ministro en el gobierno y reside en la capital, Sundari. Cuando Mandalore deja de recibir ayudas de la República, Almec crea un mercado criminal para que su pueblo pueda disponer de los productos básicos para vivir. Cuando todo sale a la luz, Almec es encarcelado pero no pide perdón, pues considera que tan solo ha intentado ayudar a su pueblo. Cuando Darth Maul toma Sundari, restituye a Almec en el cargo. Cuando Darth Sidious encarcela a Maul en Stygeon Prime, Almec envía a Guardias de la Muerte para que lo rescaten y le devuelve así el favor. Durante el asedio de Mandalore, Almec permanece leal a Maul, hasta que las fuerzas de Bo-Katan Kryze lo capturan. Antes de que pueda delatar los planes de Maul, es asesinado.

PRE VIZSLA

ESPECIE Humana **PLANETA NATAL** Mandalore
FILIACIÓN Guardia de la Muerte, Colectivo Sombra

Pre Vizsla gobierna Concordia, la luna de Mandalore, y en público demuestra lealtad a la duquesa pacifista Satine Kryze. En secreto, dirige la Guardia de la Muerte, una sociedad de comandos que quiere devolver a los mandalorianos a sus antiguas raíces de guerreros. Los atentados contra Mandalore llevan a Obi-Wan Kenobi y a la duquesa a Concordia, donde descubren la base secreta de la Guardia de la Muerte. Tras un duelo, Obi-Wan y Satine se ven obligados a huir de la luna.

Vizsla envía a un asesino de la Guardia de la Muerte a Coruscant para que mate a la duquesa y ponga fin a su veto en el Senado al envío de tropas de la República para ocupar Mandalore. Sin embargo, Vizsla espera que la ocupación de la República convenza a los mandalorianos de apoyar a la Guardia de la Muerte. Con el intento de asesinato frustrado y la votación del Senado a favor de Satine, Vizsla tiene que posponer el ataque contra Mandalore. Maul y Vizsla, unidos por su odio a Obi-Wan, crean un ejército de criminales llamado Colectivo Sombra. El Colectivo ataca Sundari, la capital de Mandalore, lo que permite que la Guardia de la Muerte se erija en héroe ante la desesperada población. Vizsla derroca a la duquesa y se nombra a sí mismo primer ministro, con el título de Mand'alor. Maul desafía a Vizsla a un duelo para dirimir quién es el auténtico gobernante del planeta. Vizsla pierde y es ejecutado.

El brindis
Pre Vizsla se revela como líder de la Guardia de la Muerte.

Cargo en disputa
Pre Vizsla se dirige a la gente después de que la Guardia de la Muerte arrebate el poder a la duquesa Kryze.

BOSSK

ESPECIE Trandoshano **PLANETA NATAL** Trandosha
FILIACIÓN Cazarrecompensas, Garra de Krayt

Bossk, famoso cazarrecompensas, se alía con Aurra Sing y Castas para ejercer de mentor del joven Boba Fett, que quiere vengarse del Jedi Mace Windu, que mató a su padre. Fett destruye los motores de un crucero de la República donde viaja Windu y la nave se estrella. Los cazarrecompensas toman a varios rehenes del siniestro, pero el Jedi escapa. Desgraciadamente para los cazarrecompensas, la Jedi Ahsoka Tano rescata a los prisioneros y los captura a ellos. Durante el encarcelamiento en Coruscant, Bossk ejerce de guardaespaldas de Fett.

Tras su huida, Bossk sigue trabajando con Fett y se incorpora a la Garra de Krayt, su equipo de cazarrecompensas. Cuando Oked, miembro del grupo, muere a manos de Asajj Ventress, Bossk y Latts Razzi la chantajean para que sustituya a Oked en el próximo golpe: el mayor Rigosso los ha contratado para que protejan un baúl de gran tamaño. Mientras realizan el trabajo, unos guerreros kages atacan el tren que transporta el baúl y uno de ellos ciega a Bossk, que cae del vagón. Por suerte, recibe su parte del dinero igualmente. Asajj abandona la Garra de Krayt pero los contrata para que la ayuden a rescatar a Quinlan Vos, retenido en Serenno por el conde Dooku.

En la era imperial, Bossk pertenece a un equipo al mando de la legendaria cazarrecompensas Nakano Lash, en el que también están T'onga y Beilert Valance. Durante una misión en Corellia, Lash traiciona al grupo y se oculta. Más tarde, Bossk despacha a un oficial imperial corrupto en Lothal con la ayuda de un joven Ezra Bridger. También captura a un astromecánico imperial renegado que contiene datos de alto secreto.

Durante la Guerra Civil Galáctica, la doctora Chelli Lona Aphra contrata a Bossk para robar créditos del Imperio, pero lo traiciona y se queda con el botín, tras lo cual este monta en cólera. Bossk es uno de los seis cazarrecompensas que Vader contrata después de la batalla de Hoth para que persigan al *Halcón Milenario*, pero su excompañero Boba Fett le gana la partida. Cuando la doctora Aphra le dice que Lash está viva, Bossk se dispone a vengarse. Pero se enfrenta con Valance, que también anda detrás de ella, y este lo vence. Bossk se infiltra en la Gran Cacería de Malastare para matar a un vicepresidente del Clan Bancario de Jabba el Hutt. El mayordomo de Jabba, Bib Fortuna, encarga a Bossk que atrape a Boba, con quien Jabba se ha enemistado. Bossk y Boba pelean en Jekara, y el trandoshano pierde ante su antiguo aliado. Lo rescata el equipo de cazarrecompensas de T'onga, al que se incorpora. Tras varias misiones, Bossk traiciona a T'onga, destrozando el grupo en Epikonia, pues lo que quiere es cazar recompensas, no entregarse a una causa perdida como Valance para salvarlo del Azote.

Bossk se encuentra con Fett en el palacio de Jabba, donde el capitán del *Halcón*, Han Solo, cuelga de una pared apresado en carbonita. Ambos cazarrecompensas acompañan al séquito del Hutt en una barcaza a vela para presenciar la ejecución de Han y de los rebeldes que han acudido a rescatarlo. Pero Han y sus amigos contraatacan y la barcaza acaba destruida. En la Nueva República, Bossk y T'onga se han reconciliado. El trandoshano vuelve a formar parte de la banda y participa en una misión a bordo del *Halcyon*.

Colaboración con Fett
Bossk se alía con el joven Boba Fett en Quarzite.

KORKIE KRYZE

ESPECIE Humana **PLANETA NATAL** Mandalore
FILIACIÓN Nuevos Mandalorianos

Sobrino de Satine Kryze, el cadete Korkie Kryze asiste a la Academia Real de Gobierno de Mandalore. Con sus amigos Soniee, Amis y Lagos, Korkie demuestra que la escasez de comida es una medida provocada para favorecer el mercado negro creado por el primer ministro Almec. Con la ayuda de sus amigos y Bo-Katan Kryze, hermana de la duquesa, Korkie libera a Satine de la cárcel.

BARÓN PAPANOIDA

ESPECIE Pantorano **PLANETA NATAL** Pantoran
FILIACIÓN República

Durante el bloqueo del planeta Pantora, la Federación de Comercio secuestra a las dos hijas del barón Papanoida, Chi Eekway y Che Amanwe, para convencer al líder del planeta de que apoye a los separatistas. Papanoida encuentra al secuestrador, el cazarrecompensas Greedo, en el palacio de Jabba el Hutt. Cuando lo lleva ante Jabba, Greedo admite que Chi Eekway está en Mos Eisley. Papanoida y su hijo Ion liberan a Eekway, mientras que Amanwe es rescatada por el senador Riyo Chuchi y Ahsoka Tano de una nave de control de droides. Años después, tras la batalla de Coruscant, Papanoida y Eekway visitan la ópera de Coruscant.

Al rescate
El barón Papanoida gobierna un mundo, pero no le da miedo involucrarse personalmente, y disparar a los atacantes en el rescate audaz de su hija Chi Eekway.

ROBONINO

ESPECIE Patroliano **PLANETA NATAL** Patrolia **FILIACIÓN** Cazarrecompensas

Robonino es muy valorado por sus habilidades informáticas y su pericia en el manejo de explosivos. Durante la crisis de los rehenes del Senado, Robonino desencadena el cierre de emergencia del edificio ejecutivo de la República. Más tarde, le provoca un electroshock a Anakin Skywalker cuando el Jedi se enfrenta a Shahan Alama y Aurra Sing. Obedeciendo órdenes del conde Dooku, agrede a los senadores Onaconda Farr y Padmé Amidala, que se oponen a aumentar los fondos para la militarización de la República.

SY SNOOTLES

ESPECIE Pa'lowick **PLANETA NATAL** Lowick **FILIACIÓN** Cártel del Hutt

Cantante de éxito de noche y cazarrecompensas de día, Sy Snootles es amante de Ziro el Hutt. El sobrino de este, Jabba, contrata a Sy para que robe a Ziro un disco holográfico con información sobre las familias Hutt criminales. Sy rescata a Ziro de Nal Hutta y lo acompaña a Teth para obtener el disco. Cuando lo consigue, Sy traiciona a Ziro y le dispara. A partir de entonces se centra en su carrera musical y crea la Banda de Max Rebo, con la que actúa hasta su disolución, tras la muerte de Jabba el Hutt.

Artista
Sy Snootles *(centro)* canta para Jabba, acompañada por la Banda de Max Rebo y el trío de bailarinas de Hutt *(dcha.)*.

Recompensa perdida
Cuando el cazarrecompensas rodiano arrincona a Han Solo en la cantina de Mos Eisley *(izda.)*, Han le apunta con su arma.

GREEDO

ESPECIE Rodiano **PLANETA NATAL** Rodia **FILIACIÓN** Cazarrecompensas

Durante las Guerras Clon, la Federación de Comercio contrata a Greedo para que secuestre a las hijas del gobernador Papanoida, Chi Eekway y Che Amanwe. Después de que la sangre encontrada en la estatua con la que se ha defendido Che identifique a Greedo como el secuestrador, Papanoida y su hijo, Ion, consiguen dar con él en Tatooine y lo conducen ante Jabba con la prueba de su implicación. Greedo admite que trabaja para los separatistas, pero se las ingenia para escapar durante el rescate de Che y continúa trabajando como cazarrecompensas.

Años después, Greedo descubre la ubicación de una urna que contiene las cenizas de uno de los peores enemigos de Jabba el Hutt. Se lo dice al señor del crimen y acompaña a Han Solo y Chewbacca a robarla. El golpe no sale según lo planeado, Han y Greedo se traicionan, y nadie, ni siquiera Jabba, consigue lo que quería. Más tarde, Greedo casi se bate en duelo con un rival frente a la cantina de Chalmun. Pero Obi-Wan Kenobi interrumpe la riña: convence con la Fuerza al enemigo de Greedo para que lo invite a una copa en vez de pelear. Greedo, que sigue trabajando para Jabba, estropea un trabajo en Mygeeto y recibe una última oportunidad: cobrar una recompensa por Han. Pero también fracasa y Han lo mata.

NIX CARD

ESPECIE Muun **PLANETA NATAL** Scipio **FILIACIÓN** Clan Bancario Intergaláctico

Nix Card representa al Clan Bancario Intergaláctico. Pretende destruir los generadores de energía de Coruscant e impedir las conversaciones de paz. Cuando el distrito del Senado se queda sin electricidad, muchos senadores piden desregularizar los bancos para garantizar el dinero y la producción de tropas.

LUX BONTERI

ESPECIE Humana **PLANETA NATAL** Onderon **FILIACIÓN** Rebeldes de Onderon, Alianza Rebelde, Soñadores

Aunque la familia de Lux Bonteri apoya a los separatistas cuando Onderon se escinde al principio de las Guerras Clon, Dooku ordena el asesinato de su madre para frenar la propuesta de paz que ha presentado. Lux se une a la Guardia de la Muerte en busca de justicia, pero su amiga Ahsoka Tano lo ayuda a darse cuenta de los objetivos deshonrosos de los mandalorianos. Al regresar a Onderon, se une al movimiento rebelde, y ayuda a liberar el planeta junto a Saw y Steela Gerrera. Lux sigue los pasos de su madre y se convierte en senador de Onderon cuando el planeta se reincorpora a la República.

Durante la era imperial, Lux se casa con una mujer imperial, con cuya hija mantiene una relación estrecha, y se une en secreto a la Alianza Rebelde. Cuando Lux descubre que Saw y muchos de sus seguidores han muerto en Jedha, decide ayudar a un grupo de Partisanos supervivientes llamados Soñadores. Finge informar a la hija de su esposa acerca de las actividades de la Alianza a cambio de inmunidad, pero solo es un ardid para obtener los nombres de oficiales imperiales. Ahora conocido como Mentor, Lux entrega la lista de nombres a los Soñadores. Poco después, el Escuadrón Infernal del Imperio se infiltra en el grupo rebelde, descubre el papel que ha tenido Lux y aniquila a los Soñadores. Se desconoce si Lux sobrevive a su enfrentamiento con Iden Versio, el líder del escuadrón.

MINA BONTERI

ESPECIE Humana **PLANETA NATAL** Onderon **FILIACIÓN** República, separatistas

Mina Bonteri es senadora de la República, mentora de la joven senadora Padmé Amidala, de Naboo, y lidera la misión del Senado a Bromlarch. Admira al conde Dooku por su firmeza ante la República y, junto a su planeta, se une a los separatistas. Aunque los clones matan a su marido, defiende una resolución pacífica de la guerra. Los esfuerzos de Padmé y Mina para lograr la paz acaban cuando Mina es asesinada por los agentes de Dooku.

Negociaciones de paz
En el Senado separatista, Mina Bonteri defiende las negociaciones de paz con la República.

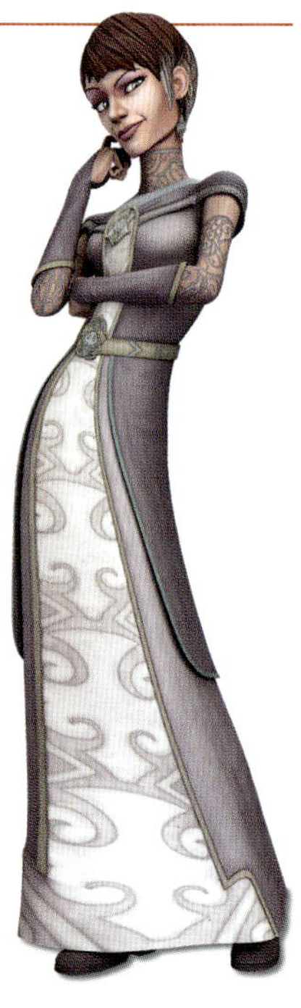

MADRE TALZIN

ESPECIE Dathomiriana **PLANETA NATAL** Dathomir **FILIACIÓN** Hermanas de la Noche

Madre Talzin, matriarca de un clan y chamán en Dathomir, usa cualquier medio a su alcance para proteger a las Hermanas de la Noche y también gobierna a los Hermanos de la Noche. Darth Sidious visita Dathomir y Talzin confía en que cumplirá su palabra y la tomará como aprendiz, pero Sidious la traiciona y secuestra a su hijo pequeño, Maul, para que ocupe su lugar. Talzin jura venganza.

Talzin se ve obligada a entregar a su hija Asajj Ventress al criminal Hal'Sted para proteger a sus hermanas. Más tarde, Ventress se entrena con Dooku, pero huye a Dathomir cuando este intenta matarla. Talzin revela que Ventress es, en realidad, una Hermana de la Noche y la envía junto a dos Hermanas más a asesinar a Dooku, pero fracasan. Cuando Dooku exige otro aprendiz, Talzin y Ventress eligen a su segundo hijo, Savage Opress. Antes de enviárselo, Talzin le lanza un conjuro para hacerlo más fuerte y asegurarse su lealtad.

Opress intenta matar a Dooku por orden de Talzin, pero no lo consigue. Entonces, Talzin le encarga que busque a su hermano Maul, dado por muerto tiempo atrás. Dooku ordena a Grievous que ataque a las Hermanas de la Noche como represalia por los ataques de Talzin. La bruja emplea su magia para destruir varios droides de combate y luego se retira para hacer un conjuro contra el conde. Cuando Grievous la encuentra, ella desaparece. El asalto de los separatistas aniquila a las Hermanas de la Noche, de las que Ventress es la única superviviente.

Opress encuentra a Maul y lo lleva ante Talzin, que utiliza la magia para devolverle los recuerdos y le construye dos piernas cibernéticas. La conmoción creada por la recién creada organización criminal de Maul, el Colectivo Sombra, acaba llamando la atención de Darth Sidious, lo que ofrece a Talzin y a su hijo la oportunidad de vengarse. Cuando Maul y Opress se enfrentan a Sidious, Opress muere y Maul es capturado. Poco después, Talzin ordena al Culto Frangawl, sus seguidores en Bardotta, que capture a los Maestros Dagoyanos, sensibles a la Fuerza, para absorber su fuerza vital; el Jedi Mace Windu se enfrenta a ella en batalla y la derrota con ayuda de Jar Jar Binks.

Maul consigue escapar de prisión y acude a Talzin, que le ordena que reúna sus fuerzas y ataque a los Sith y le envía a los Hermanos de la Noche para que lo ayuden. Maul captura a Dooku y lo lleva a Dathomir, donde Talzin planea absorber la energía del lord Sith para resucitar. Sidious y Grievous llegan al planeta y liberan a Dooku. Talzin decide sacrificarse para que su hijo Maul pueda escapar.

El regreso de la hermana de la noche Después de que el conde Dooku intente matar a Asajj Ventress, Talzin la acoge de nuevo en el seno de las Hermanas de la Noche *(izda.)*.

SAVAGE OPRESS

ESPECIE Zabrak **PLANETA NATAL** Dathomiriano **FILIACIÓN** Hermanos de la Noche, Colectivo Sombra

Enemigo mortal La magia de las Hermanas transforma a Savage Opress en un temible rival para los Jedi.

Después de que Asajj Ventress elija al Hermano de la Noche Savage Opress como aprendiz, Talzin usa su magia negra para concederle unas habilidades temibles y para asegurarse su fidelidad. Opress mata al Hermano de la Noche Feral para demostrar su lealtad. Talzin lo ofrece al conde Dooku como acólito. Opress es enviado al sistema Devaron donde acaba con el maestro Jedi Halsey y su aprendiz Knox. Impresionado, Dooku acepta a Opress como su aprendiz con la intención de utilizarlo para expulsar a su antiguo maestro Sith, Darth Sidious. Sin embargo, Ventress somete a Opress a un entrenamiento brutal para enfrentarlo a Dooku. Cuando Ventress y Opress luchan contra Dooku en Toydaria, ella no puede controlar su ira. Opress huye a Dathomir, donde Talzin le revela lo que le ha sucedido a su hermano Darth Maul: Obi-Wan Kenobi lo ha partido por la mitad. Opress rescata a Maul en Lotho Minor y lo lleva hasta Talzin, que será quien lo cure.

Tanto Opress como su hermano ansían vengarse de Kenobi, que persigue a Opress y Maul por la galaxia. Al final, los hermanos se alían con la Guardia de la Muerte y forman el Colectivo Sombra para hacerse con el control de Mandalore, lo que llama la atención de Sidious, que se enfrenta a los poderosos hermanos y acaba matando a Opress.

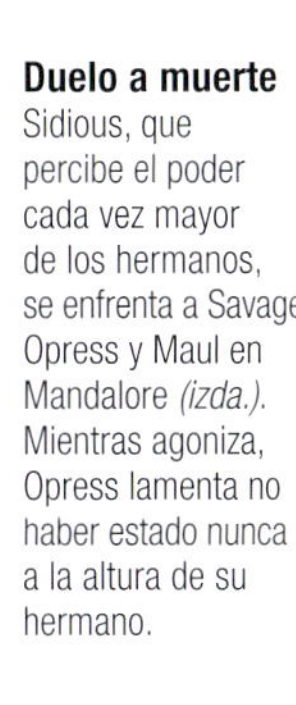

Duelo a muerte Sidious, que percibe el poder cada vez mayor de los hermanos, se enfrenta a Savage Opress y Maul en Mandalore *(izda.)*. Mientras agoniza, Opress lamenta no haber estado nunca a la altura de su hermano.

HERMANO VISCUS

ESPECIE Zabrak **PLANETA NATAL** Dathomir
FILIACIÓN Hermanos de la Noche

Líder de una aldea de Hermanos de la Noche en Dathomir, Viscus supervisa el torneo usado por Asajj Ventress para elegir a Savage Opress como aprendiz. Talzin envía a Viscus y a un grupo de Hermanos de la Noche para ayudar a Darth Maul y al Colectivo Sombra a capturar a Dooku y a Grievous en un enfrentamiento en Ord Mantell. Tras la destrucción de Talzin, Viscus y sus Hermanos de la Noche siguen a Merrin hasta que Taron Malicos, superviviente de la Orden 66, llega a Dathomir. Malicos cae al lado oscuro y mata a Viscus para hacerse con el mando de los Hermanos de la Noche.

Una nueva aliada
Obi-Wan Kenobi convence a la Hija para que actúe cuando su hermano intenta matar a su padre.

LA HIJA

ESPECIE Portadora de la Fuerza **PLANETA NATAL** Mortis **FILIACIÓN** La Fuerza

La Hija es una portadora de la Fuerza partidaria del lado luminoso. Una visita a Mortis de Anakin Skywalker, Obi-Wan Kenobi y Ahsoka Tano desata el conflicto entre la Hija y su hermano, el Hijo, miembro del lado oscuro. Cuando el Hijo intenta asesinar a su padre, la Hija lleva a Obi-Wan a recuperar la daga de Mortis, la única arma que puede detenerlo. El Hijo se hace con el control de la daga, mata a Ahsoka y ataca al Padre. La Hija protege al anciano y sufre una herida mortal. Con la ayuda del Padre, Anakin usa la última energía de la Hija para resucitar a Ahsoka.

EL HIJO

ESPECIE Portador de la Fuerza **PLANETA NATAL** Mortis **FILIACIÓN** La Fuerza

El Hijo intenta huir de Mortis y sembrar el caos en la galaxia. Sus ambiciones se han visto frustradas por el Padre, que impide a sus hijos abandonar el planeta, donde puede mantener un equilibrio entre ambos. Con la llegada de Anakin, el Hijo ve una oportunidad de huir. Corrompe a Ahsoka, pero la breve incursión de la padawan en el lado oscuro no logra su objetivo, y Anakin y Obi-Wan se niegan a hacerle daño. Posteriormente, el Hijo intenta asesinar al Padre, pero mata sin querer a su hermana, la Hija. El Padre renuncia a su propia vida, privando así al Hijo de su inmortalidad y permitiendo que el Elegido mate al oscuro.

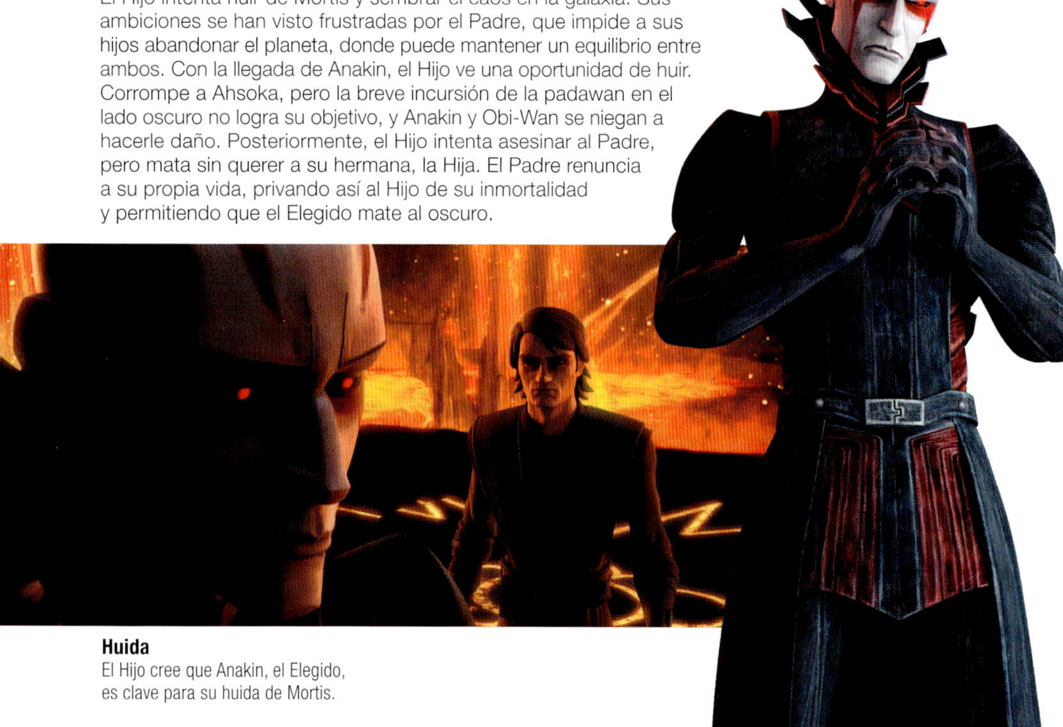

Huida
El Hijo cree que Anakin, el Elegido, es clave para su huida de Mortis.

EL PADRE

ESPECIE Portador de la Fuerza **PLANETA NATAL** Mortis **FILIACIÓN** La Fuerza

Una poderosa familia de portadores de la Fuerza, conocida como los Elegidos, reside en el reino de Mortis. Allí, el Padre mantiene el equilibrio entre su hija, afín al lado luminoso de la Fuerza, y su hijo, que se inclina por el lado oscuro. Cuando Anakin Skywalker, Obi-Wan Kenobi y Ahsoka Tano llegan a Mortis, Anakin topa con el Padre y se somete a una prueba para determinar si es de verdad el profético Elegido. Anakin supera la prueba, tras lo cual el Padre admite que se está muriendo y le pide que ocupe su lugar en Mortis para mantener el equilibrio de la Fuerza.

Arte antiguo
Los Elegidos aparecen en un mural de un antiguo Templo Jedi en Lothal.

Veneración en otra galaxia
Hay monumentos a los Elegidos incluso en el misterioso planeta Peridea, en la galaxia lejana.

OSI SOBECK

ESPECIE Phindiano **PLANETA NATAL** Lola Sayu **FILIACIÓN** Separatista

Osi Sobeck es el guardián de la Ciudadela, la infame cárcel controlada por los separatistas. Está especializado en torturar a prisioneros de guerra Jedi. El conde Dooku le encomienda la misión de averiguar las coordenadas de una ruta hiperespacial oculta, información que Even Piell y el capitán Wilhuff Tarkin habían memorizado antes de ser capturados.

GRAN MOFF TARKIN

ESPECIE Humana **PLANETA NATAL** Eriadu
FILIACIÓN República, Imperio

Wilhuff Tarkin, visionario cruel y calculador, está resuelto a imponer el orden en la galaxia, por cualquier medio y al margen de cómo afecte a quienes se crucen en su camino.

Un oponente astuto
Tarkin es un combatiente despiadado, hábil y astuto, tanto si caza presas en la selva como si gestiona la jerarquía de poder del Imperio *(izda.)*.

«Abran fuego cuando estén a tiro.» **GRAN MOFF TARKIN**

INICIOS MILITARES

Tarkin nace en una rica familia de Eriadu y empieza su carrera militar en un cuerpo que protege su sector natal. Poco después, se instruye para ingresar en el Departamento Judicial de la República y conoce al senador Palpatine, quien le sugiere que se dedique a la política. Tarkin le hace caso y se convierte en el gobernador de Eriadu.

Cuando estallan las Guerras Clon, pasa a ser capitán de la Armada de la República y lidera un exitoso asalto al planeta Murkhana. Él y el general Jedi Even Piell sirven juntos. Los separatistas los capturan y los encarcelan en la ciudadela de Lola Sayu. Pero, justo antes, cada uno memoriza por su cuenta la mitad de una importante ruta hiperespacial. Piell muere durante una operación de rescate Jedi. Tras ello, Tarkin se entera de que este transmitió su mitad de la ruta a la padawan Jedi Ahsoka Tano antes de fallecer. Tarkin comparte su mitad con Palpatine, mientras que Ahsoka informa de la suya al Consejo Jedi.

Tras su regreso, Tarkin asciende a almirante y se incorpora al Grupo de Armas Especiales de la Célula de Asesoría Estratégica, un equipo que trabaja en la construcción de una estación de combate. Cuando un bombardeo destruye el hangar del Templo Jedi, Tarkin cree que Ahsoka es la responsable y la juzga ante un tribunal militar. Sin embargo, Barriss Offee confiesa el crimen antes de que se lea el veredicto.

UN NUEVO ORDEN

Poco después de que Palpatine se proclame emperador, Tarkin viaja a Kamino para determinar si las tropas clon deben seguir siendo el ejército del nuevo Imperio galáctico. La Fuerza Clon 99 fracasa en varias misiones asignadas por Tarkin, quien encarcela al grupo, pese a ver potencial en Crosshair. Más tarde, Tarkin permite que el vicealmirante Edmon Rampart, que se muestra a favor de los reclutas voluntarios, tome el control de Kamino.

Tras convertirse en moff, Tarkin funda su propio grupo, la Iniciativa Tarkin, a la que encarga la construcción de la Estrella de la Muerte. Celebra una cumbre de líderes imperiales en una base de su planeta natal, Eriadu, para hablar de cómo unir a la galaxia. Durante la reunión, dos grupos rebeldes se infiltran en la base, cada cual con su objetivo. Uno está al mando de Saw Gerrera y el otro es la Fuerza Clon 99, que ahora va por libre. Tarkin ordena a sus tropas que ataquen a los clones, pese al riesgo de dañar a los suyos, tras lo cual uno de sus miembros, Tech, cae fulminado.

Poco después, Tarkin recibe el cometido de dar un escarmiento en Antar 4, un mundo que había sido separatista y albergó un movimiento de resistencia. El moff ordena varias ejecuciones en masa, sin tener en cuenta si las víctimas son republicanas o separatistas. A continuación, él y Darth Vader viajan a Mon Cala para sofocar una rebelión incipiente. Para aplastarla en el acto, Tarkin le dice a Vader que estará en deuda con él si se olvida de un superviviente Jedi al que está persiguiendo y se centra en atrapar al rey Lee-Char.

Las atrocidades de Tarkin, entre ellas las cometidas contra Ghorman, provocan una protesta pública que acaba con su reasignación: lo destinan a supervisar las operaciones de pacificación en las Fronteras Occidentales. Salient, un sistema de la zona, se resiste al Imperio, tras lo cual Tarkin se enfrenta al Grupo de Batalla de Salient y a sus aliados, los Partisanos de Saw Gerrera. Los vence y se apodera del sistema.

EL PRIMER GRAN MOFF

Tras la fuga de Galen Erso, científico experto en cristales kyber, Tarkin interrumpe su campaña en las Fronteras Occidentales y viaja a la base Centinela a supervisar a Orson Krennic, director del proyecto Estrella de la Muerte. Tarkin defiende la base de un ataque rebelde y vuelve a Murkhana con Vader en busca de los atacantes. Allí, un grupo de rebeldes liderados por Berch Teller, exagente de la República, le roba su nave personal, la *Punta Carroña*. Vader y Tarkin colaboran para liquidar a un traidor imperial, recuperan la nave y neutralizan la célula rebelde, pero Teller escapa. Como recompensa por sus éxitos, el emperador otorga el título de gran moff a Tarkin, quien se convierte en la primera persona agasajada con ese honor. De vuelta a Eriadu, Tarkin topa con Teller, a quien deja con un tobillo roto y la perspectiva de una muerte segura. Vader, deseoso de poner a prueba sus propias habilidades, reclama la deuda de Tarkin y le propone un reto: que lo atrape. En total persiguen a Vader veinte cazadores, pero Tarkin es el único que sobrevive. Poco después, el gran moff concede a Arihnda Pryce la gobernación de Lothal a cambio de información política.

INSURRECCIÓN EN AUGE

Cuando la tripulación rebelde del *Espíritu* interfiere en la productividad de Lothal, Tarkin interviene. Ordena la ejecución de dos oficiales incompetentes y dirige la misión, que resulta en la captura del antiguo Jedi Kanan Jarrus. La flota rebelde lo rescata, por lo que Tarkin y el emperador sospechan que la rebelión está creciendo. El gran moff aprueba que la gobernadora Pryce use la flota del gran almirante Thrawn para perseguir al grupo rebelde.

Una vez operativa la Estrella de la Muerte, Tarkin ordena que la prueben en la Ciudad Sagrada de Jedha. La prueba tiene éxito y Tarkin toma el control de la superarma, alegando que Krennic no da la talla. Cuando la Alianza Rebelde ataca Scarif para robar los planos de la estación de combate, Tarkin se planta en ella y ordena disparar contra la base donde están los planos. Más tarde, demuestra a Leia el poder destructivo de la estación destruyendo Alderaan, el planeta natal de la princesa. Tarkin muere poco después, cuando la Alianza vuela por los aires la Estrella de la Muerte en la batalla de Yavin.

A pesar de su muerte, la influencia de Tarkin se deja sentir en toda la galaxia. Su protegida, Ellian Zahra, quiere vengarse de la Alianza y destruye muchas naves rebeldes desde su destructor estelar, *Voluntad de Tarkin*.

El protector del Imperio
Tarkin y el agente de la Oficina de Seguridad Imperial Alexsandr Kallus escuchan un mensaje rebelde antes de que la torre de comunicaciones que lo emite sea destruida *(arriba, sup.)*. Tarkin y los estrategas imperiales se reúnen en la Estrella de la Muerte *(arriba)*. La princesa Leia debe revelar la ubicación de la base rebelde secreta o aceptar la destrucción de Alderaan *(izda)*.

CHEWBACCA

ESPECIE Wookiee **PLANETA NATAL** Kashyyyk
FILIACIÓN República, Alianza Rebelde, Resistencia

Chewbacca es el copiloto del *Halcón Milenario* y sigue a Han Solo, su mejor amigo, hasta el final. Juntos, se enfrentan al Imperio y se unen a la batalla contra la Primera Orden.

LAS GUERRAS CLON

Chewbacca es capturado por unos cazadores trandoshanos y llevado a Wasskah, donde ya se encuentran retenidos los jóvenes Jedi Ahsoka Tano, O-Mer y Jinx. Los Jedi quieren capturar una nave que les permita abandonar la luna y deciden atacar la que transporta a Chewbacca. Aunque la nave se estrella, hallan en el wookiee a un gran aliado, que fabrica un transmisor con las piezas encontradas y envía una llamada de auxilio. Cuando peor lo están pasando, aparece el jefe Tarfful y un grupo wookiee al rescate. Después de las Guerras Clon, Chewbacca lucha en el bando de Tarfful durante la batalla de Kashyyyk, y ayuda a huir al maestro Yoda tras la Orden 66.

EL CORREDOR DE KESSEL

Chewbacca es capturado de nuevo, ahora por soldados imperiales en Mimban. Conoce a Han Solo y, juntos, urden un plan para escapar de la prisión que comparten. Consiguen huir del planeta como parte de la banda criminal de Tobias Beckett.

Un principio a trompicones
Chewbacca se sorprende cuando su compañero de celda humano le habla en shyriiwook, el idioma wookiee. Aunque con dificultad, Han consigue comunicarle un plan de huida.

Sus aventuras los llevan a una mina de hipercombustible en Kessel, donde Chewie descubre que el Sindicato Pyke esclaviza a sus paisanos, a los que somete a trabajos forzados. Tras liberar a los wookiee y robar coaxium sin refinar, huyen del planeta en el *Halcón*, que ahora es de Lando Calrissian. Con poco tiempo y el Imperio en los talones, Chewbacca ocupa el asiento del copiloto y bate con Han el récord del Corredor de Kessel, la ruta comercial que cruza el Maelstrom. El dúo sobrevive a la peligrosa maniobra, esquivando carbonbergs del tamaño de un planeta y a la colosal criatura summa-verminoth. Es el comienzo de una larga amistad.

SOCIOS CONTRABANDISTAS

Chewie sigue siendo el leal copiloto del *Halcón* hasta bien entrado el Imperio. Él y Han trabajan de contrabandistas para Jabba el Hutt, y a veces colaboran con otros granujas, como Greedo y la reina pirata Maz Kanata. En una aciaga misión, él y Han se ven obligados a deshacerse del cargamento para huir de soldados imperiales y contraen una gran deuda con Jabba el Hutt, que quiere que lo compensen por las pérdidas. Tentados por la sustanciosa recompensa que cobrarían por llevar a Obi-Wan, su protegido y los dos droides a Alderaan, Han y Chewbacca aceptan el trabajo. Sin saberlo, dan el primer paso en su amistad con Luke Skywalker y Leia, y en su nueva vida en la Alianza Rebelde.

Viejos socios
Al averiguar que Obi-Wan está dispuesto a pagar por sus servicios, Chewbacca le presenta al Jedi a su socio, Han Solo.

GUERRERO REBELDE

Tras dejar a la princesa Leia en la base de Yavin 4, Han quiere marcharse con la recompensa, pero Chewbacca apela a su conciencia y lo convence para que dé la vuelta. El *Halcón* dispara contra el caza TIE de Darth Vader, lo que da tiempo a Luke a lanzar los dos torpedos que destruyen la Estrella de la Muerte. Pese a las reservas de Han, el dúo sigue ayudando a la Alianza tras la aniquilación de la superarma. Chewbacca asalta la Fábrica de Armas Alfa en Cymoon 1 y libera a los esclavos. Más tarde, dirige el destructor *Harbinger* junto con sus aliados rebeldes y se enfrenta a Darth Vader en Kakra. Se angustia cuando atrapan a Han en la Ciudad de las Nubes, pero sigue volcado en la Alianza y ayuda a planear el rescate de su amigo, que Boba Fett ha entregado a Jabba congelado en carbonita. Cuando la segunda Estrella de la Muerte amenaza la galaxia, Chewbacca se une al equipo rebelde que destruye su generador de escudos. Más tarde, vuelve a Kashyyyk, donde lidera una sublevación contra el gran moff Lozen Tolruck para liberar su planeta del Imperio.

VUELTA A LA ACCIÓN

Décadas después de la batalla de Endor, Chewbacca y Han vuelven a hacer de contrabandistas. Ducain les ha robado su amado *Halcón Milenario*, por lo que vuelan a bordo de un gran carguero, el *Eravana*. Mientras transportan letales rathtars para el rey Prana, Han y Chewbacca interceptan el *Halcón*, con Rey, Finn y BB-8 a bordo. El Kanjiklub y la Cuadrilla Guaviana de la Muerte asaltan el *Eravana* y exigen que Han y Chewbacca les paguen lo que les deben, pero Rey libera sin querer a los rathtars. Chewbacca resulta herido, pero los héroes consiguen escapar a bordo del *Halcón* y se unen a Leia y a la Resistencia en D'Qar. Durante la misión a la base Starkiller, Chewbacca presencia, impotente, cómo Han Solo cae ante Kylo Ren. Rugiendo de ira, Chewbacca hiere a Kylo, el hijo de su amigo, con un disparo de ballesta. Acompaña a Rey al planeta Ahch-To para comunicar a Luke Skywalker la muerte de Han y posteriormente se unen a la Resistencia en la batalla de Crait. Allí, Chewie usa el *Halcón Milenario* para rescatar a los supervivientes y sacarlos del planeta.

UNA NUEVA GENERACIÓN

Después de Crait, Chewbacca se queda con Leia y efectúa misiones en Ryloth, Mon Cala y Kashyyyk. En Batuu, presta el *Halcón* a Hondo Ohnaka. Entretanto, la Resistencia establece su nueva base en Ajan Kloss. Chewbacca sabe lo que Finn, Poe y Rey significan para Han, Luke y Leia, así que los considera de la familia. Por eso los acompaña en la búsqueda de Exegol. Una pista los lleva a los desiertos de Pasaana. Allí, los Caballeros de Ren capturan al wookiee y se lo entregan a la Primera Orden, que lo encarcela en el destructor *Imperturbable*. Pero sus amigos acuden pronto al rescate. Juntos vuelven a Ajan Kloss, donde Chewbacca se queda destrozado al enterarse de la muerte de Leia. Sin embargo, pese al dolor, se une a Lando Calrissian para buscar aliados en los sistemas centrales a bordo del *Halcón*.

Chewie, estamos en casa
Han y Chewbacca están encantados de volver a estar a bordo del *Halcón*. Registran la nave para averiguar quién la pilota.

Con una flota colosal a su lado, ambos participan en la crucial batalla de Exegol. La Resistencia sale victoriosa y Chewie regresa sano y salvo como héroe de dos conflictos que han cambiado la galaxia.

Amigo fiel
Como muchos otros wookiee, Chewbacca aprecia el honor y la amistad por encima de lo demás. No duda en jugarse la vida por su socio Han Solo.

BO-KATAN KRYZE

ESPECIE Humana **PLANETA NATAL** Kalevala
FILIACIÓN Guardia de la Muerte, rebeldes mandalorianos, mandalorianos

La audaz guerrera Bo-Katan Kryze vive entregada a su planeta natal, Mandalore, y haría cualquier cosa por protegerlo. Es toda una superviviente y solo desea que los mandalorianos prosperen.

Recuperación de Mandalore
Bo-Katan, antes enemiga de la República, ahora confía en su apoyo militar, imprescindible para retomar Sundari. La veterana comandante Ahsoka Tano dirige a las tropas en la batalla.

MIEMBRO DE LA GUARDIA DE LA MUERTE

Nacida en la familia real, Bo-Katan toma el Credo en Mandalore, para orgullo de su padre y de la población, que la adora. Al igual que su hermana, la duquesa Satine, vive entregada a su planeta. Pero rechaza su pacifismo y se entrena para ser una guerrera y unirse a la Guardia de la Muerte, una secta proscrita que desea devolver Mandalore a su antigua gloria. Conoce a Ahsoka Tano, su futura aliada, en un combate en Carlac, pero la Jedi escapa.

Con todo, Kryze no ve con buenos ojos la alianza entre Maul y Pre Vizsla, el líder de la Guardia de la Muerte, para derrocar a Satine. Sus temores se confirman cuando el antiguo Sith mata a Vizsla. Kryze libera al Jedi cautivo Obi-Wan Kenobi, y juntos intentan salvar a Satine, pero Maul la mata. Bo-Katan se asegura de que Obi-Wan escape para contarle a la República lo sucedido. Por su parte, lidera una resistencia contra su enemigo mutuo. Maul sigue gobernando hasta que Bo-Katan consigue la ayuda de Ahsoka en Oba Diah. La antigua Jedi pide respaldo militar a la República y dirige el contingente para apoyar a Kryze y sus tropas. Juntas, vencen a Maul y recuperan el planeta tras el asedio de Mandalore.

La Duquesa
Bo-Katan trabaja con la experta en armamento Sabine Wren para destruir «la Duquesa», un prototipo de arma que diseñó la propia Wren cuando estaba en la Academia Imperial y que es capaz de perforar el blindaje mandaloriano.

REGENTE DE MANDALORE

Tras su victoria, la República nombra regente a Bo-Katan, pero, cuando nace el Imperio, esta se niega a trabajar para él, por lo que el clan imperialista Saxon la depone. Años más tarde, Kryze colabora con la agente rebelde mandaloriana Sabine Wren y con su clan para recuperar Mandalore. Juntas destruyen un arma experimental que perfora el blindaje mandaloriano. Sabine comprende que Bo-Katan puede unir a los clanes para lograr su objetivo, por lo que le da la mítica espada oscura. Con el apoyo de los clanes, Kryze pasa a ser la honorable líder de los mandalorianos.

LA GRAN PURGA

Poco después, el Imperio efectúa una purga en Mandalore que conduce a la Noche de las Mil Lágrimas. Kryze se rinde para salvar a los supervivientes y pierde la espada oscura a manos del moff Gideon. Sin embargo, el Imperio la traiciona: extermina a casi todo su pueblo y bombardea Mandalore. Pero Bo-Katan escapa.

A continuación, lidera a un grupo de supervivientes, entre los que se cuentan Koska Reeves y Axe Woves. Más tarde, salva a Din Djarin y a su expósito, Grogu, de unos marineros quarren en Trask. Kryze y Din tienen visiones antagónicas de lo que significa ser mandaloriano, pues Din es muy ortodoxo. Sin embargo, este accede a ayudarla a cambio de información sobre el paradero de Ahsoka. Junto con Reeves y Woves, el equipo roba una nave imperial y Din vuela a Corvus.

Cuando Gideon secuestra a Grogu, Din recurre a Bo-Katan y juntos atacan su nave insignia. Durante el asalto, Din se hace con la espada oscura y se la ofrece a Kryze, pero ella se niega a aceptarla, pues ahora cree que debe ganarse en combate.

REGRESO A MANDALORE

Tras este conflicto, Axe asume el mando del grupo, que pasa a ser mercenario, y Bo-Katan se retira a su hogar, el castillo de Kryze, en Kalevala. Se encuentra con Din una vez más, pero se niega a ayudarlo a investigar lo que pasa en Mandalore. No obstante, cuando alguien lo ataca en las minas de Mandalore, Grogu acude a Kryze en busca de ayuda. Bo-Katan corre en su auxilio y vence al atacante, con lo que se convierte en la legítima propietaria de la espada oscura. Luego vuelven juntos a Kalevala, pero las fuerzas de Gideon los asedian y destruyen su hogar. Tras esto, huyen al mundo donde está el refugio de Din, liderado por la Armera.

Bo-Katan tiene pocas afinidades con el grupo de Din, pero, después de rescatar juntos a un expósito, aprenden a confiar el uno en el otro. Cuando unos piratas atacan Nevarro, Kryze y el grupo de Din acuerdan liberar el planeta a cambio de tierras.

Sobrevivir al infierno
Cuando Axe Woves estrella el crucero imperial sustraído en la base del moff Gideon, parece el fin de Grogu, Bo-Katan y Din Djarin. Sin embargo, Grogu usa la Fuerza y el trío sale ileso.

LA NUEVA ERA

Bo-Katan y la Armera deciden que ha llegado el momento de unir a los mandalorianos y reconquistar su mundo. En Plazir-15, Kryze se bate en duelo con Axe para recuperar el liderazgo de su grupo. Sin embargo, sus miembros se niegan a seguirla hasta que Din les dice que es la dueña legítima de la espada oscura. Investida de nuevo en líder, Kryze y los suyos arrebatan Mandalore a las fuerzas imperiales ocultas, pero se destruye la espada oscura. Bo-Katan vuelve a gobernar el planeta y su pueblo inicia una nueva era, ahora unido.

Adaptable
Aunque es una especie acuática, los mon calamari, pueden respirar y trabajar tanto dentro como fuera del agua.

ALMIRANTE GIAL ACKBAR

ESPECIE Mon Calamari **PLANETA NATAL** Mon Cala
FILIACIÓN República, Alianza Rebelde, Resistencia

La gran carrera militar del almirante Gial Ackbar abarca varias décadas. Durante las Guerras Clon ostenta el rango de capitán de la guardia mon calamari y protege al príncipe Lee-Char durante la guerra civil de Mon Cala, instigada por los quarren con el apoyo de los separatistas. El líder separatista Riff traiciona a los quarren, que se alían de nuevo con los mon calamari. Liderados por Ackbar, logran expulsar a los invasores.

Un año después de la instauración del Imperio, Lee-Char declara la guerra al Imperio en Mon Cala. Ackbar cumple las órdenes de su rey y defiende el hemisferio norte del planeta, mientras su camarada Raddus protege el sur. El Imperio aplasta la rebelión y captura al rey, pero Raddus y una pequeña fuerza escapan y se unen a la Alianza Rebelde.

Ackbar se reúne con sus compatriotas y se convierte en un líder clave de la Alianza. Tras la destrucción de la Estrella de la Muerte, Ackbar ayuda a dirigir la evacuación de la base rebelde en Yavin 4 y ofrece a la princesa Leia sus condolencias por la destrucción de Alderaan. Poco después, Ackbar acompaña al equipo rebelde que viaja a Mon Cala para reunirse con su antiguo amigo, el regente Urtya, al que intentan convencer (en vano) para que ponga la flota mercante de Mon Cala al servicio de su causa. La princesa Leia intenta rescatar a Lee-Char de la custodia imperial. Él muere en el intento, pero Leia graba sus inspiradoras últimas palabras. Reproduce la grabación ante Urtya, que decide transmitirlas a todo Mon Cala para animar a la tripulación mon calamari a que se amotine y tome el control de la flota. El Imperio envía destructores estelares a Mon Cala, para aniquilar a los amotinados, pero Ackbar llega con un pequeño contingente rebelde y los salva. La mayor parte de las naves mercantes consigue escapar a los muelles espaciales de Mako-Ta. Gracias a la reina Trios de Shu-Torun, las naves son equipadas con tecnología shu-torun y se convierten en naves de guerra de la Alianza. Tras la actualización, Trios, que en realidad es aliada de Darth Vader, usa un código para incapacitar la flota. El Escuadrón de la Muerte de Vader llega y comienza a destruir las naves. Leia consigue el código para recuperar el control sobre las naves y lo comunica al resto, con el fin de que puedan escapar.

Veterano de guerra
Ackbar ha servido con distinción en combate, ya sea desde el puente de mando de un crucero *(izda.)* o en las profundidades del océano *(abajo)*.

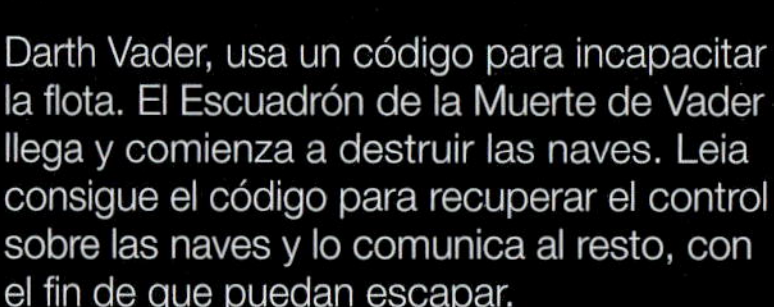

Ackbar no está presente cuando la Alianza cae en Hoth. Tras la dispersión de la flota rebelde, lidera la Undécima División. Sufre muchas bajas en la batalla de Ab Dalis, pero su contingente se salva gracias al Escuadrón Starlight. En la batalla de Endor, Ackbar es el líder de la flota de la Alianza Rebelde, y comanda personalmente el ataque contra la segunda Estrella de la Muerte. Al ver el gigantesco tamaño de la flota imperial que protege la estación, aún en construcción, Ackbar se da cuenta de que los rebeldes han caído en una trampa y se prepara para ordenar la retirada. En el último momento, Lando Calrissian lo convence para que dé más tiempo a Han Solo y Leia. Finalmente, la misión de estos para desactivar el escudo de la Estrella de la Muerte tiene éxito y Ackbar lidera las naves rebeldes para destruir la flota imperial.

Tras la victoria, Ackbar se convierte en el almirante de la flota de la Nueva República, lucha contra las fuerzas imperiales supervivientes y dirige a sus tropas a una victoria crucial en Kuat. Cuando el Imperio se prepara para bombardear Kashyyyk desde su órbita, Ackbar lidera los esfuerzos para salvarlo. Comanda el ataque de la Nueva República en Jakku, donde se ha reunido la mayoría del remanente de la flota imperial, y se asegura la victoria de la Nueva República.

Tras la batalla de Jakku, el Imperio y la Nueva República firman un tratado de paz. Ackbar supervisa el juicio de la general Hera Syndulla por su misión en Seatos. Finalmente, se retira del ejército y vive en Mon Cala, pero se une a la Resistencia de Leia para proteger la Nueva República y la paz galáctica.

Durante el asalto a la base Starkiller, Ackbar está destinado en D'Qar y, después de la batalla, asiste al funeral de Han Solo. Después de que la Resistencia evacue el planeta, Ackbar está en el puente de mando del *Raddus* y muere cuando un caza TIE de la Primera Orden lo ataca.

SENADORA MEENA TILLS

ESPECIE Mon Calamari
PLANETA NATAL Mon Cala **FILIACIÓN** República

Meena Tills es senadora durante las Guerras Clon. Cuando los insurgentes quarren de Mon Cala amenazan con aliarse con los separatistas, Tills regresa a su planeta natal para ayudar a los Jedi y al ejército clon, que logran aplastar el alzamiento separatista. Tills se une a la delegación de senadores que se oponen a que el canciller supremo Palpatine siga detentando poderes especiales, lo que posteriormente la pone en peligro.

PONG KRELL

ESPECIE Besalisko **PLANETA NATAL** Ojom
FILIACIÓN Jedi

Lo único más imponente que el físico de Pong Krell es su reputación como general Jedi en las Guerras Clon. Famoso por su falta de piedad en el campo de batalla y su intolerancia con la insubordinación, blande dos espadas de luz, pero en pocas ocasiones lucha junto a sus tropas. Conforme avanza el conflicto, Krell prevé la desaparición de la Orden Jedi y de la República, y se decanta por el lado oscuro para sobrevivir.

En Umbara, Krell engaña a dos legiones de soldados clon para que luchen entre sí. Cuando el capitán Rex descubre su traición, Krell muere a manos de un soldado llamado Dogma.

MEDUSA HIDROIDE

PLANETA NATAL Karkaris
ALTURA MEDIA 22 m
FILIACIÓN Separatistas

Las medusas hidroides son enormes criaturas armadas con una serie de mejoras cibernéticas. Inmunes a los blásteres y a las espadas de luz, siembran el caos bajo el agua con sus tentáculos electrificados. En la batalla de Mon Cala, el Gran Ejército Gungan usa boomas para cortocircuitarlas.

JEFE LYONIE

ESPECIE Gungan
PLANETA NATAL Naboo
FILIACIÓN Alto Consejo Gungan

El jefe Lyonie guarda un asombroso parecido con Jar Jar Binks. Rish Loo, un asesor confabulado con Dooku, consigue controlarlo telepáticamente durante un tiempo. Cuando Lyonie sufre graves heridas, Jar Jar lo sustituye a fin de restaurar la confianza entre los gungan y los naboo.

MIRAJ SCINTEL

ESPECIE Zygerriana
PLANETA NATAL Zygerria
FILIACIÓN Separatistas

La reina Miraj Scintel quiere recuperar el antiguo esplendor de su planeta como centro imperial del comercio de esclavos. Se alía con los separatistas en las Guerras Clon, lo que provoca la intervención de los Jedi. Scintel intenta seducir a Anakin, pero es rechazada. Luego traiciona al conde Dooku, y este la mata.

C-21 HIGHSINGER

FILIACIÓN Cazarrecompensas

C-21 Highsinger, droide asesino modificado de origen desconocido, es, sin duda alguna, el único de su clase. No tiene dueño y su programación autónoma encaja perfectamente con las necesidades de un cazarrecompensas. El más letal de sus dispositivos es una pieza rotatoria que le permite girar el torso a gran velocidad y crear un devastador círculo de fuego de bláster. Sus servomotores, optimizados para lograr unos reflejos muy rápidos, le permiten realizar movimientos ágiles en el combate cuerpo a cuerpo. Se incorpora a la Garra de Krayt, el equipo de cazarrecompensas de Boba Fett, durante las Guerras Clon, y en el planeta Quarzite acaba con un gran número de guerreros kage, que no logran detenerlo hasta que lo echan del vagón. Junto al resto de la Garra de Krayt y Asajj Ventress, que había pertenecido a la organización, intenta en vano rescatar al Jedi Quinlan Vos del conde Dooku en Serenno. Durante la Guerra Civil Galáctica, Darth Vader lo contrata para encontrar a la doctora Chelli Lona Aphra, una antigua conocida del Sith, pero ella lo esquiva.

DÉCIMO HERMANO

ESPECIE Miraluka
FILIACIÓN Jedi, Inquisición

En las Guerras Clon, el maestro Jedi Prosset Dibs monta en cólera al ver que los Jedi son generales e intenta matar a Mace Windu en Hissrich. Posteriormente, el Consejo Jedi lo tacha de traidor y lo envía a rehabilitación. Tras la Orden 66, Dibs se convierte en el Décimo Hermano y muere asesinado a raíz de las intrigas del padawan Ferren Barr.

MORALO EVAL

ESPECIE Phindiano **PLANETA NATAL** Phindar **FILIACIÓN** Separatistas

Criminal despiadado y perturbado, Moralo Eval se jacta de haber matado a su madre por simple aburrimiento. Huye de la prisión de la República junto con Cad Bane y Rako Hardeen. Estos dos guerreros participan en la competición de Eval, la Caja, y se ganan un puesto en el equipo que intentará secuestrar al canciller supremo Palpatine.

VIEJA DAKA

ESPECIE Dathomiriana
PLANETA NATAL Dathomir
FILIACIÓN Hermanas de la Noche

La vieja Daka es la mayor y más sabia del clan de las Hermanas de la Noche, y su dominio de la magia antigua no tiene igual. Cuando el general Grievous ataca al clan, el hechizo de Daka conjura a una horda de zombis de Hermanas de la Noche para luchar con los droides de combate. Grievous localiza personalmente a Daka en su cueva oculta, y la mata.

LATTS RAZZI

ESPECIE Theelin
FILIACIÓN Cazarrecompensas

Más llamativa que su pelo rojo es su arma preferida, una boa de agarre, que usa de dos formas: o bien la hace restallar como un látigo o bien la utiliza como lazo para atrapar a sus adversarios. Se incorpora al grupo de cazarrecompensas de Boba Fett, la Garra de Krayt, y acepta entregar un cargamento en el planeta Quarzite, donde ella se encarga de repeler a los guerreros kage. Más tarde, acepta trabajo de los hutt y participa, junto al resto de la Garra de Krayt, en una misión para rescatar al Jedi Quinlan Vos, capturado por el conde Dooku.

AZI-3

TIPO Droide médico **PLANETA NATAL** Kamino
FILIACIÓN República, Imperio, Fuerza Clon 99

AZI-345211896246498721347, llamado simplemente AZ, es un droide médico flotante de Ciudad Tipoca, en Kamino. En las Guerras Clon, AZ y el soldado Cincos descubren la existencia de los chips de control implantados en los clones. AZ le quita el chip a Cincos, pero poco después los kaminoanos le borran la memoria. El droide está muy unido a los clones y entabla una estrecha relación con Omega, que se lo lleva cuando abandona Kamino con la Remesa Mala. AZ suele alojarse en el Salón de Cid, pero, cuando esta los traiciona y el Imperio secuestra a Omega, abandona Ord Mantell con la Remesa Mala.

BREZAK

PLANETA NATAL Zygerria
TAMAÑO MEDIO 10,2 m de largo **HÁBITAT** Llanuras

Esta especie de lagarto tiene cuatro patas largas y musculosas y un par de aletas para correr y saltar por terreno escarpado antes de emprender el vuelo. La guardia real zygerriana monta en brezaks, a los que ensilla para guiarlos. Anakin Skywalker cabalga a lomos de uno con la reina de Zygerria en una misión encubierta durante las Guerras Clon. Años después, en Ord Mantell, un brezak de los esclavistas zygerrianos ataca a la Fuerza Clon 99 en nombre de su amo e intenta someter a un rancor.

DERROWN

ESPECIE Parwan
PLANETA NATAL Parwa
FILIACIÓN Cazarrecompensas

Derrown es un cazarrecompensas despiadado que se ha ganado el apodo de «el Exterminador». Tiene la habilidad innata de electrificarse, y sus tentáculos, que contienen un gas más ligero que el aire, le permiten flotar y alcanzar lugares inaccesibles para la mayoría. Esta ventaja le ayuda a superar el difícil reto de la Caja, organizado por Dooku para seleccionar cazarrecompensas.

DENGAR

ESPECIE Humana **PLANETA NATAL** Corellia **FILIACIÓN** Cazarrecompensas

Dengar es uno de los cazarrecompensas más peligrosos de la galaxia. Pertrechado con armadura y turbante, persigue a sus presas con un fusil bláster y minigranadas. En las Guerras Clon, forma parte de la Garra de Krayt, un equipo de cazarrecompensas liderado por Boba Fett. Aceptan una misión para proteger un baúl que será transportado en tren en Quarzite y cuando unos guerreros kage los atacan, Dengar acaba con un buen número de ellos antes de que lo echen del tren. En otra ocasión, mientras trabaja para los hutt, Dengar y otros tres cazarrecompensas son atacados por las fuerzas de Maul y Pre Vizsla. Dengar y los demás mercenarios huyen al darse cuenta de que la derrota es inevitable.

Años más tarde, Dengar se encuentra en Nar Shaddaa con Han Solo, cuya cabeza tiene precio, e intenta capturarlo pero se cae de un tejado. Después de la batalla de Hoth, Dengar es uno de los cazarrecompensas convocados por Darth Vader para localizar el *Halcón Milenario*. Poco después de que capturen a Han en la Ciudad de las Nubes, Dengar se asocia a regañadientes con Beilert Valance para localizar a Boba Fett. También trabaja para Jabba el Hutt cuando su novia, Manaroo, se endeuda con el gánster. Tras la batalla de Endor, se alía con el cazarrecompensas Mercurial Swift para atrapar a Jas Emari, la sobrina de su antigua colega, Sugi, pero lo traiciona cuando Emari le ofrece un trato mejor. Dengar se une a la nueva banda de Emari y declara que deben permanecer unidos, pues los tiempos están cambiando. El envejecido corelliano no quiere perder fuelle en un gremio invadido por nuevos talentos.

REY SANJAY RASH

ESPECIE Humana
PLANETA NATAL Onderon
FILIACIÓN Separatistas

Cuando el rey Ramsis Dendup se niega a participar en las Guerras Clon, Sanjay Rash lo destrona y asume la corona. Algunos ciudadanos de Onderon se rebelan con éxito contra la ocupación del ejército droide solicitada por Rash. Antes de la retirada separatista, Rash es asesinado por el superdroide táctico Kalani, por orden del conde Dooku.

STEELA GERRERA

ESPECIE Humana **PLANETA NATAL** Onderon
FILIACIÓN Rebeldes de Onderon

Los rebeldes de Onderon destruyen un generador de gran importancia y Steela es elegida líder. Tras su valiente discurso ante el pueblo de Onderon, Sanjay Rash y sus aliados separatistas le tienden una trampa durante la ejecución pública del rey depuesto. Con ayuda de Saw, el hermano de Steela, los rebeldes rescatan al rey y le devuelven la corona, pero Steela muere en combate.

GREGOR

ESPECIE Humana **PLANETA NATAL** Kamino
FILIACIÓN República, rebeldes

Gregor, el comando clon denominado CC-5576-39, es capitán del Gran Ejército de la República. Pierde la memoria tras la derrota de las fuerzas de la República en el planeta Sarrish y acaba en Abafar, donde trabaja de lavaplatos. Cuando el Escuadrón D lo encuentra, lo ayudan a recuperar la memoria y lo reclutan. En el centro minero separatista, Gregor despacha droides de combate y sirve de tapadera para el Escuadrón D. Cuando Gascon y M5-BZ se separan del grupo, Gregor los recupera. Tras escapar el Escuadrón D en la lanzadera, las fuerzas droides derrotan a Gregor y el centro es destruido. Gregor consigue salir con vida y es ascendido a comandante.

Al poco de acabar la guerra, Gregor trabaja en una instalación de Daro, donde instruye a la siguiente generación de tropas imperiales. Pero se da cuenta de que no quiere formar parte del Imperio y decide huir. Para ello, recurre a Rex, quien envía a la Fuerza Clon 99 para ayudarlo. Gregor se une al grupo como piloto mientras el resto del equipo rescata a unos clones encarcelados en una nave imperial.

Greg se extirpa el chip de control, como el capitán Rex y el comandante Wolffe, pero el procedimiento lo afecta negativamente. Los tres clones acaban viviendo juntos en un AT-TE adaptado en Seelos. Años después, los Espectros, un equipo rebelde, los visita y, juntos, vencen a unos soldados imperiales. Rex se une a los rebeldes, pero Gregor y Wolffe permanecen en Seelos en un AT-AT que han requisado. Dos años después responden a la petición de ayuda de Rex y de los Espectros para liberar Lothal. Por desgracia, Gregor es herido de muerte, pero fallece sintiéndose honrado por haber luchado por lo que él ha decidido luchar.

GENERAL TANDIN

ESPECIE Humana **PLANETA NATAL** Onderon
FILIACIÓN Milicia Real de Onderon

En un primer momento, el general Tandin apoya al rey Rash, pero discrepa con el superdroide táctico Kalani sobre cómo actuar con los rebeldes, y reafirma sus dudas en una conversación con el prisionero rebelde Saw Gerrera. El general dirige a la guardia de palacio para detener la ejecución de Dendup y apoya al rey legítimo.

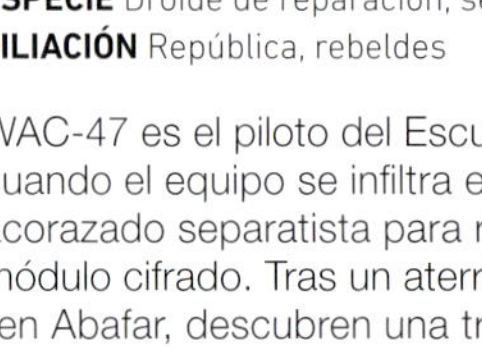

WAC-47

ESPECIE Droide de reparación, serie DUM
FILIACIÓN República, rebeldes

WAC-47 es el piloto del Escuadrón D cuando el equipo se infiltra en un acorazado separatista para robar un módulo cifrado. Tras un aterrizaje forzoso en Abafar, descubren una trama para hacer volar una estación espacial con un crucero robado de la República. Con el fin de frustrar el plan, WAC-47 deja atrás a R2-D2 para destruir el crucero. En la era imperial, WAC-47 abastece a *Hogar Uno* para la Alianza Rebelde. Durante la crisis del Azote, rescata a R2 del vacío espacial y lo transporta a Iego.

MEEBUR GASCON

ESPECIE Zilkin **FILIACIÓN** República

Meebur Gascon es consejero táctico durante la primera batalla de Geonosis. Luego conduce a una misión del Escuadrón D para robar un módulo cifrado. Diminuto de estatura, se suele desplazar dentro del droide M5-BZ. Gascon diseña el arriesgado plan para impedir que los separatistas destruyan una estación espacial.

ZITON MOJ

ESPECIE Falleen **PLANETA NATAL** Falleen
FILIACIÓN Colectivo Sombra, Sol Negro

Ziton Moj es capitán del grupo criminal Sol Negro durante las Guerras Clon. Cuando Savage Opress mata al líder de Sol Negro, Moj se une al Colectivo Sombra de Darth Maul y los ayuda a tomar Sundari. Causa estragos en la ciudad antes de su aparente captura a manos de Bo-Katan Kryze, que en realidad pertenece a la Guardia de la Muerte, un grupo mandaloriano que está aliado con Maul en secreto. Moj secuestra a la familia del líder del Sindicato Pyke, pero es vencido por la cazarrecompensas Asajj Ventress, que rescata a la familia. Moj se mantiene leal a Maul hasta que los separatistas empiezan a atacar a las fuerzas de Moj.

LOM PYKE

ESPECIE Pyke **PLANETA NATAL** Oba Diah **FILIACIÓN** Colectivo Sombra, Sindicato Pyke

Lom Pyke es el líder del Sindicato Pyke, banda criminal que se ha especializado en el contrabando de especias. Asiste a la subasta criminal de Xev Xrexus y luego es contratado por Darth Tyranus para matar al maestro Jedi Sifo-Dyas. También captura en secreto a su compañero, Silman, ayudante del canciller Valorum. Durante las Guerras Clon, Pyke se alía con el Colectivo Sombra. Cuando se enfrenta a Obi-Wan Kenobi y Anakin Skywalker, que investigan la muerte de Sifo-Dyas, Pyke revela que Dooku es Tyranus. Finalmente muere a manos de Dooku.

Héroe entregado
En el planeta Sarrish y, después, en Abafar, Gregor actúa con gran valentía, anteponiendo la vida de los demás a la suya propia.

REINA JULIA

ESPECIE Bardottan
PLANETA NATAL Bardottana
FILIACIÓN Maestros Dagoyanos

La reina Julia gobierna el pacífico planeta Bardotta. Cuando la orden de los Maestros Dagoyanos desaparece misteriosamente, pide ayuda a su viejo amigo Jar Jar Binks. Cuando Julia también es raptada por el Culto Frangawl, Jar Jar y Mace Windu la localizan y la rescatan antes de que Madre Talzin pueda robarle el espíritu.

DARTH BANE

ESPECIE Humana
FILIACIÓN Sith

Darth Bane es el único superviviente cuando la Orden Jedi destruye a los Sith mil años antes de las Guerras Clon. Consciente de que las luchas internas han debilitado a los Sith, Bane reforma la orden e instituye la Regla de Dos: solo puede haber un maestro y un aprendiz.

SIFO-DYAS

ESPECIE Humana
PLANETA NATAL Mundos Cassandranos
FILIACIÓN Jedi

Sifo-Dyas se une a los Jedi hacia la misma época que Dooku, forman parte del mismo clan de aprendices y hacen buenas migas. Por aquel entonces, irrumpen en una zona peligrosa de los Archivos Jedi y son rápidamente reprendidos. Sifo-Dyas se convierte pronto en padawan de la maestra Jedi Lene Kostana, quien estimula su afinidad natural para ver el futuro a través de la Fuerza. Con el tiempo, Sifo-Dyas alcanza el rango de maestro Jedi e incluso un puesto en el Consejo antes de la invasión de Naboo. Previendo una próxima guerra galáctica, aboga por crear un ejército para la República. Pero el Consejo lo considera un extremista y lo expulsa. No obstante, él sigue adelante con su plan y encarga en secreto un ejército de clones a los kaminoanos fingiendo actuar con la autorización del Senado y del Consejo Jedi. Más tarde, el canciller Valorum lo envía de forma encubierta a negociar con el Sindicato Pyke. Después de mediar en una disputa tribal en Felucia, Sifo-Dyas muere asesinado cuando los Sith pagan a los pykes para que derriben su lanzadera.

SACERDOTISAS DE LA FUERZA

FILIACIÓN La Fuerza

Estas entidades de la Fuerza representan cinco emociones: serenidad, alegría, ira, confusión y tristeza. Someten a Yoda a duras pruebas como maestro Jedi, como la visita al planeta Sith. Una vez superadas, las sacerdotisas juzgan a Yoda capaz de retener su identidad en la Fuerza más allá de la muerte: le conceden la inmortalidad.

VARACTYL

PLANETA NATAL Utapau
LONGITUD 15 m **HÁBITAT** Monte bajo árido, sumideros utapauanos

El varáctilo, reptaviano nativo de Utapau, es famoso por ser una montura leal y obediente. Para localizar al general Grievous en Ciudad Pau, Obi-Wan Kenobi monta un veloz varáctilo llamado Boga. En nada alcanzan el décimo nivel y persiguen al general en su moto-rueda por toda la ciudad. Por el camino, Boga aplasta a varios droides de combate antes de que el maestro Jedi se enfrente y mate a Grievous. Cuando Palpatine activa la Orden 66, los soldados clon se rebelan contra Obi-Wan. Boga y el jinete Jedi se ven envueltos en la explosión causada por un cañón disparado por un AT-TE contra un muro cercano, y caen en picado al agua en el fondo del sumidero.

GAR SAXON

ESPECIE Humana **PLANETA NATAL** Mandalore
FILIACIÓN Colectivo Sombra, Imperio

Gar Saxon es un astuto intrigante que ejerce de supercomando mandaloriano en el Colectivo Sombra. Él y Rook Kast liberan a Maul de la prisión de Spire. Gar dirige las fuerzas terrestres de Maul cuando el general Grievous ataca la base del Colectivo Sombra en Ord Mantell. Durante el asedio de Mandalore, es leal a Maul, lucha en el frente y mata a Almec, pero cambia de opinión cuando Maul se niega a enviarle refuerzos.

Durante la era imperial, Gar y el resto del clan Saxon se alían con el Imperio y traicionan a Bo-Katan Kryze, la regente de Mandalore. El emperador premia la lealtad de Gar dejándolo a cargo de Mandalore y ataca a todos los mandalorianos que no le juran lealtad, como los Protectores. Tras destruir un campamento de Protectores, Gar se encuentra con su líder Fenn Rau, y tres agentes rebeldes: la mandaloriana Sabine Wren, el Jedi Ezra Bridger y Chopper, un droide astromecánico. Captura a Ezra y a Chopper, pero Sabine y Rau logran escapar. Saxon se vuelve a encontrar con los rebeldes cuando visitan a la familia de Sabine en Krownest, y su madre, Ursa Wren, contacta a Gar para negociar la vida de su hija a cambio de la de sus amigos. Cuando Gar llega para capturarlos, el clan Wren ha cambiado de opinión y lo ataca. Sabine y Gar se baten en duelo con espadas de luz y Sabine vence. Gar intenta matarla por la espalda, pero Ursa dispara primero.

COLEMAN KCAJ

ESPECIE Ongree
PLANETA NATAL Skustell
FILIACIÓN Jedi

Tras la muerte de Adi Gallia, el maestro Jedi Coleman Kcaj ocupa su puesto en el Consejo Jedi. Entonces nadie lo sabe, pero será uno de sus últimos nuevos miembros. Se cree que sobrevivió a la Orden 66.

TION MEDON

ESPECIE Pau'ano **PLANETA NATAL** Utapau
FILIACIÓN República

Como administrador del puerto de Ciudad Pau, Tion Medon recibe y ofrece sus servicios a los visitantes. Cuando Obi-Wan arriba al puerto en busca del general Grievous, Medon comparte con discreción información muy valiosa acerca de la presencia separatista en Utapau. Obi-Wan le aconseja que reúna a los guerreros del planeta para la inminente batalla.

GOBI GLIE

ESPECIE Twi'lek **PLANETA NATAL** Ryloth
FILIACIÓN Resistencia twi'lek, Movimiento Ryloth Libre (MRL)

Gobi Glie es miembro de la Resistencia twi'lek de Cham Syndulla contra los ocupantes separatistas de Ryloth. Cuando el Imperio se impone a la República, Gobi no abandona la lucha. Al principio no cuenta con el apoyo de Cham, pero pronto lo convence de que los imperiales no traman nada bueno. Gobi se alza entonces en una figura clave del Movimiento Ryloth Libre (MRL) de Cham.

NUMA

ESPECIE Twi'lek
PLANETA NATAL Ryloth
FILIACIÓN Movimiento Libertario de Ryloth

Cuando es una niña que crece bajo la ocupación separatista, Numa se hace amiga de Waxer y Boil, dos soldados clon que le dejan huella. Más tarde se incorpora al Movimiento Libertario de Ryloth de Cham Syndulla y colabora con la célula rebelde de Hera Syndulla y Kanan Jarrus.

PILOTO CLON

ESPECIE Humana **PLANETA NATAL** Kamino
FILIACIÓN República

Los pilotos del Gran Ejército de la República son soldados clon que empiezan como soldados estándar y luego son elegidos para su formación como pilotos. La academia de vuelo está dirigida por pilotos expertos como Fenn Rau, con quien aprenden maniobras de vuelo poco convencionales pero muy eficaces. Pilotan vehículos diseñados para batallas aéreas, terrestres, marítimas y espaciales. Los uniformes varían en función de la unidad a la que pertenezcan, los vehículos que piloten y el tiempo que lleven de servicio. Odd Ball y Jag son dos pilotos clon célebres hacia el final de las Guerras Clon.

SOLDADO CLON SUBMARINISTA

ESPECIE Humana
PLANETA NATAL Kamino
FILIACIÓN República

Los soldados clon submarinistas son una división de élite del Gran Ejército de la República durante las Guerras Clon (aunque los soldados estándar también pueden usar su equipo especializado) y se entrenan para la batalla en entornos acuáticos en los mares de Kamino. Llevan aletas, botellas de oxígeno, sistemas de propulsión submarinos, blásteres especiales y submarinos Devilfish de un solo tripulante. El comandante Monnk, valiente soldado clon submarinista que sirve a las órdenes del Jedi Kit Fisto en la batalla de Mon Cala, es uno de ellos.

TUP

ESPECIE Humana
PLANETA NATAL Kamino
FILIACIÓN República

CT-5385, o Tup, es un soldado clon novato de la 501.ª Legión. Se rebela contra el Jedi caído Pong Krell durante la batalla de Umbara y, en la batalla de Ringo Vinda, el biochip que lleva implantado en el cerebro empieza a fallarle. Se desestabiliza, ejecuta la Orden 66 demasiado pronto y mata al Jedi Tiplar. Tup es enviado a unas instalaciones médicas en Kamino donde le han de hacer pruebas. Los kaminoanos lo asesinan en un intento de ocultar la verdad que esconden los biochips.

SOLDADOS ARC

ESPECIE Humana
PLANETA NATAL Kamino
FILIACIÓN República

Los comandos de reconocimiento avanzado (ARC) son los soldados de asalto de élite del Gran Ejército de la República. Los soldados ARC son elegidos ya de cadetes por su desempeño ejemplar y reciben entrenamiento y equipo avanzado. Se los puede identificar por las hombreras, los kamas alrededor de la cintura y el uso de dos blásteres DC-17. Llevan una versión experimental de la armadura de soldados de asalto de Fase II. Algunos de los ARC más conocidos son Colt, Eco, Cincos, Havoc y Jesse.

KIX

ESPECIE Humana **PLANETA NATAL** Kamino
FILIACIÓN República, 501.ª Legión, Tripulación de Sidon Ithano

CT-6116, también conocido como Kix, es un clon médico de la 501.ª Legión. Combate en la batalla de Saleucami, donde el capitán Rex resulta herido de gravedad, y Kix y los soldados de asalto Jesse y Hardcase deben dejarlo en la granja de Cut Lawquane. Kix lucha en la batalla de Umbara y arresta al Jedi caído Pong Krell. Descubre la conspiración para implantar chips en el cerebro de los clones, pero los separatistas lo secuestran y lo congelan en estasis. Casi medio siglo después, los piratas de Sidon Ithano lo descubren y lo despiertan. Kix se une a ellos y les ayuda a requisar un barco separatista a una banda pirata.

CONVOR

PLANETA NATAL Varios
ALTURA MEDIA 0,2 m de altura
HÁBITAT Dosel arbóreo de la jungla

El convor es un ave inteligente de cola prensil. Está estrechamente emparentado con los kiros, unos pájaros morados que se venden como mascotas. Se han visto ejemplares en Wasskah, Corvus y Takodana. Parecen muy sensibles a la Fuerza, como demuestra Morai, una hembra amiga de Ahsoka Tano.

HEVY

ESPECIE Humana **PLANETA NATAL** Kamino
FILIACIÓN República

Hevy (CT-782) debe su apodo a las pesadas armas que lleva, como el bláster rotatorio Z-6. Pertenece al Escuadrón Dominó y lo destinan a Rishi, donde se sacrifica en una batalla contra droides de batalla separatistas.

GUARDIA DEL SENADO

ESPECIE Humana **PLANETA NATAL** Varios
FILIACIÓN Senado galáctico

Los guardias del Senado son la fuerza de seguridad del Senado galáctico, protegen las instalaciones y acompañan a los senadores y al canciller supremo Palpatine. Los guardias del Senado de élite ascienden a comandos del Senado e intervienen en misiones secretas. El canciller Palpatine decide formar su propio cuerpo de seguridad, con túnicas rojas, cuando se autoproclama emperador. Algunos de los guardias del Senado más notables son el capitán Taggart, que acompaña a Ahsoka Tano y a los senadores Padmé Amidala, Bail Organa y Mon Mothma a Mandalore, y el capitán Argyus, traidor que muere a manos de Asajj Ventress.

CUT LAWQUANE

ESPECIE Humana **PLANETA NATAL** Kamino
FILIACIÓN República, familia Lawquane

Tras ver cómo matan a sus compañeros clon en Geonosis, el soldado Cut abandona el ejército de la República para hacer de granjero en Saleucami con su compañera, Suu, y los dos hijos de esta. Cuando el capitán Rex descubre su granja, Cut le dice que quiere vivir a su manera. Años más tarde, la Remesa Mala ayuda a los Lawquane a salir del planeta para huir del Imperio.

SUU LAWQUANE

ESPECIE Twi'lek **PLANETA NATAL** Saleucami
FILIACIÓN Familia Lawquane

Suu Lawquane vive con su familia en una granja aislada de Saleucami. Es una gran francotiradora cuya prioridad es proteger a los suyos, pero también socorre a los demás. Ayuda a Rex a recobrarse de las heridas que sufrió en una misión. Más tarde, cuando la familia debe abandonar su hogar, acepta llevarse a Omega, pero la niña decide quedarse con la Remesa Mala.

SHAEEAH LAWQUANE

ESPECIE Twi'lek **PLANETA NATAL** Saleucami
FILIACIÓN Familia Lawquane

A Shaeeah le encanta conocer gente, cosa harto difícil en la apartada granja de su familia en Saleucami. En las Guerras Clon, le dice al capitán Rex que su padre es calcado a él. Más tarde, cuando la Remesa Mala visita la granja, Shaeeah saluda al «tío Wrecker» y a la joven clon Omega.

JEK LAWQUANE

ESPECIE Híbrida (humana/twi'lek)
PLANETA NATAL Saleucami
FILIACIÓN Familia Lawquane

Jek aprende de su padre, Cut, la importancia de ayudar a los demás. Cuando el capitán Rex busca refugio en la granja de los Lawquane, el chico insiste en que coma con ellos. Años más tarde, la Remesa Mala visita a su familia y Jek juega al escondite con Omega, a quien advierte de que no se salga del perímetro de la granja.

SOLDADO CLON BARC

ESPECIE Humana **PLANETA NATAL** Kamino **FILIACIÓN** República

Los comandos de reconocimiento avanzado motorizado (BARC) son soldados ARC que pilotan motos deslizadoras BARC. Llevan cascos con anteojeras, para dirigir la atención hacia delante y minimizar las distracciones, y están entrenados para pensar y moverse a gran velocidad, por lo que tienden a impacientarse cuando conducen los lentos vehículos de los soldados clon estándar. Sobre todo los BARC se despliegan en Christophsis, Orto Plutonia, Kashyyyk y Saleucami durante las Guerras Clon. El comandante Neyo del 91.º Cuerpo de Reconocimiento lidera un escuadrón de ellos para asesinar a la general Jedi Stass Allie al activarse la Orden 66.

JESSE

ESPECIE Humana
PLANETA NATAL Kamino
FILIACIÓN República

Jesse (CT-5597) es un miembro veterano de la 501.ª Legión y asciende a soldado ARC. Combate en Mimban, Saleucami, Umbara, Ringo Vinda y Anaxes. Colabora con la Remesa Mala para recuperar el algoritmo del capitán Rex cuando lo usan los separatistas. Durante el asedio de Mandalore, se une a la 332.ª División, liderada por Rex y Ahsoka Tano. Después de la batalla a bordo del *Tribunal*, se vuelve contra la pareja cuando se activa la Orden 66. No sobrevive al aterrizaje forzoso del destructor en una luna.

SOLDADO DE CHOQUE

ESPECIE Humana **PLANETA NATAL** Kamino
FILIACIÓN República

Los soldados de choque son una división de soldados clon entrenados para sustituir a la Guardia del Senado y a la policía de Coruscant. Patrullan las instalaciones gubernamentales, y ejercen de guardias de seguridad para los senadores y dignatarios próximos al canciller supremo Palpatine. Son más agresivos que los guardias del Senado y se encargan de buscar a la Jedi huida Ahsoka Tano antes de la caída de la Orden Jedi. Durante el Imperio, su división se transforma en soldados de asalto de choque. Algunos de los soldados de choque más conocidos durante las Guerras Clon son Fox, Jek, Rys, Stone, Thire y Thorn.

SOLDADO DE ASALTO PARA ENTORNOS FRÍOS

ESPECIE Humana **PLANETA NATAL** Kamino
FILIACIÓN República

Los soldados clon de asalto para entornos fríos llevan trajes especiales adaptados a entornos con temperaturas bajas, vientos fuertes, nieve espesa y barrancos helados. Luchan en mundos como Caliban, Orto, Orto Plutonia, Rhen Var y Toola.

SOLDADO DEL 41.º CUERPO DE ÉLITE

ESPECIE Humana
PLANETA NATAL Kamino
FILIACIÓN República

Los soldados del 41.º Cuerpo de Élite suelen patrullar entornos difíciles, como las junglas de Kashyyyk. Suelen pilotar AT-AP, AT-RT y motos deslizadoras. El comandante Gree y uno de sus soldados intentan asesinar a Yoda cuando reciben la Orden 66.

99

ESPECIE Humana **PLANETA NATAL** Kamino
FILIACIÓN República

El clon 99 es declarado no apto para la batalla por un error de clonación que también lo hace único y lo asignan a tareas de mantenimiento en Kamino. Se hace amigo del Escuadrón Dominó y los ayuda durante un ataque separatista, pero muere. La Fuerza Clon 99 (el Lote Malo) se llama así en su honor.

DOGMA

ESPECIE Humana **PLANETA NATAL** Kamino
FILIACIÓN República

El soldado clon conocido como Dogma pertenece a la 501.ª Legión y lucha en la batalla de Umbara. Es muy leal y cumple las órdenes con rigidez. Dogma defiende a su comandante, el general Jedi Pong Krell, hasta que este admite su traición. Entonces, Dogma lo ejecuta.

GUARDIA DEL TEMPLO JEDI

ESPECIE Varias **PLANETA NATAL** Varios **FILIACIÓN** Jedi

Como protectores del cuartel general de la Orden, estos guardias blanden espadas de luz de doble hoja amarilla y visten uniformes con máscaras que los mantienen en el anonimato. Su atuendo se remonta a la antigüedad. En las Guerras Clon, los caballeros Jedi se turnan para servir bajo el liderazgo del maestro Jedi Cin Drallig. Varios guardias acompañan a Ahsoka Tano y Barriss Offee a las audiencias. Kanan Jarrus lleva una máscara de guardia durante un tiempo después de que Maul lo ciegue en Malachor. En el Templo Jedi de Lothal, Kanan tiene una visión de la Fuerza donde el Gran Inquisidor se le aparece como un guardia del templo y le revela sus misteriosos orígenes.

HUNTER

ESPECIE Humana
PLANETA NATAL Kamino
FILIACIÓN República, Fuerza Clon 99

Nuevos propósitos
Gracias en parte a la influencia de Omega, Hunter se muestra más inclinado a proteger a los indefensos. En Ipsidon, lucha para liberar a los mineros del corrupto Mokko y sus guardias droides.

Hunter es el líder de la Fuerza Clon 99 (la Remesa Mala). Al igual que sus compañeros, es un clon mejorado con habilidades especiales. Tiene los sentidos aumentados y es sensible a las frecuencias electromagnéticas, por lo que es un gran rastreador. Su prioridad es proteger a su equipo. En las misiones, dirige con mano dura a los eclécticos grupos de clones, pero no acata órdenes a ciegas. En Kaller se conmociona al ver que unos «norms» (clones sin modificar) matan a la maestra Jedi Depa Billaba. Entonces, pese a las protestas de su compañero Crosshair, decide proteger al joven padawan de Billaba, Caleb Dume.

A la vuelta de una misión en Onderon, donde Hunter se niega a ordenar la ejecución de civiles y combatientes de la República reacios a servir al Imperio, la Remesa Mala regresa a Kamino. Allí, recupera a la joven clon Omega, que se une al equipo (para disgusto del estoico líder), y todos deciden huir del Imperio. Al principio, Hunter se siente incómodo como protector de Omega e intenta convencerla de que se vaya de Saleucami con una familia, pues estará mejor con ella, pero la joven quiere quedarse con la Fuerza Clon 99 y él respeta su decisión. Hunter se convierte pronto en un padre para Omega y arriesga su vida en varias ocasiones para salvarla de cazarrecompensas y otros peligros.

Mientras huyen del Imperio, Hunter y su escuadrón aceptan encargos de la contrabandista trandoshana Ciddarin Scaleback, alias Cid, que los protege durante un tiempo. Hunter sabe que necesitan créditos para sobrevivir, pero también desea contribuir a la lucha contra el Imperio. En Corellia, entrega a las hermanas Martez, Rafa y Trace, una vara de datos. En principio la vara era para Cid, pero Hunter sabe que el grupo con el que colaboran las hermanas usará la información contra el Imperio. Hunter desea hallar un lugar seguro donde Omega pueda crecer y un refugio para su escuadrón, así que urde un plan para instalarse con todos en una remota isla de Pabu. Pero el Imperio interfiere en sus planes y secuestra a Omega, tras lo cual jura que no descansará hasta encontrarla.

Informe de misión
Desde la cabina del *Merodeador*, Hunter discute a menudo las misiones con su equipo y recibe información de sus contactos.

CHAM SYNDULLA

ESPECIE Twi'lek **PLANETA NATAL** Ryloth
FILIACIÓN Resistencia twi'lek, Movimiento Ryloth Libre (MRL)

Cuando los separatistas invaden Ryloth, el líder político Cham Syndulla forma una resistencia de libertadores. Entretanto, su esposa, Eleni, y su hija, Hera, se ocultan bajo tierra. Al final, el Jedi Ima-Gun Di llega con un pequeño contingente de la República para ayudar a las fuerzas de Cham. Gracias al sacrificio de Di durante un ataque separatista, la Resistencia twi'lek vive para seguir luchando. Más tarde, el general Mace Windu acude con más refuerzos y Cham resuelve sus diferencias con el senador de Ryloth, Orn Free Taa. A continuación, dirige el ejército combinado y libera su hogar.

En la era imperial, Cham intenta colaborar con el nuevo régimen y ofrecer un frente unificado con Taa para mantener la paz. Sin embargo, el Imperio solo quiere ocupar y explotar Ryloth, y apresa a Hera por rebelión. Tras esto, Cham y Eleni la rescatan y él crea el Movimiento Ryloth Libre contra la ocupación imperial. Se enfada cuando Hera abandona el planeta para volcarse en la lucha por liberar a la galaxia. Posteriormente, cuando Cham descubre que Darth Vader y el emperador se dirigen a Ryloth en un destructor estelar, lanza un ataque contra ellos. Las fuerzas de Cham destruyen la nave y obligan a los Sith a aterrizar de emergencia en el planeta, aunque sufren grandes bajas. Cham no logra derrotarlos en tierra y los Sith matan a más soldados suyos antes de abandonar Ryloth.

Años después, Hera le pide ayuda para robar una nave imperial que orbita Ryloth. Cham cree ver una oportunidad y accede, aunque en realidad espera destruir la nave para inspirar a su pueblo. Cham ayuda a los rebeldes de Hera e incluso se reconcilia con ella. Cuando Hera descubre su plan, lo persuade para que desista y, juntos, completan la misión. Luego, Cham le dice que el Imperio ha ocupado la que había sido la casa familiar en Ryloth y que su kalikori (importante reliquia familiar twi'lek) ha sido robado. Hera es capturada cuando intenta recuperar el kalikori y Cham se ofrece para salvarla. Al final, Hera hace saltar por los aires su antiguo hogar y escapan.

Huyendo del Imperio
Cham y la rebelde Numa huyen de una patrulla imperial a lomos de sendos blurrg.

RIFF TAMSON

ESPECIE Karkarodon **PLANETA NATAL** Karkaris
FILIACIÓN Separatistas

Riff Tamson es uno de los despiadados señores de la guerra del conde Dooku. Su fisiología hace de él el candidato ideal para dirigir las operaciones militares en mundos acuáticos. Asesina en secreto al rey de Mon Cala y lidera a los agitadores para provocar una guerra civil entre los quarren y los mon calamari. Captura al príncipe Lee-Char, que al final mata a Tamson con uno de sus cuchillos explosivos.

JEFE TARFFUL

ESPECIE Wookiee **PLANETA NATAL** Kashyyyk **FILIACIÓN** República

Tarfful es un jefe y general wookiee. Durante las Guerras Clon, dirige el rescate de su amigo Chewbacca, retenido con Ahsoka Tano y otros jóvenes Jedi. En la batalla de Kashyyyk, ambos wookiee colaboran con los generales Jedi Yoda y Luminara Unduli y ayudan a Yoda a huir de la matanza de la Orden 66. Tarfful empieza entonces a rebelarse contra la despiadada ocupación imperial. Durante un tiempo, recibe el respaldo de los partisanos de Saw Gerrera, e incluso del superviviente Jedi Cal Kestis, que busca ayuda para encontrar un holocrón.

NOSSOR RI

ESPECIE Quarren **PLANETA NATAL** Mon Cala **FILIACIÓN** Separatistas, República

El jefe quarren de Mon Cala planea pasarse al bando separatista en las Guerras Clon. Sin embargo, cuando descubre que el conde Dooku solo busca aprovecharse de la situación, Ri arenga a su pueblo para que se una a los mon calamari y expulse a los separatistas. Durante el ascenso de la Primera Orden, ya es un general mon calamari que se sacrifica para que unas naves de su planeta huyan de una armada enemiga en órbita y se unan a la Resistencia.

GENERAL KALANI

FABRICANTE Autómatas de Combate Baktoid **TIPO** Superdroide táctico **FILIACIÓN** Separatistas

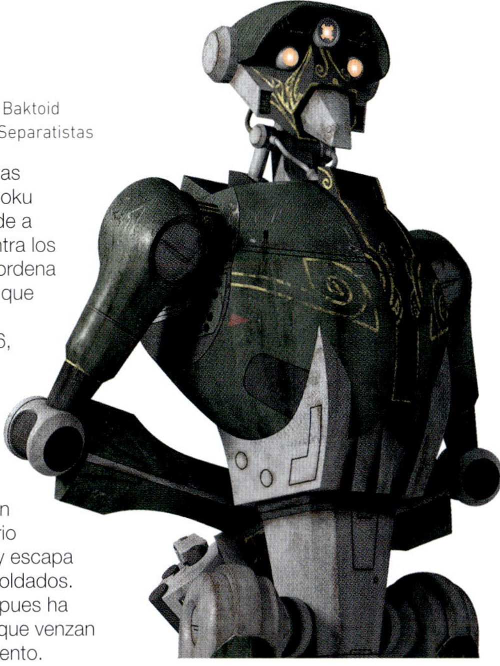

Kalani lucha junto a los separatistas en las Guerras Clon. El conde Dooku lo envía a Onderon para que ayude a su aliado, el rey Sanjay Rash, contra los rebeldes, pero pierden, y Dooku ordena a Kalani y al resto de sus fuerzas que se retiren a Agamar. Kalani y sus fuerzas desobedecen la Orden 66, convencidos de que se trata de un truco de la República. Años después encuentra al capitán clon Rex y a la tripulación del *Espíritu*, y como quiere acabar las Guerras Clon en sus propios términos, los obliga a participar en una batalla final. Cuando el Imperio ataca, se alía con sus enemigos y escapa de Agamar con algunos de sus soldados. Se niega a unirse a los rebeldes, pues ha calculado que la probabilidad de que venzan al Imperio es inferior al uno por ciento.

LEE-CHAR

ESPECIE Mon Calamari **PLANETA NATAL** Mon Cala **FILIACIÓN** República

El príncipe Lee-Char es el legítimo heredero del trono de Mon Cala tras el asesinato de su padre, pero los separatistas se oponen a su coronación, pues desean un rey quarren. Lee-Char se enfrenta a un alzamiento violento liderado por Riff Tamson, pero lleva a sus guerreros a la victoria con la ayuda del capitán Ackbar y de la República.

Durante la era imperial, Lee-Char cae bajo la influencia de Ferren Barr, que sobrevivió a la purga Jedi y que tiene la visión de que Mon Cala salvará a la galaxia. Lee-Char decide enfrentarse al Imperio tras el asesinato de Telvar, el enviado imperial, lo que provoca grandes bajas en el planeta. Darth Vader lo captura y no ordena el alto el fuego hasta que Barr confiesa ser responsable de la muerte de Telvar. Lee-Char queda cautivo en Strokill Prime y nombra regente a Urtya, para que gobierne Mon Cala en su ausencia.

Años después, la princesa Leia Organa intenta liberar a Lee-Char para inspirar a más habitantes de Mon Cala a unirse a la Alianza Rebelde. Lo encuentra conectado a un soporte vital y graba sus últimas palabras. Leia envía la grabación a Urtya, que lo retransmite a todo Mon Cala. Las tripulaciones de doce cruceros de Mon Cala se unen a la Alianza Rebelde.

BREHA ORGANA

ESPECIE Humana **PLANETA NATAL** Alderaan **FILIACIÓN** Casa de Organa, Alianza Rebelde

La sabia y compasiva Breha es la reina de Alderaan. Allí, casi muere mientras escala el Pico de Appenza, tras lo cual recibe órganos mecánicos. Su pueblo reconoce su sacrificio y nunca lo olvida. Más tarde, junto a su marido, Bail Organa, sigue cuidando de la gente, dentro y fuera de su planeta. En las Guerras Clon, ambos abogan por la paz y auxilian a los refugiados de mundos devastados por la contienda. Envían a alderanianos a lugares necesitados, donde ofrecen suministros y ayuda a largo plazo. Al acabar la guerra, Breha y Bail adoptan a Leia, la hija de su amiga Padmé Amidala, que muere al dar a luz, y la crían como heredera al trono de Alderaan.

Según aumenta el poder Imperial, Breha decide que solo hay una salida: unir a las células rebeldes y organizar una rebelión a gran escala contra el Imperio. Para financiarla, desvía en secreto parte de la riqueza de Alderaan. Leia crece en esa época, y Breha le enseña los entresijos de la política y el liderazgo. Sin embargo, la princesa prefiere escaparse por ahí. La Tercera Hermana, una ambiciosa inquisidora, aprovecha una de las escapadas de la niña para secuestrarla y usarla como cebo para sacar de su escondrijo al Jedi Obi-Wan Kenobi. Dispuestos a todo para proteger a Leia, Breha y Bail piden ayuda a Obi-Wan, que recupera a la niña sana y salva.

Los Organa siguen volcados en la Rebelión, lo cual pone en peligro a la familia, pero Breha cree que el riesgo vale la pena, y sigue colaborando entre bastidores con las facciones clandestinas. Cuando el gran moff Tarkin irrumpe en un banquete alderaniano lleno de simpatizantes rebeldes, Breha lo maneja con habilidad y finge una disputa matrimonial para avergonzarlo y que se vaya sin sospechar nada. La reina se enorgullece de que Leia sea una agente rebelde y supere sus retos del Día de la Exigencia. Breha y Bail mueren cuando la Estrella de la Muerte aniquila Alderaan.

GUARDIA REAL IMPERIAL

ESPECIE Humana **PLANETA NATAL** Varios **FILIACIÓN** Imperio

La Guardia Real del emperador Palpatine es un grupo de centinelas de élite entrenados en artes marciales como el teräs käsi. Al principio son seleccionados entre los guardias del Senado o las filas de los soldados clon, pero permanecen anónimos tras su armadura. Sus picas de fuerza pueden detener, si no algo peor, a los Jedi. La Guardia Real solo obedece al emperador, sin cuestionarlo, y son de los pocos que han presenciado todo su poder. Lo acompañan en casi todos los viajes y hacen guardia en sus aposentos. Los guardias reales pueden participar en misiones secretas o ser asignados a otros dignatarios a discreción del emperador. Por ejemplo, algunos están asignados al castillo de Vader en Mustafar.

CAPITÁN ANTILLES

ESPECIE Humana **PLANETA NATAL** Alderaan **FILIACIÓN** Casa de Organa, República, Alianza Rebelde

El capitán Raymus Antilles es el comandante de la flota de cruceros diplomáticos de Bail Organa y se une a los rebeldes porque quiere una vida mejor para sus hijas. Con los años, adquiere una gran habilidad sorteando bloqueos imperiales. Cuando Leia Organa, la hija de Bail, es lo bastante mayor para solicitar para sí la *Tantive IV*, ordena a Antilles y a la nave que la acompañen a Wobani. Después de varias misiones juntos, Antilles y Leia llegan a confiar y a depender el uno del otro completamente. Durante la batalla de Scarif están a bordo de la legendaria corbeta corelliana, y Antilles le entrega a Leia los planos de la Estrella de la Muerte antes de saltar al hiperespacio. En la batalla sobre Tatooine, Darth Vader aborda la nave y exige la información robada. Antilles se niega, y entonces Vader lo mata.

SAW GERRERA

ESPECIE Humana **PLANETA NATAL** Onderon **FILIACIÓN** Rebeldes de Onderon, Partisanos, Alianza Rebelde

Saw es famoso en toda la galaxia por sus métodos extremos para combatir la opresión. Cree que el fin justifica los medios y está más que dispuesto a aplicar la ley del talión.

APRENDER A LUCHAR

En las Guerras Clon, Saw y su hermana Steela lideran a los rebeldes de Onderon, a quienes entrenan los Jedi. Durante la victoria rebelde, Saw derriba una cañonera separatista que se estrella cerca de Steela, quien se mata al caer por un acantilado. Saw se siente culpable y vive atormentado por su muerte.

En la era imperial, Saw prosigue con su lucha, primero en su mundo y luego al mando de un equipo infiltrado en Eriadu con la intención de destruir la base. Pero la Remesa Mala, que estaba allí para rastrear a las tropas clon encarceladas, intenta hacer que cambie de opinión. Saw persiste y provoca sin querer la pérdida de un miembro de la remesa. Luego reorganiza a sus rebeldes y los llama Partisanos.

ACOGER A JYN

Poco después, Saw saca de Coruscant al científico imperial Galen Erso, a su esposa, Lyra, y a su hija, Jyn, y les ayuda a ocultarse en Lah'mu. Cuando los Erso están a salvo, Saw y muchos Partisanos descubren que el Imperio está fabricando un poderoso compuesto en Kashyyyk con savia de árbol. Se cruzan con el padawan Cal Kestis, que forma una alianza temporal con Saw para apoderarse de la refinería imperial y salvar a los wookiees capturados. Más tarde, los imperiales dan con los Erso, capturan a Galen y matan a Lyra. Jyn se esconde en una cueva, donde después Gerrera la encuentra y la acoge en su seno. Luego Saw recibe una gran cantidad de coaxium de su compañera rebelde Enfys Nest y lo usa en sus ataques. Continúa su cruel campaña: ordena la muerte de un científico en Tamsye Prime y mata a imperiales e inocentes en un festival en Inusagi. Con el paso de los años, la posibilidad de que sus tropas descubran la verdadera identidad de Jyn lo vuelve paranoico, por lo que tortura a varios miembros para ver qué saben. Cuando Jyn cumple 16 años, Saw cede a su paranoia y la abandona.

ALIANZA CON LA REBELIÓN

Los Partisanos de Saw empiezan a trabajar con otras células rebeldes informales, como la de Luthen Rael. Gerrera y él se respetan de mala gana, pero Rael le ofrece suministros y tecnología a cambio de ayuda. Ambos comprenden los sacrificios que la Rebelión debe hacer para triunfar.

Información
Saw usa la información de Luthen Rael y su acceso a la tecnología imperial para beneficio propio, pero sigue siendo un aliado *(arriba)*.

La prueba del delito
Durante su misión en Geonosis, Saw y la tripulación del *Espíritu* recuperan unos cilindros de veneno que prueban que el Imperio ha acabado con los geonosianos. Por desgracia, los pierden al huir del planeta *(dcha)*.

Poco después, Saw se alía con Bail Organa y las otras células rebeldes, pero estas no comparten su perspectiva ni la de Luthen y ven con preocupación las tácticas extremas de Saw, como el asesinato del moff Quarsh Panaka. Pese a todo, Saw acepta una misión para investigar qué ocurre en Geonosis. Cuando no da señales de vida, los rebeldes mandan al *Espíritu* en su ayuda, lo salvan de un ataque de droides de combate y entonces descubren que el Imperio ha aniquilado a casi todos los geonosianos con veneno. A Saw le exaspera no saber qué está construyendo el Imperio y se obsesiona con averiguarlo.

Con el tiempo, Saw y sus Partisanos acaban yendo por libre, pues su conducta extrema los aleja del resto de la Alianza Rebelde. Cuando Ezra Bridger y Sabine Wren, miembros de la Alianza, piratean un repetidor imperial en Jalindi, el Imperio los descubre, pero Saw los rescata y bombardea el repetidor. Después los recluta para que se infiltren en un transporte civil que lleva un cargamento secreto para el Imperio. En la misión descubren a unos técnicos presos, y uno menciona que oyó a sus captores hablando sobre el sistema Jedha. Los rebeldes también encuentran un cristal kyber gigante. Mientras Saw hace una bomba con él, los otros rebeldes rescatan a los técnicos y escapan.

Tras esto, Saw se centra en Jedha, pues cree que allí encontrará lo que busca. Él y sus fuerzas fijan una base en las catacumbas de Cadera, cerca de la Ciudad Santa de Jedha, y reclutan a los rebeldes locales, entre los que se cuentan, temporalmente, Chirrut Îmwe y Baze Malbus, guardianes de los Whills. Sin miramientos por los civiles, sus tropas tratan de impedir que el Imperio robe cristales kyber. Poco después, llevan ante Saw a Bodhi Rook, un expiloto imperial que afirma tener un mensaje urgente de Galen Erso. Como Saw no lo cree, usa a un mairano para que le lea la mente y saber si dice la verdad. Sus fuerzas también capturan a Jyn, al miembro de la Alianza Cassian Andor y a sus nuevos amigos Chirrut y Baze. Al principio, Saw se alegra de ver a Jyn, pero luego cree que la han enviado para matarlo. Ella le revela que está en una misión de la Alianza. Saw le reproduce el mensaje de Galen justo cuando la Estrella de la Muerte se prepara para disparar sobre la Ciudad Santa de Jedha. Luego deja que Jyn se marche justo a tiempo con el mensaje para salvarse a sí misma, a la Rebelión y a su sueño. Él decide dejar de huir y muere en las catacumbas.

Trampeando
Saw cuenta con pocos recursos y debe ingeniárselas para abastecer a sus Partisanos. Lo reutilizan todo, desde armamento hasta material médico.

BYPH

ESPECIE Ithoriana
PLANETA NATAL Ithor
FILIACIÓN Jedi

Este jovencito Ithoriano viaja a Ilum con un grupo de aprendices en busca de sus cristales kyber. Cuando comprende que, para seguir su instinto, debe separarse de sus amigos, se queda aterrorizado. Pero al final supera sus miedos, encuentra su cristal y vuelve con Ahsoka Tano y Yoda antes de que las puertas de la cueva de Ilum lo congelen dentro.

GANODI

ESPECIE Rodiana **PLANETA NATAL** Rodia
FILIACIÓN Jedi

Durante el ritual conocido como la Asamblea, en el que los jovencitos Jedi buscan cristales kyber en Ilum, Ganodi supera su miedo inicial. Más adelante, cuando Hondo Ohnaka y sus piratas capturan a Ahsoka Tano, Ganodi ultima las reparaciones del droide arquitecto Huyang y pilota el *Crisol* en la misión de rescate de Ahsoka.

GUNGI

ESPECIE Wookiee **PLANETA NATAL** Kashyyyk
FILIACIÓN Jedi

Gungi se arma de paciencia para conseguir su cristal kyber en el ritual de la Asamblea. El cristal está en la otra orilla de un lago y debe esperar a que el agua se congele para cruzarlo. Poco después, viaja a Florrum con sus compañeros para rescatar a Ahsoka Tano. Sobrevive al asalto inicial a los Jedi tras la Orden 66, pero cae en manos de los esclavistas. Sin embargo, la Remesa Mala lo rescata y lo devuelve a su mundo, Kashyyyk, donde ayuda a repeler un ataque trandoshano contra una aldea wookiee. Cuando pasa el mal trago, decide quedarse con los wookiee, que considera su nueva familia.

KATOONI

ESPECIE Tholothiana **PLANETA NATAL** Tholoth
FILIACIÓN Jedi

Esta jovencita anima a sus compañeros a seguir su instinto durante la búsqueda de cristales kyber en Ilum. Cuando los piratas capturan a Ahsoka Tano, Katooni y sus amigos le siguen la pista hasta Florrum y se hacen pasar por acróbatas para dar con ella. A Katooni le cuesta construir su primera espada de luz, pero persiste hasta que lo logra. En sus aventuras se hace amiga del pirata Hondo Ohnaka.

PETRO

ESPECIE Humana
PLANETA NATAL Corellia
FILIACIÓN Jedi

Cuando Petro viaja a Ilum para buscar cristales kyber durante el ritual de la Asamblea, su impaciencia y exceso de confianza casi lo llevan al fracaso. Solo encuentra su cristal tras reducir la marcha para ayudar a una compañera. Más tarde, cuando intenta construir su primera espada de luz con la ayuda de Huyang, las prisas por acabar primero hacen que invierta la matriz emisora.

QT-KT

TIPO Droide astromecánica
FILIACIÓN República, Jedi

En las Guerras Clon, QT-KT, la astromecánica de la Jedi Aayla Secura, se une al coronel Meebur Gascon, R2-D2 y varios droides del Escuadrón D en una misión tras las líneas enemigas para robar un módulo de encriptación separatista. A tal fin, el doctor Gubacher la equipa con una bobina que actúa como un potente imán teledirigido. En la Guerra Civil Galáctica, R2-D2 se reencuentra con QT y le confiesa que la ama durante una misión contra una plaga que se ha apoderado de muchos droides.

ZATT

ESPECIE Nautolana
PLANETA NATAL Glee Anselm **FILIACIÓN** Jedi

En la Asamblea para encontrar su primer cristal kyber, este joven Jedi debe aparcar su amor por la tecnología y los artilugios. Zatt, que suele guiarse por la lógica, aprende a confiar en su instinto y sus sentimientos mientras ayuda a sus compañeros a rescatar a Ahsoka de una banda de piratas y a escapar del general Grievous.

KEERADAK

PLANETA NATAL Skako Menor
TAMAÑO 11,76 m de envergadura, 5,75 m de largo con la cola completamente extendida **HÁBITAT** Cañones, montañas

Los keeradaks son unos grandes reptiles alados nativos de Skako Menor. Se comunican mediante chillidos y son muy fuertes. Los poletecs, que también viven en el planeta, los domestican como montura, y se rumorea que algunos les rinden culto. Un keeradak agarra al general Anakin Skywalker y se lo lleva a una ciudad poletec. Cuando aterriza, le basta con una garra para mantenerlo sujeto en el suelo. Más tarde, cuando los separatistas atrapan a Anakin y la Remesa Mala, Tech atrae a un grupo de keeradaks con la grabación de una llamada de socorro de un ejemplar para que Skywalker y los clones huyan a lomos de las criaturas.

QIN YAZAL

ESPECIE Poletec **PLANETA NATAL** Skako Menor
FILIACIÓN República

A lomos de un keeradak, el líder poletec Qin Yazal secuestra a Anakin porque teme que su llegada sea una señal de que su mundo, Skako Menor, va a ser arrastrado a las Guerras Clon. Ayuda sin mucha convicción a Skywalker y a la Remesa Mala a encontrar la ciudad de Wat Tambor, pero más tarde respalda firmemente a los Jedi y la República contra los separatistas que ocupan su planeta.

R4-M1

TIPO Droide astromecánico
FILIACIÓN República

Este droide astromecánico de la serie R sirve a la República Galáctica y a la Orden Jedi en las Guerras Clon. Pintado de blanco y amarillo, lleva a cabo reparaciones y otras tareas de apoyo en las naves de la República. Durante el asedio de Mandalore, muestra un mapa del planeta a Ahsoka Tano y Bo-Katan Kryze con su holoproyector.

FIFE

ESPECIE Pyke
PLANETA NATAL Oba Diah **FILIACIÓN** Sindicato Pyke

Fife es el mayordomo del líder del Sindicato Pyke, Marg Krim. Como tal, lo ayuda a mantener tanto la buena relación con el líder del Colectivo Sombra, Maul, como las apariencias con sus grupos rivales Sol Negro y Crimson Dawn. Durante una entrega de especia que sale mal, Fife ayuda a su jefe cuando comprende que Ahsoka Tano le ha jugado una mala pasada.

MARG KRIM

ESPECIE Pyke **PLANETA NATAL** Oba Diah
FILIACIÓN Sindicato Pyke

Marg Krim se pone al frente del Sindicato Pyke cuando el conde Dooku asesina a su líder, Lom Pyke. Hacia el final de las Guerras Clon, Krim contrata a Rafa Martez para que entregue un cargamento de especia en el palacio Pyke, en Oba Diah. Cuando Rafa, su hermana Trace y Ahsoka Tano llegan sin la especia, Krim amenaza con torturarlas hasta que cumplan el trato.

ROOK KAST

ESPECIE Humana **PLANETA NATAL** Mandalore **FILIACIÓN** Colectivo Sombra, Guardia de la Muerte

Rook Kast lidera a los supercomandos mandalorianos en el Colectivo Sombra de Maul. Cuando Palpatine captura y encarcela a Maul en Stygeon Prime, Kast y Gar Saxon lo liberan y lo llevan a la base del Colectivo Sombra en Zanbar. Tras seguir a Maul a Dathomir y luego a Mandalore, Kast y sus tropas luchan por él durante el asedio de Mandalore.

RAFA MARTEZ

ESPECIE Humana **PLANETA NATAL** Coruscant
FILIACIÓN Hangar de Martez, célula rebelde de Rex

Rafa vive en el nivel 1313 de Coruscant con su hermana pequeña, Trace. Tras la muerte de sus padres, ambas se hacen cargo de un hangar con un taller de reparaciones. Rafa desconfía de los extraños y le recuerda a Trace que solo pueden contar la una con la otra. A fin de ganarse la vida, Rafa acepta encargos de clientes dudosos. A raíz de uno de esos trabajos, Ahsoka y las hermanas se meten en problemas con el Sindicato Pyke. Cuando Palpatine usurpa el poder, Rafa y Trace colaboran con el capitán Rex para reunir información con la que combatir al Imperio.

TRACE MARTEZ

ESPECIE Humana **PLANETA NATAL** Coruscant
FILIACIÓN Hangar de Martez, célula rebelde de Rex

Trace es más optimista y confiada que su hermana mayor, Rafa. Sueña con ser piloto y salir de Coruscant, e invierte todo su tiempo libre y dinero en construir un carguero de clase *Nebulosa* al que llama *Ángel de Plata.* Cuando Ahsoka Tano se estrella en su hangar, Trace se hace amiga suya y la ayuda a arreglar su motodeslizador, a pesar de que Ahsoka no puede pagarlo. Trace quiere a su hermana, pero le asustan los riesgos que corre a cambio de créditos. Ambas luchan contra el Imperio después de la Orden 66, y los conocimientos de electrónica y mecánica de Trace resultan muy útiles en las misiones.

CH-33P

FABRICANTE Autómata industrial
TIPO Droide astromecánico
FILIACIÓN República

CH-33P, RG-G1 y R7-A7 ayudan a someter al capitán Rex tras la ejecución de la Orden 66 en la nave *Tribunal.* CH-33P sella las puertas de la nave para dar tiempo a Ahsoka y a los droides a trasladar a Rex a la enfermería para quitarle el chip de control. Cuando CH-33P y RG-G1 ayudan a Tano y a Rex a escapar, las tropas clon los abaten a tiros.

RG-G1

FABRICANTE Autómata industrial
TIPO Droide astromecánico
FILIACIÓN República

Estacionados a bordo del *Tribunal,* RG-G1, CH-33P y R7-A7 acuden en ayuda de Ahsoka Tano durante la Orden 66. Tras ayudar a trasladar a Rex a una enfermería para quitarle el chip de control, RG-G1 sella la puerta y la vigila durante la operación. Poco antes de caer abatido por las tropas clon, usa un cable líquido para salvar a Tano de una caída.

GREY

ESPECIE Humana **PLANETA NATAL** Kamino
FILIACIÓN República, Imperio

El soldado clon Grey (CC-10/994) sirve a las órdenes de la maestra Jedi Depa Billaba en las Guerras Clon, pero, tras la ejecución de la Orden 66, abre fuego contra ella en Kaller. En los albores del Imperio, Grey y su compañero Styles persiguen al padawan de Billaba, Caleb Dume. Cuando Dume convence a Grey de que la programación anuló su libre albedrío, Grey se sacrifica para salvar al Jedi.

KIRAK INFIL'A

ESPECIE Humana
FILIACIÓN Jedi

Tras la caída del Faro Starlight, el maestro Jedi Kirak Infil'a trabaja en la armería del Templo Jedi, donde dirige la creación de nuevas espadas de luz para responder a la amenaza Nihil. En un momento dado, toma el voto Barash como penitencia y se le prohíbe relacionarse con la Orden, incluso cuando esta es aniquilada por la Orden 66. Poco después, Darth Vader le sigue el rastro hasta la luna del río de Al'doleem. En un principio, Infil'a vence al Sith. Pero, en su segundo duelo, este se aprovecha de la compasión del Jedi por la población de Am'balaar y provoca una inundación mortal para distraerlo. Vader lo mata y hace sangrar su cristal kyber para usarlo como propio.

NOVENA HERMANA

ESPECIE Dowutin **PLANETA NATAL** Dowut
FILIACIÓN Jedi, Inquisición

La Novena Hermana, antes conocida como la Jedi Masana Tide, se une a las filas de la Inquisición bajo tortura y adoctrinamiento. Tiene un don especial para leer la mente y las emociones, habilidad que se refuerza con el lado oscuro. Pierde el ojo izquierdo en un duelo de entrenamiento con Darth Vader, pero viaja lealmente con él en misiones a Cabarria y Mon Cala, donde pierde una pierna en combate. Forma parte de la misión para dar caza al Jedi Cal Kestis, que la derrota dos veces: una en Kashyyyk y otra, fatal, en Coruscant, donde la decapita.

SEXTO HERMANO

FILIACIÓN Jedi, Inquisición

El Sexto Hermano, antes llamado Bil Valen, es un temible inquisidor que persigue a los Jedi supervivientes. Pierde un brazo en un duelo con Darth Vader mientras el señor oscuro le enseña la importancia de la pérdida. Se une a la Novena Hermana en una misión en Mon Cala, pero acaba huyendo y le corta una pierna para crear una distracción en un combate con las traicioneras tropas de la Purga.

GAR

ESPECIE Humana
FILIACIÓN Jocasta Nu

Tras la Orden 66, Gar sirve como leal ayudante a la bibliotecaria Jedi Jocasta Nu. Gracias a su labor, Jocasta puede acabar de grabar información vital en holocrones. Tras la muerte de Nu, Gar custodia durante años esos archivos ocultos, que al final descubre el viajero Luke Skywalker.

SUTHA EL HUTT

ESPECIE Hutt
PLANETA NATAL Nal Hutta
FILIACIÓN Clan Hutt, Imperio

Este aliado de Jabba desea demostrar su valía al Clan Hutt. Para ello, está dispuesto a comerciar con el Imperio, y trabaja con Darth Vader para destruir a la banda Orgullo de Son-tuul. Cuando intenta comprar el poderoso cristal de Rur, muere asesinado a bordo de la estación espacial Sorca Retreat.

CATOR

FABRICANTE ARO **MODELO** GC-8
TIPO Droide bibliotecario, droide guardián-protector

Este droide de seguridad conserva la información más sensible de los archivos del Templo Jedi. Los custodia con orgullo y permanece oculto en la cámara acorazada incluso después de la Orden 66. Está programado para defenderse de los ataques con espadas de luz, pero un iracundo Darth Vader lo destruye con un golpe devastador.

Soñador nostálgico
Aburrido de su monótona vida en la granja de humedad, Luke sueña con las aventuras que le esperan por toda la galaxia.

Una vida dura
El camino de un Jedi es difícil y Skywalker se enfrenta a un arduo viaje, pero con el tiempo aprenderá de los reveses.

LUKE SKYWALKER

ESPECIE Humana **PLANETA NATAL** Tatooine
FILIACIÓN Jedi

Luke es hijo del caballero Jedi Anakin Skywalker y la senadora Padmé Amidala. Obi-Wan Kenobi lo oculta en Tatooine, donde se cría como granjero de humedad, pero es un héroe rebelde que redime a su padre mientras se convierte en caballero Jedi. Por desgracia, fracasa en su intento de entrenar a una nueva generación de Jedi.

LLAMADA A LA AVENTURA

El tío de Luke, Owen Lars, compra R2-D2 y C-3PO a unos jawas porque necesita droides para su granja de humedad. No tiene ni idea de que el Imperio está peinando Tatooine en busca de esos droides. Cuando R2-D2 se lanza a averiguar el paradero de un Jedi llamado Obi-Wan Kenobi, C-3PO persigue con Luke al decidido astromecánico. R2-D2 entrega el mensaje de la princesa Leia a un viejo ermitaño llamado Ben, quien revela su pasado como el caballero Jedi Obi-Wan y después le entrega a Luke la espada de luz que perteneció a su padre, Anakin.

HÉROE REBELDE

Luke se suma a la misión de Obi-Wan para entregar los planos de la Estrella de la Muerte al líder rebelde Bail Organa en Alderaan. Cuando el rayo tractor de la estación espacial atrapa al *Halcón Milenario* y lo arrastra a su interior, Luke se une al capitán del carguero, Han Solo, y a su primer oficial, Chewbacca, para liberar a la princesa Leia, que está presa dentro. Obi-Wan desactiva el rayo y se sacrifica para que sus amigos puedan escapar con los planos de la superarma. Luke ingresa en la flota rebelde y ejecuta una peligrosa incursión con un Ala-X por la trinchera de la estación para torpedear el conducto de ventilación y provocar una reacción en cadena que destruye la superarma.

APRENDIZ DE JEDI

Luke lleva años estudiando a los Jedi por su cuenta cuando el espectro de Obi-Wan lo visita y le ordena viajar al planeta Dagobah para entrenarse con Yoda. Su llegada no es muy prometedora: el joven estrella su Ala-X en una ciénaga y una traviesa criatura lo atosiga. Cuando Luke se desespera, la criatura le revela su identidad: es Yoda. El maestro Jedi duda que Skywalker esté preparado para el entrenamiento, pero Luke persiste y Yoda lo acepta como aprendiz. Conforme aumentan sus poderes, Luke tiene una visión de sus amigos en peligro y abandona el entrenamiento para organizar un rescate.

Tutor inesperado
Luke viaja a Dagobah en busca de un legendario maestro Jedi, pero el ser que encuentra allí no es exactamente lo que esperaba.

LA REDENCIÓN DE ANAKIN SKYWALKER

Luke descubre la verdad sobre su padre en la Ciudad de las Nubes. Darth Vader no traicionó y asesinó a Anakin Skywalker; Darth Vader es Anakin Skywalker. Cuando Luke vuelve a cruzarse con Vader en la luna de Endor, el Jedi se rinde sin ofrecer resistencia. Pese a la fuerte tentación que supone el lado oscuro, Luke no cede a la provocación de Palpatine. Como respuesta, el vengativo emperador lo ataca con una descarga de rayos, lo que lleva a Vader a matar a su maestro Sith y salvar a su hijo. Así se redime Anakin.

EL APRENDIZ

Siguiendo las instrucciones de Yoda, el maestro Jedi Luke Skywalker debe transmitir lo aprendido. A tal fin, se dispone a entrenar a una nueva generación de Jedi, empezando por su hermana, Leia. Percibe la presencia de Grogu a través de la antigua piedra vidente de Tython, y salva al Niño y a sus amigos de los soldados oscuros del moff Gideon. Grogu se despide de su padre adoptivo, el mandaloriano Din Djarin, y se marcha con el maestro Jedi. Juntos viajan al planeta Ossus, sede del nuevo Templo Jedi de Luke. Skywalker instruye al joven en el uso de la Fuerza para que mejore sus reflejos y encuentre el equilibrio, pero Grogu echa mucho de menos a Djarin, a quien lleva en su corazón. Luke lo entiende y pide consejo a una vieja amiga de la familia, Ahsoka Tano, quien le dice que confíe en su instinto. Luke ofrece a Grogu una opción: quedarse en Ossus como primer alumno de la academia o poner fin al entrenamiento y volver con Djarin. Grogu regresa con su familia.

CAÍDA DE LA ORDEN DE LUKE

Con el tiempo, el maestro Skywalker acoge a más estudiantes, entre ellos su sobrino, Ben Solo, que muestra un potencial inigualable para usar la Fuerza. En esa época, Luke viaja por la galaxia y aprende más cosas sobre la Fuerza y los Jedi. También derrota al espíritu de Exim Panshard, un señor del Sith cuyo resurgir amenaza la galaxia. Más adelante, Luke sospecha que Ben está cayendo en el lado oscuro. Por desgracia, su desconfianza solo sirve para empujar a Ben al abismo. El joven aprendiz arremete contra su maestro, arrasa el templo de Luke y mata a casi todos los aprendices. Destrozado por la masacre, Luke se retira del mundanal ruido, se oculta y se aísla de la Fuerza. Busca el primer Templo Jedi de la historia y se instala allí, en el planeta Ahch-To.

TRAS LAS HUELLAS DE LUKE

Al saber que el líder supremo Snoke quiere eliminar a su hermano, la general Leia Organa envía a su mejor piloto, Poe Dameron, a buscar al único hombre que podría localizar a Luke: el explorador Lor San Tekka. Este le entrega parte de un mapa que, combinado con el fragmento que tiene R2-D2, señala la ubicación de Luke. Leia envía allí a Rey con la esperanza de que la entrene como Jedi.

RECONECTAR CON LA FUERZA

Cuando Rey llega, Luke ya ha bloqueado su conexión con la Fuerza y no está dispuesto a entrenar a más alumnos. Sin embargo, accede a darle tres clases para explicarle por qué los Jedi estaban equivocados y por qué ha decidido que la Orden muera con él. Durante el tiempo que Rey pasa con Luke, se revela el fracaso del maestro con Ben Solo, y al final Rey parte para continuar sola el legado de los Jedi. El maestro Yoda visita a Luke en sus horas más bajas. Con su sabiduría, le enseña que aprender del fracaso forma parte del deber de un maestro. Luke se olvida del pasado y ayuda a la Resistencia. Gracias a su labor, los aliados escapan de la Primera Orden, pero él no sobrevive a la durísima hazaña. Luke Skywalker, héroe de la Rebelión, pasa a formar parte de la Fuerza.

Rey tiene una visión de sí misma en un trono oscuro. Angustiada, se acaba exiliando voluntariamente en Ahch-To. Allí se le aparece el espíritu del maestro Skywalker, quien la escucha y la anima a plantarles cara. Luego, antes de partir para enfrentarse a Palpatine en Exegol, Luke le hace unos regalos: su Ala-X, la espada de luz de Leia Organa y una cálida sonrisa.

Una infancia aventurera A la joven Leia le encanta explorar el bosque que rodea su casa junto a su droide de juguete, L0-LA59.

LEIA ORGANA

ESPECIE Humana **PLANETA NATAL** Alderaan **FILIACIÓN** Alianza Rebelde, Nueva República, Resistencia

Leia Organa, líder de la Alianza Rebelde, la Nueva República y la Resistencia, sigue los pasos de sus padres adoptivos y dedica su vida a proteger la democracia y la paz en la galaxia.

PRINCESA PRECOZ

Leia es hija de la senadora Padmé Amidala y del Jedi Anakin Skywalker, pero Bail y Breha Organa la adoptan en Alderaan cuando es solo un bebé. La joven princesa es curiosa, avispada y tiene sed de aventuras; a menudo rehúye sus obligaciones para irse al bosque. Con 10 años, la secuestran unos mercenarios por orden de la Tercera Hermana, una inquisidora que quiere sacar a Obi-Wan de su escondrijo. Efectivamente, Bail pide ayuda a su viejo amigo Kenobi, ahora llamado Ben. El antiguo maestro Jedi cae en la trampa de la Tercera Hermana y rescata a Leia. En el peligroso viaje de vuelta a Alderaan, Obi y Leia se hacen muy amigos. El maestro no solo arriesga su vida por ella, sino que es la primera persona que le habla de sus padres biológicos y de las admirables cualidades que ha heredado. Leia nunca olvida lo que hizo por ella en el poco tiempo que pasaron juntos.

A los 16 años, Leia ingresa en la Legislatura de Aprendices. Poco después, sabe de la lucha clandestina que lideran sus padres adoptivos para resistirse al férreo yugo del Imperio y, aunque es solo una adolescente, quiere luchar por los que no pueden hacerlo. Bail la envía a Lothal con naves para una célula rebelde. Su misión exige ingenio para que el Imperio no sospeche, pero, con la ayuda de Kanan Jarrus y Ezra Bridger, sale todo rodado. Más tarde, cuando la Alianza se entera de que Rogue One se ha infiltrado en la base imperial de Scarif, Bail envía otra vez a Leia, su agente más fiable, para que los valientes rebeldes le entreguen los planos de la Estrella de la Muerte.

ESPERANZA

Con los planos en su poder, Leia huye de Scarif en la *Tantive IV,* pero el destructor estelar de Darth Vader, el *Devastador,* la captura sobre Tatooine. Al ver que peligra su misión para entregar los planos a los rebeldes, Leia graba un mensaje holográfico y encarga a R2-D2 que busque a su amigo Kenobi en el árido planeta. Mientras R2-D2 y C-3PO se lanzan en una cápsula de salvamento, Leia distrae a las tropas de asalto que registran su nave. A raíz de su valiente negativa a revelar la ubicación de los rebeldes, Alderaan se convierte en el primer objetivo oficial de la Estrella de la Muerte. Tras la destrucción del planeta, Leia es una princesa sin hogar. Pese a su pérdida, sigue luchando por los oprimidos por el Imperio.

Reunión en Hoth En el gélido hangar de la base Eco, Leia instruye a los pilotos rebeldes para la inminente evacuación de emergencia.

LÍDER REBELDE

Leia es senadora y diplomática, pero también una guerrera y una líder soberbia. Tras esquivar a los imperiales durante su rescate de la Estrella de la Muerte y embarcarse en el *Halcón Milenario,* ayuda a Chewbacca a pilotar mientras Luke y Han manejan los láseres cuádruples contra los cazas TIE que les pisan los talones. Leia lidera muchas misiones de la Alianza después de la destrucción de la superarma y, tras el ataque a los muelles espaciales de Mako-Ta, la ascienden a general. En Hoth, informa a los pilotos mientras el Imperio se acerca a la base Eco y permanece en el centro de mando supervisando la evacuación hasta que Solo insiste en que ya es hora de irse.

REBELIÓN Y AMOR

Leia no consigue llegar al transporte rebelde y escapa de Hoth a bordo del *Halcón Milenario.* Han Solo esquiva a los destructores imperiales y decide que, para llevar a cabo las reparaciones que necesitan, lo mejor es ir al planeta Bespin. Pero Darth Vader los captura y los usa como cebo para tenderle una trampa a Luke. Mientras congelan a Han en carbonita, Leia le dice que lo quiere. Desea liberarlo a toda costa, pero se debe a la causa de la Alianza, así que derrota a la temida comandante imperial Zahra e idea un ataque audaz a Coruscant para ganarse el favor del público. Luego libera a Han del palacio de Jabba el Hutt.

DIPLOMÁTICA GALÁCTICA

Leia forma parte del equipo de mando de Han que planea destruir el generador de escudo de la segunda Estrella de la Muerte sobre la luna de Endor, pero, tras perseguir a unos exploradores que podrían delatar su presencia, se separa del grupo. En el bosque, topa con el ewok Wicket W. Warrick y, pese al apuro en que está, se muestra amable y paciente con él. Luego Leia y su insólito aliado despachan a dos exploradores. Wicket y los ewoks de la Aldea del Árbol Brillante ayudan al equipo de asalto contra las fuerzas imperiales.

EL AUGE DE LA RESISTENCIA

Tras la victoria en Endor, Leia y Han se casan y luchan contra el remanente imperial. Leia se entrena con Luke para ser una Jedi. Más tarde, tiene una visión: si persevera en su instrucción, su futuro hijo morirá. Así que la deja. Cuando nace su hijo, lo llaman Ben. Leia es una figura esencial en la formación de la Nueva República y ejerce de senadora por el sector de Alderaan. Preside el Consejo de Defensa y aprovecha su cargo para defender a Hera Syndulla por ejecutar una misión de reconocimiento no autorizada en el planeta Seatos.

NUEVOS CAMINOS

Durante la campaña de Leia para el importante cargo de primera senadora, sale a la luz la verdadera historia de su familia, es decir, se desvela que su padre es Darth Vader. El escándalo arruina su carrera política, pero su temor a la Primera Orden la lleva a crear la Resistencia para mantener a raya al enemigo. Recluta a Poe Dameron, un joven piloto de la Nueva República, para que lidere un escuadrón en varias misiones secretas destinadas a recopilar información valiosa y entorpecer la creciente influencia de la Primera Orden. Leia no puede librar una guerra abierta, pero hace todo lo posible por socavar a los sucesores del Imperio, como destapar a un senador corrupto que los apoya en secreto. Para Leia es una lucha personal, ya que ella y Han se separan cuando su hijo cae en el lado oscuro y se une al enemigo.

A LA FUGA

La Primera Orden aniquila la flota de la Nueva República y su capital en Hosnian Prime con la devastadora superarma de la base Starkiller. La Resistencia destruye el arma, pero ahora solo cuenta con una pequeña flota para oponerse al poderío militar del líder supremo Snoke. Mientras la flota huye de D'Qar, se queda sin combustible y la Primera Orden se abalanza sobre ella. La propia Leia está a punto de morir cuando unos cazas atacan su nave de mando, la *Raddus.* La flota envía una llamada de socorro a toda la galaxia, con la esperanza de que los viejos aliados de Leia acudan en su ayuda. La Resistencia planta cara en un último intento en Crait, pero nadie responde a la llamada. Leia, Rey y unos cuantos compañeros huyen a bordo del *Halcón Milenario* para preservar la Resistencia y seguir luchando.

FIN DEL VIAJE

Tras un año huyendo y luchando contra la Primera Orden, la general Organa y los pocos miembros de la Resistencia que quedan se instalan en Ajan Kloss. La famosa nave consular de Leia, la *Tantive IV,* dota a la base de un generador y barracones. Leia nunca se recupera por completo de las heridas que sufrió en la *Raddus,* y su frágil salud acaba afectándola. Guía a Rey en el uso de la Fuerza. Cuando Rey decide reanudar la búsqueda de Exegol que inició Luke, ambas se abrazan por última vez. Poco después, Leia muere en Ajan Kloss, después de dedicar sus últimas fuerzas a convocar a su hijo Ben de vuelta al lado luminoso. Leia Organa deja tras de sí un legado de valentía y sacrificio desinteresado que cambia la galaxia para siempre.

UN ARMA ELEGANTE

Años antes del surgimiento de la Primera Orden, Luke Skywalker instruye en la Fuerza a su hermana Leia. La princesa se hace una espada de luz y, cuando ya es una combatiente experta, se defiende de igual a igual en los duelos de entrenamiento con él. Al final le da su espada de hoja azul a Luke y más tarde él se la entrega a Rey, la aprendiz de Leia.

CROSSHAIR

ESPECIE Humana **PLANETA NATAL** Kamino
FILIACIÓN República, Imperio, Fuerza Clon 99

Crosshair (CT-9904) es un francotirador experto con un don para permanecer quieto y concentrado. Es el único miembro de la Fuerza Clon 99 (la Remesa Mala) que se mantuvo fiel al Imperio tras la Orden 66. Al igual que los de su clase, incorpora mejoras que interfieren con el chip de control que les ordena matar a los Jedi. Sin embargo, cree que un buen soldado es el que acata las órdenes, por lo que no debe cuestionar al Imperio.

Cuando Hunter, miembro de la Remesa Mala, protege al joven padawan Caleb Dume en Kaller, Crosshair monta en cólera y la situación pone fin a su relación con la Fuerza Clon 99. Crosshair decide permanecer de parte del Imperio. El almirante Wilhuff Tarkin mejora su chip para garantizar su lealtad, pero Crosshair sigue siendo un soldado imperial aun cuando se lo quita. El clon se muestra en desacuerdo con su antiguo escuadrón y ayuda a localizarlo para el Imperio, pero con la esperanza de que se reencuentren y trabajen juntos para el Ejército Imperial. Tras la caída de Kamino, Crosshair decide no marcharse con la Remesa Mala, por lo que Omega le recuerda que sigue siendo su hermano.

De entrada, Crosshair no confía en otros soldados clon, a los que llama «norms», pero llega a respetar a algunos oficiales, entre ellos el comandante Cody.

Crosshair renuncia a su lealtad al Imperio durante una misión en Barton IV, cuando el teniente Nolan, su superior, le deja clara una dolorosa verdad: para él y el Imperio los soldados clon son prescindibles. El cruel Nolan deja morir al comandante clon Mayday sin ofrecerle asistencia médica, por lo que Crosshair le dispara y es arrestado. Se lo llevan al monte Tantiss, donde el científico imperial Royce Hemlock le interroga sobre la ubicación de la Remesa Mala y recurre a la tortura cuando Crosshair no coopera.

Francotirador experto
El fusil Golpeafuego 773 es su arma principal. También lleva unos discos reflectores que desvían el fuego de bláster y le permiten alcanzar varios objetivos en ángulos aparentemente imposibles con un solo disparo.

Conflicto interior
Crosshair cree que es el único de la Remesa Mala que eligió el bando correcto, pero se preocupa por sus compañeros de escuadrón.

TECH

ESPECIE Humana **PLANETA NATAL** Kamino
FILIACIÓN República, Fuerza Clon 99

Este comando clon forma parte de la Fuerza Clon 99 (también llamada Remesa Mala). Gracias a su gran inteligencia y sus habilidades tecnológicas mejoradas, es capaz de introducirse en sistemas informáticos y analizar datos rápidamente. En las Guerras Clon, rastrea una señal que lleva a la Fuerza Clon 99 al planeta Skako Menor y hasta Eco, un soldado clon que se creía muerto. Al principio, Tech duda de la lealtad de Eco, pues este lleva mucho tiempo preso de los separatistas, pero aprende a confiar en su compañero.

Después de la Orden 66, Tech es el primer miembro de la Remesa Mala en advertir que la joven Omega es un clon mejorado, como el resto del escuadrón. Omega se une a su tripulación y Tech le enseña a pilotar la nave y le presta un dispositivo para que se comunique fácilmente con ellos.

Tech siempre está dispuesto a dar su opinión o transmitir información crucial, pero no suele mostrar ninguna emoción. Como le dice a Omega, no procesa las emociones como ella.

Gracias a sus habilidades, Tech suele sacar de apuros a la Remesa Mala en sus misiones y aventuras. En Saleucami, falsifica códigos en cadena que permiten a Cut Lawquane y a su familia abandonar el planeta. Cuando Wrecker tiene jaquecas, Tech lo ayuda a encontrar un modo seguro de quitarse el chip de control. En Safa Toma, Tech participa en una carrera bronca para liberar a Cid. (La carrera bronca es como una de vainas, pero más peligrosa).

Tech anima a Hunter a dar luz verde a una misión en Eriadu para revelar dónde mantiene cautivo el Imperio a Crosshair. La operación es muy arriesgada, pero Tech dice que son hermanos y no pueden dejarlo atrás. Tech y su escuadrón se quedan atrapados en un vagón cuando Saw Gerrera y sus Partisanos ponen una bomba en el complejo imperial. Tras restaurar la energía del vehículo, la Remesa Mala se ve superada en número y armamento. Tech se sacrifica para salvar a sus compañeros.

Un estilo único
El casco de Tech no le cubre toda la cara. El visor, abierto para hacer sitio a las gafas, muestra lecturas de las terminales integradas en su armadura.

Ojos Marrones
Tech es un experto en informática, cifrado e idiomas, entre muchas cosas. Y además se hace querer por Phee, una cazadora de tesoros que lo llama «Ojos Marrones».

WRECKER

ESPECIE Humana **PLANETA NATAL** Kamino
FILIACIÓN República, Fuerza Clon 99

Wrecker es un clon más grande y fuerte que el resto. Forma parte de la Fuerza Clon 99, un escuadrón de soldados mejorados también conocido como la Remesa Mala. Tiene una personalidad y un comportamiento fuera de lo común. Es ruidoso, se ríe a carcajada limpia y grita a los cuatro vientos lo que piensa y siente donde sea y cuando sea. Siempre está listo para pelear y combatir, sobre todo si puede romper cosas o volarlas por los aires. Por su cuerpo corre tanta adrenalina que los aturdidores apenas le afectan.

Wrecker tiene una fuerza increíble y lleva una armadura más pesada que la de sus compañeros. Cuando la Remesa Mala se da a la fuga, su fuerza bruta e intrepidez logran someter al joven rancor Muchi en Ord Mantell.

La pintura de su casco está pensada para asustar al enemigo, pero tiene el corazón más tierno de la Remesa Mala. Cuando Omega se une a la tripulación, Wrecker transforma un rincón de la nave en una habitación para la joven clon y le regala una de sus posesiones más preciadas: una muñeca de juguete llamada Lula. El lado infantil de Wrecker y la inocente curiosidad de Omega los llevan a tratarse como hermanos. Hunter suele emparejarlos cuando trabajan para la contrabandista Cid.

Cuando Rex visita a la Remesa Mala en Ord Mantell y oye a Wrecker quejarse de jaquecas, advierte a los clones de que sus chips de control son muy peligrosos. Pese a las reservas de Wrecker, el escuadrón viaja a Bracca para quitarse los chips.

Allí, Tech escanea el cráneo de Wrecker, cuyo chip se activa. Entonces el grandullón intenta matar a sus compañeros por desobedecer la Orden 66, pues no los reconoce. Rex lo aturde, Wrecker vuelve a la normalidad y Tech le quita el chip.

Dada su audacia y lealtad, Wrecker es un activo muy valioso para el equipo. En una misión en Serenno, combate junto con Hunter a los soldados de asalto para recuperar el botín de guerra de Dooku. Mientras busca un tesoro en Skara Nal, usa su fuerza bruta para mover unas rocas que ocultan la entrada secreta de una montaña, y luego arroja a un agresivo chell por una ventana para salvar a sus compañeros. Como a ellos, le desespera que Omega haya acabado en manos del doctor Hemlock y lo único que desea es recuperarla.

A prueba de balas
Wrecker perdió la vista de un ojo en una de las primeras misiones de las Guerras Clon, pero eso no le frena en el campo de batalla.

Todo poderío
Wrecker es el más fuerte de la Remesa Mala. En las Guerras Clon, rescata al comandante Cody tras un aterrizaje forzoso en Anaxes. Tras levantar la cañonera que lo aplastaba, llevarlo a un lugar seguro es pan comido.

OMEGA

ESPECIE Humana **PLANETA NATAL** Kamino
FILIACIÓN República, Fuerza Clon 99

Omega es una clon mejorada hecha con material genético de Jango Fett. Se creó en Kamino junto al resto del ejército de clones, pero es única porque no ha sido modificada genéticamente para envejecer rápido y acatar órdenes.

Trabaja en Ciudad Tipoca (Kamino) como ayudante de Nala Se, una científica local. Cuando la Remesa Mala llega al planeta, siente curiosidad porque sabe que son clones mejorados, como ella.

El Imperio decide robar la tecnología de clonación de los kaminoanos, así que Nala Se intenta mantener a Omega a salvo y alejada tanto del primer ministro, Lama Su, como del Imperio.

Para escapar del Imperio, Omega huye de Kamino con la Remesa Mala y está ansiosa por unirse a sus filas. Como nunca ha salido de Kamino, la fascinan los planetas que visita con sus compañeros, primero como observadora y más tarde como miembro de pleno derecho del equipo.

Omega es impulsiva y se frustra con facilidad, pero tiene un gran talento para la electrónica y la tecnología. Prefiere salir de apuros sola a pedir ayuda. Gracias a sus hermanos de la Remesa Mala, aprende a pilotar naves y a usar un arco de energía.

Familia adoptiva
Omega entabla una estrecha relación con todos los miembros de la Fuerza Clon 99. Hunter se siente especialmente responsable de su seguridad.

Aunque la han traicionado muchas veces, Omega cree que todo el mundo es bueno, incluso Crosshair, un miembro de la Remesa Mala que se mantiene fiel al Imperio. Su gran corazón le granjea la simpatía del equipo y de Cid, la contrabandista de Ord Mantell.

Omega se siente culpable de que la Remesa Mala viva escondida y esté sin blanca, lo cual se debe en parte a que los clones la protegen. Eso la lleva a veces a tomar decisiones precipitadas para ayudar a su nueva familia. Tras una implacable persecución, el científico imperial Royce Hemlock la atrapa y se la lleva a su laboratorio en el Monte Tantiss.

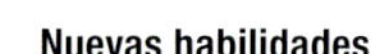

Nuevas habilidades
Durante una misión en Ord Mantell, Omega adquiere un arco de energía zygerriano. Eco le enseña a usar el arma y la anima a seguir practicando para evitar distracciones.

GONKY

FABRICANTE Autómata industrial **TIPO** Droide generador de la serie EG **FILIACIÓN** República, Fuerza Clon 99

Este droide vive en el *Merodeador,* la nave de la Fuerza Clon 99. Es un valioso miembro de la tripulación, está con el equipo durante las Guerras Clon y permanece con ellos cuando desertan del Imperio. A Wrecker le sirve para hacer sus ejercicios de levantamiento de pesas y Omega lo usa de reposacabezas hasta que por fin tiene su cuarto en la nave.

SOLDADO DE ESCUADRÓN DE ÉLITE

ESPECIE Humana **PLANETA NATAL** Varios **FILIACIÓN** Imperio

Estos soldados son fuerzas especiales que el Imperio recluta en toda la galaxia como parte del Proyecto Manto de Guerra, un programa diseñado para reemplazar al costoso ejército clon. El vicealmirante Rampart desempeña un papel clave en el reclutamiento y la supervisión del entrenamiento de las tropas de élite. Crosshair, de la Fuerza Clon 99, supervisa a su primer escuadrón en Kamino.

ES-01

ESPECIE Humana **FILIACIÓN** Imperio

A este soldado de élite no le gustan las duras pruebas imperiales, pero cree que el Imperio le ofrece más oportunidades de las que le brindó la República. En una misión en Onderon para eliminar a Saw Gerrera y sus insurgentes, ES-01 intenta impedir que Crosshair mate a civiles. Crosshair lo mata por negarse a obedecer una orden imperial.

ES-02

ESPECIE Humana **FILIACIÓN** Imperio

Esta soldado de élite es una de las más brillantes del programa. Acata al pie de la letra las órdenes del comandante clon Crosshair en varias misiones, pero no confía en él. Cuando su escuadrón lleva preso a Hunter a Kamino, ES-02 transmite al vicealmirante Rampart su preocupación sobre los motivos de Crosshair con respecto a su antiguo compañero.

ES-03

ESPECIE Humana **FILIACIÓN** Imperio

ES-03 forma parte de la primera tropa de élite en Kamino. Junto con ES-02 y ES-04, mata a civiles en Onderon cuando Crosshair se lo ordena. También ejecuta misiones con sus compañeros en Bracca y Ryloth. En esta última, ayuda a arrestar a insurgentes twi'lek y, más tarde, al capitán Howzer y a otros soldados clon que se niegan a acatar las órdenes imperiales.

ES-04

ESPECIE Humana **FILIACIÓN** Imperio

ES-04 sirve a las órdenes del comandante clon CT-9904 (Crosshair) y lleva una armadura modificada de soldado clon. Sin embargo, Crosshair la mata a ella y a sus compañeros de escuadrón cuando se empeñan en arrestar a la Remesa Mala en Kamino.

BOLO

ESPECIE Ithoriana **PLANETA NATAL** Ord Mantell **FILIACIÓN** Parroquianos de la cantina de Cid

Bolo es un cliente habitual de la cantina de Cid en Ord Mantell, donde suele ir con su amigo Ketch. El dúo disfruta jugando al dejarik y a otros juegos de azar. Bolo va tanto a la cantina que reclama un asiento particular como propio y discute con cualquier cliente que intente sentarse en él.

EDMON RAMPART

ESPECIE Humana **FILIACIÓN** Imperio

Este ambicioso vicealmirante impulsa muchos cambios para dejar huella en los primeros años del Imperio. Instituye una política de códigos en cadena que obliga a todos los ciudadanos a tener un marcador de identificación único. También crea el Proyecto Manto de Guerra, una iniciativa para sustituir a las tropas clon por soldados que se alisten voluntariamente en el Ejército Imperial.

Deseoso de erradicar cualquier signo de rebelión, Rampart es una figura clave en la ocupación imperial de Ryloth y ordena la captura de rebeldes por toda la galaxia. Su desprecio por los clones lo enfrenta a los kaminoanos. Detiene a su primer ministro, Lama Su, y se hace con la científica Nala Se y con su tecnología de clonación antes de bombardear Ciudad Tipoca. Más tarde, mata a uno de sus hombres para ocultar que la Fuerza Clon 99 sobrevivió a la caída de Kamino.

Mientras está destinado en Coruscant, Rampart impulsa en el Senado el Proyecto de Ley de Reclutamiento para la Defensa Imperial, que propone la retirada oficial de las tropas clon. El proyecto se aprueba, pero solo después de que sus superiores lo traicionen y lo culpen de destruir Kamino por su cuenta.

Atacado por sorpresa
La senadora Chuchi reproduce un holograma del diario de a bordo de Rampart que muestra la destrucción de Ciudad Tipoca. Tras esto, el vicealmirante se enfrenta a peticiones de arresto.

CIDDARIN SCALEBACK, ALIAS CID

ESPECIE Trandoshana **PLANETA NATAL** Ord Mantell **FILIACIÓN** Salón de Cid

Esta trandoshana conocida como Cid en casi toda la galaxia posee una cantina en Ord Mantell que usa como tapadera para su negocio de contrabando. En las Guerras Clon, intercambia información con los Jedi, pero cuando Palpatine se hace con el poder, Cid se ve obligada a mantener en secreto su pasado con ellos. Sin embargo, sigue usando su poderosa red de informantes para llevar a cabo misiones, muchas de las cuales benefician a grupos que trabajan contra el Imperio. Cuando se cruza con la Remesa Mala, convence al equipo para que trabaje para ella y se repartan los beneficios.

Cid es una propietaria dura y a menudo reservada. Le gusta la clon Omega, pero le gustan más los créditos, y no duda en traducir el don de la joven para el dejarik en una oportunidad rentable, incluso aunque eso llame la atención sobre su cantina. Después de amenazar muchas veces a los clones de la Remesa Mala con delatarlos al Imperio, cumple su promesa y los entrega a cambio de créditos después de que regresen de una misión en Eriadu.

Amigos insólitos
Cid suele ser brusca con la clientela, pero siente debilidad por Omega y deja que se quede en la cantina durante algunas misiones de la Remesa Mala.

FENNEC SHAND

ESPECIE Humana
FILIACIÓN Clan Hutt, gotra de Fett

Fennec Shand es una cazarrecompensas y mercenaria altamente cualificada. Poco después del ascenso del Imperio, se hace un nombre tras sobrevivir a un enfrentamiento con el famoso cazarrecompensas Cad Bane por un trabajo que ambos persiguen. Durante el Imperio, Shand trabaja para varios sindicatos del crimen, sobre todo para el clan Hutt, y se labra una reputación de asesina de élite despiadada. Cuando cae el Imperio, se convierte en el blanco de una gran recompensa y se ve obligada a huir. El cazarrecompensas Toro Calican la hiere de muerte en Tatooine, pero Boba Fett la rescata y la lleva a un modificador cibernético que le repara la zona abdominal.

Shand es despiadada, pero cumple su palabra. Como está en deuda con Fett, accede a ayudarlo a recuperar su cañonera de clase Firespray. Tras pagar su deuda, decide permanecer al lado de Fett cuando este reclama su armadura robada y ocupa el antiguo trono de Jabba el Hutt. Shand lo aconseja y lo protege de posibles asesinos, aunque a veces cuestiona sus métodos. Mantiene la calma hasta en las situaciones más estresantes y letales, y se centra en encontrar una solución o un plan de huida. Gracias a su fuerza y astucia, se impone ante adversarios que la superan con creces en tamaño y elimina a múltiples objetivos, incluso cuando trabaja sola. A lo largo de su carrera, lleva un inconfundible casco negro y naranja y un traje que la protege de los elementos y del fuego enemigo, y además le da mucha libertad de movimiento. Le gusta disparar a larga distancia con un rifle de francotirador, pero también es letal en el combate cuerpo a cuerpo. Su habilidad para moverse rápido por terreno escarpado, o incluso por el aire a base de acrobacias, hace que sea difícil rastrearla, capturarla y eludirla.

A la caza de Omega
Nala Se contrata a Shand para que capture a Omega en Pantora. Omega ve a Shand como una amiga, pero la Remesa Mala la considera una amenaza.

Aliada fiel
Fennec Shand está con Boba Fett en su sala del trono y en las calles de Mos Espa. Lo aconseja sobre política local y persigue a sus numerosos rivales.

KETCH

ESPECIE Weequay **PLANETA NATAL** Ord Mantell
FILIACIÓN Cantina de Cid

Ketch y su amigo ithoriano Bolo son clientes habituales de la cantina de Cid en Ord Mantell. Le gustan los juegos de azar y gana una apuesta de doble o nada contra Bolo sobre la destreza de Omega con su arco zygerriano: no da en el blanco. Cuando Roland Durand echa a Cid de la cantina, Ketch y Bolo corren en su ayuda.

ROLAND DURAND

ESPECIE Devaroniana
FILIACIÓN Familia del crimen Durand

Roland, hijo de la señora del crimen Isa Durand, se hace con la cantina de Cid en Ord Mantell para forjarse un nombre. Establece un acuerdo con el Sindicato Pyke para negociar con especia, pero Cid y la Remesa Mala sabotean la transacción. Los pykes le cortan un cuerno como castigo por su fracaso.

RUBY

ESPECIE Zardimalla
FILIACIÓN La Remesa Mala

Ruby es un zardimallo, una extraña criatura parecida a un lagarto. Le gusta comer y que la acaricien. El criminal Roland Durand contrata a Cid para robársela a la banda Rhokai, pues es un bien muy apreciado en el mercado criminal. Cuando la Remesa Mala la recupera, Omega la llama Ruby. Durand se apodera de Ruby cuando se hace con la cantina de Cid.

AVI SINGH

ESPECIE Humana **PLANETA NATAL** Raxus Secundus **FILIACIÓN** Separatista

Avi Singh es el senador de Raxus Secundus en la Confederación de Sistemas Independientes. Cuando el gobierno separatista se disuelve, es arrestado por negarse a apoyar la ocupación imperial de Raxus. Ordena a su droide, GS-8, que se ponga en contacto con Cid para pedirle ayuda y la Remesa Mala lo rescata.

CAPITANA BRAGG

ESPECIE Humana
FILIACIÓN Imperio

La capitana Bragg es la oficial imperial que arresta a Avi Singh, senador por Raxus Secundus, por negarse a ordenar a sus conciudadanos que cooperen con los ocupantes imperiales. Fría y calculadora, intenta obligarlo a cambiar de opinión con un droide interrogador, pero la Remesa Mala la interrumpe cuando acude al rescate.

ELENI SYNDULLA

ESPECIE Twi'lek **PLANETA NATAL** Ryloth
FILIACIÓN Célula rebelde Ryloth Libre

Eleni forma parte del Movimiento Ryloth Libre y respalda públicamente a su marido, Cham, cuando este trata de poner paz tras las Guerras Clon. Sin embargo, desconfía del senador Orn Free Taa y del vicealmirante Edmon Rampart. Comprende que su hija, Hera, quiera oponerse a las fuerzas de ocupación, pero su principal objetivo es protegerla. Cuando por fin liberan a Hera de la custodia imperial, Eleni convence a su marido de que renuncie a la violencia. No obstante, la pareja es arrestada bajo la falsa acusación de intentar asesinar al senador Taa. La Remesa Mala los rescata y ambos abandonan Ryloth con su hija, pero siguen luchando contra el Imperio.

IRLING

PLANETA NATAL Ord Mantell **TAMAÑO** 1,46 m de largo, 2,54 m de envergadura
HÁBITAT Cuevas subterráneas

Los irlings son grandes criaturas aladas autóctonas de Ord Mantell. Un enjambre vive en los túneles mineros que hay cerca de la cantina de Cid. Se comunican entre sí con sonidos que para muchos humanos son aterradores. Acechan a todo el que consideren una amenaza, pero las luces brillantes los ralentizan.

SCORCH

ESPECIE Humana **PLANETA NATAL** Kamino
FILIACIÓN República, Imperio

Este comando clon sirve a la República y después al Imperio. En calidad de oficial de la base imperial de Daro, ejecuta la tarea de entrenar a un nuevo ejército formado por tropas reclutadas por toda la galaxia. Scorch forma parte del equipo que recupera una bestia Zillo clonada que se ha escapado y luego ayuda a localizar a los civiles que presenciaron el suceso para encubrirlo.

SOLDADO TK

ESPECIE Humana
PLANETA NATAL Varios
FILIACIÓN Imperio

Los TK son una de las primeras generaciones de soldados de asalto imperiales. Como parte del Proyecto Manto de Guerra, se recluta a humanos para que se unan voluntariamente al Ejército Imperial. Al principio, los soldados clon entrenan a los TK, que llevan una forma modificada de su armadura. El Imperio cree que le serán más leales y ahorrarán gastos considerables.

SABERJOWL

PLANETA NATAL Kamino **TAMAÑO** 120 m de largo **HÁBITAT** Océanos

Los saberjowls, o dragones de mar kamoradon, son una especie acuática carnívora de los océanos de Kamino. Tienen mandíbulas grandes y potentes llenas de dientes afilados. Cuando Ciudad Tipoca se hunde en el océano durante la caída de Kamino, la Remesa Mala llama la atención de un saberjowl, pero consigue ahuyentarlo con una descarga eléctrica.

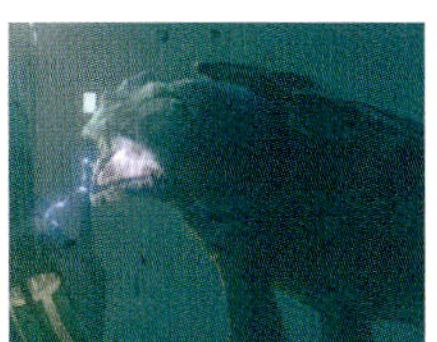

DOCTORA SCALDER

ESPECIE Humana
FILIACIÓN Imperio

La doctora Scalder trabaja en el laboratorio secreto de clonación del Monte Tantiss en los primeros años del Imperio. Tras la caída de Kamino, acoge en el laboratorio a la científica kaminoana Nala Se. Más tarde, ayuda al doctor Hemlock y a Emerie Karr en las operaciones diarias de las instalaciones de Tantiss.

HOWZER

ESPECIE Humana **PLANETA NATAL** Kamino
FILIACIÓN República, Imperio

El capitán Howzer es un soldado clon destinado en Ryloth. Admira a Cham Syndulla, líder del Movimiento Ryloth Libre, y le molesta el trato que los oficiales imperiales profesan a los twi'leks. Howzer intenta proteger a Hera, la hija de Cham, y se alarma cuando acusan falsamente a los Syndulla de intentar asesinar al senador Orn Free Taa y los arrestan. La Remesa Mala los libera, pero Howzer les advierte de que están cayendo en una trampa imperial. Luego es arrestado por convencer a un grupo de soldados clon de que depongan las armas y dejen de trabajar para el Imperio, pero más tarde lo libera un grupo de desertores clon.

AGGROCRABS

PLANETA NATAL Aynaboni
HÁBITAT Playa, selva

Estos crustáceos grandes y agresivos viven en la selva y en las playas del planeta tropical Aynaboni. Cazan en manada, son muy rápidos y se comunican entre sí mediante sonidos agudos. Sus caparazones con tan duros que es muy difícil detenerlos cuando atacan.

PHEE GENOA

ESPECIE Humana **PLANETA NATAL** Pabu
FILIACIÓN Buscadora de tesoros

Esta buscadora de tesoros y socia de Cid prefiere que la llamen «liberadora de maravillas antiguas» en vez de pirata. Junto con la Remesa Mala, encuentra el artefacto llamado Corazón de la Montaña, que activa una antigua arma en Skara Nal. Más tarde, Phee lleva a la Remesa Mala a su planeta natal, Pabu, para que Omega haga nuevos amigos y descanse de su vida de fugitiva.

WILCO

ESPECIE Humana **PLANETA NATAL** Kamino
FILIACIÓN República, Imperio

El capitán Wilco es un soldado clon al servicio del Imperio. Mientras lidera un equipo en Serenno para recuperar el botín de guerra de Dooku, se cruza con la Fuerza Clon 99. Luego, en Coruscant, el vicealmirante Rampart lo ejecuta por negarse a falsificar el informe de su misión sobre la Fuerza Clon 99.

ROMAR ADELL

ESPECIE Humana **PLANETA NATAL** Serenno
FILIACIÓN Separatista

Romar y otros nativos de Serenno se ocultan en los bosques del planeta cuando este cae bajo el imperio. Acoge a Eco, Tech y Omega en su casa cuando se conocen en una misión de la Remesa Mala para recuperar el botín de guerra del conde Dooku. Más adelante, Tech lo ayuda a reparar un archivo cultural serenniano.

TAWNI AMES

ESPECIE Humana **PLANETA NATAL** Desix
FILIACIÓN Separatista

Tawni Ames es la gobernadora de Desix, un planeta que se alió con los separatistas en las Guerras Clon. Creyendo que su planeta natal no está bajo jurisdicción imperial, toma de rehén al gobernador Grotton, instalado por el Imperio, para protestar por su ocupación. Le prometen una solución pacífica, pero Crosshair la ejecuta en cuanto libera a Grotton.

TAY-O

FABRICANTE Czerka **TIPO** Droide de protocolo reacondicionado de la serie CM3
FILIACIÓN Carreras

Este droide pilota un deslizador modificado de la serie 12 en las carreras broncas de Serolonis. Como también es mecánico, arregla su propio deslizador. Cree que los humanos no pueden tomar decisiones en fracciones de segundo como él en la pista. Tiene un accidente y entonces Tech ocupa su lugar en una carrera.

GRINI MILLEGI

ESPECIE Dowutin **FILIACIÓN** Banda de Millegi

Este adicto al juego supervisa las carreras broncas de la Clásica de Safa Toma en los primeros años del Imperio. Ciddarin Scaleback se cuenta entre sus peores rivales, así que, cuando Cid llega a Serolonis, apuesta contra ella en una carrera. Su piloto favorito, Jet Venim, gana, y Cid no puede pagarle lo que le debe, así que Tech acepta correr en una apuesta de doble o nada para salvarla de Millegi y su banda.

JET VENIM

ESPECIE Nosauria
FILIACIÓN Banda de Millegi

Este campeón de carreras broncas trabaja para el gánster Grini Millegi. Está decidido a ganar todas las carreras del circuito de Serolonis, cueste lo que cueste. Cuando parece que va a perder, otros pilotos a sueldo de Millegi acorralan a sus adversarios, lo cual le da la oportunidad de atacar a su gran rival con una de sus numerosas armas.

MEL-221

FABRICANTE Sistemas Veril Line **TIPO** Droide de energía de la serie ECG
FILIACIÓN Phee Genoa

Esta droide trabaja con la buscadora de tesoros Phee Genoa. Confirma que un objeto de desguace que encuentra Omega es un antiguo artefacto con las coordenadas de un tesoro en el sistema trinario Kaldar. Cuando Phee y la Remesa Mala lo localizan, el artefacto –llamado Corazón de la Montaña– activa una antigua superarma. Una descarga de energía fulmina a Mel-221, pero Phee la reconstruye.

CHELL

PLANETA NATAL Skara Nal
HÁBITAT Cuevas

Estas criaturas rápidas y temibles viven en las cuevas de los montes de Skara Nal. Tienen los ojos pequeños, pero se mueven sin problemas en la oscuridad, y sus grandes mandíbulas están llenas de dientes largos y afilados. Un chell agarra a Wrecker e intenta comérselo, pero sus compañeros de la Remesa Mala disparan a la criatura y la obligan a retirarse. Otro ataca al equipo dentro de la cabeza del antiguo caminante de Skara Nal. La piel de la bestia resiste el fuego de los blásteres y el arco de energía de Omega, pero Wrecker la agarra por la cola y la lanza fuera.

LÍDER DROIDE DEL EJE

FABRICANTE Rim Securities **TIPO** Droide de seguridad K3 (reprogramado) **FILIACIÓN** Eje de Vanguardia

La organización criminal Eje de Vanguardia está dirigida por droides cuyo negocio es el contrabando y la esclavización. Mientras la Remesa Mala entrega códigos en cadena falsificados al líder droide del Eje, Omega descubre que tienen preso a un joven wookiee llamado Gungi. El líder planea venderlo, por lo que la Remesa Mala lo rescata y huye.

BABWA VENOMOR

ESPECIE Trandoshana **PLANETA NATAL** Trandosha **FILIACIÓN** Imperio

La labor de este comandante es vaciar Kashyyyk de sus recursos para dárselos al Imperio. A tal fin, ordena a sus tropas que destruyan las aldeas wookiee. Cuando ve marcas de espadas de luz en uno de sus vehículos, ofrece una recompensa por dar con el Jedi que las hizo. Durante una batalla, lo captura un enjambre de lanzarredes.

LANZARREDES

PLANETA NATAL Kashyyyk
HÁBITAT Bosques

Estos arácnidos amarillos gigantes viven en los bosques de Kashyyyk. Viven en grandes colonias y atacan a sus enemigos en enjambre cuando se ven amenazados. Cuando Wrecker corta sus telarañas, Gungi se comunica con las criaturas para hacerles saber que su grupo es inofensivo. Más tarde, los lanzarredes atacan a los trandoshanos que trabajan para el Imperio y están destruyendo el bosque y los hogares de los wookiees.

MYLAYA

PLANETA NATAL Kashyyyk
HÁBITAT Bosques

Los mylayas son unos seres gigantes y ágiles que viven en los bosques de Kashyyyk. Los wookiees los usan como montura en combate y como medio de transporte. Tienen unas orejas enormes y su pelaje puede ser de varios colores, como amarillo, rojo o verde. También pueden saltar grandes distancias y alturas, y utilizan las garras y colas como armas. En los primeros años del Imperio galáctico, un grupo de wookiee a lomos de mylayas intenta impedir que los trandoshanos destruyan el bosque y su hogar.

Tipos de orejas
Unas orejas son puntiagudas y otras, más redondeadas.

YANNA

ESPECIE Wookiee **PLANETA NATAL** Kashyyyk
FILIACIÓN Clan de Yanna

Esta amable y sabia anciana wookiee dirige un santuario en Kashyyyk. Su clan cree que el planeta pertenece a los árboles y, cuando están en apuros, hablan con ellos. Yanna acoge al joven Jedi Gungi cuando la Remesa Mala lo devuelve a su planeta natal. Yanna, su clan, la Remesa Mala y un enjambre de lanzarredes tienden una emboscada a los trandoshanos que destruyeron su aldea.

SLIP

ESPECIE Humana
PLANETA NATAL Kamino
FILIACIÓN Imperio, República

CT-0409, también llamado Slip, es un soldado clon que lucha por la República en las Guerras Clon y después sirve en la nave imperial del vicealmirante Rampart. Después de presenciar el asesinato de un compañero, contacta con la senadora Chuchi para informarla de las mentiras de Rampart sobre su papel en la destrucción de Kamino, pero, cuando se reúne con ella, el asesino Clon X lo mata.

HALLE BURTONI

ESPECIE Kaminoana **PLANETA NATAL** Kamino
FILIACIÓN República, Imperio

Como senadora representante de Kamino en las Guerras Clon, Halle apoya de forma activa la expansión del esfuerzo bélico. Dadas sus operaciones de clonación, la continuación de la guerra beneficia a su planeta. Esta postura es contraria a la de muchos senadores, que abogan por negociaciones pacíficas. Cuando el Imperio empieza a distanciarse de Kamino y de su ejército de clones, Burtoni pierde su puesto de senadora y su cargo en el Comité de Finanzas de Defensa. Amargada por la desaparición de casi todo su pueblo, confirma a regañadientes a la senadora Chuchi que el vicealmirante Rampart desvió fondos destinados a Kamino sin la aprobación del Senado.

CLON X

ESPECIE Humana **PLANETA NATAL** Kamino
FILIACIÓN Imperio

El vicealmirante Edmon Rampart contrata a este soldado clon asesino para encubrir su papel en la destrucción de Kamino. Clon X mata al soldado clon Cade cuando este amenaza a Rampart. También mata a un soldado que se reúne con la senadora pantorana Riyo Chuchi. Cuando Rex lo captura, Clon X se suicida antes de que pueda interrogarlo.

BENNI BARO

ESPECIE Humana
PLANETA NATAL Ipsidon
FILIACIÓN Mineros de Ipsidon

Benni Baro trabaja extrayendo ipsium en las minas del planeta Ipsidon. En un gesto desesperado por complacer a su cruel jefe, Mokko, roba la nave de la Remesa Mala, el *Merodeador.* Mokko se hizo con las minas tras el final de las Guerras Clon. Mientras la Remesa Mala recupera la nave, descubre que Mokko se está quedando con los beneficios de Baro y el resto de mineros. Al final Mokko muere en una caída. Tras esto, Baro le dice a la Remesa Mala que él y los demás mineros seguirán trabajando, pero, a partir de ahora, compartirán los beneficios.

ANTÍLOPE DE IPSIDON

PLANETA NATAL Ipsidon
HÁBITAT Desierto

La Remesa Mala viaja a una mina que Cid ha comprado en Ipsidon. Una vez allí, se acerca demasiado a una manada de antílopes de Ipsidon, unos animales fuertes y rápidos parecidos a ciervos que viajan en manada por las angostas cavernas del desierto. Una manada que huye en estampida de una tormenta de arena casi arrolla al equipo y su contenedor de ipsium, un mineral muy volátil.

MOKKO

PLANETA NATAL Ipsidon **FILIACIÓN** Mineros de Mokko

Tras el fin de las Guerras Clon, Mokko se hace con el poder de las minas de la pequeña ciudad de Mokkotown, en Ipsidon. Allí establece una meritocracia que insta a los mineros a competir entre sí para conseguir raciones extra. Cuando la Remesa Mala descubre que Mokko ha mentido sobre el estado del ipsium y está robando beneficios, los mineros se enfrentan a él. Mokko cae al vacío mientras trata de llevarse a otro minero por delante.

ROYCE HEMLOCK

ESPECIE Humana **FILIACIÓN** Imperio

El doctor Royce Hemlock es un científico al que la República ha expulsado por llevar a cabo experimentos no autorizados. Se une a la División de Ciencia Avanzada del Imperio y trabaja en la base de Mount Tantiss, en Wayland. Tras su voz suave y tranquila, oculta intenciones despiadadas. Es el encargado de desentrañar los secretos de la tecnología de clonación kaminoana para el emperador Palpatine y no tiene reparos en usar la violencia o la tortura para extraer información. Cree que las vidas de los clones no tienen valor y propone convertirlos en sujetos de sus experimentos… hasta que la Remesa Mala pone fin a su maldad.

EMERIE KARR

ESPECIE Humana **PLANETA NATAL** Kamino **FILIACIÓN** Imperio

Esta clon hermana de Omega trabaja con el doctor Hemlock como científica en el Monte Tantiss. Cuando el Imperio detiene a Crosshair en Tantiss, Karr lo anima a darle a Hemlock la información que desea para evitar sus desagradables técnicas de interrogatorio. Karr suele ser tranquila e inexpresiva, por lo que es difícil interpretar sus actos y su motivación. Muestra cierta compasión hacia Crosshair, pero no duda en acatar las órdenes de Hemlock, hasta que llega el momento de redimirse.

BUITRE GLACIAL

PLANETA NATAL Barton IV **HÁBITAT** Montañas

Estas grandes aves carnívoras viven en el planeta helado Barton IV. Se cuentan entre los pocos seres vivos que pueden sobrevivir al frío y el viento del planeta durante largos periodos de tiempo, y se alimentan de criaturas que están más expuestas a esas condiciones o que, simplemente, tienen mala suerte. El soldado clon Mayday advierte a Crosshair sobre los buitres, aunque admira la capacidad de las aves para prosperar allí.

MAYDAY

ESPECIE Humana **PLANETA NATAL** Kamino **FILIACIÓN** República, Imperio

El soldado clon Mayday recibe el encargo de vigilar los suministros imperiales en un depósito del planeta helado Barton IV. Durante el año que pasa allí, casi todos sus hombres son asesinados por asaltantes. Mayday y Crosshair intentan recuperar los bienes robados por los bandidos, pero una avalancha hiere a Mayday. Crosshair lo lleva al depósito, pero el teniente Nolan se niega a asistirlo y Mayday muere.

NOLAN

ESPECIE Humana **FILIACIÓN** Imperio

Nolan es un teniente imperial inexperto que lleva a un pequeño grupo de soldados, incluido Crosshair, a un depósito de Barton IV para recoger un cargamento. Considera a los clones inferiores e indignos del Imperio. El clon mejorado Crosshair le dispara cuando se niega a prestar asistencia médica a Mayday, un soldado clon herido.

LYANA HAZARD

ESPECIE Humana **PLANETA NATAL** Pabu **FILIACIÓN** Familia Hazard

Lyana es la hija del alcalde de Pabu, Shep Hazard. Está muy unida a la buscadora de tesoros Phee Genoa, a la que llama tía. Poco después de que Omega llegue a Pabu, Lyana la lleva en su barco para que se relaje, pero se ven obligadas a huir porque unos temblores azotan la isla y provocan una marejada. Más tarde, Hunter las salva de una ola gigante.

MOONYO

PLANETA NATAL Pabu **HÁBITAT** Isla

Estas criaturas parecidas a primates viven en la remota Pabu. Según los ancianos de la isla, son anteriores a sus habitantes humanos. Tienen largas colas verdes y disfrutan de la compañía humana. Uno salta a los hombros de Omega poco después de que la joven llegue a Pabu. También perciben los temblores habituales de la isla antes de que se produzcan.

SHEP HAZARD

ESPECIE Humana **PLANETA NATAL** Pabu **FILIACIÓN** Familia Hazard

Como alcalde de Pabu, Shep trabaja para garantizar la seguridad y el bienestar de la población refugiada de esta pequeña y remota isla. Cuando la Remesa Mala y la buscadora de tesoros Phee Genoa llegan a Pabu, les da una cordial bienvenida. Disfruta dando grandes fiestas para reunir a la comunidad, a la que considera como de la familia.

FIREBALL

ESPECIE Humana **PLANETA NATAL** Kamino **FILIACIÓN** República, célula rebelde de Rex

Fireball es un exsoldado clon que trabaja con la célula rebelde de Rex. Participa en la misión en la que él y unos compañeros rescatan a Howser y a otros soldados clon presos de una nave de transporte imperial. El equipo de Fireball y los clones rescatados escapan por los pelos de las garras imperiales al saltar al hiperespacio.

NEMEC

ESPECIE Humana **PLANETA NATAL** Kamino **FILIACIÓN** República, célula rebelde de Rex

Tras las Guerras Clon, este soldado clon abandona el Imperio para unirse a la célula rebelde de Rex. Nemec y Eco participan en la misión de rescate de unos compañeros presos en una nave imperial, donde toman el puente de mando. Nemec intenta interrogar a un oficial para averiguar adónde llevan a los clones, pero este se quita la vida para no revelar información.

BARTON COBURN

ESPECIE Humana **FILIACIÓN** República, Imperio

Durante las Guerras Clon, este almirante trabaja con el maestro Jedi Plo Koon en el Gran Ejército de la República. Dirige varias misiones de alto nivel, incluido el rescate de Wilhuff Tarkin y el maestro Jedi Even Piell de la Ciudadela en Lola Sayu. Tras el ascenso del Imperio, es uno de los pocos oficiales imperiales que defiende a los soldados clon y su esfuerzo bélico. En una reunión en Eriadu, cuestiona la idea del doctor Hemlock de utilizar a soldados clon para sus proyectos de investigación, pero el almirante Tarkin hace caso omiso de sus preocupaciones.

GENERAL KLEEVE

ESPECIE Devaroniana **PLANETA NATAL** Devaron **FILIACIÓN** Separatista

Kleeve es un general separatista que encabeza un ataque explosivo contra el Templo Jedi en las Guerras Clon. Mientras ocupa el planeta Kaller, se enfrenta a Depa Billaba. Tras la guerra, se hace llamar Jondo y vuelve a cruzarse con Caleb Dume, el antiguo padawan de Billaba, que ahora es un compañero reticente.

JANUS KASMIR

ESPECIE Kallerana **PLANETA NATAL** Kaller **FILIACIÓN** Banda de Janus Kasmir

Janus Kasmir es un delincuente kallerano que topa con el antiguo padawan Caleb Dume días después de la Orden 66 y lo introduce en el hampa. Más tarde, cada cual se va por su camino. Años después, Ezra Bridger se encuentra con Janus cuando este lo rescata de las tropas de asalto.

CHANATH CHA

ESPECIE Humana **FILIACIÓN** Imperio, los Huérfanos, Crimson Dawn

Chanath Cha presenció el asesinato de sus padres a manos de Darth Vader. Como hacker experta, pasa a servir al emperador Palpatine y trata de recuperar su nave, que está en manos de Lando Calrissian y Lobot, su examante. Cha se asocia con Crimson Dawn junto con su equipo, los Huérfanos, pero Darth Vader la mata.

FERREN BARR

ESPECIE Iktotchi **PLANETA NATAL** Iktotch **FILIACIÓN** Jedi, rey Lee-Char de Mon Cala

Es el consejero del rey Lee-Char de Mon Cala y afirma ser un maestro Jedi, pero solo llegó a padawan. No obstante, el «maestro» Barr dirige a un grupo de acólitos, entre los que se cuenta Verla, una humana sensible a la Fuerza. Muere a manos de su antiguo *sparring*, Darth Vader.

VERLA

ESPECIE Humana **FILIACIÓN** Lado luminoso de la Fuerza, Mon Cala

Es la única acólita de Barr sensible a la Fuerza y escapa por los pelos del asalto de Vader a Mon Cala. Lleva una vida tranquila de pescadora y se le aparece a Luke en una visión como una figura encapuchada. Cuando se encuentran, Verla lo envía a una avanzada de la Alta República, donde Luke halla una espada de luz de hoja amarilla.

PRIMER HERMANO

FILIACIÓN Inquisición

Este inquisidor, uno de los cazadores de Jedi de Darth Vader, recibe el encargo de investigar una pista sobre un Jedi visto en un pueblo remoto. Allí mata a casi todos los presentes e incluso se dispone a atacar al informador imperial, pero Ahsoka Tano lo derrota.

FAMILIA GRAF

ESPECIE Humana **PLANETA NATAL** Orchis 2 **FILIACIÓN** Familia Graf

Los Graf son una familia de rancio abolengo en la galaxia que amasó fortuna e influencia durante la Fiebre del Hiperespacio. Al controlar las rutas hiperespaciales, acumulan grandes activos, pero la República se los confisca cuando descubre que colaboran con los Nihil. Parte de su legado, el Archivo Graf, permanece intacto; cubre la mayor parte de la superficie de Orchis 2 y contiene una gran cantidad de datos que el resto de la galaxia aún no ha descubierto.

Después de las Guerras Clon, un descendiente del clan, Auric Graf, trabaja como cartógrafo explorando el Espacio Salvaje con su mujer, Rhyssa, y sus dos hijos, Lina y Milo. En un pantanoso mundo virgen, el Imperio secuestra a Auric y Rhyssa. Sus hijos, acompañados por su droide CR-8R y su mascota, el mono-lagarto kowakiano Morq, atraviesan el peligroso Espacio Salvaje en busca de sus padres.

Lina se une luego a la Alianza Rebelde como oficial de Inteligencia. Mucho después, Emil, nieto de Milo, retoma el legado familiar y reconoce la galaxia en el *Heraldo Estelar,* un prototipo de nave exploradora imperial.

DECIMOTERCERA HERMANA

ESPECIE Pkoriana **PLANETA NATAL** Pkori **FILIACIÓN** Inquisición

Esta hija de una antigua padawan viaja pronto a Coruscant para seguir los pasos de su madre. Recorre la galaxia con la estoica Sember Vey recogiendo tesoros para los Archivos Jedi. Tras el inicio de las Guerras Clon y la muerte de Vey, se desengaña de la Orden y se une a la Inquisición. Como Decimotercera Hermana, recibe muchas misiones crueles y las ejecuta a rajatabla. Sin embargo, en una de ellas deja escapar a la esposa del maestro Jedi Eeth Koth. Darth Vader la asesina y también mata a su amante, Tualon Yaluna.

MIRA

ESPECIE Zabrak **PLANETA NATAL** Iridonia **FILIACIÓN** Familia Koth

Mira es la esposa de Eeth Koth, quien se hace sacerdote tras la Orden 66. Ignora que su marido es un Jedi hasta que Vader aparece cuando nace su hijo, que es sensible a la Fuerza. Vader y sus inquisidores matan a Eeth y secuestran al bebé.

TUALON YALUNA

ESPECIE Twi'lek **PLANETA NATAL** Ryloth **FILIACIÓN** Inquisición

Tualon es un antiguo caballero Jedi que se une a la Inquisición después de la Orden 66. Conoce a Iskat Akaris de sus días en el Templo Jedi e inician una relación romántica. Tras una misión fallida y una persecución por Coruscant, Darth Vader lo mata por defender a su amante.

ELI VANTO

ESPECIE Humana **PLANETA NATAL** Lisatra **FILIACIÓN** Imperio, Ascendencia Chiss, gran almirante Thrawn

Nace en Lysatra, mundo del Espacio Salvaje, y es hijo de los dueños de una compañía naviera. Pasa sus primeros años viajando por las Regiones Desconocidas y aprendiendo lenguas oscuras, como el sy bisti. Se une al Imperio con el fin de convertirse en oficial de suministros. Sin embargo, gracias a su dominio del sy bisti, conoce a Thrawn, un misterioso chiss que viaja de polizón en un destructor estelar. A medida que intiman, Vanto se convierte en traductor, ayudante y, más tarde, protegido de Thrawn. A sus órdenes, viaja a las Regiones Desconocidas como agregado del Imperio de la Ascendencia Chiss.

ALMIRANTE AR'ALANI

ESPECIE Chiss **PLANETA NATAL** Csilla **FILIACIÓN** Ascendencia Chiss

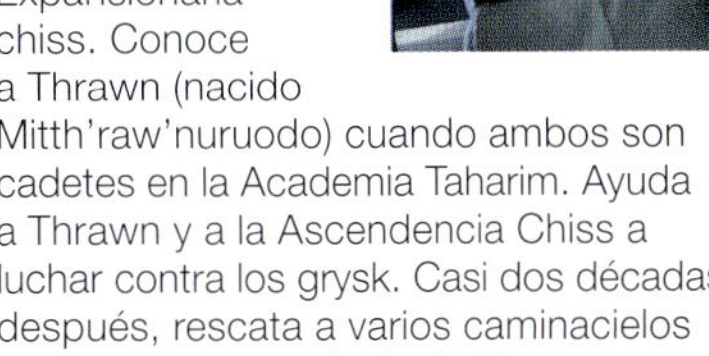

Ar'alani (nacida Irizi'ar'alani) es almirante de la Flota de Defensa Expansionaria chiss. Conoce a Thrawn (nacido Mitth'raw'nuruodo) cuando ambos son cadetes en la Academia Taharim. Ayuda a Thrawn y a la Ascendencia Chiss a luchar contra los grysk. Casi dos décadas después, rescata a varios caminacielos con Eli Vanto, discípulo de Thrawn, y se reencuentra con Thrawn.

KANINA NICO

ESPECIE Humana **PLANETA NATAL** Sistema Huru **FILIACIÓN** Imperio

Kanina se une al Imperio porque quiere formar parte de algo grande. Mientras se entrena en la Academia Naval Imperial de Carida, se alía con su compañero cadete Han Solo. Al final se desengaña del Imperio y finge su muerte en Qhulosk, un planeta del Borde Exterior.

LYTTAN DREE

ESPECIE Humana **PLANETA NATAL** Boiyuh **FILIACIÓN** Imperio

Lyttan Dree se alista en la Academia Naval Imperial de Carida junto a su hermano, Tamu. Como parte del Escuadrón Carida, participa en su primera batalla sobre la ciudad de Howlan. Llega a ser teniente del temible Ala Sombra y lo derriba un caza rebelde.

TAMU DREE

ESPECIE Humana **PLANETA NATAL** Boiyuh **FILIACIÓN** Imperio

Tras pasar hambre en el planeta Boiyuh, Tamu se une al Imperio junto a su hermano, Lyttan. Cuando es el cadete 542-146, su compañero Han Solo le salva la vida en un ejercicio de entrenamiento. A diferencia de su hermano, a Tamu lo relevan de su puesto de combate y lo destinan a un hospital imperial móvil.

BEILERT VALANCE

ESPECIE Humana **PLANETA NATAL** Chorin **FILIACIÓN** Imperio, cazarrecompensas

Beilert crece idolatrando al Imperio y se alista en la Academia Naval Imperial de Carida. Llega a ser el mejor de su clase y conoce al cadete 124-329, Han Solo, que lo rescata tras un accidente en Qhulosk. Pierde un brazo y un ojo, pero se los reemplazan por piezas cibernéticas y vuelve al ruedo. Al final, pierde todos sus miembros en combate y lo reparan con más piezas cibernéticas.

Valance se convierte en un temido cazarrecompensas cíborg y forma parte de un equipo al mando de la temible Nakano Lash donde también están T'onga y Bossk. Allí aprende mucho, pero se separan cuando Lash los traiciona. Más tarde, recibe el encargo de matar a Darth Vader, pero fracasa.

Durante la guerra por el cuerpo en carbonita de Solo, Boba Fett vuela por los aires a Valance, pero Vader lo repara: le extrae el corazón y le obliga a servir al Imperio. Cuando vuelve a ser imperial, ve los planos de la segunda Estrella de la Muerte. Por otra parte, se enamora de la teniente cíborg Haydenn.

Valance se entera de que el Imperio ha matado a su antiguo amor, Yura, y de que su amante actual, Haydenn, lo ha traicionado. Tras esto, escapa y se reencuentra con su compañera cazadora T'onga y su banda. El Escuadrón Infernal del Imperio le borra la memoria porque vio los planos de la segunda Estrella de la Muerte. Al fallarle la memoria, es víctima del Azote, que lo transforma en una máquina de matar. Cuando el grupo de T'onga le devuelve la memoria y el control del cuerpo, Valance viaja al palacio de Jabba el Hutt, donde destruye al megadroide del gánster como parte del complot para rescatar a Solo.

DARTH SHAA

FILIACIÓN Sith

Darth descubre las oscuras hazañas de un compañero sensible a la Fuerza llamado Momin. Lo localiza, lo saca de su escondrijo y lo convierte en su aprendiz, cosa que la lleva a su perdición. Momin está resentido con ella porque lo ha designado aprendiz y la mata en un duelo.

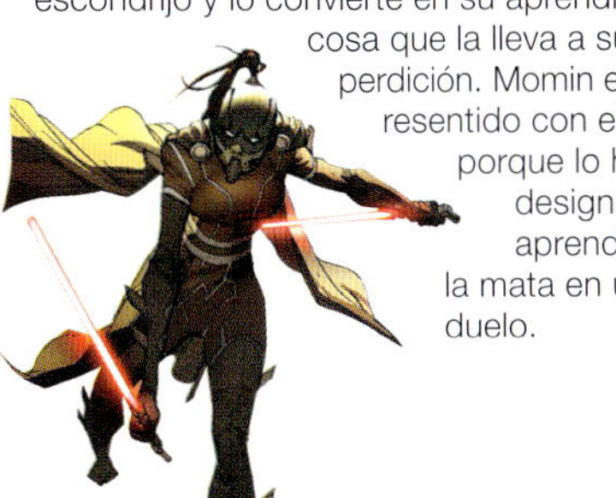

DARTH MOMIN

FILIACIÓN Sith

Darth Momin es un horrible artista del lado oscuro decidido a hacer grandes hazañas para la Fuerza. Mientras urde su destructiva obra maestra, los Jedi lo matan y solo dejan su máscara. La máscara llega a manos de Darth Sidious, que la guarda en su yate personal y más tarde se la regala a Darth Vader. La máscara posee al teniente imperial Roggo, que luego diseña un primer borrador de la fortaleza de Darth Vader en Mustafar. Finalmente, se revela el plan definitivo de Momin: pretende resucitarse a través de la máscara. Su estratagema le funciona, pero por poco tiempo: se bate en un duelo con Vader y encuentra su segunda muerte.

KRISTISS

ESPECIE Petrusiana **PLANETA NATAL** Petrusia **FILIACIÓN** Combatientes petrusianos por la Libertad

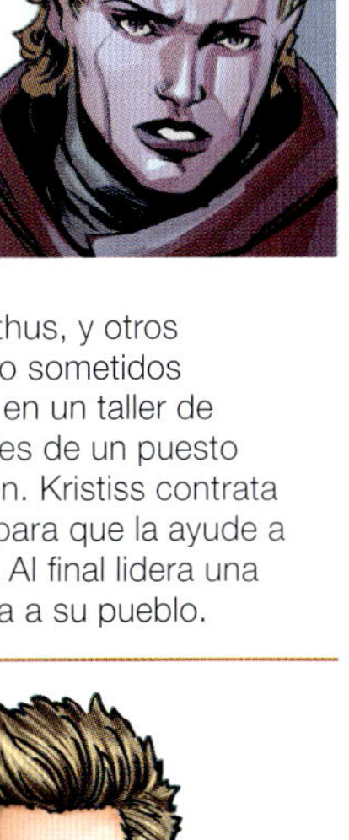

Esta trocadora consumada es capaz de lograr cualquier cosa. Su padre, Rythus, y otros petrusianos han sido sometidos a trabajos forzados en un taller de reparación de droides de un puesto imperial en Kullgroon. Kristiss contrata a Lando Calrissian para que la ayude a zafarse del Imperio. Al final lidera una revolución que libera a su pueblo.

CIENA REE

ESPECIE Humana **PLANETA NATAL** Jelucan **FILIACIÓN** Imperio

Ciena crece en Jelucan como una pobre colona de la primera ola y se hace muy amiga de Thane Kyrell, hijo de un aristócrata. Ambos hacen buenas migas por su afición a volar e ingresan en la Real Academia Imperial de Coruscant, donde su amistad se transforma en amor. Tras la destrucción de Alderaan, Ree permanece con el Imperio, obligada por su juramento, mientras que Kyrell se une a la Rebelión. En la batalla de Jakku, hacia el final de la Guerra Civil Galáctica, los dos se encuentran en bandos opuestos y la Nueva República apresa a Ciena.

THANE KYRELL

ESPECIE Humana **PLANETA NATAL** Jelucan **FILIACIÓN** Alianza Rebelde

Thane es hijo de un aristócrata de la segunda ola de colonos de Jelucan, un planeta del Borde Exterior. Cumple su sueño de la infancia y se une al Imperio como piloto junto a su mejor amiga, Ciena Ree. Tras la destrucción de Alderaan, se desengaña del Imperio e ingresa en la Alianza Rebelde como piloto de Ala-X. Después de la caída del Imperio, se convierte en un orgulloso miembro de la Nueva República y acaba rescatando a su amiga, que casi muere cuando su destructor estelar se estrella en la batalla de Jakku.

CAL KESTIS

ESPECIE Humana
FILIACIÓN Jedi, tripulación de la *Mantis Aguda*, Senda Oculta

Al final de las Guerras Clon, la Orden Jedi está prácticamente aniquilada, y el padawan Cal Kestis pierde a la única familia que conoce cuando matan a su maestro. Se esconde en el planeta Bracca, donde trabaja como chatarrero. Intenta ocultar su identidad, pero un día usa sus poderes de la Fuerza para salvar a su amigo Prauf de una caída desde gran altura. En el punto de mira del Imperio, huye de Bracca con la ayuda de Cere Junda y Greez Dritus a bordo de la *Mantis Aguda.*

Cal acepta colaborar en el plan de Cere para reconstruir la Orden Jedi. En Bogano, conoce al droide BD-1 y se entera de la existencia de un holocrón Jedi lleno de nombres de niños sensibles a la Fuerza. Mientras lo busca, lidia con la culpa de perder a su maestro para reparar su dañada conexión con la Fuerza. Sus poderes incluyen una habilidad poco común, la psicometría, que le permite sentir la historia de un objeto con solo tocarlo. Más tarde, invita a la Hermana de la Noche Merrin, que también perdió a su familia a manos de los Sith, a unirse a la tripulación de la *Mantis.*

Cal encuentra el holocrón, pero decide que es demasiado peligroso para usarlo. Junto con sus compañeros, participa en muchas misiones contra el Imperio y el sindicato criminal de los Vástagos de Haxion. Se enfada cuando la tripulación se disuelve y cada cual sigue su camino.

Tras varios años combatiendo al Imperio en solitario, Cal, BD-1 y su nuevo compañero, Bode Akuna, descubren que hay un planeta oculto llamado Tanalorr y se reencuentran con la tripulación de la *Mantis.* Cuando Bode los traiciona y Darth Vader mata a Cere, Merrin ayuda a Cal a resistir la tentación del lado oscuro. Cal rompe las reglas Jedi de apego y entabla una relación romántica con ella. Juntos, planean usar Tanalorr como refugio para la organización Senda Oculta, que protege a los seres sensibles a la Fuerza.

Espada nueva
Kestis usa piezas de las espadas de luz de Cere Junda y Jaro Tapal para fabricar una nueva en Ilum.

Contra viento y marea
Cal lleva ponchos y chaquetas que lo protegen de la lluvia, el sol y el viento.

Mirando al futuro
Cere nombra caballero a Cal antes de viajar a la Fortaleza de la Inquisición.

PRAUF

ESPECIE Abedneda
PLANETA NATAL Abednedo
FILIACIÓN Gremio de Chatarreros

Este chatarrero trabaja con Cal Kestis cuando el padawan vive escondido en Bracca. Está orgulloso de su oficio, pero echa de menos la época anterior al Imperio, cuando trabajaba como ingeniero. Le dice a Cal que no cree que todos los Jedi fueran traidores. Cuando este usa sus poderes para salvarlo de una caída, Prauf accede a guardarle el secreto y lo anima a abandonar Bracca. La inquisidora Segunda Hermana apuñala a Prauf y lo mata cuando este despotrica del Imperio para despistarla y proteger a Cal.

GREEZ DRITUS

ESPECIE Lateron **PLANETA NATAL** Lateron
FILIACIÓN Tripulación de la *Mantis Aguda*, La cantina de Pyloon

A este lateron de cuatro brazos le encanta volar y los juegos de azar. Cere Junda lo contrata a él y a su nave, la *Mantis Aguda,* para buscar un holocrón Jedi. Greez venera a Cere y al principio desconfía de Cal Kestis, BD-1 y Merrin, la Hermana de la Noche, cuando se unen a su tripulación, pero pronto se encariña con ellos y les ofrece su especialidad casera, el filete scazz. En una misión en Murkhana, el Quinto Hermano le corta un brazo. Más tarde, Greez compra la cantina de Pyloon, en Koboh, donde Cal lo recluta para pilotar la *Mantis* hasta un planeta en la nebulosa de Koboh.

SEGUNDA HERMANA

ESPECIE Humana
FILIACIÓN Jedi, Inquisición

Durante la Orden 66, la padawan Trilla Suduri se esconde en una cueva con su maestra, Cere Junda, y otros jovencitos. Pero el Imperio la encuentra, la tortura y la convierte al lado oscuro. Ahora es una inquisidora llamada Segunda Hermana y está enfadada con Cere por no haberla protegido. Es una despiadada cazadora de Jedi e intenta atrapar a Cal Kestis en Bracca, pero este escapa en la *Mantis Aguda.* Trilla lo persigue mientras ambos buscan un holocrón Jedi que contiene una lista de niños sensibles a la Fuerza. Trilla es ducha en el combate con espada de luz e intenta manipularlo revelándole su pasado con Cere. Tras investigar los rumores de actividad Jedi en Ontotho, la Segunda Hermana roba el holocrón a Kestis en Bogano. Luego ambos se enfrentan en la Fortaleza de la Inquisición cuando él trata de recuperarlo. Llega Cere e intenta que Trilla vuelva al lado luminoso, pero Darth Vader los interrumpe. Trilla le pide a Cere que los vengue, justo antes de que Vader la acuchille y la mate por fracasar en su misión.

CERE JUNDA

ESPECIE Humana **FILIACIÓN** Jedi, tripulación de la *Mantis Aguda*, Senda Oculta

Durante el caos de la Orden 66, esta maestra Jedi toma una decisión que luego la atormenta. Para proteger a su padawan, Trilla Suduri, la deja en una cueva. Pero el Imperio captura a Trilla y la tortura, y la maestra le revela la ubicación de la jovencita. Cuando Cere ve que Trilla se ha convertido en inquisidora, monta en cólera, mata a sus captores y huye. Tras este roce con el lado oscuro, corta su conexión con la Fuerza. Cuando descubre que su antiguo maestro, Eno Cordova, puede tener la clave para reconstruir la Orden Jedi, Cere recluta a Cal Kestis. Luego vuelve a caer en la tentación del lado oscuro cuando se enfrenta a Darth Vader, pero Cal la ayuda a volver a la luz. Tras muchas misiones con la tripulación de la *Mantis Aguda,* Cere se va por libre. Viaja a Jedha, donde trabaja con la Senda Oculta y empieza a reconstruir los Archivos Jedi con la ayuda de Cordova. Después protege valientemente el archivo de un ataque imperial, pero no sobrevive a un duelo con Darth Vader.

BD-1

FABRICANTE Behold-Urwar Droid Concepts
TIPO Droide explorador BD
FILIACIÓN Jedi, tripulación de la *Mantis Aguda*

Antes de unirse a Cal Kestis y a la tripulación de la *Mantis Aguda,* este droide explorador pertenecía al maestro Jedi Eno Cordova. Eno escondió un holocrón con los nombres de los niños sensibles a la Fuerza y luego bloqueó la memoria de BD-1 para que el droide no pudiera revelar su ubicación hasta dar con alguien de confianza. Cuando BD-1 conoce a Cal Kestis en Bogano, se hacen inseparables. BD-1, que suele ir a lomos de Cal, le ayuda a piratear consolas y escanear objetos, y le ofrece estimulantes para fortalecerlo. Además, le transmite a Cal unos mensajes grabados por Cordova que lo ayudan a encontrar el holocrón. Sabe que está en la bóveda de Bogano, pero ignora cómo llegar hasta ella. Con el tiempo, BD-1 y Cal están cada vez más unidos y el droide recupera todos sus recuerdos.

Cuando la tripulación de la *Mantis* se disuelve, BD-1 se queda con Cal y, de vez en cuando, le reproduce grabaciones nostálgicas de cuando estaban juntos. El leal droide entiende muy bien lo que siente Cal y suele emitir pitidos de apoyo o sugerirle ubicaciones que cree que Cal debería investigar.

ENO CORDOVA

ESPECIE Humana
FILIACIÓN Jedi, Senda Oculta

Eno Cordova es el maestro Jedi de Cere Junda. Durante el tiempo que pasan juntos, llevan a cabo muchas misiones para la Orden, entre ellas las de Nameel y Ontotho. Cordova está obsesionado con el estudio de las civilizaciones antiguas y viaja a menudo a planetas remotos de toda la galaxia. Siente gran curiosidad por los zeffo, una especie sensible a la Fuerza que desapareció misteriosamente. Tras recibir una maléfica premonición antes de la Orden 66, Cordova esconde un holocrón con los nombres de los jovencitos sensibles a la Fuerza en una bóveda zeffo de Bogano, un planeta cuya ubicación solo conocen él y Junda. Luego encarga a su droide explorador BD-1 que transmita holomensajes a quien considere digno de encontrar el holocrón. Más tarde, Cordova se une a Junda en Jedha para reconstruir los Archivos Jedi y ayudar a la Senda Oculta. Su bondad y optimismo se extinguen cuando Bode Akuna lo mata para hacerse con la brújula que lleva a Tanalorr.

TARON MALICOS

ESPECIE Humana
FILIACIÓN Jedi, clan Hermano de la Noche

Tras la Orden 66, Taron Malicos se convierte en líder de un clan de Hermanos de la Noche. Miente a Merrin, a quien cuenta que los Jedi fueron los responsables de la matanza de sus hermanas. Tras fracasar en su intento de reclutar a Cal, muere luchando contra este y Merrin.

JARO TAPAL

ESPECIE Lasat
FILIACIÓN Jedi, República

Este maestro Jedi está entrenando a su padawan, Cal Kestis, en el *Albedo Valiente* sobre Bracca cuando Palpatine activa la Orden 66. Tras enviar a Cal a una cápsula de salvamento, Tapal lucha contra las tropas clon. Al final, ambos logran llegar al vehículo, pero Tapal muere a resultas de las heridas de combate.

MERRIN

ESPECIE Zabrak **PLANETA NATAL** Dathomir
FILIACIÓN Hermanas de la Noche, tripulación de la *Mantis Aguda*

De niña, Merrin pierde a su familia de Hermanas de la Noche dathomirianas durante una masacre separatista. Al crecer sola, comparte algunos de sus secretos de magia con el Jedi caído Taron Malicos. Él le dice que los responsables de la muerte de su clan fueron los Jedi. Tras conocer a Cal Kestis, Merrin comprende que Malicos la estaba manipulando y ayuda a Cal a vencerlo. Luego se incorpora a la tripulación de la *Mantis Aguda.* Su magia le permite moverse rápido y atacar con llamas verdes. Puede lanzar hechizos para resucitar los cuerpos de sus hermanas o proteger a la *Mantis.* Trabaja con la tripulación de la nave en muchas misiones, como la de la búsqueda de un dispositivo de ocultación llamado el Sudario, durante la cual tiene un romance con una desertora imperial. Merrin abandona la tripulación de la *Mantis* porque siente que debe ahondar en sus poderes y explorar la galaxia por su cuenta. Más tarde, se reencuentra con Cal en Jedha, en un refugio de la Senda Oculta dirigido por Cere Junda. Merrin lo ayuda a resistirse al lado oscuro y a viajar a Tanalorr, un planeta muy sensible a la Fuerza. Mientras planean utilizar Tanalorr como base para la Senda Oculta, se confiesan su amor.

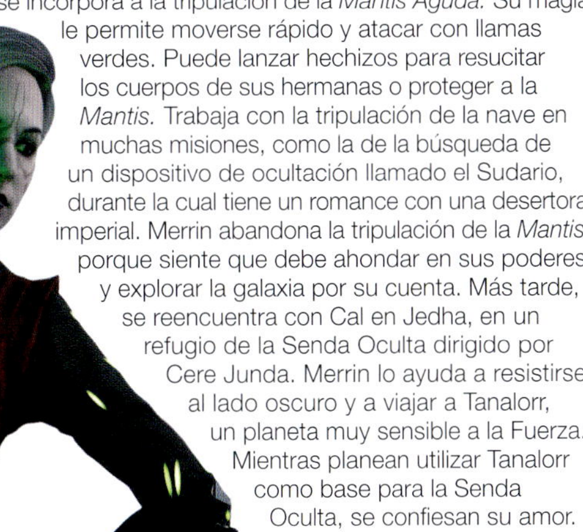

QUIRODÁCTILO

PLANETA NATAL Dathomir
TAMAÑO 4,8 m de altura
HÁBITAT Cuevas

Estas grandes criaturas parecidas a murciélagos viven en las cuevas de Dathomir. Gracias a sus fuertes garras, corren y trepan por terreno abrupto. También pueden planear en el cielo durante largos periodos de tiempo, y sus potentes gritos ahuyentan a otros depredadores dathomirianos. Muchos Hermanos de la Noche han muerto intentando montarlos para impresionar a su clan. Durante la búsqueda de un astrium zeffo, Cal Kestis lucha, monta y mata a una quirodáctila llamada Gorgara.

HAN SOLO

ESPECIE Humana **PLANETA NATAL** Corellia
FILIACIÓN Alianza Rebelde, Resistencia

Han Solo, el mítico granuja galáctico de agudo ingenio y rápidos reflejos, empieza su vida como cazarratas, pero evoluciona hasta ser una leyenda en la lucha contra la tiranía.

UN SINVERGÜENZA

A Han lo abandonan de niño y crece en las calles de Corellia. Esa dura infancia moldea al adulto en que se convertirá. Su paso por la banda de los Gusanos Blancos le enseña a estafar y a salir airoso de cualquier apuro. Se enamora de Qi'ra, otra cazarratas, con la que intenta huir del planeta. Pero acaban separados y cada uno se busca la vida por su cuenta. Han ingresa en la Academia Imperial para salir de Corellia. Su carácter indómito y su desprecio por la autoridad le granjean momentos difíciles como cadete imperial. Pese a su talento innato, fracasa como piloto y lo reasignan a la infantería en Mimban. Allí lo condenan por desacato a ser ejecutado por «la Bestia», un wookiee llamado Chewbacca, pero Han lo convence para que escapen juntos.

LA TRIPULACIÓN DE BECKETT

Solo y Chewbacca huyen de Mimban con la tripulación del contrabandista Tobias Beckett, a la que se suman. Su primer golpe es un robo fallido de coaxium, un hipercombustible muy valioso. Han y Beckett, ahora en deuda con la banda criminal Crimson Dawn, negocian para cumplir el encargo. Han se sorprende al descubrir que su vieja amiga Qi'ra es un miembro insigne de Crimson Dawn, pero se alegra de contar con ella en el viaje a Kessel para obtener más coaxium. El grupo incorpora a sus filas a Lando Calrissian y su nave, el *Halcón Milenario*, pero pronto se ven en apuros y tienen que tomar un atajo por el peligroso Corredor de Kessel. Con Han de piloto, la banda completa la maniobra en un tiempo récord, pero la prístina nave de Lando queda muy maltrecha. Cuando acaban el trabajo, Beckett y Qi'ra traicionan a Han. Solo y Chewie se van con el dinero justo para apostar a las cartas contra Calrissian y ganar el *Halcón Milenario*. Han aprende a ser más cauto a la hora de confiar en los demás.

TRABAJILLOS

En la era imperial, Han y Chewie recorren la galaxia en el *Halcón* como contrabandistas de bienes dudosos para Jabba el Hutt. Suelen cruzarse con otros canallas, como los cazarrecompensas Greedo y Krrsantan, la reina pirata Maz Kanata y la contrabandista Sana Starros, que finge ser la esposa de Han como tapadera para robar en el planeta Stenness. Durante un fatídico encargo, Han se deshace de su cargamento de especia para evitar que caiga en manos del Imperio. Jabba enfurece y le exige que se lo pague.

REBELDE A LA FUERZA

Han Solo acepta transportar a Luke, Obi-Wan y sus droides por puro negocio, ya que su misión rebelde le trae sin cuidado. Luego el plan cambia y acepta rescatar a la princesa Leia, movido por la promesa de una gran recompensa económica. Cuando llegan a Yavin 4, Han decide irse antes de la inminente batalla para saldar su deuda con Jabba el Hutt. Pero, en el último momento, cambia de opinión y vuelve para ayudar a sus nuevos amigos, tras lo cual efectúa muchas misiones contra el Imperio. En Hoth, intenta abandonar a los rebeldes otra vez, pero se lo piensa mejor y da media vuelta para sacar a Leia sana y salva del planeta.

Congelado vivo
Darth Vader prueba con Han si un humano puede sobrevivir al proceso de congelación en carbonita antes de intentarlo con Luke Skywalker.

ENCERRADO EN CARBONITA

Cuando Han empieza a sentir algo por Leia, su mundo da un vuelco. En la Ciudad de las Nubes, Darth Vader lo atrapa y lo usa para probar una cámara de congelación en carbonita. Una vez impedido y congelado, se lo ceden al cazarrecompensas Boba Fett para que se lo entregue a Jabba. Pero son muchos los que buscan aprovecharse de la difícil situación de Solo, entre ellos Qi'ra, por lo que Fett acaba perdiendo a su presa. Pese a todo, al final lo recupera y se lo entrega al Hutt en su palacio de Tatooine. Allí, Han luce colgado de la pared como un trofeo y todo parece perdido… hasta que sus amigos orquestan un exitoso plan de rescate.

GENERAL SOLO

Una vez libre de su cárcel de carbonita, Han se vuelca de lleno en su labor en la Alianza Rebelde. Es nombrado general y lidera un equipo para destruir el generador de escudos de la segunda Estrella de la Muerte en la luna de Endor. Entretanto, presta a regañadientes el *Halcón* a su antiguo dueño, Lando Calrissian, para que encabece el ataque contra la temida estación de combate. Durante la misión en Endor, Han cae prisionero de los ewoks y, una vez más, debe confiar en otros para sobrevivir. Cuando los rebeldes destruyen por fin el generador de escudos y derrocan al Imperio, Leia le da la feliz noticia de que Luke es en realidad su hermano.

VIDA FAMILIAR

Tras la batalla de Endor, Han y Leia se casan. Celebran la boda en la aldea del Árbol Brillante de los ewoks, y más tarde tienen un hijo, al que llaman Ben. El inquieto Han monta una empresa de transportes y pasa mucho tiempo lejos de casa, absorto en su negocio y echando carreras con cazas estelares. La pareja envía a Ben a entrenarse con Luke como Jedi. Pero su hijo se pasa al lado oscuro y se hace llamar Kylo Ren. Han y Leia no logran superarlo y se separan. Han vuelve al contrabando con Chewie, pero, tras perder el *Halcón*, acaba pilotando el carguero *Eravana*. En las Fronteras Occidentales, el dúo topa con su antigua nave y vuelve a implicarse en los acontecimientos galácticos. Han ayuda a destruir la base Starkiller y aborda a Kylo Ren, su hijo, para pedirle que vuelva a casa, pero Ren lo mata.

Poco después, al sentir la muerte de Leia, Ren se plantea quién quiere ser. Entonces se le aparece Han en una visión y lo anima a continuar la lucha de su madre. Tras ello, Ben Solo vuelve a la luz.

Canalla confiado
Han Solo cree que necesita poco más que un buen bláster a su lado, en especial su pistola DL-44 personalizada.

Amor y guerra
Pese a su visión de la vida, materialista y cínica, Han se enamora de Leia y, por ende, de la causa rebelde.

SOLDADO DE ASALTO

ESPECIE Humana **PLANETA NATAL** Varios
FILIACIÓN Imperio

Los soldados de asalto sustituyen a los clones de la República como tropas de infantería prescindibles del Imperio. Sirven por toda la galaxia imponiendo la voluntad del emperador.

RECLUTAMIENTO E INSTRUCCIÓN

Los soldados de asalto no son el arma más mortífera del ejército, pero, bajo su blanca armadura, son leales ciudadanos del Imperio. Casi todos son humanos que se presentan voluntarios (o los reclutan) y se someten a un riguroso entrenamiento en academias imperiales.

Tras el auge del Imperio, los clones se eliminan poco a poco debido a su acelerado proceso de envejecimiento. Aunque son copias genéticas, su personalidad varía y son muy individualistas. Por el contrario, los soldados nacidos de forma natural se instruyen y condicionan para que renuncien al individualismo y la empatía.

El gran moff Wilhuff Tarkin es la cara pública de la estrategia política para pasar de las tropas clon de la República a las de asalto imperiales. Pero el emperador Palpatine es el que tiene la última palabra. Bajo las órdenes de Tarkin, el vicealmirante Edmon Rampart destruye las instalaciones de clonación de Ciudad Tipoca, en Kamino, y presenta al Senado el Proyecto de Ley de Reclutamiento para la Defensa Imperial, enfocado a estructurar el reemplazo de los clones por humanos. Con todo, algunos clones siguen sirviendo al ejército como asesores e instructores. Otros se retiran o se ven abocados a la pobreza, incapaces de hacer el trabajo para el que los crearon.

GUARDIANES DEL ORDEN Y LA SEGURIDAD

Los soldados de asalto se despliegan en mundos estratégicos de toda la galaxia. En planetas como Lothal, Tatooine y Coruscant, desempeñan varias funciones, como velar por las operaciones mineras, fábricas e intereses comerciales relevantes para el Imperio. También mantienen el orden social y vigilan las zonas políticamente sensibles, donde erradican cualquier signo de rebelión. Su poder, basado en infundir miedo a la población local, crea un ambiente de corrupción y abuso. Algunos, ya sea por obediencia ciega o lavado de cerebro, llevan a cabo atrocidades en nombre del emperador.

EN EL CAMPO DE BATALLA

Los soldados de asalto son la médula del Ejército Imperial en la lucha contra la insurrección rebelde. Van equipados con blásteres E-11 BlasTech y fusiles DLT-19, un detonador térmico, un garfio, un comunicador y munición extra. Son temidos por la población civil, y no solo por su brutalidad, sino por su obsesión por oprimir a cualquier precio. Son adiestrados para hacer caso omiso de sus camaradas caídos en la batalla y combatir al enemigo pase lo que pase. En la transición de la República al Imperio, se insta a los soldados de asalto a que metan en vereda a los planetas separatistas. Las refriegas posteriores son de poca monta (células rebeldes aisladas, políticas autóctonas, avistamientos de Jedi, piratería y otras actividades de los bajos fondos) hasta la llegada de la Alianza Rebelde. Con la expansión de la Guerra Civil Galáctica, los soldados de asalto se involucran cada vez más en la contienda, hasta que el Imperio es derrotado en la batalla de Jakku.

Tras la caída del Imperio, muchos soldados de asalto pasan a servir en el remanente imperial. Ante la escasez de recursos en el planeta Peridea, las tropas del gran almirante Thrawn reparan las grietas de sus armaduras con lo que encuentran. Las Grandes Madres practican su magia siniestra y ancestral con varios de ellos.

ESPECIALIZACIÓN

Los soldados de asalto son reclutas humanos, tanto hombres como mujeres. Cuando no combaten ni efectúan tareas de seguridad, los oficiales llevan unas inconfundibles gorras, botas y túnicas negras. Sus cilindros de códigos, placas de rango, discos de oficial y uniforme se ajustan a la norma militar imperial. Los oficiales de las unidades de campaña llevan hombreras naranjas, negras o blancas según el rango (por desgracia para ellos, eso los pone en peligro frente a los francotiradores). Las tropas se dividen en varias unidades especializadas, como los soldados de las nieves, la guardia costera, los exploradores, los de las arenas y los de la muerte, cada cual con una armadura única. Los pilotos también pueden ascender en su escalafón.

Cantidades abrumadoras
Un caminante imperial y varios soldados de asalto rodean a Chewbacca, Leia Organa y Han Solo en la batalla de Endor.

«Deja de lloriquear. Estamos aquí para protegerte.»

SOLDADO DE ASALTO DE LOTHAL

Tras la máscara
Solo su identificación alfanumérica permite diferenciarlos en el anonimato de sus armaduras blancas, por lo que resulta muy difícil depurar responsabilidades y es fácil que los espías se hagan pasar por ellos.

En busca de los droides
Obi-Wan usa sus poderes Jedi de persuasión para pasar un control en Mos Eisley.

QI'RA

ESPECIE Humana **PLANETA NATAL** Corellia **FILIACIÓN** Gusanos Blancos, Crimson Dawn

Brillante y calculadora, Qi'ra se alza desde sus humildes orígenes hasta desafiar al mismísimo emperador. Las cosas no le salen como esperaba, pero deja una huella indeleble en la historia.

Mantener las apariencias
En Crimson Dawn, Qi'ra ha aprendido a esconder sus intenciones. Engaña con facilidad al Sindicato Pyke.

CAZARRATAS CORELLIANOS

La joven corelliana Qi'ra acaba en la banda de los Gusanos Blancos cuando intenta robar a Moloch, uno de sus miembros más veteranos. Conoce a Han Solo, otro cazarratas, y Lady Próxima los envía a manipular una subasta entre los Gusanos Blancos, el sindicato Kaldana y Droid Gotra. Próxima asciende a Qi'ra a jefa, pero esta y Han se han enamorado y deciden escapar. Al poco, Han roba una pequeña muestra de valioso coaxium e intenta huir con Qi'ra. Moloch los persigue hasta el espaciopuerto de Coronet. Han logra pasar el control de seguridad, pero Qi'ra es capturada. Próxima se la vende al esclavista Sarkin Enneb, pero el contrato estipula que Qi'ra debe ayudarla con un último trabajo. Una vez completada la tarea, Enneb se la lleva a su finca, donde Corynna, la conserje de la banda criminal Crimson Dawn, decide reclutarla. Tras esto se llevan a Qi'ra a la *Primera Luz*.

MIEMBRO DE CRIMSON DAWN

Qi'ra trata de fugarse varias veces tras lo cual el líder del grupo, Dryden Vos, le ordena que mate a alguien. Ella lo hace sin despeinarse y se granjea un tatuaje de Crimson Dawn en el brazo. Luego la envían a Thorum, donde deja impresionado a Vos, que la reclama de vuelta a la *Primera Luz* para entrenarla en el arte marcial teräs käsi. Más tarde, Qi'ra lo acompaña a una fiesta a la que asisten otras organizaciones criminales del planeta Nightsend. Allí la cosa se pone muy fea, pero Qi'ra le salva la vida a Vos con su ingenio, lo cual consolida del todo su posición en la banda. Pronto la envían a recuperar un artefacto de la Fuerza, que entrega personalmente en Dathomir a Maul, el jefe de todas las bandas criminales. Tras ello se convierte en la mano derecha de Vos.

Han Solo reaparece en su vida, junto con Tobias Beckett y Chewbacca. El trío tiene una deuda con Vos, quien está que arde, pero Qi'ra les salva la vida: organiza un atraco en Kessel para robar un alijo de coaxium sin refinar que les permitirá saldar la deuda. Acompaña a los tres y contrata a Lando Calrissian y su *Halcón Milenario* para transportarlos. Gracias a sus dotes de planificación y combate, la misión es un éxito. Sin embargo, cuando vuelven para reunirse con Dryden, Beckett los traiciona a todos, roba el coaxium y deja a Han y a Qi'ra lidiando con Vos. Entonces Qi'ra traiciona y mata a su maestro. Le dice a Han que vaya a por Beckett y promete seguirlo. Sin embargo, se queda con Crimson Dawn.

EN LA CIMA DEL PODER

Al llegar a Dathomir, Qi'ra se convierte en la nueva cabeza visible de Crimson Dawn y descubre más cosas sobre el plan de Maul para derrotar a los Sith. Tras la muerte de Maul, es la líder del grupo y reanuda la campaña de venganza que este empezó. Las bandas rivales creen que Crimson Dawn ha caído, pero Qi'ra se ha ocultado para crear una extensa red de agentes y un ejército en las sombras.

Cuando congelan a Han en carbonita, los secuaces de Qi'ra roban a su examante a Boba Fett antes de que este se lo entregue a Jabba el Hutt. Después, da una fiesta en Jekara para anunciar el regreso de Crimson Dawn al escenario galáctico. Invita a otras bandas, delegaciones del Imperio y la Alianza Rebelde. Durante el evento, subasta a Han Solo y se lo queda Jabba, que ofrece un millón de créditos por él. Sin embargo, un invitado inesperado, Darth Vader, irrumpe reclamando a Han. Qi'ra se burla del señor del Sith y combate con él. Aguanta el tipo e incluso lo hiere, pero solo sobrevive gracias a la llegada de Luke Skywalker, que distrae a Vader, quien más tarde mata a casi todo el Consejo Hutt.

ESCALADA DE VIOLENCIA

Mientras huye de Jekara, Qi'ra piensa que, pese a la interferencia de Vader, la fiesta ha salido a pedir de boca: ha sumido al mundo criminal en el caos y la inestabilidad, y ha roto la alianza entre los hutt y el Imperio. Después, usa a sus agentes para sembrar la discordia entre las bandas criminales y provocar una batalla campal. Con los Sith distraídos por las disputas entre bandas, Qi'ra envía a los Caballeros de Ren a la Fortaleza Vader, en Mustafar, para robar un artefacto llamado la Llave de los Gritos. También captura a Cadeliah, heredera de dos bandas rivales, a quien Qi'ra ve como una posible sucesora.

Ahora que los Sith son plenamente conscientes del peligro que supone Qi'ra, los Caballeros de Ren y un agente de Crimson Dawn llamado «La Archivista» utilizan la Llave de los Gritos para recuperar la Jaula Fermata, un dispositivo Sith de gran poder que puede congelar a los seres en el tiempo. Ahora Qi'ra pone todos sus recursos, su emporio oculto, a disposición de los imperiales para que la Archivista tenga tiempo de abrir la Jaula Fermata. Ella misma le dice a Darth Sidious que tiene el peligroso objeto y que lo abrirá para liberar a un señor del Sith ancestral, lo que preocupa mucho al emperador.

Una reunión inesperada
Han se sorprende al ver a Qi'ra trabajando con Dryden Vos, porque creía que seguía atrapada en Corellia. A ella le sorprende que Han se haya unido a la banda de Beckett.

LA ÚLTIMA PARTIDA

Ahora que está a punto de culminar su plan, Qi'ra convoca a sus tropas para defender la Jaula Fermata en la estación espacial Amaxine. Cuando el *Ejecutor* llega a la órbita, con Sidious y Vader a bordo, Qi'ra envía a su flota para atacarlos. Los Sith abordan la estación y matan a todo el que se cruza en su camino. Pero reparan demasiado tarde en que han caído en una trampa: se quedan congelados en el tiempo. Parece que Qi'ra se ha salido con la suya, hasta que el líder de los Caballeros de Ren, airado porque ha perdido a dos secuaces por culpa de sus complots, decide salvar a los Sith. Eso conduce a la destrucción total de Crimson Dawn.

Qi'ra se esconde y llega cuanto tiene a Cadeliah, lo cual brinda a la joven criminal la oportunidad de elegir su futuro. El plan de Qi'ra fracasa, pero lo que ha hecho permite a la Alianza reagruparse. Además, sus agentes informan a los rebeldes sobre la segunda Estrella de la Muerte, y eso garantiza su victoria en la Guerra Civil Galáctica. En cuanto a ella, contempla la caída del Imperio sentada a solas en una cantina.

LADY PRÓXIMA

ESPECIE Grindálida **PLANETA NATAL** Corellia **FILIACIÓN** Gusanos Blancos

La jefa de los Gusanos Blancos es una matriarca con forma de larva que vive en una cisterna en la guarida de la banda. Su organización, que controla el mercado criminal de Ciudad Coronet, se sirve de niños humanoides conocidos como «cazarratas», a los que obliga a trabajar para ella. Próxima acoge a los jóvenes Han y Qi'ra, pero cuando Han fracasa en una misión y se queda con parte de un alijo de coaxium, la matriarca decide darle una dolorosa lección. Han escapa con Qi'ra tras romper el cristal de la «sala del trono» de Próxima, cuya piel fotosensible se quema al quedar expuesta a la luz. Cuando Moloch captura a Qi'ra, Próxima la tortura y luego se la vende a un esclavista, pero le encarga una última misión: atacar un astillero corelliano para matar a muchas de las cazarratas mayores, quizá por temor a que haya más insurrectos. Años después, Han regresa a Corellia. Moloch lo atrapa y lo lleva ante Próxima, pero Solo logra huir al exponerla de nuevo a la luz del sol. Llena de cicatrices y rencor, Próxima sigue al mando de su banda en la Nueva República y ofrece información a Bazine Netal, una agente de la Primera Orden, para capturar la nave de Han.

SABUESO CORELLIANO

PLANETA NATAL Corellia
TAMAÑO MEDIO 0,7 m de altura
HÁBITAT Adaptado a entornos diversos

Las bandas criminales usan a los sabuesos corellianos, veloces y con un extraordinario sentido del olfato, como perros guardianes, rastreadores y de pelea. Los hay de muchas razas y están repartidos por toda la galaxia. Los sibian son blancos con una cresta ósea de cabeza a hombros. Son belicosos y muerden con tanta fuerza que suelen perder dientes, aunque les vuelven a salir. La banda de los Gusanos Blancos los usa para perseguir a Han y a Qi'ra cuando huyen al puerto espacial de Corona. El potente olor del marisco del mercado de abastos puede despistarlos.

BANSEE

ESPECIE Humana
PLANETA NATAL Corellia
FILIACIÓN Gusanos Blancos

La banda de los Gusanos Blancos de Lady Próxima se compone de niños de la calle de Corellia. Bansee es su mejor cazarratas y alcanza el rango de Tercera Chica. Es ambiciosa y aspira a seguir ascendiendo en la banda, quizás hasta convertirse en uno de los matones de Moloch.

FALTHINA SHAREST

ESPECIE Humana
PLANETA NATAL Corellia
FILIACIÓN Imperio

Falthina Sharest, la Oficial Líder de Seguridad en el Transporte, pertenece a la oficina de inmigración de Corellia y trabaja en el puesto espacial de Corona. Acepta un trato y autoriza a Han y Qi'ra a marcharse a cambio de coaxium, pero traiciona a Qi'ra cuando los Gusanos Blancos la atrapan.

MOLOCH

ESPECIE Grindalid
PLANETA NATAL Corellia
FILIACIÓN Gusanos Blancos

El cruel Moloch es el segundo de Lady Próxima en los Gusanos Blancos. Aunque las placas faciales y la túnica protectora le otorgan aspecto humanoide, en realidad es un gusano grindalid, como Lady Próxima, y «camina» sobre una cola segmentada. Moloch captura a Han y a Qi'ra cuando Han decide ir por libre en una misión y los lleva ante Lady Próxima para que los castigue. Cuando escapan, Moloch carga a Rebolt, Syke y sus sabuesos corellianos en su deslizador terrestre A-A4B y los persigue hasta el puerto espacial de Corona. Han escapa, pero los hombres de Moloch consiguen atrapar a Qi'ra. Permanece al lado de Próxima durante muchos años.

REBOLT

ESPECIE Humana **PLANETA NATAL** Corellia
FILIACIÓN Gusanos Blancos

Rebolt es un despiadado miembro de la banda de los Gusanos Blancos y trabaja para Moloch. Es un experto adiestrador de sabuesos corellianos, pero maltrata a sus animales. Se une a Moloch y a Syke a bordo del deslizador terrestre A-A4B para perseguir a Qi'ra y a Han por Corona. Se cree que murió tras un desastroso atraco a un astillero corelliano.

SYKE

ESPECIE Humana **PLANETA NATAL** Corellia
FILIACIÓN Gusanos Blancos

Syke es el competitivo colega de Rebolt. Trata mejor a los sabuesos corellianos, aunque se muestra vengativo con Rebolt. Los dos miembros de los Gusanos Blancos lanzan a sus sabuesos en pos de Qi'ra y Han por orden de Moloch. Tras la traición de la pareja, teme que Próxima mate a los cazarratas mayores. Jamás regresa de un asalto a un astillero corelliano, lo que prueba que su preocupación era fundada.

SOLDADO DE PATRULLA

ESPECIE Humana **PLANETA NATAL** Varios
FILIACIÓN Imperio

El Imperio asume la seguridad del tránsito local y la aplicación de la ley en mundos con grandes núcleos urbanos, especialmente si son de gran importancia estratégica para el gobierno, el ejército o las grandes corporaciones. Los soldados de patrulla imperiales son el equivalente de los soldados BARC de la Armada Imperial. En Corellia, conducen motos deslizadoras Aratech C-PH mientras controlan la actividad de los astilleros y el puerto espacial de Corona. Un soldado de patrulla persigue a Han y Qi'ra cuando huyen de Moloch, pero el soldado se estrella y la persecución no dura mucho.

VAL

ESPECIE Humana
FILIACIÓN Banda de Beckett

El padre de Val era músico y le puso el nombre de un instrumento, el valacordio. Ella y Tobias Beckett, su pareja en el delito y el amor, se ríen diciendo que, algún día, él aprenderá a tocarlo. Hacen encargos para Dryden Vos y entran en conflicto con Enfys Nest. Cuando Nest les arrebata los identichips que habían robado, Val y Beckett se hacen pasar por soldados de barro en Mimban y roban una nave para usarla en un golpe contra un conveyex en Vandor. Durante la misión, Val es descubierta por letales droides víbora. Para evitar que el resto del equipo corra la misma suerte, hace saltar por los aires el puente del conveyex y muere.

TOBIAS BECKETT

ESPECIE Humana **PLANETA NATAL** Glee Anselm
FILIACIÓN Crimson Dawn, banda de Beckett

Tobias Beckett es célebre por ser responsable de la supuesta muerte de Aurra Singh. Su banda, compuesta por su novia Val y el piloto Rio Durant, hace encargos para Crimson Dawn. Él y su equipo intentan robar identichips en Hovun IV, pero fracasan, y Enfys Nest se los arrebata. Estos encargos fallidos sumen a la banda en problemas económicos. Beckett y su banda, que tienen una deuda importante con Dryden Vos, de Crimson Dawn, se hacen pasar por soldados de barro en Mimban y roban un AT de carga para usarlo en un golpe en Vandor. Durante este, conoce a Han Solo y a Chewbacca, y los incorpora a su tripulación. En Vandor, Beckett y el equipo roban valioso coaxium de un tren conveyex imperial, pero los Jinetes de las Nubes de Enfys Nest llegan y frustran la operación. Val y Rio mueren.

Beckett accede a robar un tesoro de coaxium sin refinar de Kessel para Dryden, para sustituir al que han perdido. El golpe es un éxito, pero Beckett traiciona a su propio equipo en Savareen y se queda el coaxium. Han Solo lo persigue y lo mata.

Un gran tirador
Disfrazado de oficial imperial en el caótico campo de batalla de Mimban, Beckett demuestra su extraordinaria habilidad como tirador.

RIO DURANT

ESPECIE Ardenniano **PLANETA NATAL** Ardennia
FILIACIÓN Hijos de la Libertad, banda de Beckett

Rio Durant es un piloto con cuatro brazos que trabajaba para los Hijos de la Libertad, el ejército que se unió a la República Galáctica durante las Guerras Clon, y que se dedica al crimen desde la formación del Imperio. Rio intenta, sin éxito, robar la moto deslizadora de Tobias Beckett y Val, que le ofrecen un puesto en su banda. Cuando conoce a Han Solo en Mimban, Rio convence a Beckett para que acepte a Solo y a Chewbacca como nuevos miembros. Rio pilota la nave de la banda durante el golpe en Vandor, pero son abordados por los Jinetes de las Nubes. Rio es herido de muerte en un tiroteo por el proyectil de un Jinete de las Nubes.

SOLDADO DE BARRO

ESPECIE Humana **PLANETA NATAL** Varios
FILIACIÓN Imperio

Son miembros de la Armada Imperial destinados a mundos cenagosos y asolados por la guerra. No es un destino glamuroso y estos soldados suelen recibir su destino como castigo por insubordinación, como Han Solo. Algunos son soldados locales que lucharon para la República durante las Guerras Clon y que ahora luchan junto a los soldados de asalto. En Mimban, el Imperio se enfrenta a las guerrillas del planeta en un esfuerzo por controlarlo. La banda de Tobias Beckett aprovecha el caos para hacerse pasar por soldados de barro y robar un AT de carga imperial.

ENFYS NEST

ESPECIE Humana **FILIACIÓN** Jinetes de las Nubes

Enfys Nest desciende de un linaje de combatientes por la libertad y su mundo está siendo arrasado por los Cinco Sindicatos del Crimen, sobre todo Crimson Dawn. Hereda de su madre el liderazgo de los Jinetes de las Nubes (una banda de piratas que viajan sobre motos deslizadoras) y la armadura.

Cuando los Jinetes asaltan Gargon, el Imperio obtiene información que indica que Enfys está acumulando recursos para financiar una rebelión. Mientras, Enfys se enfrenta a Tobias Beckett y engaña a su banda para que robe un lote de identichips. Enfys reaparece y se queda con el coaxium de Beckett en Vandor, pero lo pierde en un accidente. Luego sigue a Beckett, Han Solo, Qi'ra y Chewbacca a Savareen. Allí les desvela su identidad y su objetivo: luchar contra Crimson Dawn. Los convence para que se unan a ella y, después de pelear con Dryden Vos y matar al traidor Beckett, Solo entrega el valioso coaxium a Enfys, que se lo da a Saw Gerrera para financiar a sus Partisanos.

De enemiga a amiga
En Savareen, Han se da cuenta de que Enfys Nest y los Jinetes de las Nubes no son criminales despiadados, sino nobles luchadores por la libertad.

Al límite
Dryden Vos es muy volátil e impredecible, un cruel asesino que oculta su verdadera naturaleza tras una máscara de caballerosidad.

DRYDEN VOS

ESPECIE Cuasi-humana
FILIACIÓN Crimson Dawn, Colectivo Sombra

Dryden Vos es la cara pública al mando de Crimson Dawn, cuyo jefe, Maul, permanece en el anonimato. Tiene un temperamento volátil que lo lleva de la más absoluta serenidad a la violenta sed de sangre, y disfruta matando en persona a quienes lo defraudan. Solo lo delatan las estrías de su rostro, que se vuelven de un rojo encarnado cuando le sube la adrenalina o la presión sanguínea. Lleva en la banda desde las Guerras Clon como mínimo. Durante el asedio de Mandalore, Maul ordena a Vos y a los otros miembros del Colectivo Sombra, una agrupación de bandas criminales, que se escondan, pues teme el ascenso del Imperio.

En la era imperial, este capo del hampa lleva una vida de lujo y viaja en su yate, *Primera Luz*, con su personal de seguridad, tripulación y criados. Cuando su conserje, Corynna, le lleva a Qi'ra, la joven criminal capta su atención de inmediato. La entrena para que sea su segunda al mando y él mismo la instruye en teräs käsi. Qi'ra lo impresiona en varias misiones y lo ayuda a localizar a un traidor.

En una ocasión, el contrabandista Tobias Beckett no le entrega el coaxium que le debe, por lo que Dryden quiere matarlo. Por suerte para Beckett, el ingenioso Han Solo, miembro de su tripulación, ayuda a urdir un plan para adquirir más coaxium en Kessel. Dryden manda a su fiel teniente, Qi'ra, que los acompañe.

Más tarde, cuando vuelven Han, Chewbacca y Qi'ra, no saben que Beckett ha advertido en secreto a Dryden de que planean traicionarlo. Beckett llega poco después, pero se marcha con el coaxium (y con Chewbacca, a punta de bláster), dejando a Solo, Qi'ra y Dryden luchando. Qi'ra traiciona a Dryden, lo mata y se pone al frente de la banda.

RANGERS IMPERIALES

ESPECIE Humana **PLANETA NATAL** Varios
FILIACIÓN Imperio

Los rangers imperiales son de los soldados más duros del ejército y los asignan a mundos fronterizos fríos y escabrosos, como Banas. En Vandor, les ordenan que custodien el tren conveyex 20-T, que transporta un cargamento de coaxium refinado. La alta velocidad sobre vías que cambian constantemente y que serpentean entre montañas y túneles complican mucho el control de lo que sucede fuera del tren. Los rangers imperiales deben investigar personalmente y aferrarse a la superficie del tren con sus botas magnéticas. Sus esfuerzos no sirven de nada contra Beckett y su banda.

MARGO

ESPECIE Imroosiana **PLANETA NATAL** Imroosia **FILIACIÓN** Crimson Dawn

Cuando Qi'ra entra en Crimson Dawn, Margo es la ayudante de la conserje en la *Primera Luz*, la nave de Dryden Vos. La tarea de esta experta imroosiana es entrenar a Qi'ra en diversas artes, como la etiqueta y la detección de venenos, y la nueva recluta le causa gran impresión. Poco después, sorprenden a la superiora de Margo, Corynna, intentando envenenar a Vos. Tras administrarle una dolorosa muerte a Corynna, Vos asciende a conserje a Margo. Como tal, esta atiende las necesidades de los huéspedes, así que recibe a Beckett, Han Solo y Chewbacca cuando llegan a la nave. Cuando muere Vos, Margo conserva su puesto bajo el liderazgo de Qi'ra, a quien intenta matar tres veces, hasta que comprende que Qi'ra la valora. Junto a Trinia, Margo es una de las consejeras más fieles de Qi'ra mientras esta urde su plan para destruir a los Sith. Les confía a ambas el robo de Han en carbonita. Durante el caos subsiguiente, Margo rara vez se aparta de Qi'ra, a menos que una de las dos esté de misión. En la Guerra de los Sindicatos, Margo se enfrenta a los pykes. Más tarde, en una caza estelar, lidera la flota de Crimson Dawn para defender la estación espacial amaxine contra el superdestructor imperial *Ejecutor*. Se ignora si sobrevivió al enfrentamiento.

AURODIA VENTAFOLI

ESPECIE Humana
FILIACIÓN Ninguna

Aurodia Ventafoli es una artista de éxito muy solicitada. Dryden Vos la contrata como cantante residente a bordo del *Primera Luz*, gracias a un sustancioso anticipo. La «Cantante de las estrellas» canta a dúo con el diminuto Luleo Primoc (por medio de un multivocalizador).

LULEO PRIMOC

ESPECIE Gallusiano
FILIACIÓN Ninguna

Antes de las Guerras Clon, Luleo Primoc fue una superestrella de la canción, con éxitos como «Your Love is Gravy» y «Carve Your Name in My Heart», y ahora canta con Aurodia Ventafoli suspendido en un frasco repulsor lleno de formaldehído. Antaño fue una estrella de los holovideos y se sentaba sobre un exotraje humanoide.

AEMON GREMM

ESPECIE Hylobon
FILIACIÓN Crimson Dawn

Aemon Gremm es el guardaespaldas jefe de Dryden Vos y el capitán de su equipo de seguridad. Tanto él como sus paisanos hylobon, que llevan años con Vos, le profesan una lealtad ciega y son muy agresivos con quienes perciben como una amenaza para sus operaciones. Durante un peligroso suceso en Nightsend, Gremm le presta a Qi'ra su casco para que sobreviva. Más tarde, impide que la conserje de *Primera Luz* envenene a Vos. Por otro lado, se atribuye todo el mérito de su equipo, lo cual es fuente de fricciones.

TAYSHIN Y MODA MAXA

ESPECIE Humana **PLANETA NATAL** Eshan
FILIACIÓN Jinetes de las Nubes

Las hermanas Maxa aprenden a sobrevivir en condiciones muy duras cuando el droide Gotra provoca una guerra en su mundo natal. Luego se unen a los Jinetes de las Nubes. Tayshin, la mayor, es experta en artes marciales y Moda es una gran piloto.

ASTRID FENRIS

ESPECIE Humana **PLANETA NATAL** Yir Tangee
FILIACIÓN Contrabandista

Astrid Fenris es una estafadora sin escrúpulos procedente de Yir Tangee, y una de los muchos contrabandistas en la Cabaña del Fuerte Ypso. Organiza una estafa muy rentable vendiendo hielo de Vandor etiquetado como valiosa agua mineral de R'alla. Décadas más tarde, asiste a un evento organizado por Zeva Bliss, jefa de los Traficantes de especia de Kijimi, a pesar de que ninguno de ellos se respetaba.

ARGUS PANOX

ESPECIE Azumel

Argus «Seis Ojos» Panox es aficionado al juego y cliente ocasional de la cabaña en el Fuerte Ypso. Se dice que mira las cartas de los otros jugadores de sabacc, porque puede mover los ojos por separado. Necesita comer con frecuencia para saciar su estómago, de cinco cámaras.

DAVA CASSAMAM

ESPECIE Elnacon
PLANETA NATAL Nacon
FILIACIÓN Ninguna

Esta elnacon trabaja de minera en las nubes y respira amoníaco, por lo que lleva una escafandra de transpariacero y un respirador cuando viaja. Es tranquila y le gusta relajarse en Vandor, pues su gravedad le alivia el dolor de espalda.

THERM SCISSORPUNCH

ESPECIE Nephran **PLANETA NATAL** Nepotis
FILIACIÓN Maz Kanata, empresario

Thermoculus Krisintvolt Scissorpunch, más conocido como Therm Scissorpunch, es un buscavidas que lleva siglos en danza. Durante la Alta República, es socio de Maz Kanata, con la que efectúa muchas misiones. Siglos después, es un habitual de la Cabaña de Fuerte Ypso. Cuando pierde dinero apostando con el charlatán Lando Calrissian, le hierve la sangre y piensa en romperle el cuello, pero su duro exoesqueleto disimula toda emoción.

DD-BD

TIPO Droide administrativo
FILIACIÓN Sindicato Pyke

DD-BD es un entusiasta droide administrativo que trabaja en una nave pirata morseeriana hasta que el Imperio decide embargarla. Entonces, el Sindicato Pyke lo compra y es enviado a Kessel. Allí, L3-37 le retira el dispositivo de contención y lo inspira para iniciar una revolución.

TAK

ESPECIE Humana
PLANETA NATAL Coruscant

El estafador Tak se dedica a robar a los ancianos en Coruscant. Cuando lo intenta con la princesa de Kessel, es detenido y condenado a trabajar en las minas de ese planeta. Sin embargo, logra huir cuando L3-37 alienta una rebelión de droides.

L3-37

FABRICANTE Varios (mejorada a sí misma)
TIPO Droide piloto personalizada **FILIACIÓN** Lando Calrissian

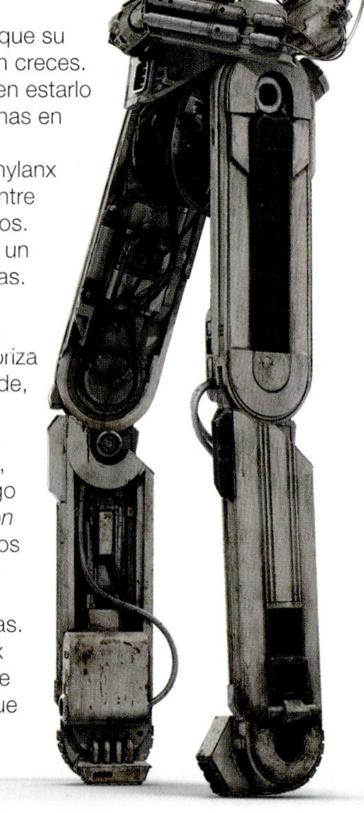

El legendario rendimiento del *Halcón Milenario* debe mucho a L3-37. La droide empezó su vida como astromecánica y fue mejorando su cuerpo con componentes de droides de protocolo y otras piezas inusuales. Su cerebro también ha evolucionado: superpone códigos de droides de espionaje y de protocolo a su estructura original. No hay un droide igual. Tiene conciencia de sí misma y defiende con pasión los derechos de los suyos, lo que la lleva a constantes disputas con los «orgánicos». Su dueño y socio, Lando Calrissian, pasa por alto sus excentricidades porque su excepcional talento como copiloto las supera con creces. A decir verdad, están más unidos de lo que suelen estarlo dueños y droides. Viven muchas aventuras, algunas en Hynestia y Kullgroon.

En una ocasión, L3 encuentra el transmisor Phylanx Redux, un código droide capaz de propagarse entre droides y activarse para que maten a los orgánicos. Temiendo su inevitable activación, L3 le implanta un antivirus que ha diseñado ella misma a escondidas. Después, crea un droide igual que ella dedicado exclusivamente a erradicar el código en el futuro.

En Fort Ypso, un pueblo de Vandor, L3 se horroriza al presenciar un espectáculo de gladiadores droide, que trata de detener con todo su empeño hasta que Lando la aparta. Posteriormente, se une a la misión de Kessel. Allí inicia una revolución droide, pero el caos resultante la daña sin remedio. Luego su cerebro se introduce en el ordenador del *Halcón Milenario* y pasa a formar parte de la nave. Hace los cálculos que permiten a Han Solo y su tripulación atravesar el Corredor de Kessel en menos de 12 pársecs y ejecutar otras hazañas en sus aventuras.

Años más tarde, cuando el transmisor Phylanx Redux por fin se activa, la previsión de L3 permite a Lando destruirlo y salvar la galaxia. El droide que creó L3 y otros dos construidos por él salvan a Lando de una muerte segura.

Una copiloto muy capaz
L3 y Lando son un equipo excelente. L3 sabe cómo llevar el *Halcón* al límite de sus capacidades mecánicas y Lando no tiene igual como piloto subluz.

SUMMA-VERMINOTH

ALCANCE Cúmulo Si'Klaata y Torbellino Akkadés **TAMAÑO MEDIO** 7400 metros

Envueltos en las nubes de gas que rodean Kessel, los summa-verminoth son enormes criaturas de leyenda que pueden vivir durante milenios. Con unos larguísimos tentáculos y cuerpos llenos de ojos, atrapan a las naves que cometen la insensatez de desviarse del corredor de Kessel. Cuando la tripulación del *Halcón Milenario* toma un atajo a través del Torbellino Akkadés, casi acaban en las fauces de uno de estos monstruos míticos. Lo distraen lanzando la vaina de escape de la nave y luego lo atraen a su muerte en el pozo de gravedad conocido como las Fauces. Tras la batalla de Hoth, Vader halla un raro espécimen de una subespecie summa-verminoth en el Espacio Rojo. Es un individuo que ha evolucionado para cazar a los de su propia especie, por lo que ataca además de aniquilar la mente de su presa. Vader lo somete a su voluntad y lo usa para luchar contra su maestro en Exegol. Pero no es rival para Darth Sidious, que lo destruye.

WG-22

FABRICANTE Sistemas Veril Line
TIPO Droide de energía de la serie EG modificado **FILIACIÓN** Cabaña del Fuerte Ypso

En la Cabaña del Fuerte Ypso, Ralakili organiza violentas peleas de droides, a los que desprecia profundamente desde las Guerras Clon. El droide modificado WG-22 carga sus armas mecánicas con su propio generador interno.

FD3-MN

FILIACIÓN Cabaña del Fuerte Ypso

Los droides son modificados con armas rudimentarias y lanzados a pelear sin su consentimiento. Aunque la mayoría están desorientados y no quieren estar allí, FD3-MN se da cuenta de que le gusta. Por desgracia, los droides gladiadores no suelen vivir mucho.

QUAY TOLSITE

ESPECIE Pyke **PLANETA NATAL** Kessel
FILIACIÓN Sindicato Pyke

Quay Tolsite es el director de operaciones en las minas de Kessel y el representante local del Sindicato Pyke, que alquila las minas al rey Yaruba. Es egoísta y no siente la menor preocupación por el bienestar de los mineros siempre que satisfagan los objetivos de producción. Disfruta de su autoridad y los privilegios que esta conlleva y defrauda dinero y especias de las transacciones que supervisa, aunque lo acaba pagando. El entorno de las minas es muy duro y corrosivo para la fisiología pyke, por lo que él y el resto de los pyke tienen que llevar trajes de seguridad.

SENNA

ESPECIE Gigoran **PLANETA NATAL** Gigor

Senna es un gigoran capturado por los esclavistas zygerrianos con la autorización del Imperio. Aunque no ha cometido crimen alguno, los miembros de su especie son muy cotizados como esclavos de las minas de Kessel, por su fuerza. Las condiciones tóxicas de la mina han teñido su pelaje, que en origen era blanco.

SAGWA

ESPECIE Wookiee **PLANETA NATAL** Kashyyyk

El valiente wookiee Sagwa protege a su pueblo de las tropas imperiales en la ciudad arbórea de Rwookrrorro, en Kashyyyk. El Imperio lo esclaviza y lo envía a las minas de Kessel. Durante una revuelta, ayuda a Chewbacca y Han Solo y logra escapar. Mantiene el contacto con Chewie, al que ve como un hermano, y acaba en Nar Shaddaa. Años después, le dice que ha visto a Boba Fett, quien tiene a Han congelado en carbonita.

«¿Contrabandista? Vaya palabrita. Soy más bien un… empresario galáctico.» LANDO CALRISSIAN

LANDO CALRISSIAN

ESPECIE Humana **PLANETA NATAL** Socorro **FILIACIÓN** Alianza Rebelde, Resistencia

Comenzando como estafador y acabando como héroe galáctico, Landonis Balthazar Calrissian sale victorioso gracias a su sonrisa, su encanto y sus dotes aduladoras.

JUGADOR Y CONTRABANDISTA

Lando Calrissian se enorgullece de ser un jugador excepcional y de jugar con clase. Tiene carisma, y es un timador y un jugador empedernido, además del propietario del *Halcón Milenario*, un carguero muy modificado que refleja la elegancia impecable y la afición al lujo de Lando. Sin embargo, los gustos caros tienen su precio y Lando acaba recurriendo al juego o a encargos ilegales para pagar sus deudas. Lo acompaña L3-37, su droide copiloto tan leal como fuerte de carácter. Lando es un jugador de sabacc experto y seguro de sí mismo, sobre todo gracias a la carta que suele llevar guardada en la manga. Sin embargo, la suerte se le acaba cuando participa en la misión de contrabando a Kessel que lleva a Han Solo y Chewbacca a bordo del *Halcón* por primera vez. Al finalizar la misión, la inmaculada nave queda casi irreconocible, L3-37 es destruida, y Lando abandona a Solo y vuelve a su vida anterior. En otra partida de sabacc, esta vez en Numidian Prime, Solo tima al timador y gana el *Halcón*.

Una derrota amarga Lando recordará la partida de sabacc en la que Han le ganó el *Halcón* durante años.

UN TIMADOR CON CLASE

Lando, que ha perdido el *Halcón*, se embarca en varios proyectos en toda la galaxia. En Lothal, le compra un terreno al señor del crimen local Cikatro Vizago para montar una explotación minera ilegal. Le gana el droide astromecánico Chopper a Zeb Orrelios y negocia con la tripulación del *Espíritu* para embaucar al negrero Azmorigan y conseguir un cerdo inflable (Lando insiste en que lo necesita para su último y enrevesado plan). Ayuda a la tripulación a montar transpondedores ilegales para cazas estelares para facilitar su huida de un bloqueo imperial (esta vez, a cambio de tres generadores de escudos de calidad militar). No todos los planes de Lando acaban bien. En la colonia imperial de Castell, Lando y su leal amigo Lobot aceptan un encargo del malvado Papa Toren para pagar una deuda. La supuestamente sencilla misión resulta ser peligrosa cuando descubren que el yate espacial que están robando pertenece al emperador Palpatine y está repleto de artefactos Sith.

BARÓN ADMINISTRADOR DE LA CIUDAD DE LAS NUBES

La suerte de Lando cambia cuando apuesta fuerte y obtiene el control de la Ciudad de las Nubes, en la atmósfera del planeta Bespin. Su vida da un giro hacia actividades más respetables al convertirse en barón administrador de la lujosa colonia minera. Pero su situación se complica con la llegada del Imperio, y se ve forzado a entregar a Han y sus colegas a Vader a cambio de la libertad de la ciudad. Es testigo de cómo congelan a Solo en carbonita, pero al ver que Vader no tiene intención de cumplir con el trato, Lando da la orden de evacuar la ciudad, con el apoyo de Lobot, y ayuda a escapar a sus amigos. Aunque el cazarrecompensas Boba Fett se queda con Han congelado y se lo entrega a Jabba el Hutt.

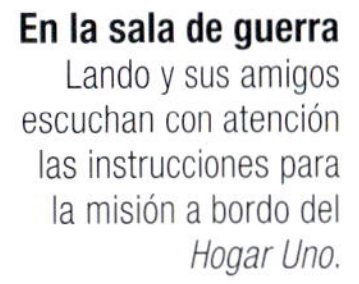

Pico de oro La labia y la personalidad magnética de Lando, junto con sus encantos, han robado algo más que corazones. Su don de palabra lo saca de apuros y situaciones peligrosas.

ALIADO DE LOS REBELDES

Tras la caída de Ciudad de las Nubes, Lando colabora con la Alianza y, a lo largo de muchas misiones, se gana la confianza de los rebeldes. Ayuda a orquestar una intrincada misión para rescatar a Han, que está congelado en carbonita y colgando de una pared del palacio de Jabba en Tatooine. Gracias a un contacto de los bajos fondos, consigue un empleo como guardia de esquife en el palacio y espera la llegada de Chewie y Leia (disfrazada del cazarrecompensas Boushh). Pero el plan se ve frustrado cuando Leia es descubierta liberando a Han de la carbonita y los dos son apresados. Llega Luke Skywalker y trata de convencer a Jabba para que libere a Han y Leia, pero también es hecho prisionero, lo que les obliga a poner en marcha un plan de emergencia. Jabba lleva a Han, Luke y Chewbacca hasta el Mar de Dunas para dárselos como pasto al sarlacc, pero Lando, a bordo de uno de los esquifes de Jabba, les ayuda a escapar. En el último momento se enfrentan a los esbirros de Jabba mientras Leia estrangula al hutt. Finalmente todos se marchan juntos de Tatooine.

EL GENERAL CALRISSIAN

Buscado por el Imperio y la banda criminal Hutt, Lando decide comprometerse del todo con la Rebelión. Como general, asiste a la reunión en el buque insignia mon calamari Hogar Uno, en la que Mon Mothma, el almirante Ackbar y el general Crix Madine explican los planes para sabotear el generador de escudos en la luna boscosa de Endor, destruir la segunda Estrella de la Muerte y matar al emperador. Lando y su copiloto, Nien Nunb, pilotan el *Halcón* hasta la Estrella de la Muerte, donde detonan su núcleo y la destruyen. Después de esta victoria decisiva, el Imperio se sume en el caos y la guerra termina con el triunfo de la Rebelión en la batalla de Jakku, un año después. Ese mismo año, Lando capitanea la lucha para liberar Ciudad de las Nubes del remanente imperial.

En la sala de guerra Lando y sus amigos escuchan con atención las instrucciones para la misión a bordo del *Hogar Uno*.

LA BÚSQUEDA

En la época de la Nueva República, Lando tiene una hija, Kadara Calrissian. La niña desaparece con solo dos años y Lando la busca por toda la galaxia en su nave, *Lady Luck*. Pasado un tiempo, oye al mercenario Ochi de Bestoon alardear en una cantina sobre un secuestro para los Sith de Exegol. Eso lleva a Lando y a Luke a recorrer media galaxia hasta el desértico mundo de Pasaana. El rastro de Ochi se pierde, pero Lando decide quedarse y seguir buscando a su hija por todo el cuadrante. Finalmente, descubre que la Primera Orden la secuestró, pero no logra encontrarla.

LLAMADA A LAS ARMAS

Lando se queda en Pasaana, donde Leia le pide que ayude a Chewbacca, C-3PO y a sus amigos Rey, Finn y Poe Dameron, en la búsqueda de Exegol. Lando los dirige al cañón Lurch. Allí encuentran la nave de Ochi y la pista que necesitan para recuperar el buscarrutas Sith. Mientras tanto, él viaja a Ajan Kloss. Cuando la Resistencia se prepara para enfrentarse a la Orden Final, Lando y Chewbacca vuelan con el *Halcón Milenario* a los sistemas centrales para convocar a sus aliados. Responde gente de toda la galaxia. Lando y Chewie, acompañados por una flota de naves civiles, llegan al planeta de los Sith justo a tiempo para cambiar las tornas de la batalla.

La obsesión de Kenobi
Reva sigue buscando a Obi-Wan incluso cuando sus superiores le ordenan que abandone. Lo atrae a la Fortaleza de la Inquisición, pero Kenobi escapa.

REVA

ESPECIE Humana
FILIACIÓN Jedi, Inquisición

Reva era una joven aprendiz del Templo Jedi de Coruscant y escapó por los pelos de la matanza contra los suyos cuando Palpatine activó la Orden 66. Nunca olvidó la traición ni el abandono que sintió al verse obligada a hacerse la muerta para escapar de la ira de Anakin Skywalker. Llevada del deseo de vengarse de Skywalker –ahora Darth Vader– por el asesinato de su familia Jedi, se une a la Inquisición y se convierte en la Tercera Hermana. Como inquisidora, persigue de manera brutal e implacable a un Jedi en particular: el maestro de Anakin, Obi-Wan Kenobi.

Sus compañeros inquisidores la consideran temeraria y falta de talento, excepto por su conexión con el lado oscuro. El Gran Inquisidor la reprende a menudo por pasarse de la raya y por su sed de poder, y la insta a abandonar su fijación con Kenobi. Reva se niega a dar marcha atrás, ya que sabe que capturar al solitario y antiguo Jedi la acercará lo suficiente a Vader como para darle la ocasión de matar al señor del Sith. A tal fin, ordena por su cuenta el secuestro de la joven Leia Organa en Alderaan para sacar a Obi-Wan de su escondrijo.

Cuando el Gran Inquisidor amenaza con arruinar sus planes, Reva lo apuñala. Su obsesión llama la atención de Vader, que la asciende al rango de Gran Inquisidora cuando esta sigue el rastro de Kenobi hasta Jabiim. Allí, Reva intenta matar a Vader, pero fracasa y este le dice que siempre supo que la movía la venganza. Reva viaja a Tatooine para matar a Luke, hijo de Vader. Kenobi corre a protegerlo y topa con Reva, que ha decidido ser misericordiosa y perdonar al joven. Reva renuncia a su espada de luz de inquisidora y Kenobi espera que ambos logren superar el dolor del pasado.

A la caza de Jedi
La Tercera Hermana rastrea a un Jedi en la ciudad de Anchorhead, en Tatooine, junto con el Gran Inquisidor y el Quinto Hermano.

MINAS VELTI

ESPECIE Humana **FILIACIÓN** Jedi

Cuando las tropas clon atacan a los Jedi en el templo de Coruscant, esta maestra se lanza a la acción. Protege a sus aprendices, a los que estaba instruyendo en ejercicios de meditación, e intenta ponerlos a salvo. Sin embargo, pronto se ve superada por los clones y abandona a su suerte a los jovencitos, entre los que se cuenta Reva.

NARI

ESPECIE Humana **FILIACIÓN** Jedi

Nari es un Jedi que, pese a estar a la fuga, no puede ignorar a los necesitados. Cuando ayuda al dueño de una taberna en Mos Eisley, el Gran Inquisidor lo sigue hasta Tatooine. Tras escapar a duras penas de la Tercera Hermana, Nari busca a Obi-Wan Kenobi. Espera que el maestro sea el líder que busca, pero Obi-Wan le insta a aceptar que los Jedi han perdido. Le dice que permanezca oculto y que guarde la espada de luz. Poco después, unos inquisidores encuentran y matan a Nari y lo cuelgan en una calle de Anchorhead para atemorizar a los vecinos.

R3-T2

TIPO Droide astromecánico de la serie R
FILIACIÓN Ninguna

A lo largo de los años, varios propietarios han mantenido a este droide de Tatooine en funcionamiento con piezas de los jawas. Tras la Orden 66, está en la calle cuando los inquisidores buscan a los Jedi. Luego se lo ve en Mos Eisley cuando Obi-Wan Kenobi y Luke Skywalker visitan una cantina local.

AKKANI

ESPECIE Eopie **PLANETA NATAL** Tatooine **FILIACIÓN** Obi-Wan Kenobi

En su exilio en Tatooine, Obi-Wan Kenobi cuida de un eopie llamado Akkani que lo lleva de su cueva en Anchorhead a su trabajo en una planta de procesado de tibidon. Ambos están muy unidos; Akkani sabe lo que quiere Kenobi sin que este tenga que decirlo.

TEEKA

ESPECIE Jawa **PLANETA NATAL** Tatooine **FILIACIÓN** Jawas

Teeka es una lenguaraz chatarrera jawa que procura suministros a Obi-Wan Kenobi durante su exilio en Tatooine. En una ocasión, le lleva un saltador T-16 de juguete que Kenobi quiere regalarle a Luke Skywalker. Cuando visita a Obi-Wan en su aislada cueva, le ofrece varios objetos, entre ellos un cinturón Jedi y piezas de evaporadores. Kenobi sabe que está intentando venderle piezas que robó de su propio evaporador, pero acepta la compra. Sin embargo, le dice que al menos podría haberlas limpiado.

GROFF DITCHER

ESPECIE Humana **PLANETA NATAL** Tatooine **FILIACIÓN** Planta de procesado de tibidon

Es el capataz de la planta de procesado de tibidon donde trabaja Obi-Wan Kenobi. Allí los obreros extraen las partes aprovechables de una ballena de arena muerta. Ditcher se da aires de superioridad y no duda en emplear la violencia para mantener a raya a la plantilla.

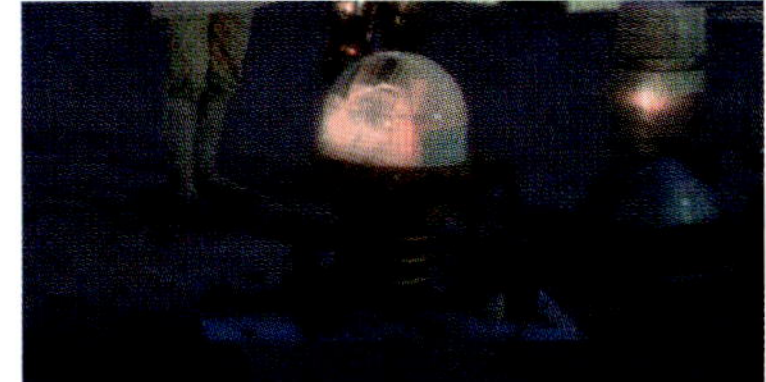

2X-3KPR

ESPECIE Droide de seguridad KPR **PLANETA NATAL** Tatooine **FILIACIÓN** Granja de los Lars

Owen y Beru Lars instalan este droide para proteger su granja. Su cúpula desprende luz roja cuando la inquisidora Reva llega a por Luke. Años después, 2X sigue trabajando para ellos cuando los matan unos soldados de asalto.

Señal de advertencia El perno de sujeción vuelve rojos los sensores azules.

Fotorreceptor LO-LA59 registra lo que ve.

Tamaño de bolsillo Las patas son retráctiles.

LO-LA59

ESPECIE Droide de juguete **PLANETA NATAL** Alderaan **FILIACIÓN** Casa de Organa

LO-LA59 es la droide personal de Leia Organa. Como es pequeña y ligera, Leia se la lleva en el bolsillo. LO-LA59 tiene dos alas que le permiten volar, dos patas y varios accesorios, como una minisierra. Se comunica mediante pitidos.

Leia lleva a LO-LA59 encima cuando la secuestra el mercenario Vect Nokru, pero este la rompe contra el suelo cuando la ve cortando las cuerdas que atan a la princesa. Obi-Wan la arregla después de liberar a Leia. Cuando vuelven a capturar a la joven y se la llevan a la Fortaleza de la Inquisición, Reva le coloca a la droide un dispositivo de rastreo y un perno de sujeción que cambia su personalidad. Como resultado, LO-LA59 sella la puerta del hangar de Jabiim para impedir la huida de la Senda Oculta, pero Leia le retira el perno y LO-LA59 vuelve a ser la misma.

Compañera amistosa
Leia está muy unida a LO-LA59, así que, cuando huye al bosque para librarse de una recepción familiar, su madre le dice que apague la droide como castigo.

AGIRA

ESPECIE Imroosiana **PLANETA NATAL** Alderaan **FILIACIÓN** Casa de Organa

Esta joven imroosiana es doncella y amiga de la princesa Leia Organa. Ambas engañan a la madre de Leia vistiendo a Agira con la ropa de la princesa para que esta corra a jugar al bosque en vez de asistir a una recepción diplomática, pero la treta se descubre enseguida.

VECT NOKRU

ESPECIE Humana **FILIACIÓN** Máscara Negra

Nokru lidera al grupo de mercenarios Máscara Negra. Reva lo contrata para secuestrar a la princesa Leia, a la que capturan cerca del Palacio Real de Alderaan y llevan a Daiyu. Obi-Wan la rescata y Nokru emite una recompensa por su cabeza a petición de Reva.

GUARDIA ALDERANIANO

ESPECIE Humana **PLANETA NATAL** Alderaan **FILIACIÓN** Casa de Organa

Los guardias alderanianos velan por la seguridad de las casas reales de Alderaan. Están apostados por todo el palacio y acompañan a la realeza en los viajes al exterior. Cuando Leia se escapa para jugar y la secuestra un mercenario, los guardias corren en su búsqueda.

CELLY ORGANA

ESPECIE Humana **PLANETA NATAL** Alderaan **FILIACIÓN** Casa de Organa

La duquesa Celly Organa es la hermana de Breha. Ella, su marido, Kayo, y su hijo, Niano, viajan con frecuencia desde Hallyn a Aldera para asistir a recepciones y banquetes oficiales. Durante su estancia en Aldera, Celly da clases de diplomacia, oratoria y modales a Leia.

KAYO ORGANA

ESPECIE Humana **PLANETA NATAL** Alderaan **FILIACIÓN** Casa de Organa

Kayo está casado con Celly Organa, hermana de Breha. Ni él ni Celly tienen cargos oficiales en el gobierno de Alderaan, pero visitan a menudo a su familia en Aldera. A diferencia de Breha y Bail, a Kayo le gusta el Imperio, pese a sus crueles prácticas laborales. Y es que tanto él como sus amigos obtienen pingües beneficios del trabajo imperial.

NIANO ORGANA

ESPECIE Humana **PLANETA NATAL** Alderaan **FILIACIÓN** Casa de Organa

Niano es el primo engreído e inseguro de Leia. Durante un banquete en el Palacio Real de Aldera, se burla de Leia porque esta le da las gracias a un droide de servicio, ser que él considera inferior. También disfruta diciéndole que no es una verdadera Organa porque fue adoptada. Leia deja a Niano de piedra al responderle que sabe que él teme a su propio padre.

NAX

ESPECIE Humana **PLANETA NATAL** Kamino **FILIACIÓN** República

Daiyu está lleno de individuos que no tienen dónde ir, como el viejo exsoldado clon Nax. Durante las Guerras Clon, Nax lucha en Teth, Umbara y Christophsis, pero, cuando lo dan de baja por una herida, pasa grandes apuros. Obi-Wan Kenobi le da unos créditos cuando lo ve por la calle pidiendo ayuda.

TETHA GRIG

ESPECIE Humana **FILIACIÓN** Traficante de especia

Tetha Grig se cuenta entre la horda de niños de las calles de Daiyu que han sido separados de sus familias. Para sobrevivir, vende la adictiva especia. Cuando Obi-Wan le cuenta que está buscando a su hija desaparecida, Grig le dice que, si la niña está en Daiyu, nunca la encontrará.

JAYCO

ESPECIE Humana **PLANETA NATAL** Daiyu **FILIACIÓN** Haja Estree

El joven Jayco pertenece a la banda de estafadores de Haja Estree. Aborda a Obi-Wan en las calles de Daiyu y le ofrece ayuda: puede llevarlo hasta un Jedi… si le paga. Más tarde, Jayco ve la notificación de recompensa por Kenobi y se la lleva a Estree.

CORRAN

ESPECIE Humana **PLANETA NATAL** Daiyu **FILIACIÓN** Senda Oculta

Corran es un niño sensible a la Fuerza que intenta pasar desapercibido para el Imperio. Su madre paga al falso Jedi Haja Estree para que les ayude a huir lejos de Daiyu en una nave de transporte. Corran y su madre se quedan en un piso franco de la Senda Oculta en Jabiim a la espera de partir en la nave con Obi-Wan y Leia.

NYCHE

ESPECIE Humana **PLANETA NATAL** Daiyu
FILIACIÓN Senda Oculta

Nyche es la madre de Corran, un chico sensible a la Fuerza, y teme por él cuando sus poderes se manifiestan. Con el fin de protegerlo, se reúne con un hombre que dice ser un Jedi para que los lleve a un lugar seguro lejos del Imperio. El hombre es un estafador llamado Haja Estree, pero Nyche cree que es sensible a la Fuerza y le entrega todos sus créditos a cambio de ayuda.

TREDGAR VOLK

ESPECIE Thuggatoris
FILIACIÓN Cazarrecompensas

Volk es uno de los cazarrecompensas que buscan trabajo en las calles de Daiyu. Usa un bláster de tres cañones para perseguir a Obi-Wan por la recompensa que Reva ha puesto a su cabeza. Cuando lo encuentra, Kenobi está con Leia en un tejado y la princesa está huyendo del Jedi, pues teme que trabaje para los secuestradores. Volk se cae del tejado en un tiroteo con Obi-Wan.

Las tretas de Haja
El falso Jedi le pone mucho teatro cuando finge manipular la mente de un trabajador portuario para impresionar a sus clientes.

Da el pego
La túnica de estilo Jedi da credibilidad a su estafa.

Cinturón de algodón de carbono
Haja esconde imanes bajo la ropa.

HAJA ESTREE

ESPECIE Humana
FILIACIÓN Senda Oculta

Este embustero y falso Jedi solo piensa en amasar fortuna, pero tiene buen corazón. En Daiyu, finge ser un Jedi mientras ayuda a los que se esconden del Imperio a salir del planeta. Su banda cuenta con Jayco, un joven que pesca clientes, y con varios trabajadores de un puerto local. Estree es muy teatral: su oficina está forrada de imanes y mandos a distancia que le permiten imitar los poderes de la Fuerza.

Cuando Obi-Wan Kenobi descubre su tinglado, Haja lo ayuda a encontrar el lugar donde Leia está presa y más tarde dispara a un droide que persigue a la pareja. Le da a Kenobi las coordenadas de un lugar en Mapuzo donde puede conectar con la Senda Oculta. Después de ayudar a Leia y Obi-Wan, Estree huye y se reencuentra con ellos en Jabiim. Es un mentiroso, pero Kenobi le ve el lado bueno y confía en que proteja a Leia en su ausencia.

LA CUARTA HERMANA

ESPECIE Nogratu **PLANETA NATAL** Sector Ehosiq **FILIACIÓN** Jedi, Inquisición

La Cuarta Hermana es una antigua Jedi llamada Lyn Raskish. Trabaja junto al Gran Inquisidor, la Tercera Hermana y el Quinto Hermano para cazar Jedi por toda la galaxia. Se cuenta entre los inquisidores que persiguen a Obi-Wan Kenobi en Daiyu tras el secuestro de la princesa Leia. Tiene ojos rojos como la sangre, piel amarilla y pequeños tentáculos. Como casi todos los inquisidores, empuña una espada de luz de doble hoja giratoria. Suele formar equipo con Barriss Offee hasta que esta renuncia a la Inquisición. Años más tarde, topa con Offee y se cuestiona su lealtad al Imperio.

Contraataque
NED-B dispara contra Reva y las tropas de asalto que intentan entrar en la base de la Senda Oculta en Jabiim.

NED-B

TIPO Elevador de carga E-B **FILIACIÓN** Senda Oculta

La Senda Oculta cuenta con muchos agentes para poner a salvo a los individuos sensibles a la Fuerza, y este droide estibador es uno de los más valiosos debido a su fuerza y determinación. Mientras trabaja con su aliada secreta Tala Durith, se cruza con Obi-Wan y Leia cuando Durith los lleva a un refugio de la Senda en Mapuzo. Allí, permanece en el cobertizo de mantenimiento de droides que protege el piso franco, listo para abatir a cualquier soldado de asalto que intente forzar la puerta.

Cuando Kenobi combate a Darth Vader en Mapuzo y acaba herido de gravedad, NED-B lo lleva a un lugar seguro. Su fuerza también es muy útil en Jabiim cuando trabaja con los refugiados de la Senda para bloquear las entradas y mantener a raya a las tropas imperiales. En los túneles de Jabiim, los soldados disparan a Durith y NED-B la protege con su cuerpo. Permanece a su lado bajo el fuego enemigo mientras ella activa un detonador térmico como último acto de rebelión para eliminar al adversario.

TALA DURITH

ESPECIE Humana
FILIACIÓN Imperio, Senda Oculta

Esta oficial imperial trabaja en secreto para la Senda Oculta, un grupo que se dedica a proteger a seres sensibles a la Fuerza. Se da cuenta de que cometió un error al unirse al Imperio cuando presencia el asesinato de personas sensibles a la Fuerza en Garel. No obstante, mantiene la esperanza, incluso en las peores circunstancias, y cree que la Senda puede lograr que la galaxia sea más segura para todos.

Haja Estree contacta con Durith y esta salva a Obi-Wan Kenobi y Leia Organa de las tropas de asalto en Mapuzo. Cuando Reva secuestra a Leia, Durith da con el modo para que Kenobi la rescate de la Fortaleza de la Inquisición. Es rápida pensando cuando hay problemas, pero aún es más rápida con el bláster.

> «Tenemos refugios como este por toda la galaxia.»
> **TALA DURITH**

Tala se sacrifica
En Jabiim, Durith dispara a las tropas de asalto para proteger a los refugiados de la Senda. Cuando abaten a NED-B y ella cae herida, activa un detonador térmico para eliminar a tantos soldados como pueda a fin de proteger a los otros refugiados. Esa heroicidad le cuesta la vida.

PLANEADOR BLUEVEV

PLANETA NATAL Varios **TAMAÑO** 1,8 m de largo **HÁBITAT** Océanos

Estos animales viven en los océanos de Corellia y en la luna Nur. Pese a su gran tamaño y púas venenosas, son muy populares entre los pescadores corellianos. Pueden ser peligrosos para los humanos, pero solo si se les provoca. Obi-Wan se cruza con uno en Nur cuando se infiltra en la Fortaleza de la Inquisición por un puerto de entrada submarino.

FRECK

ESPECIE Condlurana
PLANETA NATAL Mapuzo
FILIACIÓN Imperio

Freck es piloto de transporte imperial en la colonia minera de Mapuzo. Le gusta trabajar para el Imperio y el orden que este impone en la galaxia. Recoge a Obi-Wan Kenobi y a Leia Organa y se dispone a llevarlos al puerto más cercano. La pareja finge ser un padre y una hija que se han perdido en un viaje. Cuando llegan a un puesto de control imperial, Freck sugiere a los soldados de asalto que los investiguen un poco. Entonces Kenobi lo noquea.

SULLY STARK

ESPECIE Humana
FILIACIÓN Senda Oculta

Sully es una piloto y agente de la Senda Oculta. Ella y Wade Resselian pilotan aerodeslizadores T-47 en una misión para sacar a Leia Organa de la Fortaleza de la Inquisición. Al principio, Stark duda del éxito de la misión, pues cree que la fortaleza es impenetrable, pero finalmente logra llevar a Leia, Obi-Wan y Tala Durith de vuelta a Jabiim. Sully se hunde cuando su compañero Wade muere en la fortaleza, pero pronto se moviliza para ayudar a los refugiados de Jabiim a huir de las garras de Vader y sus tropas de asalto imperiales.

KAWLAN ROKEN

ESPECIE Humana **FILIACIÓN** Senda Oculta

Roken se vuelca en lograr que la galaxia sea más segura para los seres sensibles a la Fuerza. A tal fin, dirige una célula de la Senda Oculta, una red subterránea de pisos francos que ayuda a esos individuos y a sus familias a forjarse una nueva vida lejos del Imperio. Empezó a colaborar con la Senda cuando su esposa, que era sensible a la Fuerza, murió a manos de un inquisidor. Ahora trabaja con agentes como Tala Durith para ocultar a todos los refugiados que pueda.

Cuando Durith lleva a Obi-Wan a Jabiim, al principio Roken se enfada porque su presencia pone en peligro la seguridad de mucha gente. Sin embargo, comprende que es esencial liberar a Leia de la custodia Imperial, pues la princesa conoce la ubicación de la Senda. Así que apoya el plan de rescate de Kenobi, pero, cuando Leia ya está a salvo, Roken le dice a Obi-Wan que su deber es centrarse en los refugiados que llevan meses esperando a abandonar Jabiim para iniciar una nueva vida.

Roken es capaz de mantenerse sereno y lúcido en las circunstancias más estresantes, lo cual transmite esperanza a aquellos que lo rodean. Cuando Kenobi abandona su nave de transporte, le dice que la galaxia necesita más líderes como él para sobrevivir a la opresión del Imperio.

Líder natural
Cuando el Imperio mata a su mujer y trastoca su vida, Kawlan Roken se entrega a la Senda Oculta. Durante un ataque Imperial, trabaja con Obi-Wan Kenobi para hallar la forma de salvar a los refugiados de Jabiim.

WADE RESSELIAN

ESPECIE Humana
FILIACIÓN Senda Oculta

Este miembro de la Senda Oculta carece de experiencia en combate, pero se ofrece voluntario para pilotar un aerodeslizador T-47 durante el rescate de la princesa Leia Organa de la Fortaleza de la Inquisición. Mientras Leia, Obi-Wan Kenobi y Tala Durith salen de la fortaleza, Wade concentra su fuego contra Rave, la inquisidora llamada Tercera Hermana, quien responde mandándole un explosivo que destruye su nave y lo mata.

TEEGA KRYELLE

ESPECIE Humana
FILIACIÓN La Senda Oculta

Como combatiente de la Senda Oculta, Teega se juega la vida para proteger a los refugiados sensibles a la Fuerza y a sus familias. Cuando Obi-Wan y Leia llegan a Jabiim, ella está allí trabajando con Kawlan Roken, un líder de la Senda. Kryelle y sus compañeros luchan contra las tropas de asalto imperiales hasta que los refugiados logran embarcar en un transporte para huir del planeta.

SOLDADO DE LA PURGA

ESPECIE Humana **PLANETA NATAL** Varios
FILIACIÓN Imperio, Inquisición

La Inquisición emplea soldados de la Purga para rastrear y capturar a los Jedi que se ocultan por toda la galaxia. Esta unidad de élite secreta tiene su base en la Fortaleza de la Inquisición, y solo admite a los soldados clon más selectos –y más tarde a las tropas de asalto–. Sus miembros visten armadura negra y suelen perseguir a los Jedi con los inquisidores. Cal Kestis topa con varios en sus misiones con la tripulación de la *Mantis,* y Obi-Wan lucha contra estas tropas cuando rescata a Leia de la Fortaleza de la Inquisición.

KHEL TANNA

ESPECIE Humana
FILIACIÓN Cazarrecompensas

Tanna, una cazarrecompensas que trabaja para Jabba el Hutt, odia a Han Solo desde que casi deja tirada a su tripulación en Galator III, donde el mariscal la capturó junto con su nave, la *Enigma Catalyst*. Después Tanna trabaja con T'onga para encontrar a Boba Fett y ayudar al inestable Beilert Valance.

CORBUS TYRA

ESPECIE Humana
FILIACIÓN Cazarrecompensas

Tyra es un cazarrecompensas consumado que se hace pasar por Ovan, el distante padre de Han Solo, para acercarse al contrabandista. Perdió un ojo en sus pintorescas aventuras, y es todo un peligro y un adversario tanto para Han Solo como para su copiloto, Chewbacca.

MARISCAL BUCK VANCTO

ESPECIE Surpossiana
FILIACIÓN Servicio de mariscales de Benelex

Buck Vancto, conocido como El Mariscal, es un motivado agente de las fuerzas del orden de MarsCorpo dedicado en cuerpo y alma al Servicio de Mariscales de Benelex. Es hábil y letal, y su misión es atrapar a Han Solo.

PHAEDRA

ESPECIE Wrooniana
FILIACIÓN Criminal

Phaedra es una criminal encerrada en el planeta prisión de Gulhadar. Allí conoce a Chewbacca y a Maz Kanata, y los saca de la cárcel. Luego ayuda a Chewbacca y a Han Solo a recuperar una valiosa urna del gran moff Tarkin que en realidad es el núcleo neural de Ajax Sigma.

BODE AKUNA

ESPECIE Humana **FILIACIÓN** Jedi, Imperio

Tras la Orden 66, el caballero Jedi Bode Akuna se oculta y sobrevive gracias a lo que aprendió en sus días como agente de Inteligencia de la República. Se casa y tiene una hija, Kata, pero los inquisidores matan a su esposa, Tayala. Desesperado por proteger a su hija del Imperio, acepta trabajar para la OSI a cambio de su seguridad. Para acercarse al Jedi Cal Kestis y a su tripulación, se hace pasar por un pistolero mercenario enemigo del Imperio.

Akuna usa blásteres gemelos y una mochila propulsora para entrar y salir rápido de lugares peligrosos. Se hace muy amigo de Kestis e intenta convencerlo para ir al planeta oculto Tanalorr, con la esperanza de que sea un refugio para su hija. Pero, cuando el Jedi insiste en que la Senda Oculta debe conocer su ubicación secreta, Akuna se vuelve contra él. Bode revela al Imperio el paradero de los Archivos Jedi de Cere Junda en Jedha y más tarde muere en un duelo de espadas de luz contra Kestis.

ZN-A4

TIPO Droide de protocolo

ZN-A4 es una droide de protocolo alegre y algo torpe que trabaja con la científica Jedi Santari Khri en Koboh durante la Alta República. Recibe la misión de recuperar los conocimientos sobre cómo llegar al misterioso planeta Tanalorr, pero una lluvia de escombros la sepulta bajo tierra. Años después, Cal Kestis la encuentra y la reactiva. ZN-A4 le confía la misión y encuentra un nuevo hogar en la cantina de Pyloon. Cal acude de nuevo a su rescate cuando Dagan Gera la secuestra para averiguar dónde está Tanalorr. Más tarde, ZN-A4 ayuda a la tripulación de la *Mantis* a atravesar el Abismo de Koboh y llegar a Tanalorr.

DAGAN GERA

ESPECIE Rama arkaniana **FILIACIÓN** Jedi, Piratas del Caos

El caballero Jedi Dagan Gera siente un deseo irrefrenable de explorar la galaxia. Durante la Alta República, descubre un planeta oculto en la nebulosa del Abismo de Koboh al que llama Tanalorr y donde construye un Templo Jedi. Tras un ataque de los Nihil, el Consejo Jedi decide que hay que abandonar el planeta y Dagan monta en cólera. Se pasa al lado oscuro y ataca a sus compañeros. Su vieja amiga Santari Khri lo deja inconsciente tras cortarle un brazo para detenerlo y después lo mete en un tanque de bacta. Tras pasar siglos en estasis, Gera celebra la caída de la Orden Jedi, hace sangrar su cristal kyber y regresa a su obsesión: Tanalorr.

RAYVIS

ESPECIE Gen'dai
FILIACIÓN Asaltantes de Bedlam

Rayvis es un guerrero de risa escandalosa que lidera la banda criminal de los Piratas del Caos. Gracias a su pesada armadura y a su constitución gen'dai, capaz de regenerarse, es una auténtica amenaza mortal. En la era de la Alta República, Rayvis mata a varios Jedi y jura lealtad a Dagan Gera tras ser vencido en combate. Pasa cientos de años encarcelado por los Jedi, pero escapa tras la Orden 66. En la época imperial, él y su banda se cruzan con el Jedi Cal Kestis. Cal lo derrota en un duelo con espadas de luz y le da una muerte honorable como guerrero.

SANTARI KHRI

ESPECIE Humana
FILIACIÓN Jedi

Esta científica Jedi tiene fama de investigadora seria y meticulosa. Viaja al planeta Koboh, en el Borde Exterior, para estudiar el misterioso elemento de color púrpura que impregna la peligrosa nebulosa del Abismo de Koboh. Lidera un grupo formado por Jedi y por miembros del equipo de la República. Dagan Gera, uno de sus Jedi, navega por el abismo y descubre el planeta Tanalorr. Tras ello, Khri construye una brújula que permite al resto viajar con seguridad a través de la nebulosa. Más tarde, cuando Gera se vuelve contra los Jedi, Khri le corta un brazo para detenerlo. Abandona Koboh cuando una Emergencia del Gran Desastre pone en peligro el planeta.

KATA AKUNA

ESPECIE Humana **PLANETA NATAL** Birren
FILIACIÓN Familia Akuna, tripulación de la *Mantis*

Kata crece en Nova Garon, donde pasa mucho tiempo sola con su muñeca, Mookie. Es solo una niña cuando unos inquisidores matan a su madre, Tayala, mientras buscan a su padre Jedi, Bode. Este accede a trabajar para la OSI a cambio de la seguridad de Kata, quien vive bajo la custodia imperial. Tras la muerte de Bode a manos del Jedi Cal Kestis, Kata se une a la tripulación de la *Mantis*. En Koboh, le gusta cocinar con Greez y trabajar en el jardín con Pili Walde.

DOMA DENDRA

ESPECIE Waluna **PLANETA NATAL** Koboh
FILIACIÓN Anticuario de Dendra

Doma Dendra, alcaldesa oficiosa del puesto fronterizo de Rambler's Reach, en Koboh, dedica su tiempo a velar por sus vecinos, aunque su labor principal consiste en regentar su anticuario. Sabe que su pequeña comunidad solo puede sobrevivir si se mantiene unida. Por eso Cal Kestis le cae simpático desde que lo ve defender a Turgle, natural de Koboh, de los Piratas del Caos.

PARROQUIANOS DE LA CANTINA DE PYLOON

ESPECIE Múltiples **PLANETA NATAL** Koboh **FILIACIÓN** Rambler's Reach

Tras abandonar la tripulación de la *Mantis,* Greez Dritus compra un bar en Koboh, un planeta del Borde Exterior. El bar, llamado la cantina de Pyloon, tiene una clientela de bichos raros y granujas, como el dramático y descuidado Turgle; Bhima Ook y Tulli Mu, que llevan un tablero de holotáctica en el piso de arriba; la botánica Pili Walde, que instala un jardín en el tejado, y la refugiada Tulakt, que vive de la adivinación.

Un grupo variopinto
Cada cual a su manera, Turgle, Bhima Ook, Tulli Mu, Pili Walde y Tulakt *(izda. a dcha.)* tienen todos algún tipo de relación con Cal Kestis.

CASSIAN ANDOR

ESPECIE Humana **PLANETA NATAL** Kenari
FILIACIÓN Alianza Rebelde

Al principio, Cassian Andor no tiene ningún interés en luchar contra el Imperio, pero se siente atraído por la Rebelión. Al final, deja una huella imborrable en la galaxia al ayudar a descubrir un fallo en la Estrella de la Muerte.

EL CAMINO A LA REBELIÓN

De niño, durante los últimos años de la República, Cassian sobrevive al salvaje saqueo comercial de su planeta natal, Kenari, que envenena el planeta. En su mundo ya solo quedan niños. Maarva Andor y su marido, Clem, unos benévolos extraños que buscaban chatarra en Kenari, se lo llevan a su hogar en Ferrix y lo adoptan. De este modo, lo separan de su hermana sin saberlo. Años más tarde, mientras Cassian la busca, se cruza con Luthen Rael, un agente rebelde encubierto que lo recluta para la causa. Rael lo hace partícipe de un robo en Aldhani que asesta un notable golpe al Imperio. En realidad, Cassian no se une a la misión motivado por el altruismo, sino porque está desesperado por salvarse a sí mismo y a sus seres queridos.

Andor trata de olvidarse de sus preocupaciones y disfrutar de su parte del botín, pero no puede huir de la opresión del Imperio. Sus tropas lo arrestan por una supuesta infracción menor en Niamos y lo condenan a un largo encarcelamiento en Narkina 5. Allí, Cassian sufre la aplastante opresión del Imperio y lidera una revuelta. Cuando vuelve a Ferrix para asistir al funeral de su madre, es testigo de las tensiones que provocan los ocupantes imperiales y comprende que debe tomar partido. Tras esto se convierte en agente de la Alianza Rebelde. Más adelante, captura al droide de seguridad imperial K-2SO y lo reprograma. Desde entonces son inseparables y llevan a cabo muchas misiones juntos. Como oficial de Inteligencia, Andor ha usado distintos alias.

MISIÓN PELIGROSA

Durante una misión en el Anillo de Kafrene, Cassian se entera de que el científico imperial Galen Erso envió información sobre la nueva superarma del Imperio para matar planetas a su viejo amigo Saw Gerrera, un rebelde condenado al ostracismo. Cassian, junto con K-2SO, recibe el encargo de acompañar a la hija de Galen, Jyn, a Jedha para dar con Saw. En una escaramuza en la Ciudad Sagrada conocen a Baze Malbus y Chirrut Îmwe, y luego son capturados por las tropas de Saw. En la cárcel de Gerrera, Cassian topa con el desertor imperial Bodhi Rook mientras Saw entrega a Jyn el mensaje de su padre, que revela un fallo catastrófico en la Estrella de la Muerte. Cuando los imperiales descubren que se ha filtrado la noticia de la superarma, aniquilan la Ciudad Sagrada. Cassian, Jyn y sus nuevos amigos escapan con vida por los pelos.

El grupo viaja a Eadu, donde Cassian ha recibido la orden secreta de asesinar a Galen Erso. Su conciencia le impide acatarla, pero Galen muere pronto en un bombardeo rebelde.

> «Las rebeliones se basan en la esperanza.»
>
> **CASSIAN ANDOR**

El robo en Aldhani
El pequeño equipo de Aldhani, dirigido por Vel Sartha, se prepara a fondo para una peligrosa misión: robar la nómina de los imperiales de todo un sector.

Una vida sombría
Cassian, de nombre Keef, trabaja sin descanso turno tras turno en el complejo penitenciario. Pero urde un plan de fuga y convence al líder Kino Loy para que lo ayude.

EL SACRIFICIO FINAL

Cassian y su equipo vuelven a Yavin 4 y, en contra de las órdenes, forman un escuadrón para robar los planos de la Estrella de la Muerte en Scarif. Una vez allí, Cassian, Jyn y K-2SO se hacen pasar por imperiales para llegar a la cámara acorazada. Consiguen los planos, pero deben transmitirlos a la flota rebelde desde lo alto de una torre de comunicaciones. Mientras suben, Cassian resulta herido. Jyn continúa sola, pero el director Orson Krennic la captura en la cima. Cassian se niega a rendirse y aparece justo a tiempo para dispararle, lo cual permite a Jyn enviar los planos. En ese instante, la superarma dispara sobre Scarif. Cassian y Jyn mueren abrazados como héroes.

Problemas de confianza
Cassian y Jyn deben superar su desconfianza mutua para colaborar. Cuando llegan a Jedha, su relación es muy tensa.

VERLO SKIFF

ESPECIE Humana **PLANETA NATAL** Morlana Uno
FILIACIÓN Preox-Morlana

El cabo centinela Verlo Skiff nunca aparta la mente del trabajo, ni siquiera cuando está fuera de servicio y visita un burdel en la zona de ocio de Morlana Uno. De ahí que mire a todo el mundo con recelo y siempre esté a la caza de desprevenidos a los que manipular a cambio de créditos. Cuando intenta hacer eso con Cassian, comete un error: Andor se resiste y lo acaba matando por accidente.

KRAVAS DREZZER

ESPECIE Humana
PLANETA NATAL Morlana Cuatro
FILIACIÓN Preox-Morlana

Este excomandante de escuadrón de Morlana Cuatro es degradado a cabo centinela en Morlana Uno. Cuando no está de servicio, frecuenta la zona de ocio, donde acosa y extorsiona a la gente. Eso es lo que trata de hacer con Cassian Andor, pero este lo mata con su propio bláster.

KERRI

ESPECIE Humana **PLANETA NATAL** Kenari
FILIACIÓN Tribu de huérfanos de Kenari

Kerri es la hermana pequeña de Cassian Andor. Ella y Cassian, conocido entonces como Kassa, crecen juntos en Kenari en una tribu de niños huérfanos. Comparten una tienda de campaña en la selva. Kerri lo ve como su protector, lo admira y pasa todo el tiempo que puede con él. Un buen día, ven una nave estrellada y Kerri quiere ir a explorarla con Andor y con los otros niños mayores, pero debe quedarse en el campamento a regañadientes. Esa es la última vez que ve a su hermano, pese a que este la busca a conciencia. Los problemas de Cassian empiezan cuando sigue una pista sobre su hermana en Morlana Uno.

B2EMO

FABRICANTE Cybot Galactica **TIPO** Unidad de salvamento **FILIACIÓN** Familia Andor

Este viejo compañero de la familia Andor también se llama Beetwo o Bee. Está especializado en la recuperación de material y equipado para desguazar y remolcar chatarra. Acompaña a Maarva y Clem Andor por toda la galaxia y los ayuda a explorar naves estrelladas en busca de piezas en buen estado para los hangares de material reutilizable de Ferrix.

En su día, Bee era lo último en tecnología terrestre de recuperación de materiales, pero ahora es más lento y se pasa horas acoplado a su puerto de carga. Sin embargo, no está menos pendiente de Maarva y de su hijo adoptivo, Cassian. El fiel droide siempre cuida de su familia, ya sea recurriendo a sus limitadas reservas de energía para inventarse una excusa por Cassian –que suele esfumarse– o para asegurarse de que Maarva se cuida.

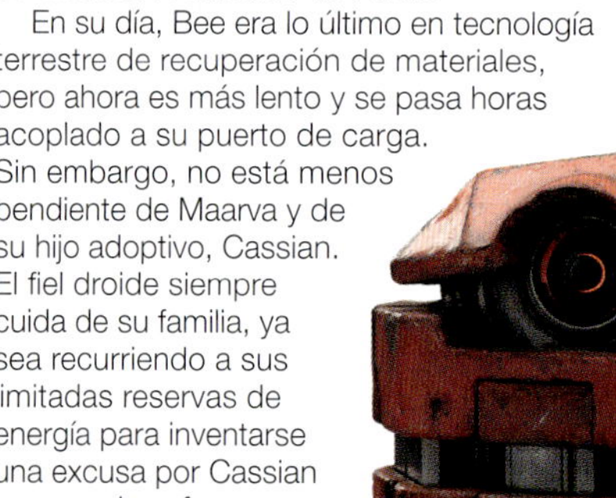

Puerto de carga
A B2EMO le gustaría estar siempre activo, pero, para mantenerse operativo, debe pasar muchas horas cargándose.

Un droide envejecido La pintura desconchada demuestra que a B2EMO le pesan los años.

Cuerpo extensible B2EMO tiene una función para ajustar su altura.

BRASSO

ESPECIE Humana **PLANETA NATAL** Ferrix
FILIACIÓN Desguazador

Brasso se gana la vida honradamente desmontando chatarra en el desguace de Ferrix. Es un trabajo de lo más normal para un ciudadano de Ferrix, pero Brasso no es un ciudadano normal. Es leal a sus amigos hasta la muerte: miente en nombre de Cassian y, mientras este está fuera, cuida de su madre, Maarva, y de su droide, B2EMO. Protege a sus seres queridos y hace lo propio con Ferrix. Se toma muy a pecho el discurso póstumo de Maarva y, en su cortejo fúnebre, usa su ladrillo funerario para combatir a los imperiales que ocupan la ciudad.

HYNE

ESPECIE Humana **PLANETA NATAL** Morlana Uno
FILIACIÓN Preox-Morlana

Este inspector jefe disfruta de una vida relativamente tranquila gracias a su puesto en el equipo de inspección de seguridad de Pre-Mor. Mantiene la corporación alejada de la mirada del Imperio hasta que la investigación de Syril Karn da un vuelco a su vida, pues lo deja sin trabajo.

TIMM KARLO

ESPECIE Humana **PLANETA NATAL** Ferrix
FILIACIÓN Desguace Caleen

Karlo dirige el Desguace Caleen junto a Bix Caleen, con quien mantiene una relación sentimental. Como jefe de planta, lleva la cuenta del inventario y busca compradores para las piezas. Cree que Bix le oculta algo y la sigue hasta ver cómo la apresan unos soldados de asalto.

SYRIL KARN

ESPECIE Humana **PLANETA NATAL** Coruscant **FILIACIÓN** Preox-Morlana, Oficina de Normalización Imperial

Karn se toma la ley muy en serio. Sigue las normas a rajatabla y nunca pasa por alto un detalle en favor de una visión más amplia. Es el subinspector de Preox-Morlana y se vuelca en su deber en Morlana Uno, en parte porque es lo correcto, pero sobre todo por los beneficios que le pueda brindar. Sin embargo, cuando se empeña en investigar dos muertes sospechosas, arruina sus posibilidades de ascender en las filas de Pre-Mor. Su proceder pone fin al gobierno de Pre-Mor y a la autoridad imperial permanente en el sistema de Morlana. Despojado de su cargo, regresa a Coruscant y consigue un puesto en la Oficina de Normalización Imperial (ONI) gracias a sus conexiones familiares. Aún ansioso por hacerse un nombre, esta vez con el Imperio, Syril se obsesiona con Cassian e intenta impresionar con sus conocimientos a la supervisora de la ONI, Dedra Meero.

> «¿Acaso hay que contenerse para preservar el orden?»
>
> **SYRIL KARN**

Plan fallido
Syril Karn contempla conmocionada cómo se tuerce su plan para demostrar su valía capturando a un asesino en Ferrix.

VETCH

ESPECIE Urodel
PLANETA NATAL Ferrix

Este urodel alto y corpulento llamado Vetch intimida a cualquiera con solo abordarlo, pero su duro aspecto oculta a un individuo afable y simpático. Trabaja de vez en cuando para Nurchi, un vendedor de piezas de repuesto de Ferrix. En una ocasión, ayuda a acorralar a Cassian Andor, quien debe dinero al chatarrero.

SALMAN PAAK

ESPECIE Humana **PLANETA NATAL** Ferrix
FILIACIÓN Desguace Repaak

Paak vive en Ferrix con su hijo, Wilmon, y dirige el Desguace Repaak. En Ferrix hay muchos desguaces, pero el de Salman ofrece algo extra a quienes quieren enviar mensajes sobre equipo imperial disponible: tiene una radio fractal clandestina en la trastienda a la que solo se accede con una clave. Salman cuida de sus compatriotas y activa la alarma de la ciudad cuando los Tac-Corpos de Pre-Mor llegan en busca de Cassian Andor. Le guarda sus secretos, pero está indefenso ante los torturadores de la OSI que buscan información sobre la unidad de comunicaciones y el agente rebelde que responde a los mensajes.

BIX CALEEN

ESPECIE Humana **PLANETA NATAL** Ferrix
FILIACIÓN Desguace Caleen

Bix es la dueña del Desguace Caleen, que dirige en Ferrix junto con su socio, Timm Karlo. Astuta y trabajadora, centra su negocio en la tecnología, como los nodos de conversión de iones reacondicionados, pero también vende material recuperado sin licencia en forma de artículos imperiales desechados. A través de una caja de conexiones oculta en el desguace de Salman Paak, Bix se comunica con Luthen Rael, que paga por objetos valiosos sin hacer preguntas sobre su origen. Así es como Bix conoce a la Rebelión, y no solo asume el riesgo que conlleva ese contacto; lo aumenta al contactar con Rael en nombre de Cassian Andor. Cuando las tropas de Preox-Morlana llegan a Ferrix tras las huellas de Cassian, Timm traiciona a Bix. La cosa se complica aún más cuando los imperiales ocupan la ciudad y descubren sus actividades. La OSI la interroga y la tortura, pero Cassian la ayuda a escapar.

Captura imperial
Bix Caleen trata de zafarse de los imperiales que buscan a simpatizantes rebeldes en Ferrix, pero pronto la identifican junto al Desguace Repaak y se la llevan para interrogarla.

La seguridad ante todo
Bix lleva un casco de soldador para recoger chatarra.

Siempre preparada
Bix lleva un cúter y las herramientas multiusos de un desguazador.

«No te preocupes. Es más dura que tú y que yo.» **CASSIAN ANDOR**

Contacto con los rebeldes
Pocos saben que en la trastienda del Desguace Repaak hay un comunicador secreto al que se accede por una escalera. Bix lo usa para informar a un misterioso comprador sobre tecnología imperial recuperada.

WILMON PAAK

ESPECIE Humana **PLANETA NATAL** Ferrix
FILIACIÓN Desguace Repaak

Como muchos en Ferrix, Wilmon crece trabajando de chatarrero, concretamente con su padre en el Desguace Repaak. Solo tiene 16 años, pero ya siente una profunda aversión por el Imperio, que aumenta cuando detienen y matan a su padre. Su ira lo lleva a amotinarse en el funeral de Maarva Andor.

EL CAMPANERO

ESPECIE Humana
PLANETA NATAL Ferrix
FILIACIÓN Campanero

El campanero de Ferrix se toma su deber muy en serio. Todos los días sube las escaleras del campanario para marcar el progreso del día con dos martillos y un gong de beskar reciclado. El sonido reverbera en la plaza de la ciudad y en los desguaces para que los ciudadanos de Ferrix lleven la cuenta de sus horas de trabajo. El campanero se enorgullece de su labor metódica y constante, y a lo largo de los años perfecciona su táctica. Trata sus instrumentos con sumo cuidado y los mantiene inmaculados, listos para el ritual diario de marcar el tiempo.

MAARVA CARASSI ANDOR

ESPECIE Humana **PLANETA NATAL** Ferrix
FILIACIÓN Hijas de Ferrix

La valiente y testaruda Maarva desencadena una rebelión en Ferrix con un discurso póstumo que urge a sus compatriotas a despertarse y ver al Imperio en toda su maldad. Maarva ama a su planeta, donde construye una comunidad muy unida. Ella y su marido, Clem, buscan piezas de tecnología por toda la galaxia con su droide B2EMO y las llevan a los desguaces de Ferrix. También adoptan a un joven huérfano al que llaman Cassian. A lo largo de los años, Maarva ha visto muchos cambios y ha sufrido muchas pérdidas; ha visto a las fuerzas imperiales llegar a Ferrix, retirarse y volver.

Como expresidenta del club social Hijas de Ferrix, Maarva vive más pendiente de sus vecinos que de sí misma, pero B2EMO y los amigos de la familia hacen todo lo posible por cuidar de ella cuando Cassian no está. Durante su enfermedad y sus últimos días, mantiene su carácter rebelde e independiente, y se resiste a la ocupación imperial hasta su último aliento. Deja un mensaje grabado para que B2EMO lo reproduzca en su funeral. La llamada a la acción de su holograma provoca una revuelta entre sus compatriotas.

LUTHEN RAEL

ESPECIE Humana
FILIACIÓN Red del Eje

Luthen Rael es un enigma con un pasado envuelto en misterio. Cuando el Imperio galáctico toma el control del gobierno en Coruscant, su vida da un giro irreversible hacia la rebelión. En los años siguientes, crea una red de espías, guerreros y agentes dobles. Orquesta la actividad rebelde desde las sombras, pues prefiere pasar desapercibido, y coopera con quien pueda cumplir mejor sus objetivos. Con el tiempo, su red inflige al Imperio varias heridas superficiales y otras profundas. A medida que aumenta sus contactos, Rael urde operaciones que harán mella en el enemigo, como el robo a Aldhani. No es tan extremista como los partidarios de Saw Gerrera, pero tacha de ineficaces las tácticas de la senadora Mon Mothma, más amables e incruentas. Rael toma decisiones basadas en datos y estrategias, no en la compasión, aunque a veces su enfoque analítico pasa a un segundo plano en favor de la impulsividad. Sacrifica lo que sea y a quien sea en nombre de la causa.

Operar la red de rebeldes del Eje (como la denomina la OSI, Oficina de Seguridad Imperial) es solo una faceta de su vida. Su identidad pública es la de un excéntrico coleccionista que vende antigüedades galácticas y objetos curiosos en una galería cercana al Distrito Imperial de Coruscant. Como esteta, lo único que se espera de él es su talento para conseguir artefactos junto con la historia de su origen. Luthen adopta esa fachada con mucha teatralidad. Su galería atiende a una clientela adinerada, ante la que él y su fiel compañera rebelde, Kleya Marki, interpretan un papel muy estudiado. Su galería también es útil para celebrar reuniones clandestinas con contactos, como Mothma.

Rael compartimenta su mente para mantener su doble identidad. Su propia nave, un transbordador Fondor, refleja esa naturaleza dual, pues su clásico exterior oculta muchas modificaciones personalizadas.

En la piel del personaje
Luthen se deshace en sonrisas cuando recibe a rebeldes en su galería. Pero en ocasiones baja la guardia, como cuando la senadora Mothma comparte malas noticias sobre el estado de su rebelión y sus finanzas.

Nave personalizada
Luthen en la cabina de su nave de transporte Fondor, un vehículo con muchas modificaciones ocultas para esquivar a enemigos y huir de aprietos.

Arma oculta
Su bastón retráctil oculta una espada.

Acceso de seguridad
Los cilindros de código le permiten acceder a zonas seguras.

Una imperial modélica
Su uniforme está siempre impecablemente planchado e impoluto.

DEDRA MEERO

ESPECIE Humana **FILIACIÓN** Imperio

La teniente supervisora Dedra Meero se forja una exitosa carrera en la Oficina de Seguridad Imperial. Alcanza su rango en poco más de un año de servicio y no deja que las críticas a su falta de experiencia la disuadan de sus objetivos. Se abandera de su lealtad al Imperio, motivación de todas sus aspiraciones. Al ser relativamente nueva en la OSI, todavía no ha caído en la autocomplacencia como algunos de sus compañeros. Cumple su deber con fervor, y aplica un análisis metódico a cada informe y cada dato, por pequeño que sea. Esgrime la inteligencia como un arma y la utiliza para abrirse camino hacia la verdad. Su capacidad para ver la galaxia a gran escala impresiona a su superior, el comandante Lio Partagaz, que aprecia su empuje.

> «Lo peor que puedes hacer ahora mismo es aburrirme.»
> **DEDRA MEERO**

Meero avanza en su carrera investigando al espía rebelde al que la OSI llama Eje. Relaciona robos de tecnología imperial aparentemente inconexos, empezando por una unidad viaestelar N-S9, y varios actos de insurgencia contra el Imperio, y descubre un patrón. Luego pone en práctica su hipótesis sobre la red del Eje, junto con la información de Syril Karn sobre la implicación de Cassian Andor, y es reasignada a Ferrix. Su agresiva investigación de las conexiones del Eje la conduce a estrechos colaboradores de Cassian, entre ellos Bix Caleen y Salman Paak.

En Ferrix, Meero hace alarde de sus tácticas de interrogatorio: se muestra serena, contundente y casi comprensiva. Anima a sus prisioneros a desembuchar antes de que sea necesario aplicar la violencia. Cree en el Imperio y está convencida de que hace lo correcto en beneficio de la galaxia. El fervor con que se entrega a sus investigaciones y a sofocar la actividad rebelde impide que nada ni nadie se interponga entre ella y su objetivo o su ascenso en la OSI.

Acorralada
Syril Karn no para de inmiscuirse en la vida de Dedra. A ella no le gusta que la espere a las puertas de la OSI y le dice que la deje en paz.

Lucha en Ferrix
La revuelta de los ferrixianos tras el funeral de Maarva Andor coge al Imperio por sorpresa. Dedra no está acostumbrada a este tipo de combates, pero se une a las tropas terrestres para sofocar a los rebeldes.

CLEM ANDOR

ESPECIE Humana **PLANETA NATAL** Ferrix
FILIACIÓN Familia Andor

Clem Andor vive en su planeta natal de Ferrix con su esposa, Maarva. Viaja con ella por toda la galaxia para recoger piezas de tecnología desechadas. Luego vuelve a Ferrix, donde, gracias a su talento como mecánico, deja la maquinaria como nueva y se la vende a los desguaces locales. Durante uno de esos viajes para recoger chatarra, Clem y Maarva encuentran y adoptan a un joven huérfano en Kenari y lo llaman Cassian. Años más tarde, cuando las tropas clon imperiales quieren establecerse en Ferrix y los vecinos protestan, Clem trata de calmar los ánimos. El incidente se recrudece, el Imperio lo atrapa y lo mata.

BLEVIN

ESPECIE Humana **FILIACIÓN** Imperio

El teniente supervisor Blevin desempeña sus funciones al pie de la letra, ya sea para revisar datos o recoger información del chófer que la OSI ha asignado a Mon Mothma. Se basa en los reglamentos y las normas imperiales para hacer lo mínimo y no tiene iniciativa ni trabaja más de la cuenta. Su labor de supervisión se amplía cuando Preox-Morlana pierde su autoridad y el Imperio pasa a controlar sus sectores. Ferrix cae bajo la jurisdicción de Blevin, que establece su cuartel general en un antiguo hotel de la calle Rix. El teniente informa de actividades inusuales, pero carece de visión de conjunto. Además, está resentido con la supervisora Dedra Meero por inmiscuirse en asuntos de su competencia y por osar ser más ambiciosa que él.

LAGRET

ESPECIE Humana
FILIACIÓN Imperio

El capitán Lagret es supervisor de la Oficina de Seguridad Imperial y procura desempeñar su cargo para satisfacer a sus exigentes superiores, entre ellos el comandante Partagaz. Sin embargo, no lo hace demasiado bien. Asiste a las incontables reuniones informativas que exige el puesto, pero se toma su tiempo con los memorandos e informes, y tiene la costumbre de culpar del retraso a los demás. Partagaz no acepta excusas y lo escarmienta delante de sus colegas: le da un rapapolvo y reasigna a otro oficial un memorándum suyo sobre Arvala-6.

LONNI JUNG

ESPECIE Humana
FILIACIÓN Imperio, Rebeldes

Durante años, Lonni Jung se abre camino entre las filas de la OSI y obtiene el rango de teniente y el puesto de supervisor. Aparenta dedicación al Imperio y sus superiores, pero en realidad es un agente doble que trabaja con Luthen Rael. Proporciona información a Rael, pero, debido a su condición de agente encubierto, sus encuentros son muy espaciados. La presión de mantener esa doble vida aumenta cuando nace su hija y cada vez le pesa más. Además, no le gustan algunas decisiones de Luthen ni su inclinación a sacrificar a cualquiera por la causa.

LIO PARTAGAZ

ESPECIE Humana
FILIACIÓN Imperio

Este meticuloso comandante de la Oficina de Seguridad Imperial exige informes impecables. Es un firme creyente en el Imperio galáctico como bastión del orden y la seguridad en la galaxia, y hace todo lo necesario para defender y proteger la organización. Ve la OSI como un proveedor de asistencia sanitaria que trata cualquier enfermedad que amenace al Imperio, tanto si procede de dentro como de fuera. Cree que hasta el más mínimo detalle puede marcar la diferencia, por lo que no acepta vaguedades de sus subordinados. Se ajusta a los procesos tradicionales de la OSI, pero está abierto a metodologías heterodoxas y a escuchar teorías poco convencionales, siempre que sus defensores las respalden con datos.

VEL SARTHA

ESPECIE Humana **PLANETA NATAL** Chandrila
FILIACIÓN Red del Eje

Sartha creció en una rica familia de Chandrila, pero esa vida acomodada no la atrae, especialmente cuando el Imperio se cierne sobre la galaxia. Cuando es necesario, mantiene la fachada de niña rica, pero en realidad es una agente rebelde. Su origen privilegiado le ha dado una seguridad innata ideal para dirigir misiones, y son pocos los que se atreven a negarle algo.

En la crucial operación rebelde para robar al Imperio en Aldhani, Vel guía a su equipo con mano de hierro, pese a la presión a la que la somete Luthen Rael. Firme y concentrada, supervisa el entrenamiento exhaustivo del grupo durante su estancia en Aldhani y se adapta rápidamente cuando Luthen incluye a Clem (Cassian Andor) a última hora. Vive entregada a la lucha contra el Imperio, pero venera sus relaciones personales con su prima, Mon Mothma, y con su novia, Cinta Kaz.

Rebelde oculta
Vel viste una chaqueta de Aldhani para pasar desapercibida.

Un papel convincente
Cuando visita a su primo en Coruscant, Vel vuelve a su entorno privilegiado. En ese papel, irradia lujo y egoísmo, y oculta su complicidad con Mon Mothma.

HEERT

ESPECIE Humana
FILIACIÓN Imperio

Según Dedra Meero, supervisora de la OSI, Heert es un diamante en bruto. Este ayudante se entrega a su trabajo en cuerpo y alma, presta a Meero todo el apoyo que necesita y trabaja de manera incansable en su nombre, pues sabe que su éxito también lo beneficiará. Entiende que trabajar a todas horas forma parte del cargo y nunca se queja. Conoce tan bien a Meero que se anticipa a lo que le va a pedir, y esa actitud proactiva causa una excelente impresión en la supervisora. Heert siempre tiene en mente los intereses de su jefa, ya sea cuando la acompaña a las sesiones informativas del comandante Partagaz o cuando solicita información a otros supervisores.

KARIS NEMIK

ESPECIE Humana **FILIACIÓN** Red del Eje

El serio y tenaz Nemik anhela un futuro libre de la opresión imperial. Es el miembro más joven de un pequeño grupo de rebeldes con la misión de robar los sueldos de la guarnición imperial de Aldhani, y es el camarada de ideales más firmes. Anota sus pensamientos en un manifiesto cada vez más largo que consigna en una tableta de datos. Siente un gran interés por la teoría política y es un astronavegador consumado capaz de hacer complejos cálculos con un antiguo dispositivo anterior al Imperio. Comparte sus reflexiones sobre la galaxia con cualquiera que esté abierto a aprender.

ARVEL SKEEN

ESPECIE Humana **FILIACIÓN** Red del Eje

Skeen es un egoísta que no soporta perder y anda siempre en busca de venganza, éxito o dinero. Ha pasado años de prisión en prisión y tiene muchos tatuajes que lo atestiguan. Se une al equipo de infiltración rebelde en Aldhani para vengarse de su carcelero, el Imperio, al que quiere asestar un golpe certero con el robo de las nóminas. Con el punto de mira en ese botín, desconfía de la repentina llegada de Clem a Aldhani. Sin embargo, tras cumplir con la misión, aflora su carácter mercenario y es él quien traiciona al grupo.

TARAMYN BARCONA

ESPECIE Humana
FILIACIÓN Imperio, Red del Eje

Taramyn Barcona aporta valiosos conocimientos de su época como soldado de asalto imperial a su equipo de rebeldes en Aldhani. Pero, dados sus antecedentes, debe esforzarse al máximo para ganarse su confianza.

Gracias a su talento para la planificación y su conocimiento de los protocolos y procedimientos imperiales, Taramyn es el jefe de operaciones del equipo de infiltración rebelde. Cuando aparece una variable desconocida –la llegada a última hora de Clem (Cassian Andor)–, no le gusta nada; sin embargo, se adapta y acepta a regañadientes las aportaciones del nuevo recluta.

GHOAT

PLANETA NATAL Aldhani **TAMAÑO** 1,2 m de largo **HÁBITAT** Valles, colinas onduladas

Las onduladas colinas y valles de Aldhani son ideales para esta fuerte criatura de múltiples cuernos. El ghoat proporciona a la población local una lana gruesa muy preciada y una leche muy nutritiva, aunque poco apetitosa. El altiplano de Aldhani ha sido hogar de muchos rebaños, pero la ocupación del Imperio y la expulsión de los dhanis ha reducido su número y privado a la población restante de una fuente de alimento fiable.

CINTA KAZ

ESPECIE Humana
FILIACIÓN Red del Eje

Cinta se hizo rebelde de niña, cuando las tropas de asalto mataron a su familia. Para ella, la causa siempre es lo primero. Se toma muy en serio su deber en la creciente Rebelión y contempla su trabajo como un medio y un fin, incluso a costa de sus relaciones personales, para disgusto de su novia, Vel Sartha.

Además de su destreza en combate, Cinta se instruye en otros campos. Tiene nociones de medicina, habla varios idiomas y es una maestra del sigilo.

Joven y reservada, pasa desapercibida allí donde se infiltra, por lo que es perfecta para el trabajo de incógnito y la observación silenciosa de sus presas. Ese talento es precisamente el motivo por el que Luthen Rael y Kleya Marki la envían a Ferrix con la tarea de eliminar a Cassian Andor.

KLEYA MARKI

ESPECIE Humana **FILIACIÓN** Red del Eje

Esta maestra del disfraz vive entregada a la causa rebelde. Como muchos de los que trabajan entre bastidores organizando la Rebelión, Kleya tiene muchas capas. La exterior es la de asistente en la galería de antigüedades galácticas y objetos curiosos de Luthen Rael en Coruscant. Allí hace de recepcionista, restaura artefactos, atiende a los clientes y envuelve los objetos vendidos. Ese trabajo ordinario le sirve de tapadera para celebrar reuniones clandestinas con agentes e informadores rebeldes. Bajo esa fachada de ayudante, se desarrollan intrincados planes contra el Imperio.

En la trastienda de la galería, Kleya muestra su fuero interno como cerebro de la red de espionaje de Luthen. Lleva las comunicaciones, controla muchas operaciones y garantiza que la red de actividades rebeldes se extienda por toda la galaxia. Es la aliada más fiable de Luthen y, como tal, trata de sofocar sus impulsos cuando no sirven a la causa.

LINUS MOSK

ESPECIE Humana **FILIACIÓN** Preox-Morlana

El sargento Mosk es un hombre de honor que cumple con su deber y vive entregado a su puesto en las Fuerzas de Seguridad de la Autoridad Pre-Mor. Busca cualquier oportunidad para acabar con la desobediencia, sobre todo si con ello también puede demostrar su lealtad a sus superiores. Apoya al subinspector Syril Karn en la persecución de Cassian Andor y participa en un elaborado plan para detenerlo en Ferrix. Cuando el plan provoca el trasvase de la supervisión a las autoridades imperiales, Mosk persiste en seguir a Andor para demostrar que él y Karn tenían razón.

Guardiana de secretos polifacética
Kleya no solo organiza y dirige la red rebelde de Luthen, sino que trabaja en su galería, donde cataloga artefactos y restaura antigüedades para devolverles su esplendor. Además, se ocupa de la tecnología imperial que Luthen trae de sus viajes.

EEDY KARN

ESPECIE Humana **PLANETA NATAL** Coruscant
FILIACIÓN Imperio

Como cualquier madre, Eedy Karn quiere que su hijo triunfe. Por eso, aunque lo juzga, hace todo lo que puede por Syril y lo acoge con los brazos abiertos cuando este pierde su trabajo en Preox-Morlana. Se enorgullece de cuidarlo y plancharle el uniforme, prepararle la comida y servirse de su influencia sobre el tío Harlo para que encuentre otro trabajo, a pesar de sus muchos defectos. Eedy no tiene escrúpulos a la hora de fisgar en la vida de su hijo. Lo espía a escondidas y rebusca entre sus cosas para ayudarlo en lo que pueda.

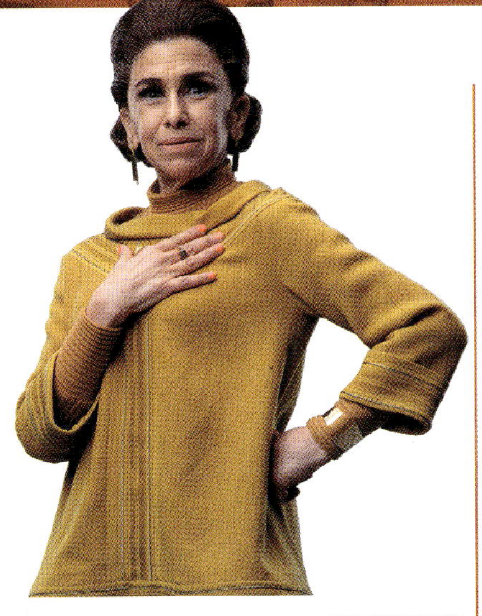

EXMAR KLORIS

ESPECIE Humana **PLANETA NATAL** Coruscant
FILIACIÓN Imperio

Kloris parece un simple chófer dedicado a llevar a la senadora Mon Mothma de cita en cita en una limusina JPP-192. Conduce el vehículo por las atestadas aerovías de Coruscant y ayuda a Mon Mothma a subir y bajar en sus paradas.

Pero en realidad es un agente encubierto de la Oficina de Seguridad Imperial (OSI). Supervisa las actividades e interacciones de la senadora, así como las conversaciones que mantiene en la limusina, y luego informa al supervisor Blevin. Ignora que Mon Mothma sabe que es un infiltrado.

GORN

ESPECIE Humana **FILIACIÓN** Imperio, Red del Eje

El teniente Gorn, antaño leal al Imperio, se convierte en agente doble cuando sus superiores no lo ascienden porque se ha enamorado de una nativa en la base Aldhani. Sirve allí durante siete años y, a diferencia de sus colegas, respeta y aprecia a los dhanis y su cultura. Acaba aliándose con el equipo de infiltración rebelde que planea robar la nómina imperial almacenada en la base. Transmite información a los rebeldes y usa su rango de oficial imperial en beneficio de la red. Está encantado de asestarle un golpe a la maquinaria imperial.

Viajes secretos
Gorn debe viajar con cuidado entre la base imperial y la avanzada rebelde en Aldhani. Lleva capa, casco y gafas para ocultar su identidad.

PERRIN FERTHA

ESPECIE Humana **PLANETA NATAL** Chandrila
FILIACIÓN Familia Mothma

Siguiendo la tradición de Chandrila, Perrin se casó con Mon Mothma a los 15 años. Tras formarse en la academia chandrilana, donde fue un alborotador, se trasladó a la embajada con Mothma, por lo que lleva una vida acomodada desde hace mucho tiempo. Disfruta de su estatus y riqueza en Coruscant, pero aborrece las maniobras políticas que conlleva. Se pasa el tiempo jugando y bebiendo, para disgusto de Mon Mothma. Invierte toda su energía en mantener un estilo de vida extravagante y no presta atención a las inclinaciones políticas de los que trata.

LEIDA MOTHMA

ESPECIE Humana **PLANETA NATAL** Chandrila
FILIACIÓN Familia Mothma

Esta chica de 13 años siente que no tiene mucho control sobre su vida. Es hija de la senadora Mon Mothma y Perrin Fertha, y crece en la embajada chandrilana de Coruscant. Cree que su madre está más pendiente de la política que de su familia, por lo que se rebela ignorándola y adoptando las anticuadas tradiciones chandrilanas que Mothma evita. Cuando desea algo, recurre a su padre. Dada su devoción por las costumbres de Chandrila, no pone trabas al encuentro con su posible pretendiente, Stekan Sculdun.

VANIS TIGO

ESPECIE Humana **FILIACIÓN** Imperio

El capitán Tigo asciende al rango de prefecto cuando se hace cargo de la guarnición imperial en Ferrix. Forma parte de la toma de control imperial del sector corporativo Preox-Morlana y establece su cuartel general en un antiguo hotel del centro. Acata las órdenes de la supervisora de la OSI, Dedra Meero, que manda investigar presuntas actividades rebeldes. Detiene a Salman Paak y, después, a Bix Caleen. Trama con otros agentes la captura de Cassian Andor durante el funeral de su madre en la calle Rix. Pero lo único que consigue es provocar un motín al interrumpir su discurso póstumo.

KIMZI

ESPECIE Humana **FILIACIÓN** Imperio

El cabo Kimzi sirve al Imperio en la guarnición de Aldhani. Le gusta tomarse descansos para admirar el valle de Piedra, pero desprecia a los dhanis. Suele acatar las órdenes, aunque cuestiona algunas actividades inusuales en la cámara acorazada donde se guardan las nóminas.

JAYHOLD BEEHAZ

ESPECIE Humana **FILIACIÓN** Imperio

El comandante de la guarnición imperial de Aldhani no aprecia el planeta, a su gente ni su cultura. Se limita a mantener la tradición imperial y su familia organiza cenas formales en ocasiones señaladas. Su arrogancia le impide ver el complot que se urde delante de sus narices para organizar un robo.

DOCTOR QUADPAW

ESPECIE Jillsariana **FILIACIÓN** Red del Eje

Este médico ayuda a pacientes desesperados que no tienen a quién recurrir y ofrece asistencia en una modesta tienda de campaña en Frezno. Con sus sentidos mejorados y sus cuatro brazos diestros, aplica tratamientos precisos a cualquiera que pueda pagar sus servicios. Tras el robo en Aldhani, los rebeldes lo buscan para que ayude a Karis Nemik, que está gravemente herido. No obstante y a pesar de todos sus esfuerzos, no logra salvarlo.

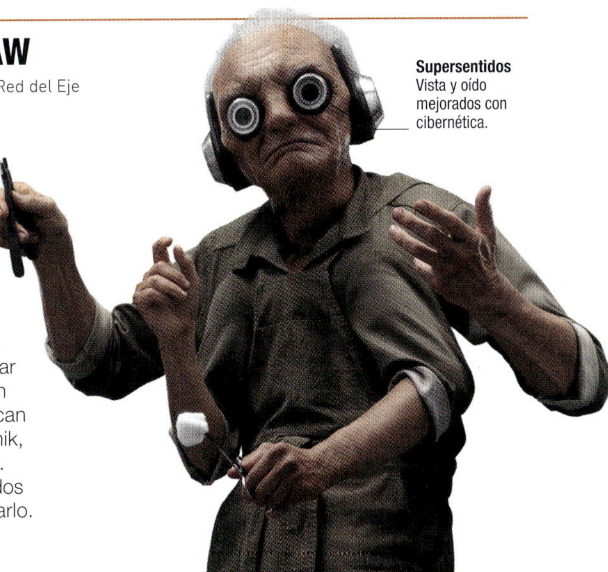

Supersentidos
Vista y oído mejorados con cibernética.

TAY KOLMA

ESPECIE Humana **PLANETA NATAL** Chandrila
FILIACIÓN Banco de Kolma

Este destacado banquero de Chandrila amasa fortuna gracias a la experta gestión de los activos de su familia, entre ellos el Banco de Kolma. Su trabajo lo obliga a viajar a Coruscant, donde se reúne con su íntima amiga de la infancia, la senadora Mon Mothma. Allí le confiesa su postura antiimperial, aunque teme que Mon considere radicales sus gustos políticos. Para su sorpresa, ella le pide ayuda para acceder a su fortuna familiar sin levantar sospechas del Imperio. Tay se alía con Mon y su causa y usa sus contactos para encontrar una solución a los problemas financieros de la senadora.

KINO LOY

ESPECIE Humana
FILIACIÓN Nivel Cinco

Kino Loy se convierte en un preso modelo para sobrevivir a su implacable condena en las instalaciones imperiales de Narkina 5. Acata las órdenes y, como jefe del turno de día del nivel cinco, espera obediencia ciega de sus 49 trabajadores. Crea una distancia profesional entre él y sus hombres, a quienes presiona para que obtengan resultados positivos que beneficien a todos. Pero, al descubrir la falsedad de las sentencias, se lanza a la acción y escucha el plan de Keef para rebelarse y escapar.

El hombre al mando
Loy se centra en cumplir las cuotas. Para ello, imparte órdenes a sus trabajadores y no deja margen para el error ni para aflojar el ritmo.

JEMBOC

ESPECIE Humana **FILIACIÓN** Mesa cinco

Jemboc fue condenado a tres años en la cárcel Narkina 5 por «ejercer la minería sin permiso». Acoge con amabilidad a los nuevos reclusos en la mesa cinco de la unidad 5-2-D. Siente más curiosidad por el mundo exterior que el resto de su grupo. Cuando llega Cassian, Jemboc se muestra ansioso por averiguar lo que sabe sobre la Directiva de Reevaluación de Sentencias para el Orden Público (DRSOP), una nueva ley que reexamina las penas y podría duplicarlas.

XAUL

ESPECIE Humana **FILIACIÓN** Mesa cinco

Xaul es un cocinero que robaba comida imperial para alimentar a su pueblo hambriento. Fue condenado a seis meses, pero la DRSOP le aumentó la pena a cinco años. Harto de trabajar en la cadena de montaje del complejo industrial de Narkina 5, parece haberse rendido a la rutina. Pero cuida del anciano Ulaf y, cuando llega el momento de contraatacar, cumple su papel fingiendo discutir con Ham.

ULAF

ESPECIE Humana **FILIACIÓN** Mesa cinco

Ulaf es el preso de más edad de la mesa cinco en Narkina 5, y el que está más cerca de la libertad. Está agotado por el trabajo, pero resiste porque el resto de su mesa depende de él. Casi al final de su condena, sufre un derrame cerebral y su muerte provoca un motín.

HAM

ESPECIE Humana **FILIACIÓN** Mesa cinco

Este preso de Narkina 5 cumple una condena de ocho años por «defensa propia». Pertenece a la mesa cinco, mantiene a sus compañeros centrados en su labor y se muestra tajante sobre quién hace cada tarea de forma más eficiente. Provoca una pelea con Xaul para distraer a los guardias mientras los presos se amotinan e intentan fugarse.

BIRNOK

ESPECIE Humana **FILIACIÓN** Mesa dos

Birnok está preso en Narkina 5 y cumple su condena a trabajos forzados en la mesa dos del nivel cinco. Se centra en su labor, pero está siempre atento a lo que surja.

Pocos presos contemplan la posibilidad de huir. Agotados por el trabajo, se han resignado a su destino. Pero Birnok ve un alma gemela en Keef (Cassian Andor) y ambos hacen altos en su duro trabajo para intercambiar observaciones sobre los puntos débiles de los guardias. Birnok sigue el plan de fuga de Keef y lidera la carga para salir del nivel cinco, pero muere en el intento.

ZINSKA

ESPECIE Humana
FILIACIÓN Nivel cinco

El jefe del turno de noche del nivel cinco mantiene a sus hombres centrados en el trabajo para cumplir con las exigentes cuotas del Imperio. Le cuenta a Loy que el nivel dos está alborotado, lo cual confirma el rumor que corre entre los reclusos. Cuando estos se sublevan, Zinska lidera a sus hombres en la lucha.

TAGA

ESPECIE Humana

Taga trabaja en la mesa cinco de la unidad 5-2-D en el centro penitenciario imperial de Narkina 5. Cumple con su labor, de la que se enorgullece, y se cree más rápido que Keef. Se comunica con otros presos mediante un lenguaje de signos improvisado y es el primero en enterarse de que algo anda mal en el nivel dos.

MERZIN KEYSAX

ESPECIE Humana **FILIACIÓN** Imperio

El teniente Keysax es oficial de seguridad en la guarnición imperial de Ferrix, una unidad recién creada. Colabora con el capitán Vanis Tigo y la supervisora de la OSI, Dedra Meero, para aprovechar el funeral de Maarva Andor a fin de capturar a su hijo, Cassian, e identificar al espía rebelde llamado Eje.

GORST

ESPECIE Humana **FILIACIÓN** Imperio

El doctor Gorst no emplea las típicas herramientas y técnicas de interrogatorio de la Oficina de Seguridad Imperial (OSI). En lugar del método tradicional, aprovecha sus conocimientos de psicología y fisiología para infligir terribles torturas a los presos. Confía en obtener los resultados deseados y se toma su tiempo con sus víctimas. Una de sus estrategias más eficaces consiste en colocar auriculares a un preso y obligarlo a oír los gritos de muerte de dizonitas masacrados, incluidos jovencitos. Su dolorosa agonía atormenta a quien lo escucha. Dada la eficacia de sus métodos, la OSI recurre a Gorst en los interrogatorios cruciales.

DAVO SCULDUN

ESPECIE Humana **PLANETA NATAL** Chandrila
FILIACIÓN Familia Sculdun

Para muchos es un matón adinerado, y desde luego posee una increíble fortuna. Aprovecha su posición como banquero en Chandrila para hacer contactos y cambiar la coyuntura política a su favor. Su cartera de activos es tan vasta que puede blanquear cualquier transacción a través de sus empresas, cosa muy útil para los chandrilanos que desean ocultar sus fondos a los auditores imperiales. Usa su poder en beneficio de su familia y en ocasiones prefiere los favores a las comisiones. Así es como logra orquestar una presentación entre su hijo y la hija de la senadora Mon Mothma.

RHASIV

ESPECIE Humana
FILIACIÓN Presos de Narkina 5

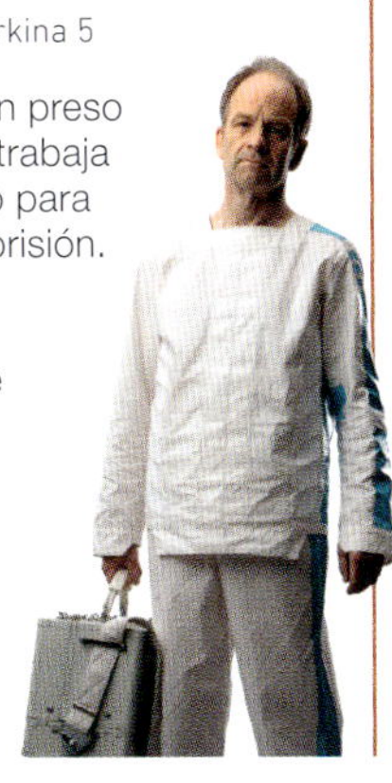

El doctor Rhasiv es un preso de Narkina 5, donde trabaja como técnico médico para sus compañeros de prisión. Sin embargo, evita trabar amistad con sus pacientes porque sabe que volverán al duro trabajo pese a sus dolencias. Al ser uno de los pocos reclusos libres de moverse entre niveles, transmite información valiosa.

ELK

ESPECIE Humana **FILIACIÓN** Imperio

Este capitán de la Armada Imperial comanda un crucero Arrestor de clase Cantwell que patrulla cerca de Segra-Milo. Atento a los partisanos y la piratería, detiene a las naves sospechosas. A veces, aunque la identificación del transpondedor sea válida, las inspecciona solo para no perder la práctica.

LEEVAN TENZA

ESPECIE Sabat **PLANETA NATAL** Sabata
FILIACIÓN Partisanos de Saw Gerrera

La rebelión de Tenza contra el Imperio no empezó con los Partisanos de Saw Gerrera. En su día formó parte del equipo del general Dodonna, pero fue sometido a un consejo de guerra. Tras escapar, encuentra en los Partisanos una insurgencia más afín a sus creencias.

JEZZI

ESPECIE Humana
PLANETA NATAL Ferrix
FILIACIÓN Hijas de Ferrix

Como Hija de Ferrix, Jezzi cuida de sus compañeras del club social, entre ellas Maarva Andor. Tras desfilar en el funeral de Maarva y participar en la revuelta contra el Imperio, huye con varias amigas lejos de Ferrix al volante de una nave estelar Breon Dayvan.

SOLDADO DE SEGURIDAD IMPERIAL

ESPECIE Humana **PLANETA NATAL** Varios
FILIACIÓN Imperio

Estas tropas respaldan a los soldados de asalto en situaciones que exigen más fuerza de la habitual. Son soldados de élite imperturbables que se someten a un entrenamiento exhaustivo para diversas funciones, desde guardias de prisiones o avanzadas hasta escoltas de oficiales o de la OSI y tropas antidisturbios. Se distinguen de los soldados de asalto por su uniforme negro, pero operan bajo una estructura de mando similar. Llevan fusiles bláster E-11 estándar, aunque también mantienen el orden con armas no letales, como porras aturdidoras y escudos.

KULLBEE SPERADO

ESPECIE Meftiana
PLANETA NATAL Mefti
FILIACIÓN Partisanos de Saw Gerrera

Los Partisanos de Saw Gerrera reclutan a este pistolero meftiano en Serolonis. Sirve en el grupo durante años, pero mantiene las distancias y nunca habla de su pasado. Cuando está destinado en Jedha, a veces desaparece durante semanas sin dar explicaciones y de vez en cuando visita el Templo de los Whills.

PILOTOS DE CAZA TIE

ESPECIE Humana **PLANETA NATAL** Varios
FILIACIÓN Imperio

Estos pilotos imperiales de riguroso negro llevan toda la gama de TIE, incluidos cazas, bombarderos, interceptores y modelos menos habituales. Solo obtiene el título una ínfima parte de los cadetes del programa de formación de pilotos de la Academia, por lo que son una clase de élite dentro de la Armada Imperial y son célebres por darse aires de grandeza. Sin embargo, hacen grandes sacrificios. Los entrenan para ejecutar sus misiones a cualquier precio, al margen de su supervivencia.

KANAN JARRUS

ESPECIE Humana **PLANETA NATAL** Coruscant
FILIACIÓN Jedi, Alianza Rebelde

Kanan Jarrus, un expadawan Jedi perdido y conocido como Caleb Dume, se convierte a sí mismo en caballero Jedi. Lucha con uñas y dientes por su nueva familia y por toda la galaxia.

Ojos de Jaig
Kanan, cegado por Maul en Atollon, comienza a llevar una máscara. Está decorada con ojos de Jaig, que también adornan el casco de soldado clon del capitán Rex.

UN COMIENZO TRADICIONAL

Caleb se cría en Coruscant y se convierte en el padawan de Depa Billaba. Como muchos Jedi, construye su espada de luz con la ayuda del profesor Huyang, que le suministra un raro emisor. Durante su estancia en el Templo Jedi, recibe lecciones de otros maestros, como Obi-Wan Kenobi y Yoda. De niño, ve cómo Ahsoka Tano desmantela un droide de combate remoto en una sesión pública de entrenamiento y se queda asombrado de su habilidad. En las Guerras Clon, acompaña a su maestra en muchas misiones, como las de Kardoa y Mygeeto.

Todavía es un adolescente cuando el canciller supremo Palpatine activa la Orden 66, tacha a los Jedi de traidores y decreta su exterminio. En Kaller, Billaba se sacrifica para salvarlo cuando las tropas clon se vuelven contra el dúo. El aprendiz, traumatizado, huye ante la insistencia de Billaba y escapa de los clones que lo acechan.

SUPERVIVIENTE

Caleb se esconde y adopta el nombre de Kanan Jarrus. Para que el Imperio no lo encuentre, abandona sus enseñanzas Jedi y aprende a sobrevivir gracias al canalla Janus Kasmir.

Finalmente, se instala en el planeta Gorse, donde vive en una modesta habitación del Cinturón de Asteroides, la cantina de Okadiah Garson. Kanan trabaja para Moonglow Polychemical, una empresa que extrae thorilidio volátil en el interior cristalino de Cynda, la luna de Gorse. Lleva una vida de lo más corriente hasta que dos personas cambian las cosas: el conde Denetrius Vidian y Hera Syndulla. El emperador envía al amoral conde a mejorar la producción de thorilidio, lo cual tiene consecuencias catastróficas. Por su parte, la twi'lek renegada Hera está decidida a combatir las atrocidades del Imperio.

Kanan se siente atraído por Hera, quien le da un vuelco a su vida y lo devuelve a los valores Jedi. Tras frustrar los siniestros planes de Vidian, Kanan se va con ella y con su arisco astromecánico, Chopper, en el *Espíritu*. La nueva tripulación rebelde se amplía con la incorporación de la mandaloriana Sabine Wren y el lasat Garazeb Orrelios, alias Zeb. Juntos viajan a Lothal, un mundo del Borde Exterior que el Imperio explota para construir armamento militar.

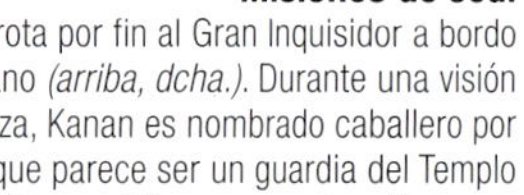

UN MAESTRO ORIGINAL

Durante una fatídica misión, Kanan topa con Ezra Bridger, un huérfano sensible a la Fuerza que vive en las calles de Ciudad Capital. Kanan percibe su potencial y lo invita a unirse a su tripulación. Aunque es reacio a convertirse en su maestro, pues nunca completó su entrenamiento para ser un caballero Jedi, le da varias lecciones sobre la Fuerza durante sus misiones contra el Imperio.

En una de esas lecciones, el dúo visita el Templo Jedi de Lothal. Mientras medita allí, Kanan tiene una visión: un guardia del templo le dice que Ezra caerá en el lado oscuro. Guiado por su instinto, Kanan hace todo lo que puede para salvar a Ezra de ese destino. Sin embargo, al final comprende que no puede protegerlo de todo. En ese momento, Kanan asume plenamente su papel de mentor y se convierte en un caballero Jedi por derecho propio.

Con los inquisidores de Vader siempre en los talones, Kanan y Ezra viajan a Malachor para buscar la forma de derrotarlos. Pero, en vez de eso, topan con Maul, que intenta convertir a Ezra en su aprendiz y ciega a Kanan con su espada de luz. Pese a perder la vista, el incidente refuerza el vínculo de Kanan con la Fuerza. Más tarde, Bendu le enseña a «ver» a través de la Fuerza.

La tripulación del *Espíritu* sigue luchando contra el Imperio y se suma a la incipiente Alianza Rebelde. Entretanto, Lothal, el planeta de Ezra, se hunde cada vez más bajo el férreo control del Imperio. El equipo planta cara y ataca, pero los imperiales capturan a Hera, la compañera de Kanan. La gobernadora, Arihnda Pryce, la tortura en el Complejo de Armería Imperial. El grupo la rescata, pero la operación se cobra la vida de Kanan. En un último acto de heroísmo, el Jedi usa la Fuerza para proteger a sus compañeros de un muro de llamas que destruye el complejo. Tras ese último acto de amor, Kanan pasa a ser uno con la Fuerza.

EL LEGADO DE KANAN

Poco después de la liberación de Lothal, Hera da a luz al hijo de Kanan, Jacen, que guarda un asombroso parecido con su padre. Hera y Jacen tienen una foto de Kanan en la cabina del *Espíritu* para honrar su memoria. En la batalla de Exegol, la voz de Kanan le dice a la leal Rey a través de la Fuerza que no está sola y que el poder de un Jedi reside en su corazón.

Misiones de Jedi
Kanan derrota por fin al Gran Inquisidor a bordo del Soberano *(arriba, dcha.)*. Durante una visión de la Fuerza, Kanan es nombrado caballero por una entidad que parece ser un guardia del Templo Jedi *(abajo)*. En sus últimos momentos, Kanan ve a su familia una última vez *(abajo inf., dcha.)*.

HERA SYNDULLA

ESPECIE Twi'lek **PLANETA NATAL** Ryloth
FILIACIÓN Alianza Rebelde, Nueva República

Hera Syndulla, motivada desde niña para luchar contra los opresores, lleva la esperanza a toda la galaxia y nunca renuncia a sus principios. Usa su extraordinario talento como piloto para servir sin descanso a los indefensos.

Una piloto nata
Hera es una de las mejores pilotos de la galaxia. Puede pilotar distintos modelos de cazas y cargueros y pilota sin la menor dificultad el prototipo de Ala-B.

LA INSPIRACIÓN DE RYLOTH

Hera desciende de una influyente familia de Ryloth. En las Guerras Clon, su planeta se vio asolado por violentos conflictos. Las tropas clon, antaño aliadas de los libertadores de Ryloth, se volvieron contra la población y la esclavizaron para el Imperio. El nuevo régimen somete a su mundo. La corrupción campa a sus anchas en las altas esferas, cosa que Hera vive en sus carnes cuando se ve envuelta en actividades rebeldes. Inspirada por sus padres, Cham y Eleni Syndulla, y por su amigo Gobi Glie, Hera abandona su planeta en busca de individuos con ideas afines y funda un movimiento de resistencia.

FORMAR UN EQUIPO

En una misión de exploración en Gorse, Hera conoce a un Jedi pistolero llamado Kanan Jarrus. Este desempeña un papel crucial para desbaratar un complot del conde Vidian. Hera percibe su potencial como compañero y lo invita a unírsele en su nave, el *Espíritu*. A lo largo de varias aventuras, Hera incorpora a otros miembros a su tripulación rebelde, entre ellos Sabine Wren, mandaloriana, excadete imperial y experta en armas; Zeb Orrelios, superviviente lasat, y Ezra Bridger, un huérfano sensible a la Fuerza. Junto con el droide astromecánico de Hera, Chopper, el equipo es como una familia. Syndulla es su mentora y líder, y anima a todos a dar lo mejor de sí mismos. También es la mejor piloto y la capitana en su lucha contra el Imperio. Durante su estancia en Lothal, colabora con un misterioso contacto llamado «Fulcrum», que los conecta con la Rebelión.

UNA REBELIÓN MAYOR

Después de varias misiones en Lothal, Hera y su banda se unen a otro grupo de rebeldes, el Escuadrón Fénix. Con el tiempo, Hera asciende al rango de líder de Fénix y participa en diversas misiones, como el bloqueo de Ibaar y la batalla de Garel. En una operación en el sistema Ryloth, se reencuentra con su padre cuando el grupo captura un portanaves imperial, que pasa a ser la nueva nave insignia de sus cazas Ala-A.

Hera emplea su talento como piloto y sus dotes de diplomacia para servir a la Rebelión en Shantipole, donde adquiere un prototipo de caza llamado Ala Cuchilla, una potente nave diseñada por Quarrie, ingeniero mon calamari que le concede el privilegio de ponerla a prueba. El caza derriba un crucero imperial y rompe varios bloqueos, por lo que se convierte en el prototipo de los futuros Ala-B.

La tripulación del *Espíritu* recibe la importante misión de escoltar a la senadora Mon Mothma a una incipiente flota rebelde sobre Dantooine. Desde la cabina del *Espíritu*, Mothma anuncia la formación de la Alianza para Restaurar la República en la galaxia, de modo que Hera asiste en primera fila a uno de los momentos culminantes de la Guerra Civil Galáctica.

Enfrentamiento con Thrawn
Hera conoce al gran almirante Thrawn en la casa de su familia en Ryloth, que ha sido ocupada por el Imperio *(arriba, sup.)* y cuando huye hace saltar el edificio por los aires. Durante el bloqueo de Atollon y tras el sacrificio de Jun Sato, Hera asume el mando del Escuadrón Fénix. Colabora con el líder rebelde Jan Dodonna para planear cómo escapar del bloqueo de Thrawn alrededor del planeta *(arriba)*.

A PIE DEL CAÑÓN

Hera sigue sirviendo a la Alianza Rebelde, incluso después de la muerte de su compañero, el Jedi Kanan, padre de su hijo, Jacen Syndulla, quien muestra dotes de piloto a muy corta edad. Ella y el leal Chopper participan en algunas de las batallas más importantes contra el Imperio. Tras su ascenso a general, Hera pilota el *Espíritu* en la batalla de Scarif, donde la Rebelión cosecha su primera gran victoria contra las fuerzas del emperador. Después de la batalla de Yavin, queda al mando de un crucero estelar mon calamari, al que bautiza como *Geist*, y escapa del asalto imperial a los muelles espaciales de Mako-Ta. Sirve en la base Eco de Hoth y apoya la investigación de Luke Skywalker sobre la tripulación del *Scopium*, que destapa la existencia de la segunda Estrella de la Muerte. Más tarde, colabora en la gran victoria de la Alianza en Endor.

Una relación especial
Entre Kanan y Hera existe un vínculo especial que se refuerza a medida que avanza su lucha contra el Imperio.

LIDERAZGO EN LA NUEVA REPÚBLICA

Tras la caída del Imperio, Syndulla es general de la Nueva República. Colabora con el Escuadrón Alfabeto para destruir al Ala Sombra y lucha en la batalla de Jakku. En los años siguientes, cuando la Nueva República libera a Morgan Elsbeth, Hera se reencuentra con Ahsoka Tano y ambas se dan cuenta de que Morgan intenta traer de vuelta al gran almirante Thrawn, con quien el remanente imperial iniciaría otra guerra. Hera siempre antepone el bien de los demás al suyo y se salta el protocolo para obtener respuestas: dirige una misión no autorizada a Seatos. Su instinto no falla, pues Thrawn regresa a la galaxia conocida. Hera se consuela al saber que su vuelta trae consigo la de Ezra Bridger, desaparecido desde hace años.

Nuevas consecuencias
Su misión en Seatos la enfrenta a un tribunal supervisado por la canciller Mon Mothma y otros líderes destacados de la Nueva República. Pero C-3PO la salva cuando llega con la noticia de que la senadora Organa había aprobado la operación.

CHOPPER (C1-10P)

FABRICANTE Industrias Automaton **TIPO** Droide astromecánico
FILIACIÓN Alianza Rebelde, Nueva República

C1-10P, conocido como Chopper, no es el más entusiasta de los droides, pero siempre da la talla. Es un compañero leal, amigo de Hera y del resto de la tripulación del *Espíritu*.

UN DROIDE EXCÉNTRICO

Chopper (C1-10P) pertenece a Hera Syndulla y, a pesar de ser cascarrabias, raro y egocéntrico, forma parte integral de su célula rebelde. Está hecho en gran parte de piezas de repuesto. Por fuera, tiene unas patas con carcasas diferentes y la pintura desgastada, y por dentro sus circuitos son un desastre. Sin embargo, Hera se niega a desprenderse de él por su ingenio como mecánico jefe, y quizá por motivos sentimentales.

Chopper siempre está listo para cualquier reto. Como todo astromecánico, tiene un brazo extensible que le permite interactuar con ordenadores, manipular puertas y pilotar naves. Y, al igual que otros modelos C1, cuenta con tres brazos robóticos para manejar objetos, como manivelas, botones e incluso blásteres. A diferencia de los modelos posteriores, posee una rueda retráctil en vez de una tercera pata, y puede activar un cohete propulsor desde la misma toma.

LA VIDA DE UN REBELDE

En las Guerras Clon, trabaja de copiloto para la Armada de la República, hasta que en Ryloth derriban su Ala-Y. Va camino del desguace, pero Hera lo salva. Como era de esperar, Chopper coge una aversión de por vida a los Ala-Y. Se queda con Hera, a quien ayuda a espiar a los imperiales que se niegan a abandonar Ryloth y a aliarse con la Fuerza Clon 99 para rescatar a sus padres de manos del Imperio.

Aunque en ocasiones se muestre difícil, Chopper está comprometido con la causa rebelde y ha demostrado su valía en muchas misiones. Suele hacer de vigía en el *Espíritu* y, para ser un droide tan diminuto, demuestra un valor gigantesco y se enfrenta a soldados de asalto. Como los seres orgánicos tienden a no prestar atención a los droides, Chopper lleva a cabo múltiples misiones haciéndose pasar por droide imperial. Este disfraz le permite infiltrarse en la Academia, una nave de comunicaciones del Imperio, un crucero Interdictor imperial e incluso el cuartel general del gran almirante Thrawn en el campo de batalla de Ryloth.

La flota Fénix al completo le debe la vida. Los rebeldes están buscando desesperadamente una nueva base oculta donde esconderse del Imperio, sin saber que están a punto de caer en una trampa. Justo a tiempo, Chopper entabla amistad con AP-5, un droide de protocolo imperial, y le retira el dispositivo de contención. En agradecimiento, AP-5 le revela el plan y ofrece a los rebeldes una opción alternativa en el remoto planeta Atollon. La nueva base recibe el nombre de base Chopper en honor al heroísmo del droide.

Chopper permanece junto a Hera y la Alianza incluso después de que los rebeldes hayan liberado Lothal. Opera desde el Gran Templo de Yavin 4 y se une a ella en el *Espíritu* en la batalla de Scarif.

SERVIDOR DE LA NUEVA REPÚBLICA

Mucho después de la caída del Imperio, Chopper sigue siendo el leal compañero de Hera y de su hijo, Jacen, con quien pasa mucho tiempo mientras sirve a la Nueva República con su dueña. La compañía de Jacen y Kanan saca a relucir el lado juguetón del viejo astromecánico. Los deberes de Hera como general son más burocráticos que marciales, pero, cuando la situación lo exige, Chopper entra en acción. La ayuda a perseguir a los simpatizantes imperiales y coloca una baliza rastreadora en una nave enemiga desde su posición en el *Fantasma II*. La baliza los lleva hasta Seatos, donde Morgan está construyendo un anillo hiperespacial intergaláctico para traer de vuelta a Thrawn. Chopper es el primero en reconocer a Ezra cuando este regresa a la galaxia conocida disfrazado de soldado de asalto.

Espectro 3
Chopper, un droide de la serie C1 activo en las Guerras Clon, participa en muchas contiendas, pero tiene un papel crucial en la Guerra Civil Galáctica.

Droide versátil
Los brazos mecánicos de Chopper le permiten no solo manipular los mandos de la nave, sino atacar a cazas TIE.

Nuevos amigos
Chopper conoce a otro veterano de la República, AP-5, durante una misión rebelde y lo persuade para que se una a la causa. Mantendrán una amistad tensa y beligerante.

Mano de pintura imperial
Gracias a las habilidades artísticas de Sabine, Chopper logra disfrazarse de droide imperial.

Droide pirateado
Por desgracia, un oficial de comunicaciones a bordo de la nave de vigilancia IGV-55 descubre que Chopper es un infiltrado rebelde. Lo piratean durante una misión a la Estación Killum y lo obligan a traicionar a sus amigos. Afortunadamente, Hera logra recuperar el control sobre su droide y destruye la nave imperial.

GARAZEB «ZEB» ORRELIOS

ESPECIE Lasat **PLANETA NATAL** Lasan **FILIACIÓN** Alianza Rebelde, Nueva República

Garazeb «Zeb» Orrelios es un miembro clave de la tripulación del *Espíritu*. Pese a su gran tamaño y su apariencia salvaje, Zeb es reflexivo y sensible, sobre todo ante los débiles y oprimidos.

Guerrero rebelde
Zeb usa su fusil-bo para llevar el *Espíritu* a Lira San *(izda.)*. Durante la liberación de Lothal, Zeb se enfrenta a un agente del gran almirante Thrawn, un letal asesino noghiri llamado Rukh *(abajo)*.

EL ÚLTIMO DE LOS SUYOS

El pasado de Zeb está marcado por la tragedia: cuando era capitán de la Guardia de Honor de Lasan, el Imperio arrasó su planeta natal y asesinó sin piedad a casi todos sus ciudadanos. Cuando Zeb conoce a Alexsandr Kallus y descubre que el agente de la Oficina de Seguridad Imperial (ISB) participó en esa atrocidad, se enciende la chispa del odio entre ambos, que mantendrán enfrentamientos violentos.

Su tragedia personal le hace sensible al sufrimiento de los demás, y ni siquiera cuando se encuentra en una situación desesperada acepta usar las armas del Imperio contra este, porque en Lasan fue testigo del horror causado por los disruptores T-7. En cualquier caso, Zeb nunca huye de una pelea.

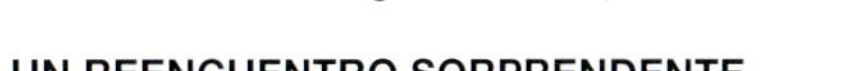

En una misión para obtener información valiosa sobre bases de la República desmanteladas, Zeb y los Espectros viajan a Seelos para reunirse con el capitán Rex y sus camaradas. Los clones aceptan ayudar a los rebeldes con una condición: la tripulación debe ayudarlos en una cacería de joopa. Zeb desconoce que eso supone hacer de señuelo, ya que los joopa sienten predilección por la carne de lasat. Por suerte, el riesgo merece la pena cuando el capitán Rex anuncia que se unirá a ellos.

UN REENCUENTRO SORPRENDENTE

En su última misión, Zeb se sorprende al conocer a dos refugiados de su mundo natal. Los supervivientes le hablan de una antigua leyenda sobre un planeta mítico llamado Lira San. Están convencidos de que, con la ayuda de Zeb, podrán llegar a Lira San y empezar de nuevo. El fusil-bo de Zeb señala el camino, mucho más allá del Borde Exterior: el planeta se halla detrás de un cúmulo de estrellas que ha implosionado y se ha convertido en un peligroso laberinto imposible de superar con los ordenadores de navegación convencionales. Aunque semejante torbellino hubiera destruido a cualquier otra nave, el *Espíritu* está protegido por un campo de fuerza que emana de la vara de Zeb. Tras superar el laberinto, hallan Lira San, el mundo original de los lasat y habitado por ellos. El viaje pone a prueba las creencias espirituales de Zeb y le demuestra que no es el último de su pueblo.

Con el tiempo, Zeb hace las paces con Kallus, su enemigo jurado. Cuando ambos se estrellan en la luna de Bahryn, Zeb se enfrenta al agente de la ISB, pero se ven obligados a colaborar si quieren sobrevivir en la gélida luna y se acaban haciendo amigos. La amistad significa tanto para Kallus que se une a la Rebelión.

Zeb permanece en la Alianza Rebelde durante toda la Guerra Civil Galáctica y la amistad con Kallus se hace aún más estrecha. En un momento dado, Zeb lleva a Kallus a Lira San, para que conozca a su pueblo y pueda hacer las paces con el papel que tuvo en la destrucción de Lasan y sus habitantes.

TIEMPOS DE CAMBIO

Una vez derrotado el Imperio, Zeb se pasa a la Nueva República y se convierte en miembro activo de su flota defensiva. Él y Carson Teva están tomando una copa en un bar de Adelphi cuando Greef Karga les dice que unos piratas han invadido Nevarro. Al oírlo, Carson decide informar a Coruscant para que la Nueva República le permita intervenir. Zeb no cree que le respondan a tiempo para actuar cuanto antes, pero la vida lo ha convertido en un líder y mentor natural, así que se limita a expresar su admiración por Teva y le desea buena suerte. Según Sabine Wren, su amiga y compañera del *Espíritu*, ahora Zeb entrena a reclutas para la Nueva República. El talento, reputación y experiencia del lasat en la lucha contra la opresión galáctica han hecho de él un excelente aliado y mejor amigo.

Cantina en Adelphi
Entre misión y misión, Zeb y otros pilotos descansan y se relajan en esta cantina, donde se cuentan historias cada vez más increíbles.

SABINE WREN

ESPECIE Humana **PLANETA NATAL** Mandalore **FILIACIÓN** Alianza Rebelde

Sabine Wren, especialista en armas con gusto por los explosivos, es una guerrera sensible a la Fuerza con el valor y la seguridad propios de los mandalorianos. Sus vivencias la llevan a proteger a los oprimidos de la galaxia.

DE CADETE IMPERIAL A ESPECTRO REBELDE

Sabine destaca durante su entrenamiento como cadete en la Academia Imperial de Mandalore y construye armas innovadoras para el Imperio. Sin embargo, abandona su vida en Mandalore cuando descubre que una de las armas que está desarrollando ha sido diseñada específicamente para ser usada contra su pueblo. Cuando habla contra el Imperio, su familia la expulsa y emprende una vida de cazarrecompensas junto a su amiga Ketsu Onyo.

Cuando Onyo la abandona, Sabine se une a la Rebelión y, con el tiempo, a la tripulación del *Espíritu*. Las relaciones a bordo del *Espíritu* son muy importantes para ella y, pese a su naturaleza terca y autosuficiente, confía ciegamente en sus amigos, que han sustituido a la familia que perdió en Mandalore. Tiene en gran estima a Hera Syndulla y Kanan Jarrus, sus mentores, y considera a Zeb Orrelios como un hermano mayor. No se lleva mal con el astromecánico Chopper y atribuye las manías adolescentes del recién llegado Ezra Bridger a su atracción por ella. La mala experiencia en la Academia Imperial hace que a Sabine no le guste que se le escondan las cosas. No obstante, el episodio en un asteroide lleno de monstruos le hace tener más fe en el liderazgo de Hera.

Viejas amigas
Sabine se topa con su amiga Ketsu Onyo durante una misión para rescatar a un correo rebelde. Onyo, una cazarrecompensas, intenta atrapar al correo, pero Sabine la persuade para que renuncie a la recompensa y la ayude.

Desafío en Atollon
Gracias a Kanan, Sabine desarrolla su estilo de lucha personal con la espada oscura en Atollon.

LA ESPADA OSCURA

Cuando la lucha contra el Imperio se alarga, Sabine descubre que no puede huir de su pasado. Los encuentros de Ezra con Maul llevan a Sabine a encontrar la espada oscura, una antigua arma mandaloriana que Maul robó a su pueblo en las Guerras Clon. Se entrena con Kanan Jarrus para aprender a blandirla con destreza y decide utilizarla para liderar a su pueblo. El regreso de Sabine a su familia en Mandalore es muy frío: Mandalore sigue fiel al Imperio y la deserción de Sabine de la Academia avergüenza a Ursa, su madre y la líder del clan Wren. Sabine derrota al virrey imperial Gar Saxon en combate, en una victoria simbólica contra el hombre de paja del Imperio que permite a la familia de Sabine recuperar el respeto de los demás clanes. Rechaza ser la nueva líder de Mandalore, pero se queda en su mundo durante un tiempo para participar en la guerra civil contra el hermano de Saxon y el remanente de soldados imperiales.

Peligro en Peridea
En comparación con Ahsoka Tano y Ezra Bridger, Sabine no domina la espada de luz. Sin embargo, es una temible guerrera mandaloriana que combina sus habilidades durante el asalto a la fortaleza de Peridea.

LAZOS MANDALORIANOS

Las tropas mandalorianas de Sabine son clave en la batalla de Atollon. Su llegada para combatir a la flota imperial permite que los rebeldes supervivientes huyan del planeta. Sabine también demuestra grandes dotes de liderazgo cuando logra unir al clan Wren y al clan Kryze, liderado por Bo-Katan Kryze. Sabine vuelve el generador de pulsos en arco (un arma que ella misma había diseñado años antes) contra las fuerzas imperiales con el fin de garantizar su victoria sobre el clan Saxon y poner fin a la guerra civil en Mandalore. A continuación, le entrega la espada oscura a Bo-Katan y la designa como líder de los clanes mandalorianos.

Una vez recuperada la relación con su familia, Sabine regresa a su familia adoptiva para seguir participando en la lucha contra el Imperio en toda la galaxia. Ayuda a Ezra a liberar Lothal del Imperio, pero cuando Ezra pide a un grupo de purrgil que destruyan la flota imperial, desaparece con las criaturas. En honor de su amigo desaparecido, Sabine permanece en Lothal y vive en la antigua casa de Ezra para proteger el planeta.

Artista visionaria
Sabine tiene dotes artísticas y adorna su armadura, sus armas y el *Espíritu* con pintura.

EN BUSCA DE EZRA

Tras la Guerra Civil Galáctica, Ahsoka y Sabine parten en busca de Ezra. El Imperio no toma represalias y Lothal vuelve a vivir en paz. Durante un tiempo, Sabine se entrena como Jedi a las órdenes de Ahsoka Tano, pero luego cree que no sirve y vuelve a su tranquila vida en Lothal con su gato, Loth Murley. Cuando Ahsoka consigue un mapa para dar con Thrawn y Ezra, Sabine la acompaña a buscarlos y vuelve a entrenarse, pero sigue sin creer en sí misma.

Sabine viaja presa a Peridea con las fuerzas de Morgan Elsbeth, pero Thrawn deja que se vaya para buscar a su amigo. Un noti, nativo del planeta, la lleva hasta Ezra, pero su reencuentro dura poco. Baylan Skoll y su aprendiz, Shin Hati, los persiguen y, junto a Ahsoka, que viaja a Peridea en purrgil, los detienen. En la lucha contra las tropas nocturnas de Thrawn, Sabine conecta con la Fuerza y la usa para recuperar su espada de luz. Ezra abandona Peridea con Thrawn, pero Sabine se queda con Ahsoka y el profesor Huyang, un antiguo droide arquitecto Mark IV.

EZRA BRIDGER

ESPECIE Humana **PLANETA NATAL** Lothal
FILIACIÓN Alianza Rebelde, Jedi, Nueva República

Ezra Bridger, ingenioso y ducho en la Fuerza, pasa de ser una rata callejera de Lothal a un Jedi dispuesto a sacrificarse por la galaxia.

HUÉRFANO DE LOTHAL

Los padres de Ezra, Mira y Ephraim Bridger, desaparecen cuando él tiene siete años de edad: el Imperio los captura por hacer transmisiones ilícitas. Ezra debe aprender a apañárselas solo y crece aceptando encargos para personajes tan peligrosos como Ferpil Wallaway o el cazarrecompensas Bossk, o bien robando para sobrevivir. Vive en una torre de comunicaciones abandonada, en las afueras de Ciudad Capital, con su colección de cascos imperiales, una pequeña moto-jet y artilugios hurtados. Alberga pocas esperanzas en el futuro hasta que conoce a un grupo de rebeldes (Kanan Jarrus, Hera Syndulla, Zeb Orrelios, Sabine Wren y su droide Chopper) al intentar robar el mismo cargamento de moto-jets imperiales que ellos. Sube a bordo de su nave, el *Espíritu*, para huir de los cazas TIE y su vida cambia para siempre.

UNA NUEVA FAMILIA

Los rebeldes se convierten en la familia de Ezra, y Kanan Jarrus reconoce su capacidad para anticipar lo que ocurrirá y para realizar proezas físicas extraordinarias. Cuando Ezra encuentra la espada de luz de Kanan y activa su holocrón Jedi con la Fuerza, Hera anima a Kanan a tomarlo como padawan. Si bien su inicio resulta prometedor, es poco disciplinado y muy impaciente, y su manejo de la Fuerza es impredecible, lo que crea potentes explosiones que preocupan a Kanan. Con su ayuda, Ezra localiza un Templo Jedi en el que se enfrenta a sus miedos y apegos y a su sed de venganza contra los que hicieron desaparecer a sus padres. También encuentra un cristal kyber con el que se construye una espada de luz nada convencional.

La tripulación del *Espíritu* piratea la HoloNet y Ezra transmite un mensaje de rebelión que se extiende por todo el sector. Sin embargo, Kanan es capturado y los rebeldes lanzan una misión de rescate desesperada en Mustafar. Tienen éxito gracias a la ayuda de los agentes rebeldes del Escuadrón Fénix, célula rebelde a la que se unen más adelante. La tripulación también conoce a la antigua Jedi Ahsoka Tano, que será otra de las mentoras de Ezra.

Tras escapar de Vader en Lothal, Ezra no vuelve a su mundo natal hasta pasado bastante tiempo. Al final regresa y conoce al exgobernador Ryder Azadi, que le dice que sus padres oyeron su discurso e impulsaron un motín en una prisión, durante el que ayudaron a huir a otros prisioneros, aunque ellos perdieron la vida. Ezra acepta su destino y ayuda a la princesa Leia Organa a enviar corbetas de refuerzo al Escuadrón Fénix. En una misión posterior para robar combustible para el *Espíritu*, Ezra entabla amistad con una manada de purrgil, bestias semejantes a ballenas que viajan por el hiperespacio.

LÍDER Y APRENDIZ

Ezra, que quiere destruir a los Sith, usa la Fuerza para comunicarse con Yoda, que le informa de que quizás halle respuestas en Malachor. Ezra entra en el Templo Sith del planeta junto a Kanan y Ahsoka, donde el misterioso Maul intenta convertirlo en su aprendiz. Ezra consigue hacerse con un holocrón Sith y se enfrenta de nuevo a Vader en batalla. Vader destruye la primera espada de luz de Ezra, que logra huir porque Ahsoka se queda para enfrentarse en duelo al Sith en lugar de reunirse con los rebeldes.

Tras la misión a Malachor, Ezra construye otra espada de luz, más tradicional. Más adelante es ascendido a teniente comandante y lidera su primera misión a la Estación Reklam, donde su equipo debe robar Alas-Y, pero las cosas no salen bien y Ezra es suspendido del mando. Poco después, Maul secuestra a los amigos de Ezra y le exige que lo ayude a cambio de sus vidas. Juntos, Maul y Ezra fusionan un holocrón Jedi y otro Sith y descubren que Obi-Wan Kenobi sigue vivo en Tatooine. Ezra viaja al planeta para advertir a Obi-Wan sobre Maul, pero el maestro Jedi demuestra ser más que capaz de lidiar con el que fuera un aprendiz Sith.

SACRIFICIO POR LA GALAXIA

El entrenamiento recibido y la experiencia acumulada ayudan a Ezra cuando regresa a su mundo natal para liberarlo del Imperio junto al resto de la tripulación del *Espíritu*. En plena campaña, Kanan se sacrifica para salvar a Hera, Ezra y Sabine de una muerte segura. Aunque está muy afectado por la muerte de su mentor, Ezra tiene una visión de un lobo de Lothal que le dice que debe dirigirse al antiguo Templo Jedi, para protegerlo. Allí se introduce en el Mundo entre Mundos, un lugar en la Fuerza alejado del flujo natural del tiempo, e impide que Vader mate a Ahsoka en Malachor. Juntos, evitan que Darth Sidious controle la otra dimensión. Más adelante, el lord Sith tienta a Ezra con una visión de sus padres para intentar que se pase al lado oscuro. Ezra demuestra una gran madurez y, sabedor de que ha de dejar el pasado atrás, no cae en la trampa del Sith. Entonces, Ezra hace frente al gran almirante Thrawn en el puente del destructor estelar *Quimera* y revela su plan secreto. Una manada de purrgil surge del hiperespacio y destruye el bloqueo de Thrawn. Luego, las criaturas rodean al *Quimera* y lo lanzan al hiperespacio. Thrawn y Ezra son trasladados a la velocidad de la luz a un lugar desconocido. Gracias al sacrificio de Ezra, su heterogéneo grupo de aliados puede liberar por fin a Lothal de la garra del Imperio.

YA NO ESTÁN PERDIDOS

Al parecer, los purrgil toman una antigua ruta migratoria hacia una galaxia lejana y depositan a la *Quimera* y sus pasajeros en el planeta Peridea. Ezra escapa de Thrawn y vive con los nativos noti, una especie nómada diminuta y pacífica. Pasada una década, Sabine Wren y Ahsoka Tano emprenden un insólito viaje a Peridea y Ezra se reencuentra con sus amigas. Pero el peligro de que Thrawn vuelva a la galaxia trunca el feliz momento. Ezra vuelve a prepararse para el combate y construye una tercera espada de luz con la ayuda del profesor Huyang. Viaja de polizón en la *Quimera*, que abandona el planeta, y luego se escabulle para advertir a Hera Syndulla, Chopper y la Nueva República de la amenaza de Thrawn y el remanente imperial.

Una Fuerza de la naturaleza
Gracias a su habilidad natural con la Fuerza, Ezra puede forjar vínculos especialmente fuertes con todos los seres. En el asteroide PM-1203, forja un vínculo con los feroces fyrnock y los induce a perseguir a las fuerzas imperiales.

Un aliado desagradable
Durante una misión, Ezra conoce al pirata Hondo Ohnaka, que afirma que Ezra es el primer «Jedi pirata». Ohnaka aprecia a Ezra y se une a su lucha en Lothal.

El reencuentro
Tras años de exilio autoimpuesto en Peridea lejos de sus amigos, Ezra se alegra de ver a Sabine. Siempre supo que algún día lo encontraría y lo ayudaría a volver a la galaxia conocida.

Un héroe consumado
Durante su etapa en el *Espíritu*, Ezra se convierte en un líder rebelde seguro de sí mismo que logra una importante victoria contra el Imperio en Lothal. En su exilio en Peridea, ayuda a los amables noti, que se adornan con el ave estelar rebelde en su honor.

BARÓN VALEN RUDOR

ESPECIE Humana **PLANETA NATAL** Corulag
FILIACIÓN Imperio

El barón Valen Rudor, con nombre en código LS-607, es un condecorado piloto de caza TIE de la Armada Imperial de Lothal. Es engreído, egocéntrico y muy arrogante. Sin embargo, tiene muy mala suerte y lo lleva cada vez peor. En su primer choque es derribado por el *Espíritu* y, cuando Ezra Bridger halla su caza siniestrado, le roba el casco y los aparatos de vuelo. Zeb Orrelios también le sisa la nave más de una vez y pierde la oportunidad de pilotar el último TIE avanzado el Día del Imperio.

Años después, lo ponen a cargo del Puesto Espacial del Viejo Jho cuando el dueño anterior es ejecutado por rebelde. Sospecha de dos clientes que, en realidad, son Ezra y su compañera Sabine Wren disfrazados. Rudor casi ordena que los arresten, pero desiste cuando Jai Kell, un habitante de Lothal, le entrega una gran cantidad de créditos. Cuando los rebeldes de Lothal usan una trampilla sin sellar del Puesto Espacial para escapar por las alcantarillas, Rudor declara al soldado de la muerte que investiga la fuga que desconocía que la trampilla no estuviera sellada.

«¡Te arrepentirás! O morirás, ¡morirás!» **VALEN RUDOR**

MYLES GRINT

ESPECIE Humana **PLANETA NATAL** Lothal
FILIACIÓN Imperio

El capataz Myles Grint es un hombre de pocas palabras que utiliza su tamaño para intimidar. A las órdenes del comandante Aresko, acosa de tal manera a los ciudadanos de Lothal como a los oficiales de menor rango. Por suerte, su incompetencia contribuye al éxito de las operaciones de los rebeldes en Lothal. El gobernador Tarkin ordena al Gran Inquisidor que acabe de una vez con la sucesión de errores de Grint.

Acoso a sus paisanos
Grint prueba un jogan mientras él y el comandante Aresko intimidan a un vendedor de un mercado de la capital.

Pinta de pocos amigos
Myles Grint está siempre dispuesto a obedecer si se trata de acosar a oficiales de menor rango y ciudadanos de Lothal.

CUMBERLAYNE ARESKO

ESPECIE Humana **PLANETA NATAL** Lothal
FILIACIÓN Imperio

Ególatra y desconsiderado, el comandante Cumberlayne Aresko es el encargado de las operaciones militares en Lothal. Junto al capataz Grint, supervisa la Academia Imperial y las ceremonias locales del Día del Imperio. Aresko exagera su propia importancia. No es tan inteligente como se imagina, defecto que contribuye a su posterior caída. Al principio informa al agente Kallus de la actividad rebelde en la capital, pero como no logra sofocarla después de reiterados intentos, el Gran Inquisidor acaba de un plumazo con su carrera.

YOGAR LYSTE

ESPECIE Humana **PLANETA NATAL** Garel
FILIACIÓN Imperio

El encargado de suministros Yogar Lyste es un joven y ambicioso oficial imperial emplazado en Lothal para supervisar los productos de abastecimiento en el planeta. Esporádicamente, Lyste también transporta prisioneros y los rebeldes entorpecen continuamente su labor. Tras el bloqueo de Lothal, es el anfitrión de la princesa Leia Organa, que llega a Lothal con tres cruceros. Leia afirma que las naves contienen ayuda para los ciudadanos de Lothal, pero Lyste desconfía y ordena que las embarguen. Sin embargo, no logra impedir que los rebeldes roben las naves y tampoco consigue demostrar el doble juego de Leia. El gran almirante Thrawn llega y Lyste lo ayuda a investigar un sabotaje en el Complejo Imperial. Más adelante, el agente Kallus, que en realidad es un agente rebelde, acusa a Lyste de espionaje para evitar ser capturado. Lyste es enviado a un destino desconocido.

PILOTO DE COMBATE IMPERIAL

ESPECIE Humana **PLANETA NATAL** Varios
FILIACIÓN Imperio

Los pilotos de combate imperiales se entrenan en las academias imperiales y sus vehículos acorazados son la envidia de los soldados de asalto. Muy seguros de sí mismos, manejan todo tipo de vehículos, desde moto-jets hasta transportes de tropas, pero existen cuerpos especiales para algunos caminantes y tanques. Visten una elegante armadura para protegerse de una posible resistencia armada.

CIKATRO VIZAGO

ESPECIE Devaroniano **PLANETA NATAL** Devaron
FILIACIÓN Sindicato Cuerno Roto, rebeldes de Lothal

Cabecilla de los bajos fondos de Lothal, Vizago es el líder del Sindicato Cuerno Roto. Trafica con mercancías ilícitas, en particular con cargamentos robados de armas imperiales, y la tripulación del *Espíritu* intercambia con él dinero, suministros o información. Cuando Kanan Jarrus, uno de los tripulantes del *Espíritu*, es secuestrado por el Gran Inquisidor, Vizago le ofrece a Ezra Bridger una pista a cambio de que le deba un favor. Más adelante, Vizago acepta una misión del señor del crimen Azmorigan, pero acaba siendo engañado por el célebre pirata Hondo Ohnaka y encarcelado en su propia nave, el *Cuerno Roto*. Con la ayuda de Ezra, Vizago recupera su nave y expulsa a los intrusos. Posteriormente, Vizago intenta introducir a la tripulación del *Espíritu* en Lothal a cambio de varios cerdos inflables. El Imperio detecta a los rebeldes, que logran escapar, a diferencia de Vizago. Lo capturan y lo obligan a trabajar en un reptador del Gremio de Minería que pronto toman los rebeldes. Entonces, Vizago se une a la rebelión y ayuda a liberar a Lothal del Imperio.

Gánster discreto
Vizago examina un cargamento robado de blásteres E-11 que le ha llevado Kanan Jarrus.

Siempre elegante
Kallus jamás tiene ni un cabello fuera de sitio y se toma muy en serio el aseo personal.

Un líder leal al mando
Kallus ordena a sus soldados disparar contra los Jedi *(izda.)* y habla con el Gran Inquisidor acerca de ellos *(arriba)*.

ALEXSANDR KALLUS

ESPECIE Humana **PLANETA NATAL** Coruscant
FILIACIÓN Imperio, Alianza Rebelde

Alexsandr Kallus es un temible agente imperial con una fe ciega en el Imperio. Sin embargo, al final Kallus cambia de bando.

FANÁTICO DEL IMPERIO

El agente Alexsandr Kallus pertenece a la Oficina de Seguridad Imperial (ISB), una organización policial secreta que controla la lealtad al Imperio. Es el discípulo estrella de Wulff Yularen en la Academia y, tras su graduación, su primera misión lo lleva a Onderon, donde él y sus fuerzas caen en la emboscada de un guerrero lasat. Queda paralizado en la primera escaramuza y se ve obligado a ver cómo el lasat mata a sus soldados. En el saqueo de Lasan, Kallus ordena usar los terribles disruptores de iones T-7 contra los lasat, y cuando derrota a un miembro de la Guardia de Honor de Lasan, este le entrega su fusil-bo. Poco después, Kallus y el cazarrecompensas IG-88 intentan, sin éxito, capturar a Han Solo por sus acciones en Savareen.

Kallus llega a Lothal para investigar el aumento de la actividad rebelde y tiene su primer choque con el *Espíritu* cuando los rebeldes intentan rescatar a unos prisioneros wookiee. Kallus se vuelve a tropezar con ellos en Kessel, donde descubre que Kanan Jarrus es un Jedi y Ezra Bridger, su padawan. Kallus contacta con el Gran Inquisidor para colaborar en la caza de los dos Jedi. En su siguiente encuentro con los rebeldes, estos intentan vender disruptores de iones T-7 robados a un señor del crimen en Lothal, y el rebelde lasat Zeb Orrelios se enfurece cuando ve a Kallus, que casi lo mata en combate. Ezra salva a Zeb en el último instante y los rebeldes logran escapar.

Pese a sus repetidos esfuerzos, Kallus no logra destruir la célula rebelde de Lothal, lo que disgusta al gobernador Wilhuff Tarkin; sin embargo, se le concede otra oportunidad y participa en la captura de Kanan cuando los rebeldes intentan emitir por la HoloNet.

CAMBIO DE ACTITUD

La tripulación del *Espíritu* rescata a Kanan y deja Lothal, y Kallus se enfrenta a ellos en varias ocasiones por toda la galaxia, como en Seelos, Ibaar, Garel, Nixus e incluso el Espacio Salvaje, pero siempre se le escapan. En su último intento, Kallus intenta atrapar a los rebeldes en un módulo de construcción imperial que orbita alrededor de Geonosis. Se enfrenta en duelo a Zeb y lo persigue en una cápsula de escape. Ambos se acaban estrellando en Bahryn, una luna congelada de Geonosis, y Kallus se fractura la pierna. Deben colaborar para sobrevivir tanto al entorno hostil como a los feroces bonzami que lo habitan. Kallus y Zeb terminan haciéndose amigos y comparten historias sobre sus pasados respectivos. Cuando los rebeldes recogen a Zeb, Kallus rechaza la oferta de unirse a ellos y regresa al Imperio, aunque empieza a dudar de su lealtad.

Después de Bahryn, Kallus se convierte en un espía rebelde y, con el nombre en clave de «Fulcrum», transmite información a los rebeldes, que descubren así que en la Academia Skystrike hay pilotos dispuestos a desertar. Sabine Wren se infiltra en la Academia y localiza a los aspirantes a rebeldes. Kallus los ayuda a escapar y le pide a Sabine que le diga a Zeb que ahora están en paz. Mientras el gran almirante Thrawn investiga un sabotaje en Lothal, Kanan, Ezra y el droide rebelde Chopper trabajan de incógnito a fin de intentar descubrir qué nueva arma secreta están desarrollando allí, y Kallus les revela que él es «Fulcrum». Tras la investigación, Thrawn sospecha de la existencia de un topo y pide ayuda a Wulff Yularen, amigo suyo y antiguo mentor de Kallus. Los rebeldes lo descubren e intentan salvar a Kallus, pero este decide quedarse para seguir ayudando desde dentro e inculpa a Yogar Lyste como el agente rebelde. Thrawn sigue creyendo que Kallus es el topo, así que lo manipula para que envíe una transmisión a los rebeldes, lo detiene y le dice que le ha revelado, sin saberlo, la ubicación de la base rebelde en Atollon. Thrawn, que mantiene retenido a Kallus, lo obliga a presenciar el ataque contra los rebeldes. Cuando la gobernadora Arihnda Pryce ordena que Kallus sea lanzado por una cámara de aire, este se deshace de los guardias de Pryce y escapa de la nave en una cápsula que la tripulación del *Espíritu* recupera durante su retirada.

Kallus se convierte en capitán de la Alianza Rebelde, con base en Yavin 4. También se une a la tripulación del *Espíritu* para liberar a Lothal del Imperio. Al final de la Guerra Civil Galáctica, Zeb lleva a su ahora compañero al planeta natal de los lasat, que se creía perdido y donde el pueblo de Zeb está prosperando. Zeb le dice a un aliviado Kallus que es bienvenido allí.

Corazón rebelde
Arindha Pryce acusa de traición a Kallus y ordena su ejecución *(izda.)*. Kallus lucha para la Alianza durante la guerra y, luego, Zeb le revela que no destruyó a todo su pueblo *(arriba)*.

EL GRAN INQUISIDOR

ESPECIE Pau'an **PLANETA NATAL** Utapau **FILIACIÓN** Imperio

El Gran Inquisidor es un pau'ano inteligente y perspicaz que había sido guardia del Templo Jedi. Como le pasó a muchos de sus colegas, el desengaño con la Orden Jedi lo llevó al lado oscuro de la Fuerza.

CABALLERO CAÍDO

Cuando trabaja de guardia del Templo Jedi, odia a la bibliotecaria jefe, Jocasta Nu, porque no le da pleno acceso a los Archivos. En las Guerras Clon, es uno de los guardias que lleva al Jedi Barriss Offee ante un tribunal militar, donde acusan a la Jedi Ahsoka Tano de bombardear el Templo, crimen cometido por Offee. El trato recibido decepciona a ambos Jedi.

Tras la Orden 66, Darth Sidious lo recluta y lo nombra Gran Inquisidor, máximo responsable de la Inquisición, institución creada para acabar con los Jedi supervivientes. Como tal, pone a prueba a sus futuros miembros, que blandirán espadas de luz de doble hoja. Acompaña a Iskat Akaris, antigua caballera Jedi, en una misión a Bar'leth y después la inicia como Decimotercera Hermana. Pierde un duelo contra Darth Vader en su primer encuentro con él y, para disgusto suyo, Sidious pone la Inquisición al mando de Vader. A las órdenes de su nuevo líder, el pau'ano escudriña los Archivos en busca de pistas sobre los Jedi y desarrolla un conocimiento enciclopédico de sus antiguos hermanos. En una ocasión, Nu lo interrumpe airada y lo reta a un duelo por su falta de respeto por los hololibros. Él la vence, pero Vader le impide asestarle el golpe de gracia. Confundido y furioso, el pau'ano se enfrenta a su maestro. Nu aprovecha la ocasión para borrar los Archivos e impedir que los siga consultando, y luego lo entierra bajo una pila de hololibros. Vader la mata poco después.

Cadenas de mando
El Inquisidor es un luchador avezado, y su prestigio le permite dar órdenes a soldados de asalto y oficiales imperiales.

Con el tiempo, la Inquisición pone en marcha el Proyecto Segador para encontrar seres sensibles a la Fuerza e instruirlos como inquisidores. También intenta convertir a los Jedi supervivientes, pero mata a los que se niegan. Una de esas víctimas es la maestra Jedi Luminara Unduli, a la que ejecutan en presencia del Gran Inquisidor en la Aguja de Stygeon Prime. El pau'ano difunde el rumor de que Luminara sigue viva y usa sus restos, que son muy sensibles a la Fuerza, para atraer a los Jedi supervivientes.

UNA RIVAL

En los albores del Imperio, los inquisidores persiguen a Obi-Wan Kenobi, apreciado miembro del Consejo Jedi, y descubren que hay un grupo secreto llamado Senda Oculta que esconde a los Jedi supervivientes. La Tercera Hermana, también llamada Reva, trama vengarse de Darth Vader por su papel en la Orden 66. En Daiyu, la temeraria Reva se vuelve contra el Gran Inquisidor, lo hiere de gravedad y ocupa su puesto. Cree que el pau'ano está muerto, pero no es más que una treta urdida por él mismo y Vader. Los imperiales localizan a Kenobi en una base de la Senda Oculta en Jabiim y se lanzan al ataque. La Senda y Kenobi escapan, y Reva se bate en duelo con Vader, que la vence con facilidad. Entonces el Gran Inquisidor reaparece y reclama su título, dejándole claro a la Tercera Hermana que ya no les sirve para nada. Cuando el pau'ano da caza a Kenobi y los rebeldes, prefiere perseguir a la Senda Oculta que a un solo Jedi, pero Vader lo desautoriza.

La *Guadaña*
En el frente, el Gran Inquisidor sale de la *Guadaña*, la nave de la Inquisición, para buscar Jedi en Tatooine.

ACTIVIDAD JEDI EN LOTHAL

Años más tarde, el Gran Inquisidor secuestra a Dhara Leonis en Lothal para el Proyecto Segador y la tortura en una celda de Arkanis. Cuando Alexsandr Kallus, agente de la Oficina de Seguridad Imperial, descubre al Jedi Kanan Jarrus y a su supuesto padawan, Ezra Bridger, avisa al Gran Inquisidor, quien les tiende una trampa en la Aguja: les hace creer que Unduli está presa allí. El Gran Inquisidor no conoce a Kanan, pero percibe en él a su maestra, Depa Billaba, y los puntos débiles de su estilo de combate, cosa que aprovecha a fondo. Kanan y Ezra escapan a duras penas.

Poco después, el Gran Inquisidor visita la Academia de Lothal y encuentra a dos cadetes sensibles a la Fuerza. Descubre que uno de ellos, Dev Morgan, es en realidad Ezra Bridger en una misión rebelde, pero este escapa junto a otro joven. El pau'ano también conoce a Zare Leonis, hermano de Dhara, que afirma ser sensible a la Fuerza. Tras las celebraciones del Día del Imperio, el Gran Inquisidor sigue el rastro de Kanan y Ezra hasta Fuerte Anaxes, donde se enfrenta a ellos. Ezra recurre brevemente al lado oscuro para huir de él y salvar a Kanan. A continuación, el Gran Inquisidor traslada a Zare a la Academia Arkanis para ver si es sensible a la Fuerza y un rebelde. Empieza a extraerle información, pero debe regresar súbitamente a Lothal y la conversación se interrumpe.

PEOR QUE LA MUERTE

Más tarde, Kanan se deja capturar para salvar a sus amigos. El Gran Inquisidor lo interroga para averiguar si los Jedi forman parte de una rebelión mayor, pero no le saca nada. Ezra lo libera y Kanan demuestra ser un caballero Jedi cuando derrota al Gran Inquisidor, que se deja caer al vacío. Antes le dice a Kanan que no tiene ni idea de lo que ha desencadenado y que hay cosas peores que la muerte.

Parece que el Gran Inquisidor estaba en lo cierto. Una parte de él sobrevive a la muerte y se ve obligada a vigilar un puesto de avanzada Jedi en Tempes, donde mata a cualquiera que visite el edificio. Años después de su duelo con Kanan, durante la Guerra Civil Galáctica, esa parte fantasmal topa con Luke Skywalker, que llega en busca de conocimientos sobre la Orden Jedi. Se bate en duelo con el joven, que sale victorioso y se lleva una espada de luz de hoja amarilla. Cuando Vader va a Tempes para ponerse al día, el pau'ano le ruega que lo libere, pero Vader se niega a acabar con su sufrimiento.

La trampa del Inquisidor
Kanan Jarrus y el Inquisidor pelean en la cripta de la Jedi Luminara Unduli en la prisión imperial de Stygeon Prime.

MAKETH TUA

ESPECIE Humana **PLANETA NATAL** Lothal
FILIACIÓN Imperio

Maketh Tua trabaja para el gobierno de Lothal protegiendo los intereses industriales del Imperio y, en ocasiones, sustituye a la gobernadora Arihnda Pryce. Tua preside las celebraciones del Día del Imperio en Lothal mientras la gobernadora está en Coruscant para la ocasión, y presenta el nuevo caza avanzado TIE de Sistemas de Flotas Sienar y a su piloto, el barón Valen Rudor. Sin embargo, todo acaba muy mal cuando la tripulación del *Espíritu* ataca. El gran moff Tarkin se presenta en Lothal para detener la rebelión él mismo, tras los múltiples fracasos de Tua y el agente Kallus. Tua se horroriza cuando Tarkin ordena ejecutar a dos oficiales imperiales y, temiendo por su vida tras una visita de Vader, intenta desertar, y ofrece a la tripulación del *Espíritu* información sobre simpatizantes rebeldes y los planes del emperador para Lothal. El Imperio, que esperaba su traición, ha saboteado su nave, que explota y mata a Tua justo cuando la tripulación del *Espíritu* intentaba rescatarla.

Representante imperial
A pesar de su gran patriotismo, Maketh Tua es una líder ensimismada e incapaz.

GALL TRAYVIS

ESPECIE Humana **FILIACIÓN** Imperio

Gall Trayvis parece ser un senador disidente que vive escondido y que transmite información contra el Imperio por la holonet, para inspirar a rebeldes en toda la galaxia. A veces promueve protestas, como el boicot al día del Imperio, o filtra información valiosa. Informa a la tripulación del *Espíritu* de que la Jedi Luminara Unduli está prisionera en la cárcel imperial de Stygeon Prime. Más tarde, insinúa que planea hacer una visita secreta a Lothal. Sin embargo, durante dicha visita, revela ser un agente doble al servicio del Imperio y la tripulación del *Espíritu* lo deja atrás. Luego, Trayvis es entrevistado para las noticias de HoloNet, afirma que vuelve a estar comprometido con el Imperio y denuncia a los rebeldes de Lothal.

FYRNOCK

PLANETA NATAL Asteroides **TAMAÑO** Variable
HÁBITAT Sombras, cuevas

Los fyrnock son seres vivos de silicio que habitan grandes asteroides con atmósferas delgadas. Temen a la luz y viven en las sombras; hibernan largos periodos hasta que se les molesta, entonces despiertan de un salto y atacan con sus garras y dientes. Comen con poca frecuencia, sobre todo mynock, pequeñas babosas y otras criaturas de los cinturones de asteroides. Cuando Sabine Wren y Hera Syndulla quedan atrapadas en una vieja base de la República en un asteroide, sufren una plaga de fyrnock. Escapan por los pelos, pero Kanan Jarrus marca el lugar: las criaturas podrían ser útiles en algún momento.

ZARE LEONIS

ESPECIE Humana **PLANETA NATAL** Uquine
FILIACIÓN Tripulación del *Espíritu*

Zare Leonis y su familia proceden de los Mundos del Núcleo y no tardan en asentarse en Lothal. Zare entabla amistad con Merei Spanjaf y Beck Ollet, de su equipo de grav-ball. Zare ingresa en la Academia de Ciencias Aplicadas y su hermana Dhara, que estudia en la Academia para Jóvenes Imperiales, desaparece misteriosamente. Luego, Zare y Ollet ven cómo soldados de asalto imperiales disparan contra pacíficos manifestantes, lo que lleva a Ollet a rebelarse contra el Imperio y acaba arrestado.

Al año siguiente, Zare entra en la Academia Imperial, con la esperanza de descubrir qué ha sido de Dhara. Ezra Bridger se infiltra en la Academia y Zare le ayuda a robar un decodificador imperial.

Decidido a encontrar a su hermana, Zare permanece en la Academia y finge que dispara contra Ezra y Jai Kell cuando estos huyen. Zare es felicitado por haber intentado detenerlos y recibe la visita del Gran Inquisidor, que quiere que le hable de quienes habían sido sus amigos. Zare menciona a su hermana y finge ser sensible a la Fuerza. Después de la reunión, Zare pasa información al grupo rebelde de Ezra.

Poco después, el Gran Inquisidor regresa y anuncia que Zare va a ser trasladado a la prestigiosa Academia de Arkanis, donde Zare cree que Dhara está retenida. Zare se une al exclusivo grupo de Cadetes del Comandante haciendo ver que ha matado a otro cadete al que, en realidad, ha ayudado a escapar. Zare se topa con Ollet, a quien han lavado el cerebro, que lo denuncia como traidor. Para su última cena antes de la ejecución, Zare solicita la presencia de Ollet y logra anular el lavado de cerebro. Escapan juntos de la celda de Zare, y Spanjaf y los rebeldes de Ezra acuden en su rescate. Zare encuentra a Dhara y juntos escapan de la Academia, gracias al sacrificio de Ollet. Los hermanos son transportados a Garel, donde se reúnen con sus padres. Las familias Leonios, Statura y Spanjaf colaboran en sus esfuerzos para liberar a Garel de la ocupación del Imperio.

Exhibición de orgullo
Zare luce el casco y el uniforme gris y blanco de cadete de la Academia Imperial, símbolo de unidad, solidaridad, disciplina y prestigio.

VIEJO JHO

ESPECIE Ithoriano **PLANETA NATAL** Ithor **FILIACIÓN** Rebeldes de Lothal

Dueño de un puesto espacial, este ithoriano es uno de los primeros pobladores de Lothal y lo sabe casi todo sobre la historia del planeta. Lleva una especie de casco que traduce del ithoriano al básico estándar. El sabio y fascinante dueño de la cantina no le tiene ningún cariño al Imperio, y empieza a ayudar a la tripulación del *Espíritu* y a otros rebeldes. Utiliza su carguero para trasladar a las familias Leonis y Spanjaf a un lugar seguro en Garel y, a veces, también pasa información valiosa a la tripulación del *Espíritu*, a los que también pone en contacto con la desertora imperial Maketh Tua. Por desgracia, cuando Jho decide adoptar un papel más activo en el grupo rebelde de Ryder Azadi en Lothal y los ayuda a escapar de una redada, es capturado y ejecutado por el Imperio.

MEREI SPANJAF

ESPECIE Humana
PLANETA NATAL Corulag
FILIACIÓN Academia Júnior de Ciencias Aplicadas, Sindicato Gris

Esta estudiante experta en tecnología usa su talento para ayudar a su novio, Zare Leonis, a buscar a su hermana desaparecida, Dhara. Pronto acaba colaborando con el Sindicato Gris y, al final, se cuela en la red de datos imperial de Lothal. Eso llama la atención de los imperiales, que ordenan que su madre, Jessa Spanjaf, investigue el caso. Desesperada por zafarse del Sindicato y del Imperio, Spanjaf organiza su propio secuestro, lo cual conduce a un ataque mortal contra el cuartel general de la banda. Atormentada por la culpa, Spanjaf huye de Lothal con su familia y rescata a Zare y a su hermana del planeta Arkanis.

GATO DE LOTHAL

PLANETA NATAL Lothal
TAMAÑO MEDIO 0,94 m de longitud
HÁBITAT Praderas

Los gatos de Lothal son pequeños depredadores que viven en clanes. Gracias a su pelaje marrón a rayas, se camuflan bien en las herbosas llanuras de Lothal, donde cazan ratas y otros bichos. Se cree que podrían ser los antepasados de los tooka, una especie felina de Coruscant. Son muy curiosos y acostumbran a ser amistosos, por lo que son mascotas muy queridas en toda la galaxia. Se dice que incluso «adoptan» a droides descarriados. Sin embargo, las tropas de asalto los consideran un incordio y los usan en sus prácticas de tiro.

TIBIDEE

PLANETA NATAL Varios, incluidos Stygeon Prime y Oosalon
TAMAÑO MEDIO 16,17 m de longitud **HÁBITAT** Montañas frías y escarpadas

Los tibidee son similares a los mynock, los neebray y los tibidons. Vuelan, normalmente en bandada, gracias a sacos de aire internos. Hera Syndulla se topa con varios en el cielo sobre Stygeon Prime cuando los tibidee confunden las frecuencias de interferencias del *Espíritu* por llamadas de apareamiento. Las agitadas aves embisten la nave, pero Hera piensa con rapidez y hace que las criaturas ataquen a los imperiales que se aproximan a ellos. Ezra Bridger descubre que puede conectar con los tibidee mediante la fuerza y transforma a esos bichos voladores en aliados inesperados.

JAI KELL

ESPECIE Humana **PLANETA NATAL** Lothal
FILIACIÓN Imperio, rebeldes, Nueva República

Jai Kell es un cadete en la Academia para Jóvenes Imperiales de Lothal. Cuando Ezra Bridger se infiltra en la Academia, atrae sin pretenderlo la atención sobre Jai. Los líderes imperiales sospechan que Jai podría ser sensible a la Fuerza y llaman al Gran Inquisidor para que investigue. Ezra y otro cadete, Zare Leonis, lo ayudan a escapar. Primero, Jai se enfada con Zare y Ezra, porque han echado a perder su carrera en el Imperio, pero al final se acaba uniendo a los rebeldes de Lothal y ayuda a liberar su mundo natal. Durante la Nueva República, Jai ejerce de senador en Lothal.

ALMIRANTE KASSIUS KONSTANTINE

ESPECIE Humana **PLANETA NATAL** Coruscant
FILIACIÓN Imperio

Kassius Konstantine es un almirante de la Armada Imperial y está a las órdenes del agente Kallus de la ISB, de los inquisidores y del gran almirante Thrawn. Fracasa de forma reiterada en sus intentos de detener a los rebeldes del sistema de Lothal y al Escuadrón de Hierro en Mykapo. Además, se niega a cumplir las órdenes de Thrawn en la batalla de Atollon. Allí, persigue a la nave del comandante rebelde Sato, que embiste el destructor estelar de clase Interdictor del almirante. La destrucción de ambas naves pone fin a la carrera militar y a la vida de Konstantine.

CERDO INFLABLE

PLANETA NATAL Varios **TAMAÑO MEDIO** 0,9 m de longitud **HÁBITAT** Cautividad (granjas y operaciones mineras)

Los cerdos inflables son muy valiosos para el Gremio de Minería, debido a su capacidad para olfatear depósitos de mineral. Su carne también es muy apreciada. Tienen la extraña costumbre de hincharse hasta varias veces su tamaño original cuando se sobresaltan. Lando Calrissian le compra uno a Azmorigan (para usarlo en su nueva empresa minera en Lothal) y encarga a la tripulación del *Espíritu* que lo pase de contrabando esquivando el bloqueo de Lothal. Más adelante, la tripulación repite con más cerdos, que vende a Cikatro Vizago.

W1-LE

FABRICANTE Lothal Logistics Limited **TIPO** Droide de protocolo RQ modificado

Lando Calrissian posee a «Willie» (W1-LE) desde las Guerras Clon. Su memoria le fue transferida de otro droide a su carcasa actual de droide de protocolo RQ. Willie se ocupa de dirigir las operaciones mineras de Lando en Lothal, además de sustituirle en su ausencia.

BROM TITUS

ESPECIE Humana
FILIACIÓN Imperio

Brom Titus es un almirante de la Armada Imperial con muy mala estrella. Supervisa un programa experimental en un pozo de gravedad, pero el grupo rebelde del comandante Sato destruye su nave. Ezra Bridger destruye la Estación Reklam, su base y Saw Gerrera hace lo propio con su nave, el *Merodeador*.

AZMORIGAN

ESPECIE Jablogiano **PLANETA NATAL** Nar Shaddaa **FILIACIÓN** Comerciante de esclavos

Lando Calrissian hace un trato con el repulsivo Azmorigan para adquirir un cerdo inflable a cambio de un esclavo. Lando manipula a la líder rebelde Hera Syndulla para que le siga el juego, pero Hera huye y Azmorigan se la tendrá jurada a todos para siempre. Al fin tiene oportunidad de vengarse cuando, de forma inesperada, en vez de tratar con el criminal Cikatro Vizago se topa con Ezra Bridger, tripulante del *Espíritu*, y el buscado pirata Hondo Ohnaka. Azmorigan intenta matarlos, pero huyen con sus bienes y sus créditos. Mucho después, Azmorigan deja a un lado el rencor hacia Hondo y la tripulación del *Espíritu* para robar productos de un carguero imperial a la deriva sobre Wynkahthu.

JUN SATO

ESPECIE Humana **PLANETA NATAL** Mykapo
FILIACIÓN Rebeldes

Jun Sato es el líder de la célula rebelde Fénix y un aliado de Bail Organa y Ahsoka Tano. Lidera el Escuadrón Fénix de Alas-A desde su nave, que Darth Vader destruye. Entonces, Sato establece su centro de mando a bordo del *Libertador* y luego del *Nido Fénix*. Sato incorpora a la tripulación del *Espíritu* a su grupo y, pronto, Hera Syndulla comanda su escuadrón de cazas.

Posteriormente, Sato establece una base rebelde en Atollon, pero cuando el gran almirante imperial Thrawn ataca, se sacrifica para que Ezra Bridger pueda escapar y pedir ayuda.

JOOPA

PLANETA NATAL Seelos
TAMAÑO MEDIO 21 m de longitud
HÁBITAT Bajo tierra

Los joopa son criaturas temibles y semejantes a gusanos que viven bajo los salares de Seelos. Tienen ojos rojos en hilera y unas fauces bordeadas de mandíbulas múltiples. Detectan a sus presas por las vibraciones, lanzan la lengua pegajosa hacia la superficie, rodean con ella a la desprevenida presa y la arrastran bajo tierra. El capitán Rex, Wolffe y Gregor se retiran a Seelos y se dedican a cazar joopa. Los gigantescos gusanos son un manjar codiciado y los clones reclutan a Zeb Orrelios para que los ayude, aunque casi se lo comen vivo.

EG-86

MODELO Droide de energía de la serie EG
FILIACIÓN Rebeldes

Amable y entusiasta, EG es un droide correo rebelde que transporta información secreta a su llegada a Garel. Con ayuda de la tripulación del *Espíritu*, logra completar su misión y entrega la información a R2-D2 en el puesto avanzado Havoc.

QUARRIE

ESPECIE Mon Calamari **PLANETA NATAL** Mon Cala **FILIACIÓN** Rebeldes

Quarrie es un constructor de naves mon calamari que vive en Shantipole cuando Hera Syndulla y su tripulación le piden ayuda. Les entrega su prototipo de Ala-B y mejora su lanzadera. Más adelante ayuda a los rebeldes a lanzar la línea de producción de Alas-B.

CADETE IMPERIAL

ESPECIE Humana **PLANETA NATAL** Varios
FILIACIÓN Imperio

Cuando el Imperio se hace con la República, los soldados clon van desapareciendo a medida que se forma una nueva fuerza militar compuesta por cadetes entrenados en academias imperiales. La principal es la Real Academia Imperial de Coruscant. Algunos mundos más pequeños, como Lothal, poseen academias secundarias que forman a cadetes que luego ocupan cargos civiles locales que, como Zare Leonis, prosiguen sus estudios en academias superiores.

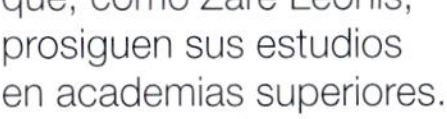

EL QUINTO HERMANO

PLANETA NATAL Artemesium
FILIACIÓN Inquisición

Este arrogante inquisidor no le hace ascos a cazar y matar Jedis, pese a que él mismo fue uno. Pierde una mano en un duelo contra Darth Vader, y más tarde lo acompaña a un planeta desierto para localizar a Eeth Koth, antiguo miembro del Gran Consejo Jedi. Cuando busca «el Sudario», un dispositivo de camuflaje, se resiste fácilmente a los intentos del Jedi Cere Junda para devolverlo al lado luminoso y lucha contra él y contra el Jedi Cal Kestis. En Tatooine, el Quinto Hermano, el Gran Inquisidor y la Tercera Hermana siguen la pista de un Jedi fugitivo llamado Nari. El Quinto Hermano discute con la Tercera Hermana, que le parece muy impulsiva y más interesada en Obi-Wan Kenobi. Años después, el Quinto Hermano y la Séptima Hermana cazan a niños sensibles a la Fuerza para el Proyecto Segador. En esa época, el Quinto Hermano se cruza con miembros de la célula rebelde de los Espectros, entre ellos los Jedi Kanan Jarrus y Ezra Bridger. En Malachor, mientras intenta recuperar un holocrón Sith, muere en un duelo de espadas de luz contra Maul.

RYDER AZADI

ESPECIE Humana **PLANETA NATAL** Lothal **FILIACIÓN** Rebeldes

Ryder Azadi es el gobernador de Lothal hasta que Arindha Pryce lo depone con sus maquinaciones. Apoya las retransmisiones disidentes de Ephraim y Mira Bridger, y acaban encarcelados los tres juntos. Cuando intentan huir, los Bridger mueren. Ezra, que ha tenido una visión de sus padres, sigue a un misterioso gato de Lothal hasta Ryder, que le informa de la muerte de sus padres. Ryder organiza un pequeño movimiento de resistencia en Lothal y ayuda a la tripulación del *Espíritu*. Junto a sus rebeldes de Lothal, acaba liberando al planeta del control imperial con ayuda de Ezra y del resto de la tripulación.

Después de la batalla de Lothal, Ryder vuelve a gobernar su planeta. En la ceremonia para conmemorar el aniversario de la batalla de Lothal, inaugura un monumento en honor a Ezra. Se irrita al ver que la siguiente oradora, Sabine Wren, no se presenta, y pide a la senadora Kell que intervenga.

LA SÉPTIMA HERMANA

ESPECIE Mirialana **PLANETA NATAL** Mirial
FILIACIÓN Inquisidores

La Séptima Hermana es otra antigua Jedi que se ve obligada a unirse a los inquisidores tras la Orden 66. Rivaliza con la Decimotercera Hermana, quien la considera especialmente cruel, y es famosa por sus métodos inusuales, que incluyen el uso de droides rastreadores ID9 y un don de la Fuerza que le permite propinar dolorosos arañazos al enemigo. Recibe órdenes de localizar a niños sensibles a la Fuerza. Cuando derrotan al Gran Inquisidor, la mirialana alberga la vana esperanza de sustituirlo. Pero le ordenan perseguir a Kanan Jarrus, Ezra Bridger y Ahsoka Tano, y, mientras les sigue la pista, Maul la mata.

KETSU ONYO

ESPECIE Humana **PLANETA NATAL** Shukut
FILIACIÓN Sol Negro, rebeldes

Ketsu Onyo ha sido cadete imperial y artista en Mandalore. Escapa de la Academia con su amiga, Sabine Wren, y, juntas, se convierten en cazarrecompensas. Tras una discusión, Ketsu abandona a Sabine, a la que da por muerta, y se une a la organización criminal Sol Negro. Vuelven a verse cuando el Sol Negro contrata a Ketsu para que se haga con el droide rebelde EG-86 en Garel. Aunque primero se enfrentan, se ven obligadas a colaborar y se reconcilian. Aunque Ketsu rechaza el primer ofrecimiento de Sabine de unirse a los rebeldes, luego accede a ello. Ketsu los ayuda a obtener el combustible que necesitan y a huir del gran almirante Thrawn en Atollon. Luego se une al equipo que libera Lothal.

GATO DE LOTHAL BLANCO

ESPECIE Gato de Lothal **PLANETA NATAL** Lothal
FILIACIÓN Ezra Bridger

Ezra Bridger se topa con un misterioso gato de Lothal totalmente blanco que le guía y parece tener una sólida conexión con la Fuerza. En su primer encuentro, conduce a Ezra hasta el exgobernador de Lothal, Ryder Azadi (Ryder y el gato son amigos). La siguiente vez, el gato ayuda a Ezra y a Sabine Wren a esconder el hiperimpulsor de un defensor TIE/d de élite. El gato también le presenta a Ezra un lobo de Lothal blanco, otra criatura con una potente conexión con la Fuerza. En la tercera reunión, el gato ayuda a Ezra y a Zeb Orrelios a encontrar el hiperimpulsor.

FENN RAU

ESPECIE Humana **PLANETA NATAL** Concord Dawn **FILIACIÓN** República, Protectores, rebeldes

El mandaloriano Fenn Rau sirve a la República durante las Guerras Clon, entrenando a los pilotos clon y luchando junto a ellos. Cuando los rebeldes buscan un refugio más allá de ese planeta, Rau y los Protectores los atacan. La escaramuza termina con la captura de Rau, quien descubre que el virrey Gar Saxon ha destruido a los Protectores. Se une a los rebeldes y ayuda a entrenar a Sabine Wren. Luego los ayuda en sus misiones y apoya a Bo-Katan Kryze como líder de los mandalorianos.

PURRGIL

PLANETA NATAL Espacio profundo
TAMAÑO MEDIO 5,5 m de altura, 30 m de longitud **HÁBITAT** Espacio (lo atraen los depósitos de gas)

Los purrgil son grandes criaturas inteligentes parecidas a ballenas y toda una pesadilla para los viajeros del espacio profundo. Flotan en las rutas hiperespaciales y provocan colisiones que destrozan las naves. La tripulación del *Espíritu* topa con una manada que viaja a un depósito de gas clouzon-36 en una refinería del Gremio Minero. Los purrgil respiran el gas, que usan como biocombustible para recorrer el hiperespacio. Ezra Bridger se hace muy amigo del rey purrgil y de su manada. En una ocasión, les pide ayuda para alejar al gran almirante Thrawn de la batalla de Lothal. Los purrgil los llevan a la galaxia lejana por una antigua ruta migratoria y llegan al planeta Peridea, donde hay un antiguo cementerio purrgil en órbita. Años después, Ahsoka Tano los sigue dentro de un purrgil.

KIER DOMADI

ESPECIE Humana
PLANETA NATAL Alderaan
FILIACIÓN Legislatura de Aprendices

Kier representa a Alderaan en el Senado Imperial Júnior junto con la princesa Leia Organa. Pero, a diferencia de esta, no quiere ser político, sino historiador. Empieza una relación con Organa, pero lo matan en una misión. Leia conserva un mechón de pelo suyo durante décadas como recuerdo.

MORAI

TAMAÑO MEDIO 0,2 m de longitud
HÁBITAT Sin restricciones de hábitat

Morai, una misteriosa convor, sigue a Ahsoka Tano por la galaxia para protegerla. Tiene una conexión sólida con la Fuerza y un vínculo espiritual con la Hija de Mortis. Morai aparece en representaciones de la Hija y podría ser tanto su sirviente como una manifestación de esa poderosa portadora de la Fuerza. Está en el mundo entre mundos cuando Ezra Bridger llega a él por el Templo Jedi de Lothal, y lo anima a salvar a Ahsoka de una muerte segura a manos de Vader. Cuando Ahsoka vuelve a Malachor, suele hacerle compañía, incluso en Peridea, un planeta de la galaxia lejana.

CHAVA

ESPECIE Lasat **PLANETA NATAL** Lasan
FILIACIÓN Lasat

La anciana chamana conocida como «Chava la Sabia» es una refugiada del planeta Lasan después de que el Imperio lo destruyera. Ella y su compañero Gron, de la Guardia de Honor de Lasan, son rescatados por la tripulación del *Espíritu*. Conoce muy bien las profecías de su pueblo y cree que el lasat Zeb Orrelios es la clave para encontrar el mundo que ha de ser su nuevo hogar. Juntos se embarcan en un peligroso viaje hasta Lira San, el legendario refugio de su pueblo. Chava y Gron se asientan allí junto a millones de otros lasat, y luego reciben a Zeb y a su amigo, Alexsandr Kallus.

BONZAMI

PLANETA NATAL Bahryn **TAMAÑO MEDIO** 4,75 m de altura y 13 m de longitud **HÁBITAT** Cavernas heladas subterráneas

Los bonzami son grandes criaturas con piel acorazada que viven en sistemas de cuevas bajo la superficie helada de Bahryn, una de las quince lunas de Geonosis. Cazan tanto en solitario como en manada y el corto vello blanco que cubre las placas de su coraza les permite camuflarse en su hábitat helado cuando detectan a presas gracias a su visión nocturna. Por su parte, anuncian su presencia mediante fuertes pisadas y chillidos muy agudos. El agente Kallus de la ISB y el rebelde Zeb Orrelios consiguen sobrevivir a un encuentro con un bonzami cuando se estrellan juntos en Bahryn.

KRYKNA

PLANETA NATAL Atollon **TAMAÑO MEDIO** 2 m de altura
HÁBITAT Desiertos y cuevas

Los krykna, depredadores arácnidos muy grandes, merodean por los desiertos de Atollon en busca de dokma, semejantes a caracoles. Viven en colonias subterráneas donde almacenan alimentos y ponen huevos. Cuando la célula rebelde del comandante Sato establece una base en Atollon, los feroces krykna suponen un problema instantáneo. Los rebeldes descubren que los sensores de proximidad los repelen, así que crean un perímetro de sensores para mantenerlos alejados. Kanan Jarrus y Ezra Bridger no pueden conectar con ellos mediante la Fuerza, y no pueden calmarlos hasta que un ser antiguo llamado Bendu enseña a Kanan a dejar ir las emociones negativas.

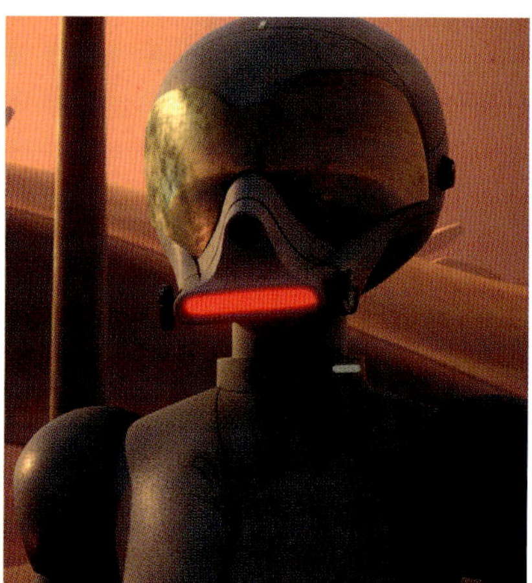

AP-5

FABRICANTE Industrias Arakyd
TIPO Droide de protocolo RA-7
FILIACIÓN Imperio, rebeldes

El droide de protocolo AP-5 es analista militar de la República durante las Guerras Clon. Cuando la República se transforma en el Imperio, AP-5 es relegado a tareas de inventario a bordo del Transporte imperial 241. Se hace amigo del droide rebelde Chopper cuando lo encuentra oculto en la nave y deserta para unirse a los rebeldes, a los que muestra una ubicación excelente para su nueva base rebelde en Atollon. AP-5 permanece leal a sus nuevos amigos rebeldes y se ocupa del inventario de la nueva base hasta que se traslada con ellos a Yavin 4.

BENDU

PLANETA NATAL Atollon
FILIACIÓN La Fuerza

Bendu es una criatura antigua con una poderosa conexión con la Fuerza. Está sintonizado con el «centro», sin afinidad por el lado luminoso (Ashla) ni el oscuro (Bogan). Es amigo de Kanan Jarrus y de Ezra Bridger, y ejerce de mentor del primero hasta que el Jedi sobrepasa los límites y acusa a Bendu de cobardía por no haber intervenido en la batalla de Atollon. Bendu genera una enorme tormenta sobre él, y despliega su poder sobre las fuerzas de Thrawn y los rebeldes, sin distinción, para exigir que abandonen su mundo. Thrawn ordena a sus AT-AT que disparen contra el centro de la tormenta y Bendu se estrella contra el suelo. Se une a la Fuerza y profetiza (acertadamente) la derrota de Thrawn justo antes de desaparecer.

SUPERCOMANDOS IMPERIALES

ESPECIE Humana
PLANETA NATAL Varios mundos mandalorianos **FILIACIÓN** Imperio

Los guerreros mandalorianos que sirven a las órdenes del virrey Gar Saxon forman los supercomandos imperiales. Aniquilan a los Protectores en represalia de la ayuda que han prestado a los rebeldes. Saxon obliga a Tristan Wren, hermano de Sabine, a unirse a los comandos y demostrar la lealtad de su familia, pero Tristan se acaba rebelando contra él y lo mata. Durante la guerra civil que sigue, Tiber Saxon (el hermano de Gar) se convierte en el nuevo líder de los comandos.

EL OCTAVO HERMANO

ESPECIE Saltador terreliano
PLANETA NATAL Terrelia **FILIACIÓN** Inquisidores

El Octavo Hermano es un antiguo Jedi que ahora es uno de los inquisidores imperiales encargados de perseguir a los Jedi supervivientes. Darth Vader le ordena que encuentre a Maul (conocido como «la Sombra») y lo encuentra en el Templo Sith de Malachor, donde también se hallan Kanan Jarrus, Ezra Bridger y Ahsoka Tano. Durante el conflicto resultante, Kanan rompe la espada de luz del Octavo Hermano, que escapa del templo usando su espada de luz rotatoria como hélice, para volar, pero esta se avería y él cae, y, aparentemente, muere.

MELCH

ESPECIE Ugnaught
FILIACIÓN Hondo Ohnaka

Conocido como «Obrero 429», Melch es un esclavo ugnaught de la estación imperial Reklam. Cuando lo liberan, se asocia con Hondo Ohnaka y Azmorigan. Melch y Hondo ayudan a los rebeldes, liderados por Hera Syndulla y Ezra Bridger, a liberar Lothal del Imperio.

VULT SKERRIS

ESPECIE Humana
FILIACIÓN Imperio

Vult Skerris es comandante imperial e instructor de vuelo en la Academia Skystrike, donde entrena a cadetes como Wedge Antilles y Derek Klivian. Por orden del gran almirante Thrawn, Skerris prueba el prototipo de defensor TIE/d de élite. Su nave es destruida en un combate con la piloto rebelde Hera Syndulla en el espacio sobre Lothal.

ARIHNDA PRYCE

ESPECIE Humana **PLANETA NATAL** Lothal **FILIACIÓN** Imperio

Arihnda Pryce asciende hasta una posición importante en el Imperio galáctico. Empieza su carrera como gerente de Pryce Mining, pero las maquinaciones del gobernador de Lothal, Ryder Azadi, hacen que se vea obligada a entregar la empresa familiar al Imperio. Pryce acepta un puesto en la oficina del senador Domus Renking en Coruscant, pero la despiden y se une al Grupo de Defensa de Cielos Superiores. Allí, Pryce urde su venganza contra Azadi y Renking, al tiempo que se alía con el oficial Thrawn. A cambio de convertirse en la gobernadora de Lothal, Pryce vende a su jefe al gran moff Tarkin y traiciona a su mundo natal ofreciendo información crítica acerca de este. La ministra Maketh Tua suele cubrir sus funciones durante sus frecuentes viajes a Coruscant. Pryce se hace célebre al aplastar la insurgencia en Batonn, pero la actividad rebelde amenaza su gobierno en Lothal. Pide al recién ascendido gran almirante Thrawn ayuda para combatir a los rebeldes y colabora con él en muchas misiones, aunque lo enoja cuando destruye el depósito de combustible de Lothal en un intento de eliminar a Kanan Jarrus, porque eso supone el fin del programa de los defensores TIE de Thrawn. Durante la liberación de Lothal, Pryce permanece a bordo del Complejo Imperial cuando este se alza sobre el planeta. Muere cuando la rebelde Sabine Wren lo destruye.

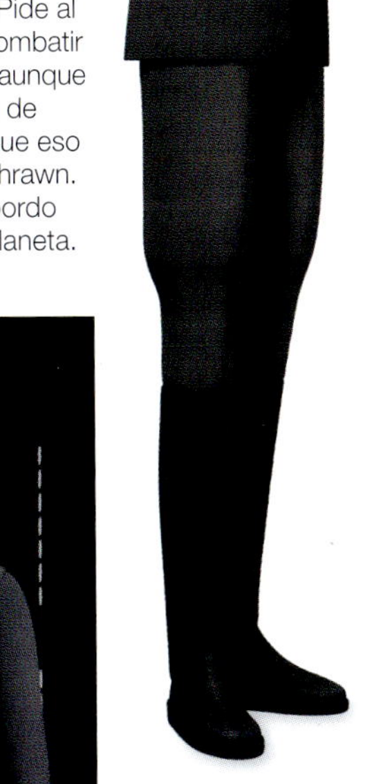

Maquinaciones
La ambiciosa y calculadora Pryce aprende rápidamente a derrotar a sus oponentes.

MART MATTIN

ESPECIE Humana
PLANETA NATAL Mykapo
FILIACIÓN Rebeldes

Mart Mattin es el sobrino del comandante rebelde Jun Sato y el líder del Escuadrón de Hierro, compuesto por una única nave: un carguero ligero YT-2400, el *Martillo de Sato*. Mart y su tripulación (Gooti Terez, Jonner Jin y R3-A3) son una piedra en el zapato para los imperiales en el sistema Mykapo. Cuando el almirante Kassius Konstantine daña su nave, Mart es rescatado por la tripulación del *Espíritu* y se une al grupo rebelde de su tío. Participa en la liberación de Lothal y Ezra le encomienda la misión secreta de llamar a los purrgil. Mattin se queda en la Alianza y, después de la batalla de Hoth, se une al Escuadrón Starlight, una pequeña unidad destinada a reunir a la dispersa flota rebelde.

JONNER JIN

ESPECIE Humana **PLANETA NATAL** Mykapo **FILIACIÓN** Escuadrón de Hierro, Alianza Rebelde

Steely Jonner Jin forma parte del Escuadrón de Hierro de Mykapo. Cuando los avisan de la llegada inminente de imperiales, Mart Mattin, el líder del escuadrón, se niega a marcharse, pero el resto de la tripulación, Jonner, Gooti Terez y R3-A3 huyen en el *Espíritu*. Se reúnen en Atollon y todos se unen a la Alianza Rebelde.

GOOTI TEREZ

ESPECIE Theelin **PLANETA NATAL** Mykapo **FILIACIÓN** Escuadrón de Hierro, Alianza Rebelde

La valiente Gooti Terez es un miembro leal del Escuadrón de Hierro y lucha contra el Imperio. Su equipo destruye una patrulla imperial con ayuda de la tripulación del *Espíritu*. Aunque ella y sus compañeros huyen a bordo del *Espíritu*, vuelven para rescatar a Mart Mattin, su líder, de los imperiales.

THRAWN

ESPECIE Chiss **PLANETA NATAL** Csilla
FILIACIÓN Ascendencia Chiss, Imperio

Mitth'raw'nuruodo, alias Thrawn, es un miembro inteligente de la misteriosa Ascendencia Chiss, un imperio que controla parte de las Regiones Desconocidas.

HACIA LA CIMA DE LA ASCENDENCIA

Thrawn pertenece a una familia corriente, pero, gracias a su talento e ingenio, se asegura un puesto de poder en la Flota de Defensa Expansionaria Chiss. Hace caso omiso de todas las reglas para proteger a su pueblo de cualquier peligro, como los piratas o la potencia rival Destino Nikardun.

EN BUSCA DE UN ALIADO

Thrawn recibe el encargo de explorar el Borde Exterior en pos de aliados adecuados para su pueblo y se fija en la República. Durante las Guerras Clon, ayuda a Anakin Skywalker a buscar a su esposa desaparecida, Padmé Amidala, en Batuu. De paso, dan con una fábrica de droides de combate experimentales para los separatistas y de armaduras para soldados clon. Misteriosamente, tanto los droides como las armaduras son inmunes a las espadas de luz. De todo ello, Thrawn deduce que la República no es el socio más idóneo. Años más tarde, finge exiliarse de la Ascendencia para infiltrarse en el Imperio y ver si es un socio mejor.

COLABORACIÓN CON EL IMPERIO

Los imperiales encuentran a Thrawn en el Espacio Salvaje y lo llevan ante el emperador, que se queda impresionado por su conocimiento de las Regiones Desconocidas y su talento estratégico. Lo envían a la Real Academia Imperial de Coruscant y después pasa a la Armada Imperial. Tras vencer a su némesis, Nevil Cygni, es nombrado gran almirante y puesto al mando de la 7.ª Flota. Como tal, debe aplastar toda insurgencia rebelde. Thrawn es célebre por conocer la mentalidad, el arte y la cultura de sus enemigos. Además, diseña el defensor TIE, un soberbio caza estelar que supera con creces a las naves rebeldes. Mientras el TIE se crea en Lothal, Thrawn se dispone a capturar a los rebeldes del sector, lo que conduce a la batalla de Atollon y a la derrota del comandante Jun Sato.

Tras la victoria, el emperador ordena a Thrawn y a Darth Vader que investiguen una perturbación en la Fuerza en Batuu. Allí, descubren que los belicosos grysk han esclavizado a niños chiss sensibles a la Fuerza. Liberan a los niños, pero durante la misión Thrawn deduce la verdadera identidad de Vader, y este averigua su lealtad a la Ascendencia Chiss.

Thrawn se centra entonces en los rebeldes, que lanzan una campaña para liberar Lothal. Se irrita cuando la gobernadora Arihnda Pryce da a sus tropas la irreflexiva orden de disparar contra los depósitos de combustible de la Ciudad Capital para acabar con los líderes rebeldes. La operación elimina al Jedi Kanan Jarrus, pero detiene la producción del defensor TIE. Pese a todo, los rebeldes liberan Lothal, y Ezra Bridger utiliza a una manada de purrgil para irse con Thrawn al espacio profundo.

Un digno adversario
Thrawn respeta a Hera Syndulla, líder de la Alianza Rebelde, por ser una rival fuerte. Se enfrentan en múltiples ocasiones, y Thrawn incluso llega a controlar su hogar.

Ascenso a gran almirante
El emperador Palpatine asciende personalmente a Thrawn a gran almirante.

REGRESO DEL EXILIO

Los purrgil llevan a Thrawn y a Ezra a otra galaxia. Durante la ausencia de Thrawn, el Imperio cae, pero sus acólitos creen que resurgirá y se restaurará el malvado régimen. Uno de ellos, la bruja dathomiriana Morgan Elsbeth, capta la llamada de las Grandes Madres, que están en Peridea con Thrawn, y supervisa la construcción de un poderoso anillo hiperespacial intergaláctico, el Ojo de Sion, para viajar allí.

Thrawn dedica su tiempo en el exilio a aliarse con las Grandes Madres para reforzar sus tropas. Conserva la jerarquía imperial y usa sus dotes de observación para mantener en funcionamiento la tecnología y los equipos, que se van quedando obsoletos. Cuando Ahsoka Tano sigue al Ojo de Sion y se reencuentra con Sabine Wren y Ezra Bridger, Thrawn recurre a sus dotes como estratega e impide que todos, excepto Ezra, regresen con él a la galaxia conocida. Se dirige a Dathomir, con la nave repleta de un misterioso cargamento procedente de Peridea.

Batalla de Lothal
Thrawn no predice la novedosa estrategia del Jedi y rebelde Ezra Bridger en la batalla de Lothal. En la Guerra Civil Galáctica, se echa de menos a ambos líderes.

Un regreso anunciado
Después de muchos años, Thrawn vuelve a la galaxia donde nació. Su regreso es un siniestro presagio para la Nueva República.

KLIK-KLAK

ESPECIE Geonosiano
PLANETA NATAL Geonosis
FILIACIÓN Colmena de Karina la Grande

Klik-Klak es uno de los últimos geonosianos supervivientes cuando el Imperio arrasa a su pueblo para mantener la construcción de la Estrella de la Muerte en secreto. Construye un pequeño ejército de droides y cuando Saw Gerrera y sus Partisanos llegan para investigar la desaparición de los geonosianos, los droides los matan a todos excepto a Saw, por temor a ser descubiertos. La tripulación del *Espíritu* llega entonces en busca de Gerrera y captura a Klik-Klak. Ezra Bridger halla pruebas de las atrocidades del Imperio en Geonosis y los rebeldes liberan a Klik-Klak, que lleva un único huevo geonosiano del que más adelante saldrá una nueva reina.

TARRE VIZSLA

ESPECIE Humana **FILIACIÓN** Jedi, Casa de Vizsla, Mandalore

Mucho antes del Imperio, Tarre Vizsla es el primer mandaloriano que se incorpora a la Orden Jedi. Forja la espada oscura, que la Casa de Vizsla usa para unir a Mandalore bajo su gobierno.

SEEVOR

ESPECIE Trandoshano **PLANETA NATAL** Trandosha **FILIACIÓN** Gremio de Minería

Seevor conduce el reptador 413-24 del Gremio de Minería. La tripulación del *Espíritu* se lo arrebata y los esclavos quedan libres. Durante una lucha con Ezra Bridger, Seevor cae a una fundición y se evapora.

TRISTAN WREN

ESPECIE Humana **PLANETA NATAL** Krownest
FILIACIÓN Supercomandos Imperiales, Clan Wren

Tristan es el hermano de Sabine Wren. Cuando ella abandona la Academia Imperial, Tristan tiene que unirse a los Supercomandos Imperiales de Gar Saxon a fin de demostrar su lealtad. Tristan recibe la orden de aniquilar al Clan Wren cuando su hermana regresa, pero se alía con su familia. Durante la batalla de Atollon ayuda a atacar un destructor estelar, lo que permite la huida de la célula rebelde Fénix. Durante la guerra civil mandaloriana, un arma diseñada por Sabine está a punto de matar a Tristan y su madre. Según la guerra se expande, el Clan Wren jura lealtad a Bo-Katan Kryze. Pero, según parece, Tristan no sobrevive a la destrucción del clan.

URSA WREN

ESPECIE Humana **PLANETA NATAL** Krownest
FILIACIÓN Clan Wren

La condesa mandaloriana Ursa Wren es la líder del Clan Wren, madre de Sabine y Tristan, y esposa de Alrich. Fue miembro de la Guardia de la Muerte y es leal a la Casa Vizsla. En las Guerras Clon, es una aliada clave de Bo-Katan Kryze. La ayuda a conseguir el apoyo de la República y lucha a su lado durante el asedio de Mandalore. Años más tarde, cuando Sabine huye de la Academia Imperial, su familia se avergüenza y Ursa se ve obligada a servir al virrey imperial Gar Saxon. Cuando se reencuentra con Sabine, traiciona a los amigos rebeldes de su hija: se ofrece a entregárselos a Saxon a cambio de que perdone a Sabine. Saxon no cumple su palabra y Ursa le dispara. Después, el Clan Wren se alía con Sabine y los rebeldes. Se cree que Ursa murió en la Gran Purga de Mandalore.

LOBO DE LOTHAL

PLANETA NATAL Lothal
TAMAÑO MEDIO 2,6 m de altura y 5,85 m de longitud **HÁBITAT** Praderas y montañas

Los lobos de Lothal mantienen una relación muy estrecha con los habitantes originales de Lothal. Antiguas pinturas en el Templo Jedi y en las cuevas del sur los representan juntos. Sin embargo, estas misteriosas criaturas se dejan ver tan poco durante la era del Imperio que muchos los creen extintos. Tienen una intensa conexión con la Fuerza, la energía del planeta y el Mundo entre Mundos. Pueden recorrer vastas distancias en apenas tiempo y, con su ayuda a los rebeldes, desempeñan un papel crucial en la liberación del planeta.

LOBO DE LOTHAL BLANCO

ESPECIE Lobo de Lothal **PLANETA NATAL** Lothal **FILIACIÓN** Lothal, lobos de Lothal

El lobo de Lothal blanco es el alfa de una manada de lobos de Lothal. Está en gran sintonía con la voluntad de la Fuerza y protege el planeta. Guía a Kanan Jarrus y a Ezra Bridger. Tiene la capacidad de dejar inconscientes a las personas cuando quiere ocultar algún acontecimiento, pero también se puede comunicar en idioma básico. Tras la muerte de Kanan Jarrus, presenta al afligido Ezra Bridger a una criatura similar llamada Dume, una manifestación de la voluntad de Kanan Jarrus a través de la Fuerza después de su muerte.

ALRICH WREN

ESPECIE Humana **PLANETA NATAL** Krownest
FILIACIÓN Clan Wren

Cuando Alrich contrae matrimonio con Ursa Wren, adopta como propio el nombre del clan de su esposa. A diferencia de su esposa y de sus hijos, Alrich es artista, no guerrero (aunque su hija Sabine hereda su naturaleza creativa). Cuando Sabine abandona la Academia Imperial, Alrich es retenido en Mandalore como preso político y cuando el Clan Wren se alía con Sabine y los rebeldes contra los Saxon, lo llevan a Sundari con objeto de ejecutarlo. Sabine y sus amigos lo rescatan justo a tiempo, y cuando la guerra civil de Mandalore se extiende, le pide a su esposa que no ataque personalmente el destructor estelar de Tiber Saxon.

GITA

ESPECIE Humana
FILIACIÓN Alianza Rebelde

Gita es una francotiradora de primera y agente secreta de la Alianza Rebelde. Se disfraza de tusken y se hace llamar Urrr'k, y Beilert Valance la recluta para la misión de la Mano Oculta para matar a Darth Vader. Cuando el trabajo se tuerce, Gita se descubre ante el cíborg y más tarde llegan a un acuerdo para suministrar armas a la Rebelión.

YURALLA VEGA

ESPECIE Humana **PLANETA NATAL** Chorin
FILIACIÓN Alianza Rebelde

Yuralla Vega y su amor, Beilert Valance, se separan tras su paso por el Imperio. Ella empieza una nueva vida, pero, años después, vuelven a encontrarse: Valance regresa a Chorin y deja a su cuidado a la joven Cadeliah, heredera de dos bandas del crimen. Vega cuida de la niña hasta que un asesino de Crimson Dawn las sigue hasta una base de la Alianza Rebelde y se la lleva.

RUKH

ESPECIE Noghri **PLANETA NATAL** Honoghr
FILIACIÓN Imperio (gran almirante Thrawn)

Rukh, el guardaespaldas y asesino de referencia del gran almirante Thrawn, es un noghri despiadado y calculador. Tiene una vista y un olfato excelentes, y es muy fuerte y ágil. Un dispositivo de invisibilidad le permite, además, cazar sin ser visto. Thrawn acude a él para que dé caza a los rebeldes de Lothal y es instrumental en la captura de la general Hera Syndulla, pese a que no tiene éxito en todas sus misiones. Sabine Wren y Garazeb Orrelios (Zeb) lo derrotan y lo humillan, pero luego lo liberan. Durante la liberación de Lothal muere electrocutado mientras lucha contra Zeb en el Complejo Imperial.

VERIS HYDAN

ESPECIE Humana **PLANETA NATAL** Ossus
FILIACIÓN Imperio

El ministro Veris Hydan es un exaltado consejero del emperador Palpatine. Aunque no es sensible a la Fuerza, es un excelente arqueólogo y mortisólogo, a quien encargan que excave el Templo Jedi de Lothal en busca de la entrada al misterioso Mundo entre Mundos. Aunque Ezra Bridger escapa al reino de la Fuerza, Hydan consigue capturar a Sabine Wren y la obliga a descifrar el mural de Mortis del templo. No obstante, Sabine escapa, y cuando el portal se cierra de nuevo, Hydan se pierde en la sima que engulle el templo.

JACEN SYNDULLA

ESPECIE Híbrida (humana y twi'lek)
PLANETA NATAL Lothal
FILIACIÓN Alianza Rebelde

Jacen es hijo de la general rebelde twi'lek Hera Syndulla y del difunto caballero Jedi Kanan Jarrus. Crece durante la Guerra Civil Galáctica sin conocer a su padre, pero recibe mucho amor del equipo al que considera su familia (y del droide Chopper). Pertenece desde niño a la tripulación del *Espíritu*, donde es el «Espectro 7», y participa en muchas misiones junto a su madre. Sensible a la Fuerza y curioso, quiere ser un Jedi como su padre y entrenarse como su tía Sabine. Hera cree en su talento y se toma en serio su sensibilidad. Eso da sus frutos en Seatos, cuando Jacen es el único que percibe que Ahsoka Tano no ha muerto al caer al océano. Oye las espadas de luz de Ahsoka chocar con las de Anakin Skywalker bajo las olas y, con la ayuda de Chopper, localiza sus coordenadas y le salva la vida.

LYRA ERSO

ESPECIE Humana **PLANETA NATAL** Aria Prime
FILIACIÓN Familia Erso

Cuando Lyra se gradúa en la Universidad de Rudrig, trabaja como guía del equipo científico de Galen Erso en su expedición a Espinar. Ella y Galen se casan en Coruscant, y su hija, Jyn, nace en Vallt en medio de las Guerras Clon. La familia cae prisionera durante el conflicto, pero Krennic Orson los rescata, y ofrece trabajo a Lyra y a Galen, momento en el que ella empieza a sospechar de la maldad del Imperio. La familia escapa a Lah'mu y se oculta allí durante cuatro años. Cuando Krennic los encuentra, Lyra desenfunda un bláster pero un soldado de la muerte dispara antes y la mata.

ORSON CALLAN KRENNIC

ESPECIE Humana **PLANETA NATAL** Lexrul
FILIACIÓN República, Imperio

Orson Krennic nace en la Ciudad de Sativran, en Lexrul, durante la era de la República Galáctica, y lo destinan al Programa de Futuros de la República en Brentaal, donde conoce a Galen Erso. Se incorpora al Cuerpo de Ingenieros de la República y ayuda a Galen a conseguir un empleo en el Instituto de Ciencias Aplicadas. Krennic trabaja en el desarrollo de armas ultrasecretas y empieza a investigar el desarrollo de la Estrella de la Muerte a partir de planos obtenidos en Geonosis. Se da cuenta de que necesita a Galen y lo presiona para que trabaje con cristales kyber para la Estrella de la Muerte. Poco después de la génesis del Imperio, Krennic asiste a una cumbre imperial en Eriadu para poner al día a los asistentes sobre el proyecto. Gracias a éxitos sucesivos, asciende a director de la División para la Investigación de Armas Avanzadas de la Oficina de Seguridad Imperial. El gran moff Tarkin ordena que la Estrella de la Muerte lance un disparo de prueba contra la Ciudad Sagrada de Jedha. Cuando los rebeldes roban los planos de la Estrella de la Muerte, Tarkin destruye todas las instalaciones, inclusive a Krennic y a todos los presentes, tanto rebeldes como imperiales.

GALEN WALTON ERSO

ESPECIE Humana **PLANETA NATAL** Grange
FILIACIÓN Familia Erso, Imperio (en contra de su voluntad)

Galen Erso es un niño prodigio que destaca en matemáticas y ciencias desde que empieza a estudiar. En el Programa de Activos Futuros de la República conoce al estudiante de arquitectura Orson Krennic. Trabajan juntos en Coruscant, y Galen se convierte en un cristalógrafo de renombre y muy galardonado. Él y su esposa, Lyra Erso, tienen una hija, Jyn. Krennic lo manipula para que investigue cómo usar cristales kyber en la Estrella de la Muerte. Galen y su familia, que cada vez desconfían más del Imperio, huyen a Lah'mu, pero Krennic los encuentra y obliga a Galen a regresar solo a la Estrella de la Muerte. Lyra muere, y Jyn, a quien han escondido, crece con Saw Gerrera, amigo de sus padres. Galen, que sabe que no puede escapar del Imperio, introduce un fallo fatal en la Estrella de la Muerte, con la esperanza de que los rebeldes puedan aprovecharlo. Se reúne con su hija una última vez en las instalaciones imperiales de Eadu, pero muere en sus brazos, herido durante un bombardeo.

Una familia en el exilio
No hay nada más importante para Galen que la salud y la felicidad de Jyn. Su investigación los separa con frecuencia, así que mientras se esconden del Imperio en Lah'mu, intenta recuperar el tiempo perdido.

ZO-E3

FILIACIÓN Ninguna

La copiloto droide de la nave contrabandista *Windfall* siempre está de broma, pero es leal. Cuando una nave imperial Interdictor arranca la suya del hiperespacio, ZO-E3 y el capitán acaban presos en el castillo de Darth Vader en Mustafar. El señor del Sith necesita al capitán, un descendiente de Dama Corvax sensible a la Fuerza, para acceder al antiguo dispositivo Estrella Brillante. Al final, ZO-E3 y el capitán logran escapar, pero antes la droide activa una carta estelar oculta en la espada de luz de su compañero. Cree que podría ser el mapa de un tesoro y sugiere que lo averigüen.

GABLE KARIUS

ESPECIE Humana
FILIACIÓN Imperio

Es el almirante a bordo del Interdictor imperial sobre Mustafar que captura la *Windfall* por orden de Darth Vader, quien cree que su capitán es la clave para acceder a un antiguo dispositivo. Cuando el capitán y su copiloto droide ZO-E3 se fugan, el almirante y sus tropas de asalto los persiguen sin tregua. ZO-E3 lo sorprende y hace que se caiga por una barandilla. Karius vuelve en un caza TIE para destruir al dúo de una vez por todas. Pero al parecer es lo último que hace, pues su nave se estrella y explota.

VYLIP F'ALMA

ESPECIE Mustafariana **PLANETA NATAL** Mustafar
FILIACIÓN Su clan mustafariano

Como maestro de su clan mustafariano, F'alma custodia la historia y los secretos de su pueblo. Cuando los imperiales capturan a un contrabandista y a su droide, ZO-E3, y los llevan a Mustafar, F'alma se hace amigo de los prisioneros y los ayuda a escapar. Les habla de la Estrella Brillante, un artefacto que Darth Vader codicia por sus propiedades místicas. Sin embargo, cuando lo recuperan, F'alma se lo regala al señor del Sith, pues cree que así salvará su planeta. En vez de eso, Vader intenta aniquilar al grupo. Vylip trata de expiar su traición, pero un darkghast lo interrumpe y… se lo traga de un bocado.

DORWIN CORVAX

ESPECIE Humana **PLANETA NATAL** Mustafar

Cuando este guerrero de Mustafar muere en combate, su esposa, Dama Corvax, trata de resucitarlo con el poder de la Estrella Brillante. Pero sus esfuerzos no dan fruto: Dorwin se queda atrapado entre el reino de los vivos y el de los muertos, y el paisaje mustafariano se convierte en lava y roca. Al cabo de un milenio, Dorwin regresa y ayuda a su descendiente a encontrar la Estrella Brillante y destruirla con su espada de luz ancestral. Tras la eliminación del artefacto, Dorwin queda liberado de su purgatorio y está muy agradecido.

WANNEK

ESPECIE Mustafariana
PLANETA NATAL Mustafar

Wannek vive en las cuevas subterráneas de Mustafar y conoce a fondo los misterios y peligros del planeta. Cuando acude en ayuda del descendiente de Lord Corvax y su droide, ZO-E3, el grupo se topa con un mortífero darkghast. La mustafariana –que lleva unas inconfundibles gafas para protegerse y marcar estilo– permanece con la pareja y la guía hasta el castillo de Darth Vader por el mundo de lava a fin de detener al señor del Sith. Vader intenta activar el Ingenio de los Eones, un dispositivo para captar la energía de la Estrella Brillante.

SACERDOTISA MUSTAFARIANA

ESPECIE Mustafariana **PLANETA NATAL** Mustafar
FILIACIÓN Su clan mustafariano

Esta líder espiritual tiene una fuerte conexión con la Fuerza. Topa con la descendiente de Dorwin Corvax, con quien comparte una visión del pasado: el catastrófico intento de Dama Corvax por salvar a su esposo con el poder de la Estrella Brillante, cosa que alteró Mustafar para siempre. Más tarde, convoca a Lord Corvax para que ayude a su descendiente a impedir que Vader active el Ingenio de los Eones con la Estrella Brillante. Sucumbe al poder del Ingenio de los Eones, pero su esfuerzo no cae en saco roto.

DAMA CORVAX

ESPECIE Humana
PLANETA NATAL Mustafar

Dama Corvax, esposa de Dorwin, es sensible a la Fuerza y vive en paz con los mustafarianos hasta que un enemigo ataca su mundo. Su marido cae en combate y ella, desconsolada, intenta resucitarlo. A tal fin, crea el Ingenio de los Eones con la energía de la Estrella Brillante, el objeto más sagrado de los mustafarianos. Pero su amado se queda en un limbo entre la vida y la muerte, y el bucólico paisaje de Mustafar se vuelve lava y roca fundida. Dama Corvax guarda en la tumba de su esposo la llave del Ingenio de los Eones –que es su espada de luz– y solo un descendiente podrá usarla para activar el artefacto.

DARKGHAST

PLANETA NATAL Mustafar
TAMAÑO 5 m de altura
HÁBITAT Cuevas

El darkghast es una de las criaturas autóctonas más mortíferas de Mustafar, una bestia grande y feroz que acecha sus cavernas subterráneas. Presenta cierto parecido con el rancor, pero hay diferencias importantes entre ambas especies. El darkghast tiene cuatro brazos fuertes con los que atrapa y devora a sus presas y trepa por las paredes. Sus patas también son muy potentes y aplastan como si nada cualquier presa o enemigo. Su dura piel, calcificada por el calor de la lava de Mustafar, está salpicada de color.

JYN ERSO

ESPECIE Humana **PLANETA NATAL** Ninguno **FILIACIÓN** Partisanos, Alianza Rebelde

A esta rebelde, criminal y heroína la apartan de su familia de niña y la cría el revolucionario Saw Gerrera. Cuando este la abandona, Jyn rehúye su destino durante un tiempo, pero al final vuelve a la lucha por la galaxia y se convierte en toda una leyenda.

UNA INFANCIA ERRÁTICA

Jyn nace en Vallt y es hija de Galen y Lyra Erso. Su padre es científico y trabaja para el Imperio, por lo que se pasa la infancia de un lado a otro. La familia vive en Lokori y Coruscant, pero, recelosa del creciente poder imperial, huye a Lah'mu. Pero el director Orson Krennic los localiza y Galen ordena a Jyn que se oculte en un escondite preparado de antemano. A Lyra la matan, y Jyn da a su padre por muerto. Saw Gerrera, amigo de la familia, la rescata y la cría como a uno más de sus Partisanos rebeldes. La joven acaba siendo una de sus mejores guerreras y, con el tiempo, conoce a la infame libertadora Enfys Nest. Saw y Jyn se separan, y ella se dedica a delinquir, para lo que usa varios alias. El Imperio la arresta y la envía a un campo de trabajo en Wobani. La Alianza Rebelde la saca de allí y la lleva a Yavin 4. Al principio, Jyn desconfía de los rebeldes y de su causa, pero por ellos se entera de que su padre está vivo y diseñando una superarma para el Imperio.

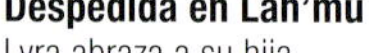

Despedida en Lah'mu
Lyra abraza a su hija sabiendo que quizás no la vuelva a ver y le regala un collar con un cristal kyber, para que le recuerde el poder de la Fuerza.

Un segundo padre
Aunque Jyn lo consideraba un padre sustituto, se sintió traicionada cuando Saw la abandonó, porque no sabía que lo hizo para protegerla.

EN BUSCA DE SAW

Los rebeldes quieren que Jyn contacte con Saw y obtenga el mensaje que le envió Galen Erso. Jyn vuela a Jedha con el capitán Cassian Andor y su compañero droide K-2SO para buscar a Saw. Entran en la Ciudad Sagrada y topan con Chirrut Îmwe y Baze Malbus, los antiguos Guardianes de los Whills, que los salvan de las tropas de asalto. Se produce una escaramuza con los Partisanos de Saw, cuyas tropas capturan al grupo. Jyn comparece ante Saw y lo convence para que reproduzca el mensaje de su padre. Galen revela que ha introducido un fallo en la Estrella de la Muerte, una estación de combate con la que el Imperio puede destruir planetas enteros. Cuando la superarma dispara y destruye la Ciudad Sagrada, Saw ordena a Jyn que lo deje y se salve. Jyn y sus nuevos amigos (incluido Bodhi Rook, expiloto imperial y amigo de Galen) escapan en el Ala-U de Cassian.

De niña soldado a rebelde
Bajo la tutela de Saw, Jyn aprende rápidamente a luchar. Además de destacar en el combate cuerpo a cuerpo, con Saw adquiere otras habilidades de supervivencia. Saw considera a Jyn su mejor guerrera.

TRAS EL LEGADO FAMILIAR

Después de un aterrizaje forzoso en Eadu, donde esperan encontrar a su padre, Jyn se entera de que Cassian pretende matarlo. Así que corre a buscarlo al laboratorio de investigación imperial. Pero, antes de llegar a su lado, un repentino bombardeo rebelde hiere de muerte a Galen. Padre e hija se reencuentran por un momento y después él muere en sus brazos. Cassian se la lleva y el equipo escapa volando al cuartel general rebelde de Yavin 4. Allí, Jyn suplica a los líderes de la Alianza Rebelde que autoricen una misión para infiltrarse en la cámara acorazada de Scarif y robar los planos de la Estrella de la Muerte antes de que sea demasiado tarde. Pero se desengaña al ver que votan en contra.

Mala reputación
Aunque Mon Mothma está de acuerdo con Jyn, no puede actuar sin el apoyo de sus aliados que, en su mayoría, desconfían de la palabra de una criminal reconocida.

De incógnito
Cassian y Jyn se disfrazan de imperiales (Jyn de técnica) y colaboran con K-2SO para acceder a la cámara acorazada de Scarif.

LA ACIAGA BATALLA DE SCARIF

Para sorpresa de Jyn, Cassian reúne un escuadrón de voluntarios y parten hacia Scarif contraviniendo las órdenes. Como un equipo verdaderamente unido, atraviesan el escudo del planeta y llegan a la pista de aterrizaje. Jyn, Cassian y K-2SO se cuelan en la torre de la Ciudadela. Una vez dentro de la cámara de datos, Jyn y Cassian buscan los planos de la Estrella de la Muerte en los archivos y se detienen ante el nombre de «Estrellita», el apodo que Galen le puso a Jyn. Recuperan el cartucho de datos y escalan la torre hasta el transmisor. Krennic intenta detenerlos en el último momento, pero Jyn y Cassian logran transmitir los planos a la flota rebelde. Tras bajar de la torre, se abrazan mientras la Estrella de la Muerte dispara contra Scarif y genera una onda expansiva que lo destruye todo.

SOLDADOS DE LA MUERTE

ESPECIE Humana (modificados)
PLANETA NATAL Varios **FILIACIÓN** Imperio

Los soldados de la muerte son soldados de élite modificados en un programa ultrasecreto para llevar las funciones de los soldados de asalto más allá de los límites humanos. El emperador los llama así para aprovechar los rumores acerca de experimentos imperiales que reaniman tejido necrótico. Los escuadrones de soldados de la muerte son ejecutores y guardaespaldas de imperiales de alto rango, como el gobernador Wilhuff Tarkin, el gran almirante Thrawn, Darth Vader, Sly Moore o el moff Gideon. También se les asigna la custodia de cargamentos clasificados de cristales kyber. Combaten en Atollon, Eadu y Scarif. Muchos se mantienen leales tras la caída del Imperio y protegen a sus líderes.

BENTHIC DOS TUBOS

ESPECIE Tognath **PLANETA NATAL** Yar Togna
FILIACIÓN Jinetes de las Nubes, Partisanos

Tras la invasión del Imperio, Benthic «Dos Tubos» huye de su planeta natal junto a su hermano Edrio y se une a los Jinetes de las Nubes contra el sindicato criminal Crimson Dawn. Participa en el ataque en Vandor durante el que intentan robar un cargamento de coaxium y luego en una escaramuza en Savareen para recuperar otro cargamento. Posteriormente, Benthic se une a los Partisanos de Saw Gerrera, y está presente en Segra Milo cuando el agente rebelde Luthen Rael lo visita para debatir si hay que sacrificar a la célula de Anto Kreegyr. Benthic se indigna cuando Luthen sugiere que es un traidor. Años más tarde, en Jedha, interroga a Bodhi Rook y se lo entrega a Saw, pero debe huir cuando la Ciudad Sagrada es destruida. En la Guerra Civil Galáctica, conoce a la princesa Leia Organa y forja un pacto entre los Partisanos y la Alianza Rebelde.

OOLIN MUSTERS

ESPECIE Blutopiana **FILIACIÓN** Alianza Rebelde

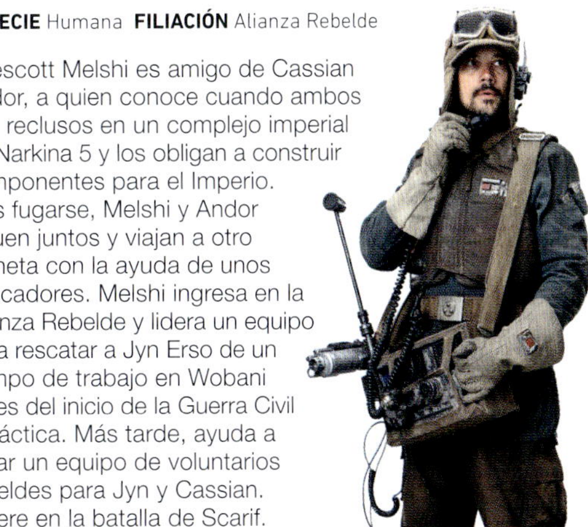

También conocida como «Nail» o «Kennel», Oolin Musters pertenece a la Alianza Rebelde. El Imperio la captura y la encierra en Wobani, donde conoce a Jyn Erso, su compañera de celda, a quien amenaza con matar. Cuando esta es rescatada, Musters escapa y se dirige a Jedha.

RUESCOTT MELSHI

ESPECIE Humana **FILIACIÓN** Alianza Rebelde

Ruescott Melshi es amigo de Cassian Andor, a quien conoce cuando ambos son reclusos en un complejo imperial de Narkina 5 y los obligan a construir componentes para el Imperio. Tras fugarse, Melshi y Andor siguen juntos y viajan a otro planeta con la ayuda de unos pescadores. Melshi ingresa en la Alianza Rebelde y lidera un equipo para rescatar a Jyn Erso de un campo de trabajo en Wobani antes del inicio de la Guerra Civil Galáctica. Más tarde, ayuda a crear un equipo de voluntarios rebeldes para Jyn y Cassian. Muere en la batalla de Scarif.

EDRIO DOS TUBOS

ESPECIE Tognath **PLANETA NATAL** Yar Togna
FILIACIÓN Partisanos, Ángeles Cavernarios

Edrio «Dos Tubos» y su hermano Benthic deben sus apodos a los dos tubos respiratorios que llevan. Cuando el Imperio invade su mundo natal, huyen juntos. Edrio se une a los Partisanos de Gerrera y bombardea la antena del Imperio en Jalindi. En la misión destruye el crucero ligero *Marauder* y rescata a los rebeldes Ezra Bridger y Sabine Wren. Entonces, Edrio y Saw destruyen un gran cristal kyber y dos naves imperiales en el sector Tonnis. Edrio muere cuando la Estrella de la Muerte lanza disparos de prueba contra la Ciudad Sagrada de Jedha.

BODHI ROOK

ESPECIE Humana **PLANETA NATAL** Jedha
FILIACIÓN Imperio, Alianza Rebelde

El afable Bodhi Rook crece en Jedha y se matricula en la Academia del Sector Terrabe con la esperanza de convertirse en piloto de caza estelar imperial, pero las malas notas lo obligan a abandonar ese sueño y a pilotar cargueros imperiales.

Con el tiempo, Bodhi empieza a dudar de su servicio al Imperio y se hace amigo del científico imperial disidente Galen Erso, que lo anima a desertar y a entregar al rebelde extremista Saw Gerrera un mensaje secreto dirigido a su hija, Jyn Erso. Bodhi se dirige a los Partisanos de Saw, que lo capturan y lo llevan a las catacumbas de Cadera, donde por fin conoce a Saw. El paranoico rebelde no se cree la historia de Bodhi y utiliza a un aterrador mairano llamado Bur Gullet para asustar e interrogar a Bodhi, cuyo estado mental se ve gravemente afectado.

Cuando las fuerzas de Saw capturan también al variopinto grupo compuesto por Cassian Andor, Jyn Erso, Baze Malbus y Chirrut Îmwe, Jyn recibe el mensaje donde su padre detalla un fallo fatal en la Estrella de la Muerte. En ese mismo momento, el arma de destrucción masiva ataca la Ciudad Sagrada de Jedha y Bodhi escapa junto al resto de los prisioneros, a los que ayuda a volar a Eadu para reunirse con Galen. Desde allí vuelan a Yavin 4, donde Cassian reúne un equipo (en el que también está Bodhi) para infiltrarse en las instalaciones imperiales de Scarif y robar los planos de la Estrella de la Muerte. Mientras se alejan de Yavin 4, Bodhi bautiza al equipo como Rogue One.

Bodhi usa su conocimiento del Imperio para que el equipo pueda atravesar la seguridad imperial y la ventana del escudo sobre Scarif. Permanece en la nave mientras Cassian, Jyn y el droide de seguridad imperial reprogramado K-2SO roban los planos. Al empezar la batalla, Bodhi envía informes falsos a los imperiales y avisa a la flota de la Alianza Rebelde de que debe destruir la ventana del escudo de Scarif para recibir la transmisión de Jyn con la valiosa información. Aunque Bodhi logra establecer contacto, muere en una explosión.

Frente a sus enemigos
Durante la batalla de Scarif, Bodhi conecta su lanzadera robada a la red de comunicaciones imperial y entra en conflicto directo con las fuerzas para las que solía trabajar.

BOR GULLET

ESPECIE Mairano **PLANETA NATAL** Maires
FILIACIÓN Partisanos

Bor Gullet es miembro de la bulbosa y tentacular especie mairana, capaz de leer mentes y percibir las intenciones de los demás envolviéndoles el cráneo con sus tentáculos, por lo que muchos grupos los usan como interrogadores. El proceso es muy desagradable y en ocasiones se usa como tortura. La exposición prolongada a este puede causar pérdida de memoria e incluso enajenación. Los efectos de las exposiciones breves son reversibles. Saw Gerrera mantiene a Bor Gullet en una jaula de su cuartel general en Jedha y lo utiliza para interrogar a Bodhi Rook.

Un piloto pesimista
K-2SO y Cassian pueden pilotar Alas-U en solitario o en pareja. A K-2SO le gusta calcular las probabilidades de éxito de sus misiones, que suelen ser casi nulas.

K-2SO

FABRICANTE Industrias Arakyd
TIPO Droide de seguridad de la serie KX
FILIACIÓN Imperio, Alianza Rebelde

En la época imperial, el agente rebelde Cassian Andor adquiere el droide de seguridad K-2SO y lo reprograma para que sirva a los rebeldes, aunque con algunas peculiaridades: K-2 es siempre brusco y propenso a la violencia. Los dos colaboran estrechamente en muchas misiones y pasan un tiempo con los wookiees.

K-2 acompaña al equipo de extracción rebelde para liberar a Jyn Erso del campo de trabajo de Wobani. De vuelta a Yavin 4, el droide se muestra molesto porque Cassian le prohíbe llevar armas y en cambio a Jyn, que es una delincuente convicta, le confía una. El trío viaja a Jedha en busca de Saw Gerrera, que posee información vital. K-2 recibe la orden de quedarse y vigilar su Ala-U, pero la desacata y sigue a Cassian y a Jyn hasta la Ciudad Sagrada, donde evita que unos soldados de asalto los arresten.

Después vuelve a la nave, cosa que le permite rescatar a la pareja y a sus nuevos amigos –Chirrut Îmwe, Baze Malbus y el desertor imperial Bodhi Rook– cuando la Estrella de la Muerte destruye la Ciudad Sagrada. K-2 los lleva a Eadu en busca del padre de Jyn, Galen Erso, y allí la nave se estrella debido al mal tiempo. Mientras Jyn y Cassian se aventuran fuera, K-2 roba una lanzadera imperial, con la que luego el grupo consigue huir y regresar a Yavin 4.

Tras formar un equipo de voluntarios para invadir la fortaleza imperial de Scarif, donde están los planos de la Estrella de la Muerte, K-2SO, Cassian y Jyn se hacen pasar por imperiales para colarse en el complejo, donde K-2 desactiva a un droide de la serie KX y obtiene un mapa de las instalaciones de sus bancos de memoria. Cuando llegan a la cámara de datos, K-2 controla una consola de ordenador y guía a Jyn y Cassian en la búsqueda de los planos. Jyn le da un bláster a K-2, cosa que lo complace enormemente. Mientras ella y Cassian tratan de alcanzar la torre y transmitir los planos a la flota rebelde, unas tropas de asalto se infiltran en la cámara acorazada. K-2 cierra las puertas y resiste cuanto puede para darles tiempo a Jyn y Cassian, pero al final lo abaten.

ANTOC MERRICK

ESPECIE Humana **PLANETA NATAL** Virujansi
FILIACIÓN Caballería del Aire Enrarecido, Alianza Rebelde

Antoc Merrick es el líder de vuelo de la fuerza de defensa planetaria de Virujansi. Cuando el nuevo gobernador, designado por el Imperio, sustituye al consejo de gobierno, Merrick se retira, y se une a la Alianza Rebelde con rango de general y a cargo de todo el Comando de Cazas Estelares. Merrick pilota un Ala-X T-65B como Líder Azul en la batalla de Scarif. Él y su escuadrón superan la entrada del escudo y combaten sobre la superficie del planeta. Destruye varios AT-ACT imperiales, pero los cazas TIE alcanzan su Ala-X y muere.

DAVITS DRAVEN

ESPECIE Humana **PLANETA NATAL** Pendarr III **FILIACIÓN** Alianza Rebelde

Durante las Guerras Clon, Davits Draven forma parte de la inteligencia militar de la República Galáctica. Sus compañeros pasan a ser oficiales imperiales, pero Draven se une a la Alianza Rebelde y se entrena como agente de campo. Ha de tomar decisiones difíciles como espía y como director de inteligencia. Durante la Operación Fractura descubre la relación de Galen Erso con la Estrella de la Muerte, y ordena el rescate de Jyn Erso y el asesinato de Galen. Después de la batalla de Yavin se encarga de interrogar a Grakkus el Hutt. En una misión posterior, muere a manos de Darth Vader.

TÉCNICO DE ARMAS IMPERIAL

ESPECIE Humana **PLANETA NATAL** Varios
FILIACIÓN Imperio

Los técnicos de armas imperiales, también conocidos como artilleros, suelen ser cadetes de los programas de entrenamiento de pilotos de la Armada Imperial que o bien no han alcanzado aún el estatus de piloto o bien ya han crecido demasiado y no han ascendido lo suficiente en los rangos. Operan armas como turboláseres, cañones de iones y el superláser de la Estrella de la Muerte o tecnología experimental como los pozos de gravedad del Interdictor imperial. Aunque suelen llevar uniformes negros, pueden llevar otros colores.

WEETEEF CYU-BEE

ESPECIE Talpini **PLANETA NATAL** Tal Pi
FILIACIÓN Partisanos

Weeteef Cyu-Bee es uno de los Partisanos de Saw Gerrera en Jedha. Es experto en explosivos y emplea sus bombas adhesivas para derribar vehículos imperiales. También es un tirador excelente. Jyn Erso y Cassian Andor se ven implicados en una escaramuza en la que Weeteef ataca una patrulla imperial y provoca daños considerables.

BEEZER FORTUNA

ESPECIE Twi'lek **PLANETA NATAL** Ryloth
FILIACIÓN Partisanos

Beezer es primo de Bib Fortuna, el mayordomo de Jabba el Hutt. Cham Syndulla, el twi'lek luchador por la libertad, lo inspira para luchar contra quienes oprimen a su planeta. El Imperio lo encarcela en Lessu, una ciudad de Ryloth, pero los Partisanos de Saw Gerrera lo rescatan. Beezer se convierte en el estratega de Saw en Jedha.

CHIRRUT ÎMWE

ESPECIE Humana **PLANETA NATAL** Jedha **FILIACIÓN** Guardianes de los Whills, Partisanos, Alianza Rebelde

Chirrut Îmwe y Baze Malbus pertenecen a los casi extintos Guardianes de los Whills y han jurado proteger el Templo de los Whills en Jedha. Chirrut cree firmemente en la Fuerza y siente un gran respeto por la Orden Jedi. Parece tener una conexión innata con la Fuerza que le permite percibir cosas antes de que sucedan, como una especie de visión, pero sin imágenes (es ciego). Cuando el Imperio llega a Jedha, Chirrut detiene a los delincuentes Dok-Ondar y Hondo Ohnaka, que han robado una estatua en los túneles del templo. Pero, tras escuchar la emotiva y adornada súplica de Dok-Ondar, accede a dejarlos libres con la obra de arte. Más tarde, el Imperio expulsa a los Guardianes del templo. Entonces Chirrut y Baze se unen a los Partisanos de Saw Gerrera con una condición: que abastezcan a su orfanato. Sin embargo, los violentos métodos de los Partisanos no hacen más que crear más huérfanos. Chirrut y Baze roban una lanzadera imperial para sacar a los huérfanos del planeta, pero los Partisanos la requisan para un ataque, y Chirrut y Baze abandonan el grupo.

La Alianza Rebelde envía a Jyn Erso, Cassian Andor y K-2SO a Jedha, y Chirrut encuentra a Jyn en el mercado porque percibe el cristal kyber de su collar. Él y Baze salvan a los rebeldes de los soldados de asalto, pero son secuestrados por la milicia de Saw. Cuando la Estrella de la Muerte destruye Jedha, Chirrut y Baze huyen en la nave de Cassian. Vuelan a Eadu para encontrar al padre de Jyn y Chirrut advierte a Jyn de que la Fuerza sugiere que Cassian está a punto de matar a alguien (probablemente a su padre). En un enfrentamiento entre los rebeldes y el Imperio, la conexión de Chirrut con la Fuerza lo ayuda a derribar un caza TIE.

De vuelta en Yavin 4, Chirrut y Baze se ofrecen voluntarios para ayudar a Jyn a robar los planos de la Estrella de la Muerte en Scarif. Lideran un equipo que planta explosivos para alejar a los soldados de asalto de la cámara. Chirrut se aleja solo, en plena batalla, para activar el interruptor maestro de la zona de aterrizaje y que los rebeldes puedan transmitir los planos de la Estrella de la Muerte a su flota. Lo consigue, pero resulta herido en una explosión y muere en brazos de Baze.

Un maestro de las armas
Chirrut, que domina el arte marcial zamo-shiwo, derrota a varios soldados de asalto con su vara. En otras ocasiones, demuestra ser letal con la ballesta *(izda.)*.

Uno con la Fuerza
La fe de Chirrut en la Fuerza es objeto de burla para el pragmático y endurecido Baze. Sin embargo, le otorga valor y fuerza incluso ante la inminente derrota en la batalla de Scarif.

BAZE MALBUS

ESPECIE Humana **PLANETA NATAL** Jedha **FILIACIÓN** Guardianes de los Whills, Partisanos, Alianza Rebelde

Baze Malbus es un Guardián de los Whills en Jedha junto a su amigo Chirrut Îmwe. Cuando las fuerzas del Imperio clausuran el Templo de Kyber y disuelven a los Guardianes, Baze se desilusiona con su fe y su vocación. Chirrut y él se unen a los Partisanos de Saw Gerrera a cambio de que los ayuden a cuidar de los huérfanos de la ciudad. La pareja roba un Centinela imperial con el que quieren sacar a los huérfanos de Jedha, pero discuten con los Partisanos y dejan el grupo. Baze se convierte en sicario pero mantiene la amistad con Chirrut. Cuando Cassian Andor, Jyn Erso y K-2SO llegan a Jedha, Chirrut y Baze intentan salvarlos de los soldados de asalto, pero acaban capturados por los Partisanos. La Estrella de la Muerte dispara sobre Jedha y Baze y Chirrut huyen en la nave de Cassian con sus nuevos amigos. Vuelan a Eadu en busca de Galen, el padre de Jyn, y después a Yavin 4, para hablar de las revelaciones de Galen sobre la Estrella de la Muerte.

Aunque el Alto Mando de la Alianza Rebelde se niega a aprobar una misión a la base imperial de Scarif para robar los planos de la Estrella de la Muerte, la llamada a la acción de Jyn inspira a Baze y a Chirrut, que se presentan voluntarios para su misión prohibida. En Scarif, los dos amigos encabezan un equipo para alejar a los soldados de asalto de la cámara acorazada mientras Cassian, Jyn y K-2SO se introducen en esta. Chirrut se aleja durante la batalla y, tras resultar herido en una explosión, asegura a Baze que siempre lo encontrará si lo busca en la Fuerza; entonces, muere en sus brazos. Baze sabe que él tampoco saldrá con vida de la batalla, y se aferra a la Fuerza y a las palabras de su amigo mientras carga contra los soldados imperiales para enfrentarse a su propia muerte.

Siempre listo para la batalla
Baze ha cambiado el hábito de los Guardianes de los Whills por una armadura de batalla. Nunca se aparta de su bláster de repetición personalizado, que utiliza contra los imperiales en Scarif *(izda.)*.

CONDUCTOR DE TANQUE IMPERIAL

ESPECIE Humana **PLANETA NATAL** Varios
FILIACIÓN Imperio

Los conductores de tanques imperiales conducen tanques de asalto TX-225 que, en Jedha, usan para transportar cristales kyber en contenedores de color naranja. Los tanques necesitan una tripulación de tres miembros: el conductor, el artillero y el comandante (identificado por las marcas grises en los hombros). La armadura cuenta con un sinfín de variantes, porque incluye mejoras y personalizaciones adaptadas a las necesidades de cada vehículo. La mayoría son ligeras y flexibles, para que los pilotos puedan maniobrar dentro del angosto habitáculo.

TAM POSLA

ESPECIE Humana **PLANETA NATAL** Milvayne
FILIACIÓN Autoridad de Milvayne, cazarrecompensas

Tam Posla, un agente de la ley interestelar que ha decidido exceder su jurisdicción y convertirse en cazarrecompensas, llega a Jedha para investigar acusaciones de secuestro, tráfico de humanoides, y terribles alteraciones quirúrgicas perpetradas por «Roofoo» (doctor Evazan) y «Sawkee» (Ponda Baba). Más adelante, Posla se une a los mercenarios de la doctora Chelli Aphra, asalta el laboratorio del difunto líder de la Unión Tecnológica Wat Tambor y secuestra a la general de la Alianza Rebelde Hera Syndulla para acceder a una base de la Iniciativa Tarkin. En una desventura posterior, intenta arrestar a Aphra, pero el droide Triple Cero lo mata. Un hongo espacial sensible a la Fuerza resucitará posteriormente su cuerpo.

WOAN BARSO

ESPECIE Humana **FILIACIÓN** Movimiento de Ayuda a los Refugiados

La insurgencia en Jedha ha obligado a muchos a desplazarse. Woan Barso lleva en su vieja nave contenedor a refugiados de Jedha hasta los cargueros en órbita que hay sobre el planeta, en un arriesgado trayecto. No se fía de la unidad de soporte vital de su nave, por lo que viste el traje de vacío a todas horas. En la Nueva República, Zeva Bliss, la líder de los traficantes de especia de Kijimi, reconoce a Woan como pirata notorio y este acepta asistir a su cumbre criminal para debatir una alianza. Ninguno de los asistentes se percata de que Zeva planea matarlos a todos, pero el traficante de especia Poe Dameron interviene y los salva.

CAYSIN BOG

ESPECIE Humanoide de alta gravedad
PLANETA NATAL Teres Lutha Minor
FILIACIÓN Mercenario

El doctor Cornelius Evazan («Roofoo») recompone a Caysin Bog cuando este vuela por los aires en un ataque de los Partisanos en Jedha. Huye de la desolación de Jedha y trabaja con su socio, Tam Posla, y con la doctora Chelli Aphra en un encargo para saquear el laboratorio del fallecido líder de la Unión Tecnológica, Wat Tambor. Allí, el grupo secuestra a la general de la Alianza Rebelde Hera Syndulla, con la intención de hacer un intercambio y acceder a una base del Imperio. Una vez dentro, Aphra mata a Bog en beneficio propio, lo que enfurece a Tam Posla.

FEYN VANN

ESPECIE Humana **PLANETA NATAL** Estación Tri-Barr **FILIACIÓN** Nordoxicon, Imperio

Feyn Vann, ingeniero de Nordoxicon, desarrolla las unidades deflectoras que dirigen los flujos de hipermateria del reactor principal de la Estrella de la Muerte al compuesto cristalino de disparo. Muere junto con sus compañeros en Eadu, a manos de soldados de la muerte y por orden del director imperial Orson Krennic.

ALMIRANTE RADDUS

ESPECIE Mon Calamari
PLANETA NATAL Mon Cala
FILIACIÓN Gobierno de la ciudad de Nystullum, Corte del rey Lee-Char, Flota Mercante de Mon Cala, Alianza Rebelde

Como alcalde de Nystullum, en Mon Cala, el almirante Raddus asesora al rey Lee-Char y defiende el planeta de la invasión imperial del gobernador Wilhuff Tarkin. Cuando el Imperio se apodera de Mon Cala, Raddus participa en el éxodo de los mon calamari al mando de la *Profundidad*, nave-ciudad del gobierno de Nystullum. Se une a la Alianza Rebelde y es almirante de su armada. Forma parte del Gran Consejo, pero normalmente asiste en remoto a las reuniones de Yavin 4. Es pragmático y le molestan las vacilaciones de la Alianza. Se apresura a apoyar a Jyn Erso y a Rogue One en la batalla de Scarif, y su nave recibe la transmisión de los planos de la Estrella de la Muerte. Darth Vader aborda la *Profundidad* y Raddus muere. Más tarde, la nave insignia de la Resistencia es bautizada en su honor. La nave de la princesa Leia, *Tantive IV*, escapa con los planos.

«¡Digo que luchemos!»
ALMIRANTE RADDUS

El primero en actuar
Raddus toma la iniciativa de desviar la *Profundidad* y apoyar al equipo Rogue One en Scarif, aunque carece de autorización para ello.

NOWER JEBEL

ESPECIE Humana **PLANETA NATAL** Uyter
FILIACIÓN Senado imperial, Alianza Rebelde, Nueva República

El precavido senador Nower Jebel sirve en el Senado imperial tras la formación del Imperio galáctico, pero en secreto ejerce como ministro de finanzas de la Alianza Rebelde, un cargo que conserva tras la formación de la Nueva República y la restauración del Senado.

VASP VASPAR

ESPECIE Humana **PLANETA NATAL** Sector Taldot
FILIACIÓN Senado Imperial, Alianza Rebelde

El senador Vasp Vaspar ejerce en secreto como ministro de Industria en el gobierno civil de la Alianza Rebelde. Gestiona sus recursos y no cree que tenga capacidad para enfrentarse a la primera Estrella de la Muerte.

TYNNRA PAMLO

ESPECIE Humana **PLANETA NATAL** Taris
FILIACIÓN Senado Imperial, Alianza Rebelde

La senadora Pamlo representa a su planeta natal en el Senado Imperial y apoya los derechos de los soldados clon. También es ministra de Educación de la Alianza Rebelde y colabora estrechamente con su Servicio de Inteligencia para investigar el saqueo de Lasan y la esterilización de Geonosis. Cuando Jyn Erso propone ir tras la Estrella de la Muerte, le preocupa que el Imperio destruya su mundo en represalia.

ANJ ZAVOR

ESPECIE Humana **PLANETA NATAL** Majoros
FILIACIÓN Alianza Rebelde

El coronel Zavor es un oficial de la Alianza Rebelde en el Mando de la Flota. Ejerce de enlace entre el almirante Raddus y el cuartel general de la Alianza durante la batalla de Scarif. Participa en la batalla de Yavin y en la ceremonia de reconocimiento que sigue.

GENERAL ROMODI

ESPECIE Humana **PLANETA NATAL** Virujansi **FILIACIÓN** Imperio

El general Romodi es un veterano de las Guerras Clon y uno de los líderes de más alto rango del ejército imperial. Se reúne asiduamente con un estrecho círculo de oficiales para discutir los planes de dominación del Imperio, incluso en Eriadu, cuando la Fuerza Clon 99 se infiltra en la base, y en la Estrella de la Muerte. Sobrevive a la destrucción de la superarma y representa al Imperio en la subasta de Han Solo que organiza Crimson Dawn.

GENERAL RAMDA

ESPECIE Humana **PLANETA NATAL** Rine-cathe 111 **FILIACIÓN** Imperio

El general Sotorus Ramda anhela trabajar en el corazón del Imperio y supervisa la presencia imperial en Scarif. Muchos consideran que la isla es un lugar de ocio para que los oficiales más mayores aguarden la jubilación en un lugar paradisíaco. El general Ramda, burócrata laxo e incompetente, contribuye a esa imagen y sus subordinados más jóvenes, insatisfechos, conspiran y envían a Coruscant una serie de informes negativos sobre él. Ramda intenta escaquearse cuando el director Orson Krennic exige ver todas las comunicaciones de Galen Erso, porque le parece que es demasiado trabajo. Muere cuando la Estrella de la Muerte dispara contra Scarif.

TÉCNICO DE PUENTE IMPERIAL

ESPECIE Humana **PLANETA NATAL** Varios **FILIACIÓN** Imperio

El personal de tierra en las bases imperiales como Scarif y Mimban recibe el nombre de técnico de puente. Son una división especializada de técnicos imperiales, formados como mecánicos, y responsables de mantener las naves en perfecto funcionamiento y de dirigir el tráfico. A veces pilotan naves de distintos tipos cuando la logística local hace que los despegues sean sencillos, pero los aterrizajes complicados. Jyn Erso se disfraza de técnico para introducirse en la cámara de datos de la Ciudadela en Scarif junto a Cassian Andor y K-2SO.

ZAL DINNES

ESPECIE Humana
PLANETA NATAL Tierfon
FILIACIÓN Alianza Rebelde, Ases Amarillos de Tierfon

La piloto rebelde Zal Dinnes pertenece a los Ases Amarillos de Tierfon, asignados a la base de lanzamiento de Tierfon. Su escuadrón se desintegra cuando la presencia imperial aumenta demasiado. Entonces, ella y Jek Porkins son transferidos a Yavin 4. Participa en la batalla de Scarif, pero muere durante la de Yavin.

TENIENTE ADEMA

ESPECIE Humana
PLANETA NATAL Nébula de Toria-vic, planetoide A.17
FILIACIÓN Imperio

El dedicado teniente Mytus Adema está en el centro de mando de la Ciudadela de Scarif cuando Rogue One se infiltra y roba los planos de la Estrella de la Muerte. Aunque se deja engañar por los informes de actividad rebelde en el ataque, detecta a Jyn Erso y a Cassian Andor cuando estos acceden a la cámara de los datos.

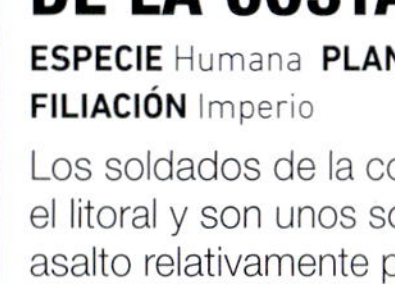

SOLDADO DE LA COSTA

ESPECIE Humana **PLANETA NATAL** Varios **FILIACIÓN** Imperio

Los soldados de la costa protegen el litoral y son unos soldados de asalto relativamente peculiares. Sirven al borde de entornos oceánicos de mundos tropicales como Scarif, Niamos y Morak, y su armadura está especialmente diseñada para soportar entornos acuáticos corrosivos, reducir el brillo del sol y repeler el exceso de humedad. La mayoría de los guardias costeros son sargentos y pueden comandar escuadrones de soldados de asalto regulares. Los rangos superiores se distinguen por las marcas de colores en el pecho y los hombros. Los líderes de escuadrón llevan un kama en la cintura, y una franja azul sobre el pecho y los hombros. La placa pectoral de los capitanes es casi íntegramente azul.

SOLDADOS DE LA FLOTA IMPERIAL

ESPECIE Humana **PLANETA NATAL** Varios **FILIACIÓN** Imperio

Estos soldados forman parte de una rama de la Armada Imperial creada por el gran moff Wilhuff Tarkin. Constituyen la columna vertebral de la seguridad en un gran número de naves y cuentan con un amplio entrenamiento en combate. Muchos también son adiestrados en apoyo táctico, para resultar aún más útiles a sus capitanes. Se los reconoce por sus característicos cascos y porque sirven en la Estrella de la Muerte y en la segunda Estrella de la Muerte. Algunos se encargan de pilotar las estaciones de batalla y de disparar sus armas.

R5-D4

TIPO Droide astromecánico
FABRICANTE Industrias Automaton
FILIACIÓN Ninguna

R5-D4, alias Rojo, es un astromecánico que los jawas recogen y transportan en su reptador de las arenas por Tatooine. Se lo venden a Owen Lars, pero en ese momento le explota el impulsor. Eso brinda a C-3PO la ocasión de recomendar a R2-D2 a Lars y Luke Skywalker. Al final, R5-D4 sirve a la Rebelión junto a Carson Teva, pero acaba otra vez en manos de los jawas, que se lo venden a la mecánica Peli Motto. R5 ayuda en su muelle de atraque hasta que Din Djarin necesita un astromecánico y Peli se lo vende. R5 acompaña a Din, Grogu y Bo-Katan Kryze en su lucha por reunir a los mandalorianos para recuperar su planeta. Durante la misión a la base del moff Gideon, desactiva los escudos de la base del remanente imperial por orden de Din. Luego se aleja de un grupo de droides ratón imperiales y empuja a uno por una cornisa.

SOLDADO DE LAS ARENAS

ESPECIE Humana **PLANETA NATAL** Varios **FILIACIÓN** Imperio

Son soldados de asalto imperiales especializados, adiestrados y equipados para soportar ambientes áridos como el de Tatooine. Su armadura incorpora unidades de refrigeración, comunicadores de largo alcance, lentes antirreflectantes y reservas de agua y comida. Las hombreras de colores indican su rango: negro, soldados rasos; blanco, sargentos; y naranja, jefes de unidad.

WUHER

ESPECIE Humana
PLANETA NATAL Tatooine
FILIACIÓN Ninguna

Este camarero de la cantina de Mos Eisley estudia la bioquímica de cada especie para prepararle las copas más apetecibles. Siente una gran aversión por los droides e instala un detector para que no se acerquen. Durante la Nueva República, la cantina cambia de encargado y un droide supervisor sustituye a Wuher.

GENERAL TAGGE

ESPECIE Humana **PLANETA NATAL** Tepasi
FILIACIÓN Imperio

Nacido en un ambiente noble y privilegiado, el general Cassio Tagge es el jefe de operaciones militares a bordo de la Estrella de la Muerte y, a diferencia de otros colegas, la Alianza Rebelde le impone respeto. Antes de la batalla de Yavin, abandona la Estrella de la Muerte para investigar la mención de Leia de una base rebelde en Dantooine. Tras la destrucción de la Estrella de la Muerte, Tagge es ascendido a gran general de la Armada Imperial con autoridad sobre el propio Vader. Tagge es el responsable de la expansión del Imperio en el Borde Exterior y encarga a Vader eliminar a todos los cárteles criminales que no se hayan aliado con el Imperio. Tagge usa los poderosos ciborgs del doctor Cylo en algunas misiones, pero lo traicionan y toman el control de un superdestructor estelar. Vader elimina la amenaza, pero el emperador degrada a Tagge, que queda a las órdenes de Vader. El lord Sith no tarda en matarlo.

ALMIRANTE MOTTI

ESPECIE Humana
PLANETA NATAL Seswenna
FILIACIÓN Imperio

El almirante Conan Antonio Motti procede de una familia rica y poderosa del Borde Exterior. Comanda el destructor estelar *Garra de Acero* y es el jefe de operaciones navales de la Estrella de la Muerte, a las órdenes del gran moff Wilhuff Tarkin. Desafía temerariamente a Darth Vader por no haber descubierto la base secreta de la Alianza Rebelde, y el Sith reacciona utilizando la Fuerza para estrangularlo. Acatando las órdenes de Tarkin, Motti manda probar la potencia de la Estrella de la Muerte en Rango Tan y se sorprende al ver que varios artilleros no le obedecen. Muere debido a su exceso de confianza en la estación de combate.

PONDA BABA

ESPECIE Aqualish **PLANETA NATAL** Ando
FILIACIÓN Contrabandista

Ponda Baba es el socio pirata del doctor Cornelius Evazan, a quien rescata de un cazarrecompensas. Ambos trafican con especia para Jabba el Hutt y viajan juntos a Milvayne, donde se dedican a delinquir; a Gulhadar, donde los mariscales de Benelex los apresan, y a Jedha, donde Baba se enemista con Jyn Erso y Cassian Andor. Más tarde, Baba se pelea con Luke Skywalker en la cantina de Mos Eisley y pierde el brazo cuando interviene Obi-Wan Kenobi. Evazan intenta reimplantárselo, pero no lo consigue, y el brazo acaba en manos del cazarrecompensas milvayniano Tam Posla. Baba y Evazan pasan un tiempo separados, hasta que se reencuentran cuando Evazan, que ha recuperado el brazo de Baba, se pone en contacto con él. Juntos presencian las tropelías de la arqueóloga renegada Chelli Lona Aphra y el malvado droide de protocolo Triple-Cero en Milvayne, y contratan a los mediocres cazadores Winloss y Nokk para que maten a Aphra. Sin embargo, estos se vuelven contra el pérfido dúo y lo capturan tras encontrar su base secreta.

MOMAW NADON

ESPECIE Ithoriano **PLANETA NATAL** Ithor
FILIACIÓN Alianza Rebelde

Momaw Nadon es un ithoriano («Cabeza de martillo») y simpatizante rebelde exiliado en Tatooine. Su presencia allí es el castigo por revelar los secretos de la tecnología agrícola ithoriana al Imperio, aunque gracias a esto salvase a su planeta natal de la destrucción. En Tatooine cultiva un jardín oculto en las montañas al sur de Mos Eisley, donde esconde a agentes rebeldes. Está presente en la cantina de Mos Eisley el día crucial en que Luke Skywalker y Obi-Wan Kenobi conocen a Han Solo y Chewbacca.

DOCTOR EVAZAN

ESPECIE Humana
PLANETA NATAL Alsakan
FILIACIÓN Contrabandista

Este doctor era un prometedor cirujano que ahora es famoso por sus crueles experimentos médicos. Un cazarrecompensas que casi lo mata le deja cicatrices horribles, pero Ponda Baba lo salva. Evazan trabaja para Dryden Vos, el líder de Crimson Dawn, y convierte a los descraneados en criados humanoides sin identidad. Él y Baba acumulan varias condenas a muerte y los encarcelan un tiempo en el planeta prisión Gulhadar, pero se fugan. El dúo acaba en la Ciudad de Jedha, donde Evazan utiliza a los supervivientes de los ataques de los Partisanos para continuar creando descraneados. La pareja abandona la ciudad antes de su destrucción. Obi-Wan Kenobi y Luke Skywalker topan con Evazan en la cantina de Tatooine. Más tarde, este intenta reinjertarle a Baba el brazo que Obi-Wan le ha cortado, pero no lo consigue. Para evitar que lo ajusticien por sus maldades, se cambia el nombre a Lopset Yas, pero el Imperio lo apresa junto a una arqueóloga de dudosa moral llamada Chelli Lona Aphra. Solo revela su verdadera identidad cuando se fuga y captura a Aphra y al droide asesino Triple-Cero. Para divertirse, les coloca varias bombas programadas para explotar si se separan demasiado y se acomoda con Baba para observar lo que sucede desde lejos. Su diversión termina cuando los captura un par de cazadores a los que ellos mismos han contratado.

FIGRIN D'AN

ESPECIE Bith **PLANETA NATAL** Bith **FILIACIÓN** Ninguna

Figrin D'an es el autoritario líder del grupo Nodos Modales. Como buen bith, tiene aptitudes musicales, que junto a su destreza manual hacen que maneje varios instrumentos. Si bien prefiere el cuerno kloo, también es bueno con el tambor de cuerdas gasan. D'an es muy aficionado al juego y sus deudas son el motivo de que la banda deba tocar para Jabba en Tatooine.

LOS NODOS MODALES

ESPECIE Bith **PLANETA NATAL** Bith
FILIACIÓN Ninguna

Esta famosa banda atrae multitudes a la cantina de Mos Eisley. Entre sus miembros habituales se cuentan Figrin D'an (al cuerno kloo), Nalan Cheel (al bandfill), Doikk Na'ts (al fizzz o beshniquel doreniano), Tedn Dahai (al fanfar), Tech Mo'r (a la caja ommni), Ickabel G'ont (al jocimer doble) y Sun'il Ei'de (a la batería). La banda, totalmente instrumental, se especializa en géneros jazzísticos y acude a Tatooine a tocar en el palacio de Jabba el Hutt para compensar las deudas de D'an con el señor del crimen. Cuando Jabba la libera, sus miembros se quedan en Tatooine para ganarse unos créditos. Actúa en la cantina cuando Luke Skywalker y Obi-Wan Kenobi entran en busca de un piloto que los lleve al sistema de Alderaan. Unos años más tarde, los Nodos tocan en el H'unn Cabaret Pit de Nar Kaaga cuando Tasu Leech ataca a Beilert Valance. A un miembro de la banda no le gusta verse envuelto en otro tiroteo y exige a D'an que reserve bolos más dignos.

GARINDAN

ESPECIE Kubaz **PLANETA NATAL** Kubindi **FILIACIÓN** Varios

El Imperio secuestra a Garindan de Kubindi y lo obliga a convertirse en espía. Aunque al final logra escapar, no puede regresar a casa y se ve obligado a trabajar como informante para el mejor postor en Mos Eisley. Las autoridades imperiales le encargan que localice a R2-D2 y C-3PO. Se pone deprisa tras su rastro y alerta al Imperio de que Luke Skywalker, Obi-Wan Kenobi y los droides han quedado con Han Solo en el hangar 94.

DIANOGA

PLANETA NATAL Vodran **LONGITUD MEDIA** 7 m **HÁBITAT** Cloacas, ciénagas

Las dianogas se extendieron por la galaxia saltando y viajando como polizones en los depósitos de basura de las naves estelares. Viven en las cloacas de muchos puertos espaciales. La Remesa Mala escapa de una dianoga que hay en el pecio de un destructor en Bracca. En la Estrella de la Muerte, Luke Skywalker topa con una que casi lo ahoga.

JAN DODONNA

ESPECIE Humana
PLANETA NATAL Commenor
FILIACIÓN República, Alianza Rebelde

El general Jan Dodonna sirve en la Armada de la República en un destructor estelar durante las Guerras Clon. Poco después de la formación del Imperio, deserta de la Armada Imperial para unirse a los rebeldes. Lidera el Grupo Massassi, con base en Yavin 4 y que se une a la Alianza Rebelde. Dodonna y parte de sus fuerzas se incorporan al Escuadrón Fénix en su base de Atollon. Ambos grupos están a punto de lanzar un asalto conjunto sobre Lothal, pero el Imperio los ataca por sorpresa en el planeta. Muchos rebeldes mueren y muy pocas naves consiguen escapar y reunirse en Yavin 4.

Dodonna está en la luna Yavin 4 durante la batalla de Scarif. Tras la victoria rebelde, identifica el único fallo de la Estrella de la Muerte y supervisa el ataque contra la estación de combate desde el centro de mando de Yavin. Tras su destrucción, ordena la evacuación de la base.

Un año después, Dodonna está en los muelles espaciales de Mako-Ta cuando una flota de cruceros de Mon Cala llega para que los transformen en naves de guerra para la Alianza. Le dan el mando de una nave llamada *República*. Por desgracia, los shu-torun traicionan a los rebeldes y sabotean las naves, de modo que quedan inoperantes. Poco después, el Imperio llega con el propósito de aniquilar a los rebeldes, pero gracias a una misión dirigida por Davits Draven y la princesa Leia Organa, Dodonna recibe los códigos de acceso que le permiten recuperar el control del *República* y ordenar que la nave salte inmediatamente al hiperespacio. Vuelve y salva a muchos de sus aliados, pero el *República* es destruido y Dodonna cae junto a su nave.

Instrucciones
Dodonna detalla la persecución en la trinchera de la Estrella de la Muerte e instruye a los pilotos rebeldes gracias a los planos que transportaba R2-D2.

JON VANDER

ESPECIE Humana **PLANETA NATAL** Onderon **FILIACIÓN** Alianza Rebelde

Jon «Dutch» Vander es un piloto imperial que deserta y se une a los rebeldes cuando le ordenan bombardear zonas afines a los rebeldes en su planeta natal. Pasa a ser el líder del Escuadrón Oro, una unidad de Alas-Y rebelde, y participa en el transporte de la líder rebelde Mon Mothma a Dantooine cuando esta forma oficialmente la Alianza Rebelde. Vander y su escuadrón luchan en la batalla de Scarif, y ayudan a destruir la ventana de los escudos deflectores del planeta. Antes de la batalla de Yavin, Vander cuestiona al general Dodonna, pero lidera a su escuadrón en el asalto a la Estrella de la Muerte. Muere durante la misión, abatido por Darth Vader.

GARVEN DREIS

ESPECIE Humana **PLANETA NATAL** Virujansi **FILIACIÓN** Alianza Rebelde

Garven «Dave» Dreis, antiguo miembro de la Caballería del Aire de Virujansi, lidera el Escuadrón Rojo de Ala-X en las batallas de Scarif y de Yavin. El Escuadrón Oro falla en la trinchera de la Estrella de la Muerte y Dreis falla también en el intento de alcanzar el puerto de escape térmico de la estación. Darth Vader destruye su Ala-X.

BIGGS DARKLIGHTER

ESPECIE Humana **PLANETA NATAL** Tatooine **FILIACIÓN** Alianza Rebelde

Biggs es un amigo de la infancia de Luke Skywalker en Tatooine, donde pilotan saltadores T-16 en el Cañón del Mendigo. Más tarde, Biggs se va a otro planeta para estudiar en una academia imperial y ser piloto de TIE. Tras graduarse, abandona su puesto y se une a la Alianza Rebelde. Tras una operación cerca de Kashyyyk, viaja a Irff de vacaciones con Jek Porkins, un compañero piloto. Allí se relajan, pero un veraneante imperial interrumpe su estancia y regresan a la flota. Biggs vuelve a la estación Tosche, en Tatooine, para decirle a Luke que ha desertado del Imperio, y luego viaja a Yavin 4. Más tarde se reencuentra allí con Luke, y ambos pilotan Alas-X en el Escuadrón Rojo para destruir la Estrella de la Muerte. Biggs es uno de los últimos pilotos que mueren en combate; Darth Vader destruye su nave.

JEK PORKINS

ESPECIE Humana
PLANETA NATAL Bestine IV
FILIACIÓN Alianza Rebelde

Jek Porkins es un piloto y comerciante que abandona su planeta cuando el Imperio funda allí una base militar. Se une a la Alianza Rebelde y se hace muy amigo de Biggs Darklighter. A la vuelta de un combate cerca de Kashyyyk, Biggs se da cuenta de que Jek necesita unas vacaciones y se van juntos a Irff. Cuando regresan, Jek, que todavía está cansado, se pregunta cuándo acabará la lucha. Jek vuela como Rojo Seis en las batallas de Scarif y Yavin. Durante el ataque a la Estrella de la Muerte, su Ala-X choca contra unos escombros y no responde. Explota cuando lo alcanza el fuego enemigo.

WEDGE ANTILLES

ESPECIE Humana **PLANETA NATAL** Corellia
FILIACIÓN Imperio, Alianza Rebelde, Nueva República

«Bien, Jefe Oro. Ya llevo ese rumbo.»

WEDGE ANTILLES

Wedge Antilles crece en Corellia, donde trabaja como mecánico y piloto. Se incorpora al Imperio y se instruye en la prestigiosa Academia Skystrike para ser piloto de élite de caza TIE. Pero, tras presenciar las atrocidades del régimen, él y su amigo Derek Klivian, alias Hobbie, se pasan a la Alianza Rebelde y Sabine Wren los recluta para el Escuadrón Fénix. Antilles emprende una misión encubierta para obtener los códigos de autorización de una base imperial en Killun 71. En la batalla de Atollon, vuela en un Ala-A, es uno de los pocos supervivientes del Escuadrón Fénix y luego se une al grupo rebelde en Yavin 4.

Wedge ingresa en el Escuadrón Rojo y se hace amigo de los pilotos Jek Porkins y Biggs Darklighter. No participa en la batalla de Scarif, pero transmite a los demás pilotos la orden de volver a desplegarse en el planeta. Días después, vuela como Rojo Dos cuando su escuadrón se encuentra con la Estrella de la Muerte, que se aproxima. Es uno de los tres pilotos que participan en la última carrera en las trincheras de la estación, pero su Ala-X resulta dañado y tiene que retirarse. Wedge y Luke Skywalker son los dos únicos supervivientes del Escuadrón Rojo. Ambos siguen luego a las órdenes del nuevo Jefe Rojo, Arhul Nara, y confían plenamente el uno en el otro. Antilles participa con éxito en las misiones a Giju, Tureen VII y Mon Cala.

Durante el ataque imperial a las fuerzas rebeldes en los muelles espaciales de Mako-Ta, Wedge desacata las órdenes del general Jan Dodonna y se une al incipiente Escuadrón Pícaro de Luke, que salva a muchos rebeldes. Tras la misión humanitaria en Oulanne, recluta para la Rebelión al expiloto imperial Thane Kyrell. En la batalla de Hoth, Wedge pilota un aerodeslizador T-47 y, junto a su artillero, Wes Janson, derriba al primer AT-AT al hacer que tropiece con un cable de arrastre. Ambos pilotos montan en sus Ala-X y escoltan al último transporte rebelde a un lugar seguro. Después de la evacuación, Antilles se une al Escuadrón Starlight a las órdenes de Shara Bey para reunir a la dispersa flota rebelde.

Más tarde, Wedge es ascendido a comandante y pasa a ser el Jefe Rojo. Asiste a la reunión de la Alianza Rebelde en el *Hogar Uno* y lidera el Escuadrón Rojo en la batalla de Endor. Es uno de los pilotos de Ala-X que vuelan hacia la segunda Estrella de la Muerte junto al *Halcón Milenario*. Escapa por los pelos tras destruir el reactor principal de la estación de combate. A continuación se suma a la celebración en Endor, en la aldea ewok del Árbol Brillante.

Después de los festejos, Wedge se convierte en capitán del ejército de la Nueva República y emprende una misión de reconocimiento para descubrir las líneas de suministro imperiales. La almirante imperial Rae Sloane lo captura con su nave sobre Akiva y ordena torturarlo. La piloto rebelde Norra Wexley y sus aliados lo rescatan y Antilles vuelve a la República, en Chandrila. Mientras se recupera de su terrible experiencia, se hace amigo de Norra y entrena a su hijo, Temmin Wexley, para que sea piloto de Ala-X. También ayuda a la general Syndulla con el Proyecto Halcón Estelar y crea el Escuadrón Fantasma, que lidera en la liberación de Kashyyyk y la batalla de Jakku. Cuando acaba la Guerra Civil Galáctica, Antilles pasa a ser instructor principal de una academia de vuelo en Hosnian Prime.

Wedge se retira finalmente a Akiva con Norra, donde tienen una pequeña granja. Sin embargo, tras la batalla de Crait, Temmin lo recluta a él y a su madre para la Resistencia. Tras combatir en Ryloth y Corellia, Wedge es artillero en el *Halcón Milenario* en la batalla de Exegol.

Hábil superviviente
Wedge es el único piloto que ha volado y sobrevivido a todas las batallas importantes de la Rebelión desde la de Yavin, incluidas la de Hoth *(dcha.)* y la de Endor, para la que asiste a una tensa sesión informativa previa *(arriba)*.

DAVISH «POPS» KRAIL

ESPECIE Humana **PLANETA NATAL** Dantooine
FILIACIÓN Alianza Rebelde

Davish Krail es un veterano piloto de Ala-Y que vuela como Oro Cinco a las órdenes de Jon Vander en el Escuadrón Oro. Acompaña a Vander y a su colega Dex Tiree en la primera carrera hacia el conducto de ventilación de la Estrella de la Muerte. Cuando mueren sus amigos, aborta la incursión, pero logra advertir al Escuadrón Rojo antes de que Darth Vader lo mate haciendo pedazos su nave.

DEX TIREE

ESPECIE Humana **PLANETA NATAL** Onderon
FILIACIÓN Alianza Rebelde

Dex Tiree pilota un Ala-Y como Oro Dos y es el copiloto de Dutch Vander en el Escuadrón Oro en la batalla de Yavin. Participa en la primera carrera en las trincheras de la Estrella de la Muerte, y su nave es la primera en ser alcanzada por el TIE Avanzado x1 de Darth Vader. Muere electrocutado por una sobrecarga justo antes de que el vehículo explote.

RAE SLOANE

ESPECIE Humana **PLANETA NATAL** Ganthel **FILIACIÓN** Imperio

Esta capitana es una de las líderes más leales y temibles del Imperio. Procede de una familia pobre del mundo industrial de Ganthel y se alistó en la Academia Naval Imperial de Prefsbelt. Durante el conflicto de Gorse, se encontró con el antiguo padawan Kanan Jarrus, al que no logró capturar.

Más tarde, durante la caída del Imperio en la batalla de Endor, es vicealmirante del destructor estelar *Vigilancia*. Tras la derrota, ayuda a organizar una reunión secreta del Consejo del Futuro Imperial en el planeta Akiva. El misterioso almirante de flota Gallius Rax le otorga el rango de gran almirante y Sloane se convierte en la imagen pública del debilitado Imperio. Tras iniciar unas falsas conversaciones de paz con la Nueva República, se desengaña de Rax y empieza a intrigar con Brentin y Norra Wexley para matarlo. Huye a las Regiones Desconocidas con Brendol Hux, el hijo de este y un grupo de niños soldado huérfanos. Allí forman un remanente que, con el tiempo, se transforma en la Primera Orden.

EVAAN VERLAINE

ESPECIE Humana **PLANETA NATAL** Alderaan **FILIACIÓN** Casa de Organa, Alianza Rebelde, Nueva República

Evaan, hábil piloto y orgullosa alderaniana, tiene como mentora a Breha Organa desde niña. Sirve como piloto de Ala-Y para la Alianza Rebelde en las batallas de Scarif y Yavin. Tras una agridulce victoria contra la Estrella de la Muerte, se reafirma en su lealtad a Leia y a la Casa de Organa, y ayuda a buscar a los alderanianos supervivientes. Como miembro del Escuadrón Starlight, sigue la pista de la desperdigada Alianza tras la batalla de Hoth. Durante la Nueva República, pilota con Leia el *Halcón Milenario* en una peligrosa misión en Kashyyyk.

DEL MEEKO

ESPECIE Humana **PLANETA NATAL** Coruscant **FILIACIÓN** Imperio, Escuadrón Infernal, Nueva República, Resistencia

Del es miembro del Escuadrón Infernal del Imperio, aunque luego el destino lo lleva por otros derroteros. De niño, presencia la caída de la Orden Jedi en Coruscant. De adulto, se une al Imperio y asciende de soldado de asalto a soldado de la guardia costera de Scarif y a ingeniero jefe en un destructor estelar. Finalmente, lo asignan al Escuadrón Infernal de élite de la comandante Iden Versio. No obstante, un encuentro fortuito con Luke Skywalker cambia su perspectiva y se pasa al otro bando. Se une a la Nueva República junto con su excomandante imperial, Iden Versio. En la era de la Nueva República, Del e Iden sientan cabeza y tienen una hija, Zay. Hask asesina a Del mientras este investiga una iniciativa de la Primera Orden llamada Proyecto Resurrección.

IDEN VERSIO

ESPECIE Humana **PLANETA NATAL** Vardos **FILIACIÓN** Imperio, Escuadrón Negro, Escuadrón Infernal, Alianza Rebelde, Escuadrón Peligro, Nueva República, Resistencia

La comandante Versio se licenció con honores en la Academia Imperial de Coruscant. En los albores de la Guerra Civil Galáctica, fue piloto de caza TIE para el Imperio y luchó en la batalla de Yavin. Tras la destrucción de la primera Estrella de la Muerte, su padre, el almirante Garrick Versio, crea una unidad de Fuerzas Especiales llamada Escuadrón Infernal y la nombra comandante. Ella y sus compañeros (entre los que se cuentan Gideon Hask, Seyn Marana y Del Meeko) se infiltran y eliminan a los Soñadores (remanente de los Partisanos de Saw Gerrera). Tras la batalla de Hoth, la unidad recibe el encargo de borrar la memoria del exactivo imperial y letal cazarrecompensas cíborg Beilert Valance. Tras el éxito de su misión, el Escuadrón Infernal debe eliminar a los agentes de Crimson Dawn. El equipo también participa en la batalla de Endor y observa la destrucción de la segunda Estrella de la Muerte desde la superficie lunar.

Tras la muerte del emperador, se activa la Operación Ceniza y el mundo natal de Iden, Vardos, es uno de los muchos que sucumben a los dispositivos de cambio climático del Imperio. Incapaz de seguir sirviendo al Imperio, Iden se rebela contra su padre. Ella y su compañero Del Meeko desacatan sus órdenes, toman su nave, la *Corvus*, y se rinden a la Alianza Rebelde. En las siguientes batallas de la Guerra Civil, ambos luchan por los rebeldes junto al líder del Escuadrón Peligro, Shriv Suurgav. En la batalla de Jakku, Iden derriba a Hask y encuentra a su padre a bordo del *Eviscerador*. Este insiste en hundirse con su nave, pero ambos se reconcilian antes de separarse para siempre. En los años posteriores, Iden y Del se casan y tienen una hija llamada Zay. Cuando Del desaparece, Iden, Shriv y Zay lo buscan y acaban de vuelta en Vardos, donde Iden se encuentra con Hask, que ahora es un oficial de la Primera Orden. Iden y Zay siguen a Hask a bordo de su destructor estelar, el *Retribution*, y roban los planos del Acorazado de la Primera Orden. Hask revela que asesinó a Del. Los dos luchan e Iden lo mata, pero recibe una herida de muerte y fallece en brazos de su hija. Shriv y Zay escapan a D'Qar y entregan los planos del Acorazado a Poe Dameron, piloto de la Resistencia.

Hoy muere la Rebelión
Antes de la batalla de Endor, la comandante Versio se infiltra en una nave rebelde, la *Fe Invencible*. Destruye una transmisión imperial que está siendo descodificada y que habría revelado la trampa del Imperio sobre Endor.

Órdenes ultrasecretas
Tras la inesperada derrota imperial sobre Endor, Iden Versio recibe de su padre unas órdenes cruciales para el éxito de la Operación Ceniza.

GIDEON HASK

ESPECIE Humana **PLANETA NATAL** Kuat
FILIACIÓN Imperio, Escuadrón Infernal, Primera Orden

Hask, conocido como Gid, asciende en las filas del Imperio hasta que lo asignan al Escuadrón Infernal, una unidad de soldados de élite. Tras la muerte del emperador, todo el equipo se pasa a la Rebelión menos Hask, que permanece fiel al Imperio. Al mando de su unidad, pilota un interceptor TIE en la batalla de Jakku, pero lo derriba Iden Versio, exsoldado del Escuadrón Infernal. Sobrevive y huye a las Regiones Desconocidas, donde ayuda a crear la Primera Orden. Décadas más tarde, poco antes de la destrucción de Hosnian Prime, vuelve a encontrarse con sus antiguos compañeros, asesina a Del Meeko e inflige una herida mortal a Iden antes de que ella lo mate.

GARRICK VERSIO

ESPECIE Humana
PLANETA NATAL Vardos
FILIACIÓN Imperio, Escuadrón Infernal

Garrick inicia su carrera como inspector general de la OSI. Cuando asciende a almirante, toma el mando del *Eviscerador* y forma el Escuadrón Infernal, una unidad de soldados de élite liderada por su hija, Iden. Tras la muerte del emperador, ayuda a ejecutar la Operación Ceniza, que exige la destrucción de varios mundos, incluido el suyo, Vardos. Esto lo distancia de su hija, con la que se reencuentra en la batalla de Jakku. Mientras su destructor se desmorona, Iden intenta salvarlo, pero él, consciente de la insensatez de sus actos, acepta su destino.

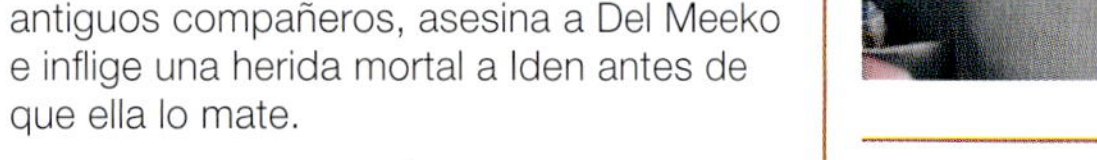

ZARRO

ESPECIE Humana **PLANETA NATAL** Andelm IV
FILIACIÓN Chewbacca

Cuando Chewbacca llega a Andelm IV, el planeta natal de Zarro, ambos entablan amistad y ella le hace de traductora. El padre de Zarro, Arrax, trabaja en las peligrosas cavernas de escarabajos de Andelm para pagar sus deudas, y el wookiee se alía con ella para liberarlo de la servidumbre.

PAPA TOREN

ESPECIE Axaleem
FILIACIÓN Familia criminal Toren

Papa Toren es un temible jefe del crimen que se acompaña a todas horas de los ximpi, unos humanoides alados de piel gris que hablan por él. Intenta comprar el Rur Eterno a la doctora Aphra. Seducido por el sindicato del crimen Crimson Dawn, acaba preso en la cárcel de Megalox Beta. Allí, una estación espacial en órbita proyecta un campo gravitatorio que protege a los reclusos de la extrema gravedad del planeta.

SANA STARROS

ESPECIE Humana **PLANETA NATAL** Nar Shaddaa
FILIACIÓN Clan Starros, Corporación Tagge, Alianza Rebelde

Esta astuta cazarrecompensas nació en el seno de una célebre familia de aventureros en Nar Shaddaa, conocida como la Luna de los Contrabandistas. Su hermano gemelo, Phel, reniega del contrabando y se alista en el Imperio. Mientras estudia en la Universidad de Bar'leth, Sana vive un idilio con Chelli Aphra. Es una relación tumultuosa que se prolonga a lo largo de muchos años tras su ruptura inicial. Sana participa en varias misiones con Han Solo y Chewbacca, entre ellas una al planeta Takodana para recuperar el transmisor Phylanx Redux. Durante la Guerra Civil Galáctica, Starros afirma que se casó con Solo como parte de una de sus misiones en Stenness. Él se marcha enfadado y ella le da caza en el sector Moddell. Sana ayuda sin muchas ganas a los rebeldes a infiltrarse en el palacio de Grakkus el Hutt y, posteriormente, Organa la contrata para distintas tareas, entre ellas llevar a la doctora Aphra a la prisión Mancha Solar. En una ocasión, se une a otros miembros del famoso clan Starros para robar una reliquia ancestral que contiene la teoría del cristal de Avon Starros de la era de la Alta República.

NAKARI KELEN

ESPECIE Humana
PLANETA NATAL Pasher
FILIACIÓN Alianza Rebelde

Nakari Kelen es la hija del fundador de Kelen Biolabs, una empresa médica del desértico planeta Pasher. Trabaja con Luke Skywalker para rescatar a la criptógrafa Drusil Bephorin del Imperio. Desarrolla una relación romántica con el joven Jedi, pero la acaban matando durante la misión.

LOO RE ANNO

ESPECIE Sibettana **FILIACIÓN** Carrera del Vacío del Dragón

Loo Re Anno, última superviviente de la misteriosa especie sibettana, es probablemente la mejor corredora de naves estelares de la galaxia. En su última Carrera del Vacío del Dragón corre junto a Han Solo. Tras ganar, se reencuentra por fin con su pueblo, que permanecía oculto entre las costuras del tiempo y el espacio.

CYLO

ESPECIE Humana
FILIACIÓN Imperio

Cylo es un doctor imperial con una visión singular: fusionar materia orgánica con máquinas. Lo consigue mediante varios experimentos, como adaptar asesinos, crear una flota de naves ballena y darse a sí mismo varios cuerpos. Palpatine queda impresionado con su creación de guerreros ciborgs capaces de sustituir a Darth Vader, pero pronto descubre que el doctor conspira para destruirlo, así que ordena su asesinato. Vader despacha a los secuaces de Cylo y se sirve de un truco mental para dirigir su nave ballena hacia un sol con el científico a bordo.

NAVE BALLENA

FILIACIÓN Doctor Cylo, Imperio

Estas grandes naves vivientes dotadas de tecnología son obra del doctor Cylo, un científico cíborg rival de Darth Vader. Son unas criaturas impresionantes con cuatro aletas, dientes enormes, ojos penetrantes y una cubierta cibernética en la parte superior. Están equipadas con armamento pesado y pueden viajar a la velocidad de la luz. Cylo desafía al Imperio mandando una nave ballena contra un superdestructor estelar, al que inmoviliza. Estas peculiares naves también hacen las veces de laboratorios de investigación para Cylo, que cuenta con toda una flota.

RAYO ENEB

ESPECIE Humana
FILIACIÓN Imperio

Este espía rebelde se amarga cuando se tuerce una misión para rescatar a varios senadores de la cárcel de Arrth-Eno. Además, el emperador Palpatine lo deja deformado. Toma rehenes en Mancha Solar, una prisión de la Alianza, después de lo cual se enfrenta a Leia Organa y la Rebelión lo arresta.

KARINA LA GRANDE

ESPECIE Geonosiana **PLANETA NATAL** Geonosis
FILIACIÓN Geonosianos

Esta reina, nacida del último huevo geonosiano, es la última esperanza para repoblar su especie, pero resulta ser estéril. Equipada con un útero mecánico, da a luz a híbridos de droides de combate geonosianos. Darth Vader, que necesita un ejército de droides, le arranca el útero y lo roba para beneficio propio.

MORIT ASTARTE

ESPECIE Humana
PLANETA NATAL Celanon
FILIACIÓN República, Imperio

Es uno de los guerreros mejorados cibernéticamente del doctor Cylo, y está decidido a matar y reemplazar a Vader. Taimado pero temerario, traiciona a su hermana rival y desafía al señor del Sith desde lo alto de un superdestructor estelar en una batalla de lo antiguo contra lo nuevo. Por desgracia para Morit, gana lo antiguo.

KARBIN

ESPECIE Mon Calamari **PLANETA NATAL** Mon Cala **FILIACIÓN** República, Imperio

En las Guerras Clon, Karbin sufre terribles heridas y el doctor Cylo lo convierte en un guerrero cibernético para que pueda sustituir a Darth Vader. Con su nuevo cuerpo inspirado en el general Grievous, Karbin desafía en combate al señor del Sith, pero Vader es más listo y destruye al mon calamari en Vrogas Vas.

AIOLIN ASTARTE

ESPECIE Humana
PLANETA NATAL Celanon
FILIACIÓN Doctor Cylo, Imperio

Aiolin está cibernéticamente mejorada y sirve a Vader, pero lo traiciona junto con su hermano gemelo, Morit. Sin embargo, la pareja no logra derrotarlo. Entonces Morit arroja a Aiolin a un pozo de lava para despejar el campo de batalla. Vader la saca de la lava, recoge su circuito de memoria y acaba con su sufrimiento.

TULON VOIDGAZER

ESPECIE Humana **FILIACIÓN** Imperio

Es el más excepcional de los experimentos cibernéticos del doctor Cylo, no solo como guerrera, sino como brillante científica. Diseñada para sustituir a Darth Vader, se enfrenta a él en una batalla final en el vientre de una nave ballena. Pero Vader vuelve a sus droides bláster en su contra y Tulon muere a manos de su propia tecnología.

TRÍOS

ESPECIE Humana **PLANETA NATAL** Shu-Torun
FILIACIÓN Reino de Shu-Torun, Imperio

La familia real de Shu-Torun intenta matar a Darth Vader, pero fracasa y este la destruye por completo a excepción de la princesa Tríos, quien pasa a ser reina, pero a las órdenes de Vader. Como tal, se alía con los rebeldes, pero es una treta. Combate a Leia, quien la derrota. Ya moribunda, Tríos le dice a Leia que se proponía salvar Shu-Torun y esta le promete que el planeta no perecerá.

DOCTORA CHELLI APHRA

ESPECIE Humana
PLANETA NATAL Arbiflux
FILIACIÓN Chelli Aphra

Aphra es una arqueóloga innovadora, amoral y ambiciosa que trabaja por toda la galaxia en beneficio propio.

Un dúo imparable
Aphra y Sana trabajan de maravilla juntas y, durante sus misiones para Domina, renace la chispa entre ambas.

UNA INFANCIA AGITADA

Su padre es un erudito obsesionado con Ordu Aspectu, una antigua y olvidada orden sensible a la Fuerza, y vive mucho tiempo alejado de su hija y de su esposa, Lona. Chelli se siente abandonada y crece casi sola con su madre en Arbiflux, hasta que esta muere trágicamente a manos de unos invasores.

La innovadora Aphra estudia Arqueología en la Universidad de Bar'leth, donde engatusa y manipula a sus compañeros –entre ellos Sana Starros, Eustacia Okka y Kho Phon Farrus– para lograr sus fines egoístas. Obtiene su doctorado, pero no como resultado de una investigación legítima, sino engañando a su sava (profesor).

Aliados insólitos
Aphra admira abiertamente a Vader, a quien encuentra aún más interesante de lo que esperaba en su primer encuentro.

AGENTE DE LOS SITH

Después de licenciarse, Aphra acepta varios encargos para dar con artefactos arqueológicos a cualquier precio, a veces junto a Afortunado, un criminal muy negociante. En una ocasión, Aphra traiciona al rico y sádico Ronen Tagge, quien le guarda mucho rencor.

Más tarde, la banda Gotra Droide la contrata. Para su sorpresa, eso la lleva a servir a Darth Vader, quien quiere que lo ayude a construir un ejército privado. Para ello, Aphra halla e instala la matriz Triple Cero en un droide de protocolo, que a su vez activa el prototipo de droide asesino Blastomech Be-Te (BT-1). También lo ayuda a recuperar una fábrica portátil de droides de combate de Geonosis. En la batalla de Vrogas Vas, la Alianza Rebelde captura a Aphra, a raíz de lo cual esta conoce a Luke Skywalker y a Leia Organa. Pronto escapa y vuelve al servicio de Vader.

Consciente de que Vader planea matarla, Aphra intenta burlar al señor del Sith desvelándole su colaboración al emperador, pero Vader la empuja por una esclusa y la da por muerta. Sin embargo, Aphra ya había acordado su rescate: el cazarrecompensas wookiee Krrsantan y los droides la recogen en una nave.

TIEMPOS TURBULENTOS

Aphra retoma las aventuras arqueológicas con varios socios. En una de ellas, debe recuperar una espada Sith de Moraband con Dok-Ondar y ayudar a su padre a conseguir que Rur, un ser sensible a la Fuerza, recobre la conciencia. También mantiene una turbulenta relación con la capitana imperial Magna Tolvan, a la que traiciona varias veces, y colabora con Luke y Leia para derrotar a la misteriosa reina de Ktath'atn. Cuando intenta subastar a Rur, escapa por los pelos de Vader, que llega para reclamar al ser.

Ese breve lapso de libertad toca a su fin cuando Triple Cero la obliga a recuperar sus recuerdos. Durante esta misión, Aphra y su banda secuestran a la general rebelde Hera Syndulla y la utilizan para infiltrarse en la base imperial Colmena 1, donde están los datos del droide. Aphra es encarcelada en Accresker y logra fugarse, pero acaba obligada a participar con Triple Cero en un juego retorcido controlado por el doctor Cornelius Evazan, quien retransmite sus payasadas a millones de espectadores. En ese caos infernal, Aphra conoce a Vulaada, una chica a la que toma bajo su protección. Más tarde, Aphra se sacrifica en un raro momento de heroísmo para salvar a Vulaada, y tanto ella como Triple Cero se liberan del control de Evazan.

UNA JUGADORA PODEROSA

Vulaada y Aphra se ven envueltas en dos planes para asesinar al emperador: uno lo urde la Alianza Rebelde y el otro, la ministra de Propaganda Imperial Pitina Mar-Mas Voor. Tras reencontrarse con Magna (que ahora es rebelde), Aphra se entera de que la ministra fue la responsable de la muerte de su madre. Sedienta de venganza, traiciona a la Alianza y le salva la vida a Palpatine para desenmascarar a Voor.

Vader llega poco después y obliga a Aphra a ayudarlo a encontrar la base oculta de la Alianza. Siempre taimada, Aphra intriga para salvar a sus seres queridos y burlar a Vader. Logra juntar a su padre con Tolvan y Vulaada, que se dirigen a la base de la Alianza en Hoth. Para dar tiempo a los rebeldes, incapacita a Vader para hacerse pasar por él y destruir los datos imperiales que detallan su ubicación.

UN NUEVO COMIENZO

Tras la batalla de Hoth, Aphra se aleja de sus seres queridos para protegerlos y se dedica a recuperar y vender descubrimientos arqueológicos. Sin embargo, durante una misión para recuperar los poderosos Anillos de Vaale, entra en conflicto con la familia Tagge. El embrollo la lleva a trabajar para Domina, la cabeza de familia. Aphra solo pone una condición: contar con el apoyo de Starros.

Juntos, Aphra y Starros recuperan una pieza de un Motor de Ruta Nihil, unos datos sobre el sindicato criminal Sol Negro y un zahorí fabricado por Ascendente, una secta extinta que usaba tecnología para recrear los efectos de la Fuerza. El artefacto deja a Domina impresionada y envía al equipo a averiguar más cosas sobre la secta. Aphra y Starros empiezan a investigar una red criminal que trafica con objetos de Ascendente. Sin embargo, el dúo siempre va unos pasos por detrás de un antiguo conocido obsesionado con la secta: Farrus.

CHISPAS Y AZOTES

Pasado un tiempo, Sana y Aphra se enteran de que Farrus se dirige de nuevo a Bar'leth para abrir la tumba de la Chispa Eterna, la mayor obra de Ascendente, que podría fusionarse con un individuo para otorgarle poderes inimaginables. Conscientes del peligro que supone, Aphra y Sana viajan a la tumba. Pero la codiciosa Aphra coge la chispa y la entidad se apodera de su cuerpo.

Aphra es ahora poco más que un testigo de la violencia de la Chispa Eterna. Sana no tarda en formar un equipo, que incluye a Magna, para salvar a Aphra de la entidad. Con la ayuda de sus aliados, Aphra empieza a arrebatarle el control a la Chispa Eterna. Al final, la liberan sus amigos a bordo de la estación espacial amaxine. El grupo huye a Hiorin, pero luego se fractura en múltiples facciones. Magna y Sana abandonan a Aphra, pese al amor que media entre ellas.

Ahora que Aphra vuelve a estar libre y sola, Vader la captura para que lo ayude a encontrar un arma poderosa antes de que ella, a su vez, secuestre a Luke para obligarlo a investigar un templo en Sason. Tras estas misiones, Aphra vuelve con Domina, quien le encarga indagar por qué fallan los droides en Havel Prime. Pronto descubre que una inteligencia droide llamada Azote contiene la Chispa Eterna y se ha apoderado de Magna aprovechando su cibernética. Decididas a liberarla, Aphra y Sana se reencuentran para sacarla de Epikonia. Acabada la misión, Aphra expresa su deseo de que Sana y Magna se le unan en una vida de crímenes, y ellas aceptan encantadas.

TRIPLE CERO

FABRICANTE Custom **TIPO** Droide de protocolo
FILIACIÓN Darth Vader, doctora Aphra, BT-1

Triple Cero nace como una peligrosa matriz de personalidad que su creador rechaza de inmediato. Sin embargo, la inteligencia sobrevive y se dedica a matar durante siglos, hasta que la ponen en cuarentena en una cámara acorazada de Wat Tambor. La doctora Aphra, una arqueóloga inconformista, irrumpe en la cámara y roba la matriz. A continuación, la instala en el chasis de un droide de protocolo. Una vez activado, el droide asesino la ayuda a despertar al «blastomecánico» BT-1. Triple Cero, como se hace llamar el droide, ayuda durante un tiempo a Aphra y a su nuevo jefe, Darth Vader. Más tarde, dirige su propia organización criminal en Son-Tuul y chantajea a Aphra para que trabaje para él. El doctor Evazan obliga a Triple Cero a colaborar con Aphra en Milvayne. Tras librarse del control de Evazan, Triple Cero se reencuentra con BT-1 y ambos disfrutan de un breve periodo de libertad hasta que el Imperio los atrapa en el Anillo de Kafrene. Con la memoria borrada y pernos de sujeción, ambos acaban de nuevo a las órdenes de Vader como droides de tortura. Sin embargo, una vez más, topan con Aphra, quien los ayuda a escapar a condición de que accedan a traicionar a Vader. Luego el dúo lleva una vida anodina hasta que una inteligencia denominada la Chispa Eterna posee a Aphra y, una vez más, los droides se ven arrastrados por la estela de la doctora. Tras intentar matar a Vader de nuevo, esta vez junto a unos droides piratas, Triple Cero y BT-1 acaban en Gallios, donde se incorporan al Escuadrón D de R2-D2 y ayudan a derrotar a Azote.

BT-1

FABRICANTE Iniciativa Tarkin **TIPO** Blastomecánico
FILIACIÓN Darth Vader, doctora Aphra, Triple Cero

BT-1 (Be-Te) está equipado con múltiples armas de gran potencia poco habituales en esta clase de astromecánicos. Cuando la Iniciativa Tarkin lo ensambla, el droide mata a todos los habitantes de la base imperial y la destruye. La doctora Aphra lo encuentra en el espacio y le coloca inhibidores de conducta, pero no logra activarlo. Utiliza a Triple Cero para reactivarlo y ambos droides sirven a Aphra y a Darth Vader. Cuando Triple Cero se rebela, BT-1 pasa a ser su compinche. Vader lo destruye en la prisión Accresker, pero es reconstruido y se reencuentra con su compañero droide asesino en Milvayne. La pareja se ve pronto obligada a trabajar para el Imperio, pero entonces BT-1 ayuda a Aphra, quien también está sometida, y gracias a eso el trío escapa una vez más de las garras imperiales. Aphra deja a los droides en el mundo desierto de Birukay. Al cabo de un tiempo, los visita la contrabandista Sana Starros y se unen a un equipo para liberar a Aphra de la Chispa Eterna. Solo ponen una condición: poder matar a cualquiera que se interponga en su camino. Cuando están a punto de liberar a Aphra en la *Crimson Dawn,* la Chispa Eterna corrompe a los droides, que se vuelven contra el resto y se van con su nuevo amo. En la estación amaxine por fin vencen a la entidad, pero luego un droide ratón infecta a BT-1 con el Azote. El droide viaja con Triple Cero a Gallios, donde ataca a los civiles. Al poco llega R2-D2, lo libera y convence al dúo para que luche contra el Azote. BT-1 participa en misiones en Ryloth, Tatooine y en la nave insignia de Azote.

GRAKKUS

ESPECIE Hutt
FILIACIÓN Clan Hutt

Grakkus el Hutt gobierna Ciudad Hutta, capital de Nar Shaddaa, y es un peso pesado del hampa. Le interesan los artefactos Jedi y ha amasado una colección de curiosidades con varios siglos de antigüedad. Cuando Luke Skywalker llega a su territorio, el Hutt lo esclaviza y lo obliga a luchar en la arena de ejecución. Luke escapa y Grakkus es arrestado, tras lo cual pasa unos años en la ciudad prisión de Megalox, en Megalox Beta. Llega a un acuerdo con Poe Dameron: le desvela la ubicación de Lor San Tekka a cambio de que lo saque de ese espantoso mundo.

INSPECTOR THANOTH

ESPECIE Humana
FILIACIÓN Imperio

Este veterano inspector del Imperio tiene una mente inquisitiva sin par y una fe ciega en el gobierno. Lo designan ayudante de Darth Vader, pero indaga a fondo al Sith. Tras atar cabos entre los viajes de Vader a Tatooine y Naboo y su búsqueda de un rebelde llamado «Skywalker», Thanoth deduce que su jefe está conspirando para derrocar al emperador. Pero no informa de ello, pues cree que beneficiará al Imperio. «Ha sido un placer trabajar contigo, Anakin», le dice a Vader, desvelándole así que conoce su verdadera identidad. Luego se deja abatir.

KREEL

ESPECIE Humana
FILIACIÓN Imperio

Este soldado de asalto actúa de incógnito como «Maestro de Juego» de Grakkus. Entrena al cautivo Luke Skywalker para que luche en la arena de ejecución y arresta a Grakkus en nombre del Imperio. Lidera al Escuadrón Cicatriz (Fuerza Operativa 99) y quiere vencer a Luke en un duelo, pero fracasa.

FUERZA OPERATIVA 99

ESPECIE Humana
PLANETA NATAL Varios
FILIACIÓN Imperio

Darth Vader escoge personalmente a los miembros de esta unidad de tropas de asalto de élite, también llamada Escuadrón Cicatriz. La forman su líder, el sargento Kreel, y los agentes Aero, Cav, Mic, Misty, Shrap y Zuke. Entre sus infames logros se cuenta el asesinato del almirante rebelde Verette. Kreel se bate en duelo con Luke Skywalker en Hubin.

NERF

PLANETA NATAL Varios
TAMAÑO 1,3 m de altura **HÁBITAT** Llanuras

El nerf es un animal domesticado de pelaje abundante y cuatro cuernos que se cría para obtener leche y carne. Cuando se asusta, moquea y estornuda sin cesar. Para disgusto de Han Solo, él y Luke Skywalker llegan a un acuerdo para transportar nerfs a Ibaar, cuyo pueblo sufre las sanciones imperiales.

GRAN MONTAÑA

PLANETA NATAL Vagadarr Prime

La Gran Montaña es un gigante de roca sensible a la Fuerza. Tras muchos años en letargo, pasa por una masa de tierra ordinaria, hasta que Yoda responde a su llamada de auxilio y lo despierta. Años después, Luke Skywalker lo revive con la ayuda de Garro, de la tribu de los Rockhawkers.

GARRO

ESPECIE Humana **PLANETA NATAL** Vagadarr Prime **FILIACIÓN** Rockhawkers

Este joven vive exiliado de la tribu de los Rockhawkers y conoce a Yoda en las cuevas de la Gran Montaña. Juntos descubren que esa gran masa de roca está viva, tras lo cual Yoda la despierta. Muchos años después, Garro transfiere su fuerza vital a la Gran Montaña para ayudar a Luke a despertarla otra vez.

KORIN APHRA

ESPECIE Humana

Korin Aphra, padre de la indómita arqueóloga Chelli Lona Aphra, es un investigador y erudito con un vivo interés por los Jedi. Su esposa, Lona, se va con Chelli para criarla sola porque cree que Korin está obsesionado con su trabajo. Unos bandidos matan a Lona y la niña vuelve con él. Padre e hija tienen una relación difícil que no mejora cuando Chelli madura, pero se reencuentran porque Korin hace que le revoquen el doctorado para que lo ayude a buscar la Ciudadela de Rur.

SIMBIONTE ABERSYN

HÁBITAT Huéspedes infectados

Este simbionte es un parásito agresivo que se adhiere al tronco encefálico de un huésped y le provoca la muerte o lo subyuga al control mental de una colmena. En Ktath'atn, la reina infectada utiliza a los abersyn para subyugar a su pueblo. Los simbiontes son tan peligrosos que ni siquiera el Imperio los convierte en armas.

RUR

ESPECIE Humana
FILIACIÓN Ordu Aspectu

El líder de Ordu Aspectu, antigua rama de la Orden Jedi, cree en el valor de la vida y se dedica a descubrir el secreto de la inmortalidad. Una copia de su propia conciencia, que se hace llamar Rur el Eterno, cree que ha decidido desactivarla y lo mata.

MAGNA TOLVAN

ESPECIE Humana **FILIACIÓN** Imperio, Alianza Rebelde, Equipo de Ataque Misericorde

Magna Tolvan, una oficial imperial mejorada con cibernética, conoce a la doctora Chelli Aphra mientras investiga los restos de la base rebelde de Yavin 4. Su encuentro desencadena una prolongada persecución mutua. Tolvan le sigue la pista hasta la Ciudadela de Rur, donde el padre de Aphra la hiere con una espada de luz. Sin embargo, la arqueóloga la deja con vida, pues empieza a surgir una atracción entre ambas. Finalmente, se besan cuando Magna y Aphra se enfrentan a la muerte en Skako Menor. Más tarde, Magna ayuda a Aphra a huir de una cárcel imperial y deserta del Imperio para ser capitana de la Alianza Rebelde.

REINA DE KTATH'ATN

ESPECIE Humana
PLANETA NATAL Ktath'atn

La reina de Ktath'atn es huésped de un simbionte abersyn y gobierna su colmena desde una soberbia ciudadela. Luke Skywalker acaba disputándose la supremacía con ella cuando lo infecta un abersyn, pero al final usa la Fuerza para anular su conexión con el parásito. Libre de la criatura, mata a la reina con su espada de luz.

REXA GO

ESPECIE Humana
FILIACIÓN Orgullo de Son-Tuul

Rexa Go, secuaz de la organización criminal Orgullo de Son-Tuul, lleva un dispositivo cíborg AJ^3 y acata las órdenes sin rechistar. Al servicio de su nuevo jefe, Triple Cero, quema sin piedad un asentamiento tras un robo de datos. Pero muere cuando la doctora Chelli Aphra le impide asesinar a la oficial imperial Magna Tolvan.

DEK-[NIL]

MODELO Droideka
TIPO Droide destructor
FILIACIÓN Orgullo de Son-Tuul

Este droideka de primera generación está reequipado con tecnología probabilística y circuitos existenciales personalizados, por lo que es demasiado emocional. El líder del Orgullo de Son-Tuul, Triple Cero, le asigna un trabajo junto a Chelli Aphra. Ambos acaban en la prisión Accresker, donde unas esporas sensibles a la Fuerza lo desmontan.

HERMANA SEIS

ESPECIE Xexto
FILIACIÓN Orgullo de Son-Tuul, Alianza Rebelde

Triple Cero asigna a esta asesina al equipo de la doctora Chelli Aphra, encargado de recuperar la memoria del droide. La misión lleva al equipo a varios mundos y lugares, entre ellos una base rebelde. Tras recuperar el núcleo de datos y luchar junto a los rebeldes, Seis decide permanecer con la Alianza.

KANCHAR

ESPECIE Humana
FILIACIÓN Imperio

Kanchar, un imponente comandante imperial con un brazo cibernético armado, supervisa la extracción de cristales kyber en Jedha. Más tarde, lucha allí contra Luke Skywalker y pierde. Trata de destruir a Leia Organa con un bombardeo orbital, pero fracasa. Tras ello, Darth Vader lo estrangula con la Fuerza porque ha estado a punto de arruinar las intrigas de los Sith.

ESPORAS GUNDRAVIANAS

TAMAÑO Microscópico

Aphra y su cómplice descubren unas esporas gundravianas mientras exploran una nave Jedi estrellada. Se trata de un hongo viviente impreso en un cristal kyber que está obsesionado con la justicia y se ha vuelto violento. Más tarde, Darth Vader se enfrenta al organismo y al parecer lo destruye con la Fuerza, pero las esporas sobreviven y resucitan a Tam Posla.

PLURIPLEQ

HÁBITAT N/D

El pluripleq es una rara forma de vida dotada de tentáculos y bioingeniería cuyo cuerpo gelatinoso muestra un interior multicolor. Tiene el don de cambiar de forma y se lo puede transferir a un huésped. Cornelius Evazan, un científico en busca y captura, roba uno en Thannt y lo usa para manipular a la doctora Aphra y fugarse de la prisión Accresker.

GURTYL

ESPECIE Qaberworm
FILIACIÓN Vulaada Klam

Gurtyl es una criatura enorme e insensible al dolor que atrapa al vuelo a sus enemigos con sus fuertes tentáculos. Es muy leal a su ama, Vulaada Klam, una joven refugiada de guerra para quien hace las veces de mascota, transporte y guardiana. Ambas conocen a la doctora Aphra y a Triple Cero en Milvayne y forman una alianza con la tripulación de la arqueóloga.

VULAADA KLAM

ESPECIE Humana
FILIACIÓN Alianza Rebelde

Esta refugiada de guerra huérfana sobrevive en Milvayne con la ayuda de su qaberworm, Gurtyl. En los niveles inferiores del planeta conoce a la doctora Aphra y acaban muy unidas. Aphra la deja con su padre y Magna Tolvan en la base rebelde de Hoth, donde está rodeada de amigos y puede encontrar un propósito en la vida.

PITINA MAR-MAS VOOR

ESPECIE Humana **PLANETA NATAL** Coruscant
FILIACIÓN Pitina Mar-Mas Voor

Pitina Mar-Mas Voor, cerebro de la maquinaria propagandística del Imperio y maestra manipuladora, maneja la publicidad en favor del Imperio. Al saber que la doctora Aphra planea acabar con el emperador, Pitina revela su propio complot, que la arqueóloga retransmite en secreto. Tras esto, Darth Vader llega y la asesina en el acto.

LONA APHRA

ESPECIE Humana

La madre de la indómita arqueóloga Chelli Aphra se lleva a la niña y abandona a su marido, Korin, que está obsesionado con su investigación. Ambas viven en Arbiflux dos años como granjeras, pero unos bandidos las atacan y Lona recibe una herida grave. Antes de morir, contacta con el Imperio para que este devuelva a Aphra con su padre.

TZ-2

MODELO RA-7 **TIPO** Droide de protocolo
FILIACIÓN Alianza Rebelde

TZ-2 sirve al general Airen Cracken en el servicio de inteligencia de la Alianza Rebelde. Ayuda a manipular a la doctora Aphra para que robe el arma Farkiller a fin de usarla contra el emperador. Más tarde, Aphra le pone su ropa a TZ-2 y lo usa de señuelo para escapar de una nave rebelde.

NOKK

ESPECIE Trandoshana
FILIACIÓN Cazadora de caza mayor

Nokk es una cazadora de monstruos trandoshana que acepta trabajos de rastreo en el inframundo galáctico, aunque suele negarse a matar. Ella y su marido humano, Winloss, acaban en el círculo de la doctora Aphra, asociación que empuja a Nokk a vengarse de Skikkesk, el trandoshano que dirigió la purga de su linaje.

WINLOSS

ESPECIE Humana
FILIACIÓN Cazador de caza mayor

Winloss caza monstruos junto con su esposa, la trandoshana Nokk. La doctora Chelli Aphra los traiciona, pero no la matan cuando tienen la oportunidad. Más tarde, hacen un trato con ella para que Nokk pueda vengarse del trandoshano que destruyó a su familia.

DORS URTYA

ESPECIE Mon Calamari
PLANETA NATAL Mon Cala **FILIACIÓN** Alianza Rebelde

Dors Urtya gobierna Mon Cala y en un primer momento rechaza aliarse con la Alianza Rebelde, pero luego cambia de opinión. En su lecho de muerte, transmite una grabación con las últimas palabras de su rey a la flota de Mon Cala que anima a la rebelión. Las naves imperiales destruyen pronto su cuartel general, pero su sacrificio merece la pena.

TUNGA ARPAGION

ESPECIE Clawdita
FILIACIÓN Alianza Rebelde

Tunga es un metamorfo clawdita y un actor metido a rebelde que usa su talento natural en operaciones peligrosas. Adopta la forma del moff Tan Hubi cuando Leia Organa quiere acceder a un prisionero imperial, y después imita a la propia princesa para hacer de señuelo.

MEORTI

ESPECIE Humana
FILIACIÓN Alianza Rebelde

Ingeniera de la Alianza Rebelde experta en naves, droides y en cualquier problema mecánico que entorpezca a sus amigos. Resulta imprescindible cuando el Imperio ataca la base rebelde de Mako-Ta, pues repara a C-3PO e instala un software de anulación que restaura los sistemas de la nave *República* tras un sabotaje.

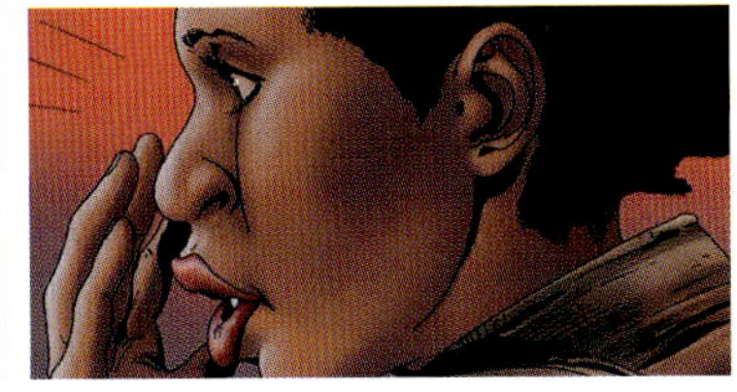

THANE MARKONA

ESPECIE Humana
PLANETA NATAL Hubin
FILIACIÓN Clan Markona

Markona es el líder de un clan de mercenarios que se arrepiente de sus tratos con el Imperio cuando se entera de la existencia de la Estrella de la Muerte, pero se redime al refugiar a los miembros de la Rebelión en Hubin. Luego se sacrifica para salvar a Luke Skywalker del Escuadrón Cicatriz.

TULA MARKONA

ESPECIE Humana
PLANETA NATAL Hubin
FILIACIÓN Clan Markona

Es la hija de Thane y se cría en su clan militar. Cuando un pequeño contingente rebelde aterriza en su mundo, se hace amiga de Luke Skywalker. Más tarde, le da una granada de humo –y un beso de despedida– para ayudarlo a escapar del Escuadrón Cicatriz.

DAR CHAMPION

ESPECIE Humana
PLANETA NATAL Lanz Carpo

Dar Champion es Defensor del Distrito de Lanz Carpo y exnovio de Leia Organa. Ambos se reencuentran cuando Leia y Han Solo llegan a su mundo en una misión rebelde, lo que lleva a un enfrentamiento. Pero en lugar de detenerlos, idea un plan que beneficia a todas las partes.

KAKRAN

PLANETA NATAL Kakra (K43) **TAMAÑO** Varios

Los kakran son seres conscientes de roca nativos de K43, y algunos son auténticos colosos. Los gobierna un consejo de ancianos y ayudan a los rebeldes a combatir al Imperio. Uno de ellos, una «abuela» del tamaño de una luna, aplasta un destructor estelar. Chewbacca y C-3PO se hacen amigos de ellos.

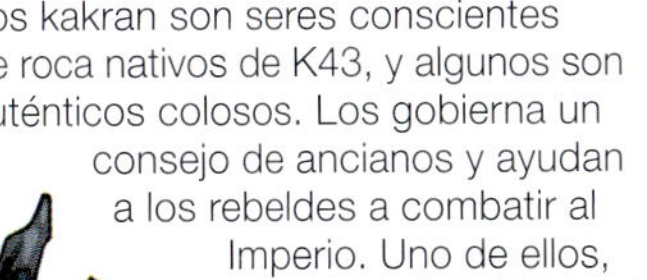

WARBA CALIP

ESPECIE Humana
PLANETA NATAL Jedha

Warba crece cerca del templo del Kyber en Jedha y transmite a Luke Skywalker parte de lo que sabe sobre la Fuerza. Como buena ladrona callejera de Sergia, le roba la espada. Al final, y para su propia sorpresa, se la devuelve. «Eres más de lo que parece», le dice Luke.

TAUNTAUN

PLANETA NATAL Hoth
TAMAÑO MEDIO 2 m
HÁBITAT Llanuras nevadas

Los rebeldes que construyen la base Eco descubren a los tauntaun, que viven en cuevas de hielo, y los domestican como animales de carga. Perfectamente adaptados al frío, están cubiertos por escamas y pelaje grueso y ralentizan su metabolismo para sobrevivir a las noches heladas de Hoth. Han Solo mete a Luke dentro de un tauntaun muerto para mantenerlo caliente y vivo.

> «Por fuera hueles mal, pero por dentro... ¡Argh, qué peste!»
>
> **HAN SOLO**

WAMPA

PLANETA NATAL Hoth **TAMAÑO MEDIO** 3 m
HÁBITAT Llanuras nevadas

Los mayores depredadores de Hoth se alimentan normalmente de tauntaun, pero no dudan en atacar asentamientos humanos. Su pelaje los protege del frío intenso y les permite acechar a su presa sin ser vistos. Los wampas arrastran a sus víctimas hasta cuevas de hielo y luego los despedazan a su antojo.

ALMIRANTE OZZEL

ESPECIE Humana **PLANETA NATAL** Carida
FILIACIÓN Imperio

Kendal Ozzel es veterano de las Guerras Clon y contraalmirante de la Armada Imperial. Tras la batalla de Yavin asciende a almirante y queda al mando de la nave insignia de Darth Vader, el *Ejecutor*. Tiene pocas luces y suele irritar a Vader. Está presente en el asalto a los muelles espaciales de Mako-Ta. Desesperado por dar con la Alianza, el Imperio envía miles de droides sonda a escudriñar los rincones más remotos de la galaxia. Ozzel explora Sergia y K43, donde los agentes rebeldes se zafan de él. Un droide encuentra pruebas en Hoth, pero al principio Ozzel las cuestiona y luego fracasa cuando trata de sorprender allí a los rebeldes. Vader lo acusa de ser «tan torpe como estúpido» y lo ejecuta.

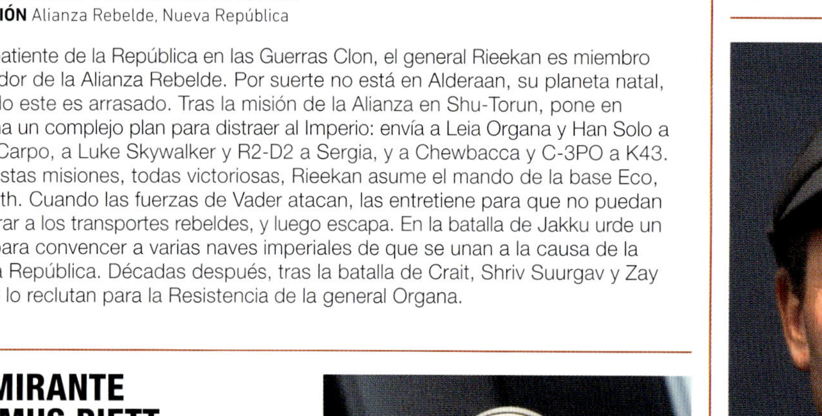

GENERAL CARLIST RIEEKAN

ESPECIE Humana **PLANETA NATAL** Alderaan
FILIACIÓN Alianza Rebelde, Nueva República

Combatiente de la República en las Guerras Clon, el general Rieekan es miembro fundador de la Alianza Rebelde. Por suerte no está en Alderaan, su planeta natal, cuando este es arrasado. Tras la misión de la Alianza en Shu-Torun, pone en marcha un complejo plan para distraer al Imperio: envía a Leia Organa y Han Solo a Lanz Carpo, a Luke Skywalker y R2-D2 a Sergia, y a Chewbacca y C-3PO a K43. Tras estas misiones, todas victoriosas, Rieekan asume el mando de la base Eco, en Hoth. Cuando las fuerzas de Vader atacan, las entretiene para que no puedan capturar a los transportes rebeldes, y luego escapa. En la batalla de Jakku urde un plan para convencer a varias naves imperiales de que se unan a la causa de la Nueva República. Décadas después, tras la batalla de Crait, Shriv Suurgav y Zay Versio lo reclutan para la Resistencia de la general Organa.

ZEV SENESCA

ESPECIE Humana **PLANETA NATAL** Estación Kestic
FILIACIÓN Alianza Rebelde

Zev Senesca se une a la Alianza Rebelde como piloto antes de la batalla de Mako-Ta, donde contribuye a crear el Escuadrón Pícaro de Luke Skywalker. Justo antes de la batalla de Hoth, Zev localiza a Luke Skywalker y Han Solo cuando se pierden durante la noche en los campos de hielo de Hoth. Pilota como Pícaro Dos durante la batalla de Hoth, pero perece junto a su artillero cuando los caminantes imperiales atacan su aerodeslizador.

ALMIRANTE FIRMUS PIETT

ESPECIE Humana **PLANETA NATAL** Axxila
FILIACIÓN Imperio

Firmus Piett proviene de los territorios del Borde Exterior. Asciende gracias a su rapidez mental y a su habilidad para culpar a otros de sus errores. Es asistente de capitán a las órdenes del gran moff Tarkin y luego capitán a bordo del *Ejecutor*, la nave insignia de Darth Vader, hasta que su superior, Ozzel, es ejecutado por incompetencia. Vader decide ascender a almirante a Piett, que persigue al *Halcón Milenario* a través de un campo de asteroides tras la batalla de Hoth. Segundo de Vader en el *Ejecutor*, lucha en Jekara, Gabredor III, Skako Minor, e incluso se enfrenta a una rebelión de los droides afectados por el Azote a bordo de la nave. Poco después ordena a la oficial imperial Ciena Ree que comande una patrulla de cazas TIE al sistema Hudalla, para investigar la actividad rebelde. Su brillante carrera termina abruptamente cuando un Ala-A se estrella contra el puente del *Ejecutor* en la batalla de Endor.

GENERAL MAXIMILIAN VEERS

ESPECIE Humana **PLANETA NATAL** Denon
FILIACIÓN Imperio

Cuando es teniente del ejército imperial, Veers es un oficial prometedor que se reúne con Dryden Vos, el líder de Crimson Dawn. Ascendido a general, ofrece consejos a Darth Vader, supervisa el Proyecto Enjambre para encontrar la última base de la Alianza y es el cerebro del asalto imperial a la base Eco en la batalla de Hoth. Desde la cabina de su AT-AT, *Blizzard 1*, dirige el ataque que destruye el generador de escudos rebelde y luego se infiltra en la base con sus soldados de las nieves.

DEREK KLIVIAN, ALIAS HOBBIE

ESPECIE Humana **PLANETA NATAL** Ralltiir **FILIACIÓN** Imperio, Alianza Rebelde

Derek Klivian, alias Hobbie, empieza su carrera de piloto como cadete imperial en la Academia Skystrike con Wedge Antilles. Ambos desean pasarse a la Alianza Rebelde, para la que los recluta la rebelde encubierta Sabine Wren. Hobbie se une con Wedge al Escuadrón Fénix y sobrevive a la batalla de Atollon. Al igual que Sabine lo ayudó a él, Klivian se infiltra en la Rand Ecliptic y ayuda al piloto imperial Biggs Darklighter a desertar. Luego lo destinan a Yavin 4 como piloto de reserva del Escuadrón Rojo y acaba siendo miembro fundador del Escuadrón Pícaro de Luke Skywalker. Vuela junto a Luke de copiloto en la batalla de Hoth, pero muere cuando abaten su nave, que se estrella contra *Blizzard 1*, el caminante imperial jefe.

SOLDADO DE LAS NIEVES

ESPECIE Humana **PLANETA NATAL** Varios
FILIACIÓN Imperio

Los soldados de las nieves son regimientos de soldados de élite equipados para el combate y la supervivencia en condiciones de frío extremo. Inspirados en los antiguos soldados clon de la República especializados en el combate en entornos fríos, como Orto Plutonia, Rhen Var o Toola, durante las Guerras Clon, sus trajes térmicos y máscaras de respiración funcionan con baterías que duran hasta dos semanas. Luchan en el ataque del general Veers a la base Eco en la batalla de Hoth, armados con fusiles bláster E-11 y cañones de repetición E-web, por lo que están a la altura de los soldados rebeldes. También llevan botas para el hielo, una capa hermética térmica, gafas de nieve polarizadas, garfios y balizas de localización.

BABOSA ESPACIAL

ALTURA MEDIA 900 m
HÁBITAT Asteroides

Las babosas espaciales son seres de silicio que habitan en cuevas de asteroides y se alimentan de los minerales de sus hábitats. Estas babosas gigantescas, normalmente aletargadas, también engullen las naves que pasan. Este fue el caso del *Halcón Milenario*, pilotado por Han Solo en un campo de asteroides mientras se fugaba de sus perseguidores imperiales: la nave casi acabó en las entrañas de uno de estos enormes tragones. Se han visto grupos de babosas espaciales en varios campos de asteroides.

El vientre de la bestia
La babosa espacial usa toda su energía para embestir al *Halcón* que pasa.

MAYOR BREN DERLIN

ESPECIE Humana **PLANETA NATAL** Tiisheraan
FILIACIÓN Alianza Rebelde

El mayor Bren Derlin encabeza la misión de la Alianza a Omereth para rescatar a la familia de la criptógrafa Drusil Bephorin y solo lo logra gracias a la ayuda de Luke Skywalker. Entonces, Derlin trabaja como jefe de seguridad y miembro de la inteligencia de la Alianza en la base Eco. Da la orden de cerrar las compuertas de la base cuando Han y Luke se pierden en Hoth para evitar poner en peligro toda la instalación. Más tarde será líder de unidad en la batalla de Endor.

WES JANSON

ESPECIE Humana
PLANETA NATAL Taanab
FILIACIÓN Alianza Rebelde

El teniente Wes Janson vuela como artillero junto al piloto Wedge Antilles en la batalla de Hoth. Con el cable de remolque y el arpón de su deslizador, derriban el primer AT-AT en el ataque a la base Eco.

DAK RALTER

ESPECIE Humana **PLANETA NATAL** Kalist VI
FILIACIÓN Alianza Rebelde

Este piloto rebelde del Escuadrón Pícaro hace de artillero de Luke durante la batalla de Hoth. Hijo de una familia de prisioneros políticos en una colonia penitenciaria imperial, Ralter huye, albergando grandes sueños que nunca llegará a ver cumplidos porque muere cuando su aerodeslizador es destruido por un AT-AT.

MYNOCK

LONGITUD MEDIA 2 m **HÁBITAT** Varios

Los mynock son parásitos espaciales que sobreviven en los cables y conductores de energía de una nave. Si no se eliminan con rapidez, pueden consumirla por completo. Cuando son ingeridos por una babosa espacial gigante, pueden sobrevivir en su interior compartiendo su alimento.

GUARDIA ALADA DE BESPIN

ESPECIE Humana **PLANETA NATAL** Varios
FILIACIÓN Ciudad de las Nubes

Esta guardia es el brazo de la ley en la Ciudad de las Nubes de Bespin. Sus miembros responden ante Lando Calrissian, que controla la explotación minera. Es el primer (y único) cuerpo que controla a la población de las instalaciones.

CAPITÁN LORTH NEEDA

ESPECIE Humana **PLANETA NATAL** Coruscant
FILIACIÓN Imperio

Lorth Needa es un oficial despiadado al servicio de la República en las Guerras Clon, cuando el canciller supremo Palpatine es secuestrado por el general Grievous en Coruscant. Como oficial al mando del destructor *Vengador*, participa en la búsqueda de la base secreta rebelde. Pierde la pista del *Halcón Milenario* durante una persecución en un campo de asteroides y Darth Vader lo mata con la Fuerza.

IG-88

FABRICANTE Laboratorios Holowan **TIPO** Droide asesino **FILIACIÓN** Cazarrecompensas

IG-88 es un droide asesino insurrecto y uno de los principales rivales de Boba Fett. Su legendaria reputación es tan notoria que abundan los rumores sobre sus orígenes y motivaciones. En la era Imperial, IG-88 y el pirata Hondo Ohnaka colaboran para hacerse con la recompensa por la teniente Qi'ra, de Crimson Dawn, pero es ella quien los captura. El droide escapa y luego un agente de la Oficina de Seguridad Imperial, Alexsandr Kallus, lo contrata para que atrape a Han Solo, cosa que casi logra. En una misión en Garel, las tropas de asalto le disparan, pese a que trabaja para el Imperio. Más tarde, IG-88 intriga para destruir a la banda criminal Gillanium y cobrar múltiples recompensas.

Años después, vuelve a perseguir al *Halcón Milenario* y a Han Solo para Darth Vader, pero Boba Fett se le adelanta. Tras esta misión, Sly Moore le encarga que mate a Vader y a tal fin le proporciona los medios para controlar la armadura del señor del Sith. El droide casi acaba con Vader, pero al final este lo vence y lo destruye. IG-88 se recompone, viaja a Coruscant y rescinde el contrato con Moore, a quien afirma que Vader es invencible. Entonces aparece el señor oscuro, vuelve a destruir a IG-88 y asesina a los cómplices de Moore. Al cabo de un tiempo, el reprogramador de droides RB-919 repara a IG-88, pero este lo mata cuando se activa e intenta birlarle a Han a Boba Fett en Tatooine, pero fracasa. Luego el Imperio le encarga matar a los líderes de las bandas criminales Orgullo de Son-Tuul y Clan Inquebrantable. Mientras persigue a los droides delincuentes Triple Cero y BT1, el astromecánico R2-D2 lo recluta para el Escuadrón D, un grupo especial de droides que ha creado para derrotar al Azote. El equipo acaba reforzando al líder droide Ajax Sigma, que destruye al Azote a bordo de su nave insignia. Décadas después, IG-88 topa con la mercenaria Bazine Netal, que busca información para atrapar al *Halcón.*

4-LOM

FABRICANTE Autómata industrial **TIPO** Droide de protocolo de la serie LOM **FILIACIÓN** Cazarrecompensas

4-LOM es un droide de protocolo que trabaja en una nave de lujo hasta que alteran su programación y se lanza al crimen y la caza de recompensas. Pronto se asocia con el gand Zuckuss para buscar presas en su nave, el *Cazador de Niebla.* Una de sus primeras misiones consiste en capturar y matar al doctor Cribiriz Idollax, pero matan a su hermano en su lugar sin darse cuenta. En Valtos, tratan de atrapar a Han Solo, pero este y Chewbacca los esquivan. Años después, Vader contrata a varios cazarrecompensas, entre ellos 4-LOM, para que encuentren el *Halcón.* Sin embargo, es Boba Fett quien logra capturar a Han Solo. La general Vukorah se pone en contacto con Zuckuss y 4-LOM para que localicen a Beilert Valance y a su protegida, Cadeliah. Pero sus presas se les escurren en una estación orbital, en Lowick y en el sistema Y'Toub, donde recaban información sobre el paradero de Fett, a quien ahora busca Jabba el Hutt por haber perdido a Solo. Boba se enfrenta a 4-LOM en Nar Shaddaa y lo derrota. El droide acaba en manos del vengativo doctor Idollax, que lo reprograma para matar a Zuckuss, pero 4-LOM fracasa.

El gand, que ahora está en la banda de cazarrecompensas de T'onga, le devuelve a su amigo su personalidad original. Tras ello, 4-LOM pone su valioso talento informático al servicio del equipo y le guarda lealtad en sus múltiples misiones. Durante la crisis del Azote, se separa temporalmente de ellos cuando se une al Escuadrón D de R2-D2 para acabar con el caos.

Más tarde, en Tatooine, ayuda al equipo de T'onga a abatir al Megadroide de Jabba. Luego, el droide y Zuckuss se van para reanudar su carrera como dúo. Años después, la banda de T'onga vuelve a emprender una misión para cobrar una recompensa en el *Halcyon.*

BOUSHH

ESPECIE Ubese **PLANETA NATAL** Uba IV **FILIACIÓN** Cazarrecompensas

Boushh es oriundo de Uba IV, pero comete un crimen y lo exilian. Además, lo obligan a llevar su armadura en señal de vergüenza. Fuera del planeta, crea un equipo de cazarrecompensas con varios compatriotas exiliados que acaban siendo su familia. Cuando la organización criminal Sol Negro los contrata en Ord Mantell, Boushh acepta una arriesgada misión de Crimson Dawn para atacar a la poderosa dinastía Tagge. Se infiltra en una nave de la familia y conoce a Domina Tagge, que persuade a la banda para que se alíe con ella. A cambio, les ofrece ayudarlos a reintegrarse en la sociedad ubese. El equipo acepta y permanece a su lado cuando Crimson Dawn vuelve a ponerla en su punto de mira para eliminarla. Luego Boushh topa con Leia y Chewbacca en Ord Mantell y pelea con ellos para cobrar una recompensa por capturarlos. Después de vencer a Boushh con la ayuda de Maz Kanata, Leia le roba la armadura para usarla como disfraz e infiltrarse en el palacio de Jabba en Tatooine.

LOBOT

ESPECIE Humana **PLANETA NATAL** Bespin **FILIACIÓN** Alianza Rebelde

Cuando Lobot trabaja para el Imperio, le implantan un dispositivo cibernético AJ^6 en la cabeza para acelerar sus cálculos militares, pero eso tiene un precio: su personalidad. Después deja de trabajar para el Imperio y conoce al contrabandista Lando Calrissian. Corre muchas aventuras con Lando y se hacen buenos amigos.

En uno de sus golpes, Lando y Lobot lideran una banda para robar el *Imperialis,* que más tarde descubren que pertenece al emperador. La misión se tuerce y, para escapar de la nave, Lobot sacrifica lo que queda de su personalidad y deja que el dispositivo AJ^6 tome el control. Poco después, en Bespin, Lando se convierte en el barón de la Ciudad de las Nubes y Lobot es su principal asistente administrativo. Luego Lobot ayuda a liberar a Leia, Chewbacca y C-3PO de la custodia imperial. Lando se va con los rebeldes. Lobot se queda atrás y el Imperio lo conecta a los sistemas informáticos de la ciudad.

Al final, Lando vuelve con los rebeldes y lo rescata. Ahora Lobot es un invitado de la Alianza y sus habilidades son esenciales para que la Operación Starlight reúna con éxito a la flota rebelde. Como parte de esta misión, Lobot trabaja con un antiguo droide lingüístico para crear un sistema de encriptación indescifrable. Pero Lando y Lobot traicionan a la Alianza y venden en secreto el droide a Jabba el Hutt. Solo después se dan cuenta de que este podría reparar la cibernética de Lobot y devolverle su personalidad.

Tras esto, el dúo regresa a la Alianza y emprende varias misiones, algunas en el No Espacio, hasta que Lobot empieza a funcionar mal. A bordo de la nave insignia de la Alianza, el *Hogar Uno,* Lobot se hace con el mando y empieza a disparar sus armas. Preocupado por su amigo, Lando lo noquea antes de que cause más daño y decide llevarlo al palacio de Jabba para que el droide lingüista repare su cibernética.

Durante la misión, el Azote captura y corrompe a Lobot, que se convierte en una herramienta clave para la inteligencia droide. Una vez derrotado el Azote, a Lobot le reparan la cibernética y por fin empieza a expresarse mejor. Tras un tiempo separados, Lobot y Lando colaboran para liberar la Ciudad de las Nubes. Cuando lo logran, Lobot pasa a trabajar como oficial de enlace para el último proyecto de Lando, Empresas Calrissian.

ZUCKUSS

ESPECIE Gand **PLANETA NATAL** Gand **FILIACIÓN** Cazarrecompensas

Zuckuss es un gand sensible a la Fuerza que pertenece a uno de los pocos clanes que siguen observando las tradiciones de los buscadores en su planeta natal. Animado por su madre, se somete al Gran Rito para convertirse en un buscador. Durante el rito, los participantes deben encontrar una rara flor llamada T'karra que solo crece en el territorio de un mortífero charon. Zuckuss logra matar al monstruo, lo cual supone una gran ayuda para el clan, pero no regresa con la flor y es expulsado.

Posteriormente, se convierte en cazarrecompensas y trabaja a menudo con su colega, el droide de protocolo 4-LOM. La pareja intenta sin éxito capturar a Han Solo y Chewbacca para el criminal Rekias Nodo. Pasados unos años, Vader contrata a Zuckuss en más de una ocasión. En primer lugar, para recuperar a la doctora Chelli Aphra de la Alianza Rebelde y, después, para rastrear el *Halcón Milenario.*

Zuckuss y 4-LOM intentan varias veces capturar a Cadeliah, heredera de dos organizaciones criminales. Pero se topan con otro cazador, Beilert Valance, hasta que reciben información sobre una recompensa más lucrativa: Boba Fett. En Nar Shaddaa, Fett vence al dúo y se lleva la cabeza de 4-LOM. Un enemigo reprograma al droide, que ataca a Zuckuss en Nar Shaddaa y por poco lo mata.

El abatido Zuckuss se retira a una reserva flotante gand hasta que T'onga lo recluta en su equipo. Zuckuss les recomienda que capturen y reprogramen a 4-LOM para que los ayude. Cuando el dúo por fin se reencuentra, Zuckuss se pone muy contento y ambos prestan sus habilidades al grupo hasta que se disuelve tras una misión a Tatooine. Zuckuss y 4-LOM se van juntos para recorrer de nuevo la galaxia en su nave. Durante la Nueva República, la pareja vuelve con T'onga y ayuda con otra recompensa.

ZED-6-7

FABRICANTE Cybot Galactica
TIPO Droide SP-4
FILIACIÓN Imperio, Crimson Dawn

Darth Vader recluta a ZED-6-7 para que lo ayude a encontrar a los que le han ocultado a su hijo, Luke Skywalker. Es un droide excitable que le resulta muy útil hasta que lo golpea en un arranque de cólera. Más tarde, Sabé, una de las antiguas doncellas de Padmé Amidala, lo encuentra y lo repara para una nueva misión.

ELLIAN ZAHRA

ESPECIE Humana
FILIACIÓN Imperio

Después de la muerte de su mentor, el gran moff Wilhuff Tarkin, la comandante Ellian Zahra se obsesiona con vengarse de Leia Organa. Es una brutal estratega militar que persigue y destruye a las dispersas flotas de la Alianza en su destructor estelar, el *Voluntad de Tarkin.* Hiere a Leia en su primer duelo y luego vuelven a encontrarse en las cuevas de Panisia, donde la atrapa una criatura gigante. Para sorpresa de la comandante, Leia la abandona a su suerte con la bestia.

FRELL

ESPECIE Tholothiana
FILIACIÓN Alianza Rebelde

Frell y su equipo rebelde de Rastreadores rescatan a Shara Bey de la *Voluntad de Tarkin.* Como la nave ha masacrado a civiles en Panisia, Frell decide quedarse atrás y destruirla. Mientras coloca cargas en el núcleo del reactor se queda inmovilizada, pero se sacrifica para completar la misión.

GORR

ESPECIE Humana
FILIACIÓN Imperio

El teniente Gorr es el segundo de a bordo de la comandante Zahra en la *Voluntad de Tarkin.* Es su sombra y acata sus órdenes al pie de la letra. Cuando unos infiltrados rebeldes sabotean el destructor estelar, la comandante informa a Gorr de que deben abandonar la nave. A día de hoy, se desconoce su destino.

GREK

ESPECIE Humano
FILIACIÓN Alianza Rebelde

Grek, comodoro de la 4.ª División de la Alianza Rebelde, colabora a menudo con Leia Organa y Luke Skywalker. Dirige la Operación Starlight, una misión para juntar a la flota dispersa de la Alianza Rebelde, cosa que consigue pese a los contratiempos.

NEEDLE

ESPECIE Quermiana **PLANETA NATAL** Quermia
FILIACIÓN Alianza Rebelde

Este miembro de la unidad de Rastreadores de la Alianza Rebelde es un ser despierto y desinteresado. Durante una misión para recuperar un droide de un museo de Coruscant, Needle crea una distracción alegando que ciertas reliquias pertenecen a su pueblo. Pero los guardias lo someten y el conservador del museo ordena su ejecución.

KES DAMERON

ESPECIE Humana
FILIACIÓN Alianza Rebelde, Nueva República

El sargento Kes Dameron conoce a su futura esposa, Shara Bey, en Galator III tras apostar por ella en una carrera. Kes sacrifica su vida familiar, que incluye a su hijo Poe, para servir a la Rebelión. Suele pasar largas temporadas sin ver a su esposa, como cuando esta se queda varada en la nave imperial *Voluntad de Tarkin.* Tras la batalla de Endor, Kes participa en muchas misiones en el equipo de élite de los Rastreadores. Tras la guerra, Bey fallece inesperadamente y Dameron cría solo a su hijo hasta que Poe abandona su hogar para unirse a los traficantes de especia de Kijimi.

SHARA BEY

ESPECIE Humana
FILIACIÓN Alianza Rebelde, Nueva República, Fuerzas de Defensa Civiles de Yavin 4

Al igual que su marido, Kes Dameron, Shara es testigo del dolor que el Imperio inflige a la galaxia y se une a la Rebelión. Es la líder del Escuadrón Starlight y vuela con el Escuadrón Verde en la batalla de Endor. En la Operación Ceniza, lidera la defensa de Naboo pilotando junto a Leia Organa. Tras retirarse de la Alianza, forma parte de la defensa civil de la colonia de Yavin 4 y enseña a volar a su hijo, Poe Dameron. Bey fallece de forma repentina a causa de una rara enfermedad, la hematoignis, y es recordada para siempre como un miembro vital de la Alianza Rebelde.

BOKKU EL HUTT

ESPECIE Hutt **PLANETA NATAL** Nal Hutta
FILIACIÓN Clan Hutt, Crimson Dawn

Bokku el Hutt forma parte del Gran Consejo Hutt, y Ochi de Bestoon le ordena entregar a Darth Vader el cuerpo de Han Solo envuelto en carbonita. Bokku también es un espía secreto de Crimson Dawn. Un iracundo Vader lo mata sobre Jekara a modo de «recompensa» final.

LOS DROIDES PIRATAS DE BESTOON

FABRICANTES Varios **TIPO** Varios droides asesinos **FILIACIÓN** Ochi de Bestoon, Sly Moore, Mas Amedda, Darth Vader

Los Droides Piratas de Bestoon son un ejército letal a las órdenes de su capitán, Ought-Six. Suelen trabajar para Ochi de Bestoon, y persiguen a Darth Vader en Mustafar. Cuando Ochi busca a Dathan, los droides pierden un combate crucial y Ochi destruye al capitán.

NAKANO LASH

ESPECIE Nautolana **PLANETA NATAL** Glee Anselm **FILIACIÓN** Tripulación de Nakano Lash

Khamus contrata a este cazarrecompensas para que mate a su amante embarazada, Krynthia. Pero Lash mata a Khamus y cría en secreto a la hija de Krynthia, Cadeliah, heredera de las bandas criminales rivales de sus padres. Años después, Lash reaparece agonizando de neumonía y pide a su protegido, Beilert Valance, que cuide de Cadeliah.

T'ONGOR

ESPECIE Humana
FILIACIÓN Tripulación de Nakano Lash

El cazarrecompensas T'ongor es el hermano gemelo de T'onga y a veces trabaja con la banda de Nakano Lash. Tras alertar al equipo sobre la posible traición de Lash, un disparo accidental de Boba Fett lo mata en Corellia.

T'ONGA

ESPECIE Humana **FILIACIÓN** Gremio de Cazarrecompensas, Losha Tarkon

T'onga se había retirado, pero vuelve a ejercer de cazarrecompensas tras la muerte de su gemelo, T'ongor. Al hacerlo, renuncia a la vida que lleva en la luna de Logal Ri con su compañera, Losha Tarkon. En una misión para proteger a Cadeliah, forma una banda que incluye a Losha. Durante ese encargo se cruzan tanto con Crimson Dawn, la banda de Qi'ra, como con la unidad imperial de Beilert Valance. En Bestine, se reencuentra con Valance, abandona a su esposa otra vez y emprende la peligrosa misión de recuperar la memoria de Beilert. Tras salvar a su amigo, vuelve a Logal Ri con Losha y Cadeliah, donde quiere abrir una cantina.

LOSHA TARKON

ESPECIE Humana
FILIACIÓN Gremio de Cazarrecompensas, T'onga

Losha Tarkon se convierte en una temible cazarrecompensas por derecho propio cuando su esposa, T'onga, se entrega a una venganza personal. Tarkon viaja a Ruusan, donde rescata a su esposa herida, recoge a una mascota nexu llamada Furball y se une a T'onga en la búsqueda de Boba Fett y Han Solo, que está congelado en carbonita. Tras la muerte de su querida mascota, Tarkon entrena aún más y se convierte en una guerrera y tiradora de primera. Su mujer vuelve a abandonarla para lanzarse al peligroso rescate de Beilert Valance.

SYPHACC

ESPECIE Humana
FILIACIÓN Syphacc's Bountiful Bounties

Este humano con un implante craneal es el nexo de unión entre muchos de los cazarrecompensas más peligrosos de la galaxia. Dirige un negocio de recompensas en la estación Kirkeide cuyo lema es «Vivo o muerto... ¡No nos importa!». La estación también tiene un ring de combate secreto.

OORIS BYNAR

ESPECIE Thisspiasiana
PLANETA NATAL Thisspias
FILIACIÓN Jabba el Hutt, banda de Khel Tanna

Bynar es un temido cazarrecompensas con fama de causar daños colaterales. Ha trabajado con Han Solo y Khel Tanna en Galator III. Después de arrancarle literalmente a Syphacc información sobre el paradero de Cadeliah, es el primero en encontrarla en Ruusan, pero Cadeliah y Nakano Lash lo matan.

CADELIAH

ESPECIE Humana
FILIACIÓN Clan Indómito, Lamento del Doliente, Crimson Dawn

Cadeliah es hija de los herederos de dos organizaciones criminales rivales. Tras la muerte de sus padres, Nakano Lash la cría y la entrena. Pero Qi'ra la captura, se convierte en su mentora y le regala los abultados créditos de Crimson Dawn. Cadeliah se instala en Logal Ri con T'onga y Losha Tarkon.

VUKORAH

ESPECIE Humana
FILIACIÓN Clan Indómito

Vukorah, general de las fuerzas del Clan Indómito, persigue a Cadeliah. Acepta una invitación de Qi'ra, quien le regala una reliquia en forma de daga sagrada. Vukorah mata con ella al gran líder del Clan Indómito y se convierte en su nueva líder. Como tal, se une a Crimson Dawn, pero las fuerzas de T'onga la capturan mientras buscan a Cadeliah. Qi'ra la traiciona y se retira como líder del Clan Indómito para sobrevivir a un intento de asesinato por parte de IG-88. Adquiere una camada entera de gatos Loth y, sorprendentemente, se alía con Losha Tarkon para sobrevivir al Azote.

BOLA DE PELO

ESPECIE Nexu
PLANETA NATAL Ruusan
FILIACIÓN T'onga, Losha Tarkon

Bola de Pelo es un temible nexu al que un humano entrena en Ruusan y luego se lo regala a T'onga y Losha Tarkon, quien le da su nombre. La criatura se convierte en una leal aliada en la batalla, pero muere cuando Vukorah la ataca mientras intenta huir en el *Edgehawk*.

KONDRA

ESPECIE Humana
FILIACIÓN Alianza Rebelde, Segunda División

Kondra es teniente de la Alianza Rebelde en el planeta selvático de Lowik, donde hay un puesto rebelde secreto. Es el marido de la exnovia de Beilert Valance, Yuralla Vega (conocida como Yura). Ambos ayudan a proteger a Cadeliah. Pese a todo, la joven es secuestrada durante un asalto a la base.

EVERI CHALIS

ESPECIE Humana **PLANETA NATAL** Haidoral Prime **FILIACIÓN** Imperio, Alianza Rebelde, Frente de Batalla: Compañía Crepúsculo

Chalis asciende en el Imperio hasta convertirse en gobernadora de Haidoral Prime, lo que considera un castigo. Pronto deserta y ayuda a la Compañía Crepúsculo a identificar instalaciones imperiales para destruirlas. Luego se dedica al arte.

FREYTA SMYTH

ESPECIE Twi'lek
FILIACIÓN Alianza Rebelde, Escuadrón Starlight

Esta piloto consumada de la Alianza Rebelde sirve en el Escuadrón Starlight, una unidad de caza estelar encargada de localizar las divisiones dispersas de la Rebelión tras la batalla de Hoth. La misión se conoce como Operación Starlight. Más tarde muere en Coruscant, atrapada en una emboscada Imperial.

RONEN TAGGE

ESPECIE Humana
FILIACIÓN Corporación Tagge

Vástago de la dinastía Tagge, Ronen colecciona artefactos raros con el único propósito de contemplar su destrucción. Tras arrebatarle los Anillos de Vaale a la doctora Chelli Aphra y su equipo, casi muere cuando esta vuela su ático. Después traiciona a su poderosa tía, Domina, que lo ejecuta tras descubrir su complot.

DETTA YAO

ESPECIE Humana
FILIACIÓN Universidad Sombra

Detta Yao, una ambiciosa estudiante de arqueología, quiere escribir su tesis doctoral sobre los antiguos Anillos de Vaale. El destino la pone en contacto con la doctora Chelli Aphra y pronto crean un equipo para encontrar los artefactos. Pero también se convierten en rivales y en el blanco del corrupto cazatesoros llamado Ronen Tagge. Cuando Yao y compañía se acercan a los anillos, Aphra la traiciona y le dispara por la espalda. Aunque escapa, pronto la capturan y la llevan ante Tagge en Canto Bight. Sin embargo, Aphra tiene sus propios planes y casi destruye a Tagge para conseguir los anillos. Yao escapa, vuelve a la Universidad Sombra y pone fin a su aventura.

EUSTACIA OKKA

ESPECIE Mirialana
FILIACIÓN Universidad Sombra

Eustacia Okka es un antiguo amor de la doctora Chelli Aphra. Estudia en la Universidad Sombra y siente especial interés por los Anillos de Vaale. La expulsan y, años después, se reencuentra con Aphra y se incorpora a su equipo para buscar los artefactos místicos. No los recuperan, pero el grupo sobrevive a un encuentro con Ronen Tagge, y Eustacia halla una daga antigua y un modo de reincorporarse a la universidad. Más adelante, la reclutan para encontrar a Chelli cuando esta es poseída por la Chispa Eterna, un antiguo mal recién despertado.

AFORTUNADO

ESPECIE Humana

El escurridizo e ingenioso Afortunado se abre paso en la galaxia como contrabandista, cazador de tesoros e intrigante. Se ha cruzado varias veces con la doctora Aphra y vuelve a hacerlo cuando esta lo recluta para localizar los Anillos de Vaale. Sin embargo, cuando se acercan a los artefactos, Afortunado traiciona al grupo: revela que ya tiene uno de los anillos y que trabaja para Ronen Tagge, un coleccionista rival. Al final, Aphra casi mata a Tagge, Afortunado recupera en secreto el Anillo de la Fortuna y luego rastrea a Aphra para Domina Tagge y se la entrega a cambio de una recompensa.

DOMINA TAGGE

ESPECIE Humana **PLANETA NATAL** Tepasi
FILIACIÓN Corporación Tagge

Lady Domina Tagge, miembro de la Casa Tagge y jefa de la Corporación Tagge, ejerce el poder legítimamente y en las sombras. Cuando la arqueóloga Aphra destruye el piso de su sobrino, Ronen Tagge, a quien casi mata, Domina ofrece una recompensa por su captura. Pero, como es tan pragmática, al final contrata a Aphra para un trabajo. Más tarde, manda ejecutar a Ronen cuando descubre su plan para derrocarla, y hace lo mismo con su hermano Silas, a quien apuñala con la protoespada Tagge tras frustrar su intento de golpe de Estado. Domina sigue buscando formas de ampliar la influencia de su familia y consolidar su autoridad.

LAPIN TAGGE

ESPECIE Humana
FILIACIÓN Corporación Tagge

Lapin es ayudante de Domina, jefa de la Corporación Tagge y una de las figuras más poderosas de la galaxia. Lleva a cabo cualquier tarea que le pida su prima, como la investigación de la propia familia Tagge cuando esta sospecha que hay un topo y filtraciones desde dentro.

ARIOLE YU

ESPECIE Humana
FILIACIÓN Sexto Familiar

De niño, Yu entra a formar parte de la familia del crimen Sexto Familiar, donde crece junto a Afortunado. Allí Gallin Crae los entrena para ser asesinos. Más tarde, Ariole y Afortunado tienen un romance, pero este último se marcha de repente. Se reencuentran cuando Wen Delphis, líder de la banda, les ordena buscar y matar a su antiguo mentor, Crae. Su presa, ahora aliada con Crimson Dawn, derrota al dúo. La jefa de Crimson Dawn, Qi'ra, les ofrece un lugar en su banda. Yu siente curiosidad, pero la pareja acaba aceptando un encargo para Ronen Tagge: localizar el antiguo dispositivo de la Chispa Eterna.

DURGE

ESPECIE Gen'Dai
FILIACIÓN Cazarrecompensas

Este colosal cazarrecompensas blindado tiene una merecida fama de invencible. En un trabajo, tropieza con los cymotes, unos parásitos letales, y se alía con la doctora Chelli Aphra y Sana Starros para sobrevivir. Después, un escuadrón lo recluta para buscar y salvar a su colega Beilert Valance.

DEVA LOMPOP

ESPECIE Shani
FILIACIÓN Los Nihil, Jabba el Hutt, Crimson Dawn

Lompop es una de las cazarrecompensas más peligrosas de la galaxia desde la Alta República. Como parte de la Tempestad Nihil de Kara Xoo, conoce a Avon Starros cuando está cautivo y, años después, se asocia con su antepasada, Sana Starros, para recuperar los diarios de Avon.

TRINIA

ESPECIE Casi-humana
FILIACIÓN Crimson Dawn

Trinia conoce a Qi'ra en Thorum cuando ya trabaja para Crimson Dawn. Es una mujer de apariencia elegante que al principio despierta aversión en Qi'ra, pero pronto pasa a ser su ayudante. Gracias a su asombroso don para calar a la gente, un talento casi sobrenatural, Trinia acaba siendo una de las líderes de la banda junto con Qi'ra y Margo.

DEATHSTICK

ESPECIE Dathomiriana **PLANETA NATAL** Dathomir **FILIACIÓN** Hermanas de la Noche, Crimson Dawn, Kouhun

Deathstick es una cazarrecompensas cuyo linaje fue aniquilado en las Guerras Clon. Durante un enfrentamiento con el Imperio, pierde la mandíbula inferior y se la reemplazan por una cibernética que lleva siempre tapada. Llega a liderar a los Kouhun y también trabaja como implacable asesina de Crimson Dawn, para quien rastrea a Cadeliah hasta una base rebelde oculta. Luego la contrata T'onga para perseguir a Boba Fett y recuperar la memoria de Beilert Valance. Cuando cae el Imperio, ella y los Kouhun colaboran estrechamente con el Alzamiento.

LA ARCHIVISTA

ESPECIE Humana
FILIACIÓN Universidad de Bar'leth, Crimson Dawn

La misteriosa Archivista, antes llamada Madelin Sun, ocupa el cargo académico de sava en la Universidad de Bar'leth. Qi'ra la recluta para Crimson Dawn porque es sensible a la Fuerza. Parte de su trabajo consiste en localizar a Yoda. Eso la lleva a Dagobah, donde su experiencia en la cueva del Mal cambia su aspecto y su punto de vista. Más tarde, ayuda a Qi'ra a localizar a los Caballeros de Ren y a activar la Jaula Fermata en la estación Amaxine. La Archivista registra el intento de reinado de Qi'ra en un holocrón que después ven Luke Skywalker y Leia Organa.

REN

ESPECIE Humana
FILIACIÓN Caballeros de Ren, Crimson Dawn

«Ren» es el antiguo nombre que designa al líder de los Caballeros de Ren. En la era imperial, desempeñaba el cargo un apuesto humano sensible a la Fuerza que empuñaba una espada de luz roja. Ren se alía con Qi'ra e irrumpe en la Fortaleza Vader durante una misión que acaba en un duelo con el señor oscuro. Junto a sus caballeros, Ren traiciona a Qi'ra y salva a Vader y al emperador de la Jaula Fermata. Años después, su encuentro con Ben Solo desencadena unos acontecimientos que harán que el joven abandone a los Jedi, mate a Ren y se apropie del título.

JYALA HAYDENN

ESPECIE Humana **FILIACIÓN** Imperio

La teniente imperial Haydenn trabaja con el cazarrecompensas cibernético Beilert Valance. Tienen un romance, pero ella le dispara y hace que el Escuadrón Infernal le borre la memoria. Sin embargo, luego renuncia al Imperio y acaba reconciliándose con su antiguo amante.

LORD GYUTI

ESPECIE Falleen **PLANETA NATAL** Falleen **FILIACIÓN** Sol Negro

Lord Gyuti es un alto cargo de Sol Negro que asiste a la subasta de Han Solo. Después se reúne con Qi'ra para formar una alianza; sin embargo, su inacción lleva a la destrucción de un laboratorio de investigación de Sol Negro. Más tarde, Gyuti ofrece una recompensa por la cazarrecompensas zabrak Jas Emari.

GAZIAN

PLANETA NATAL Gazian

Gazian es un planeta viviente cubierto de hongos y una vergencia en la Fuerza que genera huellas de todo el que lo visita. Luke Skywalker va allí en busca de conocimiento y topa con un recuerdo Elzar Mann, un Jedi de la Alta República. También tiene visiones de otros lugares, como Ahch-To, y parte con un antiguo texto Jedi.

KHO PHON FARRUS

ESPECIE Alcediana

Kho Phon Farrus se obsesiona con los artefactos del lado oscuro y la secta Ascendente cuando estudia Arqueología en la Universidad de Bar'leth. Anos más tarde, regresa a la universidad y Sava Iglan'tine la conduce a una cámara subterránea que alberga la Chispa Eterna, antigua IA de la secta.

LORIACH

ESPECIE Alazmec **PLANETA NATAL** Mustafar **FILIACIÓN** Gremio de Asesinos

Loriach es un maestro francotirador del Gremio de Asesinos que lucha por dinero y persigue a colaboradores y simpatizantes de Crimson Dawn. Participa en misiones para Darth Vader junto con los Revengers y Beilert Valance, hasta que Vader prescinde de él y de su equipo.

TARL SOKOLI

ESPECIE Humana **FILIACIÓN** Imperio

El general imperial Tarl Sokoli, el heroico «Dragón Espinoso de Anaxes», conoce a un joven Beilert Valance en el planeta liberado de Chorin, lo que inspira al chico a unirse al Imperio. Años más tarde, Vader ordena al Escuadrón Oscuro de Valance que lo persiga y lo mate.

CHILLA ZIN

ESPECIE Voridsec **FILIACIÓN** Gremio de Asesinos

Chilla Zin es un maestro consumado del Gremio de Asesinos. Al principio trabajaba a sueldo con G-90 y Loriach, pero Ochi de Bestoon lo reclutó para que sirviera al Imperio. Cree en el código profesional de su gremio y le cuesta conciliarlo con lo que hace su equipo.

G-90

FABRICANTE Jayosbrand **TIPO** Droide asesino **FILIACIÓN** Gremio de Asesinos

G-90 es un droide asesino esférico que Darth Vader parte en dos por intentar salvar de la tortura a unos prisioneros. Jul Tambor lo arregla, pero lo vuelven a destruir. Más tarde lo reparan de nuevo para que luche contra Vader con otros droides.

MOFF JERJERROD

ESPECIE Humana **PLANETA NATAL** Tinnel IV **FILIACIÓN** Imperio

El moff Jerjerrod supervisa la construcción de la segunda Estrella de la Muerte. La comandante Sharin, supervisora de la OSI, lo elogia por el orden que impera en su nave. Al poco, Jerjerrod se da cuenta de que unos agentes enemigos han tomado la lanzadera de Sharin y envía cazas para detenerlos, pero se le escapan. Cuando el proyecto de la estación de combate se retrasa, el emperador envía a Vader para que presione al moff. Jerjerrod dirige el superláser de la estación en la batalla de Endor. Muere cuando los rebeldes detonan el núcleo del reactor de la superarma.

REVENGERS

ESPECIE Humana, trandoshana, weequay **PLANETA NATAL** Varios **FILIACIÓN** Revengers

Este grupo liderado por Ankala Sahm consiste en S'ira y Tanka, de especie weequay y trandoshana respectivamente. Todos han sufrido una inmensa pérdida por culpa de Crimson Dawn. Ochi de Bestoon los recluta para acabar con la banda criminal y Valance se les une. Ven a Darth Vader como un héroe.

TAUNTAZA

ESPECIE Humana **FILIACIÓN** Imperio, Crimson Dawn

Tauntaza es la corrupta gobernadora de Gabredor III. Aparentemente trabaja con Crimson Dawn, pero recibe órdenes en secreto del emperador. Construye una fortaleza oculta por una energía incontrolable y una tormenta de arena. Lleva una armadura energizada y se bate en duelo con Darth Vader, pero logra escapar.

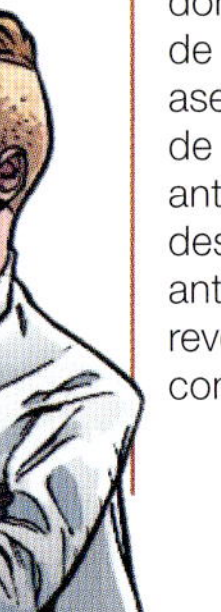

JUL TAMBOR

ESPECIE Skakoana **PLANETA NATAL** Skako Menor **FILIACIÓN** Insurgencia de Jul Tambor

El nieto de Wat Tambor lidera una sublevación para controlar Skako Menor. Sabé se encuentra con él en Brentaal IV, donde lo protege de un intento de asesinato por parte de un droide. La antigua doncella desacredita a Jul ante su pueblo al revelarle su malvada conspiración.

JON MELTON

ESPECIE Humana **FILIACIÓN** Imperio, Crimson Dawn, Alianza Rebelde

Melton finge ser el fiel ayudante del moff Jerjerrod a bordo de la segunda Estrella de la Muerte, pero en realidad él y su esposa, Bevelyn, son espías de Crimson Dawn. Cuando reciben la orden de sembrar el caos para el Imperio, deciden desertar. Acuden a la Alianza Rebelde y les revelan la existencia de la nueva estación de combate.

BEVELYN

ESPECIE Humana **FILIACIÓN** Imperio, Crimson Dawn, Alianza Rebelde

Bev es una espía de Crimson Dawn que sirve en la segunda Estrella de la Muerte junto con su marido, Jon Melton. La reclutó lady Qi'ra, líder de la banda. En un momento dado, la pareja roba una lanzadera imperial y se dirige con sus hijos a la Alianza Rebelde para revelarle la construcción de una nueva superarma imperial.

CHISPA ETERNA

FABRICANTE Ascendente **TIPO** Dispositivo de Inteligencia Artificial **FILIACIÓN** Ascendente

La Chispa Eterna es un antiguo dispositivo de IA creado por los miembros de Ascendente, una secta del lado oscuro. Sus poderes y habilidades son impredecibles, y durante mucho tiempo permanece oculto bajo la Universidad de Bar'leth. Kho Phon Farrus lo descubre y el dispositivo mata, revive y posee temporalmente a la doctora Aphra.

MIRIL

ESPECIE Chadra-Fan **FILIACIÓN** Ascendente

Miril es la líder de Ascendente, una secta dedicada a investigar y replicar los poderes de la Fuerza, en especial del lado oscuro. Se sacrifica durante un ataque de los Sith para salvar la Chispa Eterna, un dispositivo de IA con poderes misteriosos creado por la secta.

AJAX SIGMA

TIPO Droide guerrero y sacerdote (droide vidente) **FILIACIÓN** Segunda Revelación

Ajax Sigma es un droide guerrero y sacerdote que lidera un levantamiento durante la Alta República. Loden Greatstorm lo destruye, pero, casi dos siglos después, Han Solo y Chewbacca recuperan su núcleo neural y entierran a Sigma. La Segunda Revelación lo encuentra y lo reconstruye. Sigma convierte al grupo en una iglesia, de la que se nombra sumo sacerdote. Cuando el Azote se impone, Sigma se entrega a derrotarlo. La primera vez que lo intenta, destruye a toda su colonia, tras lo cual se une al Escuadrón D y vence al Azote con su espada.

FORVAN

ESPECIE Humana **FILIACIÓN** Colonia Kezarat

Forvan es un niño humano que vive en la Colonia Kezarat con su padre, Blythe. Anda siempre explorando el antiguo Gran Salón de los Nihil con su mochila propulsora, a la caza de «nuevos sabores». Allí conoce a unos rebeldes varados que finalmente logran escapar del No Espacio con un Motor de Ruta.

BLYTHE

ESPECIE Abyssin **FILIACIÓN** Colonia Kezarat

El capitán Blythe dirige la Colonia Kezarat en el No Espacio, un convoy de naves cisterna que se esfumó hace mucho. Él y su hijo rescatan a un escuadrón de la Alianza Rebelde y les piden sus armas, entre ellas una espada de luz Jedi. Juntos, abren una brecha hacia la galaxia conocida con la tecnología Nihil.

TOMASSO

ESPECIE Humana **FILIACIÓN** Traficantes de especia de Kijimi, Alianza Rebelde, Nueva República

Tomasso es uno de los miembros de más alto rango de los traficantes de especia de Kijimi. Justo antes de la batalla de Endor, protege a Mon Mothma durante un intento de asesinato. Luego se convierte en mentor de Zorii Bliss y del joven Poe Dameron, pero Zeva Bliss lo apuñala de muerte tras acusarlo de pasar información a la Nueva República.

FENÓMENO ESTELAR

FILIACIÓN La Fuerza

El fenómeno estelar, que se creía extinto, es un ser sensible a la Fuerza que emite un chillido agudo a modo de ataque. Luke Skywalker y la doctora Aphra topan con una de estas criaturas en el templo de Sason, donde los Jedi la tenían sometida. La vencen con un pedazo de la campana de Kythoo, que concentra las frecuencias de los cristales del templo.

MANAROO

ESPECIE Aruzana **PLANETA NATAL** Aruza **FILIACIÓN** Dengar

Manaroo es una aruzana de piel azul que Jabba el Hutt mantiene presa para aprovecharse de su novio, Dengar. Jabba planea retenerla hasta que Dengar capture a Boba Fett. Cuando Jabba muere, Manaroo es liberada y forma un equipo para rescatar a Dengar, que está atrapado en un campo de asteroides.

THEA STARROS

ESPECIE Humana **FILIACIÓN** Jinetes de las Nubes

Thea fue francotiradora en la banda de merodeadores de Enfys Nest. Tiene buena puntería y es la abuela de la contrabandista Sana Starros. Cuando los imperiales secuestran a una chica de la familia, Thea participa en una misión para salvarla y recuperar una reliquia familiar de manos del Imperio.

ARYSSHA STARROS

ESPECIE Humana

La prima de la contrabandista Sana Starros se convierte en el centro de un enfrentamiento familiar con el Imperio. Está casada con un imperial que la secuestra del hogar ancestral de los Starros. El clan acude en su rescate y Aryssha da a luz a gemelos sanos.

MEVERA STARROS

ESPECIE Humana

Esta artista y contrabandista es tía de Sana Starros y madre de Aryssha, a quien da a luz durante un trabajo para Maz Kanata. Mevera se une a su madre y a Sana en una misión para rescatar a Aryssha de su esposo, un oficial imperial, y recuperar una reliquia familiar robada.

PHEL STARROS

ESPECIE Humana **FILIACIÓN** Imperio

Phel se siente abandonado por su hermana, Sana. Tras andar un tiempo perdido, da un vuelco a su vida y se une al Imperio. Al convertirse en oficial imperial, entra en conflicto con su familia. Pero no recuerda haber salido de la Academia para Jóvenes Imperiales de Lothal, lo que le inquieta.

GRETTA

ESPECIE Humana **PLANETA NATAL** Jedha

El Imperio mata en Jedha a la familia de Gretta, quien se siente en deuda con Luke Skywalker por haber destruido la Estrella de la Muerte. Salva al Jedi de los cazarrecompensas en Christophsis y lo lleva hasta el doctor Cuata, un especialista en kyber que regala dos cristales al joven. Más tarde, Gretta ayuda a Luke a purificar un cristal kyber rojo.

GOL

FILIACIÓN Sith

Gol, un cruel y violento señor de la guerra traumatizado, se niega a olvidar su dolor, pues lo considera necesario para vivir. Un cristal kyber rojo contiene un eco espiritual de este Rey Marchito, como lo llaman. Luke Skywalker viaja al interior del cristal para purificarlo y descubrir el dolor que convirtió a Gol en un tirano despiadado.

AZOTE

FABRICANTE Hecho a sí mismo **FILIACIÓN** Azote

El Azote se forma cuando la IA Chispa Eterna se combina con un droide ancestral. Es una forma de vida capaz de incorporar seres mecánicos. Usando al droide, se propaga por un destructor estelar, mata a todos los humanos y rebautiza la nave como *Azote 01*. Pero sigue hambriento y pone el punto de mira en la «carne» (las personas), empezando por los cíborgs, lo que lleva su alcance y poder a otro nivel.

KAY VESS

ESPECIE Humana **PLANETA NATAL** Cantonica **FILIACIÓN** Ninguna

Kay es una canalla en ciernes oriunda de las calles de Canto Bight. No le gusta el Imperio, pero tampoco le interesa luchar en la Guerra Civil Galáctica. Es una agente brillante, lista, eficaz y sigilosa con toda una gama de artilugios a su disposición. Además, es una piloto consumada y tiene su propia nave, la *Cazaestelas.* En un momento dado, un trabajo se tuerce y acaban ofreciendo una recompensa por ella. Solo tiene una forma de escapar: dando uno de los mayores golpes de la historia.

NIX

ESPECIE Merqaal **FILIACIÓN** Kay Vess

Esta criatura es un merqaal que acompaña a Kay Vess en sus aventuras por la galaxia. Son inseparables desde que se conocieron en Canto Bight y se profesan una lealtad inquebrantable. Para Nix, Kay es toda su familia y la única persona en quien confía. Cuando Kay está en peligro, Nix monta en cólera y la protege a costa de su vida. Responde a órdenes sencillas y suele ayudar a Kay en sus misiones, ya sea buscando armas o activando controles.

ND-5

FABRICANTE Baktoid Combat Automata **TIPO** Droide comando **FILIACIÓN** Kay Vess

ND-5 es un droide comando modelo BX que lucha en las Guerras Clon y sigue activo en la era imperial. Al igual que otros droides comando, es un adversario formidable en combate. Al final de las Guerras Clon, ND-5 empieza a trabajar para el misterioso Jaylen Vrax. En cierto momento, colabora con Kay Vess y Nix como sicario y guardaespaldas. El trío lleva a cabo un sonado golpe tras la batalla de Hoth.

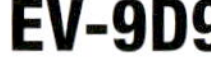

80-M

TIPO Droide de protocolo **FILIACIÓN** Palacio de Jabba, Silvan Kaan

Este droide de protocolo reprogramado trabaja en el palacio de Jabba y cree que su labor está por debajo de sus capacidades. Así que accede a ayudar al granuja Silvan Kaan a cambio de que lo libre de su perno de sujeción. Pero el pobre es solo un peón en el complot de Kaan para matar al señor del crimen. Cuando se destapa la traición, todos los responsables se enfrentan a la justicia de Jabba, incluido el desgraciado 80-M, a quien despedazan y destruyen.

8D8

FABRICANTE Colmena Roche verpiniana **TIPO** Droide fundidor **FILIACIÓN** Palacio de Jabba, Boba Fett

8D8 es un cruel droide industrial propiedad de Jabba el Hutt. Tortura a otros autómatas para garantizar que entienden cuál es su lugar en el palacio, y a veces los atormenta solo por diversión. Los droides de la serie 8D están resentidos con los de protocolo y los astromecánicos, más sofisticados, por lo que tienden a ser unos matones. El Azote infecta temporalmente a 8D8 junto con muchos de su especie en el palacio. Tras la muerte de Jabba y Bib Fortuna, 8D8 pasa a ser el mayordomo de Boba Fett, el daimio de Tatooine. Es su recadero, traductor y coordinador.

EV-9D9

FABRICANTE MerenData **TIPO** Droide supervisor **FILIACIÓN** Palacio de Jabba, cantina de Mos Eisley

EV-9D9 es la sádica droide supervisora de Jabba. Tiene la programación corrupta, pero logra evitar la retirada del fabricante y sigue trabajando en las turbias mazmorras del Hutt. Durante un tiempo, mientras Jabba está a bordo de la *Khetanna,* el Azote la infecta, como a muchos droides del palacio. Cuando la Alianza se infiltra en la corte del Hutt, EV asigna a R2-D2 a la barcaza y nombra intérprete a C-3PO. Tras la muerte de Jabba, la reprograman y consigue un nuevo empleo de camarera en la antigua cantina de Chalmun en Mos Eisley.

PATEESA

ESPECIE Rancor **FILIACIÓN** Palacio de Jabba

Este rancor es un regalo de cumpleaños de Bib Fortuna a su jefe, Jabba el Hutt, y vive en la cámara que hay bajo la sala del trono. Lo cuida el adiestrador de criaturas de palacio, Malakili, quien acaba muy unido a este monstruo feroz pero semiinteligente. Cuando Jabba se enfada, le gusta arrojar a sus víctimas por una trampilla a la guarida del rancor, donde la mascota se las traga de un bocado. Pero cuando Luke Skywalker se halla en las garras de la bestia, acaba con ella al golpearla con otra trampilla en la cabeza. A Malakili se le rompe el corazón.

SALAZ B. CRUMB

ESPECIE Mono-lagarto kowakiano **PLANETA NATAL** Kowak **FILIACIÓN** Palacio de Jabba

Crumb es el bufón de la corte de Jabba. Su etapa con el Hutt comienza cuando se cuela en su barcaza como ladrón y Bib Fortuna lo atrapa. A partir de entonces, se sienta junto a Jabba y se burla de sus prisioneros. Su irritante risa chillona divierte de lo lindo al Hutt.

DROOPY McCOOL

ESPECIE Kitonak **PLANETA NATAL** Kirdo III **FILIACIÓN** Ninguna

El flautista principal de la banda de Jabba fue alumno del célebre compositor Quez Totark. Se siente solo y toca su flauta chidinkalu mientras añora la compañía de otros kitonaks. Su verdadero nombre es una serie de silbidos impronunciables. El mánager de la banda, Max Rebo, le da su nombre artístico.

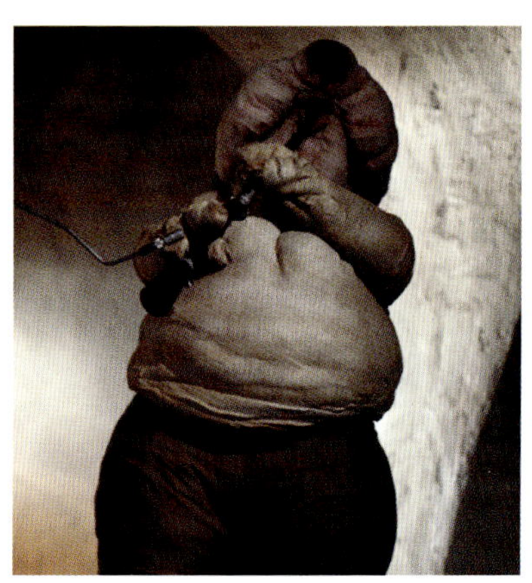

GUARDIA GAMORREANA

ESPECIE Gamorreana **PLANETA NATAL** Gamorr **FILIACIÓN** Palacio de Jabba, Boba Fett

Jabba el Hutt emplea a un contingente de gamorreanos como guardias de palacio que suelen ir armados con vibrohachas y vibrolanzas. Tras la muerte de Jabba y su sucesor, Bib Fortuna, un par de gamorreanos se alían con el nuevo daimio de Tatooine, Boba Fett.

KLAATU

ESPECIE Nikto **PLANETA NATAL** Kintan **FILIACIÓN** Palacio de Jabba

El nikto Klaatu repara esquifes para Jabba el Hutt en Tatooine, donde también disfruta apostando. Durante las ejecuciones fallidas de Han Solo, Chewbacca y Luke Skywalker en el Gran Pozo de Carkoon, los Jedi cortan por la mitad el bláster de Klaatu, lo cual obliga al nikto a huir en la barcaza. Segundos después, Leia Organa prepara la ignición del cañón de cubierta y huye de la barcaza con Luke. Klaatu muere en la explosión.

OOLA

ESPECIE Twi'lek **PLANETA NATAL** Ryloth **FILIACIÓN** Ninguna

Oola es una twi'lek a la que Bib Fortuna esclaviza y obliga a servir como bailarina en el palacio de Jabba. Cuando el vil hutt se disgusta con ella, la arroja con furia al pozo de su mascota, donde el rancor le da un final horrible.

MAX REBO

ESPECIE Hortelana **PLANETA NATAL** Orto **FILIACIÓN** Ninguna

Max Rebo es el líder de su banda homónima, en la que toca un peculiar órgano redondo cuando Jabba se lo pide. Aprende a tocar con el legendario compositor Quez Totark junto a su compañero de banda, Droopy McCool. Cuando su mentor fallece, Max se obsesiona con la muerte y tiene la sensación de que esta lo persigue. En un viaje a Mos Eisley, topa con su hermano, Azool Phantelle, del que se había distanciado, y descubre que este ha robado dinero en el territorio de Jabba. Ambos acaban perseguidos por una turbamulta de ciudadanos furiosos y tropas de asalto, hasta que Rebo arroja a la calle el dinero robado. Jabba obliga a Azool a servirle para pagar por sus delitos. Rebo sobrevive al ataque de Luke a la barcaza de Jabba y se centra en la vida en lugar de la muerte. Acaba tocando en el Santuario, la cantina de Garsa Fwip, hasta que los pykes destruyen el local.

SARLACC

PLANETA NATAL Tatooine **TAMAÑO MEDIO** 3 m de ancho, 100 m de largo **HÁBITAR** Desierto

El poderoso sarlacc es una de las «mascotas» favoritas de Jabba el Hutt. La enorme criatura habita en el Gran Pozo de Carkoon, pero desde arriba solo se le ve la boca. El resto de la bestia, incluidos sus grandes estómagos, permanece oculto en la arena. Cuando los prisioneros de Jabba caen al pozo, el monstruo se los lleva a la boca con sus tentáculos. Allí, cientos de dientes como lanzas les impiden salir… y el sarlacc se los traga enteros. Jabba manda arrojar al pozo a Han Solo, Luke Skywalker y Chewbacca para ejecutados, pero los rebeldes logran escapar con la ayuda de sus amigos. En ese trance, el sarlacc devora a Boba Fett, pero este logra salir de la criatura gracias a su armadura mandaloriana. Más tarde, Fett vuelve a por su armadura y destruye a la bestia con una carga sísmica desde su nave estelar.

SOLDADO EXPLORADOR

ESPECIE Humana **PLANETA NATAL** Varios **FILIACIÓN** Imperio

Los exploradores son soldados imperiales muy especializados que se entrenan como rastreadores y francotiradores, y cubren a sus homólogos de asalto con un excelente fuego de largo alcance. Los destinan a la Luna Boscosa de Endor, donde se está construyendo la segunda Estrella de la Muerte. Un pequeño equipo de rebeldes sorprende a una patrulla de exploradores y los derrota. El mismo grupo ataca luego el búnker donde está el generador de escudos que protege la superarma en órbita. Los exploradores contraatacan y someten brevemente al enemigo, pero una tribu de ewoks acude pronto en ayuda de los rebeldes. Los exploradores vencidos acaban apresados por los rebeldes, que poco después destruyen el generador y la segunda Estrella de la Muerte. Varios exploradores sirven al remanente imperial del moff Gideon y desempeñan un papel decisivo en una batalla en Nevarro.

BARADA

ESPECIE Klatooiniana **PLANETA NATAL** Klatooine

Barada es un klatooiniano esclavizado que se ve obligado a trabajar como mecánico para Jabba el Hutt. Es el responsable de todos los vehículos repulsores del mafioso. Acompaña a Greedo en su misión a Mygeeto y le da un aventón en su esquife cuando el cazarrecompensas necesita una vía de escape. Durante el ataque de la Alianza a la barcaza de Jabba, Luke arroja a Barada al Gran Pozo de Carkoon, donde el sarlacc lo digerirá durante mil años.

GENERAL CRIX MADINE

ESPECIE Humana **PLANETA NATAL** Corellia **FILIACIÓN** Alianza Rebelde, Nueva República

Crix empieza su carrera militar como respetado líder de una unidad de comandos imperial, pero luego se pasa a la Alianza Rebelde, donde ejerce de general y responsable de operaciones secretas. Cuando unos espías bothanos le comunican que el Imperio está construyendo una segunda Estrella de la Muerte en órbita sobre la Luna Boscosa de Endor, Madine planea el asalto contra la estación de combate. Recluta al recién liberado Han Solo para que lidere un equipo de comandos de élite llamados Rastreadores, cuya misión es destruir el generador de escudos que protege la temida superarma. Tras el éxito de la misión de Solo y la rotunda victoria de la Alianza Rebelde, Madine queda al mando de las Fuerzas Especiales de la Nueva República, unas divisiones recién formadas. Ordena a una unidad que investigue la presencia imperial en el planeta Akiva. Un año después de la batalla de Endor, asiste a las festividades del Día de la Liberación en Chandrila y al parecer muere durante un ataque sorpresa del Imperio.

WICKET W. WARRICK

ESPECIE Ewok **PLANETA NATAL** Luna boscosa de Endor **FILIACIÓN** Aldea del Árbol Brillante

Wicket W. Warrick descubre a una humana inconsciente en el bosque y actúa con cautela hasta que ella le ofrece parte de una barrita de comida. Al oír cómo se acercan los soldados exploradores imperiales, coge su lanza, dispuesto a luchar. Los soldados disparan, y Wicket y la humana (Leia Organa) se esconden tras un tronco. Wicket desaparece mientras un soldado amenaza a Leia con su bláster. Wicket ataca a las piernas del soldado y Leia aprovecha para noquear a su contrincante, coger su bláster y disparar al otro soldado antes de que escape.

Wicket decide llevar a su nueva amiga humana hasta la aldea ewok. Por el camino, salvan de los soldados de asalto a dos amigos de Wicket. Cuando llegan a la Aldea del Árbol Brillante, tratan a Leia como a una invitada de honor. Wicket y Paploo acompañan a Leia y a la unidad rebelde hasta unas colinas desde donde se divisa la plataforma de aterrizaje imperial y les revelan la entrada secreta al búnker del generador de blindaje, al otro lado. Los rebeldes organizan un ataque sorpresa al búnker, pero los soldados imperiales que les esperan les superan en número. Cuando los rebeldes son expulsados del búnker a punta de pistola, Wicket regresa junto a un ejército de ewok para liberarlos.

Después de la batalla de Endor, Wicket asiste a las fiestas de celebración de la victoria. Al día siguiente, se une al equipo de ataque de Han Solo para destruir una base Imperial en la cara oculta de la luna. Wicket también colabora con la princesa ewok Kneesaa, Leia y Luke Skywalker para derrotar a un gorax gigantesco. Wicket le regala a Leia una bellota de una planta.

En la Nueva República, Wicket tiene al menos un vástago, su hijo Pommet. Ambos observan cómo se hace añicos un destructor de la Primera Orden que orbita la Luna Boscosa de Endor.

TEEBO

ESPECIE Ewok **PLANETA NATAL** Luna boscosa de Endor **FILIACIÓN** Aldea del Árbol Brillante

Después de que su avanzadilla capture en una trampa con red al equipo de ataque rebelde, Teebo apunta a Han Solo con su lanza para someterlo. A cambio, R2-D2 le atiza dos veces a Teebo cuando lo libera de sus ataduras. Durante la batalla de Endor, Teebo toca el cuerno sagrado y da la señal para el ataque de los ewoks. Durante la celebración después de la destrucción de la segunda Estrella de la Muerte, Teebo repiquetea junto a R2-D2 sobre cascos de soldados de asalto.

JEFE CHIRPA

ESPECIE Ewok **PLANETA NATAL** Luna boscosa de Endor **FILIACIÓN** Aldea del Árbol Brillante

Chirpa es el hijo del jefe Buzza y es uno de los cazadores de la aldea del Árbol Brillante. Cuando Buzza le informa de que alguien ha robado crías de ewok, Chirpa colabora con Logray y con Ra-Lee para rescatarlos. Chirpa asume el cargo de jefe del consejo de ancianos y se casa con Ra-Lee. Tienen una hija a la que llaman Kneesaa.

En la época de la batalla de Endor, unos exploradores de la aldea capturan a miembros clave del equipo de ataque rebelde enviados a la luna, entre ellos C-3PO. Al igual que el resto de los ewoks, Chirpa cree que el brillante droide metálico es un profético dios dorado, y, en un principio, está de acuerdo con el chamán Logray: varios de los prisioneros serán cocinados vivos en una ceremonia de sacrificio. Luke Skywalker le pide a C-3PO que ordene a los ewoks que los liberen. Estos se niegan, y Luke usa la Fuerza para hacer levitar al droide. Sobrecogidos por tan temible muestra de poder divino, Chirpa ordena que los liberen de inmediato. Entonces, C-3PO les cuenta la historia de las vicisitudes de los rebeldes frente al malvado Imperio, lo que motiva a Chirpa a nombrarlos miembros honorarios de la tribu. Juntos, los ewoks y los rebeldes derrotan a las fuerzas imperiales que custodian el generador de escudos. Más adelante, Kneesaa lo sucede como jefe.

Líder audaz
En un principio escéptico frente a los intrusos rebeldes, el jefe Chirpa se alía con ellos para vencer a los soldados imperiales.

LOGRAY

ESPECIE Ewok **PLANETA NATAL** Luna boscosa de Endor **FILIACIÓN** Aldea del Árbol Brillante

Logray es el aprendiz del chamán Makrit en la aldea ewok del Árbol Brillante. Junto a Chirpa y Ra-Lee, descubre que Makrit pretende sacrificarlos a los tres, además de a unas crías de ewok que ha secuestrado, a un gorax llamado el Gran Devorador. Gracias al ingenio de Ra-Lee, logran escapar y Makrit es devorado en su lugar. Entonces, Logray se convierte en el chamán de la tribu. Cuando los miembros rebeldes capturados son trasladados a la aldea, Logray ordena cocinar vivos a Han Solo, Chewbacca y Luke Skywalker, como parte de un ritual de sacrificio a «El Dorado», el reluciente droide de protocolo C-3PO a quien los ewoks veneran cual deidad legendaria.

PAPLOO

ESPECIE Ewok **PLANETA NATAL** Luna boscosa de Endor **FILIACIÓN** Aldea del Árbol Brillante

El imaginativo Paploo es un hábil explorador ewok. Una noche, alrededor de una hoguera, cuenta una historia aterradora sobre un gorax que se come a un ewok, por lo que Logray lo reprende con su vara. Junto a sus amigos Teebo y Warrick T. Wicket, Paploo lidera el equipo de asalto de los Rastreadores hasta el generador de escudos del Imperio, que protege la segunda Estrella de la Muerte en órbita sobre la Luna Boscosa de Endor. Mientras los demás discuten el plan para hacerse con el búnker, Paploo avanza a hurtadillas y le roba a un soldado imperial su moto deslizadora. La distracción ofrece a los rebeldes el factor sorpresa para lanzar su ataque.

NIEN NUNB

ESPECIE Sullustana **PLANETA NATAL** Sullust **FILIACIÓN** Alianza Rebelde, Resistencia

El contrabandista sullustano Nien Nunb es un miembro veterano y condecorado de la Alianza Rebelde y la Resistencia. Días después de la batalla de Yavin, usa su nave, la *Mellcrawler,* para ayudar a sus amigos Evaan Verlaine y Leia Organa a sacar de Alderaan a los nativos perseguidos para ponerlos a salvo. Nien es evacuado de Hoth y pasa a formar parte de la 4.ª Flota.

Al mando de un Ala-A, participa en un asalto a Coruscant junto a Lando Calrissian y Chewbacca, que pilotan el *Halcón Milenario.* Su nave es abatida y sale despedido, pero Chewie sale del *Halcón* y lo atrapa. Nien se une entonces a Lando como copiloto de la legendaria nave.

Más tarde, se suma a la insurrección antiimperialista de Sullust que libera el planeta. En la Operación Luna Amarilla, Nien y Leia colaboran con otros tres rebeldes (Kidi Aleri, Lokmarcha y Antrot) y usan la *Mellcrawler* como medio de transporte. Su misión consiste en desviar la atención del Imperio de la flota de la Alianza que se está reuniendo sobre Sullust. Un destructor estelar captura al equipo, pero Leia, Nien y Kidi escapan en la lanzadera imperial *Tydirium.* Antrot y Lokmarcha se sacrifican y la *Mellcrawler* es destruida. Tras la operación, Nien consigue otra nave, a la que llama *Mellcrawler II.* Con Shriv Suurgav, su copiloto y compañero rebelde, Nien estrella la *Mellcrawler II* en una isla viviente que intenta comérselos. Logran huir, pero los imperiales que también se estrellan no tienen tanta suerte.

Antes de la batalla de Endor, Lando planea recorrer la segunda Estrella de la Muerte con el *Halcón* para atacar directamente el vulnerable núcleo de energía del arma inacabada. En esa misión crucial, le pide a Nien que sea su copiloto. Tras su victoria, ambos viajan a Naboo en la *Mellcrawler II* junto con una flota rebelde para ayudar a Leia a impedir que el Imperio destruya el planeta.

Décadas después, cuando Casterfo, senador de la Nueva República, revela a la galaxia que el padre biológico de Leia es Darth Vader, Nien envía a su amiga un mensaje de apoyo. Más tarde, el sullustano está presente cuando Leia anuncia la creación de la Resistencia para proteger la galaxia, y además es uno de sus primeros miembros. Con el rango de teniente coronel, pilota principalmente cazas estelares. Participa en el asalto a Starkiller, base de la Primera Orden, y después asiste al funeral de Han Solo en D'Qar, antes de que la Resistencia evacue la base. Tras el letal asalto de la Primera Orden a la Resistencia en Crait, Nien es uno de los pocos supervivientes que escapan a bordo del *Halcón* y, como había hecho tres décadas antes, vuelve a ocupar su puesto de copiloto.

Tras la derrota en Crait, Nien forma parte de las operaciones de la Resistencia en Ryloth, Kashyyyk y Batuu. Muere en la batalla de Exegol como copiloto de la *Tantive IV* cuando un ataque relámpago del emperador alcanza la nave.

Compañeros de vuelo
Con Nunb y Lando al timón, el *Halcón Milenario* ataca el núcleo de energía de la Estrella de la Muerte.

PEEKPA

ESPECIE Ewok **PLANETA NATAL** Luna Boscosa de Endor **FILIACIÓN** Tribu de los Árboles Brillantes, Nueva República (Departamento de Guerra Digital)

Peekpa es una huraña ewok experta en tecnología que deja la Luna Boscosa de Endor para dedicarse al pirateo informático. Se dice que surca los cielos en una nave que construyó ella misma con restos de equipamiento imperial. Admira al héroe rebelde Chewbacca, que salvó la vida de su hermana en la batalla de Endor. De hecho, su amor por el wookiee la lleva a sumarse a las fuerzas de Han Solo y Lando Calrissian para localizar a Fyzen Gor, el gánster de Pau'an que ha creado el transmisor Phylanx Redux.

KNEESAA

ESPECIE Ewok **PLANETA NATAL** Luna Boscosa de Endor **FILIACIÓN** Tribu de los Árboles Brillantes, Alianza Rebelde

Kneesaa es hija del jefe Chirpa, el líder de la aldea del Árbol Brillante, lo que la convierte en princesa de la tribu. Crece viviendo aventuras con sus amigos, entre los que se cuenta Wicket W. Warrick. En la batalla de Endor, combate junto al héroe de la Rebelión Kes Dameron. Tras la victoria, ella y los héroes rebeldes Leia Organa y Luke Skywalker liquidan a un peligroso gorax y ayudan a Hera Syndulla y a Chopper a abatir a unos TIE imperiales perdidos. Finalmente sucede a su padre y se convierte en la primera líder de la tribu del Árbol Brillante.

AIREN CRACKEN

ESPECIE Humana **PLANETA NATAL** Contruum **FILIACIÓN** Alianza Rebelde

El general Airen Cracken es el jefe de Inteligencia de la Alianza Rebelde. Como comandante del ejército de su planeta, Contruum, liberó a su pueblo del Imperio. Tras esa victoria, se unió a la Rebelión y creó un equipo de agentes destinados al campo de batalla. En la batalla de Endor, ocupa valientemente el puesto de artillero del *Halcón Milenario* y luego continúa su leal servicio hasta que se forma la Nueva República.

TESO BROOSH

ESPECIE Humana **FILIACIÓN** Imperio, Escuadrón Cinco (Ala Sombra), Escuadrón Alfabeto

El comandante Broosh es el severo oficial al mando del Escuadrón Cinco y responde ante la intimidante «Abuela». Se rumorea que sacrifica a sus compañeros pilotos para salvarse en combate. Dirige la defensa del destructor estelar *Celeridad,* aparentemente inutilizado, y recupera una instalación minera imperial en el sistema Kudo. Al principio le molesta que Soran Keize abandone el Imperio tras la batalla de Endor, pero luego se encariña con el piloto. Tras la segunda deserción de Soran, Broosh es nombrado comandante y recibe el mando total de la 204.ª Ala de Cazas Imperiales.

JEELA BREBTIN

ESPECIE Humana **FILIACIÓN** Imperio, Escuadrón Oscuro, Escuadrón Cinco (Ala Sombra)

Brebtin es una de las mejores artilleras de armas ligeras del Imperio, y es probable que no haya nadie más letal en la cabina. En la Guerra Civil Galáctica, se suma al Escuadrón Oscuro con Beilert Valance para matar al almirante Tarl Sokoli. La ascienden a teniente mayor y se une al Escuadrón Cinco de la letal 204.ª Ala de Cazas Imperiales, donde participa en muchas misiones, algunas contra traidores en el sistema Kudo. Tras la muerte del emperador, participa en la Operación Ceniza y en otras misiones, entre ellas una con Yrica Quell en un equipo de ataque secreto.

SHAKARA NURESS

ESPECIE Humana **FILIACIÓN** República, Imperio, 204.ª Ala de Cazas Imperiales

Nuress es una veterana de las Guerras Clon que empieza su servicio en la Armada de la República. Continúa su carrera militar como estratega imperial, ahora conocida como la «Abuela». Comanda el Ala Sombra contra lo que ella sigue llamando «separatistas» y muere en la batalla de Pandem Nai.

BANSU RO

ESPECIE Humana **PLANETA NATAL** Lothal **FILIACIÓN** Imperio, Escuadrón Cinco (Ala Sombra)

Bansu Ro es un cadete de alto rango en Carida, pero lo retiran para que sirva como piloto de TIE en la 204.ª Ala de Cazas Imperiales, también llamada Ala Sombra. Es muy hábil y vuela en muchas misiones para el Imperio. Tras la batalla de Jakku, huye a Freerock y al final le piden que se una a la tripulación independiente de Nath Tensent.

SHRIV SUURGAV

ESPECIE Duros **PLANETA NATAL** Duros **FILIACIÓN** Alianza Rebelde, Nueva República, Resistencia, Escuadrón Peligro, Escuadrón Infernal

Shriv Suurgav, tan mordaz como rápido con el bláster, es el líder del Escuadrón Peligro, un equipo de asalto rebelde. Lucha como piloto en la batalla de Endor y contribuye a la liberación de Sullust junto a sus amigos Nien Nunb y Lando Calrissian. Tras estos acontecimientos, topa con los desertores imperiales Iden Versio y Del Meeko, del Escuadrón Infernal. Ambos se le unen en el Escuadrón Peligro para proteger Naboo de un ataque imperial, y los tres relanzan el Escuadrón Infernal al servicio de la Nueva República. Juntos ayudan a derrotar al Imperio de una vez por todas en la batalla de Jakku. Años después, Shriv colabora con Iden en una misión para localizar a Del y ambos acaban en Vardos, donde escapan por los pelos de una trampa de la Primera Orden. Finalmente, se reúnen con la hija de Iden, Zay. Los tres urden un plan para colarse en un destructor estelar de la Primera Orden y robar los planos de un acorazado. Iden se sacrifica, pero Shriv y Zay logran entregar los planos a la general Organa, y el Escuadrón Infernal sigue en pie. Shriv busca reclutas para la Resistencia con Zay y dirige una misión a Bracca para reponer su agotada flota de cazas.

YRICA QUELL

ESPECIE Humana **PLANETA NATAL** Orbital Gavana **FILIACIÓN** Imperio, 204.ª Ala de Cazas Imperiales, Nueva República, Escuadrón Alfabeto

Quell ingresa en la Academia Imperial con la intención de desertar tras formarse. Sin embargo, se queda como piloto de caza TIE y opina que la Rebelión propaga información errónea. Pero deserta tras presenciar los devastadores efectos de la Operación Ceniza en Nacronis. Ya en la Nueva República, es piloto de Ala-X y pronto la nombran comandante del Escuadrón Alfabeto. Dirige el entrenamiento de la nueva unidad y sirve a las órdenes de la general Hera Syndulla en la misión para destruir el infame Ala Sombra. Tras la batalla de Troithe, se entrega al Imperio alegando que ha estado en un campo de reasignación y se reincorpora como ayudante personal de Soran Keize. Sin embargo, se ha infiltrado para socavar el Ala 204.ª. Para ello, debe crear un transmisor secreto y enviar información a la Nueva República. Además, recibe un nuevo prototipo especial del Ala-X T-70 para impedir que Keize destruya el banco imperial de datos. Finalmente, se retira para dedicarse al transporte con su compañera y amante, Chass na Chadic.

SORAN KEIZE

ESPECIE Humana **FILIACIÓN** Imperio, 204.ª Ala de Cazas Imperiales

Este coronel es un consumado piloto de caza TIE del infame Ala Sombra. Tras la batalla de Endor, abandona el Imperio, pero los servicios de Inteligencia de la Nueva República no tardan en localizarlo. Cree que en la galaxia no hay lugar para los eximperiales, así que regresa al Imperio y lidera una segunda fase de la Operación Ceniza. Hacia el final de la guerra, descubre que el Imperio guardaba una base de datos con los crímenes de sus soldados. Keize trata de destruirla, pero muere en el intento. A título póstumo, publica una grabación en la que se responsabiliza de los crímenes de guerra del Ala Sombra.

WYL LARK

ESPECIE Humana **PLANETA NATAL** Polyneus **FILIACIÓN** Nueva República, Escuadrón Alfabeto, Senado galáctico

Lark nació en el aislado Polyneus y es uno de los «Ciento Veinte», un grupo de voluntarios su planeta que se unen a la Alianza Rebelde. Esta lo asigna como piloto de Ala-A al Escuadrón Alfabeto, donde desempeña un papel decisivo en la derrota del Ala Sombra. Después del devastador ataque del Ala Sombra a Chadawa, abandona el mando de la nave insignia de Hera Syndulla, la *Liberación*. Sin embargo, impide su sabotaje en la batalla de Jakku. Luego vuelve a Polyneus, que lo nombra su representante en el Senado de la Nueva República.

CHASS NA CHADIC

ESPECIE Theelina **FILIACIÓN** Alianza Rebelde, Nueva República, Escuadrón Alfabeto

Chass na Chadic es una piloto theelina que se une a la Alianza Rebelde tras descubrir que una vez Jyn Erso la rescató de incógnito de una banda callejera. Tras poner al servicio de la Rebelión lo que aprendió con los Ángeles Cavernarios de Jedha, ve diezmado su Escuadrón Disturbio y se incorpora al Escuadrón Alfabeto. Debido a la naturaleza de sus misiones anteriores, no confía en sus compañeros, sobre todo en Wyl Lark. Pilota con maestría un Ala-B en numerosos ataques contra el Ala Sombra y, una vez terminada la guerra, se retira junto a Yrica Quell y ambas montan una pequeña compañía de transportes.

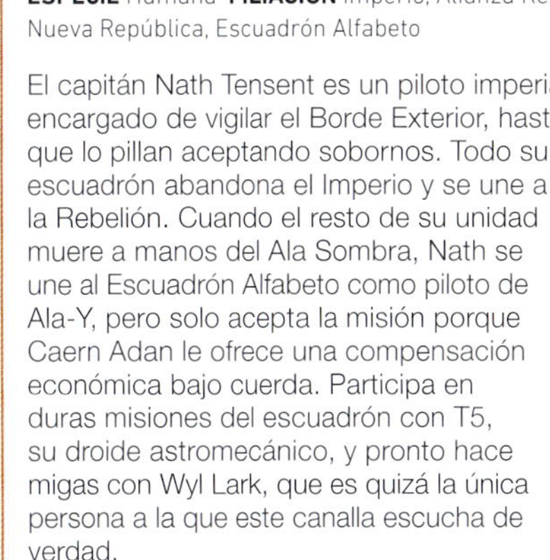

NATH TENSENT

ESPECIE Humana **FILIACIÓN** Imperio, Alianza Rebelde, Nueva República, Escuadrón Alfabeto

El capitán Nath Tensent es un piloto imperial encargado de vigilar el Borde Exterior, hasta que lo pillan aceptando sobornos. Todo su escuadrón abandona el Imperio y se une a la Rebelión. Cuando el resto de su unidad muere a manos del Ala Sombra, Nath se une al Escuadrón Alfabeto como piloto de Ala-Y, pero solo acepta la misión porque Caern Adan le ofrece una compensación económica bajo cuerda. Participa en duras misiones del escuadrón con T5, su droide astromecánico, y pronto hace migas con Wyl Lark, que es quizá la única persona a la que este canalla escucha de verdad.

KAIROS

FILIACIÓN Alianza Rebelde, Nueva República, Escuadrón Alfabeto

Esta misteriosa piloto enmascarada de Ala-U sirve en el Escuadrón Alfabeto. Cuando el Imperio llega a su planeta natal, abandona su vida tranquila y se une a la Alianza Rebelde como representante de su pueblo. La recluta Caern Adan para localizar al Ala Sombra y, aunque es introvertida, acaba muy unida a sus compañeros pilotos. En la batalla de Jakku, Kairos provoca la autodestrucción de su Ala-U para dañar a un caza enemigo. Entonces inicia un proceso de muda y su nueva forma le brinda la oportunidad de empezar una vida al margen de la guerra.

NORRA WEXLEY

ESPECIE Humana **PLANETA NATAL** Akiva **FILIACIÓN** Alianza Rebelde, Nueva República, Resistencia

Cuando el Imperio encarcela a su esposo, Norra Wexley abandona a su hijo Temmin, alias Snap, y se une a la Alianza Rebelde. Empieza como piloto de carguero, pero pronto vuela como Oro Nueve en la batalla de Endor. Forma equipo con Han Solo para liberar Kashyyyk y a su marido, Brentin. Por desgracia, Gallius Rax le ha lavado el cerebro a su esposo, que intenta asesinar a la canciller Mon Mothma. Los Wexley viajan luego a Jakku para matar a Rax, pero Brentin muere en el intento. Norra acaba casándose con Wedge Antilles. Años más tarde, Temmin la visita y se une a la Resistencia.

JAS EMARI

ESPECIE Zabrak **PLANETA NATAL** Iridonia **FILIACIÓN** Nueva República

Jas Emari crece en Iridonia deseando ser como su tía Sugi, la cazarrecompensas de la era de las Guerras Clon. Jas es una francotiradora experta que participa en la batalla de Endor, pero abandona el Imperio, que la había contratado para atacar a Leia Organa. Se acaba uniendo a la célula rebelde de Akiva junto a Norra y Temmin Wexley, y sirve en muchas misiones de la Nueva República, como la liberación de Kashyyyk y la búsqueda de la gran almirante Sloane. Durante su estancia en Jakku, la captura Mercurial Swift, pero huye gracias a unos antiguos colegas de su tía.

KYRSTA AGATE

ESPECIE Humana **FILIACIÓN** Flota de Defensa de la Nueva República

Kyrsta Agate, comandante de la Flota de la Nueva República, es elegida por el almirante Ackbar para dirigir las fuerzas hacia Akiva. Durante el falso acuerdo de paz en Chandrila, recibe un disparo en la cara y sobrevive por poco. Le sustituyen el ojo derecho por uno cibernético y se pone al mando de la *Concordia* en la batalla de Jakku. Durante el combate, contribuye al derribo del superdestructor estelar *Devastador* con los rayos tractores de su nave. Muere al hacerlo, pero su esfuerzo ayuda a cambiar las tornas a favor de la Nueva República.

LINDON JAVES

ESPECIE Humana **PLANETA NATAL** Todirium III **FILIACIÓN** Imperio, Alianza Rebelde, Nueva República, Escuadrón Vanguardia

Tras la destrucción de Alderaan y una misión posterior para atrapar refugiados, este piloto de caza TIE se desengaña del Imperio y se incorpora a la Rebelión. Asciende rápido en las filas de la Alianza y de la Nueva República, y acaba al mando del *Templanza* y del Escuadrón Vanguardia, que, bajo su dirección, protegen la construcción de otra nave de guerra, el Proyecto Halcón Estelar. Cuando el escuadrón imperial Titán, al mando de su antigua protegida Terisa Kerrill, ataca el *Halcón Estelar,* Lindon vuela de nuevo en un Ala-X del Escuadrón Vanguardia.

TERISA KERRILL

ESPECIE Humana **PLANETA NATAL** Coruscant **FILIACIÓN** Imperio, Escuadrón Titán

Kerrill crece en las calles de Coruscant, y el Imperio le da un sentido y un propósito a su vida. Es una brillante piloto de caza TIE e idolatra al capitán de su escuadrón, Lindon Javes. Pero, cuando este deserta y se une a la Rebelión tras negarse a destruir a los refugiados alderanianos, Kerrill permanece fiel al Imperio y se obsesiona con vengarse de su traición. Acaba siendo comandante del Escuadrón Titán y lidera el esfuerzo imperial para destruir la nave de guerra experimental de la Nueva República, conocida como *Halcón Estelar,* así como a Javes y su Escuadrón Vanguardia.

GUNNY

ESPECIE Mimbanesa **PLANETA NATAL** Mimban
FILIACIÓN Alianza Rebelde, Nueva República, Escuadrón Vanguardia

En las Guerras Clon, Kierah Koovah, alias Gunny, se une a las tropas clon para proteger su planeta natal, Mimban, de las fuerzas separatistas. Tras perder un brazo, le ponen uno cibernético. Más tarde, lidera el Escuadrón Vanguardia para la Rebelión y sigue con el equipo en la Nueva República.

GRACIA SIENAR

ESPECIE Humana
FILIACIÓN Alianza Rebelde, Nueva República, Escuadrón Vanguardia

Sienar es una rebelde de corazón. Su familia se hizo rica y famosa por construir cazas TIE para el Imperio, pero ella reniega de su legado. Se une a la Rebelión y luego a la Nueva República. Vuela en el Escuadrón Vanguardia y disfruta con la oportunidad de destruir las naves de su familia.

VARKO GREY

ESPECIE Humana
FILIACIÓN Imperio, Escuadrón Titán

Varko Grey, que odia la corrupción y cree en el orden, ejerce como policía de ParSec en Parkella. Después se alista en el Imperio, pues lo considera la única cura para el caos de la galaxia. Es un piloto consumado que asciende hasta el puesto de líder del Escuadrón Titán.

ARDO BARODAI

ESPECIE Mon calamari **PLANETA NATAL** Mon Cala **FILIACIÓN** Alianza Rebelde, Nueva República, Escuadrón Vanguardia

Durante la ocupación imperial de Mon Cala, este avispado mon calamari es un espía. Se hace pasar por camarero, espía a los imperiales y pasa información a los rebeldes. Como jefe de Inteligencia del Escuadrón Vanguardia, pone su talento al servicio de la Nueva República.

FRISK

ESPECIE Trandoshana **PLANETA NATAL** Trandosha **FILIACIÓN** Alianza Rebelde, Nueva República, Escuadrón Vanguardia

Tssat, conocido como Frisk, se las apaña como estafador hasta que engaña al imperial equivocado. Al tener que vivir a la fuga, acaba siendo un gran piloto. Eso lo lleva a pasarse a la Rebelión como parte del Escuadrón Vanguardia. Más tarde se une a la Nueva República.

KEO VENZEE

ESPECIE Mirialana
PLANETA NATAL Mirial
FILIACIÓN Alianza Rebelde, Nueva República, Escuadrón Vanguardia

Este piloto semiprofesional gana trofeos y cobra fama en el circuito galáctico, pero la influencia criminal en el deporte pronto lo amarga. Lo salva un extraño que le informa de los males del Imperio y ahora vuela para la Nueva República en el Escuadrón Vanguardia.

ZERELDA SAGE

ESPECIE Humana **FILIACIÓN** Alianza Rebelde, Nueva República, Escuadrón Vanguardia

Sage desconfía de los droides desde que los separatistas invadieron su mundo, pero aprende mecánica para sabotear las naves enemigas. Trabaja en las vainas de carreras y luego se une a la Nueva República como mecánica del Escuadrón Vanguardia.

LT-514

ESPECIE Humana **FILIACIÓN** Imperio

Yandro, un empleado de una empresa manufacturera, se convierte en LT-514, el controlador imperial cibernéticamente mejorado del Escuadrón Titán. Con sus implantes Aj^6, domina la minería de datos y trabaja en el destructor estelar imperial *Supervisor.* Pese a dedicarse a la analítica, lo llaman a filas tras la batalla de Endor.

RELLA SOL

ESPECIE Humana
FILIACIÓN Imperio

Esta hija de senadores se une al Escuadrón Titán del Imperio. Como estratega de este equipo de élite, se muestra pragmática sobre el estado de la galaxia y, aunque leal al Imperio, lamenta su decisión de disolver el Senado.

HAVINA VONREG

ESPECIE Humana
FILIACIÓN Imperio, Escuadrón Titán

La amargada y cruel Havina vuela para el Escuadrón Titán del Imperio con una sed de sangre insaciable. Pierde a varios hermanos en un ataque rebelde, llora a sus compañeros y se resiente de los traidores. Le interesa poco la política, pero se deleita con la venganza.

SHEN

ESPECIE Humana
FILIACIÓN Imperio, Escuadrón Titán

Shen es un enigmático superviviente. Mitad hombre y mitad máquina, pilota en el Escuadrón Titán. Un día se estrella, pero el Imperio lo salva y lo reconstruye. Después de ello, nunca se quita el casco. Su dolor constante y sus perturbadores recuerdos lo llenan de odio hacia el enemigo.

WILLARD WAYLIN

ESPECIE Humana
FILIACIÓN Imperio, Escuadrón Titán

Ya de niño, Waylin se enamora del diseño imperial y de la ingeniería. No le interesa volar ni combatir, pero se gradúa en la Academia Arkanis y se incorpora al Imperio. Acaba siendo jefe de mecánica y de la tripulación del hangar a bordo del destructor estelar *Supervisor,* donde sirve a las órdenes de la capitana Terisa Kerrill.

LUMPAWAROO

ESPECIE Wookiee **PLANETA NATAL** Kashyyyk
FILIACIÓN Su familia

Lumpawaroo, abreviado a Lumpy o Waroo, es un joven y valiente wookiee hijo de Chewbacca, el héroe de la Rebelión. Echa de menos a su padre, que está fuera luchando por la libertad de la galaxia junto a Han Solo, pero entiende por qué se ha ido. Cuando el Imperio invade Kashyyyk, sus fuerzas esclavizan a Lumpy y le implantan un chip de control. Lo separan de su madre y lo destinan a un campo de trabajo, pero al final es liberado y se reúne con su padre. Cuando Rey viaja con Chewbacca a su planeta natal, Lumpy tiene ocasión de conocer a la heroína.

MALLA

ESPECIE Wookiee
PLANETA NATAL Kashyyyk
FILIACIÓN Su familia

Mallatobuck trabaja duro en Kashyyyk criando a su hijo pequeño, Lumpy, mientras su marido, Chewbacca, está fuera luchando por la Alianza Rebelde. Durante la Guerra Civil Galáctica, el Imperio la esclaviza y la separa aún más de su familia. Tras la liberación de Kashyyyk, la sueltan y se reúne con su familia. Chewbacca asegura que no hay nadie en la galaxia que cocine mejor que Malla, y espera celebrar el Día de la Vida todos los años con ella, su hijo y su tribu.

ATTICHITCUK

ESPECIE Wookiee
PLANETA NATAL Kashyyyk
FILIACIÓN Su familia

El padre del héroe rebelde Chewbacca ha visto mucho en su larga vida. Durante la Alta República, pide ayuda a los Jedi para luchar contra una misteriosa planta que se apodera del Árbol de la Vida y lleva energía oscura a Kashyyyk. En las Guerras Clon, lucha en la batalla de Kashyyyk y llega a ser mentor de la trandoshana Doshanalawook.

RIEVE

ESPECIE Humana **PLANETA NATAL** Corellia
FILIACIÓN Cazadores del Borde Exterior

Rieve crece huérfana en Corellia y descubre que es sensible a la Fuerza. Para olvidarse de un trauma y desahogar su ira, participa en el torneo de Cazadores del Borde Exterior en Vespaara. Allí, adopta la identidad de un señor del Sith y blande una espada de luz roja. Golpea a sus presas con rapidez y violencia, por lo que es una asesina implacable, y además hiere a sus enemigos con comentarios mordaces. Sin embargo, su vida es un misterio y le cuesta conectar con sus compañeros. Finalmente, el pasado le pasa factura cuando una misteriosa figura acecha la Gran Arena.

DAQ DRAGUS

ESPECIE Humana
FILIACIÓN Cazadores del Borde Exterior

Dragus es un exluchador que ahora trabaja con Balada la Hutt. Es la cara del negocio y el principal promotor del torneo de Cazadores del Borde Exterior. Sabe muy bien lo que quiere el público y trabaja con los nuevos reclutas para convertirlos en cazadores con una personalidad y habilidades únicas.

BALADA LA HUTT

ESPECIE Hutt **PLANETA NATAL** Nal Hutta
FILIACIÓN Cazadores del Borde Exterior

Balada la Hutt es copropietaria de la Gran Arena de Vespaara, donde se celebra el torneo de Cazadores del Borde Exterior. Exige un buen espectáculo a sus cazadores para mantener al público entretenido... y comprando entradas. Ve los combates desde su nave de mando, situada sobre la Gran Arena, y garantiza que todo funcione a la perfección.

GROZZ

ESPECIE Wookiee **PLANETA NATAL** Kashyyyk
FILIACIÓN Cazadores del Borde Exterior

Este famoso exjugador profesional de huttbol, es todo un espectáculo como cazador en la Gran Arena de Vespaara. En combate, empuña los brazos de un droide de seguridad de la serie KX. Son de alguien que fue lo bastante tonto como para mosquearlo.

IMARA VEX

ESPECIE Humana **FILIACIÓN** Huérfanos de Chanath Cha, Crimson Dawn, Cazadores del Borde Exterior

Vex aprende a valerse por sí misma, habilidad que la lleva a una vida de cazarrecompensas. Se une a los Huérfanos, un grupo de mercenarios que más tarde se alía con Crimson Dawn. Los Huérfanos atacan varias veces a los rivales de Crimson Dawn, lo que desemboca en la violenta Guerra de los Sindicatos. En la Nueva República, Imara toma parte en el torneo de Cazadores del Borde Exterior en Vespaara.

SKORA

ESPECIE Rodiana **FILIACIÓN** Cazadores del Borde Exterior, cártel Hutt

Skora es una rodiana brillante pero retorcida, y utiliza sus conocimientos de química en el torneo Cazadores del Borde Exterior de Vespaara. Dispara dardos que curan o envenenan. Según el bando al que pertenezcan sus compañeros, los ataca con uno u otro. Y si se ríe... es que no está tramando nada bueno.

CENTINELA

ESPECIE Humana **FILIACIÓN** Cazadores del Borde Exterior, Imperio

El último soldado de asalto superviviente de varios regimientos, ahora lucha en el torneo de Cazadores del Borde Exterior en Vespaara. Es un bocazas proimperial que blande un bláster pesado de repetición E-Web. A los fans les encanta odiarlo.

J-3DI

FABRICANTE Hecho a medida
TIPO Droide Jedi
FILIACIÓN Cazadores del Borde Exterior

J-3DI es un droide absolutamente único que se cree un caballero Jedi con su espada de luz. Lucha en el torneo de Cazadores del Borde Exterior. Lo construyó y programó su compañero de combate, Sprocket. Tiene unas cubiertas a modo de túnica Jedi, habilidades que imitan las de la Fuerza y un banco de datos de sabiduría Jedi.

SPROCKET

ESPECIE Mon Calamari
FILIACIÓN Cazadores del Borde Exterior

Sprocket es joven y entusiasta, pero no hay que subestimarlo. El mon calamari es un prodigio de la ciencia que pone en práctica sus dotes de ingeniero como combatiente en el torneo de Cazadores del Borde Exterior. Construye el droide Jedi J-3DI y usa todo tipo de artilugios hechos a medida en la Gran Arena.

ZAINA

ESPECIE Humana
FILIACIÓN Alianza Rebelde, Cazadores del Borde Exterior

Esta heroína de la Alianza Rebelde es una de las favoritas de los fans en el torneo de Vespaara. Líder por naturaleza, anima tanto a sus compañeros de escuadrón como al público con encendidas órdenes y arengas. Su arrojo encuentra la horma de su zapato en la Gran Arena: el exsoldado de asalto Centinela.

UTOONI

ESPECIE Jawa
FILIACIÓN Cazadores del Borde Exterior

Los Utooni son un par de hermanos jawas que combaten en el torneo uno encima del otro. El dúo oculta su abundante arsenal bajo la capa y solo lucha con un objetivo: conseguir más cosas. Tiene en el punto de mira a la droideka del equipo Slingshot, que les encantaría desmontar.

SLINGSHOT

ESPECIE Utooni y una droideka modificada
FILIACIÓN Cazadores del Borde Exterior

Slingshot es el resultado de una combinación insólita: el ugnaught Dizzy y una droideka modificada. Dizzy se sienta en la base de acoplamiento del droide y juntos encarnan a un villano en el torneo de Cazadores del Borde Exterior. Son inseparables y se entregan a su personaje dentro y fuera del campo de batalla.

ARAN TAL

ESPECIE Humana
PLANETA NATAL Mandalore
FILIACIÓN Cazadores del Borde Exterior

El primer mandaloriano del torneo de Cazadores del Borde Exterior es todo un enigma. Aran es un hábil luchador que viste la clásica armadura mandaloriana, vuela con su mochila propulsora y ataca con lanzallamas, blásteres dobles y otras armas más mortíferas.

DIN DJARIN

ESPECIE Humana
PLANETA NATAL Aq Vetina
FILIACIÓN Los mandalorianos

Este lobo solitario al que llaman «el Mandaloriano» es un guerrero curtido y un cazarrecompensas consumado. Su encuentro con el expósito Grogu lo lleva por un camino inesperado que le da cada vez más protagonismo en los acontecimientos galácticos.

Un auténtico mandaloriano
Din Djarin lleva una armadura mandaloriana tradicional hecha de beskar, el metal más fuerte de la galaxia.

Una relación especial
Como también es huérfano, Din siente gran afinidad por Grogu. Cuando lo rescata de su cautiverio, forman un vínculo instantáneo e inseparable.

Compañero de viaje
El travieso Grogu es una buena compañía en los viajes por la galaxia, pero Din debe vigilarlo de cerca.

HIJOS DE LA GUARDIA

Din se queda huérfano muy joven y lo crían como expósito los Hijos de la Guardia, un grupo escindido de la sociedad mandaloriana dominante. Es adepto de sus devotas creencias y estrictas tradiciones. Mientras trabaja para el Gremio de Cazarrecompensas, recibe una oferta de máxima prioridad: un niño llamado Grogu. Al principio, Djarin se muestra distante con Grogu, un ser que hace levitar un cuerno de barro para salvarle la vida. Acatando el código del Gremio de Cazarrecompensas, Din se lo entrega a regañadientes a un agente imperial. Pero luego cambia de opinión y, con otros mandalorianos de su grupo, rescata al niño y abandona Nevarro.

Tras varias aventuras con Grogu en las que los atacan múltiples cazarrecompensas, Din decide dejar de huir y vuelve a Nevarro. Allí se enfrenta al líder de los remanentes imperiales, el moff Gideon, huye a las alcantarillas de Ciudad Nevarro y se reúne con la Armera. Esta le otorga un emblema mandaloriano con un cuerno de barro. También le dice que, como seguidor del Camino, debe llevar al Niño con los suyos, los Jedi, que tienen el mismo poder que Grogu: la Fuerza.

ENCONTRAR A LOS JEDI

Esa nueva misión envía al Mandaloriano por toda la galaxia, donde hace nuevos aliados, como Bo-Katan Kryze. En Corvus, conoce a la antigua Jedi Ahsoka Tano, que se comunica con Grogu a través de la Fuerza y le revela su nombre a Din. Ahsoka se niega a entrenar a Grogu, pero les dice que deben dirigirse a Tython para convocar a los Jedi que queden en la galaxia. El maestro Jedi Luke Skywalker escucha la llamada de Grogu desde ese mundo ancestral, pero el moff Gideon captura al Niño. Din no puede detener a los imperiales porque la *Razor Crest* está destruida, pero su nuevo aliado, Boba Fett, decide ayudarlo.

Decidido a rescatar a Grogu, Din recurre a varios aliados. En Morak, llega incluso a revelar su rostro ante otros seres vivos –un acto prohibido a los adeptos del Camino– para localizar el crucero imperial de Gideon, donde Grogu está preso. Din aborda la nave, se bate en duelo con Gideon y lo derrota, con lo cual se convierte en el legítimo portador de la mítica espada oscura y en gobernante de Mandalore. Además, se quita el casco para que Grogu pueda mirarlo a la cara antes de irse con Luke a entrenarse como Jedi.

EL CAMINO A MANDALORE

Din retoma su trabajo de cazarrecompensas y visita a la Armera, quien le dice que debe bañarse en las aguas vivas de Mandalore para redimirse por haberse quitado el casco en público. Durante una parada para ayudar a Boba en Tatooine, se reúne con Grogu, quien abandona su entrenamiento y se va con él. La pareja no tarda en llegar a Mandalore, donde un cíborg captura a Din. Grogu recurre a Bo-Katan, quien rescata a Din y vuelve a empuñar la espada oscura. Luego el trío colabora para unir a los clanes mandalorianos. Con sus guerreros a su lado, Din y Bo-Katan lideran un asalto a la base de Gideon en Mandalore y vencen al villano. Tras la victoria, Din adopta formalmente a Grogu como hijo y ambos se establecen en Nevarro para dedicarse a la caza de recompensas.

Casco mandaloriano
Es sacrosanto para los seguidores del Camino, que no deben quitárselo.

Totalmente equipado
La funda de cuero para el bláster IB-94 se fija a la bandolera y el cinturón multiusos.

La espada oscura
Según la tradición mandaloriana, quien empuñe esta espada es el soberano legítimo de Mandalore.

> «No dejaré mi destino al azar.»
>
> DIN DJARIN

Un acto de devoción
Din se separa a regañadientes de Grogu para que este se instruya en la Fuerza con Luke Skywalker. El Camino prohíbe quitarse el casco en público, pero Din se descubre para compartir un último momento especial con su querido amigo.

Infiltración en la base imperial
El mythrol, Din Djarin, Cara Dune y Greef Karga investigan un remanente imperial en Nevarro y descubren que la base no cuenta con un personal mínimo, como sugería su información, sino que deben enfrentarse a una nutrida tropa enemiga.

EL MYTHROL

ESPECIE Mythrol **PLANETA NATAL** Nevarro
FILIACIÓN Greef Karga

Este joven humanoide de piel azul trabaja para Greef Karga hasta que le roba y se da a la fuga. Pero no llega muy lejos: Din Djarin lo atrapa y lo congela en carbonita en la *Razor Crest* para reclamar su recompensa. Cuando se lo devuelve a Greef, este lo descongela y llegan a un acuerdo: saldará su deuda con 350 años de servidumbre. El mythrol está decidido a cumplir con su obligación ayudando a Greef en sus operaciones diarias como magistrado jefe de Nevarro.

Más tarde, Din Djarin regresa a Nevarro y Greef le pide ayuda para eliminar una amenaza imperial. Greef invita al mythrol a colaborar a cambio de descontarle 100 años de su deuda. Cuando la misión toma forma y ven el peligro que supone para un civil, la cifra queda en 130 años.

EL CLIENTE

ESPECIE Humana **FILIACIÓN** Imperio, remanentes imperiales

Poco se sabe del enigmático Cliente que responde ante el moff Gideon, salvo que desea restaurar el remanente imperial para que devuelva el orden, la paz y la prosperidad a la galaxia. Recibe el encargo de capturar y extraer la sangre de un ser sensible a la Fuerza que pertenece a la misma especie que el maestro Yoda. Para ello recurre al Gremio de Cazarrecompensas, que asigna la misión a Din Djarin. El Cliente admira la habilidad de los mandalorianos y está encantado de contar con él. Din vuelve con la presa, llamada Grogu, y el doctor Pershing se pone a experimentar con ella de inmediato. El Cliente se impacienta y cree que deberían matar a Grogu para extraerle toda la sangre y contentar al moff Gideon. Entonces Din se arrepiente y rescata a Grogu. Gideon se cansa del retraso del Cliente y lo manda matar a tiros.

GREEF KARGA

ESPECIE Humana **PLANETA NATAL** Nevarro
FILIACIÓN Gremio de Cazarrecompensas, Nevarro

Greef coordina los trabajos del Gremio de Cazarrecompensas de Nevarro, grupo que encarga a Din Djarin una misión para un nefasto imperial conocido como «el Cliente». Pero el asunto se tuerce y Greef recluta a otros cazarrecompensas para que lo ayuden a detener a Din, que ha quebrantado el código del gremio y se ha quedado con la presa.

Din y su presa, que resulta ser un pequeño ser de origen desconocido llamado Grogu, escapan y de paso hieren a Greef. Sin embargo, este no se aferra a la venganza, pues él mismo es testigo de cómo el Imperio se apodera de su planeta, cosa que cambia su perspectiva. Greef recluta a Din junto a Cara Dune y un IG-11 reprogramado para acabar con el remanente imperial, aunque pretende traicionar a sus recelosos aliados. No obstante, vuelve a cambiar de opinión cuando una reptiave lo hiere y Grogu lo salva. El Niño utiliza sus poderes para curar al díscolo líder del Gremio de Cazarrecompensas.

Unidos en su afán de proteger a Grogu y aniquilar la amenaza imperial, los compañeros derrotan al moff Gideon, tras lo cual Greef encuentra un nuevo propósito en la vida como magistrado de Nevarro. Contrata a Cara Dune como mariscal y restablece la paz y la prosperidad en el caótico planeta. Cuando se descubre una base imperial en Nevarro, Din se reencuentra con Greef y Cara para explorar las instalaciones, donde topan con una amenaza activa y peligrosa.

Pero al final vencen a los imperiales y la paz vuelve a reinar… hasta que Gorian Shard y sus piratas invaden el planeta. Din contraataca con varios mandalorianos. Un agradecido Greef Karga le ofrece un terreno, que este acepta.

En negro
Greef ofrece a Djarin un trabajo fuera de lo común: no consiste en rastrear al típico fugitivo o contrabandista. Es una tarea sin disco ni código en cadena de parte de un cliente con mucho dinero.

Su cara más tierna
Cuestionar el destino de una presa va contra el código de los cazarrecompensas, pero Greef Karga cambia de opinión sobre Grogu y ayuda a Din Djarin a mantenerlo a salvo.

DR. PENN PERSHING

ESPECIE Humana
FILIACIÓN Imperio, remanentes imperiales

La madre de Penn Pershing muere de un fallo cardiaco siendo él muy joven. El niño se queda destrozado y, cuando descubre que su muerte podría haberse evitado si la clonación fuera posible, dedica su vida a estudiar ese campo con el fin de evitarle a otros una pérdida tan dolorosa.

Años más tarde, durante el ascenso de la Nueva República, ejerce de médico al servicio del moff Gideon. Trabaja con el Cliente en un proyecto de alto secreto: cosechar la sangre de un joven miembro de la especie de Yoda. Con este plan, Gideon pretende crear un soldado capaz de invocar la Fuerza. A tal fin, Pershing extrae una pequeña cantidad de sangre de la criatura, llamada Grogu, pero procura mantenerlo con vida, pese a la presión a la que lo somete el Cliente. Al final Pershing es entregado a la Nueva República y, durante su rehabilitación, Elia Kane lo traiciona y le borra la memoria.

Lealtad a la ciencia
Pershing trabaja en los archivos de la Nueva República como parte del Programa de Amnistía. La tecnología imperial está codificada para ser destruida, pero él cree que podría beneficiar a la Nueva República.

LA ARMERA

ESPECIE Humana **PLANETA NATAL** Mandalore
FILIACIÓN Hijos de la Guardia

La misteriosa Armera es una fiel defensora de las viejas costumbres de Mandalore. Actúa como mentora y supervisora de los Hijos de la Guardia. Su lealtad es equiparable a sus dones como guerrera y artesana de armaduras beskar. En Nevarro, enseña a Din Djarin, Paz Vizsla y otros mandalorianos la importancia de llevar siempre el casco y no dejar que nadie les vea el rostro. Un ataque del remanente imperial obliga al clan a huir de Nevarro y esconderse de nuevo.

Tras varias aventuras, Din se reencuentra con la Armera y esta se entera de que este ha mostrado su rostro a otro ser vivo. Entonces lo expulsa y lo condena al ostracismo, a menos que se bañe en las aguas vivas de Mandalore. Din hace lo que se le ordena y de paso conduce a la Armera hasta Bo-Katan Kryze. Los tres colaboran para unir a los mandalorianos supervivientes, vencer al remanente imperial que ocupa Mandalore y reconstruir el planeta.

Custodia de las tradiciones
La Armera crea armas y armaduras con gran talento y precisión en su forja. Con su oficio, protege a su pueblo y mantiene vivas sus tradiciones ancestrales.

KUIIL

ESPECIE Ugnaught **PLANETA NATAL** Arvala-7
FILIACIÓN Ninguna; antes, el Imperio

Este ugnaught amable y trabajador vive aislado en Arvala-7 con tres blurrgs. Apreciado por su habilidad manual, ha pasado largas temporadas como siervo, la última para el Imperio. Mientras Din Djarin rastrea a su activo, uno de los blurrgs lo ataca y Kuiil se ofrece a ayudar al cazarrecompensas, pues sabe que su misión devolverá la paz a Arvala-7. Din regresa con Grogu, pero no puede abandonar el planeta porque un clan de jawas ha saqueado su nave. Kuiil lo ayuda de nuevo, esta vez como enlace con los jawas.

Guantes de cuero
Kuiil se protege las manos para hacer reparaciones.

El susurrador de blurrgs
Kuiil domestica a tres blurrgs bípedos y recorre las llanuras de Arvala-7 a lomos de estos fieles compañeros.

Recupera todas las piezas del vehículo y lo repara. El Mandaloriano le propone que viaje con él, pero Kuiil declina la oferta educadamente, pues prefiere disfrutar de paz y tranquilidad. No obstante, la paz no le dura mucho. Din decide acabar con un remanente imperial que persigue a su compañero, Grogu, y le pide a Kuiil que vigile al pequeño. Por desgracia, los imperiales matan al ugnaught mientras pone a salvo a Grogu.

Comprensión mutua
Tras conocerse en Arvala-7, Kuiil y Din entablan una sólida amistad basada en el respeto mutuo y el aprecio por sus respectivas culturas.

IG-11

FABRICANTE Mecánica Holowan
TIPO Droide asesino
FILIACIÓN Gremio de Cazarrecompensas

Como droide asesino, IG-11 está programado para acatar órdenes sin cuestionarlas. Lleva una armadura blindada capaz de resistir ataques repetidos. Trabaja con Djarin para capturar a Grogu, pero Din lo elimina cuando el droide apunta su bláster contra el pequeño. Kuiil lo reprograma para que sea un droide enfermero. Dedicado a servir y proteger, IG-11 rescata a Grogu de los soldados exploradores y salva a Din de la muerte con su espray de bacta, por lo que se gana el respeto de sus compañeros. Cuando las tropas de asalto tienden una emboscada al grupo, IG-11 sigue su directiva principal, que le prohíbe ser capturado; se destruye y salva a sus amigos. Greef Karga coloca el cuerpo del heroico droide en la plaza del pueblo a modo de homenaje. Din encuentra la cabeza de una unidad de IG, lo resucita con su circuito de memoria e IG-11 se convierte en el mariscal de Nevarro.

Último recurso
Las luces rojas parpadean durante la secuencia de autodestrucción.

Blásteres dobles
IG-11 lleva dos fusiles bláster: uno medio E-11 y un DLT-20A.

Droide cazarrecompensas de servicio
Según el subpárrafo 16 del Protocolo del Gremio de Avaladores, los mercenarios nikto deben entregar a IG-11 su activo, Grogu. Como no lo hacen, abre fuego.

GROGU

FILIACIÓN Jedi, Mandalorianos

Grogu es un expósito leal y poderoso sensible a la Fuerza que busca su lugar en una galaxia en constante cambio.

JOVENCITO JEDI

Este ser diminuto y misterioso es de la misma especie que el gran maestro Yoda y la maestra Yaddle. Destaca por sus habilidades, pero su poder lo pone en peligro. Crece en el Templo Jedi de Coruscant y de niño casi lo matan durante la Orden 66, pero lo rescata el maestro Jedi Kelleran Beq, que huye del planeta con la ayuda de los Naboo.

ENCUENTRO CON DIN

Décadas después, el cazarrecompensas Din Djarin recibe el encargo de entregar a Grogu a un cliente imperial. Encuentra al jovencito en un escondite nikto en Arvala-7 y derrota a otro cazarrecompensas para impedir que lo mate. Din y Grogu acaban confiando el uno en el otro cuando, a cambio de unas piezas de nave robadas, Din debe matar a un cuerno de barro y quitarle su huevo.

Obligado a entregar su activo, Din lleva a Grogu a un refugio del remanente imperial en Nevarro, donde el doctor Pershing experimenta con su sangre. Pero luego cambia de opinión y, con la ayuda de sus compañeros mandalorianos, se lleva a Grogu. Ahora ambos corren peligro mientras el moff Gideon recorre la galaxia en su busca.

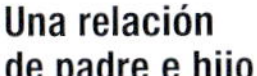

Una relación de padre e hijo
A Din lo sorprende su afinidad con Grogu. Los dos forjan un fuerte vínculo familiar y superan muchos obstáculos para reencontrarse y viajar juntos por la galaxia.

VIAJES CON EL MANDALORIANO

Din y Grogu viven aventuras por toda la galaxia. Visitan lugares como Sorgan y Tatooine, y se granjean muchos aliados. Pero el remanente imperial, y los cazarrecompensas que este contrata, siempre les pisan los talones. Al final, el dúo se junta con Greef Karga y otros amigos para liberar Nevarro de las fuerzas imperiales. Durante la misión, Grogu usa la Fuerza para salvar al grupo de un soldado incinerador.

La Armera, líder del clan de Din, le ordena que lleve a Grogu con los suyos: los Jedi. Tras una larga búsqueda, durante la cual Grogu y Din conocen a la dirigente mandaloriana Bo-Katan Kryze, Grogu se encuentra con la antigua Jedi Ahsoka Tano. Ambos conectan a través de la Fuerza y Ahsoka revela el nombre del Niño a Din. Al ver que Grogu está tan unido al Mandaloriano, la Jedi se niega a entrenarlo, pero les sugiere que vayan a Tython, donde el Niño puede utilizar la Fuerza para convocar a los supervivientes de la Orden Jedi. Cuando Grogu está en el planeta, las tropas oscuras de Gideon lo secuestran y se lo llevan a su nave insignia para experimentar con él.

Din forma un equipo y se lanza a rescatar al Niño. Se enfrentan a un batallón de soldados oscuros y todo parece perdido, hasta que llega Luke Skywalker y despacha a los droides imperiales. Luego, el maestro Jedi se ofrece a entrenar al jovencito. Antes de que Grogu se marche con Luke, Din quebranta su credo mandaloriano y se quita el casco para despedirse como es debido. Es la primera vez que se ven cara a cara.

Sede ancestral de la Fuerza
Grogu se sienta en la piedra vidente de Tython para comunicarse con otros seres sensibles a la Fuerza. La conexión impide que se le acerque nadie, ni siquiera Din.

Viajar con estilo
En su cochecito flotante, Grogu viaja mucho más rápido que con sus minúsculas piernas. El vehículo se cierra para protegerlo.

EL ALUMNO DE LUKE

Luke y Grogu pasan un tiempo en el nuevo Templo Jedi del planeta Ossus. Skywalker lo entrena y le ayuda a conectar mejor con la Fuerza, lo cual aumenta su confianza. Pero pronto se da cuenta de que Grogu tiene el corazón en otra parte, así que le da a elegir entre quedarse en Tython o dar por terminado su entrenamiento y volver con Din. Grogu opta por irse con el Mandaloriano y ambos ayudan a su aliado Boba Fett a derrotar al Sindicato Pyke en la batalla de Mos Espa. El poderoso expósito apacigua el furibundo rencor de Boba.

APRENDIZ MANDALORIANO

De nuevo juntos, Grogu acompaña a Din a bañarse en las aguas vivas de Mandalore para redimirse por haber quebrantado su credo. Durante la misión, un formidable enemigo captura a Din, pero Grogu escapa y le pide ayuda a Bo-Katan. Luego el trío comprueba que Mandalore es habitable y colabora para unir a los mandalorianos dispersos y arrebatarle el planeta a Gideon.

Durante la batalla final, Grogu se enfrenta a un trío de temibles guardias pretorianos, así como al moff Gideon, que lleva una potente armadura. Tras la victoria, Din adopta formalmente a Grogu y lo acepta como aprendiz mandaloriano. Ambos vuelven a Nevarro para continuar el entrenamiento del Niño.

Dos destinos
Luke Skywalker da a elegir a Grogu entre vestir la armadura de beskar e irse con Din para hacerse mandaloriano o entrenarse con él como Jedi y blandir la espada de luz de Yoda.

BLURRG

PLANETA NATAL Ryloth **TAMAÑO** 2 m de alto, 4 m de largo **HÁBITAT** Desiertos, bosques, regiones montañosas

Estas bestias de carga bípedas de cola gruesa tienen brazos cortos y una piel que va del verde al azul, gris oscuro, negro o marrón. Se ven por toda la galaxia, son leales y se dejan adiestrar, pero solo por quien tiene paciencia y conecta con ellos. Los twi'leks y los soldados clon han conseguido domesticarlos y usarlos tanto para la agricultura como para el combate. Los blurrgs son feroces, y las hembras devoran a los machos tras aparearse. Pueden alcanzar grandes velocidades, como se vio en la batalla de Ryloth.

GORVIN SNU

PLANETA NATAL Arvala-7 **TAMAÑO** 30 cm de largo **HÁBITAT** Desiertos, cañones

Los gorvin snu son unas criaturitas parecidas a lagartos que habitan los cañones y desiertos de Arvala-7. Rápidos e inquietos, son curiosos por naturaleza, pero no a costa de su supervivencia. Tienen pico de pato y una hilera de espinas que recorre la cabeza y el lomo.

ANCIANO CHETTKAP

ESPECIE Jawa **PLANETA NATAL** Arvala-7 **FILIACIÓN** Los jawas

Este anciano jawa es el jefe de su tribu en Arvala-7. Los suyos saquean la *Razor Crest* de Din Djarin, lo que lleva a Kuiil a negociar entre ambas partes. A cambio de las piezas de la nave, Chettkap quiere un huevo de cuerno de barro, un raro y sabroso manjar que conoce muy bien.

Trabajo en equipo
El cuerno de barro carga contra el invasor blindado para proteger su huevo, pero una fuerza invisible lo detiene. Grogu usa la Fuerza desde lejos para ayudar a Din Djarin a conseguir el huevo.

CUERNO DE BARRO

PLANETA NATAL Arvala-7
TAMAÑO 5 m de largo, 2,7 m de alto
HÁBITAT Regiones cavernosas de Arvala-7

El cuerno de barro es una criatura grande y formidable que no se detiene ante nada para salvaguardar su huevo. Su arma principal es un enorme cuerno que usa como una lanza o un cuchillo para atravesar a cualquiera que amenace sus dominios. Un grueso pelaje protege su recia piel, capaz de resistir disparos de bláster a corta distancia. Pese a su corpulencia, corre más rápido que un humano. Combina su velocidad, su tamaño y su devastador cuerno para defenderse y proteger el huevo. Al igual que su progenitor, este está forrado de pelo, y por desgracia es un manjar para los jawas. Din Djarin y su hijo, Grogu, se enfrentan a un cuerno de barro en Arvala-7, tras lo cual este se convierte en un símbolo sagrado para ellos. Din lo mata y le quita el huevo para cambiárselo a los jawas por las piezas robadas de su nave. A partir de entonces, Din lleva en el pecho un emblema de un cuerno de barro que simboliza la primera vez que él y Grogu lucharon juntos.

PAZ VIZSLA

ESPECIE Humana **PLANETA NATAL** Mandalore **FILIACIÓN** Hijos de la Guardia

Paz Vizsla es un guerrero formidable con tendencias agresivas totalmente entregado a los Hijos de la Guardia. Es un compañero habitual de la Armera y odia al Imperio casi tanto como quiere a Mandalore y su historia ancestral.

Paz y Din Djarin se pelean porque este no aprueba que Din trabaje con el Imperio bajo ninguna circunstancia. También se enfrentan cuando Paz intenta arrebatarle a Din la espada oscura. Se cree con derecho a la mítica arma porque la forjó su antepasado, el fundador del clan Vizsla.

Paz desconfía de Din hasta que este arriesga la vida para salvar a su hijo, Ragnar. Tras esto le profesa respeto y admiración, y se alía con él, junto con la Armera y Bo-Katan Kryze, para aniquilar al remanente imperial y devolver a Mandalore su antigua gloria. En un momento de valentía y abnegación, se queda atrás para ayudar al ejército mandaloriano a escapar. Destruye a las tropas de asalto, pero, cuando ya está debilitado, tres guardias pretorianos le tienden una emboscada y lo matan.

Guerrero de infantería pesada
Pas Vizsla mantiene a raya a varios atacantes a la vez con un cañón bláster pesado. Su armadura de beskar mandaloriana lo protege.

KRILL

PLANETA NATAL Sorgan **TAMAÑO** Hasta 6 cm **HÁBITAT** Agua dulce y salada

Pequeño crustáceo acuático verde azulado que habita en abundancia en los estanques y lagos de agua dulce de Sorgan. Los lugareños los cultivan como alimento y para preparar una bebida llamada spotchka.

OMERA

ESPECIE Humana **PLANETA NATAL** Sorgan **FILIACIÓN** Granjeros de krill

Omera es una agricultora de krill viuda que vive en el planeta Sorgan con su hija, Winta. Es una excelente tiradora, capaz de defenderse a sí misma, a su familia y a su pueblo. Es compasiva, cala enseguida a la gente y tiene muchos amigos entre la comunidad.

WINTA

ESPECIE Humana **PLANETA NATAL** Sorgan **FILIACIÓN** Granjeros de krill

Winta es la cariñosa hija de Omera. Está aprendiendo a cultivar krill en el planeta Sorgan, pero sin sacrificar su infancia. Su amabilidad y su curiosidad natural la acercan a Grogu, y ambos acaban muy unidos cuando su aldea acoge a Din y al Niño.

RANA DE SORGAN

PLANETA NATAL Sorgan **TAMAÑO** 18 cm **HÁBITAT** Pantanos, marismas

Estas ranas son anfibios tuertos que se llaman así por su planeta de origen, pero están por toda la galaxia. Son animales que viven en hábitats acuáticos, aunque también se adentran en otros territorios. Para algunos, son un manjar, pero ellas prefieren que las dejen saltar en paz.

MERODEADORES KLATOOINIANOS

ESPECIE Nikto **PLANETA NATAL** Sorgan
FILIACIÓN Banda klatooiniana

Son un grupo terrible que se aprovecha de los cultivadores de krill de Sorgan; asaltan sus cosechas y siembran la destrucción y el miedo a su paso. Los aldeanos contratan a Din Djarin y a Cara Dune para acabar con su reinado del terror.

DARA VISH

ESPECIE Humana **PLANETA NATAL** Sorgan
FILIACIÓN Casa Común de Sorgan

Dara se porta como una amiga con todo el que visita su taberna, la Casa Común de Sorgan. Su clientela está encantada de viajar hasta allí por su comida, su hospitalidad y sus jarras de spotchka. Crea un ambiente acogedor, pero nunca interfiere en sus intereses.

RIOT MAR

ESPECIE Humana
FILIACIÓN Gremio de Cazarrecompensas

Este cazarrecompensas pilota una nave personalizada. Su don para la caza es tan desmesurado como su ego. Sobreestima su talento y su capacidad de supervivencia cuando decide perseguir a Din Djarin sobre Tatooine, por lo que pierde la vida en el breve tiroteo.

DOCTOR MANDIBLE

PLANETA NATAL Tatooine

A este insectoide se lo ve a menudo jugando al sabacc en la cantina de Chalmun con otros parroquianos, como Peli Motto. Está encantado de compartir información con sus numerosos contactos, pero no sin cobrar una suma generosa.

CARA DUNE

ESPECIE Humana **PLANETA NATAL** Alderaan
FILIACIÓN Nueva República

Cara Dune es una guerrera y combatiente soberbia que odia al Imperio desde que este destruyó su planeta natal, Alderaan. Inicia su carrera militar como soldado de infantería de la Rebelión durante la Guerra Civil Galáctica. Tras la derrota del Imperio, abandona la Nueva República por su falta de acción.

Años después, Cara trabaja con Din Djarin para expulsar de Sorgan a los saqueadores klatooinianos, y más tarde se alía con él y con Greef Karga para derrotar al remanente imperial de Nevarro a cargo del moff Gideon. Impresionado con su actitud y sus habilidades, Greef la contrata como mariscal en Nevarro. Cuando Gideon apresa a Grogu, Cara se une de nuevo a Din y a otros mandalorianos para rescatarlo, y pone al moff imperial bajo la custodia de la Nueva República. Luego vuelve a Nevarro, pero, gracias a su éxito en la captura de Gideon, la invitan a formar parte de las Fuerzas Especiales de la Nueva República.

Compañeros de armas
Cara Dune y Din Djarin se respetan como compañeros de armas y comparten su aversión a toda insurgencia imperial. Forman equipo en varias misiones para sofocar amenazas comunes.

PELI MOTTO

ESPECIE Humana **PLANETA NATAL** Tatooine
FILIACIÓN Mecánica independiente

Peli lleva toda la vida en el árido Tatooine, junto a varios compañeros droides que la ayudan en la reparación, el mantenimiento y el repostaje de naves. Es propietaria del muelle de atraque 3-5 del puerto espacial de Mos Eisley, y sus precios varían en función de las necesidades del cliente, sobre todo si este no quiere a droides cerca de su nave. Es una astuta jugadora de sabacc y una pragmática empresaria dispuesta a colaborar con los jawas para conseguir las piezas que necesita.

La mecánica conoce a Din Djarin y a Grogu cuando estos llevan a reparar la *Razor Crest,* y el Mandaloriano le coge cariño enseguida por su franqueza y su ingenio. Más tarde, Din vuelve a Tatooine y le pide ayuda para encontrar a otros de su especie. Peli lo dirige a Mos Pelgo y, más tarde, a Trask. Cuando la *Razor Crest* queda destruida, Peli le encuentra una sustituta: le repara un viejo caza estelar N-1 y le añade unas cuantas modificaciones. Se alegra mucho de ver a Grogu, con quien comparte un vínculo especial.

Devoción por Grogu
Peli Motto adora a Grogu y aprovecha cualquier oportunidad para cuidarlo en lugar de Din Djarin.

SEÑORA RANA

ESPECIE Querm Rybet **PLANETA NATAL** Trask
FILIACIÓN Esposo y descendencia

Esta humanoide anfibia es una de las últimas de su especie. Din Djarin la escolta hasta el único planeta hospitalario para su especie, donde la Señora Rana espera reencontrarse con su marido. La misión es dura porque lleva consigo su última puesta de huevos, a los que hay que fecundar para conservar su linaje. Tras un desvío involuntario y angustioso en Maldo Kreis, por fin se reúne con su esposo, y su descendencia nace con éxito en Trask. La Señora Rana cuida de Grogu cuando Din emprende una misión con Bo-Katan Kryze.

TORO CALICAN

ESPECIE Humana **PLANETA NATAL** Coruscant
FILIACIÓN Gremio de Cazarrecompensas

Toro es un cazarrecompensas novato desesperado por forjarse un nombre. Forma equipo con Din Djarin para capturar a Fennec Shand, pero traiciona a Din y da a Fennec por muerto. Luego intenta capturar a Din, pero muere en la pelea.

RANZAR MALK

ESPECIE Humana **FILIACIÓN** Banda de Malk

Malk es un infame mercenario que opera desde la estación espacial El Gallinero. Contrata a su antiguo contacto, Din Djarin, para sacar al twi'lek Qin de una nave prisión de la Nueva República, pero, cuando acaba la misión, intenta matar al Mandaloriano. Din lo impide y capitanea un escuadrón de Ala-X para eliminarlo junto con su estación.

MIGS MAYFELD

ESPECIE Humana
FILIACIÓN Imperio, banda de Ranzar Malk

Este francotirador imperial es testigo de la Operación Ceniza al final de la Guerra Civil Galáctica y se queda horrorizado ante las muertes sin sentido de tantos compañeros. Abandona el ejército y pasa a ser un mercenario muy solicitado gracias a su don con el gatillo. Lidera el grupo que rescata a Qin de una nave prisión de la Nueva República. El equipo está formado por Burg, Q9-0, la hermana de Qin, Xi'an, y Din Djarin. Pero Migs traiciona a Din y lo encierra. Sin embargo, este escapa y captura al grupo, lo que conduce al arresto de Migs.

Migs cumple condena en los Campos de Escarda de Karthon, pero la mariscal Cara Dune lo libera temporalmente para que ayude a Din a infiltrarse en una refinería del remanente imperial en Morak. Deben averiguar la ubicación del crucero del moff Gideon, donde está preso Grogu. Durante la misión, Migs topa con su antiguo oficial al mando, Valin Hess. Cuando el engreído imperial le habla de la Operación Ceniza, Migs le dispara. Como agradecimiento por su ayuda, Cara lo libera extraoficialmente de prisión e informa de que murió en la explosión de Morak.

Una huida que es la bomba
Mientras huye de Morak, Migs coge un fusil de ciclos y dispara contra un cargamento de rhydonio, lo que provoca una reacción en cadena que destruye el centro de minería imperial.

BURG

ESPECIE Devaroniana **PLANETA NATAL** Devaron **FILIACIÓN** Banda de Ranzar Malk

Burg es un hercúleo devaroniano, la fuerza bruta del grupo de mercenarios que saca a Qin de una nave prisión de la Nueva República. Confiado en su tamaño y fuerza prodigiosa, subestima a Din Djarin, lo que conduce a su derrota y captura.

Q9-0

TIPO Droide de protocolo
FILIACIÓN Banda de Ranzar Malk

Q9-0 es un droide de protocolo modificado famoso por sus excelentes reflejos como piloto. Se une a la banda de Ranzar Malk para rescatar a Qin de una nave prisión de la Nueva República. Intercepta un mensaje sobre la recompensa por Grogu e intenta matar al pequeño, pero Din lo fulmina.

XI'AN

ESPECIE Twi'lek
PLANETA NATAL Ryloth
FILIACIÓN Banda de Ranzar Malk

La irascible Xi'an es una espadachina consumada que colabora con la banda de Ranzar Malk para liberar a su hermano, Qin, de una nave prisión de la Nueva República. Alude a una relación con el Mandaloriano, pero Din no la confirma. Es más, la captura a ella y a todo el equipo.

QIN

ESPECIE Twi'lek **PLANETA NATAL** Ryloth
FILIACIÓN Banda de Ranzar Malk

Qin es el prisionero que la banda de Ranzar Malk debe liberar de una nave prisión de la Nueva República. Es hermano de Xi'an y odia a Din Djarin, quien, según él, lo abandonó en una misión anterior. Está a bordo del Gallinero cuando lo ataca un Ala-X.

TRAPPER WOLF

ESPECIE Humana
FILIACIÓN Alianza Rebelde, Nueva República

Wolf es un piloto veterano de Ala-X y un respetado miembro del escuadrón de vuelo de la Nueva República. Suele volar con Sash Ketter y Jib Dodger, y, aunque le aburren las misiones rutinarias, siempre está atento cuando es necesario y no pierde un ápice de precisión. Años después del fin del Imperio, él y sus compañeros hallan una baliza de rastreo que conduce a la destrucción de una estación espacial criminal. Trapper muestra su faceta de tirador experto con un fusil bláster A280 cuando ayuda a Carson Teva a eliminar las arañas de hielo de Maldo Kreis del casco de la *Razor Crest*.

JIB DODGER

ESPECIE Humana
FILIACIÓN Alianza Rebelde, Nueva República

Jib es un curtido piloto de Ala-X que vuela con Trapper Wolf y Sash Ketter. Tras responder a una baliza de rastreo de una nave prisión, él y su escuadrón destruyen una pequeña estación espacial cuando ven que está a punto de atacarlos con una cañonera.

SASH KETTER

ESPECIE Humana
FILIACIÓN Alianza Rebelde, Nueva República

Sash, una piloto consumada de Ala-X, patrulla la galaxia con Jib Dodger y Trapper Wolf. Se la ve a menudo con sus amigos en la base Adelphi, siempre lista para la próxima misión. Juntos destruyen una estación espacial para evitar un asalto.

QARTUUM

PLANETA NATAL Nevarro **TAMAÑO** 1 m de largo **HÁBITAT** Campos de lava

Los qartuums son criaturas cuadrúpedas cubiertas de pelo con un cuerno sobre la frente. Son muy resistentes al calor extremo y deambulan por los campos de lava de Nevarro. Los granjeros y demás habitantes de la zona los domestican como bestias de carga y de tiro.

REPTAVIANO

PLANETA NATAL Nevarro
TAMAÑO 11,44 m de ancho, 7,57 m de largo
HÁBITAT Cielos

Este gran depredador alado tiene garras afiladas y dientes como sierras. Sobrevuela Nevarro por la noche y se lanza en picado para emboscar a sus presas. El más leve arañazo de sus garras venenosas puede ser letal.

AP-1982

ESPECIE Humana **FILIACIÓN** Remanente imperial

AP-1982 es uno de los soldados exploradores que averiguan la ubicación de Grogu cuando este vuelve a Nevarro. Siente curiosidad por el Niño, pero este le muerde cuando lo toca. No le da tiempo a molestarlo mucho porque entonces llega IG-11, el cuidador de Grogu, y le rompe la muñeca.

GIDEON

ESPECIE Humana
FILIACIÓN Imperio, remanente imperial

Gideon es una pieza clave en la misión secreta del remanente imperial para restablecerse como gobierno todopoderoso. Manda infundiendo miedo y castiga a todo el que interfiera en sus planes o ponga a prueba su escasa paciencia.

En los albores del Imperio, sirve como moff y miembro de la Oficina de Seguridad Imperial (OSI). Se ocupa de los espías y traidores de la Alianza Rebelde y es clave en la Gran Purga de Mandalore. Bo-Katan Kryze accede a entregarle la espada oscura si no mata a su pueblo. Pero este la traiciona: ordena matar a muchos de los suyos y reclama la posesión del arma, cuya naturaleza simbólica ve como un signo de su victoria.

Muchos creen que Gideon fue ejecutado por sus crímenes en la Guerra Civil Galáctica, pero huyó y lidera un remanente imperial. Implacable, busca sin tregua a Grogu, una pequeña criatura sensible a la Fuerza cuya sangre es muy valiosa para los misteriosos experimentos del moff, que solo conocen unos cuantos imperiales.

El mandaloriano Din Djarin está muy unido a Grogu, por lo que ambos son la principal prioridad de Gideon. El moff y sus temibles soldados oscuros recorren la galaxia en su busca y atrapan al Niño. Din persigue a Gideon y lo derrota, se hace con la espada oscura y entrega al líder imperial a las autoridades de la Nueva República.

Superviviente inesperado
Cuando Gideon se estrelló en su TIE, lo dieron por muerto. Pero emerge entre los restos de la nave tras abrirse paso con la mítica espada oscura.

Gideon escapa e intenta hacerse con el control del Consejo en la Sombra. Invade Mandalore y emplea sus recursos para crear armaduras beskar para él y sus tropas de élite.

El mandaloriano Axe Woves, un guerrero de la Resistencia, estrella un crucero contra la base de Gideon en su batalla final contra Din, Grogu y Bo-Katan. La explosión mata al moff y pone fin a su cruel reinado.

El poder de Mandalore
Las armaduras de soldado oscuro de Gideon son de beskar, lo que aumenta su fuerza. El moff demuestra su terrible poder aplastando la espada oscura con una sola mano.

JS-1975

ESPECIE Humana
FILIACIÓN Remanente imperial

JS-1975 es un soldado explorador que mata al ugnaught Kuiil y apresa a Grogu para el Imperio. Es irritable e impaciente, y no le gustan los ruiditos del Niño, pero no quebranta ningún mandato imperial por miedo a la ira del moff Gideon. IG-11 choca contra su motodeslizador y lo deja inconsciente.

SOLDADO IMPERIAL INCINERADOR

ESPECIE Humana **PLANETA NATAL** Varios
FILIACIÓN Imperio, remanente imperial

Estos soldados están entrenados para sacar a los enemigos de sus posiciones defensivas con lanzallamas D-72w Oppressor. Su armadura con crioblindaje es resistente al calor; el rojo indica su rango en el Imperio.

MA-13

FABRICANTE Industrias Automaton
TIPO Droide astromecánico modificado de serie R
FILIACIÓN Ninguna

MA-13 es un astromecánico de serie R modificado con piernas humanoides y dos pares de brazos. Opera un *ferry* en Nevarro y escolta a los pasajeros por un río de lava. Cuando las tropas de asalto esperan a Cara Dune en la orilla, esta le arranca la cabeza de un disparo porque no deja de remar.

GOR KORESH

ESPECIE Abyssin **PLANETA NATAL** RTK111
FILIACIÓN Gánster

Gor Koresh, jugador y gánster, organiza combates de gladiadores, pero no duda en matarlos si eso le aporta beneficios. Anda a la caza de armaduras de beskar para su colección de objetos robados. Se enfrenta a Djarin y este lo abandona a su suerte, que parece funesta.

Planificación del ataque
Cobb Vanth, Din Djarin y un grupo de tuskens ven salir de su guarida al dragón krayt.

COBB VANTH

ESPECIE Humana **PLANETA NATAL** Tatooine
FILIACIÓN Pueblo de Mos Pelgo

El mariscal de Mos Pelgo protege lealmente a su ciudad con la armadura mandaloriana de Boba Fett. Din Djarin topa con él en la taberna e insiste en que le devuelva la armadura a su pueblo. Cobb no quiere desprenderse de ella, pero accede a cambio de que Din lo ayude a acabar con un dragón krayt que se alimenta de su pueblo. A tal fin, se alían y unen a los ciudadanos de Mos Pelgo con los tuskens para trabajar en equipo. La incómoda alianza da fruto y abaten a la bestia.

Algo después, Cobb mata a dos miembros del Sindicato Pyke cuando estos se niegan a dejar de traficar con especia en su ciudad, ahora llamada Ciudad Libre. Din vuelve y le pide a Cobb que ayude a Boba Fett en su guerra contra los pykes, pero el mariscal se niega respetuosamente. Los pykes contratan al cazarrecompensas Cad Bane, que dispara a Cobb por sus ofensas. Boba y Din derrotan a los pykes, y el Modificador cura a Cobb.

El falso mandaloriano
Vanth compró la armadura de Boba Fett a los jawas.

TAANTI

ESPECIE Weequay **PLANETA NATAL** Tatooine
FILIACIÓN Mos Pelgo

Taanti es camarero en Mos Pelgo, un asentamiento de Tatooine. Sirve a los ciudadanos de su pueblo y es un leal confidente de Cobb Vanth. Es hábil tanto con el rifle como tras la barra, y participa en la batalla de Mos Espa.

DRAGÓN KRAYT

PLANETA NATAL Tatooine **TAMAÑO** 184 m de largo **HÁBITAT** Regiones desérticas subterráneas

El legendario dragón krayt es una criatura acorazada y muy peligrosa con dientes afilados como cuchillas y una gran boca que exhala ichor, un ácido que quema a sus víctimas. En las entrañas de estos monstruos subterráneos hay una gran perla muy codiciada por los tuskens, que están siempre en guerra con ellos. Los dragones krayt son enormes, pero el que aterroriza a Mos Pelgo es especialmente grande. Es un coloso que vive bajo la arena de Tatooine y acecha a sus presas a gran velocidad bajo la superficie para emerger de golpe y comérselas de un bocado. Una tribu tusken se alía con los ciudadanos de Mos Pelgo para matar a esta bestia destructiva.

JO

ESPECIE Humana **PLANETA NATAL** Tatooine
FILIACIÓN Mos Pelgo

Jo, residente de Mos Pelgo, colabora con el mariscal Cobb Vanth y con Din Djarin para abatir a un dragón krayt. Experta en demoliciones, monta el detonador. Cuando Cad Bane dispara a Cobb, Jo acude en ayuda del mariscal. Luego lucha en la batalla de Mos Espa.

EL HOMBRE RANA

ESPECIE Querm Rybet
PLANETA NATAL Trask
FILIACIÓN Esposa y descendencia

El Hombre Rana busca por toda la galaxia un planeta acogedor para su esposa y su puesta de huevos. Al final da con la luna de Trask y envía un mensaje a la Señora Rana para que se reúna allí con él. La pareja se reencuentra y el padre fecunda los huevos, lo que garantiza su linaje.

De vuelta a la cabina
Carson Teva es un veterano piloto de Ala-X. Cuando Din Djarin trata de librarse de una inspección rutinaria de la *Razor Crest*, Teva persigue a la nave.

CARSON TEVA

ESPECIE Humana
FILIACIÓN Nueva República, Alianza Rebelde

Carson Teva es un respetado piloto de la Nueva República que también lucha contra el Imperio en la Guerra Civil Galáctica. Opera desde un puesto avanzado en Adelphi y suele volar con Trapper Wolf. Es leal a la Nueva República y cala muy bien a la gente. Mientras buscan reductos imperiales en el Borde Exterior, él y Trapper topan con la *Razor Crest,* una nave sin señal de transpondedor. Cuando tratan de investigarla, el piloto, Din Djarin, no se presta a la labor. Es más, trata de huir, pero se estrella en Maldo Kreis. Los dos pilotos lo rescatan de las arañas de hielo, pero no lo detienen porque atrapó a unos criminales en una nave prisión de la Nueva República.

Carson indaga la actividad imperial en Nevarro e intenta reclutar a Cara Dune para la Nueva República. Poco después, los piratas invaden Nevarro. Carson solicita permiso a la Nueva República para liberar el planeta, pero se lo niegan, por lo que recurre a Din y a los mandalorianos. Estos lo ayudan y ambos acuerdan colaborar extraoficialmente en futuras misiones.

Al cabo de un tiempo, Carson ayuda a la general Hera Syndulla en una misión no autorizada al planeta Seatos para ofrecer respaldo a Ahsoka Tano, que sospecha del regreso del gran almirante Thrawn y está deseando frustrar los planes de sus aliados. Cuando Carson y la Líder Fénix llegan a la órbita de Seatos, el salto al hiperespacio de una gran nave produce una sobrecarga de energía, pero Carson logra estabilizar su Ala-X. El equipo de Hera acaba rescatando a Ahsoka, y Carson recibe la noticia de que la Nueva República está de camino para arrestar a Hera por emprender la misión. Carson es leal a Hera, pero quiere conservar su puesto, por lo que la insta a obedecer a las autoridades y le recuerda que la protección de la senadora Leia Organa es limitada.

En la vista de Hera, el senador Hamato Xiono la reprende sin tregua e insiste en que es una bala perdida y un peligro para la Nueva República por su egoísmo. Carson habla en nombre de Hera y recuerda al tribunal lo que hizo el moff Gideon en Mandalore como prueba de la preocupación de Hera ante el resurgimiento del Imperio. La lealtad de Carson, su integridad y su imparcialidad la convierten en un valioso miembro de la Nueva República.

ARAÑAS DE HIELO DE MALDO KREIS

PLANETA NATAL Maldo Kreis **TAMAÑO** Hasta 16 m de altura **HÁBITAT** Terreno helado, cuevas

Estas arañas acechan en las cuevas heladas de Maldo Kreis, de ahí su nombre. Su tamaño varía, pero pueden crecer lo bastante como para derribar una nave estelar con su fuerza bruta. Hibernan cerca de fuentes termales y, con una voracidad extrema, trabajan en equipo para perseguir a sus presas. Presentan dientes serrados y pueden desarrollar patas adicionales a medida que crecen. Ponen huevos para muchas crías que devoran a sus hermanos nada más nacer. Hay criaturas similares en Dagobah, Atollon y Taul.

MAMACORE

PLANETA NATAL Luna de Trask **TAMAÑO** 7,30 m de largo, 2,75 m de ancho con las fauces totalmente abiertas **HÁBITAT** Océanos

El mamacore es un depredador submarino que vive en las profundidades de la luna de Trask. Estas criaturas carnívoras emergen del mar y se tragan a sus presas enteras. Tienen bocas grandes y redondas con dientes como cuchillas que engullen todo lo que encuentran al paso.

Una tripulación quarren tiene un mamacore en la bodega de su nave como mascota y le ofrece a Grogu como presa para quedarse con el beskar de Din Djarin. Para su disgusto, Koska Reeves salva a Grogu y mata a la criatura.

Grogu para cenar
Un mamacoro se zampa a Grogu y su cochecito flotante de un bocado. Pero, antes de que lo digiera, Koska rescata a Grogu sano y salvo.

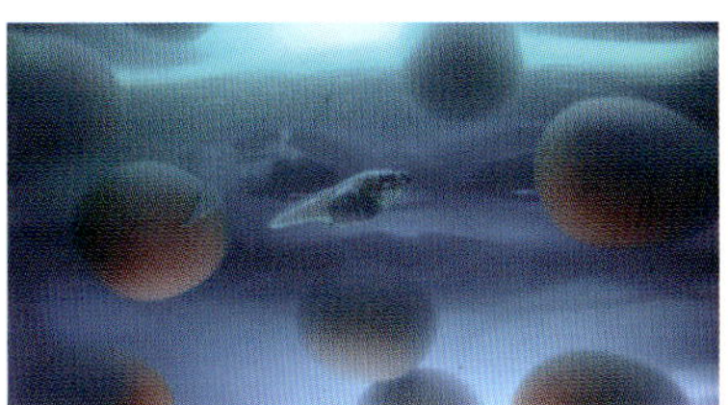

BEBÉS RANA

ESPECIE Querm Rybet **PLANETA NATAL** Luna de Trask **FILIACIÓN** Hombre Rana y Señora Rana

Los huevos fecundados de la Señora Rana eclosionan en la luna de Trask. Cuando las criaturitas salen de sus huevos, ya son capaces de nadar. Son cariñosas y curiosas, y sus padres las cuidan muy bien.

SURICATO DE LAVA

PLANETA NATAL Nevarro **TAMAÑO** 33 cm de altura **HÁBITAT** Tubos de lava y alcantarillas de Nevarro

Para los habitantes de Nevarro, estos animales son como las ratas, pues hurgan en los tubos de lava y las cloacas en busca de comida y protección. No suelen ser fuente de alimento, pero algunos aqualish se los comen.

KOSKA REEVES

ESPECIE Humana **PLANETA NATAL** Mandalore **FILIACIÓN** Mandalorianos, Búhos Nocturnos

Reeves sirve junto a sus compañeros mandalorianos en los Búhos Nocturnos. Es una excelente combatiente cuerpo a cuerpo que propina patadas en el aire con la ayuda de su mochila propulsora. Trabaja con Bo-Katan Kryze, Axe Woves y Din Djarin para apoderarse de un crucero imperial y es una pieza clave del éxito de la misión.

Más tarde, Koska y Bo-Katan van al planeta Lafete. Allí, mientras comen en una cantina, Din y Boba Fett se les acercan. Koska alude a Boba como el compinche de Din, lo que provoca una breve escaramuza, que Bo-Katan corta en seco. Los mandalorianos acuerdan colaborar para rescatar a Grogu de las garras del moff Gideon y recuperar la espada oscura para Bo-Katan. Leal a Bo-Katan, Koska está decidida a ayudar. Gracias a su talento único para el combate, las armas y el abordaje, despacha rápido a las tropas de asalto que se cruzan con el equipo y la misión sale a pedir de boca. Koska también forma parte del ejército mandaloriano unificado que ayuda a liberar su planeta de la invasión imperial.

Combate aéreo
Koska sobrevuela Mandalore con su mochila propulsora JT-12 junto a Bo-Katan y los mandalorianos supervivientes. Luchan en el aire contra las tropas de asalto, que también llevan mochilas propulsoras.

AXE WOVES

ESPECIE Humana **PLANETA NATAL** Mandalore **FILIACIÓN** Mandalorianos, Búhos Nocturnos

Como miembro leal de los Búhos Nocturnos de Bo-Katan Kryze, Axe emprende una misión con ella y Koska Reeves para robar un crucero imperial en la luna de Trask. Reclutan a Din Djarin para que los ayude, pero, dada la adhesión de Din a la antigua tradición mandaloriana, al principio Axe se muestra escéptico con él. Como muchos mandalorianos, Axe es un consumado guerrero y combatiente cuerpo a cuerpo. Las tropas de asalto no son rivales para su formación de élite y su experiencia bélica. Se queda atrás mientras el resto del equipo persigue la nave del moff Gideon. Cuando se entera de que Bo-Katan no le ha quitado la espada oscura a Gideon, la abandona y se lleva consigo a varios mandalorianos. Más tarde los dos se reencuentran en Plazir-15, donde Bo-Katan lo desafía a un duelo para reclamar su puesto como líder mandaloriana. Lo vence y Axe acepta servirla sin reservas. En la batalla para recuperar Mandalore, Axe pilota una nave imperial robada y la estrella contra Mandalore, lo que provoca una explosión que mata a Gideon y pone fin a la ocupación imperial. Axe se salva con una mochila propulsora y se yergue en uno de los héroes de la batalla.

Secuestro sobre Trask
Axe Woves hackea el sistema de un crucero imperial de clase Gozanti que él y su equipo están a punto de secuestrar sobre Trask.

GUARDIA EXPLORADOR

PLANETA NATAL Corvus **FILIACIÓN** Morgan Elsbeth

Los guardias exploradores sirven a la magistrada Morgan Elsbeth. Cada soldado enmascarado sigue a su líder sin rechistar. Son guerreros capaces, pero no pueden vencer a Ahsoka ni a Din Djarin, que los despachan sin más, capturan a Morgan y liberan Calodan.

LANG

ESPECIE Humana **PLANETA NATAL** Corvus **FILIACIÓN** Morgan Elsbeth

Lang es un cruel mercenario al que la magistrada Morgan Elsbeth pone al mando de los guardias exploradores que protegen su ciudad amurallada en Calodan. Es ágil y arrogante, pero su talento y velocidad no pueden con Din Djarin, que lo abate en un combate cara a cara.

CAMINANTE DEL BOSQUE

PLANETA NATAL Corvus **HÁBITAT** Bosques

Estas mansas criaturas nocturnas de cabeza redonda y cuatro patas vagan por los bosques de Corvus en manada para mantenerse a salvo. Tienen una piel muy gruesa para protegerse de sus depredadores, a los que ven de lejos gracias a sus grandes ojos, situados a ambos lados de la cara.

WING

ESPECIE Humana **PLANETA NATAL** Corvus **FILIACIÓN** Pueblo de Corvus

El magistrado de Calodan espera que los contratos imperiales de Morgan Elsbeth traigan prosperidad a la capital. Tras la caída del Imperio, Elsbeth somete a su pueblo a base de miedo y crueldad. Wing quiere proteger a su gente, por lo que aconseja a Djarin que sea discreto para que no los descubran. Una vez derrotada Morgan, Wing pasa a ser el gobernador.

SOLDADO DE ASALTO DE ARTILLERÍA

ESPECIE Humana **PLANETA NATAL** Varios **FILIACIÓN** Imperio

Estos soldados son tropas especializadas del Ejército Imperial que lanzan explosivos al campo de batalla. Calculan la distancia y el ángulo adecuados para garantizar que cada mortero caiga donde debe. Las rayas amarillas de su armadura identifican su especialidad.

PIRATAS SHYDOPP

ESPECIE Shydopp **PLANETA NATAL** Morak **FILIACIÓN** Piratas

Estos piratas audaces y agresivos tienden emboscadas a los Juggernauts imperiales que transportan rhydonio para destruirlo. Tratan de apoderarse del transporte de Djarin, pero este (disfrazado de imperial) se defiende hasta que llega el ejército y los abate a tiros.

ELIA KANE

ESPECIE Humana **PLANETA NATAL** Coruscant
FILIACIÓN Imperio, remanente imperial

Elia Kane es una leal y taimada oficial que se formó en la Real Academia Imperial de Coruscant. Durante la Nueva República, se une al remanente imperial del moff Gideon como teniente y oficial de comunicaciones. Cuando capturan al moff, Elia queda bajo custodia de la Nueva República, que la manda a su programa de amnistía, donde recibe la designación de «G68». El doctor Pershing también está en el programa y hacen buenas migas, pues ambos sirvieron a las órdenes de Gideon. Sin embargo, Elia es una espía del moff y engaña al doctor haciéndole creer que son amigos. Le invita a explorar un laboratorio en un destructor imperial fuera de servicio para avanzar en su investigación. Las fuerzas de seguridad de la República llegan para arrestarlos y Elia lo entrega. Luego conectan al doctor a un dispositivo de reacondicionamiento para facilitar su transición a la sociedad, pero Elia, bajo el pretexto de su amistad, solicita ver el procedimiento en la sala de control, donde lo sabotea y borra la memoria de Pershing.

Borda el papel
Elia finge sorpresa cuando su trampa surte efecto y las fuerzas de la Nueva República arrestan a Pershing.

Traición consumada
Elia anula el reacondicionamiento del doctor Pershing: borra su mente y remata su traición.

GARFALAQUOX

ESPECIE Aqualish **PLANETA NATAL** Tatooine
FILIACIÓN Sindicato Pyke

Garfalaquox, el capo de una organización criminal de Tatooine, ofrece un cofre lleno de créditos a Boba Fett cuando este se apodera del imperio de Jabba el Hutt. Pero es un tipo falso que se confabula con los pykes y con otros señores del crimen para destronar a Boba. Al final, el aqualish y sus aliados son vencidos, y Fennec Shand mata a Garfalaquox por traidor.

DOKK STRASSI

ESPECIE Trandoshana **PLANETA NATAL** Tatooine **FILIACIÓN** Sindicato Pyke

Dokk lidera una familia de la mafia que controla una facción de las operaciones criminales de Tatooine. Responde ante el nuevo daimio, Boba Fett, pero se niega a participar en la disputa de este con los pykes, cosa que Boba respeta. Sin embargo, Dokk se alía en secreto con otros granujas y colabora con los pykes para derrocar a Boba. Fennec Shand lo mata.

VALIN HESS

ESPECIE Humana **PLANETA NATAL** Coruscant
FILIACIÓN Imperio, remanente imperial

Este general de alto rango está convencido de que el Imperio resurgirá. Supervisa la Operación Ceniza en el planeta Burnin Konn, donde sacrifica muchas tropas imperiales. Tras la guerra lo derrota Migs Mayfeld, que perdió a varios amigos en la operación.

JEFE TUSKEN

ESPECIE Humana
PLANETA NATAL Tatooine
FILIACIÓN Tribu tusken

Este sabio cacique lidera una tribu tusken en las desérticas arenas de Tatooine. Su ropaje es marrón y rojo oscuro, símbolo de su antigüedad entre su pueblo. Le intriga el exprisionero Boba Fett y lo invita a su comunidad cuando este los ayuda a expulsar a los pykes. El jefe tusken gobierna con una mezcla inconfundible de silencio y sabio consejo, pues prefiere que su gente aprenda por sí misma con una instrucción limitada. Los pykes lo masacran junto a su pueblo durante una incursión.

GUERRERA TUSKEN

ESPECIE Humana **PLANETA NATAL** Tatooine
FILIACIÓN Tribu tusken

Es una maestra consumada del combate cuerpo a cuerpo con el arma preferida de su tribu: el bastón gaderffii. Lleva unas envolturas rojinegras únicas que indican su posición en el clan. Ejerce de jefa de seguridad y consejera del líder, y es muy peligrosa para todo el que suponga una amenaza para la tribu. Boba Fett, exprisionero de los tusken, se ofrece a ayudarlos a poner fin a los ataques de los pykes y se gana el respeto de la guerrera, que después es asesinada durante una incursión de los pykes en la aldea.

ASESINO DEL VIENTO NOCTURNO

ESPECIE Humana
PLANETA NATAL Tatooine
FILIACIÓN Mercenario

La Orden del Viento Nocturno es la mejor organización de asesinos a sueldo de la galaxia. Sus miembros son acróbatas de élite duchos en el combate cuerpo a cuerpo. Además, disponen de escudos de energía especiales para acorralar a sus presas. Si los capturan, es muy poco probable que hablen de sus clientes.

MAYORDOMO DE MOK SHAIZ

ESPECIE Twi'lek **PLANETA NATAL** Tatooine
FILIACIÓN Alcalde Mok Shaiz

El mayordomo del alcalde Mok Shaiz es un twi'lek leal y pretencioso que sirve a su señor con devoción. Le gusta disfrutar de los lujos de la vida, como demuestran sus tocados y túnicas ricamente ornamentados. Estudió en la academia de Coruscant, donde se especializó en negociaciones del consejo cívico, conocimientos que ahora pone en práctica para manejar los asuntos personales de Mok Shaiz. Se enorgullece de su trabajo, se muestra impasible e indiferente ante las amenazas y trata a Boba Fett con condescendencia cuando le da la bienvenida a Mos Espa. Pese a su lealtad, su instinto de conservación lo lleva a huir del palacio de Mok Shaiz cuando Boba descubre su falsedad. Fett lo atrapa y el mayordomo acepta trabajar como su emisario, dispuesto a humillarse y arrastrarse ante los enemigos del nuevo señor del crimen. Su educación y experiencia resultan útiles a Boba a la hora de negociar con los pykes. Durante una batalla campal, el mayordomo se esconde huyendo de la violencia. Peli Motto da con él y lo protege, y ambos ayudan a Din y Boba a vencer a los pykes.

Jefe diplomático
Este mayordomo es todo educación y cortesía cuando recibe a visitantes indeseados, pero rezuma condescendencia.

GARSA FWIP

ESPECIE Twi'lek **PLANETA NATAL** Tatooine
FILIACIÓN Alcalde Mok Shaiz

Garsa Fwip es la glamurosa y entrañable dueña del Santuario de Garsa, una famosa cantina. Tiene un encanto y una elegancia ideales para su papel de anfitriona. Con su tacto y carisma, puede desarmar hasta al más brutal de los clientes. Muestra una gran habilidad para tratar con Krrsantan, pero no le basta para convencerlo de que no le arranque el brazo izquierdo a un trandoshano. Garsa le jura lealtad a Boba Fett y pone a su servicio la lujosa cantina, tras lo cual se ve envuelta sin querer en la guerra de este con los pykes, que destruyen su local con una bomba.

LOS MELLIZOS

ESPECIE Hutt **PLANETA NATAL** Tatooine
FILIACIÓN Los hutt

«Los Mellizos» es el apodo de estos hermanos hutt, señores del crimen que reclaman el territorio de su primo Jabba el Hutt cuando este cae derrotado. Anuncian su llegada a Mos Espa por todo lo alto a ritmo de tambor mientras unos criados los transportan por la calle en una litera. Contratan al peligroso wookiee Krrsantan para que mate a Boba Fett, pero la misión fracasa. Los Mellizos se disculpan y abandonan Tatooine, aduciendo que no quieren ir a la guerra por una roca sin valor, pero antes le ofrecen un rancor a Boba como tributo.

MOK SHAIZ

ESPECIE Ithoriana **PLANETA NATAL** Tatooine
FILIACIÓN Sindicato Pyke

Mok Shaiz es el alcalde de la próspera comunidad de Mos Espa, en Tatooine. Es rico y poderoso y disfruta de las cosas buenas de la vida. No le interesa renunciar a su cargo en el gobierno, así que colabora con los pykes para mantener su autoridad. El nuevo daimio, Boba Fett, le pide que le pague tributo, pero él se niega porque los pykes le prometieron el mismo territorio, si bien Boba ignora ese acuerdo. En la batalla de Mos Espa, Mok se esconde entre los pykes, pero Fennec Shand lo encuentra y lo ahorca.

SIMIO DE ARENA

PLANETA NATAL Tatooine **TAMAÑO** 2,52 m de altura **HÁBITAT** Regiones desérticas subterráneas

El simio de arena es un animal carnívoro y salvaje de cuatro brazos que merodea bajo las arenas de Tatooine para sorprender y asustar a todo lo que encuentra a su paso. Aterra a sus presas por su tamaño y las domina con una fuerza prodigiosa. Los tusken, que viven en el desierto, son su bocado favorito y suelen verse indefensos ante sus dientes serrados y afiladas garras, que son tres por mano. Se cree que Boba Fett es uno de los pocos que se ha enfrentado a una de estas criaturas y la ha vencido, por lo que los tusken lo admiran y respetan.

Gladiador venido a mercenario
En la batalla de Mos Espa, Krrsantan lucha del lado de Boba Fett y dispara a los combatientes del Sindicato Pyke con su bláster pesado.

KRRSANTAN

ESPECIE Wookiee **PLANETA NATAL** Kashyyyk
FILIACIÓN Cazarrecompensas

Es un cazarrecompensas wookiee y un guerrero bestial con muy mala baba. Su cuerpo está mejorado cibernéticamente con placas subdérmicas y modificaciones endoesqueléticas. Hace mucho tiempo, se ganó fama de gladiador formidable, y después destaca como cazarrecompensas.

A lo largo de su infame carrera, Krrsantan ha trabajado para Vader, la doctora Chelli Lona Aphra y Jabba el Hutt, y se ha enfrentado a Obi-Wan Kenobi, quien le hizo la cicatriz que luce encima del ojo. Ha colaborado en varias ocasiones con Boba Fett. En un momento dado, los Mellizos lo contratan para que mate a Boba, pero fracasa y este y sus aliados lo capturan. En un giro sorprendente, Boba lo libera en lugar de hacerle daño o encarcelarlo, y más tarde lo contrata para que lo ayude en su guerra contra los pykes. Krrsantan resulta herido en la batalla de Mos Espa y los aliados de Fett lo atienden. Sus compañeros lo tratan con compasión y, como eso es algo a lo que no está acostumbrado, empieza a sentir lealtad por algo más que por los créditos.

TRANCOS KINTANOS

ESPECIE Nikto **PLANETA NATAL** Kintan
FILIACIÓN Banda de los Trancos Kintanos

Los Trancos Kintanos son una banda de matones y maleantes que toman su nombre de una bestia de su planeta natal. Imponen su voluntad subyugando a pequeñas ciudades y despojando a sus habitantes de los créditos que tanto les cuesta ganar. Un grupo de estos brutos se apodera de la Estación Tosche y golpea sin motivo a un lugareño, Laze Loneozner, alias Fixer. Boba Fett interviene, salva a Laze y entrega los motodeslizadores de la banda a su tribu tusken. Los pykes inculpan a los Kintanos de masacrar a los amigos tusken de Boba, tras lo cual el excazarrecompensas monta en cólera y acaba con todos los miembros de la banda.

CAMIE MARSTRAP

ESPECIE Humana **PLANETA NATAL** Tatooine
FILIACIÓN Ciudadanos de Tatooine

Camie Marstrap vive con su familia en Anchorhead, Tatooine. De niña se hace amiga de Laze Loneozner, alias Fixer, de Biggs Darklighter y de Luke Skywalker. Juntos se divierten en la Estación Tosche, donde acuden a comprar y a hablar de sus cosas. Con el tiempo, varios amigos de Camie abandonan Tatooine para luchar en la Guerra Civil Galáctica. Pero ella se queda y sale con Laze. En una noche agitada, mientras ambos disfrutan de una tranquila copa en la Estación Tosche, los interrumpe una banda de matones nikto. Laze intenta defenderlos, pero lo atacan, y un nikto retiene a Camie hasta que llega Boba Fett y vence a la banda.

LAZE LONEOZNER, ALIAS FIXER

ESPECIE Humana **PLANETA NATAL** Tatooine
FILIACIÓN Ciudadanos de Tatooine

Laze Loneozner vive en Tatooine y hay quien lo llama Fixer («Reparador») por su habilidad como mecánico y manitas. Él y su novia, Camie Marstrap, se divierten con sus amigos Biggs Darklighter y Luke Skywalker, y Laze le pone a Luke el apodo de Wormie («Gusanito») a modo de broma. Después de la Guerra Civil Galáctica, Laze y Camie van a la Estación Tosche para pasar una noche juntos, pero los acosa un grupo de brutos nikto. Laze les planta cara y lo golpean con un bastón de choque. Boba Fett interrumpe el ataque, derrota a los matones y salva a Laze y a los demás clientes.

AL-42

TIPO Droide operador de trenes
FILIACIÓN Sindicato Pyke

AL-42 es un conductor de tren del Sindicato Pyke, organización criminal que ocupa Tatooine. Es un droide negro con algunos sensores rojos que mejoran su atención y su visión de 360 grados. Boba Fett y un grupo de tuskens toman su tren, pero él escapa.

GEKKO ASTADO

PLANETA NATAL Tatooine **TAMAÑO** 10 cm de largo (cola extendida) **HÁBITAT** Desierto

Este lagarto habita en los desiertos de Tatooine y es sagrado para los tusken, tribu que celebra una ceremonia donde un gekko astado repta por la fosa nasal de una persona y actúa como catalizador de un misterioso viaje por parte del anfitrión. El ritual no daña a ninguno de los dos.

MONJES B'OMARR

ESPECIE Híbridos de droide
PLANETA NATAL Tatooine
FILIACIÓN Monjes B'omarr

Los monjes B'omarr viven en las sombras y se dedican a la meditación contemplativa. Alcanzan la iluminación separando el cerebro del cuerpo. El cerebro de un monje B'omarr flota en un líquido contenido en la parte delantera de una gran araña mecánica. Se cree que los monjes son droides, pero en realidad son seres orgánicos muy reservados. Aunque pueden parecer aterradores, son dóciles. El palacio de Jabba el Hutt fue en su día un monasterio que albergó a muchos monjes B'omarr. Varios permanecen allí en secreto, disfrutando de su aislamiento.

LORTHA PEEL

ESPECIE Humana
PLANETA NATAL Tatooine
FILIACIÓN Lortha Peel

El comerciante de agua Lortha Peel vive y trabaja en el barrio obrero de Mos Pelgo. Egoísta y movido por la codicia, tiene fama de modificar el precio del agua hasta el punto de que ciudadanos inocentes se ven a menudo obligados a robar de su suministro para sobrevivir.

DRASH

ESPECIE Humana **PLANETA NATAL** Tatooine
FILIACIÓN Los modificados, Boba Fett

Drash forma parte de la banda callejera de los modificados, que opera en el barrio obrero de Mos Espa. Le mejoraron el brazo izquierdo con cibernética. Roba agua a Lortha Peel para sobrevivir. Cuando Boba Fett se enfrenta a ella a raíz del robo, le impresiona su descaro y la invita a trabajar para él. Drash es leal a quienes se ganan su confianza. También es intrépida y lucha contra el poderoso cazarrecompensas wookiee Krrsantan para proteger a su jefe, Boba. Junto a sus nuevos aliados, Drash y su banda combaten contra el Sindicato Pyke en la batalla de Mos Espa.

Fuerza bruta mercenaria
Drash es una hábil guerrera y piloto de motodeslizador. Explota al máximo su don para la conducción recorriendo Mos Espa para Boba Fett.

SKAD

ESPECIE Humana **PLANETA NATAL** Tatooine
FILIACIÓN Los modificados, Boba Fett

Skad vive en el barrio obrero de Mos Espa y es miembro de la banda callejera de los modificados, a la que pertenece Drash. Con su ojo derecho cibernético puede ver a larga distancia. La banda roba agua a Lortha Peel, lo que llama la atención de Boba Fett, el nuevo señor del crimen de Tatooine. Al principio Boba cree que Skad no es de fiar, pero pronto comprende lo que pasa: no puede permitirse los precios de Lortha, que no paran de subir. Boba invita a Skad a trabajar para él como guerrero. Skad y Drash son muy leales y se enfrentan a Krrsantan y a los pykes mientras Boba consolida su reinado en Tatooine.

JEFE PYKE

ESPECIE Pyke **PLANETA NATAL** Oba Diah
FILIACIÓN Sindicato Pyke

El jefe pyke es un líder muy querido por su pueblo. Racional y pragmático, está dispuesto a evitar la violencia para mantener su organización criminal en marcha sin interrupción ni complicaciones. Además, es un negociador brillante capaz de suavizar la mayoría de los conflictos con su encanto y promesas de fortuna. Sin embargo, cuando todo lo anterior falla, contrata a cazarrecompensas para garantizar que su emporio de especia sigue creciendo y prosperando. Intenta asesinar a Boba Fett y apoderarse de Tatooine, pero Boba y sus compañeros se lo impiden. Fennec Shand lo mata en su cuartel general en la batalla de Mos Espa.

GUARDIÁN DEL RANCOR

ESPECIE Humana **PLANETA NATAL** Tatooine
FILIACIÓN Boba Fett

Los Mellizos hutts regalan un rancor a Boba Fett como disculpa por haber ordenado su asesinato. Su generoso regalo incluye a un cuidador compasivo y leal que conoce a fondo a estos temibles seres para mantener a raya a la bestia. El rancor forma un vínculo con la primera criatura que ve. Por eso el adiestrador le tapa los ojos desde que nace hasta que ve a su amo por primera vez, lo cual demuestra su naturaleza desinteresada como domador. Mientras ayuda a Boba a conectar con el animal, el cuidador demuestra fuerza interior y paciencia.

KABA BAIZ

ESPECIE Klatooiniana **PLANETA NATAL** Anillomundo Glavis **FILIACIÓN** Planta cárnica

Jefe de una planta empacadora de carne en la estación espacial Anillomundo Glavis, Baiz se gana una recompensa por su cabeza tras acumular deudas. Una maestra ishi tib del gremio contrata a Din Djarin para cobrar la recompensa, cosa que Din logra… tras cortarle la cabeza con la espada oscura.

EL RANCOR DE BOBA

PLANETA NATAL Tatooine **TAMAÑO** 4,89 m de altura **HÁBITAT** Llanuras, selvas

Los Mellizos regalan un rancor a Boba Fett para evitar represalias por su intento de asesinato. La bestia tiene los ojos tapados hasta que Boba lo recibe, para que forme un vínculo con su nuevo amo cuando lo vea. Aunque es dócil en cautividad, el rancor de Boba es feroz cuando se le deja campar a sus anchas, causando destrucción y caos durante la batalla de Mos Espa. Boba monta a su rancor durante la batalla, lo que demuestra su conexión y su control sobre la bestia. A pesar de su lealtad a Boba, el rancor sigue siendo peligroso para sus aliados hasta que Grogu lo doma con la Fuerza.

EL MODIFICADOR

ESPECIE Humana **PLANETA NATAL** Tatooine **FILIACIÓN** Los modificados, Boba Fett

El artesano conocido como el Modificador es un artista de talento excepcional que crea mejoras cibernéticas para clientes de pago, incluidos miembros de la banda de los modificados. Además de sustituir extremidades y órganos dañados por lesiones graves, hace ampliaciones y mejoras. Boba Fett lo contrata para que cure a Fennec Shand, a quien dan por muerta en Tatooine. El Modificador también recupera a Cobb Vanth de una herida de bláster casi mortal. Su discreción y su trabajo impecable le granjean una espléndida reputación.

BD-72

FABRICANTE Behold-Urwar Droid Concepts **TIPO** Droide explorador **FILIACIÓN** Peli Motto

BD-72 es uno de los droides que trabajan para la mecánica Peli Motto. Pequeño pero capaz, ayuda a montar el caza estelar N-1 personalizado de Din Djarin con un foco y un holoproyector. Camina sobre dos patas y tiene una cabeza en forma de binoculares que gira 360 grados.

GALLO WORRT

PLANETA NATAL Tatooine
TAMAÑO 50 cm de largo
HÁBITAT Desierto

Es una criatura alada que canta al amanecer para anunciar el comienzo del día. En las patas delanteras, unidas a las alas, presenta tres dedos largos. No es agresivo, pero se asusta con facilidad y canta sin parar cuando cree que está en peligro. Tiene dos ojos negros y unos dientes afilados que dan buenos mordiscos. Sus alas parecen más propias de reptil que de ave, lo que le da un aspecto amenazador, pese a su naturaleza inofensiva.

REED

ESPECIE Humana
FILIACIÓN Nueva República

Reed, teniente del Cuerpo de Cazas Estelares de la Nueva República, vuela con Carson Teva sobre Tatooine y topa con un caza estelar N-1 modificado. Cuando este se aleja a toda velocidad, Reed cree que debe informar del incidente, pero, al pensar en el papeleo, cambia de opinión.

YAK DE PANTANO

PLANETA NATAL Ossus **TAMAÑO** 3 m de largo **HÁBITAT** Pantanos, marismas

Este herbívoro peludo y con cuernos vive en los pantanos del exuberante planeta Ossus. Viaja en manada y pasta en las marismas. Es tímido, pero se defiende bien con sus largos cuernos, que arrancan en la parte superior del cráneo y descienden a ambos lados de la cabeza.

SCOTT

ESPECIE Humana
PLANETA NATAL Tatooine
FILIACIÓN Mos Pelgo

El ayudante de Cobb Vanth protege Mos Pelgo con bravuconería y afán de superación. Tiene buenas intenciones, pero es impetuoso, agresivo e impaciente, todo lo cual irrita a Cad Bane, quien lo abate a tiros.

RAGNAR

ESPECIE Humana
PLANETA NATAL Mandalore
FILIACIÓN Hijos de la Guardia

Ragnar es el hijo adolescente de Paz Vizsla. Ansioso por demostrar su valía como guerrero mandaloriano, se enfrenta a Grogu ante la insistencia de Din Djarin en una sesión de entrenamiento. Grogu lo derrota fácilmente, pero la humillación del chico se convierte pronto en horror cuando lo engulle una enorme rapaz que se lo lleva a su nido para alimentar a sus crías. Su padre, Din Djarin y Bo-Katan Kryze lo rescatan. Más tarde se somete al ritual sagrado de Mandalore y se convierte en un mandaloriano de pleno derecho.

Un rescate complicado
Durante la misión de rescate de Ragnar, la rapaz agarra al niño del nido y se lo lleva volando. Los mandalorianos lo persiguen con sus mochilas propulsoras.

MONSTRUO DEL LAGO

TAMAÑO 52,63 m de alto, 62,85 m de ancho, 195,68 m de largo **HÁBITAT** Huecos subterráneos

Esta criatura descomunal tiene un grueso caparazón protector que cubre su correosa piel cubierta de escamas. La monstruosa bestia tiene un gran morro lleno de dientes puntiagudos que pueden desgarrar a su presa o a cualquier desgraciado que se acerque a sus fauces. Debido a su tamaño colosal, acecha sigilosamente a sus víctimas e irrumpe desde las profundidades de su morada acuática para llevarse un bocado o atacar todo lo que perciba como una amenaza. Su carne se considera un manjar, pero cazarlo es muy peligroso e insensato.

VANE

ESPECIE Nikto
FILIACIÓN Banda pirata de Gorian Shard

Miembro de la banda de piratas de Gorian Shard, que invade Nevarro. Es un matón sin miramientos. Intenta entrar en una escuela con alcohol, pero Greef Karga y Din Djarin se lo impiden. Cuando dirige un ataque de cazas estelares contra Nevarro, Din también lo frustra.

GORIAN SHARD

FILIACIÓN Banda pirata de Gorian Shard

Es el rey pirata de un grupo de maleantes. Desde su enorme nave de guerra, lidera un ataque a Nevarro con su banda. Quiere destruir la capital para castigar a Greef Karga y a su pueblo por no dejar que sus piratas dirijan la ciudad. Bo-Katan y Din Djarin lo derrotan y destruyen la nave en combate aéreo, con lo que matan a Shard.

ALAMITA

PLANETA NATAL Mandalore
TAMAÑO 1,80 m de altura **HÁBITAT** Cuevas

Los alamitas vivían en los Yermos, allende las ciudades de Mandalore, pero, después de la Gran Purga imperial, muchos se desplazaron y se asentaron en las ruinas de Sundari. Tienen pelaje blanco y cuatro ojos verdes fosforescentes, por lo que ven en la oscuridad. Son carnívoros y se cree que comen humanos. Dada su naturaleza depredadora, sus afilados dientes y su gruesa piel, son un peligro para los viajeros que por desgracia topan con ellos. Unos alamitas tienden una emboscada a Bo-Katan y Din Djarin. La pareja los derrota, pero prefiere no volver a cruzarse con ellos.

CÍBORG MECÁNICO

PLANETA NATAL Mandalore

Este cíborg es un ser misterioso que habita en las ruinas de Sundari, en Mandalore. Es un ojo orgánico encapsulado en un fluido desconocido que conduce un gran tanque araña. Acecha bajo tierra para emerger de pronto y someter a sus presas, a las que atrapa en una jaula metálica unida a su cuerpo mecánico. Inserta una aguja en el cuello de Din Djarin para inyectarle un narcótico. Bo-Katan rescata a Din y logra matar a la criatura, cosa que desactiva el tanque araña.

MYTHOSAURIO

PLANETA NATAL Mandalore
TAMAÑO 30 m de largo
HÁBITAT Agua

El mythosaurio es una criatura gigantesca que se cree extinta, pero que sigue siendo sagrada para los mandalorianos, pueblo que ha adoptado su cráneo astado como símbolo de su legado y poder. Según Bo-Katan Kryze, se dice que el legendario Mandalore el Grande domesticó a la bestia y aprendió a montarla. Se cree que los mythosaurios pueden vivir en tierra o en lo hondo de los mares de Mandalore.

El mythosaurio puede medir más de 30 metros de largo y tiene una piel escamosa y amarillenta que lo protege como una armadura. Con los grandes cuernos a ambos lados de la boca embiste a sus atacantes o desgarra sus presas. Los ojos tienen una pequeña pupila negra con un iris amarillo.

Los habitantes de Mandalore lo ignoran, pero una de esas criaturas sigue viva en las entrañas de sus minas. Desde que la Gran Purga imperial arrasó el planeta, nadie ha explorado las aguas de las minas. Din Djarin se adentra en ellas para iniciar un ritual que lo reincorporará a los Hijos de la Guardia, pero casi muere ahogado tras quedar inconsciente. Bo-Katan se sumerge para salvarlo y entonces ve al mythosaurio en las profundidades. Inspirada por esa visión fantástica, pide a la Armera que añada un cráneo de mythosaurio a su armadura para conmemorar la experiencia y reafirmar su compromiso con su pueblo. Bo-Katan comparte su visión con la Armera y esta le dice que los que recorren el Camino tienen muchas visiones, y también que el mythosaurio marcará el comienzo de una nueva era en Mandalore. Poco después de su conversación, Bo-Katan y un pequeño ejército de mandalorianos reclaman el planeta a los imperiales de Gideon, cosa que confirma la teoría de la Armera.

Guarida submarina
El mythosaurio despierta de su largo letargo en las aguas vivas de Mandalore, en lo profundo de unas minas abandonadas.

Emblema mandaloriano
El cráneo del mythosaurio es el mítico símbolo de los mandalorianos.

TÉCNICO DE REINTEGRACIÓN

ESPECIE Mon Calamari **PLANETA NATAL** Coruscant **FILIACIÓN** Nueva República

En el Instituto de Reintegración de la Nueva República, este técnico ayuda a ciudadanos que sufren traumas, como el doctor Pershing. En teoría, su mitigador 602, parecido a un desollador mental, tranquiliza a los pacientes.

JUEZ MANDALORIANO

ESPECIE Humana **PLANETA NATAL** Mandalore
FILIACIÓN Hijos de la Guardia

Este juez supervisa el entrenamiento de los Hijos de la Guardia y opina sobre cuestiones culturales de peso. Lleva casco y mochila propulsora naranjas y una capa verde sobre el hombro izquierdo. Estoico y sabio, vela por la seguridad de los niños ante cualquier peligro.

CANGREJO DE PIEDRA

PLANETA NATAL Mundo oculto mandaloriano sin nombre **TAMAÑO** 6 cm **HÁBITAT** Playas, agua

Los cangrejos de piedra son pequeños crustáceos sin consciencia que se juntan en grupos para defenderse y buscar comida en las arenosas playas de su mundo. Su gruesa piel exterior sirve de protección y camuflaje. Cuando se ocultan bajo el caparazón y se semientierran en la arena parecen rocas. Un grupo de mandalorianos, entre los que se cuenta Grogu, está entrenando en la playa cuando unos cangrejos de piedra llegan a la orilla. Fascinado con las criaturitas acuáticas, Grogu las coge por el caparazón para ver cómo se transforman en rocas para protegerse.

RAPTOR

PLANETA NATAL Mundo oculto mandaloriano sin nombre **TAMAÑO** 14 m de largo, 47 m de envergadura **HÁBITAT** Montañas

Es una ave reptiliana colosal de enorme envergadura, garras afiladas y un largo pico con el que agarra a sus presas y abre duros caparazones para extraer comida. Pone huevos y recorre el planeta en busca de seres vivos con los que alimentar a sus crías. Un raptor hembra atrapa a Ragnar, el hijo de Paz Vizsla, y se lleva al aterrado niño a su nido en lo alto de un monte. Paz, Din Djarin, Bo-Katan Kryze y otros mandalorianos escalan la montaña para rescatar al niño. Vencen al raptor y se llevan a sus crías para tenerlas como mascotas y monturas.

TUTTLE

ESPECIE Humana **PLANETA NATAL** Coruscant **FILIACIÓN** Nueva República

El coronel Tuttle trabaja en Coruscant en el departamento de Solicitudes de la Nueva República, donde suministra *hardware* y mano de obra a los sistemas estelares del nuevo régimen. Es muy organizado y se impacienta con los droides que desordenan su espacio de trabajo. Carson Teva le pide ayuda para liberar Nevarro de los piratas, pero, como su mundo no ha firmado los estatutos de la Nueva República, Tuttle no está muy dispuesto a ayudarlo, pues los sistemas que sí han firmado tienen prioridad. No es que se cierre en banda por completo, pero cree que hay que seguir el protocolo que marca la Nueva República.

El rescate de Grogu
Durante la Orden 66, Kelleran Beq lleva a Grogu desde el Templo Jedi a una pista de aterrizaje en Coruscant. Allí las Fuerzas de Seguridad de Naboo los ayudan a huir del planeta.

KELLERAN BEQ

ESPECIE Humana **PLANETA NATAL** Coruscant **FILIACIÓN** Orden Jedi

Kelleran Beq es un venerado y respetado maestro Jedi que lucha en las Guerras Clon. Se ganó el apodo de «Mano de Sable» por su destreza y habilidad con la espada de luz. La hoja de su espada es verde, pero puede manejar dos a la vez con precisión y elegancia.

Beq instruye a aprendices Jedi junto a los droides de protocolo AD-3 y LX-R5 para fomentar el trabajo en equipo y la colaboración a bordo de su nave, la *Athylia,* así como en el Templo Jedi de Coruscant. Su enfoque pedagógico, compasión y sentido del humor hacen de él un valioso compañero para sus alumnos y para los Jedi. Durante la Orden 66, es una figura crucial en la defensa del joven Grogu contra las tropas clon. Se lleva al Niño con él durante el ataque al templo y huyen de Coruscant en un yate de Naboo, rumbo a lo desconocido.

SHUGGOTH

ESPECIE Quarren **PLANETA NATAL** Mon Cala **FILIACIÓN** Independiente

Esta capitana de un carguero quarren se fuga con un príncipe mon calamari, cuya madre contrata a Axe Woves para que lo traiga de vuelta. Cuando Shuggoth hace frente a Axe, deja que su amado se vaya para que ni su tripulación ni él sufran daños.

LORD BOMBARDIER

ESPECIE Humana **PLANETA NATAL** Plazir-15 **FILIACIÓN** Imperio, Nueva República

Lord Bombardier es un excapitán imperial que se reforma gracias al Programa de Amnistía de la Nueva República. Amable y de buen carácter, es leal al pueblo de Plazir-15 y a su esposa, la Duquesa. Resuelto a demostrar que es un hombre cambiado, convence a su esposa para que convoque elecciones con el fin de confirmarlos a ambos como líderes por expresa voluntad del pueblo, y no solo por herencia real. Debido a sus lazos imperiales, no se le permite tener un ejército, por lo que contrata a la antigua flota de Bo-Katan, liderada por Axe Woves, como guardia corsaria.

LA DUQUESA

ESPECIE Humana **PLANETA NATAL** Plazir-15 **FILIACIÓN** Nueva República

La Duquesa nace en una familia noble de Plazir-15 y se conduce con encanto, compasión y gracia. Se enamora del capitán Bombardier cuando este aún es un oficial imperial, y juntos se convierten en los primeros gobernantes electos del planeta. La pareja pone en marcha una iniciativa de reprogramación en la que droides imperiales y separatistas trabajan con los ugnaughts para que los ciudadanos se centren en el ocio y el placer. La Duquesa contrata a Bo-Katan y a Din Djarin para que resuelvan un misterio relacionado con sus droides. El compañero de Din, Grogu, la cautiva al instante.

COMISARIO HELGAIT

ESPECIE Humana **PLANETA NATAL** Plazir-15 **FILIACIÓN** Separatista

El comisario Helgait, jefe de seguridad de Plazir-15, lleva años al servicio de la familia de la Duquesa. Se encarga de mantener Plazir-15 a salvo, pero es leal a los separatistas. En su fuero interno, cree que el conde Dooku es un visionario. A fin de sabotear el reinado de la Duquesa y lord Bombardier, urde un plan para que los droides se muestren agresivos con los civiles. Introduce nanodroides a escondidas en superdroides de combate con el lubricante Nepenthé, pero Bo-Katan Kryze y Din Djarin descubren su traición y acaba exiliado a la luna de Paraqaat.

SAIFIR

ESPECIE Ugnaught **PLANETA NATAL** Plazir-15 **FILIACIÓN** Nueva República

Esta ugnaught fabrica droides y otros productos de tecnología en un taller de Plazir-15 para lord Bombardier y la Duquesa. Bo-Katan Kryze hiere su orgullo cuando le insinúa que el mal funcionamiento de algunos droides puede deberse al trabajo de los suyos, pero el respeto de Djarin por su especie la inclina a ayudar a los mandalorianos.

MORGAN ELSBETH

PLANETA NATAL Dathomir
FILIACIÓN Hermanas de la Noche, Imperio

El general Grievous masacra a las Hermanas de la Noche de Morgan Elsbeth, tras lo cual esta decide no dejarse quebrantar jamás. Fría y calculadora, se convierte en un elemento crucial de la maquinaria de guerra del Imperio a través de la industria. Supervisa la fabricación en Corellia y ayuda a ampliar la flota de la Armada Imperial. Tras la guerra, esta oportunista pasa a ser magistrada de Calodan, en Corvus. Allí, Ahsoka Tano la busca para averiguar el paradero del gran almirante Thrawn y la entrega a la Nueva República.

La captura de Morgan no hace mella en su voluntad de sacar a Thrawn de su remota ubicación, de la que se entera mediante la invocación de las Grandes Madres. Gracias a unos mercenarios, se fuga de la cárcel y ejecuta su plan para traer de otra galaxia al líder imperial junto con las Grandes Madres. Estas la recompensan con presentes especiales, entre ellos la Espada de Talzin. Pero el arma acaba en manos de Ahsoka y es la perdición de Morgan cuando se le ordena que gane tiempo para que Thrawn y las Grandes Madres huyan de Ahsoka.

Una galaxia lejana La devoción de Morgan por su legado dathomiriano y su afán por el regreso del Imperio le dan una fe y una determinación inquebrantables para dar con Thrawn y las Grandes Madres.

GILAD PELLAEON

ESPECIE Humana **PLANETA NATAL** Corellia
FILIACIÓN Imperio, remanente imperial, Consejo en la Sombra

Gilad es un capitán del Imperio que sirve en el destructor estelar *Harbinger* durante el bloqueo imperial de Lothal bajo el mando del gran almirante Thrawn. Tras la llegada de los purrgil, que arrastran al hiperespacio a Thrawn y a su destructor, la *Quimera*, Pellaeon reanuda la lucha contra la Rebelión y, una vez derrotado el Imperio, se pasa a la clandestinidad. Él y varios líderes imperiales de alto rango, entre ellos el moff Gideon y el comandante Brendol Hux, forman el Consejo en la Sombra para unir a los imperiales en su misión secreta de resucitar el Imperio. A Gilad lo dejan frío los métodos rimbombantes y las bravuconadas de Gideon. En cambio, tiene fe ciega en el regreso de Thrawn.

BRENDOL HUX

ESPECIE Humana
FILIACIÓN Imperio, Consejo en la Sombra, Primera Orden

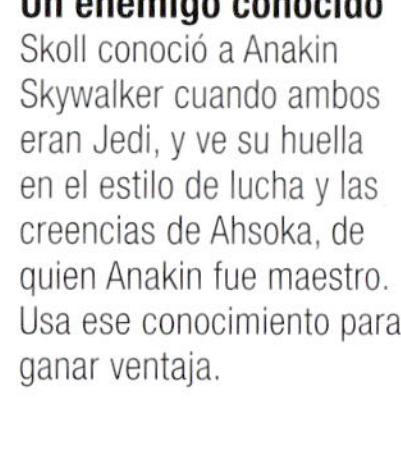

Brendol es un reservado imperial de alto rango. De joven, sirve en el Gran Ejército de la República como oficial subalterno. Cuando cae la República, se pasa al Imperio y asciende rápido entre sus filas. Su talento como estratega militar y espía, combinado con su gusto por la crueldad, encaja a la perfección con el estilo de vida imperial. Funda los Cadetes del Comandante, una sociedad secreta dentro de la Academia Arkanis. Su sadismo afecta a sus tropas y a su hijo, Armitage. Brendol desempeña un papel decisivo en la reconstrucción del Imperio tras su caída en la batalla de Jakku, y ayuda a crear el Consejo en la Sombra para resucitar el dominio imperial. Más tarde, durante la Primera Orden, su hijo lo traiciona junto con la capitana Phasma, que lo envenena en secreto, con lo que le provoca una muerte lenta y dolorosa.

CAPITÁN MANDALORIANO

ESPECIE Humana **PLANETA NATAL** Mandalore
FILIACIÓN Mandalorianos, Casa de Kryze

Este venerado superviviente de la Gran Purga de Mandalore es leal a la Casa Kryze y a su líder, Bo-Katan Kryze. Cuando el pueblo mandaloriano se niega a rendirse, el Imperio bombardea el planeta en la que se da en llamar la Noche de las Mil Lágrimas. El capitán y otros pocos mandalorianos permanecen en el diezmado planeta, que ahora es un páramo cristalizado, esperando el regreso de Bo-Katan. Cuando esta llega, el capitán la recibe a ella, a Din Djarin y al resto del clan, y los lleva a bordo de su langskib.

TRINITAUR

PLANETA NATAL Mandalore
TAMAÑO 196 m de largo
HÁBITAT Bajo la superficie de Mandalore

Esta colosal bestia reptiliana acecha bajo la superficie cristalizada de Mandalore. Se creía que el planeta, devastado por la guerra, carecía de vida, pero esta gigantesca criatura ha logrado sobrevivir. Tiene grandes placas triangulares a lo largo del cuerpo y un cuello serpenteante con el que destruye el langskib del capitán mandaloriano. Es raro que un mandaloriano se eche atrás en un combate, pero, en cuanto ven las fauces de esta bestia, los supervivientes del planeta encienden sus mochilas propulsoras y abandonan la nave para evitar una muerte segura.

Un enemigo conocido Skoll conoció a Anakin Skywalker cuando ambos eran Jedi, y ve su huella en el estilo de lucha y las creencias de Ahsoka, de quien Anakin fue maestro. Usa ese conocimiento para ganar ventaja.

BAYLAN SKOLL

ESPECIE Humana
FILIACIÓN Jedi, fuerzas de Morgan Elsbeth

Baylan, que ya no es un Jedi, está harto del eterno ciclo de paz y guerra y de que los portadores de la Fuerza sigan participando en él. Es un hombre en busca de orientación y de un camino hacia una paz duradera. Está dispuesto a trabajar de mercenario para la bruja dathomiriana Morgan Elsbeth y ayudarla a localizar al gran almirante Thrawn, pero no porque crea en el remanente imperial. En lugar de luchar en otra guerra, quiere ir a Peridea, un planeta de una galaxia muy muy lejana, donde espera encontrar las respuestas que busca. Lleva consigo a su aprendiz, Shin Hati, a quien ha transmitido sus conocimientos y su aversión a los Jedi, pero una vez allí se separa de ella para que busque su propio destino.

Ducho con la espada de luz y curtido por su entrenamiento Jedi, Skoll libra varias batallas para Morgan y Thrawn, entre ellas alguna contra Ahsoka Tano y Sabine Wren. Pero solo lucha cuando es necesario; prefiere basarse en la observación y los hechos hasta que no le queda más remedio.

CAPITÁN HAYLE

ESPECIE Humana
FILIACIÓN Nueva República

El capitán Hayle encarcela a Morgan Elsbeth en el *Vesper*. Mientras espera a que *Hogar Uno* recoja a la prisionera, deja que aborden la nave dos personas que afirman ser Jedi (Baylan Skoll y Shin Hati). Intenta avergonzarlos para que se rindan, pero, en vez de eso, matan a Hayle y a su tripulación.

JENSEN CORBYT

ESPECIE Humana **FILIACIÓN** Nueva República

La teniente Corbyt, oficial de la Flota de Defensa de la Nueva República, sirve a las órdenes del capitán Hayle en el *Vesper*. Cuando Hayle acude a recibir a unos supuestos Jedi, Corbyt queda al mando. Trata de activar el protocolo de defensa, pero Hati la mata.

PROFESOR HUYANG

TIPO Droide arquitecto Mark IV
FILIACIÓN Jedi, Nueva República

Este antiguo droide lleva más de mil generaciones enseñando a los jovencitos Jedi historia y a construir espadas de luz. Tiene una memoria inaudita y descomunal, pues recuerda detalles sobre las espadas de luz de varios Jedi del pasado ancestral. Antes de que la Orden 66 aniquilara a los Jedi, Huyang tenía una vasta colección de piezas de espadas láser en su nave, *Crisol*. Cuando los jovencitos consiguen sus cristales kyber, comienzan las lecciones de Huyang. Sus conocimientos y su sangre fría salvan de los piratas a unos jovencitos liderados por la padawan Ahsoka Tano.

En algún momento tras el auge y la caída del Imperio, el perspicaz Huyang viaja con Ahsoka. La acompaña cuando esta toma a Sabine Wren como aprendiz y busca un mapa estelar para impedir que Morgan Elsbeth traiga de vuelta al gran almirante Thrawn. De mala gana, viaja con ella en un purrgil a otra galaxia. Es fiable y atento, y Ahsoka siempre puede contar con él, ya sea como piloto, narrador, mecánico o amigo, un amigo que no se calla nada y le recuerda su historia.

Un dechado de conocimientos
Huyang es una fuente casi ilimitada de conocimientos, por lo que es un excelente copiloto capaz de poner fuera de peligro la nave de Ahsoka.

SHIN HATI

ESPECIE Humana
FILIACIÓN Fuerzas de Morgan Elsbeth

Shin Hati codicia poder. Aprende de su maestro, Baylan Skoll, pero no es ni Jedi ni Sith. Se dedica a entrenarse en la Fuerza y con una espada de luz, y asimila casi todo lo que su maestro le enseña. Impaciente y ambiciosa, ansía un propósito en la vida y cree que puede lograrlo amasando poder, pero desea un poder diferente del que busca Baylan. Cuando trabaja de mercenaria para Morgan Elsbeth, la libra de la cárcel de la Nueva República. Luego colabora con el exinquisidor Marrok para localizar el antiguo mapa estelar que los llevará hasta el lejano paradero del gran almirante Thrawn.

Shin, hábil piloto y guerrera, se enfrenta en varias ocasiones y distintas galaxias a Sabine Wren, la aprendiz de Ahsoka Tano. Su rivalidad llega a su fin en Peridea, cuando Baylan se separa de Shin y la previene contra la impaciencia. Shin se enfrenta a Ahsoka, Sabine y a Ezra Bridger, al que acaban de encontrar. Pero la lucha le viene grande y se retira. Luego aborda a un grupo de bandidos con la esperanza de que la acojan.

En busca de un mapa
Shin lleva dos droides asesinos HK-87 a Lothal. Juntos siguen a un droide sonda a casa de Sabine. Shin envía primero a los droides y uno de ellos roba el mapa que conduce a Peridea.

MURLEY

ESPECIE Gato de Lothal **PLANETA NATAL** Lothal **FILIACIÓN** Sabine Wren

Estos gatos vagan libres por las praderas de Lothal, pero pueden domesticarse. Sabine Wren tiene uno de mascota al que llama Murley. Es un gato autosuficiente que de vez en cuando merodea al aire libre, pero disfruta de una vida confortable en casa de Sabine, a quien recibe con maullidos de bienvenida cuando regresa. Le encanta su pienso y que le rasquen la barbilla, y para él todo es un juguete, incluso un misterioso mapa que lleva a otra galaxia. Cala bien a la gente y es un fiel compañero que alerta a Sabine de cualquier peligro con un fuerte silbido.

CAPITÁN PORTER

ESPECIE Humana **FILIACIÓN** Nueva República

El capitán Porter, que responde al código de Espectro Dos-Uno, es un piloto de la Nueva República destinado en Lothal. Acatando una orden del gobernador Ryder Azadi, sale en un Ala-E a buscar a la comandante Sabine Wren para honrarla como heroína con una ceremonia. Pero ella lo ignora.

TENIENTE CALLAHAN

ESPECIE Humana
FILIACIÓN Nueva República

La teniente Callahan, piloto de la Nueva República destinada en Lothal, acompaña al capitán Porter a buscar a Sabine Wren. Callahan cruza su Ala-E en el camino de Sabine a modo de barricada, creyendo que esta dará media vuelta y volverá a la capital de Lothal. Pero Sabine pasa bajo el caza en su motodeslizador.

RD-3

FABRICANTE Industrias Automaton
TIPO Droide astromecánico
FILIACIÓN Nueva República

Este astromecánico al servicio de la Nueva República está presente cuando la *Vesper* recibe a dos visitantes. Acompaña al hangar al capitán Hayle y a sus fuerzas de seguridad cuando Skoll y su aprendiz, Shin Hati, suben a bordo, listo para escanear e identificar a los impostores, que dicen ser Jedi.

C1-D1

FABRICANTE Cybot Galactica **TIPO** Droide de protocolo **FILIACIÓN** Nueva República

C1-D1 trabaja en el centro de mando de un antiguo astillero imperial en Corellia. Myn Weaver le encarga que ayude con el protocolo a Ahsoka Tano y a la general Hera Syndulla. C1-D1 responde con sinceridad a una pregunta sobre la presencia de droides asesinos HK y, al hacerlo, revela que el astillero sigue fiel al Imperio.

MYN WEAVER

ESPECIE Humana
FILIACIÓN Imperio

Weaver, supervisor regional de los astilleros de la Nueva República en Corellia, profesa lealtad a sus inversores, no a la política galáctica. Cuando las generales Hera Syndulla y Ahsoka Tano le preguntan por la antigua adhesión de la fábrica al Imperio, Myn les garantiza que el personal está volcado en transformar el viejo equipamiento imperial en material para la Nueva República. Les enseña las instalaciones a regañadientes y destaca su funcionamiento eficiente y rentable. Pero Hera y Ahsoka pronto descubren que sigue siendo leal al Imperio y ha ayudado a Morgan Elsbeth. La Nueva República arresta al burócrata traidor.

HAMATO XIONO

ESPECIE Humana **PLANETA NATAL** Hosnian Prime **FILIACIÓN** Nueva República, Consejo de Defensa de la Nueva República, Senado de la Nueva República

Senador de Hosnian Prime y miembro del Consejo de Defensa de la Nueva República. Se enfrenta a la general Syndulla cuando esta afirma que Thrawn trama su regreso, pero no presenta pruebas. Hera desacata la orden de no interferir en la investigación de Ahsoka Tano sobre el asunto, tras lo cual Xiono solicita que la sometan a un consejo de guerra. Pero Leia Organa la respalda y frustra a Xiono. Durante el ascenso de la Primera Orden, Xiono asesora a su hijo, Kazuda, un espía de la Resistencia, desde la otra punta de la galaxia.

MARROK

FILIACIÓN Fuerzas de Morgan Elsbeth

Este antiguo inquisidor aún lleva la espada de luz de doble hoja roja con empuñadura circular de la Inquisición. Ahora trabaja para Morgan Elsbeth, una Hermana de la Noche a quien ayuda a localizar al gran almirante Thrawn para traerlo de vuelta. Marrok lucha junto a Baylan Skoll y Shin Hati para frustrar los planes de Ahsoka, que quiere arrestar a Morgan, tanto en Corellia como sobre Seatos. Baylan confía en este misterioso guerrero y le promete a Morgan que dará la talla. Dada su destreza con la espada, Marrok está en igualdad de condiciones con Ahsoka, pero esta lo mata en el bosque de Seatos, donde el guerrero se esfuma en un estallido de niebla verde.

TENIENTE BEYTA

ESPECIE Mon Calamari
PLANETA NATAL Mon Cala
FILIACIÓN Nueva República

Esta teniente es piloto del Cuerpo de Cazas Estelares de la Nueva República. Colabora estrechamente con la general Hera Syndulla y está presente en las reuniones de alta prioridad entre la general y la canciller Mon Mothma. Apoya a Hera durante su comparecencia ante el Consejo de Defensa en Coruscant.

VIC HAWKINS

ESPECIE Humana
FILIACIÓN Nueva República

El teniente Hawkins ayuda a la general Hera Syndulla en las gestiones burocráticas de la Nueva República. Respeta a la general, pero a veces se queda perplejo cuando esta no solicita autorización para ejecutar misiones a través de los canales adecuados. En ocasiones improvisa para cubrirle las espaldas.

LORRIN MAWOOD

ESPECIE Humana
FILIACIÓN Nueva República

El senador Lorrin Mawood se muestra escéptico ante la preocupación de la general Syndulla por el regreso del gran almirante Thrawn. Ningunea su misión en el sistema Denab irguiéndose como representante de la Nueva República y diciendo que nadie quiere provocar más conflictos.

SENADORA RODRIGO

ESPECIE Humana
FILIACIÓN Nueva República

Rodrigo, senadora de la Nueva República, trabaja junto a la canciller Mon Mothma. Oye el informe de la general Syndulla sobre los adeptos al Imperio en los astilleros Santhe, pero insiste en que los eximperiales del gobierno de la Nueva República han prestado juramento de lealtad. No ve a un enemigo en Thrawn, solo una flota dispersa sin comandancia.

TENIENTE BAYSEE

ESPECIE Humana **FILIACIÓN** Nueva República

El teniente Baysee pilota un Ala-X hacia Seatos en una misión no autorizada de Hera Syndulla. Pero se da cuenta de que su enemigo no está dispuesto a luchar. Cuando el *Ojo de Sión* salta al hiperespacio, su energía hace que las naves de Baysee y Mowaat colisionen y exploten.

TENIENTE MOWAAT

ESPECIE Rodiana
FILIACIÓN Nueva República

Mowaat, teniente y piloto de la Nueva República, acompaña al capitán Carson Teva y a otros tres Ala-X a Seatos en la misión no autorizada de Hera Syndulla. Cuando se acercan al *Ojo de Sión,* este se lanza al hiperespacio y provoca una onda expansiva que hace que su nave choque contra otro Ala-X.

TENIENTE JENSU

ESPECIE Humana
FILIACIÓN Nueva República

La teniente Jensu vuela con el escuadrón del capitán Teva a Seatos para prestar su apoyo a la misión no autorizada de la general Syndulla. Sobrevive a la ignición de la huida del *Ojo de Sion* y ayuda a Hera a rastrear el océano de Seatos para localizar a la desaparecida Ahsoka Tano, a quien saca del agua.

TENIENTE LANDER

ESPECIE Humana
FILIACIÓN Nueva República

Lander, teniente de la Nueva República, es uno de los pilotos de Ala-X que escoltan al *Espíritu* en la misión no autorizada de la general Syndulla a Seatos. No logran impedir la huida del *Ojo de Sión,* pero Lander ayuda a rescatar a la desaparecida Ahsoka Tano del océano de Seatos.

AULLADORES

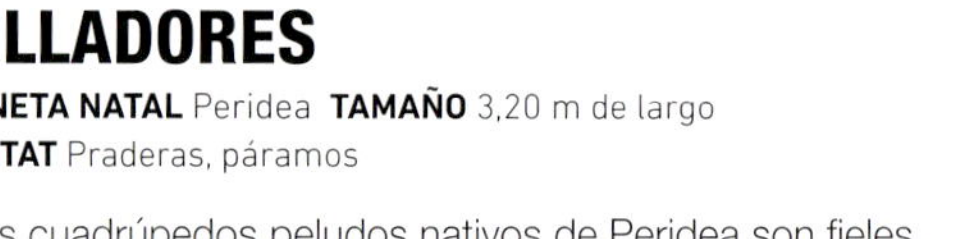

PLANETA NATAL Peridea **TAMAÑO** 3,20 m de largo
HÁBITAT Praderas, páramos

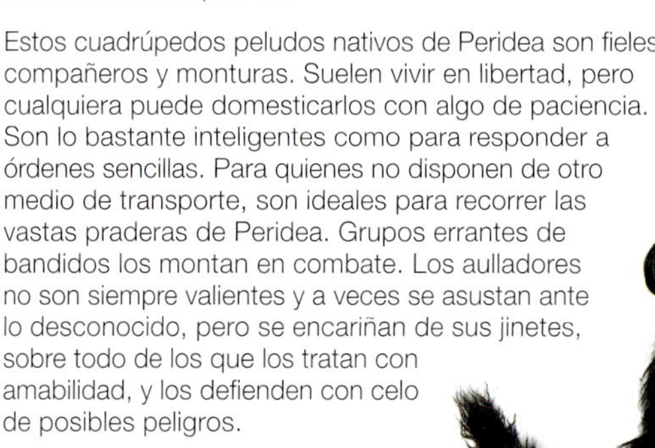

Estos cuadrúpedos peludos nativos de Peridea son fieles compañeros y monturas. Suelen vivir en libertad, pero cualquiera puede domesticarlos con algo de paciencia. Son lo bastante inteligentes como para responder a órdenes sencillas. Para quienes no disponen de otro medio de transporte, son ideales para recorrer las vastas praderas de Peridea. Grupos errantes de bandidos los montan en combate. Los aulladores no son siempre valientes y a veces se asustan ante lo desconocido, pero se encariñan de sus jinetes, sobre todo de los que los tratan con amabilidad, y los defienden con celo de posibles peligros.

CAPITANA GIRARD

ESPECIE Humana
FILIACIÓN Nueva República

La capitana Girard lidera las naves de la Nueva República para detener la misión no autorizada de Hera Syndulla, pero Carson Teva la intercepta y trata de entretenerla. Sin embargo, Girard lo presiona hasta que le cuenta los planes de Hera y Ahsoka. La capitana no lo cree hasta que los purrgil vuelan hacia sus cruceros.

NOTI

PLANETA NATAL Peridea
TAMAÑO 90 cm de altura
HÁBITAT Praderas

Los noti son una especie diminuta que se camufla fácilmente adoptando forma de roca gracias a sus grandes caparazones. Un grupo recorre el paisaje de Peridea en vehículos que emulan su anatomía. Al principio, un amable miembro del grupo se esconde de Sabine Wren. Pero, en cuanto observa que esta lleva un emblema de la Rebelión, confía en ella y la conduce hasta el desaparecido Ezra Bridger, que ahora vive con ellos.

CAPITÁN ENOCH

FILIACIÓN Imperio

Enoch es el capitán de la guardia de Thrawn. Como tal, se distingue de los Soldados de la Noche del gran almirante con un casco de soldado de asalto personalizado que luce dos emblemas imperiales rojos y una máscara dorada. Unos remaches dorados evitan que su desgastada armadura se caiga a pedazos. Solemne y amenazador, es la sombra de Thrawn y acata sus órdenes al pie de la letra. Le informa del más mínimo detalle de cada situación para que pueda elaborar estrategias eficaces. Supervisa el traslado de su valiosa y misteriosa carga desde las catacumbas hasta la *Quimera* para llevarla en el *Ojo de Sión* a Dathomir.

BANDIDOS DE PERIDEA

ESPECIES Varias
PLANETA NATAL Peridea

El yermo paisaje de Peridea obliga a sus habitantes a adoptar costumbres nómadas. Bandidos armados recorren sus remotas colinas a lomos de aulladores. Llevan cascos que les ocultan el rostro y armaduras improvisadas sobre ropa hecha jirones. Son reservados, pero están siempre alerta para detectar a cualquier desprevenido que cruce su territorio. Cuando entran en acción, cargan en grupo blandiendo largas varas. Atacan a Sabine Wren mientras busca a Ezra Bridger, pero la guerrera logra huir. Más tarde colaboran con Baylan Skoll y su aprendiz Shin Hati para perseguir a Wren y a Ezra, que se han reencontrado.

GRANDES MADRES

ESPECIE Dathomiriana
PLANETA NATAL Peridea
FILIACIÓN Reino de las Brujas de los Dathomirianos

Estas imponentes brujas dathomirianas dominan la magia negra llamada majik. Se llaman Aktropaw, Klothow y Lakesis *(de izquierda a derecha)* y su hogar es Peridea, el antiguo Reino de las Brujas de los Dathomiri. Su origen no está claro, pero, tras la llegada del gran almirante Thrawn a Peridea, las tres se asocian con el oficial imperial. Se comunican con las Hermanas de la Noche de otra galaxia para contactar con alguien que sea leal a la hermandad y tenga los medios y la determinación para encontrar la forma de viajar a través de las estrellas. Saben mucho del destino y ven una forma de cumplir con el suyo y con el de Thrawn al mismo tiempo. Ofrecen al gran almirante su sabiduría y visiones de posibles futuros, y fortifican su ejército de tropas nocturnas con majik. Agradecen a Morgan Elsbeth que las haya escuchado y encontrado, la acogen como una de las suyas y le conceden el don de la Espada de Talzin. Confían en que se enfrente a Ahsoka Tano para que puedan abandonar Peridea y viajar a Dathomir con Thrawn y su misterioso cargamento.

SOLDADOS DE LA NOCHE

ESPECIE Humana
PLANETA NATAL Varios
FILIACIÓN Imperio

Las tropas de asalto que están a bordo de la *Quimera* cuando la nave emprende su inesperado viaje a otra galaxia continúan con Thrawn en Peridea. Tienen recursos limitados y no pueden reabastecerse, por lo que reparan su equipo como pueden para que siga funcionando. Son leales al gran almirante y, gracias a la alianza de este con las Grandes Madres, están imbuidos de la majik de las Hermanas de la Noche. Se mantienen alerta, listos para ejecutar cualquier orden, aunque en Peridea tienen pocos enemigos. Cuando Ahsoka Tano sigue a Morgan Elsbeth a esta lejana galaxia, luchan contra ella y sus aliados con todas sus fuerzas.

LOS SOLDADOS DE LA MUERTE DE THRAWN

ESPECIE Humana
PLANETA NATAL Varios
FILIACIÓN Imperio

Las Grandes Madres usan su poderosa majik de forma misteriosa. Como parte de su alianza con el gran almirante Thrawn, emplean medios siniestros para reanimar a los Soldados de la Noche cuando mueren. Estos vuelven a la vida más fuertes y tenaces, y persiguen al enemigo sin distraerse. Varios de ellos sorprenden a Sabine Wren y a Ezra Bridger, ante los que se levantan del suelo listos para seguir luchando. Los soldados retrasan a la pareja, que trata de impedir que Thrawn escape de Peridea. Entre ellos hay un par de soldados de la muerte resucitados que son mucho más difíciles de eliminar.

VI MORADI

ESPECIE Humana **PLANETA NATAL** Chaaktil
FILIACIÓN Resistencia

Vi Moradi, alias Estornino o Urraca, es una espía de la Resistencia que lleva a cabo numerosas misiones durante el apogeo de la guerra contra la Primera Orden. Entre otras cosas, investiga los orígenes de la capitana Phasma y establece una base de la Resistencia en Batuu. Cuando la capturan y llevan a bordo del destructor *Absolución,* el capitán Cardinal la interroga sobre el pasado de Phasma a cambio de liberarla. Más tarde, Vi rescata a Cardinal tras su duelo con Phasma, que casi resulta mortal, y viajan juntos a Batuu para fundar una avanzada.

CARDINAL

ESPECIE Humana **PLANETA NATAL** Jakku
FILIACIÓN Primera Orden, Resistencia

Cardinal, antes llamado Archex, es un huérfano que se cría en una explotación minera de Jakku. Acompaña a Brendol Hux a las Regiones Desconocidas, donde es el soldado de asalto de la Primera Orden CD-0922. Como está altamente cualificado, lo nombran guardia personal de Hux, lo llaman Cardinal y le dan una armadura roja personalizada. Sin embargo, lo abandonan a su suerte tras un duelo con su rival, la capitana Phasma. Moradi, espía de la Resistencia, lo salva y él se le une para fundar una base de la Resistencia en Batuu. Allí se sacrifica para garantizar que la Primera Orden abandona el planeta.

SIV

ESPECIE Humana **PLANETA NATAL** Parnassos
FILIACIÓN Tribu Scyre

Siv es una curandera y líder religiosa del clan Scyre que habita en las rocas de Parnassos. Cuando Brendol Hux se estrella en el planeta, Siv acompaña a la capitana Phasma, de la Primera Orden, para ayudarlo. En el momento de la misión, Siv está embarazada y se marea por la radiación, pero no la llevan a la nave de rescate, como era de esperar. La abandonan en la estación Calíope, donde vive durante unos diez años con su hijo, Torbi. Casi una década después, le cuenta sus aventuras a Vi Moradi, que a su vez se las cuenta a Cardinal. Vi regresa y se lleva a Siv y a su hijo a Batuu.

HUE TICO

ESPECIE Humana **PLANETA NATAL** Hays Menor
FILIACIÓN Compañía Minera Central Ridge

Hue Tico disfruta de una vida sencilla en Hays Minor con su familia hasta que la Primera Orden toma las minas del planeta. Hue y su esposa, Thanya, pagan para sacar de allí a sus hijas, Rose y Paige. La Primera Orden acaba destrozando el planeta, y Hue y Thanya perecen con él.

THANYA TICO

ESPECIE Humana
PLANETA NATAL Hays Menor
FILIACIÓN Compañía Minera Central Ridge

Thanya Tico es la madre de Rose y Paige Tico. Ella y su marido, Hue, trabajan para la Compañía Minera Central Ridge. Ejerce de prospectora y es leal a la empresa y a su familia. Fomenta la creatividad de sus hijos y, junto con Hue, crea un entorno familiar cálido y enriquecedor.

VOE

ESPECIE Humana **FILIACIÓN** Orden Jedi

Voe estudia en la Academia Jedi de Luke Skywalker. Cuando Ben Solo quema la academia, Voe se le encara y le dice que no lo creía capaz de matar a Luke. Lo ataca, pero Ben se la quita de encima. Lo persigue hasta la Luna-mina de Mimban, donde él la mata.

KARÉ KUN

ESPECIE Humana **PLANETA NATAL** Sarq 22
FILIACIÓN Flota de la Nueva República, Resistencia

Karé Kun es una piloto de élite que se instruyó en la Armada de la Nueva República y luego en su flota estelar. Como miembro del Escuadrón Estoque, pilota su Ala-X junto a su amigo Poe Dameron y, tras una escaramuza con cazas TIE de la Primera Orden, Kun y sus compañeros se unen a la Resistencia. La nombran capitana del Escuadrón Estilete y luego Dameron la recluta para el Escuadrón Negro. En él participa en varias misiones y batallas, incluida la labor de reconocimiento de la base Starkiller tras la destrucción de Hosnian Prime. Kun sigue sirviendo como piloto en la Resistencia, pero su marido, Temmin Wexley, alias Snap, muere en la batalla de Exegol.

ANCIANA CRÈCHE DE OVANIS

ESPECIE Humana **PLANETA NATAL** Ovanis
FILIACIÓN Secta Crèche

Una anciana de nombre ignoto lidera la secta Crèche de Ovanis. Conoce a Poe Dameron cuando este llega al planeta en busca del explorador Lor San Tekka. Pero la Primera Orden lo sigue y la Crèche colabora con Poe –y unas criaturas misteriosas –para repeler a los invasores.

L'ULO L'AMPAR

ESPECIE Duros **PLANETA NATAL** Duro
FILIACIÓN Alianza Rebelde, Flota Estelar de la Nueva República, Resistencia

L'ulo y sus compañeros del Escuadrón Starlight reciben el encargo de localizar las células dispersas de la Alianza Rebelde tras la batalla de Hoth. En esa época, L'ulo también ayuda a rescatar a la capitana de su escuadrón, Shara Bey, del destructor estelar *Voluntad de Tarkin.* Participa en la batalla de Endor como miembro del Escuadrón Verde y, cuando surge la Primera Orden, se alista en la Resistencia. Se une al Escuadrón Negro de Dameron y se sacrifica en un enfrentamiento contra las fuerzas del agente Terex, tras hacer todo lo posible por proteger las cápsulas de salvamento antes de que el enemigo abata su Ala-A.

ODDY MUVA

ESPECIE Abedneda
FILIACIÓN Resistencia, Escuadrón Negro

Oddy es un técnico de vuelo de la Resistencia que sueña con ser piloto. Pero su lealtad se ve comprometida cuando lord Terex secuestra a su mujer, Sowa Chuan, y la usa para obligarlo a espiar a la Resistencia. Oddy acaba rescatando a su esposa, pero Terex no tarda en dar con él. Lo capturan y lo llevan a bordo del crucero *Enshado,* pero huye en un caza TIE y por fin tiene la oportunidad de volar. Demuestra ser un gran piloto que fríe a varios TIE y da tiempo al Escuadrón Negro para escapar. Con su nave maltrecha, se despide de sus amigos, vuela hacia el hangar del crucero y se lleva la enorme nave de la Primera Orden.

TEREX

ESPECIE Humana
FILIACIÓN Imperio, banda Ranc, Primera Orden

Terex es un soldado de asalto imperial ambicioso y vengativo que crea una organización criminal, la banda Ranc, y acaba trabajando en la Oficina de Seguridad de la Primera Orden, donde rastrea y elimina amenazas. Se obsesiona con Poe Dameron y convierte en su misión personal la destrucción de este piloto de la Resistencia y de su Escuadrón Negro. Chantajea al técnico de la Resistencia Oddy Muva para que le haga de espía, y el abednedo coloca dispositivos de seguimiento en los cazas del escuadrón. Sin embargo, Terex fracasa una y otra vez en su intento de capturar a Poe, y sus métodos poco ortodoxos lo ponen en conflicto con los líderes de la Primera Orden, entre ellos la capitana Phasma. Con el tiempo, le colocan implantes cibernéticos para garantizar su lealtad a la Primera Orden, pero solo hacen que se desengañe de la organización. Anula su programación cibernética y trata de conseguir su libertad secuestrando al explorador Lor San Tekka, al que buscan tanto la Primera Orden como la Resistencia. Pero al final libera a San Tekka, olvida el odio que siente hacia Poe y abandona la Primera Orden.

SURALINDA JAVOS

ESPECIE Squamatan **FILIACIÓN** Armada de la Nueva República, *Faro de la Galaxia*, Resistencia

Javos, amiga de Dameron en la Armada de la Nueva República, cambia el ejército por la vida civil y se hace reportera del canal de holonet *Galaxy Beacon.* Busca la exclusiva sobre la ubicación de la base de la Resistencia, pero en lugar de eso se alista. Como periodista que es, intenta documentar las atrocidades de la Primera Orden en sus misiones. Asciende al Escuadrón Negro y pilota su Ala-A para ayudar al rey pastoriano. Después de la batalla de Crait, combate a los simpatizantes de la Primera Orden en Ciudad Grial, en Ikkrukk, donde se alza con la victoria tras sobrevivir a una herida de bláster. Más tarde, vuela con la Resistencia en la batalla de Exegol.

N1-ZX

FABRICANTE Autómatas de Combate Baktoid
MODELO BX
TIPO Droide comando

N1-ZX sirve a la Resistencia. Se niega a luchar debido a su programación de autoconservación, pero Poe Dameron lo arregla: le instala una matriz de personalidad droide que lo convierte en el violento Señor Huesos. Tras ello, el droide liquida alegremente a los matones del agente Terex, quien al final lo derriba.

MALARUS

ESPECIE Humana **FILIACIÓN** Primera Orden

Tras varias humillaciones a manos del Escuadrón Negro, la comandante Malarus quiere matar a Poe Dameron como sea. En su batalla final, le roba su Ala-X y ambos se enzarzan en un combate aéreo en Cato Neimoidia. Poe gana a Malarus, quien se estrella y acaba detenida.

O-MR1

FABRICANTE Industrias Arakyd
MODELO RA-7
TIPO Droide de protocolo

Este droide de protocolo de la Primera Orden está prisionero a bordo de una nave de la Resistencia que se estrella en Taul. Los droides son los únicos supervivientes. Dirigidos por C-3PO, cogen a O-MR1 y atraviesan su árido terreno. Durante su odisea, O-MR1 y C-3PO entablan amistad. El viaje es peligroso y, cuando empieza a caer lluvia ácida, ya solo quedan C-3PO y O-MR1. Sabiendo que ambos no pueden sobrevivir, O-MR1 transfiere datos vitales a C-3PO y altera su frecuencia para llamar a la Resistencia. La lluvia ácida borra la pintura negra de O-MR1, que se acaba desintegrando y solo deja atrás un brazo rojo. C-3PO, de luto por su amigo, se lo pone en homenaje a O-MR1.

KARR NUQ SIN

ESPECIE Humana **PLANETA NATAL** Merokia
FILIACIÓN La Fuerza

Karr Nuq Sin es un joven adulto sensible a la Fuerza que tiene jaquecas y visiones distorsionadas cuando toca ciertos objetos. Sus padres piensan que se trata de una enfermedad grave, pero su abuela cree que es señal de que va a ser un Jedi, como su padre. Tras la muerte de su abuela, Karr emprende un viaje por la galaxia en busca de artefactos Jedi. En el planeta Pam'ba, conoce a su bisabuelo, que muere en paz sabiendo que su familia está a salvo y que el Imperio ha caído. Karr se convierte en un «coleccionista de la Fuerza» y continúa reuniendo artefactos mientras comparte historias de los Jedi.

SOWA CHUAN

ESPECIE Abedneda

Sowa Chuan es la esposa del mecánico de la Resistencia Oddy Muva. Terex, agente de la Primera Orden, la secuestra y la utiliza para chantajear a su marido y obligarlo a espiar al Escuadrón Negro. Oddy la encuentra a bordo del *Punta Carroña* y ambos escapan en cápsulas de salvamento junto con otros esclavos.

ESCUADRÓN J

ESPECIE Varios **PLANETA NATAL** Varios
FILIACIÓN Cuerpo de Cazas Estelares de la Resistencia

El Escuadrón J es un equipo de jóvenes cadetes del Cuerpo de Cazas Estelares de la Resistencia, a las órdenes de Jothan Tiaan Jerjerrod. Son aspirantes a piloto que entrenan en D'Qar, hasta que desmantelan al escuadrón como castigo y les asignan una misión como chatarreros en Vodran, donde los encarcelan. Tras su fuga, acaban envueltos en el asalto de la Resistencia a la base Starkiller.

POE DAMERON

ESPECIE Humana **PLANETA NATAL** Yavin 4
FILIACIÓN Traficantes de especia de Kijimi, Nueva República, Escuadrón Estoque, Resistencia, Escuadrón Negro

Poe Dameron se cree el mejor piloto de la galaxia, y puede que tenga razón. Pero la general Organa ve en él mucho más que eso: ve al futuro líder de la Resistencia… si es que algún día se baja de la nave (y del burro).

JUVENTUD REBELDE

Poe es hijo de dos oficiales rebeldes, el sargento Kes Dameron y la teniente Shara Bey. Criado en Yavin 4 en los tiempos de paz de la Nueva República, crece oyendo las historias de los héroes de la Alianza Rebelde Luke Skywalker, la princesa Leia y Han Solo. Shara, una curtida piloto de Ala-A, muere cuando Poe es un niño. Su padre se vuelve sobreprotector y nunca supera su pérdida. A los 16 años, Poe acepta impulsivamente un trabajo de piloto con Zorii Bliss y los Traficantes de Especia de Kijimi para huir de Yavin 4. Fuera le aguardan más aventuras de las que esperaba. Cuando la banda aplica métodos despiadados, Poe hace gala de su sentido de la justicia y se enfrenta a ella, pero le cuesta su amistad con Zorii.

EL ESCUADRÓN NEGRO

Poe se convierte en un piloto de primera, como su madre, y en la Nueva República es el comandante del Escuadrón Estoque. Pero la inacción del gobierno ante la creciente amenaza de la Primera Orden lo exaspera, por lo que se une a la Resistencia de la general Organa. Ahora pilota como Jefe Negro y le encargan encontrar a Lor San Tekka y el mapa que conduce a Luke Skywalker. Conoce al piloto entusiasta Kazuda Xiono, alias Kaz, a quien recluta para indagar la actividad de la Primera Orden en la estación de repostaje Coloso, en Castilon. Poe le presenta a su amigo, Jarek Yeager, y le deja a su droide, BB-8, para que lo ayude. Más tarde, recupera a BB-8 y visita a Lor San Tekka.

DE JAKKU A STARKILLER

En Jakku, la Primera Orden llega justo cuando Lor San Tekka le entrega a Poe el mapa que lleva a Luke Skywalker. Ante su inminente captura, Poe confía el mapa a BB-8 y le ordena que huya. Poe es encarcelado en el *Finalizador*, el destructor estelar de clase Resurgente de Kylo Ren. Por suerte, un soldado de asalto llamado FN-2187 (Finn) quiere abandonar la Primera Orden y necesita un piloto. Junto a Poe, roba un caza TIE de las Fuerzas Especiales y aterrizan de emergencia en Jakku. Al despertar, Poe está solo, y vuelve a D'Qar. Más tarde se reúne con BB-8 y Finn y lidera un escuadrón de Ala-X de la Resistencia en un ataque contra la base Starkiller de la Primera Orden. Apunta al oscilador térmico de la base y causa una reacción en cadena que destruye el planeta.

UN PILOTO TEMERARIO

Tras la batalla, la Primera Orden se planta sobre D'Qar para tomar represalias. Poe urde un plan para distraerla a fin de que la Resistencia pueda evacuar. Destruye las armas de superficie del acorazado de la Primera Orden, el *Fulminatrix*, para que el Escuadrón Cobalto pueda bombardearlo. Lo logra, pero acaba perdiendo todos los bombarderos de la Resistencia. Organa lo degrada por desobedecer sus órdenes de replegarse y causar graves pérdidas innecesarias. Cuando la Resistencia descubre que la Primera Orden los está rastreando por el hiperespacio, Poe, Finn y su compañera Rose Tico urden un plan para colarse en la nave insignia de la Primera Orden, la *Supremacía*, y desactivar el rastreador. Como parte de la misión, Poe sigue el consejo de Maz Kanata y envía a Finn, Rose y BB-8 a Canto Bight en busca del Maestro Decodificador. Entretanto, Leia resulta herida en un ataque de cazas orquestado por Kylo Ren y se queda en coma. La vicealmirante Holdo toma el mando y se niega a contarle a Poe sus planes. Este sospecha que Holdo está perjudicando a la Resistencia y lidera un motín contra ella, pero se queda atónito cuando Leia vuelve en sí y lo aturde con un bláster por insubordinación.

UN LÍDER SENSATO

Poe se despierta en una cápsula de escape junto a Leia y descubre que el plan de Holdo tenía su aprobación. Se dirigen a una base rebelde abandonada en Crait y se reúnen con BB-8, Finn y Rose. Cuando llega la Primera Orden, Poe lidera la carga contra el cañón superláser de asedio desde su deslizador esquí V-4X-D. Sin embargo, ha aprendido la lección de D'Qar y, al darse cuenta de que no puede vencer, ordena a los pilotos de la Resistencia que se retiren para salvar sus vidas. Cuando parece que la Resistencia está atrapada y todo está perdido, Poe sigue a unos vúlptices y guía a los supervivientes de la Resistencia para que puedan salir de la cueva por un túnel oculto, donde se encuentran con Rey y el *Halcón Milenario*, y escapan de la Primera Orden.

Poe y Finn
Desde su primer encuentro en el *Finalizador*, Poe y Finn acaban confiando el uno en el otro y funcionan de maravilla como equipo.

GENERAL DAMERON

Una vez establecida la nueva base de la Resistencia en Ajan Kloss, Poe pilota el *Halcón Milenario* en una misión de reconocimiento. Para huir de la Primera Orden, se arriesga a saltar a la velocidad de la luz, una maniobra peligrosa que aprendió con los Traficantes de Especia de Kijimi. Se une a Rey –junto con Finn, C-3PO y Chewbacca– para buscar Exegol, y luego lleva a sus amigos a Kijimi a visitar a Babu Frik, un reprogramador de droides, para acceder a la pista del buscarrutas oculta en la memoria de C-3PO. Allí se reencuentra con Zorii, que aún le guarda rencor, pero el bypass que le hacen a C-3PO es un éxito. Cuando el grupo vuelve a la base de la Resistencia, se entera de que la general Organa ha muerto. Sus últimas órdenes lo ascienden a general en funciones, cargo que decide compartir con Finn, y juntos planean sus próximos movimientos. Poe vuelve a meterse en un Ala-X para liderar la flota de la Resistencia cuando se enfrenta a la Orden Final en Exegol.

Héroe del aire
Al principio, Poe irrita a sus superiores con su actitud arrogante y sus temerarias estrategias. Sin embargo, su disposición para arriesgarse e intentar cosas nuevas hace de él uno de los mejores pilotos de la Resistencia.

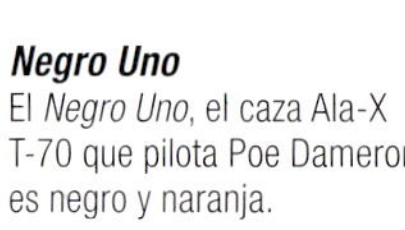

Negro Uno
El *Negro Uno*, el caza Ala-X T-70 que pilota Poe Dameron, es negro y naranja.

BB-8

FABRICANTE Industrias Automaton **TIPO** Droide astromecánico de serie BB **FILIACIÓN** Nueva República, Escuadrón Estoque, Resistencia, Escuadrón Negro, Equipo Bola de Fuego

Leal, valiente y persistente, BB-8 es un droide fiable que siempre intenta complacer. Es leal a su amo y a quienquiera a quien su amo lo haya prestado.

PRIMEROS SERVICIOS

BB-8, el droide de Poe Dameron, está especializado en navegación, reparación de naves y mantenimiento de sistemas para pilotos de cazas estelares. Ambos pertenecen al Escuadrón Estoque de la Nueva República hasta que Leia Organa los recluta para la Resistencia. Poe, con BB-8 junto a él, funda el Escuadrón Negro, y Leia les encarga que localicen al explorador Lor San Tekka. Cuando lo encuentran y le piden que los ayude a dar con Luke Skywalker, Poe deja a BB-8 al espía que acaba de reclutar, Kazuda Xiono (Kaz). Dameron les encarga que investiguen las actividades de la Primera Orden en la estación de repostaje del Coloso en Castilon. Cuando San Tekka informa a la Resistencia de que tiene el mapa, Poe recupera a BB-8 para acceder a la información sobre Jakku.

PERDIDO EN JAKKU

En Tuanul, una aldea de Jakku, BB-8 y Poe se reúnen con Lor San Tekka y consiguen el mapa. La Primera Orden llega y BB-8 y Poe intentan escapar en el Ala-X de Poe, pero no lo consiguen. Entonces, antes de que Kylo Ren lo capture, Poe le entrega el mapa a BB-8, le ordena que huya y le promete que se reunirá con él más adelante. Solo, BB-8 avanza por el desierto, donde cae en las garras del chatarrero Teedo, pero una chatarrera más amable, Rey, lo rescata y se queda con él. En Colonia Niima, Rey evita que unos vándalos roben a BB-8. Tras la escaramuza, BB-8 ve a Finn con la chaqueta de Poe, y, tras una breve pelea, todos acaban siendo perseguidos por soldados de asalto y cazas TIE. Logran escapar en el *Halcón Milenario*, que estaba abandonado.

«El droide... ¿robó un carguero?» **KYLO REN AL TENIENTE MITAKA**

En el Coloso
Kaz y BB-8 se unen al *Equipo Bola de Fuego* de Jarek Yeager, amigo de Poe.

Un droide con muchos recursos
BB-8 es un droide innovador e inteligente que hace todo lo posible para que sus aliados puedan cumplir sus misiones. Tiene seis discos de herramientas que puede intercambiar fácilmente por otros con utensilios distintos.

Chatarrera solitaria
Rey vive sola en Jakku, pero acepta que BB-8 se quede con ella.

LA ENTREGA DEL MAPA

Han Solo intercepta al *Halcón Milenario*, y tras un enfrentamiento con rathtars y delincuentes, BB-8 le enseña el mapa que lleva a Luke Skywalker. Aunque Han se niega a viajar hasta Leia, su exmujer, lleva a BB-8, Rey y Finn a reunirse con Maz Kanata en Takodana. Sin embargo, la Primera Orden llega y estalla el caos. La Resistencia aparece y combate a la Primera Orden, pero Kylo Ren secuestra a Rey. Tras la batalla, BB-8 viaja a D'Qar junto a los demás y por fin se reúne con Poe. La Resistencia sabe que el mapa de BB-8 está incompleto, pero debe centrarse en la Primera Orden, que se está preparando para destruir D'Qar con la base Starkiller. BB-8 y Poe participan en el asalto al arma de destrucción masiva a bordo del *Negro Uno* y, gracias al equipo de tierra, logran destruir la base. Luego, vuelven a D'Qar, y R2-D2 se activa justo a tiempo para ayudar a BB-8 a completar el mapa que los llevará hasta Luke.

LA HUIDA DE LA RESISTENCIA

La Primera Orden ataca la base de la Resistencia en D'Qar y es preciso evacuarla. BB-8 toma medidas para que la nave de Poe siga funcionando y se reincorporan a la Resistencia a bordo del *Raddus*, pero Kylo Ren los ataca y BB-8 casi sale volando por los aires. Cuando descubren que la Primera Orden está rastreando a la Resistencia por el hiperespacio, BB-8, Finn y Rose Tico se dirigen a Canto Bight en busca del «Maestro Decodificador», para que los ayude a desactivar el sistema de rastreo de la Primera Orden. Por desgracia, Finn y Rose son arrestados en el casino. En lugar de rescatarlos, BB-8 acaba colaborando con DJ, un hacker. Juntos, roban una nave y rescatan a Finn y a Rose. Los cuatro huyen en el *Supremacía*, la nave insignia de la Primera Orden, pero DJ los traiciona y son capturados. BB-8 salva a Finn y a Rose pirateando un AT-ST. Escapan a Crait, donde BB-8 se vuelve a reunir con Poe. Finalmente, Poe y BB-8 se ponen a salvo en el *Halcón Milenario* con los otros miembros de la Resistencia.

Dos mejor que uno
Hace años que R2-D2 guarda un fragmento del mapa. Cuando se activa, completa el mapa de BB-8.

FORTALEZA

BB-8 apoya a Rey cuando esta se instruye en la Fuerza en Ajan Kloss, sede de la nueva base de la Resistencia. El resuelto astromecánico también la acompaña a buscar Exegol, junto con Finn, Poe, C-3PO y Chewbacca. Mientras tratan de encontrar un buscarrutas Sith, topan con el diminuto droide D-O, a quien BB-8 hace de mentor. Cuando la Resistencia traslada el combate a Exegol, BB-8 tiene un papel crucial en la victoria, pues ayuda a las fuerzas terrestres a destruir un sistema de navegación clave en el casco del destructor *Imperturbable*. BB-8 escapa de la nave con las fuerzas de tierra mientras Finn y Jannah, otra exsoldado de asalto de la Primera Orden, atacan el puente del destructor. El droide y sus amigos de la Resistencia salen victoriosos. Más tarde, BB-8 acompaña a Rey a Tatooine, donde entierra las espadas de luz de Skywalker y Leia cerca de la granja de los Lars.

Canto Bight
BB-8 no está habituado al lujo y a las extrañas criaturas del casino de Canto.

R2-C4

FABRICANTE Industrias Automaton
TIPO Droide astromecánico
FILIACIÓN Nueva República, Resistencia

R2-C4 vuela con Kazuda Xiono en su Ala-X cuando este se enfrenta al mayor Elrik Vonreg, de la Primera Orden. R2-C4 se queda con la Resistencia cuando reclutan a Kaz como espía en el Coloso.

MAYOR VONREG

ESPECIE Humana **FILIACIÓN** Primera Orden

El mayor Elrik Vonreg viste una armadura de piloto de caza TIE de color rojo, a juego con su interceptor TIE. Es un célebre piloto de cazas estelares, capaz de enfrentarse él solo a todo un escuadrón de Alas-X de la Nueva República. Sin embargo, se ve obligado a retirarse durante un enfrentamiento con Poe Dameron y Kazuda Xiono, lo que permite a la Resistencia descubrir el interés que Castilon despierta en la Primera Orden. Vonreg y el comandante Pyre persuaden a la capitana Phasma para que use al pirata Kragan Gorr y a su banda para acosar a la estación Coloso. Más tarde, Vonreg visita la estación, acompañado de un cargamento de combustible, para reunirse con el capitán Doza e intentar convencerlo de que el Coloso precisa la protección de la Primera Orden. Al final de la reunión, Vonreg descubre que estaban siendo espiados por Kaz. En respuesta a la solicitud de refuerzos en el sistema Dassal de un droide sonda de la Primera Orden, Vonreg se enfrenta de nuevo a Poe y a Kaz en su nave, pero logra huir cuando destruyen a su escolta. Cuando los pilotos del Coloso luchan contra la ocupación de la Primera Orden, Vonreg se une a la batalla aérea y casi logra destruir a Jarek Yeager, pero Kaz lo derriba antes de que pueda lanzar el disparo definitivo.

Vonreg al rescate
La Primera Orden paga a la banda Aves de Guerra para que secuestren a Torra Doza, pero Vonreg se vuelve contra ellos y «rescata» a Torra para devolvérsela a su padre, Imanuel, y ganarse así su confianza.

KAZUDA XIONO

ESPECIE Humana **PLANETA NATAL** Hosnian Prime
FILIACIÓN Nueva República, Resistencia, equipo Fireball

Kazuda Xiono, alias Kaz, es el joven y entusiasta hijo de Hamato Xiono, senador de la Nueva República. Su padre usa su influencia para que ingrese en la Academia Militar y sea piloto de caza. Cuando la Nueva República descubre el interés de la Primera Orden por el planeta Castilon, Kaz y otros dos pilotos reciben órdenes de reunirse con Poe Dameron, de la Resistencia, y transmitirle la información. Sin embargo, el comandante Elrik Vonreg los ataca a bordo de un interceptor TIE rojo. Kaz ordena a sus compañeros que se retiren para enfrentarse él solo al piloto de la Primera Orden. Por suerte para Kaz, Poe Dameron llega y lo ayuda a repeler a Vonreg, que huye de vuelta a la Primera Orden.

Poe ofrece a Kaz un puesto de espía en la Resistencia y lo envía a la plataforma de repostaje del Coloso, en Castilon, para que averigüe por qué la Primera Orden tiene tanto interés en la estación. Le presenta a Jarek Yeager, un viejo amigo y dueño de un taller de reparación de naves. Yeager lo contrata a regañadientes como mecánico, pese a su falta de talento, para ofrecerle una tapadera. Kaz trabaja con los mecánicos Neeku Vozo y Tamara Ryvora. Neeku se toma al pie de la letra el sueño de Kaz, que aspira a ser el mejor piloto de la galaxia, y, tras hablar con los residentes de la plataforma, logra inscribirlo en una carrera. Kaz acepta el reto con reservas y vuela en la *Fireball*, la nave de Yeager, con la que se estrella al final del evento.

Debido a ese incidente, y al hecho de que Kaz sea de tan poca ayuda en el garaje, al principio Tam se muestra descontenta con Xiono. Pero con el tiempo se hacen amigos. Cuando Hype Fazon invita a ambos a la Torre Doza, Kaz consigue por fin una pista sobre la Primera Orden. Espía una reunión entre Vonreg y el administrador de la estación, Imanuel Doza, y se entera de que la Primera Orden ofrece proteger la estación y proporcionarle combustible a cambio de su uso. Kaz ayuda entonces a dos niños de Tehar, escondidos en el Coloso, a escapar de la Primera Orden.

Más adelante, Poe y Kaz rescatan a Synara San, la superviviente de un carguero infestado de monos-lagarto kowakianos, y la llevan de vuelta a la plataforma. Pero San es una espía pirata que facilita nuevas incursiones en la estación. Entretanto, Kaz se hace amigo de la hija del capitán, Torra Doza, que sin saberlo lo ayuda a espiar a su padre.

Según aumentan los ataques piratas al Coloso, el capitán Doza se ve obligado a hacer un trato con la Primera Orden para proteger la plataforma, pero la presencia del grupo se convierte pronto en una ocupación hostil dirigida por el comandante Pyre. Kaz descubre que Synara es una espía pirata, pero aun así la ayuda a huir. Cuando Kaz y Poe regresan de una misión en el sistema Dassal, Poe abandona el Coloso con BB-8 y CB-23 se queda con Kaz. Mientras la Primera Orden bloquea la plataforma, Xiono y Yeager huyen a duras penas y entretanto marginan a Tam, a quien ocultan su actividad insurgente. Kaz, Yeager y Neeku urden un plan para sumergir el Coloso y así poder nadar hasta el bloqueador de comunicaciones de la Primera Orden, en la Torre Doza, y desactivarlo para contactar con la general Organa. Yeager acaba capturado, pero la misión sale bien. Por desgracia, Kaz se entera de que la Resistencia no puede enviarles ayuda. Entonces decide crear su propia célula en la plataforma. El grupo descubre que en realidad la estación es una nave con un hiperimpulsor de clase 2. Cuando se cuelan en la Torre Doza para liberar a Yeager, Kaz y Torra ven una transmisión de la base Starkiller destruyendo Hosnian Prime. Kaz se horroriza al darse cuenta de que ha perdido su hogar y está más decidido que nunca a combatir. Pyre comprende que está perdiendo el control y evacua la estación con sus tropas de tierra y Tam justo cuando el Coloso emerge del agua.

El Escuadrón As, Yeager y Kaz corren a sus naves y combaten a los cazas de la Primera Orden. Synara también acude con los piratas para ayudar al Coloso. Cuando un destructor estelar aparece y empieza a bombardearlo, Kaz ordena a todos que regresen a la estación. Vonreg le pisa los talones a Yeager, pero Kaz salva a su mentor volando a su némesis por los aires. Él y Yeager regresan al Coloso, que salta al hiperespacio. Creen que van a reunirse con la Resistencia en D'Qar, pero Neeku le informa de que su destino es incierto.

De hecho, la plataforma sale del hiperespacio demasiado lejos de D'Qar para unirse a la Resistencia antes de su evacuación. Bajo el liderazgo de Doza y Yeager, Kaz trabaja con los habitantes del Coloso para garantizar su supervivencia mientras los persigue la Primera Orden. Siempre dispuesto a ayudar, hace muchos viajes de abastecimiento, entre ellos a Celsor 3, Drahgor III, Ashas Ree y el Hotel y Casino de Vranki.

Después de recorrer el territorio de la peligrosa Cuadrilla Guaviana de la Muerte, Kaz y Neeku emprenden una arriesgada misión: se infiltran en Titán, una estación de reabastecimiento de la Primera Orden, para robar un componente vital. Su amiga Tam, que ahora es piloto de la Primera Orden, los ayuda –sin que lo sepan– para garantizar que su antiguo hogar siga operativo.

Kaz se enfrenta entonces a un cazarrecompensas en Varkana y ayuda a detener un motín liderado por Gorr. Poco después, la población del Coloso encuentra un hogar en Aeos Prime.

Deseoso de volver a la Resistencia, Kaz abandona la plataforma, pero un droide sonda de la Primera Orden ataca su nave en la órbita del planeta, así que vuelve para advertir a sus amigos y decide que lo necesitan más allí. Poco después, el Coloso se une oficialmente a la Resistencia, pues Imanuel Doza toma partido y acepta alojar al Escuadrón Jade, el equipo insurgente que lidera su esposa, Venisa Doza.

Cuando Tam ve que la Primera Orden mata a los aeosianos, deserta y pide ayuda a sus antiguos aliados. Con Yeager y CB-23, Kaz aborda el destructor *Thunderer* para rescatarla. Envía una transmisión al Coloso para que huya de la Primera Orden, pero sus palabras causan el resultado contrario e inspiran a su población a luchar.

El trío escapa de la Primera Orden y vuelve al Coloso. Más tarde, Kaz es uno de los muchos pilotos que responden a la llamada de ayuda de Lando Calrissian en la batalla de Exegol.

JAREK YEAGER

ESPECIE Humana
FILIACIÓN Alianza Rebelde, Nueva República, equipo Fireball

Jarek Yeager, un piloto consumado, vuela para la Alianza Rebelde y luego para la Nueva República. Tras la Guerra Civil Galáctica, compite en carreras de cazas con su hermano, Marcus Speedstar. Ambos mantienen una rivalidad amistosa, aunque temeraria, hasta que ocurre una tragedia: la nave de Marcus pierde el control en una carrera y mata a la mujer y el hijo de Jarek. Este lo responsabiliza de las muertes y pone fin a su relación.

Yeager se retira al superpetrolero Coloso con su droide, R1-J5, y abre un garaje. Abandona las carreras, pero su equipo de mecánicos –Neeku Vozo y Tamara Ryvora– arregla una vieja nave, la *Fireball*, para competir en la estación. Su viejo amigo Poe Dameron le pide que ofrezca una tapadera a Kazuda Xiono, un espía de la Resistencia. Jarek contrata al joven a regañadientes para que trabaje en su taller y le deja pilotar la Fireball en una carrera, cosa que disgusta a Tam, a quien Yeager había prometido la nave. Por lo demás, al principio Jarek mantiene las distancias con Kaz y le dice que no le interesa en absoluto su misión de espionaje. Sin embargo, poco a poco van intimando y confiando el uno en el otro.

El hermano de Yeager, Marcus, que ahora es un famoso corredor, llega a la estación para participar en la Clásica de la Plataforma. Para generar más expectación y dinero, el capitán Doza, administrador de la estación, presiona a Jarek para que compita contra Marcus. Al final, Jarek acepta. Durante la carrera, Marcus vuelve a disculparse y Jarek se deja ganar para que su hermano pueda usar el dinero del premio en un rescate: salvar de la Cuadrilla Guaviana de la Muerte a su compañero de equipo, Oplock. Jarek no está preparado para perdonar del todo a Marcus, pero al menos reanudan la relación.

Cuando la Primera Orden ocupa el Coloso, Yeager se implica más en la misión de Kaz. Lo ayuda a repeler al enemigo y garantiza que la estación escape al hiperespacio. Sin embargo, le molesta que Tam se sienta traicionada por el equipo y decida unirse a la Primera Orden.

Tras la huida del Coloso, Doza confía en Yeager para que asuma un papel más activo como líder. Este recibe el encargo de instruir a los mejores pilotos de carreras para crear una unidad de cazas competente, el Escuadrón As, del que se erige en líder. Al principio hay tensión entre los pilotos, pero, durante un ejercicio de entrenamiento en Celsor 3, pronto congenian.

Yeager se ofrece voluntario junto con Kaz para responder a la llamada de socorro de un agente de la Resistencia que se dirige a Varkana con Synara San y CB-23. Un cazarrecompensas les tiende una trampa, y la Primera Orden atrapa a Yeager, Synara y CB-23. La agente Tierny interroga a Yeager, pero este se niega a colaborar. Por suerte, Kaz y el agente de la Resistencia Norath Kev lo rescatan.

De vuelta en el Coloso, Jarek defiende su hogar sin titubeos y lucha durante el motín. Tras atracar en Aeos Prime, se enorgullece de Kaz cuando este decide abandonar el Coloso, y le regala la *Fireball*. Sin embargo, se alegra de que vuelva para ayudar cuando la Primera Orden los descubre y ataca.

Más tarde, al recibir un mensaje de Tam que sugiere que quiere desertar, Jarek, Kaz y CB-23 se lanzan a rescatarla. Acaban a bordo de un destructor de la Primera Orden y logran escapar porque los habitantes del Coloso se unen a la lucha. Yeager se suma a la culminante batalla de Exegol con Kaz y Torra Doza cuando el general Calrissian pide refuerzos.

R1-J5

FABRICANTE Industrias Automaton **TIPO** Astromecánico
FILIACIÓN Equipo Fireball

R1-J5, alias Bucket, es el antiguo astromecánico de Jarek Yeager. Hace mucho tiempo, el óxido destruyó su carcasa y dejó al descubierto sus componentes esenciales. Al ser un modelo obsoleto, su programación sufre algunos fallos con el paso de las décadas. Es copiloto de carreras de Yeager y, después, parte del equipo de pilotos y mecánicos de la *Fireball* de Jarek. Al principio, Kazuda Xiono le cae mal y, aunque se ablanda con el tiempo, se inquieta cuando Kaz se acerca al caza estelar de Yeager. Su trabajo consiste básicamente en recuperar herramientas, transmitir mensajes y hacer recados. También vigila las pertenencias de Yeager, por lo que descubre que Jace Rucklin le ha robado el hipercombustible. Cuando Yeager compite con su hermano en la Clásica de la Plataforma, R1-J5 es su copiloto. Más tarde, se une a la lucha contra la Primera Orden, tanto dentro como fuera del caza de Yeager. En la batalla de Barabesh, pilota la *Fireball* solo.

NEEKU VOZO

ESPECIE Nikto
PLANETA NATAL Kintan
FILIACIÓN Equipo Fireball

El alegre y optimista Neeku siempre ve el lado bueno de la gente. Nace en Kintan en una familia de pastores de banthas. De adulto, es uno de los mecánicos de la *Fireball* de Jarek Yeager. Su inteligencia y lógica aplastante lo convierten en un hábil mecánico. Conoce al espía de la Resistencia Kazuda Xiono poco después de que este llegue al Coloso y al principio le complica la vida: le dice a todo el mundo que Kaz es el mejor piloto de la galaxia y logra que se apunte a la famosa carrera de cazas de la estación.

Cuando Kaz busca a Kel y Eila, dos niños fugitivos de Tehar, Neeku le presenta a los chelidae, unos amigos ingenieros del Coloso que cree que lo podrán ayudar. Xiono se comunica con ellos a través de Neeku y estos lo ayudan a encontrar a los niños. Neeku y Kaz descubren que los jóvenes se esconden de la Primera Orden, por lo que Neeku coordina un plan con los chelldae para mantenerlos a salvo: fingir que han muerto.

Más tarde, Marcus Speedstar llega a la estación para competir en la Clásica de la Plataforma y trae consigo a Oplock, un amigo nikto de las montañas. Neeku y Oplock congenian enseguida, aunque a Kaz y Tamara Ryvora les disgusta la forma en que se comunica Oplock. Más tarde, Neeku adopta una extraña criatura marina de los océanos de Castilon a la que llama Bibo. Cuando su gigantesca madre ataca al Coloso, Vozo se la devuelve.

En un primer momento, Neeku evita la confrontación directa con la Primera Orden, pero cambia de parecer cuando el comandante Pyre ocupa el Coloso. Este intenta detener al equipo Fireball, que debe esconderse. Cuando el grupo se da cuenta de que no llegarán refuerzos, Neeku se une a la célula de Resistencia de Kaz y ayuda a activar el hiperimpulsor de la estación para que puedan huir de la Primera Orden.

Pese a los tiempos oscuros por los que pasa la galaxia, Neeku no pierde el optimismo. Se hace amigo de la mecánica Nena Nalor, que en realidad es una espía de la Primera Orden. Nalor sabotea la estación, pero le da a Neeku una pista de lo que ha hecho. Este aparca sus sentimientos y desbarata su sabotaje antes de que la estación sea destruida.

Además, participa en varias misiones y acompaña a Kaz al hotel casino de Vranki y a la estación de repostaje de Titán.

Yeager y Doza sospechan de los piratas del Coloso y piden a Neeku que los espíe. Efectivamente, Vozo se da cuenta de que llevan droides de combate de contrabando a la estación, por lo que reprograma a uno para que mande a los demás. Sin su sabio y prudente plan, el Coloso podría haber caído ante un motín.

Poco después, Tam utiliza un código creado por Vozo para contactar con el Coloso y concertar una cita. Neeku lo reconoce y aguarda en la plataforma mientras Yeager y Kaz acuden a rescatarla en una lanzadera. El trío acaba atrapado en el Thunderer, una nave de la Primera Orden, pero logra enviar un mensaje a Vozo que empuja a los habitantes del Coloso a ayudar a sus amigos. En la batalla de Barabesh, Neeku teme lo peor. Sin embargo, se alegra de equivocarse y reencontrarse con Tam.

OPEEPIT

ESPECIE Frigosiana
PLANETA NATAL Castilon
FILIACIÓN Equipo del Coloso

Opeepit se enorgullece de ser el conserje del Coloso y vive volcado en su trabajo. Suele andar por ahí con sus inconfundibles gafas mientras mantiene limpia la plataforma. Se enfada cuando los ocupantes de la Primera Orden confiscan su utensilio preferido: una barredora. Siente un gran alivio cuando se la devuelven.

AL

ESPECIE Humana
PLANETA NATAL Castilon
FILIACIÓN Equipo del Coloso

La taberna de la Tía Z cuenta con una leal clientela, pero Al, también llamado Big Al, es un parroquiano tan fiel que casi forma parte del mobiliario. Con su poblado bigote y sus gafas en la frente, se sienta en la barra y disfruta de las vistas. No pierde detalle de nada, desde peleas a persecuciones submarinas con soldados de buceo.

TAMARA «TAM» RYVORA

ESPECIE Humana **PLANETA NATAL** Kuat
FILIACIÓN Equipo Bola de Fuego, Primera Orden, Equipo del Coloso

Tamara Ryvora, «Tam», es hija de un famoso piloto de carreras de Kuat. Abandona su planeta natal para seguir la estela de su padre y llega a la estación Coloso, donde entabla amistad con Hype Fazon. No obstante, se distancian cuando Hype obtiene un puesto en el Escuadrón As. Tam hipoteca su nave para poder llevar a cabo reparaciones vitales, pero la pierde en una carrera, y pasa a formar parte del equipo de mecánicos de Jarek Yeager para ganarse la vida. Para ella, reparar el Bola de Fuego para que pueda volver a competir es una segunda oportunidad para conseguir su sueño.

Cuando Yeager incorpora al equipo a Kazuda Xiono, Tam se irrita al constatar su evidente falta de conocimientos mecánicos y su mala actitud ante el trabajo duro. Se toma sus críticas del Bola de Fuego de forma personal y se enfada aún más cuando Kaz pilota la nave en una carrera y la estrella, de modo que necesita aún más reparaciones. Pese a todo, poco a poco entablan amistad.

Tam se reencuentra con Hype Fazon cuando este la invita, junto a Kaz, a la Torre Doza, donde vive ahora. Kaz, que es un espía de la Resistencia, acepta la invitación encantado, con la esperanza de obtener información útil. Estando en el salón de los Ases, Tam y Hype discuten cuando él se burla del Bola de Fuego. Tam se va, furiosa. Parece que recuperar la amistad no será fácil.

Tam se hace amiga de Synara San, completamente ajena a que la recién llegada a la estación es una espía pirata que trabaja para Kragan Gorr. Cuando la banda de Gorr asalta el Coloso de nuevo (esta vez con la ayuda de las transmisiones de Synara), Tam arriesga su vida para rescatar a Synara del caos. La preocupación de Tam está fuera de lugar, pero su generosidad de espíritu causa una fuerte impresión en Synara, que acaba abandonando a los piratas.

Durante la ocupación de la Primera Orden, sus compañeros escapan a la captura, pero Tam no tiene tanta suerte. La interroga la agente Tierny, de la Oficina de Seguridad de la Primera Orden, y enfurece cuando descubre la filiación secreta de Kaz con la Resistencia. Antes de que la Primera Orden se vea forzada a evacuar el Coloso, Tierney le ofrece un puesto en la Primera Orden y Tam acepta a regañadientes.

Ahora, a bordo del *Thunderer*, destructor de la Primera Orden, Tam quiere poner en práctica sus dotes como piloto para apoyar una causa en la que cree y se alista como la cadete de caza TIE DT-533. También ayuda a la malvada facción a localizar su antiguo hogar y le entrega información, lo que le granjea el respeto de Tierny.

Sin embargo, su carácter compasivo pronto choca con la brutalidad de la Primera Orden. Cuando empieza su entrenamiento como piloto de caza TIE, la critican por tratar de salvar a su compañero Jace Rucklin, cuya nave queda inutilizada. Durante una visita a la plataforma de repostaje Titán, Tam ve a Kaz y Neeku infiltrándose en la base y los ayuda en secreto.

Luego, cuando la Primera Orden localiza el Coloso en Aeos Prime, Tam recibe la orden de unirse al ataque en su caza. Apunta a la nave de Kaz, pero no dispara. Sin embargo, impide que el misil que este lanza destruya el puente del *Thunderer* y la ascienden a segunda comandante de escuadrón. Al presenciar la represalia de la Primera Orden contra los aeosianos por ayudar al Coloso, no puede más y envía un mensaje para desertar y volver con sus antiguos aliados. Participa con honores en la batalla de Barabesh, logra escapar y se alegra de regresar a su casa, el Coloso.

4D-M1N

FABRICANTE Accutronics
TIPO Asistente droide modificado de la serie TDA
FILIACIÓN Equipo del Coloso

4D-M1N es la droide niñera de Torra Doza, a la que vigila por su padre, Imanuel Doza. Si detecta a un intruso, activa el modo centinela. Cuando la Primera Orden amenaza a Imanuel, entra en combate para defenderlo. Después de que el Coloso escape al hiperespacio, la reparan y sirve con Imanuel en el puente.

BO KEEVIL

ESPECIE Kel Dor **PLANETA NATAL** Dorin
FILIACIÓN Escuadrón As, Equipo del Coloso

Bo Keevil pertenece al Escuadrón As de la estación Coloso. Es un aviador muy seguro de sí mismo y pilota una nave difícil de controlar, el *As Amarillo*. Elige sus palabras con sumo cuidado; le gusta alardear y tiene un pasado misterioso. Los miembros de su especie llevan máscaras de soporte vital cuando abandonan su mundo, porque el oxígeno es tóxico para ellos y sus membranas oculares se secan rápidamente. Su piel gruesa y correosa les permite sobrevivir en el vacío del espacio, una adaptación de lo más útil para un piloto como él.

SC-X2

FILIACIÓN Escuadrón As, Equipo del Coloso

El droide de Bo Keevil es un modelo esférico que rueda sobre una guía que mejora la tracción y el control de la dirección, y que permanece junto a Keevil bajo cualquier circunstancia. En su interior lleva varias piezas de recambio para la máscara de soporte vital de Keevil, entre otros instrumentos útiles.

FREYA FENRIS

ESPECIE Humana
PLANETA NATAL Yir Tangee
FILIACIÓN Escuadrón As, Equipo del Coloso

Fenris es una aviadora seria y competente de la estación Coloso, en Castilon. Pilota el *As Rojo* en el Escuadrón As y defiende la plataforma contra los piratas de Kragan Gorr junto a sus compañeros. Pese a tenerlo todo en contra, el grupo repele a los piratas con la ayuda secreta de Kazuda Xiono, un espía de la Resistencia que bloquea las señales de comunicación de los bandidos. Al igual que sus colegas, Freya compite en las carreras por diversión y para ganarse unos créditos extras. Cuando el Coloso entra en conflicto directo con la Primera Orden, defiende valientemente la plataforma con el escuadrón. También participa en una misión de abastecimiento en Ashas Ree.

HYPE FAZON

ESPECIE Rodiana
PLANETA NATAL Rodia
FILIACIÓN Escuadrón As, Equipo del Coloso

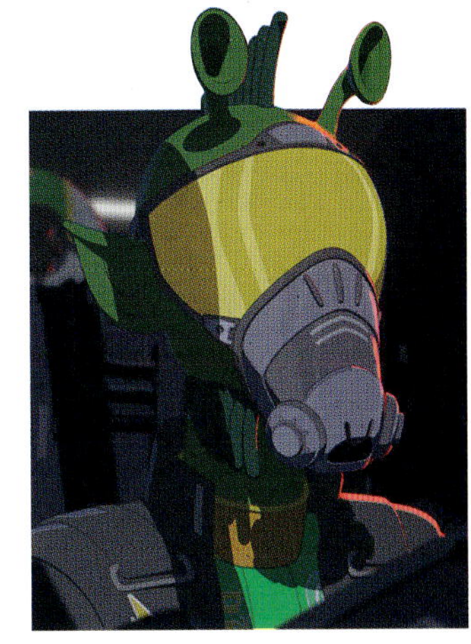

Fazon es un piloto de carreras que aprende su oficio en el hotel casino de Vranki. Luego abandona el establecimiento y acaba en el Coloso, donde pilota el *As Verde*, con el indicativo As Uno, pues es el mejor aviador del Escuadrón As. Tiene muchos patrocinadores, como demuestran los logotipos de su nave. Es todo un fanfarrón, pero tiene una recta moral, por lo que se niega a participar en actividades que favorezcan a la Primera Orden. Era amigo de Tamara Ryvora, pero se han distanciado. Cuando se entera de que Tam piensa mal de él, trata de recuperar su amistad, pero no lo consigue. Se encara a la Primera Orden, que lo apresa por un tiempo, tras lo cual se une a la lucha contra los ocupantes. Al principio, no le gustan los cambios que Imanuel Doza efectúa en el escuadrón, pues incorpora a Kazuda Xiono y pone a Jarek Yeager de líder. Sin embargo, al final reconoce el valor de ambos y pasa a ser un hábil piloto de combate del nuevo equipo. Como está deseando volver a competir, sugiere que el Escuadrón As vaya al circuito de carreras de Vranki para ganar créditos a fin de abastecer al Coloso. Vranki acepta que Hype corra, pero con la condición de que se quede en el casino si pierde. Luego manipula la carrera, pero, gracias a Neeku Vozo, el escuadrón logra escapar con una abultada cifra de créditos.

T3-K10

FABRICANTE Productos Mecánicos Duwani
TIPO Droide astromecánico
FILIACIÓN Escuadrón As, Equipo del Coloso

El droide de Freya Fenris es una versión modernizada de una línea antigua pero eficiente que vuelve a estar de moda. Hace cálculos de navegación con gran rapidez y sin quejas. T3-K10 es un hábil ingeniero y también puede ejercer de copiloto en naves estelares más grandes.

R4-G77

TIPO Droide astromecánico
FILIACIÓN Escuadrón As, Equipo del Coloso

Hype Fazon, piloto del Escuadrón As, adora a su droide R4-G77, que es parte de una nueva línea que se desplaza mediante repulsores. R4 dispone de varios brazos mecánicos, como una varilla emisora de sacudidas eléctricas y una garra. Tiene un carácter fuerte y no reacciona demasiado bien cuando Flix y Okra intentan corregir su actitud.

GRIFF HALLORAN

ESPECIE Humana
FILIACIÓN Imperio galáctico, Escuadrón As, Equipo del Coloso

Griff Halloran es un piloto de caza TIE que huye del Imperio galáctico junto a su oficial al mando, Imanuel Doza. Leal a Doza, se traslada al Coloso, donde trabaja como piloto de carreras. Vuela en el As Negro, una nave modificada a partir de un viejo caza imperial TIE, y su uniforme evoca su época como piloto imperial. Disfruta con morbo siniestro del efecto intimidatorio que eso tiene en los demás. Sin embargo, es un firme defensor del Coloso y un piloto formidable. Cuando la Primera Orden persigue a la plataforma, Halloran teme que la malvada organización nunca se detenga y pone toda la carne en el asador para defender su nuevo hogar. Los aeosianos lo capturan junto con Kazuda Xiono durante un viaje de reconocimiento a Aeos Prime.

TORRA DOZA

ESPECIE Humana **FILIACIÓN** Escuadrón As, Equipo del Coloso

Torra es hija del administrador de la estación Coloso, el capitán Imanuel Doza, y de la piloto de la Resistencia Venisa Doza. Vive con su padre en la Torre Doza con su mascota, Buggles, y el droide R23-X9. Pertenece al Escuadrón As y pilota el caza estelar *As Azul*, con el que también participa en las carreras locales. Se hace amiga de Kazuda Xiono, e incluso lo ayuda a escabullirse por la Torre, pese a que sospecha que es un espía. Cuando por fin lo confirma, lo ayuda a luchar contra la Primera Orden. Con el Coloso a la fuga, destaca en su papel de piloto de combate y echa una mano en las misiones de abastecimiento en Celsor 3, Drahgor III y Ashas Ree. La Primera Orden interrumpe su cita anual con su madre, pero Torra se reencuentra con ella cuando Venisa viaja a la plataforma con su escuadrón de la Resistencia. Torra los ayuda en una misión de escolta en Dantooine y se enfada cuando pierden un transporte. Junto a sus padres, anima a la población del Coloso a luchar en Barabesh. Más tarde combate en la batalla de Exegol.

R5-G9

FABRICANTE Industrias Automaton **TIPO** Droide astromecánico personalizado **FILIACIÓN** Escuadrón As, Equipo del Coloso

Al igual que su llamativa nave, el droide de Halloran es un droide imperial personalizado. Aunque dispone del cuerpo y de las habilidades propias de un droide astromecánico, R5-G9 combina la precisión de un droide médico de la serie FX con la capacidad de observación (y los desagradables trucos) de un droide sonda.

R23-X9

FABRICANTE Industrias Automaton (personalizado)
TIPO Droide astromecánico
FILIACIÓN Torra Doza, Escuadrón As, Equipo del Coloso

Aunque R23-X9 parece un droide astromecánico de la serie R, en realidad es un caro y exclusivo modelo creado especialmente para Torra. Es su copiloto y está pintado de azul, a juego con el uniforme y la nave de Torra.

SOLDADO DE ASALTO DE LA PRIMERA ORDEN

ESPECIE Humana **PLANETA NATAL** Varios **FILIACIÓN** Primera Orden

A diferencia de la República Galáctica y su ejército clon y del Ejército Imperial, compuesto por voluntarios instruidos en academias, la Primera Orden entrena a sus soldados desde su nacimiento, con un régimen muy estricto y similar al lavado de cerebro. Los soldados de asalto de la Primera Orden tienen números de serie en vez de nombres, y cualquier atisbo de individualidad es sofocado inmediatamente.

Cuando el Imperio de Palpatine se hunde, el consejero Gallius Rax selecciona a doce huérfanos de Jakku para que los entrenen como soldados. Tras la muerte de Rax en la batalla de Jakku, un pequeño remanente imperial huye a las Regiones Desconocidas. Armitage Hux se encarga de los niños soldado, a quienes entrena y convierte en el primer escuadrón de soldados de asalto de la Primera Orden.

La mente que orquesta los futuros ejércitos de soldados de asalto de la Primera Orden es el padre de Armitage, Brendol Hux. Impresionado por la devoción, el entrenamiento y la eficacia del ejército clon de la República Galáctica, pero insatisfecho con la torpeza y escasa fiabilidad de los soldados de asalto, Brendol diseña un programa para adoctrinar a niños desde el nacimiento. Así crea una fuerza aún más eficiente que el Ejército Imperial o el Gran Ejército de la República.

Durante su estancia en Parnassos, Brendol conoce a Phasma, que afirma ser la mejor guerrera del planeta y se ofrece voluntaria para unirse a la Primera Orden y convertirse en soldado de asalto. Phasma y Armitage asesinan a Brendol, asumen el control del Proyecto: Resurrección de soldados de asalto y contratan a Seguridad Jinata para que secuestre a los bebés que se convertirán en la siguiente generación de soldados.

Phasma desempeña una función mucho más importante de lo que sugiere su rango de «capitán», y entrena a los soldados de asalto para convertirlos en despiadadas máquinas de matar que cumplen cualquier orden, por inmoral que sea. Les enseña a no mostrar la menor compasión, ni siquiera por los compañeros, y los que fracasan merecen los castigos más severos, incluida la muerte; los que cuestionan la autoridad de Phasma son acusados de traición y se enfrentan a las hachas láser de los soldados de asalto que ejercen de verdugos.

Sin embargo, algunos soldados de asalto de la Primera Orden desertan, como la Compañía 77 y FN-2187 (Finn). Su insurgencia preocupa mucho a Phasma y Hux, y plantea serias dudas sobre la lealtad de las tropas de asalto. La deserción de FN-2187 hace que el líder de la Primera Orden, Kylo Ren, proponga que un ejército clon sería mejor que los soldados de Phasma. Esta hace lo imposible por capturar y ejecutar a FN-2187, pero su derrota frente a este en la *Supremacía* pone de relieve la amenaza que supone para la moral del cuerpo.

Cada soldado de asalto recibe un fusil bláster F-11D y una pistola bláster SE-44C. Hay una amplia variedad de divisiones especializadas, adaptadas a distintos modos de combate y entornos bélicos, como los soldados lanzallamas, los de nieve, los de artillería pesada y los de buceo.

Objetivo capturado
Los soldados de asalto de la Primera Orden desprecian a los agentes de la Resistencia.

Masas apasionadas
Soldados de asalto de la Primera Orden celebran el histórico discurso de Armitage Hux antes del disparo inaugural de la base Starkiller.

TÍA Z

ESPECIE Gilliand **PLANETA NATAL** Crul
FILIACIÓN Taberna de la Tía Z, Equipo del Coloso

Z'Vk'Thkrkza, más conocida como Tía Z por los clientes de su taberna en el Coloso, es especialista en ofrecer buena comida y bebida, consejos e información. Es divertida y amable, pero también muy directa, y ve más allá del «bantha poodoo»; también es muy dura, y separa peleas y evita robos. La comida casera es la clave de su negocio, tal como sugiere el tatuaje de un gofre cruzado por un cuchillo y una espátula que lleva en el brazo. La Tía Z huye temporalmente del Coloso cuando la busca la Primera Orden, pero vuelve para salvarlo. Cuando la organización persigue a la estación, piensa en llevarse su negocio a otra parte, pero se arrepiente al ver que Kazuda Xiono y Torra Doza le ofrecen ayuda para mantenerlo. La Tía Z es el primer civil en alistarse para luchar en la batalla de Barabesh y empuña alegremente un bláster gigante contra el enemigo.

BOLZA GROOL

ESPECIE Klatooiniana **PLANETA NATAL** Klatooine **FILIACIÓN** Equipo del Coloso

Bolza tiene un puesto en el mercado del Coloso, donde vende sabrosos anfibios gorg. Él y Kazuda Xiono empiezan con mal pie, pero después Bolza lo patrocina en las carreras. Se une al equipo del Coloso porque, según dice, está cansado de correr.

GLITCH

MODELO Droide de hospitalidad
FILIACIÓN Taberna de la Tía Z, Equipo del Coloso

G1-7CH, alias Glitch, es un droide leal que trabaja en la taberna de la Tía Z, en la estación Coloso. Sirve bebidas, la ayuda en su servicio de apuestas con las probabilidades de las carreras y es hábil con un bláster o con cuatro. Se hace cargo temporalmente de la taberna cuando la Tía Z tiene que abandonar la estación.

ORKA

ESPECIE Chadra-Fan **PLANETA NATAL** Chad
FILIACIÓN Oficina de Adquisiciones del Coloso, Equipo del Coloso

Orka y su compañero, Flix, dirigen la Oficina de Adquisiciones del Coloso con la ayuda de su fiel droide, GL-N. Además, Orka es un experto reparador de droides astromecánicos. Cuando Kazuda Xiono necesita piezas para el deslizador, hace trueques con la pareja, sobre todo con Orka, que es negociante pero amable. Su primer trato manda a Kaz en busca de sabrosos gorgs. Orka y Flix entablan una buena relación con Kaz, que incluso cuida de su tienda (a cambio de piezas) cuando están fuera. Con el Coloso a la fuga, Orka acompaña a Flix a recoger combustible de su familia e impresiona con su soltura a los primos de su compañero. En la batalla de Barabesh, Orka ayuda en la defensa contra los abordajes de la Primera Orden.

CAPITÁN DOZA

ESPECIE Humana **FILIACIÓN** Imperio, Resistencia, Equipo del Coloso

Imanuel Doza es capitán del Imperio galáctico hasta que su compañera, Venisa, lo convence para desertar. En la Nueva República, dirige la estación Coloso en Castilon. Su hija, Torra, es piloto de carreras en el Escuadrón As de la estación, mientras que Venisa es miembro de la Resistencia. La Primera Orden lo presiona para que ponga el Coloso bajo su control y protección, y este acaba cediendo cuando aumentan los ataques piratas a la plataforma. Sin embargo, más tarde reconoce su error y se une a la lucha contra la Primera Orden. Ahora, al mando del Coloso, se esfuerza para abastecer a su población y protegerla de la malvada organización y de las bandas criminales. Además, trata de encontrarle un nuevo hogar en otro planeta. Durante los múltiples enfrentamientos del Coloso con la Primera Orden, Doza permanece en el puente, desde donde dirige al Escuadrón As y las defensas de la plataforma. Se alegra al dar con el planeta oceánico Aeos, un hogar idóneo para la plataforma, y suplica a los aeosianos que les ofrezcan asilo. Por desgracia, la Primera Orden los encuentra y Doza ordena a la estación que abandone el planeta. Tras ayudar al Escuadrón Jade de Venisa en Dantooine, acepta formalmente unirse a la Resistencia y logra una victoria clave en Barabesh, donde el equipo del Coloso derriba un destructor de la Primera Orden.

KRAGAN GORR

ESPECIE Quarren **PLANETA NATAL** Mon Cala
FILIACIÓN Aves de Guerra

Kragan Gorr es el líder de la banda pirata Aves de Guerra, a la que la Primera Orden contrata para que acose la estación Coloso y obligue así a su capitán, Imanuel Doza, a aceptar la protección de la Primera Orden. Gorr se infiltra en la estación gracias a Hallion Nark, y cuando este es descubierto, la tripulación del Coloso acoge a Synara San, también miembro de Aves de Guerra. Aunque la banda de Kragan vuelve a atacar el Coloso, huye cuando Kaz Xiono y Jarek Yeager logran que funcione el ordenador turboláser de selección de objetivos. Cuando Kaz suplica que los ayuden a luchar contra la Primera Orden, Kragan y las Aves de Guerra responden a la llamada y suben a bordo del Coloso justo antes de que salte al hiperespacio. A veces, Kragan y sus piratas echan una mano, pero el taimado líder acaba intentando amotinarse contra Doza. Este lo derrota y expulsa de la estación a Gorr, a su *Galeón* y a su banda.

FLIX

ESPECIE Gozzo **PLANETA NATAL** Drahgor III
FILIACIÓN Oficina de Adquisiciones del Coloso, Equipo del Coloso

Flix nunca se siente a gusto en su familia de mineros en Drahgor III, así que abandona el planeta para perseguir su sueño: ser cantante de cantina. Con el tiempo, conoce a su compañero, Orka, y ambos acaban trabajando en la abarrotada Oficina de Adquisiciones del Coloso. Compran casi todas sus piezas a chatarreros, que las recuperan del lecho marino de Castilon. Es más tranquilo que Orka y se encarga de la administración; al contrario que este, es un maniático de la organización y de los números. Los dos están acostumbrados a tratar con tipos duros en la estación, pero, cuando la ocupa la Primera Orden, prefieren huir. Kaz intenta que lo ayuden a liberar al Coloso, pero le desean suerte y se esconden. Sin embargo, cuando la plataforma se da a la fuga con poco combustible, Flix lidera a un equipo hasta su planeta para reclamar un suministro al que tiene derecho por nacimiento. Allí, regaña a su primo Flanx por su arriesgado método de trabajo, que ha despertado a los dragones karnex, pero juntos consiguen zafarse de las criaturas. Flix se marcha con el combustible vital para el Coloso y reconciliado con su familia. Junto a Orka, ayuda a sus amigos en la batalla de Barabesh.

HALLION NARK

ESPECIE Neimoidiano
PLANETA NATAL Cato Neimoidia
FILIACIÓN Banda pirata de Kragan Gorr

Hallion Nark llega al Coloso para reparar su nave en el taller de Yeager, pero en realidad es un espía del pirata Kragan Gorr. Escapa del Coloso justo antes del estallido de una tormenta «triple oscura».

JACE RUCKLIN

ESPECIE Humana **PLANETA NATAL** Castilon
FILIACIÓN Propia, Primera Orden

Rucklin es piloto en la estación Coloso de Castilon. Se hace amigo de Kazuda Xiono para robarle el hipercombustible de Jarek Yeager. Pero el combustible hace que su deslizador explote y se ve obligado a trabajar en la Torre Doza para pagar los desperfectos. Junto a Tamara Ryvora, se une a la Primera Orden como piloto cadete de TIE. Está dispuesto a traicionar a su antiguo hogar y muere en la batalla de Barabesh.

KEL Y EILA

ESPECIE Humana **PLANETA NATAL** Tehar **FILIACIÓN** Equipo del Coloso

Kel y su hermana pequeña, Eila, huyen de su planeta cuando la Primera Orden, liderada por Kylo Ren, aniquila a su pueblo. Viajan de polizones en una nave y acaban en la estación Coloso, en Castilon. Cuando la Primera Orden descubre que hay supervivientes teharianos, ofrece una recompensa por ambos, alegando que son fugitivos de una destacada familia de la facción. Kazuda Xiono y los ingenieros chelidae del Coloso ayudan a los niños a fingir su muerte y los ocultan en la sección de ingeniería con los chelidae. Cuando Kaz viaja en una misión de abastecimiento a Ashas Ree, acepta que los niños lo acompañen para volver a pisar tierra firme. Sin embargo, pronto se meten en líos en un Templo Sith, y luego con los saqueadores de la Primera Orden. También se hacen amigos de una chatarrera ambulante, Mika Gray. Esta ayuda al grupo a escapar del planeta y le ofrecen un hogar en el Coloso.

GLEM

ESPECIE Rodiana
FILIACIÓN Coloso

Este rodiano rudo y de voz grave trabaja duro en los muelles de carga de la plataforma Coloso, y está deseando conseguir un turno mejor. Cuando no trabaja, suele estar en las carreras, disfrutando de una copa en la taberna de la Tía Z o metido en una pelea.

NARB

ESPECIE Snivvian **FILIACIÓN** Coloso

Narb, un delincuente de poca monta a bordo del Coloso, trabaja de matón para el turbio Grevel. Persigue a los morosos, aunque hayan sido estafados. Él y su hermano Nod intentan robar en la Oficina de Adquisiciones, pero sus propietarios, Flix y Orka, se lo impiden.

NOD

ESPECIE Snivvian
FILIACIÓN Coloso

Nod vive en el Coloso y se las apaña como delincuente de medio pelo y matón de Grevel, un jugador empedernido. Tras una pelea con su hermano Narb, atrapa al espía de la Resistencia Kazuda Xiono, pues cree que los estaba escuchando. Pero Xiono escapa y los hermanos lo persiguen por orden de Grevel, quien dice que Kaz le debe dinero. Más tarde, Nod y Narb tratan de robar en la Oficina de Adquisiciones, pero fracasan.

GREVEL

ESPECIE Aleena
FILIACIÓN Coloso

Grevel es un aleena que se hace notar en el Coloso por su mal carácter. Tras una partida de holodardos con Kazuda Xiono, envía a sus matones tras el chico para cobrar sus supuestas ganancias. Más tarde, se enfrenta a Xiono, pero un ataque pirata los interrumpe y Xiono acaba salvándole el pellejo. Sin embargo, Grevel es un egoísta que luego no le devuelve el favor.

EGDIR

ESPECIE Itoriana
FILIACIÓN Coloso

Egdir es un ciudadano del Coloso que suele estar en el mercado o tomando un trago en la taberna de la Tía Z. Es de gatillo fácil y no tarda en arremeter contra quienes le irritan, como le ocurre al espía de la Resistencia Kazuda Xiono cuando interrumpe al itoriano en plena conversación.

JOOKS

ESPECIE Theelin
FILIACIÓN Coloso

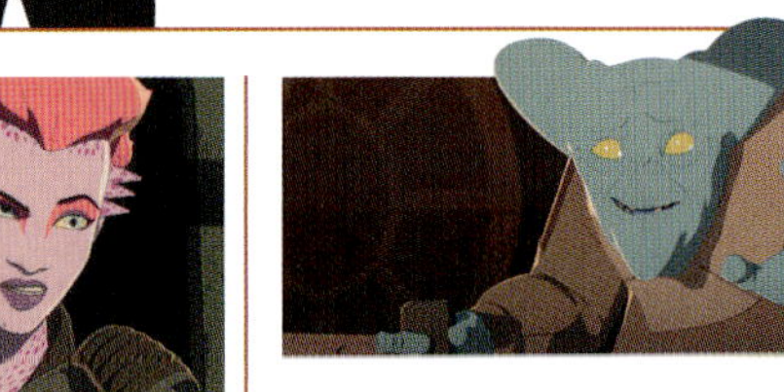

El Coloso es su hogar y suele estar en la barra de la taberna de la Tía Z, viendo las carreras o haciendo apuestas. Cuando los Ases del Coloso vencen a los ocupantes de la Primera Orden, Jooks lo celebra por todo lo alto en las cubiertas exteriores.

GARMA

ESPECIE Arcona
FILIACIÓN Coloso

La anciana Garma recorre el Coloso con la ayuda de un bastón, casi siempre con una sonrisa que delata su sentido del humor. Kazuda Xiono le gusta en cuanto lo ve. No le da reparo pedir un cuenco de beicon de cerdo inflable gratis ni hacerse a hurtadillas con parte de un botín durante un ataque pirata a la plataforma.

LEOZ

ESPECIE Nikto
FILIACIÓN Banda Ave de Guerra de Kragan Gorr

Leoz es uno de los piratas matones de Kragan Gorr y se instala en el Coloso con el resto de la variopinta banda. Es un nikto irascible que juega con su dado de la suerte y es muy mal perdedor. Tras una derrota contra Kazuda Xiono, maldice al joven piloto y se ríe a carcajadas de la desgracia que le espera.

SKREEK

ESPECIE Trandoshana
FILIACIÓN Banda Ave de Guerra de Kragan Gorr

Skreek es uno de los piratas más crueles de Kragan Gorr. Casi mata a Kazuda Xiono con su vara metálica en un asalto al Coloso. Es leal a Gorr, incluso cuando el capitán Doza exilia a los Ave de Guerra del Coloso.

GORRAK WILES

ESPECIE Sullustana **FILIACIÓN** Coloso

Gorrak es un mecánico del equipo de carreras de Jace Rucklin. Por orden de este, Wiles y su compañera, Lin Gaava, sabotean el deslizador de Kazuda Xiono, a quien manipulan para acceder al hipercombustible de Jarek Yeager. Cuando Rucklin se une a la Primera Orden, Wiles se queda en el Coloso.

LIN GAAVA

ESPECIE Humana
FILIACIÓN Coloso, Primera Orden

Lin trabaja como mecánica en la nave del piloto Jace Rucklin. Junto con Gorrak Wiles, su compañero, colabora en un plan para robar hipercombustible de la nave de carreras de Jarek Yeager. La Primera Orden la recluta como cadete de vuelo.

VIL'PAK

ESPECIE Chelidae **PLANETA NATAL** Castilon
FILIACIÓN Coloso

El amable Vil'pak trabaja en el nivel más bajo del Coloso con los ingenieros chelidae, los «auténticos héroes» de la plataforma. Protege a dos niños de la Primera Orden y ayuda a Neeku a inundar los pasillos del Coloso para contrarrestar la amenaza de las tropas de asalto y sacar la nave de los océanos de Castilon.

DRELL

ESPECIE Weequay **FILIACIÓN** Banda Ave de Guerra de Kragan Gorr

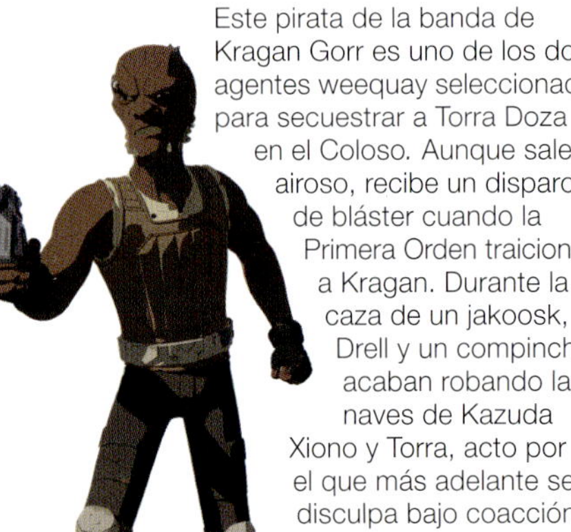

Este pirata de la banda de Kragan Gorr es uno de los dos agentes weequay seleccionados para secuestrar a Torra Doza en el Coloso. Aunque sale airoso, recibe un disparo de bláster cuando la Primera Orden traiciona a Kragan. Durante la caza de un jakoosk, Drell y un compinche acaban robando las naves de Kazuda Xiono y Torra, acto por el que más adelante se disculpa bajo coacción.

SNARL

ESPECIE Hassk
FILIACIÓN Banda Ave de Guerra de Kragan Gorr

Snarl es miembro de la banda Ave de Guerra de Kragan Gorr. Le encanta su vida de pirata y se carcajea de lo lindo durante los saqueos. Participa en las incursiones del Coloso y se une a la caza de un jakoosk gigante, misión en la que fracasa estrepitosamente, pues acaba huyendo de la criatura.

VALIK

ESPECIE Palliduvana **FILIACIÓN** Pandilla Ave de Guerra de Kragan Gorr

Valik pertenece a la banda Ave de Guerra de Kragan Gorr. Además de su talento como piloto, tiene un don para las operaciones encubiertas. Ella y su compañero, Drell, se cuelan a bordo del Coloso y secuestran a la hija del capitán, Torra Doza.

MB-13

FABRICANTE Industrias Automaton
TIPO Astromecánico serie BB
FILIACIÓN Primera Orden

Esta unidad BB sirve a la Primera Orden con lealtad ciega y está ansioso por utilizar su electrovara contra los enemigos de sus amos. Lucha contra Kazuda Xiono, se enfrenta al droide de la Resistencia CB-23 y casi logra transmitir la posición del Coloso a la Primera Orden, pero Xiono se lo impide al lanzarlo por la esclusa.

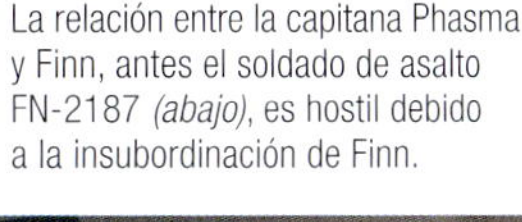

Un enemigo inesperado
La relación entre la capitana Phasma y Finn, antes el soldado de asalto FN-2187 *(abajo)*, es hostil debido a la insubordinación de Finn.

Una reputación terrible
Phasma es conocida por su falta de compasión. Es comandante de la Primera Orden *(arriba)* y no está acostumbrada a que la desobedezcan.

CAPITANA PHASMA

ESPECIE Humana **PLANETA NATAL** Parnassos **FILIACIÓN** Primera Orden

La capitana Phasma es una guerrera despiadada. Solo le preocupa prosperar y sobrevivir, y no tiene la más mínima consideración por los demás, estén o no en su bando.

UNA INFANCIA DURA

Phasma crece en Parnassos, un mundo desolado donde su clan debe luchar para proteger su territorio. Planea en solitario la muerte de todo el clan –que incluye a sus padres– para sobrevivir con su hermano Keldo y unirse a los Scyre, un clan más fuerte. Cuando Brendol Hux, oficial de la Primera Orden, se estrella en su planeta, Phasma aprovecha la ocasión: como mejor guerrero del planeta, se ofrece voluntaria para unirse a la Primera Orden y lo deja todo atrás.

Phasma prefiere el título de «capitana», pero su rango es mucho más alto, pues lidera a las tropas desde la base Starkiller junto al general Armitage Hux y Kylo Ren. Coordina a espías y agentes de élite, como el egocéntrico Terex. Cuando este se insubordina, hace que le coloquen implantes cibernéticos. Phasma también vela por los intereses de la Primera Orden en la estación de repostaje Coloso, en Castilon. Sin embargo, su papel principal es el de líder de las tropas de asalto. Como tal, dirige el entrenamiento de FN-2187 (Finn), a quien considera muy competente, pero, para su disgusto, nada cooperativo, pues se empeña en ayudar a los miembros más débiles del equipo y se niega a disparar contra objetivos civiles.

TRAS LAS HUELLAS DE LUKE SKYWALKER

Junto a Kylo Ren, Phasma lidera el ataque contra la aldea Tuanul en Jakku y luego manda a sus tropas que eliminen a los supervivientes. FN-2187 no obedece y se quita el casco sin permiso, por lo que Phasma le ordena que se someta a una evaluación. Pero, para su sorpresa, el soldado deserta y huye a Jakku con Poe Dameron, un miembro de la Resistencia que tenían preso.

Phasma se topa con Finn en la base Starkiller, donde él y Han Solo la capturan. Se resiste un poco, pero, con la esperanza de salvarse, accede a bajar los escudos de la base Starkiller, lo cual es catastrófico para la Primera Orden. Una vez cumple su propósito, la arrojan a un compactador de residuos.

EL FIN DE PHASMA

Phasma escapa del compactador y de Starkiller antes de que el planeta explote. Descubre que el teniente Sol Rivas accedió al mismo terminal informático con el que ella bajó los escudos. Para cubrir sus huellas, le echa la culpa de lo sucedido y se lleva a un piloto de TIE (TN-3465) con ella para asesinarlo. Después, también mata sin piedad al leal piloto.

Phasma vuelve a encontrarse con Finn cuando él y su cómplice, Rose Tico, se cuelan en la nave insignia de la Primera Orden, la *Supremacía*. Siente un perverso placer al supervisar su ejecución, y les dice a los verdugos: «Vamos a hacer que duela». Pero entonces la líder de la Resistencia, la vicealmirante Holdo, embiste la *Supremacía* con la *Raddus* e interrumpe la ejecución. Phasma y Finn se baten en duelo y, aunque ella parece mejor luchadora, Finn logra que se caiga a las llameantes entrañas de la nave.

Un entrenamiento duro
La capitana Phasma supervisa personalmente el entrenamiento de los soldados de asalto, y es implacable.

MONO KOWAKIANO

PLANETA NATAL Kowak **TAMAÑO MEDIO** 2,4 m de altura **HÁBITAT** Junglas

Los monos kowakianos son primos genéticos salvajes de los monos-lagartos. Son peligrosos y de mal carácter, y su rugido es formidable. La banda pirata de Kragan Gorr se sorprende al encontrar una bodega llena de simios kowakianos cuando asaltan un carguero clase Darius G cerca del planeta Castilon. Lo que pensaban que sería un cargamento valioso resulta ser una colección de monos-lagartos y un mono kowakiano enfurecido que devora a casi todos los piratas. Synara San es la única superviviente. Dos de los monos trabajan en el negocio criminal de Vranki el Triste.

MARCUS SPEEDSTAR

ESPECIE Humana **FILIACIÓN** Equipo de carreras de Marcus Speedstar

Marcus es el responsable de la muerte accidental de la familia de su hermano, Jarek Yeager, de quien se ha distanciado. Llega al Coloso para ver a Jarek y participar en la Clásica de la Plataforma. El dinero del premio le permite saldar una deuda con la Cuadrilla Guaviana de la Muerte.

R4-D12

FABRICANTE Industrias Automaton **TIPO** Droide astromecánico **FILIACIÓN** Equipo de carreras de Marcus Speedstar

R4-D12 es el droide astromecánico de cabeza cónica y serie R de Marcus Speedstar. Ofrece apoyo de navegación durante las carreras, anticipa los posibles obstáculos y prevé resultados alternativos.

SYNARA SAN

ESPECIE Mirialana **PLANETA NATAL** Mirial **FILIACIÓN** Aves de Guerra, Equipo del Coloso

Synara ha pertenecido a la banda pirata de Kragan Gorr desde su infancia y es su copiloto durante uno de los primeros ataques contra el Coloso. Asalta junto a sus compañeros un carguero que resulta estar infestado de monos-lagarto y un mono kowakiano gigantesco. Synara se oculta en un contenedor de la bodega, pero el resto de los piratas son devorados. Kazuda Xiono y Poe Dameron la encuentran, inconsciente, y la toman por un miembro de la tripulación del carguero. La llevan al Coloso, donde se repone y trabaja como recuperadora de chatarra, además de como espía para Gorr. Entabla amistad con Tamara Ryvora, que corre a ayudarla cuando Kragan Gorr ataca la estación de nuevo. Synara tiene que derribar a uno de los piratas para proteger su falsa identidad.

La Primera Orden sospecha que hay un espía pirata a bordo del Coloso y Kaz averigua que se trata de Synara, pero teme que la descubran. Con la ayuda de Kaz y de Neeku, Synara abandona la estación en una cápsula de escape y se reúne con la banda Aves de Guerra. Cuando Kaz suplica que los ayuden a combatir a la Primera Orden, Synara convence al resto de la banda para que ayuden al Coloso. A bordo de la nave insignia de los piratas, el Galeón, Synara lidera a las Aves de Guerra contra la Primera Orden.

Cuando un destructor de la Primera Orden entra en órbita y ataca la estación, el *Galeón* aterriza en uno de los muelles del Coloso. Synara y la banda Ave de Guerra huyen con los residentes de la plataforma hacia un destino ignoto. Synara se esfuerza por mejorar la relación entre esos antiguos enemigos. Acompaña a la banda a cazar un jakoosk en Celsor 3, y ayuda a Kaz y a Jarek Yeager en una misión a Varkana. Cuando Gorr se amotina contra el capitán Doza, Synara reúne a varios miembros de Ave de Guerra contra su líder. Tras ayudar a detener a Gorr, Synara llega a un acuerdo con Doza para que los amotinados abandonen el *Galeón* y los leales se queden. En la batalla de Barabesh, pilota la lanzadera de la banda contra la Primera Orden.

BUGGLES

PLANETA NATAL Naboo **TAMAÑO** 70 cm de altura

Buggles es un voorpak de seis patas y la mascota de Torra Doza en la Torre Doza de la estación Coloso. No está del todo domesticado y, de vez en cuando, anda suelto por la estación e incluso fuera del planeta si puede colarse en una nave. Como polizón, es el cebo perfecto para un jakoosk en Celsor 3: gracias a él, Kazuda Xiono logra disparar a la bestia y obtiene alimento vital para el Coloso. Los voorpaks son muy comunes entre los aristócratas de Naboo: su suave pelaje, su ligereza, su olor agradable y su carácter habitualmente amistoso los convierten en mascotas ideales. En estado salvaje, viven en los salientes rocosos de las laderas de las montañas, donde pueden criar camadas de hasta cinco crías. Pese a su aspecto adorable, son carnívoros, y tienen colmillos con los que cazan a sus presas.

BIBO

PLANETA NATAL Castilon **TAMAÑO** 30 cm de longitud **HÁBITAT** Mar abierto

Synara San rescata un pecio Z-96 de las Guerras Clon y lo lleva al Coloso. Neeku Vozo encuentra dentro una pequeña criatura gelatinosa con tentáculos. A Synara, Tamara Ryvora y Kazuda Xiono les parece fea y maloliente, pero Neeku se enamora de ella y la llama Bibo. La nueva y caótica mascota de Neeku intenta comerse todo lo que encuentra en el taller de Jarek Yeager: herramientas, piezas, combustible e incluso al droide astromecánico Bucket. Bibo se pierde y Neeku y Tam lo encuentran en ingeniería, en brazos de Eila, en cuyas visiones Bibo ha traído la desgracia a la estación.

BITEY

PLANETA NATAL Castilon **TAMAÑO** 20 cm de longitud

El espía de la Resistencia Kazuda Xiono negocia con Flix y Orka, de la Oficina de Adquisiciones del Coloso, y accede a traerles comida a cambio de unas piezas de recambio. Kaz se dirige al mercado, donde adquiere un gorg vivo para que almuercen. Cuando regresa, Flix y Orka ya han comido, pero cumplen el trato y deciden quedarse con el gorg como mascota en lugar de comérselo. Este se gana el apodo de Bitey, porque tiene la fea costumbre de morder dedos y cables eléctricos con sus dientes serrados. Kaz aprovecha esta costumbre y utiliza a Bitey para ahuyentar al ladrón Teroj Kee.

ROKKNA

PLANETA NATAL Castilon **TAMAÑO MEDIO** 220 m de longitud **HÁBITAT** Mar abierto

Los rokknas son grandes criaturas marinas que viven en las profundidades de los mares de Castilon. Son leviatanes terribles, con seis tentáculos, cuatro ojos y un pico enorme. No suelen ser violentos, pero atacan si se los provoca y, sobre todo, si les arrebatan a sus crías. Emergen de las profundidades en muy raras ocasiones, pero Neeku Vozo halla por accidente una cría de rokkna y se la queda como mascota en el Coloso. La madre, alterada por la desaparición de su bebé, lo rastrea hasta la estación usando el olfato y lanza un ataque contra el Coloso, hasta que Neeku le entrega a la cría y salva la estación.

SPEAGULL

PLANETA NATAL Castilon **TAMAÑO MEDIO** 66 cm de longitud **HÁBITAT** Agua

Los speagulls son aves marinas nativas de Castilon, y es habitual verlos volando o posados sobre naves, como el *Galeón*, o sobre plataformas, como el Coloso. Son nadadores muy hábiles y su dieta natural consiste en peces, crustáceos y otras criaturas acuáticas. Sin embargo, también acostumbran a pedir, o incluso robar, comida a los residentes del Coloso. Al igual que la mayoría de los animales de Castilon, tienen cuatro ojos que les permiten cazar al tiempo que vigilan por si hubiera algún depredador. El plumaje azul y blanco les sirve de camuflaje, vistos tanto desde arriba como desde abajo, volando o buceando. Al menos una gaviota viaja de polizón en el Coloso cuando este abandona Castilon.

CHELIDAE

PLANETA NATAL Castilon
FILIACIÓN Estación Coloso

Lentos y pacíficos, los chelidae son seres enigmáticos y amistosos que trabajan entre bastidores como ingenieros y cuidadores en la estación Coloso. Neeku Vozo es buen amigo suyo y se los presenta a Kazuda Xiono cuando este necesita ayuda para esconder a Kel y Eila, dos niños de Tehar que huyen de la Primera Orden. Los chelidae ofrecen refugio a los niños y luchan junto a Neeku y Kaz para liberar la estación de la ocupación enemiga. Están en el Coloso cuando huye de Castilon al hiperespacio.

COMANDANTE PYRE

ESPECIE Humana **FILIACIÓN** Primera Orden

Despiadado y eficiente, el comandante Pyre es un líder distinguido de la Primera Orden. Lleva una singular armadura de soldado de asalto dorada. Participa junto al mayor Erik Vonreg y la capitana Phasma en las negociaciones entre el capitán Imanuel Doza, de la estación Coloso, y la Primera Orden. Pyre y Vonreg persuaden a Phasma para que use a la banda pirata de Kragan Gorr para acosar al Coloso y presionar así al capitán Doza para que acepte la protección de la Primera Orden. Al principio fracasan en sus esfuerzos y Pyre tiene que explicarle por qué a Phasma, lo que merma la confianza de ella en el plan. Luego, Pyre lidera la búsqueda de los niños de Tehar, Kel y Eila, que se ocultan en la estación. No los encuentra y Kazuda Xiono y otros lo convencen de que se han ahogado. Entonces, la Primera Orden paga a los piratas para que secuestren a la hija de Imanuel, Torra Doza, pero los traicionan y la rescatan ellos mismos.

Cuando la Primera Orden devuelve a Torra al Coloso, Imanuel permite que Pyre desembarque un escuadrón de soldados de asalto en la estación. Pyre la ocupa rápidamente, arresta a los residentes que se oponen a él e intenta detener a los agentes de la Resistencia.

Cuando el Coloso se sumerge casi por completo en los océanos de Castilon, Pyre dirige en persona un contingente de tropas para investigar por qué no funciona el bloqueador de comunicaciones de la Primera Orden. Se enfrenta en un tiroteo a los culpables, Kaz y Jarek Yeager, y apresa temporalmente al último. Pyre comprende que ha perdido el control de la estación y ordena a su guarnición que la evacue.

También pide refuerzos a la Primera Orden para tomar el Coloso, y esta manda incluso un destructor estelar, pero la estación escapa al hiperespacio.

Poco después, Pyre informa de todo a Phasma, que monta en cólera y amenaza con ejecutarlos a él y a toda la guarnición si no capturan o destruyen la plataforma. Pyre trata de atraparla varias veces, pero fracasa. Tras ello, acude a una reunión de élite en la estación de repostaje de Titán. Allí, el general Armitage Hux expresa su descontento al saber que el Coloso sigue libre, lo reprende por la presencia de agentes de la Resistencia en su entorno y declara que la destrucción del Coloso es ahora el único objetivo. Pese a sus continuas chapuzas, la facción concede a Pyre una última oportunidad a instancias del líder supremo Kylo Ren. Sin embargo, en la batalla de Barabesh cae con su nave.

AGENTE TIERNY

ESPECIE Humana **FILIACIÓN** Primera Orden

La agente Tierny pertenece al misterioso Buró de Seguridad de la Primera Orden, y ha sido enviada a la ahora ocupada estación Coloso con la misión de encontrar a todos los espías de la Resistencia. En lugar de usar técnicas de interrogatorio agresivas con Tam Ryvora, del Equipo Bola de Fuego, Tierny recurre a su afilada astucia. Le explica que sus amigos le han estado mintiendo y la manipula para que se una a la Primera Orden. Cuando la Resistencia recupera el control del Coloso, Tierny utiliza sus blásteres RK-3 en su huida con Tam. Estacionada a bordo del *Thunderer*, Tierny trabaja con Pyre para capturar o destruir la plataforma. Cree que Tam es un factor clave para la misión, así que manipula a la joven recluta para que la ayude. Su empeño pronto da fruto: Tam le proporciona información que les permite enfrentarse al Coloso en la órbita de D'Qar. La estación escapa temporalmente, pero Tierny pone en marcha un plan para que la ingeniera Nena Nalor, una agente de la Primera Orden, la sabotee. Sin embargo, el Coloso huye una vez más y Tierny ordena ejecutar a Nalor si se la vuelven a cruzar. En Varkana, Tierny disfruta interrogando a Yeager y jugando con lo que este siente por Tam, pero luego CB-23 la derrota. Le decepciona que Tam deserte y ordena su ejecución. Cuando el líder supremo Kylo Ren le da una última oportunidad para destruir el Coloso, Tierny fracasa durante la batalla de Barabesh y, cuando pide refuerzos, Ren la mata.

CB-23

FABRICANTE Industrias Automaton **TIPO** Droide astromecánico de la serie BB
FILIACIÓN Resistencia, Equipo Bola de Fuego, Equipo del Coloso

CB-23 es un droide astromecánico esférico asignado a Poe Dameron, capitán de la Resistencia, mientras su propio droide, BB-8, ayuda a Kaz Xiono en la estación Coloso. CB-23 es leal y tiene muchos recursos, y a pesar de unos roces iniciales con BB-8, los dos droides acaban siendo muy buenos amigos. Acompaña a Poe, Kaz y BB-8 cuando van a investigar un carguero clase Darius G repleto de monos-lagartos y un monstruoso mono kowakiano. Mientras intentan escapar de estas criaturas, CB-23 halla a una superviviente, Synara San. También acompaña a Poe y a Kaz a investigar la estación Theta Black. Mientras los otros exploran la estación, CB-23 esconde los Ala-X en el campo de asteroides próximo. Luego, cuando llega la Primera Orden, vuelve a buscarlos y los lleva de vuelta a la base. Tras acompañar a Poe, Kaz y BB-8 al sistema Dassal, sustituye a BB-8 en el Coloso y ayuda a Kaz a acabar con la ocupación de la Primera Orden.

Cuando el Coloso huye de Castilon al hiperespacio, CB-23 sigue apoyando a Kaz en muchas misiones para mantener con vida la plataforma y a sus habitantes. Junto a él, también ayuda a la Resistencia cuando puede, incluso en Varkana, donde huye de un interrogatorio de la Primera Orden y noquea a la agente Tierny. Cuando parece que el Coloso se afinca por fin en Aeos, CB-23 y Kaz tratan de unirse a una célula de la Resistencia, pero vuelven a la estación para defenderla de la Primera Orden. Más tarde, CB-23 acompaña a Kaz y a Yeager a rescatar a Tamara Ryvora de manos de la malvada facción. El grupo acaba en el destructor estelar *Thunderer*, pero CB-23 elude su captura y desactiva los escudos de la nave en un momento crucial, lo que permite a los cazas del Coloso destruir el destructor y garantizar la victoria en la batalla de Barabesh.

LOR SAN TEKKA

ESPECIE Humana **FILIACIÓN** Iglesia de la Fuerza, Nueva República, Resistencia

Aunque el explorador Lor San Tekka no pertenece a la Orden Jedi, cree en sus ideales en tanto que miembro de la Iglesia de la Fuerza. Explora mundos remotos y lugares de importancia religiosa tanto antiguos como contemporáneos, como los Crèche de Ovanis. Tras la batalla de Endor, ayuda a Luke Skywalker en su búsqueda de conocimientos Jedi olvidados. Juntos viajan a un antiguo puesto de avanzada Jedi en Elphrona, donde topan con los Caballeros de Ren en un yacimiento arqueológico de Yoturba. Años más tarde, San Tekka acaba preso en Cato Neimoidia tras irrumpir en las cámaras de los neimoidianos y examinar una valiosa reliquia de los sensibles a la Fuerza. Condenado a muerte, es rescatado por la general Organa y Poe Dameron. Pero entonces, el agente Terex de la Primera Orden lo secuestra y lo lanza al espacio. El Escuadrón Negro lo rescata y lo lleva a D'Qar, donde decepciona a Leia cuando le confiesa que desconoce dónde está Luke Skywalker, aunque podría descubrirlo si le dan tiempo. Poco después, comunica a Leia que tiene en su poder el fragmento de un mapa que podría indicar la ubicación del Jedi desaparecido. Poe Dameron se reúne con él en Tuanul, una aldea en el planeta Jakku, y San Tekka le entrega el mapa justo antes de que la Primera Orden llegue y Kylo Ren lo asesine.

Un castigo brutal
Kylo Ren exige a Lor San Tekka que le entregue el mapa, pero el anciano solo manifiesta su decepción al ver en qué se ha convertido.

FN-2003

ESPECIE Humana **FILIACIÓN** Primera Orden

FN-2003, también conocido como Slip, es amigo de FN-2187 (Finn) y el miembro más débil de su equipo. Muere en Jakku, pero antes marca con la mano ensangrentada el casco de Finn.

FN-2199

ESPECIE Humana **FILIACIÓN** Primera Orden

FN-2199 (Nines) es un antiguo camarada y amigo de Finn. En la batalla de Takodana, ve a Finn, que ha abandonado la Primera Orden, y lo llama «traidor». Entonces, blande una porra antidisturbios Z6 y ataca a Finn, que blande una espada de luz. Han Solo dispara y mata a Nines.

SOLDADO LANZALLAMAS DE LA PRIMERA ORDEN

ESPECIE Humana **PLANETA NATAL** Varios
FILIACIÓN Primera Orden

Los soldados lanzallamas de la Primera Orden trabajan en tándem con soldados de asalto estándar. Cuentan con incineradores D-93, que incluyen un fusil lanzallamas de cañón doble conectado con mangueras a los tanques de combustible que llevan en la mochila. La Primera Orden recurre a ellos con regularidad, y cuando el agente Terex los despliega contra un huevo adorado por los Crèche, provoca su eclosión. Kylo Ren y la capitana Phasma los usan para destruir Tuanul, en Jakku.

SOLDADO DE ASALTO DE ARTILLERÍA PESADA DE LA PRIMERA ORDEN

ESPECIE Humana **PLANETA NATAL** Varios
FILIACIÓN Primera Orden

Estos soldados precisan mucha fuerza para cargar con los pesados blásteres FWMB-10 de repetición (o megablásteres) y los chalecos con munición adicional. Sus cañones bláster, con dispersores de calor y trípodes plegables integrados, se pueden montar en vehículos de infantería y son su principal arma. Aunque la cadencia de tiro de los FWMB-10 es inferior a la de los blásteres de los soldados de asalto estándar, son muy potentes, y pueden neutralizar vehículos de la Resistencia con un solo disparo certero. Estos soldados son una presencia habitual en la base Starkiller y en el *Supremacía*.

PILOTO DE CAZA TIE DE LAS FUERZAS ESPECIALES DE LA PRIMERA ORDEN

ESPECIE Humana **PLANETA NATAL** Varios
FILIACIÓN Primera Orden

Los pilotos de élite de cazas TIE responden directamente ante oficiales superiores. Sus cascos, que se distinguen por llevar marcas rojas, incluyen mejoras internas, como un sistema avanzado de selección de objetivos. Un piloto de las Fuerzas Especiales persigue a Rey y a Finn, que huyen a bordo del *Halcón Milenario* y sobrevuelan Jakku a través de los restos del superdestructor estelar *Devastador*. El mayor Elrik Vonreg, que viste una armadura íntegramente roja, es un destacado piloto de caza TIE de las Fuerzas Especiales.

PILOTO DE CAZA TIE DE LA PRIMERA ORDEN

ESPECIE Humana **PLANETA NATAL** Varios
FILIACIÓN Primera Orden

La Primera Orden valora a sus pilotos más de lo que lo hizo el Imperio. Ahora reciben un entrenamiento más amplio y pilotan naves muy mejoradas. Al igual que los soldados de asalto, son sometidos a un entrenamiento muy estricto desde la infancia. Muchos pilotos crecen en destructores estelares y estaciones espaciales y no pisan un planeta hasta que son adultos (si es que llegan a hacerlo). Los cadetes que no superan los estrictos estándares de vista, reflejos y otras habilidades cruciales para volar, se convierten en pilotos de lanzadera, artilleros o técnicos.

SOLDADO DE ASALTO DE LA NIEVE DE LA PRIMERA ORDEN

ESPECIE Humana **PLANETA NATAL** Varios
FILIACIÓN Primera Orden

El equipo de los soldados de asalto de la nieve está diseñado para los climas helados, con mono, armadura y casco impermeables y aislantes. Su coraza (de betaplastoide) cuenta con menos placas que la de los soldados de asalto estándar, para facilitar el movimiento en terrenos nevados. También llevan un pesado kama enrollado alrededor de la cintura y una mochila con material de supervivencia y una batería. Intervienen en las batallas de la base Starkiller y de Crait; su visor polarizado y los reguladores de temperatura de su coraza suponen una ventaja en los ardientes salares del planeta.

FINN

ESPECIE Humana
FILIACIÓN Primera Orden, Resistencia

La vida como soldado de asalto enseña a Finn a obedecer órdenes y a anteponer la Primera Orden a todo lo demás. Sin embargo, un momento clave en Jakku le ofrece la oportunidad de elegir un nuevo camino como héroe.

FN-2187

Finn es arrebatado a su familia cuando aún es muy pequeño, como todos los soldados de asalto de la Primera Orden. No la vuelve a ver nunca más, y crece junto a otros cadetes. No se le permite ningún rasgo de identidad personal y ni siquiera tiene nombre: lo llaman «FN-2187». Durante su entrenamiento, Finn es un soldado modélico y Phasma llega a felicitarlo. Sin embargo, luego le ordena que deje de ayudar a su mejor amigo, FN-2003, que es débil y pone en peligro a todo el equipo. La preocupación de Finn por el bienestar de los demás desemboca en una crisis existencial cuando Phasma le ordena que dispare a civiles inocentes.

HUIDA DE LA PRIMERA ORDEN

Finn es incapaz de asesinar a los habitantes de Tuanul, en Jakku, y se da cuenta de que debe abandonar la Primera Orden. Libera a Poe Dameron, un piloto de la Resistencia cautivo a bordo del *Finalizador*, para que lo ayude a huir en un caza TIE robado. Tras un aterrizaje forzoso en Jakku que le separa de Poe, Finn conoce a Rey y a BB-8. Abandonan juntos el planeta en el *Halcón Milenario* y, como se avergüenza de su pasado, Finn finge pertenecer a la Resistencia para ganarse la confianza de Rey. Confía su identidad a BB-8 y convence al droide para que revele la ubicación de la base de la Resistencia. Poco después, Han Solo y Chewbacca suben a bordo del *Halcón*, y Finn casi muere devorado cuando el cargamento de rathtars de Han se escapa.

Huida de Jakku
Cuando los cazas TIE destruyen la nave en la que pensaban huir, Rey, Finn y BB-8 corren hacia su segunda opción, el *Halcón Milenario*.

REUNIÓN EN TAKODANA

Han y Chewbacca llevan a Finn, Rey y BB-8 a Takodana para que se reúnan con Maz Kanata, la sabia propietaria de una taberna, que los insta a luchar contra la Primera Orden. Finn, asustado, pues conoce bien el poder del enemigo, admite su engaño y abandona a sus amigos. Intenta huir del planeta con el pirata Sidon Ithano, pero la Primera Orden llega y ataca el castillo de Maz, por lo que no tiene más remedio que luchar con una espada de luz que esta le había entregado. FN-2199, antiguo camarada y compañero de escuadrón de Finn, se enfrenta a él y lo acusa de traición antes de derribarlo, pero Han lo salva.

MISIÓN STARKILLER

Finn entra en pánico cuando ve a Kylo Ren salir de Takodana en su lanzadera con Rey presa. Se incorpora a la Resistencia porque quiere rescatarla, y acepta ayudar al movimiento a infiltrarse en la base Starkiller. Tras reencontrarse allí con ella, demuestra su valía al enfrentarse a Kylo. Dispuesto a sacrificarse para salvar a su amiga, Finn desenvaina la antigua espada de luz de Luke Skywalker y se bate en duelo con el guerrero del lado oscuro. Finn resulta gravemente herido y es trasladado a la base de la Resistencia, donde lo tratan. Rey deja allí a Finn, convencida de que volverán a verse.

VIAJE A CANTO BIGHT

La Primera Orden persigue a la flota de la Resistencia usando tecnología de rastreo hiperespacial para seguir todos sus movimientos. Finn, Rose Tico y BB-8, que se están quedando sin tiempo y sin combustible, viajan a la ciudad de Canto Bight en busca del Maestro Decodificador para que los ayude a desactivar el rastreador. Allí conocen a DJ, un hacker que afirma ser capaz de introducirse en cualquier sistema. Finn aprovecha su conocimiento del *Supremacía* para subir a bordo a todo el equipo, pero la misión fracasa al ser descubiertos y capturados.

CONTRA LA PRIMERA ORDEN

La captura de Finn a bordo del *Supremacía* lo lleva a enfrentarse a su antigua comandante, la capitana Phasma. Finn recurre a su entrenamiento como cadete de soldado de asalto para enfrentarse a ella y consigue derrotarla. Al fin se da cuenta de que su lugar está en la Resistencia, y se une a ellos en una última batalla en Crait. Allí pilota un deslizador esquí para intentar retrasar el avance de las fuerzas de tierra. Una maniobra de Rose en el último minuto lo salva en plena batalla, y escapan juntos en el *Halcón Milenario* para proseguir con su lucha.

COMPROMETIDO HASTA EL FIN

Mientras la Resistencia fija su nueva base secreta, la general Organa encarga a Finn varias misiones. Este obtiene con Poe una lista de posibles reclutas de Corellia y un alijo de suministros de la Nueva República en la luna de Avedot. Más tarde, se infiltra en un destructor en órbita alrededor de Batuu, donde ayuda a liberar a varios reclutas capturados.

Apoya a Rey cuando esta reanuda la búsqueda de Exegol que empezó Luke Skywalker. La misión los lleva por toda la galaxia. En Kef Bir, la luna oceánica de Endor, Finn conoce a Jannah, una exsoldado de asalto y alma gemela. Ella y sus compañeros, todos desertores de la Primera Orden, se alían con la Resistencia. Entretanto, la salud de la general Organa sigue empeorando y, cuando fallece, Poe Dameron asciende a general en funciones, cargo que comparte con Finn por su valor y el aprecio que le tiene. Juntos formulan una estrategia para combatir a la Orden Final en Exegol.

Finn, Jannah y un equipo de asalto terrestre aterrizan en el casco del destructor estelar *Imperturbable*, cuya superficie recorren a lomos de orbaks, unas monturas parecidas a caballos. Su objetivo es destruir la señal de navegación de la nave de mando, lo que dejaría varada a toda la flota de la Orden Final en Exegol. Finn y Jannah desactivan primero la torre de navegación. Mientras sus tropas evacuan, Finn y Jannah deciden destruir el *Imperturbable* para que su tripulación no pueda reiniciar los sistemas y volver a transmitir la señal. La misión es un éxito, y la Resistencia triunfa sobre la tiranía de una vez por todas. Mientras siguen sus aventuras, Finn demuestra que es capaz de sentir instintivamente la presencia de la Fuerza.

KYLO REN (BEN SOLO)

ESPECIE Humana **PLANETA NATAL** Chandrila
FILIACIÓN Jedi, Primera Orden, Caballeros de Ren

Kylo Ren, sensible a la Fuerza, traza un complejo recorrido por la galaxia mientras lucha por aceptar su linaje, que incluye a los héroes más brillantes y al villano más oscuro de la historia reciente.

PRIMEROS PASOS

Ben Solo nace en Hanna City, Chandrila, un año después de la batalla de Endor. Es hijo de la princesa Leia Organa y del general Han Solo. Dada la ajetreada vida de sus padres, se siente abandonado. Esa sensación va en aumento cuando sus padres deciden enviarlo lejos, a Ossus, para que lo entrene su tío, Luke Skywalker. Leia no le cuenta que su abuelo, Anakin Skywalker, se convirtió en Darth Vader; su intención es abordar el tema cuando Ben sea mucho mayor. Pero el chico descubre la verdad junto con el resto de la galaxia y debe lidiar con la dura realidad: su familia lo ha engañado sobre su linaje y su conexión con el lado oscuro de la Fuerza.

VUELTA A LA OSCURIDAD

Luke instruye a Ben junto a una nueva generación de Jedi, y el joven estudia el lado luminoso de la Fuerza. Sin embargo, a medida que pasan los años, una voz le susurra al oído y le siembra la duda. Ben se vuelve contra su maestro y mata a los demás aprendices. Se hace llamar Kylo Ren y descubre el lado oscuro de la Fuerza gracias a Snoke, el misterioso líder supremo de la Primera Orden. Las enseñanzas de Snoke mezclan tradiciones del lado oscuro y el luminoso, tensión que provoca una peligrosa inestabilidad en Kylo, que se convierte en un prometedor alumno y en el maestro de los Caballeros de Ren. Kylo también se inspira en el pasado: su espada de luz cruciforme responde a un antiguo diseño. Incluso comulga con la reliquia calcinada de la máscara de Vader, en busca de visiones del poder del lado oscuro.

LA BÚSQUEDA DE SKYWALKER

Snoke ordena a Kylo que persiga al desaparecido Luke Skywalker. A tal fin, el joven sigue al piloto de la Resistencia Poe Dameron a su cita con Lor San Tekka en Jakku. No logra hacerse con el mapa de Tekka que señala la ubicación de Luke, pero captura a Poe para interrogarlo. Así se entera de que el mapa está oculto en un droide de serie BB que viaja junto a Rey. Tras rastrear al droide hasta Takodana, Kylo captura a la chatarrera, pero esta se le resiste en el interrogatorio. Gracias a ese encuentro, Kylo descubre que la sensibilidad de Rey a la Fuerza rivaliza con la suya.

PUESTO A PRUEBA

A Snoke le preocupa que Kylo flaquee cuando por fin se enfrente a su padre. Sin embargo, Ren decide probar su valía ante Snoke y mostrarse inmune al lado luminoso. Cuando Kylo se encuentra finalmente con Han en la base Starkiller, lo mata. Chewbacca hiere a Ren, pero este persigue a Rey y a Finn para quitarle al exsoldado de asalto la espada de luz de su abuelo. Tras herir a Finn en un duelo, Kylo se queda atónito al ver cómo Rey recupera la espada de Anakin con la Fuerza y luego lo supera en combate. Rey le deja una cicatriz en la cara, pero el duelo se interrumpe cuando la superficie del planeta empieza a resquebrajarse a raíz del ataque de la Resistencia. Snoke ordena al general Hux que rescate a Kylo para impartirle su entrenamiento final.

LÍDER SUPREMO

El líder supremo Snoke está disgustado con Kylo tras su humillante derrota en Starkiller. No solo lo ha vencido Rey, sino que no ha encontrado a Luke Skywalker. Se burla de él y lo llama fracasado, pero es un error que pagará caro: su aprendiz lo matará y se erguirá en líder supremo. Ren trata de reclutar a Rey para su causa, pero no lo consigue. Entonces se centra en aniquilar a la Resistencia. Justo cuando los tiene acorralados en Crait, cae en la trampa de Luke Skywalker: se percata demasiado tarde de que está luchando contra una proyección de su antiguo maestro. Gracias a su error de cálculo, la Resistencia escapa una vez más. Después de Crait, Kylo persigue sin piedad a los insurgentes y se deshace con ira de todo el que los ayuda.

VOCES DEL PASADO

Cuando Palpatine difunde su amenaza a toda la galaxia, el nombre de «Exegol» arde en la mente de Kylo Ren. Recupera un buscarrutas de Darth Vader y lo usa para poner rumbo a Exegol, hogar secreto de los Sith. Allí, Palpatine le revela que era él –y no Snoke– la voz que resonaba en su mente todo ese tiempo. Y le pide que mate a Rey. A cambio, le cederá el poder de un nuevo imperio. Kylo se reúne con los Caballeros de Ren y reconstruye su casco. Aprovecha su fuerte conexión con Rey para descubrir su paradero en Pasaana, donde su equipo captura a Chewbacca. Cuando Rey acude al destructor *Imperturbable* a rescatar al wookiee, Kylo le dice que es una Palpatine antes de que escapen. La rastrea de nuevo hasta los restos de la segunda Estrella de la Muerte en Kef Bir y la invita a entregarse al lado oscuro y unirse a él. Ella se niega, y ambos se baten en duelo en medio del bravo oleaje de la luna. En las ruinas de la estación de combate, Kylo oye por última vez la voz de su madre pronunciando su nombre, «Ben». Rey lo hiere justo antes de presentir la muerte de Leia Organa. Luego usa la Fuerza para curarlo y lo deja solo para que decida qué camino tomará a continuación.

HIJO DE HÉROES

Mientras Kylo Ren asume la muerte de su madre, tiene una visión de su padre, Han Solo, quien lo anima a seguir los pasos de Leia y luchar por lo que es correcto. Kylo arroja su espada de luz roja y Ben Solo regresa de la oscuridad. Rescata un caza TIE y corre hacia Rey, que está en Exegol. Ella siente su llegada y le pasa la espada de luz de Skywalker mediante la Fuerza. Ben despacha a los Caballeros de Ren, alcanza a Rey y juntos se enfrentan al antiguo emperador. Palpatine recurre al fuerte poder de su vínculo para rejuvenecer y arroja a Ben a un abismo sin despeinarse. Mientras Ben trata de volver, Rey canaliza la sabiduría y el poder de todos los Jedi que la precedieron para acabar con Palpatine. El esfuerzo le cuesta caro. Ben la toma en sus brazos y la cura cediéndole su fuerza vital. Luego los jóvenes se besan antes de que Ben sucumba en su lugar.

Espada de doble filo
Al igual que su abuelo y su tío, Kylo es sumamente hábil con la espada de luz. Pone ese talento al servicio de la Primera Orden.

REY

ESPECIE Humana **PLANETA NATAL** Jakku
FILIACIÓN Resistencia

Sola en un mundo desértico, Rey no cree ser más que una humilde buscadora de chatarra, que espera a una familia que nunca llega. Cuando descubre un poder oculto en su interior, debe usarlo para ayudar a sus nuevos amigos… y a la galaxia.

«No sabía que había tanto verde en la galaxia.»

REY A HAN SOLO

UN TRÁGICO COMIENZO

En la era de la Nueva República, Dathan y Miramir se mudan a Jakku con su bebé, Rey, para vivir una vida tranquila lejos de miradas indiscretas. Pero Sheev Palpatine les pisa los talones. El señor del Sith quiere arrebatarles a su hija, que es sensible a la Fuerza, para usarla en sus planes nefastos. Sus agentes dan con la familia, pero esta escapa. Dathan y Miramir creen que Jakku es el lugar más seguro para Rey, que solo cuenta seis años, así que toman la difícil decisión de volver para dejarla a cargo de Unkar Plutt. Pero Ochi de Bestoon rastrea y mata a los padres antes de que puedan volver a por ella. Rey empieza a trabajar para el chatarrero buscando piezas y suministros en el cementerio de naves de Jakku. Vive sola en un AT-AT imperial destrozado que reforma en los Yermos de Goazon, y sobrevive intercambiando lo que encuentra por raciones de comida y agua.

Hogar, dulce hogar
El escudo térmico del AT-AT está intacto y protege a Rey del ardiente sol de Jakku.

A diferencia de la mayoría de los residentes de Jakku, Rey no aspira a marcharse de allí, porque está convencida de que su familia regresará a buscarla algún día. Mientras espera indefinidamente, Rey practica pilotando algunas naves, como un carguero ligero Ghtroc 690 que quiere vender a Unkar, pero que le roban.

UN ENCUENTRO TRASCENDENTAL

Una tarde, Rey escucha un estruendo en las dunas: es el droide astromecánico BB-8 en apuros. Tras rescatarlo del avaricioso Teedo, Rey se apiada de él, lo acoge y lo lleva a Colonia Niima. Allí, BB-8 reconoce la chaqueta de su antiguo amo, que ahora viste Finn. Rey se enfrenta a él y lo acusa de ser un ladrón, pero Finn afirma que pertenece a la Resistencia. Cuando los soldados de asalto de la Primera Orden llegan en busca de BB-8, el trío se vale de las habilidades de Rey como piloto para escapar de Jakku a bordo del *Halcón Milenario* de Unkar.

TAKODANA Y LA FUERZA

Han Solo y Chewbacca interceptan el *Halcón* y llevan a Rey y a Finn al castillo de Maz Kanata, en el planeta Takodana, con la esperanza de que Maz, una pirata, pueda entregar a la Resistencia a BB-8, que lleva un mapa con la ubicación de Luke Skywalker. En el castillo de Maz, una espada de luz que había pertenecido a Luke y a Anakin Skywalker llama a Rey mediante la Fuerza. Cuando la toca, Rey tiene una visión y oye voces de ultratumba. Huye muy asustada, pero la Primera Orden aterriza en Takodana y la captura.

LA BASE STARKILLER Y EL DESTINO

En la base Starkiller, Kylo Ren sondea la mente de Rey con la Fuerza. Percibe su afinidad por Han Solo y sus fantasías acerca de una isla misteriosa, pero la Fuerza es potente en ella y se le resiste, por lo que no puede recuperar el mapa que lleva a Skywalker. Rey usa la Fuerza para que el soldado de asalto que la custodia la deje marchar. Se reúne con sus amigos y presencia la muerte de Han Solo. Entonces, Kylo Ren lucha contra ella y Finn, que queda herido de gravedad. Sin embargo, Rey reclama la espada de luz de Skywalker como propia y sorprende a Kylo con su habilidad. Rey derrota a Kylo, y después de la destrucción de la base Starkiller, parte en busca de Skywalker para que la entrene como Jedi y se una a la Resistencia.

SORPRESA EN AHCH-TO

Pero al llegar a Ahch-To, Rey no se encuentra con un héroe de la Rebelión, sino con un anciano hosco que quiere vivir sus últimos días solo y sin relación con la Fuerza. Skywalker se niega a entrenarla, pero accede a darle tres lecciones para demostrarle la insensatez de los Jedi. Rey cree que si no logra convencer a Skywalker para que ayude a la Resistencia, la única esperanza que le queda es que Kylo se pase al lado luminoso. Se marcha para reunirse con él y se lleva a escondidas varios textos Jedi antiguos para preservar la historia de los Jedi.

ENFRENTAMIENTO CON SNOKE

Kylo Ren lleva a Rey ante Snoke, que le ordena que la mate, como última prueba de su entrenamiento. Sin embargo, Ren se vuelve contra su maestro y lo mata con la espada de luz de Skywalker. La Guardia Pretoriana de Snoke corre a vengar su muerte, pero Rey y Kylo luchan juntos contra los guerreros de élite. Con Snoke y sus guardias derrotados, Rey le pide a Kylo que la ayude a salvar a la Resistencia, pero Kylo rechaza la oportunidad de redimirse. Rey escapa para reunirse con el grupo en Crait, justo a tiempo para facilitar su retirada y llevarse a los supervivientes a bordo del *Halcón Milenario*.

DURAS VERDADES

Tras un periodo a la fuga, Rey y la Resistencia se instalan en su nueva base de Ajan Kloss, donde la joven se entrena, medita y estudia los antiguos textos Jedi. La Resistencia se entera de que Palpatine sigue vivo y está en el mundo secreto Sith de Exegol. Rey reanuda la búsqueda del planeta que empezó Luke, acompañada por sus amigos Finn, Poe, Chewbacca, C-3PO y BB-8. En Pasaana, encuentran la última pista de Luke sobre un buscarrutas Sith. Kylo Ren usa su conexión con Rey para averiguar dónde está y, cuando da con ella, los Caballeros de Ren capturan a Chewbacca y lo suben a un transporte de la Primera Orden. Rey usa la Fuerza para impedir que la nave parta, pero se excede y la destruye con un rayo. Está destrozada por lo que ha hecho, pero continúan con la misión en honor al sacrificio de Chewie y acaban en el planeta Kijimi. Kylo los sigue y Rey detecta a Chewbacca en su destructor estelar. ¡El wookiee iba en otro transporte! Finn, Poe y Rey organizan un rescate. Cuando Kylo se enfrenta a ella en la nave, le revela que ambos comparten un extraño vínculo a través de la Fuerza. Y, lo que es más sorprendente, le dice que Palpatine es su abuelo.

QUÉDATE CONMIGO

Rey escapa del destructor estelar y Kylo la sigue hasta las ruinas de la segunda Estrella de la Muerte, donde tiene una oscura visión de sí misma en la sala del trono del emperador. Cuando Kylo la encuentra, se enzarzan en un duelo de espadas de luz hasta que él se distrae al oír la voz de su madre. Rey lo empala y luego percibe la muerte de Leia Organa. Se apiada de Kylo y lo cura con la Fuerza. Roba su nave y efectúa un aterrizaje de emergencia en Ahch-To, perturbada por sus visiones y decidida a exiliarse. Pero el espíritu de Luke Skywalker la anima a encarar sus miedos. Al poco, Rey toma el Ala-X de Luke para emprender el viaje final a Exegol.

La joven se planta ante Palpatine. Ben Solo, que acaba de regresar al lado luminoso de la Fuerza, se alía con ella. Palpatine aprovecha la energía de su vínculo para rejuvenecer y arroja a Ben a un abismo. Pero Rey no está sola: llama a los Jedi que la precedieron, que responden dándole la fuerza necesaria para volver el poder de Palpatine contra sí mismo. Rey lo destruye de una vez por todas, pero el esfuerzo es excesivo y cae al suelo, inmóvil. Ben corre a su lado y le transfiere su fuerza vital para revivirla. Rey regresa a Ajan Kloss con su nueva familia. Antes de emprender su próximo viaje, ella y BB-8 llevan las espadas de luz de Luke Skywalker y Leia Organa a Tatooine y las entierran en la arena, cerca de la granja de los Lars. En honor a ellos, la joven adopta el nombre de Rey Skywalker.

Disputa familiar
Después de tanto tiempo buscando a su familia, Rey conoce en Exegol a su aterrador abuelo, que la tienta para que se pase al lado oscuro. Cuando esta se niega, él ataca la flota de la Resistencia.

Nada es suficiente
Hux es uno de los oficiales de más alto rango de la Primera Orden, y haría cualquier cosa para superar a Kylo Ren.

«Hoy termina la República.»

GENERAL HUX

ARMITAGE HUX

ESPECIE Humana **PLANETA NATAL** Arkanis
FILIACIÓN Primera Orden

A Hux solo le preocupa él mismo y sus mezquinas rivalidades. Intrigante y cruel, está dispuesto a sacrificar cualquier cosa para ver fracasar a los que odia.

NEGOCIOS FAMILIARES

Armitage es hijo del comandante Brendol Hux, oficial imperial que ideó un programa para reclutar y entrenar soldados de asalto desde su nacimiento. Brendol es instructor en la Academia Imperial y un padre indiferente que no muestra el más mínimo afecto por su hijo. Cuando la Alianza Rebelde invade su planeta, Brendol se lleva a Armitage a Jakku. Tras la batalla de Jakku, los Hux huyen a las Regiones Desconocidas con la almirante Rae Sloane para fundar un nuevo Imperio.

Armitage instruye con brutalidad a los jóvenes soldados de asalto, a quienes exige lealtad y obediencia ciegas. Su maldad y sus delirios de grandeza aumentan a medida que madura y asciende en las filas de la Primera Orden. Más tarde, él y la capitana Phasma conspiran para asesinar a su padre, Brendol.

UN RIVAL CELOSO

El general Armitage Hux mantiene una feroz rivalidad con Kylo Ren, aprendiz del líder supremo Snoke. Hux valora más el poderío militar de la Primera Orden que la devoción de Kylo por la mística Fuerza. Quiere demostrar su valía y ganarse el favor de Snoke para rebajar a Ren. Sin embargo, ambos se protegen mutuamente cuando su lanzadera es saboteada y se estrellan en un mundo peligroso. Como comandante de la base Starkiller, Hux suplica a Snoke que le permita destruir el sistema Hosnian, sede del gobierno de la República Galáctica. Cuando Snoke accede, Hux arenga con pasión a sus tropas antes de disparar la superarma y fulminar Hosnian Prime. Su siguiente objetivo es la base de la Resistencia en D'Qar. Sin embargo, cuando la Resistencia ataca Starkiller y está a punto de destruirla, Snoke manda a Hux a por Kylo Ren.

UN PASO POR DELANTE

Tras la aniquilación de Starkiller, Hux supervisa el contraataque en D'Qar. Su asalto diezma la base, pero la Resistencia escapa y Poe Dameron destruye el *Fulminatrix*, un valioso acorazado de la Primera Orden. Al principio, Snoke se muestra contrariado con Hux, pero, cuando el general le explica su plan global, el líder supremo se queda encantado: Hux ha ideado un nuevo modo de rastrear a la Resistencia a través del hiperespacio, por lo que el enemigo no podrá escapar.

Los espías de la Resistencia Rose Tico y Finn se infiltran en la nave insignia de Snoke, la *Supremacía*, para desactivar el rastreador hiperespacial de Hux. Pero los capturan y Hux ordena su ejecución. Luego, gracias al traidor DJ, se entera de que la nave enemiga anda a la fuga y se marcha para destruirla. Pero entonces la vicealmirante Holdo embiste la *Raddus* contra la *Supremacía*, nave insignia de la Resistencia, y la hace pedazos. En medio del caos subsiguiente, Hux corre a la sala del trono de Snoke, donde encuentra al líder supremo muerto y a Kylo Ren inconsciente. Aprovecha la ocasión para intentar matar a Kylo, pero su rival despierta y lo asfixia hasta someterlo. Para asegurarse la supervivencia, Hux se convierte en lacayo de Kylo y actúa como su segundo al mando en la batalla de Crait. Cuando acaba la refriega, los pocos miembros de la Resistencia que quedan escapan de sus garras.

SE DESCUBRE EL PASTEL

Poco después, el general Hux recibe el encargo de perseguir a los agentes de la Resistencia por toda la galaxia. Después de un viaje en balde a Vendaxa, inspecciona el superpetrolero de reabastecimiento *Titán*, donde reprende al comandante Pyre por permitir que la Resistencia les robe con él a bordo. Más tarde, Hux ataca los planetas de Tah'Nuhna y Mon Cala por ofrecer refugio al enemigo. A bordo de su destructor estelar, el *Finalizador*, intercepta una nave de transporte de reclutas de la Resistencia que sale de Batuu. Estos logran escapar con la ayuda de los héroes Finn y Poe Dameron. El líder supremo Kylo Ren, cansado de los fracasos de Hux, le ordena servir a las órdenes del general leal Pryde en el *Imperturbable*. Hux mantiene su puesto en el Consejo Supremo, pero tiene muy poco poder y se doblega ante Kylo.

Hux se encuentra cara a cara con Finn y Poe cuando estos se cuelan en el *Imperturbable* para rescatar a Chewbacca. Les revela que es el topo que ha estado filtrando información de la Primera Orden a la Resistencia. No es que crea en su causa: solo quiere hundir a Kylo Ren. Los lleva al *Halcón Milenario* y le pide a Finn que le dispare para encubrir su huida. Sin embargo, el general Pryde es demasiado astuto para dejarse engañar y lo ejecuta inmediatamente por traición.

El fin de la rivalidad
El poder de la Fuerza de Kylo Ren es demasiado para Hux, que debe someterse a un nuevo amo.

UNKAR PLUTT

ESPECIE Crolute **PLANETA NATAL** Crul
FILIACIÓN Empresario independiente

Este cascarrabias egoísta abandona su planeta cuando se tuerce un turbio negocio. Lo llaman «Blobfish» («pez borrón») y se afinca en Jakku, donde compra ferralla a los chatarreros de la Colonia Niima. Allí conoce a una joven llamada Rey y a sus padres, Miramir y Dathan. La familia se instala en las cercanías, monta una granja de humedad y comercia con él. Unos años más tarde, los agentes Sith la localizan y se ve obligada a robar uno de los cargueros de Unkar para huir del planeta. Para ocultar temporalmente a Rey, los padres llegan a un acuerdo con Unkar para que cuide de ella. Por desgracia, la joven no vuelve a verlos con vida.

Rey crece sola y al principio trabaja para Plutt; es su mejor chatarrera. Más tarde, Unkar roba el *Halcón Milenario* a unos delincuentes conocidos como los hermanos Irving, lo guarda bajo una lona junto a su negocio y le hace algunas modificaciones. Unkar acaba siendo el mayor traficante de chatarra de la Colonia Niima, expulsa a la competencia y controla todo el comercio de la zona. Cuando un niño llamado Karr Nuq Sin y sus compañeros visitan el negocio y le piden artefactos Jedi, Unkar les ofrece venderles lo que, según él, es la palanca de aceleración de una nave Jedi. Nuq Sin muestra poco interés por ella, así que Unkar los echa y los riñe por hacerle perder el tiempo. Rey halla al droide BB-8 y Unkar quiere comprárselo, pero ella rechaza la oferta. Entonces Unkar se enfada y envía a sus matones a robarlo, pero Rey se los quita de encima. Cuando la joven roba el *Halcón Milenario*, Unkar la sigue a Takodana y lucha con ella en el castillo de Maz. Pero Chewbacca acude en ayuda de Rey y le arranca un brazo a Unkar.

MATONES DE UNKAR

ESPECIE Humanoides varios
PLANETA NATAL Jakku **FILIACIÓN** Unkar Plutt

Unkar Plutt tiene un pequeño grupo de matones armados con vibropunzones y blásteres que trabajan para él en Colonia Niima, en Jakku. A ellos les encarga el trabajo sucio, como acabar con el comercio no autorizado, robar a los buscadores de chatarra poco cooperadores y sabotear a los posibles competidores. Estos rufianes amorales ocultan su rostro bajo capuchas, vendas y gafas protectoras, pero todos los residentes de Colonia saben quiénes son en realidad. En ocasiones le causan problemas a Rey, e intentan arrebatarle a BB-8 en el mercado.

BOBBAJO

ESPECIE Nu-cosiano
PLANETA NATAL Jakku
FILIACIÓN Criaturas de todo tipo

El bondadoso anciano Bobbajo carga con diversas mascotas a sus espaldas: un worrt llamado J'Rrosch, varios gwerps y pishnes, un ionlan y dos zhee. Recorre Jakku de pueblo en pueblo contando historias fantásticas sobre sus aventuras con sus animalillos, pero solo los niños se lo toman en serio. En una de ellas, se atribuye la destrucción de la Estrella de la Muerte. De vez en cuando, negocia con Unkar Plutt, y se ha cruzado con Rey en el puesto del crolute en la Colonia Niima.

SARCO PLANK

ESPECIE Melitto **PLANETA NATAL** Li-Toran
FILIACIÓN Varios

El interesado Sarco Plank es un carroñero que guía a Luke Skywalker hasta el Templo de Eedit en Devaron, con la intención de usar a Luke para que abra el templo y, entonces, robar los tesoros de su interior. Cuando Luke cumple su propósito, Sarco lo ataca, pero fracasa y acaba encerrado en el templo. Cuando logra escapar, se traslada a Jakku, donde trabaja como traficante de armas y cazarrecompensas, pero la mala suerte lo persigue y fracasa frente a Rey en su intento de reclamar la indemnización por la recuperación de los restos del destructor estelar *Espectral*.

GUSANO GUARDIÁN DE LA NOCHE

PLANETA NATAL Jakku **TAMAÑO MEDIO** 20 m de longitud
HÁBITAT Dunas de arena

Los gusanos guardianes de la noche son criaturas nocturnas que viven bajo la arena. Cuando perciben vibraciones, sacan a la superficie un tentáculo con brillantes ojos rojos para estudiar el terreno. Quien no conoce a esta especie, no se imagina la criatura colosal de grandes fauces que se oculta debajo. Los guardianes de la noche prefieren comer pecios y droides descarriados, pero también consumen presas vivas. Un espécimen se interesa por BB-8 y obliga a Rey a agudizar el ingenio para proteger al droide.

PICOACERO

PLANETA NATAL Jakku
HÁBITAT Dunas de arena y afloramientos rocosos cerca de pecios

Estas aves carroñeras revolotean entre los pecios de naves esparcidos por las dunas de Jakku en busca de objetos metálicos para comer. Tienen el pico y las garras recubiertos de hierro, lo que les permite romper el acero y tragarse bocados enteros. Su molleja suele contener vanadio, corindón y osmiridio para facilitar la digestión. Y su guano es un producto muy rentable para los colonos de Jakku, que lo exportan para su uso en la producción de cascos de naves. Se han encontrado bandadas en otros mundos, incluido en Ferrix.

HAPPABORE

PLANETA NATAL Varios (domesticado) **TAMAÑO MEDIO** 5,9 m de longitud
HÁBITAT Varios (adaptable)

Los happabore son criaturas grandes, dóciles y de aspecto porcino que se crían como ganado en Devaron y Jakku. Almacenan grandes cantidades de agua en su torrente sanguíneo, por lo que necesitan beber con poca frecuencia. Tienen la piel dura y la región dorsal cubierta de placas óseas que los protegen del sol y de los depredadores. Finn bebe de un abrevadero de happabore en Colonia Niima, y Rey se ve obligada a tratar con ellos cuando busca chatarra en las dunas. En Devaron, los happabore también son un medio de transporte para residentes como Sarco Plank.

TEEDO

ESPECIE Teedo **PLANETA NATAL** Jakku
FILIACIÓN Ninguna

Los teedo son pequeños seres reptilianos que sobreviven como buscadores de chatarra en las dunas de Jakku. Aunque son egoístas cuando tratan con otras especies, carecen de identidad individual: todos ellos se llaman Teedo y comparten un vínculo telepático y una experiencia colectiva. Rey se ve obligada a lidiar con ellos a menudo, y rescata a BB-8 de uno especialmente irritante a lomos de una cargobestia cerca de su casa. Poco después, ese mismo teedo intenta robarle a BB-8. Sin embargo, ella lo atrae hasta un destructor estrellado donde habita un gusano vigilante de la noche que casi lo devora.

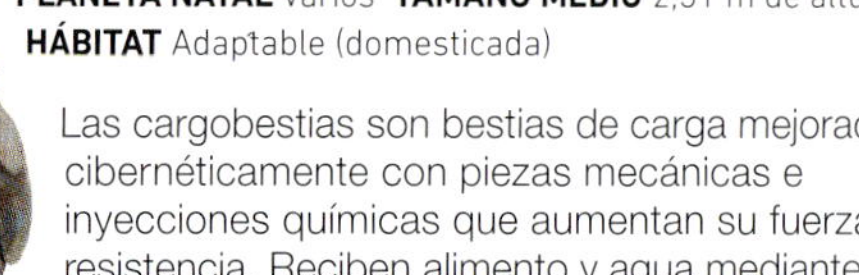

CARGOBESTIA

PLANETA NATAL Varios **TAMAÑO MEDIO** 2,31 m de altura
HÁBITAT Adaptable (domesticada)

Las cargobestias son bestias de carga mejoradas cibernéticamente con piezas mecánicas e inyecciones químicas que aumentan su fuerza y su resistencia. Reciben alimento y agua mediante tubos y no necesitan más comida ni bebida. En Jakku, los colonos y los teedo usan cargobestias para viajar entre colonias y para rebuscar en el cementerio de naves. Los teedo están especializados en la cría y la adaptación de estas bestias a Jakku, pero en toda la galaxia se usan bestias de carga cibernéticas muy parecidas producidas a partir de otras especies, incluido Ferrix del Borde Exterior.

RATHTAR

PLANETA NATAL Twon Ketee **TAMAÑO MEDIO** 6,09 m de longitud (tentáculos incluidos)
HÁBITAT Pantanos

Los rathtars son de los depredadores más temidos de la galaxia, grandes criaturas voraces, con tentáculos y fauces cubiertas de dientes que se renuevan continuamente. Aunque tienen un cerebro pequeño, son animales sociales y muy eficaces cuando cazan en grupo. Durante la caída del Faro Starlight, varios rathtars escapan y siembran el caos. En Twon Ketee, Maul ve a una manada devorando a unos cazadores furtivos y mata a varios ejemplares. Han Solo y Chewbacca pasan unos cuantos de contrabando, pero también escapan y causan estragos.

TASU LEECH

ESPECIE Humana **PLANETA NATAL** Nar Kanji
FILIACIÓN Kanjiklub

Leech es un guerrero de Nar Kanji y un asesino. Lo contratan para matar a Beilert Valance en Nar Kaaga, pero este lo noquea. Más tarde, Leech se une a la tripulación del cazarrecompensas T'onga. Participa en muchas misiones, y en una traiciona al grupo para ayudar a unos paisanos. Poco después, abandona a T'onga en Depatar para volver a su planeta. Tras el levantamiento de Nar Kanji, se yergue en el líder de la banda criminal Kanjiklub. En colaboración con la Cuadrilla Guaviana de la Muerte, localiza la nave de Han Solo, la *Eravana*, y la aborda con sus cazas. Han Solo pidió prestados 50 000 créditos a Kanjiklub y ya es la segunda vez que no paga su deuda. Cuando Rey libera el cargamento de rathtars de Han, siembra el caos, lo que permite huir a Han, Chewbacca, Rey, Finn y BB-8.

BALA-TIK

ESPECIE Humana
FILIACIÓN Cuadrilla Guaviana de la Muerte

En Sliver, una ciudad de Kaddak, Tasu Leech, del Kanjiklub, oye a C-3PO comentar que Han Solo debe dinero a la Cuadrilla Guaviana de la Muerte. Entonces, Tasu se reúne con Bala-Tik, el líder de los guavianos, y acuerdan trabajar juntos para recuperar el dinero que Solo les debe. Bala-Tik y sus soldados encuentran a Han Solo en Nantoon y suben a bordo de su nave, el *Eravana*. Una vez allí, un enfurecido Bala-Tik exige a Han Solo los créditos que les debe, pero no está preparado para enfrentarse a los rathtars que corren sueltos por la nave.

SOLDADO DE LA CUADRILLA GUAVIANA DE LA MUERTE

ESPECIE Humana **PLANETA NATAL** Varios
FILIACIÓN Cuadrilla Guaviana de la Muerte

Los soldados de la Cuadrilla Guaviana de la Muerte son seres humanos que juran fidelidad a la organización y, a cambio, reciben mejoras cibernéticas e inyecciones de sustancias que mejoran su eficacia como asesinos. Se comunican mediante paquetes de datos en alta frecuencia que transmiten desde el disco central de su «rostro». Bala-Tik siempre viaja acompañado de un contingente de estos soldados, como en sus visitas a Kaddak y en su enfrentamiento con Han Solo. También se ha visto a guavianos en la estación Coloso de Castilon, defendiendo su territorio y atacando un transporte de droides en la órbita de Batuu.

CORONEL DATOO

ESPECIE Humana
FILIACIÓN Primera Orden

El coronel Erich S. Datoo está a cargo de la sala de control del disparo principal de la base Starkiller, y lanza el rayo de energía que destruye el sistema Hosnian. A continuación, apunta contra el planeta D'Qar, que alberga el cuartel general de la Resistencia, pero la base Starkiller es destruida antes de que pueda disparar.

SUBOFICIAL EN JEFE UNAMO

ESPECIE Humana
FILIACIÓN Primera Orden

La suboficial en jefe Nastia Unamo sirve en el puente de mando del *Finalizador*, un destructor de clase Resurgente, a las órdenes de Kylo Ren y del general Hux. Unamo supervisa a la tripulación del puente, y rastrea el caza TIE que han robado Poe Dameron y FN-2187 hasta Jakku.

KORR SELLA

ESPECIE Humana
PLANETA NATAL Hosnian Prime
FILIACIÓN Resistencia

Korr Sella, una ayudante de la senadora Leia Organa, se une a la Resistencia como comandante. Sella actúa como emisaria de la general Leia Organa en el Senado de la Nueva República, al que intenta advertir de la amenaza creciente que supone la Primera Orden, pero llega tarde. Sella muere cuando la base Starkiller destruye Hosnian Prime.

GA-97

FABRICANTE Reparación de Droides Reiffworks
TIPO Droide sirviente
FILIACIÓN Resistencia

GA-97 es un operativo que trabaja para C-3PO en el castillo de Maz Kanata en Takodana. Cuando BB-8 aparece con Han Solo, Chewbacca, Rey y Finn, GA-97 avisa a C-3PO. Gracias a ese mensaje, Poe Dameron y su escuadrón de cazas Ala-X llegan a Takodana para enfrentarse a la Primera Orden.

SNOKE

ESPECIE Humanoide creado mediante ingeniería genética
PLANETA NATAL Exegol **FILIACIÓN** Emperador Palpatine, Primera Orden

El líder supremo Snoke se presenta como el formidable gobernante de la Primera Orden y un poderoso practicante del lado oscuro de la Fuerza. Pero las apariencias engañan: en realidad no es más que un títere que obedece sin saberlo la voluntad del emperador Palpatine.

LOS ORÍGENES DE SNOKE

Palpatine lleva décadas fascinado con el potencial de la clonación. En Exegol, los acólitos Sith crean a Snoke con la esperanza de que Palpatine posea su cuerpo, destruido con la segunda Estrella de la Muerte. Por desgracia, Snoke no está a la altura, de modo que lo reciclan como vehículo para imponer la voluntad de Palpatine. Más tarde, Snoke afirma que eligió su nombre a cierta altura de su vida.

Cuando el Imperio cae, su remanente se refugia en las Regiones Desconocidas. Allí, sus supervivientes se preparan para una futura guerra y se hacen llamar la Primera Orden. En cierto momento, Snoke se une a ellos y acumula poder en la organización.

Snoke entrena a Ben Solo, sobrino de Luke Skywalker y acólito Jedi, en quien deposita grandes esperanzas. Durante años, Palpatine se hace pasar por Snoke para meterse en la mente del chico y hablarle de poder y oscuros secretos. Snoke y su maestro se aprovechan de las dudas de Ben y acaban convirtiéndolo al lado oscuro. El joven pasa a ser Kylo Ren, maestro de los Caballeros de Ren, y Snoke lo instruye a fondo en el lado oscuro, para lo cual lo lleva a Dagobah, donde su impulsivo aprendiz destruye la antigua cueva del Mal.

Snoke, que quiere eliminar a su mayor amenaza, ordena a Kylo Ren que encuentre y mate a Luke Skywalker. Snoke también percibe un despertar de la Fuerza, pero no puede ubicar su origen. Snoke advierte a Kylo de que el droide que lleva el mapa que conduce a Luke Skywalker viaja a bordo del *Halcón Milenario* junto a su padre, Han Solo. Aunque Snoke siempre ha animado a Kylo a enfrentarse a Solo, le avisa de que nunca antes se ha sometido a una prueba tan difícil.

Por orden de Snoke, la Primera Orden destruye con la base Starkiller la capital de la Nueva República en el sistema Hosnian y se prepara para aniquilar a la Resistencia en D'Qar. Mientras tanto, Snoke descubre la identidad de Rey y ordena a Kylo que la traiga ante él. Sin embargo, después de asesinar a Han Solo, Kylo es derrotado por Rey y la base Starkiller es destruida.

Una figura distante
Aunque tiene un poder inmenso, Snoke prefiere mantenerse alejado del peligro. Lidera desde las sombras y se comunica con sus subordinados mediante hologramas que, a menudo, son de un tamaño gigantesco para reforzar su poder.

LA PRUEBA FINAL

Descontento con Kylo Ren por su derrota ante Rey, Snoke se burla de él y le dice que es «un niño con una máscara», lo que enfurece a su joven aprendiz. Snoke muestra su satisfacción cuando Kylo trae por fin a Rey a bordo del *Supremacía* y recupera parte de la confianza en su discípulo. Snoke percibe que Rey ha surgido del lado luminoso de la Fuerza con un poder comparable al de Kylo, aunque siempre había pensado que el igual de Kylo sería Luke Skywalker.

Sin embargo, Snoke subestima la habilidad de Rey y la lealtad de Kylo. Cuando ordena a Kylo que mate a Rey en su presencia, Snoke no percibe su intención de aliarse con ella en su contra. Kylo usa la Fuerza para atacar a su maestro con la espada de luz de Rey (que estaba junto al trono de Snoke) y lo parte por la mitad. La Guardia Pretoriana de Snoke intenta vengar a su amo, pero Kylo y Rey derrotan a los guardias. Para horror de Rey, Kylo asume el control de la Primera Orden y se convierte en su nuevo Líder Supremo. Más tarde, Kylo se entera de la existencia de su antiguo maestro en Exegol.

> «Ha habido un despertar. ¿Lo has sentido?»
>
> **SNOKE A KYLO REN**

La muerte de un tirano
Snoke abandona su precaución habitual en sus tratos con Kylo y Rey, descuido que le costará muy caro. Está tan seguro de su propia habilidad en el manejo de la Fuerza que no los considera una amenaza real, y no se da cuenta de su insensatez hasta que ya es demasiado tarde.

MAZ KANATA

PLANETA NATAL Takodana
FILIACIÓN Empresaria independiente

Maz Kanata nació más de mil años antes de la guerra entre la Primera Orden y la Resistencia. No es una Jedi, pero tiene una fuerte aunque sutil conexión con la Fuerza. Es expirata, una narradora magistral y dueña de una taberna en un castillo a orillas del lago Nymeve, en Takodana. Los Dank Graks la secuestran durante la Alta República, pero la rescata la leal tripulación de su nave, la *Venomed Scabbard*. Es amiga de Sav Malagán, una Jedi que se une temporalmente a su equipo. Cuida brevemente del aprendiz Jedi Qort, quien encuentra en su castillo su inconfundible casco de cangrejo vonduun. Cuando los Nihil destruyen el Templo Jedi de Takodana, Maz pide ayuda a unidades médicas y droides de recuperación.

Es una vieja amiga de Han Solo y Leia Organa, y lleva décadas flirteando con Chewbacca. Tras acabar encarcelada en Gulhadar III junto al wookiee, ayuda a urdir un plan de fuga. Le dice a Leia que se disfrace del cazarrecompensas Boushh para infiltrarse en el palacio de Jabba y salvar a Han Solo del Hutt. Cuando Han y Chewbacca vuelven a las andadas, Maz los recluta para recuperar un peligroso artefacto del lado oscuro que le robó el barón Somareeva.

Justo antes del ataque a la base Starkiller, Han llega al castillo de Maz con Rey, Finn y BB-8. Le pide que los lleve con Leia, pero Maz se niega porque cree que Han debe unirse a la batalla. Mientras tanto, Rey baja a las mazmorras y descubre la espada de luz de Luke Skywalker guardada en un baúl. Maz aparece justo después de que Rey haya tenido una visión de la Fuerza y la insta a que se lleve la espada y vaya en busca de Luke, pero Rey se niega y huye. Poco después, la Primera Orden ataca el castillo de Maz, y, en la batalla, Maz le entrega la espada a Finn y le anima a que la use. Aunque el castillo queda destruido, Maz insta a sus amigos a no perder la esperanza y se queda en Takodana.

Maz recupera rápidamente su antigua vida de acción y aventuras y se ve implicada en un combate de blásteres (que ella describe como una «disputa»). Cuando Finn, Rose Tico y Poe Dameron acuden a ella para que los ayude a encontrar a alguien que pueda introducirlos en la nave insignia de Snoke, los dirige a Canto Bight.

Poco después de esa derrota, Poe busca su consejo en Ephemera, donde le proporciona información crucial sobre posibles reclutas para la Resistencia. Se une a sus fuerzas en Ajan Kloss y presencia la muerte de Leia Organa. Más tarde, cuando Chewbacca vuelve de la batalla de Exegol, Maz le da la medalla de honor de Han

Batalla unida
Rey huye del castillo tras haber sostenido la espada de luz de Luke Skywalker; entonces, Maz se la entrega a Finn, con la esperanza de despertar el heroísmo que percibe en su corazón.

BAZINE NETAL

ESPECIE Humana **PLANETA NATAL** Chaaktil
FILIACIÓN Cazarrecompensas independiente

«Bazine Netal» (se trata de un alias) vive su primera infancia en un orfanato de Ciudad Chaako, en Chaaktil. El pirata Delphi Kloda la adopta, la educa en su escuela de combate y le enseña artes marciales. En su primera misión sufre quemaduras graves y ahora lleva una capucha que oculta las cicatrices. Trabaja como cazarrecompensas y espía de la Primera Orden y se asocia con Dowutin Grummgar. Mientras ambos se relajan en el castillo de Maz, ve llegar a BB-8, Rey y Han Solo y avisa a la Primera Orden. Luego la contratan para que encuentre el *Halcón Milenario* y viaja por la galaxia para recabar información acerca de la nave.

SIDON ITHANO

ESPECIE Delphidiana **PLANETA NATAL** Cúmulo Delphidiano
FILIACIÓN Tripulación de Sidon Ithano

El capitán Sidon Ithano, alias Bucanero de Sangre, Corsario Carmesí e Incursor Rojo, es uno de los mejores piratas del Borde Exterior. Debe sus apodos a su casco kaleesh rojo. Localiza la nave separatista abandonada *Obrexta III* con la esperanza de hallar un tesoro perdido de cristales kyber del conde Dooku. En su lugar, encuentra a un soldado clon congelado y datos sobre bases separatistas olvidadas. Viaja a varias de ellas con su tripulación y adquiere naves separatistas. Cuando visita el castillo de Maz Kanata, Finn intenta negociar un pasaje al exterior con Sidon y su primer oficial, Quiggold, justo antes del ataque de la Primera Orden. Durante la guerra, Ithano vende un cargamento de superdroides de combate a Kragan Gorr en el Coloso, y más tarde lucha junto a la Resistencia en la batalla de Exegol. Sobrevive y viaja a Ajan Kloss para celebrar la victoria.

ME-8D9

FABRICANTE Productos Mecánicos Duwani **TIPO** Droide de protocolo **FILIACIÓN** Castillo de Maz Kanata

ME-8D9, alias Emmie, es una vieja droide que, según se cree, perteneció a la Orden Jedi en la Antigua República, hace miles de años. De ser así, podría ser uno de los habitantes originales del castillo. Llegó a ser asesina, pero con la edad se ha ablandado y, desde la era de la Alta República, sirve en el castillo de Maz. Interrumpe una pelea entre pilotos de la Primera Orden y de la Resistencia antes de que estalle la guerra entre ambas facciones. Presenta a Karr Nuq Sin a Maz Kanata, y está presente cuando la Primera Orden destruye el castillo, donde Maz vivía desde hacía milenios.

TRINTO DUABA

ESPECIE Stennes Shifter
PLANETA NATAL Stennaros
FILIACIÓN Independiente

Trinto Duaba es un viajero vagabundo del que se sabe muy poco. Los de su especie tienen la capacidad innata de usar la Fuerza para hacerse invisibles entre la multitud. Está en la cantina de Mos Eisley cuando Obi Wan Kenobi y Luke Skywalker conversan con Han Solo. También está presente décadas después cuando Han Solo lleva a Finn, Rey y BB-8 al castillo de Maz en Takodana. Cuando la Primera Orden destruye el castillo de Maz, Trinto consigue escapar ileso y refugiarse.

GRUMMGAR

ESPECIE Dowutino **PLANETA NATAL** Dowut
FILIACIÓN Agente libre

Grummgar es un mercenario y un apasionado de la caza mayor conocido por sus cacerías furtivas en el planeta Ithor. Su especialidad son los molsumes, unos depredadores venenosos de múltiples patas. Durante la Guerra Civil Galáctica, se une a un grupo que participa en la Gran Cacería de Malastare, donde la presa es el cazarrecompensas Bossk. Décadas después, se ve a Grummgar en el castillo de Maz Kanata con Bazine Netal.

PRASTER OMMLEN

ESPECIE Ottegano **PLANETA NATAL** Ottega
FILIACIÓN Orden Sagrada de Ramulus

Praster Ommlen es un antiguo contrabandista de armas que renuncia a la vida criminal para convertirse en monje de la religión itoriana (los itorianos están relacionados con los otteganos). Ofrece consejo espiritual a los clientes del castillo de Maz, y es testigo de la destrucción de Hosnian Prime.

QUIGGOLD

ESPECIE Gabdorino
PLANETA NATAL Gabdor **FILIACIÓN** Tripulación de Sidon Ithano

Quiggold es el primer oficial del capitán pirata Sidon Ithano. Cuando buscan un cargamento perdido de cristales kyber, encuentran a Kix, un soldado clon, congelado en estasis. Poco después, Quiggold se deja capturar por una banda criminal rival para distraer a sus miembros mientras la tripulación de Ithano se hace con una de sus naves. En el castillo de Maz, Finn negocia un pasaje con él y Sidon para huir del planeta. Quiggold permanece al lado de su capitán en la batalla de Exegol.

STRONO TUGGS

ESPECIE Artiodaco **PLANETA NATAL** Takodana
FILIACIÓN Castillo de Maz

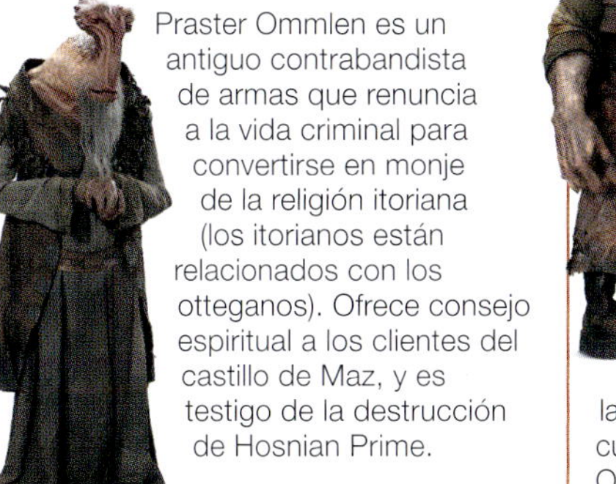

Hace siglos que Strono «Cookie» Tuggs es el cocinero del castillo de Maz. Cuando Robbs Ely, su segundo chef, es asesinado y le roban su libro de recetas, Cookie organiza un concurso de cocina para ver si algún cocinero usa las recetas de Ely, lo que lo identificaría como el asesino. Tras la destrucción del castillo de Maz, Tuggs crea Tuggs' Grub, un servicio de *catering* móvil en una lanzadera. Viaja con frecuencia a Batuu, cuya ocupación por parte de la Primera Orden lo descompone.

GWELLIS BAGNORO

ESPECIE Onodone
FILIACIÓN Empresario independiente

Gwellis Bagnoro acostumbra a visitar el castillo de Maz con Izby, su mascota barghest. Este experto falsificador se ha especializado en documentos de tránsito. Es posible que su misteriosa especie proceda de las Regiones Desconocidas.

WOLLIVAN

ESPECIE Blarina **PLANETA NATAL** Rina Major
FILIACIÓN Empresario independiente

Wollivan es un explorador galáctico que se gana la vida vendiendo sus conocimientos acerca de navegación hiperespacial, mundos inexplorados y tesoros encontrados. Tiene un pequeño problema con el juego, y eso le lleva a pasar más horas de las que serían aconsejables en el castillo de Maz Kanata.

TEMMIN WEXLEY

ESPECIE Humana **PLANETA NATAL** Akiva **FILIACIÓN** Alianza Rebelde, Flota de Defensa de la Nueva República, Resistencia, Escuadrón Negro, Escuadrón Azul

Cuando Temmin Wexley, alias Snap, aún es un niño, el Imperio arresta a su padre, Brentin. Su madre, Norra, se une a la Alianza Rebelde y lo deja solo. Temmin pasa su infancia como chatarrero y reconstruye un droide de combate llamado Señor Huesos para que le haga compañía. Tras la batalla de Endor, siendo aún adolescente, se une a la Alianza Rebelde y caza fugitivos imperiales con su madre. Lucha en la culminante batalla de Jakku, donde su padre cae en combate, y pasa a ser piloto de caza para la Nueva República, época en que aprende de Wedge Antilles, el nuevo marido de Norra y leyenda de la Alianza.

Ya de adulto, Snap se une a la Resistencia y, como miembro del Escuadrón Negro, ayuda a Poe Dameron a dar con Lor San Tekka. Se enamora de su compañera piloto, Karé Kun, con quien se casa. Cuando la Resistencia descubre la existencia de la base Starkiller, Snap pilota la nave exploradora que recopila información vital sobre la superarma y vuelve con ella a D'Qar. Es uno de los pocos supervivientes de la batalla en Starkiller.

Antes de que la Resistencia evacue D'Qar, la general Organa le ordena que busque por toda la galaxia a los mandos militares de la Nueva República que hayan sobrevivido. Al frente del Escuadrón Negro, Snap vuela a Pastoria y luego a Ciudad Grial, en Ikkrukk, donde los pilotos se enfrentan a la Primera Orden. Gracias a la aparición de Poe, vencen al enemigo, pero no logran que la población se una a su causa. Snap y Karé regresan a su planeta y reclutan a Norra y a Wedge. Todos se reencuentran en Ryloth, donde Snap sobrevive al ataque de la Primera Orden y se suma a la misión de la Resistencia para reclutar a más miembros en Corellia. Vuela con el Escuadrón Negro en la batalla de Exegol, donde lo abate el fuego enemigo.

JESSIKA PAVA

ESPECIE Humana **PLANETA NATAL** Dandoran
FILIACIÓN Resistencia, Escuadrón Negro, Escuadrón Azul

Pava es una piloto de la Resistencia. Los droides la llaman «la Gran Destructora» por su desafortunada tendencia a perder astromecánicos frente al fuego enemigo en los combates de Ala-X. Cuando era niña, unos piratas capturaron y esclavizaron a su familia. Idolatra a Luke Skywalker y, de adulta, sigue sus pasos: se une a la Resistencia y pilota un Ala-X. Vuela a las órdenes de Poe Dameron en los escuadrones Negro y Azul. Ayuda a su comandante a buscar a Lor San Tekka, quien, según se cree, sabe cómo encontrar a Luke, y pasa a pilotar su Ala-X como Azul Tres en las batallas de Takodana y en la base Starkiller. Tras la destrucción de dicha base, la general Organa envía al Escuadrón Negro a buscar aliados en el Borde Exterior. El equipo lucha con Poe en la batalla de Ikkrukk y luego se separa para cubrir más terreno. Pava y Suralinda Javos reclutan al antiguo líder imperial Teza Nasz en Rattatak y luego se reagrupan con el resto de la organización en Ryloth. Sobrevive a la batalla de Exegol y se suma al resto de pilotos del Escuadrón Negro en los elogios a Snap, que no lo logra.

Azul Tres
Jess proporciona a Poe una cobertura vital sobre la base Starkiller mientras él lanza su ataque final contra el oscilador térmico. Muchos de sus compañeros de escuadrón mueren.

ELLO ASTY

ESPECIE Abednedo **PLANETA NATAL** Abednedo
FILIACIÓN Flota de Defensa de la Nueva República, Resistencia, Escuadrón Cobalto, Escuadrón Rojo

Ello Asty empieza patrullando y participando en espectáculos aéreos como miembro de la Flota de Defensa de la Nueva República en Hosnian Prime, y se une a la Resistencia de Leia Organa, también con sede en Hosnian Prime, antes de su traslado a D'Qar. Allí, Ello contacta con los espías de Poe Dameron, como Kazuda Xiono, cuando Poe no está disponible. También pilota su caza Ala-X T-70 en el Escuadrón Rojo de la Resistencia, como Rojo Seis. Ello participa en la batalla de la base Starkiller y muere en el ataque contra el oscilador térmico de la base.

KAYDEL KO CONNIX

ESPECIE Humana **PLANETA NATAL** Dulathia **FILIACIÓN** Resistencia

Kaydel Connix es controladora de operaciones en el centro de mando de la flota de la Resistencia en D'Qar. Coordina las comunicaciones entre la diminuta flota de cazas estelares de la Resistencia y el centro de mando. Tras la batalla de la base Starkiller, Connix asciende a teniente y se encarga de la evacuación de D'Qar, y escapa por muy poco antes de que el *Fulminatrix*, un acorazado de asedio clase Mandator-IV, destruya las instalaciones. Se reúne con la tripulación de la Resistencia a bordo del crucero estelar *Raddus* y apoya el motín del capitán Poe Dameron contra la vicealmirante Holdo, pero se rinde cuando la general Leia Organa deja inconsciente a Dameron. Connix llega a Crait con los miembros de la Resistencia supervivientes y es una de las pocas que sobreviven a la batalla que sigue, tras la cual huye a bordo del *Halcón Milenario*.

Tras la batalla, mientras la Resistencia busca un sitio donde reponerse y crear una base más permanente, Connix es el principal punto de contacto de los agentes. En esa época, se hace muy amiga de Rose Tico y Beaumont Kin. El trío forma parte del equipo de asalto de la Resistencia en la batalla de Exegol, donde Connix demuestra su habilidad con el bláster. Vuelve victoriosa a Ajan Kloss junto a Rose y Beaumont.

USHOS O. STATURA

ESPECIE Humana
PLANETA NATAL Garel
FILIACIÓN Rebeldes, Resistencia

Aún adolescente, Ushos Statura toma las armas contra el Imperio en Garel. Varias décadas después, es almirante de la Resistencia con base en el cuartel general de D'Qar. Ha trabajado como investigador científico, por lo que es la persona idónea para planear la batalla de la base Starkiller e identificar el punto débil de la base: el oscilador térmico. Ushos no sobrevive a la evacuación de Crait.

HARTER KALONIA

ESPECIE Humana
FILIACIÓN Resistencia

La doctora Kalonia trata a Leia Organa durante su embarazo. Más tarde, como comandante de la Resistencia, es destinada al centro de mando en D'Qar. Allí trabaja como asistente personal de Leia y jefa médica, y se ocupa de la salud mental y física de muchos agentes, entre ellos Vi Moradi, Cardinal, Chewbacca y Finn.

CALUAN EMATT

ESPECIE Humana
FILIACIÓN Alianza Rebelde, Resistencia

Caluan Ematt es amigo de la princesa Leia Organa y teniente de la Alianza Rebelde durante la Guerra Civil Galáctica. Dirige a los Alcaudones, unidad especial de reconocimiento que localiza nuevas bases para los rebeldes, y también forma parte del grupo de asalto de Han Solo durante la batalla de Endor. Más tarde es uno de los miembros fundadores de la Resistencia, aunque continúa sirviendo como agente doble en el ejército de la Nueva República, donde recluta para la Resistencia. Tras la batalla de la base Starkiller, asciende de mayor a general. Participa en la batalla de Crait.

C'AI THRENALLI

ESPECIE Abedneda
PLANETA NATAL Abednedo
FILIACIÓN Resistencia

C'ai Threnalli es un piloto de la Resistencia abednedo destinado en D'Qar. Tras acompañar a Rey a buscar a Luke Skywalker, ayuda en la evacuación, vuela como copiloto de Poe Dameron y apoya el motín del audaz piloto contra la vicealmirante Holdo. Sobrevive a la batalla de Crait y escapa a bordo del *Halcón Milenario*. En la batalla de Exegol, pilota un Ala-X y tiene la suerte de sobrevivir.

VOBER DAND

ESPECIE Tarsunt **PLANETA NATAL** Suntilla
FILIACIÓN Resistencia

Dand es controlador en la División de Logística Terrestre de la Resistencia, pese a la oposición de su padre. Es muy organizado y sigue el protocolo a rajatabla, lo que suscita roces tanto con sus colegas como con la comandancia. En la batalla de la base Starkiller, está destinado en el centro de mando de la Resistencia en D'Qar y participa en la evacuación posterior. Es uno de los pocos supervivientes que escapa de Crait. Su padre cambia de opinión y se inspira en él para sumarse a la Resistencia. Trabajan juntos en el equipo de tierra de Ajan Kloss y celebran la victoria de Exegol.

PZ-4CO

FABRICANTE Serv-O-Droid
TIPO Droide de protocolo
FILIACIÓN Resistencia

PZ-4CO, también conocido como «Peazy», es un droide de protocolo azul diseñado para parecerse a la especie humanoide tofallids, de cuello alargado. En sus bancos de memoria almacena gran cantidad de información táctica, y además es especialista de comunicaciones en el cuartel general de la Resistencia en D'Qar. Convence a la general Leia Organa para que comience a grabar sus memorias, empezando por la Operación Luna Amarilla, que tuvo lugar justo antes de la batalla de Endor.

B-U4D

FABRICANTE JLD Mechanicals Consortium
TIPO Droide de carga **FILIACIÓN** Resistencia

«Buford» es un droide de mantenimiento de cazas estelares que trabaja para la Resistencia en D'Qar. Es un miembro incansable de la tripulación de tierra y ayuda a evacuar la base.

TALLISSAN LINTRA

ESPECIE Humana **PLANETA NATAL** Pippip 3
FILIACIÓN Resistencia, Escuadrón Azul

La teniente Tallissan «Tallie» Lintra es uno de los mejores pilotos de la Resistencia y vuela en un Ala-A RZ-2 como Líder Azul. Sobrevive a la evacuación de D'Qar, pero no al ataque de Kylo Ren contra la flota.

PAIGE TICO

ESPECIE Humana **PLANETA NATAL** Hays Menor **FILIACIÓN** Resistencia, Escuadrón Cobalto

Paige es la hermana mayor de Rose Tico. Las dos crecen en el sistema Otomok, donde aprenden a pilotar naves en el simulador de vuelo de su abuela. Ambas son testigos de la brutalidad de la Primera Orden y contraatacan destruyendo 12 bombarderos enemigos. Sus padres les consiguen un pasaje al exterior y les dicen que se unan a la Resistencia, donde Paige trabaja como artillera en el bombardero *Martillo Cobalto*. Cuando las Tico se enteran de que la Primera Orden ha destruido su planeta y a su pueblo, sienten la tentación de vengarse en una misión en solitario, pero la general Organa las disuade. Entonces se centran en salvar otros mundos. Poco después, Paige combate a los piratas en el sector Cassander y participa en una misión de socorro en Atterra. Durante la evacuación de D'Qar, su bombardero ataca al acorazado *Fulminatrix* de la Primera Orden. Con su tripulación fuera de juego, Paige lanza sin ayuda la carga del bombardero y destruye la nave enemiga. La explosión también acaba con su vida, pero la Resistencia escapa gracias a su sacrificio.

ROSE TICO

ESPECIE Humana
PLANETA NATAL Hays Menor
FILIACIÓN Resistencia, Escuadrón Cobalto

Esta heroína de la Resistencia lo pierde todo a manos de la despiadada Primera Orden. Sin embargo, está resuelta a combatir su maldad, y usa su inteligencia y compasión para luchar a su manera.

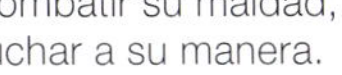

LA VIDA BAJO LA PRIMERA ORDEN

Las hermanas Rose y Paige Tico crecen en el sistema Otomok de Hays Menor. La Primera Orden esclavizó a su pueblo y lo obligó a explotar su planeta antes de bombardearlo para probar sus armas. Están muy unidas y llevan unos valiosos colgantes haysianos a juego. Son amuletos, pero lo más importante es que son símbolos de su planeta y del amor que se profesan. Tras enfrentarse a la amenaza de la Primera Orden, escapan de Hays Menor y se unen a la Resistencia. Las asignan al Escuadrón Cobalto, con Rose como mecánica y Paige de artillera. Luchan contra los piratas en el sistema Cassander y más tarde entregan suministros vitales a los necesitados en el sistema Atterra.

PÉRDIDA Y VALENTÍA

Cuando Paige muere durante el ataque a D'Qar, Rose no tiene tiempo para llorar su muerte. Mientras vigila las cápsulas de salvamento de la *Raddus*, topa con Finn, que intenta escapar en busca de Rey. Primero lo aturde, pero, cuando él se recobra, hablan de la persecución de la flota de la Resistencia por parte de la Primera Orden y sobre cómo escapar del apuro. Se reúnen con Poe Dameron y discuten un plan para colarse en la nave insignia del enemigo, la *Supremacía*, y desactivar su rastreador hiperespacial. Llaman a Maz Kanata y esta les dice que busquen al Maestro Decodificador en el casino de Canto Bight.

INFILTRADA EN LA RESISTENCIA

Rose, Finn y el droide de Poe, BB-8, viajan al casino y buscan al Maestro Decodificador, pero los detienen, expulsan a BB-8 y encarcelan a Rose y a Finn. En su celda, conocen a un *hacker* llamado DJ, que se ofrece a sustituir al Maestro Decodificador, pero rechazan su oferta. Después de esto, DJ abre la celda y se fugan, cada cual por su lado. Rose y Finn van a los establos del hipódromo, donde roban un fathier, en el que cabalgan entre una estampida por el casco antiguo. Cuando salen de la ciudad, un acantilado les corta el paso. Por suerte, BB-8 y DJ llegan en una nave robada y los rescatan. Como no han encontrado al Maestro Decodificador, al final contratan a DJ. Los tres abordan la *Supremacía* y se ponen uniformes de oficiales de la Primera Orden para escabullirse por la nave. Llegan al rastreador, pero los capturan. Condenados a muerte y a la espera de su ejecución, Rose y Finn descubren que DJ los ha traicionado. Por suerte, el castigo se interrumpe cuando Holdo, la vicealmirante de la Resistencia, embiste la nave con la *Raddus* a la velocidad de la luz. BB-8 se hace con el control de un AT-ST y los rescata. Juntos huyen y se reencuentran con el resto de la Resistencia en Crait. Poco después, llega la Primera Orden y sitia la base, por lo que Rose y Finn se unen a la división de deslizadores esquí de Poe para enfrentarse al enemigo. Mientras se dirigen al cañón superláser de asedio de la Primera Orden, Poe comprende que su ataque es inútil y lo suspende. Pero Finn sigue adelante. Rose embiste su vehículo para detenerlo y, antes de desmayarse, le dice que ganarán la guerra y salvarán a sus seres queridos. La Resistencia se retira y huye en el *Halcón Milenario*, donde Finn atiende a Rose, que sigue inconsciente.

Un encuentro poco prometedor
Cuando Rose conoce a Finn ya ha oído hablar de su heroísmo. Sin embargo, al saber que quiere escapar, su alegría se transforma en furia.

Disfrazada
Pese al odio que siente por el régimen que esclavizó a su mundo natal, Rose debe vestir el uniforme de un mayor de la Primera Orden para infiltrarse en la nave insignia del Líder Supremo Snoke.

NUEVAS RESPONSABILIDADES

La indómita Rose se recupera y desempeña un papel crucial en las misiones de la Resistencia en Mon Cala y Minfar. Más tarde, ayuda a establecer la base de Ajan Kloss. Dirige el Cuerpo de Ingenieros y desarrolla una tecnología de comunicación que bloquea las interferencias de la Primera Orden. La general Organa le pide que no acompañe a Rey a buscar Exegol, pero sí está en primera línea cuando se enfrentan a la Orden Final. Pertenece al equipo terrestre que asalta la superficie del destructor *Imperturbable* para anular el sistema de navegación de la flota Sith. Se retira con los demás cazas de la Resistencia y vuelve sana y salva a la base cuando esta sale victoriosa.

Heridas antiguas
A medida que la misión avanza, Rose y Finn descubren que tienen mucho más en común de lo que creían.

LARMA D'ACY

ESPECIE Humana **PLANETA NATAL** Warlentta
FILIACIÓN Resistencia

La comandante Larma D'Acy, oriunda de Warlentta, nació en una familia con un largo historial militar. Se une a la Resistencia cuando la general Organa la recluta personalmente para la causa. La esposa de Larma, la piloto comercial Wrobie Tyce, aprueba su decisión y también se alista. D'Acy se cuenta entre los pocos oficiales que sobreviven al ataque de Kylo Ren a la *Raddus*, y apoya a la vicealmirante Holdo cuando toma el mando de la flota. Sobrevive y escapa de Crait con la Resistencia. Es una de las líderes más veteranas del movimiento y la confidente de Leia, y se encarga de crear la base de Ajan Kloss, donde también trabaja Tyce. Cuando Leia muere, es D'Acy quien le da la trágica noticia a Chewbacca, Finn y Poe. Tyce y D'Acy se reencuentran tras la batalla de Exegol y celebran la victoria de la Resistencia.

EDRISON PEAVEY

ESPECIE Humana
FILIACIÓN Imperio, Primera Orden

Edrison Peavey sirve en la Armada Imperial. Más tarde es puesto al mando del *Finalizador*, el destructor estelar de la Primera Orden, a las órdenes del general Armitage Hux (al que desprecia en secreto). Está presente durante el ataque a D'Qar, y forma parte del equipo de Kylo Ren a bordo de su lanzadera de mando en la batalla de Crait.

MODEN CANADY

ESPECIE Humana
FILIACIÓN Imperio, Primera Orden

Moden Canady inicia su carrera militar como comandante del destructor estelar imperial *Solicitud*. Después de la Guerra Civil Galáctica se une a la Primera Orden y pasa a ser el capitán del acorazado *Fulminatrix*, donde sirve junto con Edrison Peavey a las órdenes del general Armitage Hux. Está descontento con su joven tripulación, que carece del entrenamiento y la experiencia de sus antiguos colegas. Perece junto al resto de la tripulación a bordo del *Fulminatrix* durante el ataque de un bombardero de la Resistencia ordenado por Poe Dameron.

ALCIDA-AUKA

ESPECIE Lanai **PLANETA NATAL** Ahch-To
FILIACIÓN Ninguna

Alcida-Auka es la matrona de las cuidadoras lanai de la isla templo de Ahch-To. Su especie es matriarcal, y los títulos y las funciones pasan de madre a hija. En ocasiones, a Alcida-Auka le cuesta disimular su irritación cuando los visitantes no se comportan como es debido.

ARTILLERO DE LA FLOTA DE LA PRIMERA ORDEN

ESPECIE Humana **PLANETA NATAL** Varios
FILIACIÓN Primera Orden

Pilotos, ingenieros y artilleros empiezan en las academias de la Primera Orden con el mismo régimen de entrenamiento básico, y son asignados a las distintas divisiones según las aptitudes que demuestren. Los artilleros, como Brun Obatsun, visten un uniforme negro similar al de los ingenieros y operan en centros de control en el exterior del *Supremacía*. Sus cascos están diseñados para que centren la atención directamente en sus objetivos, sin otra distracción visual. Los artilleros lanzan un flujo constante de disparos de plasma cuando la flota de la Resistencia huye de D'Qar.

PORG

PLANETA NATAL Ahch-To **TAMAÑO MEDIO** 18 cm de altura **HÁBITAT** Islas y mares abiertos

Las aves marinas son la forma de vida predominante en Ahch-To. Los porgs son seres parecidos a las aves que habitan los acantilados rocosos de las islas y el litoral del planeta. Se zambullen en el mar y usan sus grandes ojos para localizar pececillos, con los que alimentan a sus crías (llamadas porglets). Las crías suelen nacer por pares en nidos que atienden ambos progenitores. Para algunas especies, los porgs son un manjar, y a veces los cazan los visitantes y los nativos lanais. Varios porgs, incluida al menos una pareja reproductora, viajan de polizones en el *Halcón Milenario* y propagan la especie a otros mundos.

PILOTO DE LANZADERA DE LA PRIMERA ORDEN

ESPECIE Humana **PLANETA NATAL** Varios
FILIACIÓN Primera Orden

Los pilotos de lanzadera de la Primera Orden forman una unidad especial que transporta a oficiales de alto rango, dignatarios y familias acaudaladas de la Primera Orden. Es un puesto muy codiciado por los pilotos de la Primera Orden más mayores, más preocupados por mantener a sus familias con vuelos rutinarios pero muy bien pagados que por labrarse una carrera en combate. La excepción son los pilotos que sirven a oficiales militares como Kylo Ren en su lanzadera de mando de clase Upsilon, que deben enfrentarse a situaciones de combate con regularidad.

SIRENA THALA

PLANETA NATAL Ahch-To **ESTATURA MEDIA** 5,4 m **HÁBITAT** Áreas costeras

Las sirenas thala son mamíferos con cuatro aletas que usan para nadar. Normalmente dóciles, acuden a la costa para reposar y tomar el sol, pues carecen de depredadores en tierra firme. Las madres amamantan a sus crías en las orillas rocosas de las islas de Ahch-To, y permiten a Luke Skywalker que las ordeñe. Sus glándulas mamarias producen una leche verde y salada, con trazas de las grandes algas marinas de las que se alimentan. Los machos son grandes y constituyen un peligro para los descuidados, pues atacan a los intrusos con sus grandes colmillos.

NAVEGANTES DE SNOKE

FILIACIÓN Primera Orden

Los navegantes de Snoke, también llamados «asistentes», son antiguos seres alienígenas de las Regiones Desconocidas. Suelen servir de guías para atravesar la peligrosa zona donde viven. Los contratan la Hegemonía grysk y los imperiales que huyen a las Regiones Desconocidas. Estos seres altos y en apariencia mudos sirven a Snoke en el salón del trono del *Supremacía*, donde construyen el óculo y lo asesoran acerca de rutas hiperespaciales y las curiosidades del espacio. Se comunican por medio de pulsos de energía inaudibles y con unas longitudes de onda imperceptibles para los seres humanos pero visibles para ellos.

«Somos la chispa que encenderá el fuego que restaurará la República.»

VICEALMIRANTE HOLDO

VICEALMIRANTE HOLDO

ESPECIE Humana
PLANETA NATAL Gatalenta
FILIACIÓN Legislatura de Aprendices, Alianza Rebelde, Resistencia

Amilyn Holdo es independiente y muy intelectual, y busca soluciones creativas a situaciones difíciles. De joven, es miembro de la Legislatura de Aprendices del Senado Imperial en Coruscant. Allí conoce a la princesa Leia Organa y se hacen buenas amigas. En Pamarthe, Leia le confiesa que forma parte de la Rebelión contra el Imperio. Poco después, Holdo la ayuda a encontrar un pasaje seguro al sistema Paucris para advertir a la flota rebelde de un ataque imperial. De adolescentes viven muchas más aventuras, incluso en los niveles inferiores de Coruscant.

En los años previos a la guerra abierta, Holdo se une a la Alianza Rebelde. A bordo de la nave *Candor*, la tripulación le muestra poco respeto, hasta que el capitán muere en un ataque imperial por sorpresa. Holdo asume rápidamente el mando y lleva a cabo una ingeniosa huida, tras lo cual la ascienden a capitana.

Durante la Guerra Civil Galáctica, Holdo desempeña un papel crucial en la obtención de suministros de contrabando para la Alianza. Cuando sus contactos en el hampa y los suministros de la Alianza empiezan a escasear, conduce a Leia y a un grupo de héroes a Spira. Tras un breve descanso, los rebeldes roban un raro Motor de Ruta Nihil y lo conectan a su nave para viajar hasta el *Kezarat*, un legendario convoy perdido que transporta un gran depósito de combustible. Los héroes alcanzan el convoy y su tripulación, pero todos acaban varados en una insólita zona de la galaxia llamada No Espacio. Los rebeldes dan con el modo de volver a su zona galáctica con el combustible y con los habitantes del convoy que lo deseen.

Décadas después, ante la amenaza de la Primera Orden, Holdo se une a la Resistencia. En una de sus primeras misiones, Holdo, Nien Nunb y otro agente roban la cabeza de un droide de protocolo que contiene grabaciones vitales de Brooksdion, una estación de la Nueva República. Mientras el trío escapa en una nave, Holdo topa con el futuro líder de la Resistencia, Poe Dameron, que entonces está al mando de un escuadrón de cazas de la Nueva República. Holdo no solo salva la vida de Poe varias veces mientras este la persigue por un peligroso campo de asteroides, sino que inutiliza su nave y huye con la información. Con el tiempo, Holdo asume el cargo de vicealmirante y recibe el mando del *Ninka*, un antibúnker de clase Free Virgillia. Antes de la evacuación de D'Qar, informa a los escuadrones de bombarderos *Cobalto* y *Carmesí* de la destrucción de Hosnian Prime y la base Starkiller. Equipa a ambos para la batalla y ayuda a evacuar la base de la Resistencia.

Cuando la general Organa se queda en coma y casi todos los líderes de la Resistencia mueren, la vicealmirante se traslada a su nave insignia, la *Raddus*, y asume el mando de las fuerzas supervivientes. Su relación con Poe Dameron, a quien han degradado por llevar a cabo una maniobra impulsiva que causó graves pérdidas a la Resistencia, es tensa desde un primer momento. Holdo se niega a informarlo sobre su plan de ir a Crait y evacuar a la Resistencia. Poe sospecha de sus intenciones y se amotina para detenerla. Cuando la general Organa despierta, aturde con su bláster a Poe y pone fin a la efímera insurrección.

Para ganar tiempo, Holdo se despide de Leia y de la Resistencia y permanece en la *Raddus*. Cuando la Primera Orden dispara contra los indefensos transportes del grupo, Holdo toma una valiente decisión: se sacrifica embistiendo la *Raddus* contra la *Supremacía* a la velocidad de la luz. Eso parte la nave enemiga en dos y permite que sus amigos huyan a Crait. Su ataque sorpresa se da en llamar «maniobra Holdo» y se repite un año después sobre la Luna Boscosa de Endor.

GUARDIA PRETORIANA

ESPECIE Humana **PLANETA NATAL** Varios
FILIACIÓN Imperio, Primera Orden

La forman soldados del cuerpo de seguridad de élite asignados a la protección de personal clave del remanente imperial y, posteriormente, de la Primera Orden. Su armadura de plastoide y lujosas túnicas rojas remiten a la Guardia Real del emperador Palpatine y evocan el poder y la gloria que simbolizaron en su día. El propio nombre de «Guardia Pretoriana» se remonta al 14.º emperador de Kitel Phard. La identidad de los guardias es secreta para evitar que los sobornen o chantajeen para que falten a su deber sagrado. Sus historias personales se han borrado de los registros. Son duchos en varias artes marciales, como teräs käsi, echani, mano bakuuni y nar kanji, por lo que pueden combatir amenazas físicas de todo tipo.

Las bobinas de su armadura pesada generan un campo magnético que desvía el fuego de bláster y hace que las espadas de luz reboten cuando la estocada es oblicua (aunque un sablazo directo las penetra y causa un daño letal). A lo largo de los años, su blindaje se modifica y, en el mejor de los casos, resulta incómodo, pues la energía de las bobinas provoca un dolor crónico. Las armas de la guardia incluyen látigos de cadena eléctrica bilari (en forma de pica cuando están en reposo), cuchillas vibroarbir gemelas, vibrovoulges y electrobisentos. Las hojas están cargadas de energía para contrarrestar las espadas de luz, y los filos vibran a alta frecuencia para aumentar su capacidad de corte.

Cuando Bo-Katan Kryze reclama su mundo natal, un trío de guardias recibe la orden de ir a la base del remanente imperial en Mandalore. Allí ejecutan hábilmente al curtido mandaloriano Paz Vizsla, y acorralan a Din Djarin hasta que este y Grogu colaboran para vencerlos.

Años más tarde, la Primera Orden asigna varios pretorianos al líder supremo Snoke. Lo acompañan a todas partes, vigilan su sala del trono y su residencia. Están entrenados para verlo todo como una posible amenaza, incluidos los asesores de Snoke y su propio aprendiz. Ocultos tras sus visores opacos, vigilan a todo el que se acerque al líder supremo. Permanecen en posición de firmes en la sala del trono de Snoke y en su nave insignia, la *Supremacía*, cuando Kylo Ren lleva a Rey ante él. Dado su exceso de confianza, Snoke los mantiene alejados, pero, cuando Kylo Ren lo asesina, se apresuran a vengarlo. Luchan divididos en cuatro parejas, por lo que su fuerza y habilidad rivalizan con las de Rey y Kylo, pero todos acaban cayendo en un duelo épico.

DJ

ESPECIE Humana **FILIACIÓN** Él mismo

DJ significa «Don't Join» (No te unas). Cree que no hay lados buenos ni malos y que la Primera Orden y la Resistencia son dos caras de una misma moneda. Es un hacker, utiliza sus habilidades para robar a los ricos de Canto Bight, y crea una identidad falsa llamada Denel Strench a la que responsabiliza de sus delitos. Es arrestado después de hacer trampas en un casino y tener un accidente con su vehículo frente a la policía. Entonces, un droide de juego descubre el alter ego de DJ y denuncia su engaño. En la cárcel, conoce a Rose Tico y Finn, de la Resistencia. Escapan a la vez y se separan, pero DJ y BB-8 acaban juntos y rescatan a los otros dos. Rose y Finn, que necesitan un hacker, lo contratan para que los ayude a infiltrarse en la nave insignia de la Primera Orden, el *Supremacía*, usando el *Libertino*, su yate robado. Una vez a bordo, los tres son capturados, y luego se descubre que DJ los ha traicionado a cambio de su libertad y de una sustanciosa recompensa.

«Sé libre, no te unas.» **DJ**

LEXO SOOGER

ESPECIE Dor Namethian **PLANETA NATAL** Askkto-Fen IV **FILIACIÓN** Ninguna

Lexo Sooger es un exasesino convertido en masajista de las estrellas en el Balneario de Zord. Un día encuentra a una humana frente a su puerta, la acoge y la llama Lula. Una estampida de fathiers, gentileza de Finn y Rose Tico, interrumpe uno de sus tratamientos.

LA CONDESA

ESPECIE Idalowd **PLANETA NATAL** Cantonica **FILIACIÓN** Casino de Canto

La condesa Contessa Alissyndrex delga Cantonica Provincion es una aficionada a las carreras de fathier de Canto Bight. Ella y su marido, que aparece en público en contadas ocasiones, son dos figuras insignes de la ciudad. Adornan sus hombros las Ristras de Ónice de Cato Neimoidia, de valor incalculable.

DOBBU SCAY

ESPECIE Khamarill **PLANETA NATAL** Emkhamarill **FILIACIÓN** Ninguna

Dobbu Scay hace la mayoría de sus apuestas en el casino en estado de embriaguez. Es incapaz de contenerse ante la gran variedad de distracciones que ofrece el casino, y ya ha perdido casi todo su dinero cuando conoce a BB-8, al que toma por una máquina tragaperras: le introduce todas las monedas que le quedan por la ranura de diagnóstico, antes de que BB-8 se aleje rodando. Por suerte, recupera sus pérdidas cuando los aterrados clientes abandonan sus ganancias durante la estampida de fathiers.

YASTO ATTSMUN

ESPECIE Ungrila **PLANETA NATAL** Listehol **FILIACIÓN** Cibernética Attsmun

El tiránico barón Yasto Attsmun es un rico aristócrata que dirige Attsmun Cybernetics. Este malvado individuo colecciona potentes artefactos del lado oscuro y suele contratar a la cazatesoros Lens Kamo para que se los busque. Según él, la combinación de su cibernética y esos raros objetos le permitirá vivir eternamente. E incluso pone a prueba su teoría experimentando con desafortunadas criaturas, como la mascota de Kamo, un gergilla llamado Ayuu. Attsmun organiza fiestas en Canto Bight a bordo de su yate, el *Vencedor Indiscutible*, a las que acuden invitados infames. Una de ellas termina con el asesinato de un traficante de armas. Aspira a mantener una relación con Ubialla Gheal, la dueña de un club con quien conversa durante un evento en su yate, tras el Cataclismo de Hosnian. Poco después, en Batuu, Yasto viaja a un Templo Jedi para recuperar un artefacto, pero una vengativa Kamo lo captura junto con un técnico de reparación de droides.

KEDPIN SHOKLOP

ESPECIE Wermal **PLANETA NATAL** Werma Lesser **FILIACIÓN** VaporTech

Tras 102 años trabajando como vendedor de evaporadores, el cortés Kedpin gana un viaje a Canto Bight como recompensa por ser el Vendedor del Año. Pero sus primeras vacaciones en un siglo no van demasiado bien: se enreda con un delincuente y acaba en la cárcel.

SLOWEN LO

ESPECIE Abednedo **PLANETA NATAL** Cantonica **FILIACIÓN** Ninguna

Slowen Lo vive en las playas de Canto Bight y gana cantidades ingentes de dinero vendiendo arte de madera recuperada de alta calidad. Finn y Rose lo irritan cuando aterrizan ilegalmente en la playa de Canto Bight, así que informa a la policía y hace que los arresten.

THAMM

ESPECIE Troglof **PLANETA NATAL** Troglofa **FILIACIÓN** Casino e hipódromo de Canto

Thamm es el croupier más popular del casino de Canto. Su actitud tranquilizadora hace que los clientes se sientan cómodos, como con un amigo. Thamm pertenece a una peculiar especie con brazos tentaculares, y es tan pequeño que puede permanecer de pie sobre las mesas. Puede mover independientemente los tentáculos oculares, por lo que puede controlar a los jugadores y asegurarse de que nadie haga trampas. Despide un aroma extraño pero agradable.

DERLA PIDYS

ESPECIE Argiopida **FILIACIÓN** Ninguna

Sumiller legendaria, Derla Pidys es una visitante asidua de Canto Bight. Viaja entre Naboo y Orto Plutonia para escoger vinos que luego vende (adornando un poco su origen) a clientes entusiasmados. En una visita a Canto Bight, se propone comprar «vino de los sueños», un caldo escaso e inusual, a las igualmente inusuales hermanas Grammus.

THODIBIN, DODIBIN Y WODIBIN

ESPECIE Suerton **PLANETA NATAL** Chanceuxi **FILIACIÓN** Ellos mismos

Los «Tres Ganadores» tienen la reputación de gozar de rachas ganadoras inusualmente largas en el casino de Canto Bight, y cree que el trío tiene la capacidad de modificar de alguna manera probabilidades en su favor. Aunque la seguridad del casino los vigila de cerca, no ha podido observar ninguna acción delictiva. Son suerton, una especie reptiliana conocida en toda la galaxia por su suerte inexplicable en todas las cosas.

HERMANAS GRAMMUS

ESPECIE Lukovela **FILIACIÓN** Ninguna

El vínculo entre las gemelas Rhomby y Parallela Grammus, dos artistas escénicas que aparecen a menudo en el casino de Canto Bight, es innegablemente fuerte. Les gusta llamar la atención y se visten de un modo inusual, afirman proceder de otra dimensión y hablan entre ellas en un lenguaje desconocido. Cuando un empleado del hotel donde se hospedan es incapaz de distinguirlas, se encolerizan y exigen al director que les entregue al empleado como recuerdo. Las hermanas lo usan como sirviente que transmite sus complicadas exigencias.

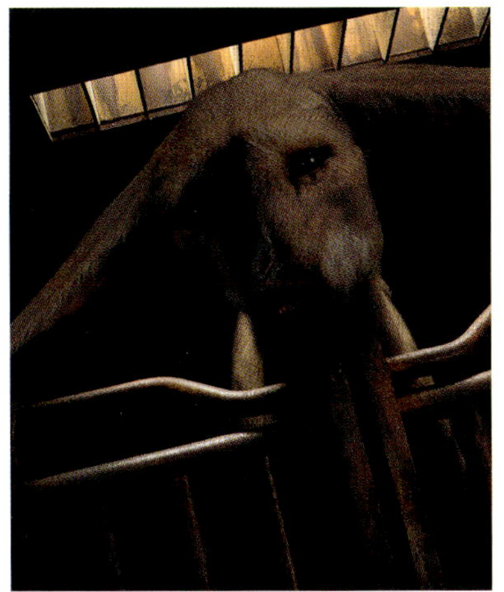

FATHIER

PLANETA NATAL Varios (domesticado)
TAMAÑO MEDIO 3 m de altura hasta la cruz
HÁBITAT Praderas

Los fathiers son sometidos a la cría comercial y al maltrato en planetas como Cantonica, donde los explotan en carreras que mueven mucho dinero. Se trata de carreras rápidas y peligrosas (la velocidad habitual es de 75 km/h o más). Las caídas pueden matar al jinete y los tropiezos pueden lesionar al fathier, que, entonces, carece de utilidad para su propietario. Son animales inteligentes y amables que prefieren vivir en manada. Rose y Finn roban uno para escapar de la policía durante su misión en Canto Bight y provocan una estampida por la ciudad.

TEMIRI BLAGG

ESPECIE Humana **PLANETA NATAL** Cantonica
FILIACIÓN Ninguna

Temiri Blagg es uno de los niños de la calle abandonados por tutores descarriados que acuden a Cantonica para disfrutar del juego y otros placeres. Queda a cargo de Bargwill Tomder y trabaja en los establos de Canto Bight. Sensible a la Fuerza, se encuentra con Rose Tico y Finn, que huyen de la policía, y él y sus amigos, Oniho Zaya y Arashell Sar, deciden ayudarlos y sueltan a toda la manada de fathiers para provocar el caos, de modo que Rose y Finn puedan huir a lomos de uno de los animales. Luego, cuando oyen hablar de la batalla de Crait, los niños anhelan vivir aventuras similares.

BARGWILL TOMDER

ESPECIE Cloddograno
PLANETA NATAL Galagolos V
FILIACIÓN Casino e hipódromo de Canto

El cascarrabias cloddograno Bargwill Tomder está al cargo de los establos de Canto Bight en el gran hipódromo de la ciudad, que mueve mucho dinero, donde supervisa a los valiosos fathiers y a un grupo variopinto de chiquillos a los que explota. Decidido a demostrar su capacidad de mando ante sus jefes, usa sus cuatro brazos para arrear con el látigo a niños y animales.

VULPTEX

PLANETA NATAL Crait **TAMAÑO MEDIO** 51 cm de altura
HÁBITAT Salares, terrenos rocosos y cuevas

En los calientes y áridos salares de Crait vive el vulptex. Su pelaje cristalino, una adaptación al entorno rico en minerales, es también un mecanismo de defensa ante los depredadores más grandes, ya que sirve como una armadura y produce un sonido semejante a un campanilleo para advertir a otros del peligro. Estos animales son más activos al atardecer y al amanecer, y de noche se reúnen en cuevas madriguera. Criaturas amistosas, durante la batalla de Crait guían a la Resistencia hasta la salida de una cueva para que puedan escapar de la Primera Orden.

SOLDADO DE ASALTO VERDUGO

ESPECIE Humana **PLANETA NATAL** Varios
FILIACIÓN Primera Orden

Como parte de sus deberes habituales, los soldados de asalto de la Primera Orden deben ejercer también de verdugos anónimos. Su armadura no lleva señales de rango ni ninguna otra insignia que les identifique, a excepción del acabado de carbono negro en los hombros y el casco que indica su función. Llevan un hacha láser con ocho espuelas retráctiles que forman dos bandas de energía monomolecular. Las ejecuciones públicas de desleales son un evento habitual y un ejemplo para todo el que vacile en su apoyo.

BB-9E

FABRICANTE Industrias Automaton
TIPO Droide astromecánico de serie BB
FILIACIÓN Primera Orden

La Resistencia trata a los droides como a amigos y compañeros, pero para la Primera Orden solo son máquinas y dispositivos. BB-9E, un droide frío, metódico y malvado, ve a BB-8, a Finn y a Rose a bordo de la *Supremacía* e informa de inmediato de su sospechosa actividad.

SOL RIVAS

ESPECIE Humana
FILIACIÓN Primera Orden

Rivas es el teniente de la Primera Orden que descubre los registros informáticos que demuestran que la capitana Phasma bajó los escudos de la base Starkiller durante el asalto de la Resistencia a la superarma. Huye al planeta Luprora para evitar que Phasma le tienda una trampa y acabe con él. Se niega a asumir la culpa de la caída de los escudos, por lo que esta lo ejecuta.

NAKA LIT

ESPECIE Blarina
PLANETA NATAL Rina Major
FILIACIÓN Chatarrero

Naka lit es un antiguo piloto de vainas que trabaja como chatarrero en los desiertos de Jakku. Un buen día, topa con Poe Dameron, que dice haber escapado de la Primera Orden y le pide ayuda. lit accede a regañadientes, pero, cuando Poe lo salva de los matones del clan Strus, el blarino confía en él y le promete sacarlo del planeta.

ZAY VERSIO

ESPECIE Humana
FILIACIÓN Nueva República, Resistencia

Zay, hija de Iden Versio y Del Meeko, crece en la Nueva República y se convierte en piloto de combate. Al descubrir que la Primera Orden mató a su padre, colabora con su madre y un amigo de la familia, Shriv Suurgav, para recabar información para la Resistencia, e incluso pilota cazas TIE para acceder a un destructor estelar. Venga a su padre al enfrentarse a su asesino, Gideon Hask, junto con Iden. Más tarde presencia la muerte de su madre, pero sigue proporcionando información a la Resistencia. Lleva a cabo misiones para la general Leia Organa, como reclutar para la causa a los veteranos de la Alianza, los generales Rieekan y Orrimaarko, y robar naves de Bracca. Lucha en la batalla de Exegol.

SOLDADO DE BUCEO DE LA PRIMERA ORDEN

ESPECIE Humana
PLANETA NATAL Varios
FILIACIÓN Primera Orden

En los mundos acuáticos, la Primera Orden emplea soldados de buceo especializados para patrullar las instalaciones militares submarinas y las zonas ocupadas. Son tropas equipadas con blásteres subacuáticos, aletas, dispositivos de respiración, armaduras herméticas y luces para ver en aguas turbias. Cuando la estación Coloso se sumerge en Castilon, estos soldados se despliegan para detectar cualquier actividad. Topan con Kazuda Xiono y CB-23, que logran escapar gracias a Neeku Vozo.

GORK

ESPECIE Gamorreana
PLANETA NATAL Gamorr
FILIACIÓN Banda Ave de Guerra de Kragan Gorr

Este corpulento e intimidante gamorreano aporta la fuerza bruta a la banda pirata de Kragan Gorr. Es muy bueno echando pulsos, pero sus competiciones a bordo de la plataforma Coloso suelen acabar en peleas entre la banda.

JAKOOSK

PLANETA NATAL Celsor 3 **TAMAÑO** 180 m de largo, 105 m de envergadura **HÁBITAT** Nieve

Esta enorme criatura de apetito voraz resulta grácil cuando sobrevuela su mundo natal, la luna de hielo Celsor 3. La parte superior de su cuerpo es casi indestructible, y sus fuertes y enjutas patas y afilados dientes amarillos lo convierten en un temible depredador. Los Ases del Coloso despiertan a un jakoosk durante un ejercicio de entrenamiento, y este casi engulle la nave de Jarek Yeager, pero el escuadrón derriba una aguja de hielo sobre él. Cuando el Coloso se queda sin raciones, sus pilotos vuelven a Celsor 3 para cazar al jakoosk. Como su carne es comestible para la mayoría de las especies, proporciona un sustento duradero a los habitantes del Coloso.

La hora de la cena
Cuando la población del Coloso se enfrenta a la escasez de alimentos, Kazuda asesta un golpe directo a la vulnerable barriga de la bestia.

TENIENTE GALEK

ESPECIE Humana
FILIACIÓN Primera Orden

La teniente Galek es una instructora de vuelo de la Primera Orden. Es una piloto curtida estricta, severa y eficaz que no tolera el fracaso. Para ella lo único que importa es completar las misiones, y espera que sus cadetes acaten las órdenes a cualquier precio. Cuando la nueva recluta Tam Ryvora salva a un compañero en un ejercicio de entrenamiento, Galek monta en cólera y la despoja del rango de líder de escuadrón. Galek muere en un combate cerca de Dantooine, cuando la piloto de la Resistencia Venisa Doza vuela su caza TIE por los aires.

NENAVAKASA NALOR, ALIAS NENA

ESPECIE Nikto **PLANETA NATAL** Kintan
FILIACIÓN Primera Orden

En su trágica vida, Nenavakasa Nalor ha aprendido a hacer cualquier cosa para sobrevivir. Trabaja para la Primera Orden y envía una señal de socorro al Coloso, donde finalmente la aceptan como ingeniera. Tiene acceso a los sistemas de la plataforma y los sabotea, pero se ve obligada a huir cuando Kazuda Xiono descubre sus planes.

FLANX

ESPECIE Gozzo **PLANETA NATAL** Drahgor III

Flanx es primo de Flix, el dueño de la tienda del Coloso, y dirige una refinería de combustible en su planeta natal de Drahgor III. La refinería se dedica a las perforaciones profundas, una práctica prohibida desde hace tiempo debido a la supuesta presencia de dragones karnex. Cuando una familia de bestias despierta, Flanx se da cuenta de su error y cesa las operaciones.

DRAGÓN KARNEX

PLANETA NATAL Drahgor III
TAMAÑO 60 m de largo **HÁBITAT** Cuevas

Durante mucho tiempo se creyó que era un mito gozzo, pero el dragón karnex es muy real. Estas imponentes bestias viven bajo la superficie de Drahgor III, donde permanecen a menos que se las moleste. Tienen un cuerpo alargado y acorazado de brazos y piernas cortos. Sus refulgentes ojos rojos brillan en la oscuridad, pero son sensibles a la luz y su visión se basa en el movimiento. Una familia de karnex se despierta cuando Flanx, propietario de una refinería de combustible, se dedica a taladrar las profundidades. Al final, ahuyentan a las bestias con luces brillantes.

TORCH

FABRICANTE Industrias Automaton **TIPO** Droide astromecánico **FILIACIÓN** Resistencia

Torch, arañado y desgastado por años de aventuras, es un compañero indispensable para la piloto de la Resistencia Venisa Doza. Un destructor de la Primera Orden los captura, pero Torch se hace el muerto y saca a Doza de su celda. Luego, cuando llegan al hangar, Torch hace honor a su nombre y detona varias cargas para que puedan escapar.

MIKA GREY

ESPECIE Humana

Esta arqueóloga experimentada viaja por la galaxia en busca de reliquias poderosas, con la esperanza de encontrarlas antes que la Primera Orden. Tras dos años y medio de búsqueda, Grey localiza un artefacto Sith en Ashas Ree, donde topa con Kazuda Xiono, de la Resistencia. Cuando los Saqueadores de la Primera Orden la siguen hasta el planeta, Mika activa el artefacto y lo lanza contra los soldados, que mueren a raíz de la descarga de energía resultante. Tras ello, Mika acepta una invitación para vivir en el Coloso, donde trabaja como adivina. Cuando Kaz cree que ha sido maldecido, Grey lo aconseja sobre cómo romper el hechizo.

SAQUEADORES DE LA PRIMERA ORDEN

ESPECIE Humana **PLANETA NATAL** Varios **FILIACIÓN** Primera Orden

Los Saqueadores de la Primera Orden son soldados de asalto especializados que cazan reliquias Sith para Kylo Ren. Su blindaje presenta varias modificaciones con respecto al de las tropas estándar, como un casco único y una combinación de colores gris y rojo. Una unidad rastrea a la cazadora de tesoros Mika Grey hasta un Templo Sith de Ashas Ree, donde intenta quitarle un artefacto. Pero Grey lo activa y libera un poder que destruye al escuadrón.

VENISA DOZA

ESPECIE Humana **FILIACIÓN** Alianza Rebelde, Resistencia, Escuadrón Jade

Venisa es una piloto veterana que ha volado para la Alianza Rebelde y para la Resistencia. Es esposa de Imanuel Doza, capitán del Coloso, y madre de la piloto Torra. Mientras acude a una cita con su familia, el destructor estelar de la Primera Orden, el *Thunderer,* la captura y la encierra en una celda. Su droide, Torch, la rescata y detona varios explosivos en el hangar mientras escapan. Más tarde, Venisa lidera el Escuadrón Jade de la Resistencia en una batalla final contra el destructor estelar y se alía con los Ases del Coloso para destruir la nave.

VRANKI

ESPECIE Hutt **PLANETA NATAL** Cúmulo Voxx **FILIACIÓN** Hotel y Casino Vranki

Vranki el Triste es el dueño inmoral del Hotel y Casino de Vranki, un complejo turístico con una pista de carreras. El hutt recibe en su establecimiento a su viejo amigo Hype Fazon y a los Ases del Coloso, donde pronto establece las condiciones para una carrera. Vranki afirma ser distinto a su infame clan, pero se salta las reglas y usa métodos dudosos para garantizar que su piloto gana todas las carreras. Sin embargo, esta vez los Ases se ríen los últimos, pues Neeku Vozo hackea el juego de casino de Vranki –vinculado a los obstáculos del circuito– y ofrece a Kazuda Xiono la ocasión de ganar.

NORATH KEV

ESPECIE Duros **PLANETA NATAL** Duros **FILIACIÓN** Resistencia

Kev trabaja como espía para la Resistencia y acaba en el punto de mira del cazarrecompensas Ax Tagrin. Poco antes de ser capturado, Kev envía una señal de socorro, y Kazuda Xiono, Jarek Yeager y Synara San lo rescatan. Kev y Kaz se unen luego para salvar a Jarek y Synara, a quienes Tagrin ha atrapado y entregado a la Primera Orden. Kev permanece fiel al Coloso y pilota su Ala-X en una misión para escoltar lanzaderas de forma segura hasta la plataforma. También lo pilota en una batalla final contra el destructor de la agente Tierny.

AX TAGRIN

ESPECIE Iktotchi
PLANETA NATAL Nar Shaddaa
FILIACIÓN Cazarrecompensas

Ax Tagrin, de voz grave y estatura colosal, es un temible cazarrecompensas que luce armadura y armamento personalizados, como una vibrohacha extensible. Acepta un contrato de Pyre, comandante de la Primera Orden, para capturar al espía de la Resistencia Norath Kev en Varkana. Tagrin lo logra e incluso consigue activos adicionales cuando los espías Kazuda Xiono y Jarek Yeager, junto con la pirata Synara San, acuden al rescate. Pero, antes de que pueda entregar al grupo, Norath y Kaz escapan y, con la ayuda de la droide CB-23, vencen a Ax y liberan a sus amigos.

DARRB

ESPECIE Gabdorina **PLANETA NATAL** Varkana

Este gabdorino vende fruta y verdura en su puesto de Varkana. Se irrita cuando Kazuda Xiono derriba distraídamente uno de sus contenedores. Más tarde, monta en cólera cuando Kaz y su compañero espía de la Resistencia, Norath Kev, se ocultan de las tropas de asalto en su casa.

LECHEE

ESPECIE Gran **PLANETA NATAL** Varkana

Lechee lleva una tienda de chatarra en Varkana, pero tiene otra vía de ingresos: entregar al espía de la Resistencia Norath Kev al cazarrecompensas Ax Tagrin. Se rinde pronto cuando Kazuda Xiono, Jarek Yeager, Synara San y su droide se enfrentan a él y ve peligrar su dinero.

REINA AEOSIANA

ESPECIE Aeosiana **PLANETA NATAL** Aeos Prime **FILIACIÓN** Aeos Prime

La elegante reina aeosiana gobierna su mundo tropical de Aeos Prime. Cuando Kazuda Xiono y Griff Halloran exploran el planeta como posible nuevo hogar para el Coloso, los guardias de la reina los capturan. Creyendo que pertenecen a la Primera Orden, que una vez atacó Aeos Prime, la reina ordena que se los den de comer a un krakavora. Pero, cuando Kaz salva a un aeosiano, los libera y deja que el Coloso permanezca en Aeos Prime. Sin embargo, la Primera Orden no tarda en llegar y, aunque la reina ordena a sus fuerzas que ayuden al Coloso, la plataforma se ve obligada a huir.

KRAKAVORA

PLANETA NATAL Aeos Prime **TAMAÑO** 26 m de largo, 21 m de envergadura **HÁBITAT** Agua, aire

Esta bestia autóctona de Aeos Prime tiene alas palmeadas y un cuerpo liso con branquias. Viaja rápido por el agua y por el aire, es grande y de aspecto temible, pero puede adiestrarse. De hecho, es el principal medio de transporte de los aeosianos; pueden viajar varios en uno. Además, es lo bastante fuerte como para destruir un caza con su embestida. Cuando la reina aeosiana confunde a Kazuda Xiono y a Griff Halloran con agentes de la Primera Orden, ordena que los entreguen a un krakavora, pero se retracta cuando Kaz demuestra sus buenas intenciones.

HUGH SION

ESPECIE Humana **FILIACIÓN** Fuerza de Defensa de la Nueva República, Resistencia, Escuadrón Jade

Hugh empieza su carrera como piloto en el Cuerpo de Cazas Estelares de la Fuerza de Defensa de la Nueva República, pilotando un Ala-X T-85 junto a Kazuda Xiono. Después se une a la Resistencia como miembro del Escuadrón Jade a bordo del Coloso y se reencuentra con Xiono, a quien creía muerto. Ahora, Sion y el Escuadrón Jade se unen a los Ases del Coloso en sus Alas-X T-70 para combatir a la Primera Orden, primero para poner fin al bloqueo de Dantooine y luego en una batalla final para liberar la plataforma. Hugh celebra la victoria con sus amigos en casa de la Tía Z.

CAM

FABRICANTE Corporación Loronar **TIPO** Droide holocámara **FILIACIÓN** Sociedad Galáctica de Entusiastas de las Criaturas

Como droide cámara, retransmite y graba los hallazgos y percances de SF-R3 como parte de su trabajo para la Sociedad Galáctica de Entusiastas de las Criaturas. Gracias a su fuerte blindaje, soporta el calor de Tatooine y el frío glacial de Hoth. Anima a SF-R3 a detener a los cazadores furtivos que atrapan un nexu y entrena a un voorpak que se encariña con él.

SF-R3

FABRICANTE Serv-O-Droid, Inc. **TIPO** Droide de safari **FILIACIÓN** Sociedad Galáctica de Entusiastas de las Criaturas

Como droide de safari, SF-R3 investiga criaturas por toda la galaxia e informa a la Sociedad Galáctica de Entusiastas de las Criaturas. Su misión es preservar los hábitats y la vida salvaje, y a veces domesticar o cuidar de animales. Esto puede acarrearle problemas, como cuando lo ataca un nexu, pero nunca se rinde.

CAM-E

FABRICANTE Corporación Loronar **TIPO** Droide holocámara **FILIACIÓN** Sociedad Galáctica de Entusiastas de las Criaturas

Este droide cámara trabaja con M1-RE en la Estación Espacial de Cuidado de Cachorros, donde graba y transmite hologramas para la Sociedad Galáctica de Entusiastas de las Criaturas. Entre sus muchas labores, gira y brilla para atraer a los porgs, amantes de la luz; se acurruca con ellos en su nido, y juega al escondite con un joven rodiano.

M1-RE

FABRICANTE Serv-O-Droid, Inc. **TIPO** Droide de safari **FILIACIÓN** Sociedad Galáctica de Criaturas Entusiastas

M1-RE es una amiga de SF-R3 que trabaja para la Sociedad Galáctica de Entusiastas de las Criaturas, para la que cuida niños y animales. Estudia los hábitos de los cachorros, ayuda a los niños a aprender a andar y enseña a otros a cuidar de los jovencitos.

8D-J8

FABRICANTE Roche **TIPO** Droide fundidor **FILIACIÓN** Ronto Roasters

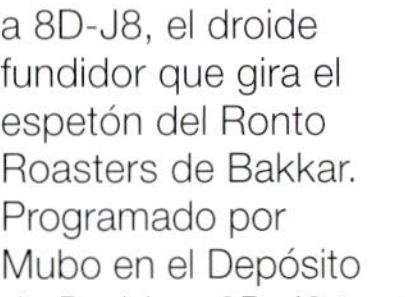

Quien viaje al Puesto de Avanzada de la Aguja Negra en Batuu conocerá a 8D-J8, el droide fundidor que gira el espetón del Ronto Roasters de Bakkar. Programado por Mubo en el Depósito de Droides, 8D-J8 también es famoso por saludar a los clientes y ofrecer rollos de asado y zumo de meiloorun a los transeúntes.

BANDA DE KENDOH

ESPECIE Varias **PLANETA NATAL** Varios **FILIACIÓN** Banda de Kendoh

Peligrosa banda de forajidos entregada al robo, el contrabando y la estafa para hacerse rica. El variopinto grupo incluye a su líder humana, Kendoh Voss; al clawdite Remex Io, y al aqualish Wooro, y llega a poseer la hoja de la espada de Khashyun, un antiguo artefacto Sith. Cuando un misterioso traficante se ofrece a comprar el arma completa, Voss le quita la empuñadura al comerciante de antigüedades raras Dok-Ondar. Pero es una trampa: Dok-Ondar resulta ser el comprador anónimo y acaba quedándose con la espada restaurada, aunque paga a la Banda de Kendoh por las molestias.

AGNON

ESPECIE Humana **FILIACIÓN** Primera Orden

Este teniente de la Primera Orden llega a Batuu en un echelon TIE para acabar con los combatientes y simpatizantes de la Resistencia. Disfruta viendo a sus habitantes escabullirse cuando se aproxima y promete que Batuu no volverá a ser el mismo cuando acabe su misión.

DOK-ONDAR

ESPECIE Ithoriana **PLANETA NATAL** Batuu **FILIACIÓN** Tienda de antigüedades de Dok-Ondar

Dok-Ondar es coleccionista de toda la vida y tiene una tienda de antigüedades en el Puesto de Avanzada de la Aguja Negra en Batuu. Vende artefactos raros de toda la galaxia, casi todos con una historia interesante. Entre sus curiosidades se encuentra un bebé sarlacc que Han Solo y Chewbacca le consiguieron en I'vorcia Prime. Con la doctora Chelli Aphra, obtiene la mitad de la espada de Khashyun en un Templo Sith de Moraband y más tarde, gracias a los esfuerzos de la Banda de Kendoh, cumple su sueño de completar el arma.

OGA GARRA

ESPECIE Blutopiana **PLANETA NATAL** Batuu **FILIACIÓN** Cantina de Oga

Oga Garra, señora del crimen del Puesto de Avanzada de la Aguja Negra en Batuu, tiene fama entre la escoria y los villanos del hampa galáctica. Pero también dirige un negocio legítimo, la cantina de Oga, y tiene relación con varias figuras notables. En un Día de la Vida, Oga y Han Solo echan del bar a la banda Kanjiklub. Años después, Oga hace un trato con la espía de la Resistencia Vi Moradi: si Vi le consigue un artefacto de las ruinas de la Aguja Negra, Garra le devolverá lo que le han robado y dejará que la Resistencia establezca allí una base.

R5-P8

FABRICANTE Industrias Automaton **TIPO** Droide astromecánico de la serie R **FILIACIÓN** Banda de Hondo Ohnaka

El descarado droide mecánico de reparación de Hondo Ohnaka tiene dientes pintados en la cabeza y un compartimento oculto para una pistola bláster. Sirvió a Ohnaka en las Guerras Clon y durante el ascenso de la Primera Orden. Cuando la Primera Orden ocupa Batuu, R5-P8 sigue al lado de Hondo en su última aventura.

SALJU

ESPECIE Humana **PLANETA NATAL** Batuu **FILIACIÓN** Estación de la Aguja Negra

Salju, dueña de la estación de la Aguja Negra, es una mecánica de confianza siempre dispuesta a ayudar. Siente debilidad por los animales, sobre todo por su mascota y amiga de la infancia, Elee. Ayuda a todo el que pasa por su popular Puesto de Avanzada de la Aguja Negra, como la espía de la Resistencia Vi Moradi.

ELEE

ESPECIE Therii **PLANETA NATAL** Batuu **FILIACIÓN** Estación de la Aguja Negra

El padre de Salju, Harta, vuelve de viaje con una pequeña therii como regalo para Salju, que la llama Elee. Se hacen muy amigas, pero Elee crece demasiado como para quedarse en casa de Salju, así que la lleva con otros therii del valle del río Surabat, donde Elee vive feliz y con espacio de sobras.

DJ R-3X

FABRICANTE Industrias Automaton
TIPO Droide piloto de la serie RX
FILIACIÓN Cantina de Oga

El locuaz R-3X, antes llamado RX-24, pasa de pilotar un Starspeeder 3000 para Star Tours a pinchar música galáctica en la cantina de Oga, en el Puesto de Avanzada de la Aguja Negra. Cuando Star Tours lo despide, pasa a ser piloto de carga de la Alianza Rebelde. Un aterrizaje forzoso lo lleva a Batuu, donde el dueño del Depósito de Droides, Mubo, lo reprograma para convertirlo en el DJ R-3X y se lo entrega a Oga Garra para pagar una deuda.

MUBO

ESPECIE Utai **PLANETA NATAL** Batuu
FILIACIÓN Depósito de Droides

Es el propietario del Depósito de Droides de Batuu, donde restaura y vende droides. Transforma al droide piloto RX-24 en R-3X, un DJ que pincha en la cantina de Oga, en el Puesto de Avanzada de la Aguja Negra. Programa a 8D-J8 para que se convierta en el jefe de cocina de Ronto Roasters. Cuando la espía de la Resistencia Vi Moradi aterriza en Batuu, le arregla el droide gratis. Como no le gusta salir del taller, envía a su técnico de reparaciones para recuperar cargamento cuando hay un encontronazo con la Banda Mortal Guaviana.

TARA RASHIN

ESPECIE Quarren
FILIACIÓN Banda Mortal Guaviana, Primera Orden

Despiadada y brutal, Tara Rashin se abre paso desde mero peón hasta líder de una facción de la Banda Mortal Guaviana en el Borde Exterior. Como líder, forja una alianza con la Primera Orden. Su banda ataca un carguero y obtiene más de lo que esperaba cuando un técnico droide de a bordo arroja sobre los bosques de Batuu todo su cargamento, que incluye a R2-D2. Tara monta una base en el planeta, desde la que envía a sus matones por la mercancía desperdigada. Pero al final el droide técnico se une a C-3PO para salvar a R2-D2 y atraer a Tara en su AT-RT. Tara muere en el combate al caer por una torre.

SEEZELSLAK

ESPECIE Azumel **PLANETA NATAL** Batuu **FILIACIÓN** Cantina de Seezelslak

Seezelslak tiene una cantina homónima cerca del espaciopuerto del Puesto de Avanzada de la Aguja Negra en Batuu. Le encanta contar historias, incluidas algunas sobre el maestro Yoda y otros Jedi. Acoge en su bar a Mubo, dueño del Depósito de Droides, y a su droide técnico, al que contrata para que le busque ingredientes para bebidas. Cuando la Primera Orden establece un centro de reeducación en Batuu, secuestra a Seezelslak. Sin embargo, el droide técnico de Mubo acude al rescate y lo salva de un destino desafortunado.

NEEVA

ESPECIE Nobilliana

Neeva nace en un pacífico planeta del Borde Exterior, pero huye cuando llega el Imperio. Se instala en Nar Shaddaa con su hermano pequeño, Neevaan, y allí se enemista con el jefe del crimen local, Boggs Triff, mientras limpia un terreno.

LENS KAMO

ESPECIE Humana

Lens, criada por padres eruditos, desarrolla un gran aprecio y respeto por la historia. Tras presenciar la destrucción de un antiguo yacimiento durante la búsqueda de una reliquia, toma una firme resolución: se hace cazadora de tesoros, decidida a encontrarlos antes de que los destruyan o caigan en malas manos. En una aventura, se alía con el droide técnico de Mubo para explorar un antiguo templo en Batuu. Juntos encuentran una reliquia y la alejan de las garras del barón Yasto Attsmun.

GAUGE

ESPECIE Humana **FILIACIÓN** Primera Orden

El ambicioso teniente Gauge, oficial al mando de las fuerzas en Batuu, es totalmente devoto y leal a la Primera Orden. Al principio su puesto lo decepciona, pues cree que está demasiado lejos del Borde Exterior como para destacar en su carrera. Pero, cuando se entera de que en el planeta se está construyendo un centro secreto de reeducación, se enorgullece de su trabajo. Entre los «seleccionados» para el programa, se cuenta el tabernero Seezelslak, pero su amigo el técnico droide lo rescata, destruye las instalaciones y de paso liquida a Gauge.

CIMINA

ESPECIE Tholothiana

Dama Cimina viaja con su abuelo, Shorr Komrrin, a bordo del lujoso *Halcyon.* El pirata Jack Carmesí ataca el crucero, rastrea una transmisión de la Resistencia y captura a Shorr, a quien cree un espía. Cimina se hace con los códigos y se los entrega a Vi Moradi, de la Resistencia.

RIYOLA KEEVAN

ESPECIE Pantorana
PLANETA NATAL Pantora
FILIACIÓN Líneas Estelares Chandrila

Riyola vive entregada al crucero estelar de lujo *Halcyon.* A lo largo de su carrera, asciende desde intendente a capitana. Durante sus años de servicio en la legendaria nave, vive muchas aventuras, que van desde actuar como agregada de Leia Organa en la luna de miel de la princesa hasta luchar contra piratas y agentes de la Primera Orden.

ALAZMEC DE WINSIT

ESPECIE Alazmec **PLANETA NATAL** Mustafar
FILIACIÓN Sith

Los Alazmec de Winsit son peregrinos que descienden al planeta de lava de Mustafar en los años posteriores a la caída de Darth Vader. Además de proteger las ruinas del castillo de Vader, la secta también venera a la mítica Dama Corvax, quien se cree que empapó con sus lágrimas los pantanos de Corvax Fen. Van armados con ametralladoras de dispersión CX-55 y gafas de visión nocturna, pero no son rivales para la espada roja del nieto de Vader, Kylo Ren. Este baja al planeta en un arrebato de ira, resuelto a dar con el buscarrutas Sith que ocultan.

Ojos brillantes Las gafas protegen los ojos de la dura ceniza de Mustafar.

Contra los elementos Tela tratada con silicato de sodio a modo de protección.

OJO DEL PANTANO HEBROSO

ESPECIE Sirroning, arobernos
PLANETA NATAL Mustafar **FILIACIÓN** Sith

El Ojo del Pantano Hebroso es un sirroning arácnido sensible a la Fuerza que habita en una cueva acuática de Mustafar. Encerrado en un estado simbiótico con un arobernos ciego, despierta durante una lucha entre Darth Vader y el asesino Sith Ochi de Bestoon. El Ojo, también llamado «el Oráculo», provoca visiones en Vader y le da un buscarrutas para viajar al planeta Exegol. Décadas después, Kylo Ren visita Mustafar para comunicarse con el Oráculo y averiguar la ruta a Exegol. Derrota a los protectores del Ojo y descubre el mismo buscarrutas, que lo lleva hasta Palpatine.

SECTARIOS SITH

ESPECIE Varias
PLANETA NATAL Varios, incluido Exegol
FILIACIÓN Sith Eterno

Una secta que rinde culto al Sith Eterno lleva décadas sirviendo en secreto a Darth Sidious en el planeta oculto de Exegol. Estos leales siervos ayudan a su maestro a preparar la venganza definitiva de los Sith experimentando con estrangulamientos, sangrando cristales kyber y creando armamento para destruir mundos. Tras la aparente desaparición de Palpatine en la batalla de Endor, estos acólitos resucitan al emperador caído en un cuerpo clonado. Al final los derrota Rey, que hace que el techo de la ciudadela Sith se derrumbe sobre miles de herejes.

KLAUD

ESPECIE Trodatome
FILIACIÓN Resistencia

Es un mecánico de la Resistencia que, tras un caso de confusión de identidad, se incorpora a la tripulación de la comandante Rose Tico en Ajan Kloss. Como trodatomo, puede agarrar objetos con sus ocho antenas y habla en un idioma que solo entienden los droides. Durante una simple recogida de piezas en la Colonia Glaciar Sinta, Klaud ofrece apoyo técnico al *Halcón Milenario*; la misión se convierte en una carrera a toda velocidad para huir de la Primera Orden y Klaud se ve desbordado. Al final es una figura clave en la victoria de la batalla de Exegol y lo celebra con el resto de la Resistencia.

BOOLIO

ESPECIE Ovissiana **PLANETA NATAL** Sinta IV
FILIACIÓN Resistencia

Este supervisor minero de la Colonia Glaciar de Sinta mantiene alta la moral de sus trabajadores, incluso cuando la Primera Orden los visita por una discrepancia en el libro de cuentas. Cuando los investigadores se marchan, el ovissiano descubre que alguien se ha dejado un archivo clasificado. Incapaz de transmitir sus datos de forma segura, le dice a la Resistencia que tiene un regulador para ellos, una pieza rara que Leia necesita para la *Tantive IV.* Cuando llegan, les dice la verdad: un espía de la Primera Orden le ha dado información cifrada. Esta confirma que Palpatine ha vuelto. Pero tiene un precio: Kylo Ren ejecuta a Boolio.

Todo bajo control Unidad de ajuste de temperatura.

Calentito Traje de trabajo para bajas temperaturas aislado con conductores de calor.

ARAKURTH

PLANETA NATAL Nebulosa Tifónica
TAMAÑO Más de 400 m de largo
HÁBITAT Gas verde

El monstruo gusano arakurth vive en la nube interestelar de gas verde de la Nebulosa Tifónica. Con tres dientes en forma de garra en unas afiladas fauces abismales, la criatura es un peligro descomunal para cualquier nave o ser que cruce por su hogar en la Sima de Megafauna. Durante un arriesgado salto hiperespacial del *Halcón Milenario,* Poe Dameron y un grupo de héroes de la Resistencia se ven arrastrados a la nebulosa resplandeciente y escapan por los pelos de la boca del monstruo, que parece cada vez más ancha. Los cazas TIE que los persiguen no tienen tanta suerte.

AARTON CHIREEN

ESPECIE Humana
PLANETA NATAL Jaymir
FILIACIÓN Resistencia

Aarton Chireen es un teniente de la Resistencia nacido en el mundo fronterizo de Jaymir. Fue reclutado junto a su hermana (Nimi, piloto de Ala-X) por Ello Asty y sirve en la reserva hasta después de la batalla de Crait. Entonces se une oficialmente a la causa como intendente de la Resistencia.

ZYMOD

PLANETA NATAL Ajan Kloss
TAMAÑO 76 cm de largo **HÁBITAT** Bosque

Este escurridizo reptil de Ajan Kloss tiene una piel que cambia de color y patas palmeadas para trepar por cualquier cosa, desde árboles hasta un tren de aterrizaje. Cuando la Resistencia fija su base en el planeta forestal, las tropas deben acostumbrarse a las criaturas, que están por todas partes.

AD-4M

FABRICANTE Jenks DroidWorks
TIPO Droide administrativo
FILIACIÓN Resistencia

AD-4M es el droide administrativo encargado de procesar y gestionar las tareas y los datos de la Resistencia. Como la base de Ajan Kloss no está acabada, AD-4M ha tenido que interactuar con humanos más de lo que acostumbra, por lo que ha aprendido a lidiar con el sarcasmo sin mala intención de algunos combatientes.

VAZZET DIPTERZ

ESPECIE Cicloriana
PLANETA NATAL Ciclor
FILIACIÓN Resistencia

Vazzet Dipterz es uno de los ciclorrianos que se unieron a la Resistencia antes de la batalla de Exegol. Procedentes de Cyclor, un planeta del Borde Medio, Vazzet y sus compañeros de enjambre son conocidos en toda la galaxia por su soberbio talento para la ingeniería, así como por sus pies adherentes y sus antenas de navegación. Como es bajito, Vazzet se desplaza por la base de Ajan Kloss en un elevador de carga para observar mejor a su equipo. Hay quien considera autoritario su clásico estilo de dirección cicloriano, pero no cabe duda de que es eficaz.

WROBIE TYCE

ESPECIE Humana
PLANETA NATAL Warlentta
FILIACIÓN Resistencia

Wrobie Tyce, que antes trabajaba de mensajera en su planeta natal, Warlentta, se une a la Resistencia cuando su esposa, Larma D'Acy, decide alistarse. Ahora usa su experiencia en vuelos comerciales como piloto de Ala-A en la Resistencia.

AFTAB ACKBAR

ESPECIE Mon Calamari
PLANETA NATAL Mon Cala
FILIACIÓN Resistencia

Aftab Ackbar es hijo del difunto almirante Gial Ackbar, héroe de la Resistencia que pereció a bordo de la *Raddus*. El joven mon calamari solo vio una vez a su célebre padre, pero se ha pasado la vida estudiando sus hazañas y victorias. Se unió a la Resistencia tras ayudar a la general Leia Organa a negociar una alianza con su pueblo de Mon Cala y ahora sirve a la causa como piloto de Ala-Y. En la base de Ajan Kloss lo llaman cariñosamente «Júnior». Es un joven inquieto que quiere librarse de la sombra de su padre y demostrar su valía.

IBDUN DAND

ESPECIE Tarsunt **PLANETA NATAL** Suntilla
FILIACIÓN Resistencia

Ibdun es el padre del brillante técnico Vober Dand. Al principio, el severo tarsunt prohibió a su hijo unirse a los luchadores por la libertad, pero, desde la destrucción de Hosnian Prime, comprende la causa. Padre e hijo trabajan como equipo en la base de la Resistencia en Ajan Kloss y celebran juntos sus merecidas victorias.

BEAUMONT KIN

ESPECIE Humana **PLANETA NATAL** Lerct
FILIACIÓN Resistencia

Beaumont Kin es un miembro vital de la Resistencia, pues posee amplios conocimientos de la tradición y el lenguaje Sith. Antes de entregarse a la lucha contra la Primera Orden, Kin era aspirante a profesor en el Instituto Histórico de Lerct. Sus estudios se centraban en los inicios de la era de la República y los antiguos Sith. En una de sus expediciones al planeta Yoturba, topa con Luke Skywalker y Lor San Tekka, y juntos encuentran un holocrón Sith. Tras la destrucción de Hosnian Prime, Kin abandona sus ambiciones y se une a la Resistencia.

Se convierte en el profesor de historia residente de la Resistencia y entabla amistad con sus compañeras libertadoras Rose Tico y Kaydel Connix. Domina nueve idiomas, entre ellos el shyriiwook y cuatro dialectos antiguos. Gracias a estas habilidades, ayuda a Rey a traducir antiguos textos Jedi mientras están estacionados en Ajan Kloss. Kin se une a sus amigos en la batalla de Exegol. Poco después de sobrevivir al combate culminante, empieza a escribir un manuscrito titulado *Auge y caída del Imperio Galáctico*, con la esperanza de que evite más derramamientos de sangre.

Batalla de Exegol
Beaumont Kin, Rose Tico y Kaydel Ko Connix mantienen su posición frente a las tropas Sith en lo alto del *Imperturbable*, mientras sus compañeros asaltan la torre de navegación y el puente de mando del destructor.

ALBREKH

ESPECIE Symeong
FILIACIÓN Primera Orden, Sith

Albrekh es un excéntrico alquimista y herrero Sith que repara hábilmente el casco de Kylo Ren. A bordo de la nave de los Caballeros de Ren, el *Buitre Nocturno*, Albrekh forja de nuevo el casco destrozado y refuerza las grietas con mineral de hierro rojo sarrasiano. Hay quien dice que este material contiene partículas especiales que atraen el lado oscuro de la Fuerza. Ducho en antiguas artes metalúrgicas, Albrekh promete a Kylo que esto hará el casco aún más fuerte que antes.

La mano firme de Albrekh se ayuda de una forja Sith, así como de unas pinzas magnéticas y un martillo especial, que impresionan incluso al hosco líder supremo.

AP'LEK

FILIACIÓN Caballeros de Ren

Ap'lek, un miembro despiadado de los Caballeros de Ren, es el estratega del grupo y se cree el más astuto. A diferencia de sus compañeros, prefiere combatir al enemigo mediante el engaño en lugar de las armas o la fuerza bruta. Lleva un dispensador de humo para cegar al adversario mientras lo acecha con la Fuerza. Cuando tiene que usar un arma, emplea el hacha de hoja de beskar que perteneció a un verdugo mandaloriano. Ap'lek encuentra la muerte a manos de un Ben Solo redimido que lo empuja a un abismo de Exegol.

CARDO

FILIACIÓN Caballeros de Ren

Cardo, especialista en armas de los Caballeros de Ren, es el armero del temido grupo. Bajo el liderazgo del aterrador Ren, Cardo y sus compañeros llevan a cabo muchas misiones en las que desafían al Imperio, y en algunas colaboran con Qi'ra y Crimson Dawn. Ello lleva a Cardo a enfrentarse con el cazarrecompensas Bossk. Su cañón de brazo modificado lanza fuego y rayos de plasma. Sin embargo, el Caballero de Ren pierde la vida bajo la espada azul de Anakin Skywalker, que ahora blande su antiguo líder, un Ben Solo redimido.

KURUK

FILIACIÓN Caballeros de Ren

Kuruk es el francotirador de los Caballeros de Ren y el piloto de su nave, el *Buitre Nocturno*. Es un tirador letal, sobre todo con su rifle personalizado, que usa tanto para disparar ráfagas de fuego rápido como a bocajarro, así como en un modo de bombeo que dispara rayos de plasma. Los laterales del casco bloquean su visión periférica para que pueda centrarse en su objetivo y afinar la puntería mediante la Fuerza. Lo mata su exlíder, Ben Solo, en la batalla de Exegol.

Eléctrico y letal El vibromachete perteneció a un gladiador.

Suministro defensivo La hombrera guarda cartuchos de plasma adicionales.

TRUDGEN

FILIACIÓN Caballeros de Ren

Trudgen, uno de los más feroces Caballeros de Ren, está obsesionado con coleccionar preciados trofeos de sus víctimas. Estos espeluznantes recuerdos, como la visera de un soldado de la muerte imperial, personalizan su atuendo negro. Su arma preferida es otro trofeo: el vibromachete de un antiguo gladiador houk al que se ha dotado de tecnología ultrasónica para hacerlo aún más letal. Trudgen es asesinado en las entrañas de Exegol por su exlíder, el redimido Ben Solo, quien lo apuñala con la espada de luz que perteneció a Anakin Skywalker.

USHAR

FILIACIÓN Caballeros de Ren

Ushar es el interrogador principal de los Caballeros de Ren. Lleva a los prisioneros al límite más absoluto y los obliga a suplicar clemencia. Durante los combates y los interrogatorios, juzga sin tregua el espíritu del enemigo y proporciona una muerte rápida a los que considera más dignos. Va armado con un vibromachete y una potente porra que funciona con kinetita, un tipo de rayo de la Fuerza. Los tubos de aire de su máscara sugieren que podría no ser humano, pero se ignora su especie, al igual que su vida antes de unirse a los Caballeros.

Desenfundado rápido Pistola bláster sin el circuito de seguridad.

VICRUL

ESPECIE Humana

FILIACIÓN Caballeros de Ren

Este «cosechador de almas» es un Caballero de Ren que gana una fuerza considerable con cada vida que arrebata con su mortífera guadaña eléctrica. Increíblemente astuto, se ha enfrentado a Luke Skywalker en combate y recluta a un joven Ben Solo para que se una a los Caballeros. Como el resto del grupo, tiene cierta sensibilidad a la Fuerza, lo que aumenta sus reflejos y su rabia en el campo de batalla. El lado oscuro, aunque amortiguado, surge en su interior tras cada golpe. Muere al enfrentarse a su antiguo líder, Ben Solo.

AMRET ENGELL

ESPECIE Humana

FILIACIÓN Primera Orden

Engell es una entusiasta general de la Primera Orden que ha adquirido más responsabilidades gracias a su ferviente lealtad a la causa. Tras la desaparición de la capitana Phasma, Engell se hace cargo del programa de entrenamiento de las tropas de asalto, al servicio del general Hux. Su labor consiste en convertir en soldados leales a los niños capturados en los mundos conquistados por la Primera Orden. Como preciado miembro del Gran Consejo de Kylo Ren, respeta la autoridad del líder supremo y hará lo que sea para que la Primera Orden crezca.

GENERAL PRYDE

ESPECIE Humana **PLANETA NATAL** Alsakan

FILIACIÓN Imperio, Primera Orden

El general Enric Pryde ha sido un fiel servidor del Imperio y de la Primera Orden durante casi toda su vida. Tras la derrota del Imperio en la batalla de Jakku, huye a las Regiones Desconocidas.

Antes de unirse oficialmente a la Primera Orden, Pryde es conocido por el nombre en clave de «Imperturbable» y trabaja de incógnito para el remanente imperial con la Autoridad del Sector Corporativo (ASC). La secta del Sith Eterno lo remite a Ochi de Bestoon, a quien concede tres pelotones de la ASC para que busque a Dathan y Miramir, dos experimentos genéticos.

Cuando el remanente imperial forma la Primera Orden, Pryde asciende en sus filas, al tiempo que sirve como agente encubierto para el oculto Darth Sidious. Tras la muerte de Snoke, Pryde asciende a general leal. Cuando Kylo Ren renuncia al lado oscuro, Pryde lidera la Primera Orden en la batalla de Exegol. El general permanece leal a Sidious hasta el final. Está en el puente del destructor estelar de clase Resurgente, rebautizado con el adecuado nombre de *Imperturbable*, cuando sus propios cañones lo destruyen.

FRANTIS GRISS

ESPECIE Humana

FILIACIÓN Primera Orden

El almirante Griss es el oficial superior de la flota al mando del *Imperturbable*, destructor de la Primera Orden, así como de sus naves de apoyo. Es miembro del Alto Mando y goza de la total confianza del general leal Pryde. Entrega con orgullo el espía de la Resistencia Boolio al líder supremo Kylo Ren.

GENERAL PARNADEE

ESPECIE Humana **FILIACIÓN** Primera Orden

La general Parnadee es comandante terrestre superior y estratega jefe de la Primera Orden. Es una estudiosa de la historia que recurre sin tregua a su extensa holobiblioteca para aprender tácticas anteriores de las Guerras Clon y la Guerra Civil Galáctica. Usa ese conocimiento para impulsar la ocupación de la Primera Orden.

«Tal como os serví en las antiguas guerras, os sirvo ahora.»

GENERAL LEAL PRYDE A PALPATINE

Pompa y esplendor El bastón de mando de ébano lacado de Pryde es un vestigio de la tradición militar alsakana y un ejemplo de su gusto por las viejas costumbres.

DOMARIC QUINN

ESPECIE Humana
FILIACIÓN Primera Orden

El general Quinn sirve a las fuerzas del mal como oficial subalterno imperial y, con el tiempo, asciende hasta convertirse en un comandante clave de las tropas terrestres de la Primera Orden. Frustrado por el joven y descarado Kylo Ren, critica a la flota del Sith Eterno y la fascinación de Ren por Rey… y es lo último que hace.

AKI-AKI

ESPECIE Aki-aki **PLANETA NATAL** Pasaana
FILIACIÓN Neutral

Los aki-aki son una especie alegre y pacífica que lleva una vida tranquila en Pasaana. Hace mucho que no se lleva a cabo un censo formal, pero se calcula que unos 500 000 aki-aki viven en varias tribus a lo largo y ancho de su desértico planeta. Los adultos tienen dos trompas prensiles que les confieren una mayor fuerza pulmonar y una inclinación natural por los instrumentos de viento. También tienen un agudo sentido del ritmo, de ahí las extraordinarias danzas que ejecutan en su famoso Festival de los Ancestros, que celebran cada 42 años.

NAMBI GHIMA

ESPECIE Aki-aki **PLANETA NATAL** Pasaana
FILIACIÓN Aki-aki

Nambi Ghima es una joven y curiosa aki-aki de Pasaana. Durante el Festival de los Ancestros, al que acuden los agentes de la Resistencia, se acerca a Rey con un collar tradicional de yute y cáscaras de nuez de kern. Su innata hospitalidad es característica de su pueblo, y desea conocer el apellido de Rey.

OKI-POKI

PLANETA NATAL Pasaana
TAMAÑO 30 cm de altura **HÁBITAT** Desierto

Los oki-poki son criaturas parecidas a roedores cuyas orejas vibradoras les confieren una gran sensibilidad auditiva para evitar los peligros de Pasaana. Viven en acantilados y se alimentan de los insectos del planeta. Eso llama la atención de los emprendedores aki-aki, que han domesticado a varios para proteger sus cultivos.

TISHRA KANDIA

ESPECIE Humana
FILIACIÓN Primera Orden

Tishra Kandia es una oficial de inteligencia de la Primera Orden, destinada a bordo del *Imperturbable*. Se enorgullece de las pruebas que ha descubierto contra la Resistencia. Es una informadora de confianza de Kylo Ren, a quien ayuda sobre todo en la búsqueda de la chatarrera Rey, y lo guía hasta Pasaana.

PILOTO DE DESLIZADORA ORUGA DE LA PRIMERA ORDEN

ESPECIE Humana **PLANETA NATAL** Varios
FILIACIÓN Primera Orden

Estos pilotos rastrean a posibles fugitivos por diferentes terrenos, sobre todo cuando la tecnología deja inservibles los clásicos repulsores. Ofrecen una combinación aún más mortífera cuando trabajan con soldados aéreos, que se lanzan al cielo desde las motos. La pantalla de visualización del casco está conectada a las deslizadoras 125-Z, que emiten importantes lecturas. La propia moto alcanza una velocidad de 200 km por hora. Los pilotos persiguen a los agentes de la Resistencia en Pasaana.

KALO'NE

ESPECIE Yokaa **FILIACIÓN** Yokaa

Kalo'ne es una criatura con forma de serpiente que lleva décadas conduciendo un rodador DN-25 por Pasaana. Se ignora su edad, pero su talento sigue en plena forma gracias a la visión multiespectral de tres lentes de su especie. Tiene la cabina llena de artículos, todos a la venta por un precio justo.

Vista horizontal
El casco del soldado aéreo de la Primera Orden destaca por su estrecho visor.

SOLDADOS AÉREOS DE LA PRIMERA ORDEN

ESPECIE Humana **PLANETA NATAL** Varios **FILIACIÓN** Primera Orden

Son unas de las fuerzas más atléticas y letales de la Primera Orden. Fieles a la tradición de los guerreros de la Antigua República y los supercomandos mandalorianos, están altamente especializados. Usan mochilas propulsoras para volar por los aires y lanzar proyectiles contra objetivos enemigos. Las mochilas, ligeras e integradas en la armadura, exigen un alto grado de coordinación debido a los complejos giroscopios que llevan incorporados. Las tropas, que trabajan con pilotos de deslizadoras oruga, reciben la orden de perseguir a los héroes de la Resistencia en el planeta desierto de Pasaana.

SOLDADO DE ELECTROPICA DE LA PRIMERA ORDEN

ESPECIE Humana
PLANETA NATAL Varios
FILIACIÓN Primera Orden

Es un soldado especializado que controla a los prisioneros y los disturbios. Estas tropas, entrenadas para sofocar cualquier altercado, son una herramienta clave para Kylo Ren y sus comandantes. Capturan al wookiee Chewbacca.

VEXIS

PLANETA NATAL Pasaana **TAMAÑO** 35 m de largo
HÁBITAT Cuevas, desierto

Esta especie de serpiente con dientes afilados y escamas acorazadas adora el desierto, donde excava profundas madrigueras mientras excreta un aceite que endurece la arena y deja tras de sí pasadizos circulares acanalados. Los comerciantes espaciales dicen que un viajero cansado puede darse por muerto si topa con una. Una vexis habita bajo las mortales ciénagas movedizas de Pasaana. Está herida, pero Rey la calma y la cura con la energía de la Fuerza.

AMUNCIE TIDIAN

ESPECIE Boosodiana **PLANETA NATAL** Boosodia
FILIACIÓN Traficantes de Especia de Kijimi

Amuncie Tidian es un boosodiano de 20 ojos que trabaja como falsificador en el barrio de los ladrones de Kijimi. Gracias a sus numerosos ojos, puede ver grandes franjas del espectro electromagnético. Tidian cree que también puede ver el futuro gracias a un inexistente vigésimo primer ojo.

ROTHGAR DENG

ESPECIE Humana
PLANETA NATAL Corellia
FILIACIÓN Cazarrecompensas, Guarida de los traficantes de especia de Kijimi

Viejo y curtido cazarrecompensas corelliano que lleva años colocándose prótesis cibernéticas experimentales. Se cuenta entre los mejores cazarrecompensas y quiere trabajar para siempre. Confía en que sus prótesis lo ayuden a conquistar la inmortalidad y la infamia.

D-O

FABRICANTE Reprogramador de droides no identificado **TIPO** Droide monorrueda de recuperación de datos (construcción personalizada única) **FILIACIÓN** Sith Eterno, Resistencia, BB-8

D-O es un pequeño droide de recuperación de datos creado por un erudito desconocido en Primus Cabru. Tras la muerte de su maestro a manos del asesino Sith Ochi de Bestoon, el droide casero suplica por su vida y se une a regañadientes a Ochi en sus misiones a bordo del *Legado de Bestoon.* Su nuevo amo lo odia, pero D-O pronto demuestra su valía como módulo de almacenamiento de datos y se llena de siniestras notas e investigaciones de Ochi.

Dada la naturaleza de su creación, D-O es un droide inconfundible, compuesto por una rueda y una cabeza en forma de cono. El cono está equipado con una unidad de almacenamiento segura, separada de su cerebro, que le permite actuar de mensajero y transmitir información sin acceder a datos confidenciales. D-O es asustadizo y nervioso como un ratón, pero ha demostrado su capacidad para ser totalmente leal a un amo cariñoso.

Ochi nunca se ocupó de su mantenimiento, por lo que D-O quedó abandonado a su suerte cuando su amo se fue a explorar el desierto de Pasaana en busca de la nieta de Palpatine y nunca regresó. El droide se quedó más de una década encerrado en el polvoriento *Legado de Bestoon,* pero vuelve a la actividad gracias a BB-8, con quien enseguida acaba muy unido. Rey lo repara y encuentra un nuevo hogar y propósito entre la Resistencia. Gracias a su enorme capacidad de almacenamiento, es un miembro inestimable del equipo, ya que proporciona información muy necesaria sobre Exegol. Por fin ha hallado un hogar acogedor entre nuevos amigos que luchan por la libertad.

Un nuevo amigo
Tras años de inactividad, D-O se enciende y se junta con su salvador, BB-8, a quien sigue fielmente en una nueva aventura.

Una amiga
Rey arregla la rueda chirriante de D-O, un pequeño gesto que su anterior amo ni siquiera se planteó.

Cabeza giratoria
Un revestimiento en acordeón aloja el cuello articulado de D-O.

Listo para rodar
La rueda le permite moverse por casi cualquier terreno.

ZORII BLISS

ESPECIE Humana **PLANETA NATAL** Kijimi **FILIACIÓN** Traficantes de especia de Kijimi, Flota de los Ciudadanos

Valiente y peligrosa líder de los traficantes de especia de Kijimi. Temida por sus enemigos y respetada por sus colegas piratas, opera en el anonimato casi total bajo un brillante casco de plastiacero acabado en bronce.

Zorii nació para el crimen: su madre, Zeva, es la exlíder de la banda secreta. Tras el colapso del Imperio, un inmenso vacío de poder deja el comercio de especia de Kessel a merced de nuevas facciones advenedizas que ansían poder. Los prósperos traficantes empiezan a usar sus naves piratas para atacar cualquier vehículo que transporte especia, y amplían su poder e influencia. En esa época, Zorii, que entonces se hace llamar Wynn, conoce a un joven Poe Dameron en Yavin IV. Poe se le une como traficante de especia y vuelan juntos en muchas misiones, donde aprenden habilidades de hackeo y combate desagradables pero esenciales. Con Poe tiene una relación de alto voltaje casi romántica. Cuando este vuelve al lado de su familia y la Nueva República, Zorii se siente traicionada.

Zorii suele hablar a través del procesador de su casco y va embutida en un mono de vuelo granate que regula la temperatura. Su talento y su formación en danza contribuyen a su estilo de combate único y letal.

Cuando su madre muere, Zorii adopta el papel de matriarca de los traficantes de especia. Después de esto, se reencuentra con el fugitivo Poe Dameron, que vuelve a Kijimi en busca de ayuda y recursos. Zorii lo ayuda a regañadientes, escapa por los pelos de la destrucción de Kijimi y se une a la Resistencia. En la batalla de Exegol, pilota su caza estelar Ala-Y BTA-NR2 modificado.

Portavoz del gremio
El vocalizador emite una voz enmascarada.

Lista y preparada
La funda es de piel de bantha endurecida.

Dichosos los ojos
Es raro que Zorii abra el visor. Solo deja que vean sus ojos sus aliados más cercanos, como Poe Dameron.

Por la causa
Para deleite y sorpresa de Poe Dameron, Zorii se une a la batalla de Exegol en su caza estelar Ala-Y.

CARIB DISS

ESPECIE Skilla
FILIACIÓN Cazarrecompensas

Carib Diss es un temible cazarrecompensas que suele frecuentar la Guarida de los traficantes de especia de Kijimi. Es de una especie llamada skilla y tiene un rostro aterrador con dos hileras de dientes afilados que protegen sus órganos vitales, alojados tras su sonrisa.

WOLENTIC DUDGE

ESPECIE Frejuke **FILIACIÓN** Ciudad de Kijimi

Dudge es un orgulloso residente de Ciudad Kijimi, pero ahora debe enfrentarse a su ocupación por parte de la Primera Orden. Su especie tiene una grasa que retiene el calor y hace que se adapte bien al clima nevado del planeta. Pero, para estar más abrigado, lleva un chaleco forrado de piel de kybuck.

OMA TRES

ESPECIE Humana
FILIACIÓN Traficantes de Especia de Kijimi

Oma es un camarero de Kijimi que lleva años preparando bebidas en la Guarida de los traficantes de especia. Los clientes observadores verán que guarda toda una colección de baratijas detrás de la barra. Aunque en ocasiones desaprueba las payasadas de su clientela, nunca interfiere; solo busca paz y armonía.

LANZORA GARAN

ESPECIE Humana
FILIACIÓN Primera Orden

La teniente Garan es oficial de seguridad del *Imperturbable*, nave insignia de la Primera Orden. Tiene línea directa con el personal importante de la nave, incluidos el general Hux y el general leal Pryde. Presencia la muerte de Hux a manos de Pryde cuando aquel es identificado como espía.

BABU FRIK

ESPECIE Anzellana
PLANETA NATAL Kijimi **FILIACIÓN** Traficantes de especia de Kijimi, Resistencia

Experto mecánico y reprogramador de droides con un taller en el Barrio de los Ladrones de Ciudad Kijimi. Como anzellano, está bien equipado para manipular droides. Gracias a su tamaño, se mete en espacios reducidos, entre los cables, y sus microlentes córneas ven con detalle microscópico.

Los traficantes de especia de Kijimi, de los que formaron parte Zorii Bliss y Poe Dameron de jóvenes, aprovechan el talento de Babu para reprogramar droides y contrarrestar las medidas de seguridad. Debido a su excepcional trabajo, Babu es un miembro honorario de la banda. Cuando C-3PO necesita que le borren la memoria para traducir un texto inscrito en una daga maldita, Dameron se acuerda del reprogramador de droides y vuelve a su taller. El anzellano ejecuta con pericia el borrado de memoria del droide de protocolo, que entonces puede transmitir la ubicación del buscarrutas Sith de Palpatine. Babu escapa por los pelos de Kijimi con Zorii Bliss antes de que la Orden Final destruya el planeta. Después se une a la Resistencia en la batalla de Exegol.

Echar un cable
Rey y sus amigos esperan que Babu Frik pueda reiniciar el cableado de C-3PO y recuperar un importante mensaje. Cuando C-3PO es reiniciado, se refiere al anzellano como «uno de mis amigos más antiguos».

DATHAN

ESPECIE Humana **PLANETA NATAL** Exegol
FILIACIÓN Sith Eterno, Miramir y Rey

Dathan es una creación genética, un cuerpo creado por el Sith Eterno como receptáculo para el decrépito Palpatine. Sin embargo, pronto queda claro que el clon no es sensible a la Fuerza. Cuando Darth Vader y el asesino Sith Ochi de Bestoon llegan a Exegol, el clon viaja de polizón en su nave y escapa. Su padre no le pone nombre, pero él toma el de «Dathan» en honor al esclavo symeong que lo crio. Al cabo de un tiempo, Dathan conoce a Miramir y se casa con ella. Tienen una hija, Rey, que hereda las habilidades de la Fuerza de Palpatine. Ochi descubre y mata a la pareja, lo que deja a Rey sola.

MIRAMIR

ESPECIE Humana **PLANETA NATAL** Hyperkarn
FILIACIÓN Dathan y Rey

Miramir es nativa de Hyperkarn, un planeta de bosques azul crepúsculo. La crio su abuela y es una inventora e ingeniera autodidacta capaz de pilotar cualquier nave. Tras enamorarse de Dathan, el clon fugitivo de Palpatine, abandona su mundo en busca de un lugar seguro en la galaxia para su pequeña hija, Rey. La familia se establece durante unos años en Jakku, planeta donde la pareja trabaja de chatarrera con Unkar Plutt, hasta que Ochi de Bestoon les da caza. Miramir es asesinada por la daga Sith maldita de Ochi, tras lo cual su hija queda huérfana en el desértico planeta.

OCHI DE BESTOON

ESPECIE Bestooniana **PLANETA NATAL** Bestoon
FILIACIÓN Sith Eterno

Ochi de Bestoon es un cazador de artefactos y asesino Jedi que lleva décadas en activo. Empleado tanto por Darth Sidious como por Darth Vader, se obsesiona con los Sith, a pesar de no poseer sensibilidad a la Fuerza. Cuando Vader lo apresa, Ochi queda expuesto a la luz cegadora de un cristal kyber sangrado que le quema los ojos. A partir de entonces, debe llevar un visor cibernético implantado para ver. Durante el auge del Imperio, Ochi ejecuta muchas misiones para el señor del Sith, entre ellas espiar a Qi'ra y Crimson Dawn. La última misión del cazador de reliquias consiste en matar a Miramir y a su marido, Dathan, un clon fallido de Sidious que escapó del planeta Exegol. La pareja guardaba un secreto: su hija, Rey. Ochi fracasa en su intento de localizarla y huye al desierto de Pasaana, cuyas ciénagas movedizas se lo tragan con su deslizador terrestre y su daga Sith robada. Encuentra sus restos la última persona a la que persiguió: Rey. La daga ofrece a la joven una última pista sobre el buscarrutas que ella y la Resistencia están buscando.

Hoja Sith
Ochi no empuña una daga cualquiera, sino un arma impregnada del lado oscuro de la Fuerza que resiste el filo de las espadas de luz y acumula poder con cada asesinato. Tras la muerte de Ochi, la daga permanece junto a su cuerpo hasta que Rey, cuyos padres fueron asesinados por la daga, se hace con ella.

Un nuevo look
Jannah se ha dejado el pelo largo, en contra de las normas de la Primera Orden.

JANNAH

ESPECIE Humana
FILIACIÓN Primera Orden, Compañía 77, Resistencia

Jannah es apartada de su familia y alistada a la fuerza en la Primera Orden a una edad muy temprana. Recibe la designación TZ-1719 y sirve obedientemente durante años. Finalmente, junto con otros soldados de asalto de su pelotón, la Compañía 77, se rebela contra su condicionamiento forzoso durante la batalla de la Isla de Ansett, cuando se le ordena disparar contra civiles inocentes. Se convierte en la líder de facto del grupo, que vive exiliado en Kef Bir, la luna oceánica de Endor.

En el fondo, Jannah es una superviviente. Viste una túnica confeccionada con pieles de animales autóctonos y una vaporosa capa hecha con una manta de supervivencia reglamentaria. Es una manitas y una experta en tecnología de repulsores que ha desmontado material de equipamiento de la Primera Orden para adecuarlo a su nuevo entorno. Como casi todos los de su grupo, lleva un arco hecho a medida con piezas de bláster que maneja con pericia.

Cuando un grupo de héroes de la Resistencia desembarca en Kef Bir en busca de los restos de la segunda Estrella de la Muerte, Jannah hace pronto migas con Finn, un exsoldado de asalto. Jannah, junto con el resto de la Compañía 77 y una manada de orbaks, se suma a la Resistencia en su valiente asalto terrestre durante la batalla de Exegol. Tras la victoria, conoce al general Lando Calrissian, cuya hija fue secuestrada por la Primera Orden. Inspirada por estas aventuras, Jannah está deseando unirse al héroe de la Rebelión en su próxima misión.

Liderando la carga
En Kef Bir, Jannah domina el arte de montar orbaks, cosa que le resulta muy útil para el asalto terrestre en la batalla de Exegol.

Destructor abatido
Jannah, Finn y otros cazas de la Resistencia dejan fuera de juego el destructor estelar *Imperturbable* y, con él, la señal de navegación para desplegar el resto de la flota Sith.

ORBAK

PLANETA NATAL Varios, entre ellos Kef Bir **TAMAÑO** 1,62 m de altura **HÁBITAT** Llanuras

El orbak es una criatura con colmillos y cuatro patas que vive felizmente en muchos mundos. Una manada habita en la luna oceánica de Endor, Kef Bir. Son herbívoros y están lejanamente emparentados con otras bestias lanudas, como los fathiers y los banthas. No son endémicos de Kef Bir, pero los orbaks domesticados por los exsoldados de asalto de la Compañía 77 llevan una vida simbiótica con sus jinetes, que los protegen de sus depredadores a cambio de transporte. En la batalla de Exegol, sirven a la Resistencia durante el asalto al *Imperturbable,* destructor estelar de clase Resurgente.

SEFTIN VANIK

ESPECIE Humana **PLANETA NATAL** Messert
FILIACIÓN Resistencia

Vanik es un piloto de la Resistencia al que Poe Dameron invita personalmente a unirse a la causa cuando su planeta natal, Messert, se separa de la Nueva República. Famoso por freír escudos, el teniente Vanik utiliza su talento como piloto de acrobacias en un circo aéreo para traer la paz a la galaxia.

NIMI CHIREEN

ESPECIE Humana **PLANETA NATAL** Jaymir
FILIACIÓN Resistencia

Esta teniente es una nueva piloto de la Resistencia, reclutada por Ello Asty. Junto a su hermano, Aarton, se mantuvo en la reserva hasta después de las devastadoras pérdidas de la batalla de Crait. Ahora está contenta en Ajan Kloss, sirviendo deliciosos guisos de raíces y pilotando su nave.

MILON LENWITH

ESPECIE Humana
FILIACIÓN Sith Eterno, Orden Final

El teniente Milon Lenwith, líder militante y oficial leal de la Flota Sith, sirve a bordo de la *Derriphan,* la primera nave de guerra lanzada desde las Regiones Desconocidas. Lenwith acude a la batalla de Exegol con la firme determinación de acabar con la Resistencia.

GANDRIS DYUN

ESPECIE Humana
FILIACIÓN Resistencia

El teniente Dyun es el copiloto de la nave de transporte *Fortaleza* y sirve junto a la capitana Conunda en la batalla de Exegol. Demuestra ser un importante activo en la defensa de la Resistencia. Su profunda relación con Conunda, con quien tiene mucha química, es la comidilla de la Resistencia, que percibe un posible romance.

TÉCNICO DE FLOTA DE LA ORDEN FINAL

ESPECIE Humana **PLANETA NATAL** Exegol
FILIACIÓN Sith Eterno, Orden Final

Cada técnico de flota de la Orden Final cree que ha nacido para controlar la galaxia. Criados desde la infancia en Exegol, emergen de las Regiones Desconocidas con naves de guerra equipadas con potentes reactores de ionización solar. Son los encargados de calibrar sus complejos cálculos.

DREANNA CONUNDA

ESPECIE Humana
FILIACIÓN Resistencia

Conunda es una piloto de la Resistencia que capitanea la nave de transporte *Fortaleza* a través de la Barrera Galáctica carmesí y participa en el asalto terrestre de la batalla de Exegol. Antes de unirse a la Resistencia, fue instructora de vuelo en la academia de la Nueva República en Chandrila.

CHESILLE SABROND

ESPECIE Humana
PLANETA NATAL Exegol
FILIACIÓN Sith Eterno

Chesille Sabrond es la capitana de uno de los destructores estelares de los Sith Eternos, el *Derriphan.* Criada en Exegol, no sale de las Regiones Desconocidas hasta una misión a Kijimi. Tiene el honor de ser una de las primeras de su pueblo en volar a la galaxia conocida.

MASIR TRACH

ESPECIE Humana
FILIACIÓN Primera Orden

El comandante Trach es un joven oficial de escáner a bordo del *Imperturbable.* Fue transferido desde el *Finalizador* tras la batalla de Batuu. Ahora, atrapado en una guerra interna entre el general Hux y el general leal Pryde, trata de evitar las disputas políticas y solo se centra en su papel.

Mochila propulsora roja Las tropas aéreas de la Primera Orden también usan la mochila propulsora NJP-900, pero su modelo es blanco.

SOLDADO AÉREO SITH

ESPECIE Humana **PLANETA NATAL** Exegol
FILIACIÓN Sith Eterno, Orden Final

Los soldados aéreos Sith son la contrapartida avanzada de las tropas de asalto tradicionales equipadas con reactores. Surcan los cielos de Exegol para acabar con la Resistencia. Son tropas de élite muy rápidas y leales que proporcionan un importante apoyo aéreo a sus aliados terrestres. Llevan una armadura carmesí reforzada que los protege del entorno y van armados con blásteres especializados con un modo de ignición potente para causar el mayor daño posible. No obstante, pese a su exhaustivo entrenamiento, no están preparados para enfrentarse a la Resistencia en la batalla de Exegol.

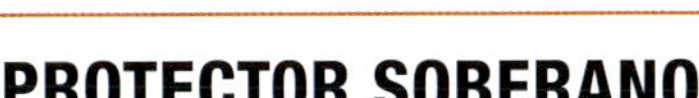

PROTECTOR SOBERANO

ESPECIE Humana **PLANETA NATAL** Exegol
FILIACIÓN Sith Eterno, Darth Sidious

Los Protectores Soberanos componen las filas de élite del Sith Eterno. Son los soldados Sith más fanáticos y despiadados. En cuanto asciende, un Protector Soberano es destinado a la Ciudadela Sith de Exegol para escudar a su debilitado maestro, Palpatine, de cualquier peligro externo. Muchos Protectores Soberanos son hijos de sectarios Sith que han alcanzado el mayor de los honores al lado de Palpatine. Son similares a la Guardia Real Imperial, que sirvió lealmente al señor del Sith durante el reinado del Imperio.

Nueva generación La capa larga recuerda a la de la Guardia Real del emperador Palpatine.

SOLDADO SITH

ESPECIE Humana **PLANETA NATAL** Exegol
FILIACIÓN Sith Eterno, Orden Final

Los soldados Sith forman el intimidante cuerpo de infantería del Sith Eterno y llevan a cabo la Orden Final con una asombrosa mano dura. Destacan frente a sus homólogos de la Primera Orden por su armadura roja ondulada, que les proporciona protección adicional en la batalla. Su lealtad ciega a la causa del Sith Eterno es un atributo intimidatorio que les ha sido inculcado mediante años de condicionamiento e implantación rápida. También han sido entrenados con éxito para suprimir toda individualidad, una hazaña que Palpatine lleva intentando desde las Guerras Clon.

POMMET WARRICK

ESPECIE Ewok
PLANETA NATAL Luna Boscosa de Endor
FILIACIÓN Aldea del Árbol Brillante

Pommet Warrick es un joven ewok hijo del héroe más famoso de Endor, Wicket. Al crecer a la sombra de su padre, ansía explorar los mundos más allá de su luna. Cuando un destructor estelar aparece en la atmósfera, Pommet se angustia, pero se toma su destrucción como una posible señal de la deidad de los ewoks, el Dorado.

LOCALIZACIONES

A lo largo y ancho de los confines más lejanos de la galaxia hay repartidos un sinfín de mundos habitables. Cada uno de ellos posee su propia geografía, flora y fauna, además de secretos y sorpresas.

Hace mucho tiempo, los exploradores del hiperespacio establecieron las coordenadas y rutas comerciales de millares de sistemas estelares, muchos de los cuales tienen por lo menos un planeta o satélite habitables. Desde entonces se han sumado a los mapas muchos sistemas nuevos. Algunos de estos mundos poseen maravillas arquitectónicas y están habitados por civilizaciones autóctonas inteligentes; otros están subdesarrollados y poblados casi en su totalidad por criaturas salvajes. Varios mundos presentan diversidad de terrenos, mientras que otros están tan dominados por un solo rasgo geográfico que los describen como planetas de arena, hielo, jungla o agua.

Más de un billón de ciudadanos pueblan el planeta Coruscant, el corazón de los Mundos del Núcleo, centro cultural, educativo, artístico, tecnológico y financiero de la galaxia. Pero, o bien debido a las restricciones económicas y legales, o bien por la opresión política impuesta por el gobierno de turno, muchos habitantes eligen vivir en el Borde Exterior, más allá de la influencia de la República, el Imperio o la Nueva República.

E'RONOH

REGIÓN Borde Exterior **SECTOR** Dalnan **SISTEMA** Eiram **GEOGRAFÍA** Desierto

E'ronoh es un mundo de cañones, cavernas, montañas escarpadas y desiertos rojizos. El paisaje está salpicado de arcos de piedra, y sus habitantes se enfrentan a menudo a la sequía. La fauna de E'ronoh incluye el escorpión thylefire, con el que se puede hacer veneno. La capital comenzó como una fortaleza llamada la Torre, que luego se expandió en espiral. E'ronoh y Eiram son un sistema binario de planetas, con un campo de escombros y una luna en rotación sincrónica. Los dos planetas están a menudo en guerra y casi con la misma frecuencia al borde de la paz. Una hiperruta pasa cerca de ambos, lo que los hace estratégicamente ventajosos.

EIRAM

REGIÓN Borde Exterior **SECTOR** Dalnan **GEOGRAFÍA** Océano

Eiram es el planeta gemelo de E'ronoh, con el que a menudo está en guerra. Sus océanos proporcionan abundante alimento e inspiran gran parte de la cultura de su pueblo. A veces, la población necesita ayuda para importar agua dulce o desalinizar agua del océano. Los habitantes suelen tener pecas verdes debido a un pigmento del alga que se encuentra en su alimento. Eiram acaba encontrando la paz, al menos por un tiempo. El Faro Starlight se encuentra en Eiram en una misión de socorro cuando los Nihil atacan y destruyen la estación espacial, y gran parte de los escombros caen en los océanos del planeta.

DALNA

REGIÓN Borde Exterior
SECTOR Dalnan **SISTEMA** Dalnan
GEOGRAFÍA Praderas, cordilleras volcánicas

Dalna es un planeta poco conocido, con abundante flora y fauna y volcanes activos que crean sistemas de cuevas y sumideros inundados. El clima es templado, e incluso las ciudades pequeñas del planeta poseen espaciopuertos. En los días dorados de la República, Dalna era el hogar de la Senda de la Mano Abierta. Los disturbios en Dalna convierten a sus habitantes en formidables luchadores: todos se entrenan para la guerra. Sus Pruebas de Metamorfosis son comparables a las pruebas Jedi. Los Nihil provocan la erupción de volcanes en un cataclismo que obliga a la mayoría a evacuar el planeta, pero con el tiempo vuelve a ser habitable.

HETZAL PRIME

REGIÓN Borde Exterior
SISTEMA Hetzal
GEOGRAFÍA Tierras de cultivo

Hetzal es uno de los escenarios de las Emergencias, el desastre que desata el conflicto entre los Jedi y los Nihil. Los dos satélites de Hetzal, la luna Fructífera y la luna Enraizada, son fuente de productos para muchos planetas del Borde Exterior. Hetzal es el lugar donde los seres conscientes descubrieron cómo cultivar bacta para uso médico. Paneles solares habitados dirigen luz solar hacia el planeta y las lunas, de forma que prolongan las estaciones de cultivo. Keven Tarr y Elzar Mann instalaron un conjunto de droides astromecánicos en Hetzal para rastrear futuras Emergencias.

FARO STARLIGHT

UBICACIÓN Móvil, pero asociada al sistema Eiram

La estación espacial Faro Starlight fue encargada por la Canciller Lina Soh para ser un símbolo de la fuerza de la República y una estación de ayuda funcional, base militar y enclave Jedi. Su enorme tamaño le permite refugiar a personas necesitadas, como los que huyen de las erupciones volcánicas en Dalna. Avar Kriss es la primera mariscal del Faro, seguida por Stellan Gios.

El Faro tiene suficiente espacio para un gran número de tropas de la Coalición de Defensa de la República, Jedi, médicos, artistas y más. El crucero estelar Jedi *Ataraxia* está adscrito de manera permanente al Faro Starlight, por si los Jedi necesitan transporte a otros planetas.

El Jedi Estala Maru trabaja como jefe de operaciones de la estación junto a su homólogo de la República, Rodor Keen. Está previsto que Faro Starlight tenga un hiperimpulsor, pero no llega a estar operativo antes de la destrucción de la estación.

Dado que Faro Starlight es un símbolo de la paz y el poder de la República, se convierte en objetivo de los Nihil. Durante el combate la estación se parte en dos mitades. Una de ellas arde en la atmósfera del planeta Eiram, y la otra mitad cae en el océano como una lluvia de escombros.

ESTACIÓN ESPACIAL AMAXINE

UBICACIÓN Borde Exterior, espacio desconocido

Hace mucho tiempo, guerreros amaxine construyeron esta exuberante estación espacial. Más tarde, los Sith encerraron a un grupo de drengir en sus jardines. Durante la Alta República, el maestro Jedi Cohmac Vitus, los Jedi Orla Jareni y Dez Rydan, y el padawan Reath Silas quedan atrapados en la estación. Liberan, y luego destruyen, al Drengir. Cientos de años después, en tiempos del Imperio, los Sith se enfrentan a Crimson Dawn, en una batalla culminante, en los verdes jardines de la estación. En los años previos a la Primera Orden, Ben Solo se reúne en la estación con la marioneta del emperador Palpatine, Snoke, tras destruir el Templo Jedi de Luke Skywalker.

AB DALIS

REGIÓN Borde Exterior **SECTOR** Gaulus **GEOGRAFÍA** Ciudad, pantano

Antaño un planeta pantanoso, Ab Dalis es ahora un mundo muy desarrollado. En muchos de los pantanos se han construido fábricas como ciudades, así como precarias viviendas para sus trabajadores. El cielo suele estar cubierto de nubes marrones, procedentes de los pantanos naturales y de los residuos industriales de las fábricas. Ab Dalis es el primer planeta afectado por los escombros del naufragio de la *Ruta Legado*. Muchos habitantes huyen del mundo, solo para verse atrapados en un ataque Nihil. Siglos después, la Alianza Rebelde construye una base de suministros llamada Punto de Encuentro Lambda-Cuatro en Ab Dalis y se enfrenta a un ataque imperial.

VALO

REGIÓN Borde Exterior **SECTOR** Rseik **SISTEMA** Valo **GEOGRAFÍA** Bosques

Valo es un planeta vibrante pero apartado, famoso sobre todo por haber alojado la malograda Feria de la República, una serie de eventos organizados por la República que los Nihil atacaron. El clima de Valo es templado y el paisaje está salpicado de hermosos lagos interiores. Sus ciudades suelen ser prósperas, con una cocina local muy elogiada. El padawan Ram Jomaram señala que no es raro que las criaturas del bosque disparen los sistemas de seguridad que rodean las infraestructuras de la ciudad, como la torre de comunicaciones apodada Torre Crashpoint. La paz de Valo suele resultar perturbada tanto por los Nihil como los Drengir.

BANCHII

REGIÓN Borde Exterior **SECTOR** Jjannex **SISTEMA** Inugg **GEOGRAFÍA** Bosques

Banchii es un mundo pequeño y remoto, con árboles altísimos y un suelo rico para la agricultura. Durante la Alta República, es el emplazamiento de un puesto avanzado Jedi relativamente nuevo. El otro templo del sistema Inugg está en Hon-Tallos. Los maestros Jedi Arkoff y Lily Tora-Asi, el padawan Keerin Fionn y varios jovencitos están destinados en Banchii para ayudar a los colonos de la República a establecerse. Por el momento, no se ha establecido una infraestructura de comunicaciones en el planeta. Lily negocia el reparto de recursos entre granjeros y refugiados de la República y los nativos banchiianos.

NO ESPACIO

UBICACIÓN Borde Exterior, espacio desconocido

El No Espacio es una región del espacio que contiene el cuartel general de los Nihil, conocido como el Gran Salón. Se sabe que al menos una nave ha desaparecido en el No Espacio y no se la ha vuelto a ver. El No Espacio está en gran parte sin cartografiar, y Marchion Ro vigila de cerca el hiperespacio que conduce a él. El techo del Gran Salón es un escudo de energía transparente que deja pasar la luz de la colorida nebulosa. Poco antes de la caída del Faro Starlight, Lourna Dee ordena a los Nihil que refuercen el Gran Salón, cubriendo el escudo de energía con placas de metal.

YARRUM

REGIÓN Borde Exterior **SECTOR** Bri'ahl **GEOGRAFÍA** Desierto

El planeta desértico Yarrum está cerca de Tenoo, e incluye el emplazamiento de la Torre Yarrum, un centro de comercio para piratas. El joven pirata Taborr intenta y fracasa en su intento de vender semillas robadas a un revendedor chagriano. Kai Brightstar, Lys Solay y Nubs persiguen a Taborr hasta la torre después de que este robe unas gominolas a Weebo. Más tarde, cuando Nash Durango ve que Taborr se siente mal por no impresionar a los piratas mayores, comparte con él su gominola.

TENOO

REGIÓN Borde Exterior **SECTOR** Bri'ahl **GEOGRAFÍA** Bosques, humedales

Tenoo es un planeta exuberante, rico en árboles Tenoo y con abundante agua. Tiene dos lunas, la mayor de las cuales se llama Dedoon. La primera persona en Tenoo es Kaliah Kublop, que funda Kublop Springs.

Durante la Alta República, Tenoo contiene el Templo Jedi en el que viven la maestra Zia Zaldor Zanna, Kai Brightstar, Lys Solay y Nubs, y recibe la visita de Yoda. Tenoo es también la sede del Servicio de Lanzaderas de Durango, una empresa familiar de transportes.

La savia del árbol de Tenoo se puede consumir, y la madera es buena para la construcción de casas. El guardabosques Raxlo intenta cosechar la savia de un gran árbol, pero su taladro desestabiliza las raíces, y la cueva que hay bajo ellas se inunda. Raxlo apenas escapa, con la ayuda de Kai, Lys y Nubs.

Templo Jedi
El Templo Jedi de Tenoo es antiguo, y sus actuales ocupantes desconocen el contenido de muchas de sus salas.

YAMRADI

REGIÓN Borde Exterior **GEOGRAFÍA** Bosque

Yamradi, un próspero planeta con un ecosistema diverso, es el hogar de unas misteriosas criaturas llamadas chylaroo. SF-R3, CAM-E, Kai Brightstar, Lys Solay y Nubs viajan a Yamradi para aprender más sobre ellas. CAM-E halla también una gran criatura similar a un pájaro, que vuela con él. Dado que las bayas en Yamradi son muy brillantes, algunas criaturas, como el gran pájaro, confunden a los droides metálicos y brillantes con su comida. Lys usa esta información para alejar a la criatura de CAM-E y descubre que el ave es amistosa. Lo bautiza ave madriguera.

NABOO

REGIÓN Borde Medio **SECTOR** Chommell
GEOGRAFÍA Llanuras, pantanos, bosques

Naboo es un mundo pequeño y singular cuya superficie está formada por lagos pantanosos, onduladas llanuras y verdes colinas. Las ciudades ribereñas deslumbran por su arquitectura, mientras que los asentamientos subacuáticos de los gungan son ejemplos de la tecnología de burbujas hidrostáticas.

Planeta pacífico
Aunque la escasa población humana de Naboo disfruta de la paz y la tranquilidad, ellos y los autóctonos gungan han mantenido una relación difícil durante siglos, hasta que se alían para defender su verde mundo.

DESTINO IDÍLICO

La Región de los Lagos es una de las zonas habitadas más remotas del país, con una población dispersa formada por granjeros, pastores de shaak y artesanos del cristal. En primavera, el Festival de la Alegre Llegada trae coloridos desfiles y actuaciones musicales. Aunque la tierra fértil es inundada periódicamente por los ríos, la región es seca y agradable en verano. La familia de Padmé Amidala tiene una casa de campo en la isla de Varykino.

Rutas comerciales
Durante generaciones, los gungan han usado submarinos bongo para explorar y navegar la sinuosa y vasta red de túneles subacuáticos que atraviesa el planeta Naboo.

EL NÚCLEO

Carente de un núcleo fundido, el antiguo planeta de Naboo es un conglomerado de grandes cuerpos rocosos surcados por redes de cuevas y túneles. Estos sistemas, repletos de agua, dan lugar a numerosos lagos pantanosos en la superficie del planeta que llegan hasta regiones más profundas. Los indígenas gungan han desarrollado transportes sumergibles para recorrer las cuevas y los túneles, pero la mayoría son reacios a adentrarse en las profundidades, infestadas de enormes bestias marinas. Sin embargo, los veteranos navegantes gungan usan ciertas vías que atraviesan el núcleo a modo de rutas comerciales tradicionales, porque son los trayectos más rápidos entre uno y otro lado de Naboo.

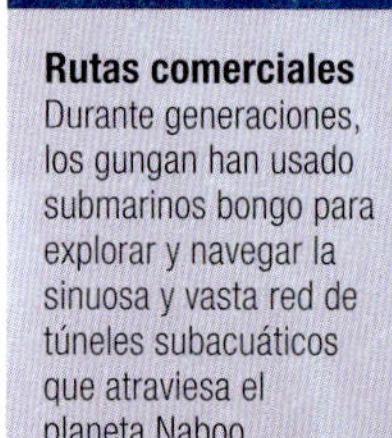

EL SANTUARIO DE LOS GUNGAN

Construido por los llamados «antiguos», el Santuario de los Gungan es un antiguo monumento al norte del pantano de Lianorm. Generaciones de gungan se han reunido en este espacio en tiempos de discordia o cuando los cabecillas han previsto un gran peligro. Se accede por una entrada secreta que conduce a un camino que desemboca en un claro situado bajo una tupida bóveda de árboles. Restos de colosales estatuas monolíticas, algunas desplazadas por las raíces de los árboles, parecen a veces elevarse y a veces descansar sobre el sagrado terreno, vedado a los extranjeros.

Reunión urgente
Cuando la Federación de Comercio invade Naboo, Jar Jar Binks lleva a la reina Amidala a reunirse con el jefe Nass en el Santuario de los Gungan *(superior)*. Allí, gungan y naboo acuerdan una alianza contra sus enemigos. Poco se sabe acerca de los reptilianos conocidos como los «antiguos» *(arriba)*, que lucharon contra los antepasados de los gungan y dejaron muchos monumentos en Naboo.

Espectáculo simbólico
Los fuegos artificiales de la Fiesta de la Luz son ráfagas controladas que representan momentos históricos importantes de la asociación de Naboo con la República.

FIESTA DE LA LUZ

La Fiesta de la Luz conmemora el aniversario de la incorporación del planeta Naboo a la República Galáctica. En la ciudad de Theed, la celebración suele observarse mediante una ceremonia pública que incluye un sofisticado espectáculo de luces de láser y fuegos artificiales. Durante las Guerras Clon, el canciller supremo Palpatine vuelve a su mundo natal para asistir a la 847.ª edición de la fiesta, pese a saber que puede ser objetivo de un intento de asesinato. Consciente de que sortear ese deber sería reconocer que teme al enemigo, Palpatine espera que los Jedi lo protejan.

Una argucia peligrosa
El ejército gungan se enfrenta con valor al enorme ejército droide en las Grandes Llanuras, situadas al sur de Theed.

LA BATALLA DE NABOO

Tras el bloqueo de la Federación de Comercio, la reina Amidala vuelve a Naboo para salvar a su pueblo, y encabeza la resistencia con la ayuda de los Jedi Qui-Gon Jinn y Obi-Wan Kenobi, Anakin Skywalker y los gungan autóctonos. Mientras el ejército gungan hace de señuelo para alejar a los droides de la capital, Padmé Amidala y los Jedi se infiltran en el Palacio de Theed, donde se encuentra Gunray, el líder de la Federación de Comercio. Sin embargo, Darth Maul aparece, ataca a los Jedi y los conduce hasta el generador de energía, donde tiene lugar un épico duelo que termina con la muerte de Qui-Gon y, aparentemente, también la de Maul. Mientras, Anakin llega hasta la nave que controla los droides, la destruye desde dentro y desactiva a los droides. A la vez, en el Salón del Trono del Palacio de Theed, Amidala detiene a Gunray y lo obliga a firmar un nuevo tratado.

OPERACIÓN CENIZA

La Operación Ceniza, uno de los planes de contingencia del emperador, se activa unas semanas después de la batalla de Endor. Naboo es uno de los planetas que han de ser destruidos según las órdenes póstumas del emperador. El Imperio apunta a Naboo con una matriz de disrupción climática que lo haría inhabitable, pero una pequeña fuerza de cazas-N1 comandados por la princesa Leia destruye la matriz, gracias también a los refuerzos de la Alianza Rebelde. Entonces, el Imperio lanza un ataque por tierra contra Theed, pero las fuerzas de la Alianza consiguen repelerlo.

Control del clima
Cualquier alteración del templado clima de Naboo sería catastrófica.

THEED

UBICACIÓN Naboo

Theed, antes una aldea agrícola a orillas del río Solleu y ahora la capital de Naboo, está construida al borde de un gran altiplano donde el río Solleu forma una catarata. Alimentado por los afluentes subterráneos que llegan desde el núcleo del planeta, el río atraviesa y rodea Theed de tal modo que casi todos los puntos elevados de la ciudad tienen vistas al agua. Generaciones de comerciantes naboo han usado las vías fluviales para encontrarse con los gungan. La mayoría de los edificios tienen columnatas en la fachada, techos abovedados y terrazas. La armoniosa arquitectura de Theed refleja el temperamento pacífico y la cultura de los fundadores y habitantes de la ciudad.

Durante el bloqueo de Naboo, la Federación de Comercio ocupa la ciudad y perturba con ello la paz que la caracteriza. La población sufre en campos de internamiento operados por la Federación, hasta que un ejército compuesto por fuerzas gungan y de Naboo los liberan. Al final de las Guerras Clon, la ciudad celebra el funeral de su amada reina y senadora, Padmé Amidala.

Después de la batalla de Endor, una facción imperial lanza un ataque contra Naboo y envía fuerzas terrestres a Theed. La princesa Leia y otros miembros de la Alianza Rebelde repelen el ataque.

PALACIO REAL DE THEED

UBICACIÓN Theed (Naboo)

Sobre la cima de un acantilado bordeado de cataratas se alza el inmenso Palacio Real de Theed, sede del gobierno de Naboo. El antiguo y majestuoso edificio sirve como residencia al soberano electo de Naboo y como sede para el Consejo Consultivo Real de Naboo. El palacio es una estructura imponente, pero está decorado con delicados detalles ornamentales que dan fe de la sensibilidad artística y cultural de Naboo. Se encuentra protegido por la Guardia Palaciega de Naboo, aunque, dada la naturaleza pacífica del planeta, rara vez haya que movilizar a las tropas adiestradas. Durante el bloqueo de Naboo, el virrey Nute Gunrey de la Federación de Comercio ocupa el palacio, pero la reina Amidala lo captura mientras se libra la batalla de Naboo. Años después, el conde Dooku se infiltra en el palacio para intentar capturar al canciller supremo durante la ceremonia del 847.º Festival de la Luz. Después de la batalla de Naboo, instalan un cañón de pulsos de iones para proteger Theed y lo activan cuando el Imperio ataca la ciudad durante la Operación Ceniza.

Santuario palaciego
El Palacio Real de Theed disfruta de unas magníficas vistas desde su santuario sobre el acantilado *(izda.)*. La principal arteria de la ciudad, la Explanada del Palacio, es una ancha avenida peatonal que se extiende desde el edificio hasta el Patio de Palacio *(arriba)*.

SALÓN DEL TRONO DEL PALACIO REAL

UBICACIÓN Palacio Real de Theed, Theed, Naboo

Los arquitectos originales y los cuidadores actuales del Palacio Real de Theed rechazan toda exhibición de maquinaria, pero el edificio presenta muchas muestras de tecnología disimuladas con sutileza. El Salón del Trono está protegido por puertas blindadas, un sistema de comunicaciones interplanetarias y compartimentos ocultos con armas para casos de emergencia. El suelo del salón tiene integrado un proyector de holografías, además de una pantalla en la pared, que permiten a la reina Amidala y a su consejo consultivo conversar con dignatarios de otros mundos.

Trono capturado
Durante su ocupación de Naboo, los neimoidianos hablan con el holograma de Darth Sidious en el Salón del Trono.

OTOH GUNGA

UBICACIÓN Lago Paonga (Naboo)

Muy por debajo de la superficie del lago Paonga se halla la mayor ciudad gungan, Otoh Gunga. Parece un racimo de burbujas resplandecientes como joyas, y sin duda se trata del máximo logro de la tecnología gungan. Los gungan cultivan directamente el material de construcción de sus ciudades, y las elegantes estructuras contenidas dentro de las burbujas presentan formas curvas que parecen vivas. Las burbujas son campos de fuerza hidrostáticos que encierran atmósferas respirables para los habitantes. Aunque no dejan pasar el agua, los gungan que llegan y parten nadando de la ciudad pueden atravesarlas por unos portales especiales.

Cuando la Federación de Comercio ocupa Naboo, el jefe Nass se desentiende de la amenaza de los droides de combate, porque cree que Otoh Gunga está a salvo, pero cuando los droides se acercan al territorio gungan e invaden la ciudad sumergida, sus habitantes se ven obligados a abandonar su hogar. Los gungan se esconden en el bosque vecino, que contiene el Santuario de los Gungan, y acaban por aliarse con la reina Amidala y la población humana de Naboo.

Tras la derrota de la Federación de Comercio, la sobrepoblación se convierte en un enorme problema para el jefe Nass y el Alto Consejo Gungan. El aumento de la tolerancia con las visitas de habitantes de otros mundos empieza a convertir Otoh Gunga en uno de los destinos favoritos para las lunas de miel. Cuando el reinado de Padmé llega a su fin, una de sus doncellas, Eirtaé, viaja a Otoh Gunga para estudiar la tecnología gungan.

Ingeniería gungan
Los gungan combinan catalizadores de espora burbuja y plasmas estabilizados en generadores de campos electrostáticos para crear las burbujas hidrostáticas que mantienen seca su ciudad *(arriba)*. Los habitantes anfibios de Otoh Gunga usan los portales diseñados para entrar y salir de la ciudad sumergida *(dcha.)*.

HANGAR DE THEED

UBICACIÓN Theed (Naboo)

Anexo a un lateral del Palacio Real de Theed, el hangar es el cuartel general de las Reales Fuerzas de Seguridad y el Cuerpo de Cazas Estelares de Naboo, y alberga los cazas amarillos N-1 de Naboo, además de la nave estelar real de la reina. Separado del hangar por una gruesa puerta blindada, el generador suministra energía de plasma a las naves espaciales a través de unos conductos subterráneos. El hangar está dotado con equipo de control de tráfico aéreo, estaciones informáticas tácticas y un túnel subterráneo secreto que lleva al palacio. Durante la batalla de Naboo, Amidala y sus aliados usan los túneles para infiltrarse en Theed, lo que les permite llegar hasta el hangar para liberar a los controladores aéreos y pilotos presos. Los pilotos suben corriendo a sus cazas estelares N-1 y despegan para sumarse a la lucha. Al final, el hangar es clausurado cuando se decide alejar las operaciones de caza del palacio y, posteriormente, el Imperio desmilitariza Naboo. Durante la Operación Ceniza, la princesa Leia, la reina Soruna y la piloto rebelde Shara Bey se introducen en el hangar, donde encuentran unos cazas estelares N-1 abandonados que pilotan para proteger a Naboo de la destrucción por parte del Imperio.

TATOOINE

REGIÓN Borde Exterior **SECTOR** Arkanis
SISTEMA Tatoo **GEOGRAFÍA** Desierto, mesetas, peñascos, cañones

Lejos de los Mundos del Núcleo, el inhóspito planeta desértico de Tatooine posee escaso interés para la galaxia en general. Paradójicamente, este mundo polvoriento es el hogar de dos generaciones de Skywalker, que son clave para acabar tanto con la República Galáctica como con el Imperio que le siguió.

MUNDOS SIN LEY

Lejos de los intereses de las leyes de la galaxia, Tatooine está bajo el control de los hutt, cuyas turbias operaciones atraen a pilotos, ladrones y cazarrecompensas a las escasas ciudades portuarias del planeta. A pesar de la actividad delictiva y los esfuerzos de los colonos para extraer sustento de un entorno inclemente, los esporádicos intentos de asentamiento solo han dejado comunidades dispersas, separadas por vastos vacíos de terreno inhóspito.

Inmensidades áridas
La superficie de Tatooine es un desierto infinito y abrasado por la intensa energía de dos soles amarillos. La esporádica aparición de mesetas rocosas, cañones y barrancos interrumpe la monotonía del aparente sinfín de cambiantes dunas.

CARROÑEROS DEL DESIERTO

Mucho antes de que los hutt se adueñaran de Tatooine, allí había colonias de mineros que buscaban minerales preciosos en el planeta de arena. Cuando el metal de Tatooine demostró no tener propiedades metalúrgicas adecuadas, las minas se cerraron y los mineros abandonaron casi todo su equipo, incluidos los transportes oruga para acarrear y refinar el mineral. Para gran sorpresa de los colonos, los jawas nativos no tardaron en reclamar y rescatar esos «reptadores de las arenas», que se convirtieron en una parte importante de su cultura. Los jawas usaron los oruga no solo como defensa blindada contra los elementos y los bandidos tusken; también para transportar sus mercancías, incluidos los droides reconstruidos. Los reactores de fundición de los reptadores de las arenas, diseñados para fundir minerales, han sido modificados para producir lingotes vendibles. Aunque a los bandidos tusken no les interesa la tecnología informática, ellos también rescatan y roban metal que pueden convertir en armas y máscaras.

DRAGONES KRAYT

Según el folclore jawa, el Mar de Dunas fue una vez un verdadero océano. Los cañones erosionados parecen confirmar las historias de los jawas. Pese a la escasez de agua, Tatooine cuenta con muchas criaturas autóctonas, como el dragón krayt, que se sumerge en las arenas movedizas y usa sus extremidades para nadar a través de las dunas. Su piel escamosa es impenetrable y escupe un ácido por la boca que disuelve a cualquier criatura que se cruce en su camino. El gigantesco reptil es tan formidable que puede darse un festín con un sarlacc e instalarse en su fosa. Los tusken valoran mucho las entrañas del dragón krayt, que pueden contener un raro tesoro: una enorme perla.

Unir fuerzas
Se necesitan los esfuerzos unidos del mandaloriano Din Djarin, el mariscal Cobb Vanth, los tusken y los residentes de Mos Pelgo para acabar con el dragón krayt que aterroriza la ciudad.

Planeta de arena

Aislado y casi sin agua, Tatooine es un mundo de aire seco y tierra cuarteada. La superficie del planeta refleja la luz de sus soles con tanta intensidad que sus exploradores originales en un primer momento tomaron el planeta por un tercer sol más pequeño. La vida autóctona incluye a los chatarreros jawa y a los temibles bandidos tusken. Entre las criaturas que pueblan el desierto se cuentan los banthas, dewbacks, rontos, correteadores, ratas womp, ballenas de arena tibidon, dragones krayt y eopies.

Negociaciones
Aunque los Jedi tienen pocos motivos para visitar Tatooine, Obi-Wan se encuentra con Jabba el Hutt durante las Guerras Clon para tratar de una situación relacionada con el hijo secuestrado de Jabba, Rotta.

Comerciantes nómadas
Los jawas salen correteando de su reptador de las arenas y ofrecen droides al granjero de humedad Owen Lars.

GRANJAS DE HUMEDAD

Los evaporadores de agua no solo son los dispositivos energéticamente más eficientes usados para recoger agua en Tatooine: son un equipamiento vital para la supervivencia de los colonos. Aunque un evaporador puede costar hasta 500 créditos, algunos colonos invierten en varias unidades para establecer sus granjas de humedad. Los granjeros independientes suelen usar el agua sobrante para sus huertos hidropónicos, pero estos no suelen dar muchos beneficios. Los traficantes de agua, como Lortha Peel, hacen de intermediarios en las ventas en nombre de los agricultores de humedad.

Campos de evaporadores
Luke observa la granja y los evaporadores de su tío *(dcha.)*, que están espaciados de forma estratégica para recoger humedad *(arriba)*.

Una ciudad bulliciosa
Mos Espa, una de las pocas ciudades portuarias de Tatooine, es más grande que el espaciopuerto de Mos Eisley y es famosa por sus amplias calles, bordeadas por numerosas tiendas y puestos.

Despedida entre lágrimas
En la calle, delante de su casa, Anakin Skywalker se despide de su madre, Shmi.

MOS ESPA

UBICACIÓN Tatooine

A orillas del desierto Mar de las Dunas, bajando por la cañada de Xelric, está la ciudad de Mos Espa, una extensión de edificios bajos con las paredes gruesas y los techos abovedados para protegerse del calor abrasador de los soles del planeta.

LA ECONOMÍA DE MOS ESPA

Entre las viviendas, los espacios de trabajo y los comercios, la ciudad ofrece muchas zonas de ocio, como el Santuario de Garsa Fwip o la famosa Gran Arena de Mos Espa. Aunque varios hutt acaudalados, incluido Jabba, tienen residencia aquí, la mayor parte de su población son colonos que subsisten como pueden.

Dado que ni la República galáctica ni la Federación de Comercio poseen jurisdicción alguna sobre Tatooine, y que el planeta tiene pocos recursos naturales valiosos, la única riqueza verdadera de Mos Espa reside en el juego y en el comercio con otros mundos a través del lucrativo mercado negro. La entrada de empresas comerciales alimenta el crecimiento de Mos Espa, que no tarda en convertirse en la ciudad más grande de Tatooine y, de facto, en su capital. Muchos extranjeros creen que podrán evitar el pago de aranceles altos si hacen negocios en Mos Espa, pero como Tatooine está controlado por los hutt, pocos viajeros ahorran dinero en el puerto espacial. Los económicos hoteles y cantinas son señuelos ideales para atraer a comerciantes, pilotos y turistas incautos a los casinos de los hutt, donde pueden perder sus ganancias y los ahorros de toda la vida. Pocos perdedores protestan: saben que los locales regentados por los hutt cuentan con un personal que no tolera a los alborotadores. Sin embargo, el auge del Imperio lleva a los hutt a revisar sus planes comerciales, y Jabba desplaza sus intereses a Mos Eisley.

NUEVO DAIMIO

Tras la muerte de Jabba el Hutt y de su inepto sucesor, Bib Fortuna, el antiguo cazarrecompensas Boba Fett reclama su territorio en Mos Espa.

Durante la Nueva República, la ciudad está dividida entre tres facciones principales: el puerto estelar y la zona alta bajo el control de los klatooinianos; los aqualish, en el Distrito Obrero, y los trandoshanos en el centro. El Sindicato Pyke negocia una incómoda alianza con esos grupos y con el alcalde Mok Shaiz para transportar su especia a través de Mos Espa, pero Fett y sus aliados expulsan de la ciudad la organización criminal y sus negocios ilegales.

Regreso a Mos Espa
El yate de Padmé Amidala deja a Anakin en un muelle *(dcha.)*, y los dos juntos cogen un robot calesa hasta la tienda de Watto *(arriba)*.

TIENDA DE WATTO

UBICACIÓN Mos Espa (Tatooine)

Aunque Watto anuncia su establecimiento como taller de piezas de recambio, los habitantes de Mos Espa lo llaman chatarrería. El local se encuentra cerca de los muelles y hangares de servicio más utilizados del espaciopuerto, y muchos pilotos de vainas lo conocen bien.

CÚPULA INCONFUNDIBLE

En un principio, el edificio principal era una cúpula chata, pero Watto ha añadido un peculiar remate en forma de campana que ofrece espacio adicional y atrae a los clientes por su inusual altura. Para Watto, el vértice de la cúpula constituye una cómoda poltrona que le recuerda los nidos de estiércol de su planeta natal.

UN NEGOCIO DE ÉXITO

La tienda es una de las más prósperas de su clase en Mos Espa. Watto achaca su éxito a cuatro factores: precios inflados, mercancía robada, esclavos y ninguna pregunta. Al igual que la mayoría de los mercaderes de Mos Espa, Watto solo acepta moneda local.

En el local de Watto se pueden encontrar desde recambios útiles hasta droides operativos. Su selección de componentes y unidades completas incluye droides generadores GNK, droides de reparación de la serie DUM, droides astromecánicos y revestimientos para droides de protocolo de Cybot Galáctica. Un droide tendero R1 se ocupa de casi todas las transacciones normales, mientras Anakin repara y limpia la maquinaria, lo que le deja más tiempo al dueño para los juegos de azar.

Watto también ha reunido una colección de curiosidades relacionadas con las carreras de vainas. Fuera de la tienda, un portal da acceso al desguace, donde Watto guarda los objetos más grandes y la mayor parte de su mercancía, como motores de vaina, turbinas de deslizador y contenedores de mercancías vacíos. Cerca de la entrada al desguace, Watto mantiene una montaña de chatarra, en su mayoría inútil, que deja fuera para los chatarreros jawas. Aunque prefiere a los clientes que pagan, Watto siente cierto respeto por los jawas, que le han enseñado mucho sobre cómo rescatar vehículos averiados y proteger del calor y la arena la tecnología.

Un talento natural
Además de contener maquinaria para limpiar y reparar tecnología y aparatos mecánicos, las mesas del taller sirven de escaparate para diversos componentes en venta *(arriba)*. Watto aprovecha el talento natural de Anakin para reparar maquinaria *(izda.)*.

Paseo por el desguace
Con la esperanza de obtener un componente de hiperimpulsor, Qui-Gon Jinn sigue a Watto hasta el desguace del taller.

Construcción de arenisca
Ubicado en el punto donde confluyen la cañada de Xelric y la orilla norte del desierto Mar de las Dunas, el anfiteatro aprovecha la curva natural de un escarpado cañón.

GRAN ARENA DE MOS ESPA

UBICACIÓN Afueras de Mos Espa (Tatooine)

Financiada por los hutt, la Gran Arena de Mos Espa acoge la Clásica de Boonta Eve, la mayor carrera de vainas anual de Tatooine. La pista de carreras de vainas de la arena es una de las más famosas del Borde Exterior y atrae a competidores y espectadores de toda la galaxia. Jabba también celebra aquí otros eventos, como ejecuciones públicas.

LOS HANGARES DE LAS VAINAS

Erigidos en un principio como un conjunto de plataformas cerradas, cada una de las cuales correspondía a una única vaina, los hangares de la arena se han ampliado a medida que el deporte ha ido ganando popularidad. Se han tirado los tabiques entre plataformas para dar cabida a nuevos bólidos y adaptarse al número de participantes. Se usan para el mantenimiento de los vehículos y los ajustes de última hora, pero también son el lugar donde los pilotos, sus fans acaudalados y los patrocinadores cruzan elevadas apuestas clandestinas.

Ajetreo de droides de reparación
Dentro de un hangar, los equipos de droides de reparación no paran de moverse para ayudar a los mecánicos de vainas antes de la Clásica de Boonta Eve.

Sin vuelta atrás
Cuando los pilotos ocupan sus puestos en la parrilla, ninguno piensa en que la Clásica de Boonta Eve tiene la mayor tasa de mortalidad de todas las carreras de vainas de la galaxia.

PARRILLA DE SALIDA

La ceremonia formal de la carrera empieza con un desfile de abanderados, cada uno de los cuales lleva el emblema de una vaina de las que forman la parrilla de salida. El sistema para decidir el orden de partida de la Clásica de Boonta Eve es objeto de muchas cábalas y discusiones entre los aficionados. Creado en teoría por expertos del circuito, en realidad conlleva una mezcla desconcertante de estadística, soborno descarado y puro azar. Cuando los abanderados dejan la pista, los enormes motores de las vainas cobran vida con un rugido, como si estuvieran ansiosos por lanzarse a velocidades que superan los setecientos kilómetros por hora. Dieciocho vainas participan en la fatídica competición que acaba con un duro golpe para el dug Sebulba y una gran victoria para Anakin Skywalker, que gana no solo la carrera, sino también su libertad. Solo siete pilotos cruzan la línea de meta.

EL PALCO DE WATTO

Los residentes más ricos de Mos Espa y sus invitados pueden permitirse palcos privados separados del resto de la muchedumbre. Cuando hay carrera, Watto, el magnate toydariano de la chatarra, celebra fiestas para sus amigos y compañeros de juego en su palco privado. Como solo una parte del circuito pasa por el anfiteatro, el palco está equipado con pantallas que transmiten la imagen de droides cámara voladores para que Watto y sus amigotes sigan la carrera en todo momento. El palco más opulento siempre es el reservado para los hutt gobernantes, en especial, Jabba, gran maestro de ceremonias del Clásico.

Los fans de las carreras de vainas

Más de cien mil espectadores llenan la Gran Arena el día de la Clásica de Boonta Eve. Ocupan los asientos de tribuna, se hacinan en las plataformas o se apiñan en los niveles superiores para presenciar el espectáculo. Muchos esperan hacerse ricos con sus apuestas.

CORUSCANT

REGIÓN Núcleo **SECTOR** Corusca
GEOGRAFÍA Paisaje urbano

En el corazón de la galaxia, Coruscant es la sede del gobierno de la República galáctica y del posterior Imperio. La población del planeta, cubierto por entero de rascacielos, supera el billón de personas, incluidos muchos políticos e industriales poderosos.

Ecumenópolis
Coruscant ha agotado sus recursos naturales y depende por completo del exterior para sobrevivir.

«Superficie» resplandeciente

Visto desde órbita, Coruscant parece una gran esfera brillante que promete prosperidad para todos. El sol se refleja en lo alto de los rascacielos donde viven los ciudadanos más ricos, como la senadora de Chandrila, Mon Mothma, y su familia. Pero, bajo esa pátina lustrosa, el mundo urbano desciende miles de niveles hasta las zonas empobrecidas y peligrosas adonde el sol no llega desde hace milenios.

TRÁFICO AÉREO

Los cielos de Coruscant están siempre abarrotados de tráfico de vehículos repulsores. La mayoría de los trayectos se realizan con piloto automático, lo que permite viajar por rutas preprogramadas. Las naves de pasajeros circulan por los carriles más altos, mientras que los aerotaxis conducidos por droides recorren de un lado a otro esas rutas para llevar a los clientes a su destino. Los pilotos de turoperadores exigen elevadas tarifas por llevar a los visitantes extraplanetarios en cruceros mundiales. Incluso de noche, Coruscant es un espectáculo de luces y ríos de tráfico, una bulliciosa ecumenópolis que no duerme.

NIVEL 2046

Durante el auge del Imperio, como parte de un plan, el Jedi renegado Cal Kestis es capturado por mercenarios y llevado al Nivel 2046, muy por debajo de la superficie de Coruscant. Es uno de los niveles intermedios y destaca por sus industrias independientes, sus vendedores y sus puestos de comida. Desi's Noodles, por ejemplo, se considera una de las pocas buenas razones para adentrarse en la zona. Como los demás niveles subterráneos de la ciudad-planeta, el 2046 está poblado por refugiados y ocupantes ilegales empobrecidos.

Crecimiento urbano
La crisis de Naboo y las Guerras Clon tienen un gran impacto en el Distrito del Senado: el refuerzo del bienestar de la República crea nuevos edificios para dar cabida a miles de divisiones dedicadas al esfuerzo bélico y a la defensa de la República.

EXTENSIONES DE RASCACIELOS

La superficie de Coruscant ha quedado enterrada bajo los cimientos de inmensos rascacielos. Las enormes estructuras llegan a tales cotas de la atmósfera que los inquilinos de los complejos superiores requieren conducciones de gases purificados para respirar, un lujo que solo pueden permitirse los más ricos. Varios kilómetros más abajo, los niveles inferiores son un laberinto de callejones donde habitan los más pobres. Los ciudadanos de arriba y de abajo se entremezclan en un sinfín de clubes nocturnos, casas de juego, bares y locales de ocio que sirven a todas las especies.

Fiesta en el cielo
En Coruscant celebran la muerte de Palpatine con fuegos artificiales.

Torres abandonadas
Los residuos tóxicos vuelven inhabitables amplios sectores de Los Talleres.

GUERRA CIVIL

La mayoría de Coruscant estalla en celebraciones tras la muerte del emperador. Poco después, lo que estalla es una guerra civil entre las fuerzas imperiales (y los ciudadanos leales al Imperio) y los ciudadanos rebeldes, que cuentan con el apoyo de la Nueva República. Las fuerzas leales a Gallius Rax, el protegido del emperador, encierran en el palacio imperial al gran visir Mas Amedda, sucesor nominal del emperador. Tras la batalla de Jakku, Amedda firma en nombre del Imperio la Concordancia Galáctica, un tratado de paz que pone fin a la Guerra Civil Galáctica. Entonces, Coruscant se une a la Nueva República, con Amedda como líder marioneta del gobierno provisional.

TEMPLO JEDI

UBICACIÓN Ciudad Galáctica (Coruscant)

Desde que se lo arrebataran a los Sith hace 1000 años, el Templo Jedi ha sido el hogar de la Orden Jedi en Coruscant. Mitad escuela, mitad monasterio, el Templo Jedi contiene instalaciones para el entrenamiento y la meditación, dormitorios, enfermerías y archivos que poseen datos exhaustivos de toda la galaxia.

El Templo
El Templo Jedi, un enorme zigurat que se alza desde uno de los niveles más altos de Coruscant, se reconoce en el acto por su corona de cinco agujas. La Orden Jedi también posee capítulos y otros templos por toda la galaxia.

SALA DEL ALTO CONSEJO

El Alto Consejo Jedi, órgano rector de la orden, se reúne dentro de una de las agujas exteriores del Templo Jedi. La sala circular del Alto Consejo contiene un anillo de doce asientos, uno para cada maestro Jedi miembro. El órgano supervisa los acontecimientos galácticos, medita sobre la naturaleza de la Fuerza, ejerce la autoridad final sobre las misiones Jedi para la República y decide si los candidatos a Jedi son dignos de adiestramiento. Aunque una avanzada red de comunicaciones mantiene al Consejo al día de los sucesos galácticos, sus miembros también confían en la Fuerza para captar perturbaciones y adelantarse a situaciones que puedan precisar su ayuda. Durante las Guerras Clon, el Consejo usa la sala para debatir estrategias de combate y coordinar a las tropas.

Misión Jedi
De pie, en el centro de la sala del Alto Consejo, Obi-Wan Kenobi y Anakin Skywalker reciben órdenes de los miembros del Consejo.

ARCHIVOS JEDI

En el interior del Templo Jedi, increíbles cantidades de datos se almacenan electrónica y holográficamente en los Archivos Jedi. Eruditos e investigadores emplean los datos, cuidadosamente organizados, en sus estudios o misiones. Además de cintas de datos y hololibros estándar, los Archivos contienen holocrones, unos dispositivos de forma poliédrica que almacenan ingentes cantidades de datos. Tras la Purga, la maestra Jedi Cere Junda inicia una misión personal para recuperar y preservar los registros perdidos de los Archivos.

ENTRENAMIENTO DE JÓVENES JEDI

Antes de emparejar a un padawan con un maestro Jedi, los estudiantes, conocidos como jovencitos, reciben clases en un grupo comunal llamado clan. En todo momento, en el Templo Jedi, diez clanes reciben instrucción en los caminos de los Jedi bajo la tutela del Gran Maestro Yoda. Cada clan está formado por un máximo de 20 jovencitos, de unos 4–8 años de edad, de distintas especies. Anakin Skywalker es un raro ejemplo de padawan que se salta la etapa de formación en el clan y se une a la Orden siendo ya un niño crecido.

Instrucción
Yoda enseña a los jóvenes aprendices de Jedi del Clan del Oso y charla con Obi-Wan.

Caza al Jedi
Por orden de Darth Sidious, Darth Vader, recién nombrado lord Sith, conduce al antiguo batallón de Anakin, la 501.ª Legión, en una misión homicida dentro del Templo Jedi.

TEMPLO SITIADO

Para ayudar a Darth Sidious, su nuevo aprendiz, Darth Vader, ataca el Templo Jedi con sus fuerzas especiales de soldados clon de élite. Acaban con los Jedi del Templo, sin perdonar a los jovencitos que se esconden en la sala vacía del Consejo. Tras coronarse emperador, Sidious envía una falsa transmisión de emergencia a la galaxia, notificando a los Jedi que la guerra ha terminado y ordenándoles volver al Templo. Al darse cuenta de esta trampa, los maestros Obi-Wan y Yoda se infiltran en el Templo y modifican la transmisión, advirtiendo a los Jedi restantes que se mantengan alejados.

PALACIO IMPERIAL

Tras la Purga de los Jedi, el emperador Palpatine ordena reparar y redecorar el Templo. Rebautiza la antigua fortaleza de su enemigo como Palacio Imperial y gobierna desde su interior. Como dictador, celebra fastuosos bailes y se reúne en el palacio con personas que le parecen interesantes. En secreto, Palpatine traslada muchos de sus artefactos Sith al lugar y ordena la excavación de un antiguo santuario Sith en el que planea descubrir los secretos finales del Lado Oscuro junto con Darth Vader. Tras la muerte de Palpatine, su leal seguidor y posible sucesor, el gran visir Mas Amedda, es encarcelado en palacio por las fuerzas imperiales leales al consejero Gallius Rax. Amedda es finalmente liberado por un grupo de jóvenes rebeldes, que se aseguran de que llegue a la Nueva República.

Guardianes del conocimiento
Jocasta Nu, la bibliotecaria principal de los Archivos Jedi, ayuda a Obi-Wan *(izda.)*, que busca en los archivos información sobre el misterioso sistema Kamino *(arriba)*.

Tras la caída
El planeta estalla en celebraciones tras la muerte del emperador. No obstante, el palacio sigue siendo el bastión de las fuerzas imperiales destacadas en Coruscant.

Representantes galácticos
Cada palco de la Cámara del Senado galáctico contiene una delegación de un mundo o sector importantes de la República. Los ideales democráticos del Senado son puestos a prueba cada vez que el proceso legislativo degenera en una trifulca y una burocracia sin sentido.

CÁMARA DEL SENADO GALÁCTICO

UBICACIÓN Distrito del Senado (Coruscant)

La Cámara del Senado galáctico constituye el centro neurálgico de la actividad política en Coruscant. El enorme espacio abierto permanece rodeado por 1024 plataformas dispuestas en círculos concéntricos. Cada una contiene una delegación de un planeta, sector u organismo político importantes. Las plataformas están equipadas con repulsores antigravitatorios, de modo que cuando un político toma la palabra, su plataforma flota hacia el centro de la cámara. La estructura entera posee micrófonos amplificadores, traductores automáticos y aerocámaras que vuelan constantemente para grabar las sesiones para las actas oficiales. En el punto central de la rotonda del Senado se halla el estrado del canciller supremo. Desde allí, el líder electo de la República se sienta a oír los argumentos de los representantes, por lo general junto al vicecanciller y un asesor administrativo de alto rango. El estrado se retira dentro del suelo cuando no se usa, lo que da acceso al canciller a un conjunto de habitaciones donde trabaja entre sesiones.

La Cámara del Senado galáctico es el escenario de muchos de los sucesos más trascendentales de los últimos años de la República. Allí, la reina Padmé Amidala de Naboo, alterada por la falta de ayuda política para acabar con el bloqueo de la Federación de Comercio en su planeta natal, promueve una moción de censura contra el canciller supremo Valorum. Tras la batalla de Naboo, Padmé se une al Senado para representar a su planeta y participa en el debate sobre la aprobación de la Ley de Creación Militar en respuesta a la creciente amenaza del movimiento separatista del conde Dooku. Al final de las Guerras Clon, Palpatine da un discurso en la Cámara del Senado en el que se declara emperador. El maestro Jedi Yoda lucha contra Palpatine en la rotonda del Senado, en un extraordinario choque de potencias de la Fuerza que, finalmente, se salda con la huida de Yoda al ver que no podía vencer a Palpatine. Una vez reparada, la cámara se convierte en el lugar de reunión del nuevo Senado Imperial, pero apenas influye en los planes del emperador, y la cámara, en gran parte vacía, es una sombra de lo que fue.

Jugada maestra

El senador Palpatine manipula con astucia a la reina Amidala para que proponga la destitución del canciller Valorum. Amidala promueve una moción de censura que conduce a la elección de Palpatine como nuevo canciller supremo. La reina cree que será una maniobra positiva para Naboo, ya que Palpatine es nativo de su mundo, pero tiene graves consecuencias para la galaxia cuando el canciller supremo Palpatine, poco a poco, se hace con el control del Senado y se asegura de recibir mayores poderes ejecutivos.

«¡Orden! ¡Orden en la sala!» **MAS AMEDDA**

GENERADOR DE ENERGÍA DE THEED

UBICACIÓN Theed (Naboo)

Situado en Theed, Naboo, el generador es donde las reservas naturales de plasma del planeta se refinan y utilizan como fuente eficiente de energía. El edificio también alberga hangares para los cazas estelares de las Reales Fuerzas de Seguridad de Naboo. Es un espacio aseado y bien iluminado, con columnas imponentes y peligrosos pozos. Durante la batalla de Naboo, Obi-Wan Kenobi y Qui-Gon Jinn persiguen a Darth Maul hasta el generador y se enzarzan en un cruento combate de espadas de luz. Una serie de puertas láser separa a los Jedi, lo que permite a Maul cobrar ventaja y matar a Qui-Gon. Obi-Wan derrota al Sith y arroja su cuerpo al interior del pozo de un reactor.

Lucha a muerte
Tras la derrota de su maestro Qui-Gon *(dcha.)*, Obi-Wan Kenobi se esfuerza para salir del pozo del reactor mientras Maul ataca *(arriba)*.

EDIFICIO EJECUTIVO DE LA REPÚBLICA

UBICACIÓN Distrito del Senado (Coruscant)

El edificio ejecutivo de la República alberga las instalaciones administrativas que utilizan los legisladores en Coruscant, entre ellas, las oficinas del canciller supremo. Los puntos de aterrizaje integrados en el lateral del edificio permiten que los senadores y sus invitados lleguen y partan libremente. Los Guardias Senatoriales ofrecen protección mientras los senadores, como Bail Organa, Padmé Amidala y Onaconda Farr, deliberan con sus aliados y oponentes sobre futuras leyes. Durante la crisis separatista y las Guerras Clon se celebran numerosas reuniones importantes en el edificio, como los debates sobre la Ley de Creación Militar.

Distrito legislativo
El edificio ejecutivo de la República está cerca de la Cámara del Senado galáctico, para comodidad de los representantes.

Ajetreo constante
No paran de llegar y despegar naves y deslizadores, que llevan a los senadores a reuniones importantes.

DESPACHO DEL CANCILLER SUPREMO PALPATINE

UBICACIÓN Distrito Ejecutivo del Senado, Coruscant

El despacho del Canciller Supremo de la República se halla en uno de los niveles más altos de Coruscant, en el bien custodiado Edificio Ejecutivo de la República. Consta de varias salas, con paredes de paneles rojos y estatuas de bronce, murales en bajorrelieve y otras obras de arte raras y exóticas. Una de las esculturas del escritorio de Palpatine contiene una de sus espadas de luz. Durante las Guerras Clon, Mace Windu y otros tres maestros Jedi acuden al despacho para arrestar al canciller. Él se defiende utilizando sus habilidades del lado oscuro. En el despacho de Palpatine también tiene lugar la conversión de Anakin Skywalker de Jedi a Sith.

APARTAMENTO DE PADMÉ EN CORUSCANT

UBICACIÓN Distrito del Senado (Coruscant)

Padmé Amidala se instala en su apartamento cuando se convierte en la representante de Naboo en el Senado galáctico. Amplio y lujoso, se encuentra en los niveles superiores del paisaje urbano de Coruscant. Antes de las Guerras Clon, la asesina Zam Wesell intenta matar a Padmé introduciendo en su piso dos kouhuns venenosos. Tras la muerte de Padmé, al final de las Guerras Clon, los miembros fundadores de la célula rebelde los Amidalanos se dedican a investigar las circunstancias de su muerte.

BAJOS FONDOS DE CORUSCANT

UBICACIÓN Niveles inferiores (Coruscant)

Los bajos fondos de Coruscant son los niveles inferiores de la ciudad, donde la luz no llega casi nunca y la delincuencia es un peligro constante. En las zonas más transitadas abundan los clubes nocturnos, las tabernas y los casinos. Los coloridos carteles iluminan las calles a cualquier hora del día, mientras los matones y los carteristas acechan a los transeúntes en los rincones oscuros. Los senadores y caballeros Jedi rara vez viajan a los bajos fondos sin un buen motivo.

Cuando anochece
Los bajos fondos de Coruscant son un lugar peligroso para quienes van solos o desarmados.

Truco mental
En el club, un cliente ofrece píldoras letales a Obi-Wan, que usa la Fuerza para convencer al traficante de que se vaya a casa y se replantee la vida.

CLUB DE JUEGO OUTLANDER

UBICACIÓN Distrito del ocio (Coruscant)

El club Outlander, uno de los locales de juego más populares del distrito del ocio, es un lugar bullicioso donde los clientes pueden apostar a juegos de azar y en competiciones deportivas de toda la galaxia. Al circular tanta gente por las puertas del club, se trata de un punto ideal para los fugitivos que quieren despistar a alguien o los delincuentes que venden mercancía ilegal. Justo antes de las Guerras Clon, Obi-Wan Kenobi y Anakin Skywalker persiguen a la asesina Zam Wesell hasta el club Outlander. Wesell intenta pasar desapercibida, pero Obi-Wan la encuentra y le corta el brazo.

RESTAURANTE DE DEX

UBICACIÓN Coco Town, Coruscant

El restaurante regentado por Dexter Jettster es una parada obligada para los residentes del barrio Coco Town de Coruscant. La cafetería es pequeña, pero suele estar abarrotada, y ofrece gran variedad de comidas poco saludables e interminables tazas de zumo jawa. El droide WA-7 y las humanas Wanda y Harmony Bagwa atienden la cafetería, y el propio Dex hace a menudo de chef. Justo antes de las Guerras Clon, Obi-Wan visita el restaurante de Dex para preguntar a su propietario por un dardo empleado para silenciar a la cazarrecompensas Zam Wesell. Dexter, que trabajó en una explotación minera en Subterrel antes de abrir su restaurante, identifica el arma como un raro dardo sable kaminoano. Esta pista lleva a Obi-Wan a Kamino, donde descubre un ejército secreto de clones.

Tráfico peatonal
El restaurante de Dex ocupa un bullicioso enclave que los clientes pueden visitar a cualquier hora del día o la noche.

KAMINO

REGIÓN Espacio Salvaje **SECTOR** N/D
SISTEMA Kamino **GEOGRAFÍA** Océanos

Kamino es un mundo acuático situado más allá del Borde Exterior, justo al sur del Laberinto de Rishi. Es el hogar de los kaminoanos, seres altos, de piel pálida y ojos grandes con un gran talento para la manipulación genética.

ESPECIALISTAS EN CLONACIÓN

Los kaminoanos desarrollaron laboratorios de clonación en su planeta natal, y sus clones empezaron a aparecer en mundos periféricos como el planeta minero Subterrel. Los patrones climáticos de Kamino se ven frecuentemente sacudidos por tormentas y relámpagos, pero sus ciudades sobre pilotes están construidas para resistir los fuertes vientos y marejadas. La capital de Kamino es Ciudad Tipoca, que también alberga los laboratorios de clonación más avanzados del planeta. Kamino es el hogar de una gran variedad de vida acuática, incluidos los aiwhas, cetáceos voladores que los kaminoanos montan.

EL EJÉRCITO CLON

Poco después de la batalla de Naboo, Darth Sidious pone en marcha su plan para hacerse con el control de la galaxia desencadenando una guerra en falso. El maestro Jedi Sifo-Dyas encarga a los kaminoanos un enorme ejército de clones. Darth Sidious lo aprovecha: consigue que el conde Dooku ordene el asesinato de Sifo-Dyas y asuma la identidad del Jedi. Dooku recluta al cazarrecompensas Jango Fett, que acepta vivir en Kamino durante la siguiente década para proporcionar muestras genéticas y ayudar a entrenar a los soldados recién crecidos. Dooku utiliza el código de autorización de Sifo-Dyas para borrar las coordenadas de Kamino de los Archivos Jedi, asegurándose de que nadie interfiera en el proyecto hasta que esté casi terminado. Obi-Wan Kenobi rastrea la ubicación de Kamino y se reúne con su Primer Ministro, Lama Su, quien cree que Kenobi ha venido a recoger el ejército de clones. Obi-Wan también se encuentra con Jango Fett y su hijo clon, Boba Fett, que huyen del planeta para no atraer la atención de los Jedi. Su persecución por Obi-Wan conduce a la batalla de Geonosis, que marca el inicio de las Guerras Clon. La República acepta de buen grado a los soldados clon creados en Kamino, que se convierten en la columna vertebral del recién formado Gran Ejército. El general Grievous y Asajj Ventress lideran un ataque a gran escala contra Kamino usando naves taladro de clase Tridente para dañar las defensas de Ciudad Tipoca y droides acuáticos para ejecutar un asedio submarino. La misión termina en fracaso para los separatistas.

Aislado
La ubicación de Kamino lo mantiene a salvo hasta que los separatistas lo toman como objetivo durante las Guerras Clon.

LA CAÍDA DE KAMINO

Tras la formación del Imperio, el almirante Tarkin determina que los reclutas son más rentables. El Imperio clausura las fábricas de clonación, elimina a los soldados clon y los condena al olvido.

> «Es bueno estar en casa.»
>
> **WRECKER**

Impermeabilizadas
Las ciudades de Kamino tienen tejados en pendiente para desviar el viento y la lluvia. Los sólidos pilotes que soportan las estructuras protegen a los kaminoanos y sus delicados experimentos *(dcha.)*. Un kaminoano se acerca con su montura aiwha a la plataforma elevada de la ciudad de Tipoca *(arriba, dcha.)*.

TIPOCA

UBICACIÓN Kamino

Tipoca es la capital de Kamino y la sede de sus instalaciones de clonación. Como centro de gobierno del planeta, alberga las oficinas del primer ministro Lama Su y otros administradores de alto rango, pero muchos edificios están ocupados por genetistas kaminoanos y repletos del avanzado equipo necesario. Las construcciones de Tipoca descansan sobre pilotes que se hunden en los océanos kaminoanos. Están hechos con materiales reforzados y un aerodinámico diseño pensado para amortiguar el impacto de olas y tormentas. Las plataformas de aterrizaje suelen dejarse expuestas a los elementos, pero las puertas de entrada a la ciudad siempre son impermeables. Los techos inclinados de la ciudad están rematados por antenas y pararrayos.

Los kaminoanos empezaron a trabajar en el ejército clon de la República unos diez años antes de la batalla de Geonosis, y han alterado la estructura genética de los clones para que crezcan al doble del ritmo normal. Las instalaciones para los soldados clon comprenden barracones, una cantina y sala médica, con droides de serie AZ asignados al cuidado de las tropas. Como todos los años se producen nuevas remesas, Tipoca pronto se llena de clones de todas las edades. Cada grupo de edades precisa distintos programas de instrucción y equipos de adiestramiento. Los más jóvenes reciben cursos rápidos de estrategia militar e historia galáctica, mientras que a los mayores se les permite probarse la armadura y participar en tiroteos simulados. Esos pabellones de entrenamiento forman parte del Complejo Militar de Tipoca, que también acoge el Arsenal Central, donde se almacenan detonadores termales, fusiles bláster DC-15 y otras armas. Las simulaciones bélicas del Complejo Militar pueden tener oponentes holográficos de bajo riesgo o ajustarse a condiciones de fuego real en las que existe el riesgo de salir herido de gravedad. En otros puntos del complejo se encuentran instalaciones de prueba de equipo pesado, como los AT-TE de seis patas, los AT-RT de dos patas, los cañones antivehículo AV-7 y las cañoneras LAAT/i de vuelo bajo.

El alojamiento de los soldados clon incluye barracones, un comedor y un centro médico con droides de la serie AZ asignados a su cuidado. Tras el final de las Guerras Clon, las fuerzas imperiales entran en Ciudad Tipoca y empiezan el proceso de desmantelamiento de las instalaciones. Borran todos los datos, fuerzan la evacuación del personal médico kaminoano y reasignan clones fuera del mundo. En cuanto el Imperio ha robado la tecnología de clonación y a sus científicos clave, el vicealmirante Edmon Rampart ordena la destrucción de las instalaciones. Tres cruceros de clase Venator arrasan la ciudad, cuyos restos en llamas caen al océano.

Inspección sorpresa Lama Su y Taun We llevan a Obi-Wan a visitar las instalaciones de clonación de la ciudad *(arriba)*. El clon «99», un soldado que se desarrolló demasiado rápido, se encarga de las tareas generales de mantenimiento *(izda.)*.

Ataque a Kamino Naves separatistas Trident aterrizan cerca de Tipoca y sueltan a sus pasajeros droides *(izda. lejana)*, mientras los soldados clon logran interceptar la amenaza y defienden su mundo natal de los separatistas *(izda.)*.

EL PAÍS DE LOS LAGOS

UBICACIÓN Naboo

El País de los Lagos es una zona muy bella y extremadamente aislada de Naboo. Está rodeada de montañas y comprende un valle con varios lagos pintorescos. Son muchos los que pasan sus vacaciones aquí para contemplar las cataratas y las praderas llenas de flores silvestres. Los rebaños de inofensivos shaak pastan sin temor en los bucólicos prados. Justo antes de las Guerras Clon, y tras sufrir un intento de asesinato, Padmé Amidala escoge esta región como escondite seguro para ella y Anakin Skywalker.

CASA DEL LAGO DE NABOO

UBICACIÓN País de los Lagos (Naboo)

Situada en el País de los Lagos, la residencia junto al lago llamada Varykino ha sido usada desde hace tiempo por la familia Naberrie. Antes de ser conocida como reina Amidala, Padmé Naberrie pasaba aquí los veranos. La villa ocupa una islita en el centro de un lago, a la que se llega mediante deslizadores góndola. Un anciano llamado Paddy Accu cuida de la casa. Padmé y Anakin Skywalker estrechan lazos durante su estancia aquí, adonde vuelven para casarse en secreto.

APARTAMENTO DE JANGO FETT

UBICACIÓN Ciudad Tipoca (Kamino)

Este pequeño apartamento en Tipoca (Kamino) es el hogar de Jango Fett durante diez años y un regalo de los kaminoanos al cazarrecompensas por su participación en el proyecto de clonación. Jango ha optado por una decoración sencilla; ha escondido la armadura y no exhibe ningún trofeo de caza. Un ventanal en una pared ofrece una vista espectacular del agitado océano que se extiende hasta el horizonte. Boba Fett vive con su padre en este apartamento, hasta que la investigación de Obi-Wan Kenobi hace que ambos huyan de Kamino.

GEONOSIS

REGIÓN Borde Exterior **SECTOR** Arkanis
GEOGRAFÍA Páramos rocosos, desiertos

Mundo árido de cielos rojos y montañas imponentes, Geonosis es el hogar en el Borde Exterior de una especie insectoide conocida por su increíble habilidad para fabricar mortíferos droides de combate.

BASTIÓN SEPARATISTA

Antes de la batalla de Naboo, los geonosianos arman a la Federación de Comercio, para la que fabrican los droides de combate que luchan contra los gungan. Cuando Dooku organiza el movimiento separatista, acude al líder geonosiano Poggle el Menor para que produzca un ejército automatizado que se enfrente a la República. En secreto, los geonosianos ayudan a diseñar los planos de una estación de combate capaz de destruir planetas enteros. Geonosis deviene uno de los planetas más valiosos de la Confederación y acoge una reunión de máximos dirigentes separatistas antes de que Obi-Wan Kenobi descubra la gravedad de la amenaza y advierta al Consejo Jedi.

Pilotaje complicado
Los anillos rocosos de Geonosis son un peligro para cualquier piloto, pero pueden usarse como pistas de obstáculos si alguien quiere huir de un perseguidor.

Arma definitiva
Los geonosianos empiezan a trabajar en una estación de combate capaz de destruir planetas, y que más tarde se llamará Estrella de la Muerte.

GUERRA TOTAL

La República responde al llamamiento de Obi-Wan con una fuerza de ataque de Jedi y soldados clon. La primera batalla de Geonosis es el primer conflicto de las Guerras Clon y cuenta con uso de artillería pesada y máquinas de guerra avanzadas. Tras un encarnizado combate, la República sale victoriosa, pero muchas fuerzas separatistas evacúan el planeta intactas. Dooku abandona Geonosis tras un duelo de espadas de luz con el maestro Yoda, y luego viaja a Coruscant para informar al canciller supremo Palpatine de que la guerra se ha iniciado como estaba previsto.

RETOMAR EL PLANETA

La República ocupa Geonosis, pero cuando los soldados clon han de correr a otras regiones y la República relaja su control, los separatistas atacan y toman el planeta. La República no tiene más remedio que atacar para impedir que los separatistas vuelvan a poner las fábricas a pleno rendimiento. Cuando la armada republicana está lista, Poggle el Menor ya ha terminado otra fábrica de droides que se convierte en el objetivo de la invasión de la República. Los guerreros Jedi destruyen la fábrica y obligan a Poggle a refugiarse en la red de catacumbas geonosiana de la reina Karina la Grande. La República lo captura y Poggle accede a que los geonosianos construyan para la República la estación de combate de la Estrella de la Muerte original. La construcción prosigue cuando la República se convierte en el Imperio, aunque algunos de los constructores intentan sabotearla. Al final, el Imperio aleja la estación de combate de la órbita de Geonosis.

EL GENOCIDIO DE LOS GEONOSIANOS

El gran moff Tarkin ordena esterilizar Geonosis con veneno para mantener en secreto la existencia de la Estrella de la Muerte, y mata a 100 000 millones de seres. Solo sobrevive Klik-Klak, que protege bajo tierra el último huevo conocido de la reina. Dos años después de la batalla de Yavin, la tripulación del *Espíritu* y Saw Gerrera descubren a Klik-Klak y el huevo, además de las pruebas del genocidio. Klik-Klak se queda en el planeta y los rebeldes escapan de una patrulla imperial, pero pierden las pruebas que necesitan para convencer a la galaxia. Tras la batalla de Yavin, asimismo, Darth Vader regresa a Geonosis y descubre que la reina ha salido del huevo. Como es estéril y no puede recuperar su especie, construye niños mecánicos en un «útero» productor de droides. Vader le usurpa la fábrica, pero le perdona la vida.

Regreso a Geonosis
Cuando Poggle el Menor y sus geonosianos retoman su mundo natal, la República debe combatir por segunda vez.

Único superviviente
Desesperado por garantizar la supervivencia de su especie, Klik-Klak desconfía de los visitantes rebeldes y los ataca con droides de combate.

Equipo pesado
AT-TE y soldados clon de la República ponen en desbandada a los defensores separatistas en la primera batalla de Geonosis *(abajo)*, con cañoneras que recogen a los soldados y sus comandantes Jedi en el campo de batalla *(izda.)*.

«Parece que la fundición de droides funciona a pleno rendimiento. Voy a bajar a investigar.»

OBI-WAN KENOBI

APARTAMENTO DE PALPATINE

UBICACIÓN República 500 (Ciudad Galáctica, Coruscant)

En lo más alto de la torre República 500, el edificio residencial más exclusivo del Distrito Federal de Coruscant, el senador Palpatine tiene un apartamento con majestuosas vistas, aunque resulte humilde si se compara con las residencias de otros representantes sectoriales. Lo forma un amplio conjunto de estancias, la mayoría decoradas con tonos de escarlata, el color favorito de Palpatine, y obras de arte particulares que reflejan su talante mundano. A fin de garantizar la total seguridad de sus invitados, Palpatine equipa cada sala con discretos sistemas de vigilancia, que le permiten saber de inmediato si sus huéspedes tienen alguna petición especial o requieren ayuda.

FÁBRICA DE DROIDES DE GEONOSIS

UBICACIÓN Geonosis

Geonosis posee un gran valor para los separatistas, ante todo por las enormes fábricas que producen filas aparentemente infinitas de droides de combate. La mayor de ellas puede fabricar en serie droides de combate B1 y superdroides de combate B2, más corpulentos; y todo ello con una mínima supervisión de operarios orgánicos. La fábrica se halla automatizada casi por completo, y rara vez se detiene por ningún motivo. Eso reduce el margen de seguridad hasta casi anularlo y permite que los geonosianos fabriquen todos los droides que quieran. También convierte el entorno en una trampa mortal para cualquier incauto que se adentre en su maquinaria. La fábrica es un avispero de actividad, con cadenas de montaje que serpentean de un nivel a otro y máquinas en constante movimiento que estampan patrones rígidos en planchas de metal. Los residuos vuelven sin parar a la fábrica, donde se funden para verterlos de nuevo en moldes; y el proceso vuelve a empezar una y otra vez. Grandes droides de carga, propulsados por repulsores, acarrean materiales de una estación de montaje a otra. La fábrica está bajo tierra, y desde la superficie solo se detecta por las columnas de humo que salen de los respiraderos. Cuando Obi-Wan llega a Geonosis para investigar la actividad separatista, la visión de la fábrica de droides confirma sus sospechas de que el conde Dooku se está armando para la guerra. Informa al Consejo Jedi de sus averiguaciones, pero es capturado por los aliados geonosianos de Dooku. Anakin Skywalker y Padmé Amidala le siguen hasta Geonosis y sobreviven a un terrorífico recorrido por la fábrica. Una de las máquinas estampadoras destruye la espada de luz de Anakin, mientras que C-3PO es humillado cuando le arrancan la cabeza y se la ponen a un droide de combate.

TETH

REGIÓN Espacio Salvaje **SECTOR** Baxel **GEOGRAFÍA** Acantilados, junglas

Teth está controlado por los hutt, y antes del bloqueo de Naboo, los Jedi Qui-Gon Jinn y Obi-Wan Kenobi viajan allí para detenerlos, porque están robando cargamentos agrícolas de la República. Durante las Guerras Clon, unos agentes separatistas secuestran al hijo de Jabba el Hutt, Rotta, y se refugian en una fortaleza de Teth. Las fuerzas republicanas los encuentran, lo que desencadena la batalla de Teth, después de la cual rescatan a Rotta. Después, Ziro el Hutt huye de su cautiverio en Nal Hutta y visita la tumba de su padre para recuperar un holodiario secreto. Ziro es traicionado por Sy Snootles, que le dispara y roba el diario.

ESTACIÓN RISHI

REGIÓN Borde Exterior **SECTOR** Abrion **SISTEMA** Rishi **GEOGRAFÍA** Rocas, cráteres

Esta luna baldía del sistema Rishi alberga un puesto de avanzada de la República durante las Guerras Clon. Forma su dotación una docena de soldados clon, que supervisan las transmisiones para averiguar si los separatistas atacarán Kamino. Cuando los droides comando separatistas se apoderan de la estación, un pelotón de clones encabezados por el capitán Rex y el comandante Cody recapturan la base. Años después, varios cazarrecompensas luchan contra Boba Fett hasta que este accede a ayudarles.

MARIDUN

REGIÓN Borde Exterior **SECTOR** Rolion **GEOGRAFÍA** Praderas, bosques

El mundo herboso de Maridun alberga la colonia de lurmen, además de animales peligrosos como los phalones. Durante las Guerras Clon, Anakin Skywalker está entre los Jedi y las tropas clon que hacen un aterrizaje de emergencia en el planeta. Los Jedi acceden a defender la tribu de lurmen contra las fuerzas de Lok Durd. Sus esfuerzos conjuntos destruyen el arma defoliadora de Durd, que no dejaba nada vivo a su paso.

RYLOTH

REGIÓN Borde Exterior **SECTOR** Gaulus **GEOGRAFÍA** Desiertos, llanuras, montañas

Ryloth está habitado por los twi'lek. Durante las Guerras Clon, Orn Free Taa representa al planeta en el Senado galáctico. Cuando los separatistas invaden el planeta, Mace Windu dirige la campaña para liberarlo de Wat Tambor. Mace actúa de mediador en una alianza entre Orn Free Taa y Cham Syndulla, y al final consigue una victoria para la República. Cuando el Imperio usurpa el poder, Cham forma el Movimiento Libertario de Ryloth, para intentar liberar a su mundo natal. En una ocasión está a punto de acabar con el emperador y su aprendiz, Darth Vader. Años después, Cham ayuda a su hija, Hera Syndulla, a robar un portanaves imperial que orbita Ryloth. Posteriormente, Hera vuela su antigua casa familiar para huir del Imperio con su padre y sus aliados. Cuando el Imperio cae derrotado, Ryloth no se une a la Nueva República, sino que se independiza. La Resistencia se traslada temporalmente a Ryloth, hasta que la Primera Orden la localiza.

GRANJA DE HUMEDAD DE LARS

UBICACIÓN Cerca de los Eriales de Jundland, Tatooine

La granja de humedad de Lars, una humilde vivienda en un desolado rincón de Tatooine, se convierte en el hogar de Shmi Skywalker y luego de su nieto, Luke, antes de ser destruida por el Imperio.

CLIEGG Y SHMI

Ubicada cerca de los Eriales de Jundland, la granja de humedad de Lars pertenece a Cliegg Lars en los años anteriores a las Guerras Clon. Con su hijo Owen, Cliegg utiliza los evaporadores de la propiedad para extraer agua de la atmósfera y cultivar alimentos. Cliegg se casa más tarde con Shmi Skywalker, que se traslada a la granja. Justo antes de la Primera Batalla de Geonosis, los tusken secuestran a Shmi mientras recoge setas cerca de la granja. La partida de búsqueda no encuentra rastro de ella, y Cliegg pierde una pierna en una trampa tusken. Anakin localiza a su madre, pero no puede salvarle la vida.

Conferencia
Cliegg Lars informa a Anakin Skywalker de que su madre está cautiva de los tusken.

CAMBIO DE MANOS

Tras el funeral de Shmi, Anakin abandona Tatooine. Cliegg llora la pérdida de su esposa y pronto la sigue en la muerte. Esto deja la granja de humedad de Lars en propiedad de Owen, que la mantiene con ayuda de su esposa, Beru. La pareja se sorprende cuando el antiguo maestro Jedi de Anakin, Obi-Wan Kenobi, les visita, llevando consigo a Luke, el hijo pequeño de Anakin. Owen y Beru aceptan a regañadientes acoger a Luke y ser sus tutores, actuando como sus tíos. Años más tarde, la exinquisidora Reva descubre que el hijo de Vader está en Tatooine. Owen y Beru defienden valientemente su hogar de la vengativa usuaria del lado oscuro con armas que Beru había guardado por si llegaba el día.

Defensa desesperada
Beru y Owen dan un hogar seguro a Luke en la granja de humedad familiar *(arriba)*, pero siempre temen que lo encuentren. Sus peores temores se confirman cuando una inquisidora, Reva, le sigue hasta la granja. Ordenan al joven que se esconda mientras intentan repelerla *(dcha.)*.

Soñar con algo más
Luke Skywalker se convierte en un excelente piloto en su saltador T-16, lo que alimenta la esperanza de que su tío le permita dejar la granja de humedad y comenzar una nueva vida lejos de Tatooine, como cadete de la Academia Imperial.

HORA DE PARTIR

Luke crece y se convierte en un gran piloto, volando su saltador T-16 por el Cañón del Mendigo y soñando con entrar en la Academia Imperial. Owen intenta proteger a Luke manteniéndolo en la granja de humedad año tras año. Tras la compra de dos droides, R2-D2 y C-3PO, a unos jawas por parte de su tío, Luke los lleva al garaje anexo a la granja. Allí limpia los droides con su equipo, eliminando la carbonilla del chasis de R2 y dando a C-3PO un baño de aceite. Al examinar a R2-D2, Luke descubre una misteriosa grabación. El astromecánico afirma que el holomensaje de la princesa Leia Organa es un mensaje privado para Obi-Wan Kenobi, y cuando Luke le quita el perno de sujeción, el pequeño droide huye en plena noche. Luke y C-3PO lo siguen, con la esperanza de recuperarlo antes de que el tío Lars se dé cuenta de lo que ha ocurrido.

Petición de ayuda
Cuando R2-D2 reproduce la holograbación de la princesa Leia Organa, el droide afirma que es un mensaje privado para Obi-Wan Kenobi.

EL FIN DE LA GRANJA

La compra de los droides acaba llevando a los soldados de asalto imperiales, que buscan los planos ocultos en los bancos de memoria de R2-D2, hasta la puerta de los Lars. Al no encontrar lo que buscaban, el escuadrón ejecuta a Owen y Beru. Semanas después, Darth Vader y la doctora Chelli Aphra inspeccionan la granja en busca de algún rastro del hijo del Señor del Sith. Décadas después, tras la batalla de Exegol, Rey visita las ruinas y entierra las espadas de luz de Luke y de su hermana, Leia Organa.

Una nueva era
Tras crear su propia espada de luz, Rey deja las armas de sus mentores en un lugar importante para la familia Skywalker.

Esperando el final
Encadenados a columnas, Padmé, Anakin y Obi-Wan parecen presa fácil para los monstruos ejecutores.

ARENA DE EJECUCIONES DE GEONOSIS

UBICACIÓN Desierto cercano a la fundición de droides (Geonosis)

También conocida como arena Petranaki, el recinto es una fuente de entretenimiento para Poggle el Menor y sus geonosianos, que vitorean mientras las víctimas inocentes son devoradas por monstruos como el nexu, el acklay y el reek.

UN CRUEL ESPECTÁCULO

La arena de ejecución, un anfiteatro al aire libre junto al palacio de Poggle el Menor, es el lugar en el que está previsto ejecutar a Obi-Wan Kenobi, Anakin Skywalker y Padmé Amidala tras su captura por fuerzas geonosianas. Bajo la satisfecha mirada del conde Dooku, los cautivos son encadenados a postes a merced de las garras de un acklay, las astas de un reek y los afilados dientes de un nexu. Aunque consiguen liberarse, parece cuestión de tiempo que el trío caiga presa de las temibles bestias.

RESCATE JEDI

Alarmados por la situación de los cautivos y la noticia de una enorme acumulación de fuerzas separatistas, los Jedi lanzan una misión de rescate. Primero, Mace Windu reúne a un grupo de doscientos Jedi para que vuelen a Geonosis y entren en la arena de ejecuciones. A una señal de Mace, los caballeros Jedi activan sus espadas de luz mientras Windu se enfrenta al conde Dooku en el palco. Toda esperanza de evitar el derramamiento de sangre se esfuma cuando Jango Fett entra en acción para defender a Dooku. Los guerreros geonosianos siguen el ejemplo de Fett, y pronto estalla el caos en las gradas, mientras los Jedi se defienden de sus atacantes insectoides. Anakin, Obi-Wan y Padmé se unen a la lucha y la batalla se extiende por el suelo de la arena, donde Mace decapita a Jango Fett.

LLEGAN REFUERZOS

Justo cuando las cosas empiezan a pintar muy mal para los Jedi, comienza la segunda fase de su misión. El gran maestro Yoda, recién llegado de Kamino, dirige un ejército de soldados clon hasta la arena a bordo de una flota de cañoneras LAAT/i. Los separatistas contraatacan con más droides de combate, y pronto la violencia no se contiene dentro de los confines de la arena: las llanuras del desierto se convierten en el siguiente campo de batalla y da inicio la primera batalla de Geonosis.

> «¡Que empiecen las ejecuciones!» **POGGLE EL MENOR**

Parar la acción
La repentina llegada de los Jedi interrumpe la macabra celebración.

Ataque aéreo y asalto terrestre
Una cañonera republicana apunta a unos cañones separatistas *(arriba)*. Tras adquirir un nuevo cuerpo en la fábrica, C-3PO sale a la arena de ejecuciones como parte de una legión de droides de combate *(dcha.)*.

Fieras de la arena
Anakin usa la Fuerza para domar a un reek, que lo lleva a grupas. Lo persiguen unos guardias geonosianos montados en orrays de piel gruesa.

PALACIO DE JABBA

UBICACIÓN Norte del desierto Mar de las Dunas (Tatooine)

Esta fortaleza con murallas de hierro es la residencia de uno de los mafiosos más viles de la galaxia. Pero el palacio no basta para proteger a Jabba el Hutt de Luke Skywalker.

FORTALEZA IMPENETRABLE

Jabba el Hutt tiene muchos enemigos. Su palacio, diseñado para rechazar a los visitantes indeseados, se halla en una parte remota de Tatooine, y está protegido por una gran puerta vigilada por un droide portero TT-8L/Y7. Esas precauciones no impiden el paso a Maul y Savage Opress, que invaden el palacio durante las Guerras Clon y obligan a Jabba a unirse al Colectivo Sombra.

De camino hacia el peligro
C-3PO tiene motivos para sentir miedo de lo que les espera en el palacio de Jabba. El confiado R2-D2 asegura a su amigo que no hay de qué preocuparse.

Construido para durar
La posición elevada del palacio de Jabba permite ver cualquier amenaza que se aproxime a mucha distancia. A la sombra del palacio, un worrt hambriento busca presas.

> «Lando Calrissian y el pobre Chewbacca no han vuelto de este horrible lugar.»
>
> **C-3PO**

UNA VIDA DE DECADENCIA

La mayor parte del tiempo, Jabba controla con atención quién entra en su palacio. Su mayordomo Bib Fortuna tiene que dar el visto bueno a todo aquel que atraviesa la puerta. La mayoría de los invitados son cazarrecompensas, delincuentes o artistas. En su sala del trono, Jabba observa desde un estrado cómo sus bailarinas danzan al ritmo de la Banda de Max Rebo. Si alguien le contraría, Jabba golpea un botón que abre una trampilla y envía a la víctima derecha al foso del rancor, donde la bestia la devora.

MISIÓN DE RESCATE

Enfadado con Han Solo por deshacerse de un valioso cargamento de especias, Jabba el Hutt pone precio a su cabeza. Cuando Boba Fett le entrega una losa de carbonita con Han Solo en estado de hibernación, Jabba exhibe el trofeo. La princesa Leia Organa y Luke Skywalker llegan al palacio para rescatar a su amigo, pero Jabba, prevenido, captura a la princesa y echa a Luke al pozo del rancor. Luke consigue matar a la bestia, por lo que Jabba decreta que sus prisioneros serán ejecutados en el Gran Pozo de Carkoon. Jabba y su séquito abandonan el palacio en su lujosa barcaza *Khetanna*, pero Jabba tiene un final fatal. Tras la muerte de su amo, Bib Fortuna se convierte en el señor del crimen de Tatooine.

EL PALACIO DE BOBA FETT

En los primeros años de la Nueva República, Boba Fett reclama el territorio de Jabba tras derrotar a Bib Fortuna. Fett se proclama nuevo *daimio* (señor del crimen) de Tatooine y se instala en el palacio que ahora lleva su nombre. El aislado palacio está casi vacío: tan solo Fett y Fennec Shand, dos guardias gamorreanos y algunos droides residen en sus salones. El antiguo cazarrecompensas habita los niveles superiores del palacio, donde guarda un tanque de bacta y usa frecuentemente el valioso equipo para restaurarse. Los demás jefes criminales de la extensa ciudad visitan la sala del trono de Fett para rendirle tributo, pero su alianza es inestable.

Congelado
Disfrazada del cazarrecompensas Boushh, Leia está decidida a rescatar a Han Solo de su cárcel de carbonita *(arriba)*.

Entretenimiento palaciego
Mientras su mayordomo Bib Fortuna le susurra consejos, Jabba se sienta en lo alto de una plataforma y preside sobre sus cortesanos, algunos de los cuales planean asesinarle *(izda.)*.

El reinado de Boba
A diferencia de sus predecesores en el trono, Boba Fett es un líder más comedido y decidido a juzgar con justicia. En cambio, su lugarteniente, Fennec Shand, es más proclive a presumir lo peor de los demás y reaccionar en consecuencia.

MUSTAFAR

REGIÓN Borde Exterior **SECTOR** Atravis
SISTEMA Mustafar **GEOGRAFÍA** Volcanes, coladas de lava

Mustafar, un lugar de cielos cenicientos y lava incandescente, es uno de los entornos más duros de la galaxia y escenario del fatídico duelo entre Darth Vader y Obi-Wan Kenobi.

UN MUNDO DE FUEGO

Eones antes de que Darth Vader se instale en su fortaleza, Mustafar era un planeta verde repleto de vida natural y prósperas civilizaciones. Cuando una ilusa usuaria de la Fuerza, la Dama Corvax, intentó usar un poderoso cristal sagrado, la Estrella Brillante, para fines egoístas, el resultado fue catastrófico. La energía desatada destruyó la mayoría de los recursos del planeta y transformó Mustafar en un páramo de fuego y lava, enviando a muchos clanes autóctonos a vivir en cavernas.

RECURSOS ÚTILES

A fin de cosechar minerales raros de la lava fundida de Mustafar, la Tecno Unión construye instalaciones con escudos de energía para proteger la maquinaria del calor. Durante las Guerras Clon, Darth Sidious ordena al cazarrecompensas Cad Bane que secuestre niños sensibles a la Fuerza y los lleve al planeta Mustafar, pero Anakin Skywalker y Ahsoka Tano frustran sus planes. Al final de la guerra, el general Grievous envía a los miembros del Consejo Separatista a Mustafar para que se oculten de la República.

Vivo de milagro
El emperador Palpatine llega a Mustafar a tiempo para salvar a Vader de la muerte y transportarlo a Coruscant, donde lo reconstruye como un cíborg con armadura.

DUELO DE HERMANOS

Ahora que el Consejo Separatista es un objetivo fácil, Darth Sidious envía a su nuevo aprendiz, Darth Vader, a Mustafar para ejecutar a sus miembros. Después de completar la misión, Vader permanece en el planeta, donde le halla su esposa Padmé Amidala. Darth Vader la acusa de conspirar con Obi-Wan Kenobi contra él, y cuando este surge de la nave de Padmé, Vader cree que sus sospechas se han confirmado. Vader y Obi-Wan se enzarzan en un épico duelo de habilidades con la Fuerza y la espada de luz que pasa de la sala de control hasta las precarias pasarelas que cruzan el río de lava. Con los escudos de energía dañados, las erupciones consumen la instalación minera. Finalmente Obi-Wan alcanza la seguridad de una orilla rocosa y advierte a Vader de que no le ataque, ya que se encuentra en terreno elevado.

EL DESTINO DE VADER

El antiguo Jedi no escucha y salta hacia Obi-Wan para matarle. Kenobi ataca, cortando las piernas y el brazo izquierdo de Vader, dejándolo derrotado al borde de un lago de lava. El calor prende la ropa y la piel de Vader, y un desconsolado Obi-Wan abandona el planeta, creyendo que Vader ha muerto. Poco después Darth Sidious recupera a su malherido aprendiz y lo lleva a un centro médico de Coruscant. Allí, Darth Vader recibe tratamientos que no solo le salvan la vida, sino que lo transforman en un terrorífico cíborg.

Rodeado de fuego
Los edificios administrativos de Mustafar ofrecen unas vistas espectaculares de los géiseres de lava en erupción. La roca fundida del planeta contiene minerales raros y valiosos, por lo que la minería en un entorno tan duro merece los riesgos.

LA RETIRADA DE LOS SITH

Durante la era Imperial, Darth Vader erige una oscura fortaleza en Mustafar sobre un antiguo santuario Sith, acabando con innumerables mustafarianos que intentan detenerle. Gracias al diseño del castillo y a su ubicación en una vergencia de la Fuerza, Vader intenta resucitar a Padmé. Aunque el intento es infructuoso, Vader no renuncia a su deseo.

El castillo de Vader es el destino final de muchos Jedi supervivientes de la Orden 66. Cuando el Jedi y rebelde Kanan Jarrus es capturado en Lothal, lo llevan a bordo del destructor estelar del Gran Moff Tarkin, *Soberano*, a Mustafar. En órbita sobre el planeta, la tripulación del *Espíritu* lo rescata. La ex Jedi Ahsoka Tano y una pequeña flota rebelde cubren el salto al hiperespacio de Kanan y sus amigos.

Años más tarde, los imperiales siguen la pista de un descendiente, sensible a la Fuerza, de Dama Corvax. Tras capturarlo, Vader lo manipula para que le ayude a usar la Estrella Brillante para resucitar a Padmé. Pero el prisionero se rebela y destruye el poderoso artefacto. Este valiente acto permite que el planeta volcánico comience a sanar y vuelva lentamente a su antiguo estado verde.

Años después, el letal asesino Ochi de Bestoon ataca a Vader en Mustafar. La batalla despierta a un misterioso individuo sensible a la Fuerza, el Ojo del Pantano Hebroso. El poderoso ente del lado oscuro ofrece a Vader respuestas a sus preguntas sobre los planes del emperador, así como los medios para viajar a Exegol: un buscarrutas Sith.

UN NUEVO COMIENZO

A la muerte de Vader, el castillo queda en ruinas y una pequeña flora crece en torno a una masa de agua. Conocida como Marisma de Corvax, la zona está custodiada por la comunidad de los Alazmec de Winsit, que custodian el buscarrutas de Vader. Cuando el emperador anuncia su resurrección, Kylo Ren masacra al grupo y recupera el artefacto, lo que le permite viajar al planeta Sith.

«Os envío al sistema Mustafar, en el Borde Exterior. Allí estaréis a salvo.» **GENERAL GRIEVOUS**

MALASTARE

REGIÓN Borde Medio **SECTOR** Dustig
SISTEMA Malastare **GEOGRAFÍA** Bosques

Malastare es el hogar de los dug, aunque ha acogido a humanos y gran. El planeta es conocido por su historial de cruentas guerras, sus peligrosas carreras de vainas y sus reservas de combustible. Ainlee Teem, un gran de Malastare, es nominado en las elecciones a canciller supremo después de la invasión de Naboo. Durante las Guerras Clon, la República y los separatistas luchan por controlar las reservas de combustible del planeta. Durante una batalla terrestre, la República detona una bomba que logra inmovilizar a los droides separatistas, pero también despierta a la última bestia Zillo, que arrasa lo que encuentra a su paso. Los dug insisten en que la República extermine al monstruo. Sin embargo, la República tiene otros planes y captura a la criatura para estudiarla en Coruscant.

Guerras del combustible
En Malastare, unas inmensas reservas de combustible fluyen hasta los depósitos por una vasta red de conductos *(izda.)*. Cuando los separatistas y la República se ven abocados a una guerra por el combustible, la República detona una bomba para desactivar los droides separatistas *(abajo)*, pero la onda expansiva también despierta a la bestia Zillo, a la que se creía extinta.

CATO NEIMOIDIA

REGIÓN Las Colonias **SECTOR** Quellor **SISTEMA** Cato Neimoidia
GEOGRAFÍA Cañones

Cato Neimoidia, famosa por sus ciudades puente, es la sede de la tristemente célebre Federación de Comercio. Varios Jedi visitan brevemente el planeta, entre ellos Anakin Skywalker, Obi-Wan Kenobi, Ahsoka Tano y Plo Koon, quien es abatido por uno de sus propios pilotos clon sobre el planeta durante la Orden 66. Anakin y Obi-Wan topan por primera vez con la guerrera del lado oscuro Asajj Ventress durante una misión en este planeta. Tras las Guerras Clon, gran parte de la riqueza de Cato Neimoidia se pierde con el colapso de la Federación de Comercio. Los neimoidianos se adaptan y ofrecen sus bóvedas vacías en alquiler. El aventurero Lor San Tekka es encarcelado aquí cuando intenta entrar en una de las criptas acorazadas, pero la general Leia Organa y sus fuerzas lo rescatan.

SALEUCAMI

REGIÓN Borde Exterior **SECTOR** Suolriep **SISTEMA** Saleucami
GEOGRAFÍA Desierto, pantanos

Saleucami, un mundo de terreno mixto, acoge a colonos que desean evitar las Guerras Clon. El clon desertor Cut Lawquane se instala en él, dedicándose a la agricultura con su familia adoptiva. Saleucami es también la ubicación de la última misión de Stass Allie, cuando sus soldados disparan contra su deslizador durante la Orden 66, matando a la maestra Jedi. Durante la era Imperial, la Remesa Mala ayuda a los Lawquane a huir del planeta y de las fuerzas del Imperio.

SCIPIO

REGIÓN Núcleo **SECTOR** Albarrio
SISTEMA Albarrio **GEOGRAFÍA** Montañas

Envueltas en hielo y nieve, las fortalezas montañosas del planeta Scipio sirven de escudo a unas cámaras acorazadas enormes que protegen las riquezas del Clan Bancario Intergaláctico de cualquier amenaza. El grupo es controlado por los muun, que forman el Consejo de los Cinco. En el Senado galáctico, los intereses del Clan Bancario están representados por el senador Rush Clovis de Scipio, quien propone que una comisión de investigación analice lo sucedido en Bromlarch. Años más tarde, Clovis abandona el Senado cuando sale a la luz su complot con la Federación de Comercio para construir fábricas de droides de combate para el ejército droide separatista. Clovis regresa al poder destapando la corrupción del Consejo de los Cinco, lo que lleva a los muun a nombrarlo nuevo director del Clan Bancario. Tanto la República galáctica como los separatistas envían embajadores a Scipio para asegurarse de que la corrupción no echará por tierra sus respectivos planes. Sin embargo, el mandato de Clovis termina pronto, y este muere durante un ataque separatista contra el planeta.

Activos congelados
La lanzadera de la senadora Padmé Amidala se acerca al muelle del Clan Bancario en una misión diplomática al planeta helado *(arriba)*. La fortaleza envuelta en hielo que protege las cámaras acorazadas del clan se encuentra en medio de las montañas nevadas de Scipio *(abajo)*.

Llanuras desoladas
Durante la Nueva República, tras años de conflicto, el planeta está desolado. Bo-Katan lidera un contingente de mandalorianos para recuperar su hogar. El grupo se topa con numerosas amenazas en el devastado mundo.

MANDALORE

REGIÓN Borde Exterior **SECTOR** Mandalore
SISTEMA Mandalore **GEOGRAFÍA** Desiertos, ciudades, llanuras cristalinas

Siglos de guerra han convertido el antaño verde Mandalore en un páramo. Bajo el liderazgo de la duquesa Satine Kryze, hija del anterior gobernante del planeta, los Nuevos Mandalorianos intentan dejar atrás el violento pasado del planeta. Sin embargo, grupos terroristas como la Guardia de la Muerte exigen que Mandalore vuelva a sus raíces guerreras. Cuando la duquesa declara la neutralidad de Mandalore en las Guerras Clon, la Guardia de la Muerte, alineada con Maul y su Colectivo Sombra, da un golpe de estado y toma el control del planeta. Cuando la República libra el planeta de Maul, la hermana de Satine, Bo-Katan Kryze, es declarada gobernante. El clan Saxon no tarda en traicionarla: Gar Saxon se hace con el planeta y jura lealtad al Imperio. Años más tarde, el clan Wren lidera una rebelión contra el clan Saxon y Bo-Katan recupera su liderazgo.

Uno de los actos más atroces del Imperio es arrasar las ciudades de Mandalore con bombarderos TIE en una purga del planeta. Bo-Katan se rinde para salvar a los mandalorianos que quedan, pero el Moff Gideon falta a su palabra y masacra a la mayoría de supervivientes. Después arrasa el planeta: por toda la galaxia, los mandalorianos creen que el mundo es un yermo inhabitable.

Esto demuestra ser falso, pues algunos mandalorianos sobreviven en la superficie, en pequeños reductos en los que la naturaleza sobrevive. También el Moff Gideon mantiene una base secreta en el planeta para llevar a cabo pruebas de clonación. Después de que Din Djarin, Bo-Katan y Grogu exploren el planeta, el trío reúne a los mandalorianos dispersos por la galaxia a fin de recuperar su mundo del remanente imperial. Después de su victoria contra el Moff Gideon, Bo-Katan vuelve a liderar a su pueblo, ahora unido.

SUNDARI

UBICACIÓN Mandalore

Sundari es la capital del planeta Mandalore y está construida sobre una serie de antiguas minas famosas por su mineral beskar. El asentamiento es famoso por su arquitectura, de relucientes edificios translúcidos y un ornamentado palacio real decorado con obras de arte que representan la historia mandaloriana. Más tarde se instala una biocúpula para proteger Sundari del duro entorno resultante de las guerras mandalorianas.

Tras una guerra civil, Satine Kryze se convierte en la duquesa del gobierno de los Nuevos Mandalorianos. La Guardia de la Muerte ataca la ciudad en un intento de recuperar el control de Mandalore. Años más tarde, Sabine Wren ataca un destructor estelar estacionado en la ciudad para destruir un antiguo prototipo de arma suya, capaz de vaporizar la armadura mandaloriana y a los guerreros que la portan.

Para la época de la Nueva República, Sundari ha sido destruida por las fuerzas imperiales y yace en ruinas. Los mandalorianos Din Djarin, Bo-Katan Kryze y Grogu exploran los restos y descubren que hostiles alamitas residen ahora en la ciudad abandonada. Cuando los mandalorianos retoman su planeta natal, la Armera enciende la Gran Forja y comienza a celebrar ceremonias en las Aguas Vivas bajo Sundari.

Biocúpula destruida
Los edificios y la biocúpula de Sundari no pueden resistir el ataque imperial. Las ruinas están expuestas a los duros elementos de Mandalore.

ALDERAAN

REGIÓN Núcleo **SECTOR** Alderaan
SISTEMA Alderaan **GEOGRAFÍA** Montañas

Alderaan, uno de los planetas más bellos del Núcleo, exhibe praderas salpicadas de flores silvestres que se extienden hacia los antiguos Alpes nevados de Aldera. Sus ciudades se han diseñado para realzar y preservar la belleza natural del planeta, y son epicentros de la cultura y la educación, ambas muy valoradas por los alderanianos.

PODER POLÍTICO

En tiempos de la República Galáctica, Alderaan es un planeta destacado en política. Cuando la invasión de Naboo pone fin al mandato del canciller Valorum con un voto de censura en el Senado galáctico, uno de los nominados para sucederle es el senador Bail Antilles, de Alderaan.

En algún momento anterior a las Guerras Clon, la reina Breha Organa accede al trono y se casa con el nuevo senador de Alderaan, Bail Prestor Organa. Viven en la reluciente capital, Aldera, el hogar consagrado de la Casa Real de Alderaan. En esta época, Breha y Bail traban amistad con la senadora Mon Mothma, de Chandrila, y con la senadora Padmé Amidala de Naboo.

UNA VOZ CAUTELOSA

Durante la crisis separatista, Bail es un miembro destacado del Comité Lealista del canciller supremo Palpatine, que lucha por mantener la integridad de la República. Cuando los Jedi y el Senado se enteran de que se ha creado en secreto un ejército de clones para la República, Bail se pronuncia en contra de lanzarse a la guerra. Por desgracia, el Senado vota a favor de otorgar poderes de emergencia a Palpatine: el Gran Ejército de la República invade Geonosis y da inicio a las Guerras Clon.

Durante la guerra, Alderaan acoge una conferencia dedicada a la difícil situación de los refugiados, en la que la Senadora Amidala es la oradora principal. La padawan Ahsoka Tano tiene una visión del asesinato de Padmé y se une a ella en Alderaan, donde evita con éxito un atentado de la cazarrecompensas Aurra Sing.

HABLAR EN VOZ ALTA

Cerca del final de las Guerras Clon, Bail se une a Padmé y Mon, senadores que se oponen a la expansión de los poderes del canciller. Cuando Palpatine se declarara emperador, Bail ayuda a Jedi fugitivos y, con Breha, adopta a Leia, la hija recién nacida de Padmé. Esta crece amando los bosques de Alderaan, y a menudo huye a los bosques cercanos para evitar sus deberes reales.

REBELIÓN SECRETA

Bail y Breha se mantienen en público fieles al pacifismo de Alderaan, pero comprenden que el conflicto armado es necesario para detener al Imperio. Tienen un papel clave en la formación de la Alianza Rebelde, acogiendo a rebeldes en banquetes, uniendo a células y financiando la causa en secreto. Al mismo tiempo, tratan de mantener una coartada de su pertenencia a la organización ilegal.

Antes de la batalla de Scarif, Bail regresa a su hogar a preparar a su pueblo para el conflicto armado. Pero el Gran Moff Wilhuff Tarkin, que siempre ha sospechado de su verdadera lealtad, necesita hacer una gran declaración política con la Estrella de la Muerte. Por ese motivo, e inspirado por la presencia de la Princesa Leia Organa, encarcelada en la estación espacial, elige Alderaan como primer objetivo. El superláser de la Estrella de la Muerte destruye el planeta, matando a Breha, Bail y miles de millones de alderanianos.

LO QUE QUEDA

Ahora solo queda un campo de asteroides, el Cementerio Alderaniano, de lo que una vez fue un orgulloso planeta. El Imperio bloqueó el Cementerio hasta su derrota en la batalla de Endor. Poco después, la Flotilla Alderaan, una pequeña flota de alderanianos que estaban fuera del mundo cuando la Estrella de la Muerte disparó, viaja al Cementerio. Buscan restos de su planeta natal entre los asteroides. Gracias a Leia, los supervivientes reciben restos de la Estrella de la Muerte que pueden utilizar para construir una estación espacial como nuevo hogar en el campo de asteroides.

Un palacio en la montaña
Hábiles arquitectos combinan el diseño del paisaje urbano con el bello telón de fondo de las montañas nevadas de la zona.

Aldera
Aldera, la capital, es hermosa. El renombrado arquitecto Ar'Ven Vence planeó el centro de la ciudad, y las demás estructuras de Aldera se inspiran en sus diseños.

Momentos finales
No hay tiempo para huir cuando la Estrella de la Muerte entra en la órbita de Alderaan. Los únicos alderanianos supervivientes están fuera del planeta, pero al poco tiempo el Imperio comienza a darles caza.

> «¡Alderaan es pacífico, no poseemos armas… No puede hacer eso…!»
>
> **LEIA ORGANA AL GRAN MOFF TARKIN**

«No encontrarás nunca otro lugar como este, tan lleno de maldad y vileza.» **OBI-WAN KENOBI**

PUERTO ESPACIAL DE MOS EISLEY

UBICACIÓN Gran Meseta de Mesra, al norte de Anchorhead (Tatooine)

En el remoto mundo desértico de Tatooine, lejos del centro de la galaxia, la ciudad de Mos Eisley actúa de puerto espacial principal del planeta.

OASIS EN EL DESIERTO

Al sudeste de la yerma tierra de los Páramos de Jundland, y no muy lejos del palacio de Jabba el Hutt, la erosionada apariencia de Mos Eisley oculta su verdadera naturaleza. Incontables variedades de astronaves entran y salen de la ciudad a diario, cargadas de pilotos, pasajeros y diversas mercancías, tanto legales como prohibidas. Mercaderes y mecánicos comparten las polvorientas calles con dewbacks y prófugos de la justicia. Preciosa en mitad del desierto, el agua es lo que mantiene unida a Mos Eisley. La principal planta distribuidora ocupa el corazón de la ciudad. Desde este lugar, un rompecabezas de edificios de duracemento y plastoide se extiende hacia fuera, fruto de la ausencia de planificación urbanística en un puerto espacial que creció al tuntún y no tiene una pista de aterrizaje principal.

OCUPACIÓN IMPERIAL

Un nido de delincuencia como ese interesaría poco a las fuerzas del Imperio, pero todo eso cambia cuando dos droides que transportan información secreta imperial robada –los planos de la estación de combate Estrella de la Muerte– desaparecen en el desierto cercano. Un destacamento de soldados de asalto imperiales se hace con la ciudad. Obi-Wan lleva a Luke Skywalker, C-3PO y R2-D2 al puerto espacial para buscar pasaje a Alderaan. Sus reflejos para usar la Fuerza les permiten escabullirse de los soldados que patrullan las calles. Después solo queda encontrar un piloto sin miedo a tener líos con el Imperio.

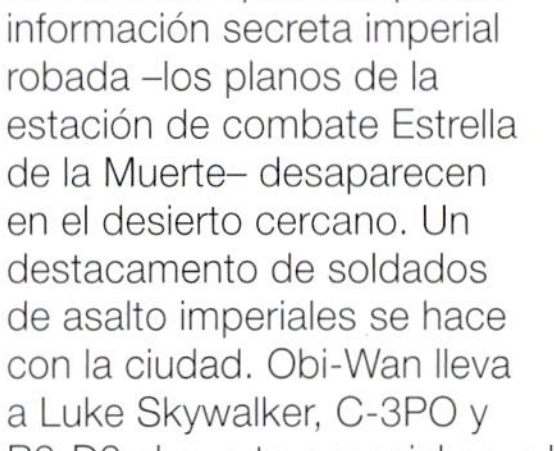

Buscando un espacio
Al no haber una instalación de aterrizaje centralizada, los pasajeros deben atracar en uno de los 362 muelles repartidos por el espaciopuerto. Durante un tiempo, la parlanchina Peli Motto dirige el muelle 3–5. Los viajeros se dirigen a la cantina local entre vuelo y vuelo *(izda.)*.

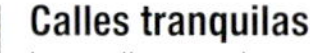

Calles tranquilas
Las calles, por lo general bulliciosas, quedan casi desiertas cuando los soldados de asalto imperiales se apostan en diferentes puntos de la ciudad. Nadie quiere que el Imperio le investigue.

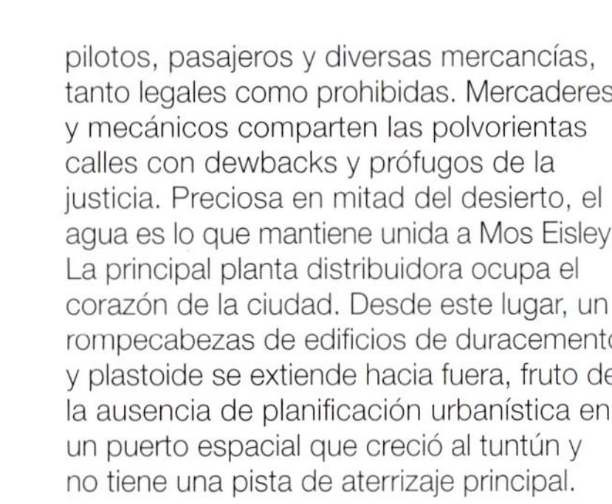

Evitar la captura
El truco mental Jedi de Obi-Wan ayuda a Luke y los droides a superar un control.

EL PARAÍSO DEL CONTRABANDISTA

Entre el ajetreo del puerto espacial, el contrabando sigue su curso sin que nadie le preste demasiada atención. El tráfico de especias y armas ilegales ofrece grandes beneficios a aquellos dispuestos a aceptar el riesgo, aunque, por lo general, los corruptos funcionarios de aduanas hacen la vista gorda a cambio de sobornos. Tras uno de sus viajes, Han Solo y Chewbacca posan el *Halcón Milenario* en el Muelle 94, sin sospechar que su partida será bastante accidentada: escaparán por los pelos del fuego de bláster de los soldados imperiales que persiguen a los pasajeros de la nave.

Pedazo de chatarra
En el Muelle 94, Luke no parece impresionado con el *Halcón Milenario*.

CANTINA DE MOS EISLEY

UBICACIÓN Mos Eisley, Tatooine

La cantina de Mos Eisley es el lugar favorito de los pilotos estelares de paso por Tatooine antes de su próximo viaje al espacio. En un día cualquiera, numerosas especies se relajan en sus confines tenuemente iluminados, susurrando secretos mientras beben fuertes tragos. Los clientes van desde transportistas legítimos hasta criminales, gánsteres y cazarrecompensas, y entre semejante multitud no es raro que haya repentinos estallidos de violencia.

Durante las Guerras Clon, se desata un cruento tiroteo con blásteres cuando el presidente barón Papanoida, líder de los pantoranos, llega para liberar a su hija Chi Eekway, secuestrada por el cazarrecompensas Greedo para los separatistas. Todos sus captores mueren en el rescate excepto Greedo, que consigue escapar. Más adelante, Asajj Ventress, una acólita del Sith convertida en cazarrecompensas, toma una copa en la cantina cuando ve que hay una gran recompensa por los temibles hermanos Savage Opress y Maul. Localiza su nave y, sin darse cuenta, ayuda a rescatar y escapar al caballero Jedi Obi-Wan Kenobi.

Pasan dos décadas antes de que el ermitaño Obi-Wan necesite un pasaje rápido a Alderaan para llevar a Luke Skywalker (y los planos robados de la Estrella de la Muerte) a la Alianza Rebelde. En la cantina descubre a Chewbacca, viejo amigo del maestro Yoda, ahora primer oficial del *Halcón Milenario*. En un lúgubre reservado, el capitán Han Solo accede a transportar a los pasajeros a cambio de una considerable suma. Poco después, Greedo obliga a Han, a punta de pistola, a sentarse en una mesa cercana. Ya sentado, el contrabandista saca con disimulo su bláster bajo la mesa y mata al rodiano de un disparo.

Durante la Nueva República, la cantina posee nuevo dueño, que sustituye el personal por droides supervisores, incluido EV-9D9. Din Djarin visita la cantina, conoce al cazarrecompensas novato Toro Calican y acepta acompañarlo en una misión para cazar a Fennec Shand.

Antro de vileza
La clientela de la cantina busca su próximo trabajo remunerado *(arriba)* o se relaja en la barra tomando una copa y pasando el rato *(dcha.)*.

Lugar de moda
La cantina de Mos Eisley es el punto de encuentro de clientes de todo tipo *(izda.)*, a menudo amenizados por las melodías de los Modal Nodes *(extremo izquierdo)*.

DATHOMIR

REGIÓN Borde Exterior **SECTOR** Quelii
GEOGRAFÍA Bosques, pantanos

La llegada
A bordo del *Quimera*, las tres Grandes Madres llegan a Dathomir con un misterioso cargamento en el hangar de la nave.

Dathomir es un planeta que pocos visitan por voluntad propia. Iluminados por la luz escarlata de su sol rojo, sus continentes están repletos de pantanos y bosques. Siglos antes de las Guerras Clon, los Fromprath vivían en Dathomir hasta que las Hermanas de la Noche los expulsaron del planeta antes de apoderarse de él, rebautizándolo en honor a sus orígenes Dathmiri. Desde una fortaleza de piedra, las Hermanas blanden una magia ancestral, alimentada por el poder del planeta, y realizan hazañas sobrenaturales que rivalizan con los talentos de la Fuerza de los Jedi y los Sith. Los varones zabrak conocidos como Hermanos de la Noche viven aislados en Dathomir. Cuando es necesario, las Hermanas entran en la aldea de los Hermanos para seleccionar entre ellos a la pareja adecuada.

Años antes del bloqueo de Naboo, Darth Sidious visita Dathomir y conoce a la Hermana de la Noche llamada Madre Talzin. Le ofrece tomarla como aprendiz, pero el señor del Sith la traiciona y secuestra a su hijo Maul en su lugar. Más tarde, el pirata Hal'Sted llega a Dathomir y las Hermanas de la Noche se ven obligadas a entregarle a la joven Asajj Ventress para salvar al clan.

En las Guerras Clon, Madre Talzin es la líder espiritual de las Hermanas de la Noche. Ventress es ahora la aprendiz del conde Dooku, y Sidious exige su muerte cuando sus habilidades en el lado oscuro se vuelven demasiado poderosas. Cuando Dooku intenta matar a Ventress, ella regresa a Dathomir y pide ayuda al clan para vengarse. Madre Talzin usa su magia y convierte al Hermano de la Noche Savage Opress en un guerrero potenciado por la Fuerza. Ventress y Opress no logran vencer a Dooku, que envía al general Grievous y a su ejército de droides para aniquilar a las Hermanas. Pese a su esfuerzo, casi todas las Hermanas son masacradas. Talzin y Sidious libran entonces una guerra por poderes a través de Opress y Maul, cuya destreza mental y física ha sido restaurada por la magia de Talzin a un gran coste para ella misma.

En una misión posterior para asesinar a Dooku, Ventress y el maestro Jedi Quinlan Vos viajan a Dathomir. Allí, Ventress entrena a Vos en el lado oscuro obligándole a matar al Durmiente, una antigua y poderosa criatura que reside en las profundidades de la fortaleza de las Hermanas de la Noche. Cuando Ventress muere salvando la vida de Vos en Christophsis, Quinlan y el Jedi Obi-Wan Kenobi devuelven su cuerpo a Dathomir.

En algún momento posterior, Maul y Talzin intentan sacrificar a Dooku en el planeta para que Talzin recupere su poder, pero Grievous y Sidious intervienen. Al final Talzin se sacrifica para que su hijo pueda escapar.

Durante la era Imperial, Dathomir tiene pocos habitantes, pero visitantes importantes. El Jedi Cal Kestis se deja caer mientras busca un artefacto Zeffo. Se enfrenta a una agresiva fauna local como la araña de perdición y el nydak menor; también traba amistad con una de las últimas Hermanas supervivientes, Merrin. Por un tiempo, Maul dirige su nueva organización criminal, Crimson Dawn, desde Dathomir. Ordena a Qi'ra, su lugarteniente, que se presente ante él. Dos años antes de la batalla de Yavin, Maul regresa a Dathomir con el Jedi Ezra Bridger. En la fortaleza realizan magia de las Hermanas de la Noche y tienen una visión de la Fuerza compartida más clara. El ritual despierta a dos espíritus de Hermanas, que poseen a los aliados de Ezra, Sabine Wren y Kanan Jarrus. Ezra los libera destruyendo el altar de las Hermanas de la Noche.

En los primeros años de la Nueva República, el gran almirante Thrawn y sus leales soldados regresan de su exilio en otra galaxia con ayuda de las Grandes Madres de Peridea. Su primer destino es Dathomir.

CHRISTOPHSIS

REGIÓN Borde Exterior **SECTOR** Savareen **SISTEMA** Christoph **GEOGRAFÍA** Cristal

La superficie de Christophsis está cubierta de formaciones rocosas cristalinas, sobre y en torno a las cuales se construyen ciudades de alta tecnología. El planeta es escenario de largos combates durante las Guerras Clon, y el lugar en el que Ahsoka Tano y Anakin Skywalker se conocen. Las fuerzas separatistas al mando del almirante Trench y del general Whorm Loathsom invaden Christophsis al principio de la guerra para apoderarse de sus recursos y asediar a las fuerzas de la República. Anakin y Obi-Wan Kenobi rescatan de Christophsis al senador Bail Organa. Quinlan Vos y Asajj Ventress viajan allí más tarde en una misión para asesinar al conde Dooku. Durante la era Imperial, Luke Skywalker halla su cristal kyber verde en este planeta.

FLORRUM

REGIÓN Borde Exterior
SECTOR Sertar
SISTEMA Florrum
GEOGRAFÍA Desierto

Florrum es un planeta árido alejado de las principales rutas hiperespaciales. Su ubicación permite a líderes del hampa como Hondo Ohnaka, que dirige una banda de piratería y salvamento, operar sin llamar la atención de la República. Las Guerras Clon alcanzan Florrum cuando Anakin Skywalker y Obi-Wan Kenobi llegan en persecución del líder separatista conde Dooku. Finalmente, Hondo captura a Dooku. Durante las Guerras Clon, Ahsoka Tano, Huyang, Hondo y un grupo de jovencitos Jedi se enfrentan al general Grievous en Florrum. Dooku ordena al general droide que ataque Florrum para vengarse de Ohnaka.

SERENNO

REGIÓN Borde Exterior **SECTOR** D'Astan
SISTEMA Serenno
GEOGRAFÍA Bosque, varios

La historia de Serenno se remonta al Imperio Sith, según los registros de las siete casas nobles del planeta. Durante la Alta República, Serenno es miembro de la República. Siglos más tarde, el planeta es el mundo natal y la base de operaciones de Dooku, líder de la Confederación de Sistemas Independientes. Poco después del ascenso del Imperio, Serenno cae ante el ejército del nuevo régimen. La Remesa Mala fracasa en su intento de capturar el botín de guerra de Dooku.

CASTILLO DE DOOKU

UBICACIÓN Serenno

La historia de Serenno se remonta al Imperio Sith, según los registros de las siete casas nobles del planeta. Durante la Alta República, Serenno es miembro de la República. Siglos más tarde, el planeta es el mundo natal y la base de operaciones del conde Dooku, líder de la Confederación de Sistemas Independientes. Poco después del ascenso del Imperio, Serenno cae ante el ejército del nuevo régimen. La Remesa Mala fracasa en su intento de capturar el botín de guerra de Dooku.

LOLA SAYU

REGIÓN Borde Exterior
SECTOR Belderone
SISTEMA Lola Sayu
GEOGRAFÍA Volcánica

El tono púrpura de Lola Sayu podría considerarse hermoso de no ser porque buena parte del hemisferio sur del planeta no contiene sino un enorme agujero donde la esfera está destrozada. Una gran proporción de la corteza restante del planeta está atravesada de incontables grietas, como una cáscara de huevo rota. Este mundo inhóspito, controlado por los separatistas durante las Guerras Clon, contiene la Ciudadela, una cárcel impenetrable.

LA CIUDADELA

UBICACIÓN Lola Sayu

Construida siglos antes de las Guerras Clon por la República galáctica, la cárcel de la Ciudadela está diseñada para alojar a los reclusos más peligrosos, incluidos los caballeros Jedi díscolos. En manos separatistas, al mando del sádico alcaide Osi Sobeck, aloja a los detenidos de mayor valor de la Confederación de Sistemas Independientes, como el capitán Wilhuff Tarkin y el maestro Jedi Even Piell. La prisión tiene imponentes muros escarpados y un diseño laberíntico, y está custodiada por droides comando, electrominas y anoobas.

MORTIS

REGIÓN Espacio Salvaje **GEOGRAFÍA** Cavernas, bosques, montañas

Un antiguo monolito similar a un octaedro negro con líneas rojas grabadas en su superficie es, de algún modo, la puerta de entrada al mundo de Mortis. Una vez dentro, los visitantes descubren un reino aparentemente terrestre, que comprende verdes bosques y fortalezas de piedra hasta cavernas y montañas flotantes. De un modo desconcertante, el terreno a veces cambia a medida que los viajeros lo atraviesan. Mortis es un nexo de la Fuerza, lo que significa que el flujo de la Fuerza es especialmente fuerte. Algunos creen que Mortis puede ser el origen mismo de la Fuerza.

WASSKAH

REGIÓN Borde Medio **SECTOR** Mytaranor
SISTEMA Kashyyyk **GEOGRAFÍA** Bosques

Este satélite está controlado por una banda de cazadores trandoshanos que secuestran a individuos y los sueltan entre el espeso follaje del bosque, para después montar partidas de caza que rastrean y liquidan a los desesperados cautivos. Ahsoka Tano queda atrapada por un momento en Wasskah, donde se encuentra con varios aprendices de Jedi secuestrados, y con Chewbacca y sus aliados wookiee para derrotar a los trandoshanos.

ABAFAR

REGIÓN Borde Exterior **SECTOR** Quelii
GEOGRAFÍA Desierto

El rasgo más destacado de Abafar es el páramo conocido como el Vacío. Liso y yermo, su tonalidad naranja y uniforme, debida a las partículas en suspensión en la atmósfera, puede enloquecer hasta a los individuos más fuertes. Según el archivo de la República, en Abafar hay largos surcos irregulares que recorren la superficie del planeta. Allí han brotado varias colonias como Pons Ora en torno a explotaciones mineras que extraen rhydonio, un combustible raro y volátil.

LA CAJA

UBICACIÓN Serenno

Moralo Eval diseña la Caja a modo de prueba definitiva de inteligencia y habilidad. Situada en el palacio del conde Dooku, la enorme estructura cúbica contiene una serie siempre cambiante de trampas y pistas de obstáculos que se extienden en cinco niveles. Dooku decide invitar a doce de los mejores cazarrecompensas para ponerlos a prueba, y cinco de ellos consiguen clasificarse para emprender la misión de secuestrar al canciller supremo Palpatine.

UMBARA

REGIÓN Región de Expansión **SECTOR** Nébula Fantasma
SISTEMA Umbara **GEOGRAFÍA** Colinas

El peligroso planeta Umbara debe su apodo de «Mundo de la Sombra» a la poca luz solar que llega a su superficie. Las especies cuasi humanas que habitan el planeta son famosas por su avanzada tecnología. Durante las Guerras Clon, Umbara se independiza de la República tras el asesinato de su senador, Mee Deechi, lo que desencadena una invasión del Gran Ejército para retomar el planeta. Durante la era imperial, el líder rebelde Nevil Cygni alienta una rebelión en el planeta, pero una flota imperial llega para aplastarla; los umbarianos se rinden y su planeta queda bajo el control directo del Imperio.

RAXUS SECUNDUS

REGIÓN Borde Exterior **SECTOR** Hegemonía Tion **SISTEMA** Raxus **GEOGRAFÍA** Llanuras, colinas, océano

Durante los últimos años de la República, el maestro Katri, miembro del Consejo Jedi, cae asesinado en Raxus, y Dooku descubre una conspiración para deponer a su corrupto senador. Su senador posterior, Avi Singh, lucha contra la corrupción y su renombre hace que su planeta natal se convierta en sede del Parlamento Separatista durante las Guerras Clon. Finalmente, Avi Singh es encarcelado por el Imperio, pero la Remesa Mala lo libera. Padmé Amidala viaja en secreto a Raxus para encontrarse con Mina Bonteri, con la esperanza de resolver pacíficamente las reclamaciones planteadas por la Confederación de Sistemas Independientes. La escolta de Padmé, Ahsoka Tano, se muestra escéptica al principio, pero pronto reconoce la integridad de Mina y de su hijo, Lux. Padmé y Bonteri llegan a un acuerdo, pero el conde Dooku sabotea su pacto. Más adelante en la guerra, Asajj Ventress y el maestro Jedi Quinlan Vos intentan asesinar a Dooku durante una ceremonia en su honor en Raxus. Pero fracasan y Dooku captura a Vos. Raxus sufre bajo el reinado galáctico del emperador, tal vez en parte por su anterior filiación separatista. Avi Singh es encarcelado por los Imperiales, pero más tarde es rescatado por el Lote Malo.

BARDOTTA

REGIÓN Colonias
SECTOR Shasos
GEOGRAFÍA Montañas

Bardotta es el hogar de una orden espiritual de místicos pacíficos llamada Maestros Dagoyanos. Tras ciertas malas experiencias con algunos Jedi que pretendían llevarse a jóvenes para adiestrarlos en Coruscant, los bardottanos desconfían de la Orden Jedi. Cuando comienzan a desaparecer maestros Dagoyanos, la reina Julia teme que se esté cumpliendo una antigua profecía y busca la ayuda de su amigo Jar Jar Binks. Este llega con Mace Windu para dar fe del honor del maestro Jedi, justo antes de que Julia desaparezca. Jar Jar y Windu rescatan a la reina y acaban por frustrar el plan del Culto Frangawl.

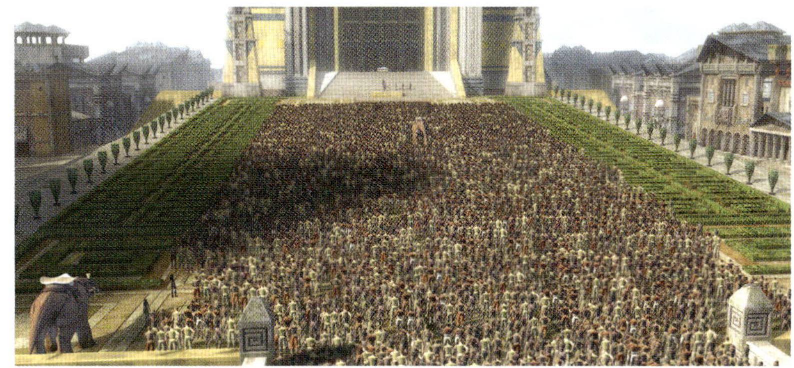

ONDERON

REGIÓN Borde Interior **SECTOR** Japrael
SISTEMA Japrael **GEOGRAFÍA** Junglas

Para protegerse de las criaturas que pueblan las selvas de Onderon, los primitivos habitantes humanos del planeta construyen asentamientos fortificados como Iziz, la capital. Al principio de las Guerras Clon, el rey Ramsis Dendup es derrocado por Sanjay Rash, que se alía con el conde Dooku. Una rebelión ciudadana encabezada por los hermanos Steela y Saw Gerrera contra el gobierno de Rash recibe ayuda encubierta de los Jedi y consigue destronarlo. El cabecilla insurgente Lux Bonteri pasa a representar a Onderon en el Senado. Cuando la República se transforma en el Imperio, Saw reúne a su grupo rebelde, que rebautiza como Partisanos, y ataca con violencia a las fuerzas ocupantes. En uno de esos ataques, el agente Kallus presencia con impotencia la destrucción de su escuadrón de soldados de asalto. Saw acabará abandonando su mundo natal, al que considera perdido.

MON CALA

REGIÓN Borde Exterior
SECTOR Calamari
SISTEMA Calamari
GEOGRAFÍA Océanos

En Mon Cala viven dos especies acuáticas inteligentes: los mon calamari y los quarren. Pese a que comparten una larga historia de desavenencias, el respeto mutuo mantiene unido el planeta bajo el reinado de un único monarca y un único representante en el Senado galáctico. En las Guerras Clon, cuando el senador Tikkes, un quarren, deserta y se une a los separatistas, es sustituido por Tundra Dowmeia, una quarren lealista, y luego por Meena Tills, una mon calamari. Cuando Lee-Char accede al trono, estalla una guerra civil, pero el joven monarca logra superar el cisma. Cuando Palpatine ya lleva un año de gobierno, Lee-Char, influido por un superviviente de la Orden 66 de moralidad dudosa, encabeza una rebelión contra el Imperio que el gran moff Wilhuff Tarkin y Darth Vader aplastan rápidamente. Lee-Char es encarcelado en Strokill Prime, y es sustituido por Dors Urtya. Años después, Urtya se reúne con miembros de la Alianza Rebelde, que intentan persuadirlo para que ofrezca la flota mercantil de Mon Cala a su causa. Urtya se niega, y entonces los rebeldes tratan de salvar a Lee-Char, pero este muere. Graban sus últimas palabras y entregan la grabación a Urtya, que la retransmite a todo el planeta. El Imperio lo mata, pero la flota mon calamari se une a la Alianza. Décadas después, el pueblo de Mon Cala vuelve a enviar naves para luchar contra la tiranía. Esta vez, la flota refuerza la Resistencia contra la Primera Orden.

Turbio exilio
Luke estrella su Ala-X en una ciénaga durante el peligroso descenso.

Travesía peligrosa
Dagobah parece sencillo desde el espacio, pero el viaje hasta su superficie, sorteando violentas tormentas y con escasa visibilidad, puede resultar traicionero.

> «¿Charco de barro? ¿Asqueroso? Mi tierra es este.»
>
> **YODA**

DAGOBAH

REGIÓN Borde Exterior **SECTOR** Sluis
GEOGRAFÍA Ciénagas

Cubierto de ciénagas y densas selvas, Dagobah rebosa de vida y de Fuerza. Aquí, el maestro Yoda adiestra a Luke Skywalker según la tradición Jedi.

FUERZA VIVA

Al final de las Guerras Clon, mientras medita, Yoda oye la voz del maestro Jedi muerto Qui-Gon Jinn, que afirma ser parte de la Fuerza viva. Al resto de Jedi les preocupa la salud mental de Yoda, pero Qui-Gon le implora que viaje hasta Dagobah solo. Con la ayuda de Anakin Skywalker, Yoda huye del Templo Jedi en su caza Jedi. Al llegar a Dagobah, Yoga medita y vuelve a oír a Qui-Gon, que le explica que Dagobah es uno de los lugares más puros de la galaxia, con una presencia intensa de la Fuerza viva. Una nube de luciérnagas lo conduce a una cueva oscura y Yoda tiene una visión de varios Jedi aniquilados por un misterioso lord Sith. Yoda se desploma desesperado fuera de la cueva. Qui-Gon lo consuela con palabras de esperanza y promete guiarlo hasta comprender cómo los Jedi finalmente vencerán.

EXILIO PLANETARIO

Tras la Orden 66 y el ascenso del Emperador, Yoda y Obi-Wan deciden esconder a los hijos de Padmé Amidala y Darth Vader para protegerlos de su padre, con la esperanza de entrenarlos como Jedi. Yoda regresa a Dagobah para esperar su momento en el exilio, continuando con el estudio de la Fuerza.

CAMPOS DE ENTRENAMIENTO

Años más tarde, cuando uno de los niños, Luke Skywalker, es un adolescente, visita Dagobah siguiendo el consejo de Obi-Wan. El propio Dagobah resulta ser parte de las pruebas Jedi de Luke. Las tormentas y la densa niebla dificultan el aterrizaje, y su Ala-X se estrella en un pantano. Un ser aparentemente primitivo pone a prueba la paciencia de Luke en el campamento, pero él está ansioso por conocer a Yoda, así que tolera al intruso. Al llegar a la cabaña de la criatura, la irritación de Luke es evidente. La criatura expresa sus preocupaciones sobre el entrenamiento de Luke a la voz espectral de Obi-Wan, revelando que en realidad es el maestro Jedi. Yoda accede a regañadientes a entrenar a Luke en los caminos de la Fuerza, pese a percibir en él rasgos similares a los de su padre. Los pantanos sirven de campo de entrenamiento para el nuevo aprendiz de Yoda. En lo más profundo de la jungla, Yoda pone a prueba la preparación de Luke enviándole a la cueva del Mal, en la que el maestro había entrado años antes, durante las Guerras Clon. Cuando los poderes de Luke crecen sufre una visión de sus amigos en peligro. Decide marcharse sin completar su entrenamiento, pero promete volver.

Tras rescatar a Han Solo de Jabba el Hutt, Luke se mantiene fiel a su palabra y regresa al mundo pantanoso. Sin embargo, un Yoda moribundo se convierte en uno con la Fuerza tras impartir algo de sabiduría final a su último aprendiz. Décadas después, el sobrino de Luke, Kylo Ren, y su maestro, el líder supremo Snoke, visitan el mundo para poner a prueba a Kylo en la cueva del Mal. En un arrebato de ira, este destruye la poderosa vergencia de la Fuerza.

A la espera de su discípulo
Tras las Guerras Clon, Yoda regresa a Dagobah y vive en una pequeña cabaña junto a la ciénaga mientras espera para adiestrar a Luke.

Enseñanza de la Fuerza
Qui-Gon les transmite a Yoda y Obi-Wan el secreto Jedi para conservar la conciencia en la Fuerza después de morir *(arriba)*. Más tarde, confían su sabiduría Jedi a la nueva esperanza, Luke Skywalker *(izda.)*.

Equilibrio en la Fuerza
Para que Luke desarrolle sus capacidades en la Fuerza, el maestro Yoda perfecciona su resistencia y equilibrio.

CUEVA DEL MAL, DAGOBAH

UBICACIÓN Dagobah

La cueva del Mal de Dagobah, imbuida de energía de la Fuerza del lado oscuro, comunica visiones de pesadilla de futuros posibles. Guiado por la voz incorpórea del difunto Qui-Gon Jinn, Yoda entra en la cueva, hacia el final de las Guerras Clon, y tiene una visión de la destrucción de la Orden Jedi que le sobrecoge. Años más tarde, Yoda pone a prueba a Luke Skywalker llevándole a la cueva. Luke tiene una visión en la que se enfrenta a Darth Vader y lo vence. El yelmo del señor del Sith golpea el suelo, y la máscara, dañada, revela la cara de Luke. Entre los visitantes posteriores se hallan la archivista Madelin Sun y Kylo Ren, quien destruye la cueva como muestra de poder ante el líder supremo Snoke.

El hombre de la máscara
Luke ve su propio rostro en el casco destrozado de Darth Vader tras enfrentarse a la visión del lord Sith en la cueva.

STYGEON PRIME

REGIÓN Borde Exterior **SECTOR** Nuiri
GEOGRAFÍA Montañas

Stygeon Prime es un inhóspito mundo de elevados picos nevados. Este temible territorio hace del planeta el lugar perfecto para instalar un centro de máxima seguridad que albergue a los presos más valiosos y peligrosos. En su etapa de canciller supremo y también de emperador, Palpatine ejerce su dominio sobre la prisión de Stygeon Prime, la Aguja. Cuando Maul regresa de su exilio durante las Guerras Clon para dirigir su organización criminal, el Colectivo Sombra, Sidious se enfrenta a su antiguo aprendiz en Mandalore y lo derrota en un solo combate. Acto seguido es encarcelado en la Aguja.

LA AGUJA

UBICACIÓN Stygeon Prime

La Aguja es una de las cárceles más imponentes de la galaxia. Durante las Guerras Clon, los comandos mandalorianos facilitan la fuga de Maul, pero solo porque Darth Sidious lo permite, con el fin de tender una trampa a la mentora de Maul, Madre Talzin. Años más tarde, la Aguja está bajo control imperial cuando el antiguo aprendiz Jedi Kanan Jarrus es atraído hasta allí con la promesa de liberar de su cautiverio a la maestra Jedi Luminara Unduli. Pero el Gran Inquisidor los espera para batirse en un feroz duelo.

Ruta de escape prevista

Fuga de la cárcel
Kanan dirige a su equipo (Zeb, Sabine y Ezra) en una misión *(izda.)* para infiltrarse en la Aguja *(arriba)*.

ORD MANTELL

REGIÓN Borde Medio **SECTOR** Joya Brillante **SISTEMA** Joya Brillante
GEOGRAFÍA Cadenas montañosas

Colonos corellianos fundaron Ord Mantell como almacén en los días de la Antigua República. El planeta orbita en torno a la estrella azul Joya Brillante y alberga una base de operaciones del sindicato del crimen Sol Negro. Durante las Guerras Clon, los separatistas atacan el planeta como parte del plan de Darth Sidious para abrir una brecha entre Maul y sus aliados del Sol Negro. Durante la Era Imperial, el Imperio apenas tiene presencia en la capital. La Fuerza Clon 99 camina por callejones sucios e iluminados por neones de Ord Mantell en busca del Salón de Cid, una cantina clandestina regentada por la trandoshana Ciddarin Scaleback. Durante un tiempo, se convierte en un lugar seguro para que la Remesa Mala se reagrupe y acepte trabajos esporádicos. Años más tarde, Leia, Chewbacca y R2-D2 se encuentran con Maz Kanata en el planeta y abaten al cazarrecompensas Boushh. Le roban su traje para que Leia pueda hacerse pasar por él y rescate a Han Solo.

Lunas y más lunas
Un sol y nueve lunas conforman el inconfundible cielo de Utapau *(abajo)*. Los efectos en las mareas de los océanos subterráneos varían muchísimo según la posición de unas lunas respecto a otras *(dcha.)*.

UTAPAU

REGIÓN Borde Exterior **SECTOR** Tarabba
GEOGRAFÍA Sumideros

Situado en el remoto sector de Tarabba, en el Borde Exterior, el árido y ventiscoso planeta Utapau está perforado por grandes sumideros y rodeado por numerosas lunas. La superficie es muy desértica, pero en el fondo de los sumideros hay lagunas que propician la vida en el planeta. Utapau es el hogar de los pau'anos y los utais, llamados en su conjunto utapauanos, e incluso de unos seres más primitivos, los amanis. Los utapauanos viven en ciudades que bordean los sumideros, mientras que los amanis viven fuera, en las aldeas de las llanuras. Las ciudades, que se extienden dentro de las cuevas y grietas que hay bajo la superficie del planeta, viven de la extracción de minerales valiosos.

Aunque el planeta intenta mantenerse neutral durante las Guerras Clon, la muerte de un Jedi en Ciudad Pau lleva a Obi-Wan y Anakin hasta Utapau. Destapan una conspiración separatista para comprarles un cristal kyber enorme y poco común a unos traficantes de armas de la banda de Sugi. Se creía que los cristales de este tamaño no eran más que una leyenda, pero Obi-Wan y Anakin son testigos de primera mano de su increíble poder. Antes de que el general Grievous se lleve el cristal de Utapau, Anakin y Obi-Wan lo destruyen para que no caiga en manos de los separatistas.

En los últimos días de las Guerras Clon, Darth Sidious reúne a los líderes separatistas en Utapau. Cuando Obi-Wan regresa en busca de Grievous, Tion Medon, el administrador del puerto de Ciudad Pau, previene a los Jedi de la presencia separatista. Obi-Wan devuelve a su droide R4-G9 a la flota de la República en su caza. Con ayuda del varáctilo Boga, Obi-Wan localiza a Grievous y lo reta a pelear. Las fuerzas de la República llegan y se enfrentan al ejército droide. Obi-Wan derrota a Grievous, pero es atacado por los clones bajo su mando cuando se dicta la Orden 66.

Durante la era imperial, el enajenado cirujano pau'ano Fyzen Gor mejora un droide con partes orgánicas de su mejor amigo, fallecido. Sigue experimentando con el droide hasta que este adquiere la devastadora capacidad de lograr que todos los droides de la galaxia se rebelen contra sus dueños orgánicos. A lo largo de las dos décadas siguientes, Han Solo y Lando Calrissian hacen frente por separado a la extraña pareja. Lando los mata dos años después de la batalla de Jakku, y elimina así la peligrosa amenaza.

«El canciller Palpatine cree que Grievous está en Utapau.» KI-ADI-MUNDI

Ciudad sumidero
El caza Jedi de Obi-Wan desciende en el sumidero de Ciudad Pau en busca del general Grievous, de quien se rumorea que está en el planeta.

CASA DE LA ÓPERA DE LAS GALAXIAS

UBICACIÓN Coruscant

La Casa de la Ópera está en los niveles altos del distrito de Uscru, en Coruscant. El canciller supremo Palpatine posee un palco privado con unas vistas privilegiadas en el teatro principal. Durante una representación de la ópera acrobática *El lago de los calamares*, por una compañía mon calamari, Palpatine cuenta a Anakin Skywalker la leyenda Sith de Darth Plagueis el Sabio. Durante los primeros años de la Nueva República, el teatro también acoge charlas de respetadas mentes científicas, como el Dr. Penn Pershing, ex investigador imperial en clonación.

KASHYYYK

REGIÓN Borde Medio **SECTOR** Mytaranor
SISTEMA Kashyyyk **GEOGRAFÍA** Bosques

Los wookiee de Kashyyyk son guerreros nobles y leales a la República y a los Jedi. Su valentía y determinación han convertido su planeta natal en un campo de batalla por la dominación galáctica.

LEALES A LA REPÚBLICA

Durante muchos años, Kashyyyk ha sido un importante planeta representado por respetados miembros del Senado galáctico. Célebres por su fortaleza y su ferocidad en el combate, los wookiee no dudan en luchar cuando es necesario. No obstante, son firmes defensores de la justicia y la paz. Su mundo arbóreo es prueba de su habilidad técnica y su visión artística. Las ciudades wookiee se construyen sobre inmensos árboles, y su arquitectura se integra con el follaje. La aviación wookiee (como el ornitóptero, parecido a un temible insecto) también refleja la filosofía del planeta, al igual que su armamento y su armadura de combate. Quien piense que un wookiee no es más que una bestia primitiva pronto caerá en la torpeza de su error.

En pleno ataque
Mientras llegan las fuerzas de la República *(izda.)*, los guerreros acuden para defender su tierra natal del ejército droide *(abajo, izda.)*.

BATALLA DE KASHYYYK

Su posición en rutas clave del hiperespacio hace de Kashyyyk un objetivo estratégico en los conflictos galácticos. Al final de las Guerras Clon, los separatistas lanzan una invasión masiva del planeta con droides de combate y artillería pesada. El Consejo Jedi sabe que es necesaria una respuesta defensiva inmediata del Gran Ejército de la República; Yoda, dadas sus estrechas relaciones con los líderes wookiee, se ofrece para dirigirla. Los soldados clon y los droides se enzarzan en una cruenta batalla en las playas a las afueras de Kachirho.

Listos para la batalla
El capitán Merumeru y sus guerreros se preparan para defender Kashyyyk.

Orden 66
Yoda se defiende cuando los clones se rebelan contra los Jedi bajo la orden de Darth Sidious.

Donde el bosque se une al mar
Los wookiee bajan de sus ciudades en los árboles para defender lugares estratégicos al nivel del mar.

EL AUGE DEL IMPERIO

Cuando Darth Sidious activa la Orden 66, Kashyyyk es uno de los muchos mundos en que los soldados clon se rebelan contra los Jedi. Yoda presiente la muerte casi simultánea de cientos de Jedi en toda la galaxia. Cuando el comandante Gree se le acerca, Yoda prevé el peligro y lo parte en dos en defensa propia. Con los clones aún pululando por el planeta, los wookiees Tarfful y Chewbacca escoltan a Yoda hasta una cápsula de salvamento. A cuenta de la prolongada lealtad de los wookiees a la República y a la Orden Jedi, el Imperio inflige grandes crueldades sobre Kashyyyk, conquistando el planeta. Algunos wookiees consiguen resistir a los Imperiales, pero muchos son esclavizados, y el Imperio les implanta chips de control que les hacen daño si desobedecen las órdenes. Algunos de ellos son trasladados para colaborar en la construcción de la Estrella de la Muerte o trabajar en las minas de especias de Kessel, donde las duras condiciones laborales acortan de forma drástica su esperanza de vida.

LA LIBERACIÓN DE KASHYYYK

Tras la batalla de Endor, Kashyyyk queda bajo el control de una facción imperial liderada por el gran moff Tolruck. Chewbacca y Han Solo se enteran de una oportunidad para liberar el planeta e intentan actuar, pero se trata de una trampa. Han escapa pero Chewbacca es capturado y encerrado en la Jaula de Ashmead, una cárcel en Kashyyyk. Han encabeza un equipo que se infiltra en la prisión y libera a Chewbacca y los demás prisioneros. Chewbacca, Han y parte del equipo permanecen en Kashyyyk y consiguen acceder a la base de Tolruck. Piratean el módulo que controla los chips inhibidores y liberan a todos los wookiee. Muchos de ellos se rebelan contra sus captores, por lo que los destructores estelares que orbitan en torno al planeta deciden bombardearlo. La Nueva República envía una flota para ayudar a derrotar a la facción imperial, y Kashyyyk es liberado.

Un planeta devastado
La ocupación imperial y el posterior bombardeo destruyen la mitad de los bosques de Kashyyyk. Por suerte, tras la liberación, la naturaleza empieza a recuperarse.

NIVEL 1313

UBICACIÓN Nivel subterráneo 1313, Coruscant

El Nivel 1313, centro neurálgico de los bajos fondos y la actividad criminal, se encuentra a 1313 niveles bajo la superficie natural de Coruscant. La zona está tan por debajo de los niveles superiores del planeta que solo atrae a quienes buscan esconderse o un negocio turbio. Durante las Guerras Clon, Ahsoka Tano se estrella contra el garaje de las hermanas Martez, en el nivel 1313, tras averiarse su deslizador. Durante la época imperial, el cazarrecompensas cíborg Beilert Valance frecuenta una cantina del nivel 1313 mientras intenta ocultarse.

CARIDA

REGIÓN Núcleo **SECTOR** Colonias
GEOGRAFÍA Montañas

Tanto la República como el Imperio usan el montañoso planeta Carida como ubicación para bases militares. Una estación espacial en órbita acoge una conferencia de la República a la que asisten Anakin Skywalker y Obi-Wan Kenobi, objetivo de la amenaza Imperial. Años más tarde, una base militar imperial en Carida se ve amenazada por una célula rebelde liderada por Berch Teller. Es la base en la que Han Solo y Beilert Valance se entrenan para la Armada Imperial.

OBA DIAH

REGIÓN Borde Exterior **SECTOR** Kessel **SISTEMA** Kessel **GEOGRAFÍA** Paisajes rocosos

Oba Diah, el mundo natal de la especie pyke, es la base del poderoso grupo criminal pyke, que comercia con especia recolectada en la cercana Kessel. Poco después de la batalla de Naboo, el maestro Jedi Sifo-Dyas es abatido por el Sindicato Pyke y muere en la luna de Oba Diah. Años después, los Jedi descubren los restos de su nave. Anakin Skywalker y Obi-Wan Kenobi acaban luchando contra el conde Dooku. Más tarde, Ahsoka Tano y las hermanas Martez son secuestradas en Oba Diah cuando las Martez fracasan en una entrega de especias. Cuando Tano las ayuda a escapar, descubre que los pyke trabajan para Maul y su Colectivo Sombra. Oba Diah es el epicentro del comercio de especia hasta el fin del Imperio.

SKAKO MENOR

REGIÓN Núcleo **SISTEMA** Skako **GEOGRAFÍA** Montañas, bosques

Skako Menor es el hogar de la especie poletec y también el cuartel general de la Tecno Unión durante las Guerras Clon. Los poletec no desean tomar partido en el conflicto, pero pese a ello el planeta se ve arrastrado a la guerra por el líder del Tecno Unión, Wat Tambor, separatista. Más tarde, los poletec se alían con la República tras colaborar con Anakin Skywalker. Al final de las Guerras Clon, Darth Vader mata a Wat Tambor y a sus aliados en Skako Menor. Años más tarde, Vader envía a Sabé, ahora alineada con el sindicato del crimen Crimson Dawn, a Skako Menor para sofocar un levantamiento.

POLIS MASSA

REGIÓN Borde Exterior **SECTOR** Subterrel **GEOGRAFÍA** Asteroide

Polis Massa es el campo de asteroides que queda tras la destrucción del planeta homónimo. El Consejo de Investigación Arqueológica de Kallidah establece la base y comienza un proyecto de minería arqueológica para descubrir los misterios del cataclismo. Los kallidahin acaban siendo conocidos como polis massanos. Polis Massa sirve de santuario de emergencia para los Jedi tras la Orden 66. Allí, Padmé Amidala da a luz a sus gemelos Luke y Leia y luego muere. Los polis massanos siguen apoyando a los rebeldes, y su planeta actúa de base secreta hasta que el Imperio bombardea el lugar. Darth Vader investiga la base abandonada y ve una grabación de las últimas palabras de su esposa.

TALLER DE LAS HERMANAS MARTEZ

UBICACIÓN Nivel 1313, Coruscant

Tras la muerte de sus padres, las hermanas Trace y Rafa Martez se hacen cargo de un taller en el Nivel 1313 de Coruscant. Trace trabaja en la reconstrucción de una nave estelar, el *Ángel de Plata*, para abandonar Coruscant con su hermana. Mientras tanto, Rafa hace tratos con criminales locales para conseguir fondos para ese sueño. Tras la caída de la República, Rex y el senador Riyo Chuchi interrogan al asesino clon X en el taller de las hermanas Martez antes de que se quite la vida.

KACHIRHO

UBICACIÓN Kashyyyk

Kachirho es una ciudad costera de Kashyyyk que se extiende en espiral alrededor del tronco de un enorme árbol wroshyr, cerca del archipiélago Wawaatt. Muelles y dos embarcaderos se extienden desde la ciudad hasta la laguna de agua dulce. Centro de la cartografía hiperespacial wookiee, Kachirho está gobernada, durante las Guerras Clon, por el caudillo Tarfful. Las demás ciudades del planeta están protegidas por un denso follaje, pero la amplia zona abierta que rodea Kachirho la convierte en un lugar de aterrizaje óptimo cuando los separatistas atacan Kashyyyk al final del conflicto. Los vecinos de Kachirho acuden a miles, por tierra y mar, para defender la ciudad de la invasión droide.

BASE DE LOS INQUISIDORES

UBICACIÓN Distrito de los Talleres, Coruscant

Situado en el Distrito de los Talleres, a las afueras de Coruscant, el cuartel de la Inquisición aloja a los cazadores imperiales de Jedi. En el prólogo de las Guerras Clon, Darth Sidious celebra aquí reuniones secretas, y es el lugar donde tiene lugar el duelo del conde Dooku con Yaddle. Tras la Orden 66, la base se convierte en un campo de entrenamiento para inquisidores. Los guerreros oscuros entrenan en una arena central. Tras la insurrección de dos inquisidores, en la que Vader persigue a los traidores por todo Coruscant, el emperador ordena que el cuartel se traslade a la recién terminada Fortaleza de la Inquisición, en Nur.

KALLER

REGIÓN Borde Exterior **SECTOR** Cassander **GEOGRAFÍA** Montañas, bosques

Kaller, hogar de los kalleranos en el Borde Exterior, tiene dos soles y un clima muy cambiante. La maestra Jedi Depa Billaba, su padawan Caleb Dume y la Fuerza Clon 99 se enfrentan al ejército droide separatista en Kaller al final de las Guerras Clon. Durante la Orden 66, soldados clon matan a Billaba y Dume se ve obligado a huir del planeta. Ahora el rebelde Jedi conocido como Kanan Jarrus regresa años más tarde para llevar suministros a Lothal.

BRACCA

REGIÓN Borde Medio **SECTOR** Lantilliano **GEOGRAFÍA** Llanuras, desguaces

Las llanuras de Bracca sirven de inmenso depósito de chatarra, naves averiadas y fuera de servicio. La proximidad de Bracca a varias rutas hiperespaciales importantes convierte al planeta en una prioridad para ambos bandos en las Guerras Clon. Durante el Imperio, el Gremio de Chatarreros controla los desguaces, vendiendo piezas y ayudando al Imperio a construir nuevas naves. La Fuerza Clon 99 viaja al planeta en busca de la enfermería de un crucero Jedi para extraer el chip de control de Wrecker. El padawan Cal Kestis trabaja en un desguace de Bracca mientras se esconde del Imperio, hasta que los inquisidores lo descubren. Tras la caída del Imperio, la Primera Orden utiliza los desguaces para deshacerse de naves de la Nueva República. Leia Organa ordena al Escuadrón Escoria de Shriv Suurgav que las recupere para reforzar la flota de la Resistencia.

Llegada imperial El desguace de Bracca posee abundantes armas y tecnología, pero antes de que la Remesa Mala pueda cargar mucho en su nave, el Imperio envía lanzaderas de ataque con su antiguo camarada, Crosshair, para acabar con los traidores.

AYNABONI

GEOGRAFÍA Playas tropicales

Las únicas masas terrestres del planeta tropical Aynaboni son islas dispersas por el vasto océano que cubre el planeta. Muchas de las islas tienen playas de arena que rodean densas selvas. El planeta posee pocos habitantes conscientes permanentes, en parte debido a los peligrosos depredadores de las selvas. Un gran grupo de aggrocrabs persigue a la Fuerza Clon 99 durante una misión para recuperar un cargamento durante la época imperial.

PANTORA

REGIÓN Borde Exterior **SECTOR** Sujimis
GEOGRAFÍA Marismas

Pantora, hogar de los azulados pantoranos, es la luna más grande en torno al planeta helado Orto Plutonia. La senadora Riyo Chuchi representa a Pantora en el Senado durante las Guerras Clon. Pese al bloqueo de la Federación de Comercio a su planeta, Chuchi se niega a aceptar ayuda de los separatistas. Años más tarde, la Fuerza Clon 99 visita una de las extensas ciudades de Pantora para comprar combustible, y se cruzan con la cazarrecompensas Fennec Shand.

SALÓN DE CID

UBICACIÓN Ciudad de Ord Mantell, Ord Mantell

El Salón de Cid, en Ord Mantell, es un bar clandestino regentado por la trandoshana Ciddarin Scaleback. Veterana de los bajos fondos, Cid recibe con cautela a todo el mundo, desde jugadores y contrabandistas hasta funcionarios de la República. Los clientes pueden disfrutar de una de sus mesas de juego, bebidas o aperitivos, incluido el popular Mantell Mix. Durante las Guerras Clon, Cid ayuda a los Jedi dándoles información. Tras la Orden 66 se reúne regularmente con la Fuerza Clon 99 en la trastienda de su salón y los recluta para rentables misiones de alto riesgo por toda la galaxia. Más tarde los traiciona, obligando a la Mala Remesa a huir.

BORA VIO

REGIÓN Extragaláctica **SISTEMA** Lido

Bora Vio es un planeta cubierto de nubes en el sistema Lido. Durante las Guerras Clon, los kaminoanos establecieron varias instalaciones de clonación flotantes en la atmósfera del planeta. Tras la Orden 66, el cazarrecompensas Cad Bane lleva al clon Omega a una de ellas para encontrarse con los kaminoanos, que le contrataron para recuperarlo.

DARO

REGIÓN Borde Exterior **SECTOR** Ojoster **GEOGRAFÍA** Bosques, montañas, selvas

En sus primeros años, el Imperio elige el deshabitado planeta Daro, en el Borde Exterior, como base oculta. Los soldados imperiales utilizan los reptilianos massiffs locales para atravesar el terreno boscoso del planeta, que incluye montañas, acantilados y formaciones rocosas. Una llamada de socorro de un soldado clon lleva a la Fuerza Clon 99 a Daro, donde descubren el Proyecto Manto de Guerra, el plan del Imperio para sustituir a los soldados clon por soldados reclutados.

LUNA DEL RÍO DE AL'DOLEEM

REGIÓN Borde Medio
SECTOR Hune **SISTEMA** Al'doleem
GEOGRAFÍA Montañas, ríos

La luna del río de Al'doleem es un pintoresco planeta de montañas, valles, ríos y arroyos. Los Jedi consideran sagrado el planeta, y varias generaciones han probado sus habilidades en el monasterio de la cima del Monte Pasvaal. Darth Vader viaja a Al'doleem en busca del maestro Jedi Kirak Infil'a, autoexiliado en la luna. Mientras asciende al Monte Pasvaal, Vader lucha contra feroces raptoranos, y Kirak abre una gran presa, casi ahogando al Sith. Cuando Vader regresa mata a policías y civiles para distraer al Jedi, antes de destruirlo y llevarse su espada de luz.

WAYLAND

REGIÓN Borde Exterior **SECTOR** Ojoster
GEOGRAFÍA Bosques, montañas

En sus primeros años, el Imperio construye instalaciones secretas de clonación en Wayland. Con las montañas y bosques como cobertura, sitúa las instalaciones de la División de Ciencia Avanzada en el Monte Tantiss. Traslada gran parte de la tecnología de clonación de Ciudad Tipoca y destruye el laboratorio kaminoano. Por orden del emperador, el doctor Hemlock, lleva a Wayland kaminoanos clave, como Nala Se y Lama Su, para extraerles información que le permita avanzar en su investigación de clonación. Busca a la clon fugada Omega, a la que considera propiedad imperial y crucial para su trabajo. Interroga a Crosshair en Tantiss, pero este no revela la ubicación de Omega. A Hemlock lo ayudan las científicas Scalder y Emerie Karr, que revela a Omega que son hermanas cuando la llevan a Tantiss.

Gran parte de las instalaciones son destruidas en la misión de rescate de Omega por la Remesa Mala. Hemlock intenta llevársela, pero cae ante una ráfaga de blásteres. Poco después, el Gran Moff Tarkin ordena que los fondos del laboratorio se desvíen al Proyecto Estrellita y se abandona la estación.

Monte Tantiss
La montaña alberga la base de operaciones secreta de la División Imperial de Ciencia Avanzada. El edificio se funde con la ladera de la montaña, de la que solo se ve una pequeña parte. La guardia real imperial se encarga de la seguridad.

DESIX

REGIÓN Borde Exterior
SECTOR Suolriep
GEOGRAFÍA Desiertos, montañas

Desix tiene varias lunas y, desde el espacio, brilla con tono naranja debido a sus rocas y arena. En las Guerras Clon, el planeta se separó de la República y se unió a los separatistas. Al final de la guerra, Tawni Ames, gobernadora de Desix, se opuso al gobernador del Imperio y lo tomó como rehén, proclamando su planeta independiente y no sujeto a leyes imperiales. Rex y Crosshair se infiltraron en una fortaleza de Desix y lucharon contra droides de combate reprogramados con el fin de liberar al gobernador.

SAFA TOMA

UBICACIÓN Serolonis

Safa Toma, la ciudad más grande de Serolonis, alberga el Circuito de Safa Toma, donde se celebran carreras caóticas. El circuito de carreras se complementa con zonas de boxes y grandes pantallas que proyectan los eventos. Las carreras y el juego asociado atraen la atención de bandas criminales y turistas de toda la galaxia, sobre todo los que buscan evitar al Imperio, pues Serolonis no está bajo control imperial. Ciddarin Scaleback lleva a Omega, Tech y Hunter a Safa Toma para ver en acción a uno de sus nuevos corredores. Cuando Cid pierde una apuesta, el gánster local Grini Millegi amenaza su seguridad.

SKARA NAL

REGIÓN Borde Exterior
SECTOR Chopani
SISTEMA Trinario Kaldar
GEOGRAFÍA Rocas fosilizadas, montañas

Skara Nal, que orbita una estrella trinaria, posee una superficie de llanuras estériles y rocas dentadas. Mil años antes del Imperio, la civilización de los Antiguos creó estructuras en el interior de las montañas del planeta, pero ahora ya no hay seres conscientes ni ciudades. El planeta está inexplorado, pero una brújula lleva a la Remesa Mala y al cazador de tesoros Phee Genoa a Skara Nal, tras hallar el artefacto en Ord Mantell. En Skara Nal, el equipo despierta temporalmente a un gigante mecánico.

BASE DEL EJE DE VANGUARDIA

UBICACIÓN Espaciopuerto de Ordo Tera

El cártel criminal droide conocido como Eje de Vanguardia usa una estación espacial como base. Dirigida solo por droides, la base Eje posee un sistema de defensa muy poderoso. Los negocios que se realizan en la base comprenden contrabando, venta de códigos en cadena falsificados y de esclavos. Durante una compra en la base Eje, la Remesa Mala descubre y salva al Jedi wookiee Gungi.

79'S

UBICACIÓN Coruscant

Durante y después de las Guerras Clon, los soldados clon que quieren relajarse frecuentan el club nocturno 79's, en Coruscant. Aunque no todos los clientes son clones, el bar es popular entre los soldados, ya busquen intimidad o un lugar donde charlar con sus compañeros. Cuando acusan a Cincos del intento de asesinato del canciller supremo Palpatine, acude al 79's en busca de ayuda de su amigo Kix. Tras la destrucción de Ciudad Tipoca, el clon Cade cae asesinado a las puertas del 79's poco después de decir a su amigo Slip que va a revelar la verdad sobre el papel del Imperio en la masacre.

IPSIDON

REGIÓN Borde Medio
SECTOR Corthenia
GEOGRAFÍA Desierto, acantilados, cavernas

Cubierto de arena roja y marrón, Ipsidon posee estructuras con grandes depósitos del valioso mineral ipsium, muy combustible en bruto. Los espaciopuertos y pueblos son pequeños y están dispersos por el planeta, y muchos están abandonados. Los peligros incluyen tormentas de arena, que impiden la visibilidad, y estampidas de los ipsidones locales. Durante el Imperio, Ciddarin Scaleback contrata a la Remesa Mala para excavar una mina de ipsium. El equipo ayuda a los mineros locales a librarse del jefe de la banda de la refinería, Mokko.

BARTON IV

REGIÓN Borde Exterior
SECTOR Colundra
GEOGRAFÍA Montañas, tundra helada

A principios de la era imperial, Crosshair y el teniente Nolan viajan a la base de Barton IV para proteger un cargamento hasta poder extraerlo del planeta. Con sus montañas, fuertes vientos y gélidas temperaturas, la tundra de Barton IV es inhóspita para muchas formas de vida. Incursores locales emplean esquifes de nieve y redes de cuevas de hielo para desplazarse. Se pueden ver grandes buitres glaciales volando, listos para comerse las sobras de las últimas víctimas del clima.

PUESTO AVANZADO

UBICACIÓN Barton IV

El puesto de avanzada de Barton IV es un gran depósito imperial. El comandante clon Mayday dirige un escuadrón al planeta para vigilar el lugar. Después de un año de abandono por parte del Imperio, los sistemas de seguridad se han degradado tanto que incursores locales atacan el puesto regularmente. Cuando el teniente Nolan y Crosshair llegan para vigilar el depósito, lleno de nuevas armaduras de soldado de asalto, solo dos de los soldados de Mayday siguen vivos.

ARCHIUM

UBICACIÓN Pabu

El Archium de Pabu se alza sobre la isla en el centro de Alto Pabu. Sirve como archivo en el que almacenar, reparar y exponer artefactos de los planetas natales de los refugiados de Pabu. Ofrece a los residentes un lugar donde aprender sobre diferentes culturas y conectar con sus vecinos. En el exterior se alza un gran árbol en un patio que sirve de lugar de encuentro y refugio frente a las olas del mar.

PABU

REGIÓN Borde Exterior
SECTOR Chopani **GEOGRAFÍA** Islas

Pabu es un remoto planeta oceánico salpicado de pequeñas islas. Al no tener espaciopuertos ni grandes industrias, queda fuera del radar de contrabandistas, piratas, viajeros y del Imperio. La mayoría de sus habitantes son refugiados de otros mundos, que ahora corren el riesgo de sufrir seísmos que provoquen grandes olas, marejadas y terremotos. Phee Genoa sugiere que la Remesa Mala se quede en una isla de Pabu para que Omega pueda conocer gente de su edad y descansar de su vida de fugitiva.

BOGANO

REGIÓN Borde Exterior **SECTOR** Mieru'kar **GEOGRAFÍA** Pantanos, ciénagas, mesetas

Antes de la Purga Jedi, el maestro Jedi Eno Cordova descubre Bogano, un planeta del Borde Exterior cubierto de hierbas, que no aparece en ningún mapa de la República ni del Imperio durante años. En lo alto de una colina hay una enorme bóveda construida por los zeffo. Bogano es también el hogar de la simpática y peluda especie bogling y del pacífico gigante binog. Otras especies son dañinas para los visitantes, como el insecto splox, las ratas de pantano y los oggdos de lengua pegajosa. Cere Junda lleva a Cal Kestis a Bogano, donde conoce a BD-1 y accede a la cripta. Allí el droide le da un mensaje de Cordova acerca de un holocrón Jedi con los nombres de los niños sensibles a la Fuerza.

BALMORRA

REGIÓN Colonias
GEOGRAFÍA Montañas

Situada en la región Colonias de la galaxia, entre el Núcleo y el Borde Interior, Balmorra es conocida por su industria. Durante las Guerras Clon, los separatistas instalan fábricas de droides. Más tarde, la Alianza Rebelde incluye Balmorra en su lista de objetivos prioritarios para perturbar la industria imperial. Con el ascenso del Imperio, las fábricas se convierten en campos de prisioneros. Varios soldados clon prisioneros son rescatados en el espacio aéreo de Balmorra por un grupo de clones renegados. Con los años, piratas como Maz Kanata y Hondo Ohnaka entran en contacto con los bajos fondos de Balmorra.

ZEFFO

REGIÓN Borde Exterior
SECTOR Kanz
GEOGRAFÍA Montañas, cuevas de hielo

El accidentado terreno del planeta Zeffo del Borde Exterior acogió una cultura pacífica y sensible a la Fuerza que construyó tumbas subterráneas antes de desaparecer. Aún viven muchas criaturas depredadoras, como scazz, phillak y jotaz. Como parte del Proyecto Auger, el Imperio desplaza a locales y a arqueólogos en busca de reliquias. Acabada la búsqueda, el Imperio deja un pequeño destacamento en Zeffo para proteger su tecnología. La investigación y el interés del maestro Jedi Eno Cordova por Zeffo llevan a Cal Kestis al planeta en su búsqueda de un holocrón Jedi, y explora las tumbas de Eilram y Miktrull.

CORELLIA

REGIÓN Núcleo **SECTOR** Sector corelliano
GEOGRAFÍA Océanos, bosques y centros urbanos en expansión

Los habitantes de Corellia son exploradores legendarios. En las primeras historias de su mundo, los aventureros surcaban los mares para descubrir nuevos continentes o capturar épicos cargamentos de pescado para venderlos en los mercados portuarios de Ciudad Coronet. Sus astilleros construyen cazas estelares de renombre, naves insignia y cargueros comerciales apreciados en toda la galaxia. Con estas naves, los corellianos viajan por toda la galaxia y colonizan muchos otros mundos.

Durante la Alta República, Corellia pasa una época turbulenta, capeando la infiltración de agentes Nihil, que son derrotados por los Jedi, y una guerra civil planetaria. Cuando el Imperio se apodera de Corellia, Sistemas de Flota Sienar asume el control de todas las fábricas, obligándolas a fabricar cazas TIE imperiales, destructores estelares y otras armas de guerra galáctica.

Las ciudades costeras de Corellia se gestionan de modo eficiente. Los puertos, la industria, el comercio y los centros residenciales están situados en plataformas llamadas «cápsulas», conectadas por puentes. Todos los viajes militares, comerciales y personales salen del espaciopuerto de Coronet. Allí, la agencia de seguridad local gestiona la migración en coordinación con la Oficina de Seguridad Imperial. Los oficiales de migración se sientan en cabinas bien protegidas y examinan a los pasajeros cuidadosamente para asegurarse de que tienen la documentación aprobada por el Imperio. Todos aquellos que no tienen vínculos imperiales influyentes o conexiones con alguna de las poderosas familias de la industria se pasan la vida soñando con abandonar Corellia en busca de una vida mejor. En el espaciopuerto hay un centro de reclutamiento imperial para recordar a los potenciales migrantes que siempre hay oportunidades de ver la galaxia como miembro del ejército.

Tras la caída del Imperio, la Nueva República comienza a desmantelar la flota imperial en los astilleros de Corellia. No obstante, algunos permanecen leales al régimen anterior y permiten a Morgan Elsbeth acceder a los raros componentes que necesita para construir el *Ojo de Sión* y viajar a otra galaxia.

Tras el Cataclismo de Hosnian, Corellia cae ante la Primera Orden, que se apodera de los astilleros como hicieran sus predecesores imperiales. Sin embargo, la Resistencia lanza aquí una exitosa misión de rescate para liberar a importantes prisioneros. Una vez liberado, Hondo Ohnaka roba un cargamento de valioso coaxium.

Una cloaca fétida
Corellia no tiene una reputación muy glamurosa. Han Solo se pasa la infancia soñando con escapar de Corona, su corrupto y sucio centro urbano, y cuando al fin lo consigue, ha de volver para rescatar a su amiga Qi'ra.

GUARIDA DE LOS GUSANOS BLANCOS

UBICACIÓN Corona (Corellia)

Los Gusanos Blancos de Lady Próxima construyen su guarida cerca del puerto espacial de Corona, en unas instalaciones industriales abandonadas en una de las zonas más pobres de la ciudad. El laberinto de pasillos, construidos uniendo viejos módulos de vivienda, tuberías y chatarra, lleva a un pozo central donde Próxima y sus crías están en remojo en una cisterna. En la guarida viven todos los esbirros de Próxima y los niños a los que Próxima acoge para que desarrollen sus actividades en el mercado criminal.

MIMBAN

REGIÓN Región de Expansión **SECTOR** Circarpous **SISTEMA** Circarpous
GEOGRAFÍA Lodazales, junglas y pantanos

Durante las Guerras Clon, el ejército separatista se interesa por los abundantes recursos minerales de Mimban. Un escuadrón de soldados de asalto entrena a sus habitantes en habilidades de combate y les promete la libertad. Cuando la República se convierte en el Imperio, este arrasa las junglas del planeta e inicia actividades mineras en busca de dolovita e hiperbaridio. La atmósfera se contamina y el planeta se convierte en un lodazal. Los mimbanitas declaran la guerra al Imperio en un esfuerzo por liberar su mundo.

VANDOR

REGIÓN Borde Medio **SECTOR** Sloo **GEOGRAFÍA** Cordilleras nevadas y mares helados

Vandor es conocido por la pureza de su aire y sus recursos naturales sin explotar. Una pequeña población de colonos y mineros vive en cabañas en las laderas de las montañas nevadas en torno al Fuerte Ypso. Exploradores y aventureros vienen aquí para empezar una nueva vida o para escapar de problemas. Pero el Imperio se interesa por una vieja cámara acorazada del Clan Bancario y establece aquí un pequeño destacamento. La banda de Tobias Beckett roba aquí el conveyex imperial 20-T para hacerse con su cargamento de coaxium.

FUERTE YPSO

UBICACIÓN Vandor

Fundado por la Compañía Comercial Ypsobay (antes de que se hundiera por problemas económicos), el Fuerte Ypso es un puesto fronterizo en las regiones alpinas de Vandor. Comerciantes de pieles, buscadores de iridio, colonos y contrabandistas acuden a la rústica Cabaña de Tibbs Ospe para comer, beber y reunir equipos para sus aventuras. La oferta de ocio consiste en una popular mesa de sabacc (Lando Calrissian es uno de los habituales) y en las peleas de droides organizadas por Ralakili. Una cantante nithorn ameniza el ambiente.

KESSEL

REGIÓN Borde Exterior
GEOGRAFÍA Bosques primigenios, rocas, minas

La mitad del antiguo planeta paradisíaco de Kessel está dominada por las minas de especias. El hemisferio opuesto, marcado por frondosos bosques y las propiedades palaciegas del rey Yaruba y la familia real, se mantiene claramente separado de las infames minas, mantenidas gracias a mano de obra esclavizada. La especia es una mercancía valiosa, con la que comercia el submundo galáctico, y un único concesionario, el Sindicato Pyke, controla las minas. Los trabajadores convierten el mineral medicinal conocido como especia de Kessel en un narcótico, consumido en Oba Diah y vendido por toda la galaxia. Ahsoka Tano y las hermanas Trace y Rafa Martez visitan el planeta para robar un cargamento, hacia el final de las Guerras Clon. El Imperio supervisa las operaciones, implicándose más directamente en los asuntos mineros tras el robo de coaxium por parte de la tripulación de Tobias Beckett en nombre de Crimson Dawn. Posteriormente, la rebelde Hera Syndulla y la tripulación del *Espíritu* rescatan prisioneros wookiee esclavizados en las minas.

Una atmósfera tóxica
La extracción de especias libera toxinas peligrosas. La kessolina, un producto derivado, contamina los acuíferos, y su uso como combustible fósil produce gases nocivos.

El vuelo del *Halcón*
Han Solo realiza su legendaria travesía del corredor de Kessel cuando roba coaxium en Kessel y ha de escapar a toda prisa del planeta. Además de robar coaxium, sus compañeros y él aprovechan la ocasión para liberar a mineros y droides esclavizados.

MINAS DE ESPECIAS DE KESSEL

UBICACIÓN Kessel

Quay Tolsite supervisa las minas de especias del Sindicato Pyke y contrata a esbirros para que controlen a los prisioneros e impidan que los contrabandistas les roben especias y otros minerales. El Gremio de Minería cuenta también con agentes en las minas y coopera con el Sindicato Pyke. Todos llevan trajes de seguridad que los protegen del entorno corrosivo y de la radiación. Quay Tolsite se encarga de la vertiente empresarial y se vale de una gran flota de droides para que las minas funcionen día y noche. Los esclavos que realizan el trabajo forzado los proporciona el Imperio a cambio de recursos minerales. Muchos de ellos, como los wookiee, son rebeldes. Otros son criminales convictos.

CORREDOR DE KESSEL

UBICACIÓN Kessel

El corredor de Kessel es una ruta comercial que cruza el Torbellino Akkadés y el Cúmulo de Si'Klaata y termina en el planeta Kessel. La ruta está marcada con balizas que indican el camino más seguro entre los peligrosos remolinos de escombros. Salirse de la ruta marcada equivale a una muerte casi segura, ya sea por el impacto de asteroides, por la caída en pozos de gravedad (el peor de los cuales es el de las «Fauces») o por acabar siendo presa de los summa-verminoth. Han Solo logra pilotar el *Halcón Milenario* por un atajo y completa la travesía del corredor de Kessel en 12 pársecs (redondeando a la baja).

SAVAREEN

REGIÓN Borde Exterior **GEOGRAFÍA** Desiertos y océanos

Savareen es un mundo árido y poco poblado, con dunas de arena y picos rocosos. Sus habitantes ocultan al Imperio un pequeño almacén junto al mar donde refinan coaxium y venden un popular brandy local. Cuando se alzan contra Crimson Dawn, este les corta la lengua en represalia. Más tarde, Tobias Beckett, Han Solo, Chewbacca, Qi'ra y Lando Calrissian llegan allí tras haber robado en Kessel coaxium para Crimson Dawn. Conocen a Enfys Nest y a los Jinetes de las Nubes, que convencen a Han Solo, Chewbacca y Qi'ra para que colaboren con ellos en lugar de con la organización criminal.

NUMIDIAN PRIME

REGIÓN Borde Medio **SECTOR** Joya Brillante **GEOGRAFÍA** Selvas, ríos, mares

Numidian Prime es un mundo tropical, con hermosos paisajes de selva y un entorno cálido y confortable para los humanos. Es tanto un exótico destino turístico para quienes buscan relajarse en entornos rústicos y naturales como un escondite para contrabandistas y gente de mala reputación. Mucho antes de las Guerras Clon, el padawan Qui-Gon Jinn y su maestro, Dooku, se unen a un equipo de asalto Jedi para buscar a la cazarrecompensas fugitiva Shenda Mol en su escondite en las junglas de Numidian Prime. Años más tarde, durante el Imperio, Lando Calrissian se retira allí cuando su acuerdo con Han Solo y Qi'ra para el Corredor de Kessel se viene abajo. Solo le sigue y vence a Calrissian en una mano de sabacc, ganándole el *Halcón Milenario*.

Daiyu nunca duerme
Las ciudades de Daiyu están concurridas a cualquier hora del día y de la noche. Su arquitectura de rascacielos está iluminada por carteles y anuncios de lugares de ocio.

«Los secretos no salen de aquí.»

FUNCIONARIO DE ADUANAS DE DAIYU DENSIN CLORD

DAIYU

GEOGRAFÍA Paisaje urbano

En Daiyu, al igual que en Coruscant, predominan los paisajes urbanos. El planeta, habitualmente nublado y lluvioso, está incomunicado, lo que lo convierte en un imán para aquellos que tienen algo que ocultar. Se halla bajo control imperial, con soldados de asalto patrullando sus ciudades. Las calles están repletas de jugadores, traficantes de especia, lugareños sin suerte y estafadores como Haja Estree, que se hace pasar por un Jedi que ayuda a escapar a sensibles a la Fuerza. Obi-Wan viaja a Daiyu en busca de la princesa Leia Organa tras su secuestro. Después de liberarla, ambos emplean las concurridas calles, callejones y altos tejados para huir de la Tercera Hermana, el Gran Inquisidor y los numerosos cazarrecompensas que los siguen.

MAPUZO

REGIÓN Borde Medio **SECTOR** Hollan
GEOGRAFÍA Llanuras

Mapuzo atrae la atención del Imperio por sus valiosos minerales, especialmente el vintrio. Los campos de cultivo y las granjas familiares empiezan a desaparecer a medida que el Imperio aumenta sus perforaciones mineras, tallando las llanuras en escalones para acceder mejor a los preciados recursos subterráneos. Obi-Wan Kenobi y Leia Organa visitan una casa segura de la Senda Oculta en Mapuzo. La agente de la Senda Tala Durith y el droide de carga NED-B les ayudan, pero la Senda debe abandonar la casa franca cuando la Tercera Hermana la descubre.

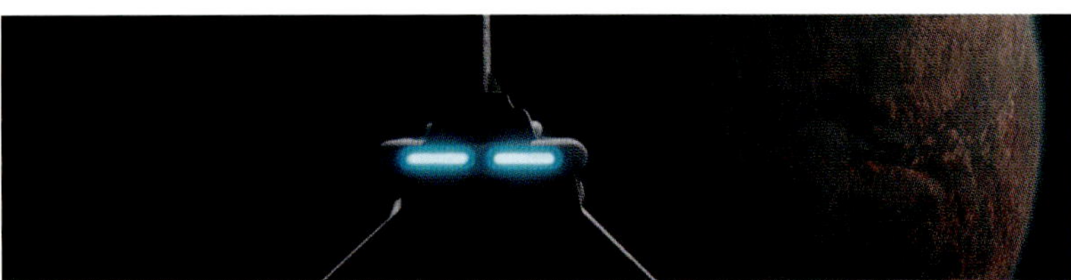

LUNA SIN NOMBRE DE JABIIM

REGIÓN Borde Exterior **SECTOR** Phelleem **SISTEMA** Jabiim
GEOGRAFÍA Llanuras, estructuras rocosas, cuevas

Una luna desolada y llana, con imponentes formaciones rocosas, es el escenario de un épico duelo entre Obi-Wan Kenobi y Darth Vader durante el apogeo del Imperio. Kenobi huye a la remota y deshabitada luna para desviar la atención de Vader de una nave llena de refugiados de la Senda Oculta. Tanto él como Vader usan el terreno en su batalla: Vader quiebra la superficie en un intento de enterrar a Obi-Wan, y Kenobi utiliza partes rotas de las estructuras rocosas para golpear a Vader.

Fortaleza de la Inquisición
Con solo la punta de la fortaleza sobresaliendo del océano, muchos consideran la base de la Inquisición impenetrable.

NUR

REGIÓN Borde Exterior **SECTOR** Atravis
SISTEMA Mustafar **GEOGRAFÍA** Océanos

La luna Nur está cubierta por océanos de agua salada habitados por varias especies de peces, incluido el planeador bluevev. Darth Vader ordena construir el cuartel general de los inquisidores, la Fortaleza de la Inquisición, en este fondo marino, sobre una antigua estructura. Allí llevan a los Jedi para torturarlos y convertirlos al lado oscuro. Una vez caídos, se unen a las filas de los Inquisidores para cazar a otros Jedi. Unos años después de la Orden 66, Cal Kestis y Cere Junda se infiltran en la Fortaleza para recuperar un holocrón. Posteriormente, Tala Durith se infiltra para ayudar a Obi-Wan Kenobi a rescatar a Leia Organa de la Tercera Hermana. Allí, Kenobi descubre una tumba con restos de muchos Jedi, entre ellos Tera Sinube y Pablo-Jill.

JABIIM

REGIÓN Borde Exterior **SECTOR** Phelleem
GEOGRAFÍA Llanuras, cuevas, paisajes rocosos

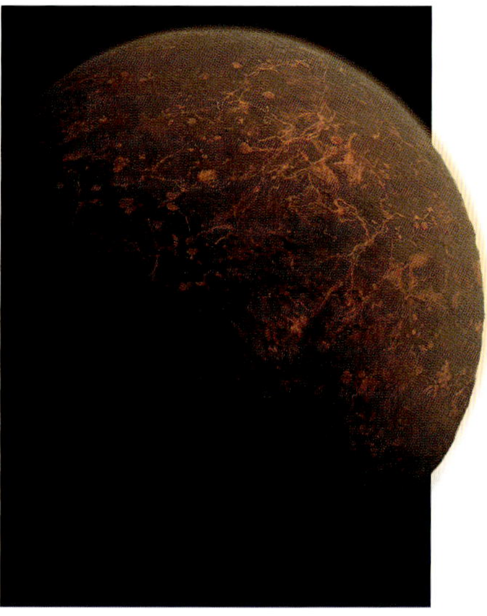

El terreno rocoso y cubierto de barro y las cuevas de Jabiim están deshabitados, salvo por escasas explotaciones mineras. Contrabandistas y turistas la consideran más una escala de descanso que un destino final, lo que lo hace ideal para una base de la Senda Oculta, donde los refugiados sensibles a la Fuerza se reúnen antes de adoptar nuevas identidades. Tala Durith lleva a Obi-Wan a Jabiim cuando la Tercera Hermana secuestra a Leia. Tala le presenta al líder de la Senda, Kawlan Roken, que ayuda a rescatar a Leia, en parte para proteger la ubicación de la base. Sin embargo, la Tercera Hermana y Vader han seguido a Kenobi. Los refugiados de la Senda utilizan túneles para alejar a las tropas Imperiales de su escondite durante el mayor tiempo posible.

Huida de Jabiim
Un transporte de refugiados huye de Jabiim, pero por poco. Evaden las garras de Darth Vader despegando desde una cueva, tras distraer a Vader con un transporte señuelo.

KOBOH

REGIÓN Borde Exterior **SECTOR** Varada
GEOGRAFÍA Acantilados rocosos, pantanos, praderas

La escarpada Koboh, antaño un imán para los buscadores de minas, se convierte en base de criminales como los Piratas del Caos. Es hogar de especies peligrosas como rancors, devoradores, temblópodos, rawkas y goroccos. Sobre el planeta se encuentra la misteriosa nebulosa Abismo de Koboh.

MORLANA UNO

REGIÓN Borde Exterior **SECTOR** Sector de Libre Comercio
SISTEMA Morlana **GEOGRAFÍA** Industrial, océanos

Aunque el Imperio gobierna atentamente gran parte de la galaxia, algunos planetas, como Morlana Uno, caen bajo la jurisdicción de corporaciones. La compañía Preox-Morlana gobierna el planeta y el sistema cercano, en alianza con el Imperio. La zona corporativa de Preox-Morlana y su brillante cuartel general se extienden a lo largo de la costa. Más allá de los barrios lujosos se encuentra la zona de entretenimiento, donde la gente busca emociones e información en rincones oscuros. Pese a su alianza con el Imperio, Preox-Morlana prefiere mantenerse fuera del radar de este. Así puede acumular poder y gobernar a su antojo, sin lo que percibe como interferencia imperial.

TANALORR

REGIÓN Borde Exterior
SECTOR Varada **SISTEMA** Koboh

Durante la Alta República, el Jedi Dagan Gera halla Tanalorr en la nebulosa Abismo de Koboh. Es poderoso en la Fuerza, y Gera construye un Templo Jedi, pero lo abandona tras el ataque de merodeadores Nihil. Siglos después, se espera que sea un refugio seguro para la Senda Oculta y los restos de los archivos del Templo Jedi.

ALDHANI

REGIÓN Borde Exterior **SECTOR** Cademimu **GEOGRAFÍA** Montañas, ríos

Aldhani, un planeta de ondulantes montañas y brillantes cursos de agua, es un lugar sagrado para sus nativos Dhani. Para el Imperio, sin embargo, no es sino el lugar perfecto para su centro de operaciones en el sector. Las tropas ocupan el planeta y represan el río Nasma Klain para construir una guarnición en Akti Amaugh (el Valle de las Cuevas). Emplean la guarnición como arsenal, depósito de suministros y cripta acorazada de grandes cantidades de créditos de nómina; la cripta se convierte en objetivo de un atraco rebelde. Para establecer su puesto de mando y la base aérea de Alkenzi, el Imperio expulsa a decenas de miles de dhanis de sus hogares. Los traslada a la Zona Empresarial, en las Tierras Bajas, con viviendas y fábricas imperiales. Algunos dhanis, apegados a la naturaleza o a sus drays, siguen en antiguos asentamientos en las colinas que rodean la guarnición. Pero la mayoría solo regresa para el Ojo, un fenómeno celeste que se produce cada tres años. Los dhanis peregrinan al Valle, aunque cada vez en menor número, para presenciar el increíble espectáculo.

FERRIX

REGIÓN Borde Exterior
SECTOR Sector de Libre Comercio
SISTEMA Morlana **GEOGRAFÍA** Desierto

Muchos habitantes de Ferrix se dedican al negocio de la chatarra, y el planeta se ha convertido en un destino para quienes necesitan componentes difíciles de encontrar. La población local sobrevive ofreciendo amplios inventarios de piezas de segunda mano, que los chatarreros recogen, los técnicos reparan y pulen, y quienes tienen aptitudes empresariales venden. Las muchas empresas dedicadas al desguace son una base sólida para su economía. Dan empleo a los lugareños, unidos por el propósito común y la industria. Según la tradición local, el paso del tiempo se marca con el repique de un martillo contra un yunque a intervalos regulares en lo alto de una torre, al final de la calle Rix.

Ferrix forma parte de la República hasta el final de las Guerras Clon. Entonces, el poder del Imperio aumenta en la galaxia, y establece su control sobre Ferrix. Una aldea de ferrixianos se opone a los recién llegados soldados de asalto y se levanta contra ellos. Exigen la liberación y lanzan piedras a las tropas en la protesta de la Calle Rix. El Imperio toma represalias, castigando a los participantes con arrestos y ejecuciones.

El Imperio acaba entregando el control de Ferrix a Preox-Morlana, la corporación que supervisa el sector del Libre Comercio. Preox-Morlana abandona Ferrix, en gran medida, a su labor de desguace. Pero cuando Preox-Morlana sigue la pista de Cassian Andor hasta la misma ciudad que una vez protestó contra la ocupación imperial, los ojos del Imperio vuelven a centrarse en Ferrix. Considerando las actividades de Cassian sospechosas y potencialmente rebeldes, el Imperio ocupa la ciudad como antaño, y nuevamente los lugareños se resisten. Todo llega a un punto crítico en el funeral de la madre de Cassian, Maarva Andor, presidenta de las Hijas de Ferrix. En la Calle Rix los ciudadanos vuelven a levantarse contra el Imperio, y los disturbios provocan una revolución que se cobra vidas en ambos bandos.

Marcando el tiempo
Ferrix es una ciudad en expansión que atrae la atención del Imperio, tras la pista de Andor. El Campanero hace sonar los martillos a un ritmo preciso contra un yunque de beskar desde la torre de la Calle Rix.

Contacto
Luthen Rael pilota su transbordador Fondor modificado hasta Ferrix en busca de una unidad imperial N-S9 Viaestelar, un dispositivo que cartografía activos imperiales. Esto le pone en contacto con Cassian Andor, a quien recluta para su red rebelde.

KENARI

REGIÓN Borde Medio **SECTOR** Perkell
GEOGRAFÍA Yermos tóxicos, junglas estériles

Antaño un planeta de exuberantes selvas y rico suelo, Kenari se convirtió en un páramo tóxico cuando invasores saquearon sus yacimientos minerales. La República fue la primera en excavar, abriendo la superficie y creando peligrosas minas. Después de tomar todo lo que creyó posible, la República abandonó el planeta, dejando un legado de devastación, y lo declaró prohibido.

Huérfanos kenari, que sobreviven en grupo en las selvas del planeta, usan todo recurso abandonado por la República que puedan recoger. La chatarrera Maarva Andor halla y adopta a uno de estos huérfanos, Kassa, y lo rebautiza Cassian.

El abandono de Kenari por la República no detuvo al Imperio. Creyendo que la tierra aún tenía minerales útiles, extrajo más, hasta desencadenar un desastre minero. El Imperio califica el planeta de tóxico y lo somete a la prohibición imperial.

Despedida
Maarva Carassi Andor y su marido, Clem, visitan Kenari para recuperar equipo de la República. En vez de ello, su transbordador abandona el planeta con un joven huérfano, que se convertirá en su hijo adoptivo.

OFICINA CENTRAL DE LA OSI

UBICACIÓN Distrito Federal (Coruscant)

La Oficina de Seguridad Imperial es la rama ejecutora de la ley y de Inteligencia del Imperio. Su sede refleja la importancia de una agencia tan eminente y poderosa. La oficina central destaca sobre otros edificios administrativos imperiales en el Distrito Federal de Coruscant. Paneles reflectantes sobresalen con un diseño severo, y puentes elevados conectan secciones del edificio. El símbolo imperial destaca en el exterior del austero edificio, saludando a los agentes cuando llegan al trabajo. Aunque suelen trabajar fuera, investigando amenazas para el Imperio, acuden a la oficina central para compartir información, utilizar recursos imperiales como la cripta acorazada de datos y coordinarse con compañeros y superiores.

Con escasas salas y sin decoración, la oficina central es un lugar funcional. Los despachos cuentan con el mínimo equipamiento necesario para un trabajo eficiente. Las salas de interrogatorio están equipadas con zonas de observación. Líderes como el mayor Partagaz celebran reuniones en las que exigen actualizaciones de los informes y los agentes comparten nuevas directivas imperiales que supervisar.

Sala de conferencias
Entre las salas clave de la oficina están las salas de conferencias, redondas y con tabletas de datos incorporadas. Los asientos en círculo para 18 subordinados implican que no hay forma de esconderse tras un colega en las reuniones.

EMBAJADA DE CHANDRILA

UBICACIÓN Ciudad Imperial (Coruscant)

La senadora Mon Mothma conoce muy bien los retos de que la propia casa cumpla dos funciones: residencia familiar y lugar de negocios. Trabaja en la embajada de Chandrila, situada en los altas niveles de Coruscant. Pero también es donde ella y su familia, Perrin Fertha y Leida, viven, por lo que nunca se aleja del trabajo. La mesa del comedor de la embajada es escenario de discusiones familiares y de luchas políticas.

Como parte de su trabajo de relaciones públicas, Mothma organiza muchas fiestas. Grandes salones acogen a los invitados en la embajada. Colores dorado y marfil, una iluminación suave, plantas y lámparas de araña en cascada crean un ambiente cálido y acogedor. Largas ventanas arqueadas dominan una de las paredes, proporcionando una magnífica vista de los edificios más altos de Coruscant y de los cielos abiertos, una visión que solo los más ricos y poderosos experimentan. Aunque la amplia embajada posee mucho espacio para charlar o sentarse a su bar, los invitados también disponen de rincones tranquilos para conversaciones privadas, componente importante de la diplomacia.

Jaula dorada
Aunque la Embajada de Chandrila es el hogar de Mon Mothma, la costumbre le impide redecorar el fastuoso espacio a su gusto.

ANTIGÜEDADES GALÁCTICAS Y OBJETOS DE INTERÉS

UBICACIÓN Coruscant

Según Luthen Rael, su galería, Antigüedades Galácticas y Objetos de Interés, es un lugar en el que el tiempo se detiene. Esta tienda de lujo exhibe objetos raros de toda la galaxia en expositores bien iluminados y dispuestos con gusto. Destinada a la élite adinerada de Coruscant, como la senadora Mon Mothma, la tienda brilla por su opulencia. Luthen y su socia, Kleya Marki, ofrecen un servicio personalizado a sus clientes. Comparten sus vastos conocimientos sobre la colección, que incluye monedas antiguas, joyas e incluso armas como un garrote tribal de Utapau. Saben hacer recomendaciones para cualquier necesidad, y hay nuevas adquisiciones continuamente. En la trastienda almacenan más existencias, así como el equipo para restaurar y limpiar los artefactos.

Sin embargo, otra tecnología de la trastienda apunta al propósito principal de la galería: ser una tapadera para ocultar las actividades rebeldes de Luthen y Kleya. Desde una radio fractal oculta operan una red secreta de rebeldes descontentos con el Imperio. Los entendidos visitan la galería con el pretexto de comprar, pero en realidad conspiran con Luthen y Kleya.

SEGRA MILO

REGIÓN Borde Exterior **SECTOR** Jospro
GEOGRAFÍA Cuevas, rocas

Segra Milo es un emplazamiento ideal para la base de operaciones de los partisanos de Saw Gerrera. La superficie rocosa del planeta oculta una red de cavernas, lo que permite ocultar equipos, vehículos y armamento. Sin embargo, tanta actividad sospechosa y la ubicación de Segra Milo en una conocida zona de piratería atraen la atención del Imperio al planeta. Una patrulla detiene el transbordador Fondor de Luthen Rael mientras realiza una visita clandestina a Saw Gerrera para planear una misión. Luthen escapa de los imperiales gracias al armamento secreto de su Fondor.

HOGAR DE LOS KARN

UBICACIÓN Edificio de apartamentos (Coruscant)

El hogar de los Karn no irradia calidez o un ambiente acogedor. Eedy Karn lo mantiene impecable, pero solo dispone de las comodidades básicas. Está situado en un edificio de apartamentos anodino de Coruscant. Las ventanas dejan entrar la escasa luz natural que pasa entre los rascacielos de Coruscant. Cuando el hijo de Eedy, Syril, regresa a casa tras su fallida carrera en Morlana Uno, disfruta de esa luz en su dormitorio infantil, entre sus soldados de juguete. En el comedor, el corazón del hogar de los Karn, Eedy se sienta con Syril y mantiene largas conversaciones sobre sus perspectivas. Ella prepara sus comidas en la modesta cocina, que cuenta con mostradores cubiertos de recipientes y electrodomésticos.

NARKINA 5

REGIÓN Borde Exterior **SECTOR** Abrion
SISTEMA Narkina **GEOGRAFÍA** Lagos, islas rocosas

La superficie de Narkina 5 está cubierta de enormes lagos. Los lugareños y pescadores visitantes ocupan sus islas rocosas. La luna también alberga el Complejo Imperial de Prisiones de Narkina 5. El Imperio la denomina «instalación»; sus prisioneros cumplen interminables condenas de trabajos forzados. Miles de reclusos trabajan en sus siete instalaciones, fabricando tecnología para un propósito imperial desconocido. Solo conocen las cuotas casi inalcanzables que exige el Imperio y el arduo trabajo que supone cumplirlas.

Los reclusos que llegan a Narkina 5 reciben una última bocanada de aire fresco antes de ser introducidos en las instalaciones y puestos a trabajar en turnos diarios de doce horas. Aprenden muy pronto sobre los suelos de acero tungstoide y cómo pueden electrificarse para castigar a presos desobedientes. Cuando Cassian Andor descubre que las condenas nunca terminan, lidera una revuelta y varios prisioneros escapan a las aguas de Narkina 5.

Vistazo al exterior Los reclusos de distintos niveles solo se ven de lejos durante los cambios de turno. Mientras esperan para empezar su trabajo, los presos se comunican entre sí utilizando un improvisado lenguaje de signos.

FREZNO

REGIÓN Borde Exterior **SECTOR** Cademimu
GEOGRAFÍA Praderas de altas hierbas

La niebla se adhiere a las praderas de Frezno. El planeta, en un sector olvidado no muy lejos de Aldhani, no es un entorno fácil. Campamentos improvisados de frágiles tiendas y dependencias salpican el paisaje. Aquí, el doctor Quadpaw atiende a pacientes desesperados en una tienda de campaña convertida en quirófano. Tras el atraco a Aldhani, los rebeldes llegan con la vana esperanza de salvar a Karis Nemik. Cuando Arvel Skeen traiciona al equipo, Cassian Andor le dispara y deja su cuerpo en las praderas.

ESPACIOPUERTO ORIENTAL DE CORUSCANT

UBICACIÓN Coruscant

Coruscant, centro del gobierno de la galaxia y hogar de billones de personas, es un bullicioso nodo para todo tipo de viajes. Decenas de miles de viajeros pasan a diario por su espaciopuerto. Algunos son habituales en sus desplazamientos diarios; otros vienen o van en largos viajes por la galaxia. Pasillos anchos y sinuosos, atrios amplios y ventilados y muchas puertas acomodan a las masas. Grandes paneles de salidas y llegadas ocupan un lugar destacado, con mapas detallados que informan a los pasajeros del estado de su viaje y las plataformas designadas. El espaciopuerto de Coruscant es una puerta a la galaxia, en la que compañías como Telgordo Travel operan vuelos a otros Mundos del Núcleo, como Hosnian Prime y Eufornis Major, pero solo para pasajeros con tarjeta de embarque.

Viajeros cansados Las terminales del espaciopuerto de Coruscant combinan líneas elegantes y funcionalidad. Mueven multitudes de un modo eficiente, con estrictos códigos de conducta sobre por dónde caminar y en qué dirección.

NIAMOS

REGIÓN Borde Exterior **SECTOR** Vorzyd **GEOGRAFÍA** Tropical, playas

Niamos es un lugar para relajarse de todo. Cubierto de palmeras, es un destino privilegiado para turistas y para criminales que buscan desaparecer. Se relajan en soleadas terrazas junto al océano. Pero la paz no dura. El Imperio ocupa las costas de Niamos. Soldados de asalto y droides de seguridad KX imponen nuevas normas y detienen indiscriminadamente a los turistas, sentenciándolos en un imponente tribunal. Soldados de la costa acusan a Cassian Andor de alterar el orden público y de discurso antiimperial, y le caen seis años de trabajos forzados en el Complejo Penitenciario de Narkina 5.

LOTHAL

REGIÓN Borde Exterior
GEOGRAFÍA Praderas, montañas, mares

Lothal podría ser otro planeta atrasado y poco poblado del Borde Exterior. No obstante, el destructor estelar imperial en órbita, las fábricas de Sistemas de Flotas Sienar y una guarnición de soldados de asalto en la capital hacen pensar lo contrario.

LA VIDA TRANQUILA DEL BORDE EXTERIOR

Antes del Imperio, Lothal es una sociedad agrícola. Los granjeros cultivan ondulantes praderas y los evaporadores de humedad sacan agua para sembrar melones, cereales, calabazas, frutas jogan y otras cosechas. Kothal, Jalath y Tangletown son ciudades pequeñas, pero con variedad de ciudadanos: humanos, feeorin, bardottanos, xextos, anx, balosar, ruurianos e ithorianos. Aunque los cazarrecompensas y los esclavistas sean un problema, y las luchas de gladiadores estén mal vistas, sus pobladores suelen estar más preocupados por los lobos y los gatos sable. Hay una reducida presencia Jedi; su templo se oculta entre las catacumbas de las montañas. Pacífico y tranquilo, Lothal no preocupa a las potencias de la galaxia.

Las casas de las praderas
La hierba se contonea con el viento vespertino de Lothal y oculta a los gatos autóctonos cuando cazan ratas bajo las formaciones rocosas *(abajo)*. Cerca del asentamiento de Jhothal, el humo sale de una chimenea bajo sus dos lunas *(izda.)*.

Ciudad Tarkin

Refugiados empobrecidos hallan cobijo en la Ciudad Tarkin, bautizada en honor del gran moff Wilhuff Tarkin. Este expulsa a los granjeros de sus casas tras apropiarse de sus tierras para construir nuevas industrias en beneficio del Imperio. El poblado de chabolas es también un refugio para contrabandistas y delincuentes, muchos de los cuales abusan de los lugareños. A la tripulación del *Espíritu* le gusta donar suministros –robados al Imperio– a la gente necesitada. Durante el asedio de Lothal, Vader ordena al oficial de la OSI Alexsandr Kallus que encarcele a sus habitantes y destruya la ciudad, puesto que su gente había aceptado la ayuda de la tripulación del *Espíritu*.

LLEGA EL IMPERIO

Todo cambia cuando el Imperio, al adentrarse en el Borde Exterior, llega a Lothal, que está en su nueva ruta comercial. Establece un puerto y una base en el planeta, pero llega también para explotar la riqueza mineral de Lothal. Los habitantes de las ciudades más pequeñas y los granjeros no reciben ningún beneficio de la presencia del Imperio, sobre todo cuando este empieza a expropiar tierras y a desalojar a los colonos para construir minas y fábricas. Los que protestan son encarcelados y, a menudo, nunca se les vuelve a ver. Las minas arrasan la tierra, dejando enormes agujeros en el paisaje. Mientras tanto, la gobernadora imperial Arihnda Pryce gestiona todo desde las sombras.

¿Al servicio de quién?
Los soldados de asalto están concentrados en Ciudad Capital, donde vigilan la sede del Imperio, los edificios gubernamentales, la Academia Imperial y las fábricas de Sistemas de Flotas Sienar. Mientras, los ciudadanos de a pie luchan por su propia seguridad, enfrentándose a soldados y a funcionarios del Imperio corruptos.

Patrullando la ciudad
Los soldados de asalto persiguen a los rebeldes tras el robo de motos deslizadoras y un cargamento de armas.

UNA CHISPA DE REBELIÓN

El Imperio actúa de inmediato ante cualquier signo de disidencia por parte de los lugareños. Los comerciantes que se resisten son arrestados de inmediato. Mira y Ephraim Bridger, que dirigen emisiones disidentes en la HoloRed, forman parte de los ciudadanos detenidos por las autoridades. En la Academia Imperial, los estudiantes que destacan por sus habilidades inusuales (se cree que son sensibles a la Fuerza) desaparecen sin más. Pese a los riesgos, algunos ciudadanos se resisten, y una pequeña célula rebelde empieza a destacar. Liderados por Hera Syndulla y Kanan Jarrus, los Espectros luchan contra la maquinaria imperial dirigida por la asistente ministerial Maketh Tua, el capataz Myles Grint y el comandante Cumberlayne Aresko. Sus actividades atraen la atención del oficial de la OSI Alexsandr Kallus, del Gran Inquisidor y del gobernador Wilhuff Tarkin.

EL ASEDIO DE LOTHAL

Cuando los rebeldes destruyen el destructor estelar sobre Mustafar, Darth Vader acude a Lothal para aplastarlos. Impone un bloqueo al planeta, del que no puede salir ninguna nave sin autorización imperial y cuyos habitantes están sometidos a un estricto toque de queda. La tripulación del *Espíritu* consigue huir del planeta, pero no logra rescatar a Tua, que intenta desertar. Luego, el exgobernador Ryder Azadi forma una nueva célula rebelde que sabotea muchos de los vehículos fabricados en el Complejo Imperial.

LIBERACIÓN

Tras años de ocupación imperial y de saqueo de sus materias primas, Lothal está al borde del colapso. Con la ayuda de pilotos de la Alianza Rebelde, la tripulación del *Espíritu* lanza un ataque final para liberar Lothal y destruye la Instalación de Ocupación Planetaria Imperial y al gobernador Pryce. Gracias a la ayuda de una manada de purrgil, destruyen la flota de Thrawn, que bloqueaba el planeta, y ponen fin al gobierno del Imperio en Lothal. Tras la Guerra Civil Galáctica, el planeta se recupera y sus habitantes reanudan una vida de relativa paz.

En pie
Los habitantes de Lothal y las fuerzas de la Alianza Rebelde se alzan contra el Imperio.

Celebración
Lothal conmemora la derrota del Imperio con una ceremonia festiva en Ciudad Capital. El gobernador Azadi reconoce a los líderes rebeldes locales con la dedicación de un nuevo monumento.

CIUDAD CAPITAL

UBICACIÓN Lothal

A algunos ciudadanos de Lothal les fascina la llegada del Imperio. Dirigentes, terratenientes, militares y la acaudalada élite salen más que beneficiados. El comercio está estrictamente regulado, lo que garantiza nuevas oportunidades en el gobierno local para los contrabandistas, la corrupción y el crimen organizado.

La economía florece con la actividad minera, que aporta minerales, metales y cristales valiosos a las refinerías de la ciudad. Al mismo tiempo, los materiales procesados abastecen a las fábricas de cazas TIE, transportes imperiales y AT-DP, aunque estas arrojan gases tóxicos y envenenan los ríos y los mares.

En el Complejo Imperial se trabaja en secreto para desarrollar el caza defensor TIE/d de élite. Este programa especial resulta muy interesante para el gran almirante Thrawn, que valora la capacidad de resistencia del defensor frente a los cazas de la Alianza Rebelde, debida a la superioridad de su armamento y de sus escudos deflectores.

Los habitantes de la capital (humanos, rodianos, aqualish, gotal, ugnaught, houk, ithorianos, chagrianos y otros) viven bajo constante vigilancia, acoso e impuestos excesivos. La propaganda domina los medios de comunicación para controlar la opinión pública, y los ciudadanos se ven forzados a asistir a manifestaciones de patriotismo imperial y a participar en elecciones amañadas. Se controlan los viajes y las comunicaciones, y las patrullas de soldados de asalto, AT-DP e ITT garantizan el orden en Ciudad Capital.

Los jóvenes del planeta esperan ingresar en la Academia para Jóvenes Imperiales de Lothal y graduarse como oficiales. Algunos, sin embargo, se dedican a actividades ilegales como el contrabando, la piratería o ser parte de una célula rebelde. Otros se las apañan como pueden, comprando y vendiendo en los mercados abiertos, trabajando en las fábricas del Imperio e intentando pasar desapercibidos.

No obstante, las actividades de ocio continúan a la sombra del Centro de Mando Imperial de la ciudad. El distrito comercial ofrece arte de Naboo, Alderaan, Clak'dor VII y la última moda importada de Coruscant, así como restaurantes con chefs de toda la galaxia. Para los ricos, hay viviendas de lujo en rascacielos sobre las tiendas. Los estadios cercanos también son populares entre los aficionados al grav-ball.

Tras la batalla de Lothal, la capital sufre graves daños, pero comienza su reconstrucción. Durante la Nueva República se construye un monumento para celebrar a quienes lucharon por la libertad del planeta.

Influencia estética
Los ciudadanos pasean por las torres y los estadios curvilíneos de Lothal *(arriba)*. Ciudad Capital *(abajo)* guarda muchas similitudes arquitectónicas con otras economías mineras, como las de la Ciudad de las Nubes y Garel.

GUARIDA DE EZRA

UBICACIÓN Lothal

Ezra Bridger habita en una torre de comunicaciones a las afueras de Ciudad Capital, en Lothal. Se accede a ella a través de una sala situada en la base, donde Ezra aparca su moto deslizadora. Un ascensor lleva hasta la planta superior, que da a un balcón circular desde el que se domina toda la ciudad, el mar y más allá. El balcón rodea varias salas vacías, en una de las cuales Ezra duerme y guarda su colección de cascos y artilugios birlados. Cuando Lothal se vuelve demasiado peligroso para Ezra, este abandona su hogar y se une a la tripulación del *Espíritu*. El agente Alexsandr Kallus, de la ISB, que ahora trabaja en secreto para la Alianza Rebelde, utiliza la torre para enviar información a los rebeldes. Más adelante, Ezra y los rebeldes regresan para liberar Lothal y utilizan la torre como punto de reconocimiento para planificar su asalto al Complejo Imperial.

El lugar de Sabine
Tras la caída del Imperio, Sabine Wren se instala en el antiguo hogar de Ezra con su gato Loth, Murley. Decorada con coloridas salpicaduras de pintura y grafitis, y repleta de recuerdos de sus días rebeldes, Sabine hace suya la torre de Lothal.

ANAXES

REGIÓN Borde Exterior **SECTOR** Azure **SISTEMA** Azure **GEOGRAFÍA** Bosques y cañones rocosos

Anaxes alberga un importante astillero de la República que el almirante Trench, de los separatistas, ataca durante las Guerras Clon. Posteriormente, este enclave militar sirve como base de operaciones del «Lote Malo», que investiga el uso del algoritmo del capitán Rex por parte de los separatistas. Más tarde el planeta es destruido, pero un remanente del fuerte de la República sobrevive en el planetoide PM-1203. Fulcrum (Ahsoka Tano) y Hera Syndulla lo utilizan como punto de intercambio de provisiones; pero, a esas alturas, la base está plagada de fyrnock, algo que Ezra Bridger aprovecha en un enfrentamiento con el Gran Inquisidor.

CANTINA DEL VIEJO JHO

UBICACIÓN Jhothal (Lothal)

La cantina del viejo Jho y el puesto espacial donde está ubicada llevan el nombre de su propietario. Sirve comida y bebida, y algunos de los productos que ofrece son favoritos de Kanan Jarrus. Una de las características más llamativas de la cantina son los recuerdos de las Guerras Clon, como el morro de un cañonero. La tripulación del *Espíritu* la usa como puerto seguro donde reparar la nave. Cuando el Imperio toma medidas contra la actividad rebelde en Lothal, la cantina debe servir a clientes imperiales y emitir propaganda imperial.

TEMPLO JEDI DE LOTHAL

UBICACIÓN Lothal

El Templo Jedi de Lothal es un antiguo enclave religioso oculto y un lugar donde la Fuerza es muy intensa, además de una fuente de cristales kyber. El maestro Jedi Yoda establece contacto con Ezra Bridger, Kanan Jarrus y Ahsoka Tano en sucesivas visitas allí; y allí recibe Kanan el nombramiento como caballero Jedi, durante una visión. Para abrirse, el templo requiere la colaboración de un maestro y un aprendiz. La mayor parte del edificio, que es anterior a las enseñanzas contemporáneas de los Jedi, está bajo tierra. En los niveles más profundos hay pinturas de lobos de Lothal y de los misteriosos seres que habitaron Lothal en la antigüedad, además de un portal al Mundo entre Mundos.

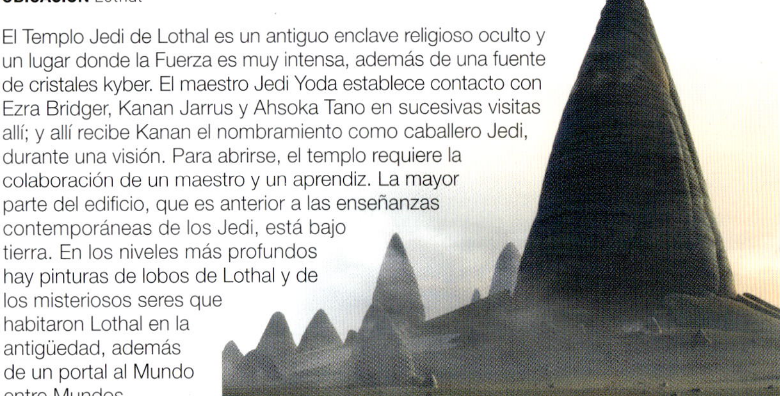

GAREL

REGIÓN Borde Exterior **SECTOR** Lothal
GEOGRAFÍA Montañas, desiertos

Garel es un mundo rocoso dominado por grandes ciudades en espiral construidas entre mesetas y llanuras desérticas. Situado en la recién establecida ruta comercial del Imperio a través del Borde Exterior, Garel es un punto de intercambio de cargamentos de armas. Los droides R2-D2 y C-3PO conocen a la tripulación del *Espíritu* cuando interceptan allí uno de esos cargamentos imperiales. La célula rebelde Escuadrón Fénix se oculta en Garel hasta que el Imperio la ataca y se ve obligada a huir. Durante la Era de la Rebelión, el Imperio amplía sus operaciones con una fábrica de municiones. A Beilert Valance le asignan tareas de protección durante la ceremonia de apertura. Años después, los rebeldes locales liberan Garel, y décadas más tarde recibe la visita de miembros de la Resistencia.

CONCORD DAWN

REGIÓN Borde Exterior **SECTOR** Mandalore
GEOGRAFÍA Paisaje rocoso

Tras siglos de guerra, Concord Dawn sufrió una explosión que acabó con la mayor parte de su hemisferio sur. En el planetoide resultante nacen malhechores notables, como Rako Hardeen. Fenn Rau y sus Protectores controlan Concord Dawn con la autorización del Imperio, pero cuando Rau se alinea con los rebeldes, el virrey Gar Saxon y los supercomandos imperiales eliminan a los Protectores y ocupan su lugar como fuerza militar dominante en el sistema. El virrey Saxon mantiene una base secreta en la tercera luna de Concord Dawn.

LIRA SAN

REGIÓN Espacio Salvaje **SECTOR** N/D
SISTEMA Lira San

Lira San es el hogar ancestral de los lasat. Está oculto detrás de un cúmulo estelar que implosionó, y no aparece en ningún mapa. Parte de la población abandonó el planeta hace milenios y se asentó en Lasan, donde perdió todos los recuerdos de Lira San a excepción de una misteriosa profecía acerca del futuro regreso al mundo natal. El Imperio arrasó la superficie de Lasan y unos pocos lasat consiguieron escapar. El lasat Garazeb «Zeb» Orrelios y la tripulación del *Espíritu* ayudan a los refugiados Chava y Gron a encontrar Lira San basándose en la profecía. Allí, se reúnen con su pueblo.

ATOLLON

REGIÓN Borde Exterior **SECTOR** Lothal
GEOGRAFÍA Desiertos, bosques de coral

Atollon estuvo cubierto de mares antiguos, evaporados hace ya mucho, que dejaron tras de sí vastos desiertos y bosques de coral. Los árboles de placas de coral son los corales más impresionantes del planeta. Algunos animales, como las arañas krykna y los pequeños dokma, se han adaptado a la vida bajo el ardiente sol y sin aguas perennes. El planeta también acoge a Bendu, un ser sensible a la Fuerza que prefiere que lo dejen en paz. En las profundidades hay colosales acuíferos que sustentan la vida subterránea y misterios aún por descubrir. La célula rebelde del Escuadrón Fénix instala una base en Atollon cuando el Imperio los expulsa de Garel. Los habitantes del sector conocen el planeta por leyendas y obras de arte antiguas, pero está oculto en una sección inexplorada del sector de Lothal y no aparece en las bases de datos del Imperio.

Un nuevo hogar
Dicer, del Escuadrón Fénix, instala un sensor en la Cara Norte, cerca de la base Chopper *(dcha.)*. Los árboles de placas de coral dominan el paisaje *(abajo)*.

BASE CHOPPER

UBICACIÓN Atollon

La base Chopper es una base rebelde que lleva el nombre del droide de Hera Syndulla. Chopper entabla amistad con un droide de protocolo imperial que deserta y ayuda a los rebeldes a encontrar un lugar donde esconderse. La célula rebelde del Escuadrón Fénix del comandante Jun Sato se instala en el árbol de placas de coral más alto de un vasto desierto, lo que resulta ser todo un desafío: los rebeldes deben enfrentarse a arañas krykna carnívoras que devoran a algunos de los primeros exploradores y a un droide infiltrador EX-D imperial enviado para descubrirlos. Al final, el gran almirante Thrawn descubre la ubicación de la base y lanza un ataque contra ella. El comandante Sato se sacrifica junto a la nave insignia del escuadrón para que los supervivientes puedan huir a Yavin 4.

DANTOOINE

REGIÓN Borde Exterior **SECTOR** Raioballo
GEOGRAFÍA Bosques, praderas y grandes lagos

Durante las Guerras Clon, Mace Windu lidera a la República contra el ejército separatista de droides en Dantooine. En la era imperial, Mon Mothma organiza en la órbita de Dantooine la reunión de líderes rebeldes de la que surgirá la Alianza Rebelde. Dantooine es una base de los rebeldes durante un breve periodo, antes de trasladarse a Yavin 4. Cuando el gran moff Wilhuff Tarkin exige a la princesa Leia que revele la ubicación de la base de la Alianza, ella menciona la de Dantooine. Cuando el general Tagge descubre que ha mentido, el enfurecido Tarkin ordena que la ejecuten.

MALACHOR

REGIÓN Borde Exterior **SECTOR** Chorlian **GEOGRAFÍA** Yermo, páramos rocosos

Malachor es un mundo desolado controlado por los Sith desde la antigüedad. Una antigua batalla entre los Sith y los Jedi provoca el legendario cataclismo conocido como el Gran Azote de Malachor. Posteriormente, los Jedi tienen vetada la presencia allí y borran la información sobre Malachor de los archivos Jedi. Darth Sidious lleva a su aprendiz, Darth Maul, a Malachor para que investigue el Templo Sith. Allí, inhalan las cenizas de usuarios de la Fuerza difuntos para conjurar visiones. Años después, Yoda insta a Ezra Bridger a ir a Malachor, donde se enfrenta a Maul.

TEMPLO SITH DE MALACHOR

UBICACIÓN Malachor

Bajo la superficie de Malachor se alza un Templo Sith donde hace miles de años los Sith y los Jedi libraron una batalla durante la cual la superarma del templo se activó por error y aniquiló a ambas fuerzas. Las cenizas quedaron como un recuerdo atrapado entre las piedras, y las espadas de luz y las armaduras, esparcidas por el suelo. El templo solo se puede abrir con la colaboración de un maestro y un aprendiz. Ezra Bridger y Maul se unen para entrar en el templo y recuperar un holocrón Sith. Cuando Ezra deposita el holocrón en una cámara en el pináculo del templo, una antigua presencia Sith femenina le informa del propósito destructivo del edificio. Ezra y su maestro, Kanan Jarrus, escapan (al igual que Maul), pero Ahsoka Tano se queda para batirse con Darth Vader. Aunque el templo explota, ambos sobreviven. Entonces, Ahsoka se embarca en un viaje espiritual bajo el templo que le cambiará la vida.

El conocimiento es poder
En la cúspide del Templo Sith *(abajo)*, Ezra coloca el holocrón en una pirámide que activa la superarma *(dcha.)*.

RESIDENCIA SYNDULLA

UBICACIÓN Ryloth

El hogar del clan Syndulla se halla en la provincia de Tann en Ryloth. Durante las Guerras Clon, un Ala-Y de la República se estrella en su patio. Hera Syndulla saca al droide Chopper de entre la chatarra y lo repara. Más adelante, su padre, Cham Syndulla, se ve obligado a dejar el hogar durante la guerra contra el Imperio. El gran almirante Thrawn ordena al capitán Slavin que convierta la residencia en el cuartel general imperial. Más adelante, Hera intenta recuperar el tótem kalikori de la familia, pero Thrawn se lo arrebata. Tras ser capturada, Hera tiene que hacer saltar por los aires su antiguo hogar para escapar del Imperio.

KROWNEST

REGIÓN Borde Exterior
SECTOR Mandalore
SISTEMA Nuevo Kleyman
GEOGRAFÍA Montañas escarpadas y bosques alpinos

Krownest es un mundo frío pero habitable, bajo la administración de Mandalore. El invierno dura casi todo el año, pero, por suerte, la flora local es mayormente perenne y produce un anticongelante natural que le permite crecer incluso bajo la nieve. La fauna está adaptada al frío, con pelajes espesos y grandes reservas de grasa. El clan Wren construye su hogar ancestral en ese lugar, en una finca aislada e idílica.

FORTALEZA WREN

UBICACIÓN Krownest

El clan Wren tiene su sede de gobierno en una finca en Krownest, custodiada por miembros del clan. La mansión de acero y vidrio tiene vistas a montañas nevadas y un lago helado, y el gran salón aloja una gran mesa para banquetes a los pies del trono del líder del clan. Tal como dicta la tradición mandaloriana, la mansión tiene salas para el entrenamiento físico y de combate. Sabine Wren crece aquí antes de partir a la Academia Imperial. Su madre, Ursa Wren, es la matriarca del clan.

CAMPAMENTO DE LA RESISTENCIA EN LOTHAL

UBICACIÓN Lothal

El campamento rebelde de los Espectros está oculto en las montañas del hemisferio norte de Lothal. Cuando los imperiales lo descubren, bombardean la zona, y los rebeldes recurren a los lobos de Lothal para escapar. Estos los llevan por pasajes subterráneos hasta una antigua sala en el hemisferio sur, oculta en la pared de un cañón. Las paredes están decoradas con jeroglíficos semejantes a los que adornan los niveles inferiores del Templo Jedi en Lothal. Los rebeldes se asientan en el nuevo campamento durante los días previos a la expulsión del Imperio.

CUBIL DE LOBOS DE LOTHAL

UBICACIÓN Lothal

Kanan Jarrus, Ezra Bridger y la tripulación del *Espíritu* entablan relación con una pequeña manada de legendarios lobos de Lothal. Su austero cubil se encuentra en las montañas de Lothal, bajo una gran aguja rocosa, y es tan profundo que es inmune a los bombardeos imperiales en la superficie. Las paredes del cubil están decoradas con pinturas de los antiguos moradores autóctonos, que coexistieron con los lobos. El cubil está interconectado con pasajes y cuevas que llevan a muchos sitios extraños de Lothal y, quizás más allá, al Mundo entre Mundos.

LAH'MU

REGIÓN Borde Exterior **SECTOR** Raioballo **GEOGRAFÍA** Montañas y tierras bajas boscosas

Lah'mu es un mundo virgen rico en minerales y con abundantes lluvias, por lo que resulta ideal para la agricultura. Tiene una intensa actividad volcánica y geotérmica, sobre todo en el hemisferio oriental. Como está alejado de las rutas hiperespaciales, está habitado por apenas unos centenares de colonos. La República anima a los colonos humanos que intentan huir de la violencia de las Guerras Clon a establecerse allí, pero luego se olvida de ellos. Este olvido hace que Lah'mu sea el escondite ideal para la familia Erso.

UN MUNDO ENTRE MUNDOS

El mundo entre mundos es un misterioso reino espiritual que fluye de la Fuerza y se encuentra más allá de los límites del tiempo y el espacio. El templo de Lothal, anterior a las tradiciones Jedi modernas, es una puerta de acceso a él. El emperador Palpatine, consciente de la existencia del reino, envía al ministro Veris Hydan a excavar el templo y buscar su puerta de acceso. Descubre un mural de los legendarios dioses de la Fuerza de Mortis, pero no puede descifrarlo. Sin embargo, Sabine Wren y Ezra Bridger tienen éxito y Ezra entra en un portal rodeado de ilustraciones de lobos de Lothal. En su interior, Ezra halla un plano con portales a importantes acontecimientos de la Fuerza. Cuando encuentra a Ahsoka Tano enfrentándose a Darth Vader en uno de esos portales, Ezra la lleva al mundo entre mundos y le salva la vida. Les interrumpe Palpatine, quien intenta entrar en los límites del reino. Ahsoka y Ezra escapan, tras lo cual el templo desaparece. Más tarde, Palpatine reconstruye un trozo del templo, intentando engañar a Ezra para que le abra el portal, pero Ezra se niega y lo destruye.

FINCA ERSO

UBICACIÓN Lah'mu

Cuando Galen Erso y su familia huyen del director Orson Krennic y del Imperio, su amigo Saw Gerrera los ayuda a establecerse en Lah'mu. La finca de la familia Erso cuenta con 65 hectáreas de tierras de cultivo. La edificación, construida por Galen y Lyra Erso, es mayormente subterránea y obtiene la energía y la calefacción a través de conductos geotérmicos. El agua local es demasiado rica en minerales para ser potable, por lo que el agua para beber se obtiene de evaporadores de humedad. El fértil terreno de Lah'mu es ideal para los grandes jardines de la familia, que los cuida con ayuda de un droide obrero SE-2. Galen, Lyra y su hija, Jyn, viven felices allí durante cuatro años. Jyn vive una infancia agradable, si bien solitaria, en Lah'mu, hasta que llegan Krennic y sus soldados de la muerte.

Hogar, dulce hogar
El dormitorio de Jyn *(arriba)* y el salón principal *(abajo)* son funcionales, y apenas contienen objetos personales.

ANILLO DE KAFRENE

REGIÓN Región de Expansión **SECTOR** Thand
GEOGRAFÍA Estación espacial entre hielo y rocas

Antaño colonia minera, el Anillo de Kafrene es un puesto comercial en el cruce de la Ruta Comercial de Rimma y el Desvío de Biox. Los inversores que la construyeron desconocían que el asteroide apenas tenía depósitos minerales de valor y la empresa quebró. El «Anillo» conecta dos planetoides y alberga a una comunidad diversa de comerciantes, aunque muchos de los residentes son pobres. Cassian Andor es enviado aquí para investigar cargamentos imperiales de cristales kyber, y se reúne con Tivik, su confidente, en callejones patrullados por soldados de asalto.

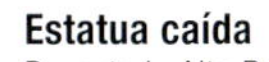

WOBANI

REGIÓN Borde Medio **SECTOR** Bryx
GEOGRAFÍA Colinas yermas y plantas de procesamiento

Wobani es la sede de un campo de trabajos forzados imperial donde los prisioneros extraen y procesan reservas subterráneas de tibanna y otros gases. Cuando la princesa Leia tiene 16 años, visita Wobani en una misión humanitaria. Consternada por cómo el Imperio trata a la población autóctona, se lleva a cien refugiados a Alderaan. Más tarde, como prisionera imperial, Jyn Erso es condenada a trabajos forzados en el campo LEG-817 de Wobani, pero la Alianza Rebelde la rescata de un turbotanque transportador de prisioneros y la lleva a Yavin 4.

JEDHA

REGIÓN Borde Medio **SECTOR** Terrabe
GEOGRAFÍA Desiertos, mesetas, montañas

Jedha, la árida luna del planeta NaJedha, tiene un paisaje salpicado por mesetas de arenisca. Está sumida en un invierno perpetuo: el clima es fresco, pero no incómodo. La mayor parte del año los valles arenosos y las tierras bajas son estériles, con precipitaciones ocasionales. El planeta es rico en cristales kyber y, en parte por esa razón, ha sido el hogar de muchas religiones, incluidos los Jedi. Los yacimientos acaban por atraer al Imperio, y las fuerzas imperiales no tardan en saquear los lugares sagrados e iniciar excavaciones mineras. En los primeros años del régimen, la maestra Jedi Cere Junda establece un refugio en un monasterio abandonado, bajo las arenas de las Tierras Altas de Narkis. Tras la batalla de Yavin, la Alianza Rebelde acude a la arrasada luna para intentar restablecer viejas alianzas, mientras los Partisanos supervivientes intentan salvar lo que queda.

Estatua caída
Durante la Alta República, el planeta es escenario de una batalla entre sectas alineadas con la Fuerza, incluidos los Jedi. Esta estatua de un Jedi cae durante el ataque.

CIUDAD DE JEDHA

UBICACIÓN Jedha

La Ciudad de Jedha, también conocida como Ciudad Sagrada o NiJedha, se asienta sobre una meseta que domina un valle desolado. Durante la Alta República se escoge el templo de la Segunda Aguja como escenario de la firma de un vital tratado de paz galáctico. En vez de ello, se convierte en el punto de estallido de la batalla de Jedha, cuando agitadores irrumpen en el templo. Cientos de años después, el Imperio establece allí una presencia considerable. Los soldados de asalto montan spamels y vigilan a los peregrinos que acuden a visitar los templos y lugares sagrados. Para entrar en la ciudad, los visitantes deben realizar una escalada hasta las puertas, situadas cerca de la cima de sus murallas de arenisca. Una vez dentro, descubren que la Ciudadela está dividida en la Ciudad Vieja y la Ciudad Nueva, que pese a ello tiene unos 5000 años de antigüedad. Al frente de la Ciudad Vieja se halla el Templo del Kyber. Soldados de asalto y tanques patrullan las calles en busca de partisanos y de cualquiera que intente sacar los cristales kyber del planeta. El Imperio destruye la Ciudad de Jedha probando su superarma, la Estrella de la Muerte, y lo hace pasar por un accidente minero.

Un mercado multicultural
Las calles de Jedha están llenas de peregrinos, monjes, vendedores y puestos de comida. Los mercaderes venden bienes legales y procedentes del mundo criminal, y los peregrinos *(dcha.)* buscan respuestas espirituales.

CATACUMBAS DE CADERA

UBICACIÓN Jedha

Las catacumbas de Cadera son antiguas tumbas excavadas en la roca situadas a un día de viaje a pie desde la Ciudad Sagrada de Jedha. Junto con las ruinas que las rodean, fueron obra de una civilización olvidada hace mucho tiempo. En siglos más recientes, fueron ocupadas temporalmente por la Iglesia del Creciente Contenido, y más tarde por Saw Gerrera y sus Partisanos. Las catacumbas son destruidas de forma definitiva cuando la Estrella de la Muerte dispara contra la Ciudad Sagrada.

TEMPLO DEL KYBER

UBICACIÓN Ciudad Sagrada de Jedha

Conocido como Templo del Kyber, Templo de los Whills o, sencillamente, Templo Kyber, el lugar más santo de Jedha fue sagrado para los antiguos Jedi y para quienes siguen sus enseñanzas sobre la Fuerza. La torre triangular del templo se alza sobre la ciudad, y Darth Vader diseñó su castillo en Mustafar siguiendo principios similares. Cuando el Imperio toma el control de Jedha, clausura el templo, expulsa a los monjes guardianes y saquea las enormes reservas subterráneas de cristales kyber para proporcionar energía a la Estrella de la Muerte. El templo es destruido cuando la Estrella de la Muerte borra del mapa la Ciudad Sagrada.

YAVIN 4

REGIÓN Borde Exterior **SECTOR** Alcance Gordian **GEOGRAFÍA** Junglas

Yavin 4 es el cuarto satélite de un gigante gaseoso rojo e inhabitado. En él no habita ningún ser vivo autóctono y, al no ofrecer recursos mineros significativos, el Imperio nunca le ha prestado atención.

Techo de follaje
Un soldado rebelde apostado sobre las copas otea las naves que se acercan. Los aliados reciben señales para aterrizar dentro de la base de las ruinas del templo.

ENTORNO VIRGEN

Yavin 4 está cubierto por una impenetrable selva de árboles massassi de corteza púrpura, helechos trepadores, orquídeas bioluminiscentes y hongos granada. Los woolamander acunan a sus crías en las copas, y sus gritos de apareamiento resuenan de madrugada. Los roedores stintaril cazan en manadas por los árboles, asustando a los pájaros susurrantes dorados. Los runyip pastan debajo, hostigados por los voraces escarabajos piraña. Bajo el suelo, enormes larvas se alimentan de raíces de massassi durante trescientos años antes de emerger convertidos en unos de los mayores depredadores de la selva. En las ciénagas, las anguilas acorazadas se alimentan de cangrejos-lagartos de vivos colores, absorbidos por rapes bulbosos posados sobre las raíces en el fango. Virgen debido a la ausencia de colonos, industria y contaminación, Yavin 4 conserva uno de los ecosistemas más ricos de toda la galaxia.

BASE REBELDE SECRETA

Durante el reinado del emperador, los ingenieros rebeldes convierten una de las estructuras más grandes en una base de operaciones. En su interior hay viviendas, salas de reuniones y servicios, así como muelles de atraque para la flota. Una central eléctrica oculta a 2 kilómetros de distancia abastece a la base y proporciona escudos y cañones de iones como para contener un ataque de la mayoría de naves de guerra.

Templo encantado
El *Espíritu* y su tripulación se instalan temporalmente en el Gran Templo.

Seguimiento de la batalla
Desde su centro de estrategia, el general Jan Dodonna, la princesa Leia Organa y C-3PO supervisan el asalto a la Estrella de la Muerte.

Señales ocultas
El grupo de Jan Dodonna desconoce que el Gran Templo y las estructuras circundantes guardan relación con el Ordu Aspectu, un antiguo grupo escindido de la Orden Jedi.

ORGANIZAR UNA REBELIÓN

Después de que la líder Mon Mothma anuncie formalmente la fundación de la Alianza Rebelde, parte del grupo de Jan Dodonna y el Escuadrón Fénix son derrotados por el Imperio en Atollon. El Escuadrón Fénix queda prácticamente aniquilado por el ataque, por lo que los supervivientes se fusionan con el grupo de Dodonna. Para evitar ser detectado por el Imperio, el Alto Mando de la Alianza Rebelde abandona la antigua base en Dantooine y se traslada al Gran Templo de Yavin 4. Desde allí, los líderes de la Alianza organizan misiones no bélicas, como el transporte de suministros, misiones de reconocimiento y la intercepción de una estación de retransmisión imperial en Jalindi. Nuevos reclutas se unen a la Alianza a medida que sus líderes adquieren la maquinaria militar necesaria para contraatacar. La Alianza evita la guerra abierta con el Imperio, reacia a arriesgar la vida de civiles y rebeldes por igual.

Mensaje crucial
Tenzigo Weems corre hacia Mon Mothma para informarla de que los rebeldes están en Scarif.

ATAQUE A SCARIF

La inteligencia rebelde con base en Yavin 4 se entera de que el Imperio está construyendo una superarma capaz de destruir planetas enteros. La noticia de la existencia de la Estrella de la Muerte desata un feroz debate en el Consejo de la Alianza, pero su única esperanza es recuperar los planos de la estación de combate archivados en el Complejo Imperial de Seguridad de Scarif para descubrir un punto débil. Mientras Rogue One extrae los planos sobre el terreno, cazas estelares rebeldes y algunas naves de mando se despliegan desde Yavin 4 para proporcionarles cobertura. La Alianza sufre grandes pérdidas, pero consigue su primera gran victoria contra el Imperio cuando la Princesa Leia escapa con los planos.

LA BATALLA DE YAVIN

Cuando el *Halcón Milenario* devuelve a la Princesa Leia a Yavin 4, los rebeldes descubren que su libertad tiene un alto precio. El Imperio ha colocado un dispositivo de rastreo en la nave y la Estrella de la Muerte, que se aproxima, les obliga a actuar. Los rebeldes deben lanzar un ataque contra la estación de combate imperial antes de que su base y Yavin 4 sean destruidos. Con R2-D2 a bordo, Luke Skywalker se une al grupo de Alas-X en un intento de destruir el núcleo del reactor de la Estrella de la Muerte a través de un conducto de ventilación desprotegido. Si esta misión fracasa, el Imperio destruirá Yavin 4 con su superláser y aniquilará por completo a la Alianza Rebelde. Tras la victoria sobre la Estrella de la Muerte, el general Dodonna ordena la evacuación de la base y empieza a buscar un nuevo puesto de avanzada.

Saludo a los héroes
Los héroes de Yavin asisten a la Ceremonia de Condecoración Real.

Mensaje desesperado En las profundas catacumbas de Cadera, la hija de Galen atiende al mensaje de su padre. Hacía años que no lo veía.

Una única salida En instalaciones como Narkina-5, el Imperio explota el trabajo de los presos para ensamblar los componentes necesarios para construir la Estrella de la Muerte. El trabajo es inhumano, y los prisioneros se unen para escapar. El futuro rebelde Cassian Andor está entre ellos.

ESTRELLA DE LA MUERTE

AFILIACIÓN Imperio

Con la rebelión hirviendo a fuego lento, el gran moff Wilhuff Tarkin cree que el miedo mantendrá a raya a los numerosos planetas del Imperio. ¿Quién podría enfrentarse a la Estrella de la Muerte, capaz de destruir mundos enteros?

EL NACIMIENTO DE UNA SUPERARMA

Incluso antes del nacimiento del Imperio, los preparativos para su arma definitiva ya están en marcha. En Geonosis, los ingenieros que trabajan a las órdenes del señor del Sith Darth Sidious crean los primeros diseños de la Estrella de la Muerte. Cuando caballeros Jedi y soldados clon atacan el planeta, dando inicio a las Guerras Clon, el conde Dooku recupera los diseños para ponerlos a salvo en manos de los Sith. Cuando la guerra termina y Sidious se declara emperador, comienza en secreto la construcción de la estación de combate sobre Geonosis, bajo la supervisión del director Orson Krennic y del (entonces) almirante Tarkin.

EN CONSTRUCCIÓN

Mientras la construcción continúa sobre Geonosis empiezan las obras en el arma propiamente dicha. Krennic obliga a su amigo, el científico Galen Erso, a fabricar cristales kyber para el superláser de la Estrella de la Muerte. Mientras Galen finge lealtad al proyecto, planea un defecto fatal en el sistema del reactor que podría usarse para destruir la estación. Galen crea una holograbación en la que explica su acción e insta a la Alianza Rebelde a robar los planos de la Estrella de la Muerte de la Ciudadela de Scarif. Erso convence al piloto imperial Bodhi Rook para que pase la holograbación a su viejo amigo Saw Gerrera, quien la entrega a la hija de Galen, Jyn.

PROBANDO EL ARMA

Cuando descubre que Bodhi ha desertado y viajado a la Ciudad de Jedha, Tarkin ordena una prueba parcial de la Estrella de la Muerte y arrasa la ciudad. La Alianza Rebelde ataca Scarif y Tarkin ordena que la Estrella de la Muerte dispare contra las instalaciones que guardan los mapas de la estación de batalla, pero ni siquiera así logra detener a la Alianza. La princesa Leia Organa es capturada y trasladada a la Estrella de la Muerte, donde Tarkin la obliga a presenciar la destrucción de Alderaan y la muerte de miles de millones de personas.

El rescate de la princesa Han y Luke liberan a Leia Organa de su celda y, juntos, escapan y acaban en un triturador de residuos *(arriba, inferior)*. Darth Vader y el que fue su maestro Jedi, Obi-Wan Kenobi, se enfrentan por última vez *(arriba, superior)*.

HUIDA DE LA ESTRELLA DE LA MUERTE

La tripulación del *Halcón Milenario*, Han Solo y Chewbacca, es contratada para llevar a Obi-Wan Kenobi, Luke Skywalker, R2-D2 y C-3PO a Alderaan. Pero, para su sorpresa, descubren que Alderaan ha sido reducido a escombros. Poco después, un campo de tracción magnética los arrastra hasta un hangar a bordo de la Estrella de la Muerte, pero evitan ser capturados. Obi-Wan se separa del grupo para desactivar el campo magnético, y cuando R2-D2 descubre que la princesa Leia está en la estación, prisionera y sentenciada a muerte, Luke, Chewbacca y Han se lanzan a una improvisada misión de rescate. Logran liberar a Leia, pero la llegada de soldados de asalto los obliga a lanzarse por un conducto que lleva a un triturador de residuos. Por suerte, R2-D2 y C-3PO desconectan el triturador antes de que aplaste a sus compañeros humanos. Luke y Han llevan a Leia hasta el *Halcón* mientras Obi-Wan inutiliza el rayo de tracción. Sin embargo, cuando el antiguo Jedi intenta reunirse con sus compañeros, se topa con Vader, que se enfrenta a su antiguo maestro. Para asegurar la huida de Luke, Leia y los demás, Obi-Wan permite que Vader lo mate, y al morir, se une a la Fuerza.

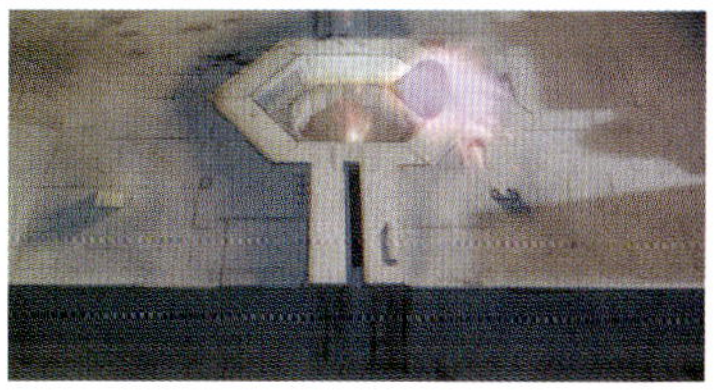

El tamaño no importa La principal arma de la Estrella de la Muerte combina varios rayos láser *(arriba, superior)* en un potente disparo. Pero dos pequeños torpedos de protones dirigidos al escape térmico, de solo dos metros de ancho, resultan catastróficos para la estación *(arriba, inferior)*.

FORTALEZA DE DARTH VADER

UBICACIÓN Mustafar

La fortaleza de Darth Vader es un edificio temible que se erige como testimonio de la ira y dolor de su dueño. Ha sido escenario, a lo largo de los años, de muchos actos horribles, desde la tortura de supervivientes Jedi cautivos hasta intentos de devolver la vida a los muertos.

FASE DE CONSTRUCCIÓN

Satisfecho con el desempeño de su aprendiz, Palpatine ofrece a Darth Vader su propia fortaleza, con el diseño y la ubicación que él elija. Vader elige Mustafar porque lo asocia con su conexión con el lado oscuro y su transformación de Anakin Skywalker a Darth Vader. Palpatine también regala a Darth Vader una máscara que contiene la conciencia de un antiguo señor del Sith y escultor llamado Momin, y envía a su arquitecto jefe, la coronel Alva Brenne, y a su ayudante, el teniente Roggo, con Vader. Durante las obras, la máscara posee a Roggo quien, bajo su influencia, acaba con Brenne.

Ante la insistencia de Vader, Momin comienza a diseñar el castillo del señor oscuro para canalizar el lado oscuro, aprovechando la energía para abrir un portal hacia la Fuerza misma. Allí, Vader espera contactar con su difunta esposa, Padmé Amidala. Momin ha de realizar ocho intentos de construcción antes de que Vader consiga abrir el portal al lado oscuro como desea. En cada intento fallido, Vader se frustra y mata el cuerpo actual de Momin, haciendo que transfiera su conciencia a un mustafariano, un soldado de asalto, un oficial, una pulga de lava mustafariana y, finalmente, un obrero de la construcción, antes de que Momin complete el diseño definitivo.

El castillo de Vader tiene dos torres gemelas, ambas hechas de obsidiana negra. Canalizan la Fuerza y potencian la conexión de Vader con ella. Dentro del castillo está la sala de entrenamiento personal del señor oscuro del Sith, con droides de combate armados. También hay una sala de espera, carente de sillas, con vistas al traicionero paisaje volcánico de Mustafar. La sala está pensada para intimidar a los «invitados» de Vader. Este se reúne con importantes emisarios en esta sala, incluido el director imperial Orson Krennic. En el corazón del templo hay una cámara de meditación custodiada por la Guardia Real del emperador, donde Vader comulga con la Fuerza desde el interior de un tanque de bacta, libre del encierro de su aterradora armadura negra.

Un lugar intimidante
Vader cuenta con que la dura arquitectura y el inhóspito entorno de su fortaleza intimiden al personal imperial, como el director Orson Krennic, y les recuerde cuál es su lugar.

ACTOS ANTINATURALES

Con el tiempo, Vader consigue entrar en el portal del lado oscuro y buscar a su esposa, pero oscuras visiones nublan sus intentos. Frustrado, se retira y destruye el portal. Solo queda la cueva que hay debajo. La gruta, situada cerca del emplazamiento de un antiguo Templo Sith en las Llanuras de Gahenn, alberga un *locus* del lado oscuro de la Fuerza. La espada de luz roja de Vader fue forjada en esta cueva y años más tarde, el líder supremo de la Primera Orden, Snoke, lleva un anillo de obsidiana extraída de su lecho rocoso.

Vader no ceja en su empeño de volver a ver a Padmé. Conoce el Ingenio de los Eones, un artefacto místico que permite dominar la muerte. Funciona con un cristal sagrado mustafariano llamado Estrella Brillante. El cristal se halla en algún lugar de las ruinas de un antiguo castillo bajo la fortaleza de Vader, antaño el hogar de la Dama Corvax. Hace mucho tiempo, el mal uso del Ingenio de los Eones arrasó la mayor parte del planeta. Después de recuperar el Ingenio, Vader coacciona al piloto de una nave llamada Windfall para que recupere la Estrella Brillante. Muy por debajo del castillo de Vader, el piloto se topa con centinelas Corvax, criaturas hostiles como el darkghast y la propia Estrella Brillante. Con la ayuda de los mustafarianos de las cavernas, el piloto destruye el Ingenio de los Eones y frustra los planes de Vader de resucitar a Padmé.

INFILTRACIONES ENEMIGAS

Durante la Guerra Civil Galáctica, los Caballeros de Ren se infiltran en la fortaleza y roban un artefacto para Crimson Dawn, pero pierden a un miembro cuando se enfrentan a Vader. Posteriormente, droides infectados por el Azote se infiltran en el castillo, hasta que el Azote es derrotado. A la muerte de Darth Vader, su fortaleza queda en ruinas, y por último la secta de los Alazmec de Winsit se instala en él. Durante el conflicto entre la Resistencia y la Primera Orden, Kylo Ren recupera de entre sus escombros el buscarrutas Sith de Vader.

Guardián del castillo
Darth Vader es atendido por Vaneé *(arriba)*, que protege los espacios más privados de la fortaleza, como son la sala de meditación y el tanque de bacta regenerador *(izda.)*, de la curiosidad de los invitados.

Defensas peligrosas
La arquitecta Brenne pensó que los campos de lava constituían unas vistas espectaculares. Vader sabe que ofrecen una valiosa protección.

SCARIF

REGIÓN Borde Exterior **SECTOR** Abrion
GEOGRAFÍA Litoral tropical, mares someros con arrecifes de coral

Scarif es un mundo tropical alejado de otros planetas habitables. El aislamiento y los depósitos minerales hacen de él un astillero y una fundición ideal para el Imperio. Cuando alejan la Estrella de la Muerte de la órbita de Geonosis, la llevan a Scarif para que el director Orson Krennic supervise el final de su construcción. Galen Erso guarda el gran archivo de datos con los planos de la Estrella de la Muerte (incluyendo su fallo fatal) en una cámara de la Ciudadela, donde Krennic cree que estarán a salvo. Muchos imperiales comparten esa seguridad en relación con la inexpugnabilidad del planeta.

Scarif está protegido por un escudo deflector, y el único acceso a la superficie del planeta es una ventana que está custodiada por turboláseres, hangares repletos de cazas TIE y múltiples destructores estelares en órbita. Se supone que el elevadísimo nivel de seguridad garantiza que solo los imperiales autorizados lleguen a la superficie del planeta (o la abandonen).

El paisaje de Scarif está salpicado de cadenas de islas volcánicas, atolones, arrecifes de coral y bancos de arena en constante movimiento. La fauna acuática es muy abundante: solo en los lagos y arrecifes que rodean el Complejo habitan más de 1500 especies conocidas de peces. La criatura marina más temible es el blixus, que con sus tentáculos ha arrastrado a las profundidades a más de un soldado de asalto para devorarlo. Mar adentro hay peces y monstruos marinos capaces de devorar de un bocado naves enteras. El Complejo de Seguridad Imperial está a caballo de varias islas conectadas por tómbolos de arena y tubos de tránsito, y que son el hogar de abundantes aves, reptiles e insectos, algunos de los cuales son cazados, cocinados y servidos en el comedor de los soldados de asalto. Los oficiales mayores destinados a Scarif consideran el destino una especie de jubilación anticipada. La actitud abúlica respecto a sus deberes lleva a la derrota del Imperio en la batalla de Scarif, tras la cual el gran moff Tarkin ordena la destrucción de todo el complejo y la matanza de todo el personal destinado allí.

Campo de batalla tropical
Las junglas de Scarif son el terreno idóneo para que los rebeldes, vestidos de camuflaje, se oculten y confundan al Imperio.

Hervidero de actividad
El Complejo de Seguridad Imperial de Scarif comprende varias islas. Las lanzaderas de carga vuelan constantemente entre las múltiples bases de aterrizaje.

«Tienes que informar a la Alianza... ¡Deben ir a Scarif a conseguir los planos!»

GALEN ERSO, VIA JYN ERSO

EADU

REGIÓN Borde Exterior
SECTOR Bheriz
GEOGRAFÍA Montañas rocosas, praderas y matorrales

Eadu es un mundo hostil, con fuertes tormentas eléctricas, vientos huracanados y lluvias torrenciales. El hemisferio norte se caracteriza por sus altas agujas rocosas y por una noche casi perpetua, debido al desapacible clima. Los barrancos recogen los vertidos y desprenden un olor fétido. Este norte yermo oculta la refinería imperial de cristales kyber. Por suerte, el hemisferio sur, con su fértil suelo, no es tan inhóspito. Allí, unos 2 500 000 eaduanos viven en aldeas donde crían rebaños de nerf.

REFINERÍA IMPERIAL DE CRISTALES KYBER

UBICACIÓN Eadu

La refinería imperial de cristales kyber, también conocida como Laboratorio de Conversión de Energía de Eadu, está escondida en una peligrosa zona de agujas rocosas envueltas en nubes oscuras. Galen Erso dirige las instalaciones y al equipo, que estudia cómo fusionar cristales kyber para transformarlos en matrices más grandes e investiga reacciones en cadena controladas. El proyecto forma parte de la Iniciativa Tarkin, supervisada por el director Orson Krennic. La capitana Magna Tolvan supervisa la seguridad de las instalaciones, custodiadas por soldados de asalto.

TORRE DE LA CIUDADELA

UBICACIÓN Scarif

La Ciudadela es el corazón del Complejo de Seguridad Imperial de Scarif. Es una torre que alberga una cámara acorazada donde se almacenan datos, una antena de comunicaciones, plataformas de aterrizaje para los oficiales de alto rango y una sala de control desde donde el general Sotorus Ramda supervisa las operaciones diarias. La cámara contiene información acerca de programas secretos, como la Estrella de la Muerte. Está custodiada por un batallón de soldados de asalto y costeros, un destacamento de droides de seguridad imperiales y, ocasionalmente, un contingente de soldados de la muerte que acompañan a visitantes relevantes. Los rebeldes Jyn Erso, Cassian Andor y el droide K-2S0 se infiltran en la torre, roban los planos de la Estrella de la Muerte y los transmiten a la Alianza Rebelde usando la antena de comunicaciones. Un disparo de la Estrella de la Muerte destruye la torre y el resto de las instalaciones.

Un satélite seguro
La antena en la cúspide de la torre de la Ciudadela permite enviar información fuera de Scarif. Sin embargo, la ventana del escudo planetario bloquea las transmisiones no autorizadas.

NAR SHADDAA

REGIÓN Borde Exterior **SECTOR** Espacio Hutt **SISTEMA** Y'Toub **GEOGRAFÍA** Ciudad

Nar Shaddaa, la «Luna de los Contrabandistas» del mundo de los hutt, es un planeta-ciudad contaminado y uno de los lugares más peligrosos de la galaxia. Gobernada por los hutt, es un notorio centro de actividad criminal, lleno de carteristas, cazarrecompensas y gánsteres. Durante el Imperio, el jefe criminal Grakkus el Hutt crece en poder y riqueza en Nar Shaddaa y se interesa por los artefactos Jedi. Luke Skywalker acaba siendo prisionero de Grakkus y se ve obligado a luchar en su arena de gladiadores. Skywalker acaba huyendo con sus amigos y el Imperio arresta a los hutt.

SON-TUUL

REGIÓN Borde Exterior **SECTOR** Perinn **GEOGRAFÍA** Bosques, selvas, montañas

El planeta Son-tuul está lleno de vegetación natural que sus habitantes han incorporado al desarrollo. En las ciudades, las escaleras suelen estar incrustadas en los árboles, subiendo en espiral hasta un puente o la entrada de un edificio, mientras que las viviendas incorporan troncos. El planeta aloja al Orgullo Son-tuul, un grupo criminal de alcance galáctico. El droide asesino Triple-Cero se convierte en jefe de la organización, y sitúa el cuartel general –con una «suite de relajación» para torturar prisioneros– en los bosques del planeta. Dirige el Orgullo de Son-tuul hasta que el Imperio arrasa la base.

CYMOON 1

REGIÓN Expansión **SECTOR** Bes Ber Bikade **GEOGRAFÍA** Campos de chatarra

Cymoon 1, un planeta de fábricas y basura, se ve de color óxido desde el espacio debido a la contaminación. Posee el mayor depósito de armas de la galaxia: la Fábrica de Armas Alfa del Imperio. Han Solo, Luke Skywalker y Leia Organa se hacen pasar por emisarios de Jabba el Hutt y sabotean las instalaciones. Todo se complica con la llegada de Darth Vader, con quien Luke se encuentra en persona por primera vez. Se produce una batalla a gran escala entre rebeldes y fuerzas imperiales, y la fábrica explota justo cuando el *Halcón Milenario* escapa.

MUNDO CUARENTENA III

REGIÓN Borde Exterior **SECTOR** Sistema Subterrel, Espacio Kallidahin

Mundo Cuarentena III, una instalación construida en la roca de un asteroide, custodia artefactos de la galaxia destinados a no ser utilizados. Los objetos de sus criptas están protegidos contra robos por rejillas láser invisibles y droidekas. El mantenimiento corre a cargo del conservador kallidahin Utani Xane. Él y sus superdroides de combate impiden que la doctora Chelli Aphra robe la matriz de personalidad Triple-Cero, pero Darth Vader llega en busca de Aphra. El Sith acaba con los droides y Utani y se lleva a Aphra, que consigue su preciada tarjeta de datos.

ANTHAN PRIME

REGIÓN Borde Exterior **SECTOR** Braxant **GEOGRAFÍA** Gas

Anthan Prime, un gigante gaseoso del Borde Exterior, es una masa de atractivo vapor azul. Es famoso por sus tormentas, en las que el gas se arremolina y estallan potentes rayos. Sobre Anthan Prime se encuentra la Aguja, una ciudad flotante dividida en dos niveles, con un complejo turístico para los ricos en la parte superior y casinos y juegos de azar en la inferior. El Ante, un corredor de información con buenos contactos, vive en la Aguja hasta que Vader lo asesina. Más tarde, la doctora Aphra escapa del Imperio navegando por las tormentas de Anthan Prime, algo que pocos pueden hacer o siquiera intentar.

SHU-TORUN

REGIÓN Borde Medio **SECTOR** Chaama **GEOGRAFÍA** Montañas, roca, lava

Shu-Torun está cubierto de ríos de lava y se ve carmesí desde el espacio. Un gran artefacto conocido como la Espiga impide que el planeta se desintegre. Darth Vader masacra a la familia real cuando sus miembros expresan su desprecio por el Imperio, pero permite vivir a la princesa Trios, nombrándola reina y exigiendo su lealtad. Más tarde, Trios se infiltra en la Alianza Rebelde y sabotea la flota. Leia Organa mata a Trios en un último combate, y Luke Skywalker convence a los guerrilleros para que abandonen la destrucción de la Espiga y del propio planeta.

VROGAS VAS

REGIÓN Borde Exterior **SECTOR** Sujimis **GEOGRAFÍA** Montañas, roca

El desolado planeta Vrogas Vas posee un paisaje rocoso, yermo, de montañas implacables y áridos valles. Carece de vida a excepción de algunas especies resistentes como los gusanos avispa. Hay indicios de una rica historia, como las ruinas de estatuas gigantes que señalaban el emplazamiento de un Templo Jedi. Mientras busca a Luke Skywalker tras la batalla de Yavin, Darth Vader es abatido; ya en la superficie, acaba con un contingente de fuerzas rebeldes. También destruye a un rival, el cíborg mon calamari Karbin, en un combate final.

PRISIÓN MANCHA SOLAR

REGIÓN Borde Exterior **SECTOR** Tunka **GEOGRAFÍA** Prisión

Mancha Solar, cuya existencia desconocen el Imperio y muchos miembros de la Alianza Rebelde, es una prisión secreta mantenida por la Rebelión para criminales de guerra, espías imperiales, mercenarios e incluso moffs. Las instalaciones, protegidas por un «mar de cañones de iones», están situadas en un anillo y cerca de un sol que proporciona calor constante y luz diurna. Leia Organa lleva allí a la doctora Aphra. El vengativo rebelde Eneb Ray invade Mancha Solar, tomando rehenes imperiales en un esfuerzo por convencer a Leia de que necesita métodos más extremos si quiere ser una líder.

BAR'LETH

REGIÓN Núcleo

Bar'leth es conocida en toda la galaxia por su universidad, una escuela muy respetada en la que Chelli Aphra estudia arqueología. Pero también alberga antiguos males. Hace mucho tiempo, la secta del lado oscuro el Ascendente rendía culto en Bar'leth. Su templo y santuario «Corazón Inquebrantable» estaba bajo lo que luego se convirtió en la universidad. Aunque los Sith acabaron con los fanáticos, estos crearon la Chispa Eterna, una IA que imita la Fuerza y toma el control de Aphra durante la Guerra Civil Galáctica. Antes de que ocurriera, el Gran Inquisidor e Iskat Akaris llegaron al planeta en busca de una reliquia Sith.

FORTALEZA DE GARN

REGIÓN Borde Exterior **SISTEMA** Garn **SECTOR** Cadma

Construida sobre los restos de una luna, la extensa fortaleza de Garn –también conocida como la Ciudadela de Rur– fue una vez el hogar de un grupo disidente de Jedi llamado Ordu Aspectu. La doctora Chelli Aphra y su padre descubren las ruinas de la fortaleza, sembradas de restos de Jedi ortodoxos caídos. En su interior hallan una aguja central a la que se accede por un puente de la Fuerza que lleva a un núcleo subterráneo. Al activar este despiertan al Rur el Inmortal, una IA asesina que cree ser la conciencia de un Jedi.

LA CIUDADELA DE KTATH'ATN

REGIÓN Borde Exterior
SECTOR Chopani

Dos torres pequeñas y una alta, la Ciudadela de Ktath'atn –«interpretación militar de exhalaciones ruidosas y estridentes», o simplemente, «Ciudadela de los Aullidos»– es el palacio de la reina de Ktath'atn. En una fiesta anual, concede favores a cambio de conocer a invitados interesantes. Pero la soberana es mucho más que eso: está controlada por un simbionte Abersyn que se alimenta de la energía vital de los demás. La doctora Chelli Aphra y Luke Skywalker descubren este secreto durante la gala.

MILVAYNE

REGIÓN Borde Interior **SISTEMA** Gyrica
GEOGRAFÍA Ciudades

Como Coruscant, Milvayne es una ciudad-planeta con muchos niveles que reflejan las disparidades socioeconómicas. La élite se concentra en el distrito de los ricos, con lujosos apartamentos y restaurantes de lujo, mientras que los pobres y los criminales se mueven en la ciudad subterránea. La ciudad está respaldada por el Imperio, lo que otorga mucho poder a la omnipresente Autoridad de Milvayne: proyectan holo-anuncios que promueven el cumplimiento de la ley y el apoyo al Imperio. La doctora Chelli Aphra viaja al mundo con Triple-Cero, y rápidamente se ven perseguidos por las fuerzas del orden.

KAKRA

REGIÓN Espacio Salvaje
GEOGRAFÍA Montañas, roca

Conocido por algunos como K43, Kakra es un mundo volcánico y rocoso. Por mucho tiempo se pensó que estaba deshabitado, pero en realidad está poblado por una raza de seres rocosos, los kakran. Chewbacca y C-3PO llegan en una misión rebelde para desestabilizar el planeta, atraer al Imperio y destruir tantas fuerzas imperiales como sea posible. El plan se vuelve problemático cuando hallan a los kakran. Mediante habilidades inexplicables, estos desactivan los explosivos y se unen a la lucha contra el Imperio. Para poner fin a la batalla, un gigantesco kakran surge del núcleo del planeta, haciendo pedazos un destructor estelar.

MUELLES ESPACIALES DE MAKO-TA

REGIÓN Borde Exterior
SISTEMA Mako-Ta
SECTOR Nooniano

Tras el abandono de Yavin 4, los muelles espaciales de Mako-Ta se convierten en una provisional base rebelde. La estación se encuentra en el Borde Exterior, entre dos soles, y presenta una forma irregular, con varios niveles sobre una larga aguja. Sirve como centro de producción y cuenta con un hangar, un centro de mando y al menos cuatro comedores. Pero la estancia de los rebeldes aquí no dura mucho. Su supuesta aliada, la Reina Trios, sabotea la base revelando su ubicación a Darth Vader, que lanza un ataque contra Mako-Ta y la flota de la Alianza.

ARBIFLUX

REGIÓN Borde Exterior
SECTOR Dalonbiano
GEOGRAFÍA Bosques, llanuras

Arbiflux, un mundo pacífico de naturaleza y vida salvaje, posee bosques, verdes llanuras y criaturas diversas. También es neutral en la Guerra Civil Galáctica… durante un tiempo. Lona Aphra huye al planeta con su hija, Chelli, para empezar una nueva vida lejos de su marido. Pero un ataque de piratas altera su rumbo porque sufre heridas mortales. Su último acto es llamar al Imperio para salvar a su hija, y los soldados de asalto acaban llevándose a Chelli. Años después, Aphra se entera de que la invasión pirata fue un complot imperial para hacerse con el planeta y sus recursos.

HUBIN

REGIÓN Cúmulo Dene Gois, Borde Exterior
SECTOR Yminis
GEOGRAFÍA Bosques, llanuras, montañas

Hubin es una luna de increíble belleza. Cielos despejados, colinas ondulantes y ricos bosques cubren el mundo, hogar de criaturas como el poderoso thanrax. Hace mucho tiempo, una ex Jedi y su marido se establecieron en Hubin. Su hijo es Thane Markona, que más tarde funda una comunidad para su clan de exmercenarios. Luke Skywalker, Han Solo y Leia Organa se estrellan en Hubin, y Markona y su hija Tula les dan la bienvenida, pero todo cambia cuando llega el Escuadrón Cicatriz. Thane se sacrifica por Luke, como una forma de redención por su pasada asociación con el Imperio.

Páramos helados
No hay signos de civilización ni de vida importantes en Hoth, lo que lo convierte en un escondite ideal para las fuerzas de la Alianza Rebelde, que se adaptan a este duro mundo.

HOTH

REGIÓN Borde Exterior **SECTOR** Anoat **GEOGRAFÍA** Llanuras, montañas

Cuando el Imperio descubre la base rebelde en Yavin 4, los luchadores por la libertad deben trasladarse a un nuevo escondite secreto. En su búsqueda de óptimos refugios, se deciden por el frío y yermo mundo de Hoth.

UN MUNDO CONGELADO

Hoth es un mundo frío e inhóspito. Las montañas rocosas propician glaciares ventiscosos que rebosan sobre campos de nieve y tundra helada. Rodeado por un precario cinturón de asteroides, Hoth recibe aluviones de meteoritos. Aun así, hay vida. Varias especies de tauntaun se alimentan de líquenes en las grutas formadas por el núcleo caliente del planeta. Los wampas cazan a los tauntaun y los llevan a sus cuevas para nutrir a sus crías. Por la noche, el viento ulula melodías turbadoras entre las madrigueras de hielo azul zafiro.

PELIGRO A LAS PUERTAS

Hoth está plagado de peligros. Mientras patrullan, Han Solo y Chewbacca descubren uno de los droides sonda del Imperio, desplegado en el Proyecto Enjambre, una misión de reconocimiento de toda la galaxia. La unidad se autodestruye al recibir un disparo de bláster, pero no antes de alertar a los imperiales. Mientras, Luke Skywalker es atacado por un wampa y arrastrado hasta su guarida. Las bestias son un problema frecuente para los rebeldes, que mantienen a unas cuantas cautivas en la base Eco. Aunque Luke escapa, casi muere congelado en una tormenta de nieve. Sin embargo, los rebeldes afrontan lo peor cuando llega el ejército imperial.

Monstruos de hielo
Los wampas representan un peligro para las tropas en este mundo helado. Se sabe de pequeños grupos que han atacado la base Eco.

LA BATALLA DE HOTH

El general Maximilian Veers recibe la orden de destruir el generador de energía de los escudos de la base Eco. Obligadas a mantenerse lejos del perímetro de los escudos, las naves imperiales aterrizan en la precaria morrena de Moorsh, al norte de la base rebelde, fuertemente fortificada. Abandonado el factor sorpresa, pero reforzados con legiones de soldados de las nieves, los AT-AT, AT-ST y deslizadores del Imperio inician su marcha hacia el bastión rebelde. A medida que avanzan hacia el sur, al pie de la cordillera Clabburn, se topan con el grupo de aerodeslizadores T-47 modificados de los rebeldes.

Derrota inevitable
Cuando los caminantes descienden sobre la base Eco, los rebeldes saben que solo pueden ralentizar el asalto del Imperio para dar más tiempo a la evacuación.

Carrera hacia el *Halcón*
Chewbacca, Han, Leia y C-3PO escapan de milagro de la base Eco.

EVACUACIÓN

En cuanto Veers destruye los generadores de escudo, los rebeldes deben evacuar. Mientras su cañón de iones inutiliza los destructores estelares, los transportes ejecutan la evacuación. Casi desarmados, los transportes rebeldes confían en los cazas escolta guiados por Wedge Antilles y Wes Janson. El *Halcón Milenario* despega con el último transporte, el Esperanza Brillante. Luke y los supervivientes despegan en sus Ala-X y dejan a Darth Vader y sus soldados de las nieves rebuscando entre los restos alguna pista del rumbo de la flota. Luego, los chatarreros llegan a Hoth para saquear los restos de la batalla.

BASE ECO

UBICACIÓN Hoth

Tras la batalla de Yavin, la Alianza Rebelde comienza a buscar una nueva ubicación para sus operaciones secretas. Los rebeldes se instalan en el planeta Hoth, tan remoto que no aparece en la mayoría de los mapas. Los ingeniosos rebeldes Shara Bey y Kes Dameron, padres de Poe Dameron, tienen la idea de usar un cañón de un Ala-A para abrir túneles en el hielo. La Alianza también excava vastos túneles para albergar la flota rebelde de cazas estelares y un contingente de transportes medios GR-75, además de alojamientos para tropas y demás personal. Establecer una instalación militar bajo la nieve y el hielo resulta todo un reto: el hielo se derrite con frecuencia y la contracción y los derrumbes hacen que la base necesite un mantenimiento constante. Sin embargo, los rebeldes se muestran resueltos y bautizan su nuevo hogar con el nombre de base Eco, por su extraordinaria acústica.

La Alianza no solo debe hacer frente a las condiciones ambientales y a la eventual invasión terrestre del Imperio; también a ataques de los wampas, a los piojos de los tauntaun e incluso a las lluvias de meteoritos. Para mantener sano al personal, la base Eco cuenta con una enfermería bien equipada con médicos orgánicos y droides. Aunque vitales para la defensa, los generadores de escudos, visibles a gran distancia debido a su gran tamaño, garantizan la eventual detección por parte del Imperio. El general Carlist Rieekan ordena la construcción de defensas adicionales, incluyendo puertas blindadas, trincheras de infantería rodeando la base y baterías artilleras antipersona en lugares clave. La principal defensa de la base es un cañón de iones V-150 de Astilleros de Propulsores Kuat, que dispara ráfagas de plasma lo bastante potentes como para inutilizar los escudos, armas y motores de un destructor estelar imperial.

Todas estas precauciones resultan necesarias cuando un droide sonda descubre la presencia rebelde en Hoth y el Imperio lanza un asalto terrestre con AT-AT. Esto acaba condenando a la base Eco y poniendo a los rebeldes en fuga una vez más. En la evacuación, el cañón de iones de la base inutiliza la flota imperial, mientras que el GR-75 transporta al personal rebelde lejos de Hoth a un lugar temporalmente seguro.

El peligro llega a la base Eco
La flota rebelde se prepara para la batalla en el hangar.

CHOZA DE YODA

UBICACIÓN Dagobah

Cuando Yoda regresa al planeta Dagobah tras el ascenso del emperador Palpatine, inicialmente acampa en la nave salvavidas estándar E3 con la que llegó hasta allí. A pesar de ser pequeña, proporciona un espacio razonable para ser del tamaño de Yoda, y constituye un refugio ante la amenaza constante de la implacable lluvia y los persistentes depredadores y plagas de Dagobah. Pasado un año, no obstante, la nave comienza a deteriorarse poco a poco por la humedad.

Yoda emprende la construcción de una casa nueva hecha de piedras, cañas y barro. La construye en la base de una gran acacia, en una loma al lado de una turbia charca. La humilde morada consta de una sala, una zona para cocinar y un altillo para dormir, y tiene varias ventanas y dos entradas circulares. El interior está revestido de arcilla blanca y lisa, lo que convierte su refugio en un lugar limpio, atractivo y seco.

Yoda cocina en un pequeño hornillo en medio de la casa, detrás del cual hay una despensa con repisas cubiertas de bayas, hierbas y semillas secas. En la parte de atrás hay una pila con agua corriente, varias vasijas de barro y la colección de especias de Yoda. Arriba está el altillo, con esterillas para dormir y mantas, aunque Yoda duerme en el suelo durante sus últimos años. En un rincón almacena herramientas y recuerdos, y el resto es una sala con un tocón de madera a modo de mesa.

Al estar tan cerca de la charca, con puertas y ventanas abiertas, numerosas criaturas visitan la casa de Yoda. Suele encontrar serpientes, lagartos, butcherbug y espinosos bograt correteando por el suelo. No le importa su compañía, y solo echa a los venenosos.

Yoda lleva más de veinte años viviendo allí cuando Luke lo visita un par de veces. Durante su primera visita, Yoda accede a adiestrar a Luke como Jedi; en la segunda, Yoda le dice que debe combatir a su padre, Darth Vader. A una edad ya muy avanzada, Yoda fallece en el confort de su lecho. Luego, la misma ciénaga y las muchas criaturas con las que convivió durante años invaden la choza vacía de Yoda.

CINTURÓN DE ASTEROIDES DE HOTH

REGIÓN Borde Exterior **SECTOR** Anoat
GEOGRAFÍA Rocas, bolsas de gas

El planeta Hoth sufre el bombardeo constante de meteoritos del cinturón de asteroides circundante. La caótica región es el escondite preferido de piratas y contrabandistas, así como una fuente legal de metal y minerales.

Después de la batalla de Hoth, el *Halcón Milenario* se esconde aquí y descubre que los asteroides albergan vida. Las babosas espaciales han formado una colonia, con especímenes capaces de engullir naves enteras. Los mynock infestan las cavernas rocosas y se alimentan de naves que pasan y de los restos de otras que no sobreviven.

HOGAR DE BEN KENOBI

UBICACIÓN Páramos de Jundland, Tatooine

Tras vivir en una cueva, Obi-Wan Kenobi ocupa la cabaña abandonada de un granjero de humedad en un acantilado rodeado por el Mar de Dunas Occidental. La casa tiene una habitación principal al nivel del suelo y está construida sobre una cueva resguardada, que Obi-Wan usa como taller y bodega para almacenar comida. Es aquí donde Obi-Wan revela a Luke Skywalker que su padre era un Jedi. Cuando abandonan Tatooine y Obi-Wan muere en la Estrella de la Muerte, Luke vuelve a la cabaña, pero es atacado por Boba Fett. Luke vence a Boba y se marcha con el diario de Obi-Wan. Darth Vader y la doctora Chelli Aphra inspeccionan la cabaña, y este percibe la sintonía de Luke con la Fuerza. Aphra activa una bomba molecular para eliminar cualquier rastro de su visita. Años después, Luke regresa en busca de componentes para su segunda espada de luz.

Un refugio poco seguro
Bespin es el refugio seguro más cercano a Hoth que Han localiza tras huir del Imperio *(arriba)*. Al avecinarse a la Ciudad de las Nubes, el *Halcón Milenario* es recibido y escoltado por un par de coches nube *(izda.)*.

BESPIN

REGIÓN Borde Exterior **SECTOR** Anoat
GEOGRAFÍA Gigante gaseoso

El planeta Bespin es un gigante gaseoso separado de dos mundos hermanos por un cinturón de asteroides, el Anillo de Velser. No tiene masa terrestre, pero su atmósfera superior, habitable, tiene una capa de aire respirable que alberga ciudades en órbita, complejos mineros de gas y formas de vida singulares. Para ser un planeta gaseoso, en Bespin abunda la vida, y los cielos nocturnos se iluminan con organismos bioluminiscentes que parecen estrellas titilantes.

En la atmósfera inferior, beldones gigantes, de entre 0,8 y 10 km de ancho, flotan en grandes manadas. Están llenos de vejigas de gas naranja y se propulsan con carnosas aletas. Les cuelgan largos zarcillos que recogen plancton y sustancias químicas que metabolizan en valioso gas tibanna, la base de la economía de las diversas ciudades flotantes de Bespin.

Los «árboles» de algas forman marañas flotantes con tallos que descienden a la atmósfera inferior para recoger nutrientes, y producen casi todo el oxígeno de la zona con vida del planeta. Proporcionan hábitat y alimento a un gran número de criaturas.

Grandes thrantas, oriundos de Alderaan, bajan majestuosamente entre las nubes, montados por amantes de la adrenalina. Los rawwk, moteados en azul y rojo, revolotean entre las algas a la caza de bancos de gambas de aire que brillan con los colores del arcoíris como signo de alerta frente a los depredadores. Bandadas de velker atacan a los beldones y disfrutan de su carne, lo que atrae a los cangrejos carroñeros, hasta que el cadáver es arrastrado hasta el núcleo tóxico del planeta.

CIUDAD DE LAS NUBES

UBICACIÓN Bespin

Flotando a 59 000 kilómetros sobre el núcleo gaseoso de Bespin, la Ciudad de las Nubes es tanto un centro minero de gas como un destino de lujo. Fue fundada por lord Ecclessis Figg, de Corellia, y la supervisa el barón administrador Lando Calrissian.

En busca de refugio
El *Halcón Milenario* se aproxima a la Ciudad de las Nubes al atardecer para esconderse del Imperio. Sus tripulantes no imaginan que Darth Vader está esperándolos.

Refinerías en las nubes
Una refinería automatizada de gas tibanna flota en las afueras de la ciudad.

MINAS CELESTIALES

La Ciudad de las Nubes está construida alrededor de una columna central que se eleva desde su base, el reactor procesador del gas. Su núcleo hueco contiene gigantescas paletas direccionales que mantienen la colonia a flote. Las plantas situadas alrededor del anillo externo de la ciudad procesan el gas tibanna de Bespin para su exportación. Innumerables buscadores de gas hacen prospecciones en la atmósfera superior respirable de Bespin. Se les contrata para localizar las bolsas de tibanna antes de que otros contratistas mayores detecten las erupciones del gas. El valioso y poco común gas tibanna tiene diversos usos. Sus propiedades antigravitacionales se utilizan en muchas embarcaciones de vuelo. También es un elemento esencial en ciertos blásteres como conductor y amplificador de potencia. En algunos mundos también se utiliza como combustible de calefacción o refrigerante para hipermotores.

Ciudad de ocio
El paseo principal de la Ciudad de las Nubes está lleno de tiendas de diseño y artículos de importación, cafeterías, bares, restaurantes, cines y salas de juego.

DESTINO DE LUJO

La Ciudad de las Nubes es un centro exclusivo que atrae a una clientela de élite que pernocta en estilosos hoteles-casino y disfruta de los atardeceres de dos horas de Bespin. Entre sus visitantes hay políticos adinerados, famosos, gánsteres y algún que otro oficial imperial de alto rango. Muchas fortunas se hacen y se pierden en esta ciudad, célebre por su vida nocturna, sus escándalos y excesos. Los cinco millones de residentes y visitantes se alojan por encima de los niveles mineros, de 16 kilómetros de ancho. La ciudad flota en la atmósfera respirable superior, la «Zona de vida», protegida por una capa de algas aéreas y otros organismos fotosintéticos.

Ugnaught: decididos obreros

Los ugnaught son una especie de pequeños humanoides con colmillos. Lord Ecclessis Figg construye la Ciudad de las Nubes con la ayuda de tres tribus ugnaught. Una vez acabada, les permite residir en ella, y les concede una parte de los beneficios mineros por mantenerla.

LA OCUPACIÓN IMPERIAL

Anticipándose a la llegada de Han Solo, Boba Fett se infiltra en Ciudad de las Nubes y avisa a Darth Vader. Vader, a su vez, llega sigilosamente con un contingente de soldados de asalto y obliga a Lando a cooperar. Lando accede a entregar a Han Solo a Vader a cambio de la garantía de que el Imperio no interferirá en Ciudad de las Nubes en el futuro. Leia Organa se da cuenta de que algo va mal cuando su droide, C-3PO, desaparece. Chewbacca descubre que el droide ha sido desmantelado y preparado para ser destruido por ugnaughts (soldados de asalto le han disparado y leído la memoria) y lo rescata. Lando conduce entonces a sus amigos hasta Vader con la excusa de ir a cenar. Una vez capturado, Han es arrojado a una celda con Leia antes de ser llevado a una cámara de congelación. Darth Vader utiliza entonces a los rebeldes para atraer a Luke Skywalker a un enfrentamiento, en el que revela que es su padre, en un fallido intento de convencerle de que se una al lado oscuro. Mientras los rebeldes y Lando huyen de la ciudad, Luke pierde su espada de luz y los habitantes sufren la presencia Imperial. Poco después, los rebeldes regresan y rescatan a Lobot y a algunos habitantes de las garras del Imperio. Tras la batalla de Endor, el gobernador imperial local, Ubrik Adelhard, bloquea el sector. Gracias a Lando, Lobot y a la resistencia local, Ciudad de las Nubes es liberada.

Una nueva treta Sith
Darth Vader comenta el plan de captura de Han con Boba Fett y Lando.

CÁMARA DE CONGELACIÓN DE CARBONITA

UBICACIÓN Ciudad de las Nubes, Bespin

Los trineos repulsores de almacenaje de carbonita están pensados para usarse con la cámara de congelación de Ciudad de las Nubes, para almacenar y transportar de forma segura gases a alta presión como el tibanna. El gas se almacena en un bloque superresistente de carbonita congelada en el interior del trineo. Darth Vader espera inmovilizar a su hijo, Luke Skywalker, en carbonita y transportarlo hasta el emperador. Para determinar si Luke será capaz de sobrevivir a este proceso de congelación, Vader decide utilizar a Han Solo como sujeto de pruebas. Tras congelar a Han, Vader lo entrega a Boba Fett, quien a su vez lo entrega a Jabba el Hutt a cambio de una recompensa. Aunque el proceso es un éxito, provoca el mal crónico de hibernación, que causa a Han ceguera temporal y desorientación grave. Al final, Vader no logra atrapar a Luke. Cuando Leia Organa regresa a la ciudad, los imperiales la congelan en carbonita junto a algunos residentes. Luke recurre a la Fuerza para liberarlos a todos.

Cámara terrorífica
Mientras Han Solo es conducido a la cámara de congelación, Lando duda de su pacto con Vader para garantizar la seguridad de la Ciudad de las Nubes.

ERIADU

REGIÓN Borde Exterior
SECTOR Seswenna **GEOGRAFÍA** Montañas, selvas

Durante la Alta República, debido al Gran Desastre, el planeta Eriadu, del Borde Exterior, es uno de los muchos afectados por un bloqueo hiperespacial temporal. Los Tarkin adquieren poder y riqueza en Eriadu actuando como fuerza policial planetaria, domando la naturaleza salvaje (repleta de peligrosos depredadores) y protegiendo el mineral lommite de piratas y contrabandistas. Tras el ascenso del Imperio, el gobernador Wilhuff Tarkin organiza una cumbre con oficiales y científicos imperiales para discutir el futuro del Ejército Imperial en un complejo llamado Pico del Cuervo.

TEMPES

REGIÓN Borde Exterior
SECTOR Atravis

Tempes, envuelto en nubes y relámpagos, es conocido por haber sido un puesto de avanzada Jedi durante la Alta República. Tras perder su espada de luz en un duelo con Darth Vader, Luke Skywalker se dirige allí, donde le han dicho que le espera un arma Jedi. Luke descubre una estructura marcada con la insignia de la Orden Jedi. En su interior, las ruinas de antiguas estatuas se alinean en una gran sala, y encuentra una espada de luz. Pero también le espera el espectro del Gran Inquisidor. Se baten en duelo y Luke derrota al cazador de Jedi, que desaparece.

JEKARA

REGIÓN Borde Medio **SECTOR** Bryx **GEOGRAFÍA** Hielo, nieve, ríos

Jekara es un planeta helado del sistema homónimo. Su paisaje se compone de paisajes helados y frías masas de agua. Aunque en su mayor parte carece de vida, posee océanos habitados por tiburones jekaranos, feroces depredadores. La Dama Qi'ra, de Crimson Dawn, elige este remoto mundo para subastar a Han Solo, congelado. Atraca la nave cuartel general del sindicato del crimen, la *Bermellón*, en la tundra. El *Halcón Milenario* se estrella contra el hielo cuando intenta colarse entre las fuerzas de Crimson Dawn para rescatarlo.

PANISIA

REGIÓN Borde Exterior
SECTOR Halthor
GEOGRAFÍA Montañas, roca, desierto

Tras evacuar la base en Hoth, la Alianza establece un nuevo cuartel general en Panisia. El planeta del Borde Exterior exhibe altas montañas, paisajes rocosos y extensos desiertos. Es suficientemente remoto como para mantenerlo en secreto, pero los rebeldes se ven obligados a huir cuando el agente Deathstick, de Crimson Dawn, los localiza e informa al Imperio. Esto provoca la batalla de Panisia y el enfrentamiento final entre Leia Organa y la comandante Zahra, en el que la princesa vence a la imperial en una cueva del planeta y la abandona a su suerte con agresivas criaturas panisianas.

GABREDOR III

REGIÓN Borde Exterior **SECTOR** Myto **GEOGRAFÍA** Bosque

Gabredor III es conocido por sus frondosos bosques y praderas y sus numerosas granjas. Pero los recursos del planeta se resienten cuando el gobernador Tauntaza, aliado con Crimson Dawn, empieza a descuidar el mundo. En la lucha contra la sequía, los árboles se marchitan y la gente muere de hambre. Sabé, antigua doncella de la reina Amidala, lleva a Darth Vader al planeta para que salve a una colonia de exesclavos. Vader salva a sus antiguos amigos Kitster Banai y Wald de un feroz ataque de criaturas voraces y lucha contra el corrupto gobernador, del que se revela que recibe directrices del mismísimo emperador Palpatine.

COLONIA DE KEZARAT

REGIÓN No Espacio

El Colonia de Kezarat, antaño un convoy varado de naves cisterna, es un grupo de naves que forman una comunidad. Está situada en el No Espacio, una zona oculta a la galaxia a la que solo se accede mediante una rara fuente de energía llamada Camino. Dirigida por el capitán Blythe, la colonia conoce a Luke Skywalker y sus amigos cuando llegan en una nave propulsada por un Motor Camino. Blythe explica a Luke los encuentros del convoy con los Nihil; cómo los Jedi les ayudaron a sobrevivir y la fábula de que un nuevo Jedi les llevará a casa. Cuando los rebeldes se marchan, varias naves colonia se van con ellos.

LUNA DE KLIGSON

REGIÓN No Espacio
GEOGRAFÍA Roca

De tono amarillo desde el espacio, la Luna de Kligson es poco conocida, pero tiene un gran significado en la galaxia. Durante la Alta República, en la luna se construyó un droide llamado Ajax Sigma. Sigma creía en la libertad de la vida sintética y lideró el Levantamiento de la Luna de Kligson, en el que él y sus fuerzas mataron a miles de colonizadores. Los Jedi detuvieron a Sigma y destruyeron su ejército en la estación orbital Refugio de Droides, protegida por el clan Kligson. Pero el núcleo neural de Sigma sobrevive y pasa por diferentes manos hasta su eventual renacimiento.

EPIKONIA

GEOGRAFÍA Terreno

Epikonia es un remoto planeta con un importante centro de comunicaciones que transmite señales a toda la galaxia. La entidad parasitaria droide conocida como Azote secuestra al amigo de Lando Calrissian, Lobot, lo infecta y lo esconde en una ciudad de Epikonia. La urbe está rodeada de antenas parabólicas que refuerzan la comunicación. En el centro hay una gran zona abierta que se convierte en un laboratorio experimental. Aquí Azote realiza sus horribles experimentos, fundiendo seres orgánicos y partes de droides contra su voluntad, causándoles dolor y muerte.

ENDOR

REGIÓN Borde Exterior **SECTOR** Moddell
GEOGRAFÍA Bosques, sabanas, montañas

El destino de la galaxia se decide en una pacífica luna, en la que la Alianza Rebelde consigue la ayuda de los aliados más improbables para derrotar al Imperio.

PLANETA NATAL DE LOS EWOKS

La Luna Boscosa de Endor es un santuario de prístinos bosques templados y prósperas sociedades indígenas. Los ewoks que viven allí se refieren al lugar como «Tana». Habitan en cabañas familiares conectadas por pasarelas, escaleras y puentes colgantes. Las aldeas están supervisadas por sabios jefes y ancianos de la tribu. En los cálidos meses de verano, los ewoks se alojan en aldeas de pescadores o en cabañas de cazadores y recolectores a la altura del suelo. Los ewoks, versados en la supervivencia en el bosque, recorren largas distancias en ponis peludos y moteados y usan amistosos bordoks para transportar cargas de suministros. Surcan los valles en planeadores con alas de cuero, pero deben evitar a los feroces dragones cóndor de colores azul y dorado.

BASE IMPERIAL SECRETA

Espías bothan obtienen información sobre la segunda Estrella de la Muerte y la entregan a los líderes rebeldes. Averiguan que está protegida por un generador de escudos situado en la luna de Endor. Convencidos de que pueden atacar la nueva estación de combate antes de que esté plenamente operativa, un equipo de unidades especiales (los Rastreadores rebeldes, liderados por el general Han Solo) elude el bloqueo imperial en la lanzadera de clase Lambda robada, *Tydirium*. Su misión es destruir las instalaciones imperiales en la superficie lunar. El búnker de mando está situado bajo una antena parabólica, custodiado por caminantes imperiales y una guarnición de soldados de asalto, exploradores y oficiales bajo el mando del coronel Dyer, el mayor Hewex y el comandante Altadan Igar.

Zona de aterrizaje imperial
Las lanzaderas de clase Lambda *(arriba)* vuelan hasta una plataforma de aterrizaje con turboelevadores en sus pilares *(abajo)*. Los AT-AT se cargan en las compuertas inferiores.

Capturados por ewoks
El ewok Wicket W. Warrick detecta que se acerca un explorador imperial *(arriba)*. Un grupo de ewoks acude a investigar a los rebeldes atrapados en su red *(arriba, izda.)*.

Anzuelo
Durante la batalla de Endor, C-3PO y R2-D2 atraen a un grupo de soldados en una emboscada, y los ewoks los apedrean.

BATALLA CULMINANTE

Aunque en su primer encuentro los ewoks capturan a los rebeldes, C-3PO logra convencerlos para que se unan a la causa rebelde y salven no solo sus hogares y familias, sino a toda la galaxia. El éxito de la Alianza Rebelde en la batalla de Endor, que pone punto final al gobierno del emperador, se puede atribuir en gran parte a la valentía y el ingenio de los ewoks. Consiguen vencer al ejército imperial, tecnológicamente más avanzado, con lanzas, arcos y flechas, catapultas, arietes y troncos rodantes. Décadas más tarde, la luna recibe la visita de la Primera Orden, pero su destructor estelar es aniquilado en órbita.

Cambios en el bosque primigenio
La llegada del Imperio rompe la paz del bosque de Endor. Los cantos de los churis y los pájaros linterna son sustituidos por el ruido de las motos deslizadoras y los traqueteos de los AT-ST.

RESIDENTES Y EXPATRIADOS

Endor hierve de vida, y los ewoks no son sus únicos habitantes curiosos. Los yuzzum son errantes soñadores. Dos de ellos se embarcan en naves de paso hasta el palacio de Jabba, en Tatooine: uno trabaja como cantante y el otro como exterminador. Los agresivos dulok moran en las ciénagas y emergen para cazar ewok y pájaros linterna. Los cantos de los munyip y los rugger se oyen cuando escalan las aldeas ewok. Los gigantes gorax a veces descienden desde las montañas y aterrorizan a los ewoks.

Yuzzum
Oriundo de Endor, Wam Lufba, armado con un fusil, se ocupa de las a menudo peligrosas plagas en el palacio de Jabba.

SEGUNDA ESTRELLA DE LA MUERTE

REGIÓN Borde Exterior **SECTOR** Moddell **SISTEMA** Endor **GEOGRAFÍA** Estación espacial de combate

El emperador Palpatine construye la segunda Estrella de la Muerte, en parte, como una elaborada treta. Espera destruir a la Alianza Rebelde fingiendo una vulnerabilidad crítica en la estación de combate, atrayendo a los rebeldes a un conflicto que no pueden ganar.

Una vez que la Alianza se entera de la existencia de la estación gracias a los agentes de Crimson Dawn, Palpatine idea un plan para que los espías bothan obtengan información falsa sobre el progreso de su construcción. Los rebeldes creen que el superláser de la estación no estará en funcionamiento durante el ataque, pero en realidad sí lo está. Durante la batalla de Endor, Palpatine sorprende a los rebeldes ordenando a la Estrella de la Muerte que dispare contra uno de los grandes cruceros mon calamari. Sin embargo, cuando el equipo de asalto rebelde destruye el generador de escudos que protege la Estrella de la Muerte, un grupo de vuelo, liderado por el general Lando Calrissian en el *Halcón Milenario*, navega hasta el núcleo del reactor principal de la estación de combate y lo destruye. Mientras tanto, Luke Skywalker escapa a duras penas después de que su padre, Darth Vader, se sacrifique para destruir al emperador y salvar a su hijo. Tras la explosión, los restos de la segunda Estrella de la Muerte caen sobre Kef Bir, la Luna Oceánica de Endor. Décadas después Rey las visita. La segunda Estrella de la Muerte es notablemente más grande que la primera. Su diámetro es de más de 200 kilómetros, en comparación con los 160 kilómetros de la estación de combate original. De hecho, la Estrella de la Muerte tiene casi el 3 por ciento del tamaño de la propia Luna de Endor. Dado que la Estrella de la Muerte está estacionaria, y no en una órbita sincrónica, requiere una fuerza tremenda para contrarrestar la gravedad de Endor. Para mantener su posición utiliza un campo de repulsores creado por el generador de escudo en Endor. La fuerza generada por la Estrella de la Muerte provoca terremotos, desequilibrios en las mareas y otras alteraciones geológicas sobre la superficie inferior. Sus defensas son considerables. Las baterías cuentan con un complemento de 15 000 turboláseres pesados y 15 000 estándar, 7500 cañones láser y 5000 de iones; todos están instalados en la superficie exterior de la estación. Miles de cazas TIE de varios modelos están preparados para actuar en cualquier momento, así como las lanzaderas y los vehículos de ataque terrestre, como los AT-AT y AT-ST.

SALA DEL TRONO DEL EMPERADOR

UBICACIÓN Segunda Estrella de la Muerte

La sala del trono del emperador Palpatine es su centro de mando y la sede ceremonial de su poder en la segunda Estrella de la Muerte. Su austero diseño industrial, desprovisto de decoraciones y símbolos de lujoso confort (a diferencia de sus despachos y cámaras personales, tanto aquí como en Coruscant), está pensado para intimidar a dignatarios, súbditos y prisioneros que sean llevados ante él. El trono es una sencilla silla giratoria con reposabrazos, situada frente a una ventana con escáneres de aumento mejorado.
El estrado está flanqueado por pantallas conectadas a los ordenadores y sistemas de comunicación de la estación. Décadas más tarde, después del duelo entre Luke Skywalker y Darth Vader y la aparente muerte de Palpatine, los restos de la sala del trono, en Kef Bir, acogen otro duelo, que se extiende hasta una estructura incrustada en el agua. Tras recuperar un buscarrutas Sith de la sala contigua, Rey se enfrenta a Kylo Ren por última vez.

ALDEA EWOK

UBICACIÓN Endor

La aldea del Árbol Brillante está situada a 15 metros sobre el suelo del bosque, un grupo de cabañas con techo de paja construidas sobre los troncos de los árboles de hoja perenne, que albergan a casi 200 ewoks. En el centro de la aldea hay zonas comunales, así como viviendas para los ancianos de la tribu y la familia del jefe Chirpa. Las grandes cabañas de las familias más extensas se hallan en los márgenes exteriores de la aldea. Todas están unidas por puentes de cuerda, escaleras y plataformas. En las copas de los árboles, los vigías están atentos a los incursores gorax y a los dragones cóndor. Los ewoks también lanzan planeadores desde las copas para patrullar los bosques y valles. Los solteros residen en pequeñas cabañas bajo la aldea, donde vigilan los peligros aún mayores que se ciernen sobre ella. Las cabañas ewoks son acogedoras por dentro. En el centro hay un fuego para cocinar, donde se asa la carne en un espeto y se bullen sopas en ollas de barro. Bajo el suelo se almacenan alimentos y leña, y en los altillos superiores se apilan pieles y esteras tejidas para dormir. En el suelo hay taburetes de madera y cestas, mientras que de las paredes cuelgan capuchas, capas y herramientas. Hogueras y antorchas iluminan la aldea por la noche. La corteza de las coníferas donde viven los ewoks no solo es un buen repelente de insectos, sino que también es muy resistente al fuego. Las ramas también sirven para fabricar lanzas, arcos, hondas, armazones de planeadores y brazos de catapulta. Cuando la Alianza Rebelde llega a Endor, Leia Organa se hace amiga del ewok Wicket W. Warrick y lo acompaña hasta la aldea del Árbol Brillante. Allí los ewoks la reciben con hospitalidad, la alimentan y la visten. Sus amigos rebeldes son capturados y transportados a la aldea para ser el plato principal de un banquete en honor de C-3PO: los ewoks creen que el tímido droide de protocolo es un dios. Luke utiliza astutamente la Fuerza para jugar con sus supersticiones y conseguir la libertad de los rebeldes. Esa noche, C-3PO explica a los ewoks su difícil situación y les convence para que se unan a la lucha. Tras ganar la batalla, los ewoks y los rebeldes regresan a la aldea para celebrarlo. Dos días después, en una pasarela de madera de la aldea del Árbol Brillante, Han Solo propone matrimonio a la princesa Leia. Ella acepta, y los ewoks celebran la feliz ceremonia en el templo de la aldea construido en el Gran Árbol. Luke Skywalker oficia la boda entre los dos rebeldes.

ENTRADA SECRETA AL BÚNKER DE ENDOR

UBICACIÓN Endor

Mientras Han Solo y las fuerzas rebeldes debaten cómo infiltrarse a través de la entrada secreta al búnker del generador de escudo del Imperio, un ewok llamado Paploo decide por su cuenta robar una moto deslizadora imperial para despistar. Los rebeldes intentan tomar el búnker y se produce un tira y afloja en el que los ewoks vuelven a demostrar su valía y resultan decisivos para ganar la batalla desatada frente a la entrada del búnker. Los rebeldes logran engañar a los oficiales que vigilan el interior de las instalaciones para que les abran las puertas. Una vez dentro, depositan las cargas y destruyen todo el complejo.

VARDOS

REGIÓN Núcleo **SISTEMA** Jinata
GEOGRAFÍA Montañas, océanos

La belleza natural de Vardos, famoso por su tierra roja, sus montañas y sus azules océanos, contrasta con la presencia imperial. Poco después de las Guerras Clon, Garrick Versio une y sitúa el sistema Jinata (incluido el otrora independiente Vardos) bajo el Imperio. El planeta se convierte en una base imperial, con instalaciones, campos de entrenamiento y cuarteles. La capital, Kestro, alberga la Escuela Preparatoria Militar de Futuros Líderes Imperiales y la sede de Seguridad Jinata. Pese a la lealtad de Vardos al Imperio, lo arrasan durante la última orden del Emperador, la Operación Ceniza.

PILLIO

REGIÓN Núcleo **SISTEMA** Jinata
GEOGRAFÍA Cascadas, océanos, arrecife de coral

Aunque no colonizado, Pillio rebosa vida y secretos importantes para la galaxia. Su paisaje está salpicado de hermosas cascadas. Un enorme arrecife de coral se extiende por todo el planeta y es una de las principales fuentes de alimento del sistema Jinata. Luke Skywalker se siente atraído por Pillio, donde conoce a Del Meeko, del Escuadrón Infernal. Juntos hallan un observatorio del emperador, del que Luke recupera una misteriosa brújula. Años después, Del, ahora con la Resistencia, regresa al planeta, pero lo captura la Primera Orden. Kylo Ren lo interroga antes de que su antiguo compañero de escuadrón, Gideon Hask, consume su venganza y lo ejecute.

VAR-SHAA

REGIÓN Borde Medio **SECTOR** Dustig
GEOGRAFÍA Montañas, fiordos

Situado en el Borde Medio, Var-Shaa es famoso por sus extensos fiordos y por un astillero imperial en su órbita. Tras la batalla de Endor, la que fuera una escala clave para la Armada Imperial cae ante el ataque de la Nueva República. Durante la retirada imperial, Varko Gray, del Escuadrón Titán, se ve perseguido hasta la superficie del planeta por un Ala-X en busca de supervivientes. Varko supera a su perseguidor en una persecución por los estrechos valles, pero se estrella contra el agua y apenas logra llegar a tierra. Sin embargo, al ver la impresionante puesta de sol, renueva su compromiso con el Imperio y un equipo de rescate llega por él.

VESPAARA

REGIÓN Borde Exterior **SECTOR** Suolriep
GEOGRAFÍA Montañas, roca

El oasis rocoso de Vespaara es la sede del famoso torneo Cazadores del Borde Exterior. El estadio que alberga el concurso está en el polo sur del planeta, perpetuamente opuesto al sol, envuelto en un crepúsculo eterno. Esto lo convierte en la ubicación perfecta para los eventos que se celebran en la arena las 24 horas del día, que atraen a todo tipo de combatientes, desde cazarrecompensas hasta seres sensibles a la Fuerza. El mundo también es famoso por una misteriosa aura en el cielo, que cambia constantemente de forma, que recuerda los siniestros ojos rojizos de una entidad desconocida, siempre observando hacia abajo.

PAGODON

REGIÓN Borde Exterior **SECTOR** Pelgrin
GEOGRAFÍA Tundra ártica, hielo

Pagodon es un remoto planeta del Borde Exterior y un escondite ideal para los peores ciudadanos de la galaxia. Su clima gélido y sus paisajes helados lo convierten en un terreno inhóspito y un destino difícil. Hay algunos asentamientos, como Paso del Barquero, donde los habitantes pueden comer o beber algo, pero la población está formada sobre todo por viajeros. Bajo la superficie helada del planeta habitan los ravinaks, que hacen los viajes aún más traicioneros e incómodos. Las pasarelas entre viviendas están diseñadas para amortiguar las vibraciones que reverberan bajo el hielo y alertan a estos depredadores con colmillos.

AQ VETINA

REGIÓN Borde Exterior
SECTOR Relgim
GEOGRAFÍA Terrestre

Aq Vetina es un planeta del Borde Exterior. Durante las Guerras Clon, un batallón de superdroides de combate del ejército separatista ataca un asentamiento humano del planeta. En el ataque, la población es aniquilada excepto un único superviviente: un joven llamado Din Djarin. Un grupo de mandalorianos lucha contra los invasores droides y rescata al niño, llevándolo a un lugar seguro. Din es criado como expósito por miembros de esta facción mandaloriana, pero aún recuerda el trauma de aquel fatídico día.

ARVALA-7

REGIÓN Borde Exterior **SECTOR** Sevetta
GEOGRAFÍA Desierto

Arvala-7, un remoto planeta desértico con un paisaje texturizado y rocoso, está poco poblado, con apenas unos pocos habitantes. Din Djarin llega y conoce al ugnaught Kuiil, que vive aislado con unos pocos blurrgs. Su soledad se ve perturbada cuando mercenarios nikto custodian un misterioso elemento en un pequeño recinto. Kuiil conduce a Din hasta el complejo, pero no acepta ningún pago; solo quiere que Arvala-7 vuelva a ser un lugar pacífico. Cuando Din obtiene el botín, un clan de jawas saquea su nave, la *Razor Crest*. Kuiil negocia una incómoda alianza entre ellos, lo que lleva a Din a robar el huevo de un cuerno de barro a cambio de las piezas de su nave. Tras completar la misión, Din abandona Arvala-7 y traba amistad con Kuiil.

Un terreno duro
La superficie fangosa y rocosa de Arvala-7 es difícil de atravesar sin una buena montura. Din Djarin cruza el desierto con la ayuda del ugnaught Kuiil y sus blurrgs.

«El camino es imposible de pasar sin una montura blurrg.» **KUIIL, A DIN DJARIN**

NEVARRO

REGIÓN Borde Exterior
SECTOR Dalicron
GEOGRAFÍA Volcánico y plagado de cenizas

Pese a sus ríos volcánicos y coladas, Nevarro es un próspero centro comercial conectado a la super-hiper-ruta, la Vía Hydiana. Ha cambiado de manos varias veces a lo largo de su tumultuosa historia.

Un planeta volcánico
El accidentado terreno de Nevarro es negro ceniciento, debido a las coladas de lava tanto superficiales como bajo su corteza. El terreno rocoso está cubierto de colinas y llanuras, lo que dificulta viajar sin un transporte fiable.

Un viajero frecuente
Din Djarin llega a una plataforma de aterrizaje de Nevarro, transportando otra recompensa de gran valor a bordo de la *Razor Crest,* su patrullera militar personalizada.

AJETREADO CENTRO COMERCIAL

Nevarro, que en su día albergó una base imperial, está ahora bajo la supervisión del magistrado Greef Karga. Para ser un planeta del Borde Exterior tiene una rica historia. Posee una población considerable con una cultura vibrante y una capital que es un popular núcleo comercial. Ciudad Nevarro cuenta con lugares muy concurridos, como un bazar de bienes y servicios y un piso franco público, así como una cantina en la que Greef hace negocios.

Durante la Guerra Civil Galáctica, el planeta está controlado por el Imperio. Tras la destrucción de la segunda Estrella de la Muerte, Nevarro se convierte en un lugar ajetreado, lleno de cazarrecompensas que trabajan para Karga. Este dirige el Gremio de Cazarrecompensas, y pone en contacto a sus miembros con cualquier cliente dispuesto a pagar, aunque sean imperiales que se ocultan en un piso franco. Uno de ellos, conocido solamente como el Cliente, solicita un cazador a Greef para una misión secreta: recuperar un activo desconocido, que más tarde se revela como el niño llamado Grogu.

MANDALORIANOS E IMPERIALES

Ciudad Nevarro cuenta con un refugio mandaloriano oculto en el alcantarillado, que permite a sus habitantes viajar en secreto. Está liderado por la Armera, que establece la norma de que solo un mandaloriano puede salir a la superficie cada vez. Su hogar original, Mandalore, fue diezmado durante la Gran Purga, lo que redujo drásticamente su número y les obligó a ocultarse. Nevarro ve una reaparición de la violencia entre mandalorianos y facciones imperiales. Después de recuperar al Niño y entregarlo a los imperiales, Din Djarin les arrebata a Grogu. Esto reaviva el conflicto, y el Mandaloriano traiciona al Gremio de Cazarrecompensas.

Djarin escapa del planeta y el remanente imperial toma el control de Nevarro, con el moff Gideon al mando. Para mantener a Grogu a salvo de nuevas persecuciones imperiales, Din regresa a Nevarro y se alía con Karga y Cara Dune.

Djarin y sus amigos derrotan a Gideon y repelen a los invasores imperiales, lo que lleva a Greef a restaurar Nevarro como un planeta respetable y seguro, con Cara como nueva mariscal. Nevarro prospera bajo el mando de Greef y florece con escuelas, tráfico y un bullicioso comercio. Más tarde, Carson Teva recluta a Cara y la aleja de Nevarro y de su papel de mariscal para que trabaje para la Nueva República.

AMENAZA PIRATA

Vencida la amenaza imperial, la paz se mantiene en Nevarro. El planeta florece hasta que invasores liderados por el rey pirata Gorian Shard llegan y toman el control. Karga pide ayuda a la Nueva República. Pero Greef se había negado a unirse a la Nueva República, prefiriendo que Nevarro fuera independiente. Esta decisión audaz, aunque inoportuna, impide al oficial de Requisiciones de la Nueva República, el coronel Tuttle, enviar ayuda al planeta, a pesar de la ferviente súplica de Carson. En su lugar, Teva recurre a Din y a los mandalorianos. Estos vencen a los piratas y liberan el planeta. A cambio, un agradecido Greef ofrece a los mandalorianos una importante parcela de tierra, que aceptan.

> «Nevarro es un planeta muy bonito.»
>
> **GREEF KARGA**

Un planeta azul
La *Razor Crest,* pilotada por el mandaloriano Din Djarin, entra en la atmósfera de Nevarro. Pese a los ríos de lava sulfúrica del planeta, su atmósfera es respirable.

EL GALLINERO

REGIÓN Borde Exterior **SECTOR** Bitrose

El Gallinero es una estación espacial que sirve de cuartel a un grupo de mercenarios liderados por Ranzar Malk. Está llena de piezas de repuesto para naves estelares, transportes terrestres y otros equipos. Din Djarin viaja al Gallinero y lo contratan para extraer al prisionero Qin de una nave prisión de la Nueva República. Los mercenarios traicionan a Din y lo encierran. Pero él escapa y coloca un rastreador sobre Qin antes de abandonar la nave prisión y regresar al Gallinero. Un escuadrón de Alas-X de la Nueva República intercepta la señal del rastreador y la sigue hasta la ubicación. Abren fuego contra la estación espacial, destruyéndola y acabando con quienes se encuentran a bordo.

ARENA DE GOR KORESH

UBICACIÓN RTK111

La arena de Gor Koresh está en el planeta RTK111, donde el gánster titular se lucra con peleas ilegales de gladiadores. Para entrar en el establecimiento se necesita una invitación o contraseña de Gor Koresh o uno de sus socios. La arena está llena de personajes desagradables de toda la galaxia, tan propensos a apostar con un cliente como a matarlo por la mínima razón. En el centro de la arena hay un ring en el que Gor Koresh dirige un combate a muerte entre guardias gamorreanos y otros alienígenas. Gor Koresh interfiere en las luchas e incluso mata a los participantes si le apetece.

MOS PELGO

UBICACIÓN Tatooine

En el norte de Tatooine, Mos Pelgo es una pequeña comunidad dirigida por el mariscal Cobb Vanth. Tras la destrucción de la segunda Estrella de la Muerte, el Colectivo Minero invadió la ciudad, pero Vanth, con la armadura mandaloriana que compró a los jawa, acaba con ellos. Un dragón krayt aterroriza Mos Pelgo, amenazando a sus ciudadanos. Cobb pide ayuda a Din Djarin para destruir a la bestia a cambio de devolver la armadura. Más tarde, Cad Bane llega y mata a tiros a Vanth porque el mariscal no permite que los pyke trafiquen especia en la ciudad. Este asesinato inspira a los habitantes de Mos Pelgo a aliarse con Boba Fett para derrotar a la organización criminal.

MALDO KREIS

REGIÓN Borde Exterior **SECTOR** Arkanis **GEOGRAFÍA** Hielo

Maldo Kreis es un planeta cubierto de hielo y en gran parte inexplorado. El mundo posee extensas cuevas y cavernas, casi imposibles de atravesar sin ayuda. Los únicos habitantes conocidos de estos sistemas subterráneos son grandes arañas del hielo ovíparas, muy peligrosas para los seres orgánicos. Din Djarin se ve obligado a aterrizar en el planeta tras ser perseguido por Alas-X de la Nueva República. Le atacan arañas del hielo antes de que Carson Teva y Trapper Wolf lo rescaten.

TRASK

REGIÓN Borde Exterior
SECTOR Arkanis
SISTEMA Kol Iben
GEOGRAFÍA Acuático

Trask es una luna cubierta de océanos. Sus habitantes son sobre todo colonos mon calamari y quarren que prefieren permanecer en el remoto mundo oceánico a verse envueltos en la política de su mundo natal. Un remanente imperial opera en Trask, recolectando piezas y equipo para sus tropas. La luna aloja también a mecánicos con talento que están encantados de reparar incluso la más dañada de las naves por un precio. Din Djarin se estrella en las aguas de la luna y uno de estos mecánicos lo rescata. Se une a Bo-Katan Kryze, Axe Woves y Koska Reeves para robar armas de un carguero imperial para su misión de recuperar Mandalore.

CORVUS

REGIÓN Borde Exterior **SECTOR** Mandato Cronés **GEOGRAFÍA** Bosque

Corvus es un planeta boscoso del Borde Exterior que alberga la ciudad de Calodan. Años después de la caída del Imperio, la autoproclamada Magistrada Morgan Elsbeth toma la ciudad y la dirige con crueldad y tortura, manteniendo a sus habitantes en la miseria y el miedo. Ahsoka Tano acosa a la magistrada, así que Morgan contrata a Din Djarin para matarla. Djarin y Ahsoka deciden otra cosa y se unen para derrotar a Morgan y a su ejecutor, Lang. Ahsoka entrega a Morgan a la Nueva República y el Gobernador Wing recupera el control de Calodan, devolviendo la paz y la tranquilidad a su pueblo.

KARTHON

REGIÓN Borde Exterior **SECTOR** Zuma **GEOGRAFÍA** Depósitos de chatarra

Karthon es una luna-prisión que contiene los Campos de Escarda. Durante la Guerra Civil Galáctica, los materiales de Karthon se emplean para construir la segunda Estrella de la Muerte. Tras la guerra, el desguace está lleno de maquinaria imperial que desmantelan reclusos condenados de la Nueva República. Los desguaces están vigilados por droides centinelas N5 que mantienen a los prisioneros en sus puestos. Migs Mayfeld cumple una condena de cincuenta años, pero queda en libertad bajo custodia de la mariscal Cara Dune a condición de que les ayude, a ella y a Din Djarin, a hallar el crucero del moff Gideon.

MORAK

REGIÓN Espacio Salvaje **GEOGRAFÍA** Selva tropical

Morak es un planeta en gran parte desconocido que el remanente imperial ocupa para reconstruir sus fuerzas militares en un intento de volver a su antigua gloria. Extrae los escasos depósitos planetarios del valioso mineral rhydonium y lo llevan a una refinería para su procesado. El rhydonium es muy volátil y peligroso si se sitúa junto a repulsores. En una misión encubierta de infiltración en la refinería para localizar el crucero del moff Gideon desde un terminal imperial, el ex francotirador Migs Mayfeld dispara el fusil de ciclos de Boba Fett contra el rhydonium, destruyendo el cuartel imperial. Como recompensa por su ayuda, Cara Dune informa de que Mayfeld ha muerto en combate, por lo que queda libre de su condena y puede comenzar una nueva vida.

TYTHON

REGIÓN Núcleo Profundo **SECTOR** Sector 5
GEOGRAFÍA Llanuras, acantilados, desiertos

Tython es un misterioso planeta de las remotas regiones del Núcleo Profundo que es fuerte en la Fuerza. Rara vez es visitado debido a su gran distancia de hiperrutas cartografiadas. Aun así, el enigmático poder que contiene ha atraído visitantes a lo largo del tiempo. Algunos eruditos Jedi creían que Tython era la ubicación del primer Templo Jedi, cuando en realidad fue Ahch-To. No mucho tiempo después de la batalla de Yavin, la doctora Chelli Aphra escolta a Darth Vader hasta Tython para distraerle de la búsqueda de la base rebelde en Hoth.

Después de la desaparición del Imperio, Ahsoka Tano envía a Din Djarin a Tython. Le dice que busque la piedra vidente sagrada y coloque a Grogu sobre ella. La misteriosa roca posee textos antiguos tallados, y cuando el jovencito se sienta en ella, queda envuelta por un escudo de energía mística que no se puede penetrar hasta que se desactiva. Años más tarde, el maestro Jedi Luke Skywalker medita sobre la Piedra y obtiene una visión del planeta Sith de Exegol.

Abrumado por la Fuerza
Grogu se desploma sobre la piedra vidente, agotado, tras conectar con la Fuerza. La plataforma mística es un conducto ideal que amplifica la Fuerza.

LAFETE

REGIÓN Borde Exterior **SECTOR** Tunka
GEOGRAFÍA Desierto

Lafete es un planeta desértico sembrado de fábricas. Cuenta con una cantina para los viajeros cansados que buscan comida y algo de tranquilidad. Años después de la caída del Imperio, Boba Fett y Din Djarin viajan a Lafete en busca de guerreros que les ayuden a recuperar a Grogu de manos del moff Gideon. Bo-Katan Kryze y Koska Reeves oyen la oferta de Din. Debido a la herencia clon de Boba Fett, los mandalorianos se burlan de él y Koska Reeve lo ofende. Ambos se enzarzan en una pelea, pero los separa rápidamente una frustrada Bo-Katan, que lamenta que los mandalorianos no lucharan con esas ganas cuando el Imperio destruyó su planeta.

ANILLOMUNDO GLAVIS

REGIÓN Núcleo **GEOGRAFÍA** Urbano

El Anillomundo Glavis es una gran estructura artificial circular que rodea una estrella. La energía de la estrella impacta continuamente en la estación espacial, alimentando el Anillomundo. Para crear un ciclo diurno natural, unas placas de eclipse se deslizan y simulan una noche artificial. Tras dejar a Grogu entrenando con Luke Skywalker, Din Djarin llega a la estación espacial para cobrar una recompensa; también espera hallar miembros de su tribu, los Hijos de la Guardia. Descubre a la Armera y a Paz Vizsla, y comparte con ellos las historias de su viaje con Grogu. Paz desafía a Djarin por la espada oscura, pero Din vence. Cuando Din revela que se ha quitado el casco ante otros, lo echan y le dicen que será un mandaloriano hasta que se bañe en las Aguas Vivas de Mandalore.

AYUNTAMIENTO DE MOS ESPA

UBICACIÓN Tatooine

Mos Espa, uno de los asentamientos más grandes de Tatooine, tiene un ayuntamiento de tamaño notable que agrupa las vitales funciones cívicas. Tras franquear la puerta principal, los visitantes esperan en recepción, y normalmente solo pueden acceder al despacho del alcalde con una cita. Este tiene una puerta con seguro y más de una salida, por si alguien del personal debe huir. Durante la Nueva República, el corrupto alcalde ithoriano Mok Shaiz recibe desde un exuberante trono en el que mantiene una tensa reunión con el nuevo daimio, Boba Fett.

SANTUARIO DE GARSA

UBICACIÓN Tatooine

El Santuario de Madame Garsa Fwip es una popular cantina en Mos Espa. Sus clientes disfrutan una buena bebida en el elegante establecimiento. Es el lugar ideal para negocios o actividades de ocio (incluido el juego) mientras se escuchan los dulces tonos de Max Rebo en su órgano redball. Los visitantes pueden incluso pedir que les revisen y limpien los cascos. Cuando Boba Fett se convierte en daimio de Tatooine, Fwip acepta su liderazgo, pero paga un alto precio cuando la paz del Santuario se ve alterada, primero, y el edificio es destruido, después, por criminales que desaprueban el nuevo papel de Fett.

PLANETA DE LA ARMERA

GEOGRAFÍA Rocas, montañas

El planeta de la Armera es un lugar de gran misterio, peligro y belleza. La superficie está cubierta de terreno rocoso, bastante fácil de circunnavegar. El planeta posee cuevas ideales para ocultarse, que la Armera y sus compañeros aprovechan al máximo. La sabia líder de los Hijos de la Guardia se refugia allí. La Gran Forja está en una de las cuevas, lo que da a la Armera amplias oportunidades para crear armaduras y armas, así como dispensar sabiduría. El planeta tiene una fauna muy amplia, incluyendo rapaces voladoras, que se abalanzan sobre presas desprevenidas para servir a sus crías para su próxima comida.

KALEVALA

REGIÓN Borde Exterior
SECTOR Mandalore
SISTEMA Mandalore
GEOGRAFÍA Acantilados, colinas

Kalevala, cerca de Mandalore, es el mundo natal de la Casa Kryze. Pese a su grandeza y belleza, tiene una historia complicada, llena de incidentes trágicos para sus líderes. El príncipe Tal Merrik fue un senador de la República de Kalevala que trabajaba en secreto para la Guardia de la Muerte, un grupo de insurgentes mandalorianos en desacuerdo con la filosofía pacifista de la duquesa Satine Kryze. Tal atenta contra la vida de Satine y es asesinado por el caballero Jedi Anakin Skywalker. Aunque el Imperio arrasa Mandalore durante la Gran Purga, Kalevala queda indemne. La hermana de Satine, Bo-Katan, se retira al castillo familiar tras perder la esperanza de recuperar o restaurar Mandalore. Su castillo es atacado por bombarderos TIE a las órdenes del moff Gideon, y ella abandona el planeta con Din Djarin.

OSSUS

REGIÓN Borde Exterior **SECTOR** Auril **SISTEMA** Adega
GEOGRAFÍA Bosques, colinas

Ossus es la ubicación de una escuela Jedi construida por el maestro Luke Skywalker. Mientras explora las ruinas del planeta, Luke tropieza con el legendario texto Rammahgon, que se creía perdido desde hacía más de cinco mil años. Comienza a reconstruir el legado Jedi creando un templo en Ossus, con una escuela para una nueva generación de caballeros. Luke usa droides hormiga para la construcción de su templo, una estructura en forma de cúpula. Durante la construcción entrena a su primer alumno, el niño Grogu, con una fuerte conexión con la Fuerza. Viven en Ossus en relativa soledad, con la ocasional visita de Ahsoka Tano. Din Djarin llega para regalar a Grogu una cota de malla de beskar a medida, pero Ahsoka le convence de que su presencia desbaratará el compromiso de Grogu con su formación. Al final, Grogu decide volver con Din, y deja a Luke a la búsqueda de otros estudiantes.

Años más tarde, la escuela de Luke empieza a florecer, sobre todo con su sobrino y mejor alumno, Ben Solo. Cuando Luke debe abandonar Ossus para ayudar a sus amigos, Ben es un instructor sustituto más que capaz, aunque se muestra reacio a asumir la tarea. Luke y Ben parten juntos en varias misiones, pero siempre regresan a Ossus.

Dos posibles rutas
Luke Skywalker plantea a Grogu una elección: tomar una de las espadas de luz del maestro Yoda y quedarse en Ossus, o la cota de malla de beskar y volver con el mandaloriano, y renunciar al camino de los Jedi.

Una noche, casi 30 años después de la caída del Imperio, la preocupación de Luke por la creciente oscuridad que percibe en su sobrino se intensifica hasta el punto de que activa su espada de luz por un instante, antes de arrepentirse de su exagerada reacción y apagar la hoja. Pero Ben cree que su tío va a asesinarle, y le invade la rabia ante la traición. Lucha contra Luke y destruye el templo, acabando con los sueños de Luke de una nueva Orden Jedi y catapultándose a sí mismo hacia el lado oscuro. Ben abandona Ossus y busca a Snoke para comenzar una nueva vida.

FORTALEZA KRYZE

UBICACIÓN Kalevala

La Fortaleza Kryze es el hogar ancestral y morada de la Casa Kryze, una noble y respetada familia de Mandalore. Se trata de un majestuoso castillo sobre una ladera junto al mar. En la Nueva República Bo-Katan Kryze vive aquí casi en soledad, reflexionando sobre los pasos en falso de su pasado y la incapacidad de su pueblo para librar Mandalore de la tiranía y destrucción imperiales. La desolada fortaleza posee llamativos murales de legendarias batallas mandalorianas; un recordatorio de su antigua gloria. Una plataforma de aterrizaje y un patio en la parte trasera del castillo reciben a los invitados, que no son muchos. Bo-Katan y Din Djarin viajan a Mandalore para conocer el estado del planeta. Pronto regresan a la fortaleza, perseguidos por interceptores TIE, a los que destruyen en combate aéreo. Pero bombarderos TIE atacan y convierten la gran estructura en escombros.

CONCORDIA

REGIÓN Borde Exterior **SECTOR** Mandalore **SISTEMA** Mandalore **GEOGRAFÍA** Bosque, montañas, cuevas

Como luna de Mandalore, Concordia desempeña un papel importante en su historia. Durante las guerras, la luna, montañosa y cubierta de bosques se minó en exceso, y sus frondosos bosques quedaron casi arrasados. Solo durante las Guerras Clon comenzaron a crecer de nuevo. Con el tiempo, Concordia se convierte en una provincia mandaloriana, con su propio gobernador y dialecto. Es también el hogar secreto de la Guardia de la Muerte, un grupo que busca restaurar la identidad guerrera de Mandalore, bajo el liderazgo del gobernador Pre Vizsla. Más tarde, cuando Mandalore cae en manos del Imperio, Concordia permanece independiente.

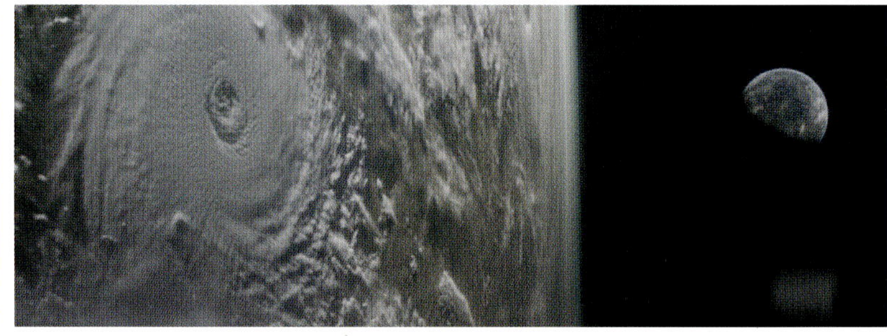

AGUAS VIVAS DE MANDALORE

UBICACIÓN Mandalore

Las Aguas Vivas de Mandalore, un lago sagrado y ceremonial, reposa bajo el antaño gran Centro Cívico de Sundari, en Mandalore. El lugar es sacrosanto para el pueblo mandaloriano, y es escenario de importantes rituales y celebraciones. Para los Hijos de la Guardia, bañarse en las Aguas Vivas es el único modo de redimirse si se quitan el casco, ya sea de forma deliberada o en combate. Din Djarin y Bo-Katan Kryze son los primeros en redescubrir las Aguas Vivas tras la Gran Purga. Din se adentra en las aguas y de repente se hunde en las profundidades, inconsciente. Bo-Katan se sumerge para salvarle y tropieza con un Mitosaurio, una criatura legendaria que se creía extinguida. Se miran con complicidad. El incidente convierte a Bo-Katan en una creyente.

PLAZA DE LOS MONUMENTOS

UBICACIÓN Coruscant

La Plaza de los Monumentos es famosa por ser el único lugar de Coruscant donde aún puede verse la superficie original del planeta. Esta plaza cuadrada rodea la punta rocosa de Umate, el único pico visible del mundo. Cuatro grandes estatuas iluminadas y en forma de cono rodean Umate, y subrayan su grandiosidad. Por su iconografía y curiosidad, la plaza está rodeada de restaurantes y tiendas. Existe desde hace mucho tiempo y gana nivel a medida que la ciudad crece y se expande. El espectáculo de un planeta cubierto por una ciudad no puede compararse con el aspecto que debió de tener el planeta hace milenios. La duquesa Satine Kryze y Obi-Wan se hallan en la plaza cuando Satine es acusada de un asesinato que no ha cometido.

ADELPHI

REGIÓN Borde Exterior **SECTOR** Kibilini
GEOGRAFÍA Playas, montañas

El planeta Adelphi es un puesto avanzado para pilotos y oficiales de la Nueva República. El capitán Carson Teva y varios de sus compañeros del Escuadrón de Adelphi están destinados allí. Como miembro de los Rangers de Adelphi, Carson trabaja con la Nueva República para proteger a sus ciudadanos. Carson y su compañero Trapper Wolf se encuentran con una desobediente *Razor Crest* mientras buscan antiguos imperiales. El puesto de avanzada cuenta con un popular batr para pilotos fuera de servicio y es un buen lugar para viajeros en busca de ayuda. Además de Carson y Trapper, se sabe que los héroes rebeldes Garazeb Orrelios, Jib Dodger y Sash Ketter frecuentan el acogedor bar.

PLAZIR-15

REGIÓN Borde Exterior
SECTOR No Incorporado
SISTEMA Plazir
GEOGRAFÍA Ciudad cubierta, llanuras de hierba

Plazir-15 es un planeta hospitalario de paisajes y bosques exuberantes. Pese a esta belleza natural, sus habitantes prefieren vivir en biocúpulas artificiales conectadas por un sistema de túneles. Los ciudadanos de Plazir-15 han sido gobernados históricamente por una monarquía. Pero cuando la Duquesa llega al poder, ella y su marido, el capitán Bombardier, transforman el sistema en una democracia, en la que los ciudadanos votan a los cargos. En las primeras elecciones, la Duquesa y su marido son elegidos gobernantes. Cuando el Imperio cae, Plazir-15 opta por seguir siendo independiente y no adherirse a los estatutos de la Nueva República.

ARCANA

REGIÓN Borde Exterior **SECTOR** Lahara **GEOGRAFÍA** Ruinas

Arcana fue una vez el emplazamiento de un templo de las Hermanas de la Noche, pero ahora es un lugar desolado de columnas caídas y muros derruidos. Ahsoka Tano visita el planeta para explorar las extensas ruinas del templo. Recorre las cámaras subterráneas en busca de un dispositivo que desbloqueará un mapa y señalará la ubicación del gran almirante Thrawn y Ezra Bridger. Los sombríos rincones del templo ofrecen la cobertura ideal para que los droides asesinos HK-87 de Morgan Elsbeth, que buscan el mismo objeto, lancen un ataque sorpresa contra Ahsoka.

ASTILLEROS SANTHE

UBICACIÓN Corellia

Las operaciones de los astilleros Santhe han cambiado conforme cambiaba el equilibrio político en la galaxia. Antes del Imperio, civiles dirigían los astilleros. Después, el Imperio toma el control y los emplea para fabricar destructores estelares de clase *Imperial*. Con la Nueva República, tras la Guerra Civil Galáctica, los activos militares de los astilleros se redistribuyen. Algunos se desmontan y otros se reutilizan para las necesidades de la Nueva República. Aunque los ex imperiales renuncian a sus vínculos con el Imperio y prestan juramento a la Nueva República, aún hay leales ocultos entre la población, y los astilleros Santhe no son una excepción.

SEATOS

REGIÓN Borde Exterior **SECTOR** Sluis **SISTEMA** Denab **GEOGRAFÍA** Bosques rojos, océanos

Densos bosques rojos y extensos océanos cubren la superficie de Seatos, con altos acantilados que dominan el océano. Altas piedras se yerguen sobre un acantilado, formando un henge que, junto con un mapa estelar dathomiriano, señala el camino a otra galaxia. Morgan Elsbeth instala droides navegantes estelares en este lugar para trazar el camino a Peridea. Los árboles protegen a Ahsoka Tano y Sabine Wren cuando intentan sorprender a las fuerzas de Morgan. Sin embargo, acaban luchando contra Marrok y Shin Hati en el bosque. Más adelante, Baylan Skoll derrota a Ahsoka en combate.

FORTALEZA DE PERIDEA

UBICACIÓN Peridea

Sobresaliendo de la superficie, una fortaleza de piedra desgastada por el tiempo alberga a las Grandes Madres y a las fuerzas del gran almirante Thrawn. Se desconocen sus orígenes, pero el templo tiene inscripciones que honran el reinado de Kujet, el sabio Zeffo, conectado con Dathomir. Las Grandes Madres usaron la gran fortaleza y sus túneles como templo Dathomiri. Llenan las catacumbas con un cargamento secreto como parte de su alianza con Thrawn. Un henge circular se alza sobre la fortaleza y marca el final del camino a Peridea, que comienza en un henge casi idéntico en Seatos.

PERIDEA

REGIÓN Extragaláctica **GEOGRAFÍA** Praderas, lagos, páramos

Con una superficie cubierta de páramos y lagos, el planeta extragaláctico de Peridea resulta modesto comparado con las leyendas Jedi y los cuentos infantiles que hablan de él. Los purrgil emprenden un camino migratorio desde la galaxia de la Nueva República hasta la lejana galaxia en la que se halla Peridea. Su viaje, no obstante, es solo para perecer: un gran anillo de huesos de purrgil rodea Peridea, dotando al planeta de una barrera natural. El planeta alberga grupos itinerantes de bandidos y de los nómadas Noti. Salpicado de estatuas derruidas, Peridea encierra innumerables misterios y se dice que es el hogar del antiguo Reino Brujo de los Dathomiri.

En algún momento, después de que los purrgil arrastraran al gran almirante Thrawn y a Ezra Bridger lejos de Lothal, los enemigos se encontraron en Peridea. Allí, tres brujas Dathomiri llamadas las Grandes Madres comenzaron a trabajar con Thrawn en un plan místico. Llaman, más allá de la galaxia, a sus hermanas. Morgan Elsbeth responde y halla el modo de viajar a Peridea con un anillo hiperespacial intergaláctico. Aunque Thrawn y las Grandes Madres abandonan Peridea, otras se quedan para seguir explorando sus secretos.

Monumentos misteriosos
Sobre el paisaje acuático de Peridea se alzan imponentes estatuas. La antigua civilización que representan se ha perdido en el tiempo y la decadencia.

MONUMENTO A LOS ÚNICOS

UBICACIÓN Peridea

Talladas en un valle de las llanuras rocosas de Peridea hay tres estatuas. Dos de los imponentes monumentos tienen los rostros del Padre y el Hijo, los dioses de Mortis. A un tercer monumento, tal vez de la Hija, le falta la cabeza. La conexión de las estatuas con Mortis es aún desconocida. El planeta Peridea contiene las respuestas a muchos misterios. Baylan Skoll califica el planeta de «lugar de sueños y locura» y «objeto de leyenda», en el que buscar un fin más elevado. En su búsqueda, peregrina en solitario al monumento a los Únicos.

HAYS MINOR

REGIÓN Borde Exterior **SECTOR** Prefsbelt **SISTEMA** Otomok **GEOGRAFÍA** Roca

Según Rose Tico, de la Resistencia, su planeta natal, Hays Minor, es «más conocido por su mineral que por su gente». Eso es muy peligroso para el planeta minero. El desolado mundo llama la atención de la Primera Orden, que usa bombarderos convertidos para minar más profunda y violentamente que nadie. Hays Minor no tarda en contaminarse: sus cielos se arruinan. Poco después de que Rose y su hermana Paige huyan a la Resistencia, se enteran de que la Primera Orden ha acabado con el planeta, llevándose consigo a la familia Tico restante. Animadas por la general Organa, las hermanas se quedan en la Resistencia.

OVANIS

REGIÓN Borde Exterior **SECTOR** Paso de Pacanth **GEOGRAFÍA** Montañas, cuevas, roca

Ovanis, densamente montañoso, no es el más acogedor de los mundos. Pero es el hogar de la Crèche, una secta que custodia un huevo azul brillante del que creen que nacerá un salvador. Ovanis es el escenario de la primera misión del recién creado Escuadrón Negro de Poe Dameron. Pero la presencia de la unidad atrae a la Primera Orden al planeta. Cuando soldados intentan destruir el huevo de la Crèche, emerge una imponente criatura alada de color azul. Sin embargo, aparece un ser negro similar, que mata a la cría, y la Crèche parte de Ovanis montada en ella.

MEGALOX BETA

REGIÓN Expansión **SECTOR** Bes Ber Bikade **GEOGRAFÍA** Roca

Megalox Beta se ve de un bello amarillo verdoso desde el espacio, pero su superficie es menos atractiva. El mundo es tan grande y denso que su gravedad es diez veces superior a la estándar, lo que lo hace inhabitable. Pero en él se encuentra la prisión privada Megalox. Dirigida por el alcaide Luta, cuenta con un campo de gravedad artificial sin muros. Si algún preso se aventurase a salir, la gravedad lo aplastaría. Poe Dameron lidera el Escuadrón Negro en una misión a Megalox en busca de Lor San Tekka y libera a Grakkus el Hutt a cambio de información.

KADDAK

REGIÓN Borde Exterior **SECTOR** Tammuz **GEOGRAFÍA** Roca, tierra, cristal

Kaddak es un planeta peligroso, hogar de criminales y sinvergüenzas de todo tipo. Ni la Nueva República puede controlar este mundo: una de sus flotas quedó totalmente destruida en un enfrentamiento. Un gigantesco cristal rosáceo es el hito y corazón de la Astilla, una serie de construcciones interconectadas en varios niveles, con viviendas y cantinas. Poe Dameron dirige una misión a Kaddak para rescatar un droide espía. Al mismo tiempo, el agente Terex de la Primera Orden vuelve para retomar el liderazgo de la banda Ranc, cuyo cuartel general también se encuentra allí.

SPALEX

REGIÓN Borde Exterior **SECTOR** Dantus **GEOGRAFÍA** Llanuras, bosque

Spalex tiene un aspecto único: un paisaje de llanuras de hierba y árboles rojos y cielos verdes. Sus habitantes construyen sus hogares en una red de vainas elevada sobre los árboles que se extiende a grandes distancias. Spalex también posee una gran veta del mineral thorilidio, con el que los lugareños alimentan su tecnología. A diferencia de otros mundos, los spalexianos impiden que el Imperio explote su preciado recurso, y hacen lo mismo cuando la Primera Orden lo intenta. La Resistencia acude al planeta para documentar las atrocidades de la Primera Orden, lo que lleva a un gran enfrentamiento en la atmósfera.

PASTORIA

REGIÓN Borde Exterior **SECTOR** Juris **GEOGRAFÍA** Llanuras, bosques

Considerado uno de los mundos más bellos de la galaxia, Pastoria está cubierto de verdes praderas, árboles e impresionante arquitectura. Los pastorianos son insectoides, y sus naves están diseñadas a juego. Durante el ascenso de la Primera Orden, el Escuadrón Negro visita Pastoria para reunirse con el rey Siroc, con la esperanza de que se alíe con la Resistencia. El rey parece dispuesto a convertirse en aliado, pero pide a los pilotos que eliminen a un rival. Al acabar la misión, Siroc revela que no tiene intención de desafiar a la Primera Orden, pues la considera imparable.

IKKRUKK

REGIÓN Borde Medio **SECTOR** Ryndelliano **GEOGRAFÍA** Montañas, nubes

A pesar de su implacable terreno de montañas, irregulares rocas y nubes bajas, Ikkrukk tiene una próspera población. Sus habitantes viven en Ciudad Grial, protegida por un escudo en forma de cúpula, bajo el liderazgo de un lugareño llamado Grist. La ciudad, tecnológicamente avanzada, posee una robusta red defensiva, con cañones orbitales y terrestres y droides cazadores-asesinos, pero una invasión de la Primera Orden acaba con todo. Grist pide ayuda a la Resistencia, y el Escuadrón Negro responde a la llamada, haciendo retroceder a la Primera Orden y consolidando una alianza con Ikkrukk.

BASE STARKILLER

REGIÓN Regiones desconocidas **SECTOR** Mobile **SISTEMA** Mobile
GEOGRAFÍA Montañas nevadas, bosques, campos de hielo

Eventualmente conocido como base Starkiller, este mundo solía llamarse Ilum. Era un planeta sagrado para la Orden Jedi y la principal fuente de sus cristales kyber. El Imperio comenzó a minar el planeta, una labor que continúa bajo la Primera Orden, que lo transforma en una superarma.

UN MUNDO MISTERIOSO

El inhóspito mundo de Ilum es la principal fuente de cristales kyber, presentes en muchas espadas de luz. Un antiguo Templo Jedi señala la salida de las oscuras cavernas donde se encuentran los cristales, y es aquí donde se trae a los jovencitos Jedi para un ritual en el que buscan un cristal especialmente adecuado para ellos.

NUEVA PROPIEDAD

El Imperio destruye el templo para acceder fácilmente a los cristales para su propio y destructivo uso, y comienza a minar el planeta. Algunos supervivientes Jedi, entre ellos Cal Kestis y Luke Skywalker, visitan el planeta durante esta época sombría para la Orden.

Obra maestra de la ingeniería
La base Starkiller, un planeta helado y fantasmagórico transformado en un arma devastadora, es un amenazador logro tecnológico de la Primera Orden.

PODER ESTELAR

Tras la caída del Imperio, la Primera Orden reclama Ilum como suyo. El grupo recolecta los cristales restantes y reconvierte el planeta en un arma móvil de poder inimaginable. Rebautizado como base Starkiller, su superarma es el símbolo central del poderoso poder militar de las fuerzas en expansión del líder supremo Snoke. Una vez que el arma Starkiller está completamente cargada, proyecta un haz de energía desde su eje de disparo a través del hiperespacio a velocidades superiores a la de la luz. El cegador rayo rojo es capaz de destruir sistemas estelares enteros al otro lado de la galaxia. El general Armitage Hux inaugura la base Starkiller aniquilando el sistema Hosnian, incluida la capital de la Nueva República, Hosnian Prime. A diferencia de la Estrella de la Muerte imperial, la base Starkiller no necesita desplazarse hasta las proximidades del objetivo para disparar con precisión. Esto proporciona a la Primera Orden una ventaja táctica sin parangón.

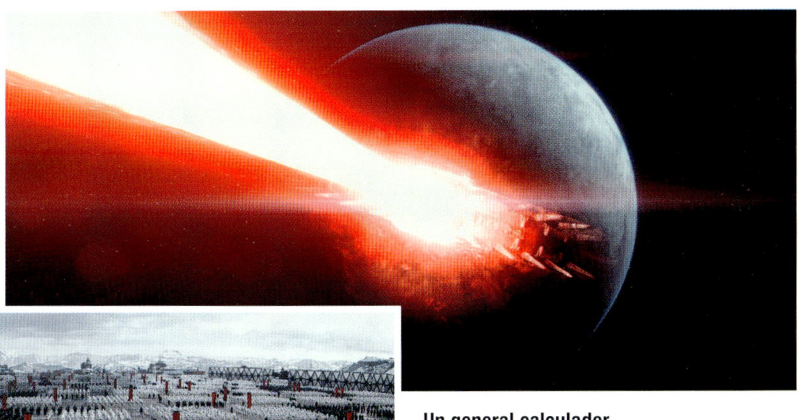

Un general calculador
El general Hux pronuncia un discurso ante los soldados antes de disparar el arma. La destrucción de Hosnian Prime no es más que una demostración de poder por parte de la Primera Orden. Hux espera que la inesperada atrocidad obligue a la Resistencia a responder y a revelar la ubicación de su base secreta, que será el siguiente objetivo de la base.

> «¿Un cañón láser? Creo que llamarlo así se queda corto.» **TERMIN «SNAP» WEXLEY**

La energía de un sol
Diseñada a partir de una investigación imperial secreta, la base Starkiller drena una estrella huésped, cuya energía envía a su núcleo mediante un colector en la superficie. Allí, un campo de contención retiene la energía, además de estabilizarla y regularla mediante un oscilador térmico, antes de lanzarla contra el objetivo.

LA VIDA EN LA ESTACIÓN DE BATALLA

La base Starkiller está fuertemente custodiada: caminantes de asalto, cazas TIE y soldados de las nieves patrullan con regularidad la superficie del planeta. Dentro de la base, los oficiales de la Primera Orden se hallan al mando de enormes barracones de soldados de asalto, asistidos por droides centinela y de patrulla, que recorren los pasillos, los hangares y las plataformas de aterrizaje. No obstante, el peligro es constante: a pesar de décadas de investigación y de la tecnología más innovadora, un planeta no es el mejor recipiente para la energía de un sol: las tormentas y las perturbaciones tectónicas son constantes; la carga del arma somete a la mitad del planeta a una radiación peligrosa, mientras que su disparo provoca una onda expansiva que arrasa grandes extensiones de bosque en la otra mitad.

EL FINAL DE STARKILLER

Amenazados por la inminente destrucción de la base de la Resistencia en D'Qar, Han Solo y sus amigos vuelan hacia la base Starkiller a bordo del *Halcón Milenario*. Una vez dentro, Han, Finn y Chewbacca capturan a la Capitana Phasma y la obligan a bajar los escudos de Starkiller. Tras localizar a Rey, que había sido hecha prisionera pero había escapado, el equipo detona explosivos, creando un agujero en la carcasa blindada del oscilador térmico de Starkiller. El piloto Poe Dameron destruye el oscilador térmico, lo que desestabiliza el campo de contención y provoca una brecha energética. El planeta entero implosiona y se incendia en un derroche de color y luz.

Prisionera enfurecida
Aunque desactiva los escudos, la cautiva capitana Phasma advierte a Han y a Finn que no podrán salirse con la suya y que sus fuerzas irrumpirán en el bloque y los matarán.

Infierno ardiente
Un feroz incendio ilumina el espacio al explotar la base Starkiller.

BATUU

REGIÓN Borde Exterior **SECTOR** Trilon **GEOGRAFÍA** Montañas, bosques, ríos y mares

Batuu es un rústico planeta jardín considerado la última parada antes de los misterios y peligros que esconde el Espacio Salvaje. Es un lugar donde exploradores, contrabandistas, cazarrecompensas y pioneros hacen acopio de provisiones antes del viaje, o al que regresan para contar aventuras asombrosas. Aquí se forjan héroes y villanos, y si no vuelven de sus escapadas, sus sagas se narran una y otra vez como leyendas en las cantinas y los mercados.

La naturaleza de Batuu es virgen y salvaje. El valle del río Surabat serpentea entre un peligroso cañón de agujas de roca, rápidos y giros abruptos. Aunque el planeta está prácticamente sin explotar, Batuu alberga un antiguo puesto comercial, la Aguja Negra, que atiende a comerciantes desde incluso antes del viaje hiperespacial y que bulle de actividad comercial. El depósito de droides de Mubo se encarga de reparar droides, y en el barrio comercial y en el mercado abundan las tiendas con productos locales y rarezas galácticas. El Hangar 7 recibe regularmente cargueros rebosantes de manjares deliciosos y mercancías fascinantes, pero cuidado con el Hangar 9, ocupado por fuerzas nada amistosas…

Durante las Guerras Clon, Anakin Skywalker viaja a Batuu en busca de su esposa desaparecida, Padmé Amidala, y allí conoce al comandante Mitth'raw'nuruodo (Thrawn), que accede a ayudarlo. Durante la búsqueda, averiguan que Padmé ha descubierto una base separatista en Mokivj. Años después, el emperador envía de nuevo a Batuu a Anakin, ahora Darth Vader, y al gran almirante Thrawn, para que investiguen una perturbación en la Fuerza. Allí descubren que los grysk, enemigos del pueblo chiss al que pertenece Thrawn y una amenaza potencial para el Imperio, han estado secuestrando a niños sensibles a la Fuerza y los retienen como esclavos.

Durante el ascenso de la Primera Orden, Batuu no escapa de las garras del régimen. Desesperada por localizar a la Resistencia tras su huida de Crait, la Primera Orden sitúa un destructor estelar en órbita sobre el planeta. Un pequeño destacamento patrulla el Puesto de Avanzada de la Aguja Negra en busca de espías de la Resistencia. Vi Moradi, agente de la Resistencia, establece una base en unas antiguas ruinas cerca del puesto comercial, proporcionando un punto de encuentro para la Resistencia mientras se preparan para lanzar un ataque. Pese a la presencia de la Primera Orden y de la amenaza de un conflicto inminente, hay amigos y aliados. Hondo Ohnaka, el famoso pirata de gran corazón y extraño sentido del humor, hace un trato con el poderoso Chewbacca para dirigir una empresa de transporte desde una de las bahías de atraque del puesto de avanzada, utilizando el *Halcón Milenario*. La escalada de tensiones desemboca en la batalla de Batuu, en la que los agentes de la Resistencia se anotan una victoria al incapacitar el destructor estelar de Kylo Ren.

CASTILON

REGIÓN Borde Exterior **SECTOR** Tashtor
GEOGRAFÍA Mares abiertos, islas aisladas

Castilon se encuentra en la frontera entre el Borde Exterior y el Espacio Salvaje. El lugar más destacado de Castilon es el Coloso, una estación de reabastecimiento y puesto comercial. Hay plataformas habitadas y naves más pequeñas flotando sobre todo el globo.

A lo largo de los milenios se han librado numerosas batallas sobre Castilon, que han dejado restos de naufragios por todo el fondo marino. En las profundidades de la fosa submarina Karavian del planeta viven colosales bestias con tentáculos llamadas rokknas, con cuatro ojos y un notable olor. Una de estas bestias aterroriza la estación Coloso cuando su cría queda accidentalmente atrapada al rescatar un pecio, y luego es adoptada como mascota por el mecánico Neeku Vozo. Entre los peces más pequeños que suelen capturar los pescadores está el sharvo. Las gaviotas arponeras son un compañero constante de los pescadores, esperando un regalo o la oportunidad de robar un pescado de las redes.

Los seres más inteligentes que han surgido de las profundidades de Castilon son los chelidae. Estos anfibios poseen grandes caparazones en la espalda y son capaces de agarrarse a las paredes. Sus movimientos son lentos, como su forma de hablar. Son amistosos, pese a los muchos extranjeros que han venido a explotar su planeta natal, y actúan como ingenieros en el mantenimiento del Coloso.

Cuando la Nueva República descubre que la Primera Orden se interesa por Castilon, sus líderes envían al piloto Kazuda Xiono a entregar la información al capitán de la Resistencia Poe Dameron. Aunque el comandante Elrik Vonreg, de la Primera Orden, los intercepta, Kaz y Poe colaboran para repelerlo. Poe recluta a Kaz para la Resistencia y lo envía a Castilon como espía. Finalmente, la Primera Orden fuerza al Coloso a abandonar el planeta. No obstante, Kaz y sus aliados regresan para reunirse con su antigua amiga, Tamara Ryvora.

TABERNA DE LA TÍA Z

UBICACIÓN Estación del Coloso

La taberna de la Tía Z (propiedad de la gilliand Z'Vk'Thkrkza) es la cantina más popular del Coloso. Ayuda a la Tía Z su droide de servicio Glitch. La taberna tiene asientos en la barra, en reservados en torno a la sala y en un balcón que da a la Torre Doza. La oferta de ocio incluye observar las carreras locales (y apostar en ellas), dos zonas de juegos recreativos, un sistema de holodardos y una gramola. El local está decorado con banderines con los emblemas de los pilotos, viejos cascos de batalla y una reproducción del morro del *Crumb Bomber*, una nave de la República que una vez adornó la cantina del viejo Jho en Lothal.

PLATAFORMA DEL COLOSO

UBICACIÓN Castilon

El Coloso es una de las pocas superestaciones de abastecimiento imperiales que se conservan en la era de la Nueva República.

UNA VIDA CÓMODA

Durante más de veinte años, el Coloso ha estado parcialmente sumergida en el planeta oceánico Castilon. El administrador de la estación es el capitán Imanuel Doza, un antiguo oficial imperial. Él y su hija, Torra Doza, residen en la Torre Doza. La estación está defendida por el Escuadrón As, un equipo de pilotos de cazas que pasan su mucho tiempo libre participando en carreras como la Clásica de la Plataforma. El capitán Doza está muy interesado en promover estos eventos, ya que los espectadores aportan a la estación un muy necesario dinero. Los miembros del Escuadrón As residen en lujosas suites de la Torre Doza, que cuenta con un exclusivo salón común.

UNA COMUNIDAD PRÓSPERA

El Coloso proporciona algo más que combustible para naves estelares. Posee una gran comunidad de residentes, con comerciantes que venden sus mercancías en un mercado abierto. El mercado cubre todas las necesidades básicas de residentes y visitantes: hay vendedores de ropa, comida, baratijas y artículos de otros mundos. También hay restaurantes y tabernas como la de Tía Z, que también ofrece alojamiento. Los chatarreros buscan en el fondo del mar restos de naufragios y los procesan en los muelles de carga de la estación. Venden sus hallazgos a la Oficina de Adquisiciones, dirigida por Flix y Orka. Sus desguaces constituyen una fuente de comercio en la estación –piezas para los corredores y para la propia estación– y abastecen a talleres locales como el de Jarek Yeager. El espía de la Resistencia Kazuda Xiono trabaja para Yeager con sus compañeros Neeku Vozo y Tamara Ryvora.

Los ingenieros del Coloso son un grupo de nativos chelidae. Mantienen la estación en funcionamiento y son aliados útiles para Kaz, porque se mueven sin ser vistos por las profundidades de la estación y saben mucho de lo que ocurre en cada rincón.

UNA ALIANZA INCÓMODA

La Primera Orden se interesa por el Coloso porque quiere utilizarla como punto de reunión de su ejército mientras prepara un ataque contra la Nueva República y la Resistencia. El mayor Elrik Vonreg y el comandante Pyre, supervisados por la capitana Phasma, contratan a Kragan Gorr y a sus piratas para que acosen el Coloso, y presionan al capitán Doza para que contrate los servicios de protección de la Primera Orden a cambio del uso de la plataforma. Doza, que sabe que su Escuadrón As no basta para atajar los ataques piratas, acepta a regañadientes. La Primera Orden se hace rápidamente con el control de todas las operaciones y de la seguridad en la plataforma, además de confinar a los residentes y arrestar a quienes protestan. Aunque Kaz Xiono lidera a sus amigos contra los ocupantes de la Primera Orden y sumergen la estación, de la que solo permanece sobre el agua la Torre Doza, no logran disuadir a la Primera Orden. Cuando Kaz descubre que la estación es, en realidad, una nave con hiperimpulsores, él y Neeku activan los motores mientras el Escuadrón As se enfrenta a los cazas TIE de la Primera Orden. Synara San asume el liderazgo de los piratas de Kragan y se une a los residentes del Coloso contra la Primera Orden. Todos escapan en el Coloso cuando esta salta al hiperespacio, aunque nadie conoce cuál será su destino final.

NUEVO PROPÓSITO

Cuando la plataforma surge del hiperespacio lejos de D'Qar y de la Resistencia, los habitantes del Coloso deben trabajar juntos para conseguir suministros y piezas que mantengan funcional la nave cisterna. A pesar de su antigüedad, la nave resiste múltiples ataques de la Primera Orden con Doza en el puente de mando. Gracias a los Ases, la plataforma siempre consigue escapar antes de ser destruida. Cuando la Primera Orden descubre un posible nuevo hogar en Aeos Prime, Doza decide unirse formalmente a la Resistencia y permite que el Escuadrón Jade, liderado por Venisa (esposa de Imanuel) se estacione en el Coloso. La plataforma lucha posteriormente contra la Primera Orden durante la batalla de Barabesh.

Vía rápida
Kaz, espía de la Resistencia, describe el Coloso como un lugar de reunión para pilotos estrella. En la Clásica de la Plataforma, los pilotos vuelan por una pista de anillos en el cielo *(abajo, inferior)*.

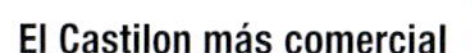

El Castilon más comercial
Los toldos multicolores que bordean el Coloso cubren el animado mercado *(dcha.)*, que es un punto de reunión para residentes como el estibador Orthog y la afable arcona Garma *(arriba)*.

JAKKU

REGIÓN Borde Interior **SECTOR** Fronteras Occidentales
GEOGRAFÍA Yermos desiertos, dunas de arena, afloramientos rocosos

Jakku es un planeta desolado que parece un vertedero, pero tiene un papel clave en la caída del Imperio. Décadas después, la Primera Orden llega aquí en busca de Luke Skywalker y, sin saberlo, cambia el destino de una joven chatarrera llamada Rey.

EL PASADO DE JAKKU

Antaño un mundo boscoso con mares poblados por una fauna rica y variada, Jakku se ha convertido en un planeta yermo tras una sucesión de eventos cataclísmicos. El emperador Palpatine cree que unas reliquias del planeta tienen una importancia misteriosa y ordena una expedición arqueológica. El yacimiento se convierte en un Observatorio Imperial que aloja una armería, una base de investigación y mapas de rutas de navegación secretas por las Regiones Desconocidas. Al final de la Guerra Civil Galáctica, la Nueva República descubre a fuerzas imperiales defendiendo Jakku y el Observatorio. Ambos bandos se enzarzan en una batalla en el espacio y en la superficie del planeta. Parte de las fuerzas imperiales escapan a las Regiones Desconocidas, pero el Imperio sufre una devastadora derrota.

UN NUEVO COMIENZO

Los jóvenes padres Dathan y Miramir se trasladan a Jakku cuando su hija, Rey, es solo un bebé. Escogen este planeta, apenas poblado, para huir del escrutinio de Sheev Palpatine, padre genético de Dathan, quien quiere a Rey para sus nefastos planes. Miramir fabrica droides con piezas recuperadas, mientras su marido, Dathan, construye una granja a las afueras de la Colonia Niima. Se asocian con el chatarrero Unkar Plutt, con quien intercambian agua y chatarra durante casi cinco años antes de que los cazadores de Palpatine los descubran. La familia huye, pero tras una breve escapada, Dathan y Miramir deciden encomendar a Plutt la ocultación de Rey, que tiene entonces seis años de edad… a cambio de un precio, por supuesto.

El último adiós
Aunque ninguno de ellos lo sabe, la pobre Rey nunca más verá a sus padres. Pronto un asesino Sith acaba con ellos.

Hacer frente a los matones
Cuando Rey se niega a vender BBkar Plutt, el crolute se muestra disgustado. Envía a sus matones para robar el droide astromecánico. Sin embargo, los atacantes no tardan en comprobar que no son rivales para Rey y su pica.

UN MUNDO PELIGROSO

La superficie de Jakku oculta peligros de todo tipo. Cuando Rey rescata a BB-8 de un vendedor de chatarra, el droide prefiere quedarse con ella a arriesgarse a hundirse en las arenas movedizas o a perderse en el desfiladero de Kelvin. Al día siguiente, en Colonia Niima, los matones de Unkar atacan a Rey con la intención de arrebatarle a BB-8, pero no lo logran. El peligro vuelve a acecharlos muy pronto: justo después de que Rey y BB-8 hayan conocido a Finn, la Primera Orden aparece en busca del droide de la Resistencia. El recién formado equipo huye apresuradamente entre los puestos del mercado para esquivar los disparos de los cazas TIE antes de robar el *Halcón Milenario*. El Cementerio de Naves se convierte en una peligrosa carrera de obstáculos con Rey a los mandos del *Halcón* intentando escapar de los cazas TIE.

«¡Qué manía con volver a Jakku!» FINN

Cementerio de naves
Multitud de naves tanto de la Nueva República como del Imperio yacen esparcidas y medio enterradas en un cementerio de dunas de arena. Estas naves son tesoros de chatarra para los chatarreros.

HOGAR DE REY

UBICACIÓN Jakku

El hogar de Rey se halla en los restos de un viejo caminante AT-AT imperial, apodado Hellhound II. Estuvo asignado al destructor estelar imperial *Interrogador* y sirvió en la batalla de Jakku, hace décadas. Ahora está tumbado en las arenas de las Tierras Baldías de Goazon, y Rey lo ha adaptado para que le sirva de hogar. La joven chatarrera utiliza sobre todo el compartimento de la tropa, que cuenta con un dormitorio, una cocina y un puesto de trabajo. El compartimento trasero contiene un garaje para su deslizador, y la cabina es un almacén seguro para objetos de valor. Además de Rey, pocos se atreven a acercarse al vehículo accidentado, ya que es bien sabido que la astuta chatarrera ha tendido trampas en sus inmediaciones.

Las vistas
Sentada a la sombra de una de las enormes patas del AT-AT, Rey observa el desierto en su vecindad.

COLONIA NIMA

UBICACIÓN Jakku

Tras la batalla de Jakku, Niima el Hutt, siempre en busca de beneficios económicos, funda una colonia donde recupera piezas y material de las naves estrelladas y que se convierte en uno de los asentamientos más grandes de Jakku. Cuando Niima es asesinado, Unkar Plutt llena su vacío en el mercado de la chatarra local y paga con comida y agua las piezas, sistemas informáticos y otros materiales de naves de la Nueva República y del Imperio que le llevan chatarreros de diversas especies, como dybrinthe, abednedo y humanos. La solitaria Rey es una de ellos, y registra antiguos destructores estelares en busca de piezas de recambio, que limpia y vende al avaricioso Unkar a cambio de exiguas raciones de comida.

ALDEA DE TUANUL

UBICACIÓN Jakku

Hay una larga historia de presencia de ermitaños religiosos en Jakku. Tuanul es una comuna de seguidores de la Fuerza en el remoto Desfiladero de Kelvin. El famoso explorador y viajero Lor San Tekka se instala en Tuanul, pero un fatídico encuentro con el piloto de la Resistencia Poe Dameron acerca del paradero de Luke Skywalker lleva a la Primera Orden hasta allí. Los blásteres disparan y las viviendas arden mientras los soldados de asalto atacan la aldea. Kylo Ren interroga a Lor San Tekka y captura a Poe, y ordena a los soldados de asalto acorralar a los aldeanos y ejecutarlos. En medio de la masacre, el droide de Poe, BB-8, huye con el mapa parcial de Lor San Tekka de la ubicación de Skywalker.

D'QAR

REGIÓN Borde Exterior
SECTOR Sanbra
SISTEMA Ileenium
GEOGRAFÍA Junglas, montañas, llanuras

D'Qar se encuentra a caballo entre los territorios del Borde Medio y del Borde Exterior y relativamente cerca de Naboo y de Crait. Aunque ahora no lo habita ninguna forma de vida inteligente, aquí vivió una civilización antigua, ahora extinta y cuyas antaño grandes ciudades han sido invadidas por la jungla. D'Qar es un pequeño puesto avanzado rebelde durante la Guerra Civil Galáctica, y después se convierte en el cuartel general de la Resistencia hasta la batalla de la base Starkiller.

TAKODANA

REGIÓN Fronteras Occidentales y Borde Medio
SECTOR Tashtor **GEOGRAFÍA** Bosques templados, mares

Takodana es un pacífico mundo jardín, relativamente aislado entre el Borde Interior y el Borde Exterior. Se encuentra en una ruta hiperespacial entre Noe'ha'on y Calcedonia, y está conectado al Anillo de Kafrene a través del Desvío Biox. Takodana es un refugio para navegantes y gente de mala reputación que van y vienen por la frontera galáctica. Durante la era de la Alta República, el planeta alberga un puesto avanzado Jedi, hasta que los asaltantes Nihil lo destruyen. Takodana tiene una escasa población nativa de menos de un millón de habitantes. La ciudad más grande –que sigue siendo relativamente pequeña– es Andui. El planeta ha permanecido neutral en los grandes conflictos y no ha visto la guerra durante siglos, hasta la llegada del Imperio al final de la Guerra Civil Galáctica.

Déjame hablar
Han Solo, Rey, Finn y BB-8 llegan al castillo. Han les advierte que no se queden mirando «nada de nada».

CASTILLO DE MAZ KANATA

UBICACIÓN Takodana

Durante siglos Maz Kanata ha ofrecido refugio de todos los problemas de la galaxia. Su taberna-fortaleza es cobijo para los cansados, los perseguidos, los viajeros, los exploradores, los dignatarios y los empresarios de la galaxia.

REGLA DE ORO

No se permiten peleas en el local, y cualquier violación de la regla cardinal de Maz hará que los invitados sean expulsados o arrojados a las mazmorras, bajo el castillo. Maz ofrece comida, alojamiento y entretenimiento con música en directo y juegos de azar. Sin embargo, su lista de servicios disponibles va mucho más allá, con préstamos y tasaciones, reparaciones, suministros, asistencia médica, mapas e información valiosa. Maz se lleva un porcentaje de todos los negocios que se hacen en su local, que su droide ME-8D9 se encarga de cobrar. Aunque la primera noche el alojamiento y la comida son gratuitos, después todos deben pagar. Las favorables condiciones del castillo de Maz aseguran muchos huéspedes de larga estancia, que pasan días enteros en el restaurante y el bar y forjan fácilmente nuevos contactos en el cordial ambiente que se respira en él.

NEGOCIOS SECRETOS

Aunque el castillo parece un lugar tranquilo, en realidad es un hervidero de actividad de los bajos fondos. De hecho, la propia Maz es una pirata legendaria que organiza apuestas elevadas mientras los cazarrecompensas, contrabandistas y piratas cierran tratos ilegales en las mesas o en las salas privadas en las torres.

ARTEFACTOS ANTIGUOS

El sótano de Maz está lleno de reliquias antiguas y de artefactos y piezas históricas, con artículos asociados a los Jedi y a otros seres sensibles a la Fuerza, con los que siente afinidad. El propio castillo se alza sobre un antiguo campo de batalla entre los Jedi y los Sith, y los niveles inferiores se remontan a la ocupación Jedi de Takodana.

HUÉSPEDES FAVORITOS

Durante la Alta República, Maz se encariña con la Jedi Sav Malagán, a la que conoce cuando la padawan kyuzo se une a su tripulación pirata. Décadas después, y ya convertida en maestra, Sav lidera la defensa de Takodana cuando los Nihil atacan.

Maz siente debilidad por Han Solo y Chewbacca, que suelen visitar su castillo. En una ocasión, Han, inquieto y con resaca, se topa delante del castillo con la también contrabandista Sana Starros, que le ofrece un trabajo de contrabando tras ayudarla a librarse de unos mercenarios hassk. Cuando Sana regresa al castillo con la mercancía pero con cazarrecompensas a sus talones, Sana, Han y Chewbacca huyen a toda prisa en el *Halcón*. Han regresa tras la batalla de Endor para reunirse con un renegado del Imperio que puede ayudarlo a liberar Kashyyyk. Cuando llegan los imperiales, Han lucha contra ellos junto al Escuadrón Infernal.

ATRAPADOS EN MEDIO

Décadas después, Han lleva a Rey y a Finn al castillo de Maz, esperando que los pueda ayudar a enviar al droide BB-8 a Leia Organa (sin tener que tratar con la propia Leia). El droide GA-97 alerta a la Resistencia de la presencia de BB-8 en el castillo, mientras la cazarrecompensas Bazine Netal avisa a la Primera Orden, en lo que supone el disparo de salida de una carrera entre las dos fuerzas para ver quién se hace primero con el droide. Mientras, Rey oye voces procedentes del sótano, donde halla la primera espada de luz de Luke Skywalker, y tiene una visión de su pasado y su futuro. El castillo queda en ruinas tras la lucha entre la Primera Orden y la Resistencia.

La vida en el castillo
Strono «Cookie» Tuggs sale de la cocina para que el profesor Allium y sus amigos puedan felicitarlo por la cena (arriba). Maz conversa con su viejo amigo Han Solo *(arriba, izda.)*.

HOSNIAN PRIME

REGIÓN Núcleo
GEOGRAFÍA Urbano

Hosnian Prime es un mundo urbano dominado por bellas ciudades de edificios elevados. Es un centro de gobierno, pero también de comercio y de educación, con grandes complejos comerciales, museos y universidades. El planeta es una de las capitales de la Nueva República que, a diferencia del Imperio y de la República que la precedieron, no elige Coruscant como sede permanente, sino que ha celebrado elecciones democráticas para determinarla, en un esfuerzo para que todos los mundos se sientan más incluidos. Es aquí donde, durante la campaña para elegir al primer senador, se filtra quién es el padre biológico de Leia Organa, lo que pone fin a su carrera política y la lleva a centrarse en la formación de la Resistencia. Una tragedia inimaginable sacude el planeta cuando la Primera Orden destruye todo el sistema de Hosnian con la base Starkiller, su nueva superarma.

La muerte de la libertad
Korr Sella, emisaria de la general Organa, observa horrorizada cómo el rayo de la base Starkiller penetra la atmósfera y destruye el planeta *(izda).* Hosnian Prime tiene muchas grandes ciudades, visibles desde el espacio *(arriba).*

La Resistencia vence
La Resistencia se reúne para celebrar la destrucción de la base Starkiller y recibir a la fuerza de asalto.

BASE DE LA RESISTENCIA

UBICACIÓN D'Qar

La Alianza Rebelde construye un pequeño puesto avanzado en D'Qar, pero el fin de la Guerra Civil Galáctica elimina la necesidad de poseer una base completa. Cuando la Nueva República desoye las advertencias de la general Leia Organa sobre la Nueva Orden, Leia organiza la Resistencia y elige como cuartel general la antigua base de la Alianza en D'Qar, a donde envía ingenieros para que la actualicen y la amplíen antes de desplazarse allí junto a sus fuerzas. Los árboles junto a la base crecen con gran rapidez y constantemente hay que talarlos para mantener despejadas las pistas de aterrizaje y las salidas de los búnqueres.

En el periodo previo a la guerra, Leia, que dirige desde aquí su pequeño ejército durante años, envía a Poe Dameron y al resto del Escuadrón Negro a una misión vital para encontrar a Lor San Tekka, con la esperanza de que los pueda llevar hasta su hermano, Luke Skywalker.

Tras la destrucción de Hosnian Prime, la Primera Orden pone a D'Qar en el punto de mira de la base Starkiller, pero la Resistencia lanza una ofensiva contra la superarma de la Primera Orden y la destruye antes de que se pueda volver a cargar. Ahora que la Primera Orden conoce su presencia en D'Qar, la Resistencia debe abandonar el planeta y Leia ordena la evacuación inmediata, pero no se marcha sin antes celebrar un breve funeral por su marido, Han Solo. Durante la evacuación, organizada por la teniente Kaydel Connix, la flota de la Resistencia espera en órbita, preparada para recibir al personal de tierra. Justo cuando todo parece seguro, llega la Primera Orden y aniquila a los rebeldes. A pesar de que la Resistencia logra escapar de D'Qar, su despiadado enemigo la persigue por el espacio.

Por poco
El último U-55 abandona la base cuando el acorazado de la Primera Orden dispara contra las instalaciones.

Operaciones en D'Qar
El personal de tierra de la Resistencia repara un generador *(arriba).* C-3PO, el almirante Ushos O. Statura y la general Organa comentan el ataque de la base Starkiller desde el centro de mando de la Resistencia *(dcha.).*

AHCH-TO

REGIÓN Regiones desconocidas **SECTOR** Sin cartografiar
GEOGRAFÍA Océanos e islas rocosas

El primer Templo Jedi se alza en el misterioso Ahch-To que, aunque recibe muchos nombres en las leyendas antiguas, está prácticamente perdido pues no aparece en casi ningún mapa estelar (excepto en uno en posesión del estudioso Lor San Tekka). Luke Skywalker se retira a la isla templo de Ahch-To con la intención de pasar el resto de sus días en el exilio, hasta que Rey perturba su paz.

Vivir en Ahch-To no es fácil. Está casi cubierto por completo de mares oscuros salpicados de islas donde el azote de las olas y del viento horada las plataformas rocosas adornadas con escasas zonas de vegetación. De todos modos, hay aves, peces, mamíferos marinos y leviatanes de las profundidades que han hecho del planeta su hogar. Porg alados anidan en colonias en los acantilados y alimentan a sus crías con peces regurgitados y grub. Las sirenas de Thala amamantan tranquilamente a sus crías sobre las rocas de las orillas y son una fuente de lácteos para el resto de los residentes de la isla

Entre los peces comestibles de los mares se encuentran el garpón labiodedo, el hyacander de doble aleta y el pez canal spetan. Los lanai, la especie más inteligente sobre el nivel del mar, los pesca. Los lanai habitan en muchas islas y sus culturas pueden diferir significativamente en cada una de ellas. En la ubicación de Luke –punto de origen de la Orden Jedi– hay un asentamiento de lanai, conocidas como las Cuidadoras. Estas criaturas de túnica blanca consideran su deber sagrado mantener las antiguas estructuras de la isla y tolerar la presencia de Luke entre ellas. El resto de los lanai, que pasan la mayor parte del tiempo en el mar, son conocidos como Visitantes. Regresan a la isla una vez al mes y celebran un festival con música y baile. Comparten sus capturas con las Cuidadoras, que secan, ahúman y salan el pescado en su pequeña aldea.

Un antiguo enclave Jedi se alza en el lado sur de la isla, donde Luke vive en una cabaña cónica de piedra. Tras su llegada, Rey duerme en una vivienda cercana similar. No muy lejos, bajando una larga escalera de piedra, hay una plataforma en la que Chewbacca espera en el *Halcón Milenario*. Mientras tanto, el Ala-X de Luke está sumergido en una cala al este. Tras su duelo con Kylo Ren en Kef Bir, una abatida Rey regresa al planeta, sopesando iniciar aquí su propio exilio. Sin embargo, Luke se manifiesta a través de la Fuerza, ofreciéndole sabios consejos y los medios para volver a la lucha.

Exilio interrumpido
Luke y Rey se conocen en un anfiteatro natural en la isla templo. El primer instinto de Luke es ahuyentar a su visitante sensible a la Fuerza.

Una existencia primitiva
La cabaña de Luke *(arriba)* en la aldea Jedi al sur de la isla templo puede resistir condiciones meteorológicas extremas. La puerta es una pieza rescatada del Ala-X sumergido de Luke.

«¿Crees que he venido al lugar más recóndito de la galaxia sin motivo alguno?»

LUKE SKYWALKER

PRIMER TEMPLO JEDI

UBICACIÓN Ahch-To

Luke Skywalker se hunde cuando sus esfuerzos para entrenar como Jedi a Ben Solo acaban en catástrofe. Busca el primer Templo Jedi y las enseñanzas Jedi originales, con la esperanza de hallar respuestas. Tras una larga búsqueda, localiza Ahch-To, un planeta que alberga el templo y la biblioteca que contiene los textos Jedi sagrados.

El templo de Ahch-To descansa desde hace milenios sobre el pico más alto del extremo occidental de la isla y aunque existieron otros, el Imperio los destruyó. Es una cueva sencilla que alberga plintos de meditación, uno de los cuales cuelga de la entrada occidental, sobre el mar. Y es ahí donde Luke vive sus últimos momentos, mirando el amanecer de los soles gemelos del planeta. En el centro de la cueva y bajo una poza de agua, hay un mosaico que muestra el Primer Jedi en equilibrio con la Fuerza y en coexistencia pacífica del lado luminoso y el oscuro.

Al bajar por las escaleras del templo, en un rincón protegido de la isla hacia el este, se llega a un árbol uneti centenario. En el interior de su tronco hueco hay una cámara de lectura que contiene los ejemplares más antiguos conocidos de las primeras enseñanzas Jedi. El fantasma de Fuerza del antiguo maestro Jedi Yoda destruye el árbol, pero Rey logra sacar antes los libros.

Como lugar de nacimiento de la Orden Jedi, Ahch-To cuenta con puntos extraños y poderosos donde la Fuerza es intensa. En concreto, Rey se siente atraída por un espiráculo natural en la cara oriental de la isla templo que es una fuente peligrosa de energía oscura. Allí tiene visiones de su pasado y de su futuro, y ha de enfrentarse a las posibilidades de lo que es y de lo que podría ser.

Reunión de mentes
Rey tiene visiones de la isla templo de Ahch-To antes de llegar allí. A pesar de que Luke se ha separado de la Fuerza, accede con reticencia a enseñar a Rey la tradición Jedi.

CANTONICA

REGIÓN Borde Exterior
SECTOR Corporativo
GEOGRAFÍA Desiertos

Cantonica es un mundo desolado, a excepción de Canto Bight, donde los turistas acaudalados y los especuladores acuden a jugar. Más allá de ese paraíso aislado, el paisaje es lúgubre, y sufre el azote de tormentas de arena y abrasadores vientos. La escasa vegetación consiste fundamentalmente en cactus y matorrales. Cantonica está en el sector Corporativo, un feudo que permite que los sistemas independientes se gobiernen a sí mismos. Si bien tal autonomía despierta suspicacias en el Imperio y en la Primera Orden, de momento sigue siendo un refugio para contrabandistas, turistas y jugadores.

CASINO DE CANTO

UBICACIÓN Canto Bight (Cantonica)

El Casino de Canto es la joya de la corona de Cantonica, con sus ventanas de cristal policromado y su decoración lujosa. Contiene un suntuoso hotel con habitaciones para todos los gustos, un centro comercial con productos de toda la galaxia, 22 restaurantes que ofrecen delicias para todos los paladares y, muy cerca, está el hipódromo de Canto, con establos para fathier y otros animales veloces. El casino tiene salas de juego privadas donde se ganan y se pierden las fortunas de mundos enteros. Los droides camareros sirven cócteles exóticos de todo tipo a los clientes.

CANTO BIGHT

UBICACIÓN Cantonica

Canto Bight es un patio de recreo para los más ricos de la galaxia, incluida la influyente familia Tagge. La ciudad está formada por hoteles de lujo, restaurantes, casinos –como el Crescent Royale y el Casino Galanx–, centros comerciales, spas, hipódromos, instalaciones deportivas y un sinfín de formas de decadente entretenimiento. Organizaciones criminales como el Sexto Pariente operan en el Distrito Obrero, mucho menos próspero. Canto Bight es la capital de un planeta fundamentalmente yermo y con muy pocos lugares de interés. La ciudad se alza en la costa del mar de Cantonica, que presume de ser el mayor océano artificial de la galaxia. Tras la destrucción de la base Starkiller y de la evacuación de la Resistencia en D'Qar, los rebeldes Finn, Rose Tico y BB-8 acuden a Canto Bight en busca del Maestro Descifrador.

Cuestión de imagen
La espléndida y hermosa superficie de Canto Bight oculta un régimen muy estricto. Las autoridades de Canto Bight no toleran la menor infracción, delito o corrupción.

«Ojalá pudiera reventar esta ciudad tan hermosa y miserable.» **ROSE TICO**

CRAIT

REGIÓN Borde Exterior **SECTOR** Bonhyuw-Luq
SISTEMA Crait (PZ-43 Gamma) **GEOGRAFÍA** Salares, montañas, mares de salmuera

Crait es un planeta remoto y rico en minerales con anchos salares cubiertos de sal blanca y, justo bajo la superficie, abundan las reservas de rhodochrosita roja convertida en arena fina. A mayor profundidad, y en grandes cuevas, la misma rhodochrosita forma cristales gigantescos.

Los inhóspitos salares de Crait no facilitan una gran diversidad de vida, pero algunas especies se han adaptado bien. Los vúlptices, parecidos a zorros, cazan animales pequeños e insectos, mientras que los murciélagos de cristal se refugian en las cuevas de rhodochrosita. Toda la vida se ha adaptado al elevado contenido mineral del entorno, que aprovecha para formar exoesqueletos, pinchos y capas protectoras. Vías de agua subterránea canalizan la escasa lluvia a lagos de salmuera, algunos de ellos conectados a manantiales y cenotes donde crían los peces y los crustáceos, con ejemplares grandes y peligrosos ocultos en las profundidades de pozas calentadas por fuentes hidrotermales.

Antes de que estalle la Guerra Civil Galáctica, Bail Organa cree que Crait es un lugar ideal para una base rebelde y autoriza su construcción en una mina abandonada. La princesa Leia desconoce que sus padres están organizando una rebelión contra el Imperio hasta que investiga esta base, que es abandonada poco después de su visita.

Durante la Guerra Civil Galáctica, Leia regresa junto a Luke Skywalker y Han Solo para explorar la posibilidad de construir una base nueva allí, pero son atacados por el Escuadrón SCAR del Imperio. Aunque logran repelerlo, les queda claro que Crait no es un lugar adecuado para la Alianza Rebelde. La base queda abandonada durante décadas y solo la usan algunos mineros y sus droides.

Leia sabe que Crait no aparece en la mayoría de los mapas estelares y lo mantiene en su radar, por si lo necesitara en el futuro. Así, lo recomienda a la hora de construir un refugio para la Resistencia, que intenta escapar de la Primera Orden.

Kylo Ren y sus fuerzas atacan la base con caminantes AT-M6 mientras la Resistencia se defiende en vano sobre decrépitos deslizadores de nieve V-4X-D. El enfrentamiento culmina con un duelo entre Kylo Ren y Luke Skywalker, que sirve de distracción mientras el remanente de la Resistencia huye por un sistema de cuevas que los conduce al *Halcón Milenario*.

Listos para la batalla
Crait, antigua base rebelde, conserva muchas estructuras fortificadas, como trincheras profundas unidas a la fortaleza mediante túneles.

Sobre el terreno
El combate entre la Primera Orden y la Resistencia transforma los salares en un campo de batalla espectacular. Los caminantes de la Primera Orden *(arriba)* y los deslizadores de la Resistencia *(dcha.)* levantan el mineral rojo bajo la superficie.

CELSOR 3

REGIÓN Borde Exterior
SECTOR Nebulosa del Gancho **SISTEMA** Celsor
GEOGRAFÍA Hielo, nieve

La luna conocida como Celsor 3, cubierta de nieve y niebla, es un lugar premonitorio. Sus condiciones son inhóspitas para la mayoría, con pilares de hielo en el duro pero hermoso paisaje. Sin embargo, no está desprovisto de vida, ya que el planeta alberga a un temible y enorme jakoosk. La criatura blanca se camufla bien en su entorno. Los habitantes de la estación Coloso la despiertan sin querer durante un entrenamiento. Apenas logran huir con vida, pero luego regresan en una expedición de caza y matan a la criatura de un impacto directo en su vientre expuesto.

DRAHGOR III

REGIÓN Borde Exterior
SECTOR Colundra
GEOGRAFÍA Montañas, roca

Drahgor III parece amarillo desde el espacio, debido a una espesa niebla. La dureza de su paisaje rocoso solo la iguala su densa atmósfera, con relámpagos casi constantes. Pese a estas desagradables condiciones, Drahgor III alberga a los gozzo, seres emplumados de largas patas que explotan los recursos de combustible del mundo. Pero no son los únicos habitantes del planeta. Durante mucho tiempo considerados un mito, los dragones karnex habitan muy por debajo de la superficie, y los taladros profundos de los gozzo despiertan a algunos. Los habitantes del Coloso se encuentran con estas criaturas y descubren que son fotosensibles, un punto débil que les permite escapar.

ASHAS REE

REGIÓN Borde Exterior **SECTOR** Esstran
GEOGRAFÍA Bosque

Cubierto de verdes y apacibles paisajes, Ashas Ree esconde oscuros secretos… y un antiguo Templo Sith. La cazadora de reliquias Mika Grey excava en el edificio en un esfuerzo por hacerse con un antiguo artefacto Sith antes de que la Primera Orden lo encuentre. Los temerosos aldeanos huyen de su núcleo comercial y del planeta. En su búsqueda, Mika cae víctima de una trampa hasta que Kazuda Xiono y sus amigos del Coloso la liberan del nivel inferior del templo. Saqueadores de la Primera Orden no tardan ir a por el artefacto, pero Grey lo destruye, y la descarga de energía elimina a los siniestros agentes de Kylo Ren.

HOTEL Y CASINO VRANKI

REGIÓN Borde Exterior **SECTOR** Mundos de Ceniza
SISTEMA Cúmulo Voxx

El Hotel y Casino Vranki, una estación espacial para entretenimiento, es fácilmente reconocible con sus chillonas luces de neón. Vranki es un hutt, y su establecimiento, situado en el Cúmulo Voxx, alberga numerosos juegos de azar y una pista de carreras fuera de la estructura principal. El negocio disminuye hasta que llega Hype Fazon con los Ases a cuestas y ganas de competir. Vranki juega con sus propias reglas, con sorpresas que casi aseguran que siempre gane. Solo cuando Neeku, del Coloso, penetra en el sistema de Vranki, los Ases consiguen la victoria y su libertad.

ESPACIO GUAVIANO

REGIÓN Borde Exterior **SECTOR** Meram

La Cuadrilla Guaviana de la Muerte es un grupo criminal que controla ferozmente su territorio. No es prudente atravesar el Espacio Guaviano sin aprobación de la banda. La plataforma Coloso intenta colarse a través de un campo de asteroides en los bordes exteriores de la región. Varios cazas barren primero la zona, entre ellos Kazuda Xiono, que se encuentra con un explorador guaviano. Los guavianos exigen un tributo de un millón de créditos, que el capitán Doza se niega a pagar. Los Ases se enfrentan a los guavianos y abren camino al Coloso.

VARKANA

REGIÓN Borde Exterior **GEOGRAFÍA** Roca

Varkana, un planeta desértico de rojizo paisaje, es conocido sobre todo por el puerto espacial de Vargo, un bullicioso centro comercial construido en el terreno rocoso del planeta. El cazarrecompensas Ax Tagrin, que trabaja para la Primera Orden y tiene un comerciante como informante, captura en Varkana al espía de la Resistencia Norath Kev. Kazuda Xiono, del Coloso, intercepta una señal codificada de Kev y lidera un equipo de rescate que lo localiza. Tagrin casi delata a todo el grupo, pero Kaz y sus amigos logran huir.

AEOS PRIME

REGIÓN Borde Exterior **GEOGRAFÍA** Océanos

Aeos Prime es un impresionante mundo de océanos y cielos despejados, con pequeñas islas tropicales y una red de cuevas. Es el hogar de un pueblo acuático, los aeosianos. Son muy hábiles nadando, aunque también viajan en krakavora domesticados, grandes criaturas con alas palmeadas, evolucionadas para navegar tanto por el aire como por el agua. Tras un malentendido inicial, la reina acoge al Coloso en el planeta. Su estancia dura poco, pues pronto llega la Primera Orden. Los aeosianos y las fuerzas del Coloso luchan juntos, y el Coloso parte.

ZONA DEL PANAL ROJO

REGIÓN Regiones desconocidas
GEOGRAFÍA Gigante gaseosa roja

La Zona del Panal Rojo es un peligroso pasaje que serpentea por un tramo oculto de las Regiones Desconocidas. A veces llamada «Red de Sangre» o «Devoranaves», la Zona se compone de los gases rojos de una estrella que ha explotado, lo que hace casi imposible navegar con sensores tradicionales. El único modo seguro de atravesar con éxito la Zona del Panal Rojo es usar un Buscarrutas Sith. Tanto Darth Vader como Kylo Ren usan uno para llegar al planeta Sith Exegol. Algunos juran que peligrosas criaturas acechan a los viajeros desprevenidos, y una subespecie de summa-verminoth vive en el laberinto.

COLONIA DEL GLACIAR SINTA

REGIÓN Borde Medio **SECTOR** Hune
SISTEMA Sinta **GEOGRAFÍA** Hielo

La Colonia del Glaciar Sinta es un antiguo asteroide montañoso de hielo que alberga una tranquila explotación de mineral malsarr. Una gran maquinaria permite a los mineros perforar el núcleo de hielo del corazón del asteroide, extrayendo minerales preciosos de túneles cada vez más profundos. La colonia, en torno a la estrella Sinta, posee profundos pozos y legendarios orígenes que llevan a algunos viajeros a creer, erróneamente, que el agua de deshielo de la mina tiene propiedades rejuvenecedoras.

CARDOVYTE

REGIÓN Borde Exterior
GEOGRAFÍA Bosques de estalagmitas

El legendario Caos de Cristal de Cardovyte es famoso en toda la galaxia por su aparición en muchas holoaventuras durante años. Cuando Poe Dameron hace saltos hiperespaciales desde el Glaciar Sinta en el *Halcón Milenario* para huir de las naves de la Primera Orden, acaba en Cardovyte. Navega brevemente por su enorme bosque de estalagmitas translúcidas, iluminado por el calor rojo de una estrella.

IVEXIA

REGIÓN Borde Medio
SECTOR Tennuutta
GEOGRAFÍA Agujas espejo

Ivexia es una brillante ciudad del Borde Medio, famosa en la galaxia por sus impresionantes agujas espejo. Son edificios de un kilómetro de altura que se agrupan en los límites de la ciudad. Mientras esquiva cazas TIE de la Primera Orden, Poe Dameron salta al hiperespacio con el *Halcón Milenario* a través de ellas, y la nave se refleja en el borde espejado de Ivexia.

NEBULOSA TIFÓNICA

REGIÓN Borde Medio **SECTOR** Trax
GEOGRAFÍA Gas verde

La nebulosa Tifónica es una auténtica maravilla de la galaxia, con nocivos gases verdes arremolinándose en bellos patrones. Se dice que gusanos espaciales gigantes patrullan su Sima Megafauna (de ahí su nombre). El avistamiento de un aterrador y legendario arakurth garantiza casi con certeza la muerte de quien vislumbre sus fauces tridentadas. Poe Dameron pilota el *Halcón Milenario* por la nebulosa como último recurso durante una persecución por el Borde Medio en la que ejecuta saltos rápidos al hiperespacio. Los miembros de la Resistencia a bordo sobreviven a su encuentro con el arakurth; no así los pilotos de la Primera Orden que les persiguen.

AJAN KLOSS

REGIÓN Borde Exterior
SECTOR Cademimu
SISTEMA Ajara
GEOGRAFÍA Bosques de frondosas, acantilados y valles cubiertos de vegetación, grutas, océanos

Ajan Kloss es la exuberante luna selvática de Ajara, un gigante gaseoso. Su densa jungla alberga infestaciones de hongos e insectos, pero carece, relativamente, de grandes depredadores. Esto, unido a que Ajan Kloss no tiene una población indígena a la que perturbar, la convierte en un buen lugar para establecer una base temporal de operaciones para los luchadores por la libertad.

Ajan Kloss fue identificada por exploradores alderanianos antes del estallido de la Guerra Civil Galáctica. Es una de las primeras opciones de la Alianza Rebelde como base, aunque finalmente se asienta en Dantooine y Yavin 4. Sin embargo, la luna sirve más adelante como breve puesto avanzado de la Rebelión tras la victoria en Endor. Es también el lugar en el que Luke Skywalker entrena a su hermana, Leia Organa, en la Fuerza y en la lucha con espada de luz. Leia recuerda esta época con cariño, y lleva a la Resistencia a la Luna muchos años después, en parte debido a esos recuerdos.

Mientras se prepara para su lucha contra la Primera Orden y el oculto Sith Eterno, la Resistencia ocupa uno de los muchos sistemas de cuevas del planeta, en una zona selvática a la que llaman «tierra de los Kloss». El lugar también alberga una merecida celebración tras la ajustada victoria de la Resistencia en la batalla de Exegol.

Ocultos por la naturaleza
Las tierras de los kloss ofrecen una exuberante y amplia cobertura a la flota de la Resistencia.

Entre la historia
Resulta muy apropiado que las reuniones informativas de la Resistencia se celebren a la sombra de la nave insignia de la general Organa, la *Tantive IV*, nave que en su día transportó los primeros planos de la Estrella de la Muerte tras la batalla de Scarif.

EXEGOL

REGIÓN Regiones desconocidas
SECTOR Espacio no incorporado
GEOGRAFÍA Roca estéril, llanuras desérticas

Exegol (también llamado «Ixigul» en algunas traducciones) es un antiguo planeta Sith que acecha en las profundidades de las Regiones Desconocidas, oculto tras el peligroso velo de la casi impenetrable Zona de Panal Rojo. Inexistente en cartas estelares, generaciones de Sith lo han mantenido en secreto. Impregnado artificialmente del lado oscuro de la Fuerza, Exegol posee una oscura Ciudadela Sith que canaliza su energía maligna hacia un lugar físico en la superficie del planeta.

El planeta, sin luna, es un mundo en ruinas; su turbia superficie azul está plagada de enormes fisuras que llegan a lo más profundo de la corteza. Los relámpagos de estática son omnipresentes, tal vez fruto de la combinación de partículas de polvo y lo árido del planeta.

Exegol ha sido durante décadas el escondite de Palpatine y sus leales cultistas Sith. Durante años han creado el ejército del Sith Eterno, criando a la siguiente generación de leales servidores. Ya antes de su derrota en la segunda Estrella de la Muerte, Palpatine usaba Exegol como base de operaciones para el sangrado de cristales kyber y experimentos ocultistas. Uno de estos proyectos –la clonación de seres sensibles a la Fuerza– es de máxima prioridad para el señor del Sith. El resultado son creaciones genéticas como el líder supremo Snoke y el vástago de Palpatine, Dathan.

Dathan huye de Exegol y acaba engendrando una hija sensible a la Fuerza llamada Rey. Un débil Palpatine teje una trama para recuperar a su poderosa nieta. Los frutos de esta búsqueda culminan en la batalla final en la superficie de Exegol, en la que la nieta de Palpatine y el nieto de Anakin Skywalker se alían para destruir al decrépito señor del Sith, a sus cultistas y la Ciudadela.

Descarga eléctrica
El terreno naturalmente árido de Exegol se combina con el polvo atmosférico para descargar sorprendentes rayos por la superficie del planeta.

El señor del Sith en ascenso
Palpatine se sienta en un imponente y espinoso trono, desde el que dirige su arena de cultistas Sith. Es aquí donde Rey le desafía.

PASAANA

REGIÓN Expansión
SECTOR Ombakond
SISTEMA Middian
GEOGRAFÍA Acantilados desérticos, dunas

Pasaana, un mundo desértico alejado del centro de la galaxia, rebosa vida y cultura. La fauna autóctona incluye al roedor oki-poki y a insectos como los zumbadores de cardos y los gorpiones. El planeta también alberga a unos 500 000 aki-aki, aunque hace tiempo que no se realiza un censo oficial. Los nativos aki-aki son conocidos por su hospitalidad y vitalidad, sobre todo durante su Festival de los Ancestros, que se celebra en el Valle Prohibido.

Solo los más aventureros buscan Pasaana durante la temporada de festivales, pero quienes lo hacen obtienen una visión de una rica cultura que prospera en su árido entorno, en lugar de verse sofocada por él. Por su lejanía y falta de recursos, Pasaana suele pasar desapercibida. Además, los aki-aki son una civilización anterior a los vuelos espaciales, por lo que el planeta carece de espaciopuertos.

Pese a la falta de recursos del planeta, los aki-aki prosperan. Son agricultores competentes que utilizan evaporadores de humedad y trampas eólicas de granos para recoger cuanto pueden del aire y de los acuíferos subterráneos.

Las arenas del desierto albergan muchos secretos, incluidos rumores de sarlaccs, y pueden ser traicioneras para el viajero. Bajo el desierto y sus arenas hay un sistema de cuevas parcialmente excavado por depredadores vexis. Desde hace una década, estas cuevas son también la tumba del asesino Sith Ochi de Bestoon. Le llevaron al planeta, en su búsqueda de una niña chatarrera, las cuentas de Pasaana de la madre.

Terreno peligroso
Las arenas negras de las ciénagas movedizas son un peligro oculto. Muchos han quedado atrapados y han acabado en el sistema de cuevas subterráneo.

Vivir de la tierra
Los aki-aki mantienen vastas granjas de granos, y emplean cribas eléctricas especializadas para recuperar las escasas semillas y esporas de la arena.

KIJIMI

REGIÓN Borde Medio
SECTOR Bryx **GEOGRAFÍA** Montañas

Antaño un planeta sagrado, el gélido Kijimi albergaba monasterios Dai Bendu en lo alto de las montañas y un flujo constante de peregrinos. Pero eso fue hace mucho tiempo, y tras la caída del Imperio, el mundo ha caído en la anarquía, colonizado por forajidos y traficantes de especia.

La Nueva República o no puede detener este caos criminal o simplemente no le importa lo suficiente como para intervenir, por lo que Kijimi es perfecto para pasar desapercibido. No hay gobierno central en el planeta, y el caos anima a sus ciudadanos y huéspedes a resolver los asuntos entre ellos, por muy mortal que sea el proceso. Este enfoque de la ley (o su ausencia) acaba con la llegada de la Primera Orden, que toma el poder en un intento de extender su alcance por el Borde Medio.

La ciudad de Kijimi y su activo barrio de ladrones sirven de capital no oficial del planeta, pero lo imprevisible de los servicios básicos hacen difícil vivir con comodidad en el planeta.

Un destructor estelar del Sith Eterno, el *Derriphan*, destruye Kijimi cuando Palpatine da la «Orden Final» para exhibir su armamento destructor de planetas, y acaba para siempre con la historia sagrada del tranquilo planeta nevado.

Una miserable colmena
La guarida de los traficantes de especia, en el bullicioso Barrio de los Ladrones de Kijimi, es el lugar ideal para reunir una tripulación para una misión arriesgada.

Congelado en el tiempo
Las condiciones en Kijimi suelen ser extremadamente frías, sobre todo durante sus noches sin luna, con una temperatura media de -25 grados.

Una vista deslucida
Los océanos de Kef Bir están contaminados por los restos de la segunda Estrella de la Muerte, un duro recuerdo de la Guerra Civil Galáctica.

KEF BIR

REGIÓN Borde Exterior **SECTOR** Moddell
SISTEMA Endor **GEOGRAFÍA** Océanos, praderas

Esta luna, uno de los nueve satélites del planeta Endor, fue bautizada como Kef Bir por los ewoks, pero su nombre oficial es IX3244-C. No contiene vida inteligente autóctona, pero entre otras especies contiene orbaks, con forma de caballo, y fauna menor. También llamada «luna oceánica de Endor», Kef Bir estaba compuesta principalmente de agua, con esporádicas praderas, hasta recientes cataclismos. Por los insuficientes suministros de minerales valiosos, el Imperio no la elige como base de operaciones mientras construye la segunda Estrella de la Muerte: ese honor corresponde a su vecina, la Luna Boscosa IX3244-A. Sin embargo, no sale indemne de la Guerra Civil Galáctica: aunque las anomalías hiperespaciales del sector la protegen de las peores consecuencias de la explosión de la Estrella de la Muerte, Kef Bir es bombardeada con escombros y vertidos tóxicos que envenenan su vida acuática.

Grandes fragmentos de la segunda Estrella de la Muerte, incluida la sala del trono del derrotado emperador Palpatine, yacen en la tumba acuática de los tumultuosos océanos de Kef Bir. Son un duro recordatorio del antiguo dominio imperial y de los efectos de la guerra incluso en los mundos más inocentes.

Durante años se rumoreó que había colonos en Kef Bir, pero al final la luna se consideró «deshabitada», lo que la convirtió en el hogar ideal para un grupo clandestino de ex soldados de la Primera Orden. El grupo, dirigido por Jannah, emplea orbaks para patrullar sus praderas.

Kef Bir sigue siendo un importante hito de guerras pasadas y presentes. Una antigua daga con marcas modernas lleva a Rey a la luna mientras intenta localizar el segundo buscarrutas Sith en las ruinas de la sala del trono.

Restos imperiales
La sala del trono del emperador, que se estrelló contra Kef Bir, contiene aún muchos secretos, como una antecámara lateral que guarda un buscarrutas Sith.

TECNOLOGÍA

Algunas culturas recelan de las tecnologías, pero la mayoría de ellas las abrazan todas, desde las herramientas y los droides más básicos, hasta los sensores y sistemas de armas más complejos.

En toda la galaxia, la mayoría de los seres utilizan distintos tipos de tecnologías, ya sean avanzadas o primitivas, y tanto en sus trabajos como en sus vidas cotidianas. Muchos emplean sensores para recopilar y examinar datos, y escudos de energía y armas para protegerse. También dependen de los droides para llevar a cabo un gran número de tareas, que abarcan de la realización de diagnósticos a las complejas técnicas médicas o el envío de comunicaciones a naves que se encuentran en el espacio.

Mientras el comercio interplanetario da lugar a una avalancha de novedades tecnológicas, las guerras también fomentan la innovación, pues los fabricantes y armeros se ven obligados a producir nuevas armas ofensivas y defensivas. La espada de luz Jedi es una de las armas de energía más destacables jamás creadas, y la base Starkiller, capaz de destruir sistemas enteros, es, quizá, la más aterradora. Muchas civilizaciones avanzadas tecnológicamente se consideran superiores a otras culturas; por lo demás, están convencidas de que se impondrían en cualquier conflicto. No obstante, la batalla de Endor es una prueba de que la tecnología no garantiza por sí sola la victoria.

DROIDES DE COMUNICACIONES EX

MODELO EX **TIPO** Droide de comunicaciones

Todo equipo de Rastreadores de la República viaja con un droide EX para enviar mensajes a través de regiones no cartografiadas del espacio. Pueden servir como boyas móviles de comunicaciones o descender desde naves a planetas para transmitir información desde la órbita. Poseen propulsores y sus patas se retraen para volar.

ESCUDO DE SILANDRA SHO

MODELO Hecho a mano
TIPO Escudo Jedi

La Jedi Silandra Sho lleva un escudo que demuestra su compromiso con un combate defensivo en lugar de agresivo. El centro del escudo está formado por plasma, mientras que el borde es de un metal plateado. Una barra en el centro sirve de asa. El plasma se puede desactivar. Más tarde, Silandra regala el escudo a su padawan, Rooper Nitani.

VARAS DE CONTROL DE LOS SIN NOMBRE

MODELO Reliquia de la Fuerza
TIPO Cetro

Hay tres Varas asociadas a la amenaza de los Sin Nombre: la Vara de las Eras, la Vara de las Estaciones y la Vara del Amanecer. Por separado, o unidas como la Vara del Poder, las de las Estaciones y del Amanecer dan al portador el control sobre los Sin Nombre y a quién atacan. La Vara de las Eras anula esos poderes.

DROIDES EJECUTORES

TIPO Droide de combate

La Senda de la Mano Abierta despliega droides ejecutores contra los Jedi en los conflictos de Jedha y Dalna. Van equipados con blindaje pesado y poseen potentes blásteres en los brazos. Marchion Ro usa el mismo tipo de droide ejecutor en su nave insignia, la *Eléctrica Mirada*.

MOTOR CAMINO

FABRICANTE Nihil
MODELO Motor Camino
TIPO Atajo de hipernavegación

Los motores Camino son mejoras especializadas para los hiperimpulsores de las naves Nihil. Permiten a las naves realizar saltos y alcanzar velocidades imposibles en las hiperrutas conocidas. Shalla Ro y su hijo Asgar capturan a Mari San Tekka, una prospectora hiperespacial capaz de realizar novedosos cálculos hiperespaciales mediante la Fuerza y la obligan a realizar las Rutas.

CARRODROIDE

FABRICANTE Nihil **MODELO** Carroñero
TIPO Droide sonda

Los carrodroides son pequeños droides arácnidos con cortadores láser, pinzas y zarcillos. Los Nihil los lanzan para que penetren en las naves enemigas y roben botín, almacenándolo en sus caparazones para recuperarlo más tarde. Una dotación completa consta de cinco docenas de unidades. Pan Eyta, en especial, los emplea. Los Nihil sueltan carrodroides en Rekelos y en Valo (en masa) durante el ataque a la Feria de la República. Los Jedi Burryaga y Ram Jomaram los combaten: Burryaga los derriba con la Fuerza, mientras que Ram reprograma un droide de navegación para alejar a los demás carrodroides de la batalla.

LÁTIGO DE LUZ

CREADORA Vernestra Rwoh
MODELO Hecho a mano
TIPO Espada de luz

La espada de luz púrpura de Vernestra Rwoh esconde un secreto: girando el anillo frontal, transforma la hoja en un flexible látigo. Ella misma diseña y construye el látigo, y entrena con él en privado, lejos incluso de su Maestro Jedi. Lo emplea para luchar y abrirse camino en la espesa jungla.

YELMO DE MARCHION RO

MODELO Hecho a mano **TIPO** Yelmo pirata

Marchion Ro ha llevado varios yelmos durante su mandato de los Nihil. Uno de ellos, tomado del cadáver de su padre, Asgar, está marcado con el Ojo de la Tormenta, un símbolo basado en el destino de la especie Evereni. Aunque este yelmo protege contra disparos de bláster, su objetivo principal es intimidar.

STORMSEED

FABRICANTE Nihil
MODELO Interceptor hiperespacial
TIPO Mina

Las Stormseeds son minas interestelares que pueden sacar naves del hiperespacio y destruirlas. Están creadas, en parte, con tecnología que Chancey Yarrow construyó para el proyecto Corazón de la Gravedad. Tras destruir el Faro Starlight, Marchion Ro declara que utilizará stormseeds para crear un territorio Nihil al que la República y los Jedi no puedan acceder.

DROIDE DE ENTRENAMIENTO

FABRICANTE Industrias Automaton **MODELO** Droide aerodeslizador DD-1 personalizado
TIPO Droide de entrenamiento Jedi

Los droides de entrenamiento del Templo Jedi de Tenoo blanden espadas eléctricas y se mueven con rapidez para perfeccionar las habilidades de combate de los jovencitos. Uno de ellos practica a menudo con Kai Brightstar, Lys Solay y Nubs. Tras enfrentarse varias veces al pirata Taborr, Kai viste al droide con un casco y una capa parecidos a los de Taborr. También reprograma tres droides de entrenamiento para que limpien. Sin embargo, los droides no saben cuándo dejar de apilar todos los objetos que encuentran, lo que provoca el caos hasta que Kai, Lys, Nubs y RJ-83 los desactivan.

PIEDRA DE LA HISTORIA THARNAKANA

FABRICANTE Artesano Tharnakano
MODELO N/D **TIPO** Registro histórico

Cuando se la acerca a una luz, la piedra de la historia tharnakana proyecta imágenes de la historia de su pueblo. Cuando la piedra se pierde en una inundación planetaria, Kai Brightstar, Nubs, Lys Solay y OG-LC ayudan al Tharnakano Ishbul Ekwesh a devolver el artefacto a su pueblo. Ahora, esta historia es una de las que guarda la piedra.

DROIDE DE COMBATE

FABRICANTE Autómatas de Combate Baktoid
MODELO Droide de combate B1 **TIPO** Droide de combate

De control fácil, siempre obedientes y de fabricación asequible, los droides de combate son las principales tropas de los ejércitos mecanizados de la Federación de Comercio.

FUERZA DE INVASIÓN

Por su diseño humanoide, alto y simple, sus articulaciones desprotegidas y su acabado metálico, los droides de combate parecen esqueletos animados. Los primeros modelos son esencialmente marionetas letales sin mente, operadas mediante ordenadores de control central situados en naves de control droide, unas naves modificadas que transmiten órdenes directas de los líderes de la Federación y órdenes generadas por ordenador. Las civilizaciones sin defensas militares son objetivo fácil para la Federación de Comercio. Sin embargo, si una nave de control droide es destruida, los droides pasan a un modo de hibernación que los hace totalmente vulnerables.

> «Roger, roger.»
>
> **DROIDE DE COMBATE**

Ataque calculado
Dotados con datos de movimiento inspirados en los de soldados orgánicos hiperespecializados, los droides muestran gran variedad de posiciones y maniobras en su enfrentamiento con el ejército de la República en la batalla de Geonosis.

CAPACIDAD TÉCNICA

La Federación de Comercio encarga que sus droides de combate tengan complexión humanoide por motivos prácticos, ya que eso les permite usar maquinaria, vehículos y armas ya existentes, concebidos para operarios humanos. Así se rebajan los costes de producción y no hay que actualizar la maquinaria existente. Los droides de infantería pilotan STAP, MTT y AAT, así como las naves de guerra de la Federación de Comercio. Las naves federativas que operan fuera del alcance de una nave de control de droides tienen ordenadores que coordinan las tripulaciones de droides y les permiten operar consolas táctiles de ordenadores y estaciones de comunicación.

CADENA DE MONTAJE

Al utilizar ordenadores de control central para operar grandes ejércitos de droides simultáneamente, la Federación de Comercio puede ahorrarse los elevados costes que habría supuesto fabricar miles de cerebros droide individuales. La Federación contrata a la empresa Autómatas de Combate Baktoid para producir droides B1 en las fundiciones de Geonosis. Sin embargo, en previsión de la guerra con la República Galáctica, a los mecánicos separatistas B1 se les instalan cerebros de droide para aumentar sus capacidades de combate.

Soldados idénticos
De una uniformidad aterradora, los droides de combate solamente se distinguen por unas marcas numéricas en su mochila comunicadora. Los droides con funciones especializadas tienen unas marcas de colores distintos en la armadura. El azul es de los pilotos droide. El rojo, de droides de seguridad. El amarillo, de droides de comando.

Ataque robótico
Los droides de combate, de fabricación barata y ensamblaje rápido, salen de la cadena de producción en las fábricas de Autómatas de Combate Baktoid.

Agentes encubiertos
Tres droides de batalla reprogramados, pintados de azul para hacerse pasar por pilotos de una nave separatista, siguen a R2-D2, su comandante.

FRENTES DE BATALLA GALÁCTICOS

Los B1, que forman la columna vertebral del ejército separatista, son las fuerzas estándar que luchan contra las fuerzas de la República durante las Guerras Clon. Sin embargo, los droides son susceptibles de ser reprogramados. Cuando los separatistas detienen al maestro Jedi Even Piell y lo encierran en la Ciudadela, Anakin Skywalker concibe un plan de rescate que implica el uso de los B1 reprogramados para infiltrarlos en la cárcel. Bajo las órdenes de R2-D2, los B1 pilotan una nave para trasladar a los otros miembros del equipo de rescate hasta la Ciudadela. Cuando un gran número de droides enemigos atacan, el trío de B1 se sacrifica para repeler el ataque.

La última batalla
Aunque el ataque imperial destruye a casi toda la guarnición de Agamar, unos pocos droides logran huir y ahora se enfrentan a un futuro incierto.

ERA IMPERIAL

Tras las Guerras Clon y el desmantelamiento del ejército separatista, aún se pueden encontrar droides de combate por toda la galaxia. Los miembros de la Remesa Mala se encuentran con droides de combate en Corellia, donde Tech reactiva droides de combate retirados del servicio en una misión para recuperar el cerebro de un droide táctico, y en Desix, donde el gobernador local usa droides de combate para luchar contra el Imperio. En Agamar, sigue en activo una guarnición completa de droides de combate debido a que su comandante cree que se trata de un truco de la República y desobedece la orden de desactivarlos. Diecisiete años después, la tripulación del *Espíritu* y el capitán Rex descubren la guarnición. El droide comandante B1-268 captura a los visitantes, que se convierten en sus primeros prisioneros en 20 años de servicio. La victoria del droide es efímera, pues la llegada de las fuerzas imperiales obliga a la tripulación del *Espíritu* y a los droides a colaborar para escapar. Los carroñeros rebuscan en las fábricas separatistas, como la de Akiva, para construir sus propios droides. Akivan Temmin Wexley construye un B1 muy modificado y letal llamado Mister Bones.

REPROGRAMADO DE NUEVO

Durante la Nueva República, Din Djarin y Bo-Katan Kryze investigan en Plazir-15 el mal funcionamiento de estos droides. Años más tarde, durante el ascenso de la Primera Orden, Neeku reprograma un droide de combate B1 para tomar el control de los superdroides de batalla que el pirata Kragan activó en un intento de hacerse con el Coloso.

EMISOR DE IMÁGENES

FABRICANTE SoroSuub Corp. **MODELO** Emisor de imágenes SoroSuub
TIPO Dispositivo holográfico personal

Habitual entre los miembros de la Orden Jedi, el emisor de imágenes, también conocido como holomensajero, es un dispositivo holográfico portátil con forma de disco que muestra imágenes tridimensionales formadas por la interferencia de haces de luz. Puede sintonizarse con un comunicador para una conversación en tiempo real, o utilizarse como grabador y proyector de imágenes independiente. Es robusto para su uso cotidiano y puede almacenar hasta 100 minutos de imágenes. El maestro Jedi Qui-Gon Jinn carga su holomensajero con imágenes seleccionadas de la nave de la reina Amidala antes de dirigirse al desguace de Tatooine, donde espera obtener piezas para reparar el hiperimpulsor de la nave. Durante la época imperial, Obi-Wan Kenobi se entera de que Leia Organa ha sido secuestrada mediante un mensaje holográfico de Bail y Breha Organa. Cuando el emisor cae en manos de Reva, esta conoce la ubicación de Luke en Tatooine. Años más tarde, tras la caída del Imperio, Sabine Wren conserva una grabación de Ezra Bridger en un holomensajero.

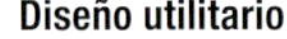

Diseño utilitario
El anillo del Imagecaster tiene tres brazos curvos que permiten situar el dispositivo en cualquier superficie nivelada, o bien conectarlo a un proyector más grande.

Imagen holográfica
Anakin Skywalker observa a Qui-Gon Jinn mientras usa un Imagecaster para proyectar una representación tridimensional de la nave de Amidala.

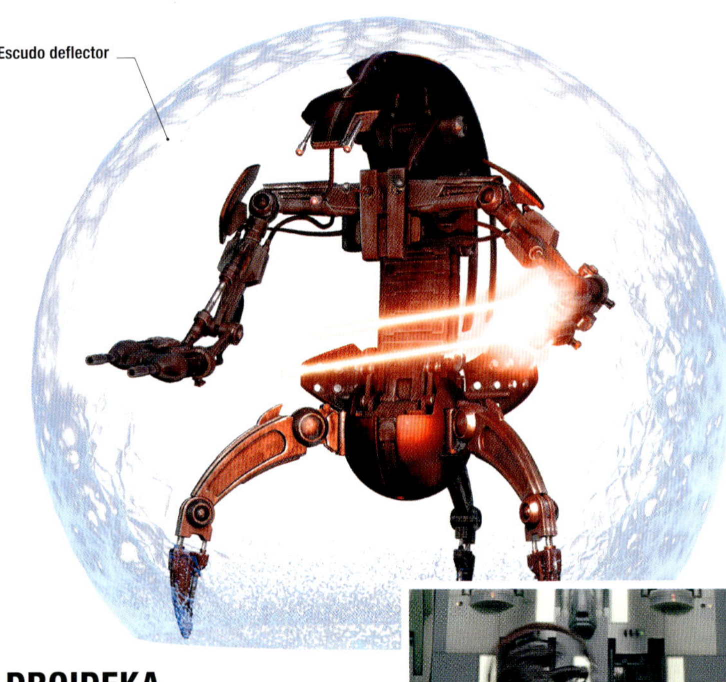

DROIDEKA (DROIDE DESTRUCTOR)

FABRICANTE Colicoides **TIPO** Droide de combate

A diferencia del droide de combate, alto, delgado y cuya complexión humanoide le permite cierta versatilidad, el droideka se concibió con la única misión de aniquilar a sus objetivos. Insectoide en su mezcla de curvas y ángulos pronunciados, el droideka está armado con dos blásteres inmensos de una capacidad destructiva ultrarrápida, y los generadores del escudo deflector lo envuelven en una esfera de energía protectora. Aunque tiene un andar torpe y lento, el droideka puede adoptar forma de rueda para rodar por superficies lisas a gran velocidad. Antes del bloqueo de Naboo, organizaciones criminales como el cártel Xrexus y grandes corporaciones, como Czerka, emplean droidekas. La Federación de Comercio los usa en tareas de seguridad a bordo de naves y también en tierra, para operaciones de combate. Luego forman parte del ejército separatista durante las Guerras Clon. Los droidekas siguen en uso durante la era imperial, pero no a la misma escala. Crosshair y el comandante Cody se enfrentan a droidekas en su misión en Desix para rescatar a un gobernador imperial. El Jedi Cal Kestis encuentra droides destructores en Koboh. En Agamar, un remanente del ejército droide separatista incluye droidekas, que luchan y finalmente se alían con dos Jedi y un clon. Años más tarde, la doctora Aphra reprograma un droideka de primera generación llamado Dek-Nil.

Modo giratorio
Un droideka se desliza por la cubierta de una nave antes de disparar a su objetivo.

BLÁSTER DROIDE E-5

FABRICANTE Talleres de Blindaje Baktoid
MODELO E-5 **TIPO** Fusil bláster

El armamento estándar de los droides de combate B1 y los droides comando de la serie BX es el fusil bláster E-5, un arma ligera con una gran cámara de gas que realiza unos potentes disparos. Basado en un diseño de BlasTech, los talleres Baktoid lo sometieron a un proceso de retroingeniería para ser usado por soldados robóticos, que no sentirán el gran calor que produce cuando se dispara repetidamente.

Empuñadura droide
El bláster está equipado con un gatillo de fuego continuo.

HIPERIMPULSOR T-14

FABRICANTE Colectivo de Diseño Nubiano
CLASE 1.8
TIPO Hiperimpulsor

Los generadores del hiperimpulsor T-14, que llevan a las naves hasta el hiperespacio, se usan habitualmente en naves producidas por el Colectivo de Diseño Nubiano, como la nave estelar nubiana 327 tipo J de la reina Amidala.

PRIMERA ESPADA DE LUZ DE OBI-WAN KENOBI

CREADOR Obi-Wan Kenobi
MODELO Espada de luz
TIPO De una sola hoja

Aunque visualmente es similar al arma de Qui-Gon, la primera espada de luz de Obi-Wan tiene un mecanismo interno diferente. En una misión en Lenahra, Obi-Wan pierde temporalmente su espada de luz, pero pronto la recupera. Aunque su cristal kyber suele emitir una hoja azul, en una misión a Pijal se sustituye temporalmente por un cristal kohlen, y la hoja se vuelve naranja. Durante un duelo con Darth Maul en Naboo, Kenobi pierde su espada de luz, que cae en el foso de un generador.

EVAPORADOR DE AGUA GX-8

FABRICANTE Pretormin Ambiental
MODELO Evaporador de agua GX-8 **TIPO** Evaporador de humedad

Indispensable para la supervivencia en el planeta desierto de Tatooine, el evaporador de agua GX-8 extrae la humedad del aire mediante unos condensadores refrigerados. El agua se acumula en los condensadores y es bombeada hacia las cisternas de almacenamiento. Estos artilugios pueden producir hasta 1,5 litros de agua al día.

DROIDE DE REPARACIÓN

FABRICANTE Serv-O-Droide, S. A. **MODELO** Droide de reparación serie DUM **TIPO** Droide de reparación

Los droides de reparación ayudan a sus dueños con el mantenimiento de vehículos, como motores de vaina de carreras, esquifes de vela y cazas estelares. Baratos y prescindibles, pueden levantar objetos que pesan varias veces su propio peso y corren sin dudarlo a la pista de carreras para reparar motores sobrecalentados aún en marcha. Cuando no se los usa, se pliegan y guardan de forma compacta. Durante la época de la Alta República, Raena Zess emplea droides de reparación en una carrera de esquifes. Siglos más tarde, Peli Motto cuenta con varios droides de reparación como ayuda en el Hangar 3–5 del espaciopuerto de Mos Eisley.

Construcción robusta
La aleación templada de su estructura les permite soportar el clima riguroso de Tatooine.

COMUNICADOR HUSH-98

FABRICANTE SoroSuub Corp. **MODELO** Hush-98
TIPO Comunicador de mano

Los comunicadores se utilizan como dispositivos de comunicación y para enviar y recibir datos. Muchos Jedi emplean el Hush-98, con un alcance de cien kilómetros y unas medidas de seguridad que impiden la intercepción no autorizada. Los proyectores de silencio incorporados permiten que los Jedi no sean detectados cuando se comunican. Otros componentes incluyen una antena de recepción, frecuencias variables, codificación y una matriz de reproducción de sonido. El Hush-98 también puede transmitir información compleja, como datos de una muestra de sangre para determinar los niveles de midicloriano.

FUSIL DE FRANCOTIRADOR AVENTURERO

FABRICANTE Armas Czerka
MODELO Aventurero
TIPO Fusil de francotirador

El Czerka Aventurero es un fusil excelente para largas distancias que llena su cámara con un oxidante rico al detonar el proyectil, lo que le proporciona una mayor velocidad y alcance. El arma puede desmontarse con facilidad para ocultarla durante su transporte.

Largo alcance
Los proyectiles de este fusil pueden alcanzar objetivos situados a 450 metros.

FUSIL TUSKEN

FABRICANTE Incursores tusken
MODELO Ciclador **TIPO** Arma de fuego

Construido con piezas robadas y recicladas, el fusil es el arma de proyectiles estándar usada por los incursores tusken de Tatooine para el combate a distancia. Como arma de fuego, dispara proyectiles sólidos envueltos en energía en lugar de blásteres. El cazarrecompensas Boba Fett usa un fusil ciclador durante su estancia en un clan tusken, tras escapar del pozo Sarlacc. Más tarde, el mercenario Migs Mayfeld usa el rifle de Fett para volar un transporte lleno de rhydonio mientras escapa de una base imperial.

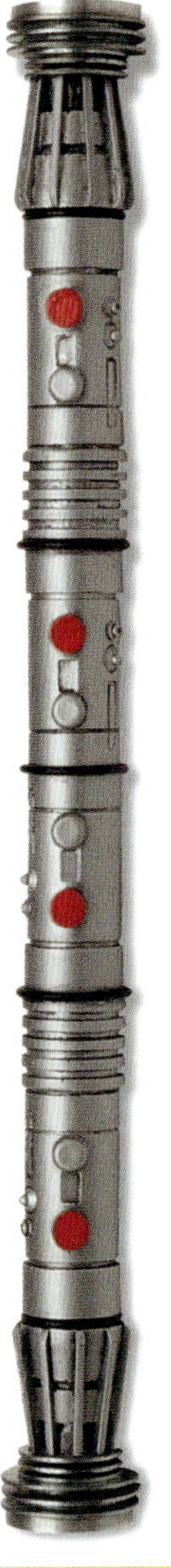

ESPADA DE LUZ DE DARTH MAUL

CREADOR Darth Maul **MODELO** Hecha a mano **TIPO** Espada de luz Sith de doble hoja (dos espadas unidas)

El arma principal del lord Sith Darth Maul son dos espadas de luz rojas idénticas unidas por la empuñadura para formar una espada doble. Creada por el propio Maul, el arma dispone de dos grupos de componentes internos, lo que permite que uno sirva de reserva del otro en caso de necesidad. Los controles pueden activar ambas hojas de forma independiente o simultánea, y cada espada dispone de sus propios controles de modulación. Una espada de este tipo suele emplearse como arma de entrenamiento. Sin embargo, dado que puede resultar mucho más peligrosa para quien la maneja que para el enemigo, la mayoría de los Sith han evitado esta espada doble y se han decantado por la espada de luz sencilla. En las manos expertas de Maul, se convierte en un vórtice de energía letal.

Darth Maul mata a su primer Jedi, una padawan twi'lek llamada Eldra Kaitis, con esta espada. Cuando ataca al maestro Jedi Qui-Gon Jinn en el planeta Tatooine, lo hace con una única hoja, pero no consigue herir a su rival.

Matando el tiempo
Tras años de adiestramiento en artes marciales, Maul disfruta de la oportunidad de poder usar su arma contra dos Jedi en el planeta Naboo *(izda.)*.

Dos contra uno
La habilidad de Maul con dos espadas *(abajo)* no basta para vencer a Obi-Wan y su espada de una hoja.

Poco después, cuando se enfrenta de nuevo a Qui-Gon y a Obi-Wan Kenobi en Naboo, activa ambas hojas para luchar con los dos Jedi a la vez. Maul acaba con Qui-Gon, pero Obi-Wan asesta un golpe de espada a la empuñadura del arma de Maul y lo deja con una única espada. Pese a la gran habilidad de Darth Maul, Obi-Wan lo corta por la mitad. Por increíble que parezca, Maul sobrevive al ataque y logra que la espada no deje de funcionar. Años más tarde, durante las Guerras Clon, Maul aún tiene en su poder el arma cuando sale de la oscuridad, y se enfrenta con ella a Obi-Wan y a su antiguo maestro, Darth Sidious. Pierde la hoja cuando cae ante Sidious, pero reconstruye su espada de doble hoja a tiempo para luchar contra Ahsoka Tano durante el asedio de Mandalore. En este combate la espada de luz de Maul cae desde una pasarela.

Encuentro violento
Maul retoma el duelo con Obi-Wan Kenobi con la única espada de luz que le queda.

ESCUDO GUNGAN DE ENERGÍA

FABRICANTE Liga de Defensa de Otoh Gunga
MODELO Escudo de energía personal de serie
TIPO Escudo de energía personal

El escudo de mano de los soldados del Gran Ejército Gungan durante la batalla de Naboo defiende contra ataques físicos ligeros y disparos de bláster. Con un marco oval, usa tecnología de burbuja hidrostática y puede desviar los proyectiles bláster hacia el tirador. Varios miembros de los Amidalanos usan también los escudos durante sus misiones. Durante la época imperial, Luthen Rael exhibe un escudo gungan en su galería de Coruscant.

BOLA DE ENERGÍA

FABRICANTE Liga de la Defensa de Otoh Gunga **MODELO** Bola de energía gungan **TIPO** Arma de energía

Usando la energía de plasma de las profundidades de la corteza porosa de Naboo, los gungan han creado una granada esférica a la que llaman booma. Hechas en varios tamaños, estas granadas se pueden lanzar con la mano, con una honda o con una catapulta falumpaset. Al impactar contra su objetivo, estallan y liberan plasma y una fuerte descarga eléctrica.

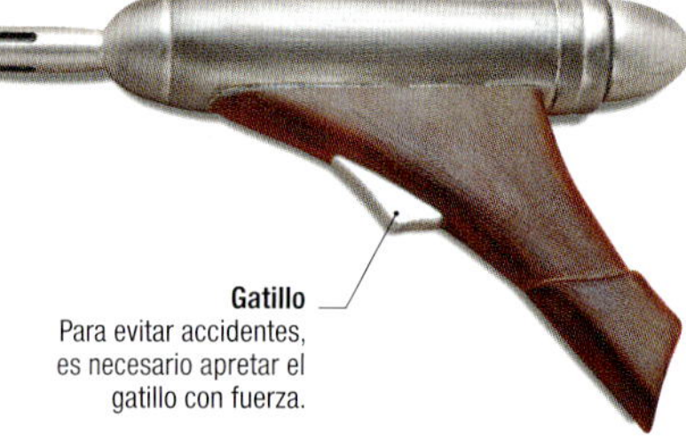

Gatillo
Para evitar accidentes, es necesario apretar el gatillo con fuerza.

PISTOLA REAL DE NABOO

FABRICANTE Corporación SoroSuub
MODELO ELG-3A **TIPO** Bláster

Ligera, elegante y funcional, la SoroSuub ELG-3A es un accesorio casi estándar para diplomáticos y nobles que necesitan un bláster personal. Padmé Amidala y sus doncellas usan esta pistola ligera. Aunque la mayoría están diseñadas para poder ocultarlas con facilidad, hay una versión de cañón largo.

ATLATL GUNGAN

FABRICANTE Liga de la Defensa de Otoh Gunga
MODELO Atlatl estándar Otoh Gunga
TIPO Porra o arma de alcance

Utilizada por los gungan para lanzar bolas de energía a una distancia mayor de la que puede alcanzar alguien lanzándolas con el brazo, el atlatl es, en esencia, una especie de cañón y, al mismo tiempo, un arma contundente. Los atlatl se tallan en una madera aislante y pueden blandirse con una mano. Tienen un alcance máximo de cien metros, pero el alcance óptimo es de treinta metros.

DARDO SABLE KAMINOANO

CREADOR Kaminoanos **MODELO** Dardo sable de Kamino, hecho a mano **TIPO** Dardo tóxico

Reconocido por pocos expertos fuera del Borde Exterior, el dardo sable kaminoano es un artilugio extraño. Es un dardo pequeño, en forma de horquilla y con unos cortes laterales, que inocula una toxina mortal. Aunque son muy letales, pueden despertar sospechas, pues son exclusivos del sistema de Kamino.

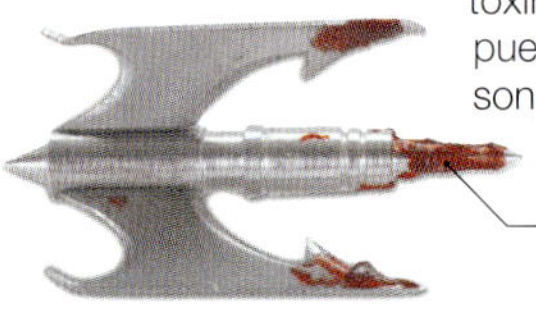

Veneno
Las toxinas themfar malkite y fex-M3 pueden causar la muerte en menos de diez segundos.

DISPOSITIVO REMOTO

FABRICANTE Industrias Automaton
MODELO Marksman-H **TIPO** Dispositivo remoto de entrenamiento

Usados habitualmente como herramientas de entrenamiento, los dispositivos remotos son esferas pequeñas y flotantes equipadas con unos blásteres inofensivos. A lo largo de los siglos, los Jedi han utilizado estos dispositivos para mejorar su destreza con la espada y la armonía con la Fuerza. Los aprendices de Jedi llevan un casco que les impide ver, y usan la Fuerza para visualizar la ubicación y el movimiento del dispositivo, blandiendo la espada de luz para detener los disparos. A medida que el entrenamiento avanza, el dispositivo se mueve cada vez más rápido y ataca con más intensidad. Estos dispositivos también son usados por tiradores que quieren mejorar la puntería.

Variación letal
Estos dispositivos pueden convertirse en armas de seguridad defensiva, capaces de abatir a los intrusos con un rayo de energía mortal.

Aprendizaje
Rey entrena con remotos para mejorar sus habilidades.

Protección integral
La armadura permite que los soldados atraviesen barreras deflectoras y soporten el impacto de proyectiles o explosiones sin sufrir daños.

Error de diseño
La armadura de Fase I, concebida por diseñadores kaminoanos sin experiencia en ergonomía humana, es muy incómoda para sentarse. Las versiones posteriores corrigen este defecto.

ARMADURA DE SOLDADO CLON DE FASE I

FABRICANTE Fabricantes de armaduras kaminoanos
MODELO Armadura Fase I
TIPO Armadura corporal

Los soldados clon cuentan con distintos tipos de armaduras para operar en diferentes entornos y atmósferas. La primera serie de soldados, usados en la batalla de Geonosis, llevan armaduras de Fase I, formadas por veinte placas amoldables de una aleación plastoide, selladas con unos paneles de sujeción magnatómicos. Los diseñadores kaminoanos se inspiran en la armadura de Jango Fett, que fue el donante genético original para crear a estos soldados, incluido el casco con el característico visor en forma de «T». El interior presurizado también proporciona protección temporal contra el vacío del espacio.

FUSIL BLÁSTER DC-15

FABRICANTE Industrias BlasTech **MODELO** Fusil bláster DC-15 **TIPO** Fusil bláster

Arma estándar para soldados clon del Gran Ejército de la República, el DC-15 utiliza un cartucho de gas tibanna reemplazable que permite disparar hasta quinientas descargas de plasma cuando el arma está a baja potencia; a máxima potencia, el DC-15 lanza trescientos disparos y puede dejar un agujero de 50 centímetros en una pared de ferrohormigón. En los primeros años de la era imperial, algunos soldados, incluidos los soldados del Escuadrón de Élite, utilizan fusiles DC-15 modificados.

Empuñadura hueca
El hueco de la empuñadura reduce el peso y permite desenfundar más rápido.

PISTOLA BLÁSTER WESTAR-34

FABRICANTE Tecnologías Media Luna de Concordia
MODELO WESTAR-34 **TIPO** Pistola bláster

Diseñada para ataques sorpresa, breves pero intensos y a corta distancia, y hecha a medida para el cazarrecompensas Jango Fett, la pistola bláster WESTAR-34 está hecha de aleación dalloriana, que puede soportar un calentamiento, por fuego sostenido, que fundiría la mayoría de blásteres ordinarios. Boba, el hijo de Jango Fett, también utiliza esta arma en ocasiones.

BLÁSTER SÓNICO GEONOSIANO

FABRICANTE Armería Gordarl **MODELO** Bláster sónico geonosiano **TIPO** Bláster sónico

El arma estándar de los soldados geonosianos usa osciladores para producir una descarga sónica omnidireccional. La energía del arma queda envuelta en una esfera de plasma generada por unos emisores que canalizan el rayo sónico.

ESPADA DE LUZ DE MACE WINDU

CREADOR Mace Windu **MODELO** Hecha a mano **TIPO** Espada de luz Jedi

Durante su larga carrera como Jedi, Mace fabrica y utiliza al menos dos espadas de luz. Ambas crean la hoja morada. Tras muchos años de experiencia con su primera espada de luz, y después de ser nombrado miembro del Consejo Jedi, fabrica su segunda espada utilizando los mayores niveles de precisión, creando así un arma superior que representa sus habilidades maduras como líder Jedi. Considerado como uno de los mejores espadachines de la Orden Jedi, Mace es un maestro en numerosas técnicas de combate.

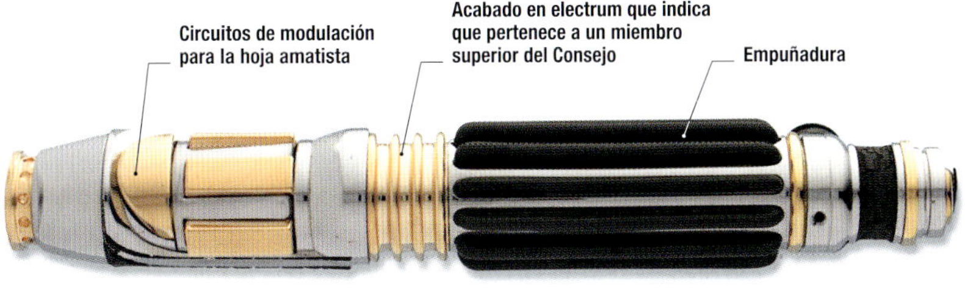

SUPERDROIDE DE COMBATE

FABRICANTE Superdroide de combate B2 **MODELO** Superdroide de combate B2
TIPO Superdroide de combate

El superdroide de combate es la versión más fuerte, corpulenta y avanzada del droide de combate B1. Está equipado con un cañón láser y puede operar sin señal de mando. Los superdroides de combate estuvieron activos durante las Guerras Clon, pero algunos siguen funcionando años después, a menudo reprogramados para realizar diversas tareas.

MODELO MEJORADO

Después de que la Federación de Comercio perdiera miles de droides de combate B1 en la batalla de Naboo, comienzan a buscar prototipos de un droide de combate mejorado. El resultado es el droide de combate B2, diseñado por la Unión Tecnológica. El B2 lleva muchos componentes del B1, pero los protege en una armadura mucho más robusta. El receptor de señales queda incorporado en la coraza pectoral, que también alberga un procesador cognitivo básico. Esta inteligencia limitada permite que el B2 funcione de forma semiindependiente, sin necesidad de contacto constante con una nave de control droide. Sin embargo, como el B2 no tiene capacidad de pensamiento complejo, necesita un vínculo con una nave de control para un rendimiento óptimo. Al tener un centro de gravedad alto, usa algoritmos de movimiento para mantener el equilibrio. Los pies del B2 también pueden sustituirse por garras de escalada u otros complementos para atravesar distintos terrenos.

Abdomen blindado flexible

Resistente
La articulación reforzada de la rodilla está sellada herméticamente.

Arma secreta
En un principio se construyó en secreto para la Federación de Comercio, pues el superdroide de combate militar infringe las normas de la República sobre fuerzas de seguridad privadas.

«Matajedi»
Los superdroides de combate acorazados B2, desplegados en Geonosis para defender a los líderes de la Federación de Comercio de una invasión de las fuerzas de la República, desvían los proyectiles bláster mientras se unen a los droides de combate B1.

ARMAS INCORPORADAS

El droide de combate B2 estándar tiene dos cañones láser incorporados en el antebrazo derecho, que es modular y puede reemplazarse con un lanzacohetes y otras armas. Como las manos blindadas del B2 no tienen dedos, le resulta muy difícil manejar blásteres estándar. Sin embargo, sí dispone de unos emisores de señales que activan el mecanismo de disparo de los fusiles bláster especializados, lo que le permite disparar con facilidad.

VARIANTE DE LA MOCHILA

Los ingenieros de la Unión Tecnológica diseñan una potente mochila para impulsar al droide de combate B2 por el aire. Para ahorrar combustible, aumentar la autonomía y compensar el peso del B2, la mochila incorpora un repulsor. Comúnmente conocidos como droides espaciales o droides propulsores, esta variante del B2 recibe el nombre oficial de B2-RP (rocket pack) y se distingue de otros B2 por las marcas blanquiazules del pecho, los brazos y las patas. En los conflictos aéreos, las naves de la Confederación de Sistemas Independientes usan B2-RP, que se lanzan contra naves enemigas.

B2 aéreo
Un superdroide de combate se lanza contra su objetivo.

Soldado cohete
Un pelotón de B2 perfeccionados dispara blásteres montados en la muñeca.

> «El planeta es seguro, señor. La población está bajo control.»
>
> **SUPERDROIDE DE COMBATE G21**

B2-RP MEJORADO

Introducido al final de las Guerras Clon, este B2-RP recibe el nombre de superdroide de combate espacial, y lleva una mochila propulsora más grande, con dos propulsores en los hombros y dos más pequeños en los tobillos. El diseño y la configuración de estos propulsores permiten que el droide tenga un mayor control de las maniobras aéreas, y que sea más veloz. El B2-RP mejorado también va armado con blásteres de muñeca en ambos brazos.

TRAS LAS GUERRAS CLON

Aunque los superdroides de combate dejan de funcionar tras el final de las Guerras Clon, los B2 desempeñan muchas funciones en las décadas siguientes. Utani Xane usa superdroides de combate para impedir que la doctora Aphra robe la matriz de personalidad del protocolo Triple-Cero en el mundo Cuarentena III. Plazir-15 reprograma superdroides de combate para que ayuden en su comunidad tras la caída del Imperio. Años más tarde, el barón Paw Maccon emplea superdroides de combate para proteger sus cámaras acorazadas en Cato Neimoidia, mientras que el pirata Kragan Gorr compra un grupo de superdroides a Sidon Ithano, con la idea de que le ayuden a hacerse con el Coloso.

DROIDE DE PROTOCOLO

FABRICANTE Cybot Galáctica
MODELO Varios **TIPO** Droide de protocolo

Los droides de protocolo de relaciones humano-cibernéticas son unos sirvientes idóneos, capaces de conversar en casi cualquier idioma y programados para ser corteses y sumisos. Su habilidad para la traducción hace de ellos un elemento muy valioso en las reuniones diplomáticas o de negocios, por lo que son muy habituales en mundos como Coruscant, un centro de la política galáctica. También hacen de profesores en escuelas de toda la galaxia. Tienden a ser excéntricos, quisquillosos e inquietos, y hay quien los encuentra irritantes; en ese caso la solución se halla en un dispositivo de contención y un interruptor de fácil acceso. Aunque Cybot Galáctica produce estos droides de protocolo en el mundo fábrica de Affa, también están disponibles como maqueta para coleccionistas. Algunos, como Anakin Skywalker, construyen los suyos con piezas de segunda mano variopintas.

Los droides de protocolo tienen un diseño humanoide, con 1,67 metros de estatura y 75 kg de peso. Están disponibles en dorado, rojo, plateado y blanco, y disponen de un cerebro-procesador verbal SynthTech AA-1 que les permite almacenar mucha información. El módulo de comunicación TranLang III les permite usar con fluidez más de seis millones de formas de comunicación. Existe la posibilidad de actualizar los módulos a versiones más avanzadas. Cybot Galáctica produce otras líneas de droides de protocolo, como la serie TC.

Algunas modificaciones de los droides de protocolo han demostrado ser peligrosas para otras formas de vida, como la matriz de personalidad de protocolo Triple-Cero, que convierte a los droides de protocolo en asesinos.

Líder rebelde
Las actualizaciones del droide de la Alianza Rebelde K-3PO lo convierten en un especialista en estrategia militar. Es un activo valioso para la Alianza hasta que es destruido durante un asalto imperial en Hoth.

Un droide maleducado
E-3PO cuenta con un módulo TechSpan I que le permite acceder a redes imperiales. Sin embargo, esta envidiable capacidad se le acaba subiendo a la cabeza y es muy maleducado con C-3PO cuando lo conoce en la Ciudad de las Nubes.

DROIDE ASTROMECÁNICO DE SERIE R

FABRICANTE Industrias Automaton **MODELO** Serie R
TIPO Droide astromecánico

Los droides astromecánicos son de los más habituales de la galaxia. Son vitales para la navegación y para el mantenimiento de las naves espaciales, ya se trate de cazas monoplaza o de naves grandes, y los hay de múltiples formas y tamaños.

La forma de la cabeza es su rasgo más distintivo; las unidades más comunes tienen cabezas abovedadas, y las de las versiones superiores son transparentes y dejan ver sus veloces procesadores Intellex V. A veces, el Imperio usa a droides de serie R como correos, aunque suele elegir unidades de cabeza cónica. Hay droides astromecánicos más baratos, algo más altos que el resto y con la cabeza plana. Estas unidades suelen presentar muchos fallos, por ejemplo en los motivadores, por lo que pueden tener personalidades complicadas.

Los primeros modelos de serie R son altos, se mueven con lentitud sobre un único pie y son mucho menos simpáticos que los modelos posteriores. Las unidades R más modernas son mucho más bajas y se mueven sobre dos piernas dominantes, con una tercera que pueden plegar y guardar en el cuerpo. Todos disponen de varios brazos mecánicos opcionales, que guardan en distintos compartimentos. El abanico de herramientas de cada unidad depende de cuánto se haya querido gastar su dueño. Las posibilidades son casi ilimitadas: brazos prensiles, varas de descarga, soldadores de arco, brazos para conectarse a ordenadores…

Los cazas pequeños (sobre todo los de la Orden Jedi, la Alianza Rebelde y la Resistencia) suelen contar con asientos diseñados para copilotos astromecánicos y a los que se accede desde el exterior de la nave. Así, el droide de serie R puede vigilar la aparición de otras naves o de basura espacial, al tiempo que hace cálculos de navegación y las reparaciones que sean necesarias.

Listos para trabajar
La nave estelar real de Naboo cuenta con varios droides astromecánicos, listos para llevar a cabo reparaciones de emergencia.

Droides imperiales
El Imperio borra con regularidad la memoria de sus droides astromecánicos, para evitar que desarrollen las peculiares personalidades que caracterizan a algunos.

DATAPAD

FABRICANTE Varios **MODELO** Varios
TIPO Datapad

Los datapad son unos dispositivos muy comunes utilizados con distintos fines en toda la galaxia. La mayoría tiene una pantalla y un mecanismo para introducir datos. Los datapad también pueden almacenar y reproducir datos holográficos.

ESPADAS DE LUZ DE ASAJJ VENTRESS

MODELO Hecha a mano **TIPO** Espada de luz Sith

Durante su aprendizaje con el conde Dooku, Ventress blande dos espadas de luz de empuñadura curva que se pueden unir en una única espada de luz de doble hoja. Muy habilidosa con las armas, Ventress se enfrenta a la Jedi Luminara Unduli en el ataque al crucero *Tranquilidad*. Más tarde, en las Guerras Clon, ayuda a Ahsoka Tano a huir de las autoridades de la República en Coruscant, pero pierde las espadas gemelas después de una emboscada de Barriss Offee. Entonces, adquiere una espada de luz de hoja amarilla en el mercado negro.

BLÁSTER DC-17

FABRICANTE Industrias BlasTech **MODELO** Bláster de mano DC-17
TIPO Pistola bláster

Esta pistola bláster pesada es utilizada por la mayoría de soldados clon de la República, sobre todo por los capitanes y comandantes. La BlasTech DC-17 también puede equiparse con un gancho de ascenso para trepar por muros e incorpora la función de aturdimiento. Se usa a menudo con cartucheras que permitan desenfundar rápido. El comandante Bly y el capitán Rex prefieren usar dos DC-17 a la vez. Tras las Guerras Clon, algunos soldados clon continúan usando blásteres DC-17. También son las armas favoritas de algunos luchadores por la libertad twi'lek.

Potencia de disparo La DC-17 estándar puede realizar hasta cincuenta disparos.

Personalizada Las pistolas DC-17 son idénticas e intercambiables, pero los comandantes las personalizan a menudo con colores distintos.

BLÁSTER DC-15A

FABRICANTE Industrias BlasTech
MODELO Fúsil bláster DC-15A
TIPO Bláster

El DC-15A es una de las armas estándar de los soldados clon. Se trata de un bláster muy fiable, útil para ráfagas de fuego continuo y disparos de larga distancia. El soldado clon puede controlar la potencia de disparo de esta arma, que incluye una función para aturdir a los enemigos. Los blásteres DC-15A pueden montarse en trípodes y equiparse con miras telescópicas de francotirador. Asimismo pueden usar los datos de lectura holográfica de los cascos de los soldados. Durante la batalla de Teth, los soldados clon usan los cables de ascenso del bláster para trepar por muros altos.

BRAZO MECÁNICO DE ANAKIN

FABRICANTE República **MODELO** Brazo mecánico personalizado **TIPO** Prótesis cibernética

Cuando el conde Dooku le corta el antebrazo derecho a Anakin en Geonosis, el Jedi recibe una prótesis mecánica. Parece el brazo de un droide, y mejora la capacidad de sujeción de Anakin. Las yemas de los dedos electroestáticos permiten que el Jedi conserve el sentido del tacto.

DROIDE TÁCTICO SERIE T

FABRICANTE Autómatas de Combate Baktoid
MODELO Droide táctico **FILIACIÓN** Separatistas

Los droides tácticos de la serie T tienen un importante papel de asesoramiento a las fuerzas separatistas en las Guerras Clon. Tras estas, son muy codiciados por los chatarreros porque sus cerebros contienen información útil para quienes luchan contra el Imperio. Mucho más inteligentes que la mayoría de los droides de combate, los tácticos están diseñados para planear estrategias de batalla desde la seguridad de una nave insignia o un cuartel general fortificado. Gracias a su inteligencia, muchos comandantes separatistas otorgan a los droides tácticos plena autoridad sobre los elementos militares. Esto lleva a muchos de ellos a manifestar su superioridad sobre los demás modelos de droides.

ESPADA DE LUZ DEL CONDE DOOKU

CREADOR Conde Dooku **MODELO** Hecha a mano **TIPO** Espada de luz Sith

El maestro Jedi Dooku, que se considera a sí mismo un gran duelista, fabrica su espada de luz con una empuñadura curva muy poco habitual que le permite ejecutar movimientos con mayor precisión. Cuando abandona a los Jedi y se une a los Sith, su espada de luz azul pasa a ser roja. Durante un enfrentamiento en Geonosis, Dooku se libra fácilmente de Anakin Skywalker y Obi-Wan Kenobi, pero no puede vencer al maestro Yoda. Dooku utiliza esta espada en todas las Guerras Clon. Se enfrenta a Anakin y Obi-Wan por segunda vez a bordo de la nave *Mano Invisible*, pero, en esa ocasión, le fallan las habilidades, y es decapitado por un Anakin con sed de venganza.

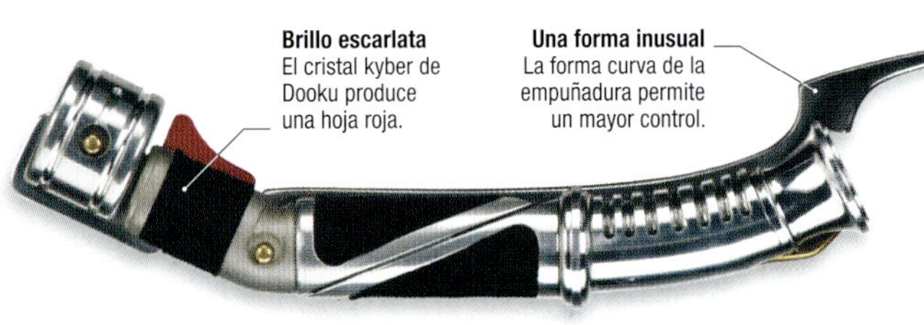

Brillo escarlata El cristal kyber de Dooku produce una hoja roja.

Una forma inusual La forma curva de la empuñadura permite un mayor control.

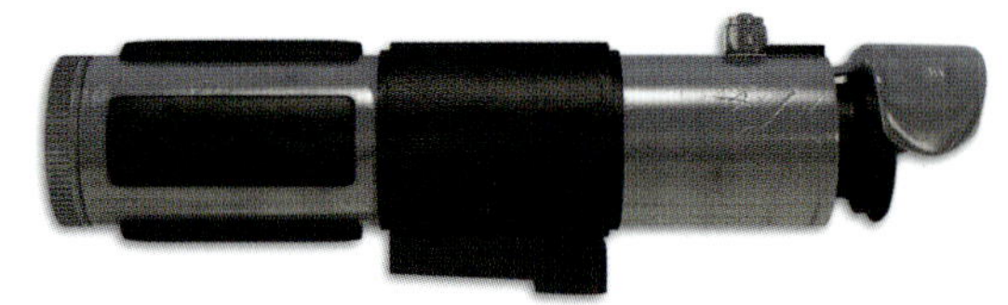

ESPADA DE LUZ DE YODA

CREADOR Yoda **MODELO** Hecha a mano **TIPO** Espada de luz Jedi

A lo largo de los siglos, Yoda ha blandido muchas espadas de luz de similar diseño: con una empuñadura más corta de lo normal y una hoja proporcionada al tamaño del Maestro Jedi. Pese a su edad, Yoda es uno de los mejores combatientes de la Orden Jedi, atacando de un modo vertiginoso desde cualquier dirección. La espada de luz de hoja verde sirve bien a Yoda durante la época de la Alta República y las Guerras Clon, pero pierde su arma mientras lucha contra el emperador Palpatine en la Cámara del Senado. El gran visir Mas Amedda la arroja públicamente a un horno y la destruye. Décadas más tarde, Luke Skywalker encuentra una espada de luz de repuesto en la cabaña de Yoda en Dagobah. Se la ofrece a Grogu en su Templo Jedi de Ossus, y pide al jovencito que elija entre entrenar con él como Jedi o regresar con el Mandaloriano.

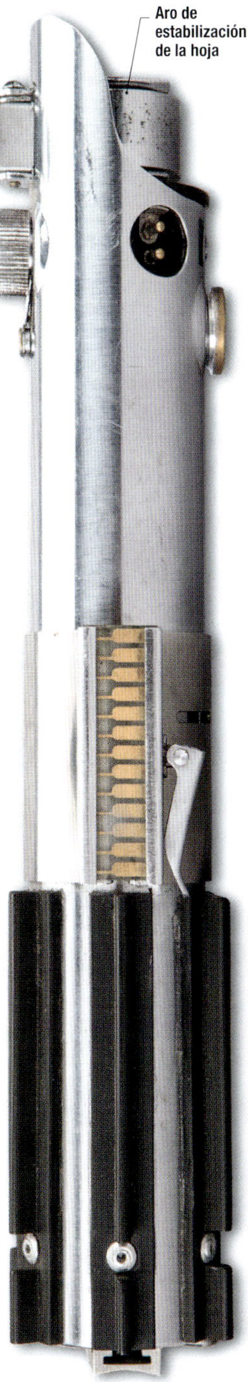

ESPADA DE LUZ DE SKYWALKER

CREADOR Anakin Skywalker
MODELO Hecha a mano **TIPO** Espada de luz Jedi

Aunque muchas espadas de luz son exclusivas de sus propietarios, la espada de Skywalker pasa de Anakin a Luke Skywalker y a Rey a lo largo de las décadas. Aunque los tres fabrican una nueva arma después de empuñarla, esta espada desempeña un importante papel en muchas batallas épicas.

ESPADA DE LUZ DE ANAKIN

La espada de luz de Skywalker nace tras la batalla de Geonosis, cuando Anakin construye una sustituta para su arma Jedi original. La segunda espada de luz de Anakin tiene la hoja azul y un cuerpo plateado con empuñadura negra.

Últimos actos
Anakin usa su espada de luz para enfrentarse a Palpatine, pero enseguida la cambia por una de hoja roja.

Anakin la blande contra los separatistas en las Guerras Clon y derrota con ella al conde Dooku a bordo de la *Mano Invisible* en la batalla de Coruscant. Con esa misma espada corta después una mano a Mace Windu para defender al canciller supremo Palpatine, hecho que señala su transformación en Darth Vader. Luego la usa durante la matanza del Templo Jedi y en su combate contra Obi-Wan en Mustafar.

ESPADA DE LUZ DE LUKE

Obi-Wan toma la espada de su adversario vencido y la conserva durante casi dos décadas mientras cuida en Tatooine del hijo de Anakin, Luke, a quien finalmente se la entrega. Este la blande contra el Imperio más de dos años, y en Cymoon 1 combate con ella por primera vez a Vader. Entonces el lord Sith la recupera por breve espacio y la reconoce como suya, pero Luke se hace con ella antes de huir. Luego Luke aprende a luchar con la espada en Hubin con Thane Markona, cuya madre era Jedi, y estudia con Yoda en el planeta Dagobah. Pero cuando se enfrenta de nuevo a Vader en la Ciudad de las Nubes, su talento aún no puede rivalizar con la maestría del lord Sith. Vader le corta una mano con su espada y manda el arma a las profundidades de la Ciudad de las Nubes, donde un Ugnaught la recupera.

De tal palo...
Luke no ha blandido jamás una espada láser, pero sabe cómo usarla.

Nueva forja
No puede acabarse con la más famosa de las armas ni partiéndola en dos. Sus fragmentos volvieron a forjarse y Rey la blande una vez más contra Kylo Ren.

ESPADA DE LUZ DE REY

En algún momento de las tres décadas siguientes, el legendario pirata Maz Kanata se hace con el arma. Cuando Rey llega al castillo de Maz en Takodana, siente la llamada de la espada de luz y la encuentra en un cofre oculto en una cripta bajo el castillo. La Fuerza le transmite visiones del pasado y Maz quiere regalarle el arma, pero Rey rechaza su oferta. Finn, el ex soldado de asalto de la Primera Orden, le quita la espada a Maz y la usa en un duelo contra su antiguo amigo FN-2199 en la batalla de Takodana. En la base Starkiller, Finn se las ve incluso con Kylo Ren, el «Asesino de Jedi», quien lo hiere de gravedad. A continuación, tanto Rey como Kylo llaman a la espada, pero esta obedece a Rey, quien combate a Kylo, lo iguala y le corta la cara.

Después Rey viaja a Ahch-To, donde vive Luke, para devolverle la espada, pero este la arroja a su espalda. Rey la recoge y acaba convenciéndolo para que la entrene. Tras pulir sus habilidades, Rey deja a Luke en Ahch-To y se reincorpora a la lucha contra la Primera Orden. Se deja capturar y la llevan ante el Líder Supremo Snoke a bordo de la *Supremacía,* su nave insignia. Snoke le quita la espada a Rey y ordena a Kylo que la mate, pero este usa la Fuerza para activar el arma de Rey y matar a Snoke, y luego le da la espada a Rey. La Guardia Pretoriana de Snoke se les echa encima en el acto, pero el formidable dúo los despacha a todos. Luego Ren tiende la mano a Rey, con la esperanza de que esta se una a él, pero ella lo rechaza y trata de convocar otra vez a la espada. Kylo también la llama y el arma estalla entre los dos y se hace añicos. Rey escapa de la nave con los fragmentos de la legendaria arma.

En Crait, una proyección de Luke con la espada de luz de Skywalker se enfrenta a Kylo Ren. Más tarde, cuando la Resistencia se reagrupa en Ajan Kloss, Rey repara la empuñadura dañada. Durante la batalla de Exegol, Rey utiliza la Fuerza para transferir el arma a Ben Solo, que la empuña contra los Caballeros de Ren. Rey la empuña junto con la espada de luz de Leia para derrotar al emperador. Tras fabricar una nueva espada con su pica, Rey entierra las espadas de luz de Luke Skywalker y de Leia en Tatooine, cerca de la casa de la infancia de Luke.

«Soy todos los Jedi»
En el enfrentamiento final entre los Jedi y los Sith, Rey usa la espada de luz de Skywalker y la de Leia Organa para devolver a Sidious su rayo hasta desintegrar a su abuelo.

TT-8L/Y7

FABRICANTE Serv-O-Droid
TIPO Droide guardián
FILIACIÓN Palacio de Jabba

Apodados las «cotorras», estos droides de seguridad instalados en las puertas de entrada examinan y registran a los visitantes en busca de armas. Odiosos y abusones, disfrutan de su posición de control. R2-D2 y C-3PO son interrogados por uno instalado en un orificio de la entrada del palacio de Jabba el Hutt. El remanente imperial utiliza droides TT-8L para controlar a los visitantes de sus refugios tras la caída del Imperio.

PRIMERAS ESPADAS DE LUZ DE AHSOKA

CREADORA Ahsoka Tano **MODELO** Hecho a mano **TIPO** Espada de luz Jedi

Ahsoka Tano emplea mucho sus primeras espadas de luz durante las Guerras Clon. La joven padawan desarrolla un estilo de lucha único, que incorpora una poco ortodoxa manera de empuñar una de sus espadas. Bajo la instrucción de Anakin Skywalker, se convierte en una experta esgrimista y empuña su arma en combate en Teth, Geonosis y Lola Sayu, aunque la pierde brevemente a manos de un ladrón en los subterráneos de Coruscant. Construye una espada de hoja corta para usarla junto con su arma principal. Cuando Ahsoka renuncia a sus espadas de luz en Coruscant, tras abandonar la Orden Jedi, Anakin Skywalker se las devuelve con hojas azules y mejoradas poco antes del asedio de Mandalore. Posteriormente, Tano abandona sus armas en una luna cercana a un cementerio de soldados clon, en la que se ha estrellado el *Tribunal*. Vader encuentra las espadas y roba una para usarla.

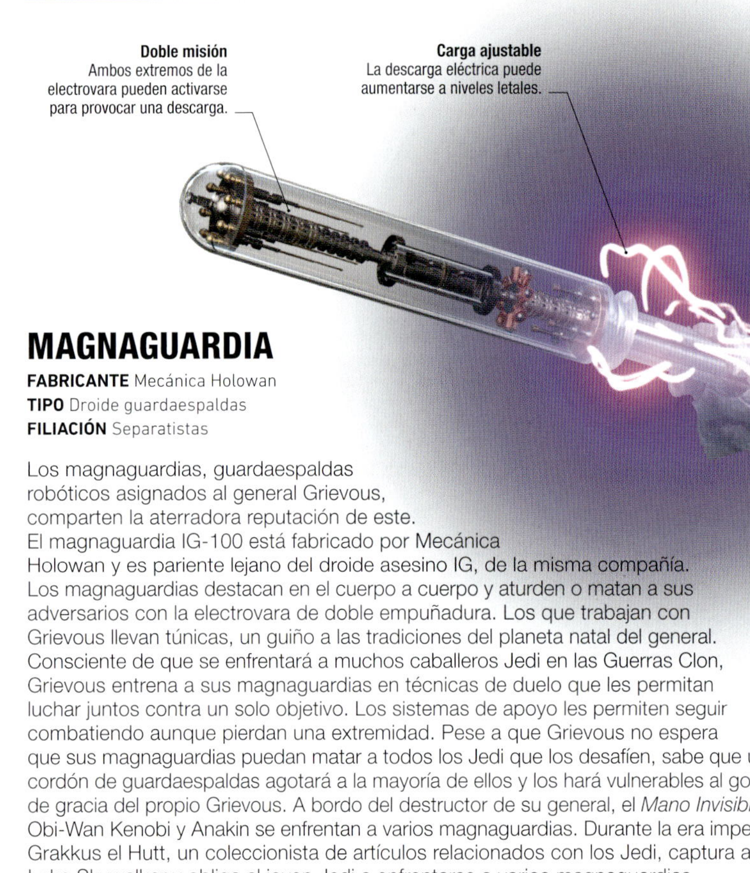

Doble misión
Ambos extremos de la electrovara pueden activarse para provocar una descarga.

Carga ajustable
La descarga eléctrica puede aumentarse a niveles letales.

Droide de alto rango
Un magnaguardia tiene un rango superior a cualquier droide de combate. Su presencia indica que tiene que haber cerca un comandante separatista.

Uniformes de magnaguardia
Cuando luchan, se echan la túnica ceremonial por detrás de los hombros.

MAGNAGUARDIA

FABRICANTE Mecánica Holowan
TIPO Droide guardaespaldas
FILIACIÓN Separatistas

Los magnaguardias, guardaespaldas robóticos asignados al general Grievous, comparten la aterradora reputación de este. El magnaguardia IG-100 está fabricado por Mecánica Holowan y es pariente lejano del droide asesino IG, de la misma compañía. Los magnaguardias destacan en el cuerpo a cuerpo y aturden o matan a sus adversarios con la electrovara de doble empuñadura. Los que trabajan con Grievous llevan túnicas, un guiño a las tradiciones del planeta natal del general. Consciente de que se enfrentará a muchos caballeros Jedi en las Guerras Clon, Grievous entrena a sus magnaguardias en técnicas de duelo que les permitan luchar juntos contra un solo objetivo. Los sistemas de apoyo les permiten seguir combatiendo aunque pierdan una extremidad. Pese a que Grievous no espera que sus magnaguardias puedan matar a todos los Jedi que los desafíen, sabe que un cordón de guardaespaldas agotará a la mayoría de ellos y los hará vulnerables al golpe de gracia del propio Grievous. A bordo del destructor de su general, el *Mano Invisible*, Obi-Wan Kenobi y Anakin se enfrentan a varios magnaguardias. Durante la era imperial, Grakkus el Hutt, un coleccionista de artículos relacionados con los Jedi, captura a Luke Skywalker y obliga al joven Jedi a enfrentarse a varios magnaguardias.

ELECTROVARA

FABRICANTES Mecánicas Holowan y Talleres de Blindaje Baktoid
MODELO Electrovara **TIPO** Vara a dos manos

La electrovara está fabricada con un material conductor de la energía, lo que le permite interceptar golpes de espada de luz sin partirse por la mitad. Cada extremo incorpora un módulo electromagnético recubierto de zarcillos de energía que pueden incapacitar a la mayoría de los seres orgánicos. El pirata Taborr Val Dorn usó una electrovara simplificada –y menos letal– en la época de la Alta República. Los magnaguardias hacen girar sus electrovaras tan rápido que parecen borrones circulares. El pirata Hondo Ohnaka también esgrime una electrovara durante su asalto a los granjeros de Felucia. Durante la era imperial, el arma del asesino noghri Rukh es una electrovara personalizada con un bláster incorporado, que emplea con letal eficacia. Años más tarde, los droides asesinos HK-87 de Morgan Elsbeth emplean también electrovaras contra sus rivales más serios.

Primera línea de defensa
El general Grievous ordena a sus magnaguardias que detengan a los atacantes Jedi.

Siempre alerta
Los magnaguardias siempre están alerta, examinando el entorno en busca de amenazas.

Potentes tractores
El crucero imperial *Arrestor* de clase Cantwell es una nave formidable. Equipada con una potente antena triple de rayos tractores, esta nave está diseñada específicamente para atrapar cualquier nave rebelde.

RAYO TRACTOR

FABRICANTE Varios **MODELO** Rayo tractor
TIPO Equipo de nave estelar

Los rayos tractores son una herramienta clave de las naves estelares y estaciones espaciales. Proyectan un campo de fuerza que puede atraer a un objeto y arrastrarlo hasta un hangar. A bordo de naves como el crucero *Malevolencia*, los rayos tractores son armas ofensivas que se apuntan hacia una nave que huye para reducir su velocidad o inmovilizarla por completo, convirtiéndola así en presa fácil para los turboláseres. Los rayos tractores también tienen usos pacíficos: las estaciones espaciales los usan para guiar a las naves que van a aterrizar, y los remolcadores espaciales están equipados con rayos tractores muy potentes para remolcar naves averiadas.

DROIDES COMANDO

FABRICANTE Autómatas de combate Baktoid
TIPO Droide de combate **FILIACIÓN** Separatistas

Los droides comando son versiones avanzadas y más robustas de los droides de combate B1, programados con tácticas de combate mejoradas y equipados con fotorreceptores blancos. Los capitanes y otras unidades comando de alto rango llevan identificadores blancos en la cabeza y en el pecho. La mayoría de estos llevan fusiles bláster y porras aturdidoras, y las unidades especiales empuñan vibroespadas para el combate cuerpo a cuerpo. Se sabe que bandas criminales como los Piratas del Caos robaban y reprogramaban droides comando para proteger sus territorios en la era imperial. Tras la batalla de Yavin, Darth Vader y la doctora Chelli Aphra roban una fábrica portátil de droides geonosianos. Este la emplea para crear su ejército privado de droides comando para luchar contra los agentes cibernéticos de la doctora Cylo. Décadas más tarde, un droide comando llamado N1-ZX forma parte de la red de espionaje droide de C-3PO, trabajando para la Resistencia hasta su destrucción en Kaddak.

Aerotransporte
Los droides comando atacan a sus enemigos en estas motos.

Adversario ágil
Un droide comando puede moverse y reaccionar con más rapidez que un droide de combate estándar.

Armadura pesada
Los droides están diseñados para soportar el fuego de los blásteres.

DROIDE CANGREJO LM-432

FABRICANTE Unión tecnológica **TIPO** Tanque droide **FILIACIÓN** Separatistas

El droide cangrejo LM-432 es, fundamentalmente, una unidad militar que destaca por su capacidad para navegar en zonas pantanosas. Las seis patas blindadas le permiten trepar por superficies desiguales y las garras de los extremos, junto con los espolones de las articulaciones, le facilitan subir por cuestas empinadas. El rostro del LM-432 destaca por sus tres fotorreceptores rojos. Las antenas de comunicación mantienen el droide en contacto con sus comandantes. Dos cañones bláster de la parte inferior sirven de armas de largo alcance. En Pijal, un droide cangrejo modificado es la presa de la Gran Cacería, una antigua tradición en la que el futuro monarca del planeta demuestra sus habilidades. En plena Gran Cacería de la princesa Fanry, el droide la ataca con ferocidad hasta que sus protectores Jedi la salvan. Durante las Guerras Clon, los droides cangrejo forman parte de los ejércitos separatistas y combaten en planetas de toda la galaxia.

Extremidades letales
Las potentes garras del droide pueden atravesar el blindaje de un vehículo.

Puntos débiles
Los atacantes capaces de aprovechar los ángulos muertos del droide pueden llegar a destruir su procesador central.

HOLOCRÓN JEDI

CREADOR Varios **MODELO** Hecho a mano **TIPO** Holocrón Jedi

Los holocrones son dispositivos de almacenamiento de información usados principalmente por los Jedi. Actúan como repositorios de conocimiento vital y sensible. La mayoría de los datos que contienen están relacionados con la naturaleza y los usos de la Fuerza, por ello solo comparten este conocimiento con miembros de la Orden Jedi, y muchos disponen de un mecanismo de seguridad que únicamente permite el acceso a quienes se muestran sensibles a la Fuerza. Es habitual que los holocrones parezcan poliedros regulares, con los lados de un material cristalino que brilla. La información de estos dispositivos se muestra habitualmente en forma de un holograma interactivo que recuerda al maestro Jedi que grabó la información.

A lo largo de los siglos, varios maestros Jedi han creado cientos de holocrones. La Orden Jedi concede un gran valor a estos dispositivos por su importancia histórica, la sabiduría que albergan y sus métodos de enseñanza. La orden no quiere correr riesgos y los guarda en los archivos del Templo Jedi. Los más excepcionales se conservan en la cripta de los holocrones, protegida con puertas acorazadas y láseres activados por sensores de movimiento. Muchos solo funcionan combinados con un cristal de memoria concreto. La orden nunca guarda ambos objetos juntos.

En las Guerras Clon, el cazarrecompensas Cad Bane asalta el Templo Jedi con la idea de entrar en la cripta. Los Jedi detectan su intrusión, pero creen que su objetivo es otro y le permiten avanzar por los conductos de ventilación. Cato Parasitti, capaz de adoptar cualquier forma, se hace pasar por la bibliotecaria Jocasta Nu y distrae a los Jedi, lo que permite a Bane hacerse con el holocrón kyber y salir del templo sin mucha dificultad. Tras la activación de la Orden 66, muchos holocrones Jedi caen en manos de los Sith o de coleccionistas de artículos Jedi, como Grakkus el Hutt. Jocasta Nu sobrevive a la Purga y graba una biblioteca completa de holocrones para preservar sus vastos conocimientos.

Cal Kestis y Cere Junda buscan un holocrón del maestro Jedi Eno Cordova, oculto en una bóveda de Bogano, con las ubicaciones de los niños sensibles a la Fuerza. Aunque inicialmente planean reconstruir la Orden Jedi con esta información, Kestis decide destruir el holocrón para proteger del Imperio a los niños. Luke Skywalker y Leia Organa se enteran más tarde del fallido complot de Qi'ra para derrocar a los Sith, durante la era Imperial, gracias a un holocrón fabricado por una mujer conocida como la «Archivista». Posteriormente, Luke Skywalker encuentra la biblioteca y, al instaurar una nueva Orden Jedi, cumple el último deseo de Jocasta.

Recuperación de datos La reproducción de datos se realiza en forma de hologramas interactivos.

Acceso restringido Los holocrones pueden detectar si el usuario es sensible a la Fuerza.

«Los holocrones contienen los secretos mejor guardados de la Orden Jedi.» **JOCASTA NU**

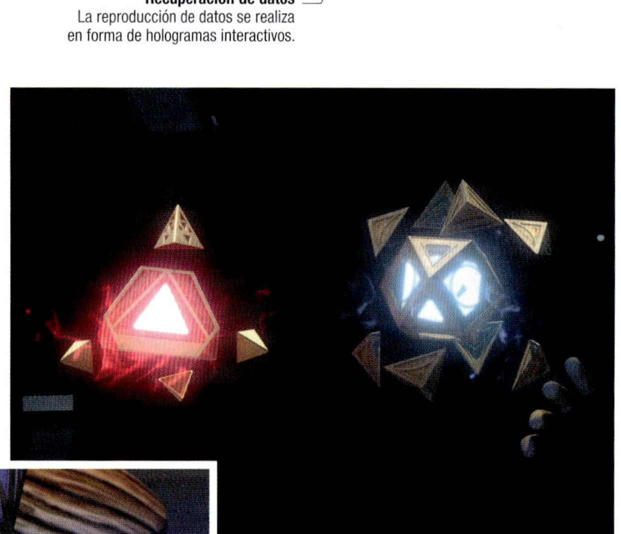

Un conocimiento oculto Combinando holocrones Jedi y Sith, un usuario de la Fuerza puede encontrar respuestas a cualquier pregunta que pueda tener.

Secretos a buen recaudo Una sala especial de los Archivos Jedi alberga los holocrones más valiosos de la historia de la Orden.

MEGADROIDE

FABRICANTE Autómatas de Combate Baktoid **TIPO** Droide de combate **FILIACIÓN** Separatistas

Es un droide de combate colosal y muy avanzado, con garras eléctricamente potenciadas y revestimiento de duracero. Después de que Yoda descubriera diseños separatistas de esta nueva amenaza, él y Anakin Skywalker destruyeron la fábrica que producía los droides en Golatha, así como un prototipo que había escapado.

CRISTAL KYBER

MODELO Artesanal **TIPO** Cristal de memoria

Los cristales kyber son raras gemas que crecen en planetas dispersos por toda la galaxia. Concentran la energía de una manera única y resuenan con la Fuerza. Un cristal kyber forma el corazón de una espada de luz, concentrando la energía en la hoja del arma. Los usuarios del lado oscuro corrompen los cristales kyber, que suelen arrebatar a los Jedi en combate, para sus espadas de luz. Vierten su agonía en los cristales, haciendo que sangren y se vuelvan rojos. Los jovencitos Jedi viajan a las cuevas de hielo de Ilum para un ritual conocido como la Asamblea, donde encuentran cristales para sus primeras espadas de luz. El Templo del Kyber, en Jedha, contiene un sistema de túneles con más de 2000 estatuas talladas en cristal kyber. El científico imperial Galen Erso desarrolla un método para convertir en armas los enormes cristales kyber, que se convierte en la base del superláser de la Estrella de la Muerte.

HACHA GAMORREANA

FABRICANTE Varios
MODELO Hacha vibratoria a dos manos
TIPO Hacha vibratoria

Los guardas del palacio de Jabba el Hutt blanden unas hachas intimidatorias. Se trata de una exhibición de fuerza para que los visitantes sepan que no se andan con rodeos. Estas suelen tener generadores de vibración que mejoran su capacidad de corte, aunque sin ellos son igual de destructivas. Los guardias gamorreanos que juran lealtad a Boba Fett tras la muerte de Jabba y Bib Fortuna blanden diversos tipos de hacha.

ACUADROIDE

FABRICANTE Unión Tecnológica **TIPO** Tanque droide **FILIACIÓN** Separatistas

Los separatistas utilizan los acuadroides para combates submarinos en planetas oceánicos como Kamino y Mon Cala. Tienen cañones láser retráctiles y pueden moverse a gran velocidad bajo el agua gracias a los propulsores de los pies. Los separatistas también los usan en ataques sorpresa: los ocultan entre los restos de naves y tienden una emboscada a los objetivos. Durante el ascenso de la Primera Orden, Rey se enfrenta a un droide acuático reconstruido llamado RK-9, en Mon Cala, durante un Antiguo Ritual de Desafío.

DROIDE ASESINO SD-K4

FABRICANTE Unión Tecnológica **TIPO** Droide asesino **FILIACIÓN** Separatistas

Estos droides tienen forma arácnida y están programados para matar. Cuentan con ocho patas terminadas en garras y múltiples fotorreceptores para examinar su entorno. Cuando están acorralados, liberan a través de los poros de la cabeza docenas de droides más pequeños que rodean a su presa y le clavan sus afiladas extremidades. Durante las Guerras Clon, tres droides asesinos atacan a la duquesa Satine Kryze en el *Coronet*, pero Anakin Skywalker y Obi-Wan Kenobi acaban con ellos.

ARCO DE ENERGÍA

CREADOR Hermanas de la Noche
MODELO Hecho a mano **TIPO** Arco de energía

Las cuerdas del arco de energía de las Hermanas de la Noche son de plasma rosa y permiten lanzar saetas fabricadas con un material similar. Las Cazadoras emplean estos arcos para localizar y eliminar a los enemigos, obedeciendo órdenes de Talzin. Asajj Ventress recibe un arco cuando se reúne con las Hermanas. Años después de que los separatistas masacraran a las Hermanas de la Noche de Dathomir, los Hermanos de la Noche usaron arcos de energía para frenar a Cal Kestis.

ELECTROLÁTIGO ZYGERRIANO

MODELO Electrolátigo zygerriano
TIPO Látigo de descargas

La crueldad de los esclavistas zygerrianos, como la famosa Miraj Scintel, es tristemente célebre en toda la galaxia. Su arma favorita es, sin duda, el electrolátigo: una empuñadura metálica con un cable extensible que refulge al estar activado. Posteriormente, el Imperio y el Gremio de Minería usan estos látigos para controlar a sus esclavos.

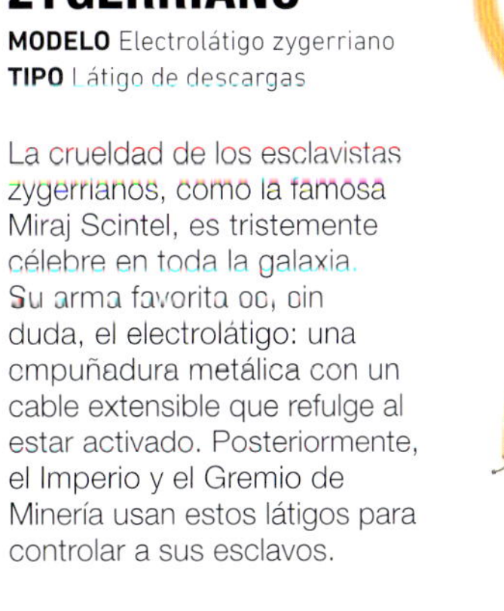

BOLA DE CRISTAL DE LAS HERMANAS DE LA NOCHE

CREADOR Hermanas de la Noche **MODELO** Hecha a mano
TIPO Artilugio de las Hermanas de la Noche

Las Hermanas de la Noche de Dathomir recurren a unas extrañas tradiciones para usar la Fuerza, incluidas bolas de cristal para ver hechos futuros. En las Guerras Clon, Talzin utiliza una bola de cristal para localizar a Savage Opress y, luego, a su hermano, Maul.

ARMADURA DE SOLDADO CLON DE FASE II

FABRICANTE Fabricantes de armaduras kaminoanos
MODELO Fase III **TIPO** Armadura corporal

Esta armadura es la transición entre la armadura de soldado clon de Fase I, que usaba el Gran Ejército de la República, y la armadura de soldado de asalto, usada por el Imperio galáctico. La diferencia más evidente es el casco, que contiene un sistema avanzado de filtración. Esta armadura carece de sistema de soporte vital, por lo que los soldados deben llevar material adicional cuando se adentran en regiones con atmósferas irrespirables. De todos modos, la armadura reglamentaria de Fase II, cuyos primeros prototipos se entregan a los soldados ARC, se puede personalizar y permite añadir armas, placas, mochilas, mochilas propulsoras y respiradores. También existen variantes especializadas, adaptadas a entornos, modos de batalla o tipos de misión específicos.

ARMADURA MANDALORIANA

FABRICANTE Varios **MODELO** Varios **TIPO** Armadura corporal

La armadura mandaloriana simboliza su cultura y es objeto de un orgullo especial. Está hecha de beskar, una forma de hierro que solo se halla en Mandalore y en su luna, Concordia, y puede repeler las espadas de luz Jedi. El diseño ha ido cambiando a lo largo de los siglos y, por ejemplo, los cruzados mandalorianos llevaban cascos y túnicas. Los miembros mandalorianos del Colectivo Sombra de Darth Maul llevan una armadura roja y gris con cuernos, para demostrar su lealtad al guerrero del lado oscuro. Años después, los supercomandos imperiales llevan una armadura blanca que recuerda a la de los soldados de asalto. Algunas armaduras pasan de generación en generación, como la llamativa armadura que Sabine Wren repinta y reforja con frecuencia para adaptarla a sus gustos.

Durante su estancia en la Academia Imperial de Mandalore, Sabine Wren crea un generador de pulsos de arco que puede sobrecalentar la armadura mandaloriana y matar al portador. Más tarde, Wren y Bo-Katan Kryze destruyen el generador. Algunas facciones mandalorianas, como los Hijos de la Guardia, creen que los verdaderos mandalorianos nunca deben quitarse el casco ante los demás; otros grupos no comparten esta opinión. Los Armeros mandalorianos se encargan de forjar armaduras, accesorios y armas mandalorianas, como el ave silbante. En un refugio en Nevarro, la Armera fabrica para Din Djarin una nueva armadura en los años posteriores a la caída del Imperio.

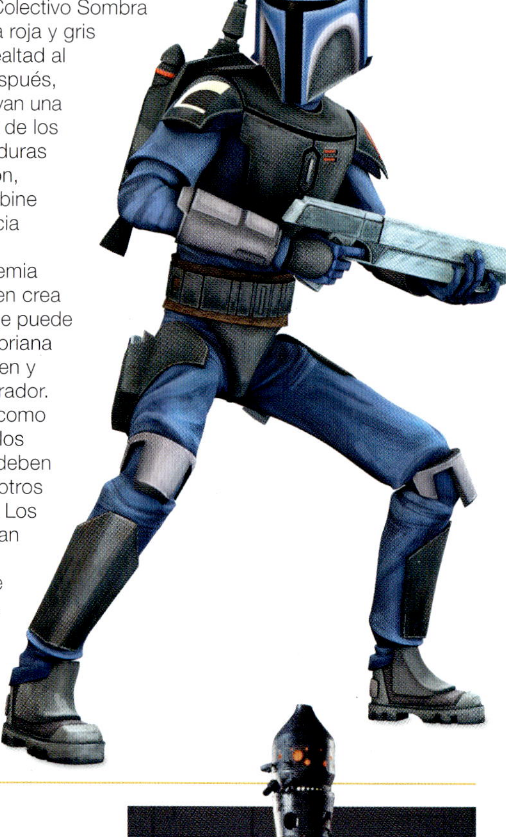

MOCHILA PROPULSORA JT-12

FABRICANTE Municiones Merr-Sonn **MODELO** JT-12
TIPO Mochila propulsora individual

Las mochilas JT-12 permiten tanto dar saltos cortos como volar a largas distancias. La velocidad máxima media de una mochila propulsora en vuelo es de 145 km/h. Estas mochilas son anteriores a las Guerras Clon y las usan cazarrecompensas como Jango Fett, facciones mandalorianas como la Guardia de la Muerte e incluso la República Galáctica. Los mandalorianos siguieron utilizando las mochilas propulsoras JT-12 tras la purga mandaloriana. La mochila también cuenta con un potente lanzador sobre el que se pueden adaptar los módulos de los misiles autodirigidos MM9 y Z-6.

DROIDE ASESINO DE SERIE IG

FABRICANTE Laboratorios Holowan
MODELO Serie IG **TIPO** Droide asesino

La República Galáctica ha decidido prohibir los droides de serie IG, fabricados por los Laboratorios Holowan, porque, en general, son muy agresivos. La creación de los droides asesinos de serie IG fue resultado de un error fatal cometido por la empresa, que dotó a los droides de una programación incompleta. Cuando activan a IG-88, el letal droide ataca a sus creadores y acaba con todos los presentes en el laboratorio. Empieza a trabajar como cazarrecompensas y su fama en la galaxia solo es comparable a la de Boba Fett. Otros droides asesinos notables de la serie IG son IG-90, que se asocia con Bossk, e IG-11, activo durante la época de la Nueva República.

CHIP DE CONTROL

FABRICANTE Kaminoanos
MODELO Personalizado **TIPO** Biochip

Cuando el maestro Jedi Sifo-Dyas encarga a los kaminoanos que fabriquen un ejército clon, también les ordena que diseñen un biochip y lo inserten en el cerebro de todos los embriones clon, con el fin de reducir su agresividad y aumentar el cumplimiento de las órdenes. Cuando el conde Dooku ordena el asesinato de Syfo-Dyas y asume el control del programa de clonación, exige a los kaminoanos que alteren los biochips para que, llegado el momento, los clones obedezcan la Orden 66 del emperador y ataquen a los Jedi. Muchos soldados clon, incluida la Fuerza Clon 99, que se resiste a la Orden 66, se quitan sus chips de control cuando conocen su existencia. Posteriormente, el Imperio usa chips similares en los wookiees y en prisioneros.

MESA DE DEJARIK

FABRICANTE Varios **MODELO** Varios **TIPO** Juego

El Dejarik es un juego de mesa muy popular en toda la galaxia, jugado por dos combatientes. Cada jugador dirige una banda de hasta diez monstruos holográficos, como los ghhhk, houjix, los trancos kintanos, molators, los gusanos k'lor's, monnoks, scrimps, bulbosos, ng'oks y savrips mantellianos para representar combates a muerte. El tablero se compone de tres círculos concéntricos, con dos de ellos segmentados en 12 divisiones y un anillo interior que actúa como arena de combate. Muchos jugadores, si no disponen de tableros electrónicos, emplean piezas de monstruos hechas a mano, casi igual de populares.

«Estoy programado para resistir la intimidación.»

KRAKEN

SUPERDROIDE TÁCTICO

FABRICANTE Autómatas de Combate Baktoid
TIPO Droide táctico **FILIACIÓN** Separatistas

Los superdroides tácticos son una versión mejorada basada en los droides tácticos de serie T. Ejercen de generales en el ejército droide separatista durante las Guerras Clon. No son únicamente un adelanto con respecto al modelo anterior, sino que se consideran superiores a sus homólogos biológicos. Como consecuencia, son arrogantes, les gusta discutir, no saben lo que es la compasión ni la moral, y son despiadados. Algunos de los más famosos son el general Kalani, todavía activo durante la era Imperial; Aut-O, comandante de flota separatista derrotado por el Escuadrón D; y Kraken, ayudante del almirante Trench.

ESPADAS DE LUZ DE DARTH SIDIOUS

FABRICANTE Darth Sidious
MODELO Hechas a mano
TIPO Espadas de luz Sith

Darth Sidious forja dos espadas de luz mientras es aprendiz de Darth Plagueis. Sidious tiene un gusto exigente y por ello fabrica sus espadas de luz con phrik, un compuesto metálico casi indestructible, y un emisor de aurodium, a lo que se añade un acabado en electrum. En el núcleo se esconde un cristal kyber corrupto. Sidious las usa en contadas ocasiones, solo cuando es imprescindible, ya que ello revelaría su identidad Sith. Prefiere ejercer sus poderes de manipulación y utilizar a otros para realizar sus oscuros planes.

Arma secreta
Una de las espadas de Sidious se halla oculta en el interior de una escultura de neuranio que tiene en su despacho del Senado.

DROIDE ZUMBADOR

FABRICANTE Nido de Creación Colicoide
TIPO Droide de sabotaje pistoeka **FILIACIÓN** Separatistas

Varios enjambres de estos droides atacan las naves de la República durante las Guerras Clon. Los droides buitre y los tricaza lanzan misiles que contienen hasta siete droides zumbadores, cada uno dentro de una esfera. Gracias a sus propulsores, se abren paso entre las defensas enemigas hasta alcanzar su objetivo y entonces se abren. Los brazos mecánicos y las herramientas de corte desmantelan naves y droides enemigos para causar el máximo daño posible. Es difícil expulsarlos de las naves, y aunque la República no ha desarrollado defensas adecuadas contra los zumbadores, los Jedi han hallado formas de eludirlos. En la era imperial, algunas fuerzas rebeldes, como el Movimiento Libertario de Ryloth, despliegan droides zumbadores contra naves imperiales. El oficial imperial Thrawn conserva por un tiempo varios droides zumbadores para aprender más sobre la tecnología de la época de la República. El *Liberación*, un destructor estelar bajo el mando de la general rebelde Hera Syndulla, también sufre el ataque de un enjambre de droides zumbadores poco antes de la batalla de Jakku.

Punto débil
Cuando un droide zumbador aterriza en el caza de Anakin Skywalker, R2-D2 le dispara en el punto más vulnerable: el fotorreceptor principal.

TURBOLÁSER IMPERIAL

FABRICANTE Taim & Bak **MODELO** Turboláser pesado XX-9 **TIPO** Arma de emplazamiento antinaves

El turboláser XX-9 tiene una torreta giratoria de doble cañón montada sobre una base cuadrada. Estas armas se instalan en la superficie de los destructores estelares y de la Estrella de la Muerte, donde se dividen en cuatro secciones: el nivel superior incluye la batería turboláser; el segundo alberga hileras de capacitadores para almacenar energía; en la tercera sección se halla la tripulación de apoyo y los encargados del mantenimiento, y en el último hay puestos de artillería y ordenadores de control.

Empuñadura adherente magnatómica

Gatillo sensible a la presión

Arma de asalto
Las tropas de asalto disparan a la tripulación del *Halcón Milenario* cuando huyen de la Estrella de la Muerte.

FUSIL BLÁSTER DE TROPAS DE ASALTO

FABRICANTE Industrias BlasTech **MODELO** E-11
TIPO Fusil bláster de las tropas de asalto

El BlasTech E-11 es el arma reglamentaria de las tropas de asalto imperiales. Esta arma combina una potencia de fuego letal con un gran alcance y un diseño versátil. El componente más visible es la mira telescópica y la culata de tres posiciones, lo que convierte este bláster del tamaño de una pistola en un fusil estándar. Las células de energía estándar permiten realizar unos cien disparos, y los cartuchos de plasma, más de quinientos. Los soldados llevan los recambios de las células y los cartuchos en el cinturón, y el bláster cuenta con un sistema de refrigeración para mejorar su rendimiento.

Herramienta de venganza Tras años buscando venganza contra Obi-Wan Kenobi, Maul blande la espada oscura para matar a la mujer que sabe que Kenobi ama: la duquesa Satine Kryze de Mandalore.

Un arma inusual No se conoce ninguna otra espada de luz que tenga una hoja negra.

ESPADA OSCURA

FABRICANTE Tarre Vizsla **MODELO** Hecho a mano **TIPO** Espada de luz única

La espada oscura, la única de su clase, representa la fuerza y unidad de los mandalorianos. Según la leyenda, solo puede empuñarla quien la gane en combate, y su poseedor se convierte en el legítimo gobernante de Mandalore. Muchos la blanden en combate, entre ellos Pre Vizsla, Maul, Sabine Wren, Bo-Katan Kryze, Din Djarin y Moff Gideon.

CAER ANTE MAUL

Siglos antes de las Guerras Clon, el primer mandaloriano en entrar en la Orden Jedi, Tarre Vizsla, crea la espada oscura. Es única, con una siniestra hoja negra que brilla con un halo aterrador. Más tarde, la Casa Vizsla roba la espada a la Orden Jedi y la usa para unir a los mandalorianos. Acaba en manos de Pre Vizsla, líder de la Guardia de la Muerte. Organiza un golpe de estado para hacerse con Mandalore, pero Maul lo mata y se hace con el arma, gobernando él mismo. Maul empuña la espada oscura hasta que Darth Sidious, el conde Dooku y el general Grievous lo derrotan, junto a la Madre Talzin, en Dathomir.

«No es un algo que se regale, por buena que sea la intención.»

BO-KATAN KRYZE

UNIR MANDALORE

Durante la era imperial, Maul guarda la espada oscura en su refugio de Dathomir, donde él y el Jedi Ezra Bridger planean emplear magia oscura de las Hermanas de la Noche. Los aliados de Ezra, la mandaloriana Sabine Wren y el Jedi Kanan Jarrus, les siguen hasta allí y son poseídos por espíritus de las Hermanas. Sabine blande la espada oscura contra Ezra hasta que este la libera, a ella y a Kanan, de las garras de las dathomirianas. Sabine entrega la espada oscura a Kanan en custodia. Más tarde, sus aliados le piden que aprenda a blandirla, con la esperanza de unir al ejército mandaloriano con la Alianza Rebelde. Cuando Sabine vuelve a casa, el virrey imperial Gar Saxon se hace con el arma y se enfrenta a Sabine, quien lo derrota con la espada de luz de Ezra. Sabine recupera la espada oscura para usarla en la Guerra Civil Mandaloriana. Más tarde, ofrece el arma a la antigua regente de Mandalore, Bo-Katan Kryze, para unir Mandalore contra el Imperio.

Pasar la espada Creyendo que el sable oscuro había llegado a sus manos para proteger Mandalore, Sabine Wren se lo entrega a Bo-Katan Kryze.

CAMBIO DE DUEÑOS

En un intento por salvar a su pueblo, Bo-Katan entrega la espada oscura a Moff Gideon, tras la destrucción de gran parte de Mandalore en el ataque imperial de la Noche de las Mil Lágrimas. Más tarde, Din Djarin desarma a Gideon cuando rescata a Grogu de su cautiverio. Intenta dar el arma a Bo-Katan, pero ella lo rechaza, pues no lo ganó en combate. En Mandalore, Djarin pierde la espada al ser capturado por un cíborg chatarrero. Bo-Katan halla y blande la espada para liberar a Djarin, pero se la devuelve. En Plazir-15, Djarin insiste en que Bo-Katan empuñe la espada oscura, pues fue ella quien le desarmó. Bo-Katan acepta la espada y asume el papel de líder de los mandalorianos. En una misión para retomar el control de Mandalore, Bo-Katan lucha contra Gideon con la espada oscura hasta que Gideon aplasta la empuñadura, destruyendo la legendaria arma.

Una hoja peligrosa La espada oscura solo puede ser bloqueada en combate por espadas de luz y beskar. Cuando Gideon la empuña contra la lanza de beskar mandaloriano de Din Djarin, calienta el metal.

FUSIL DE FRANCOTIRADOR GOLPEAFUEGO 773

FABRICANTE Municiones Merr-Sonn, S. A. **MODELO** Golpeafuego 773 **TIPO** Rifle de francotirador

El Golpeafuego 773, arma elegida por Crosshair y muchos otros tiradores de la República, es un versátil fusil de precisión con diferentes funciones y configuraciones. Actúa como fusil bláster, lanzador de garfios y emisor de balizas, y puede disparar muchos tipos de munición, incluidos electrodardos y líneas trampa.

ARMADURA DE COMANDO CLASE KATARN

FABRICANTE Blindajes Kaminoanos, S. A. **MODELO** Clase Katarn **TIPO** Armadura de cuerpo completo

Más resistente y avanzada que el equipo clon estándar, la armadura de comando de clase Katarn está reservada a las fuerzas especiales del Gran Ejército de la República, incluida la Remesa Mala. Parece más voluminosa que la armadura normal e incluye una mochila para munición y accesorios. También el yelmo es único, pues incorpora tecnología especial para misiones de alto riesgo.

VISOR DE DATOS

TIPO Equipo militar

Tech, de la Remesa Mala, lleva una pieza clave y diferente de todo lo que llevan sus compañeros de escuadrón: un visor con miles de capacidades. El dispositivo, que consiste básicamente en una pantalla transparente sobre los ojos, detecta el idioma del interlocutor y lo convierte en texto aurebesh. También puede hacer zoom, grabar y escanear.

DROIDE DE SERIE D1

FABRICANTE Tecno Unión **MODELO** Droide de combate aéreo de la serie D-1 **TIPO** Droide de seguridad

La Tecno Unión emplea los droides de combate aéreos de serie D1 (o droides de serie D1) para proteger su cuartel general en Skako Minor. Con su paso animalesco y sus alas retráctiles, son muy diferentes al modelo B1. Un gran escuadrón de droides serie D1 se enfrenta a la Remesa Mala y a Anakin Skywalker cuando acuden a rescatar al soldado clon Eco.

DIEZMADOR

FABRICANTE Innovaciones Baktoid **MODELO** Prototipo S/D **TIPO** Diezmador

El diezmador constituye una tecnología de la Tecno Unión. El dispositivo, con forma de orbe, flota en cualquier dirección, emitiendo tentáculos de energía púrpura que buscan y destruyen la vida orgánica. Dispone de un láser térmico que funde y atraviesa el metal, lo que lo convierte en un arma formidable.

CRIPTA MANDALORIANA

FABRICANTE Tecnologías Media Luna de Concordia **MODELO** Personalizado **TIPO** Cripta de contención solitaria a prueba de Jedi

La cripta mandaloriana es un sarcófago empleado para transportar prisioneros, en particular sensibles a la Fuerza. Data de la época de las guerras mandalorianas contra los Jedi. Durante el gobierno pacifista de la duquesa Satine Kryze se destruyen la mayoría de criptas. Bo-Katan Kryze emplea la última que queda para entregar a Maul a la República tras el asedio de Mandalore. La cámara usada para transportar a Maul flota sobre repulsores y tiene botones de control en el lado izquierdo. El prisionero está atado y amordazado. Maul es incapaz de huir de la cámara hasta que Ahsoka Tano lo libera durante la Orden 66.

CÓDIGO EN CADENA

FABRICANTE Imperio **MODELO** NO APLICA **TIPO** Dispositivo de identificación

El Imperio emite códigos en cadena para identificar y rastrear a todos los ciudadanos. Durante la transición de la República al Imperio, los códigos en cadena se vuelven necesarios para las actividades cotidianas. También la Nueva República usa códigos en cadena para identificar personas. El Gremio de Cazarrecompensas da información sobre el código en cadena de un objetivo a los cazadores contratados.

FUSIL DE FRANCOTIRADOR DE FENNEC

FABRICANTE Municiones Merr-Sonn, S. A. **MODELO** Golpeafuego-X 785MK **TIPO** Fusil de precisión

Aunque Fennec Shand usa su arma sobre todo contra objetivos lejanos, sabe utilizarla a cualquier distancia. Suele llevar su fusil de precisión y una pistola bláster. El fusil posee una cuchilla oculta, y sus disparos pueden atravesar armaduras de beskar si Shand acierta varias veces en un blanco.

CASCO DE FENNEC

MODELO Personalizado **TIPO** Armadura de combate

La cazarrecompensas Fennec Shand posee su característico casco desde hace décadas. Solo lo lleva durante el combate, poniéndoselo rápidamente en momentos de tensión, como cuando el clon Hunter la ataca para proteger a su amigo Omega. En un altercado, Fennec se lo lanza a un soldado de asalto para distraerlo mientras ella lucha junto a Din Djarin y Boba Fett.

ARCO ENERGÉTICO ZYGERRIANO

FABRICANTE Gremio de Esclavistas Zygerriano **MODELO** Inflamador **TIPO** Arco energético

La clon Omega se hace con un arco energético de criminales zygerrianos durante una misión en Ord Mantell. Lo usa en sus aventuras, protegiéndose a sí misma y al resto de la Fuerza Clon 99. El arco dispara brillantes rayos láser de color rosa.

PISTOLA BLÁSTER LL-30

FABRICANTE Industrias BlasTech **MODELO** LL-30 **TIPO** Pistola bláster

La LL-30 es una pistola bláster de tiro rápido usada en toda la galaxia. Cad Bane porta dos de estas armas. Con ellas supera al líder de la Fuerza Clon 99, Hunter, y lo hiere gravemente en su primer enfrentamiento. En otra batalla, Fennec Shand obtiene ventaja sobre Bane al arrancarle un LL-30 de la mano, y en un duelo en Mos Pelgo, Bane usa su par de LL-30 para derribar a Cobb Vanth.

ARMADURA DE SOLDADO TK

FABRICANTE Imperio **MODELO** TK **TIPO** Armadura de combate

El Imperio otorga armaduras de soldado de asalto TK a su primera generación de voluntarios, que trabajan junto a algunos soldados clon. El diseño de la armadura TK sirve de transición entre la armadura de soldado clon y el equipo reglamentario de soldado de asalto. Se fabrica en varias tallas, en lugar de en la talla estándar de la armadura clon.

BRÚJULA DE SKARA NAL

TIPO Herramienta/llave de navegación

La clon mejorada Omega encuentra esta misteriosa brújula en un desguace durante sus aventuras con la Fuerza Clon 99. La brújula contiene las coordenadas del planeta Skara Nal y ayuda a resolver algunos de los rompecabezas del interior de un antiguo complejo montañoso. Es también la llave para acceder al interior de una antigua superarma caminante.

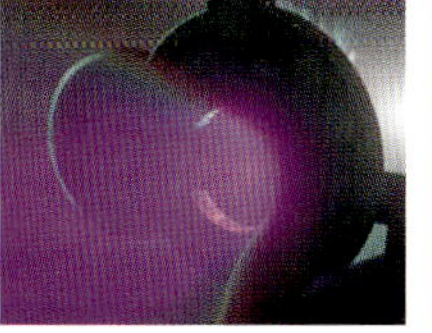

IPSIUM

FABRICANTE De origen natural **MODELO** NO APLICA **TIPO** Mineral

El ipsium es un mineral brillante que se puede refinar para obtener combustible. Debe extraerse de las rocas circundantes con mucho cuidado, porque sin refinar es muy volátil y propenso a explotar. Durante las Guerras Clon, la Tecno Unión extrae ipsium en Ipsidon.

MÁSCARA DE MOMIN

TIPO Yelmo

La Máscara de Momin, que se creía perdida, es una reliquia poderosa en el lado oscuro de la Fuerza. Fue esculpida por el herético Señor del Sith Darth Momin. Siglos después de su muerte, la máscara posee misteriosos poderes. Corrompe a quienes están en su presencia, posee seres e incluso habla telepáticamente.

ARMADURA DE LAS TROPAS DE ASALTO

FABRICANTE Departamento de Investigación Militar Imperial
MODELO Armadura de tropas de asalto **TIPO** Armadura

Las tropas de asalto van protegidas con una coraza hecha de un compuesto plastoide blanco que llevan sobre un mono negro. Equipados con algunas de las armas más poderosas y las mejores armaduras del Imperio, los soldados de asalto están entre los más temidos por los rebeldes.

Esta armadura, muy útil en entornos inhóspitos, protege de proyectiles, descargas de blásteres, e incluso del vacío espacial por poco tiempo. Los cascos disponen de unos sistemas de filtrado que eliminan los contaminantes del aire. Los soldados llevan unas mochilas que les permiten respirar en el vacío del espacio durante operaciones espaciales más largas y que filtran las toxinas más potentes. La armadura suele ser inmune al impacto de metralla y proyectiles. Puede ser perforada por un bláster potente, pero soporta los impactos superficiales.

Los soldados están equipados con un cinturón que les permite llevar un juego de herramientas compacto, transformadores y dosis de energía. También pueden tener un comunicador, unos macroprismáticos y un garfio, además de munición adicional y un equipo de supervivencia. Las mochilas pueden incluir equipos de comunicación, lanzacohetes y componentes del bláster.

Las tropas de asalto suelen incorporar un detonador térmico en la parte trasera del cinturón. Los controles y el detonador no están etiquetados para evitar que las tropas enemigas puedan activarlos, pero permiten ajustar la carga, la potencia de explosión y la cuenta atrás. Aunque los detonadores no se usan en naves o bases, los soldados siempre llevan un juego completo para cualquier situación.

«Ahí. Preparados para aturdir.»

TK-9091

Rodillera para francotirador

BOTAS DE SOLDADO RANGER

FABRICANTE Departamento de Investigación Militar Imperial **MODELO** Botas de soldado ranger #A7.5 **TIPO** Botas de sujeción magnetómicas

Los soldados ranger operan bajo una gran presión temporal, acompañan a vehículos y convoyes imperiales, deben viajar en condiciones muy duras y custodian cargamentos de gran importancia. En Vandor, el tren del conveyex de alta velocidad ha de garantizar que el coaxium llegue a tiempo a la cámara imperial y los soldados deben subir a la cubierta del tren para rechazar las posibles amenazas durante el transporte. Las botas de sujeción magnetómicas garantizan la sujeción incluso en los giros más cerrados a 90 km/h de velocidad y colgando cabeza abajo. Son botas inteligentes, con sensores que permiten detectar las contracciones musculares de los soldados a fin de determinar cuándo tienen que activar los campos magnetómicos.

COAXIUM

FABRICANTES Varios
TIPO Hipermateria/hipercombustible

Antes del viaje hiperespacial, los navegantes del espacio observan que los purrgil respiran gas clouzon-36 justo antes de «saltar» y desaparecer en el espacio a una velocidad superior a la de la luz. Cuando estudian cadáveres de purrgil, descubren en sus órganos depósitos de coaxium, que es un producto metabólico de clouzon-36 y lo que permite a los purrgil viajar por el hiperespacio. Luego se descubren depósitos naturales de coaxium en mundos como Kessel. Es una sustancia muy valiosa, pero también altamente volátil, y hay que refinarlo para hacerlo más estable y menos explosivo. Entonces, se da una fina capa de coaxium refinado a los hiperimpulsores de las naves. Cuando la capa de coaxium se activa, desencadena una reacción que permite el viaje hiperespacial.

DADOS DE HAN

MODELO Personalizado
TIPO Dados corellianos de spike

Han Solo posee un par de dados bañados en aurodium (un metal más valioso que el oro) y engarzados en una cadena. Aunque son lo último que le queda de su padre, se los da a Qi'ra como amuleto cuando huyen de Corellia. A lo largo de los años ella los guarda, y se los devuelve durante la misión en Kessel. Tras ganar el *Halcón Milenario* a Lando Calrissian, los cuela en la cabina de la nave. Años más tarde Luke Skywalker los recupera de la nave en Ahch-To y parece entregárselos a la general Organa durante la batalla de Crait. Cuando Luke se desvanece, Kylo Ren ve cómo también los dados desaparecen.

BLÁSTERES DE BECKETT

FABRICANTE Industrias BlasTech **MODELOS** DG-29 y RSKF-44 **TIPO** Pistolas bláster pesadas

Las armas preferidas de Tobias Beckett son dos blásteres de BlasTech. Es zurdo y con la mano dominante blande un DG-29 de carga lateral, que cuenta con un macroscopio que intensifica las imágenes en los disparos a larga distancia. Con la mano derecha usa una potente RSKF-44, ideal para los combates a distancias cortas (los rumores afirman que es lo último que Aurra Sing vio antes de morir). Quienes tienen la mala suerte de estar en el lado equivocado de estas armas, se dan cuenta de que el cañón de ambas tiene un arcoíris: una señal inequívoca de oxidación por temperaturas elevadas. Beckett entrega su otra arma, otra pistola bláster pesada de BlasTech, la DL-44, a Han Solo.

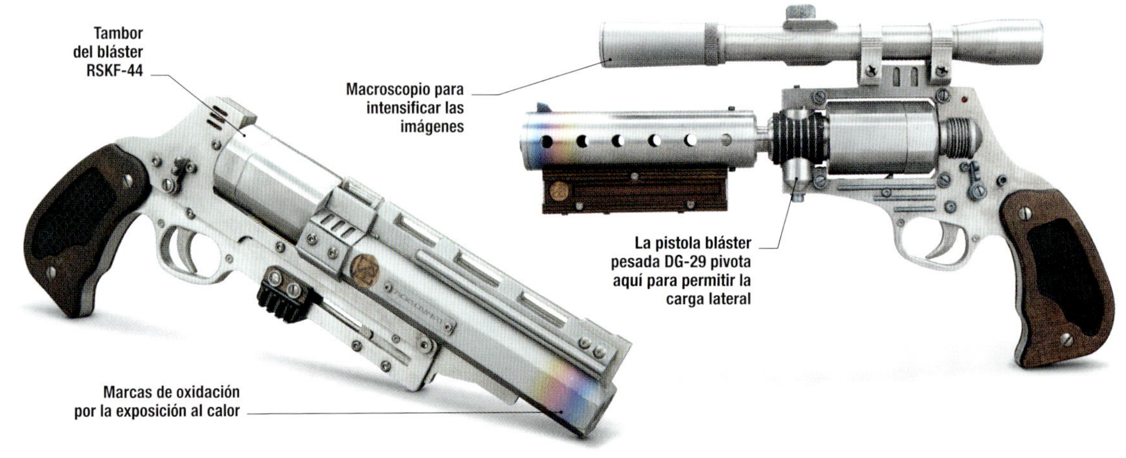

ESCUDOS DE ENFYS NEST

MODELO Personalizado **TIPO** Guantelete escudo

El guantelete escudo de Enfys Nest está hecho de placas de beskar (hierro mandaloriano), que se despliegan desde una servoarticulación con un rápido movimiento de muñeca y se pliegan de un modo parecido, de modo que descansan cómodamente sobre el antebrazo. El beskar se extrae en Mandalore y Concordia, su luna. Al principio, las placas de beskar se desarrollaron como protección contra las espadas de luz Jedi. Enfys Nest usa los guanteletes escudo con gran habilidad para desviar disparos de bláster y proyectiles de armas de mano mientras combate con sus oponentes.

CASCO DE ENFYS NEST

MODELO Personalizado
TIPO Casco de combate

Desde hace generaciones, el casco de combate de Enfys Nest pasa de madres a hijas. Oculta su identidad (gracias a un vocalizador integrado) y la protege en combate. Los cuernos ocultan antenas de transmisión, y el emblema del eclipse invertido representa una luz brillante que atraviesa la oscuridad. Encima, Enfys ha escrito un poema: «Hasta que lleguemos al último límite, la última abertura, la última estrella, y no podamos subir más».

VARA DE ENFYS NEST

MODELO Personalizado **TIPO** Vara electrodestructora

Enfys Nest prefiere las armas de combate cuerpo a cuerpo a los blásteres. Domina múltiples artes marciales, pues su educación se centró en la protección de su aldea, su familia, los débiles y los indefensos contra los forajidos y las bandas criminales. La vara, hecha a mano, tiene una carga de kinetita en el extremo romo que produce una onda expansiva cuando golpea con fuerza una superficie. El otro extremo está cubierto de una cinta de energía centelleante que puede incapacitar al oponente o atravesar el metal, si se empuja con fuerza.

CUCHILLAS KYUZO DE DRYDEN VOS

FABRICANTE Artesanos Kyuzo
MODELO Personalizado **TIPO** Arma afilada

El cerebro criminal Dryden Vos tiene un par de cuchillas exclusivas, forjadas por un herrero kyuzo según sus especificaciones. Las dobles hojas tienen un borde de carbono temperado conductor de energía y cubierto de un hilo de energía monomolecular que le permite cortar casi cualquier material. En el lado opuesto del interruptor de activación, los protectores de nudillos de bronzio protegen las manos durante el combate cuerpo a cuerpo. En la empuñadura hay células de energía que se recargan cuando se colocan sobre la superficie de un cargador. Vos las usa a menudo para ejecutar a cualquiera que le haya disgustado. Cuando Qi'ra, su lugarteniente, le traiciona, la empala con una de sus propias dagas.

SELLO DE DRYDEN VOS

MODELO Crimson Dawn **TIPO** Sello

El sello de Crimson Dawn es la posesión más preciada de Dryden Vos y le permite acceder a redes de datos encriptadas, naves de élite del sindicato y áreas reservadas exclusivamente para él, como rostro público de Crimson Dawn. También lo utiliza para comunicarse con el verdadero líder de Crimson Dawn, el antiguo lord Sith Maul. El anillo es de bronzio macizo y el sello es una matriz de aurodium-cinabrio del color de la sangre. Cuando Qi'ra, la teniente de Vos, lo mata, usa el sello para ponerse en contacto con Maul y darle una explicación falsa acerca de la muerte de Vos.

SABACC

TIPO Juego de naipes

El sabacc es un juego de naipes muy popular en toda la galaxia y que suele generar elevadas apuestas. El objetivo del juego es ganar el bote de dinero o de objetos de valor con una mano de 23 puntos o menos. La baraja de sabacc consta de 76 naipes, de los cuales 60 pertenecen a cuatro palos (monedas, frascos, sables y bastones) de 15 naipes cada uno. Los 16 naipes restantes contienen dos juegos de ocho naipes especiales con valores nulos o negativos. Lando Calrissian pierde el *Halcón Milenario* ante Han Solo en una variación de este juego llamada espinita corelliana.

En la espinita corelliana también se lanzan dados.

SE-14R DE LANDO CALRISSIAN

FABRICANTE Industrias BlasTech **MODELO** SE-14r **TIPO** Bláster ligero de repetición

Diseñado para poder montarlo con una mira telescópica, supresor y culatas opcionales, el SE-14r es muy versátil. Lo llevan algunos soldados de asalto, soldados de la muerte y oficiales imperiales. El SE-14r es un bláster barato, pero el célebre contrabandista Lando Calrissian lleva un modelo extravagante, modificado para que encaje con su estilo elegante. Está chapado en cromio cepillado, un material muy caro procedente de una de las lunas de Naboo, y la culata es de madreperla de Tibrin. Aunque Lando prefiere evitar el combate, empuña su arma SE-14r durante sus aventuras en Kullgroon y Kessel. Cuando se disfraza en Pasaana, convierte uno de sus blásteres en una pica eléctrica, que incluye una ballesta con virotes capaz de confundir a los detectores de blásteres.

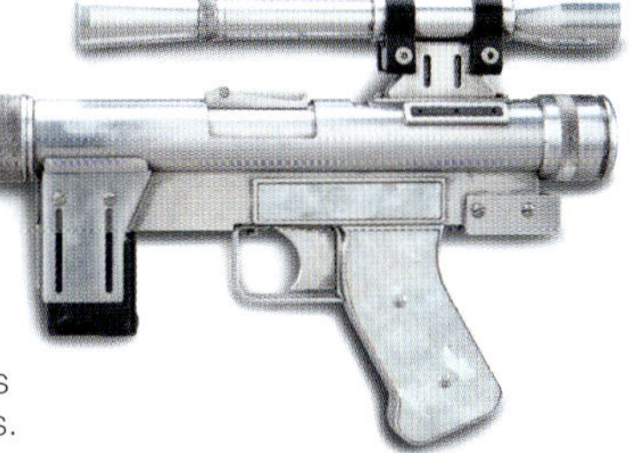

FUSIL BLÁSTER E-22

FABRICANTE Industrias BlasTech
MODELO E-22 **TIPO** Fusil bláster

Es una de las armas habituales de los soldados de costa de Scarif y de los de pantano de Mimban. Es más potente que los E-11 reglamentarios que lleva la mayoría de los soldados de asalto, pero su gran inconveniente es que la cantonera de retroceso se atasca con facilidad. Tras la caída del Imperio, algunos soldados de asalto continúan portando y usando fusiles E-22 durante su trabajo para el remanente imperial.

FUSIL LIGERO DE REPETICIÓN T-21

FABRICANTE Industrias BlasTech
MODELO T-21 **TIPO** Fusil bláster ligero de repetición

Algunos soldados de asalto llevan fusiles bláster T-21. Su disparo es potente y de largo alcance, pero la cadencia de tiro es muy baja y resulta muy difícil apuntar con precisión, debido a la potencia del retroceso y a la falta de mirilla telescópica.

SEGUNDA ESPADA DE LUZ DE CAL KESTIS

FABRICANTE Cal Kestis **MODELO** Hecho a mano
TIPO Jedi Espada de luz

Tras dañar la espada de luz de su Maestro, Jaro Tapal, en Dathomir, Cal Kestis viaja a Ilum para construir una nueva. Visita las cuevas heladas a las que acudió durante el ritual de la Asamblea como padawan para construir su primera espada de luz, que se perdió durante la Orden 66. En las cuevas, encuentra un cristal kyber que se divide en dos en sus manos. Usa los cristales, junto con piezas de las espadas de Tapal y Cere Junda, para fabricar una espada de luz de doble hoja que puede dividirse en dos armas individuales.

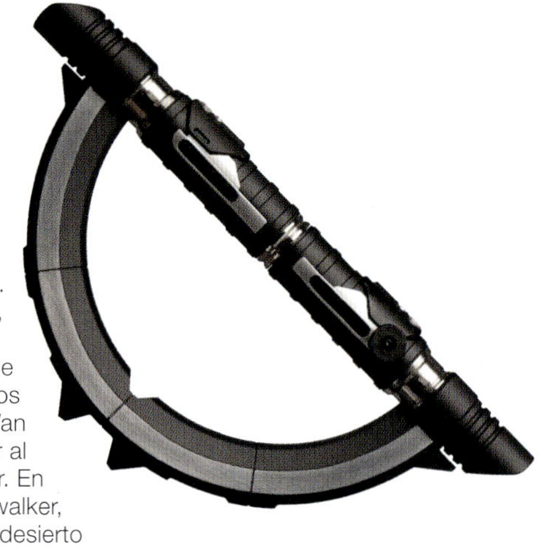

ESPADA DE LUZ DE REVA

FABRICANTE Tercera Hermana (Reva)
MODELO Hecho a mano
TIPO Espada de luz de Inquisidor

La empuñadura de la espada de luz doble de Reva puede separarse en dos armas individuales que emiten sendas hojas rojas. Como otras espadas de luz de inquisidores, el arma de la Tercera Hermana incluye un disco circular en su centro, que permite que la hoja del sable de luz gire cuando los lados están unidos. En su persecución de Obi-Wan Kenobi, Reva usa su espada para apuñalar al Gran Inquisidor y luchar contra Darth Vader. En Tatooine, tras perdonar la vida a Luke Skywalker, Reva abandona su espada en la arena del desierto y su vida como inquisidora.

DROIDE DE JUGUETE

FABRICANTE Compañía Droides de Ocio
MODELO L0 **TIPO** Droide de juguete

El pequeño tamaño y la capacidad de volar del droide de juguete le permite permanecer junto a (o dentro de los bolsillos de) sus dueños. Poseen fotorreceptores, una antena de corto alcance y una gama de accesorios que pueden incluir pequeñas sierras y linternas. Son especialmente populares entre las familias adineradas como regalo y fuente de consuelo y compañía para sus hijos. Leia Organa posee un droide de juguete llamado L0-LA59, que la acompaña cuando es secuestrada por la inquisidora Tercera Hermana. El maestro Jedi Obi-Wan Kenobi devuelve L0-LA59 a Leia, en Alderaan, a su regreso a casa.

ARMADURA DE SOLDADO DE LA PURGA, FASE II

FABRICANTE Departamento Imperial de Investigación
MODELO Fase II
TIPO Armadura corporal

En el rediseño imperial de la armadura de soldado de la Purga, el blindaje y el kama siguen siendo negros con detalles rojos, y la hombrera, roja. Posee un nuevo casco más parecido al de los soldados de asalto, pero sus visores se han coloreado de rojo.

BLÁSTER CORPO

FABRICANTE Industrias BlasTech **MODELO** B1-NA
TIPO Pistola bláster

Preox-Morlana equipa con blásteres Corpo a sus Fuerzas de Seguridad de la Autoridad Pre-Mor, con un número de serie y características que lo hacen fácilmente identificable. Esta pistola ligera tiene una mira desmontable para que las fuerzas de seguridad puedan usarla a corta distancia además de disparar a objetivos lejanos.

Construcción de precisión
La empuñadura estriada y el perfecto equilibrio de la pistola permiten a los Andor disparar con rapidez y precisión.

PISTOLA BLÁSTER DE CLEM

FABRICANTE Industrias BlasTech
MODELO MW-20 **TIPO** Pistola bláster pesada Bryar

Popular en toda la galaxia entre civiles y militares, la pistola bláster es un arma polivalente. Cada modelo tiene sus características, y la pistola bláster pesada MW-20 Bryar tiene una gran sección central que gira para ofrecer un nuevo cañón frío para un disparo óptimo y para refrigerar suficientemente el arma. Clem, el padre de Cassian Andor, lleva una pistola MW-20 Bryar en sus misiones de rescate, y Cassian la hereda cuando Clem fallece. Siempre que puede porta esta arma tan útil como evocadora.

RIFLE CORPO

FABRICANTE Industrias BlasTech
TIPO Fusil bláster

Preox-Morlana equipa a las Fuerzas de Seguridad de la Autoridad Pre-Mor con fusiles bláster corporativos. Los Corpos (responsables, con las Fuerzas de Seguridad de Pre-Mor, de mantener las reglas de Preox-Morlana) usan esta arma para operaciones especiales, como la de Ferrix.

JUNTA DE PANEL DE LA ESTRELLA DE LA MUERTE

FABRICANTE Complejo Imperial de Prisiones Narkina 5 **MODELO** Fijación EP-N5
TIPO Unión de paneles

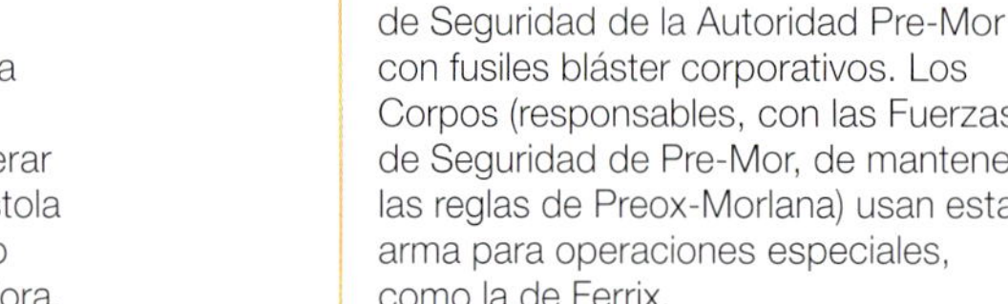

El Imperio obliga a los reclusos del Complejo de Prisiones Narkina 5 a fabricar tecnología y satisfacer sus exigentes cuotas sin decirles para qué sirven los productos. En una de las instalaciones del complejo, los presos montan uniones de panel de seis puntas, que el Imperio usa para la antena del superláser de la Estrella de la Muerte.

UNIDAD IMPERIAL N-S9 VIAESTELAR

FABRICANTE Departamento Imperial de Investigación Militar

La Unidad Imperial N-S9 Starpath, un valiente ejemplo de tecnología y un peligroso dispositivo en manos equivocadas, es tan sofisticada como restringida. Emplea señales únicas para revelar la ubicación de todos los activos, naves e instalaciones imperiales en un radio de nueve pársecs. Cassian Andor roba una del astillero naval de Steergard con su matriz de cristal vectorial y el sello imperial intactos. Intenta venderla para pagar su salida de Ferrix. Desgraciadamente, la unidad robada atrae la atención de la Oficina de Seguridad Imperial (OSI).

ESCUDO DE BATALLA DEL CLAN KLORRI

FABRICANTE Wookiees
TIPO Escudo

El escudo de batalla del clan Klorri es largo y en forma de lágrima, con intrincadas tallas simbólicas y bandas de bronce. Cuando los wookiees no blanden los escudos en combate, tienden a sacarlos para ceremonias especiales. Luthen Rael adquiere uno y lo expone en su galería de antigüedades de Coruscant.

DROIDE DE CONSTRUCCIÓN IMPERIAL

TIPO Droide de construcción

Los droides de construcción imperiales tienen cuatro apéndices en forma de patas que les permiten deslizarse por el suelo con flexibilidad. Dos brazos terminan en extensiones de herramientas capaces de soldar piezas. El Imperio usa docenas de droides de construcción para colocar la tecnología fabricada por Narkina 5 en la antena superláser de la Estrella de la Muerte.

LA ESTRELLA BRILLANTE

FABRICANTE Mustafarianos
MODELO N/D **TIPO** Artefacto

La Estrella Brillante, con forma de media luna, es un poderoso artefacto sagrado mustafariano. Hace mucho tiempo, la Dama Corvax la usó para alimentar el Ingenio de los Eones y resucitar a su marido, pero el plan fracasó. En su lugar, la energía desatada transformó el verde exuberante del planeta en un paisaje estéril y ardiente. Años después, Vader busca el artefacto para revivir a Padmé Amidala, pero solo un descendiente de la Dama Corvax puede obtenerlo. Aunque Vader descubre a esa persona (el capitán de la *Windfall*) este le traiciona y destruye la Estrella Brillante antes de que el Señor del Sith reviva a su amor perdido.

CENTINELAS CORVAX

MODELO Centinela

Rápido y ágil, el Centinela Corvax es un antiguo diseño encargado por Dama Corvax y un hábil combatiente muchos años después. Varios de ellos custodian la tumba de Lord Corvax en Mustafar, aguardando tras los muros para atacar. Cuando el capitán de la *Windfall* llega a la sala, los guardias emergen y atacan hábilmente con electrovaras que pueden resistir un golpe de espada de luz. Al final caen ante el cazador de reliquias y no pueden impedir que este avance por el planeta de lava. En cuanto posee la espada de luz de Lord Corvax, puede comandar la Horda Mecánica de Dama Corvax, un ejército entero de estos centinelas que ayudan a la Resistencia mustafariana y al capitán contra los imperiales.

PISTOLA BLÁSTER DL-18

FABRICANTE Industrias BlasTech
MODELO DL-18 **TIPO** Pistola bláster

La pistola bláster DL-18 es tan popular en los bajos fondos de Tatooine que se la llama «la Especial de Mos Eisley». Muchos esbirros de Jabba el Hutt van armados con este versátil bláster. También es la favorita del Jedi renegado Kanan Jarrus, cuya pistola lleva una empuñadura de piel de dewback. Pesa en torno a 1 kilo y lleva carga suficiente para unos cien disparos. Tiene un alcance con precisión de hasta 120 metros.

ESPADA DE LUZ DE LORD CORVAX

FABRICANTE Lord Corvax **MODELO** N/D
TIPO Espada de luz

La espada de luz de Lord Corvax, también llamada Sable de Luz, es única en su género. De hoja azul, el cristal kyber de esta antigua espada no está envuelto en la empuñadura, sino expuesto en el centro de una elegante cruceta. Años después de su muerte, Corvax regresa misteriosamente y regala su arma a un descendiente, el capitán del *Windfall*, quien la emplea para dirigir un ejército de centinelas, la Horda Mecánica, batirse en duelo con Darth Vader, destruir la mística reliquia Estrella Brillante y el dispositivo Ingenio de los Eones.

BLÁSTER DE HERA

FABRICANTE Tecnología de Defensa de Eirriss Ryloth **MODELO** Blurrg-1120 **TIPO** Bláster de bolsillo

El Blurrg-1120, así llamado por una criatura nativa de Ryloth, es un versátil bláster que cuenta con nueve modos de disparo, incluidos el disparo simple y el doble. La familia Eirriss, cuya empresa fabrica el arma, apoya a los luchadores por la libertad twi'lek contra la ocupación separatista de Ryloth durante las Guerras Clon, y sigue apoyando a Cham Syndulla y su movimiento contra la opresión imperial. La hija de Cham, la líder rebelde Hera Syndulla, empuña con orgullo su bláster Blurrg-1120 como símbolo de la Rebelión contra el Imperio. Sigue llevándolo cuando trabaja para la Nueva República.

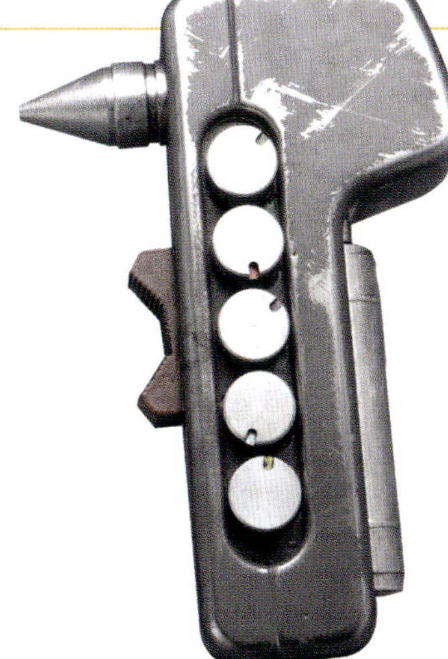

AERÓGRAFOS DE SABINE WREN

FABRICANTE Suministros de Arte Neco Jeyrroo **MODELO** Aerógrafo Baobab EZ3
TIPO Aerógrafo de artista

Sabine Wren usa un par de aerógrafos para pintar y repintar su habitación a bordo del *Espíritu*, y también para dejar mensajes artísticos pero provocativos en zonas controladas por el Imperio. Los usa para decorar el Refugio de Ezra cuando se instala en él. Tienen boquillas ajustables para cambiar el enfoque del chorro, y un control deslizante bajo la boquilla para ajustar su potencia y velocidad. Cinco mandos situados en el lado izquierdo ajustan los colores. En la parte posterior caben cartuchos extraíbles con gamas de colores personalizadas.

ESPADA DE LUZ DE KANAN

FABRICANTE Kanan Jarrus **MODELO** Hecha a mano
TIPO Espada de luz Jedi

Kanan construye originalmente su espada de luz como padawan Jedi, con la ayuda del profesor Huyang, que le da un emisor de hoja. Tras la Orden 66, Kanan oculta su identidad Jedi durante casi 15 años, guardando su espada desmontada en un compartimento secreto, hasta que Ezra la descubre. Cada vez que Kanan usa el arma se convierte en objetivo del Imperio. La empuña contra toda una serie de guerreros del Lado Oscuro, incluidos inquisidores y Darth Vader. Tras ser cegado por Maul en un duelo, Kanan utiliza la Fuerza para «ver», y sigue luchando con su espada de luz. Pierde su arma poco antes de morir, y la recupera la gobernadora de Lothal, Arihnda Pryce. Al perecer esta, se desconoce su paradero.

HOLOCRÓN SITH

FABRICANTE Varios Señores Sith **MODELO** Varios
TIPO Dispositivo de almacenamiento de información

Los Señores del Sith usan holocrones para almacenar información. Similares, en su función básica, a los holocrones Jedi, las versiones Sith tienen forma de tetraedros y pirámides. Estos dispositivos peligrosamente malignos fomentan una fuerte conexión con la Fuerza, y solo alguien que recurra al lado oscuro puede abrir uno. Ezra Bridger adquiere un holocrón en el Templo Sith de Malachor y, al usarlo, el dispositivo comienza a manipularle. Ezra y Maul usan conjuntamente el holocrón Sith y el holocrón Jedi de Kanan, a fin de acceder a visiones de lo que más desean, y ambos holocrones se hacen añicos.

FUSIL-BO DE ZEB

FABRICANTE Corporación de Armas de Fuego Lasan-Malamut **MODELO** AB-75 **TIPO** Fusil-bo de la Guardia de Honor de Lasan

El fusil-bo, muy especializado y de larga tradición en la cultura lasat, es el arma preferida de Garazeb Orrelios. Es usado exclusivamente por la Guardia de Honor de Lasan, de la que Zeb es antiguo capitán, y los hay de distintas formas. Desde que el Imperio arrasó Lasan, estos fusiles no abundan en la galaxia; al igual que las espadas de luz Jedi durante los años del Imperio, los fusiles bo son reliquias de la antigüedad.

Aun así, son armas versátiles con dos modos de combate: además de ser fusiles robustos y fiables, se pueden transformar rápidamente en letales electrovaras, un arma ideal para enfrentarse a tropas de asalto cuerpo a cuerpo.

Los componentes de suministro y descarga de energía del fusil son similares a los del fusil EE-3, y sus extremos emiten unos pulsos electromagnéticos que aturden a los enemigos y neutralizan los escudos de rayos. La vara bo se activa girando la empuñadura superior hacia abajo; después hay que tirar de ambas empuñaduras hacia dentro y activar ambos extremos. En modo vara, el arma mide dos metros de largo. El fusil de Zeb pesa 19 kilos, por lo que se requiere una gran fuerza para manejarlo.

Zeb emplea el fusil-bo durante su tiempo como miembro de la tripulación del *Espíritu* y luego de la Alianza Rebelde. Cuando se encuentra con dos lasat supervivientes, Zeb los ayuda a realizar un ritual que los lleva al legendario mundo original de los lasat, Lira San. Usando una función del fusil-bo muy poco utilizada y que canaliza el Ashla (la interpretación lasana de la Fuerza),

Zeb consigue localizar Lira San y pilota el *Espíritu* a través de un cúmulo estelar implosionado para llegar al legendario planeta.

Puntas generadoras de PEM
Las puntas realizan descargas de hasta once mil voltios.

Fuerza bruta
Zeb deja una estela de soldados de asalto aturdidos tras de sí.

ARMADURA DE SABINE WREN

MODELO Personalizado **TIPO** Armadura mandaloriana

La armadura mandaloriana de Sabine Wren tiene 500 años de antigüedad. La heredó de su clan cuando llegó a la edad adulta y, desde entonces, la ha vuelto a forjar al menos dos veces. La han llevado múltiples guerreros legendarios y ha sobrevivido a muchas batallas. Sabine es una artista y la pinta periódicamente con dibujos y colores distintos.

Las hombreras han mostrado toda una sucesión de diseños, pero la izquierda siempre ha exhibido un animal, incluidos, por momentos, un anooba, un fyrnock y un convor. Cuando Sabine se reúne con Ezra en Peridea, su hombrera derecha muestra el símbolo de la Alianza Rebelde, mientras que en la izquierda se ve un purrgil.

Accesorios
Sabine no usa muchos dispositivos mandalorianos en sus primeras misiones rebeldes. Al final, consigue una mochila propulsora y un par de avambrazos mandalorianos.

Disparo certero
En el planeta Kessel, Ezra dispara al agente Kallus con su honda de energía.

HONDA DE EZRA

CREADOR Quincallero xexto **MODELO** Hecha a mano **TIPO** Honda de energía de muñeca

Ezra Bridger adquirió su honda de energía de su amigo Ferpil Wallaway, que tiene una casa de empeños en Lothal. El arma fue fabricada por otro amigo xexto de Ferpil. En Troiken, su planeta natal, las hondas son muy habituales, ya que el hecho de que sus habitantes tengan varios brazos les permite utilizarlas con facilidad. Los niños de Lothal también juegan a menudo con hondas. Al tensar la tira virtual se forma una carga de bajo voltaje que puede dispararse a largas distancias, y como con un bláster de iones jawa, un impacto es suficiente para inutilizar droides y sistemas informáticos. Pese a que el mecanismo de autocarga no está concebido para ser letal, puede aturdir a un ser vivo.

DROIDE IG-RM

FABRICANTE Laboratorios Holowan **MODELO** IG-RM **TIPO** Droide matón

Diseñado por la misma empresa que creó los droides centinela IG-86 y los magnaguardias IG-100 (los favoritos del general Grievous), el IG-RM es un destacado modelo de autómata de seguridad agresivo. Más estable que los droides asesinos, necesita de instrucciones constantes de sus amos y no es habitual que actúe por iniciativa propia. Asimismo, los IG-RM son muy usados entre el Gremio de Minería para controlar a los esclavos y entre los clanes del hampa; Cikatro Vizago tiene varios IG-RM, de colores vistosos y con fusiles láser DLT-18. En el Sindicato del Cuerno Roto se encargan del trabajo duro, de las peleas y las extorsiones, manejados por Vizago a distancia. Más tarde, el espía de la Alianza Rebelde Eneb Ray emplea droides IG-RM en su plan para ejecutar prisioneros imperiales en la prisión Mancha Solar, hasta que Leia Organa, Sara Starros y la doctora Chelli Aphra lo detienen.

ESPADA DE LUZ DEL GRAN INQUISIDOR

TIPO Espada de luz de doble hoja

Como el resto de los inquisidores, sus colegas y subordinados, el Gran Inquisidor usa una espada de luz de doble hoja roja para ejecutar las órdenes de sus maestros Sith. Se desconoce el proceso de fabricación de la espada del Gran Inquisidor; es posible que la construyera él mismo a partir del cristal kyber que llevaba en su arma Jedi anterior, aunque también podría ser que Darth Sidious se la entregara cuando persuadió al entonces Jedi para que se uniera al lado oscuro.

La espada está diseñada para acelerar el enfrentamiento y matar con la mayor eficacia. La heterodoxa técnica de combate del Gran Inquisidor desconcierta a los Jedi menos experimentados, lo cual le da cierta ventaja.

Cada espada de luz de los inquisidores tiene varios modos de funcionamiento. En modo de media luna se usa como cualquier otra espada de una hoja. En modo disco se activa una segunda hoja, lo que duplica su alcance, algo idóneo en enfrentamientos contra varios enemigos a la vez. Ambas hojas pueden girar alrededor del disco, formando así una auténtica pantalla de energía roja.

Durante la primera reunión del Gran Inquisidor con Darth Vader, el lord Sith rompe la espada de luz del Gran Inquisidor, que la repara rápidamente y la usa contra la maestra Jedi Jocasta Nu. Se desconoce con cuántos Jedi ha acabado el Gran Inquisidor en duelo desde que se activara la Orden 66. Cuando se descubre que la célula rebelde de Lothal incluye al Jedi Kanan Jarrus y a Ezra Bridger, el Gran Inquisidor se enfrenta al Jedi en múltiples ocasiones. Kanan derrota finalmente al Gran Inquisidor a bordo del *Soberano* y destruye su espada de luz.

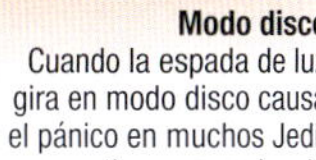

Modo disco
Cuando la espada de luz gira en modo disco causa el pánico en muchos Jedi, que no tienen experiencia contra ese estilo de lucha.

CASCO DE PILOTO DE TIE

FABRICANTE Departamento de Investigación Militar Imperial **MODELO** Casco de piloto de TIE **TIPO** Casco de piloto

Los pilotos de caza TIE dependen de sus cascos y trajes de vuelo cuando su caza sufre daños graves. Estos cascos negros reforzados están conectados a un sistema de respiración asistida que llevan en el pecho a través de dos tubos. Estos cascos también incluyen visores mejorados y sistemas de comunicación con la nave.

BLÁSTERES WESTAR-35

FABRICANTE Tecnologías Concordian Crescent **MODELO** WESTAR-35 **TIPO** Pistolas bláster

Los blásteres WESTAR-35 son un modelo popular en Mandalore, y tanto la policía como la Guardia de la Muerte los usan en las Guerras Clon. Presentan un cañón de gran precisión, modo de disparo rápido, empuñadura magnética, supresor de destello y un gatillo sensible a la presión. Sabine Wren usa un par de blásteres WESTAR-35 pintados por ella en la lucha contra el Imperio y en la época de la Nueva República. Muchos miembros de la Resistencia mandaloriana, como Bo-Katan Kryze y Axe Woves, también prefieren los blásteres WESTAR-35.

Listo para la batalla
Ezra saca su nueva espada de luz y sorprende a sus rivales cuando ven que no solo puede atacarlos con la espada, sino también dispararles. Si la hoja no está activa, parece un bláster normal, lo que le permite pasar inadvertido ante los miembros del Imperio.

ESPADA DE LUZ DE EZRA

CREADOR Ezra Bridger **MODELO** Hecha a mano **TIPO** Híbrido de espada de luz Jedi y bláster

Durante la época oscura del Imperio, muchas tradiciones de los Jedi fueron abandonadas en aras de la supervivencia. Aunque algunos Jedi rebeldes usan blásteres, el Consejo Jedi nunca ha aprobado su uso. En el pasado, un Jedi jamás habría incorporado un bláster a su espada, como hace Ezra. Sin embargo, Ezra no es el típico aprendiz Jedi.

Cuando inicia el entrenamiento Jedi bajo las órdenes de Kanan Jarrus, Ezra debe pedirle prestada la espada a su maestro para practicar. Una vez preparado, Ezra usa la Fuerza para localizar un antiguo Templo Jedi en Lothal. Una vez ahí, en las ruinas subterráneas, se enfrenta a varios retos y a sus propios miedos y debilidades. Cuando los supera, una voz Jedi lo guía hasta un cristal kyber azul, el elemento clave para fabricar una espada de luz.

Ezra tarda varias semanas en fabricar su espada a bordo del *Espíritu*. Emplea una combinación de repuestos de Kanan, circuitos de modulación y una puerta de energía de Sabine, una célula de energía de Chopper, unos cuantos elementos tecnológicos que encuentra Hera, y tal vez una o dos partes que le roba a Zeb. El diseño de doble empuñadura no es habitual para una espada de luz, pero la barra exterior es necesaria para albergar el bláster. Este diseño tan poco habitual y muy novedoso aumenta el riesgo de cortocircuito. Como Ezra aprendió a fabricar su espada de luz mediante el método de prueba y error, el bláster puede desencajarse fácilmente de la espada de luz para facilitar el mantenimiento y las reparaciones.

Ezra debe ser precavido y no utiliza la espada a menos que no quede otra alternativa. Su mero uso llama la atención del Imperio, por lo que el hecho de contar con un bláster ofrece al Jedi una opción más discreta en caso de enfrentamientos violentos. Ezra utiliza la espada de luz por primera vez cuando la tripulación del *Espíritu* es atacada por Azmorigan en Lothal.

Su maestro Kanan toma prestada el arma, que usa junto con su propia espada de luz, y vence al Gran Inquisidor a bordo del *Soberano*. Ezra sigue usando su espada de luz, incluso contra Vader en Lothal. Durante la misión a Malachor, Ezra vuelve a enfrentarse a Vader, que lo desarma con facilidad y destruye su espada.

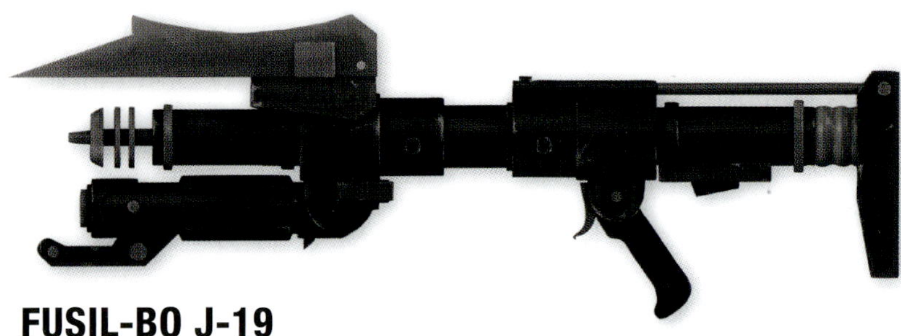

FUSIL-BO J-19

FABRICANTE Corporación de Armas de Fuego Lasan-Malamut
MODELO J-19 **TIPO** Fusil-Bo

El agente Alexsandr Kallus usa un arma muy poco habitual para un oficial imperial: un fusil-bo J-19 lasat. Se lo entregó un miembro de la Alta Guardia de Honor de Lasan al que derrotó en combate durante el saqueo de Lasan. El fusil-bo funciona tan bien como arma de combate cuerpo a cuerpo como fusil bláster de larga distancia, y su temible aspecto intimida a los adversarios de quien lo blande. El J-19 es un modelo más reciente que el fusil-bo del lasat rebelde Garazeb Orrelios.

LANZA DE KETSU

FABRICANTE Ketsu Onyo
MODELO Personalizado **TIPO** Vibrolanza

La vibrolanza de Ketsu Onyo es un arma letal, como corresponde a una cazarrecompensas. Ketsu acostumbra a usarla en combates cuerpo a cuerpo, pero también funciona bien en luchas a distancia. Un guardanudillos protege las manos de Ketsu durante la lucha. La punta de la vibrolanza es extraíble y se puede intercambiar por hojas afiladas, dardos, visores láser o módulos bláster adicionales. Ketsu construyó el arma ella misma y añade pequeñas mejoras con frecuencia.

DROIDE BUSCADOR ID9

FABRICANTE Industrias Arakyd **MODELO** ID9 **TIPO** Droide sonda

Los buscadores ID9 son pequeños droides sonda diseñados para adherirse a la parte posterior de un arnés, como una mochila. Realizan tareas de búsqueda y pueden explorar entornos inaccesibles a humanoides normales. Pueden imitar sonidos y patrones de voz, y sus cinco brazos articulados están equipados con electrogarras con las que incapacitan a sus objetivos y a otros droides. La inquisidora llamada Séptima Hermana suele utilizar buscadores ID9 en sus misiones. Los droides buscadores también se emplean para patrullar la Fortaleza de la Inquisición. El comandante Iden Versio lleva un droide buscador ID10 similar pero con cuatro brazos, llamado Dio.

ESPADAS DE LUZ CON CRUCETA

FABRICANTE Varios usuarios de la Fuerza **MODELO** Hechas a mano **TIPO** Espada de luz

Estas espadas se remontan a un antiguo cataclismo de la era de la Antigua República, conocido como el Gran Azote de Malachor. En época de la Alta República, varios Jedi empuñaron variantes de espada con cruceta, como Stellan Gios, Burryaga y Creighton Sun. En la era imperial también Cal Kestis modificó su espada de luz para proporcionarle una cruceta. Posteriormente, Ezra Bridger encuentra una vieja espada de luz Jedi con cruceta frente al Templo Sith de Malachor, pero es demasiado vieja para emitir su hoja. La contrabandista Sana Starros recupera un par de espadas de luz con cruceta de la misma época, que pertenecieron a Darth Atrius, pero Luke Skywalker y Darth Vader las destruyen por separado. Décadas más tarde, Kylo Ren construye su propia espada de luz con cruceta, basada en el mismo antiguo diseño.

ESPADAS DE LUZ BLANCAS DE AHSOKA TANO

FABRICANTE Ahsoka Tano **MODELO** Hechas a mano
TIPO Espadas de luz gemelas

Tras abandonar la Orden Jedi, Ahsoka Tano crea un nuevo par de espadas de luz con empuñaduras curvadas. Como con las que empleó en las Guerras Clon, una es un *shoto*, con una hoja más corta, que usa como arma secundaria. Ahsoka suele blandir ambas con la guardia invertida, y las emplea en múltiples enfrentamientos contra los inquisidores y en su enfrentamiento con Darth Vader en Malachor. Tras sobrevivir a este encuentro, Ahsoka sigue portando las dos espadas de luz durante toda la Guerra Civil Galáctica y sus secuelas. En Corvus, la Hermana de la Noche Morgan Elsbeth arroja una de las dos espadas de luz a un estanque durante un combate, pero Tano desarma a su rival con una sola espada. Cuando Tano y Elsbeth vuelven a encontrarse en Peridea, Morgan corta uno de los sables de Ahsoka por la mitad poco antes de ser mortalmente herida por Ahsoka.

Ocaso en Malachor
Después de años sin verse, Vader y Ahsoka Tano se reúnen en el Templo Sith de Malachor. Ahsoka se enfrenta a él para que sus aliados puedan escapar.

ESPADA DE LUZ DE SABINE WREN

FABRICANTE Ezra Bridger **MODELO** Espada de luz personalizada **TIPO** Espada de luz

Darth Vader destruye la primera espada de luz de Ezra Bridger en el Templo Sith de Malachor. Más adelante, Ezra construye otra, con una empuñadura negra y reflejos plateados. Ezra no es el único que la usa: en una misión, Saw Gerrera la toma prestada durante un tiempo. Al final, Ezra se la entrega a su compañera Sabine Wren antes de que una manada de purrgil lo arrastre al hiperespacio, junto al gran almirante Thrawn. Más tarde, Sabine se entrena como Jedi con Ahsoka Tano usando esta espada de luz. Tras reunirse en Peridea, Sabine intenta devolver la espada de luz a Ezra, pero él insiste en que se la quede: ahora es suya.

DROIDE DESMANTELADOR

FABRICANTE Industrias Automaton
MODELO Serie DTS **TIPO** Droide de demolición

Los droides desmanteladores de la serie DTS están diseñados para desmontar naves y máquinas antiguas y extraer sus piezas básicas, ya sea para destruirlas o para reciclarlas. El Imperio los usa en la Estación Reklam para desmontar viejos Ala-Y BTL-A4 de la República. Tienen fuertes garras-tenaza, una cuchilla, blásteres potentes y un lanzallamas formidable. Están programados para atacar a cualquiera que interfiera con sus directivas, y casi matan a la tripulación del *Espíritu*, que intenta robar Ala-Y para los rebeldes.

DROIDE CENTINELA IMPERIAL

FABRICANTE Autómatas de Combate Baktoid
MODELO Serie DT **TIPO** Droide centinela

Estos droides se crean en antiguas líneas de producción de Autómatas de Combate Baktoid, usando tecnología de droides supertácticos y esquemas de droides experimentales abandonados. Actúan como guardias automáticos a bordo de cargueros imperiales como el Portacontenedores Clase Cuatro y los cuarteles de la OSI, y así como en las instalaciones de entrenamiento de Ciudad Tipoca, en Kamino, y en la nave del gran almirante Thrawn, con fines similares. Darth Vader los emplea en la protección de la Fortaleza Vader; a veces incluso montan guardia en sus aposentos personales. Los droides centinela son fuertes, implacables y llevan fusiles bláster E-11 incorporados en el brazo derecho.

DROIDE INFILTRADOR E-XD

FABRICANTE Departamento de Investigación Militar Imperial **MODELO** E-XD **TIPO** Droide de reconocimiento

El droide infiltrador E-XD del Imperio está diseñado para que, cuando está en modo de reconocimiento, se asemeje a un droide de protocolo RQ. Parece benigno mientras escanea discretamente formas de vida, vehículos, droides y estructuras… hasta que encuentra a su objetivo. En cuanto identifica su objetivo, pasa a modo de ataque, crece en estatura y despliega un arsenal de armas. Es muy agresivo y extraordinariamente fuerte. Si alguien intenta hackearlo, una ojiva de protones integrada lo hace saltar por los aires. Los rebeldes Garazeb Orrelios, Chopper y AP-5 tienen que vérselas con un droide infiltrador cuando uno de ellos aterriza cerca de su base en el planeta Atollon.

TRAJE DE SAW GERRERA

MODELO Personalizado **TIPO** Traje presurizado médico

Durante sus batallas contra el Imperio, Saw Gerrera sufre muchas heridas graves. En sus últimos años, la salud de Saw es tan frágil que decide adquirir un traje presurizado médico para prolongar su vida. El traje incluye una bombona de oxígeno con analgésicos y una mascarilla que lo ayudan a respirar a medida que sus pulmones se deterioran. También tiene sensores atmosféricos que ajustan la temperatura, la presión y la humedad internas para compensar los cambios en el exterior. Por lo demás, atiende a Saw su droide médico, G2-1B7, cuya programación se ha modificado para que le administre fármacos en cantidades peligrosas.

ARMADURA DE SOLDADO DE LA MUERTE

FABRICANTE Investigación de Armas Avanzadas del Imperio
MODELO Armadura de soldado de la muerte **TIPO** Armadura

La armadura de los soldados de la muerte está cubierta de un espray de polímeros que distorsiona las señales electromagnéticas y hace invisibles a los soldados para la mayoría de los sensores. El casco tiene sensores y sistemas de selección de objetivos más avanzados que los del resto de los soldados, como intensificadores de imagen, emisores de pulsos activos, detección multifrecuencia, sensores de adquisición y monitores de macromovimiento Neuro-Saav, entre otros. Los soldados de la muerte llevan implantes que transmiten a la armadura información acerca de su cuerpo y que permiten a esta estimular sus órganos sensoriales para agudizar la percepción de los objetivos y el entorno.

CAÑÓN DE REPETICIÓN MWC-35C

FABRICANTE Conglomerado de Armamento Morelliano **MODELO** MWC-35c «Relámpago Staccato»
TIPO Cañón de repetición pesado

Las fuerzas imperiales usan el cañón de repetición MWC-35c, o «Relámpago Staccato», para controlar a las multitudes. El Guardián de los Whills Baze Malbus roba uno para usarlo contra el Imperio. Tiene un cinturón de carga de circuitos galven y está conectado a un tanque de refrigeración R717 que le otorga una potencia de fuego equivalente a la de cinco fusiles láser. Cuando está totalmente cargado, puede realizar 35 000 disparos, y dispone de dos modos de disparo: rápido (para cubrir zonas amplias) y único (más potente y concentrado). Esta voluminosa arma pesa 30 kilos, por lo que se necesita mucha fuerza para usarla y resulta difícil apuntar con precisión.

Guerrero rebelde
Baze se une a la lucha contra el Imperio en Jedha y acompaña a la rebelde Jyn Erso a Scarif.

BASTÓN DE CHIRRUT

FABRICANTE Chirrut Îmwe
MODELO Personalizado **TIPO** Bastón

Chirrut Îmwe lleva un bastón de madera uneti endurecida al fuego. El árbol uneti es sagrado para los Jedi y posee una intensa conexión con el lado luminoso de la Fuerza. Durante la República, en el Templo Jedi de Coruscant crecen árboles uneti cultivados a partir de semillas procedentes del primer Templo Jedi de la historia. En la punta del bastón hay una cápsula metálica que contiene un diminuto cristal kyber.

Ataque sorpresa
Chirrut sorprende a los soldados usando el bastón como una eficaz arma de combate cuerpo a cuerpo.

ARCO DE CHIRRUT

FABRICANTE Chirrut Îmwe
MODELO Personalizado **TIPO** Arco

Como parte de su viaje personal como Guardián de los Whills, Chirrut Îmwe construye su propio arco. Este funciona de un modo muy parecido a las ballestas wookiee y es mucho más potente que un fusil bláster pesado. Aunque es ciego, Chirrut puede usar los otros sentidos para anticipar algunos acontecimientos segundos antes de que sucedan, lo que le proporciona una ventaja considerable en situaciones de combate.

Tiro certero
La capacidad de Chirrut para anticipar el siguiente movimiento de su objetivo le permite derribar un caza TIE en la base imperial de Eadu.

PISTOLA BLÁSTER DH-17

FABRICANTE Industrias BlasTech
MODELO DH-17 **TIPO** Bláster de medio alcance

Aunque no es tan versátil como los blásteres militares, el DH-17 es un arma de combate bien fabricada, usada habitualmente por las fuerzas rebeldes para los enfrentamientos en naves. Es un arma muy fiable en modo semiautomático, con ráfagas cortas. En modo automático agota la energía en veinte segundos.

BLÁSTER DE DEFENSA

FABRICANTE Conglomerado de Defensa Dreariano
MODELO Bláster de defensa **TIPO** Pistola de caza

Estos blásteres son armas de poca intensidad destinadas a la caza menor y a la defensa personal. Son habituales entre la nobleza por su ligereza, su sencillez para montarlas y desmontarlas, y su facilidad para esconderlas. Separados en tres componentes, pueden pasar la mayoría de los controles de seguridad sin ser detectados. La célula de energía permite realizar cien disparos por carga, aunque solo es letal con tiros directos a órganos vitales. Leia Organa aprende a disparar con este modelo en la adolescencia y demuestra un gran talento como tiradora. Usa este bláster cuando Vader sube a bordo de la *Tantive IV* en busca de los planos de la Estrella de la Muerte. Décadas después, blande uno a bordo del *Raddus* y deja inconsciente al amotinado Poe Dameron.

CÁPSULA DE SALVAMENTO

FABRICANTE Corporación de Ingeniería Corelliana
MODELO Clase-6 **TIPO** Cápsula para seis pasajeros

Las cápsulas de salvamento Clase-6 de la CIC están equipadas con cuatro retropropulsores de salvamento y seis motores de maniobra pequeños para evacuaciones rápidas. Están diseñadas para transportar un máximo de seis pasajeros de tamaño medio. Tienen un diseño sencillo y un equipamiento mínimo. Las cámaras de proa y popa y los sensores de proximidad ayudan al piloto automático. También pueden dirigir las imágenes de las cámaras a la pantalla de visualización única. En la era de la Alta República, los agentes Nihil desactivaron las cápsulas de salvamento del Faro Starlight antes de detonar una bomba que destruyó la estación espacial. El padawan Cal Kestis usa una cápsula para huir a Bracca durante la Orden 66, más o menos al mismo tiempo que Yoda usa una para escapar del campo de batalla de Kashyyyk. Aunque suelen estar prohibidas para los droides, durante el ataque a la *Tantive IV*, R2-D2 accede a una cápsula de salvamento y, juntos, él y C-3PO huyen a Tatooine. Ni Vader ni los sensores de su destructor estelar son capaces de detectar que los droides están a bordo. Años después, Rey pilota una cápsula de salvamento del *Halcón Milenario* al *Supremacía*, en un intento de arrastrar a Kylo Ren al lado luminoso.

Duelo de espadas
Vader se enfrenta a su hijo Luke Skywalker en la Ciudad de las Nubes.

ESPADA DE LUZ DE DARTH VADER

CREADOR Darth Vader **MODELO** Hecha a mano
TIPO Espada de luz Sith

Cuando Darth Vader jura lealtad a Darth Sidious, sigue usando su espada de luz Jedi hasta que Obi-Wan se la arrebata tras su duelo en Mustafar. Vader halla a un Jedi superviviente, el maestro Kirak Infil'a, lo mata tras un prolongado duelo y se lleva su espada de luz a Mustafar. Allí, vierte su odio y su ira en el cristal kyber, de modo que sangra y se vuelve rojo. Vader usa la empuñadura de Infil'a hasta que se rompe y, entonces, construye una nueva que recuerda a la de su espada Jedi original, pero está hecha con una aleación más oscura; tiene un mango estriado negro, una cámara negra para la célula de energía, una carcasa de emisor biselada, un cristal de enfoque de doble fase, una célula de energía de diatio de alto rendimiento y los interruptores habituales para ajustar la intensidad y la longitud.

Con esta nueva espada de luz, Vader comete muchas atrocidades en nombre del emperador. Mata a varios Jedi que sobrevivieron a la Orden 66, incluida Jocasta Nu, así como a la Segunda Hermana en la Fortaleza de la Inquisición. Posteriormente, Vader lucha dos veces contra Obi-Wan Kenobi con esta espada de luz, poco antes de matar a Cere Junda en Jedha. En Malachor se enfrenta a su antigua aprendiz, Ahsoka Tano, que evita el que habría sido un golpe fatal gracias a la intervención de Ezra Bridger. Más tarde, Vader se abre camino a golpe de espada entre los soldados rebeldes a bordo del *Profundidad*, en un intento de recuperar los planos de la Estrella de la Muerte, y luego mata a su antiguo maestro Jedi Obi-Wan a bordo de la estación de combate. El lord Sith se enfrenta por primera vez a su hijo, Luke Skywalker, en Cymoon 1, y en un duelo posterior en la Ciudad de las Nubes le corta una mano. En su último enfrentamiento, Luke sucumbe momentáneamente a la ira y le corta a su padre la mano con que blande la espada, que cae en el mismo pozo de energía en el que perece Sidious.

Mango estriado

Cámara de cristal kyber

Indicador de energía

Cubierta de ajuste de intensidad

Carcasa de la vaina del emisor

Temido en toda la galaxia
Aunque en su nueva forma de cíborg no es tan ágil, Darth Vader sigue siendo el sirviente más letal del emperador.

BLÁSTER DE IONIZACIÓN

FABRICANTE Jawas **MODELO** Hecho a mano
TIPO Pistola bláster de iones

Los jawa fabrican sus blásteres de iones usando las piezas que encuentran en cualquier lugar. Empiezan con un cartucho bláster y añaden un acuacelerador del impulsor de iones de una nave y un dispositivo de retención de droides al mecanismo de disparo. Estas armas pueden realizar disparos de precisión de hasta doce metros.

FUSIL BLÁSTER PESADO DLT-19

FABRICANTE Industrias BlasTech **MODELO** DLT-19 **TIPO** Fusil bláster

El fusil DLT-19 es el arma habitual de los soldados de asalto, aunque los francotiradores también la usan. Como fusil de largo alcance, el DLT-19 es usado por los soldados de las arenas, en Tatooine, y por las tropas de asalto de la Estrella de la Muerte. Tiene una mira plegable y un apoyo para bípode. Puede llevar a cabo disparos individuales, ráfagas cortas o usarse como arma automática.

BASTÓN GADERFFII (GAFFI)

CREADOR Incursores tusken **MODELO** Hecho a mano
TIPO Arma cuerpo a cuerpo (vara)

Armas cuerpo a cuerpo creadas por los tusken usando materiales reaprovechados, como cuernos de dragón krayt y ramas de árbol del desierto. Miden unos 130 centímetros de largo y tienen un remate diferente en cada extremo. Muchos tienen un extremo curvado, con un garrote rematado en punta. El otro extremo tiene forma de maza de guerra, con bordes afilados. Ofrecen muchas formas de ataque, desde el más crudo golpe y apuñalamiento a formas más refinadas de combate. Cuando Boba Fett vive con un clan tusken, aprende a luchar con un bastón gaffi y fabrica el suyo propio. Lo utiliza en muchas batallas, incluida la lucha contra los soldados de asalto en Tython y el apuñalamiento de Cad Bane en las calles de Mos Espa.

Armas wookiee

El idioma wookiee tiene más de 150 palabras para madera, material que los wookiees usan en la mayoría de sus armas, escudos y armaduras. Disponen de una gran variedad de blásteres que combinan materiales tradicionales, como madera, hueso y cuerno, con tecnologías avanzadas. Los modelos más comunes se producen en talleres por todo Kashyyyk.

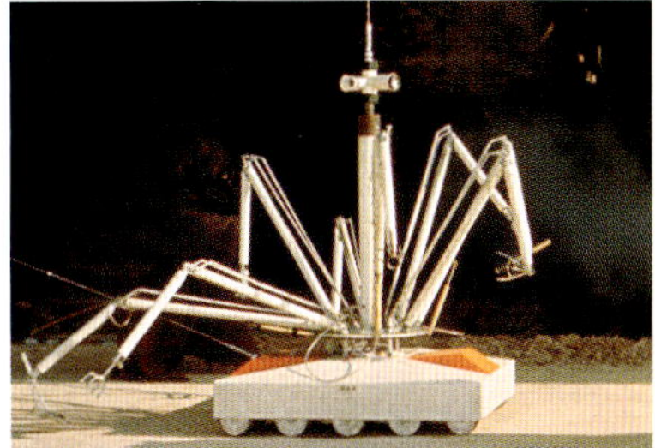

DROIDE WED TREADWELL

FABRICANTE Cybot Galactica **MODELO** Droide Treadwell WED-15
TIPO Droide de reparación

Los Treadwell WED son droides utilizados para reparar naves, máquinas y otros droides. Los sensores visuales de los WED están montados en una vara telescópica, y los brazos multiherramienta pueden comprarse por separado. Son unos droides relativamente frágiles, y requieren de un mantenimiento continuo. Los jawa ofrecen un WED-15 a Owen Lars y Luke Skywalker en Tatooine.

DROIDE INTERROGADOR

FABRICANTE Departamento de Investigación Militar Imperial **MODELO** IT-O
TIPO Droide interrogador

El droide interrogador, prohibido por la legislación de la República, es uno de los mayores horrores tecnológicos construidos en secreto por el Imperio. Utilizado por la Oficina de Seguridad Imperial, este droide explota las debilidades mentales y físicas de los prisioneros. Empieza inyectando medicamentos que reducen la tolerancia al dolor, inhiben la resistencia mental y obligan a la víctima a permanecer consciente. Los alucinógenos y los sueros de la verdad aseguran la máxima eficacia, y la experiencia es tan desagradable que la mayoría de los prisioneros confiesan en cuanto ven a uno de estos droides. Un IT-O interroga a Kanan Jarrus a bordo del *Soberano* hasta que el Gran Inquisidor toma el relevo. Darth Vader somete a la princesa Leia a un interrogatorio con un IT-O en la Estrella de la Muerte, pero ella lo resiste gracias a su entrenamiento y fortaleza. Años después, la Primera Orden desarrolla el droide torturador IT-000 para interrogar a sus cautivos.

BALLESTA DE CHEWBACCA

CREADOR Chewbacca **MODELO** Hecho a mano **TIPO** Ballesta wookiee

La ballesta es un arma tradicional de los wookiee en Kashyyyk y se basa en antiguas armas de la cultura wookiee, que en el pasado utilizaron dardos y flechas venenosos. Las ballestas son más potentes y precisas que el bláster medio, y su alcance efectivo supera los 30 metros. Los diseños varían en función de los materiales usados (a menudo, madera y metal) y del estilo del artesano. Estas armas disparan un quarrel metálico envuelto en energía, mientras una esfera polarizada, situada en cada extremo de la ballesta, crea un campo magnético que aumenta el impulso del proyectil. Cuando se aprieta el gatillo, se dispara el quarrel, cargado de energía de plasma. Chewbacca fabrica varias ballestas. La última es un diseño poco convencional que aprovecha el armazón y el cartucho del bláster de un soldado de asalto. Junto a Han Solo, Chewbacca usa esta arma contra varios enemigos, incluidos soldados de asalto imperiales, cazarrecompensas y mynock. Chewbacca utiliza también su ballesta durante la lucha contra la Primera Orden.

Héroe de Endor
Chewbacca demuestra su pericia con la ballesta en la batalla de Endor, en la que lucha contra soldados de asalto, exploradores y oficiales imperiales.

ARMADURA DE DARTH VADER

FABRICANTES Varios **MODELO** Único **TIPO** Armadura de soporte vital

Tras sufrir heridas mortales en su duelo con Obi-Wan Kenobi, Darth Vader fue trasladado en secreto a las instalaciones médicas de la República en Coruscant. Mientras los droides médicos curaban sus heridas, el especialista en cíborgs Cylo y su equipo se ponían manos a la obra para fabricar un traje de soporte vital. Vader recibió una armadura que le permite sobrevivir pese a las quemaduras; le protege e intimida a cuantos se encuentran con él. El yelmo incluye lentes con visión mejorada, respirador, tubos de alimentación, reguladores de temperatura y proyector de voz. Un panel de control en el pecho ajusta las funciones del traje; a ambos lados de su cinturón posee pantallas de sensores, y sus botas incluyen abrazaderas magnéticas. Los duelos de Vader dañan su armadura, lo que le obliga a recuperarse en un tanque de bacta mientras esta se repara. A Vader también le gusta retocar su armadura en persona, haciendo gala de la aptitud para la ingeniería que posee desde la infancia.

Cuando Vader descubre que Luke Skywalker es su hijo y se rebela contra el emperador, este destruye la mayor parte de la armadura y devuelve a Vader a Mustafar para que se recupere. Solo cuando Darth Vader se compromete de nuevo a servir a Palpatine este le devuelve la armadura.

Tras la muerte de Vader a bordo de la segunda Estrella de la Muerte, su hijo Luke incinera su cuerpo y su armadura en una pira funeraria en la Luna Boscosa de Endor. Un desconocido retira de la pira el yelmo carbonizado de Vader, y décadas más tarde pasa a manos de su nieto, Ben Solo. Este, conocido como Kylo Ren, es un usuario del lado oscuro y habla con la reliquia cada vez que siente la tentación de volver al lado luminoso.

FUSIL BLÁSTER A-300

FABRICANTE Industrias BlasTech **MODELO** A-300 **TIPO** Fusil bláster

El A-300 pertenece a un largo linaje de fusiles, como el A-280, el A-280-CFE y el A-310, todos de aspecto similar. El A-300 es muy personalizable, con culata de hombro extraíble, adaptadores para cañones de distintos tamaños y otros accesorios. Lo usan múltiples organizaciones, como la Alianza Rebelde y el Sindicato Pyke.

E-11D

FABRICANTE Industrias BlasTech **MODELO** E-11D **TIPO** Fusil bláster

Los soldados de la Purga y los soldados de la muerte portan fusiles bláster E-11D. El fusil posee culata ajustable y cañón reforzado de gran calibre para mejorar la cadencia de fuego y mayores descargas de plasma. Pero el arma también tiene un potente retroceso, por lo que es difícil de manejar para la mayoría de soldados de asalto. Años después, los soldados de la muerte de Moff Gideon siguen usando fusiles bláster E-11D, al igual que los soldados de la Noche del gran almirante Thrawn.

DROIDE DE SERIE FX

TIPO Droide asistente médico
FABRICANTE Industrias Medtech
FILIACIÓN Ninguna

Los droides de serie FX son los asistentes médicos de los droides 2-1B. Dotados con múltiples brazos, controlan a los pacientes, realizan pruebas, manejan el instrumental y recomiendan procedimientos. Un FX-9 le hace una transfusión de sangre a Darth Vader cuando es reconstruido. Más tarde, un FX-7 observa a Luke Skywalker durante su tratamiento con bacta.

CILINDROS DE CÓDIGOS

FABRICANTE Imperio y Primera Orden **TIPO** Dispositivo de seguridad

Los oficiales imperiales usan cilindros de códigos para acceder a áreas restringidas y a redes de datos de alta seguridad. Registran la identificación y el nivel de seguridad de quien lo porta, además de quién y cuándo ha accedido a qué área. Hay un mínimo de cuatro categorías de cilindro, diferenciadas por la forma y el color del extremo. La Primera Orden los sigue usando y los llama «cilindros de acceso». Tritt Opan, el asesino personal del general Armitage Hux, lleva un cilindro falso, lleno de veneno, que usa para sus malvados fines.

DROIDE DE SERIE KX

FABRICANTE Industrias Arakyd **MODELO** Serie KX **TIPO** Droide de seguridad

El Senado imperial prohíbe la construcción de droides de combate, pero Industrias Arakyd, en connivencia con el ejército imperial, aprovecha un vacío legal y comercializa la serie KX como «droide de seguridad» sin añadir el programa que impide dañar a seres orgánicos. Están programados para obedecer a oficiales con rango de teniente o superior, y pueden hacer de guardaespaldas y escoltas, además de como guardias en instalaciones imperiales. Pueden realizar trabajos pesados y traducir, aunque estas tareas los aburren.

Los droides KX están repartidos por toda la galaxia al servicio del Imperio, en ubicaciones que abarcan de Coruscant a Niamos. Varios de ellos también están presentes en Mandalore durante la Noche de las Mil Lágrimas. Intimidan con su altura y su fuerza a los soldados de rango inferior, espías rebeldes y prisioneros. Están preprogramados para conducir más de 40 vehículos de transporte imperiales y se pueden adaptar rápidamente a otros. En el puño izquierdo ocultan una interfaz de datos con forma de punzón que les permite acceder a sistemas informáticos o apuñalar a otros droides. La Nueva República ha reprogramado a droides de serie KX para utilizarlos.

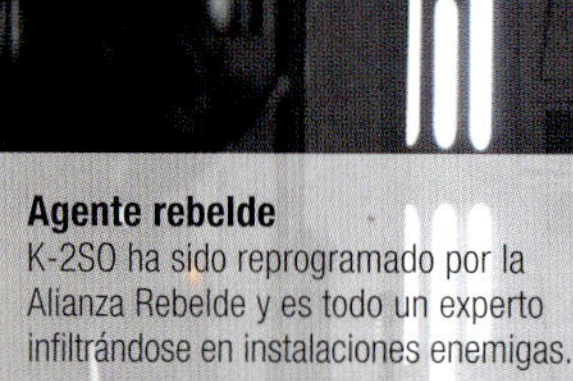

Agente rebelde
K-2SO ha sido reprogramado por la Alianza Rebelde y es todo un experto infiltrándose en instalaciones enemigas.

2-1B

TIPO Droide cirujano
FABRICANTE: Industrias Automaton
FILIACIÓN Ninguna

Célebre desde la época de la República, el droide cirujano 2-1B va equipado con una memoria enciclopédica y muy buena maña con los pacientes, y sus manos desmontables admiten diversos aparatos médicos. 2-1B atiende tanto a Vader como a Luke en la Guerra Civil Galáctica. Más tarde, una unidad llamada 2MED2 trabaja con la resistencia contra la Primera Orden.

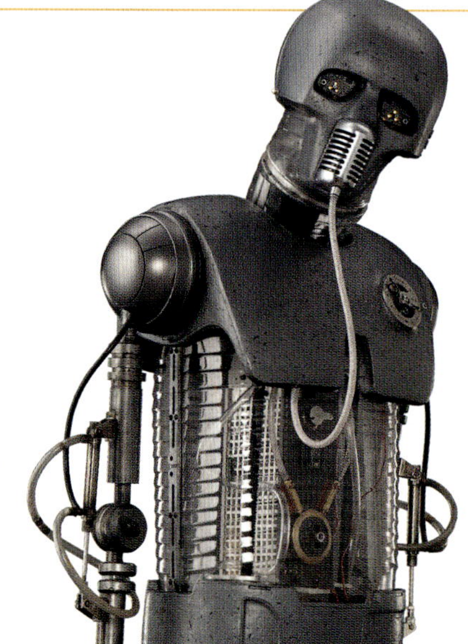

SALA DE MEDITACIÓN DE DARTH VADER

FABRICANTE Hecho a medida **TIPO** Sistema de soporte vital

Darth Vader tiene múltiples cámaras de meditación en toda la galaxia, entre ellas una en su fortaleza de Mustafar y otra en su superdestructor estelar. Todas cuentan con sistemas de soporte vital que le permiten sobrevivir sin el casco, y, una vez dentro, Vader usa holoproyectores y pantallas integrados para emitir órdenes y recibir información mientras está en la cámara. Durante un tiempo usa una cámara móvil, que los rebeldes le arrebatan cuando roban el *Punta Carroña* del moff Tarkin. La conexión de Vader con la Fuerza le permite rastrear la nave.

CONSTRUCTO CÍBORG AJ^6

FABRICANTE Industrias BioTech
MODELO Aj^6 **TIPO** Implante cibernético

Este constructo cíborg permite al usuario acceder a sistemas informáticos mediante una conexión inalámbrica con el cerebro. El incremento de la velocidad, el acceso a sistemas y la mejora de la productividad general que ofrece el implante ejercen un efecto perjudicial sobre la personalidad del usuario y tienden a dominar el cerebro. Este «efecto lobotomía» ha dado lugar al otro nombre con que se conoce al dispositivo, «Lobot-Tech». Algunos de los usuarios más conocidos son el rodiano Tseebo (amigo de los padres de Ezra Bridger), el controlador imperial LT-319 y Lobot, amigo de Lando Calrissian.

DROIDE DE SERIE EG

FABRICANTE Industrias Automaton
MODELO EG **TIPO** Droide generador

Los droides «Gonk» de serie EG son uno de los múltiples droides que actúan como generadores autónomos. Recorren el área asignada recargando naves, maquinaria e incluso a otros droides tanto si es por orden directa de sus dueños como si siguen la rutina codificada en su programación. Ocasionalmente, los droides EG hacen de mensajeros. Como son poco llamativos y una presencia habitual, pueden entrar y salir de áreas hostiles con facilidad. No obstante, su lentitud al andar los hace vulnerables, sobre todo ante los ladrones. Los droides EG se fabrican desde hace mucho tiempo y los hay de muchos colores y diseños.

DROIDE RATÓN

FABRICANTE Rebaxan Columni **MODELO** Serie MSE **TIPO** Droide de mantenimiento

Los droides ratón suelen deslizarse por el suelo de las bases imperiales y de la Primera Orden. Su diseño ha variado muy poco a lo largo de las décadas, y limpian suelos, reparten órdenes de los comandantes (mediante una repisa en la zona dorsal) y ejercen de guías, llevando a los visitantes a distintas ubicaciones. Los droides ratón son sencillos, versátiles y silenciosos, cualidades que los hacen ideales para infiltrarse en áreas de seguridad o en redes de datos que, de otro modo, resultarían inaccesibles.

TANQUE DE BACTA

FABRICANTES Corporación Zaltin, Corporación Xucphra, los Vratix **TIPO** Dispositivo médico

Los tanques de bacta son cámaras cilíndricas llenas de bacta, una sustancia gelatinosa que favorece la curación rápida de heridas demasiado graves para que el cuerpo del paciente se recupere por sí solo. El bacta, inventado por los vratix, una especie insectoide del planeta Thyferra, es una mezcla de bacterias kavam y alazhi combinadas con fluido ambori. Durante la Alta República, una de las Grandes Obras de la Canciller Lina Soh fue hallar métodos de cultivo de bacta mejorados. Durante las Guerras Clon, los clones de la República se recuperaban de sus heridas en tanques de bacta. Un tanque de bacta mantiene al antiguo Jedi Dagan Gera en hibernación durante más de cien años, desde la Alta República hasta la era Imperial. Darth Vader mantiene un tanque de bacta en su castillo de Mustafar para curar sus heridas. Luke Skywalker se recupera rápidamente del ataque de un wampa en un tanque de bacta en la base Eco de la Alianza Rebelde en Hoth. Boba Fett utiliza más tarde un tanque de bacta para recuperarse de las heridas recibidas en el foso del Sarlacc.

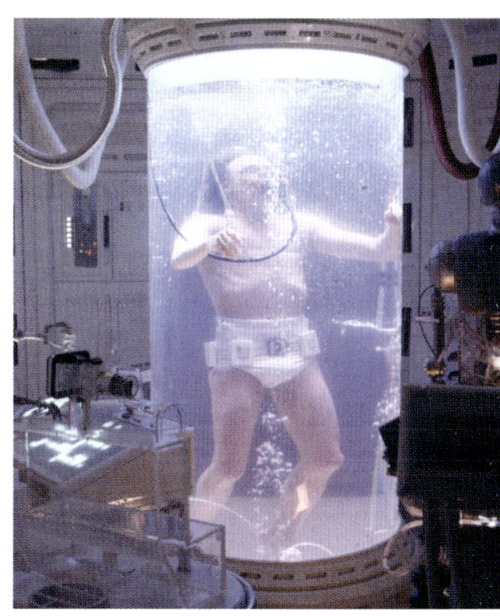

PICA DE FUERZA

FABRICANTE Corporación SoroSuub **MODELO** PF de control **TIPO** Vibroarma

Las picas de fuerza son armas con forma de vara y punta vibroactiva que lanzan descargas eléctricas que pueden infligir dolor, aturdir o incluso matar al adversario. La Guardia Real del emperador Palpatine usa picas de fuerza, aunque también las utilizan otros centinelas y guardaespaldas de personas importantes de toda la galaxia. Los guardias del emperador las usan para proyectar un campo de fuerza alrededor de Ezra Bridger, sensible a la Fuerza, y alzarlo en el aire, aunque el joven rebelde acaba escapando.

ARMADURA DE BOBA FETT

MODELO Personalizado **TIPO** Armadura mandaloriana

La armadura de Boba Fett está fabricada conforme a las especificaciones casi exactas del atuendo mandaloriano tradicional, con el habitual acero beskar, y muy personalizada. Perteneció a su padre, Jango Fett, que la utilizó durante la Guerra Civil Mandaloriana y en su posterior carrera de cazarrecompensas. Boba se decide por ella para sus propio trabajo como cazarrecompensas, y luce sus abolladuras y arañazos con orgullo. La mochila propulsora es útil para saltos y vuelos cortos, y está equipada con un lanzacohetes que puede disparar un misil o un garfio. Su casco está equipado con telémetro, visor macrobinocular y sensores de movimiento y sonido. El comunicador interno de Fett le permite invocar su nave de forma remota y a gran distancia. Durante el enfrentamiento con rebeldes a bordo del *Khetanna*, Fett, equipado con su armadura, cae en el Gran Pozo de Carkoon en Tatooine. Tras escapar del Sarlacc, Fett se desmaya, lo que permite a los jawas robarle la armadura. Esta acaba en manos de Cobb Vanth, el mariscal de Mos Pelgo, quien accede a dársela a Din Djarin a cambio de ayudarle a matar un dragón krayt. Poco después, Djarin devuelve la armadura a Fett, quien la lleva en su papel de daimio de Tatooine.

Siempre trabajando
Boba jamás aparece en público sin su armadura, ni siquiera cuando descansa en el palacio de Jabba.

> «Las religiones y las armas antiguas no valen nada comparadas con un buen bláster.»
>
> **HAN SOLO**

PISTOLA BLÁSTER PESADA DL-44 DE HAN SOLO

FABRICANTE Industrias BlasTech
MODELO DL-44
TIPO Pistola bláster pesada (modificada)

El bláster DL-44 es el arma preferida de una gran variedad de individuos, como el rebelde Ezra Bridger y la piloto Venisa Doza. Ofrece una gran potencia de fuego para ser una pistola, sin menoscabo de la precisión, lo que la convierte en un arma ideal para las fuerzas militares, así como para los cazarrecompensas y los contrabandistas. El condensador de la DL-44 puede cargar un láser de doble potencia sin sobrecalentarse. El célebre contrabandista Tobias Beckett utiliza su DL-44 con accesorios de fusil de campo en la batalla de Mimban y, después, desmonta las modificaciones y entrega el arma a su nuevo compañero, Han Solo, en Vandor. Cuando Beckett traiciona a Han en Savareen, este dispara primero antes de que Beckett tenga oportunidad de matarlo.

A lo largo de su vida, Han Solo tiene siempre a mano su fiel DL-44, a la que realiza varias modificaciones personalizadas. Seguro de su puntería, le quita la mira con sensor de movimiento que tenía de fábrica para poder desenfundar con mayor rapidez.

DROIDE SONDA IMPERIAL

FABRICANTE Industrias Arakyd **MODELO** Víbora
TIPO Droide sonda

El droide sonda imperial, también llamado Víbora, se usa para rastrear enemigos y asegurar puestos de control por toda la galaxia; más tarde, los droides sonda localizan la base secreta rebelde de Hoth. Durante la Noche de las Mil Lágrimas, droides Víbora buscan supervivientes en Mandalore. Los droides sonda pueden lanzarse desde instalaciones especializadas para viajar por el hiperespacio en una cápsula especial hasta llegar al planeta que se les ha asignado investigar. Sus repulsores les permiten viajar por cualquier tipo de terreno, y su propulsor posee silenciadores para evitar ser detectado. Con 2 metros de altura, las sondas contienen numerosos sensores, una holocámara, seis brazos manipuladores para tomar muestras y un pequeño bláster montado como defensa. Un transceptor HoloRed de alta frecuencia les permite transmitir información a las fuerzas imperiales incluso a grandes distancias. El 11-3K es una variante mejor armada, por lo que a menudo se le asignan tareas de patrulla en planetas remotos como Vandor. Tras la caída del Imperio, Moff Gideon utiliza un droide sonda en Coruscant para comunicarse con uno de sus espías.

BRAZALETES DE BOBA FETT

CREADOR Boba Fett **MODELO** Hechos a mano
TIPO Brazaletes de cazarrecompensas

Boba Fett siempre debe asegurarse de que dispone de un gran número de opciones, así que lleva unos brazaletes equipados con distintos dispositivos. Entre sus armas más poderosas se incluye un lanzallamas en miniatura ZX de la Corporación Czerka, capaz de proyectar una llama de cinco metros de largo y uno de diámetro, y el láser Dur-24, de Industrias BlasTech, que combina toda la potencia de disparo de un fusil bláster estándar con un alcance de hasta cincuenta metros. El minilanzacohetes MM9 permite disparar misiles pequeños, como los cohetes aturdidores y los antivehículo. El brazalete derecho de Fett incluye un látigo de fibrocuerda extensible que le permite atar rápidamente a sus presas.

Dispositivos ingeniosos
En el gran pozo de Carkoon, Boba Fett dispara un látigo de fibrocuerda para atrapar a Luke Skywalker.

MOCHILA PROPULSORA Z-6

FABRICANTE Transportes Mitrinomon **MODELO** Z-6 **TIPO** Mochila propulsora

La mochila propulsora Z-6 forma parte del equipamiento habitual de Boba Fett. El combustible del dispositivo de transporte personal proporciona un gran impulso y una ventaja táctica durante las situaciones de combate, pero también supone un riesgo personal para quien lo utiliza. Los estabilizadores de los propulsores de dirección ofrecen un manejo sencillo. La mochila permite dos usos: un garfio proyectil con el cable sujeto al torno interno, de modo que su usuario puede recoger o arrastrar a sus presas con facilidad; o un potente misil autodirigido. Esta funcionalidad convierte la Z-6 en un modelo preferido de los comandos mandalorianos y también del padre de Boba, Jango Fett. Tras la destrucción de Mandalore, muchos mandalorianos siguen usando mochilas propulsoras, entre ellos Din Djarin y Bo-Katan Kryze.

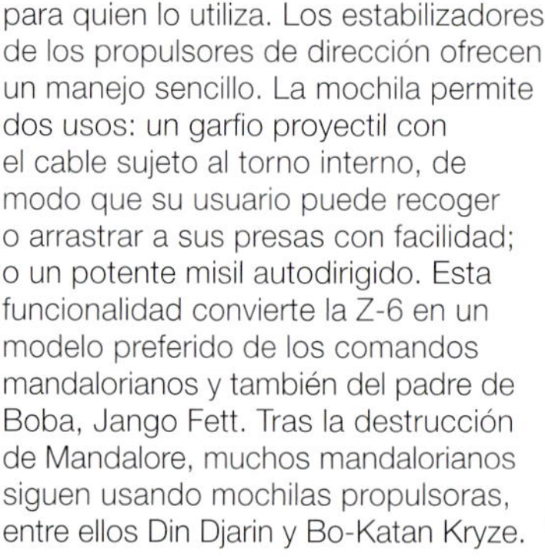

Doble amenaza
La mochila propulsora Z-6 combina un potente lanzamisiles con un sistema de propulsión para realizar vuelos breves. Esto permite que Boba Fett se lance sobre sus presas o que las aniquile desde el aire.

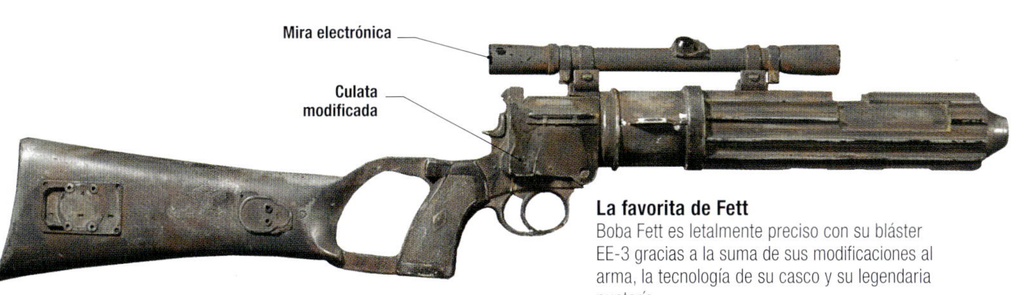

La favorita de Fett
Boba Fett es letalmente preciso con su bláster EE-3 gracias a la suma de sus modificaciones al arma, la tecnología de su casco y su legendaria puntería.

FUSIL BLÁSTER EE-3

FABRICANTE Industrias BlasTech
MODELO EE-3 **TIPO** Carabina Bláster

Más corta y ligera que el fusil bláster E-11, arma estándar de las tropas de asalto imperiales, la carabina EE-3 se empuña con dos manos para compensar un guardamanos más corto. Posee una cadencia de fuego más rápida, pero menos precisión y potencia de detención que fusiles más grandes. El tamaño es su principal ventaja, lo que la convierte en la favorita de los cazarrecompensas. Boba Fett lleva una EE-3 modificada como arma preferida. También la llevan la cazarrecompensas zabrak Sugi, durante las Guerras Clon, y el droide de protocolo mercenario Q9-0 en época de la Nueva República.

BATERÍA ARTILLERA ANTIPERSONAL DF.9

FABRICANTE Armas Golan **MODELO** DF.9 **TIPO** Batería artillera antipersonal

La DF.9 es un emplazamiento fijo con un único cañón láser que dispara ráfagas capaces de aniquilar escuadrones enteros de infantería que se aproximen. Es eficaz a una distancia de hasta 16 kilómetros. El artillero, situado en la torreta de 4 metros de altura, dispone de un ángulo de fuego de 180 grados. En la torreta blindada de duracero, que resiste fácilmente el fuego de los blásteres, un técnico de puntería computerizada ayuda a apuntar con precisión, y otro asegura un flujo de energía estable desde su generador.

CASCO DE VUELO DE LUKE SKYWALKER

FABRICANTE Koensayr **MODELO** K-22995 **TIPO** Casco de vuelo

Cuando Luke llega a la base secreta rebelde de Yavin 4, se ofrece voluntario para unirse al desesperado ataque contra la Estrella de la Muerte. Asignado a pilotar el Rojo Cinco, Luke recibe un uniforme de piloto de Ala-X estándar del Escuadrón Rojo, que incluye un casco adornado con el logotipo del pájaro estelar de la Alianza Rebelde. El casco tiene un exterior de plastiacero y el interior forrado de espuma aislante. Posee visor polarizado articulado, sensomicro para comunicaciones y generador de campo atmosférico local. Tras destruir la Estrella de la Muerte, Luke emplea su casco en otras misiones con su Ala-X; su aprendiz, Rey, usa más tarde el casco en su vuelo a Exegol.

JAULA FERMATA

FABRICANTE Darth Momin

La Jaula Fermata, otro artefacto del lado oscuro perdido hace mucho tiempo, fue obra de Darth Momin y ofrece un poder increíble. Es una mezcla de arte, tecnología y Fuerza que, se dice, congela momentos, personas y lugares en el tiempo para recuperarlos en el presente. Tiene forma de reloj de arena, pero su arena se compone de agujeros negros en miniatura sujetos por una matriz del lado oscuro, y debe usarse mediante el lado oscuro para activarse. Qi'ra, líder del grupo criminal Crimson Dawn, se hace con la reliquia y la usa en su misión de destruir al Emperador.

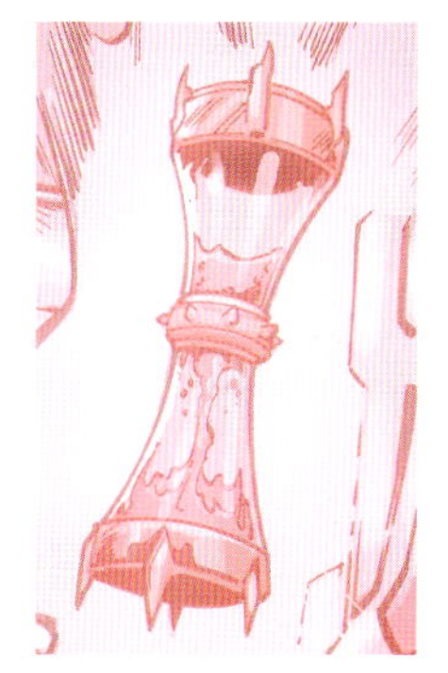

FARKILLER

FABRICANTE Var-Whill
MODELO Farkiller
TIPO Fusil de francotirador

Creado por el Jedi Var-Whill y antigua arma de Oo'ob el Apóstata, también Jedi, el Farkiller es un fusil de francotirador único. Un atenuador de aumento y tecnología de espada de luz permiten al usuario acertar a objetivos a «cien clics de distancia», según la doctora Chelli Aphra, que lo roba de Niebla Roja, un Santuario de Migración Slinani.

ANILLOS DE VAALE

FABRICANTE Arquitectos de Vaale

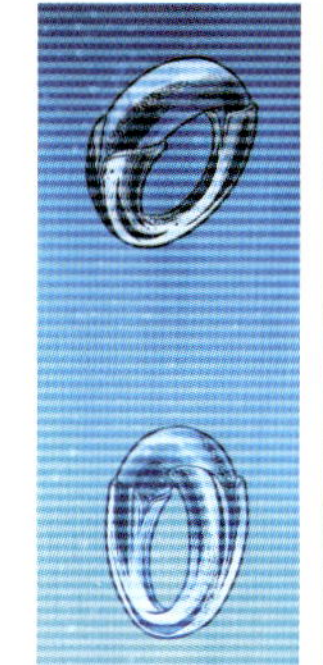

Se rumorea que los Anillos de Vaale, antiguas reliquias, otorgan a su portador un poder similar al de la Fuerza, pero no sin un coste. Uno de ellos da la inmortalidad al usuario, pero destruye su salud mental, y el segundo da una gran fortuna, pero también la muerte. Juntos, los anillos ofrecen poderes aún mayores.

ZAHORÍ DEL PENSAMIENTO

FABRICANTE Los Ascendentes

El Zahorí del Pensamiento, una reliquia de los Ascendentes, una secta que buscaba recrear el poder de la Fuerza con tecnología, puede obligar a otros a obedecer. Emite una sensación general de maldad, y puede emplearse con o sin sensibilidad a la Fuerza. Activado, emite un brillo rojizo.

ESPADA DE LUZ AMARILLA DE LUKE SKYWALKER

TIPO Espada de luz

Tras perder su espada en un duelo con Darth Vader, Luke Skywalker se procura una nueva arma. Se entera de la existencia de un antiguo puesto de avanzada Jedi en Tempes, con varios artefactos, y halla la vieja espada de luz del guardián del templo. Con una hoja amarilla, está adornado con detalles dorados en la empuñadura, lo que sugiere orígenes en la Alta República. Luke usa el arma hasta que se fisura su cristal kyber, lo que lleva a Skywalker al misterioso Doctor Cuata, quien repara el arma y le enseña el funcionamiento interno de las espadas.

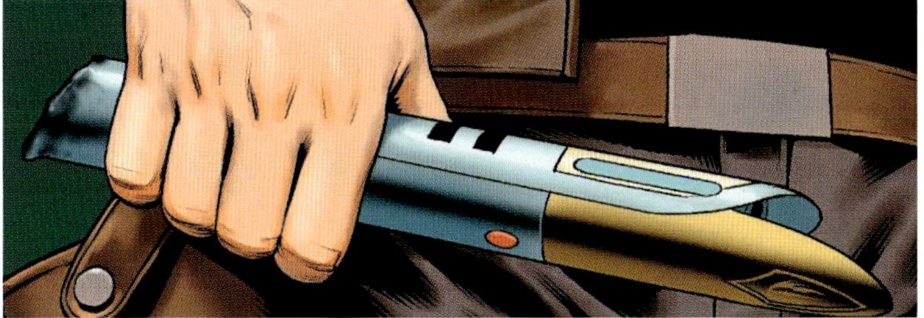

LÁTIGO DE LAS PENAS

FABRICANTE El Ascendente
TIPO Látigo

Creado por el Ascendente, un culto del lado oscuro, el Látigo de las Penas es un arma que imita los poderes de la Fuerza: envuelve a un objetivo y drena su energía. Luego puede transferirla a un enemigo con una gran explosión.

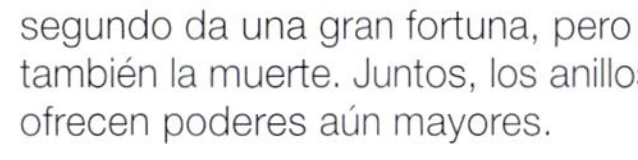

MÓDULO DE TRADUCCIÓN AUTÓNOMO TIPO II

TIPO Droide de protocolo

Conocido como droide parlante o parlanchín, es uno de los primeros droides de protocolo. Obsoleto en época del Imperio Galáctico, la Alianza Rebelde roba la última unidad del Museo Imperial. La idea es usarlo para crear un código de encriptación, pero él tiene sus propios objetivos.

FUSIL BLÁSTER A-280

FABRICANTE Industrias BlasTech
MODELO A280 **TIPO** Fusil bláster

Considerado uno de los mejores fusiles capaces de perforar corazas, el A-280 es más potente que otros fusiles de largo alcance. Hacia el final de la República, varias fuerzas planetarias utilizan A-280, por lo que luego están disponibles en el mercado criminal. Muchos soldados rebeldes usan fusiles A-280 contra el Imperio en la batalla de Hoth. BlasTech también fabrica la variante A-280C del fusil, apreciada por la Alianza Rebelde.

TORRE-P 1.4 FD

FABRICANTE Corporación de Defensa Espacial Atgar **MODELO** 1.4 FD
TIPO Cañón láser ligero antivehículo

La torre-P 1.4 FD es un cañón láser fijo que se usa en todos los terrenos. El cañón dispara desde el centro del disco de energía, que cuenta con dieciséis direccionadores de microenergía dispuestos de forma regular en el borde, y ocho células de conversión en el interior. La torre-P es barata y de producción rápida y sencilla.

Base giratoria
La torre-P 1.4 FD tiene un ángulo de disparo de 360 grados.

Condiciones extremas
La torre-P 1.4 FD puede operar en temperaturas que van desde los –73 °C hasta los 49 °C.

BLÁSTER DE REPETICIÓN E-WEB

FABRICANTE Industrias BlasTech
MODELO E-Web
TIPO Cañón de repetición pesado

Este bláster pesado, conocido como E-Web, es el bláster de repetición más potente del Imperio. El soporte rígido compensa la energía cinética creada por la gran potencia de disparo del arma. Manejada por dos soldados, el montaje limita su efectividad, de manera que algunas tripulaciones imperiales cargan el generador previamente para poder acelerar el proceso. Esto requiere de un ajuste cuidadoso del flujo de energía para evitar una sobrecarga.

DEFENSOR PLANETARIO V-150

FABRICANTE Astilleros de Propulsores de Kuat **MODELO** v-150 **TIPO** Cañón pesado ión-espacio

El defensor planetario v-150 es un cañón de iones diseñado para atacar naves que orbitan en torno a un planeta. A menudo se utiliza junto con escudos planetarios, y defiende los planetas mientras los escudos alcanzan la máxima potencia. Este cañón tiene un alcance óptimo de 4000 kilómetros y uno máximo de 180 000. Puede causar graves daños a destructores estelares con un único rayo de iones. Sin embargo, es vulnerable a los ataques enemigos, ya que es un arma fija y, para poder utilizarla, el escudo de protección debe estar desactivado.

Ataque tierra-espacio
El defensor planetario v-150 está equipado con un generador independiente enterrado a cuarenta metros bajo la ubicación del arma.

BLÁSTER DE SOLDADO EXPLORADOR

FABRICANTE Industrias BlasTech
MODELO EC-17
TIPO Bláster de contención

Arma reglamentaria de los soldados exploradores y de patrulla imperiales, esta pistola compacta sirve de bláster de contención y es perfecta para disparar a objetivos cercanos. Suele estar oculta en la bota del explorador o en el cinturón del soldado de patrulla, y tiene una empuñadura sensible a la presión en lugar de gatillo debido a los gruesos guantes de los exploradores. También dispone de una mira incorporada.

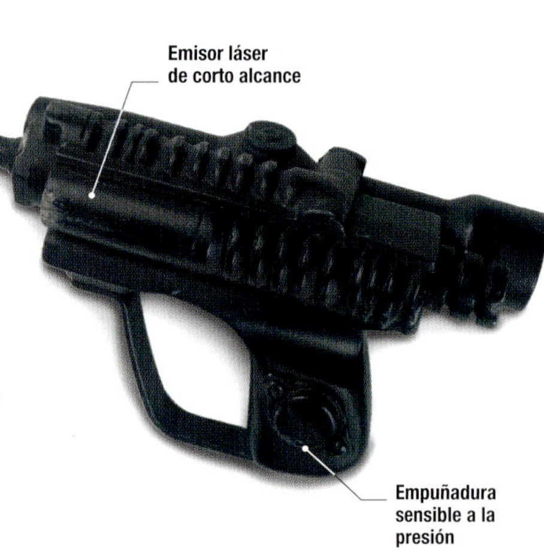

ESCUDO DE ZALY

TIPO Escudo

En busca de una nueva forma de combatir a los Jedi durante las Guerras Clon, el científico separatista Dr. Istan Zaly diseña un escudo de kyberita, el material en el que crecen los cristales kyber. El escudo funciona un poco como el lado opuesto de un imán, canalizando y guiando la Fuerza. Cuando las distracciones impiden a Darth Vader ejercer plenamente la Fuerza, busca el escudo de Zaly y lo usa en combate.

Asunto familiar
A bordo de la segunda Estrella de la Muerte, Luke Skywalker se enfrenta una vez más a su padre en combate. El Jedi es un experto duelista y ha mejorado mucho desde su primer enfrentamiento con Vader en Cymoon 1.

ESPADA DE LUZ VERDE DE LUKE SKYWALKER

CREADOR Luke Skywalker **MODELO** Hecha a mano **TIPO** Espada de luz Jedi

La segunda espada de luz de Luke Skywalker tiene una hoja verde y es la primera que construye él mismo. Tras su fatídico viaje a la Ciudad de las Nubes, donde pierde su primera espada, Luke emplea brevemente una de hoja amarilla que encuentra en Tempes. Sin embargo, planea construir su propia espada de luz usando un cristal kyber verde que recibe en Christophsis. Finalmente, Luke construye el arma en una cueva de Tatooine, siguiendo el modelo del arma de Obi-Wan Kenobi, aunque simplificando algunos elementos. En el rescate de Han Solo del palacio de Jabba, el joven Jedi confía su espada de luz a R2-D2. Durante la batalla, el fiel astromecánico lanza el arma en una parábola a través del Gran Pozo de Carkoon hasta la mano de Luke. A bordo de la segunda Estrella de la Muerte, Luke blande la espada de luz en su enfrentamiento final con Darth Vader, pero se niega a obedecer la orden del emperador de matar a su padre. En los años siguientes, Luke sigue empuñando su espada mientras reconstruye la Orden Jedi. Luke usa la espada en el entrenamiento Jedi de Leia Organa, en Ajan Kloss, y más tarde la empuña para destruir a los soldados oscuros que amenazan al Grogu en el crucero ligero imperial de Moff Gideon. Derrota con la espada al señor del Sith Exim Panshard, que está poseyendo a una Acólita del Más Allá, en la luna de Taw Provode. Tras sentir el lado oscuro en su sobrino, Ben Solo, Luke activa su hoja sobre el joven mientras este duerme. Ben despierta y ataca a su tío, que inmediatamente siente remordimientos. Este momento lleva a Ben a acabar con la incipiente Orden Jedi. Tras la destrucción de la Orden, se desconoce el paradero de la segunda espada de luz de Luke.

Entrenamiento con Leia
En Ajan Kloss, Leia empuña una espada de luz construida por ella misma para entrenar con su hermano. Ambos llevan cascos opacos para concentrarse en su conexión con la Fuerza.

Panel de activación
A través del panel de control se activa una reacción de fusión interna.

Cuerpo de termita
En el interior del cuerpo de termita hay baradio volátil.

DETONADOR TÉRMICO CLASE-A

FABRICANTE Municiones Merr-Sonn
MODELO Clase A **TIPO** Detonador térmico

La potencia y alcance del detonador térmico clase A lo convierten en un dispositivo ilegal salvo para usos militares. El detonador tiene un radio explosivo de hasta veinte metros, aunque se puede reducir en función de la situación. Disfrazada del cazarrecompensas Boushh, Leia amenaza a Jabba el Hutt con la desintegración cuando negocia sus honorarios por «capturar» a Chewbacca. Jabba acepta sus condiciones, impresionado por la audacia del cazarrecompensas.

Disfraz de cazarrecompensas
Leia Organa recupera el atuendo de Boushh en Ord Mantell, con ayuda de Chewbacca y Maz Kanata. Lo emplea al menos una vez en Arkanis antes de su infiltración en el palacio de Jabba, en Tatooine, para rescatar a Han Solo.

GENERADOR DE ESCUDO PLANETARIO SLD-26

FABRICANTE Sistemas de Combate CoMar
MODELO SLD-26 **TIPO** Generador de escudo deflector

El generador de escudo planetario SLD-26 puede proteger una luna pequeña o una estación espacial grande con un escudo de energía casi impenetrable, y durante un periodo de tiempo indefinido. El Imperio galáctico instala este generador en la Luna Boscosa de Endor para proteger la segunda Estrella de la Muerte durante la fase de construcción. La Alianza Rebelde envía a un equipo de asalto a la luna de Endor para desactivar el generador de escudo antes de que su flota ataque la temida estación de combate. Gran parte de los rebeldes, que ignoran que el emperador les ha tendido una trampa, son capturados, incluidos Han Solo y Leia. Sin embargo, gracias a los ewoks, Chewbacca vence a los soldados y libera al equipo de asalto, que destruye el generador de escudo, lo que permite que las naves rebeldes acaben con la última arma del emperador.

Campo de fuerza
Los proyectores del escudo crean un campo de energía que protege la Estrella de la Muerte.

Gran alcance
La potente antena permite la protección de objetos grandes en el espacio.

Central energética
El núcleo energético debe ser eficiente y sostenible.

Protector planetario
El generador de escudo es esencial para la protección de la segunda Estrella de la Muerte, como lo es su destrucción para los rebeldes en la batalla de Endor.

BLÁSTER DE DIN DJARIN

FABRICANTE Industrias BlasTech **MODELO** IB-94 **TIPO** Pistola bláster

El bláster IB-94 de Din Djarin tiene un alcance y una potencia de fuego extraordinarios para un arma de su tamaño, ideales para alguien que visita las calles más peligrosas de la galaxia. Din la porta en una funda en sus muchas aventuras, desde el tiroteo contra otros cazarrecompensas en el que conoce a Grogu, hasta el combate por Mos Espa. A veces le resulta útil para disparar a los mandos de las puertas o para atravesar paredes no muy gruesas, como las del campamento klatooiniano de Sorgan.

FUSIL DE DIN DJARIN

FABRICANTE Corporación Armamentística Ambana
MODELO Fusil de francotirador bláster **TIPO** Disruptor

El arma secundaria de Din Djarin es un fusil de precisión Amban de pulso fásico. La distintiva silueta con dos puntas proviene de la electrobayoneta iónica, que puede aturdir o matar a sus rivales. La robusta culata puede utilizarse para golpear a los enemigos, como hace Din contra un grupo de cazarrecompensas rivales en Arvala-7. Un disparo del rifle puede desintegrar a un objetivo, a veces vaporizando el cuerpo y dejando solo la ropa. Djarin usa la mira de su fusil para evaluar su entorno. El fusil se perdió en la explosión de la *Razor Crest*.

RASTREADOR DE BOLSILLO

FABRICANTE Corporación de Rastreo Rhinsome **MODELO** TF-9200
TIPO Localizador de mano

Los cazarrecompensas como Din Djarin usan rastreadores de bolsillo. El dispositivo emite un sonido cuando se acerca al objetivo. Agentes del Gremio de Cazarrecompensas como Greef Karga entregan el rastreador de bolsillo con un código en cadena al acordar un trabajo. Cuando el cazador devuelve tanto el rastreador como la presa, el agente le paga.

HOLODISCO

FABRICANTE Varía **MODELO** Varía
TIPO Dispositivo de identidad

El Gremio de Cazarrecompensas entrega discos de recompensas a los cazadores. Muestran el nombre y la imagen holográfica de la persona por la que se ha depositado una recompensa. Junto con un rastreador de bolsillo, ayudan a encontrar a personas que no quieren ser halladas. La recompensa por Grogu no tiene disco: en vez venir a través del Gremio, el trabajo procede del remanente imperial.

CRIOFORJA

FABRICANTE Hijos de la Guardia
MODELO Personalizado **TIPO** Forja

Toda tribu mandaloriana tiene su propia crioforja, donde fabrican sus legendarias armaduras según sus ancestrales tradiciones. Las armaduras de beskar mandaloriano tienen un profundo sentido religioso. En Nevarro, la Armera emplea una crioforja para crear armas y piezas de armadura para Din Djarin y Grogu. Cuando el remanente imperial ataca, sus fuerzas irrumpen en la crioforja, pero la Armera la defiende. Tras expulsar al remanente construye una nueva crioforja en el Anillomundo Glavis, y luego en el mundo desértico donde se esconde con las fuerzas de Bo-Katan Kryze.

ARMADURA DE DIN DJARIN

FABRICANTE Armera mandaloriana
MODELO Armadura personalizada de Din Djarin
TIPO Placas de beskar

La armadura de beskar de Din Djarin lo protege en combate, pero posee también una solemne importancia religiosa. Como miembro de los devotos Hijos de la Guardia, Din ha jurado no quitarse nunca el casco en presencia de un ser vivo. No todas las sectas mandalorianas atribuyen significado religioso a su armadura como hacen los Hijos de la Guardia.

El beskar es uno de los materiales más resistentes de la galaxia; ni una espada de luz puede atravesarlo. Así, ofrece a Din cierta protección al enfrentarse a Moff Gideon, quien blande la espada oscura. El beskar es también ligero, y permite al portador conservar su flexibilidad y velocidad. Tras la caída del Imperio, es raro encontrar armaduras de beskar en la galaxia. Din conoce a pocos que la llevan, como Cobb Vanth, Boba Fett, Bo-Katan Kryze y, más tarde, el propio Moff Gideon. No todos, no obstante, son mandalorianos.

La maltrecha armadura de Din se reforja con piezas nuevas y mejores a medida que se aventura por la galaxia. Una de las primeras piezas en rehacer es una hombrera. La Armera la forja con un lingote de beskar que el Cliente imperial paga a Din por capturar a Grogu, aunque otros mandalorianos censuran que acepte un pago del remanente imperial. Cuando Din entrega a Grogu al Cliente, recibe más beskar, con el que la Armera forja una coraza completa. La Armera también le da el emblema de un cuerno de barro como símbolo de su victoria y la de Grogu sobre una criatura de Arvala-7. Además le proporciona aves silbantes, un letal lanzadardos integrado en los avambrazos.

Hombrera con emblema de cuerno de barro Los disparos en el hombro o en el brazo rebotan en el beskar.

Pistola bláster IB-94 Las recompensas no pueden huir del largo alcance y de los rayos de alta energía del bláster de Din.

Fusil de francotirador Amban Din Djarin apunta con su rifle de precisión de pulso de fase usando las lecturas del visor de su casco.

DROIDE GRANJERO

FABRICANTE Industrias Automaton
TIPO Droide de trabajo

Estos droides bípedos ayudan a los granjeros de krill a capturar y almacenar su pesca en un pueblo de Sorgan. Poseen dos largas patas lo bastante robustas como para andar por los arrozales de krill. Dos manipuladores más pequeños y una cesta en la espalda le permiten transportar dos contenedores de mimbre a la vez.

FUSIL BLÁSTER DE REPETICIÓN LIGERO M-32

FABRICANTE DDC **MODELO** Fusil bláster de repetición ligero M-32 tipo fusil

Como mercenaria, Cara Dune emplea un fusil bláster ligero de repetición. Se atasca en su misión con Din Djarin para rescatar a Grogu del crucero ligero de Moff Gideon, pero lo desatasca golpeándolo contra una pared. Cara empuña su rifle en muchos conflictos, incluso contra los atacantes klatooinianos en Sorgan.

D-72W OPRESOR

MODELO D-72w
TIPO Lanzallamas

Algunas armas imperiales están pensadas para impactar e intimidar amén de para ser mortales, y este lanzallamas es una de ellas. Un soldado incinerador especializado emplea el D-72w Opresor para decantar el encuentro entre el remanente imperial de Moff Gideon y Din Djarin y sus aliados en Nevarro.

Cabeza humanoide Un rostro sin rasgos enmarca un fotorreceptor horizontal de color amarillo.

Bastón eléctrico Acumula una carga eléctrica en la hoja con la que aturde a los oponentes.

DROIDE CENTINELA N5

FABRICANTE SoroSuub
MODELO N5 **TIPO** droide de seguridad

La Nueva República asigna centinelas bípedos N5 en la nave prisión de máxima seguridad *Bothan-5*, tripulada sobre todo por droides. Los N5 trabajan en grupo y empuñan blásteres. Los que trabajan en *Bothan-5* están programados para enviar una señal a la República en caso de emergencia. Din Djarin, Migs Mayfeld y otros mercenarios se enzarzan en un tiroteo con droides N5 para liberar a un prisionero llamado Qin. Din arranca un brazo a un droide y usa el conector de datos de su mano para desbloquear la puerta de una celda.

DROIDE DE SEGURIDAD R1

FABRICANTE Industrias Automaton **MODELO** R1
TIPO Droide de seguridad

Estos droides son la segunda línea de defensa en naves prisión de la República como *la Bothan-5*. Hay dos de estos grandes droides flotantes en una tripulación mercenaria que incluye a Din Djarin y que está rescatando a un prisionero llamado Qin. Uno de ellos, Burg, lanza un droide contra otro, provocando una explosión que consume a ambos.

CAÑÓN LÁSER PESADO DE REPETICIÓN E-HOB

FABRICANTE BlasTech **MODELO** E-HOB
TIPO Cañón bláster pesado de repetición

El E-HOB del remanente imperial es un cañón bláster pesado de repetición basado en el E-Web imperial. Las tropas de Moff Gideon emplean uno contra Din Djarin en Nevarro.

AEROSOL DE BACTA

FABRICANTE Corporación Zaltin
MODELO Neum-150 **TIPO** Tratamiento médico

La bacta es una sustancia curativa que se dispensa en múltiples formas, como gel o aerosol. El cazarrecompensas IG-11 usa el aerosol de bacta para cerrar las heridas de Din Djarin tras la batalla contra el remanente imperial en Nevarro. IG-88 espera que en unas horas el espray cure a Djarin lo suficiente como para regresar a la batalla.

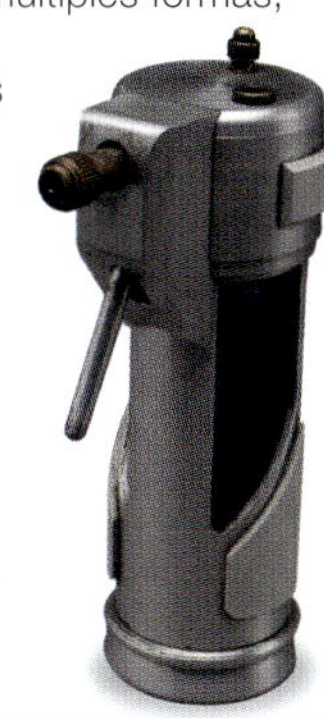

FUSIL BLÁSTER KA74

FABRICANTE BlasTech **MODELO** KA74
TIPO Fusil bláster pesado

El KA74 es el arma distintiva de Cobb Vanth, alcalde de Mos Pelgo. Su peso ligero y su potentes disparo son ideales para un sheriff como Cobb, quien también empuña una pistola bláster pesada HF-94. Vanth usa el KA74 contra los tusken y contra Cad Bane.

BALISTA TUSKEN

FABRICANTE Armeros Tusken **MODELO** Personalizado **TIPO** Arma de proyectiles

Para cazar un dragón krayt con Din Djarin y Cobb Vanth, los tusken usan balistas. Las máquinas disparan pesados virotes que atraviesan las gruesas escamas de la criatura y van unidos a cuerdas. El arma, sin embargo, no es lo bastante pesada como para sujetar al animal.

BASTÓN GADERFFII DE BOBA

FABRICANTE Boba Fett
MODELO Personalizado
TIPO Arma cuerpo a cuerpo

El bastón gaderffii es el arma tradicional de los tusken. Suelen fabricarlo ellos mismos, y Boba Fett hace lo mismo cuando vive con la tribu Tusken. Se gana el derecho a fabricar uno cuando él y los tusken atacan con éxito un tren de suministros pyke. Boba se traga un reptil que le guía en su viaje. Después coge una rama de un árbol y fabrica su bastón gaderffii con ayuda de un armero Tusken.

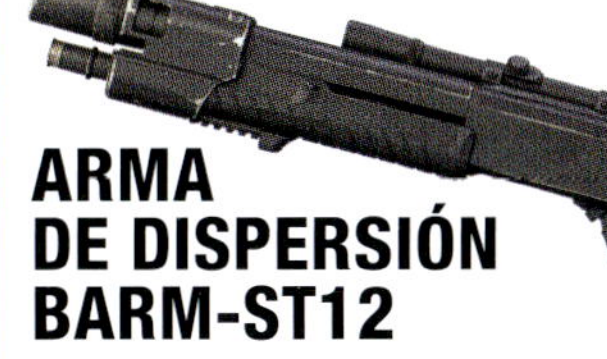

ARMA DE DISPERSIÓN BARM-ST12

FABRICANTE Municiones Merr-Sonn, S. A.
MODELO Bláster de dispersión **TIPO** Escopeta

La BARM-ST12 es una escopeta bláster de corredera a menudo usada por bandas criminales. Dispara cinco proyectiles bláster a la vez, aunque su recarga es lenta. El mercenario Lang usa una contra Ahsoka Tano durante la ocupación de Calodan por Morgan Elsbeth.

SOLDADO OSCURO

FABRICANTE Departamento Imperial de Investigación Militar
TIPO Droide de combate

Los soldados oscuros son droides imperiales muy potenciados y armados que se despliegan con los soldados de asalto. En la era del remanente imperial, las fuerzas de Moff Gideon usan soldados oscuros de segunda generación, alojados en puertos de carga del crucero ligero de Gideon. Poseen un blindaje lo bastante fuerte como para agrietar el transpariacero y atravesar algunos metales, aunque no el beskar. Los disparos de bláster rebotan en ellos.

Din Djarin se encuentra por primera vez con soldados oscuros en Tython, cuando descienden a la atmósfera del planeta y secuestran a Grogu, y se enfrenta a una dotación completa cuando él y sus aliados lo rescatan del crucero de Gideon. Din destruye uno empalándolo con su lanza de beskar. Gideon mejora aún más la tecnología de los soldados oscuros como base de su armadura personal.

DROIDE ASESINO HK-87

FABRICANTE Corporación Czerka
MODELO HK-87 **TIPO** Droide asesino

Los droides HK-87 son unidades de combate equipadas con fusiles bláster pesados. Su agilidad, velocidad y acrobacias igualan o superan las habilidades de combatientes orgánicos. La magistrada Morgan Elsbeth utiliza dos HK-87 como guardias y en combate contra Ahsoka Tano y Din Djarin durante la ocupación de Calodan. Uno de ellos lleva una quimera pintada, un símbolo asociado a la 7.ª Flota del gran almirante Thrawn. Ahsoka desmantela uno de los droides con sus espadas de luz. Din dispara a otro, que cae de un tejado y queda destruido. Más tarde los HK-87 de Morgan Elsbeth combaten con Ahsoka en una fortaleza en ruinas en Arcana.

Articulaciones flexibles
Los droides HK-87 son ágiles y pueden saltar grandes distancias.

MORTERO MODELO 201

FABRICANTE Municiones Merr-Sonn, S. A.
MODELO 201 **TIPO** Mortero

El objetivo principal del mortero MODELO 201 es crear explosiones devastadoras a corta distancia con un arma suficientemente pequeña para ser transportada por un soldado. La República, el Imperio y los remanentes imperiales de Moff Gideon emplean estas armas.

LANZA DE BESKAR

TIPO Arma cuerpo a cuerpo

La lanza de beskar pertenece a Morgan Elsbeth hasta que cae derrotada ante Ahsoka Tano y pasa a ser propiedad de Din Djarin. Como todas las armas de beskar, la hoja de una espada de luz no puede dañarla. Por ello su portador puede batirse en duelo con portadores de espadas de luz, casi como si él mismo empuñara una espada. Din emplea la lanza contra el moff Gideon, que empuña la espada oscura. Cuando los soldados destruyen la *Razor Crest* de Din, la lanza es lo único rescatable de los restos. Más tarde la funde para forjar la armadura de Grogu.

ESCUDO DE ENERGÍA

TIPO Escudo

Como parte del arsenal de los asesinos de la Orden del Viento Nocturno, los escudos de energía rojos se emiten desde un único guantelete. Propinan una descarga eléctrica al contacto. Los combatientes pueden usarlo creando un perímetro inverso que encierra a su oponente.

PICA DE PLASMA

TIPO Arma cuerpo a cuerpo astada

La pica de plasma es un arma cuerpo a cuerpo típica de los asesinos de la Orden del Viento Nocturno. El pesado extremo superior propina al objetivo una descarga que no es mortal, pero sí muy dolorosa. Se emplea con un escudo de energía, lo que permite al atacante planear el ritmo y estrategia de los golpes.

TANQUE DE BACTA

TIPO Dispositivo curativo

Un taque de bacta es un depósito del tamaño de un humanoide adulto, lleno de la sustancia curativa homónima, usada para tratar heridas graves. Las sesiones en un tanque de bacta pueden durar horas y requieren un respirador. Desde su huida del Gran Pozo de Carkoon, Boba Fett utiliza habitualmente un tanque de bacta hasta que recupera la salud.

PISTOLA CC-420

FABRICANTE Sindicato Pyke
MODELO CC-420 **TIPO** Pistola bláster

La pequeña y potente pistola CC-420 la llevan principalmente los traficantes de especias del Sindicato Pyke para intimidar a sus enemigos... o eliminarlos. Los pykes la emplean para masacrar a los tusken que rescatan a Boba Fett y, más tarde, contra los aliados de este en Mos Eisley.

DROIDE DE SERIE RIC

FABRICANTE Serv-O-Droid
MODELO RIC **TIPO** Droide de trabajo

Los droides de serie RIC tienen una gran rueda con dos discos de rodadura para desplazarse por una amplia gama de terrenos. Suelen tirar de carros. Anakin Skywalker y Padmé Amidala alquilan uno cuando visitan Mos Espa. Peli Motto usa uno para llegar hasta Boba Fett y Din Djarin en la batalla de Mos Espa.

DROIDE DE SERVICIO LEP

FABRICANTE Autómatas Coachella **MODELO** LEP
TIPO Droide de servicio

Las grandes antenas en forma de oreja del droide de servicio LEP reflejan la especie que lo diseñó y fabricó: los Lepi. Estos droides suelen trabajar como camareros, mayordomos o ayudantes personales. No están programados para el combate y se retiran si creen estar en peligro físico.

ACELERADOR DE COMBUSTIÓN DE CRIODENSIDAD

FABRICANTE Varios **MODELO** Varios
TIPO Potenciador de propulsión de nave estelar

Este acelerador se halla en naves estelares y trenes de repulsión. Leia y Han Solo usan uno similar para bloquear el compactador de residuos de la Estrella de la Muerte. Más tarde, Peli Motto pide a unos jawa que le consigan uno para el caza estelar N-1 de Din Djarin.

DROIDE DE SERIE RX

FABRICANTE Industrias Automaton
MODELO Varios **TIPO** Droide piloto

Estos droides piloto suelen trabajar en vehículos públicos de pasajeros. El individuo más conocido de este tipo es RX-24, que pilota un Starspeeder 3000 comercial y más tarde es DJ en la cantina de Oga, en Batuu. Los droides RX suelen hallarse a los mandos y entre la tripulación de las naves estelares de pasajeros, volando a los lugares más remotos de la galaxia, como Mos Espa, en Tatooine. La tripulación del *Espíritu* ve un piloto de la serie RX en una nave de pasajeros Starspeeder 2000. Din Djarin también se encuentra con uno que trabaja como botones, que le devuelve su maleta de armas tras un vuelo.

DROIDE HORMIGA

TIPO Droide de construcción

Un gran grupo de droides hormiga construye los edificios de la Academia Jedi de Luke Skywalker en Ossus con rocas de los alrededores. Cada droide, de seis patas, posee un manipulador de agarre en la parte delantera, con el que puede coger piedras de un tercio de su propio tamaño. Otro grupo de droides hormiga le construye a Din Djarin un banco para dormir. Pueden realizar tareas individualmente, pero son más eficientes cuando trabajan en grupos numerosos.

Aceptado como mandaloriano
La Armera fabrica la cota de malla de Grogu a partir de la lanza de beskar de Din Djarin.

COTA DE MALLA DE GROGU

FABRICANTE Armera de los Hijos de la Guardia
MODELO Personalizado
TIPO Armadura mandaloriana

Como expósito del enclave mandaloriano, Grogu tiene el derecho, el privilegio y el requisito de portar su propia armadura mandaloriana, así que la Armera le forja una cota de malla de beskar. Din Djarin la entrega a Ahsoka Tano para que se la pase a Grogu. Luke Skywalker se la muestra a Grogu y le pide que elija entre ella y una espada de luz para determinar su futuro. La cota representa volver a la vida de un mandaloriano; la espada de luz, continuar con su entrenamiento Jedi. Grogu elige la cota de malla. La Armera también hace a Grogu un emblema con la imagen del cuerno de barro, símbolo suyo y de Din Djarin. Conmemora su primera misión y batalla juntos, en la que buscaron un huevo de cuerno de barro.

UNIDAD BD

FABRICANTE Conceptos Droide Behold-Urwar
MODELO BD **TIPO** Droide de exploración

Las robustas patas, los cohetes propulsores y los agudos fotorreceptores de los droides BD los convierten en expertos exploradores. El Jedi fugitivo Cal Kestis va acompañado de un droide BD, BD-1, que le ayuda cargando paquetes curativos. BD-1 revela hologramas de su antiguo dueño, el Maestro Jedi Eno Cordova. Una unidad BD llamada BD-72 trabaja para Peli Motto en su taller. Cuando una rata womp lo arrastra, Peli va tras ella, pero es arrastrada ella también. Din Djarin dispara al animal, liberando a Peli, y BD-72 sale de su escondite.

Ayudante de Peli
BD-72 forma parte del grupo de droides que reconstruyen el caza estelar N-1 que acaba convertido en la nave de Djarin.

DROIDE DE LIBERTAD CONDICIONAL

MODELO Varios
TIPO Droide administrativo

Los droides de condicional gestionan los ajustes cotidianos en las vidas de los exprisioneros imperiales bajo el programa de amnistía de Nueva República. Tienen una mezcla de programación terapéutica y disciplinaria, pero su objetivo final es decidir si los miembros del programa de amnistía pueden unirse con seguridad a la Nueva República. Asignan un droide de libertad condicional al científico del remanente imperial Dr. Penn Pershing durante su estancia en el programa.

DARDOS DE ENTRENAMIENTO

MODELO Personalizado **TIPO** Dardo de combate

Los jóvenes mandalorianos practican con dardos de entrenamiento antes de pasar a los cohetes de muñeca o aves silbantes. Grogu y el expósito mandaloriano Ragnar luchan con dardos de entrenamiento. Disparan pintura, que puede picar, pero no herir a los oponentes.

DROIDE ALGUACIL

TIPO Droide policial

Los pequeños droides alguaciles de Plazir-15 van desarmados, como corresponde a la sociedad pacifista del planeta. Operan en grupo para mantener la paz y alejar a la gente del peligro, como cuando Din Djarin y Bo-Katan Kryze se enfrentan a un droide rebelde.

ARMADURA DE SOLDADO OSCURO DE GIDEON

FABRICANTE Remanente imperial **MODELO** Personalizado
TIPO Armadura de beskar

La nueva generación de armaduras de soldado oscuro de Moff Gideon está hecha de beskar extraído de las minas de Mandalore, donde el caudillo tiene una base oculta. Gideon presume de que lo que diferencia su armadura de la de los anteriores soldados oscuros (droides) es la presencia de una persona –él mismo– en su interior. Con ella, Gideon es lo bastante fuerte como para parar los ataques de Din Djarin y derribarlo. Cuando Bo-Katan Kryze la golpea con la espada oscura, recibe cortes al rojo vivo, pero no se rompe. Gideon usa la fuerza aumentada de la armadura para aplastar la espada oscura con la mano. La armadura es destruida, con el propio Gideon, en la explosión del crucero ligero de Axe Woves, que destruye la base del remanente imperial.

Beskar robado
El casi irrompible metal beskar de su armadura permite a Gideon plantar cara a los mandalorianos en una lucha cuerpo a cuerpo. El beskar resiste cortes de espadas de luz e incluso de la espada oscura.

IG-12

FABRICANTE Reprogramadores de droides anzellanos **MODELO** IG-12
TIPO Traje mecánico

IG-12 es un caparazón y un chasis creados con las piezas rotas del droide asesino IG-11. Construido por reprogramadores anzellanos en Nevarro, el Alto Magistrado Greef Karga lo entrega a Grogu como transporte. La máquina solo puede decir «sí» o «no» y Grogu la pilota manualmente, conduciéndola al combate junto a Din Djarin. Acaba con algunos de los supercomandos imperiales de Moff Gideon con el bláster del IG-12, pero estos acaban superándolo. Más tarde, los anzellanos usan el IG-12 y la cabeza de otro droide asesino para reconstruir el droide original IG-11.

ARMADURA DE SUPERCOMANDO IMPERIAL

FABRICANTE Imperio **TIPO** Armadura de soldado de asalto

Los supercomandos imperiales de la base oculta de Moff Gideon en Mandalore visten una armadura fabricada con una aleación de beskar que los protege de la mayoría de los disparos bláster. Din Djarin y Grogu se enfrentan a algunos de ellos bajo la superficie de Mandalore. Gracias al beskar de la armadura, los soldados pueden enfrentarse a Djarin en un combate cuerpo a cuerpo. Solo cuando el mandaloriano aprovecha los huecos del blindaje logra asfixiar a un supercomando. Pese a la capacidad de la armadura de los soldados para desviar disparos a distancia, IG-12 derriba uno con un disparo directo.

MAPA ESTELAR DE ARCANA

MODELO Personalizado **TIPO** Mapa estelar

El Mapa Estelar de Arcana, misterioso y antiguo y cubierto de runas, marca la ruta a otra galaxia. Tanto Morgan Elsbeth como Ahsoka Tano buscan la brújula, que creen que les conducirá hasta el gran almirante Thrawn y a Ezra Bridger. Ahsoka la descubre escondida en un templo de las Hermanas de la Noche dathomirianas en el planeta Arcana, y se la lleva a Sabine Wren, que puede descifrar el enigma del mapa y revelar el Camino a Peridea. Tras quitar el mapa a Wren, Morgan consigue desbloquear el camino desde un punto de origen en las ruinas de Seatos.

DISPOSITIVO DE ANÁLISIS DE ESPADAS DE LUZ DE HUYANG

MODELO Personalizado **TIPO** Dispositivo de análisis

El profesor Huyang mantiene una amplia base de datos de cientos de espadas de luz, que ha ayudado a construir a jóvenes Jedi a lo largo de los años. La almacena en una tableta y la usa para analizar las empuñaduras de las espadas de luz de Baylan Skoll y Shin Hati, para ayudar a Ahsoka a comprender a sus enemigos.

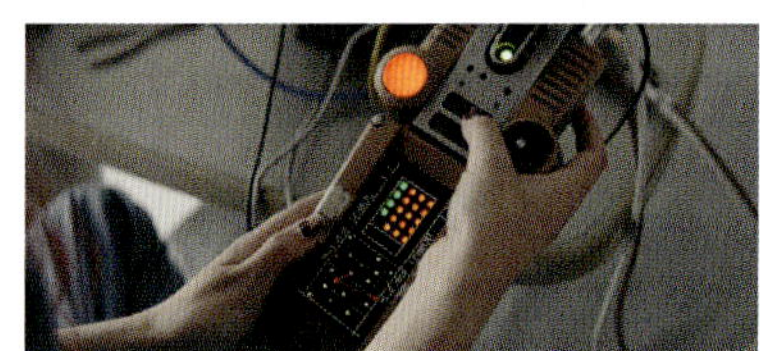

DISPOSITIVO DE RASTREO DE MEMORIA

FABRICANTE Sabine Wren **MODELO** Personalizado

Sabine Wren aplica su destreza con la tecnología para construir un dispositivo que conecta a droides terminados para leer sus recuerdos. Lo conecta a la cabeza de un droide asesino derrotado y descifra su copia de seguridad para determinar de dónde procede el droide.

DROIDE NAVEGANTE ESTELAR

MODELO Droide navegante estelar
TIPO Droide de navegación

Morgan Elsbeth usa droides navegantes estelares para viajar a otra galaxia, responder a la llamada de las Grandes Madres y localizar al gran almirante Thrawn. Gracias al mapa estelar activado por el orbe dathomiriano en el «henge» de Seatos, los eficientes droides procesan cantidades casi imposibles de datos para trazar una ruta precisa y segura por el Camino de Peridea. Emplean el antiguo mapa estelar y un dispositivo de cálculo hiperespacial para programar las coordenadas en el *Ojo de Sión*, y usan sus sistemas diseñados para cálculos de navegación para realizar ajustes a medida que viajan a Peridea y regresan.

EMPUÑADURA DE OBJETIVO HOLOGRÁFICO

MODELO Personalizado
TIPO Dispositivo de entrenamiento

La tecnología de análisis de entrenamiento de espada de luz se combina con un Bokken. Los golpes que simula la espada de luz son absorbidos y registrados. Al acabar la sesión de entrenamiento, el programa revela los aciertos y errores del alumno. El profesor emplea esa información para identificar patrones y áreas de mejora.

BOKKEN DE SABINE WREN

FABRICANTE Huyang **MODELO** Bokken
TIPO Espada de entrenamiento

Hechos de madera y con forma de espada de luz, los Bokken son parte esencial del entrenamiento de un Jedi. Los padawan los usan para aprender técnicas básicas de combate y movimientos en un entorno seguro. En cuanto un estudiante se desenvuelve bien con el Bokken, sea contra oponentes o contra la tecnología de entrenamiento, puede progresar a la espada de luz real. Los Jedi vuelven a los Bokken en cualquier momento para entrenamientos adicionales, para sí mismos o para un padawan. Cuando Sabine Wren se convierte en padawan de Ahsoka Tano por segunda vez, Ahsoka la hace practicar con Bokken, incluso usándolos para el entrenamiento zatochi.

NAVEGADOR EXTRAGALÁCTICO

TIPO Ordenador de navegación

Los droides navegantes estelares que determinan cómo recorrer el Camino a Peridea usan dispositivos de cálculo hiperespacial para amplificar sus procesadores. Los dispositivos ejecutan cálculos para garantizar que la ruta lleve al *Ojo de Sion* sano y salvo a Peridea.

EL DISPOSITIVO DE ESCANEO DE SABINE

FABRICANTE CryonCorp **MODELO** EnhanceScan 3.1
TIPO Dispositivo de escaneo

Cuando el gran almirante Thrawn libera a Sabine Wren en las praderas de Peridea para buscar a Ezra Bridger con solo un aullador y suministros básicos, ella usa un escáner de largo alcance para buscar señales de vida. El aparato, sencillo pero eficaz, explora la zona, pero los bandidos de Peridea lo destruyen antes de que Sabine obtenga respuestas.

ORBES DE LAS GRANDES MADRES

Las Grandes Madres Lakesis, Klothow y Aktropaw usan su potente magia oscura para leer los hilos del destino. Cada una posee un orbe tallado que concentra sus poderes. Las Grandes Madres los utilizan de forma conjunta e invocan la magia para ver lo que está destinado a pasar.

DROIDE DE PATRULLA MARK IV

FABRICANTE Departamento Imperial de Investigación Militar
MODELO Mark IV **TIPO** Droide centinela

El compacto droide de patrulla imperial Mark IV está equipado con sensores que transmiten datos holográficos a su operador, permitiéndole ver lugares lejanos. El gran almirante Thrawn usa estos droides en vuelo rasante en Peridea para ver las posiciones del campo de batalla y trazar estrategias a distancia.

MINAS ORBITALES

FABRICANTE ArmaTek **MODELO** SJ-91
TIPO Mina orbital

El Imperio despliega minas orbitales en zonas del espacio que no puede patrullar continuamente. Estos explosivos varían en tamaño y son lo bastante potentes como para inutilizar naves. Los campos de minas imperiales perduran mucho después de que el Imperio caiga. Ahsoka Tano encuentra y detona minas orbitales sobre Peridea.

TERCERA ESPADA DE LUZ DE EZRA

FABRICANTE Ezra Bridger **MODELO** N/D **TIPO** Espada de luz

Ezra Bridger deja su espada de luz a Sabine Wren cuando parte de Lothal con el gran almirante Thrawn. Tras reunirse con Sabine y Ahsoka Tano en Peridea, Ezra construye una nueva espada de luz, la tercera, en la lanzadera T-6 de Ahsoka. El profesor Huyang supervisa la construcción, compartiendo su experiencia y su inventario de piezas. El droide da a Ezra el mismo tipo de cobertura de emisor que usaba un joven Caleb Dume: Kanan Jarrus, el maestro de Ezra. La tercera espada de Ezra contiene un cristal kyber azul, también como el de Kanan. Poco después de construirla, Ezra la emplea para proteger a los noti.

TIRACHINAS NOTI

FABRICANTE Los noti **TIPO** Tirachinas

Los pequeños noti son una especie pacífica y nómada, que vive de forma reservada. No poseen tecnología ni armamento avanzados; cuando la situación lo requiere usan tirachinas para defenderse. Fabrican estas rudimentarias armas con materiales naturales, y las disparan con sorprendente precisión.

ESPADA DE TALZIN

FABRICANTE Madre Talzin **TIPO** Espada

Las brujas de Dathomir usan su magia oscura para todo tipo de trucos. A mayor poder, más creaciones fantásticas, incluidas armas encantadas y capaces de resistir el golpe de una espada de luz. Madre Talzin, una líder de las Hermanas de la Noche, conjura una espada desde el éter con remolinos de niebla verde. Emplea esta poderosa arma para enfrentarse al sable de luz de Mace Windu; cuando pierde, el arma mágica desaparece.

Décadas más tarde, en Peridea, el antiguo centro del reino de las Brujas de Dathomir, las tres Grandes Madres invocan un arma conocida como la Espada de Talzin y la entregan, con otros poderes, a la Hermana de la Noche Morgan Elsbeth por su lealtad a la hermandad y a sus antiguas costumbres. El arma se adapta a su portador, y ofrece una empuñadura diferente a Morgan de la que tenía para Talzin. Como aquella, Morgan pone a prueba su espada contra un Jedi, e incluso la usa para destruir una de las espadas de luz de Ahsoka. Al final, Ahsoka se hace con la espada y mata a Morgan con ella. Se desconoce la ubicación actual de la espada.

Por Dathomir
Morgan Elsbeth es una guerrera muy hábil, que domina diversos estilos de combate. Emplea sus habilidades al servicio de las Grandes Madres y se sacrifica para garantizar su regreso a la galaxia.

Fotorreceptor
El fotorreceptor de BB-9E abarca todos los espectros visibles.

Acceso de herramientas
Los accesos de herramientas de BB-9E contienen equipo de vanguardia.

DROIDES DE SERIE BB

FABRICANTE Industrias Automaton **MODELO** serie BB
TIPO Droide astromecánico

La serie BB, empleada por la Resistencia y por la Primera Orden, consiste en pequeños droides esféricos con cabezas unidas magnéticamente a sus cuerpos. La serie deriva esta forma corporal de los droides de terapia desarrollados durante la Guerra Civil Galáctica para los veteranos rebeldes. Sus superficies están decoradas con muchos colores y dibujos, y presentan una amplia gama de formas de cabeza. Se mueven rodando el cuerpo y se desplazan a gran velocidad si es necesario. Al igual que los astromecánicos de las series R y C, los droides de la serie BB encajan en las fosas para droides de los cazas estelares y ayudan con la navegación, sistemas de armamento, control de sensores, reparaciones y otras funciones. En tierra, también sirven como guías, mensajeros, centinelas y espías. Hablan una variante del inario, el lenguaje astromecánico más común, que se compone de sonidos electrónicos.

Las cabezas de serie BB, similares a las de la serie R, presentan un único fotorreceptor redondo y un holoproyector articulado más pequeño. Unas frágiles antenas receptoras y transmisoras surgen de la parte posterior de la cabeza, y unos puertos de datos recorren la base. La telemetría inalámbrica mantiene en comunicación constante la cabeza y el cuerpo del droide. El sistema de propulsión giroscópica se autocorrige, manteniendo la cabeza sobre el cuerpo la mayor parte del tiempo. Los cuerpos de los droides están sellados para evitar contaminación por residuos externos. La mayoría de las unidades BB disponen de seis compuertas con discos circulares intercambiables para una selección aparentemente ilimitada de herramientas, como pernos con punta magnética, cables de arrastre, antorchas, brazos mecánicos y entradas a terminales de datos.

Entre las unidades BB aliadas de la Resistencia destacan la leal e ingeniosa BB-8 de Poe Dameron y la descarada y valiente CB-23 de Kaz Xiono. El adusto BB-9E negro y plateado está asignado a bordo de la *Supremacía* de la Primera Orden.

BB-4
BB-4, de color caqui, es un leal miembro de la Resistencia y luce con orgullo el símbolo de la organización en su cuerpo.

ARMADURA DE SOLDADO DE ASALTO DE LA PRIMERA ORDEN

FABRICANTE Departamento de Investigación Militar de la Primera Orden **TIPO** Armadura

La Primera Orden desarrolla la armadura de sus soldados a partir de la que llevaban sus predecesores imperiales. La armadura del nuevo régimen es de material betaplastoide, más fuerte y flexible que el compuesto plastoide de los imperiales. El casco cuenta con visores de visión nocturna y sistemas de selección de objetivos y de comunicaciones. Hay, como mínimo, dos variantes de armadura de soldado de asalto en uso simultáneamente, con diferencias en el color y la placa nasal del casco (que deja más o menos espacio negro sobre la boca). Los soldados de asalto suelen llevar hombreras de distintos colores para indicar el rango, y las armaduras de algunos, como la capitana Phasma y el comandante Pyre, no son de color blanco. Los soldados de asalto especialistas, como los lanzallamas o los submarinistas, cuentan con armaduras únicas, adaptadas a sus entornos de batalla respectivos.

De patrulla
Un escuadrón de soldados de asalto, entre los que hay un soldado lanzallamas y un soldado de asalto de artillería pesada con su megabláster, busca a BB-8 en Jakku.

Al mando
A veces, Phasma aparece en el puente de mando de algún destructor estelar, pero preferiría participar en el combate junto a sus soldados.

ARMADURA DE PHASMA

FABRICANTE Phasma **MODELO** Personalizado
TIPO Armadura de soldado de asalto de la Primera Orden

La capitana Phasma se construye su propia armadura de la Primera Orden personalizada a partir de fragmentos que recupera del casco de uno de los antiguos yates del emperador Palpatine. El acabado en cromio de la armadura le otorga un brillo plateado, además de protegerla del calor y de la radiación (como hacía con los ocupantes del antiguo yate). La tradicional capa la protege, y le otorga un aire regio y elegante. Los guanteletes de Phasma están diseñados para darle fuerza adicional, por lo que sus puñetazos y su agarre son potentísimos. Phasma cree que su llamativa imagen inspira temor y simboliza el antiguo poder imperial. Sin embargo, la armadura le falla cuando se enfrenta a Finn a bordo de la nave de guerra *Supremacía*. Antes de caer a un abismo en llamas, Finn le ha perforado el casco y chamuscado la placa pectoral.

ARMADURA DE PYRE

MODELO Personalizado
TIPO Armadura de soldado de asalto de la Primera Orden

La armadura del atlético comandante Pyre está diseñada especialmente para que sea más flexible. No le cubre ni el torso inferior ni la parte superior de los brazos, de modo que el mono negro que lleva debajo queda a la vista. Aunque con este diseño gana libertad de movimiento, queda más expuesto al fuego enemigo. Los zapatos de Pyre también se han diseñado para mayor flexibilidad. La hombrera negra sobre el hombro derecho indica su rango y el acabado de electrum otorga a la armadura un brillo dorado.

FUSIL BLÁSTER DE PHASMA

FABRICANTE Corporación Sonn-Blas
MODELO F-11D personalizado
TIPO Fusil bláster

Poco después de su incorporación a la Primera Orden, la capitana Phasma encarga una versión personalizada del bláster F-11D que llevan todos los soldados de asalto. El bláster de Phasma tiene una culata extraíble, un guardamontes recurvo que permite usarlo con ambas manos y disipadores de calor más anchos en el cañón. El acabado del arma es de cromio, como la armadura. El gatillo solo dispara cuando entra en contacto con los guanteletes de Phasma. Finn destruye el bláster con un hacha láser a bordo de la *Supremacía*.

Una tiradora letal
Phasma es muy hábil con todas las armas de la Primera Orden, además de con su fusil bláster F-11D.

BLÁSTER DE PYRE

FABRICANTE Corporación Sonn-Blas
MODELO F-11D personalizado
TIPO Fusil bláster

El comandante Pyre usa una versión personalizada y ligeramente mejorada del F-11D estándar que llevan todos los soldados de asalto de la Primera Orden, con un acabado en electrum a juego con la llamativa armadura dorada. El bláster también tiene un electroscopio J20 ajustable para mejorar los aumentos y el enfoque, además de disipadores de calor más anchos en el cañón, para que el arma no se sobrecaliente. El gatillo solo dispara cuando entra en contacto con los guantes de Pyre.

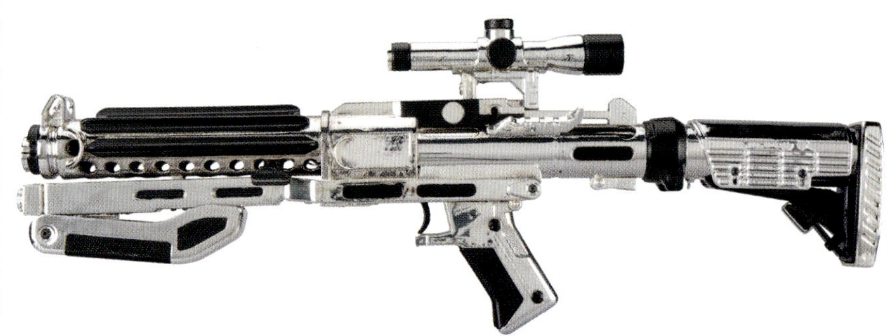

Las puntas de lanza siempre están afiladas

LANZA DE PHASMA

MODELO Personalizado **TIPO** Arma para el combate cuerpo a cuerpo

El arsenal personal de la capitana Phasma incluye una lanza de mercurio que recuerda a las lanzas que usan las tribus de su mundo natal, Parnassos. El mango está hecho de una matriz de micromalla desplegable. Cuando no la usa, la lanza se pliega y se convierte en una pequeña porra con una punta de lanza en sendos extremos, sujeta por un campo de contención. Cuando se activa, se extiende inmediatamente en toda su longitud. Phasma la usa en el fatídico combate con el exsoldado de asalto Finn a bordo de la *Supremacía*.

CASCO DE PILOTO TIE DE LA PRIMERA ORDEN

FABRICANTE Departamento de Investigación Militar de la Primera Orden **TIPO** Casco de vuelo

Los pilotos de cazas TIE llevan un casco hermético por si la nave sufriera daños. Unos tubos conectan el casco al panel de control de soporte vital que el piloto lleva sobre el pecho. Sensores de selección de objetivos a los lados del casco se conectan a un proyector que muestra la imagen del objetivo seleccionado en la pantalla interna del casco. La unidad de la barbilla es extraíble y contiene un comunicador conectado a los sistemas de comunicación de la nave. Las marcas rojas a los lados del puente sobre la nariz indican que es un piloto de las fuerzas especiales.

CASCO DE KYLO REN

MODELO Personalizado **TIPO** Casco de batalla

El casco de Kylo Ren se inspiró en el estilo de los Caballeros de Ren, y también recuerda a la infame máscara de su abuelo, Darth Vader, lo que vincula a Kylo con el lado oscuro de su legado familiar. El casco oculta su antigua identidad como Ben Solo (velada además por el codificador, que le confiere una voz amenazante), y sirve para intimidar tanto a sus enemigos como a sus subordinados de la Primera Orden. Aparte de eso y de la protección que le aporta, no tiene otras funciones especiales. Al Líder Supremo Snoke no le impresiona demasiado, y llama a Kylo «un niño con una máscara». Al oírlo, Kylo monta en cólera, no menos por los sacrificios que ha hecho por complacer a Snoke, como matar a su propio padre. En un arranque de ira, Kylo aplasta el casco en el ascensor de la *Supremacía* al descender de la sala de trono de Snoke. Kylo, ahora Líder Supremo, hace reforjar los fragmentos de su yelmo. Ren opta por no llevarlo puesto durante las interacciones con Rey en Pasaana y Kef Bir. Lo abandona por completo cuando regresa a la luz como Ben Solo.

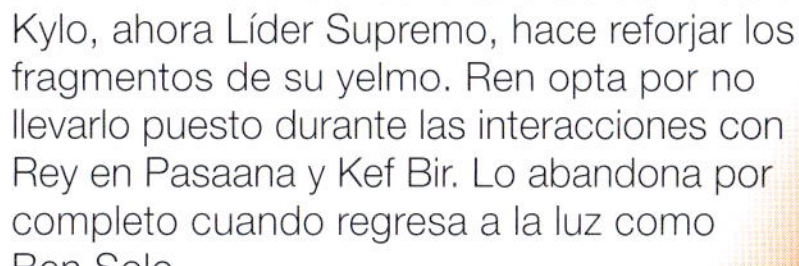

Sin casco
Kylo Ren contempla su casco antes de destruirlo.

DROIDE SONDA ARAÑA

FABRICANTE Tecnologías Arakyd-Harch
MODELO Droide sonda araña **TIPO** Droide sonda centinela

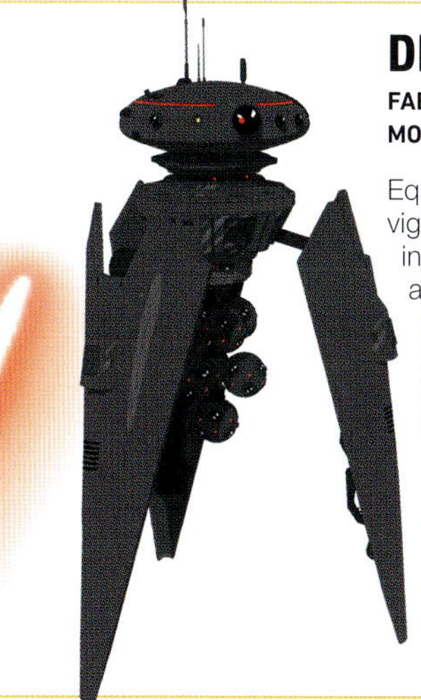

Equipados con múltiples sensores, estos droides vigilan los terrenos de prueba de armas y otras instalaciones militares sin personal. Cuando se activan, los droides («madres») liberan drones más pequeños («hijos») para que acaben con las amenazas detectadas. Si los droides araña son destruidos o no logran eliminar a los intrusos, transmiten una señal a la estación de la Primera Orden más próxima, que envía un contingente de cazas TIE a su ubicación. Cuando Poe Dameron y Kazuda Xiono se topan con un droide sonda araña mientras investigan un cataclismo provocado por la Primera Orden, escapan con vida por muy poco.

La aldea de Tuanul
Durante la búsqueda del mapa que lleva a Luke Skywalker, Kylo Ren derriba con su espada de luz al explorador galáctico Lor San Tekka.

ESPADA DE LUZ DE KYLO REN

FABRICANTE Kylo Ren **MODELO** Personalizado
TIPO Espada de luz con guarda cruzada

Kylo Ren construye su propia espada de luz a partir de un diseño antiguo. Pese a su diseño antiguo y tosco, la espada de luz está construida con piezas y materiales modernos. El cristal kyber rojo resquebrajado en el núcleo de la espada de luz hace que el arma sea inestable y que apenas pueda contener la energía que genera, por lo que necesita dos gavilanes para disipar el calor adicional. La caótica hoja central es la primera en aparecer, chisporroteando y centelleando en un chorro de brillante energía de plasma de color rojo y los gavilanes, más cortos, aparecen luego a lado y lado. Las placas protectoras del emisor en la base de los gavilanes protegen las manos de Kylo. El estado inestable de la espada es una prueba de la inexperiencia de Kylo Ren en la construcción de un arma de este tipo. Emplea su espada de luz en las batallas de la base Starkiller, Crait y Kef Bir, antes de arrojarla al océano tras tener una visión de su padre, Han Solo.

PICA DE REY

FABRICANTE Rey **MODELO** Personalizada
TIPO Pica para combate cuerpo a cuerpo

Rey construye su pica con piezas que encuentra mientras busca chatarra en las naves estrelladas sobre las dunas de Jakku. Tiene un asa, que le permite colgársela a la espalda si ha de escalar o fijarla a su deslizador para que no caiga. Una empuñadura a base de retales de uniformes le permite agarrarla con firmeza. Rey usa la pica para distintas cosas. Es un bastón de apoyo para comprobar la arena de Jakku y evitar así arenas movedizas o encontrar objetos ocultos bajo las dunas. También puede ser un arma contra bandidos y delincuentes. Las habilidades que Rey adquiere con su pica la ayudan a empuñar una espada de luz; sin embargo, es tan eficaz con su pica que sigue usándola incluso después de adquirir la espada de Luke Skywalker. Emplea partes de la pica para construir una nueva espada de luz tras la batalla de Exegol.

Sin cuartel
Rey sabe que ha de estar preparada para la lucha en todo momento en Colonia Niima, en Jakku.

ESCUDO ANTIDISTURBIOS DE LA PRIMERA ORDEN

FABRICANTE Corporación Sonn-Blas **TIPO** Escudo

En sus misiones, los soldados antidisturbios de la Primera Orden usan escudos balísticos ligeros de compuesto betaplastoide y porras Z6. Aunque los suelen llamar para que aplasten rebeliones civiles, también los envían para que participen en combates contra objetivos militares.

PORRA ANTIDISTURBIOS Z6

FABRICANTE Corporación Sonn-Blas **MODELO** Z6
TIPO Porra antidisturbios

Soldados de asalto escogidos utilizan porras antidisturbios Z6, normalmente contra personal no militar. Las aspas conductoras de contacto desplegables lanzan unas descargas eléctricas aturdidoras y la porra también puede desviar las hojas de las espadas de luz. El mango se adhiere magnéticamente a los guantes del soldado.

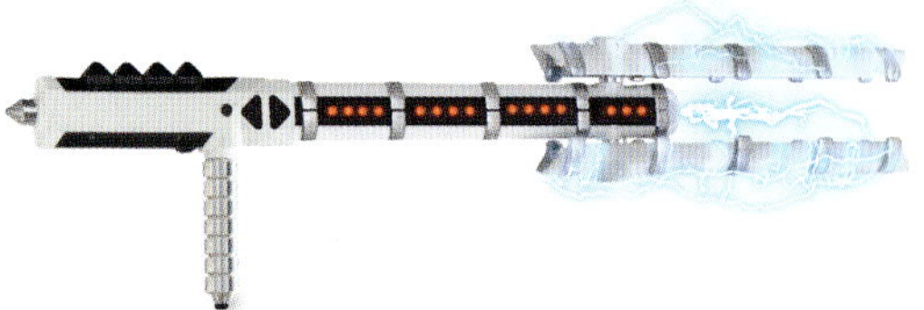

PISTOLA BLÁSTER GLIE-44

FABRICANTE Tecnología de Defensa de Eirriss Ryloth
MODELO Glie-44 **TIPO** Pistola bláster

El bláster Glie-44 lleva el nombre de Gobi Glie, un luchador por la libertad twi'lek. La célula de energía recargable encaja en la parte delantera, para facilitar el acceso. Los miembros de la Resistencia suelen usarla contra la Primera Orden, aunque también la usan civiles, cuerpos policiales y soldados de toda la galaxia.

PISTOLA BLÁSTER SE-44C

FABRICANTE Corporación Sonn-Blas **MODELO** SE-44C
TIPO Pistola bláster

La SE-44C de la Primera Orden es la pistola reglamentaria de los soldados de asalto. Tiene un soporte de montaje para mira telescópica y un cañón sustituible. Algunos oficiales, como el general Armitage Hux, llevan una versión negra de plastiacero. La de la capitana Phasma está chapada en cromio.

PISTOLA BLÁSTER NN-14 DE REY

FABRICANTE LPA **MODELO** NN-14 **TIPO** Pistola bláster

El armazón reforzado y el gran núcleo de energía de la NN-14 producen un potente disparo de plasma. Han Solo regala a Rey una pistola bláster NN-14 antes de entrar en el castillo de Maz en Takodana. Mientras sus mentes están conectadas, desde el planeta Ahch-To, Rey dispara el bláster contra Kylo Ren, pero sin querer hace un agujero en la pared de su cabaña de piedra. Rey emplea el bláster durante el resto de la guerra entre la Primera Orden y la Resistencia.

LANZALLAMAS D-93

FABRICANTE Departamento de Investigación Militar de la Primera Orden
MODELO D-93 **TIPO** Lanzallamas

Los soldados lanzallamas de la Primera Orden emplean el D-93 para convertir los campos de batalla en auténticos infiernos, dispersar al enemigo y para incendiar campamentos, sembrando el terror entre sus ocupantes. El arma de doble cañón se conecta a una mochila que contiene tanques de gel conflagrine-14, una sustancia altamente volátil que produce un chorro de llamas a una distancia de hasta 75 metros. Además del gel, la mochila también contiene un depósito central más pequeño de propelente. Un sistema de ignición piezoeléctrico dispara el arma.

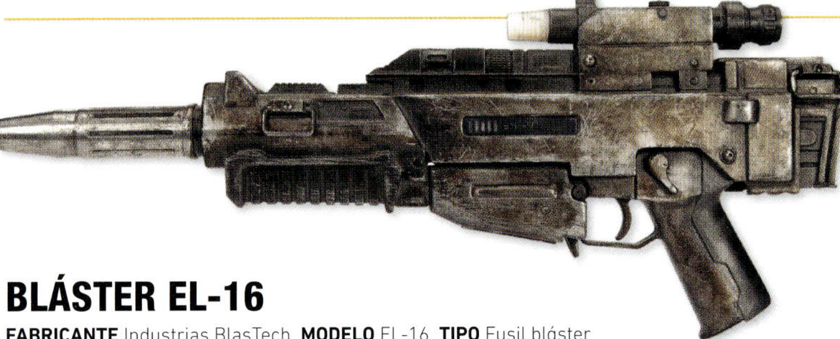

BLÁSTER EL-16

FABRICANTE Industrias BlasTech **MODELO** EL-16 **TIPO** Fusil bláster

El EL-16 es el fusil bláster reglamentario de la Resistencia. Aunque ya es un modelo anticuado cuando surge la Primera Orden, la Resistencia debe aprovechar todas las municiones que pueden conseguir de benefactores y de traficantes de armas de segunda mano. En cuanto al EL-16HFE, es una versión de campo más pesada y grande, con culata extraíble y diseñado para batallas a gran escala. Poe Dameron lleva uno escondido a bordo de sus dos Alas-X. La Resistencia usa ambos fusiles desde el principio.

DROIDE INTERROGADOR IT-000

FABRICANTE Departamento de Investigación Militar de la Primera Orden **MODELO** IT-000
TIPO Droide interrogador

Los droides interrogadores IT-000 de la Primera Orden son un modelo de droide de tortura avanzado basado en las antiguas unidades IT-O del Imperio. Estos droides, que violan las leyes de la Nueva República, son una perversión de los avances en la tecnología médica. Son capaces de hablar y registrar las respuestas de las víctimas, por lo que pueden llevar a cabo sesiones de interrogatorio-tortura sin supervisión. Kylo Ren siempre tiene uno cerca, para cuando se cansa de hacer él mismo el trabajo sucio.

DROIDE CENTINELA DE LA PRIMERA ORDEN

FABRICANTE Rebaxan Columni
TIPO Droide de seguridad

La Primera Orden usa droides centinela para patrullar destructores estelares y bases, donde mantienen la seguridad y buscan espías. Aunque parecen pequeños y dóciles mientras patrullan sobre sus cuatro deslizadores, cuando detectan algún intruso pasan a la acción, aumentan de estatura y disparan sus dos blásteres sin dar tregua. Poe Dameron, Kazuda Xiono y BB-8 se topan con ellos en la estación secreta de la Primera Orden Theta Black, justo antes de su demolición.

BLÁSTER RK-3

FABRICANTE Municiones Merr-Sonn, S. A. y Corporación Sonn Blas **MODELO** RK-3 (personalizado) **TIPO** Pistola bláster

Es el preferido de los oficiales imperiales gran almirante Thrawn y capitán Slavin, así como del señor del crimen Azmorigan. El del comandante Elrik Vonreg tiene un acabado rojo, a juego con su armadura. Las luces de la parte trasera avisan de los niveles de potencia de su arma, y puede disparar con una precisión milimétrica.

PISTOLA DE RAYOS DE PARTÍCULAS ACP

FABRICANTE Industrias Arakyd
MODELO ACP (personalizada) **TIPO** Pistola de rayos de partículas cargadas aceleradas

Kragan Gorr utiliza una personalizada y con gatillo y visor telescópico modificados. Adornada con el símbolo de su banda, es más adecuada para el combate contra enemigos orgánicos que contra droides. Es una de las favoritas de algunos trandoshanos.

TRAJE DE BACTA DE FLEXPOLY

FABRICANTE Corporación Zaltin
MODELO Traje de bacta de flexpoly
TIPO Instrumento médico

El traje de bacta de flexpoly es un aparato médico de emergencia que permite el transporte de heridos graves en ausencia de tanques de bacta. Cuenta con una serie de sensores y tubos que permiten la circulación autónoma del fluido de bacta y la curación de las heridas. Finn entra en un coma inducido médicamente durante la evacuación de la base de la Resistencia en D'Qar, y el averiado traje de segunda mano empieza a sufrir fugas del vital bacta poco después de que Finn recupere el conocimiento. Como la Resistencia cuenta con muy pocos recursos, debe conformarse con material médico deficiente.

CAÑÓN SUPERLÁSER DE ASEDIO

FABRICANTE Departamento de Investigación Militar de la Primera Orden

El cañón superláser de asedio de la Primera Orden es, en esencia, un láser de la Estrella de la Muerte en miniatura, desarrollado a partir de la Iniciativa Tarkin del Imperio. Cuando recuperan el arma del *Supremacía*, la nave insignia de la Primera Orden, la depositan en Crait con objeto de destruir la antigua base de la Alianza Rebelde donde ahora se esconde la Resistencia. El cañón, de potencia devastadora, tiene que ser transportado por tierra con caminantes AT-HH y precisa tiempo para volver a cargarse entre disparo y disparo, periodo durante el que es vulnerable.

ELECTROBISENTO

FABRICANTE Guardia Pretoriana **TIPO** Vibroarma para combate cuerpo a cuerpo

Los electrobisentos son un arma empleada por los guardias pretorianos imperiales que sirven en el Consejo en la Sombra durante la Nueva República. Son también una de las varias armas empleadas por la Guardia Pretoriana de élite que defiende al líder supremo de la Primera Orden, Snoke. La hoja templada vibra a alta frecuencia gracias a un generador ultrasónico compacto incorporado, lo que hace el corte incluso más letal. Un filamento de plasma recorre la hoja, permitiéndole desviar ataques de espada de luz. El asta, del casi indestructible frik, también está protegida contra golpes de espada de luz.

ELECTROLÁTIGO DE CADENA BILARI

FABRICANTE Guardia Pretoriana **TIPO** Arma de combate cuerpo a cuerpo

Se trata de un estoque que se transforma en una flexible cadena de electroplasma de frik. Puede usarse para apuñalar, aturdir, azotar o inmovilizar a un oponente. En Mandalore, Paz Vizsla muere en combate a manos de un Guardia Pretoriano Imperial tras ser aturdido y apuñalado con uno. El látigo está diseñado para contrarrestar las espadas de luz, lo que lo convierte en un arma versátil. Los guantes del Guardia están aislados contra los electroimpulsos del arma. El contacto con la piel provoca quemaduras y un dolor abrasador. Como con otras armas de la Guardia, el látigo está patentado y las especificaciones de su diseño son desconocidas incluso para los ingenieros militares de la Primera Orden.

BLÁSTER FWMB-10

FABRICANTE Corporación Sonn-Blas **MODELO** FWMB-10
TIPO Bláster de repetición

Los FWMB-10 son cañones bláster de repetición que utilizan los soldados de asalto pesados de la Primera Orden. Estas armas grandes y pesadas cuentan con dispersores de calor en los cañones, para compensar el calor que genera su rápida cadencia de tiro, además de apoyos plegables integrados capaces de soportar su peso. El bláster necesita mucha energía para mantener la cadencia de tiro y cuenta con un generador doble Eksoan de Clase 5B1. El FWMB-10 es el arma principal de vehículos como el vehículo de utilidad de infantería ligera Aratech-Loratus.

HACHA LÁSER

FABRICANTE Departamento de Investigación Militar de la Primera Orden **MODELO** Hacha láser BL-155 **TIPO** Hacha de verdugo

Cuando ejercen de verdugos, los soldados de la Primera Orden emplean el hacha láser BL-155, que tiene cuatro pares de garras extensibles que forman cuatro arcos de energía monomolecular. Cuando alcanza a la víctima, causa un dolor indescriptible aunque, por fortuna, breve. El comandante Pyre intenta matar a Kazuda Xiono con un hacha láser en el destructor estelar *Thunderer* de clase Resurgente, pero CB-23 lo rescata, lo que permite a Xiono dejar inconsciente a Pyre con el arma.

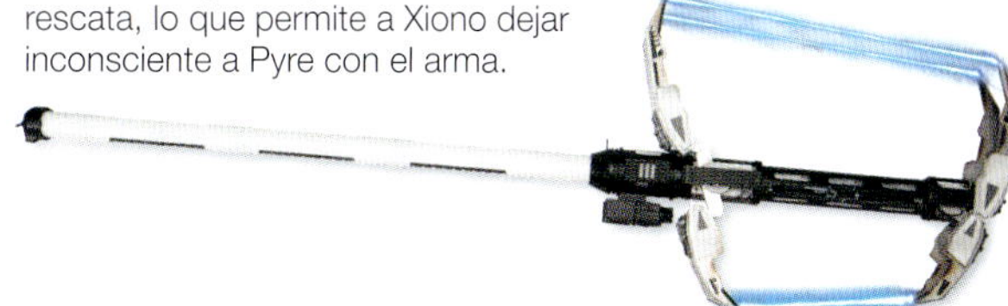

DROIDE DE PUENTE DE MANDO

FABRICANTE Accutronics **TIPO** Asistente droide de la serie TDA modificado **AFILIACIÓN** Coloso

Un droide de puente de mando está programado para formar parte de la tripulación de una nave y dirigir muchas operaciones de manera simultánea. La plataforma Coloso cuenta con varios de estos droides, incluido 4D-M1N, que actúa como enlace del capitán Immanuel Doza y supervisa al resto de droides de mando.

DROIDE DE MANTENIMIENTO OTOGA-222

TIPO Droide de reparación **FILIACIÓN** Varios

Hay droides de mantenimiento Otoga-222 por toda la galaxia, actuando como técnicos de reparaciones. Uno de ellos ayuda al piloto de vainas Ben Quadinaros durante la Clásica de Boonta Eve. Los Otoga-222 también están presentes en la plataforma Coloso, dando servicio a varios pilotos.

BALIZA DE SEÑALIZACIÓN

FABRICANTE Fabritech **TIPO** Baliza de señalización SB082

Una baliza de señalización señala una ubicación situándose en un punto del espacio y emitiendo sus coordenadas. El capitán Immanuel Doza, del Coloso, deja una baliza para su esposa, Venisa Doza, para que pueda reunirse con su nave. Pero la Primera Orden también llega y frustra sus planes.

DROIDE DE SEGURIDAD DE LA PRIMERA ORDEN

FABRICANTE Industrias Arakyd **TIPO** Droide de seguridad serie KXFO **FILIACIÓN** Primera Orden

Con placas blancas, exoesqueleto negro y penetrantes sensores rojos, el droide de seguridad de la Primera Orden intimida. En la estación de reabastecimiento *Titán*, estos droides recorren los pasillos y patrullan en busca de visitantes indeseados.

BUSCARRUTAS SITH

FABRICANTE Antiguos Sith **MODELO** Personalizado **TIPO** Brújula hiperespacial

Los buscarrutas son un rarísimo ejemplo de tecnología de navegación que los eruditos modernos no comprenden del todo. Creados por los antiguos Sith, sin modernos ordenadores de navegación ni rutas hiperespaciales, los primeros buscarrutas se basaban en la disección de ballenas purrgil por parte de los Sith. Combinan las capacidades naturales hiperlumínicas de la especie con una dosis del lado oscuro de la Fuerza.

Tras mapear una ubicación, guarda los datos de su vector hiperespacial en un imán de supraluminita y un interior plasmático, que permiten al usuario viajar con seguridad a su destino. Darth Sidious y su aprendiz Darth Vader poseen un par de buscarrutas cada uno, con las traicioneras indicaciones para llegar a Exegol, el planeta Sith. Décadas después, Kylo Ren saca el buscarrutas de su abuelo Vader de su escondite en Mustafar para localizar a Sidious. Los Jedi han intentado estudiar esta tecnología mucho tiempo, y Luke Skywalker dejó constancia de su misteriosa historia en el tomo *Rammahgon*. Su estudio da a Rey suficiente información de partida para localizar el otro buscarrutas en la antecámara de Sidious.

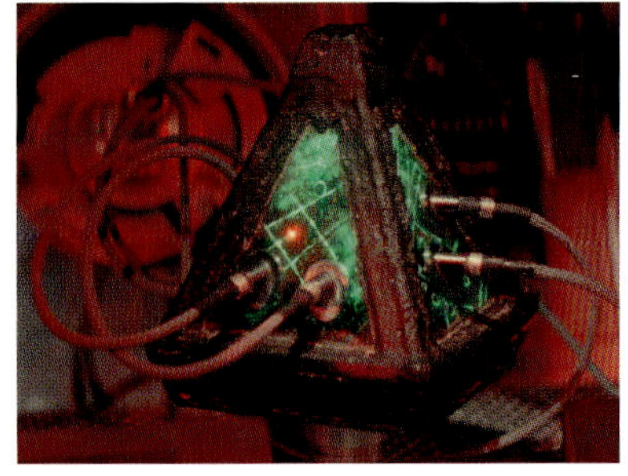

Conectado
La tecnología del buscarrutas le permite interactuar directamente con la nave de Kylo Ren, proporcionándole ayuda para la navegación en su peligroso viaje.

Tecnología antigua
El imán de supraluminita está sintonizado de forma natural con ciertas rutas hiperespaciales.

VIBROHACHA DE AP'LEK

FABRICANTE Antiguos mandalorianos **MODELO** Personalizado **TIPO** Hacha de verdugo

Ap'lek confía en su antigua hacha de verdugo mandaloriana para abatir a los enemigos de los Caballeros de Ren. Al encenderse, la hoja de beskar se convierte en un conducto de energía pulsante. La fuerte vibración potencia su filo, hasta cortar casi cualquier armadura o material biológico.

CAÑÓN DE AVAMBRAZO DE CARDO

FABRICANTE Hecho a mano **MODELO** Personalizado **TIPO** Arma portátil multitubo

Cardo está obsesionado con su cañón de avambrazo, creado por él mismo. Posee dos cañones de disparo rápido de láser y plasma, y un tosco lanzallamas. El arma se adapta a su creador, convirtiéndolo en un arsenal unipersonal en combate.

FUSIL BLÁSTER DE KURUK

FABRICANTE Hecho a mano **MODELO** Personalizado **TIPO** Bláster multitubo

Kuruk, el tirador de los Caballeros de Ren, exige el armamento más preciso y letal. Dedica mucho tiempo a personalizar su fusil con tres modos de disparo. Esta especial arma tiene funciones de disparo rápido, tiro preciso y escopeta, y requiere munición especializada de proyectiles de plasma.

VIBROMACHETE DE TRUDGEN

FABRICANTE Hecho a mano **MODELO** Personalizado **TIPO** Cuchilla ultrasónica

El temible tamaño del vibromachete de Trudgen a menudo deja a sus oponentes aterrorizados, incluso antes de que lo empuñe. Fabricado con acero de crisol mezclado con fragmentos de beskar, está equipado con tecnología ultrasónica que facilita aún más al Caballero de Ren atravesar carne y hueso.

MAZA DE GUERRA DE USHAR

FABRICANTE Hecho a mano **MODELO** Personalizado **TIPO** Maza con kinetita

Ushar golpea a los enemigos de los Caballeros de Ren con su maza, especialmente potenciada con kinetita, una sustancia capaz de retener y liberar una intensa energía. Produce enormes ondas de choque y golpes contusos capaces de noquear a varios combatientes a la vez.

GUADAÑA DE VICRUL

FABRICANTE Hecha a mano **MODELO** Personalizada **TIPO** Vibrohoja curva

Como todos los Caballeros de Ren, Vicrul ha dedicado mucho tiempo a perfeccionar su arma cuerpo a cuerpo. El filo de su guadaña puede atrapar las hojas enemigas gracias a su aleación de frik. Su aspecto más letal, sin embargo, es su cámara generadora de ultrasonidos, cuya vibración ofrece un letal poder de corte.

HERRAMIENTAS DE ALBREKH

FABRICANTE Antiguos Sith **MODELO** Personalizado **TIPO** Equipo de forja Sith

El alquimista Sith Albrekh complementa sus manos con antiguas herramientas en un dispositivo llamado forja Sith. Sus pinzas magnéticas y su mecanismo de brazo articulado son ideales para aplicar hierro sarrassiano fundido, un mineral rojo que parece gritar con la Fuerza. Emplea el dispositivo para reparar el casco de Kylo Ren.

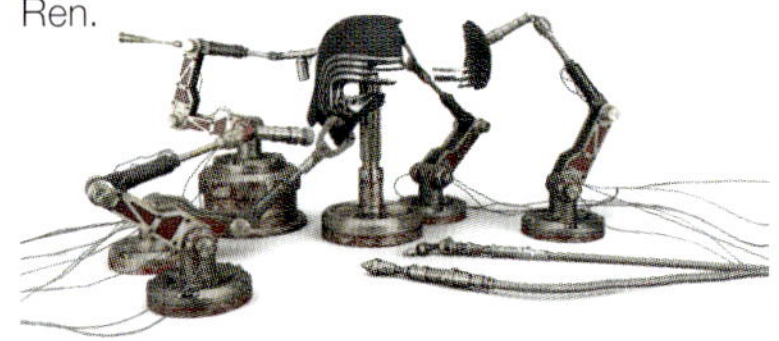

ELECTROPICA

FABRICANTE Industrias Arakyd **MODELO** Electropica DX-90 **TIPO** Herramienta antidisturbios

La Primera Orden exige disciplina en los sectores que controla, pero a menudo debe recurrir a tácticas antidisturbios para imponerla. Una de las herramientas más eficaces y toscas de su arsenal es la electropica. Permite a los soldados de asalto frenar cualquier manifestación antes de que vaya a más.

CAÑÓN DE SOLDADO AÉREO DE LA PRIMERA ORDEN

FABRICANTE Corporación Sonn-Blas **MODELO** Lanzaproyectiles G125 **TIPO** Arma de tres cañones

Los soldados aéreos necesitan múltiples opciones para el combate aéreo, por lo que el lanzaproyectiles G125 es un arma muy popular. Los soldados alternan entre un bláster estándar y un arma de tres cañones que dispara proyectiles explosivos.

MOCHILA PROPULSORA DE SOLDADO AÉREO

FABRICANTE Productos de Reacción Nanogar **MODELO** Propulsor integrado NJP-900 **TIPO** Unidad de propulsión personal

Los soldados aéreos llevan una mochila propulsora integrada en su armadura. Los guerreros mandalorianos dieron fama a estas unidades de propulsión, y desde entonces la Primera Orden se ha especializado en ellas. La tecnología giroscópica traduce los movimientos del usuario en desplazamiento en esa dirección.

DAGA DE OCHI

FABRICANTE Antiguos Sith
MODELO Personalizado
TIPO Daga ceremonial Sith

La daga Sith de aspecto perverso que usa Ochi de Bestoon es una misteriosa reliquia de eras pasadas. La daga parece pedir sangre, y esa sed de sangre se transmite inconscientemente a su portador. Ochi la emplea para matar al hijo de Palpatine y a su esposa, pero eso solo satisface temporalmente las exigencias del puñal. La hoja, en forma de punta de flecha, está grabada en el idioma rúnico Sith de Ur-Kittât. También contiene una medida oculta, añadida recientemente, hacia la ubicación del buscarrutas del Emperador.

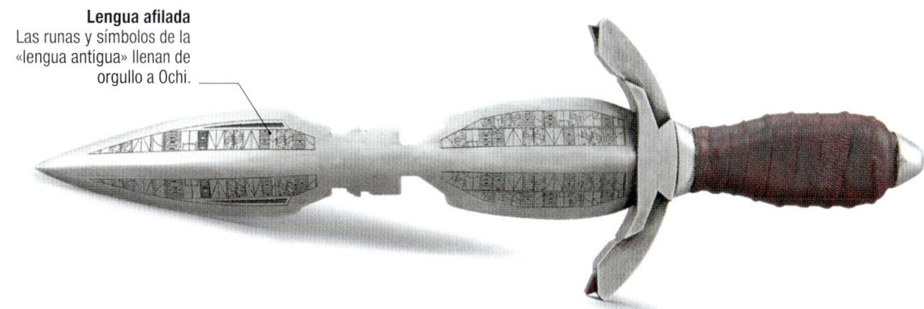

Lengua afilada
Las runas y símbolos de la «lengua antigua» llenan de orgullo a Ochi.

BLÁSTERES DE ZORII BLISS

FABRICANTE Armamento Kelvarek y Filiales **MODELO** Blásteres E-851 **TIPO** Pistolas gemelas de broncio

El bláster E-851 es el arma preferida de muchos en los bajos fondos de la galaxia, gracias, en parte, a su contrapeso, que ofrece disparos certeros. Zorii Bliss empuña dos de ellos, chapados en broncio como su casco, y los empuña de forma ambidiestra, una mortal sorpresa en combate.

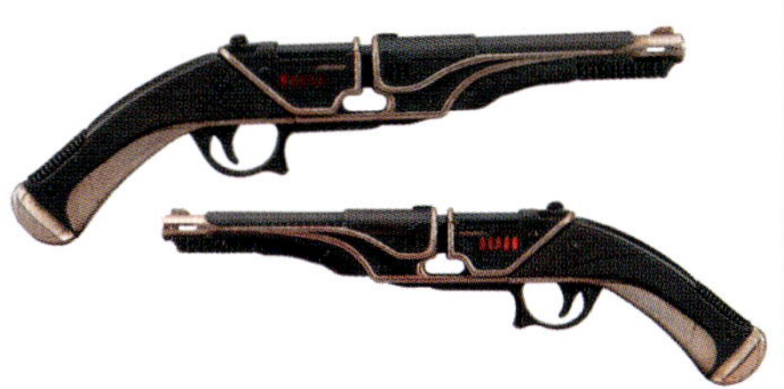

YELMO DE ZORII BLISS

FABRICANTE Hecho a medida **MODELO** Personalizado **TIPO** Casco de soporte vital de broncio

Zorii Bliss, una criminal curtida, necesita tanto el anonimato como la intimidación, y emplea su casco para ambos fines. Su acabado en broncio denota su papel de líder de los Traficantes de Especia de Kijimi, mientras que su carcasa de plastiacero contiene tecnología que le da ventaja en combate.

MEDALLÓN DE DATOS DE TRÁNSITO DE OFICIAL DE LA PRIMERA ORDEN

FABRICANTE MerenData
TIPO Dispositivo de autorización

La Primera Orden usa medallones de datos para permitir a los oficiales de alto rango viajar sin controles de seguridad. Mediante la transmisión de un código cifrado, el aparato ofrece salvoconducto y derecho de aterrizaje en cualquier instalación de la Primera Orden o paso a través de cualquier bloqueo que requiera autorización.

BLÁSTER DE SOLDADO SITH

FABRICANTE Sith Eterno **MODELO** Bláster ST-W48 **TIPO** Fusil pesado

Los soldados del Sith Eterno reciben un fusil bláster ST-W48 como arma estándar. Para ser un fusil pesado fabricado en serie, es notablemente eficaz y puede alternar rápidamente entre modo carabina o fusil. Sus lanzadores de virotes están inspirados en las ballestas de luz, pero han mejorado la tecnología explosiva.

ARCO DE JANNAH

FABRICANTE Hecho a mano **MODELO** Personalizado **TIPO** Arco bláster reciclado

Tras aterrizar en Kef Bir, la ex soldado de asalto Jannah desmonta su armamento de la Primera Orden para crear improvisados arcos para ella y sus aliados. Construido con piezas recicladas de blásteres, el arco de Jannah multiplica su fuerza física mediante polarizadores alternos en cada extremo. Para disparar, Jannah pasa la flecha por un antiguo cañón de bláster, reactivando sus circuitos galvánicos. Aunque improvisada, es un arma eficaz, sea cazando en las llanuras de la luna Bosque de Endor o luchando contra tropas de asalto.

ARMADURA DE SOLDADO SITH

FABRICANTE Sith Eterno
MODELO Armadura de gammaplastoide de cuatro capas **TIPO** Armadura

Las placas rojas de los soldados Sith están destinadas a infundir miedo en sus enemigos, amén de señalar su lealtad al Sith Eterno. En casi todos los aspectos, la armadura carmesí es mejor que su contrapartida de la Primera Orden.

Vestida para matar
Las bandas anisotrópicas aumentadas desvían los disparos.

ESPADA DE LUZ DE LEIA

FABRICANTE Hecho a mano
MODELO Artesanal
TIPO Espada de luz Jedi

Al construir su espada de luz, Leia se inspira en su historia personal para crear un arma que refleje su vida y sensibilidad. Su empuñadura, pequeña y artística, está hecha de plata y oro, con incrustaciones nacaradas propias de una princesa de Alderaan. Leia entrena con esta espada azul en Ajan Kloss, y finalmente entrega el arma a Luke Skywalker cuando decide abandonar su entrenamiento Jedi. Más tarde la entrega a su aprendiz, Rey, que la emplea contra Darth Sidious. Rey la entierra en las arenas de Tatooine, junto a la espada que perteneció al padre de Leia, a su hermano y a su aprendiz.

Una obra de arte
La empuñadura de Leia es aún más elegante y estilizada que la de su hermano.

ESPADA DE LUZ DE REY

FABRICANTE Hecho a mano
MODELO Personalizado
TIPO Espada de luz Jedi

Mientras repasa los antiguos textos Jedi de la biblioteca de Ahch-to, Rey comienza el complejo proceso de crear su propio sable láser. Tras empuñar durante un tiempo las espadas de Luke Skywalker y Leia Organa, completa la construcción de su propia espada tras la batalla de Exegol. Fiel a su educación en Jakku, recupera para la empuñadura partes de su pica y de su ropa para crear una espada familiar, un reflejo de su viaje. Más robusta que las armas de sus maestros, la espada de hoja amarilla de Rey se enciende girando un engranaje.

VEHÍCULOS

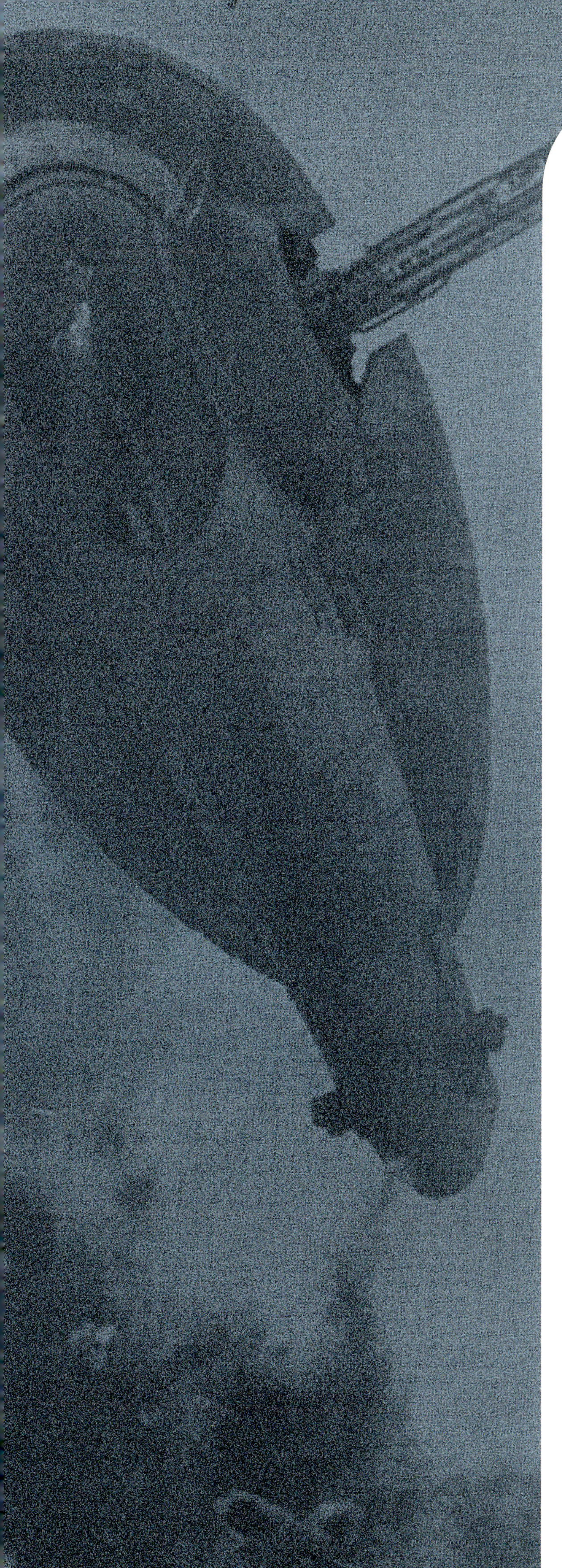

Las fábricas producen una variedad asombrosa de vehículos, tanto para fines pacíficos como bélicos, desde naves estelares que viajan a la velocidad de la luz hasta transportadores que avanzan con paso lento pero inexorable.

En miles de mundos civilizados, la gran mayoría de los vehículos de propulsión atmosférica utilizan tecnología de repulsión, que hace levitar los vehículos y embarcaciones ligeras de atmósfera a través de emanaciones antigravitacionales llamadas «campos repulsores». Algunos vehículos con elevadores de repulsión no son más que motores con sillones acolchados que se desplazan cerca del suelo, mientras que otros son grandes naves de lujo que pasan rozando el techo atmosférico de un planeta. Para travesías entre sistemas solares distantes, las naves estelares usan tecnología de hiperpropulsión, que les permite superar la velocidad de la luz, y motores subluz para viajar a menor velocidad.

Durante las Guerras Clon y el posterior conflicto entre la Resistencia y la Primera Orden, muchos fabricantes convierten los transportes y cargueros en embarcaciones de combate, y también producen vehículos totalmente nuevos cargados de armas. Para eludir las naves imperiales que patrullan las rutas comerciales más conocidas de la galaxia, los piratas y contrabandistas equipan sus propias embarcaciones con potentes motores y exótico armamento.

LEGACY RUN

FABRICANTE Astilleros Kaniff **MODELO** Clase A **TIPO** Transporte de carga modular

Como carguero modular de largo recorrido, el *Legacy Run* alberga hasta 144 módulos personalizables para transporte. Ocupan gran parte de su espacio, dejando poco para el puente y la sección de ingeniería. La nave puede reconfigurarse para albergar compartimentos de pasajeros o tanques acuáticos. La capitana Hedda Casset dirige la *Legacy Run* en un viaje para llevar colonos al Borde Exterior. Durante la misión, una nave Nihil intercepta la nave y la hace estallar en pedazos en el hiperespacio. Los fragmentos y módulos caen en el espacio real, por toda la galaxia, en la desastrosa Emergencia.

ATARAXIA

TIPO Crucero estelar

El *Ataraxia* es la nave insignia Jedi durante la Alta República, y en su bodega cabe un gran contingente de Vectores Jedi. El maestro Jora Malli comanda el crucero estelar en la batalla de Kur, en la que apoya al crucero de la República *Tercer Horizonte*. La nave debería atracar permanentemente en el Faro Starlight, pero su presencia allí es efímera porque se la necesita en la lucha contra los Nihil. Lourna Dee y los demás Nihil roban el crucero estelar durante la caída del faro. Casi 100 años después, vuelve a estar bajo control de la República y se emplea para transportar a Dooku y a otros iniciados Jedi.

VECTOR JEDI

FABRICANTE Empresas Valkeri **MODELO** Vector **TIPO** Caza estelar interceptor ligero

Los Vectores Jedi son cazas estelares monoplaza o biplaza diseñados para ser utilizados por pilotos sensibles a la Fuerza. Durante la Alta República, los Jedi activaban las armas de la nave introduciendo su sable láser en un puerto especializado de la consola. Los cañones láser de los vectores pueden regularse para inutilizar en lugar de matar. Con su entrenamiento y habilidades mejoradas en un Vector, un Jedi puede pilotar a una velocidad extraordinaria y realizar maniobras extremas en comparación con otras naves de tamaño similar. Entre otras campañas, los Vectores Jedi combaten en el Gran Desastre, la batalla de Kur, la lucha contra los Nihil en la Feria de la República y en Elphrona y Trymant IV.

CRUCERO VIGALARGA DE LA REPÚBLICA

MODELO Vigalarga **TIPO** Crucero

La Vigalarga es una nave estelar de tamaño medio empleada a menudo por la República durante la era de la canciller Lina Soh. Va equipada con blásteres, seis misiles, contramedidas defensivas y pinzas magnéticas. Su tripulación puede ser de tan solo tres personas. El *Aurora IX*, una Vigalarga de última generación que derriba los restos del *Legacy Run* sobre Hetzal Prime, posee múltiples procesadores distribuidos que accionan sus armas y sistemas defensivos simultáneamente. El *Aurora III* impide que los escombros golpeen el sistema Hetzal. La canciller Kyong Greylark posee una Vigalarga personal con tripulación. En la batalla de Dalna, los Vigalarga de la República apoyan a las fuerzas de Eirami y E'ronoh.

ELÉCTRICA MIRADA

FABRICANTE Senda de la Mano Abierta **MODELO** Personalizado **TIPO** Crucero estelar

Elecia Zeveron, también conocida como Madre de la Senda de la Mano Abierta, instruye a su pueblo en la lenta construcción de la *Eléctrica Mirada* como base móvil de operaciones en la época de la Alta República. Cuando Marda Ro transforma el culto, asume también el mando de la nave. Finalmente, pasa a manos de su hija, Shalla Ro, quien organiza a los Nihil. La *Eléctrica Mirada* está tripulada principalmente por droides ejecutores. Se desplaza por el hiperespacio en giros casi imposibles por los caminos señalados por Mari San Tekka y un motor de camino especial.

CRUCERO ARAÑA BORRASCA

FABRICANTE Nihil **MODELO** Crucero araña **TIPO** Transporte aéreo y terrestre

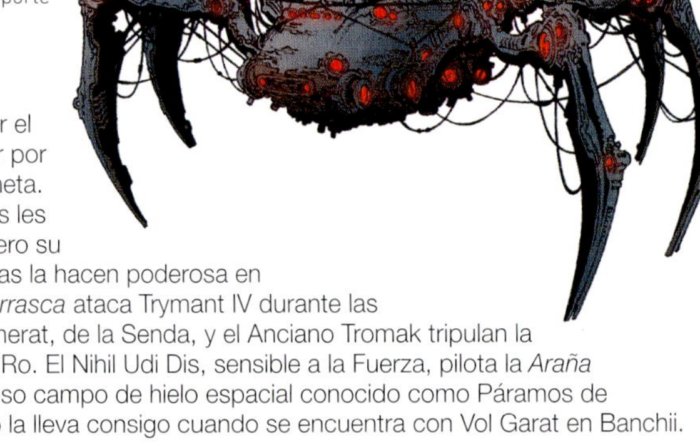

La *Araña Borrasca* es una nave estelar Nihil que puede navegar por el hiperespacio y caminar por la superficie de un planeta. Incluso a ciertos piratas les parece improvisada, pero su gran tamaño y sus patas la hacen poderosa en combate. La *Araña Borrasca* ataca Trymant IV durante las Emergencias. Krix Kamerat, de la Senda, y el Anciano Tromak tripulan la nave junto a Marchion Ro. El Nihil Udi Dis, sensible a la Fuerza, pilota la *Araña Borrasca* por el peligroso campo de hielo espacial conocido como Páramos de Rystan, y Marchion Ro la lleva consigo cuando se encuentra con Vol Garat en Banchii.

STAR HOPPER

TIPO Crucero académico padawan

Hacia la época de la destrucción del *Legacy Run*, los maestros Jedi Yoda y Torban Buck viven en la *Star Hopper* con una clase de padawans, entre los que se encuentran Lula Talisola y Qort. La nave contiene aulas, habitaciones, espacio para entrenamiento y otras comodidades como templo móvil. Aloja a 18 personas y requiere una tripulación de cuatro que la piloten. Es la nave más cercana y disponible de la República para detener la lluvia de restos del hiperespacio sobre Trymant IV. Cuando Zeen Mrala se une a los Jedi, pasa gran parte de su tiempo en la *Star Hopper*. El crucero atraca en el Faro Starlight poco antes de la destrucción de la estación espacial.

LANZADERA T-1

FABRICANTE Slayn & Korpil **MODELO** T-1 **TIPO** Lanzadera interplanetaria

Las lanzaderas T-1 eran naves de la República con capacidad hiperespacial, a menudo empleadas por los Jedi. Suelen transportar parejas o pequeños grupos de maestros y padawans. El Maestro Jedi Sskeer y la padawan Keeve Trennis usan una lanzadera T-1 en varias misiones, como su investigación en Sedri Menor y su regreso al Faro Starlight desde el planeta Shuraden. El Maestro Simmix muere cuando una lanzadera T-1 se estrella debido a que las sujeciones de seguridad no estaban configuradas para su cuerpo. Orla Jareni y Cohmac Vitus, por entonces padawans, estuvieron presentes en el accidente.

NAVE

TIPO Nave de transporte

La *Nave* es un transporte ligero tripulado por Affie Hollow, Leox Gyasi y Geode. Su aspecto es llamativo, con un revestimiento azul oscuro y las comodidades básicas. Leox y Affie se refugian en la *Nave* cuando se ven rodeados por una multitud enfurecida tras robar accidentalmente una Joya del Sol sagrada. Más tarde transportan a un grupo de Jedi, incluido Reath Silas, a la estación Amaxine. Aunque la *Nave* comienza formando parte del Gremio Byne, Affie se la queda al abandonar el Gremio. Durante la caída del Faro Starlight, la *Nave* se convierte en un centro de comunicaciones improvisado desde el que Affie envía una señal de socorro.

AMANECER DEL VIAJERO

TIPO Crucero de tamaño medio

La *Amanecer del Viajero* es una de las naves alcanzadas por fragmentos de la destrucción de la *Legacy Run*. Se trata de un retiro de meditación para Jedi ancianos y suele transportar a cientos de ocupantes. Su diseño incluye camarotes y grandes jardines. Cuando el Maestro Jedi Torban Buck y el capitán Kardo ven la *Amanecer del Viajero* en apuros, es el Maestro Kantam Sy quien responde a la llamada. La nave corre peligro de desintegrarse, pero los Jedi evacúan a los pasajeros. Más tarde, Buck cuenta la historia del rescate desde la *Amanecer* mientras hornea con Ram Jomaram y otros Jedi.

HALCÓN DE FUEGO CARMESÍ

FABRICANTE Talleres Espaciales Mejson **MODELO** Clase Chellatine **TIPO** Lanzadera

El *Halcón de Fuego Carmesí* es la lanzadera personal de Nash Durango. Siempre está lista para llevar a Kai Brightstar, Lys Solay y Nubs a donde necesiten ir. La maniobra más característica de Nash en el espacio es el Quemamotores: acelera el *Halcón de Fuego Carmesí* en un bucle, se detiene a la mitad y cae a plomo. Nash permite a Kai pilotar la nave cuando el joven Jedi aprende a volar: la vuela hacia un campo de asteroides y realiza el Quemamotores.

Cuando la princesa Inaya la contrata para que la lleve de Tenoo hasta su planeta natal, Nash se pone nerviosa. El pirata Taborr persigue al *Halcón de Fuego Carmesí* intentando robar el regalo de la princesa Inaya, pero Nash lo pilota hábilmente entre árboles. Pierde los escudos y los controles laterales ante Taborr, lo que les obliga a aterrizar, pero repara la nave y pide a Inaya que pilote el resto del camino.

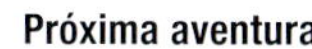

Próxima aventura
Con sus amigos Jedi y su astromecánico RJ-83, Nash tiene toda una galaxia para explorar.

DESLIZADOR DE KAI

FABRICANTE Compañía de Repulsores Aratech **TIPO** Deslizador

Kai Brightstar guarda su motodeslizador personal en el Templo Jedi de Tenoo. El vehículo, que puede transportar dos pasajeros, resulta útil para Kai y su amigo Nash Durango en una misión para salvar a RJ-83. Cuando el droide cae del esquife de Nash al río, Nash pide ayuda a Kai, quien pilota su deslizador hasta los muelles de Kublop Springs y río abajo. Con su pesado motor y sus largas aspas estabilizadoras, el motodeslizador es demasiado grande para maniobrar cuando el río se adentra en un manglar, así que Kai y Nash completan su misión a pie.

GARRA DE HIERRO

FABRICANTE Corporación de Ingeniería Corelliana
MODELO HT-150 **TIPO** Carguero ligero

El *Iron Talon* es la base de operaciones de la banda pirata de Taborr Val Dorn. Este, Pord y el droide EB-3 lanzan sus ataques desde la nave. EB-3 roba el regalo de la princesa Inaya del *Halcón de Fuego Carmesí* y lo lleva al *Garra de Hierro*, pero Inaya cortocircuita las puertas del hangar, lo que les permite, a ella y a sus amigos Jedi, escapar tras recuperar el regalo. El *Garra de Hierro* suele patrullar el espacio aéreo de Tenoo en busca de posibles víctimas o atracado en el escondite pirata de Torre Yarrum.

RAYO CARMESÍ

FABRICANTE Industrias Ubrikkian **MODELO** Personalizado **TIPO** Esquife de carreras

El *Rayo Carmesí* es un esquife de carreras modificado por Nash. Ella y sus amigos Jedi lo pilotan en la Clásica de Kublop por los ríos cercanos a Kublop Springs. La embarcación queda atascada en el barro, y Raena y Nash trabajan para devolver ambos dos esquifes al río. Nash pilota el *Rayo Carmesí* sobre un géiser en erupción, que propulsa el esquife, y gana la carrera. Cuando los amigos Metz y Bruff caen al río en un esquife roto y se dirigen a una peligrosa cascada, Nash emplea el *Rayo Carmesí* para remolcarlos hasta Kublop Springs.

BUSCAESTRELLAS

FABRICANTE Koensayr **MODELO** Clase Renning **TIPO** Lanzadera

El *Buscaestrellas* pertenece al droide piloto OG-LC. Con la nave explora los confines de la galaxia en busca de información y artefactos para la Orden Jedi. Cuando el *Buscaestrellas* desaparece, Kai Brightstar descubre un antiguo rastreador de naves que puede llevarle hasta la nave perdida, por lo que la maestra Zia Zaldor Zanna le anima a encontrarla. Kai y sus amigos descubren que OG-LC ha quedado varado en el planeta Fobaris tras colisionar con dos asteroides. OG ha reparado la *Buscaestrellas*, pero teme enfrentarse al campo de asteroides que rodea Fobaris. Con la ayuda de los jovencitos Jedi, el droide pilota la *Buscaestrellas* a través del campo de asteroides.

Escudo deflector

Transporte Jedi
Antes de los tiempos oscuros, el rojo era el color de la neutralidad para las naves espaciales de la República galáctica.

Cabina

Anillo de acoplamiento

CRUCERO DE LA REPÚBLICA

FABRICANTE Corporación Corelliana de Ingeniería
MODELO Clase Consular **TIPO** Crucero

Construido en los grandes astilleros orbitales de la Corporación Corelliana de Ingeniería, el crucero de la República de clase Consular, de 115 metros de eslora, es usado por el canciller supremo, los senadores galácticos y la Orden Jedi en misiones diplomáticas. Su llamativo diseño escarlata pone de manifiesto su inmunidad diplomática. Normalmente desarmado, el crucero incluye tres potentes motores atomizadores radiales Dyne 577, un hiperpropulsor triarco CD-3.2 Longe Voltrans y robustos escudos deflectores como protección. El puente está situado en la sección delantera del crucero, justo encima de un módulo diplomático intercambiable, que puede eyectarse del crucero en caso de emergencia.

Carguero reconvertido
Los profundos y oscuros hangares transportan todo un ejército de invasión.

Matriz de comunicaciones
Las señales de control mantienen un ejército mecanizado.

Casco reforzado
El blindaje irregular fortalece la estructura global de la nave.

NAVE DE COMBATE DE LA FEDERACIÓN DE COMERCIO

FABRICANTE Motores Hoersch-Kessel **MODELO** Carguero modificado LH-3210 de clase Lucrehulk
TIPO Nave de combate (carguero reconvertido)

Las naves de combate de la Federación de Comercio, antiguos cargueros de la vasta flota comercial de la Federación neimoidiana, tienen más de tres kilómetros de diámetro y albergan una esfera central que contiene el puente y los reactores de la nave. Cada una de ellas puede trasladar 550 MTT, 6.250 AAT, 1500 transportes de tropas, 50 naves de aterrizaje C-9979 y 1500 cazas droides. Reconvertir los cargueros en naves de combate fue una de las prioridades neimoidianas cuando comenzaron a levantar en secreto sus fuerzas armadas. Pero la reconversión no ha tenido todo el éxito esperado y estos buques presentan puntos débiles. La incorporación de turboláseres retráctiles en el ecuador del casco dejó desprotegidas grandes zonas que las pequeñas y veloces naves enemigas supieron aprovechar.

Las naves de control de droides son las embarcaciones más importantes de la flota de la Federación, y comandan los ejércitos droides. Se distinguen de otras naves de combate de la Federación por la matriz de comunicaciones sobre el casco dorsal. Los comandantes neimoidianos se suelen enclaustrar en el puente mientras sus droides se encargan de operar las naves. La destrucción de una nave de control inutiliza todos los droides a su servicio.

Los Piratas del Caos utilizan la nave núcleo estrellada de una antigua nave de guerra de la Federación de Comercio como base de operaciones en Koboh durante la era Imperial. Años más tarde, durante la Guerra Civil Galáctica, la Alianza Rebelde utiliza un navío de guerra de clase Lucrehulk como escuela y entrenamiento de vuelo.

DROIDE BUITRE (CAZA ESTELAR DROIDE)

FABRICANTE Fábricas Xi Char Cathedral
MODELO Droide de combate autopropulsado de geometría variable, Mark I **TIPO** Caza estelar droide

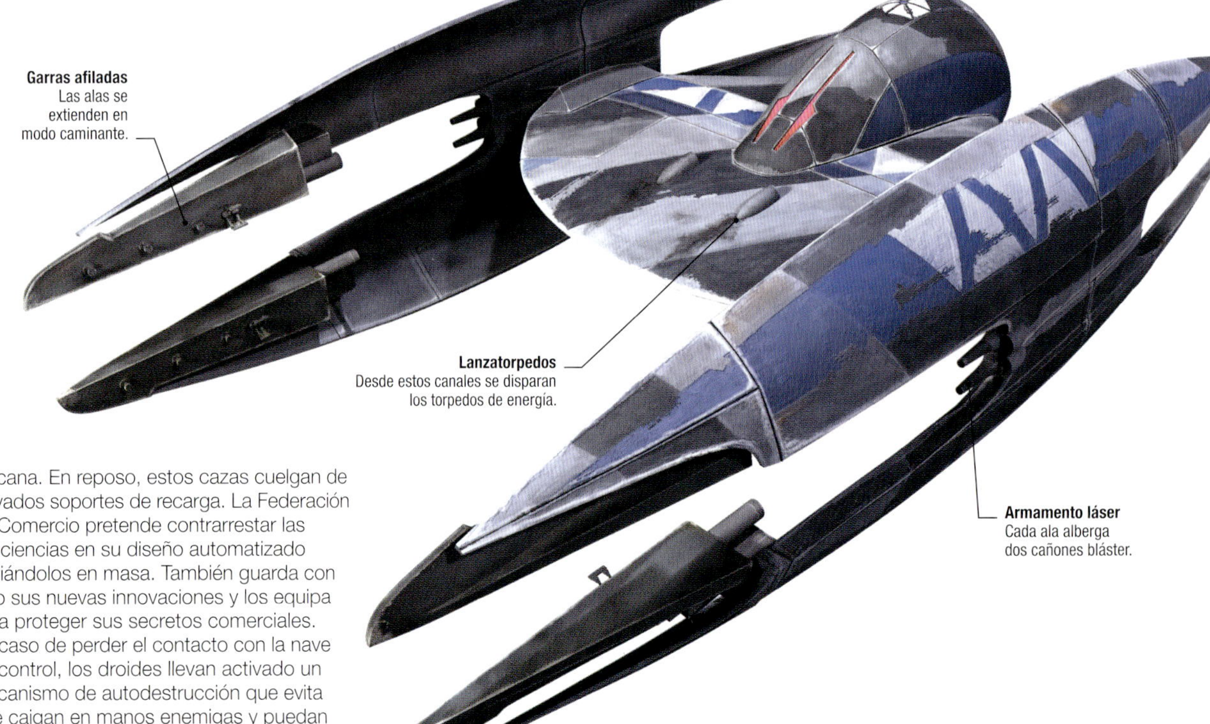

Los cazas droides de la Federación de Comercio (también llamados droides buitre) fueron diseñados y fabricados por los xi charrianos. Como la infantería de droides de combate terrestres, los cazas droides son controlados por la nave de control de droides de la Federación de Comercio. En modo caza, incorporan cuatro cañones bláster en las alas y dos lanzatorpedos en su borde delantero. En modo terrestre, el caza droide se transforma en modo caminante y ayuda a las patrullas en superficie. Si se reconfigura en modo caminante, los lanzatorpedos se reorientan para su uso antipersona.

Funcionan con unas poco convencionales balas concentradas de combustible sólido, alojadas en la cámara de combustible de popa. Estos proyectiles arden rápidamente cuando se prenden, dando al caza increíbles arranques de energía, pero un alcance de operación muy limitado. Por lo tanto, los cazas droides deben operar desde una base de lanzamiento o una nave capital cercana. En reposo, estos cazas cuelgan de elevados soportes de recarga. La Federación de Comercio pretende contrarrestar las deficiencias en su diseño automatizado enviándolos en masa. También guarda con celo sus nuevas innovaciones y los equipa para proteger sus secretos comerciales. En caso de perder el contacto con la nave de control, los droides llevan activado un mecanismo de autodestrucción que evita que caigan en manos enemigas y puedan obtener información de ellos.

NAVE DE ATERRIZAJE DE LA FEDERACIÓN DE COMERCIO

FABRICANTE Ingeniería Haor Chall
MODELO C-9979 **TIPO** Nave de aterrizaje

Con su enorme envergadura e imponente rampa de carga, la nave de aterrizaje de la Federación de Comercio es sobrecogedora. Es capaz de albergar pesadas unidades blindadas, transportar hasta 28 transportes de tropas, 1114 AAT y 11 MTT, más una tripulación de 88 droides. Las alas se separan para facilitar su almacenamiento; en la batalla, potentes generadores de campo de tensión unen las alas a la nave y fortalecen su integridad estructural. Grandes motores repulsores evitan que la nave ceda bajo su propio peso.

MTT DE LA FEDERACIÓN DE COMERCIO

FABRICANTE Talleres de Blindaje Baktoid
MODELO Transporte multitropa (MTT)
TIPO Repulsor

El MTT es un vehículo gigante acorazado y a repulsión, capaz de desplegar cientos de soldados droides de combate en plena batalla. El extremo frontal del MTT se abre y revela un soporte de despliegue articulado abarrotado por droides de combate. Este soporte se extiende hacia delante y libera a los droides en filas perfectamente alineadas. Una vez activados desde la nave de control de droides en órbita, se abren y adoptan su forma humanoide. Este soporte hidráulico tiene capacidad para 112 droides en disposición de almacenaje.

Patrulla de zona de aterrizaje
En la invasión de Naboo, droides de combate a lomos de STAP inspeccionan y transmiten la información a la nave de control de droides.

PLATAFORMA AÉREA MONOPLAZA (STAP)

FABRICANTE Talleres de Blindaje Baktoid **MODELO** Plataforma aérea monoplaza
TIPO Vehículo de patrulla

Utilizados por los droides de combate de la Federación de Comercio, las STAP son vehículos ligeros de patrulla y reconocimiento, armados con un par de cañones bláster. Los ingenieros de la Federación se inspiraron en vehículos civiles llamados aeroganchos, que rediseñaron para mejorar su rendimiento y fiabilidad y ser pilotados por droides de combate B1. Unas baterías de alto voltaje alimentan las diminutas turbinas del vehículo, que le confieren gran velocidad y maniobrabilidad. Los puntos más débiles de la STAP son la exposición del piloto al fuego enemigo, así como su fragilidad. A pesar de ser muy ágil y de que las transmisiones desde la nave de control guían hábilmente a sus pilotos, cualquier disparo fortuito puede derribar en un segundo una STAP o a su piloto. Por ello, quedan relegadas fundamentalmente a misiones de patrulla y «limpieza» y a incursiones ocasionales para hostigar a las fuerzas enemigas; la peor parte se la llevan los vehículos más pesados.

BONGO

FABRICANTE Cooperativa Bongmeken de Otoh Gunga **MODELO** Triburbuja sub bongo
TIPO Submarino

Desarrollado de forma orgánica mediante técnicas secretas gungan, el bongo es un vehículo sumergible para viajar por las profundidades acuáticas de Naboo. Los escudos burbuja hidrostáticos, con su casco en forma de manta, mantienen secas y llenas de aire la cabina y las zonas de carga. Una unidad semirrígida de aletas como tentáculos gira para propulsar el bongo. El módulo de la cabina se eyecta cual cápsula de escape en caso de emergencia.

LANZADERA NEIMOIDIANA

FABRICANTE Ingeniería Haor Chall
MODELO Clase Sheathipede
TIPO Lanzadera de transporte

La lanzadera de clase Sheathipede se suele usar para el tránsito de corto alcance, dentro de la superficie planetaria o para transportar pasajeros a una nave o estación mayor en órbita espacial. Las patas de aterrizaje, curvadas y con forma de insecto, bajan desde la panza de la nave, lo que las hace parecer pinzas cuando se posa. Los dirigentes neimoidianos prefieren los modelos con pilotos automáticos porque la ausencia de cabina permite aumentar el espacio para pasajeros.

Bombardeo pesado
Los AAT se desplazan a poca velocidad, instando a los civiles a refugiarse *(abajo, dcha.)*. Cada AAT va tripulado por cuatro droides de combate: comandante, piloto y dos artilleros *(abajo)*.

TANQUE BLINDADO DE ASALTO (AAT)

FABRICANTE Talleres de Blindaje Baktoid **MODELO** Tanque blindado de asalto (AAT) **TIPO** Tanque de combate a repulsión

Dotados de artillería pesada, los tanques flotantes conocidos como AAT conforman la primera línea de las divisiones de infantería acorazada de la Federación de Comercio. El cañón láser principal, montado sobre la torreta del AAT, tiene capacidad destructora de largo alcance y va flanqueado por un par de cañones secundarios. Otro par de cañones láser frontales de corto alcance se suman al armamento del AAT, como también seis lanzamisiles que disparan proyectiles recubiertos por un envoltorio de plasma de gran velocidad y potencia penetradora, ojivas especializadas en perforación de blindajes y obuses «revienta-búnkeres» muy explosivos.

Huida de Naboo
En órbita sobre Naboo, la superficie reflectante de la nave estelar real reproduce su planeta de origen y el deseo de sus diseñadores de crear un símbolo de gracia y belleza *(izda.)*. Debido a los daños sufridos tras la huida del bloqueo de Naboo, la nave de Amidala aterriza con urgencia en Tatooine *(abajo, izda.)*.

NAVE ESTELAR REAL DE NABOO

FABRICANTE Cuerpo de ingenieros espaciales del palacio de Theed
MODELO Nave estelar nubiana 327 tipo J (modificada)
TIPO Transporte

Luciendo un diseño de impactante belleza, que encarna la maestría que reina durante los pacíficos años de la República, la nave real de Naboo está a disposición de la reina Amidala para efectuar visitas oficiales de Estado a otros representantes planetarios o para acontecimientos reales en Naboo. La aerodinámica nave nubiana 327 de tipo J carece de armas de ataque, pero tiene potentes escudos e hipermotores de alto rendimiento. Aunque la tradición de Naboo alienta a cada monarca reinante a rebautizar la nave real, Amidala (en plena batalla de Naboo) tiene otras preocupaciones que esa.

El exclusivo armazón de la nave real está realizado a mano en Theed, pero el diseño del motor subluz y el sistema de hiperpropulsión son importados de Nubia. Los sistemas nubianos son demandados por compradores exigentes, y se hallan fácilmente en la mayoría de los mundos civilizados, pero pueden ser difíciles de obtener en planetas remotos. El acabado brillante es solo decorativo, y está hecho de cromio real, un elemento normalmente reservado para las naves de los monarcas de Naboo. El casco plateado está pulido a mano y trabajado por los mejores artesanos, no por autómatas o en fábricas. El interior está hecho con el mismo esmero, y es bastante espacioso. De proa a popa, la embarcación alberga lujosos aposentos reales, una bodega principal, la cabina, accesible mediante turboelevador, y la sala del trono, donde se aloja la reina Amidala para viajar o recibir invitados. Los ciudadanos de Naboo consideran la nave una obra de arte. Tras la muerte de Amidala, Darth Sidious le entrega la nave a Darth Vader.

Caza tocado
Aunque los cazas N-1 son rápidos y ágiles, también suelen dar vueltas fuera de control cuando sus motores sufren daños.

CAZA ESTELAR N-1 DE NABOO

FABRICANTE Cuerpo de ingenieros espaciales del palacio de Theed
MODELO Real N-1 **TIPO** Caza estelar

El caza N-1, como la nave real de Naboo, protege el espacio aéreo del planeta, y ejemplifica la filosofía que aúna el arte y la funcionalidad que inspira su tecnología. Sus motores en estrella de tipo J están rematados en cromio brillante y arrastran delicados pináculos tras el compartimento monoplaza del piloto. Detrás de este, un droide astromecánico estándar se conecta en una toma que obliga al droide a comprimir ligeramente las patas y extender telescópicamente su cabeza en forma de cúpula a través de un puerto dorsal. Incluye dos cañones bláster, dos lanzatorpedos y un sistema de pilotaje automático. Ahsoka Tano enseña a la senadora Padmé Amidala maniobras de combate en su caza estelar personal N-1 cromado, en reconocimiento a su antigua posición como reina. Poco después de la destrucción de la Estrella de la Muerte II, Leia Organa, Shara Bey y Sosha Soruna (reina de Naboo) usan cazas estelares N-1 para defender Theed durante la Operación Ceniza. Años después, la mecánica Peli Motto y Din Djarin restauran un caza estelar N-1 tras la destrucción de la nave de Din, la *Razor Crest*. Añaden modificaciones a la nave que aumentan su velocidad y permiten a Grogu ocupar el puesto que suelen usar los droides astromecánicos. Los cazas estelares N-1 siguen utilizándose durante el ascenso de la Primera Orden. Varios se unen a la flota de la Resistencia durante la batalla de Exegol.

Listos para la acción
Pocos pilotos del Cuerpo de Cazas de Naboo tienen experiencia real de combate, pero su riguroso entrenamiento los prepara para la batalla contra la Federación de Comercio.

VAINA DE CARRERAS RADON-ULZER DE ANAKIN

FABRICANTE Radon-Ulzer (motores)
MODELO Vehículo de motores de repulsión personalizado **TIPO** Vaina de carreras

Construido en secreto por el joven Anakin Skywalker, la brillante vaina azul y plata es más pequeña y ligera que el resto de las vainas que compiten en la Clásica de Boonta Eve. El vehículo de Anakin sigue el diseño básico: un módulo con una cabina tirado por dos motores de gran potencia. Los motores se mantienen unidos a través de lazos de energía, y unos resistentes cables de control Steelton conectan los motores con el módulo. Sentado en la cabina, el piloto opera las barras de propulsión que controlan la potencia de los motores. Puede alcanzar una velocidad de más de 800 km/h.

Los pilotos varían enormemente en forma, tamaño y peso, por lo que los vehículos están muy personalizados según las necesidades de cada uno. Los pilotos deben tener reflejos increíblemente rápidos y nervios de acero. Anakin es, que se sepa, el único humano que ha pilotado una vaina de carreras y ha sobrevivido. A diferencia de otros pilotos, que invierten en motores mayores con la esperanza de obtener un mayor rendimiento, Anakin rescata un par de motores de carrera Radon-Ulzer 620C que su amo, el chatarrero Watto, desechó por parecerle ya muy gastados. Anakin desarrolla un atomizador de combustible y un sistema de distribución nuevos que envían más combustible a las cámaras de combustión Radon-Ulzer, lo que aumenta de forma radical la propulsión y la velocidad máxima de su vehículo hasta casi los 950 km/h; y prueba así que es un genio de la ingeniería.

Pugna hasta la meta
Los motores Radon-Ulzer de Anakin están rematados con un trío de palas amarillas que dan mayor control en la frenada y más agarre en las curvas. A pesar de las ruines trampas de su fustigador, Sebulba, Anakin sigue concentrado en ganar la Clásica de Boonta Eve.

VAINA DE CARRERAS DE SEBULBA

FABRICANTE Collor Pondrat (motores) **MODELO** Vehículo de motores de repulsión personalizado **TIPO** Vaina de carreras

Si las autoridades examinaran de cerca la vaina de Sebulba, la clasificarían de ilegal. Sus enormes motores Collor Pondrat Plug-F Mammoth Split-X, de 7,8 metros de largo, son capaces de alcanzar una velocidad máxima de 829 km/h. Los motores están alimentados por fluido de potencia de tradium presurizado con quold runium y activado con inyectrina ionizada. Sebulba se deleita disparando un lanzallamas oculto contra los contrincantes que se atrevan a adelantarlo, haciéndolos así estallar y abandonar la carrera para asegurarse la victoria.

INFILTRADOR SITH

FABRICANTE Sistemas Sienar de la República **MODELO** Crucero estelar altamente modificado **TIPO** Crucero estelar armado

Personalizado en un laboratorio secreto, el infiltrador Sith, apodado *Cimitarra*, es la nave privada de Darth Maul y luego de Darth Sidious. Tiene 26,5 metros de eslora, alas angulares plegables y un compartimento puente redondeado. Está equipada con seis cañones láser, herramientas de espionaje, droides interrogadores, una moto deslizadora..., y propulsada por un curioso sistema subluz de motores de iones a alta temperatura. Su rasgo más impresionante es su mecanismo de ocultamiento, que la hace invisible. Darth Sidious encarga al droide O-66 la protección de la nave cuando la presta al cazarrecompensas Chanath Cha para una misión.

MOTO DESLIZADORA SITH

FABRICANTE Razalon
MODELO FC-20 (modificado)
TIPO Moto deslizadora (o moto-jet)

Este vehículo en forma de media luna, la moto deslizadora de Darth Maul, llamada Bloodfin, carece de armas o sensores, y concentra toda su energía en la velocidad. Maul programa su moto para decelerar y entrar en «modo de espera» en caso de que se apee de repente.

CRUCERO REAL DE NABOO

FABRICANTE Cuerpo de ingenieros espaciales del palacio de Theed
MODELO Barcaza diplomática de tipo J personalizada
TIPO Transporte

Como la nave estelar real de la reina de Naboo, este crucero con casco de cromo es una embarcación de tipo J construida por el cuerpo de ingenieros espaciales del palacio de Theed. Los defectos de la anterior 327 de tipo J nubiana se han eliminado con generadores de escudo mejorados y generadores de hiperpropulsión S-6 que refuerzan la velocidad superlumínica. Va desarmado, suele viajar escoltado y puede funcionar como transporte de cazas, llevando hasta cuatro cazas N-1 en las tomas de recarga a lo largo del borde frontal de su ala.

AERODESLIZADOR DE ZAM

FABRICANTE Corporación de movilidad del mundo exterior Desler Gizh **MODELO** Aerodeslizador todoterreno Koro-2 con propulsor exterior
TIPO Aerodeslizador

El aerodeslizador de Zam Wessell, con cabina presurizada, es la nave perfecta para la fuga, e incluye un sistema de propulsión electromagnético exterior poco corriente. Las pinzas frontales irradian el aire a su alrededor, induciendo la ionización y haciéndolo conductor. Pares de electrodos electrifican la corriente de aire y lo impulsan magnéticamente hacia la parte trasera de la nave, por lo que el aire arrastra la nave hasta a 800 km/h.

AERODESLIZADOR DE ANAKIN

FABRICANTE Personalizado (kit Narglatch AirTech) **MODELO** XJ-6 **TIPO** Bólido aerodeslizador de lujo (modificado)

En Coruscant, Anakin se apropia de un aerodeslizador descapotable para perseguir a la asesina Zam Wesell. El dueño, un rico representante del sector Vorzyd, personalizó el bólido con dos motores turbojet diseñados para funcionar en grupos de cincuenta en los gigantescos camiones repulsores de la banca de Aargau. Los motores dirigen aire a presión a través de unos conductos para impulsar la nave.

Propulsor hiperespacial
Cuando el Delta-7 se acopla en el anillo del propulsor, el astromecánico transmite las coordenadas de rumbo al ordenador de navegación.

Cabinas selladas
Las opciones modulares pueden acomodar a pilotos de todas las especies.

Sensores de proa
La proa del Delta-7 aloja tecnología de comunicación y exploración.

Cazas estelares de ataque
Durante las Guerras Clon, los pilotos Jedi y sus leales astromecánicos pilotan cazas Delta-7 en muchas misiones galácticas.

CAZA ESTELAR DELTA-7

FABRICANTE Sistemas de Ingeniería Kuat
MODELO Clase Aethersprite Delta-7
TIPO Caza interceptor ligero

Aunque los Jedi suelen usar cruceros de la República en sus misiones por la galaxia, otros encargos requieren transportes menos llamativos. Por ello, y porque no siempre tienen pilotos que los lleven y los traigan, todos los Jedi aprenden a pilotar naves estelares como parte de su adiestramiento. Antes del bloqueo de Naboo, Sistemas de Ingeniería Kuat presentó el caza Jedi Delta-7. Monoplaza con forma de cuña, está equipado con cañones láser duales, dos cañones de iones secundarios y un potente escudo deflector. A pesar de su armamento, los pilotos Jedi prefieren hacer uso de su astucia y su sintonía con la Fuerza para evitar disputas y agresiones; solo usan las armas como último recurso.

Como es demasiado pequeño para alojar un navegador e hiperpropulsor estándar, el Delta-7 funciona con un droide astromecánico truncado que almacena datos de navegación, y un anillo propulsor de Industrias TransGalMeg para navegar por el hiperespacio. El astromecánico también ofrece servicio de diagnóstico y reparaciones a la nave, y controla el mecanismo secundario de comunicación y exploración. Sistemas de Ingeniería Kuat también fabrica una variante del caza estelar con forma de dardo: el interceptor Delta-7B clase Aethersprite. Esta versión traslada el foso del astromecánico del lado de babor a justo frente a la cabina, y el casco está ligeramente agrandado para alojar un droide astromecánico de tamaño normal. Anakin y Obi-Wan pilotaron cazas Delta-7B durante las Guerras Clon, y los primeros rebeldes emplearon Delta-7 reconstruidos para misiones de corto alcance en época imperial.

NAVE ESTELAR DE BOBA FETT

FABRICANTE Sistemas de Ingeniería Kuat **MODELO** Nave de patrulla y ataque clase Firespray-31 modificada **TIPO** Nave de persecución

Esta nave de persecución, heredada por el cazarrecompensas Boba Fett de su padre, Jango, cuenta con un sofisticado equipo antidetección que garantiza que muy pocos fugitivos vean llegar a su captor.

UN DISEÑO INUSUAL

La nave estelar de Boba Fett, una anticuada y rara nave de patrulla y ataque de la clase Firespray-31, tiene un aspecto distintivo. La gran sección de motores ocupa la sección inferior de la nave cuando está atracada, con la cabina justo encima. Una vez en vuelo, el vehículo de Fett gira 90 grados y su base se convierte en su borde de fuga, mientras que la cabina superior ahora mira hacia delante. La nave está armada con cañones bláster gemelos, lanzamisiles ocultos y cargas sísmicas; un proyector de rayos tractores montado en la torreta, un par de lanzadores de torpedos de protones, misiles de concusión y un potente cañón de iones.

LEGADO FAMILIAR

Tras un fallido encargo de asesinato en Coruscant, el Jedi Obi-Wan Kenobi rastrea a Jango Fett hasta Ciudad Tipoca, en el mundo acuático de Kamino. Jango y Boba huyen a bordo de su nave clase Firespray hacia el sistema Geonosis, pero cuando se dan cuenta de que el Jedi les ha seguido, Jango lanza cargas sísmicas contra el caza estelar de Obi-Wan. Cuando Boba Fett hereda la nave, recuerda las letales tácticas de su padre y aprende muchas más.

Enseñar a Boba
Zigzagueando por el cinturón de asteroides que rodea Geonosis, Jango Fett dispara sus cañones láser contra el caza estelar Jedi de Obi-Wan…

PROPIEDAD PIRATA

Más tarde, Boba forma una alianza con la cazarrecompensas Aurra Sing. En el planeta Florrum, un equipo de Jedi captura a Boba, y Sing estrella la Firespray al intentar escapar. El pirata weequay Hondo Ohnaka rescata la nave, la repinta y la añade a su colección de naves estelares. Cuando el general Grievous y su ejército de droides invaden Florrum y capturan a Ohnaka, la Jedi Ahsoka Tano y un grupo de jovencitos rescatan a Ohnaka y huyen en el vehículo de Fett. Con el tiempo, Boba recupera la propiedad de su nave y la modifica para transformarla en la nave definitiva para la caza de recompensas.

CAPTURAR A HAN SOLO

Boba está presente en Tatooine cuando Jabba el Hutt amenaza con poner una recompensa al contrabandista Han Solo a menos que pague lo que debe. Poco después de la batalla de Hoth, también Darth Vader pone una recompensa por Han, y Boba ve una oportunidad de beneficiarse por partida doble. Tras el encuentro con el superdestructor estelar de Vader, Boba ve cómo el carguero de Han salta al hiperespacio y calcula su destino en el Sistema Anoat. Mientras lo sigue hasta allí, avisa a Vader de que Solo se dirige a la Ciudad de las Nubes. Tras asegurarse su premio, Fett parte, parando en Nar Shaddaa para estabilizar la carbonita en la que está encerrado Han. Aunque el Crimson Dawn roba a Solo de la luna, Boba lo recupera en el *Ejecutor*, entrega a Han a Jabba en Tatooine y cobra su recompensa.

Un cargamento valioso
Relamiéndose ante un gran pago de Jabba, Boba supervisa a los guardias de Bespin que cargan a Han en su nave estelar.

NUEVA VIDA

Tras escapar del vientre del Sarlacc, Fett saca su nave estelar del antiguo palacio de Jabba. Fett utiliza la potencia de fuego de su vehículo para vengarse de una banda de niktos que cree que masacraron, desde motodeslizadores, una tribu tusken. Más tarde, regresa al Sarlacc en busca de su desaparecida armadura, pero sin éxito. Fett viaja entonces a Tython para recuperar finalmente su codiciado equipo de manos de Din Djarin. Poco después, lleva su nave a Morak para ayudar a Djarin a rescatar al expósito Grogu de manos de Moff Gideon. Una vez pagadas sus deudas, Fett regresa al palacio de Jabba en Tatooine con su nave y se declara nuevo daimio de Tatooine.

El fin de los Trancos Kintanos
Un vengativo Boba aniquila a los Trancos Kintanos cuando intentan huir en sus deslizadores. Más tarde descubre que tras la masacre de los Tusken está el Sindicato Pyke.

YATE DE NABOO

FABRICANTE Cuerpo de Ingenieros del Palacio de Theed
MODELO Yate Nubian tipo H (modificado) **TIPO** Yate

Los elegantes yates utilizados por Padmé Amidala durante las Guerras Clon carecen de armamento, pero cuentan con un potente grupo de motores y un poderoso generador de escudos deflectores. Padmé pilota una nave de este tipo después de que un intento fallido de asesinato en Coruscant destruya su crucero real. La senadora Amidala utiliza su nueva nave para viajar con Anakin a Tatooine y Geonosis, donde participa en la batalla inicial entre la República y los separatistas. La nave original de Padmé se pierde cuando sobrecarga intencionadamente sus motores para inutilizar el crucero separatista *Malevolencia*. Más tarde, oficiales de seguridad de Naboo ofrecen un yate Nubian tipo H al maestro Jedi Kelleran Beq, en Coruscant, para que saque a Grogu del peligro durante la Orden 66.

Siempre en contacto
La nave contiene una cámara de comunicaciones para importantes asuntos senatoriales.

Montón de chatarra
La bodega principal del reptador está llena de maquinaria medio rota, droides y basura diversa.

REPTADOR DE LAS ARENAS

FABRICANTE Varios
MODELO Reptador de las arenas
TIPO Base desértica móvil

Los reptadores de las arenas son enormes vehículos que, sobre sus anchas rodaduras, atraviesan los desiertos de Tatooine. Son operados por tribus jawa de ojos brillantes, que usan los reptadores como casa, taller y depósito de basura. Si un jawa se topa con un droide que no parece tener dueño, una partida de exploradores inutiliza al autómata errante mientras un tubo magnético lo absorbe hasta el interior del reptador de las arenas para su almacenaje. Los reptadores visitan a menudo las granjas de humedad, donde organizan subastas improvisadas, a veces con mercancía de dudosa calidad. Algunos jawa reservan los mejores artículos, que ocultan en sus colosales vehículos, para sus clientes habituales. El grueso blindaje de los reptadores los protege durante las tormentas de arena, pero no resisten las ráfagas de bláster de los soldados de asalto imperiales. Los droides R2-D2 y C-3PO pasan un breve periodo a bordo de uno de ellos antes de que los jawa que los requisaron los vendan a Owen Lars. Cuando el Imperio les sigue la pista a los droides, reduce el reptador donde están a un montón de cenizas, que más tarde descubrirán Luke Skywalker y Obi-Wan Kenobi. Años más tarde, Din Djarin lucha por recuperar partes de su nave, la *Razor Crest*, de un reptador de las arenas perteneciente a un grupo de Jawas en Arvala-7.

Reptador de las arenas en el horizonte
Para la mayoría de los pobladores de Tatooine, los reptadores son el único modo de obtener recambios. A veces, los jawa venden objetos extraños, y viajan hasta los lugares más remotos.

DROIDE ARAÑA BUSCADOR OG-9

FABRICANTE Talleres de Blindaje Baktoid
TIPO Droide araña buscador OG-9 **FILIACIÓN** Separatistas

El droide araña buscador OG-9 es un gigantesco caminante usado por los separatistas en las Guerras Clon. Se mueve despacio sobre cuatro patas mecánicas, con un potente reactor situado en el corazón de su cuerpo esférico. El láser de la parte superior lanza ráfagas continuadas que desgastan los escudos de su objetivo, mientras que un cañón láser, en la parte inferior, mantiene la infantería a distancia. Entran en acción durante la batalla de Geonosis, disparando contra los AT-TE y los soldados clon de la República.

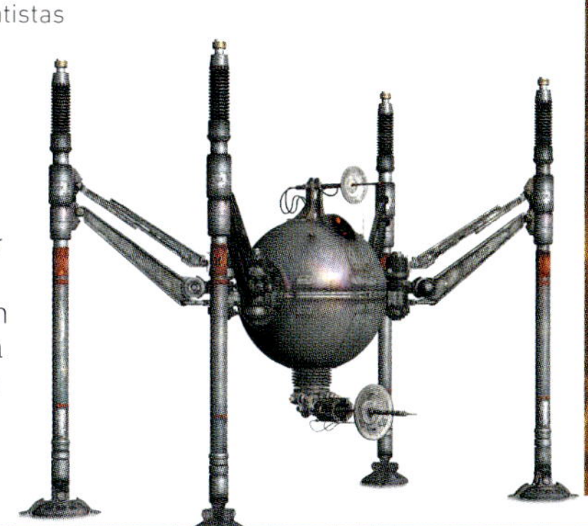

Buque de guerra
Las Acclamator se convirtieron en las principales naves de combate de la República al inicio de las Guerras Clon.

NAVE DE ASALTO DE LA REPÚBLICA (CLASE ACCLAMATOR)

FABRICANTE Ingeniería Pesada Rothana
MODELO Clase Acclamator **TIPO** Nave de asalto

Las naves de asalto de la República, también llamadas Acclamator (por su clase), miden más de setecientos metros de eslora. Constituyen el principal transporte de tropas de la República al inicio de las Guerras Clon y representan también un papel ofensivo frente a la armada separatista. Cada nave va armada con cañones láser, torretas turboláser, misiles de impacto y torpedos pesados, y transporta vehículos terrestres, como caminantes AT-TE. Realiza tanto aterrizajes como amerizajes. Tras la caída del Imperio, la *Lodestar*, una nave clase Acclamator, vuela para la Nueva República hasta que es destruida en una batalla sobre Troithe por el Ala Sombra.

Escolta atmosférica
La cañonera LAAT/i tiene un rol crucial para el ejército de la República, pues transporta tropas y escolta a las fuerzas terrestres y aéreas. En el aire, la LAAT/i es una plataforma elevada de ataque.

CAÑONERA DE LA REPÚBLICA LAAT/I

FABRICANTE Ingeniería Pesada Rothana **MODELO** Transporte de asalto de baja altitud/infantería
TIPO Cañonera a repulsión

La cañonera de la República también se conoce como LAAT/i, por sus siglas en inglés (Low Altitude Assault Transport/infantry). Utilizada por primera vez en la batalla de Geonosis, la cañonera se convierte en uno de los vehículos militares más conocidos de la República durante las Guerras Clon. Una cañonera estándar puede transportar hasta treinta soldados clon y es operada por un piloto y un artillero delantero. Otros dos soldados clon operan las torretas burbuja que salen de la cabina de la tropa. Hay otras dos torretas en cada ala, mientras que tres cañones láser más pequeños se usan para dispersar a la infantería enemiga. Es ideal para la destrucción de vehículos enemigos, como los droides clase Hailfire, con los misiles emitidos desde las alas. Alcanza velocidades de hasta 620 km/h. Los soldados clon las apreciaban y solían pintar su fuselaje con coloridos dibujos.

«... asegúrate de que aterrizas y sigues entero.»

ANAKIN SKYWALKER

Propulsión Los motores gemelos alcanzan velocidades máximas de 620 km/h.

Rápido despliegue El transportador AT-TE deja caer su cargamento y se pone a resguardo todo lo rápido que puede.

Vuelo en solitario Un solo soldado clon pilota el transportador hasta territorio enemigo.

Servicio en las Guerras Clon Los transportes LAAT/c participaron en la batalla de Geonosis y regresaron más tarde al planeta para destruir una fábrica de droides.

Pintura personalizada Los soldados clon suelen decorar sus transportadores con coloridos dibujos.

Potencia de disparo Los cañones láser giratorios se operan desde la cabina.

TRANSPORTE AT-TE

FABRICANTE Ingeniería Pesada Rothana
MODELO Transporte de asalto de baja altitud
TIPO Cañonera a repulsión

El LAAT/c, por sus siglas en inglés (Low Altitude Assault Transport/carrier), es una variante de la cañonera LAAT, y transporta AT-TE a la batalla durante las Guerras Clon. Tras agarrar un AT-TE con sus poderosas y magnéticas pinzas, el piloto traslada el pesado cargamento a una zona designada y deposita el vehículo. Dos cañones láser frontales garantizan su defensa durante las descargas vulnerables.

Avanzada de tanques Fabricados en abundancia durante las Guerras Clon, los AT-TE vertebran las operaciones terrestres de la República, desde el núcleo al Borde Exterior.

Cañón principal El arma principal del AT-TE tiene su propia cañonera colocada sobre el casco del vehículo.

Centro de mando La cabina de mando aloja al piloto y al observador.

Potencia de disparo Las armas delanteras son efectivas contra los droides de combate.

Todoterreno La planta de las garras se magnetiza para escalar muros metálicos.

AT-TE (EJECUTOR TÁCTICO TODOTERRENO)

FABRICANTE Ingeniería Pesada de Rothana **MODELO** Ejecutor táctico todoterreno **TIPO** Caminante

Uno de los primeros ejemplos de tecnología de caminantes usada en las Guerras Clon, estos tanques de seis patas son tanto vehículos de asalto como de transporte y pueden transportar hasta 20 soldados clon. Una tripulación de siete personas (un piloto, un observador, cuatro artilleros y un operador de cañón) opera cada AT-TE. El cañón conductor de masas montado en la parte superior tiene una cadencia de fuego lenta, pero seis cañones láser más pequeños, montados en el casco, proporcionan defensa contra la infantería enemiga. Tras las Guerras Clon, la Remesa Mala secuestra un AT-TE durante el rescate del senador Avi Singh. Años después, durante la era imperial, el comandante clon Rex y los soldados Wolffe y Gregor modifican un AT-TE en Seelos y lo usan como vivienda.

Dar apoyo El AT-TE es el complemento ideal de la infantería, ya que la puede cubrir con sus disparos desde un ángulo elevado.

DROIDE HAILFIRE

FABRICANTE Ingeniería Haor Chall
MODELO Clase Hailfire IG-227
TIPO Tanque droide

Este tanque droide de clase Hailfire IG-227 se reconoce fácilmente por sus aros de rodamiento. El Clan Bancario Intergaláctico encargó la construcción del hailfire antes de las Guerras Clon, y las primeras unidades combatieron durante la batalla de Geonosis contra las tropas de la República. Un hailfire es una plataforma de misiles acorazada ideal para destruir vehículos enemigos. Cada uno de los lanzadores contiene hasta quince misiles teledirigidos.

Rodando hasta la batalla
El hailfire también es llamado droide rueda, debido a su maniobrable y veloz sistema de avance *(abajo)*. Cada misil disparado por el droide deja una estela de humo negro que oscurece el cielo *(dcha.)*.

SPHA-T

FABRICANTE Ingeniería Pesada Rothana
MODELO Turboláser de artillería pesada autopropulsado **TIPO** Artillería pesada

El SPHA-T, con sus doce patas, es una de las mayores armas terrestres del imponente arsenal de la República. Lo maneja una tripulación de treinta soldados clon, y solo utiliza las patas cuando maniobra entre posiciones de ataque. Al disparar a un blanco enemigo, el SPHA-T permanece inmóvil en pos de una mejor puntería de sus artilleros con el rayo turboláser superpesado.

CAZA ESTELAR GEONOSIANO

FABRICANTE Colectivo de Astilleros Huppla Pasa Tisc **MODELO** Clase Nantex
TIPO Caza estelar

El caza de clase Nantex, con forma de aguja, es la principal nave defensiva de los habitantes insectoides de Geonosis. Un único cañón láser va montado entre las puntas superior e inferior, que conforman el morro del caza, y cien proyectores diminutos de haces tractores facilitan la puntería y el forcejeo con naves enemigas cercanas.

VELERO SOLAR

FABRICANTE Colectivo de Astilleros Huppla Pasa Tisc
MODELO Balandro interestelar de clase Punworcca 116 **TIPO** Yate estelar

La exclusiva nave del conde Dooku cuenta con una vela retráctil que recoge energías interestelares errantes y las dirige a sus motores, lo que le garantiza una fuente de energía casi ilimitada. El cuerpo principal de la nave es un lujoso balandro con un diseño muy parecido al del caza geonosiano, lo que no es de extrañar, dado que Dooku tuvo la previsión de encargar el buque a sus aliados en Geonosis antes de las Guerras Clon. Dooku emplea un droide piloto FA-4 para los despegues y aterrizajes. Un transmisor y receptor de la HoloNet le permite comunicarse con su maestro, Darth Sidious.

En primera línea
Durante la guerra, los cruceros de ataque de la República pasan a llamarse comúnmente cruceros Jedi.

CRUCERO DE ATAQUE DE LA REPÚBLICA

FABRICANTE Astilleros de Propulsores de Kuat
MODELO Clase Venator
TIPO Destructor estelar

También conocido como destructor estelar de clase Venator, el crucero de ataque de la República es uno de los primeros ejemplos de los buques de guerra triangulares que se convertirían en símbolo aterrador del poder imperial. Desplegados por primera vez durante las Guerras Clon, rápidamente se convirtieron en las naves capitales más potentes de la armada de la República. Cada embarcación tiene una doble misión, como nave de combate y como portanaves; cuenta con pesados turboláseres, cañones láser, lanzatorpedos de protones y proyectores de haces tractores. La cubierta está construida directamente sobre la proa, conformando una pista de quinientos metros que permite a los cazas despegar cuando se abren las puertas de proa. Transporta más de 420 cazas, 40 cañoneras y 24 AT-TE, y cuenta con 7400 tripulantes. Durante las Guerras Clon, permanece en primera línea, para mantener las vías espaciales libres de interferencias separatistas y dar cobijo a los Jedi y a los soldados clon que aterrizan sobre ellos.

FRAGATA DE COMUNICACIONES DEL CLAN BANCARIO

FABRICANTE Motores Hoersch-Kessel
MODELO Clase Munificent
TIPO Fragata estelar

Hangares para cazas estelares

Las alas alargadas sostienen armamento defensivo

El Clan Bancario Intergaláctico utiliza la fragata de clase Munificent como buque de guerra y de comunicaciones. Está equipada para transmisiones seguras entre naves y para interferir señales enemigas. Cada fragata es operada por doscientos tripulantes, pero transporta hasta 150 000 droides de combate, y suele escatimar en sistemas de soporte vital debido a su escasa tripulación. Los cañones láser, turboláseres dobles y cañones de iones le permiten combatir contra naves capitales enemigas.

NAVE FURTIVA

FABRICANTE Diseño de Sistemas Sienar
MODELO Prototipo de nave furtiva **TIPO** Corbeta

Esta nave experimental, desarrollada por la República durante las Guerras Clon, es un prototipo que incorpora un dispositivo de invisibilidad, y va equipado con antenas de comunicaciones y torretas armadas. Además posee una selección de contramedidas para no ser detectado y deshacerse de los misiles buscadores. Durante el bloqueo de Christophsis, la República lo utiliza para que la tripulación alcance la superficie pasando inadvertida y ayude al senador Bail Organa en la liberación. Anakin Skywalker decide enfrentarse al líder del bloqueo separatista, el almirante Trench. Años después, el diseño de la nave personal del gran moff Tarkin, el *Garra Carroña*, se basa en el de esta nave furtiva.

BOMBARDERO HIENA

FABRICANTE Talleres de Blindaje Baktoid
MODELO Clase Hiena
TIPO Bombardero

Los separatistas usan el bombardero de clase Hiena para atacar buques de guerra e instalaciones en superficie con cabezas explosivas de alto rendimiento. Casi no aparecen en las Guerras Clon, pero sí que participan en las batallas de Christophsis y Ryloth. Como el caza separatista de clase Buitre, este bombardero es controlado por una inteligencia droide, y es capaz de separar las alas y ponerse en «modo caminante». Almacena su armamento, como misiles de impacto, bombas y torpedos de protones, en un depósito de bombas ventral.

Modo caminante
El bombardero de clase Hiena usa sus alas como extremidades al desplazarse entre superficies.

A toda velocidad
Cuando Palpatine promulga la Orden 66, Kelleran Beq huye del Gran Templo con otro superviviente: Grogu. La pareja usa un deslizador BARC con sidecar para su peligrosa huida. Los deslizadores BARC siguen utilizándose en toda la galaxia durante la era imperial.

DESLIZADOR BARC

FABRICANTE Compañía de Repulsores Aratech
MODELO Deslizador de comando de reconocimiento avanzado motorizado
TIPO Moto deslizadora

El deslizador BARC, un veloz vehículo de reconocimiento, recibe su nombre de los clones especializados que los conducen. La mayoría están pintados con los tradicionales rojo y blanco del Ejército de la República, aunque algunos llevan marcas de camuflaje marrón y verde. Cada uno va equipado con un cañón bláster frontal y un motor repulsor que alcanza velocidades de hasta 520 km/h. En Saleucami, la general Jedi Stass Allie conduce un deslizador BARC cuando sus escoltas reciben de repente la Orden 66. Los soldados clon la persiguen, acribillan su vehículo y, finamente, la matan. Los deslizadores BARC continuaron utilizándose en toda la galaxia durante la era imperial.

TRANSPORTE DE RECONOCIMIENTO TODOTERRENO (AT-RT)

FABRICANTE Astilleros de Propulsores de Kuat **MODELO** Transporte de reconocimiento todoterreno **TIPO** Caminante explorador

El AT-RT (del inglés «All Terrain Recon Transport») es un caminante bípedo monoplaza. La cabina abierta ofrece poca protección al soldado clon que lo maneja, pero el AT-RT es veloz y pisa firme como vehículo de reconocimiento. Su cañón láser sobre la barbilla resulta útil contra los droides de combate, pero demasiado débil contra vehículos pesados. Las antenas transmisoras emiten información del campo de batalla. La República usa los AT-RT durante las Guerras Clon, como en la batalla de Ryloth o durante la caza del maestro Yoda en Kashyyyk, tras la Orden 66.

Fácil manejo
Mandos sencillos, parecidos a los de las motos deslizadoras.

Estabilidad
Un sistema giroscópico le permite mantener el equilibrio.

Movilidad bípeda
Los AT-RT se adaptan a muchos tipos de superficies, son perfectos para los soldados de la República durante las omnigalácticas Guerras Clon.

NAVE DE ASALTO TALADRO TRIDENTE

FABRICANTE Nido de Creación Colicoide
MODELO Clase Tridente **TIPO** Nave de asalto

La nave de asalto taladro de clase Tridente es una cañonera separatista para operaciones acuáticas capaz de taladrar el casco de naves e instalaciones enemigas. En las batallas de Kamino y Mon Cala, durante las Guerras Clon, las Tridente atacan con sus cañones láser y taladros a la vez que liberan escuadrones de acuadroides de sus bodegas. Durante la era Imperial, una nave taladro Trident modificada trabaja en el desierto de Jedha, mientras el Imperio intenta acceder a un santuario de la Senda Oculta.

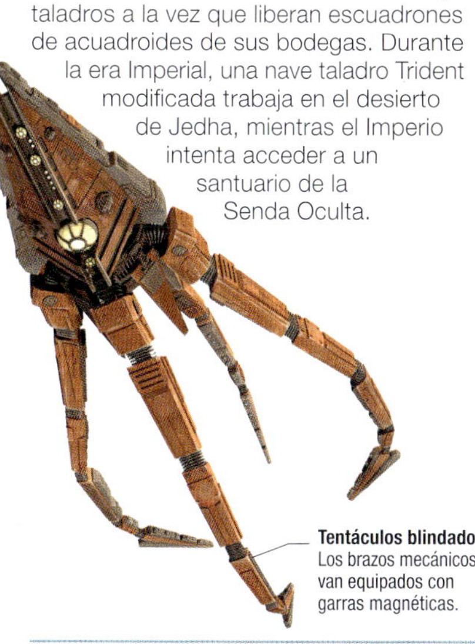

Tentáculos blindados Los brazos mecánicos van equipados con garras magnéticas.

KHETANNA

FABRICANTE Industrias Ubrikkian
MODELO Barcaza de lujo (modificada) **TIPO** Avión repulsor

Jabba, el señor del crimen Hutt, utiliza su barcaza de lujo, la *Khetanna*, siempre que sale de palacio para desplazarse a otras partes de Tatooine. Un motor repulsor y dos enormes velas en la cubierta superior hacen avanzar la nave. A Jabba no le falta la más mínima comodidad dentro del espacioso interior de su barcaza, siempre repleta de músicos, bailarines y camareros dispuestos a servir. La *Khetanna* va protegida por un enorme cañón bláster y varios blásteres más pequeños instalados sobre las barandillas laterales.

Vehículo de servicio Jabba el Hutt observa las ejecuciones de sus prisioneros a la sombra, desde la comodidad de la barcaza *(arriba)*. La lujosa barcaza de Jabba está en uso desde las Guerras Clon, y siempre va flanqueada por esquifes del desierto con guardias armados *(izda.)*.

ESQUIFE DEL DESIERTO

FABRICANTE Industrias Ubrikkian
MODELO Esquife de carga Bantha-II **TIPO** Avión repulsor

Los esquifes son medios de transporte comunes que funcionan mediante repulsores antigravedad. La mayoría de ellos transporta cargamento, pero algunos también pasajeros. Jabba el Hutt usa bastantes esquifes, resistentes y equipados para soportar el calor y las tormentas de arena de los desiertos de Tatooine. Los esquifes de carga Bantha-II tienen una cubierta alargada con una barandilla de seguridad para proteger el cargamento o a los pasajeros. Se pilotan desde una estación de control trasera y cómo máximo alcanzan los 250 km/h.

Vuelo suave Los mandos, situados en la cola del esquife, están diseñados para un solo piloto.

Proa reforzada Morro blindado, para resistir colisiones frontales.

Ejecución frustrada En el gran pozo de Carkoon, los guardias de esquife cometen un gran error: obligar a Luke Skywalker a pasar por la plancha.

En acción Durante el vuelo, el V-19 muestra una silueta de tres puntas *(dcha.)*. Los soldados clon reciben órdenes de Anakin Skywalker, con sus V-19 listos en la cubierta del hangar *(abajo)*.

CAZA ESTELAR V-19 TORRENTE

FABRICANTE Slayn & Korpil **MODELO** V-19 Torrente
TIPO Caza estelar

El V-19 Torrente es uno de los cazas más rápidos y manejables usados por la República durante las Guerras Clon. Sus alerones-S plegables le dan estabilidad y una mayor área de disparo para los dos cañones bláster de sus alas. El V-19 también va equipado con lanzamisiles de impacto que pueden seguir a los objetivos. Los manejan principalmente pilotos clon de la República, pero también comandantes Jedi. Durante la batalla de Ryloth, Ahsoka Tano dirige un escuadrón contra los separatistas. El Imperio continúa empleando el caza estelar V-19 tras las Guerras Clon.

TANQUE DROIDE PERSUASOR NR-N99 DE LA ALIANZA CORPORATIVA

FABRICANTE Unión Tecnológica
MODELO NR-N99 de clase Persuasor **TIPO** Tanque droide

Vehículo de guerra separatista usado principalmente por la Alianza Corporativa. Avanza mediante una enorme rodadura central, estabilizada a ambos lados con otras dos más pequeñas. Puede alcanzar velocidades de hasta 60 km/h, suficiente para embestir contra barricadas. Controlado por un droide inteligente incorporado, va armado con cañones de iones, blásteres repetidores y lanzamisiles. Los NR-N99 dirigen el asalto contra una ciudad wookiee durante la batalla de Kashyyyk.

CREPÚSCULO

FABRICANTE Corporación Corelliana de Ingeniería **MODELO** G9 clase Rigger **TIPO** Carguero

El *Crepúsculo* sirve de transporte de total confianza a Anakin Skywalker y otros héroes de la República durante las Guerras Clon. El propietario original era Ziro el Hutt. Anakin y su padawan Ahsoka Tano lo encuentran en el planeta Teth, lo roban y lo usan para llevar a Rotta, el hijo menor de Jabba el Hutt, a Tatooine. Cuando la magnaguardia los ataca, Anakin se ve obligado a hacer un aterrizaje forzoso en las arenas del desierto. Lo recupera más tarde, y entra en acción en la batalla de la nebulosa Kaliida y en el bombardeo en la Estación Skytop. El *Crepúsculo* encuentra su destino final en Mandalore, cuando Obi-Wan Kenobi lo utiliza para intentar escapar de un grupo de soldados de la Guardia de la Muerte. Al sufrir graves impactos de mísiles, Obi-Wan y la duquesa Satine deben evacuarla antes de que se estrelle contra la superficie.

Para ser un carguero, el *Crepúsculo* está muy bien armado: incluye tres cañones pesados bláster sobre las alas y un cañón láser giratorio operado desde un periscopio. Por otro lado, un lanzamisiles de impacto le proporciona ímpetu explosivo contra grandes buques de guerra. Su rasgo más peculiar es su larga ala estabilizadora, que se extiende desde el lado a estribor de la cabina principal y contiene dos motores secundarios. Un ala inferior se retrae durante el aterrizaje y se extiende durante el vuelo. La nave está diseñada para transportar cargamento y para ello incluye un cable de remolque y una trampilla trasera. La bodega es lo suficientemente espaciosa para dar cabida a un caza Jedi.

Escotilla de escape La compuerta trasera puede abrirse durante el vuelo para deshacerse de cierto cargamento.

Fuego defensivo Los cañones bláster frontales mantienen a distancia a los piratas.

Aerodinámico Una gran ala estabilizadora garantiza el equilibrio en vuelo.

Viejo pero totalmente armado Los motores del *Crepúsculo* no siempre responden bien en atmósferas planetarias *(arriba, dcha.)*. Sus múltiples cañones son capaces de contener a los atacantes que intenten saquear sus bodegas *(dcha.)*.

> «Montón de chatarra, ¡siempre serás mi nave favorita!»
> **AHSOKA TANO**

TANTIVE IV

FABRICANTE Corporación Corelliana de Ingeniería **MODELO** CR90 **TIPO** Corbeta

La *Tantive IV* es una nave crucero de la Corporación Corelliana de Ingeniería al servicio de la Casa Real de Alderaan. Otras naves similares se denominan a veces burladores de bloqueos, por sus potentes hileras de motores y su habilidad para esquivar a las lentas naves aduaneras. Como otras corbetas de su tipo, la *Tantive IV* luce cañones turboláser dobles debajo y encima de la nave. Las antenas parabólicas de comunicación y los sensores están justo delante del sistema de propulsión. Once motores de turbina de iones, apilados uno sobre otro, le proveen un impresionante arranque subluz. Contiene aposentos para la tripulación, comedores para cenas de Estado y centros de congresos para negociaciones delicadas con dignatarios interestelares. Las cápsulas de escape dan a los pasajeros la posibilidad de huir en caso de ataque. La *Tantive IV* entra en acción durante las Guerras Clon, y sigue al servicio del senador Bail Organa, de Alderaan, durante casi dos décadas. Cuando la hija del senador Organa, Leia, sigue su vocación política, la *Tantive IV* es su nave. La princesa Leia se hace famosa por sus «misiones humanitarias» para ayudar a pueblos necesitados, pero el Imperio sospecha que utiliza la nave para encargos en nombre de la Alianza Rebelde. Cuando la *Tantive IV* huye de la batalla de Scarif con los planos de la Estrella de la Muerte, Darth Vader la persigue y la inutiliza en Tatooine. La nave es captada hasta un hangar del destructor estelar, y sus pasajeros, incluida la princesa Leia, son apresados. Años más tarde, un senador leal a Leia Organa encuentra y le devuelve la *Tantive IV*. Leia lleva la nave a la base de la Resistencia en Ajan Kloss. Nien Nunb pilota la nave durante la batalla de Exegol, en la que es destruida.

Tiroteos
Los angostos pasillos de la *Tantive IV* le permiten a su tripulación preparar emboscadas a los soldados de asalto que la abordan.

Puente de mando El capitán de la *Tantive IV* dirige la nave desde esta sección reforzada del puente.

> «¡Registre a fondo esta nave hasta que encuentre esos planos!»
> **DARTH VADER**

Armada hasta los dientes
La superestructura lleva instalados turboláseres para la defensa nave a nave.

Capacidad destructora
El arma de iones principal obtiene la energía del reactor de la nave.

MALEVOLENCIA

FABRICANTE Cuerpo de Ingenieros Voluntarios de Dac Libre
MODELO Clase Subyugador **TIPO** Crucero pesado

El *Malevolencia* es la nave insignia del general Grievous. Sus enormes cañones de iones dotan a la nave de una capacidad destructiva sin precedentes gracias a sus ondas expansivas de energía, que inutilizan cuanta nave quede a tiro, dejándola vulnerable a los 500 turboláseres del crucero pesado. Después de que el *Malevolencia* destruya la flota de Plo Koon, Anakin Skywalker manipula la navegación de la nave, estrellándola contra una luna.

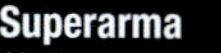

Superarma
Al disparar, el cañón de iones del *Malevolencia* libera una onda que interfiere con los sistemas eléctricos y deja las naves a la deriva.

DESALMADO UNO

FABRICANTE Ensamblajes Expansibles Feethan Ottraw **MODELO** Belbullab-22
TIPO Caza estelar

El caza personal del general Grievous, el *Desalmado Uno*, es un caza Belbullab-22 personalizado, diseñado para ser ágil y veloz en el combate aéreo. Va armado con dos sets de cañones láser triples para fuego graneado, e incluye un hiperpropulsor de último modelo que le permite desplazarse a casi cualquier punto de la galaxia. Casi al final de las Guerras Clon, el general Grievous pilota el *Desalmado Uno* hasta Utapau. Cuando Obi-Wan lo mata, utiliza el caza del difunto para huir y acudir a su cita con Yoda y Bail Organa.

Perfil distinguido
El aerodinámico *Desalmado Uno* garantiza la máxima maniobrabilidad en la atmósfera.

TANQUE TURBO CLON

FABRICANTE Astilleros de Propulsores de Kuat
MODELO HAVw A6 Juggernaut
TIPO Tanque

El HAVw A6 Juggernaut, conocido como tanque turbo clon, es un transporte militar de la República blindado y fuertemente armado. Puede transportar hasta doce tripulantes y trescientos soldados clon. Su blindaje superconductor absorbe y dispersa el fuego enemigo, y es capaz de contraatacar con una pesada torreta láser, cañones antipersona, un láser repetidor y lanzamisiles. Un vigía clon ocupa un módulo sobre la parte trasera. El Imperio utiliza una versión posterior del tanque turbo, el HCVw A9, para transportar prisioneros en el planeta Wobani.

CAZA ESTELAR ARC-170

FABRICANTE Corporación Incom
MODELO ARC-170 **TIPO** Caza estelar

El ARC-170, o caza de Reconocimiento Agresivo, es tan buen caza como bombardero. Sus gigantescos cañones láser son capaces de perforar agujeros en el blindaje de naves capitales, mientras que los cañones láser dobles, operados por un artillero de popa, cubren la retaguardia. Su artillería consiste en torpedos de protones. Los paneles superiores e inferiores de las alas se abren para liberar el exceso de calor. Lo suelen pilotar tres tripulantes, más un droide astromecánico.

De patrulla
Los ARC-170 están equipados para lidiar con cualquier amenaza.

Duro combatiente
El casco blindado está protegido por capas extra de escudo de energía, lo que hace al crucero capaz de resistir una sorprendente cantidad de impactos.

Inconfundible
Las rayas de color representan la filiación de la nave.

Protegido
Los turboláseres están espaciados a intervalos uniformes para cubrir los arcos de impacto.

CRUCERO LIGERO JEDI

FABRICANTE Astilleros de Propulsores de Kuat
MODELO Clase Arquitens **TIPO** Crucero ligero

Este ligero buque de guerra es usado por la República durante las Guerras Clon. Aunque no es tan grande como otras naves de la República, como el destructor estelar de clase Venator, va armado con cuatro torretas láser cuádruples y cuatro baterías turboláser de doble cañón, así como con lanzamisiles de impacto. Obi-Wan y otros generales Jedi suelen comandar estas naves, de ahí su nombre más común. Después de la formación del Imperio, los cruceros de clase Arquitens siguen sirviendo en la armada imperial y luchan contra los rebeldes de Batonn. También aparece una variante del modelo, el crucero de mando de clase Arquitens.

PABELLÓN DE CAZA AÉREO TRANDOSHANO

FABRICANTE Industrias Ubrikkian
MODELO Fortaleza flotante ubrikkiana
TIPO Plataforma aérea armada

Los cazadores trandoshanos usan esta plataforma como base móvil de caza en la luna de Wasskah. Alberga una sala de trofeos, aposentos y una pista de aterrizaje para aerodeslizadores. En las Guerras Clon, Ahsoka Tano y unas cuantas wookiee atacan el pabellón y a los trandoshanos.

OMS DEVILFISH

FABRICANTE Astilleros de Propulsores de Kuat
MODELO OMS Devilfish
TIPO Submarino

El Devilfish es un vehículo acuático militar de la República. Carece de protección blindada, pero incluye veloces propulsores a chorro y un cañón bláster dual frontal. Durante las Guerras Clon, la República usa una miríada de Devilfish para combatir a los droides acuáticos separatistas en Mon Cala. Cuando el planeta se rebela contra el Imperio posteriormente, los soldados marinos usan Devilfish para aplastar la insurrección.

CAZA ESTELAR UMBARANO

FABRICANTE Milicia umbarana
MODELO Zenuas 33
TIPO Caza estelar

El caza estelar umbarano va dirigido por un solo piloto, en un asiento de control rodeado de un escudo de energía esférico, mediante mandos holográficos. El asiento de control se conecta con un marco espacial con alas de forma curva. Este caza puede defenderse mediante un solo cañón láser de fuego graneado y dos lanzamisiles de pulso electromagnéticos.

DIENTE DEL SABUESO

FABRICANTE Corporación Corelliana de Ingeniería
MODELO YV-666 (modificado)
TIPO Carguero ligero

La *Diente del Sabueso* es la nave personal del cazarrecompensas Bossk. Este carguero altamente modificado contiene celdas de retención para prisioneros capturados y una armería para almacenar armas. Bossk se sirve de muchos sensores para controlar la integridad de las jaulas. La nave va armada con una torreta de láser cuádruple, un cañón de iones y un lanzamisiles de impacto.

CAÑONERA DROIDE HMP

FABRICANTE Artillera de Flotas Baktoid
MODELO Plataforma de misiles pesados
TIPO Cañonera droide

La cañonera droide HMP, un aerodeslizador repulsor fuertemente armado, es el homólogo separatista de la LAAT/i de la República. Manejada por un cerebro droide avanzado, su estructura alberga numerosas armas intercambiables; cuenta con un cañón bajo la cabina de mando, dos torretas láser y dos cañones láser ligeros en la punta de las alas; pero la verdadera potencia de la nave reside en su carga de catorce misiles altamente explosivos. Durante las Guerras Clon, las cañoneras droides son transformadas en transportes de tropas para droides de combate.

Enfrentamiento
Tres cañoneras droides vuelan en tensa formación *(izda., arriba)*. Sus cañones láser atacan a las tropas terrestres *(izda.)*.

CAZA ESTELAR JEDI ETA-2 DE ANAKIN

FABRICANTE Sistemas de Ingeniería Kuat
MODELO Interceptor ligero Eta-2 de clase Actis
TIPO Caza estelar

Anakin Skywalker sustituye su caza estelar Jedi Delta 7-B por un nuevo modelo de interceptor Eta-2 al final de las Guerras Clon. Esta nave, más pequeña y manejable, va armada con dos cañones láser y dos cañones de iones. Su burbuja frontal luce una forma octogonal que más tarde se incluye en los cazas TIE del Imperio. En la punta de cada ala, los alerones-S se despliegan en posición vertical durante el combate para eliminar el exceso de calor. Los motores de iones duales y el perfil estrecho le permiten hacer giros cerrados durante el combate aéreo, pero carece de espacio suficiente para un motor hiperimpulsor. En su lugar, el Eta-2 posee un anillo de acoplamiento hiperespacial externo. Una toma situada dentro del ala puede conectar un droide astromecánico para las reparaciones a bordo; pronto, Anakin y R2-D2 volarán juntos en misiones cruciales contra los separatistas.

Anakin usa su caza para defender Cato Neimoidia de un ataque separatista. Un misil explota cerca de su nave y libera un enjambre de droides zumbadores que provocan graves daños al Eta-2. No obstante, la nave es reparada a tiempo para la batalla de Coruscant. En compañía de Obi-Wan Kenobi, en un interceptor similar, Anakin avanza luchando contra la armada separatista y desactiva los escudos del hangar del buque insignia del general Grievous, el *Mano Invisible*. En cuanto el Eta-2 estaciona dentro, Anakin y R2-D2 abandonan la nave para luchar contra Grievous.

Enjambre de droides
Droides zumbadores se agarran al casco del caza de Anakin.

Colores de competición
Anakin personalizó su caza con colores inspirados en su pasado como piloto en carreras de vainas.

CAZA ESTELAR ALA-Y

FABRICANTE Fabricaciones Koensayr
MODELO Ala-Y **TIPO** Caza estelar

Durante décadas, varios modelos del caza estelar Ala-Y han combatido en diversos conflictos, desde la flota de la República Galáctica, durante las Guerras Clon, hasta los ataques de la Alianza Rebelde a las dos Estrellas de la Muerte.

CABALLO DE BATALLA DE LA FLOTA

El linaje de cazas estelares Ala-Y tiene el dudoso honor de haber permanecido en servicio el tiempo suficiente para volar bajo el mando de Anakin Skywalker y ser derribado por Darth Vader. En las Guerras Clon, Anakin lidera los Ala-Y BTL-B del Escuadrón Sombra en un ataque que inutiliza al *Malevolencia*, un crucero pesado comandado por el general Grievous y armado con un gran cañón de iones. En la batalla de Yavin, ocho Ala-Y BTL-A4 del Escuadrón Oro de la Alianza Rebelde participan en el asalto a la Estrella de la Muerte. Vader lidera un trío de cazas TIE para enfrentarse a ellos, derribando personalmente a Jefe Oro y a seis de sus compañeros de ala; solo Oro Tres, pilotado por Evaan Verlaine, sobrevive. Los Ala-Y del Escuadrón Gris se unen al ataque contra la segunda Estrella de la Muerte.

BOMBARDERO

La cabina del Ala-Y BTL-B tiene espacio para un piloto y un artillero, así como un foso para astromecánico, mientras que la versión BTL-A4 es un caza estelar monoplaza con foso para un droide de apoyo, detrás de la cabina. La nave, equipada con hiperimpulsor para realizar saltos a velocidad luz, dispone de un par de motores iónicos como propulsión primaria. Esto hace que el Ala-Y sea más lento y menos maniobrable que otros cazas estelares (como el Ala-X y el Ala-A) de la flota de la Alianza Rebelde. Como defensa, el piloto debe contar con los escudos de energía y el pesado blindaje en torno a la cabina. Cuando el combate es inevitable, el Ala-Y cuenta con dos cañones láser fijos montados en la proa y una torreta giratoria con cañones de iones defensivos. Habitualmente el Ala-Y opera como bombardero contra naves capitales en batallas entre flotas o atacando objetivos terrestres en planetas, realizando múltiples bombardeos de torpedos y bombas de protones.

PILOTOS FAMOSOS

Además de Verlaine, entre los pilotos y escuadrones de Ala-Y destacan Jon Vander; el Escuadrón Oro, que intenta derribar a Darth Vader sobre Vrogas Vas; Nora Wexley y Nath Tensent. Jess Pava y Suralinda Javos pilotan un viejo caza estelar BTL-S3 en una misión para el Escuadrón Negro, y tanto las flotas de la Nueva República como de la Resistencia emplean el actualizado Ala-Y BTA-NR2. La traficante de especias Zorii Bliss pilota uno con el anzellano Babu Frik durante la batalla de Exegol.

Excedentes
Durante la era imperial, se ordena el desguace de muchos Ala-Y en instalaciones repartidas por toda la galaxia. La tripulación del *Espíritu* roba unos cuantos en la Estación Reklam, para reforzar la flota de la incipiente Rebelión.

«Sigue sobre el objetivo.»
ORO CINCO

Persecución mortal
En la luna Yavin 4, un Ala-Y se prepara para el ataque contra la Estrella de la Muerte *(dcha.)*. El líder del Escuadrón Oro comanda dos Ala-Y en la estrecha trinchera de la Estrella de la Muerte *(abajo)*.

MANO INVISIBLE

FABRICANTE Cuerpo de ingenieros voluntarios Free Dac
MODELO Transporte/destructor de clase Providence **TIPO** Nave capital

Los separatistas emplean buques de guerra gigantescos durante las Guerras Clon, y muchos de ellos acaban bajo las órdenes del cíborg general Grievous. Cuando Grievous pierde el *Malevolencia* luchando contra la República, adopta el *Mano Invisible* como buque insignia. Esta nave de clase Providence mide un kilómetro de largo, y se clasifica como destructor y como transporte, un papel doble que lo capacita para la dominación planetaria. Aloja veinte escuadrones de cazas droides y más de cuatrocientos vehículos de asalto terrestre para las invasiones; además, sus numerosas torretas turboláser son capaces de desencadenar un gran bombardeo de superficie desde la seguridad de la órbita. Ante la amenaza de naves capitales de la República, puede machacar al enemigo con más de cien lanzatorpedos de protones. La plataforma de observación ocupa un módulo sensor muy por encima del casco, y confiere a los comandantes una visión sin obstáculos de la batalla. En un lateral luce el emblema separatista de la Confederación de Sistemas Independientes. El general Grievous lo utiliza durante posteriores escaramuzas de las Guerras Clon hasta que recibe órdenes de atacar el planeta capital de la República, Coruscant. Acompañado de varios buques de guerra separatistas, el *Mano Invisible* abandona el hiperespacio, y pronto se ve envuelto en el combate espacial más intenso de la guerra hasta el momento. Mientras la República responde a la amenaza, Grievous se desliza hasta la superficie de Coruscant, secuestra al canciller supremo Palpatine y se lo lleva al *Mano Invisible*. Anakin y Obi-Wan abordan la nave en una misión de rescate. Con su nave muy dañada por la batalla, Grievous se lanza en pos de su seguridad en una cápsula de escape. Mientras la nave se hace pedazos a su alrededor, Anakin pilota la sección frontal en un aterrizaje forzoso y al rojo vivo en Coruscant.

> «¡Rescata al canciller de la nave de mando!» **OBI-WAN KENOBI**

Aterrizaje forzoso
Mientras Anakin dirige los restos del *Mano Invisible*, las naves de bomberos se esfuerzan por reducir el fuego.

Delegar a tiempo
Cuando el general Grievous se encuentra con Obi-Wan Kenobi y Anakin Skywalker en el puente, ordena a sus magnaguardias IG-100 que los ataquen.

Batalla de Coruscant
La violenta batalla espacial que asola la capital de la República supone el fin del *Mano Invisible*.

DROIDE ARAÑA ENANO

FABRICANTE Talleres de Blindaje Baktoid
TIPO Droide araña enano DSD1 **FILIACIÓN** Separatistas

El droide araña enano DSD1 también se conoce como droide araña excavador por su habilidad para introducirse en espacios estrechos. Utilizado a menudo por el Gremio de Comercio, se convierte en un pilar de las fuerzas de tierra separatistas durante las Guerras Clon. Su arma principal es un cañón bláster largo con una capacidad de disparo muy rápida y de alta intensidad. Las patas del droide están diseñadas para aferrarse a los bordes de los precipicios. Los separatistas emplean a estos droides en la batalla de Teth para atacar a los caminantes AT-TE de la República. En otros enfrentamientos, los droides araña enanos ofrecen refuerzo a pelotones de droides de combate.

En la playa
Los droides araña enanos atacan una ciudad costera en Kashyyyk y a los wookiee que la defienden.

DROIDE OCTUPTARRA

FABRICANTE Unión Tecnológica
TIPO Tridroide de combate octuptarra **FILIACIÓN** Separatistas

Los droides octuptarra pertenecen a las fuerzas separatistas en las Guerras Clon. Estos autómatas altos y de tres patas tienen una cabeza grande que contiene el *software* operativo y el equipo sensorial. Están equipados con tres torretas láser montadas de forma equidistante bajo los tres fotorreceptores. Debido a su amplitud, su campo de visión prácticamente no tiene ángulos muertos. Pese a su campo de tiro omnidireccional, el droide octuptarra es de movimientos lentos y torpes. La Unión Tecnológica produce droides de distinto tamaño durante la guerra. Algunos son tan grandes que pueden acabar con los AT-TE de la República. Años después, en Mustafar, Darth Vader destruye un droide octuptarra gigante que ha sido tomado por el Azote.

Tres cañones láser
Las torretas giratorias proporcionan una gran fuerza ofensiva.

Ataque en 360 grados
El octuptarra puede girar fácilmente la cabeza para cubrir todos los ángulos.

Tres patas de araña

CAÑÓN ANTIVEHÍCULOS DE LA REPÚBLICA (AV-7)

FABRICANTE Taim & Bak
MODELO Cañón de artillería antivehículos AV-7
TIPO Cañón de artillería

El AV-7 es una unidad de artillería autopropulsada gracias a unos repulsores antigravitatorios. Puede ser manejado por un único soldado clon que se ocupe de los controles de los cañones localizados en el lateral de la unidad central. Cuando un AV-7 está en posición, se estabiliza con las cuatro patas separadas. Los disparos pueden acabar con tanques y droides de combate.

Retirada del cobarde
El general Grievous intenta huir de Obi-Wan Kenobi, pero se ve envuelto en un duelo fatal.

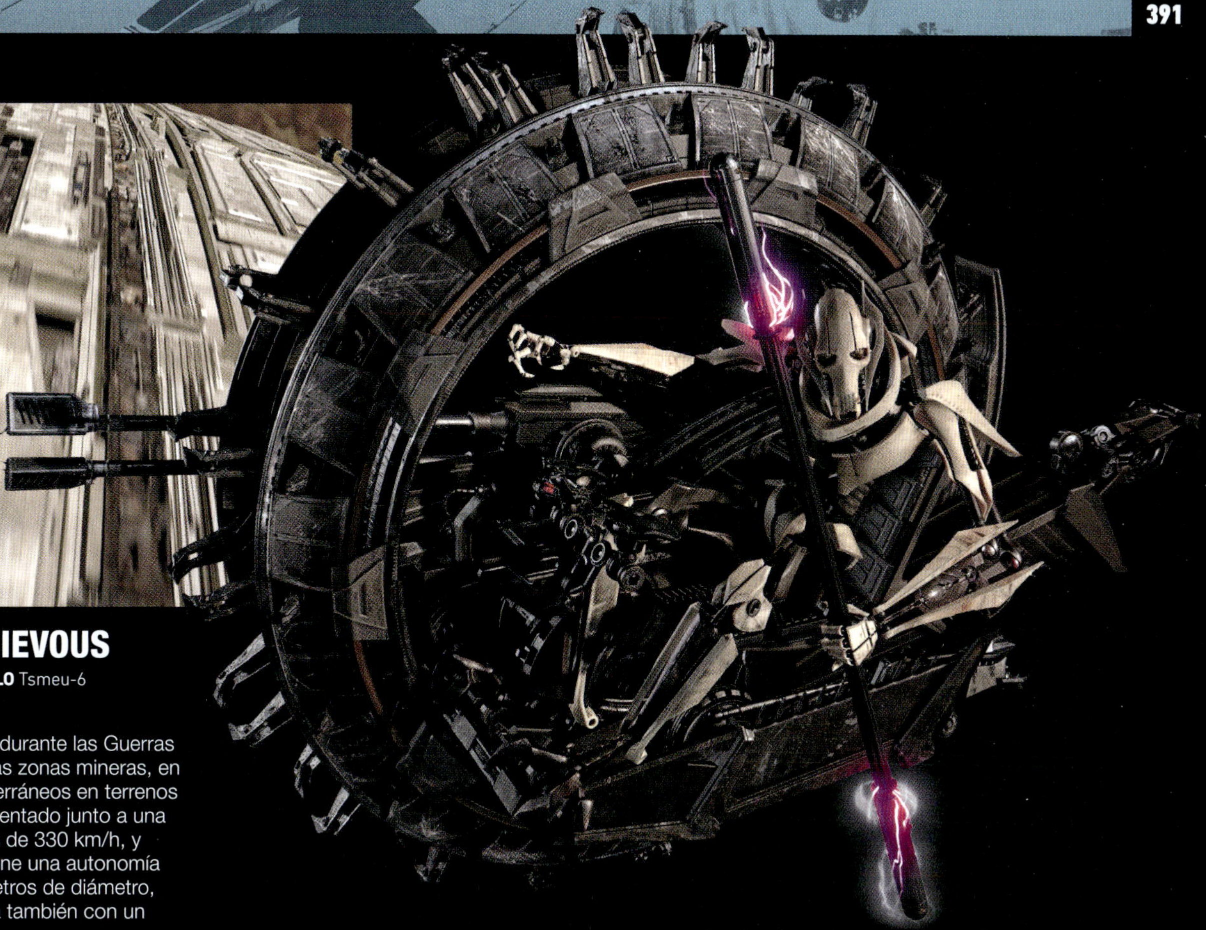

MOTO-RUEDA DEL GENERAL GRIEVOUS

FABRICANTE Corporación Z-Gomot Ternbuell Guppat **MODELO** Tsmeu-6
TIPO Moto-rueda personal

El general Grievous conduce un Tsmeu-6 en Utapau durante las Guerras Clon. Este tipo de vehículos también es popular en las zonas mineras, en las que son necesarios largos desplazamientos subterráneos en terrenos muy variados. Está diseñado para un solo pasajero sentado junto a una gran rueda central. Su velocidad máxima rodando es de 330 km/h, y corriendo sobre sus patas retráctiles, de 10 km/h; tiene una autonomía de unos quinientos kilómetros. La rueda mide 2,5 metros de diámetro, y el vehículo, 3,5 metros de largo. El Tsmeu-6 cuenta también con un cañón láser doble.

Persecución en moto deslizadora
Luke Skywalker y Leia Organa corren para impedir a un explorador que informe a los imperiales de su presencia.

MOTO DESLIZADORA 74-Z

FABRICANTE Compañía de Repulsores Aratech
MODELO 74-Z
TIPO Moto deslizadora

La República emplea la 74-Z por primera vez durante las Guerras Clon, en particular en el planeta Saleucami. El Imperio la usa de nuevo para patrullar los bosques alrededor del generador de escudo en Endor. Está perfectamente equipada para misiones de patrulla y exploración en distancias largas sobre diversidad de terrenos, gracias a su excepcional maniobrabilidad y su sistema de autorrecarga de batería. Diseñada para uno o dos pasajeros, se conduce con cuatro aspas, contiene equipo sensor y de comunicaciones entre los manillares e incluye un cañón bláster BlasTech Ax-20 para el ataque. La deslizadora mide unos 3,2 metros y, en teoría, aunque no es aconsejable, alcanza los 500 km/h.

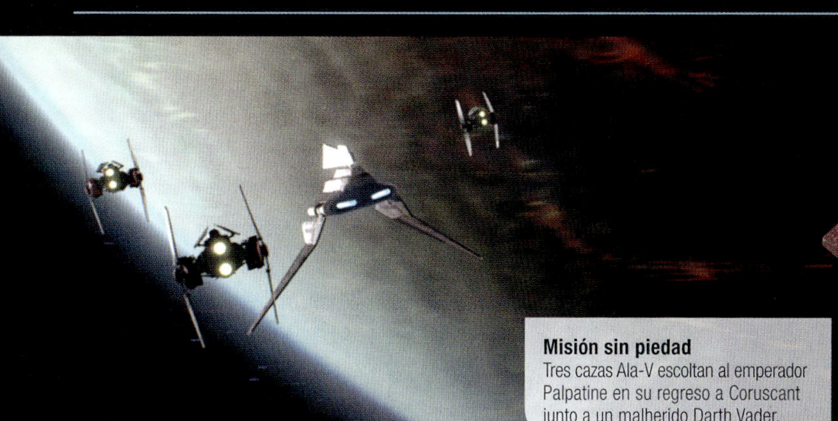

Misión sin piedad
Tres cazas Ala-V escoltan al emperador Palpatine en su regreso a Coruscant junto a un malherido Darth Vader.

CAZA ESTELAR ALA-V

FABRICANTE Sistemas de Ingeniería Kuat
MODELO Alpha-3 Nimbus **TIPO** Caza estelar

En uso durante los últimos días de la República Galáctica y los primeros del Imperio galáctico, los Ala-V son compactas naves de apoyo, ideales para combatir contra grandes cantidades de cazas enemigos. Van pilotados por un solo soldado clon ayudado por un droide astromecánico. Son muy parecidos a varios modelos de caza Jedi (son del mismo fabricante), que tampoco tienen hiperimpulsores. El rasgo más característico de esta nave lo constituyen un par de alas plegables a cada lado del casco que se extienden por encima y por debajo de ella. Los cañones láser dobles de fuego graneado se sitúan a ambos lados de las dos riostras del ala. El Ala-V alcanza la impresionante velocidad máxima de 52 000 km/h.

Z-95 CAZACABEZAS

FABRICANTE Corporación Incom y Subpro
MODELO Z-95
TIPO Caza estelar

El Z-95 Cazacabezas es un caza común durante las Guerras Clon y la Guerra Civil Galáctica. No iguala a su sucesor, el Ala-X, en velocidad ni en potencia de fuego, pero es fiable y robusto en combate. La mayoría de ellos carece de hiperimpulsor y fosa de droide astromecánico, aunque se le puede añadir el primero. La República Galáctica encarga un modelo modificado para su Gran Ejército. Creado especialmente para soldados clon, posee un fuselaje más estrecho y está bien armado con torpedos de protones.

CARGUERO YV-865 CLASE AURORA

FABRICANTE Corporación de Ingeniería Corelliana
MODELO YV-865 **TIPO** Carguero

Los cargueros YV-865 clase Aurora suelen ser empleados por piratas zygerrianos. Su amplio espacio de carga y su escaso pero funcional mobiliario se prestan al transporte, sea legal o ilegal. Sus grandes motores sobre puntales extendidos sirven de soporte cuando la nave ha aterrizado. Aunque grande y compacta, la nave solo tiene un piloto. Puede llegar a tener seis tripulantes, con oficial de comunicaciones, ingeniero, jefe de carga, copiloto y artilleros. Anakin Skywalker y Ahsoka Tano intentan rescatar a los cautivos togrutas a bordo de un carguero zygerriano YV-865 clase Aurora llamado *Tecora*.

LANZADERA CLASE RHO

FABRICANTE Talleres Espaciales Cygnus
MODELO Lanzadera de clase Rho
TIPO Lanzadera de transporte

Durante las Guerras Clon, la lanzadera clase Rho se usa como transporte de personal, carga o médicos. Se pueden conectar contenedores a su amplia bodega para obtener más espacio. La nave es capaz de saltar al hiperespacio y está armada con cañones láser. El equipo de droides de la República, conocido como D-Squad, captura una lanzadera clase Rho separatista durante las Guerras Clon. Más tarde, una joven Hera Syndulla se da una vuelta en una lanzadera clase Rho durante el ascenso del Imperio. La roba a las fuerzas imperiales, que la emplean en una operación minera.

ÁNGEL DE PLATA

FABRICANTE Ensamblado por Trace Martez
MODELO Clase Nebula **TIPO** Carguero

El *Ángel de Plata* es el amado carguero de Trace y Rafa Martez. Trace construye la Nave, volcando en ella sus esperanzas y sueños de abandonar Coruscant. Sus modificaciones especiales hacen que el *Ángel de Plata* sea mucho más rápido que el carguero de clase Nébula típico. Tiene al menos un cañón láser para los combates de Trace y Rafa contra el hampa y el Imperio. Trace pone a prueba al *Ángel de Plata* en una misión junto a Ahsoka Tano. Tras el ascenso del Imperio, Trace y Rafa dejan Coruscant y viven en el *Ángel de Plata*.

Planta de la cabina
La cabina, elevada sobre la mayor parte de la nave, posee espacio para piloto, copiloto y un tercer pasajero.

MERODEADOR

FABRICANTE Talleres Espaciales Cygnus
MODELO Clase Ómicron
TIPO Lanzadera de ataque

La nave comienza su vida como una lanzadera modificada de clase *Ómicron*, asignada a Kamino para uso de la Fuerza Clon 99 (la «Remesa Mala») durante las Guerras Clon. Cuando el equipo huye de Kamino se lleva la nave. Esta se convierte en base y nave de guerra para la Remesa Mala. Omega, el más joven de los clones, duerme en una torreta convertida en una cómoda litera, y el droide Gonky de la serie GNK también reside a bordo. La *Merodeador* está equipada con un sistema de poleas para elevar personas o carga.

El especialista en clones Tech suele pilotar la *Merodeador*. Pese a su forma angulosa, es lo bastante maniobrable, en las manos adecuadas, como para sobrevivir a un combate aéreo contra cazas Ala-V. La Remesa Mala emplea la nave en muchas batallas, como su regreso a Kamino a principios de la Era Imperial. La tripulación utiliza los cañones láser del *Merodeador* para derribar emplazamientos de armas imperiales durante un levantamiento twi'lek contra la ocupación de Ryloth.

Cuando el minero Benni Baro roba la *Merodeador* a la Remesa Mala para venderla por piezas, los clones atraviesan las cuevas y cañones de un planeta inhóspito para recuperar la nave. Como afirma Omega, no es solo un vehículo: es el hogar de la Remesa. Cuando los mineros derrocan al cruel explotador Mokko, Benni devuelve la nave a los clones, que le ayudaron a huir de las minas. Los clones se quedan en la *Merodeador* durante su estancia en la pacífica ciudad de Pabu. Hunter la pilota para rescatar a Omega y a su amiga Lyana de un tsunami, lanzándoles un cable para salvarlas del peligro.

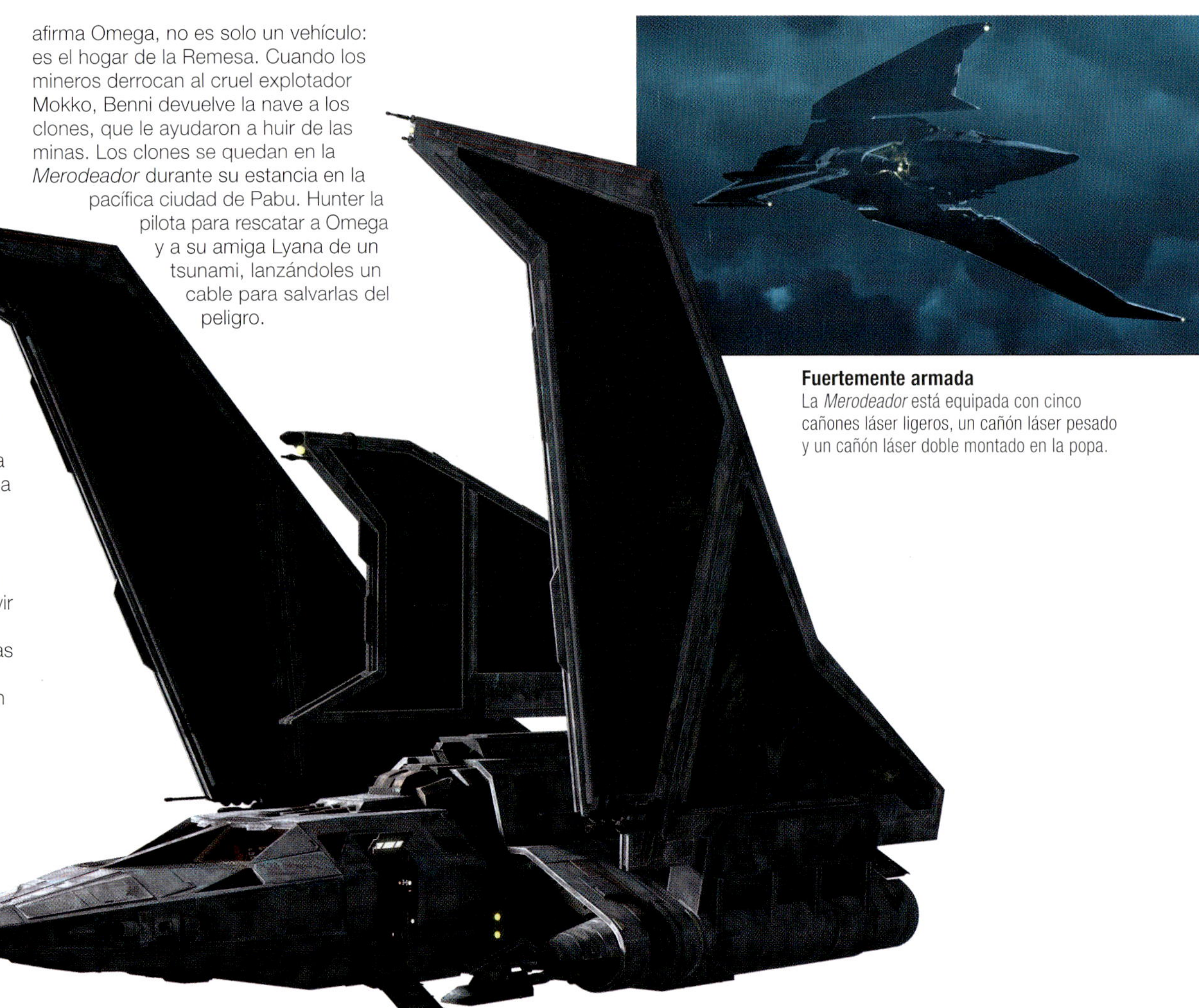

Fuertemente armada
La *Merodeador* está equipada con cinco cañones láser ligeros, un cañón láser pesado y un cañón láser doble montado en la popa.

OUTCAST

FABRICANTE Corporación Subpro
MODELO Serie CHM **TIPO** Carguero ligero

La cazarrecompensas y mercenaria Fennec Shand vuela en su nave, la *Outcast*, a Pantora, para intentar capturar a la joven clon Omega durante los primeros años de la era Imperial. La *Outcast* está fuertemente blindada y tiene dos cañones laterales. Fennec ha añadido una pequeña celda en la parte trasera para sus capturas, y ha mejorado los ordenadores de la nave para tener acceso a más cartas estelares. En Bora Vio, Shand fracasa en su intento de capturar a Omega, y habla con su cliente, Nala Se, por holograma desde la cabina de la *Outcast* antes de continuar su viaje.

JUSTIFICADOR

FABRICANTE Astilleros de Propulsores Kuat **MODELO** Transporte de asalto clase Justificador
TIPO Nave estelar

La nave del cazarrecompensas Cad Bane, el *Justificador*, tiene dos alas, muchos cañones láser y un potente hiperimpulsor. Su cabina delantera posee grandes ventanales que permiten ver en múltiples direcciones mientras persigue a sus objetivos. El propulsor central de la nave se reorienta durante los despegues y aterrizajes. El nivel inferior posee una celda con un escudo de energía en la que Bane retiene a Omega para entregarla a los kaminoanos. Fennec Shand sabotea un motor de la nave para impedir que Bane entregue a la joven clon.

DESLIZADOR DE TAY-O

FABRICANTE TAY-O **TIPO** Deslizador

Ciddarin Scaleback financia al droide TAY-O para que construya un deslizador de carreras armado para el circuito de Safa Toma. TAY-O y sus droides de reparación modifican un deslizador serie 12 para mejorarlo contra las armas de otros corredores. Lo pintan de verde y naranja, como los colores de TAY-O. Pilotos de Grini Millegi sabotean el deslizador durante una carrera y dañan a TAY-O, por lo que Tech lo pilota. Se deshace de sus cañones para mayor velocidad y maniobrabilidad, lo que le ayuda a ganar la carrera.

PORTACONTENEDORES DE CLASE CUATRO

FABRICANTE Astilleros de Propulsores Kuat
TIPO Carguero

El Imperio usa Portacontenedores de Clase Cuatro para almacenar y transportar carga. El centro de mando piramidal conecta docenas de contenedores y unidades de carga, va equipado con hiperimpulsor y lleva oficiales y soldados de asalto. La Fuerza Clon 99 acopla su nave, la *Merodeador*, a la parte inferior de un Portacontenedores de clase Cuatro para burlar los sensores de seguridad corellianos. El droide astromecánico Chopper se esconde años más tarde en uno de ellos en una misión de repostaje y conoce al droide inventor AP-5. Este se siente maltratado por el Imperio y ayuda a Chopper a robar la nave.

CAMINANTE DE SKARA NAL

TIPO Caminante

La cazadora de tesoros Phee Genoa despierta un caminante de cuatro patas en Skara Nal. Phee halla un artefacto llamado el Corazón de la Montaña –un cristal del que se rumorea es la llave de un antiguo poder–, de un grupo conocido como los Antiguos. Al extraerlo, despierta al caminante, que sale de la montaña y emite una enorme y destructiva oleada de energía que arrasa el suelo bajo él. Phee consigue detener al mech devolviéndole el Corazón de la Montaña, pero en el proceso el caminante cae y queda destruido.

TRANSPORTE 904

MODELO Transporte de investigación imperial **TIPO** Transporte y carguero

Aunque está diseñado para almacenar y transportar cargas peligrosas, el Transporte 904 se estrella en Silla cuando una bestia Zillo clonada se libera y ataca a la tripulación. La nave imperial se dirige a una instalación de clonación en el monte Tantiss. Ciddarin Scaleback envía a la Fuerza Clon 99 al lugar del accidente en busca de objetos de valor. Mientras registran el transporte, la Remesa Mala topa con la bestia Zillo. Tech y Omega extraen información sobre sus orígenes de los archivos del transporte.

CAMINANTE AT-AC

FABRICANTE Astilleros de propulsores Kuat
MODELO Cañón Acorazado Todoterreno
TIPO Caminante

El AT-AC (Cañón Acorazado Todoterreno) es un explorador y caminante bípedo, precursor del modelo AT-ST. Aloja en su cabina un piloto y dos artilleros. La Fuerza Clon 99 topa con AT-AC en Ord Mantell, donde patrullan las calles ocupadas por el Imperio. Eco y el droide AZI-3 capturan uno y vuelven a su tripulación contra las fuerzas imperiales que capturaron a sus hermanos de armas. Otro AT-AC imperial inutiliza al caminante disparándole a las rodillas y derribándolo.

REMORA

FABRICANTE Corporación de Ingeniería Corelliana **MODELO** YG-4214 **TIPO** Carguero minero

El *Remora* fue una vez una nave minera, pero el clon Eco la ha adaptado a misiones de infiltración y combate. Es capaz de saltar al hiperespacio y posee una tripulación de cuatro personas: los clones Eco, Gregor, Nemec y Fireball. Posee una nave sanguijuela, que se desprende de la nave principal y se acopla a naves enemigas o las taladra. Eco la usa en una misión para recuperar información y prisioneros, incluido Howzer, de un crucero de la División de Ciencias Avanzadas del Imperio.

HALCÓN MILENARIO

FABRICANTE Corporación Corelliana de Ingeniería
MODELO YT-1300f (modificado)
TIPO Carguero ligero

Ágil y veloz, el *Halcón Milenario* puede escabullirse fácilmente de las garras de un destructor estelar o volar hasta las entrañas de la Estrella de la Muerte para destruirla. Pilotado por Lando Calrissian, Han Solo, Chewbacca o Rey, sigue siendo un símbolo de esperanza para los luchadores por la libertad.

CORREDOR DE KESSEL

En manos de Lando Calrissian, el *Halcón Milenario* es una máquina inmaculada. El afán de lucro le tienta a transportar una tripulación de contrabandistas a Kessel. Entre los pasajeros está Han Solo, un talentoso piloto de Corellia que conoce bien el diseño del carguero. Cuando la misión se tuerce, Solo toma el control del *Halcón*. Lando se ve obligado a cargar el cerebro de la destruida droide L3-37 en la nave, lo que permite a Han trazar una ruta a través del peligroso espacio que rodea Kessel, permitiéndoles realizar el viaje en un tiempo récord. Aunque la tripulación sobrevive al viaje, el interior y el exterior de la nave quedan gravemente dañados. Pese a que ya no satisface los estándares estéticos de Lando, el carguero ligero no pierde ni un ápice de su atractivo para Han. Posteriormente gana la nave a Calrissian en una partida de sabacc en Numidian Prime.

Las apariencias engañan
Puede que no lo aparente, pero las modificaciones especiales le confieren una rapidez, inteligencia y agilidad excepcionales, que lo hacen ideal para un contrabandista como Han.

La nave del contrabandista
Han navega por el Corredor de Kessel *(arriba)*. Tras una letal persecución, Han esconde el *Halcón* en una cueva que resulta ser el interior de una babosa espacial *(arriba)*.

CAPTURADO

Años más tarde, Obi-Wan Kenobi contrata a Solo para llevarle a él, a Luke Skywalker y dos droides al sistema de Alderaan, lo que da a Han ocasión de presumir de su viaje por el Corredor de Kessel (hazaña que afirma haber realizado en menos de 12 pársecs). A lo largo de los años, Solo ha modificado el *Halcón* para optimizarlo para el contrabando. Cuando la Estrella de la Muerte se apodera de la nave, la tripulación se esconde para evitar su captura. Mientras Obi-Wan sabotea el rayo tractor de la Estrella de la Muerte, Han, Chewbacca y Luke rescatan a la líder rebelde capturada, Leia Organa, de la prisión. Obi-Wan se enfrenta a Darth Vader como distracción mientras los demás escapan a bordo de la nave de Han. Los cazas TIE los persiguen, pero los potentes cañones de las torretas superior e inferior del *Halcón* se encargan de ellos.

AL SERVICIO DE LA REBELIÓN

Tras transportar a salvo a Leia, Luke y los droides a Yavin 4, Han y Chewbacca parten en el *Halcón*. Sin embargo, regresan para ayudar durante la batalla de Yavin, asegurándose de que Luke pueda hacer el crítico disparo que destruye la Estrella de la Muerte. Después, Han y Chewbacca reciben una generosa recompensa por la victoria rebelde. Durante los dos años siguientes, los contrabandistas se unen a la Alianza Rebelde y pilotan el *Halcón* en importantes misiones. Participan en la Carrera del Vacío del Dragón mientras rescatan a informadores rebeldes y sobreviven a duras penas a un combate con Vader durante el ataque a los muelles espaciales de Mako-Ta. Cuando las fuerzas de Vader invaden la base Eco en Hoth, el *Halcón* huye del planeta con una flota de destructores estelares pisándole los talones. Han, audaz, se refugia en un campo de asteroides.

PROPIEDAD COMPARTIDA

Cuando Han es congelado en carbonita y entregado a Jabba el Hutt, Lando retoma su antiguo puesto como piloto del *Halcón* junto a Chewbacca. Juntos, participan en el rescate de Solo y le devuelven el *Halcón*. Enfrentado a una nueva Estrella de la Muerte, Han ofrece su nave a Calrissian, que lidera el ataque a la estación espacial. Esta vez, es el *Halcón* el que asesta el disparo destructor a la nueva superarma del Imperio.

La Estrella de la Muerte
Lando y Nien Nunb, su copiloto, hacen saltar por los aires la segunda Estrella de la Muerte.

EN LA RESISTENCIA

En los años posteriores a la caída del Imperio, Solo pierde el *Halcón* a manos del traficante de armas Gannis Ducain. Luego pasa a manos de los hermanos Irving antes de ser robado por el chatarrero Unkar Plutt. Plutt deja la nave abrasándose bajo el sol de Jakku hasta que Rey, una chatarrera, y Finn, un desertor de la Primera Orden, la tripulan para escapar del planeta. Solo y Chewbacca, que han estado buscando su antigua nave por toda la galaxia, descubren a la pareja. El *Halcón* y su antiguo piloto participan en la misión de destruir otra terrorífica superarma: la base Starkiller. Tras la muerte de Han, la nave pasa a manos de Rey y Chewbacca, que la emplean para salvar a la Resistencia en Crait. En esa batalla, la mera visión de la nave hace que Kylo Ren, el hijo y asesino de Han, monte en cólera. Tras la batalla, Chewbacca lleva el *Halcón* al Puesto de Avanzada de la Aguja Negra en Batuu para repararlo, dejándolo a regañadientes al cuidado de un viejo conocido, el empresario y antiguo pirata Hondo Ohnaka. Cuando Chewbacca recupera el *Halcón*, Poe Dameron realiza hipersaltos rápidos para escapar de la Primera Orden, en una misión para recuperar vital información de un espía. Más tarde, en Pasaana, la Primera Orden captura a Chewbacca y se lo lleva junto con el *Halcón* al destructor estelar *Imperturbable*. Tras otro arriesgado rescate, Chewbacca y Lando Calrissian vuelan con el *Halcón* por toda la galaxia para reclutar a simpatizantes de la Resistencia que se unan a la batalla de Exegol. Más tarde, Rey lleva el *Halcón* a Tatooine para enterrar las espadas de luz de Luke y Leia.

Rutas hacia Exegol
Rey, Chewbacca, Finn, Poe, BB-8 y C-3PO viajan en el *Halcón* en busca de más información sobre Exegol.

Batalla final
Durante la culminante batalla de Exegol, Lando y Chewie pilotan el *Halcón* a la batalla con una enorme flota reunida tras ellos.

CAZA TIE

FABRICANTE Sistemas de Flotas Sienar
MODELO TIE/ln (motores de iones gemelos) **TIPO** Caza estelar

Los TIE son los cazas estandarte de la armada imperial. Su versatilidad y precisión son un símbolo de prestigio para el Imperio y una pesadilla para la Alianza Rebelde.

PRECISIÓN Y SIMPLICIDAD

Los motores del caza TIE le proporcionan su potencia, y unos diminutos propulsores permiten ajustar la dirección. Para minimizar el consumo de energía y maximizar la maniobrabilidad, los cazas carecen de sistemas como los escudos deflectores y los hiperimpulsores. La cabina central está equipada con controles de vuelo, pantallas, sistemas de selección de objetivo, y el espacio justo para un piloto. Los controles de vuelo son tan intuitivos y sencillos que los rebeldes novatos aprenden a pilotarlos al momento, después de robarlos en los campos de aterrizaje imperiales.

SUPERIORIDAD NUMÉRICA

Durante la Guerra Civil Galáctica, la armada imperial somete a diversos planetas y orquesta grandes batallas. Los cazas TIE son las naves principales del Imperio en las batallas de Yavin y Endor. En algunos casos, se recluta a pilotos imperiales de élite en escuadrones como la 204.ª Ala de Caza Imperial (conocida como Ala Sombra), con la misión de desbaratar la creciente rebelión. Pese a ello, los pilotos reciben la consigna de que su bienestar está supeditado a los objetivos de la misión. Como los cazas son tan frágiles y los pilotos prescindibles, los TIE obtienen mejores resultados en ataques en grandes grupos. Se han sacrificado tantas mejoras para facilitar la producción en masa en las fábricas que las naves son reemplazadas de manera continua a medida que caen en la batalla.

Los TIE de Lothal
La artista rebelde y experta en armamento Sabine Wren se cuela en un aeródromo Imperial TIE, buscando crear una distracción para sus amigos a bordo del *Espíritu*.

EVOLUCIÓN DEL CAZA TIE

Los cazas TIE guardan ciertas similitudes con otros cazas más antiguos de la era de la República. Mientras que los TIE tienen alas verticales parecidas a las de los Ala-V, los antiguos interceptores de luz Jedi son incluso más comunes, con una cabina central, dos motores de iones, armamento básico y alas verticales como un TIE. Los Sistemas de Flotas Sienar se inspiraron en las naves de Sistemas de Ingeniería Kuat para diseñar sus cazas estelares, gracias a la obtención de unos activos clave y a la contratación de los ingenieros empleados por su competidor. La serie TIE ha dado lugar a otros modelos, incluidos los interceptores TIE y los bombarderos TIE. Las fábricas de Sienar experimentan con mejoras adaptadas y producen modelos avanzados adecuados a las condiciones de vuelo locales, a los que añaden avances tecnológicos secretos, como el TIE Vengador y el TIE Avanzado x1, que pilota Darth Vader.

Cazas estelares
Un trío de cazas TIE regresa a la Estrella de la Muerte tras una misión de reconocimiento. Sin el hiperimpulsor, los TIE no pueden alejarse demasiado de la base *(arriba, izda.)*. Un caza TIE persigue el Ala-X de Luke Skywalker y cae en una emboscada tendida por Wedge *(arriba)*.

TRAS EL IMPERIO

Tras la derrota del Imperio Galáctico, la recién creada Sistemas de Flota Sienar-Jaemus construye y vende cazas TIE a la Primera Orden y, en secreto, al Sith Eterno, en Exegol. Estos vehículos tienen un avanzado control de vuelo e incluyen tecnología de escudos deflectores. Entre los TIE especiales se incluyen el TIE daga y el caza TIE para Fuerzas Especiales. El susurrador TIE de Kylo Ren tiene capacidades de sigilo y de viaje hiperespacial ampliadas.

DESTRUCTOR ESTELAR

FABRICANTE Astilleros de Propulsores de Kuat **MODELO** Clase Imperial I
TIPO Destructor estelar

Los destructores estelares son los principales buques de guerra y el símbolo de la Armada Imperial. Hacen cumplir la voluntad del emperador al reforzar los gobiernos respaldados por el Imperio y eliminar las cortapisas al comercio. Almirantes, gran moffs, oficiales de la Oficina de Seguridad Imperial y otros altos cargos imperiales los usan como despacho móvil personal. El oficial al mando puede intimidar tanto como la propia nave, cuya mera sombra ya es capaz de lograr resultados.

En las Guerras Clon, los destructores estelares de clase Venator (a menudo llamados «cruceros Jedi», porque son las naves insignia de los generales Jedi) son empleados por la República. El Imperio, basándose en ellos, desarrolla los destructores de clase Imperial I para combatir y mantener el orden en la galaxia.

Los destructores de clase Imperial I miden 1600 metros de longitud, casi 460 metros más que los de clase Venator. Se impulsan con motores de iones Gemon-4 y un hiperpropulsor de clase 2. Su armamento incluye sesenta cañones de iones Borstel NK-7 y sesenta baterías turboláser pesadas Taim & Bak XX-9. Los haces tractores arrastran los buques capturados hasta el hangar principal, donde los soldados de asalto esperan para su abordaje. Además de un contingente de 9700 soldados de asalto, transportan a 9235 oficiales y 27 850 soldados rasos. Estas naves, equipadas para prolongados combates sobre superficie planetaria, cuentan con un contingente máximo de vehículos auxiliares que incluye ocho transbordadores imperiales de clase Lambda, veinte caminantes AT-AT, treinta AT-ST o AT-DP y quince transportes de tropas imperiales (ITT).

En la Guerra Civil Galáctica, dan caza a objetivos de alta prioridad, atacan los núcleos de las operaciones y atemorizan a la población civil. Durante la batalla de Hoth, la flota imperial de destructores estelares despliega todo un contingente de caminantes que pelea con éxito en una contienda terrestre. Sin embargo, los propios destructores salen del hiperespacio demasiado cerca de Hoth, haciendo perder al Imperio el factor sorpresa. Durante la retirada rebelde, consiguen inutilizar los destructores con excesiva facilidad y, así, escapar. En la batalla de Endor, los Destructores Estelares despliegan alas de 72 cazas TIE, lo que tiene beneficios inmediatos, pero los cazas rebeldes aprovechan las vulnerabilidades de los generadores de escudos y los puentes expuestos de los destructores. La mayoría de los destructores estelares imperiales son aniquilados durante la batalla de Jakku. Años más tarde, los oficiales de la Primera Orden comandan nuevos destructores estelares de clase Resurgente, mientras que los destructores estelares de clase Xyston permanecen ocultos en Exegol como parte de la flota de la Orden Final.

Dominar al enemigo
El *Devastador*, el destructor de Darth Vader, persigue a la nave rebelde *Tantive IV*, que alberga los planos robados de la Estrella de la Muerte. Vader ordena activar un haz tractor que atraiga a su presa al hangar del *Devastador* para ser abordada por los soldados de asalto.

Batalla de Scarif
Cuando la Alianza vuela a Scarif para apoyar a Rogue One, el almirante Raddus ordena que el *Hacedor de Luz* embista contra un destructor estelar que, a su vez, choca contra otro. La chatarra resultante destruye la ventana del escudo de Scarif.

CAZA ESTELAR TIE/RB PESADO

FABRICANTE Sistemas de Flotas Sienar
MODELO TIE/rb **TIPO** Caza estelar pesado

También conocido como el «TIE bruto», el caza TIE pesado se distingue porque cuenta con una cápsula secundaria con dos potentes cañones láser H-s9.3 sobre el ala. El piloto cuenta con la asistencia de un cerebro droide MGK-300 integrado, que cumple la función de un droide astromecánico. Durante su estancia en la Academia de Carida, Han Solo estrella un TIE/rb contra un hangar, por lo que lo juzgan y lo destinan a la infantería de Mimban. Más adelante, un TIE/rb persigue a Han, que pilota el *Halcón Milenario*, por el corredor de Kessel.

DESLIZADOR TERRESTRE A-A4B

FABRICANTE Transportes Pesados Trast
MODELO A-A4B **TIPO** Deslizador

Moloch, de los Gusanos Blancos, conduce un A-A4B por las caóticas calles de Corona, la capital de Corellia. El diseño pesado y robusto del vehículo incluye un armazón blindado sobre el asiento del piloto y la rejilla frontal, que protege a los ocupantes al tiempo que transforma el deslizador en un ariete perfecto durante las persecuciones. También hay una jaula donde Moloch lleva a sus sabuesos corellianos. Moloch persigue a Han y a Qi'ra en el deslizador desde la guarida de los Gusanos Blancos hasta el puerto espacial de Corona.

DESLIZADOR TERRESTRE M-68

FABRICANTE Deslizadores y Barredoras Mobquet **MODELO** M-68
TIPO Deslizador

Los aficionados a las carreras ilegales dicen que el M-68 va como un «tiro de bláster». Está disponible tanto con techo como descapotado, y el motor cuenta con tomas de aire de refrigeración en las caras frontal y dorsal. En la parte posterior hay un elegante embellecedor sobre dos tubos de escape. El deslizador puede alcanzar una velocidad de 225 km/h. Han roba y puentea un M-68 en el que huye después de haber adquirido coaxium ilícitamente. Cuando Han y su novia, Qi'ra, escapan de los Gusanos Blancos, Han conduce el deslizador a toda velocidad hasta el puerto espacial de Corona, con Moloch pisándole los talones.

CARGUERO DE AT

FABRICANTE Astilleros de Propulsores de Kuat
MODELO Carguero blindado Y-45 **TIPO** Carguero

El Imperio utilizaba sus cargueros Y-45 para transportar caminantes y otro material militar a zonas de guerra. Aunque los motores de la nave pueden alcanzar una velocidad de 125 km/h, el hiperpropulsor solo permite saltos hiperespaciales a puestos imperiales predeterminados. Los brazos de la grúa se alzan durante el aterrizaje, con el fin de ahorrar espacio en los hangares. Debido a las largas jornadas y al barro en el que deben trabajar las tropas en Mimban, los cargueros Y-45 locales cuentan con una característica peculiar: un plato de ducha. La banda de Tobias Beckett roba un Y-45 imperial en Mimban para usarlo en el asalto al conveyex en Vandor.

CONVEYEX

FABRICANTE Astilleros de Propulsores de Kuat
MODELO Motor conveyex ATD-C45
TIPO Tren de mercancías

En mundos fronterizos como Vandor, el Imperio utiliza conveyex para transportar mercancías valiosas, como coaxium, entre instalaciones imperiales de alta seguridad. El conveyex avanza simultáneamente por encima y por debajo de un raíl central con vagones a cada lado, y puede alcanzar una velocidad de 90 km/h. En caso de ataque, cada conveyex cuenta con dos cañones láser de repetición y una torreta antiaérea láser. Además, suelen estar custodiados por un contingente de soldados ranger.

MOTO DE ENFYS NEST

FABRICANTE Caelli-Merced **MODELO** Skyblade-330 (modificada) **TIPO** Moto deslizadora de descenso

Las motos deslizadoras de descenso son, básicamente, motores con asiento, y están más adaptadas a la altitud que la mayoría de los aerodeslizadores. En sus frecuentes ataques, Enfys Nest y sus Jinetes de las Nubes saltan sobre sus motos desde un carguero llamado *Aerie*, a una altitud de 400 km, y descienden hacia la superficie. La Skyblade-300 modificada de Enfys Nest tiene capacidad para un pasajero, pero Enfys suele volar sola, a una velocidad máxima de 600 km/h. Del asiento salen tres estabilizadores unidos a tres aspas direccionales frontales. Las motos de los Jinetes de las Nubes están pintadas de rojo y blanco, para diferenciarlas de los vehículos de otros piratas aéreos.

PRIMERA LUZ

FABRICANTE Talleres Espaciales de Kalevala
MODELO Yate espacial de Kalevala **TIPO** Nave de ocio

El *Primera Luz* es el yate de Dryden Vos, el líder de Crimson Dawn. Se construyó con los mejores materiales y está decorado con la iconografía de la organización. Su oferta de ocio compite con la de los mejores destinos de vacaciones y yates de lujo de la galaxia. Los visitantes entran por la base, donde seguridad confisca sus armas. Cuenta con aposentos para tripulación y pasajeros, camarotes de lujo, salas de ocio y cocinas, donde el gran chef Shrindi Meille prepara verdaderos manjares. Qi'ra, lugarteniente de Vos, vive y se entrena aquí durante su estancia en Crimson Dawn. El comedor principal y la zona de fiestas están en la parte superior, donde hay siempre entretenimiento en vivo. La mayor de las seis cubiertas principales está en la parte superior de la nave y contiene la residencia privada de Vos, su oficina y su sala de reuniones. Hay una nave más pequeña junto a la sala de máquinas. Como portavoz de Crimson Dawn, Vos actúa como líder y dirige gran parte de sus asuntos desde la nave. Pero unos pocos individuos de confianza saben que Vos puede contactar con el verdadero líder de la organización, Maul, desde su despacho.

TORRETA DE DEFENSA TODOTERRENO (AT-DT)

FABRICANTE Astilleros de Propulsores de Kuat
MODELO Torreta de defensa todoterreno
TIPO Caminante

La torreta de defensa todoterreno, o AT-DT, es uno de los varios modelos de caminantes que los Astilleros de Propulsores de Kuat han fabricado para el Imperio. Tiene un potente cañón principal que neutraliza con facilidad emplazamientos y vehículos enemigos, mientras que las armas más pequeñas son ideales para atacar a la infantería del adversario. Es un vehículo temible, pero tiene puntos débiles: es muy lento y el piloto no cuenta con la protección de una cabina cerrada, por lo que es vulnerable a los ataques por los flancos.

Un ávido coleccionista
En sus estancias privadas, Vos guarda una colección de curiosidades raras y valiosísimas, como un holocrón Sith, armaduras mandalorianas antiguas y especies en peligro de extinción conservadas en animación suspendida.

KASMIRI

FABRICANTE Corporación de Ingeniería Corelliana **MODELO** Transporte ejecutivo ligero Kestrel KST-100 **TIPO** Carguero

Bautizado por (y en honor de) su canalla propietario, Janus Kasmir, el *Kasmiri* es un carguero usado para contrabando y otras actividades cuestionables. Con la base en su planeta natal, Kaller, Janus conoce al padawan fugitivo Caleb Dume y le permite dormir una noche en el *Kasmiri*. Al día siguiente, mientras los soldados clon se acercan, Caleb roba la nave y huye. No tarda en devolverla y acepta trabajar para Janus. Se convierten en un dúo criminal, con el *Kasmiri* como base de operaciones.

GUADAÑA

FABRICANTE Sistemas de Flota Sienar **MODELO** Lanzadera clase Phi **TIPO** Transporte

Construida para cazar La *Guadaña* está equipada con un hiperimpulsor optimizado.

La lanzadera *Guadaña* transporta a los inquisidores desde su fortaleza en Nur por toda la galaxia en su caza de Jedis. Es la nave preferida del Gran Inquisidor. La *Guadaña* tiene capacidades secretas de camuflaje, cañones láser y una cabina de mando fuertemente blindada. Sus alas se pliegan para aterrizar en zonas estrechas. El Gran Inquisidor, el Quinto Hermano y la Tercera Hermana llevan la *Guadaña* a Anchorhead, en Tatooine, en busca de un Jedi durante el apogeo de la era imperial.

MANTIS AGUDA

FABRICANTE Talleres Espaciales Latero **MODELO** S-161 «Aguijón» XL **TIPO** Yate de lujo

El *Mantis Aguda*, también llamado simplemente *Mantis*, es un yate de lujo, empleado por los Jedi Cere Junda y Cal Kestis en su intento de reconstruir la Orden Jedi y sabotear el Imperio. Pilotado por Greez Dritus, el interior del *Mantis* cuenta con una cabina de mando, holomesa, zona de descanso, espacio de meditación, cocina y banco de trabajo. Una gran aleta vertical giratoria, en la sección media de la nave, alberga el motor.

Greez y Cere Junda pilotan la *Mantis* para salvar a Cal Kestis de la inquisidora Segunda Hermana en Bracca. Los tres vuelan en la *Mantis* en misiones a Bogano, Dathomir, Zeffo y Kashyyyk, y más tarde añaden a la Hermana de la Noche Merrin a su tripulación. Cuando la tripulación de la *Mantis* se disuelve, Kestis usa la nave con otras células rebeldes. Al conocer la existencia de un planeta oculto llamado Tanalorr, pide ayuda a Greez para pilotar la nave por el peligroso Abismo de Koboh.

DESLIZADOR REAL DE ALDERAAN

FABRICANTE Motores Thon **MODELO** AM-719 **TIPO** Deslizador

Los deslizadores reales de Alderaan transportan a los miembros de la Familia Real, a su personal y a invitados importantes desde el espaciopuerto del lago Aldera hasta el palacio. Largos y elegantes, están construidos pensando en comodidad, y no incluyen armamento. Poseen ventanales para permitir contemplar las impresionantes vistas de Alderaan durante su corto trayecto. Celly, hermana de Breha Organa, y su familia suelen viajar en el deslizador real cuando visitan Aldera para banquetes y otras ocasiones especiales.

TRI-ALA

FABRICANTE Corporación Incom **MODELO** Caza estelar Tri-Ala S-91x Pegaso **TIPO** Caza estelar

Desarrollado durante la época imperial, el caza estelar Tri-Ala tiene capacidad para dos pasajeros y un droide astromecánico. Está equipado con dos cañones láser y un hiperimpulsor. Los Tri-Ala son muy codiciados por los pilotos, ya que alcanzan grandes velocidades en muy poco tiempo. De niña, Leia Organa vio un Tri-Ala zarpar del espaciopuerto de Aldera poco antes de ser secuestrada. Tras la caída del Imperio, la Nueva República emplea Tri-Alas. Hay al menos uno en la batalla de Exegol.

TRANSPORTE OCHO

FABRICANTE Corporación SoroSuub **MODELO** TR-286 **TIPO** Transporte

Como redención por sus engaños, Haja Estree envía a Obi-Wan Kenobi y Leia Organa al *Transporte Ocho* para huir de Daiyu. El vehículo, como el puerto de carga de Daiyu, está totalmente automatizado, lo que lo convierte en la nave perfecta para un viaje en secreto. El transporte usa rutas comerciales, por lo que se mueve más despacio que otras naves. Para huir de la Tercera Hermana, Leia emplea una consola para cerrar las puertas e iniciar la partida. Ya en Mapuzo, Kenobi y Leia se escabullen mientras droides elevadores y aerodeslizadores descargan el *Transporte Ocho*.

TRANSPORTE DE FRECK

FABRICANTE Corporación Mekuun **MODELO** FMR-385 **TIPO** Deslizador de carga

Freck es un lugareño de Mapuzo que pilota un deslizador imperial que transporta soldados. El aparato se eleva sobre el suelo, lo que le permite atravesar terrenos rocosos. Freck ofrece a Obi-Wan Kenobi y Leia Organa un paseo en la parte trasera del transporte tras descubrirlos junto a la carretera. Mientras los lleva al puerto más cercano, recoge a varios soldados de asalto. En la parte trasera de aparato hay una bandera imperial en señal de lealtad.

TRANSPORTE BROADHORN JT-731

FABRICANTE Corporación de Ingeniería Corelliana
MODELO JT-731 Broadhorn
TIPO Transporte

Para no ser detectadas por el Imperio, algunas de las primeras células rebeldes reconvirtieron naves basurero para trasladar grandes cantidades de refugiados a un lugar seguro. Conducciones de energía y otros accesorios se trasladaron al exterior para maximizar el espacio interior. La Senda Oculta tiene dos transportes Broadhorn JT-731 en su base oculta de Jabiim. Uno de ellos, en el que viajan Kawlan Roken, Obi-Wan Kenobi y Leia Organa, puede partir tras distraer a Darth Vader con una nave señuelo vacía. Las Broadhorn pueden transportar a muchos individuos, pero no son rápidas ni pueden defenderse. Cuando la que lleva a Kenobi pierde el hiperimpulsor, él huye del vehículo en lanzadera para atraer a Vader.

TRANSPORTE LIGERO BREON

FABRICANTE Koensayr
MODELO Breon HOY-39
TIPO Transporte ligero

En el caso de la Breon, ser un trasto tiene su valor. Es el tipo de nave civil en el que nadie se fija dos veces, y si lo hace, la confundirán con una cabina estelar orleana. Se fabricaron tantas naves de este tipo que tiene la ventaja del anonimato. Su anticuado transpondedor la mantiene fuera del radar de control de tráfico, imperial o corporativo. Cassian Andor toma prestada una maltrecha Breon para buscar a su hermana en Morlana Uno. Cuando Preox-Morlana rastrea la nave hasta Ferrix, se desencadenan acontecimientos que obligan a sus amigos a huir del tumultuoso planeta en la misma nave.

TRANSPORTE DE LA FAMILIA ANDOR

FABRICANTE Astilleros de Reciclaje de Ferrix
MODELO FR-193D **TIPO** Transporte

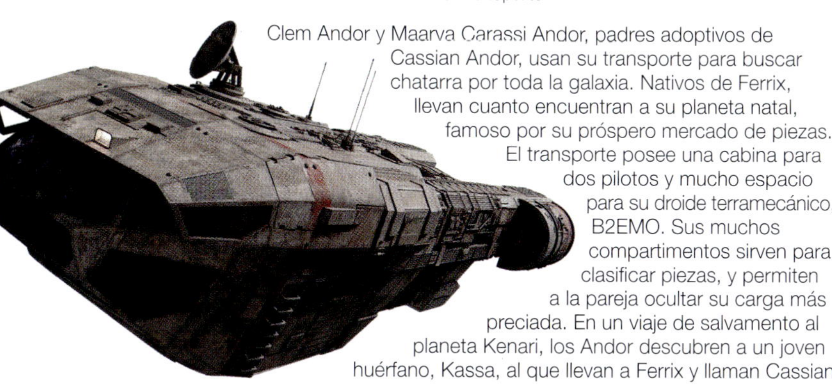

Clem Andor y Maarva Carassi Andor, padres adoptivos de Cassian Andor, usan su transporte para buscar chatarra por toda la galaxia. Nativos de Ferrix, llevan cuanto encuentran a su planeta natal, famoso por su próspero mercado de piezas. El transporte posee una cabina para dos pilotos y mucho espacio para su droide terramecánico, B2EMO. Sus muchos compartimentos sirven para clasificar piezas, y permiten a la pareja ocultar su carga más preciada. En un viaje de salvamento al planeta Kenari, los Andor descubren a un joven huérfano, Kassa, al que llevan a Ferrix y llaman Cassian.

CÁPSULA TÁCTICA MÓVIL

FABRICANTE Corporación Preox-Morlana
MODELO RK-392 **TIPO** Cápsula Táctica Móvil

La Cápsula Táctica Móvil, una de las muchas naves de la corporación Preox-Morlana, es una pequeña nave utilizada para transportar tropas Tac-Corpo. Su alcance orbital es limitado: para distancias más largas, las cápsulas se cargan en Transportes de Personal de la Autoridad Pre-Mor. Puede transportar seis soldados a cualquier lugar en el que Preox-Morlana necesite sofocar revueltas; es una de las muchas herramientas que la corporación emplea para controlar sus posesiones. Los Tac-Corpo del sargento Linus Mosk llevan tres Cápsulas a Ferrix para buscar a Cassian Andor.

VEHÍCULO DE TRANSPORTE DE PERSONAL DE LA AUTORIDAD PRE-MOR

FABRICANTE Corporación Preox-Morlana
MODELO BTY-180 **TIPO** Transporte de personal

Preox-Morlana mantiene una flota de naves en Morlana Uno para desempeñar su papel de Supervisor Corporativo del Sector Morlana. Estas portanaves patrullan el sector para hacer frente a cualquier disturbio civil dentro de la jurisdicción de la corporación. Transportan un escuadrón de oficiales, así como cuatro Cápsulas Tácticas para desembarcar tropas Corpo donde sea necesario. Equipado con hiperimpulsor y cañones láser pesados, el Transporte puede defenderse y cumplir objetivos tácticos cuando se requiera.

Contraataque
Cuando un Crucero imperial Arrestor clase Cantwell detiene el Fondor de Luthen Rael sobre Segra-Milo, este utiliza las armas ocultas de su nave para manipular la fuerza del rayo tractor contra sí mismo.

OI-CT

FABRICANTE Astilleros de Propulsores Kuat
MODELO OI-CT
TIPO Caminante

El Imperio utiliza distintos modelos de caminante para muchos fines además del combate, incluida la construcción. El modelo OI-CT de caminante grúa se emplea en toda la galaxia, desde Mustafar o Corellia hasta Ferrix, para tareas como mover contenedores y levantar naves en un desguace. Los operadores usan este andador equilibrado para mover objetos pesados o difíciles de manejar. Su estructura de cuatro patas ofrece estabilidad y permite ajustar las patas según necesite para acomodar cargas pesadas.

TRANSPORTE FONDOR

FABRICANTE Sociedad Comercial Astilleros Fondor **MODELO** V-21.1 Chevlex **TIPO** Carguero ligero

Luthen Rael posee dos identidades, y carguero Fondor lo refleja. Es el tipo de nave ordinaria que se usa para transportar mercancías a una galería en Coruscant, y eso es lo que aparenta. Pero su modesta superficie oculta grandes modificaciones. Cañones láser, mecanismos de defensa y sistemas de aceleración ocultos la convierten en un enemigo formidable. Dado que Luthen no confía en nadie, la cabina tiene un solo asiento. En lugar de apoyarse en otros, usa una inteligencia droide personalizada que solo responde a su voz. Luthen borra su memoria tras cada viaje. Para asegurarse de que nadie presta atención al Fondor ni a sus actividades, suele atracarlo lejos de sus destinos, a veces usando un motodeslizador para recorrer la distancia final.

Láseres desplegables
Los letales proyectores de rayos láser están ocultos.

LANZADERA-TRANSBORDADOR

FABRICANTE Astilleros de Reciclaje Ferrix **MODELO** Lanzadera-transbordador HFY-3920
TIPO Repulsor

En las lanzaderas-transbordador de Ferrix, los trabajadores se desplazan a sus puestos junto a quienes viajan por negocios. El servicio se ha hecho cada vez más necesario con los años y la expansión de la ciudad. Las rutas comienzan en valles remotos, donde los operadores del servicio cobran a los pasajeros por atracar sus naves. Un piloto maneja la lanzadera desde una cabina elevada en la proa. Algunos pasajeros viajan en silencio; otros dan consejos sobre cómo circular con seguridad por las calles de Ferrix. En la estación central, los pasajeros embarcan y desembarcan por escalerillas tendidas por droides.

CARGUERO MAX-7 RONO

FABRICANTE Sistemas de Flota Sienar
MODELO Max-7 Rono **TIPO** Carguero de despegue sobre raíles

Comparado con otras naves imperiales, el carguero Max-7 Rono es una nave engorrosa. Pilotarlo requiere tanta determinación como habilidad. Carece de compensadores de aceleración, por lo que los despegues son agotadores para tripulaciones no habituadas. En algunos lugares el Imperio ha construido una pista de lanzamiento a medida y un raíl extra para la Nave. Pese a su voluminoso diseño, es útil para transportar carga a través de largas distancias gracias a su hiperimpulsor y a su capacidad. En Aldhani, un grupo de rebeldes carga un Rono con lingotes de aurodio robados a la guarnición imperial.

NAVE DE ABORDAJE TIE

FABRICANTE Sistemas de Flota Sienar
MODELO Variante TIE/SA **TIPO** Lanzadera

Aunque basada en un bombardero TIE, la nave de abordaje TIE es una lanzadera acorazada. La cápsula artillera se ha sustituido por una para tropas de asalto; cada casco transporta hasta seis pasajeros. Una escotilla de abordaje facilita el movimiento de tropas entre naves. Paneles alargados alimentan los sistemas de soporte vital aumentados para el mayor número de seres a bordo. Las naves de abordaje TIE viajan en cruceros Arrestor de clase Cantwell y se utilizan para abordar naves capturadas con los haces tractores.

LIMUSINA SENATORIAL JPP-192

MODELO JPP-192
TIPO Aerodeslizador

Navegar por las ajetreadas aerovías de Coruscant se considera una tarea demasiado mundana para los senadores. Por ello, el Senado Imperial proporciona a sus miembros una limusina, con un conductor designado, para que la usen en sus viajes de negocios y personales en la Ciudad Imperial. Se trata de un modelo de aerodeslizador de lujo, con una serie de detalles para que los senadores se relajen durante sus ajetreadas jornadas. El vehículo posee varias ventanillas, un interior espacioso y pantalla de privacidad para que el conductor no escuche secretos políticos. Es un lugar en el que algunos senadores creen que pueden bajar la guardia, aunque sea por poco tiempo.

CRUCERO ARRESTOR CLASE CANTWELL

FABRICANTE Astilleros de Propulsores Kuat **MODELO** Crucero Arrestor clase Cantwell
TIPO Crucero de patrulla y detención

La Armada Imperial y el Departamento de Justicia Imperial encargaron el Crucero Arrestor clase Cantwell con un propósito singular: detener naves sospechosas y apartarlas de la circulación. Bautizada en honor al diseñador de naves Walex Cantwell Blissex I, la estilizada nave envía un mensaje de seguridad y ley. Dotada de una triple gama de rayos tractores, puede capturar fácilmente otras naves estelares, para disparar sus cañones de iones gemelos o sus turboláseres pesados, atraer a la presa a sus bodegas o mantenerla inmovilizada hasta que lleguen refuerzos.

FANTASMA

FABRICANTE Corporación de Ingeniería Corelliana **MODELO** Caza estelar auxiliar serie VCX modificado **TIPO** Caza- lanzadera corelliano de corto alcance

El *Fantasma* se acopla en la sección de popa del *Espíritu*, donde actúa como tercer emplazamiento artillero de la nave (orientado hacia el exterior). En la proa hay una cabina para un solo piloto, mientras que en la popa hay una pequeña sección de carga y asientos abatibles. El *Fantasma* es ideal para transportar suministros a corta distancia y a los miembros de la creciente tripulación en misiones secundarias. Por desgracia, el *Fantasma* acaba destruido en una misión a la estación Reklam. Un error de cálculo de Ezra Bridger la estrella contra el planeta Yarma y deja sin nave secundaria a la tripulación del *Espíritu* hasta que consiguen un reemplazo, el *Fantasma II*.

Caza furtivo
Al ser una nave pequeña, el *Fantasma* puede maniobrar furtivamente por territorio imperial, aunque puede enfrentarse a TIEs y otros cazas pequeños en combate cerrado.

WINDFALL

FABRICANTE Corporación Subpro **MODELO** Serie STE **TIPO** Carguero ligero

El *Windfall* es la nave elegida por la droide Z0-E3 y su capitán contrabandista. Aunque robada, se convierte en una especie de hogar para la pareja. Durante un trabajo, la *Windfall* es arrancada del hiperespacio por un destructor estelar imperial clase Interdictor. Darth Vader exige al contrabandista, que ignora que es sensible a la Fuerza y descendiente de Lord Corvax, que restaure el místico Ingenio de los Eones. Sin embargo, frustran los planes del Señor del Sith y recuperan el *Windfall* antes de huir y emprender otra aventura.

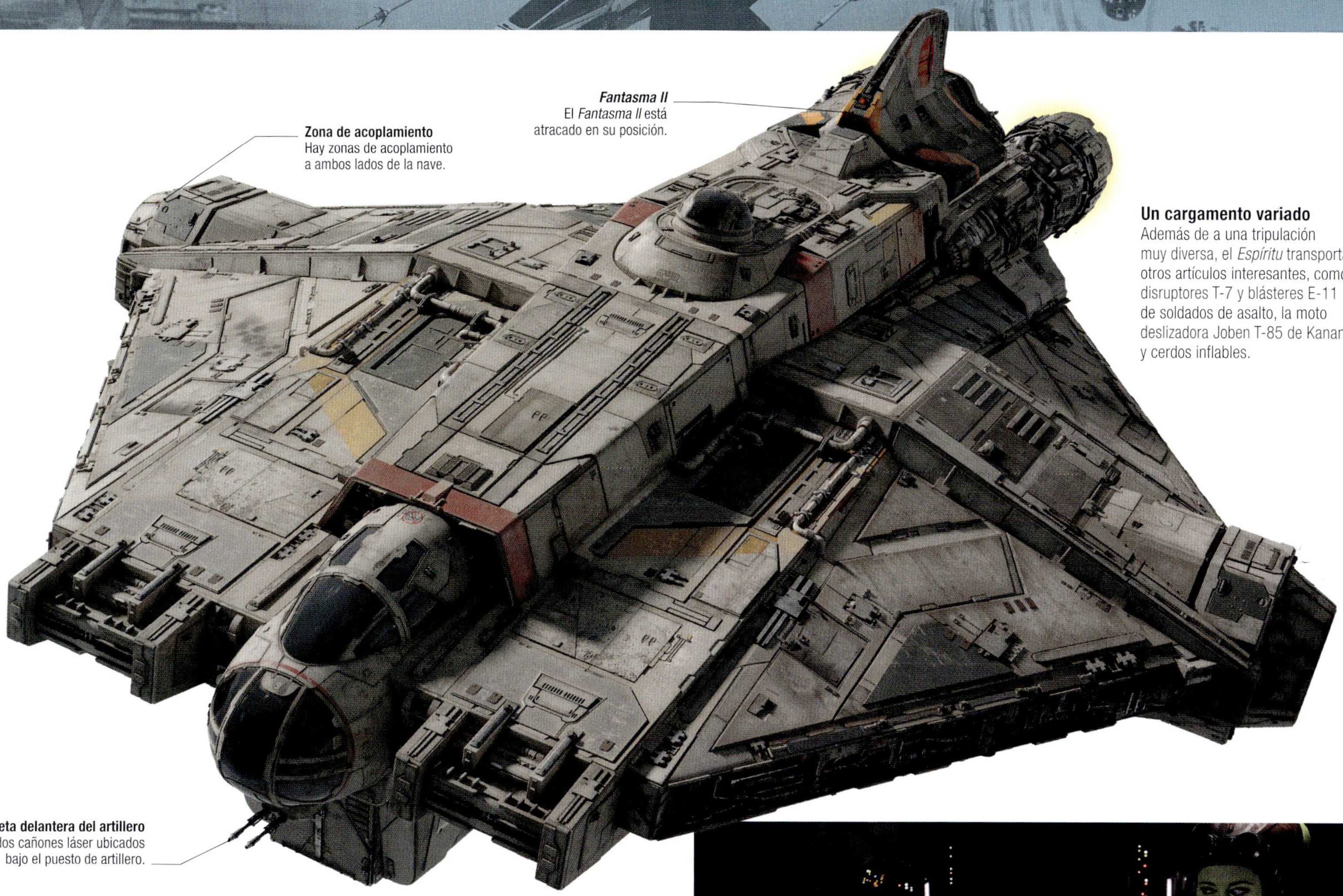

Fantasma II
El *Fantasma II* está atracado en su posición.

Zona de acoplamiento
Hay zonas de acoplamiento a ambos lados de la nave.

Un cargamento variado
Además de a una tripulación muy diversa, el *Espíritu* transporta otros artículos interesantes, como disruptores T-7 y blásteres E-11 de soldados de asalto, la moto deslizadora Joben T-85 de Kanan y cerdos inflables.

Torreta delantera del artillero
Hay dos cañones láser ubicados bajo el puesto de artillero.

ESPÍRITU

FABRICANTE Corporación Corelliana de Ingeniería **MODELO** VCX-100 (modificado) **TIPO** Carguero ligero

Pilotado por Hera Syndulla, el *Espíritu* recibe este nombre por su capacidad para eludir los sensores imperiales. Este vehículo no es solo un caza, sinio también un carguero y el hogar de su tripulación. Un caza auxiliar más pequeño, el *Fantasma*, convierte el *Espíritu* en una nave muy versátil.

NAVE DE HERA

Hera es la dueña del *Espíritu* y se muestra muy protectora con la nave. Cuando la situación se le escapa de las manos, o si los miembros de la tripulación (Ezra Bridger, Zeb Orrelios y Chopper) se ponen demasiado pesados, los envía a hacer algún recado (como ir a comprar fruta meiloorun) para que se aireen un poco. El *Espíritu* es una nave antigua y luce las cicatrices de diferentes escaramuzas con cargueros imperiales y cazas TIE, pero aún es una nave fiable. Aun así, Chopper le ha practicado muchas modificaciones, hasta tal punto que tal vez sea el único capaz de repararla. Aunque Hera es la dueña, y su copiloto Kanan conoce muy bien la nave, Chopper parece tener un mejor control de la situación en casos de emergencia.

LISTO PARA LA MISIÓN

El *Espíritu* no cuenta con dispositivos de invisibilidad, pero sus sistemas de contramedidas, como la intercepción de señales y la transmisión de información falsa, le permiten eludir los escáneres imperiales. Es rápido y puede dejar atrás a naves estelares, y no solo a los cruceros de clase Gozanti. El hiperpropulsor le ha permitido huir de naves del Imperio en más de una ocasión y, aunque la mayoría de las misiones son en Lothal, llega a mundos tan lejanos como Ryloth, Gorse, Garel, Kessel y Stygeon Prime. Siempre debe ir un paso por delante del Imperio para evitar que lo capturen. Interviene en el rescate del Jedi Kanan Jarrus y en la destrucción del *Soberano*, el destructor estelar del gran moff Wilhuff Tarkin.

LA ALIANZA REBELDE

La tripulación del *Espíritu* no trabaja en solitario durante mucho tiempo y acaba uniéndose a una célula rebelde más grande, el Escuadrón Fénix. En una misión muy importante se reúnen con la senadora Mon Mothma, que huye a bordo del *Espíritu* cuando el Imperio frustra el intento de reabastecer de combustible su lanzadera. Luego, desde el puente de la nave, Mothma anuncia a toda la galaxia la formación de la Alianza Rebelde. Durante la liberación de Lothal, el *Espíritu* es clave en el plan que Ezra ha concebido para romper el bloqueo de destructores estelares en torno al planeta. Desde la nave, los rebeldes transmiten un mensaje en frecuencia cero que llama a una manada de purrgil a unirse a la batalla y a chocar contra las naves del Imperio. Aunque Hera asciende en la jerarquía de la Alianza (y llega a comandar un crucero mon calamari), conserva su amado *Espíritu*, al que pilota en la batalla de Scarif y Endor.

TRAS EL IMPERIO

Durante la Nueva República, la general Syndulla y Chopper pilotan el *Espíritu* en nombre de la flota de la Nueva República. El hijo de Hera, Jacen, actúa regularmente como su copiloto. Sin permiso de la Nueva República, Hera lleva al *Espíritu* a Seatos para ayudar a Sabine Wren y Ahsoka Tano. Más tarde, el *Espíritu* lidera un grupo de búsqueda de Tano sobre el océano del planeta.

Continúan las aventuras
Ahora general, Hera, junto con Chopper y Jacen, sigue pilotando su nave en misiones contra el remanente imperial.

Una proclamación histórica
Desde la cabina del *Espíritu*, Mon Mothma anuncia la creación de la Alianza Rebelde. Chopper transmite sus palabras a toda la galaxia.

Purrgil al ataque
Pilotado por el soldado clon Wolffe y Mart Mattin, el *Espíritu* lidera a una manada de purrgil durante la batalla.

TRANSBORDADOR IMPERIAL CLASE LAMBDA

FABRICANTE Sistemas de Flotas Sienar
MODELO T-4a clase Lambda **TIPO** Transbordador

Llega el Señor Oscuro
Darth Vader llega a la Estrella de la Muerte para su supervisión, donde es recibido por el moff Jerjerrod.

El transbordador imperial clase Lambda transporta a oficiales y dignatarios de alto rango, desde al capitán Rae Sloane hasta a Darth Vader. También puede adaptarse para enviar cargamentos de tamaño considerable y para el despliegue de tropas. La nave opera bien en el vacío del espacio y también en atmósferas planetarias. Su pesado escudo y su casco reforzado lo convierten en un transporte muy seguro para oficiales importantes. La cabina puede separarse para funcionar como nave salvavidas, capaz de recorrer distancias cortas.

En los últimos días del Imperio, Palpatine viaja a la segunda Estrella de la Muerte a bordo de su transbordador, ampliamente modificado, junto con sus Guardias Reales y consejeros, como Janus Greejatus y Sim Aloo. En esa misma época, el piloto rebelde Wedge Antilles roba el transbordador imperial *Tydirium*. Utilizando un código de acceso robado y a bordo de esta nave, el general Han Solo comanda un grupo de asalto que logra llegar a la luna de Endor, donde destruyen el generador del escudo de la Estrella de la Muerte.

Hacia el final de la batalla de Endor, Luke Skywalker abandona la estación a bordo del transbordador del propio Vader. Las tres naves tienen un papel vital en los momentos finales de la Guerra Civil Galáctica. Tras la batalla de Jakku, tanto por los remanentes imperiales como la Nueva República usan lanzaderas de clase Lambda. En un momento dado, el Moff Gideon escapa de una lanzadera de la Nueva República utilizada como transporte de prisioneros.

Los transbordadores espaciales miden veinte metros de largo y pueden transportar una carga máxima de ochenta toneladas métricas. Están equipados con dos motores de iones subluz y un motor de hiperimpulso, especial para los viajes de larga distancia. El armamento delantero incluye dos cañones bláster dobles y dos cañones láser dobles. En popa, también hay un cañón láser doble retráctil. Los transbordadores militares tienen distintas configuraciones de armas.

Lanzadera *Tydirium*
Han Solo y Chewbacca se sientan en la cabina de una lanzadera imperial robada, de camino a Endor con otros operativos rebeldes.

Usos posteriores
Soldados del remanente imperial del Moff Gideon rodean a Din Djarin, Cara Dune y Greef Karga en Nevarro.

TRANSPORTE DE TROPAS IMPERIALES

FABRICANTE Industrias Ubrikkian **MODELO** K79-S80 **TIPO** Transporte de tropas blindado

Los transportes de tropas imperiales (ITT) son unos de los vehículos más fiables. Su robustez y el armamento pesado los convierten en una fortaleza móvil. Como están diseñados para transportar a soldados de asalto, los ciudadanos se apartan cuando oyen los altavoces del vehículo en su barrio ya que es algo que solamente puede significar dos cosas: que llegan soldados de asalto o que los soldados van a echar a alguien. A pesar de no haber sido concebidos específicamente para el combate, están equipados con cañones láser. Cuando requisa las tierras de los granjeros de Lothal renuentes a cooperar, el Imperio usa estos transportes para reubicarlos. Ezra Bridger y Zeb Orrelios comprueban lo resistentes que son estos vehículos cuando intentan rescatar a Morad Sumar y otros colonos con un caza TIE robado.

BOMBARDERO TIE

FABRICANTE Sistemas de Flotas Sienar
MODELO Bombardero TIE/sa **TIPO** Caza estelar

Los bombarderos TIE son naves imperiales robustas. Al igual que en los cazas TIE, sus paneles solares complementan los tanques de combustible que nutren los motores de iones gemelos, pero esta nave no dispone de hiperimpulso. Mas los bombarderos realizan viajes más largos que los cazas, por eso llevan suministro de aire y raciones para dos días. Además, no solo disponen de un sistema de apoyo a la vida, sino de asientos de eyección. El armamento incluye dos cañones láser, varios misiles de impacto, minas orbitales y bombas de protones.

Destrucción imperial
Los bombarderos TIE causan estragos durante la Operación Ceniza y en Mandalore, durante la Noche de las Mil Lágrimas.

Excedentes
Los deslizadores 614-AvA son usados por los soldados imperiales. Los modelos más antiguos son vendidos a los civiles. Ezra tiene un deslizador naranja y verde.

Vehículos de carga
Ezra Bridger observa desde arriba a los oficiales que se preparan para entregar un cargamento de blásteres E-11 con sus motos deslizadoras.

MOTO DESLIZADORA IMPERIAL DE LOTHAL

FABRICANTE Compañía de Repulsores Aratech
MODELO 614-AvA **TIPO** Moto deslizadora

La moto deslizadora 614-AvA es un modelo imperial muy popular en Lothal. Equipadas con dos cañones bláster JB-37 BlasTech, son indispensables para los militares. El tándem que forman con los AT-DP y los cazas TIE las convierte en un equipo de asalto capaz de eliminar a muchos rebeldes. Son más maniobrables que los deslizadores terrestres y pueden avanzar por diferentes superficies, y gracias a su mínimo consumo y su facilidad de uso son ideales para misiones de reconocimiento lejanas. Sus pilotos las manejan con el manillar y los pedales que controlan tres aletas direccionales situadas en la parte delantera.

Los rebeldes de Lothal son perseguidos a menudo por deslizadores imperiales, pero en ocasiones logran robar una de las motos Los novatos como Ezra Bridger pueden necesitar alguna clase, pero Zeb Orrelios y Kanan Jarrus no tienen ningún problema para pilotar la 614-AvA.

Nueva tripulación
Durante la Nueva República, Bo-Katan Kryze lidera un equipo que aborda un carguero que está siendo utilizado por un remanente imperial.

Nave de carga
Los cargueros imperiales transportan suministros de gran importancia a las bases imperiales del Borde Exterior. Están protegidos por una escolta de cazas TIE y cañones láser para protegerse de ataques en rutas del hiperespacio como el corredor de Kessel.

CARGUERO IMPERIAL

FABRICANTE Corporación Corelliana de Ingeniería **MODELO** Crucero imperial clase Gozanti **TIPO** Carguero acorazado

Los cargueros de clase Gozanti están blindados para disuadir a los piratas y a los rebeldes (por ejemplo, la tripulación del *Espíritu*). Estas naves han sido utilizadas por distintas facciones, pero el modelo imperial está equipado con escudos más resistentes, motores más rápidos y armas más potentes. Estas naves están destinadas al transporte de cargamentos importantes, como armas y prisioneros, o para transportar AT-DP. Disponen de sus propias escoltas de cazas TIE y de una tripulación rotatoria de soldados de asalto. También están equipados con calabozos para transportar a los prisioneros a las cárceles imperiales o a los campos de trabajo, como las minas de especias de Kessel o la Aguja, en Stygeon Prime.

Cañón láser pesado
Esta arma destruye deslizadores con facilidad.

Estabilizadores adaptables al terreno
Los «pies» del caminante suponen la mitad de sus 11 200 kilos de peso.

CÁPSULA DE DEFENSA TODOTERRENO (AT-DP)

FABRICANTE Astilleros de Propulsores de Kuat
MODELO AT-DP **TIPO** Caminante imperial

Los AT-DP, uno de los varios modelos de caminantes del Imperio, son una versión mejorada de los AT-RT utilizados por la República durante las Guerras Clon. Son tanques de gran velocidad con espacio para dos oficiales: un piloto, sentado delante, y un artillero que controla el cañón láser, detrás. En Lothal los consideran muy efectivos para expulsar a granjeros de tierras expropiadas. Los AT-DP que patrullan las calles de Lothal tienen un aspecto imponente para disuadir posibles alzamientos rebeldes. Asimismo, son ideales para patrullas y misiones breves de reconocimiento. Del mismo modo que los deslizadores, los AT-DP permiten que un número reducido de soldados patrullen grandes extensiones. Aunque los AT-DP pueden perseguir vehículos sospechosos, no tienen la potencia de fuego de los AT-ST para combates de envergadura, y, por ello, a menudo asumen papeles defensivos.

PORTANAVES C-ROC

FABRICANTE Corporación Corelliana de Ingeniería
MODELO Clase Gozanti modificado **TIPO** Crucero

Los minerales extraídos en Lothal son tan valiosos para el Imperio que hay un destructor estelar destinado permanentemente en el planeta. También son muy preciados para los contrabandistas, que intentan salvar el bloqueo imperial. El portanaves C-ROC, versión modificada de un carguero de clase Gozanti, tiene una capacidad de carga aumentada para maximizar el número de contenedores que puede albergar. Sus cinco motores le proporcionan suficiente energía para alcanzar grandes velocidades y eludir las fuerzas de la armada imperial. La *Cuerno Roto*, nave personal del pirata Cikatro Vizago, es un crucero C-ROC modificado.

Contrabandista
La capacidad de carga del C-ROC se ha modificado para que pueda trasportar el mayor número de contenedores.

NAVE DE ATERRIZAJE IMPERIAL

FABRICANTE Sistemas de Flotas Sienar
MODELO Nave de aterrizaje clase Centinela **TIPO** Transbordador

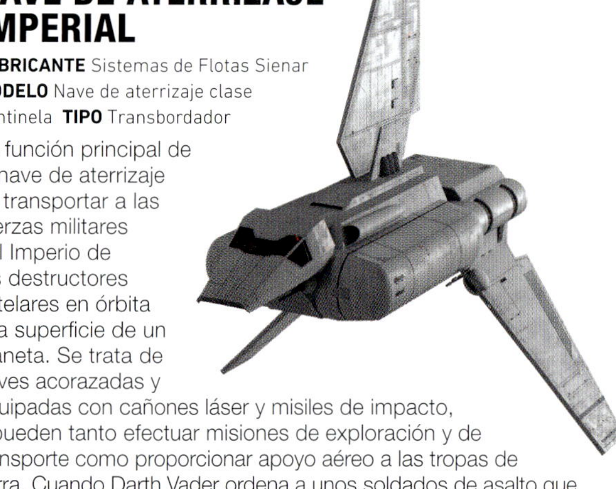

La función principal de la nave de aterrizaje es transportar a las fuerzas militares del Imperio de los destructores estelares en órbita a la superficie de un planeta. Se trata de naves acorazadas y equipadas con cañones láser y misiles de impacto, y pueden tanto efectuar misiones de exploración y de transporte como proporcionar apoyo aéreo a las tropas de tierra. Cuando Darth Vader ordena a unos soldados de asalto que localicen la cápsula de escape de la *Tantive IV* de la princesa Leia, que ha desaparecido durante el abordaje sobre Tatooine, estas naves de aterrizaje los transportan a la superficie del planeta.

PROTOTIPO AVANZADO V1

FABRICANTE Sistemas de Flotas Sienar
MODELO TIE avanzado v1 (prototipo) **TIPO** Caza estelar

En comparación con los cazas TIE estándar, el prototipo TIE avanzado v1 que utilizan los inquisidores tiene motores más rápidos, cañones láser más potentes y lanzadores de proyectiles, que pueden lanzar dispositivos de seguimiento de naves. Los alerones S plegables tienen placas solares para que la nave esté en todo momento cargada. Incluso un carguero tan rápido como el *Espíritu* tiene dificultades para huir del prototipo avanzado TIE v1. Antes de desertar a la Rebelión, Lindon Javes pilota un caza TIE Avanzado v1.

Azote de los rebeldes
El prototipo avanzado TIE tiene dos potentes cañones láser para destruir naves traidoras.

Tecnología avanzada
Los inquisidores tienen acceso a los últimos avances tecnológicos del Imperio, incluidas naves como el prototipo de caza avanzado TIE.

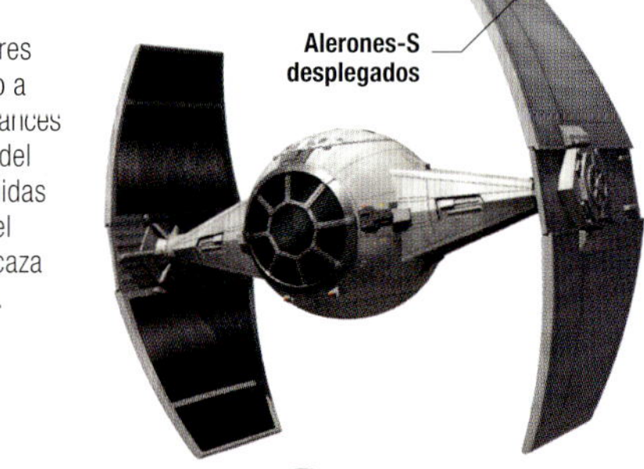

CONMUTADOR ESTELAR 2000

FABRICANTE Industrias Sacul **TIPO** Transbordador de pasajeros

Los conmutadores estelares transportan a viajeros entre mundos cercanos, con líneas regulares para turistas, empresarios, funcionarios rasos y dignatarios. Los pilotan droides de serie RX y pueden transportar hasta 24 pasajeros. La normativa imperial exige que todos los droides, a excepción del piloto, permanezcan en la popa de la nave durante los desplazamientos. Los conmutadores estelares se utilizan en toda la galaxia y son una imagen habitual durante la República, el Imperio y la Nueva República.

MOTO DESLIZADORA DE EZRA BRIDGER

FABRICANTE Compañía de Repulsores Aratech
MODELO 614-AvA **TIPO** Moto deslizadora

Ezra Bridger roba una moto deslizadora militar imperial en Lothal y la pinta a su gusto. No es la primera vez que Ezra roba una, porque el joven conductor acostumbra a chocar con ellas poco después de agenciárselas. La 614-AvA es robusta y versátil, e incluso se puede plegar para que ocupe menos espacio. Puede alcanzar velocidades de hasta 375 km/h y está armada con un cañón bláster JB-37 BlasTech. Ezra usa ratas de Lothal para sus prácticas de tiro cuando conduce por las llanuras de Lothal.

CAÑONERA DE LA POLICÍA

FABRICANTE Ingeniería Pesada Rothana
MODELO Transporte de asalto de baja altitud (LAAT/le)
TIPO Cañonera

La variante policial del transporte de asalto de baja altitud (LAAT/le) está bien equipada, con dos torretas de cañones láser, un cañón laser de cola y dos lanzamisiles. Durante la República, la cañonera LAAT/le se utiliza en operaciones policiales en Coruscant y, luego, el Imperio la usa con fines parecidos en otros planetas. Normalmente transportan oficiales de policía o soldados de asalto y, por lo general, su aparición supone el sometimiento de las poblaciones autóctonas al Imperio. Los focos de rastreo suelen iluminar los barrios por la noche, en busca de rebeldes o criminales. Años más tarde, estos transportes son utilizados por fuerzas policiales de la Nueva República y por los soldados de la noche del gran almirante Thrawn en Peridea.

HOGAR FÉNIX

FABRICANTE Astilleros de Propulsores de Kuat **MODELO** Clase Pelta **TIPO** Fragata

Durante las Guerras Clon, la República usa fragatas de clase Pelta como naves médicas que distribuyen suministros médicos y transportan a soldados clon heridos hasta los hospitales militares. Antes de la batalla de Yavin, Jun Sato, el líder de la célula rebelde Escuadrón Fénix, comanda la fragata de clase Pelta *Hogar Fénix*. La nave se puede defender sola con sus turboláseres y cañones láser, además del pequeño contingente de Alas-A del escuadrón. Sin embargo, el *Hogar Fénix* no logra sobrevivir al ataque de Darth Vader, y es destruido junto a seis Alas-A.

AT-TE DE REX

FABRICANTE Ingeniería Pesada Rothana
MODELO Ejecutor táctico todoterreno (modificado)
TIPO Residencia móvil

Tras las Guerras Clon, los soldados clon Rex, Wolffe y Gregor se retiran al planeta Seelos, donde viven tranquilamente en un AT-TE cuyo interior han despojado de todo el equipo militar para sustituirlo por literas y una cocina. Fuera, han instalado escaleras y barandillas que hacen las veces de balcones, pasarelas y porches. El cañón principal se ha convertido en una caña de pescar para cazar joopa, unas criaturas grandes y semejantes a gusanos autóctonas de Seelos. Por lo demás, el AT-TE sigue funcionando, hasta que los clones y sus visitantes rebeldes se ven obligados a enfrentarse a AT-AT imperiales. Luego, Gregor y Wolffe se mudan a un AT-AT.

ALA CUCHILLA

FABRICANTE Quarrie **MODELO** Prototipo de Ala-B
TIPO Caza estelar

El ingeniero mon calamari Quarrie construye en su taller secreto en Shantipole el *Ala Cuchilla*, que se caracteriza por su cabina giratoria y la torreta ametralladora en el extremo de la cola. El *Ala Cuchilla* cuenta con tres cañones de iones ArMek, dos blásteres Gyrhill de alta intensidad y torpedos de protones SNAPR Rhed. La capitana rebelde Hera Syndulla necesita desesperadamente la nave para romper el bloqueo imperial sobre el planeta Ibaar y, una vez que demuestra sus habilidades como piloto, Quarrie se la entrega. Más adelante, Quarrie trabaja con el fabricante Slayn & Korpil para transformar su prototipo en la línea de cazas ala-B.

INTERDICTOR IMPERIAL

FABRICANTE Sistemas de Flotas Sienar
MODELO Clase Interdictor **TIPO** Destructor estelar

El *Interdictor* imperial es una nave experimental equipada con cuatro proyectores de gravedad abovedados capaces de atraer a naves enemigas desde el hiperespacio. Mide 1129 metros de longitud, está armado con 20 cañones láser cuádruples y puede transportar hasta 20 cazas TIE. El almirante Brom Titus lo usa para atraer al *Libertador*, una nave rebelde, desde el hiperespacio, y capturar a Ezra Bridger y al comandante Jun Sato. Los rebeldes organizan una misión de rescate y destruyen el *Interdictor*. El prototipo da lugar a una línea de destructores estelares, la clase Interdictor, con las mismas capacidades. El Imperio usa dos de estas naves para luchar contra los rebeldes en Atollon, pero ambas son destruidas y los rebeldes que sobreviven logran huir. Uno de los últimos Interdictores imperiales es destruido en la batalla de Jakku.

Reacción en cadena
Los rebeldes sabotean el *Interdictor*, que empieza a fallar y atrae a naves imperiales, que chocan contra él y lo destruyen.

LANZADERA TAYLANDER

FABRICANTE Astilleros Gallofree **TIPO** Lanzadera

Las lanzaderas Taylander, unas naves civiles para el transporte de pasajeros y de mercancía, son muy populares en toda la galaxia. Son habituales en mundos como Coruscant, donde el índice de comercio y de turismo es elevado. Son relativamente pequeñas, ya que solo miden 43,5 m de longitud. Los motores alcanzan una velocidad máxima de 950 km/h y poseen un hiperpropulsor de clase 2. Los rebeldes acostumbran a usar Taylanders en misiones encubiertas, lo que las convierte en objetivo de registros imperiales. Durante un tiempo, la líder rebelde Mon Mothma viaja a bordo de una Taylander llamada *Señora Chandrila*.

SOMBRA ALARGADA

FABRICANTE Motores Mandal **MODELO** Lancer
TIPO Nave de persecución del Sol Negro

El *Sombra Alargada* pertenece a la cazarrecompensas del Sol Negro Ketsu Onyo y es una nave de clase Lancer que, originalmente, está diseñada para perseguir y asaltar cargueros. Se trata de uno de los modelos preferidos en el inframundo, porque necesita muy poco mantenimiento gracias a su construcción robusta y a sus sistemas duplicados. Cuando recupera la amistad con Sabine Wren, Ketsu utiliza el *Sombra Alargada* para ayudar a sus amigos rebeldes a huir de una flota imperial y ponerse a salvo.

CORBETA HAMMERHEAD

FABRICANTE Corporación Corelliana de Ingeniería
MODELO Clase Sphyrna **TIPO** Corbeta

La corbeta de clase Sphyrna, también conocida como corbeta Hammerhead, pertenece a una línea de naves antigua. Estos vehículos miden 315 m de longitud y pueden alcanzar una velocidad de 900 km/h. Están armadas con dos cañones láser duales delanteros y otro trasero. Durante la era imperial, las células rebeldes primero y la Alianza Rebelde después acostumbran a usar corbetas Hammerhead como nave de exploración, de transporte, de remolque de naves estropeadas e incluso de nave de combate. Durante la batalla de Scarif, la corbeta Hammerhead *Hacedor de Luz* (comandada por Kado Oquoné) embiste al destructor imperial *Intimidador* y luego destroza la puerta del escudo sobre Scarif. El sacrificio del *Hacedor de Luz* cambia el curso de la batalla en favor de la Alianza Rebelde. Estas naves siguen siendo parte de las flotas de la Nueva República y de la Resistencia.

Refuerzos
Tras las pérdidas sufridas por el Escuadrón Fénix en la huida de Garel, la princesa Leia Organa refuerza su flota en secreto con varias corbetas Hammerhead.

CAZA COLMILLO

FABRICANTE Corporación SoroSuub y MandalMotors
MODELO Clase Colmillo **TIPO** Caza estelar

Los cazas Colmillo, diseñados para el combate aéreo y espacial, son rápidos, fáciles de maniobrar y letales. Están pilotados por un miembro de los Protectores Mandalorianos de Concord Dawn, a los que Fenn Rau, su líder, ha entrenado personalmente. Estos cazas cuentan con armas potentes, como dos cañones láser montados en las alas y un lanzatorpedos de protones ventral. El delgado perfil de la nave hace que sus rivales tengan dificultades para apuntar, y son adversarios temibles para los Ala-A cuando los rebeldes intentan cruzar por primera vez el sistema de Concord Dawn.

CAZA TIE DEL GREMIO DE MINERÍA

FABRICANTE Sistemas de Flotas Sienar
MODELO TIE/ln (modificado)
TIPO Caza estelar

El Imperio ofrece al Gremio de Minería cazas TIE modificados como recompensa por los recursos clave que este le proporciona. El caza estelar del Gremio de Minería es de color amarillo, para diferenciarlo de los TIE imperiales. También le han retirado dos paneles solares de cada ala estabilizadora, por lo que tiene un total de ocho en lugar de doce. Aunque la modificación mejora la visibilidad del piloto, reduce la velocidad de recarga de energía y la maniobrabilidad. Los cazas TIE del Gremio de Minería están armados con dos cañones láser L-s1 estándar.

LANZADERA DE CLASE NU

FABRICANTE Talleres Espaciales Cygnus **MODELO** Clase Nu **TIPO** Lanzadera de transporte

Las lanzaderas de ataque de la República, también conocidas como lanzaderas de clase Nu, se usan durante las Guerras Clon. Son precursoras de modelos posteriores, como las lanzaderas clase Lambda, Sentinel y Theta. Las lanzaderas de clase Nu tienen espacio para ocho pasajeros sentados (más, si permanecen de pie) y están equipadas con dos cañones bláster gemelos giratorios y dos cañones láser dobles. También se emplean durante la primera época Imperial, en la que muchas se pintan completamente de gris. Una lanzadera también cae en manos del Movimiento Ryloth Libre (MRL).

Personalización El Movimiento Libertario de Ryloth ha adornado su lanzadera con símbolos rebeldes.

NIDO FÉNIX

FABRICANTE Corporación SoroSuub **MODELO** Clase Fuego de Quásar
TIPO Portanaves

Los portanaves de clase Fuego de Quásar, también conocidos como cargueros imperiales ligeros, orbitan mundos ocupados y despliegan escuadrones de bombarderos TIE para aplastar rebeliones locales. El punto fuerte de la nave son los cuatro hangares abiertos, que permiten despegar varios cazas a la vez. La célula rebelde de Hera Syndulla colabora con el padre de ella, Cham Syndulla, para robar un portanaves de clase Fuego de Quásar al que llaman *Nido Fénix*, y lo convierten en la nave insignia del comandante rebelde Jun Sato y su Escuadrón Fénix. En la batalla de Atollon, Sato se sacrifica junto al *Nido Fénix* para que Ezra Bridger pueda ir en busca de ayuda.

ALA-A DE ENTRENAMIENTO

FABRICANTE Sistemas de Ingeniería Kuat
MODELO RZ-1T **TIPO** Caza estelar de entrenamiento

El RZ-1T es un Ala-A modificado que los rebeldes usan para entrenar a los nuevos pilotos y que, en la parte posterior de la cabina, posee un asiento adicional para el instructor. Por lo demás, el RZ-1T es un Ala-A convencional, aunque muchos sistemas, como los lanzamisiles, no se activan hasta que el alumno está preparado para utilizarlos. Ezra Bridger pilota el RZ-1T de la célula Fénix desde la base Chopper en Atollon a Tatooine, en busca de Maul. Cuando aterriza, los Tusken desmantelan rápidamente la nave.

CAZA ESTELAR GUANTELETE

FABRICANTE MandalMotors
MODELO Clase Kom'rk **TIPO** Caza estelar

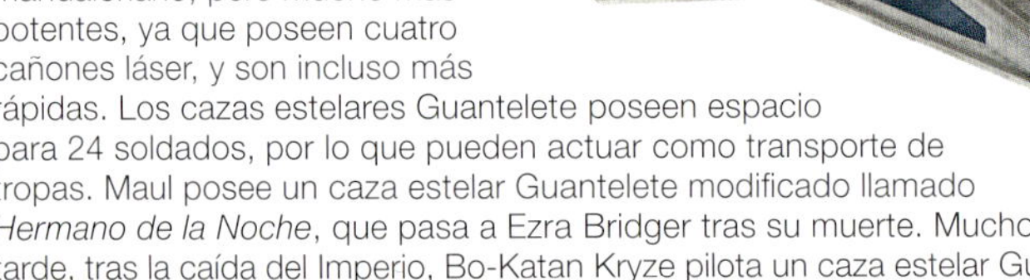

El violento grupo disidente mandaloriano Guardia de la Muerte pilota cazas estelares Guantelete. Son naves similares a los cazas clase Colmillo del Protectorado mandaloriano, pero mucho más potentes, ya que poseen cuatro cañones láser, y son incluso más rápidas. Los cazas estelares Guantelete poseen espacio para 24 soldados, por lo que pueden actuar como transporte de tropas. Maul posee un caza estelar Guantelete modificado llamado *Hermano de la Noche*, que pasa a Ezra Bridger tras su muerte. Mucho más tarde, tras la caída del Imperio, Bo-Katan Kryze pilota un caza estelar Guantelete. Kryze desembarca dos equipos de guerreros mandalorianos sobre Nevarro para proteger a sus ciudadanos de una invasión de los piratas de Gorian Shard. También la mercenaria Bazine Netal pilota una nave Guantelete durante algunos de sus encargos.

FANTASMA II

FABRICANTE Ingeniería Haor Chall **MODELO** Clase Sheathipede (modificada) **TIPO** Lanzadera de transporte

Después de la destrucción del primer *Fantasma*, la tripulación de la *Espíritu* pronto encuentra un sustituto. Mientras recupera piezas en Agamar, el equipo adquiere una antigua lanzadera separatista. La tripulación de la *Espíritu* la modifica a fondo y la rebautiza como *Fantasma II* para servir en la Rebelión. Añaden cañones bláster y torretas a la nave, antes desarmada, la repintan y añaden un foso de astromecánico para Chopper. Como su predecesora, la *Fantasma II* atraca en la sección de popa de la *Espíritu*. Durante la Nueva República, Hera Syndulla pilota la *Fantasma II* sobre Corellia, mientras Chopper coloca una baliza rastreadora en la nave de transporte de Shin Hati y Marrok.

MARTILLO DE SATO

FABRICANTE Corporación Corelliana de Ingeniería
MODELO YT-2400
TIPO Carguero ligero

El *Martillo de Sato* pertenece a la diminuta e innovadora célula rebelde Escuadrón de Hierro, compuesta por Jonner Jin, Gooti Terez y Mart Mattin, todos oriundos de Mykapo, y su droide, R3-A3. El carguero comparte muchas características de diseño con el *Halcón Milenario*, y es un modelo de nave popular entre piratas y transportistas por igual. Cuenta con dos torretas láser dobles (una en el lado ventral y otra en el dorsal) y lanzamisiles de impacto. Además, es una nave rápida y fácil de maniobrar. El Escuadrón de Hierro usa el *Martillo de Sato* para atacar a las fuerzas imperiales que ocupan Mykapo.

DEFENSOR TIE

FABRICANTE Sistemas de Flotas Sienar **MODELO** Defensor de motores iónicos gemelos **TIPO** Caza estelar

Enamorado de los brillantes diseños de Morgan Elsbeth, el gran almirante Thrawn impulsa el desarrollo del defensor TIE en las fábricas de Sienar en Lothal. En comparación con la mayoría de la línea de cazas TIE (fabricados para ser fácilmente reemplazables), el defensor TIE es superior y está diseñado para superar cualquier nave rebelde en combate. Además de ser excepcionalmente rápido, posee un hiperimpulsor (clase 2), escudos deflectores y seis cañones láser en las puntas de las alas. Thrawn despliega sus defensores TIE contra Hera Syndulla y su tripulación, intentando sin éxito capturar a la senadora Mon Mothma en la nebulosa Archeon, y también en un conflicto con la Hegemonía Grysk. Oficialmente, el programa de defensores TIE nunca pasa de la fase de prototipo, ya que la destrucción del depósito de combustible de la capital de Lothal parece poner fin al programa. Sin embargo, algunos vehículos permanecen en acción durante la Guerra Civil Galáctica, incluidas naves del grupo imperial de caza Escuadrón Oscuro.

Alas-Y indefensos
Un único defensor TIE ataca a los Alas-Y del Escuadrón Oro en la nebulosa Archeon. Solo sobreviven el líder del escuadrón, Jon Vander, y Ezra Bridger.

Paneles solares
Los defensores TIE tienen tres paneles solares, que permiten a la nave acumular mucha más energía solar que el resto de cazas TIE, de dos alas.

Estación Reklam
La estación Reklam es un módulo de construcción imperial modificado ubicado en la atmósfera del planeta Yarma. El Imperio la utiliza para desmantelar cazas estelares anticuados hasta que la tripulación del *Espíritu* roba varios de ellos y provoca que la base se estrelle sobre la superficie de Yarma.

MÓDULO DE CONSTRUCCIÓN IMPERIAL

FABRICANTE Colectivo de Astilleros Huppla Pasa Tisc **MODELO** ICM-092792 **TIPO** Estación espacial

Los hábitats de comando imperial, o módulos de construcción imperial, son estaciones espaciales móviles diseñadas para supervisar grandes proyectos de construcción. Albergan todos los datos relativos a los proyectos y ejercen de base de operaciones para el personal implicado en ellos. También contienen grúas y brazos mecánicos, por lo que pueden actuar como gigantescos droides de construcción. El centro de comando imperial en la capital de Lothal es un módulo de construcción imperial, ubicado allí para supervisar las fábricas imperiales locales, recoger recursos locales y someter a la población de Lothal.

NAVE DE VIGILANCIA IGV-55

FABRICANTE Corporación Corelliana de Ingeniería **MODELO** Clase Gozanti modificado **TIPO** Nave de espionaje

El Imperio usa naves de vigilancia IGV-55 para descubrir actividades subversivas. Las naves son cruceros de clase Gozanti modificados con múltiples sensores y antenas de comunicación, un equipo que emplean para controlar las comunicaciones civiles y gubernamentales, además de para cribar otras formas de datos. Aunque suelen estar estacionadas lejos de las rutas hiperespaciales, cuentan con dos cañones láser pesados por si las encuentran y las atacan. La tripulación lleva tecnología craneal Lobot-Tech para ser más eficiente.

CAÑONERA DE CLASE BRAHA'TOK

FABRICANTE Conglomerado Braha'ket Fleetworks **MODELO** Clase Braha'tok **TIPO** Cañonera

Las cañoneras de clase Braha'tok, o cañoneras dorneanas, se diseñan originalmente para proteger a Dornea del Imperio y después sirven a la Alianza Rebelde en la Guerra Civil Galáctica. Gracias a sus ocho cañones turboláser dobles y sus ocho lanzamisiles de impacto, las naves son excelentes en combate contra múltiples cazas enemigos. También pueden llevar dos cazas estelares a la batalla. Las cañoneras de clase Braha'tok entran en acción en las batallas de Atollon, de Scarif y de Endor. Años después de la Guerra Civil Galáctica, los dorneanos siguen usándolas para proteger su mundo natal. Varias cañoneras Braha'tok luchan con la Resistencia durante la batalla de Exegol.

NAVE DE APOYO IMPERIAL

FABRICANTE Rendili StarDrive **MODELO** Clase Destructor **TIPO** Crucero pesado

Estas naves capitales medianas cuentan con doce motores subluz y un hiperpropulsor de clase 2. Son versátiles y están diseñadas de modo que puedan presentar múltiples configuraciones de armas. Antes de la batalla de Yavin, los insurgentes de Batonn usan un contingente de naves de apoyo imperiales en un ataque contra las fuerzas del gran almirante Thrawn, pero son derrotados. Posteriormente, Thrawn usa las naves en el bloqueo de Lothal, aunque muchas son destruidas cuando chocan contra una manada de purrgil que aparece súbitamente del hiperespacio. El bloqueo es destruido y Lothal, liberado.

Asientos de eyección
Si es necesario por seguridad, los asientos (y sus ocupantes) pueden ser eyectados de la cabina.

LANZADERA T-6

FABRICANTE Slayn & Korpil **MODELO** T-6 **TIPO** Lanzadera

Las lanzaderas T-6, diseñadas para ser las naves de los embajadores Jedi, no tienen armas y son fabricadas por Slayn & Korpil, de la Colmena Verpine. Se distinguen porque, al volar, las hojas de las alas giran alrededor de la cabina, el área de pasajeros y los motores, que quedan nivelados. Esta característica innovadora inspirará el caza estelar Ala-B de la Alianza Rebelde más adelante. Aunque después de la destrucción de los Jedi se ven muy pocas T-6, Ahsoka Tano y Sabine Wren se van de Lothal en una de ellas tras la batalla de Endor.

ALA-U

FABRICANTE Corporación Incom **MODELO** Caza estelar/nave de apoyo UT-60D
TIPO Transporte de tropas

Los Alas-U son naves de carga con amplias bodegas en las que la Alianza Rebelde transporta a sus soldados al campo de batalla. Si es preciso, también pueden actuar como cazas estelares. Están armados con dos cañones láser Taim & Bak KX7 y, detrás de las compuertas principales, cuentan con dos puntos de instalación para armas pesadas que aumentan su versatilidad en combate. Los Alas-U tienen un motor de impulso fusial 4J.7 de Incom, capaz de alcanzar los 950 km/h, y potentes hiperimpulsores de clase 1. Las alas pueden orientarse hacia atrás para dar prioridad a la potencia de los escudos y mejorar la refrigeración de los motores, o hacia delante para reducir la fricción con la atmósfera. Saw Gerrera y Cassian Andor pilotan estos vehículos durante la búsqueda de Galen Erso. También ofrece apoyo a los cazas de la Alianza Rebelde en la batalla de Scarif. Durante la Nueva República, Kierah Koovah pilota un Ala-U con el Escuadrón Vanguardia, y Kairos vuela uno con el Escuadrón Alfabeto. También combaten en la batalla de Exegol.

Naves escasas
La Alianza posee algunos Alas-U gracias a Bail Organa, que se asegura de que un cargamento se «pierda» en tránsito.

Pasajeros imponentes
El director Krennic siempre viaja acompañado de un contingente de soldados de la muerte, que inspiran miedo a quien quiera que sea objeto de la visita del director imperial.

LANZADERA T-3C CLASE DELTA

FABRICANTE Sistemas de Flotas Sienar
TIPO Lanzadera para el transporte de personas

La lanzadera T-3c clase Delta pertenece a la línea alfabética de lanzaderas ejecutivas fabricadas por Talleres Espaciales Cygnus primero y Sistemas de Flotas Sienar más tarde. El director imperial Orson Krennic encarga la producción de la nave y adopta la ST 149 (apodada *Pteradon*) como lanzadera personal. El interior de la nave es muy minimalista y sus asientos son básicos. Está armada con dos cañones láser duales KX9 y tres cañones láser KX3 en las alas. La capitana Magna Tolvan también posee una lanzadera T-3c clase Delta, que usa para viajar a Skako Minor en busca de la doctora Chelli Aphra.

CARRO DE COMBATE TX-225

FABRICANTE Ingeniería Pesada Rothana **MODELO** Carro de combate TX-225 GAVw «Ocupante»
TIPO Vehículo de asalto terrestre

El Imperio despliega carros de combate para que patrullen las calles de la Ciudad Sagrada de Jedha y para que transporten los cristales kyber que requisan a la ciudad y a sus habitantes. Las orugas segmentadas de los tanques les proporcionan la maniobrabilidad necesaria para navegar por las estrechas calles de la Ciudad Vieja. Están armados con tres cañones láser medianos MK 2e/w y suelen necesitar tres tripulantes: un comandante, un conductor y un artillero. Pueden alcanzar velocidades de hasta 72 km/h en terreno abierto. El Imperio también desarrolla el TX-225 GAVr, un aerotanque que entra en acción durante la ocupación de Lothal.

AT-ACT

FABRICANTE Astilleros de Propulsores de Kuat
MODELO Transporte blindado de carga todoterreno
TIPO Caminante

El AT-ACT es una versión mucho más alta del caminante imperial AT-AT. Sin embargo, no está concebido para el campo de batalla, sino para trasladar mercancía en instalaciones de investigación imperiales y proyectos de construcción. El módulo de carga central tiene capacidad para 550 m^3 de cargamento, que cargan y descargan droides estibadores. A pesar de que su propósito principal no es el combate, el AT-ACT está blindado y equipado con armas avanzadas con que enfrentarse a rebeldes y piratas. Varios AT-ACT toman parte en el ataque imperial a una base de la Senda Oculta en Jedha. Posteriormente, los cañones láser pesados gemelos Taim & Bak MS-2 del imponente vehículo suponen una importante amenaza para los cazas de la Alianza Rebelde durante la batalla de Scarif.

CAZABOMBARDERO ATMOSFÉRICO TIE

FABRICANTE Sistemas de Flotas Sienar **MODELO** Caza de superioridad aérea TIE/sk x1 experimental **TIPO** Caza estelar

Tanto el ejército como la flota imperial usan el cazabombardero atmosférico TIE que, si bien está diseñado para el vuelo atmosférico, también es capaz de vuelo espacial limitado. Posee cuatro cañones láser de disparo vinculado L-s9.3, dos cañones láser pesados H-s1 y una bodega cargada de bombas de protones. Aunque la cabina suele estar ocupada por el piloto y un artillero, se puede ampliar para llevar pasajeros o cargamento. Esta nave ofrece el apoyo aéreo principal sobre Scarif y es clave en la batalla contra la Alianza Rebelde.

SEGADOR TIE

FABRICANTE Sistemas de Flotas Sienar **MODELO** Nave de aterrizaje TIE/rp
TIPO Transporte de tropas

El segador TIE y el cazabombardero TIE son parecidos, pero el primero es una nave de carga cuya misión es llevar a soldados al campo de batalla. Puede alcanzar una velocidad máxima de 950 km/h y está armado con dos cañones láser. Durante la batalla de Scarif, una de estas naves transporta el escuadrón de soldados de la muerte del director Orson Krennic. Más tarde, Darth Vader lleva los segadores TIE a Tython, en busca de una base rebelde. Durante los años que siguen a la caída del Imperio, estas naves caen en manos de organizaciones criminales, como la Banda Ranc.

LANZADERA DE CLASE ZETA

FABRICANTE Corporación Telgorn
TIPO Lanzadera de carga

El Imperio usa lanzaderas de clase Zeta para transportar cristales kyber y otros materiales entre Jedha, Eadu y Scarif, para construir la Estrella de la Muerte. El piloto y el copiloto están en la cabina de proa. El módulo de carga central alberga la mayor parte del cargamento y se puede separar en el destino. La nave tiene un hiperimpulsor de clase 3 con otro auxiliar de clase 12, muy lento, y cuenta con dos cañones láser pesados KV22 montados en las alas y tres cañones láser KX7 sobre el casco. Rogue One se infiltra en Scarif en una de estas lanzaderas para robar los planos de la Estrella de la Muerte.

PROFUNDIDAD

FABRICANTE Ingenieros Independientes Mon Calamari **MODELO** MC75 (modificado)

El *Profundidad* es una nave grande, de 1204 m de eslora. Es la antigua torre del gobierno local de la ciudad de Nystullum y, durante el éxodo mon calamari, es comandado por Raddus, el alcalde de la ciudad, que sigue comandando la nave como almirante de la Alianza Rebelde. Ya transformado en nave de guerra, el *Profundidad* cuenta con una tripulación de 3225 miembros y está fuertemente armado, con 12 cañones turboláser, cuatro cañones de iones, 12 lanzatorpedos de protones, seis proyectores de rayos tractores y 20 puestos de artillería defensiva. Raddus lidera la flota de la Alianza en la batalla de Scarif y su nave recibe los planos de la Estrella de la Muerte que Jyn Erso envía desde la superficie del planeta. Los planos son enviados a la princesa Leia, a bordo del *Tantive IV*, que se ha acoplado al *Profundidad*. El *Tantive IV* logra huir de Scarif, pero el hiperimpulsor del *Profundidad* no funciona y la nave es destruida.

Cuartel general
Hasta la batalla de Scarif, el *Profundidad* es la nave insignia de la Alianza. Luego es sustituido por el *Hogar Uno*, del almirante Ackbar.

DESLIZADOR X-34 DE LUKE SKYWALKER

FABRICANTE Corporación SoroSuub **MODELO** X-34
TIPO Deslizador terrestre

El deslizador X-34, un vehículo civil de diseño simple, no dispone de soportes para armas, de blindaje ni de ningún otro dispositivo de combate. Puede levitar a una altura máxima de un metro gracias a sus repulsores, y está equipado con tres motores de turbina que le permiten desplazarse por las superficies más irregulares. Ya sea con la cabina abierta o cerrada, el deslizador es perfecto para el clima desértico de Tatooine. Antes de abandonar su hogar y unirse a la Alianza Rebelde, Luke utiliza muy a menudo su deslizador.

Valor escaso
Tras descubrir que sus tíos han sido asesinados *(arriba, dcha.)*, Luke Skywalker lleva a Obi-Wan Kenobi, C-3PO y R2-D2 a Mos Eisley *(dcha.)*. Vende su deslizador para ayudar a financiar el coste del pasaje a Alderaan.

Un viejo amigo
Obi-Wan Kenobi regala a Luke Skywalker una maqueta de saltador T-16 durante su infancia.

SALTADOR T-16

FABRICANTE Corporación Incom
MODELO T-16 **TIPO** Deslizador Aéreo

El Saltador (o Tri-Ala) T-16, fácilmente reconocible por su diseño de tres alas, es un aerodeslizador que tiene una gran aceptación como vehículo civil en toda la galaxia, ya que es un transporte estable y fiable en casi cualquier mundo. Al alcanzar velocidades de 1200 km/h, gracias a su impulsor de iones, y altitudes máximas de unos trescientos metros, el T-16 es la primera nave de muchos jóvenes. En Tatooine, Luke Skywalker pilota su T-16 en el Cañón del Mendigo, y dispara a ratas womp con su cañón neumático. En una ocasión, Luke salva a su tío Owen Lars, que estaba cayendo, atrapándolo en una de las alas de su T-16. Cuando se une a la Alianza Rebelde, Luke se beneficia de las similitudes entre los controles del T-16 y el caza estelar Ala-X, fabricado también por Incom.

ROJO CINCO

FABRICANTE Corporación Incom
MODELO T-65 Ala-X **TIPO** Caza estelar

Rojo Cinco es la designación como piloto de Luke Skywalker cuando destruye la primera Estrella de la Muerte. El nombre se convierte en sinónimo del propio caza Ala-X que pilota.

BATALLA DE YAVIN

La experiencia de Luke pilotando en Tatooine saltadores T-16, del mismo fabricante que el Ala-X, le proporciona suficiente familiaridad con los controles de vuelo del T-65 como para que se le asignen tareas de piloto en el Escuadrón Rojo cuando la Estrella de la Muerte se acerca a la base de la Alianza Rebelde, en Yavin 4. Garven Dreis, Jefe Rojo, asigna a Luke el Rojo Cinco, una plaza libre tras la muerte de Pedrin Gaul en la batalla de Scarif. Los más experimentados Wedge Antilles y Biggs Darklighter completan el trío como Rojo Dos y Rojo Tres, respectivamente. Durante su vuelo por la trinchera, Luke oye la voz incorpórea de Obi-Wan Kenobi diciéndole que «use la Fuerza». Luke apaga la computadora de objetivo de Rojo Cinco y dispara sus torpedos al conducto de ventilación de la Estrella de la Muerte, sellando la victoria de la Alianza Rebelde.

MANIOBRAS AUDACES

Convertido en miembro de la Alianza, Luke participa en un plan rebelde para capturar el destructor estelar imperial *Harbinger*. Gracias a una brecha en el casco abierta por el *Halcón Milenario*, Luke vuela hacia el Harbinger y atraviesa su reactor primario, provocando que empiece a sobrecargarse. La maniobra hace que la tripulación imperial abandone la nave, lo que permite a una tripulación rebelde requisarla y repararla. La misión es una de las primeras victorias importantes de la Alianza Rebelde tras la batalla de Yavin. Tras la batalla de Hoth, Luke lleva su nave a Dagobah, donde Yoda le enseña una importante lección sobre la Fuerza cuando extrae el Ala-X de un pantano.

Disparo perfecto
Rojo Cinco avanza por la Estrella de la Muerte, en dirección a la obertura de salida térmica.

Copiloto fiel

Aunque Luke es aún un piloto novato en la batalla de Yavin, el veterano R2-D2 le ofrece todo su apoyo. Durante el ataque a la Estrella de la Muerte, R2-D2 logra mantener Rojo Cinco en funcionamiento gracias a sus reparaciones, hasta que Darth Vader alcanza con su láser al droide. Los técnicos rebeldes consiguen repararlo, y R2-D2 retoma su legendaria colaboración con Luke.

Cañón bláster
Cuando dispara ráfagas sincronizadas, los cañones del Ala-X pueden desintegrar cazas TIE fácilmente.

Motores de impulso de fusión
Estos potentes y eficientes motores proporcionan máxima velocidad y aceleración.

Posición de ataque
Los alerones-S permanecen cerrados para alcanzar una mayor velocidad y se abren para entrar en combate.

Cabina
Luke pilota el caza estelar con la ayuda de R2-D2.

LUCHANDO CONTRA EL IMPERIO

Luke pilota el Rojo Cinco en muchas ubicaciones, incluyendo Bespin, Serelia, Tempes y Tatooine, mientras ayuda a la Alianza Rebelde en su lucha contra el Imperio. Tras la caída del régimen, los viajes de Luke le llevan a Pillio, donde encuentra una brújula, y más tarde a Ossus, donde forma una nueva Academia Jedi. Luke también pilota el Rojo Cinco al crucero ligero del Moff Gideon para rescatar a Grogu del remanente imperial y sus soldados oscuros. Más tarde, cuando Grogu decide abandonar su entrenamiento Jedi para volver con Din Djarin, Luke lo envía de vuelta a Tatooine en Rojo Cinco, con R2-D2 como acompañante.

EN EL EXILIO

Cuando el intento de Luke de entrenar a otra generación de Jedi fracasa, pilota su Ala-X hasta Ahch-To, una de las zonas más remotas de la galaxia. El caza estelar yace sumergido en las aguas poco profundas que rodean el antiguo pueblo al que Luke llama hogar, mientras intenta vivir sus últimos días en soledad. Años más tarde, Luke saca el Rojo Cinco del mar para que Rey lo pilote hasta Exegol.

Aterrizaje controlado
Solo un piloto tan hábil como Luke podía evitar los numerosos árboles del pantano de Dagobah. A pesar de que sobrevive al aterrizaje, recela de los peligros invisibles que lo acechan *(izda.)*.

«Rojo Cinco; voy a entrar.» LUKE SKYWALKER

Prueba empírica
Para Luke, la advertencia de Yoda, «hazlo o no lo hagas, pero no lo intentes», puede resultar un concepto difícil de entender. Cuando Luke renuncia a levantar su Ala-X, el maestro Yoda le demuestra que es posible.

Regreso de las profundidades
Rescatado de las aguas de Ahch-To, Rey lleva a Rojo Cinco a Exegol para enfrentarse al emperador.

CAZA TIE AVANZADO X1

FABRICANTE Sistemas de Flota Sienar
MODELO TIE Avanzado x1 **TIPO** Caza estelar

Darth Vader solo pilota lo mejor. Su caza es un prototipo modificado de la línea TIE Avanzado x1. A diferencia de la mayoría de modelos TIE, el Avanzado x1 posee hiperimpulsor y escudos deflectores. El caza de Vader es rápido y está bien armado, con cañones bláster gemelos fijos y misiles de racimo. La cabina personalizada se ajusta a las especificaciones exactas de Vader y se adapta a las características de su traje. Vader muestra su destreza a los mandos del caza en muchos momentos, como cuando acaba el solo con los pilotos de Ala-A del Escuadrón Fénix, años antes de la batalla de Yavin. En Vrogas Vas derrota con éxito a dos escuadrones de Ala-X rebeldes antes de que le detenga una colisión frontal con Luke Skywalker.

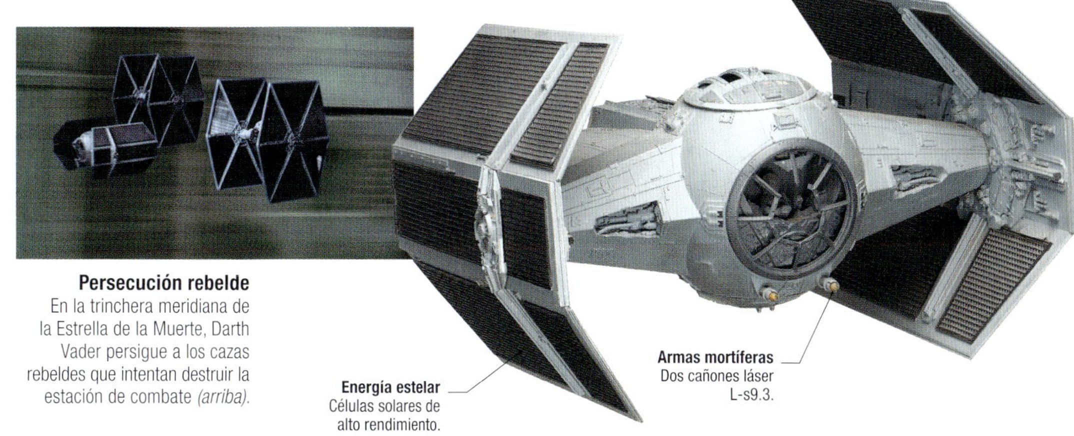

Persecución rebelde
En la trinchera meridiana de la Estrella de la Muerte, Darth Vader persigue a los cazas rebeldes que intentan destruir la estación de combate *(arriba)*.

Energía estelar
Células solares de alto rendimiento.

Armas mortíferas
Dos cañones láser L-s9.3.

CENTRO PENITENCIARIO MÓVIL

MODELO Construido a medida
TIPO Centro penitenciario móvil

La prisión móvil Accresker está gestionada por el Imperio. Son 80 000 toneladas de naves destrozadas unidas por un nodo atractor, transportadas por un crucero con cuerdas de plasma. A los reclusos se les inyecta un microexplosivo que detona si desobedecen. Al descubrirse esporas garfio gundravianas en la cárcel, se ordena su destrucción. Darth Vader la aborda en busca de la doctora Chelli Aphra, pero permite que sea destruida tras no hallarla.

LUCREHULK PRIME

FABRICANTE Motores Hoersch-Kessel, S. A.
MODELO Clase Lucrehulk **TIPO** Nave de guerra

La Alianza Rebelde reutiliza *Lucrehulk Prime*, una antigua nave de control de droides de la Federación de Comercio, como base y escuela de vuelo. La general Hera Syndulla supervisa las operaciones en la estación y aprueba los reclutas que participan en las formaciones de vuelo en las inmediaciones de *Lucrehulk Prime*. La doctora Chelli Aphra y su tripulación rastrean la nave y toman a Syndulla como rehén. La nave de guerra les sigue, y Aphra la controla a distancia, empleándola para robar un núcleo de datos de la instalación imperial base Colmena 1. Aunque sufre daños, *Lucrehulk Prime* sobrevive y Syndulla regresa a la nave.

ARCA DEL ÁNGEL

FABRICANTE Motores Hoersch-Kessel, S. A. **MODELO** Clase Bellicose (modificado) **TIPO** Nave elevadora pesada

El *Arca del Ángel* es la primera de una serie de naves homónimas de la doctora Chelli Aphra, empleadas por la cazatesoros para sus planes, misiones y desventuras. La nave posee un perfil único, con una parte superior en forma de disco y una larga sección vertical con la rampa de entrada y armamento pesado. Cuando Darth Vader lucha contra el comandante Karbin, el ciborg Mon Calamari, en el mundo rocoso de Vrogas Vas, ordena a Aphra que estrelle el *Arca del Ángel* contra su oponente. Ella obedece, mata a Karbin y se eyecta antes de estrellarse contra el paisaje montañoso.

ALA ROTA

FABRICANTE Corporación de Ingeniería Corelliana
MODELO YV-580 modificado
TIPO Carguero ligero

La nave de Beilert Valance, el *Ala Rota*, está modificada según sus necesidades. Cuenta con una cabina central elevada, parte de una sección central que puede separarse del vehículo principal en caso de emergencia. Dos puntas rodean y sobresalen de la cabina, está asentada sobre un casco en forma de plato, con cañones láser montados en los lados interior y exterior. Valance pilota la nave para muchos trabajos (incluida la misión de la *Mano Oculta* para destruir a Vader) antes de desprender la sección central y aterrizar dentro de un crucero rebelde en un ataque pirata.

IMPERIALIS

FABRICANTE Sistemas Sienar de la República **MODELO** Corbeta pesada clase Cosinga **TIPO** Yate

El *Imperialis* es un avanzado crucero de placer perteneciente al emperador Palpatine. La nave, en la que predominan los colores azul metalizado y rojo, se caracteriza por su sensible pilotaje y sus defensas automáticas, capaces de destruir amenazas como minas gravitatorias. La *Imperialis* guarda tesoros de Palpatine como la máscara de Lord Momin. Lando Calrissian y su amigo Lobot roban la *Imperialis* para el señor del crimen Toren, sin saber de quién es. El emperador lanza una cacería y encarga a la cazarrecompensas Chanath Cha la búsqueda de la nave. Finalmente ella deja marchar a Lando y Lobot, pero obedece órdenes y hace explotar la *Imperialis*.

COBRA VOLTIO

FABRICANTE Corporación de Ingeniería Corelliana
MODELO YT-1010 personalizado **TIPO** Carguero ligero

El *Cobra Voltio* pertenece a la sinvergüenza contrabandista Sana Starros. Equiparable en velocidad al *Halcón Milenario*, posee un cuerpo principal redondo, con cabina delantera separada y dos cañones láser montados en la parte superior, con radio de giro de 360 grados. Starros acepta llevar a Han Solo, Luke Skywalker y Leia Organa en busca de Chewbacca, pero topan con un destructor estelar en el cúmulo Dene Gois. Starros decide lanzarse en una cápsula de salvamento y abandonar el *Cobra Voltio* en un intento de sobrevivir.

CORVUS

FABRICANTE Astilleros de Propulsores Kuat
MODELO Clase Incursor II **TIPO** Corbeta

El *Corvus* es una corbeta clase *Incursor II*, una nave imperial ágil y rápida que sirve como base de operaciones para el Escuadrón Infernal. Está equipada con turboláseres e hiperimpulsor, y ha participado en varios batallas memorables como la de Endor. Tras la deserción de Iden Versio y Del Meeko, la *Corvus* se reacondiciona como nave de la Nueva República, y más tarde sirve a la Resistencia. Meeko emplea la nave en su búsqueda del mapa que conduce a Luke Skywalker, pero es capturado por su ex compañero Gideon Hask. Finalmente, la Primera Orden destruye el *Corvus* en Vardos, en un fallido intento de matar a la hija de Iden, Zay Versio.

AERODESLIZADOR T-47

FABRICANTE Corporación Incom
MODELO T-47
TIPO Aerodeslizador (modificado)

Los aerodeslizadores T-47 poseen mandos similares a los de las cazas estelares, pero solo pueden volarse a baja altura. Las tropas rebeldes modifican muchos de ellos según sus necesidades en Hoth, en el gélido planeta. La Senda Oculta utiliza dos de estos vehículos para recoger a Obi-Wan Kenobi, Tala Durith y Leia Organa de la Fortaleza de la Inquisición durante el rescate de Organa. Uno de ellos, pilotado por Wade Resselian, acaba derribado por fuego imperial.

El frío extremo de Hoth crea un conjunto único de condiciones operativas que amenazan con dejar en tierra a la fuerza de aerodeslizadores de la Alianza Rebelde. Sin embargo, el ingenio se impone a los elementos: los rebeldes modifican sus T-47 y los convierten en deslizadores de nieve. En forma de cuña y con capacidad para dos personas, están equipados con dos cañones láser delanteros y un cañón arponero detrás, y su diseño permite que sean manejados por un piloto y un artillero en popa.

La fuerza de asalto imperial que aterriza en Hoth está liderada por caminantes AT-AT que tienen la misión de destruir el generador de la base Eco. La defensa del generador está en manos del Escuadrón Pícaro, que pilota los nuevos deslizadores de nieve. Como no poseen la potencia de fuego necesaria para derribar a los caminantes, su comandante, Luke Skywalker, propone una estrategia alternativa: abatir a los enormes vehículos de asalto haciéndolos tropezar con los cables de remolque del arpón. El artillero de Luke, Dak Ralter, muere antes de disparar, y su deslizador se estrella en la nieve tras recibir el disparo de un AT-AT. Luke está a punto de ser aplastado por un AT-AT mientras intenta recuperar el cañón arponero de la cabina.

Wedge Antilles y Wes Janson tienen más suerte y consiguen derribar a un caminante, siguiendo la idea de Luke. La precisión de disparo de Antilles remata la faena cuando dispara al caminante en su vulnerable cuello. A pesar de todo, el generador rebelde es destruido, por lo que la base queda vulnerable ante posibles invasiones.

Fortaleza de la Inquisición
Durante las peligrosas misiones a Nur, los valientes pilotos de la Senda Oculta lo arriesgan todo para ayudar a alguien que lo necesita.

Piloto pícaro
Un deslizador del Escuadrón Pícaro consigue eludir por muy poco el fuego enemigo mientras se aproxima a los caminantes AT-AT.

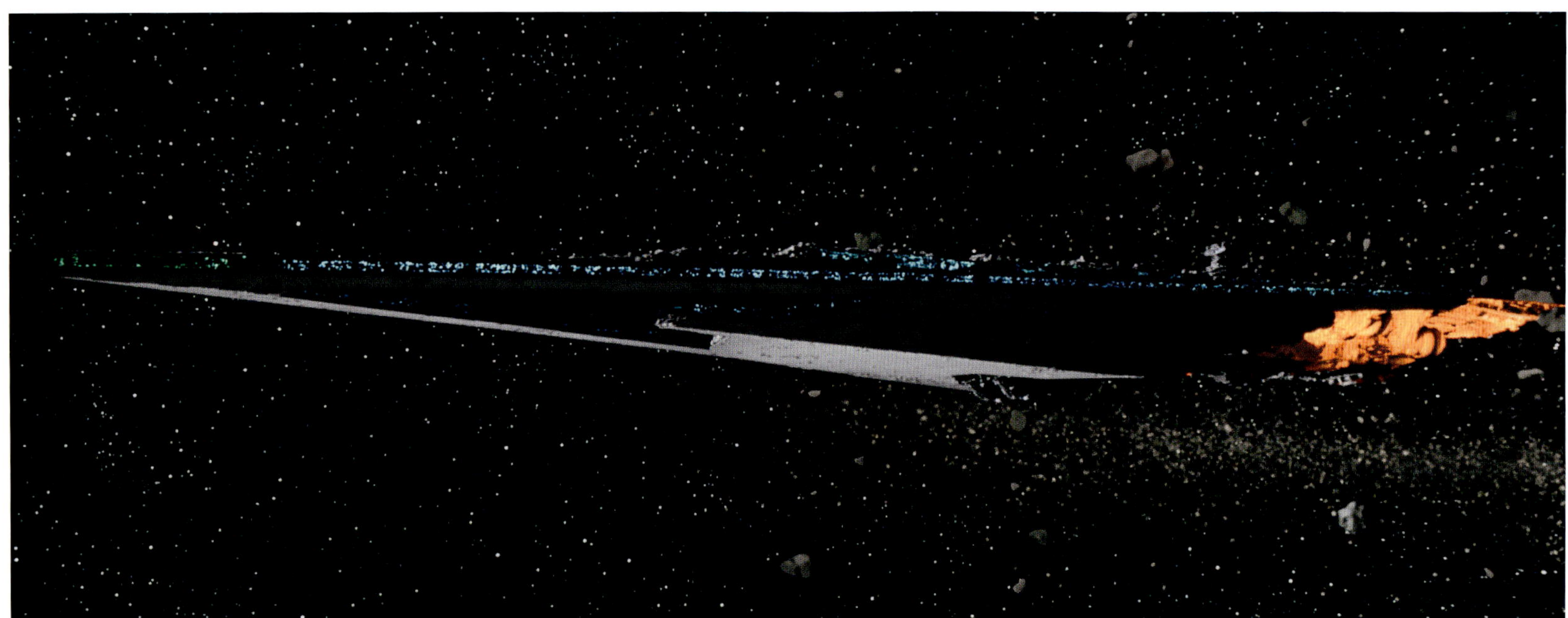

EJECUTOR (SUPERDESTRUCTOR ESTELAR)

FABRICANTE Astilleros de Propulsores de Kuat
MODELO Destructor estelar clase Ejecutor
TIPO Superdestructor estelar

El superdestructor estelar llamado *Ejecutor* es un símbolo del poder del Imperio y una de las naves imperiales más potentes de toda la galaxia. Visto desde arriba, tiene forma de punta de flecha, y está equipado con más de mil armas, incluidos cañones de iones, turboláseres y lanzamisiles. El muelle principal está en la zona delantera del vientre de la nave, donde alberga cazas TIE, bombarderos TIE e interceptores TIE. Esta nave es impulsada por trece motores de propulsión. La torre de mando se alza en la popa de la isla central habitable, y está coronada por dos cúpulas geodésicas de comunicación y deflexión.

El *Ejecutor* fue el primer superdestructor estelar y el buque insignia de Darth Vader, que lo recibe cuando impide que un científico imperial disidente, el doctor Cylo, se haga con él. Entonces, el *Ejecutor* es modificado para satisfacer las necesidades específicas de Vader, incluida una sala de meditación similar a la de su castillo de Mustafar. Aunque Vader comanda toda la flota imperial, suele liderar el Escuadrón de la Muerte desde el *Ejecutor*, por ejemplo en el ataque imperial contra las bases rebeldes en el puerto espacial de Mako-Ta y en Hoth. Durante el ataque contra la base Eco, Vader monta en cólera cuando el almirante Kendal Ozzel ordena que la flota abandone el hiperespacio cerca de Hoth, en lugar de aproximarse desde las afueras del sistema. Este error táctico permite a la Alianza activar el escudo de energía de la base. Harto de la incompetencia de Ozzel, Vader ejecuta telequinéticamente al almirante, aunque no puede evitar que gran parte de la flota rebelde huya. Cuando el sindicato criminal Crimson Dawn organiza una subasta por Han Solo, Vader viaja al evento en el *Ejecutor*. Tras la subasta, Vader ofende al Consejo Hutt. El grupo ordena a su armada atacar al *Ejecutor*, pero el superdestructor estelar sale victorioso. La nave, que sirve como mando Imperial durante la batalla de Endor, halla su final cuando un caza estelar rebelde Ala-A se estrella contra su puente de mando, haciéndole perder el control y estrellarse contra la segunda Estrella de la Muerte.

Huida de Hoth
El GR-75 desempeña un papel crucial para la Alianza Rebelde *(arriba)*. El último transporte, el *Esperanza Brillante*, abandona la base durante la batalla de Hoth con la ayuda de los pilotos de caza Wedge Antilles, Tarrin Datch y Wes Janson *(dcha.)*.

TRANSPORTE REBELDE

FABRICANTE Astilleros Gallofree
MODELO GR-75 **TIPO** Transporte mediano

El GR-75 es una variación del GR-45 civil, utilizado por empresas de transporte. El casco de la nave es muy grueso y el interior está formado por un único espacio abierto para los contenedores de carga. Para maximizar el espacio, solo está armado con cuatro cañones láser gemelos y un escudo deflector. Es una nave de producción asequible, famosa por mantener al personal de mantenimiento siempre ocupado. Algunos de estos transportes se utilizan como transbordadores para personal rebelde de alto rango cuando la Alianza huye de Hoth. La Alianza también los usa en las batallas de Atollon, Scarif, Endor y Jakku.

TRANSPORTE BLINDADO TODOTERRENO (AT-AT)

FABRICANTE Astilleros de Propulsores de Kuat
MODELO Transporte blindado todoterreno
TIPO Caminante

El transporte blindado todoterreno, conocido habitualmente como «caminante AT-AT», es un vehículo de combate de cuatro patas usado por las fuerzas de tierra imperiales. La cabina se encuentra en la «cabeza». De las «sienes» sobresalen los blásteres de repetición de fuego enlazado dual, y bajo la «barbilla» hay dos cañones láser Taim & Bak MS-1. El blindaje resiste los disparos de bláster, lo que convierte el AT-AT en un vehículo casi imparable.

Gracias a sus veintidós metros de altura, los AT-AT disponen de una gran ventaja psicológica e infunden miedo a sus oponentes a medida que avanzan como gigantes acorazados. Sin embargo, también tienen sus puntos débiles. El cuello, en especial, es vulnerable a los disparos de bláster. Además, las grandes patas y su alto centro de gravedad los convierten en vehículos inestables. El Grupo Pícaro, encargado de la defensa de la base Eco, aprovecha esta debilidad. Cuando el piloto Wedge Antilles pasa muy cerca de un AT-AT, Wes Janson, su artillero, dispara un arpón con cable para fijarlo a una pata. Antilles rodea las patas del caminante varias veces hasta que lo derriba. El cuello de la máquina queda expuesto, y el piloto lo aprovecha para destruirlo.

Este caminante también carece de blindaje en el vientre, lo que permite la instalación de cañones o lanzamisiles. Por este motivo, junto a los AT-AT es habitual ver caminantes AT-ST, que protegen sus puntos débiles. El Imperio no prevé un ataque tan intrépido como el de Luke Skywalker, que utiliza un arpón para ascender hasta el vientre del AT-AT y lanzar una granada en su interior.

Objetivo eliminado
En Hoth, un AT-AT se acerca al generador de escudos, apuntando a los soldados de la Alianza que huyen a su paso.

Ataque furtivo
Cuando su aerodeslizador es derribado por un AT-AT imperial y su artillero, Dak Ralter, fallece, Luke intenta acabar con el caminante de otro modo: asciende hasta el vientre, donde introduce una granada que destruye el interior del vehículo.

Caminante mortífero
Las tropas de tierra rebeldes en Hoth no tienen ninguna posibilidad de vencer a las fuerzas invasoras dirigidas desde caminantes AT-AT, bajo el mando del general Maximilian Veers. Los caminantes avanzan hacia el generador del escudo y acaban con las tropas rebeldes de las trincheras.

TRANSPORTE DE EXPLORACIÓN TODOTERRENO (AT-ST CAMINANTE DE EXPLORACIÓN)

FABRICANTE Astilleros de Propulsores de Kuat
MODELO Transporte de exploración todoterreno
TIPO Caminante

Compañero de ataque del caminante AT-AT, de mayor tamaño y más imponente, el diseño del AT-ST, un bípedo ligero, le permite desplazarse con movimientos rápidos por la mayoría de los terrenos. Su velocidad y agilidad lo convierten en el vehículo ideal para misiones de patrulla y reconocimiento. El Imperio despliega AT-ST en entornos muy distintos y, por ejemplo, los usa contra los Partisanos de Saw Gerrera en las abarrotadas calles de Jedha, pero también contra la Alianza Rebelde en batallas en tierra en lugares remotos. Aunque los AT-ST contribuyen a la victoria sobre las fuerzas rebeldes en Hoth, sufren una sonada derrota en Endor y Jakku.

Aunque, en comparación con los AT-AT, cuentan con grandes ventajas, como su velocidad y tamaño, la capacidad ofensiva y defensiva de los AT-ST es muy limitada. El alcance de los cañones bláster medianos de la «barbilla» es de solo dos kilómetros, mientras que el lanzagranadas y el cañón bláster ligero que tienen a ambos lados de la cabeza tan solo son efectivos de cerca. Asimismo, su blindaje, mucho más ligero, es capaz de repeler ataques de blásteres y otras armas pequeñas, pero no soporta los impactos producidos por cañones láser, misiles u otras armas pesadas. Los AT-ST también son vulnerables a otros ataques de cerca, como los realizados con gran efectividad por los ewoks en la batalla de Endor. Una cuerda gruesa tensada a poca altura los derriba fácilmente, mientras que las rocas lanzadas desde los planeadores logran desestabilizarlos. Los ewoks también descubren que pueden destruir la cabina golpeando a los caminantes en la cabeza con troncos atados a los árboles.

Sin embargo, quizá el punto más débil de este vehículo sea lo fácil que resulta hacerse con su control. Chewbacca usa la fuerza bruta para abrir la trampilla, agarrar a los pilotos y echarlos de la cabina. A continuación, el wookiee emplea los cañones del AT-ST en la batalla y siembra el caos entre los desprevenidos soldados de asalto. Tras la derrota del Imperio, muchos AT-ST caen en manos de piratas y criminales. Din Djarin y Cara Dune ayudan a derribar un AT-ST controlado por un grupo de forajidos en un pueblo del planeta Sorgan.

EDGEHAWK

FABRICANTE SubPro **MODELO** Lanzadera clase Eskherf modificada **TIPO** Transporte

La cazarrecompensas T'onga, activa en el submundo galáctico, pilota el *Edgehawk*. Esta nave cromada alberga una pequeña tripulación, incluida la esposa de T'onga, Losha Tarkon, y cuenta con cuatro alas inclinadas hacia abajo. En un encargo para encontrar a una joven llamada Cadeliah, heredera de las organizaciones criminales Clan Indómito y el sindicato Lamento de la Viuda, el *Edgehawk* entra en acción contra el Imperio, con una persecución a través de un campo de asteroides por parte del Escuadrón Infernal. Aunque T'onga halla un puerto seguro y consigue reparar el *Edgehawk*, acaba vendiendo la nave para pagar y mantener a su tripulación.

ADQUISIDOR

FABRICANTE TaggeCo. **MODELO** Personalizado

El *Adquisidor* es la lujosa Nave de Lady Domina Tagge, jefa de la dinastía Tagge. Sirve de hogar y cuartel general de la Corporación Tagge. La característica estructura del *Adquisidor* cuenta con varios miradores a proa y un puente central. El diseño interior es minimalista, con la mayoría de las habitaciones de color azul metalizado, pero la nave está equipada con una serie de elementos tecnológicos de alta gama, incluidos escudos deflectores. Además, el *Adquisidor* alberga un jardín completo, cocina, instalaciones médicas y otras comodidades que proporcionan a los Tagge más que suficiente para disfrutar de la vida y gestionar sus diversas operaciones.

BERMELLÓN

MODELO Único
TIPO Nave insignia-fortaleza

La *Bermellón*, base de operaciones móvil del grupo criminal Crimson Dawn, es una nave versátil, lujosa y letal a la vez. Tiene forma de daga, con alas inferiores que se pliegan para aterrizar, y una llamativa combinación de colores rojo y plateado. La principal característica de la *Bermellón* es un gran salón de baile con bar. En él se celebra la subasta del piloto rebelde Han Solo, congelado en carbonita y en manos de Qi'ra, la líder de Crimson Dawn. En la nave, Qi'ra acoge a algunos de los personajes más poderosos de la galaxia, desde los hutt hasta el mismísimo Darth Vader. Más tarde, la nave cae en combate ante las fuerzas imperiales.

AZOTE UNO

FABRICANTE Astilleros de Propulsores Kuat
MODELO Clase Imperial I (modificado)
TIPO Destructor estelar

El emperador Palpatine envía al destructor estelar *Quelador* a limpiar la estación Amaxine, en la que un droide de seguridad de la serie KX se encuentra con el Azote, una inteligencia artificial de poder inimaginable. El Azote se hace rápidamente con el droide y se extiende por la nave, masacrando a la tripulación humana y apoderándose del destructor. Rebautiza la nave imperial como *Azote Uno*, y la dota de nueva tecnología y revestimiento. Una luz púrpura, señal del control del *Azote*, brilla en sus ventanas, y cuando es atacada lanza cazas TIE pilotados por droides. Esta nave de pesadilla es hogar e insignia de una de las mayores amenazas de la galaxia hasta que el Azote es derrotado.

COCHE DE LAS NUBES DE DOBLE CÁPSULA

FABRICANTE Motores Bespin **MODELO** Storm IV doble cápsula
TIPO Nave repulsora atmosférica

Vehículo habitual en la Ciudad de las Nubes, diseñado para patrullar, funciona con un motor de iones y un repulsor. El piloto va en la cápsula de babor, mientras que el artillero controla dos cañones bláster desde la de estribor. Cuando el *Halcón Milenario* llega a la Ciudad de las Nubes, Han Solo está a punto de provocar un accidente con uno de estos vehículos antes de que Lando Calrissian le dé permiso para aterrizar.

Nave de guerra
Cuando está armada, la fragata Nebulon-B puede eliminar a sus adversarios gracias a los doce turboláseres y doce cañones láser, y capturar enemigos con sus rayos tractores duales.

CRUCERO REBELDE

FABRICANTE Astilleros de Propulsores de Kuat
MODELO Nebulon-B EF76 **TIPO** Fragata escolta

La flota de la Alianza Rebelde cuenta con varias fragatas Nebulon-B, con su plataforma versátil. Equipadas con armamento pesado y rayos tractores, llevan a cabo tareas de escolta para proteger las naves de transporte contra ataques imperiales y piratas. A pesar de que algunas fragatas se han modificado para realizar misiones de larga distancia y operaciones de rescate, las Nebulon-B adquieren una gran fama por su uso como fragatas médicas. Estas naves están equipadas con tanques de bacta para facilitar la curación, y disponen de droides médicos e instalaciones hospitalarias. Cuando Vader le amputa la mano a Luke Skywalker, un droide cirujano le trasplanta una mano cibernética en una fragata médica Nebulon-B. Años después de la batalla de Jakku, Seguridad Jinata utiliza fragatas Nebulon-B repintadas para secuestrar niños para la Primera Orden, como parte del Proyecto Resurrección en Exegol.

INTERCEPTOR TIE

FABRICANTE Sistemas de Flotas Sienar **MODELO** Interceptor TIE/in
TIPO Caza estelar

Fácilmente reconocible por sus paneles solares puntiagudos, el interceptor TIE es un oponente mucho más mortífero que el caza TIE estándar. Aunque carece de escudos e hiperpropulsor, cuenta con cuatro cañones láser en la punta de las alas, así como con motores mejorados que le confieren mejor maniobrabilidad y velocidad. Para maximizar la efectividad de la nave, el Imperio los destina a sus pilotos de élite. Con estas ventajas, los interceptores son ideales para su función principal: perseguir y eliminar cazas estelares rebeldes. Durante la Nueva República, el Moff Gideon, líder del remanente imperial, lanza interceptores TIE para alejar a Din Djarin y Bo-Katan Kryze mientras sus bombarderos TIE destruyen el castillo de Kryze en Kalevala.

CRUCERO ESTELAR MC80 MON CALAMARI

FABRICANTE Astilleros Mon Calamari **MODELO** MC80 **TIPO** Crucero estelar

Los cruceros estelares MC80 de la Alianza Rebelde operan como naves de mando o de combate capaces de enfrentarse con destructores imperiales. Cada MC80 tiene un diseño exclusivo, aunque sus rasgos comunes son: proa afilada, casco con protuberancias, hangares, blindaje pesado y diez propulsores subluz. Con más de cinco mil tripulantes a pleno rendimiento, puede desplegar hasta diez escuadrones de cazas en combate espacial. Cuenta con potentes armas, como decenas de turboláseres y cañones de iones. También forman parte de las flotas de la Nueva República y la Resistencia.

HOGAR UNO

FABRICANTE Astilleros Mon Calamari
MODELO MC80A **TIPO** Crucero estelar

Originariamente era un buque civil mon calamari para largas misiones de exploración espacial profunda. Se actualizó para uso militar y puede funcionar como buque insignia, nave de combate o transportador. Incorpora blindaje pesado de casco y escudos de triple fuerza, así como cuantioso armamento ofensivo y la friolera de veinte hangares para otras naves y escuadrones de cazas. A veces recibe el nombre de «fragata sede», porque aloja el centro de mando y control del almirante Ackbar. En la batalla de Endor, el *Hogar Uno* es el crucero MC80 más famoso de la flota de la Alianza Rebelde. El *Hogar Uno* permanece en el centro de la flota de la Nueva República durante muchos años. Décadas después, pasa a formar parte de la flota de la Resistencia.

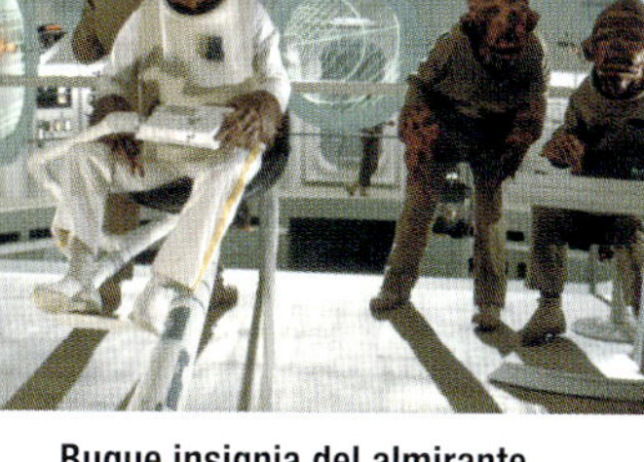

Buque insignia del almirante
Como nave capital más grande y avanzada de la flota, el *Hogar Uno* es el orgullo de la Alianza Rebelde cuando entra en combate. Desde el puente, el almirante Ackbar dirige la flota de la Alianza Rebelde en la batalla de Endor *(arriba)*.

Embarcación espía
Mediante su completa gama de sistemas sensores, de localización e imágenes, el Ala-A aprovecha su velocidad y maniobrabilidad en misiones de espionaje muy efectivas.

CAZA ESTELAR ALA-A

FABRICANTE Sistemas de Ingeniería Kuat
MODELO RZ-1 Ala-A
TIPO Caza estelar

El Ala-A es uno de los modelos de caza más rápidos de la galaxia. Es básicamente una cabina unida a dos grandes motores, y requiere un manejo muy preciso de los estabilizadores dorsales y ventrales sin la ayuda de un astromecánico. Como resultado, solo los mejores pilotos pueden manejarlo sin perder el control. Posee velocidad superior, escudos defensivos y un hiperpropulsor, y va armado con dos cañones láser y doce misiles de impacto. En la batalla de Endor, un Ala-A se estrella y derriba el puente del buque insignia imperial, el *Ejecutor*.

CAZA ESTELAR ALA-B

FABRICANTE Slayn & Korpil
MODELO Caza estelar Ala-B A/SF-01
TIPO Caza estelar

El Ala-B, diseñado por el mon calamari Quarrie, es uno de los cazas de asalto más armados de la Alianza Rebelde. La cabina giroscópica, que puede rotar 360 grados, garantiza que el piloto esté siempre sentado en vertical independientemente de la orientación del caza. El centro del plano aerodinámico aloja los motores y el extremo más lejano, el módulo de armamento pesado, con cañones de iones y torpedos de protones. Extendidos, los alerones-S, más pequeños, amplían el arco de disparo de sus cañones láser dobles. Especializados en atacar naves capitales imperiales, los escuadrones de Ala-B son decisivos en la batalla de Endor.

Rápidos ataques
Con cuatro motores de alto rendimiento alimentados por un reactor de ionización, el Ala-B acelera velozmente para atacar naves capitales *(dcha.)*.

RAZOR CREST

FABRICANTE Corporación de Ingeniería Corelliana **MODELO** ST-70 M-111 Serie Razor Crest **TIPO** Cañonera

La *Razor Crest* es una antigua nave militar utilizada para patrullar los territorios locales antes de que el Imperio se hiciera con la galaxia. La fiable nave pasa a manos del cazarrecompensas Din Djarin, que la usa como medio de transporte y vivienda. Tras el rescate de Grogu y la nueva misión vital de Din, proteger al niño, este empieza a vivir también a bordo de la *Razor Crest*.

La nave está equipada para combate con dos cañones láser pesados delanteros Mk 3e/W, un gran motor en cada ala y sensores en la popa. Puede pilotarla un solo individuo, pero tiene espacio para otros dos pasajeros en la cabina. Como la mayoría de naves intergalácticas, dispone de hiperimpulsor y escudos. Pero, a diferencia de muchas naves, contiene una pequeña cámara de congelación en carbonita para transportar múltiples recompensas.

Además de la cámara portátil, Din cuenta con un pequeño arsenal de blásteres y otras armas para él y sus aliados mientras cruzan la galaxia o huyen de cazarrecompensas contratados por el remanente imperial. La *Razor Crest* también tiene otras capacidades defensivas, como protocolos de seguridad en tierra, para cuando la nave está atracada.

Esta clásica nave es uno de los pilares de las primeras aventuras de Din Djarin con Grogu, mientras evitan la detección imperial y continúan su búsqueda para reunir a Grogu con los suyos, los Jedi. Las habilidades innatas de Grogu con la Fuerza le convierten en un objetivo de máxima prioridad para el antiguo agente de la OSI, el Moff Gideon, que persigue con tenacidad a la *Razor Crest* para sus nefastos planes.

El dúo viaja a Tython para que Grogu pueda sentarse en lo alto de la piedra vidente y comunicarse, con la Fuerza, con otros Jedi. Su misión se ve interrumpida cuando Gideon los localiza gracias a un rastreador colocado por un agente imperial en la nave mientras esta se reparaba en Nevarro. Con un solo disparo del crucero ligero de Gideon, la *Razor Crest* estalla en miles de pedazos, y solo la lanza de beskar de Din queda intacta. De golpe Din pierde su hogar, su medio de transporte y, temporalmente, su posibilidad de rescatar a Grogu, a quien los soldados oscuros de Gideon transportan a un lugar desconocido.

A lo largo de incontables aventuras, la *Razor Crest* ha sufrido múltiples modificaciones, daños y reparaciones. Su destrucción final en Tython, no obstante, no mina la determinación de Din, quien se une a Boba Fett y Fennec Shand para rescatar a su compañero.

Huidas rápidas
El acceso *a la Razor Crest* se hace a través de una pasarela retráctil en el lado de babor. Din ha sustituido los cañones láser originales por otros más potentes.

Armario de armas
La *Razor Crest (arriba)* está bien equipada con pistolas bláster, fusiles de francotirador, explosivos y más armamento. También hay munición para los compañeros de Din.

COCHECITO FLOTANTE

TIPO Cochecito flotante

El cochecito flotante es una herramienta multifuncional para transporte, seguridad y protección de un bebé. El capazo blindado ofrece comodidad para Din Djarin cuando busca junto a Grogu un lugar seguro en el que evitar ser detectados por los villanos. Un dispositivo en su muñeca mantiene el cochecito flotante cerca del portador, y posee una función que cierra el coche mediante una pantalla especial para proteger a Grogu de ataques o proporcionar un ambiente tranquilo en el que el pequeño descanse hasta la próxima aventura.

MOTODESLIZADOR 712-AVA

FABRICANTE Compañía de Repulsores Aratech
MODELO 712-Ava
TIPO Motodeslizador

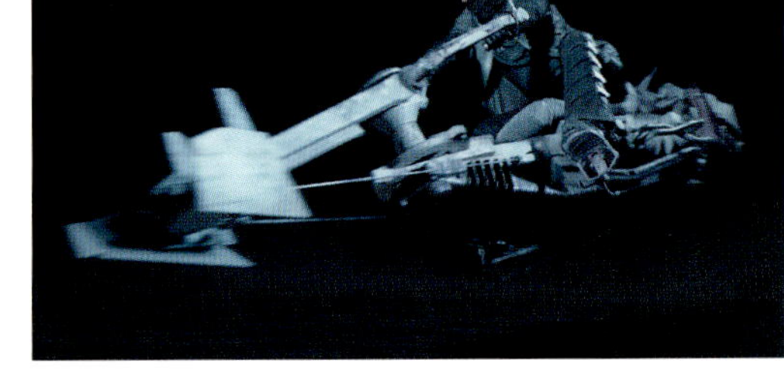

El motodeslizador 712-Ava es un fiable vehículo de baja altitud conocido por su velocidad y su robustez. Está fabricado por la Compañía de Repulsores Aratech, que construye vehículos repulsores usados en toda la galaxia. El inexperto y traicionero cazarrecompensas Toro Calican usa un motodeslizador 712-Ava para cazar una peligrosa recompensa para Fennec Shand en las llanuras polvorientas de Tatooine. Está muy impresionado con el motodeslizador y consigo mismo. Intenta que Din Djarin comparta su admiración por el vehículo, y por él mismo, cuando se une a él para la caza.

ATACANTE AT-ST

FABRICANTE Astilleros de Propulsores Kuat **MODELO** Transporte de exploración todoterreno **TIPO** Caminante

El pesado Atacante AT-ST es una variante muy modificada del caminante imperial, empleada por los bandidos klatooinianos en Sorgan. Irregularmente pintado de rojo, a juego con la librea de sus dueños, cuenta con dos puertos de visión con una ominosa luz roja que da al aparato un aspecto monstruoso. El Atacante aterroriza a los aldeanos de Sorgan, que piden desesperadamente ayuda a los guerreros Din Djarin y Cara Dune. Estos, junto con los habitantes de Sorgan, cavan un enorme foso acuático y atraen al AT-ST a la trampa, dejándolo parcialmente sumergido e inservible. Din lanza una gravicarga al transporte bípedo, destruyéndolo y eliminando la ventaja de los klatooinianos.

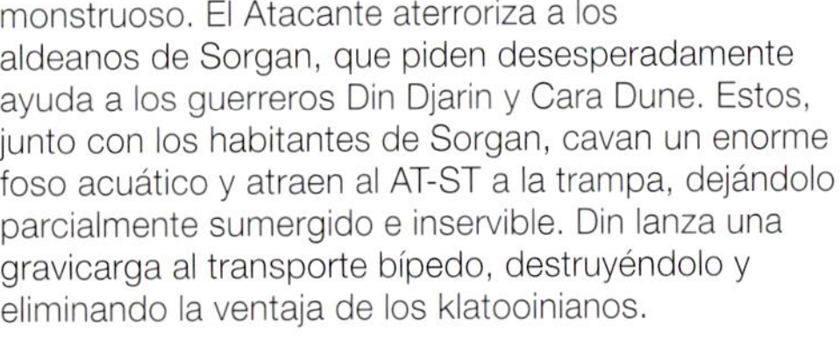

MOTODESLIZADOR ZEPHYR-J

FABRICANTE Mobquet Swoops y deslizadores **MODELO** Zephyr-J **TIPO** Motodeslizador

El motodeslizador Zephyr-J es un vehículo monoplaza muy maniobrable y empleado. En entornos de terreno accidentado, como Tatooine, estos vehículos suelen estropearse debido al intenso calor, el polvo y otras condiciones hostiles a la mecánica. Sin embargo, gracias a su diseño la velocidad de las naves no constituye una preocupación para el piloto. Kelleran Beq pilota una versión de la Zephyr-J para rescatar al infante Grogu del terror de la Orden 66. Años más tarde, Din Djarin roba una versión modificada por Peli Motto para perseguir la recompensa por Fennec Shand.

CAZA ESTELAR DE RIOT MAR

MODELO Caza estelar Helix J-104 (modificado) **TIPO** Caza estelar

El cazarrecompensas Riot Mar pilota un caza estelar personalizado con morro amarillo y rayas en la parte superior de sus motores gemelos. La cabina aloja solo un piloto, y la nave posee dos juegos de cañones láser: un conjunto en la proa y un cañón en cada ala. La nave posee un pequeño hiperimpulsor en la popa y una antena de comunicaciones en la parte delantera. Hay señales de óxido incipientes en el casco. Rio Mar pilota hábilmente la nave en persecución de Din Djarin, pero el mandaloriano elude su captura y destruye la nave de Riot sobre Tatooine.

CAZA TIE OUTLAND

FABRICANTE Sistemas de Flotas Sienar **MODELO** Outland **TIPO** Caza

El caza TIE Outland se distingue de un modelo muy similar, el TIE/In básico, por sus alas plegables y resistente tren de aterrizaje incorporado. En terrenos difíciles puede aterrizar y despegar por sí solo, gracias a ese tren de aterrizaje, a diferencia de los bastidores para alas de los cazas TIE de las naves insignia. El Imperio comienza a fabricar cazas TIE Outland hacia el final de su período. Moff Gideon pilota uno durante su ataque a Nevarro. Din Djarin acaba destruyéndolo adhiriendo explosivos a las juntas de las alas de la nave.

BOTHAN-5

FABRICANTE Transporte correccional de la Nueva República **TIPO** Nave prisión

La *Bothan-5* es una de las varias naves prisión de la Nueva República diseñadas para llevar a los condenados de un lugar a otro, a menudo recogiendo a nuevos residentes y depositando a otros en campos de trabajos forzados. La tripulación de *la Bothan-5* está formada principalmente por droides, incluidos droides de seguridad R1 y N5 y droides ratón. Un único humano, Lant Davan, supervisa la nave. La mayoría del espacio de la *Bothan-5* está ocupado por celdas. Solo los droides pueden abrirlas de forma manual. En caso de emergencia, puertas blindadas sellan las secciones afectadas de la nave. Din Djarin aborda la *Bothan-5* para liberar al mercenario Qin.

DESLIZADOR DE COBB VANTH

FABRICANTE Radon-Ulzer (motor) con personalizaciones **MODELO** 620C (motor) **TIPO** Deslizador

Aunque posee la potencia de la vaina de carreras en el que se basa, Cobb Vanth ha modificado el motor de su deslizador para usarlo como vehículo en su trabajo diario como mariscal de Mos Pelgo. Cobb lo emplea para viajar por los páramos desérticos entre las ciudades de Tatooine. Lo pilota hasta la guarida de un dragón krayt, donde se une a Din Djarin, superando su deslizador. Usa el vehículo para regresar a Mos Pelgo tras matar al animal.

CAMINANTE HI-CT

MODELO Grúa de transporte industrial pesado **TIPO** Elevador de carga

El caminante HI-CT se eleva sobre los muelles de carga, junto al mar, en la luna acuática de Trask. Este vehículo posee cuatro robustas patas y pies, una cubierta para la tripulación, un puente de mando y una grúa. Sus patas están totalmente selladas contra agua salada. Durante el viaje de Din Djarin y Grogu a Trask, los estibadores de un puerto del mercado negro usan el caminante para transportar carga y, ocasionalmente, para sacar naves del océano. Din lo experimenta en persona cuando una grúa saca la *Razor Crest* averiada del agua, junto a las plataformas en las que intentaba aterrizar el cazarrecompensas.

BUQUE PESQUERO QUARREN

FABRICANTE Cuerpos Unidos de Ingeniería de Dac **MODELO** Merodeador Pammant-250 **TIPO** Barco de pesca

El barco pesquero empleado por un grupo de marineros quarren, en Trask, es robusto. Unos seis quarren trabajan en la nave, que tiene dos motores por encima del agua y más por debajo. Tubos de luz a lo largo de la cubierta principal lo iluminan por la noche. La cubierta está llena de redes, boyas y aparejos de pesca. Los quarren tienen un mamacore –un gran depredador acuático– en una jaula en medio del barco. Intentan alimentarlo con Grogu y robar el beskar de Din Djarin, pero Bo-Katan y sus Búhos Nocturnos vuelan hasta el barco para rescatarlos.

DESLIZADOR DE MYTHROL

FABRICANTE Mobquet Swoops y deslizadores **MODELO** deslizador M-350 **TIPO** Deslizador

El deslizador de Mythrol es típico de Nevarro, donde se usa para transporte y ocio. Emplea tecnología de repulsión para impulsarse flotando sobre la superficie. Posee capacidad para cuatro pasajeros (dos delante y dos detrás) y cuenta con cuatro grandes unidades de propulsión en la parte trasera, lo que le confiere un aspecto más moderno y una velocidad superior a la de un modelo estándar. Es de color gris azulado y ofrece un poco más de espacio para las piernas que otros deslizadores. Queda destruido cuando Cara Dune le aterriza encima un Merodeador Trexler tras saltar de una base imperial en una frenética huida.

MERODEADOR TREXLER

FABRICANTE Trexler **MODELO** 906 **TIPO** Tanque blindado

El Merodeador Trexler es un tanque imperial diseñado para enfrentarse a otros vehículos en combate. Está mucho más equipado para el combate que el transporte de tropas imperial, en cuyo diseño está basado. Amén de su grueso blindaje, cuenta con varios cañones láser fijos en la parte delantera y una torreta láser de 360 grados en la parte trasera. El ordenador de puntería de la torreta es similar al de las naves estelares, lo que implica una alta precisión de disparo. No obstante, es muy raro encontrar un Merodeador Trexler, ya que el Imperio fabricó muy pocos.

CRUCERO LIGERO DEL MOFF GIDEON

FABRICANTE Astilleros de Propulsores Kuat
MODELO Clase 546 **TIPO** Crucero de combate

El Moff Gideon dirige sus fuerzas del remanente imperial desde un crucero de mando clase Arquitens, un tipo muy común en la Armada Imperial. Esta nave con hiperimpulsor transporta hasta 250 tripulantes, incluida la oficial de comunicaciones Elia Kane, y cien pasajeros. Sus cañones láser, misiles y escudo deflector lo convierten en una formidable máquina de guerra. El crucero ligero posee pelotones de tropas de asalto y soldados oscuros, así como lo necesario para alojarlos y armarlos. También cuenta con muelles de atraque, celdas de prisión, un centro de información de combate con holoproyector y otras instalaciones. Cuando las tropas de Gideon capturan a Grogu en Tython, llevan al bebé al crucero y abandonan la órbita del planeta. Localizada la nave, Din Djarin y Bo-Katan Kryze lideran una misión de rescate, abriéndose paso por pasillos y ascensores hasta llegar al puente. Cuando se hacen con la nave, Bo-Katan la comanda hasta que Axe Woves y sus mandalorianos la relevan. Axe acepta ayudar a retomar Mandalore y estrella la nave contra la base oculta de Gideon en el planeta, destruyendo ambas.

Misión de rescate
A bordo del crucero de Moff Gideon, Din Djarin acuna a Grogu por última vez. Grogu va a reanudar su entrenamiento Jedi, pero quiere el permiso de Din antes de dar el siguiente paso.

TREN REPULSOR DE TATOOINE

TIPO Tren repulsor

El colosal tren repulsor de Tatooine incorpora tecnología de aerodeslizador para atravesar a gran velocidad las polvorientas dunas de Tatooine. Durante la ocupación del antiguo imperio criminal de Jabba el Hutt por el Sindicato Pyke, los traficantes de especias suelen disparar contra las desprevenidas tribus Tusken para que no interfieran en su tráfico criminal. Un droide ingeniero pilota el tren repulsor con sus múltiples extremidades; se puede confiar en su eficacia y discreción mientras los pykes operan en varias ciudades del planeta. Boba Fett ayuda a un clan Tusken a abordar el tren, acabando con la ruta asesina de los pyke por el territorio y asentando su posición en la tribu.

TRANSPORTE DE TROPAS IMPERIAL

FABRICANTE Industrias Ubrikkian **TIPO** Transporte de tropas

El Transporte Imperial de Tropas (ITT) se creó para trasladar a los soldados de asalto y personal imperial. El vehículo, fuertemente blindado, también puede emplearse para retener prisioneros y facilitar su traslado. Aunque no se fabrica específicamente para el combate, el ITT está bien armado, por lo que su presencia puede aumentar la ansiedad de quienes se oponen a la ocupación imperial. Ver soldados de asalto bajando por su rampa es una visión alarmante. Una versión modificada del ITT lleva a Cassian Andor al enorme complejo penitenciario de Narkina 5 tras su arresto en Niamos. Años más tarde, dos ITT cargados con soldados de asalto armados intentan capturar a Din Djarin y Grogu, pero un disparo de la mochila propulsora de Boba Fett lo destruye.

TRANSPORTE JUGGERNAUT

FABRICANTE Astilleros Kuat **MODELO** HCVw A9.2 **TIPO** Transporte Juggernaut

El transporte Juggernaut HCVw A9.2 es un gran vehículo de asalto terrestre compuesto por cuatro segmentos individuales y la cabina de los dos conductores. Cada sección posee dos ruedas de alta resistencia, que permiten al transporte atravesar cualquier terreno, incluidos barro, rocas y arena. El vehículo no está armado, pero un grueso blindaje mantiene a salvo a su tripulación. En Morak, Din Djarin y Migs Mayfeld secuestran un HCVw A9.2 para entrar en una refinería imperial sin ser detectados. Un grupo de piratas Shydopp ataca el vehículo, pero Din los derrota antes de que puedan destruirlo.

DESLIZADOR DE LUJO DEL ALCALDE MOK SHAIZ

TIPO Deslizador de lujo

El alcalde de Mos Espa, Mok Shaiz, dispone de un vehículo de alta gama con mucho espacio, acorde con su poderosa posición. El habitual recorrido lento del vehículo cambia de golpe cuando el mayordomo del alcalde lo roba y huye de Drash, la líder de los modificados. Cruza frenéticamente la ciudad para evitar ser capturado, solo para descubrir que Drash cae y posa su deslizador sobre su capó. Su atrevido salto sobre un edificio y su posterior aterrizaje forzoso estrellan el lujoso vehículo contra un puesto de frutas lleno de meilooruns.

SCOOTER MOD

TIPO Scooter gravitatorio (modificado)

La banda de los modificados recorre las calles del Distrito Obrero de Mos Espa. Aunque los miembros de la banda no buscan robar, y solo quieren que les dejen en paz, se ven obligados a tomar agua de Lortha Peel. Tras ello montan en sus repulsores para huir a toda velocidad. Cada uno conduce un scooter de color diferente: rojo, azul, amarillo o verde. El chasis parece más una bicicleta que un deslizador, pero el volumen de estos vehículos, así como su velocidad más lenta, lo alinean más con un deslizador clásico.

TRANSPORTE DE PASAJEROS DE LÍNEA

TIPO Transporte de pasajeros

Los transportes de pasajeros son grandes naves espaciales, con modelos diferentes en uso por toda la galaxia. Transportan innumerables viajeros de planeta en planeta en cada turno, y se pueden reservar con antelación por negocios, ocio o necesidad. No se conocen las especificaciones exactas de los tres motores de cada nave, pero con su popularidad, comodidad del viaje y disponibilidad, resultan ideales para viajes largos. Din Djarin reserva un pasaje en el transporte desde Glavis Ringworld hasta Mos Eisley, pero debido a las estrictas normas de viaje, debe dejar su notable arsenal en una maleta segura y cerrada, junto a un droide de viaje.

CAZA ESTELAR N-1 DE DIN DJARIN

FABRICANTE Cuerpo de Ingenieros de Naves Espaciales del Palacio de Theed
MODELO N-1 **TIPO** Caza estelar

Este clásico caza estelar Naboo N-1 con hiperimpulsor está parcialmente desmontado en el taller de Peli Motto hasta que ella lo reconstruye para Din Djarin. Es más pequeño que la anterior nave de Din, la *Razor Crest*, y al principio este protesta porque no es lo que quiere. Pero una vez que Din vuela en el N-1, la velocidad y la maniobrabilidad de sus motores de tipo J le convencen. Más importante aún: el foso del astromecánico es ahora un asiento para Grogu. Peli subraya que todas las piezas están hechas a mano, sin emplear droides. Dado que la nave se fabricó antes del Imperio, es difícil rastrearla.

Din y Peli quitan la clásica pintura amarilla del N-1 y dejan el casco cromado. Algunas piezas, como un asimilador de energía turbónico venturi, proceden de los contactos jawa de Peli. Din pide modificarla con piezas antiguas de hiperimpulsor, preocupado por la dificultad de encontrar piezas para una nave tan antigua. Falta el colector de vapor, pero Peli le dice a Din que no se preocupe: estrangularía el condensador de propulsión. Peli fabrica un cargador por inducción y refuerza la caja del compresor para que Din emplee un interruptor cinético y sobrecargue los propulsores subluz. La combinación tiene suficiente potencia como para superar ampliamente a los Ala-X de la Nueva República. El N-1 de Din posee cañones bláster mejorados, así como el sistema de piloto automático y los lanzatorpedos originales. Din prueba la nave en Tatooine, atravesando el Cañón del Mendigo y saliendo de la atmósfera. Una patrulla de la República lo intercepta, pero Din es demasiado rápido como para perseguirlo. Vuela con el N-1 a lugares tan distantes como la academia Jedi de Luke Skywalker en Ossus, las ruinas de Mandalore, Nevarro y el enclave mandaloriano.

Una gama de modificaciones
Din y Peli realizan una serie de modificaciones en la nave, causando mucho caos en el camino.

En la cabina
Din accede a una serie de indicaciones desde la cabina de su caza estelar, incluida la ubicación de vehículos cercanos.

NAVE CORSARIO DEL PIRATA GORIAN SHARD

MODELO Clase Cúmulo **TIPO** Corsario

La nave corsario del rey pirata Gorian Shard es su principal buque de guerra y base de operaciones durante su invasión de Nevarro. La impresionante nave alberga al menos diez cazas estelares en su muelle de despegue, y está protegida por un escudo deflector. La nave de Gorian puede abrumar las defensas de planetas inocentes con sus 14 lanzamisiles torreta ventral y sus cuatro cañones láser cuádruples. La nave flota en la órbita de Nevarro para comunicar a la gente su ocupación e impotencia. Pero Din Djarin regresa a Nevarro con Bo-Katan Kryze y otros mandalorianos para liberar el planeta y destruir la amenaza pirata. La nave corsario de Gorian no es rival para la agilidad aérea del caza N-1 de Din Djarin, y la nave pirata es destruida, con el rey pirata y el resto de sus ocupantes.

CAZA PIRATA

MODELO Clase Cúmulo **TIPO** Corsario

Los cazas corsarios son los principales vehículos de ataque de los subordinados del rey pirata Gorian Shard. Van equipados con cuatro cañones láser frontales y solo albergan un piloto en la cabina. Dirigidos por Vane, la mano derecha de Gorian, estos cazas estelares muy maniobrables se lanzan en enjambre sobre la nave N-1 de Din Djarin cuando este intenta abandonar Nevarro. Le siguen por un campo de asteroides y muchos se pierden en la infructuosa persecución. Durante la emancipación de Nevarro, todos los cazas piratas son destruidos en la batalla aérea, menos el de Vane, que huye tras ver estallar la nave corsario de Gorian Shard.

TANQUE ARAÑA

TIPO Mecánico droide

El misterioso tanque araña es un enorme droide teledirigido, manejado manualmente por un cíborg igualmente enigmático bajo la superficie de Mandalore. Yace latente bajo tierra en un oscuro túnel y sale para dormir y capturar a un sorprendido Din Djarin. El vientre del repugnante robot asesino posee una jaula, que retiene a su captura del día. Bo-Katan Kryze tiende una emboscada al droide araña y a su piloto antes de que puedan alimentarse de Din. Bo-Katan atraviesa la piel blindada del tanque con la espada oscura y lo destruye.

CÁPSULA HYPERLOOP

TIPO Cápsula de Hyperloop

La forma más rápida y eficiente de viajar por Plazir-15 es en el Hyperloop, el monorraíl de alta velocidad. Empleado para transporte público, funciona sobre una vía a través de un tubo de plástico que cubre la mayor parte del planeta. Cuando Din Djarin y Bo-Katan Kryze son contratados para investigar una serie de sucesos inquietantes, un droide de protocolo les sugiere entrar en una cápsula del Hyperloop. Su velocidad máxima no se ha hecho pública, pero con el breve tiempo que tarda en recorrer largas distancias, debe ser notable. Al ser un medio de transporte popular entre ciudadanos e invitados, es cómodo y elegante.

LANGSKIB

MODELO Construido a medida

Un capitán mandaloriano conduce a su pueblo a través del yermo terreno de su planeta natal en un barco terrestre langskib, que sirve como refugio y transporte. Dos esbeltos brazos se extienden a babor y estribor, conectados a unos patines. La proa también posee un patín, pero mucho más corto. Dos enormes velas en un alto mástil pueden desplegarse siempre que se necesite la fuerza del viento. No obstante, el vehículo mandaloriano acaba destruido por un trinitaurio, que atraviesa el casco con su escamoso cuello reptiliano.

VESPER

FABRICANTE Astilleros Mon Calamari **MODELO** Clase Defensor **TIPO** Crucero

El *Vesper*, un fiable crucero clase Defensor al servicio de la Nueva República, lleva a cabo misiones y patrullas a las órdenes de los líderes de la flota. El capitán Hayle comanda la nave y supervisa el transporte de la prisionera Morgan Elsbeth antes de su traslado previsto al *Hogar Uno*. Hayle permite que Baylan Skoll y su aprendiz Shin Hati aborden la nave, creyendo que son Jedi. La astuta pareja, que está allí para liberar a Morgan, elimina a la tripulación antes de que pueda defenderse. Baylan y Shin dejan el *Vesper* a la deriva en el espacio.

LANZADERA JEDI T-6 DE AHSOKA

FABRICANTE Slayn & Korpil **MODELO** T-6
TIPO Lanzadera

Tras la Guerra Civil Galáctica, Ahsoka Tano viaja en una lanzadera Jedi T-6. Conocida como T-6 1974, esta ágil nave cuenta con un bloque de motor y cabina giratorio, lo que le permite aterrizar en diferentes superficies planetarias. Una sola persona puede pilotarla, pero Ahsoka tiene al droide Huyang a su lado como experimentado navegante y copiloto. Este emplea una zona del amplio interior del T-6 como taller, donde guarda su inventario de componentes de espadas de luz, acumulados a lo largo de décadas de enseñanza y supervisión de la construcción de estas armas. Ahsoka dedica otra zona al entrenamiento, donde almacena espadas bokken y cascos de práctica.

Ahsoka y Huyang viajan en el T-6 1974 a otra galaxia gracias a un purrgil. Huyang introduce la nave en la boca de la criatura antes de que esta salte al hiperespacio y siga una antigua ruta migratoria hasta Peridea. Allí, la lanzadera T-6 se ve envuelta en una serie de ataques que revelan la resistencia de la nave, que en su día sirvió a los Jedi durante las Guerras Clon.

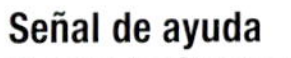

Señal de ayuda
Durante las Guerras Clon, la visión de una lanzadera Jedi T-6 significaba que la ayuda venía de camino. Años después, la reconocible silueta de la nave sigue simbolizando la esperanza.

CARGUERO QUARREN

TIPO Carguero

Shuggoth es la quarren capitana de una nave, profundamente enamorada de un príncipe mon calamari. Los amantes intentan huir de la detección de sus familias en la nave, que es pequeña y solo precisa una tripulación mínima. Shuggoth pasa el tiempo sumergido en su tanque personal de agua salada, en el puente de la nave. Pero la huida de los enamorados dura poco: un crucero ligero imperial, capturado y comandado por el líder mandaloriano Axe Woves, aborda su nave.

LANZADERA CLASE ETA

FABRICANTE Talleres Espaciales Cygnus
MODELO Clase Eta **TIPO** Lanzadera

Las lanzaderas de clase Eta han servido a diferentes grupos a lo largo de los años. Antes de las Guerras Clon, el Senado Galáctico y el Cuerpo de Embajadores de la República las usaban para misiones diplomáticas. Más tarde, la Orden Jedi y el Gran Ejército de la República las pusieron al servicio de los generales Jedi. Las naves se modificaron para el conflicto con armas y sistemas ocultos. Transportan hasta diez pasajeros y abundantes suministros. Años después de la caída de los Jedi, las lanzaderas clase Eta hallan nuevos dueños. El antiguo Jedi Baylan Skoll y su aprendiz Shin Hati vuelan en una misión para Morgan Elsbeth.

Cañones láser
Tres cañones láser dan a esta lanzadera diplomática una oportunidad si se ve obligada a combatir.

ALA-E

FABRICANTE FreiTek Inc. **MODELO** Ala-E **TIPO** Caza estelar

La Flota de Defensa de la Nueva República incluye una amplia gama de naves, entre ellas el Ala-E. Este avanzado caza estelar está tripulado por un droide astromecánico y un piloto. La Nueva República los despliega estratégicamente en sus bases de la galaxia para reforzar las flotas establecidas. Uno de los escuadrones de Alas-E está asignado a Lothal. El gobernador Ryder Azadi usa las naves para patrullar en torno a Ciudad Capital protegiendo la ciudad, antaño ocupada por el Imperio. Años más tarde, el piloto de la Resistencia Poe Dameron ve un Ala-E en la colección de cazas del barón Paw Maccon.

TRANSPORTE PERSONAL DE ASTILLERO

FABRICANTE Corporación Santhe **MODELO** REV-2K **TIPO** Transporte personal

Cuando la general Hera Syndulla y Ahsoka Tano visitan los astilleros corellianos para investigar por qué un droide asesino HK-87 de Morgan Elsbeth ha aparecido allí, el supervisor regional Myn Weaver les ofrece una visita guiada por las instalaciones. Las lleva por los amplios astilleros en un deslizador reutilizado. Myn hace cuanto puede por demostrar a las visitantes de la Nueva República que sus trabajadores desmantelan naves imperiales y construyen equipo para la Nueva República. El burócrata pilota el deslizador solo por las zonas más concurridas, que no muestran indicios de connivencia con el Imperio.

CT-05

TIPO Nave de transporte

La Nueva República emplea cargueros pesados para transportar piezas de naves desde los astilleros de Corellia a donde se necesiten en la galaxia. Equipados con hiperimpulsores, los transportes trasladan sus pesadas cargas con rapidez y eficacia. La tripulación puede defenderse con torretas en las alas y en la popa. Los partidarios imperiales de los astilleros Santhe se apropian de uno de estos transportes, el CT-05, para llevar el núcleo de hiperimpulsor de un superdestructor estelar a Morgan Elsbeth y al *Ojo de Sion*, que esperan en el sistema Denab. Ahsoka Tano y Hera Syndulla rastrean la nave para hallar a Morgan.

LANZADERA VÁSTAGO

MODELO Personalizado **TIPO** Lanzadera

La bruja dathomiriana (y leal imperial) Morgan Elsbeth viaja en una lanzadera dorada con dos guardias exploradores. Emplea esta distintiva nave estelar tras ser liberada de la cárcel de la Nueva República por Baylan Skoll y su aprendiz Shin Hati. Un droide navegante estelar pilota la nave desde una cabina triangular con capacidad para un pequeño grupo de personas. Morgan usa esta nave, aerodinámica y veloz, como lanzadera entre el henge de Seatos y el *Ojo de Sión*, y después entre el gran anillo extragaláctico y Peridea.

Transporte hiperespacial
Los anillos de transporte hiperespacial no son raros, pero uno capaz de viajar entre galaxias es único. Su construcción es una proeza impresionante.

OJO DE SIÓN

MODELO Personalizado **TIPO** Anillo de transporte hiperespacial extragaláctico

En busca de un modo de viajar a la galaxia lejana, Elsbeth trabaja con simpatizantes imperiales para construir el anillo de transporte *Ojo de Sión*. Aunque Morgan desconoce la situación exacta de las Grandes Madres y del gran almirante Thrawn cuando encarga la nave, sabe que necesita un gran anillo de transporte hiperespacial, capaz de enviar un destructor estelar de clase Imperial I en un viaje extragaláctico hasta ella. Usando la red que creó al supervisar los astilleros Santhe en Corellia, Morgan consigue proveedores leales para las piezas que necesita. Tres grupos de hiperimpulsores, a lo largo del cuerpo anular del *Ojo de Sion*, impulsan la nave, dotándola de una hiperimpulsión increíblemente potente, mientras que cañones turboláser la defienden. Morgan dirige el *Ojo de Sión* desde su dorado puente, equipado con avanzados ordenadores de navegación para calcular la hiperruta a Peridea. Al acceder al hiperespacio, los potentes motores generan una onda expansiva que destruye Alas-X, pero logra llegar a otra galaxia. En su viaje de regreso, el *Ojo de Sión* transporta en su anillo al destructor estelar de clase Imperial I de Thrawn, *el Quimera*.

El *Quimera*
El destructor estelar de clase Imperial I modificado del gran almirante Thrawn, acoplado al anillo de transporte.

CAZA RP82 DIABÓLICO

MODELO Caza RP82 Diabólico
TIPO Caza estelar

Morgan Elsbeth contrata mercenarios y guardias para localizar el mapa hacia Peridea y asegurar de que el viaje no tenga interferencias externas. Usa sus contactos imperiales para asegurarse de que sus empleados estén bien equipados y preparados para defenderla, a ella y al *Ojo de Sión*. Dos de sus mercenarios, Shin Hati y Marrok, pilotan cazas RP82 Diabólico. Ágiles y compactos, aunque no tan pequeños como otros cazas del arsenal de Morgan, los Diabólico están pensados para ofrecer un alto rendimiento. En manos de un buen piloto, su maniobrabilidad los convierte en una óptima nave de ataque.

QUIMERA

FABRICANTE Astilleros de Propulsores Kuat
MODELO Clase Imperial I **TIPO** Destructor Estelar

El Gran Almirante Thrawn capitanea el *Quimera*, un destructor estelar *imperial de clase I* modificado. La representación de una quimera en el casco lo distingue de los demás. Thrawn asume el mando de la nave al principio de su carrera imperial, dirigiéndola por la galaxia para atacar a los rebeldes, especialmente a los situados en Lothal. El *Quimera* participa en los ataques a Botajef, Batonn, Atollon y Lothal. Es desde Lothal desde donde los purrgil, por orden de Ezra Bridger, transportan el *Quimera* a la galaxia lejana. La nave permanece allí exiliada hasta que Morgan Elsbeth halla una ruta a Peridea, y Thrawn puede regresar a la galaxia conocida a bordo del *Quimera*.

VAINAS NOTI

FABRICANTE Los noti
MODELO Personalizado
TIPO Cápsula repulsora

Los noti, una especie nómada, pasan su existencia viajando entre diferentes lugares de Peridea. Han creado un vehículo único y eficaz para sus viajes, que funciona como modesto hogar y como medio de transporte. Los noti acampan sus cápsulas en círculos defensivos, creando asentamientos temporales; las cápsulas tienen puertas y una ventana y dan todo el cobijo que los noti necesitan. Ezra Bridger vive durante un tiempo en una vaina noti construida a medida. Cuando los noti deben trasladarse a un nuevo lugar en las llanuras de Peridea o huir del peligro, la tecnología repulsora eleva las cápsulas del suelo y las desplaza lentamente.

HALCÓN ESTELAR

FABRICANTE Astilleros de Nadiri **MODELO** Clase Halcón Estelar **TIPO** Nave de guerra

El *Halcón Estelar*, una iniciativa ultrasecreta de la Nueva República, es un prototipo de navío de guerra ensamblado a partir de destructores estelares imperiales recuperados. Construida en los astilleros de Nadiri en los últimos días de la Guerra Civil Galáctica, la nave está destinada a nivelar el campo de juego contra las naves capitales del Imperio. Cuenta con un pesado blindaje de duracero, escudos deflectores, baterías turboláser y un grupo de rayos tractores. El *Halcón Estelar* acaba sacrificado por Hera Syndulla, que lo envía a la luna Galitan para eliminar una amenaza imperial. Ante el potencial de la nave, la Nueva República desarrolla nuevas versiones, y varias de ellas entran en acción en la batalla de Jakku.

T-85 ALA-X

FABRICANTE Incom-FreiTek **MODELO** Ala-X T-85 **TIPO** Caza estelar

Tras la batalla de Endor, la Flota de Defensa de la Nueva República se equipa con cazas T-85 Ala-X, uno de los más innovadores creados por Incom-FreiTek. Son naves más avanzadas que los Ala-X T-65B y T-65C de la Alianza Rebelde y que los T-70 de la Resistencia. Los T-85 azules y plateados de la Nueva República, como el pilotado por el piloto Kazuda Xiono en su primer encuentro con el capitán Poe Dameron, llevan escrito en aurebesh «Armada de la República» en la proa. La mayoría son destruidos en el cataclismo de Hosnian Prime, pero unos pocos permanecen activos en la flota de la Resistencia.

BURLADOR DE BLOQUEO DE LA RESISTENCIA

FABRICANTE Corporación Corelliana de Ingeniería
MODELO CR90 **TIPO** Corbeta

La Resistencia emplea naves antiguas pero fiables que resultan familiares y cómodas a sus antiguos miembros de la Alianza Rebelde y especialmente a su líder, la general Leia Organa. Al igual que la *Tantive IV*, esta corbeta CR90 participa en la batalla de Scarif. Más tarde sirve como centro móvil de operaciones de Leia para la Resistencia, antes de la destrucción de Hosnian Prime. Tras su combate aéreo con el comandante Elrik Vonreg, Poe Dameron y Kazuda Xiono atracan en la nave para contactar con Leia por holograma. Tras esta conversación, regresan a sus naves y Leia les informa en persona sobre una nueva misión.

Todo al rojo
Que Vonreg vuele en un TIE íntegramente rojo indica que su habilidad es muy superior a la del resto de pilotos de las Fuerzas Especiales, que vuelan en naves con una única franja roja.

BARÓN TIE

FABRICANTE Sistemas de Flotas Sienar-Jaemus
MODELO Interceptor TIE/in **TIPO** Caza estelar

El mayor Elrik Vonreg es uno de los mejores pilotos de la Primera Orden y vuela en un interceptor TIE completamente rojo. Los dos motores de iones del caza están alimentados por dos reactores de iones con células de deuterio recargables que alcanzan una velocidad atmosférica de hasta 1250 km/h. La nave está armada con cuatro cañones láser L-s9.7 en las alas, y lanza proyectiles con capacidad para disparar misiles de impacto ST7 y ojivas de pulsos magnéticos. El interceptor TIE está bien protegido gracias a sus escudos y, si todo lo demás falla, dispone de un asiento de eyección. La nave también cuenta con un ordenador de vuelo Torplex experimental y con un hiperimpulsor de clase 2. En su nave avanzada, Vonreg puede aniquilar con facilidad a la mayoría de los cazas estelares enemigos. Durante la batalla de Castilon, Kazuda Xiono destruye el TIE del Barón mientras defiende el Coloso.

Una retirada apresurada
Vonreg se ve obligado a huir al verse superado en combate por Poe Dameron y Kaz Xiono.

NEGRO UNO

FABRICANTE Incom-FreiTek
MODELO Ala-X T-70 **TIPO** Caza estelar

Poe Dameron pilota un Ala-X personalizado con el nombre en código de *Negro Uno* y lidera el Escuadrón Negro, además del Rojo y el Azul. Pilota el *Negro Uno* en múltiples escaramuzas y batallas, como la misión a Ovanis, la batalla de Takodana o el ataque a la base Starkiller.

La pintura de color naranja y rojo de la nave la distingue de otros Alas-X de la Resistencia, y dispersa su señal en los radares de la Primera Orden, por lo que Poe puede participar en misiones encubiertas sin ser detectado. El foso astromecánico detrás del asiento de Poe está especialmente adaptado para la forma única y las herramientas internas de BB-8.

A diferencia de la Alianza Rebelde, que fabrica sus Alas-X T-65 en secreto, la Nueva República puede fabricar sus Alas-X abiertamente. Sin recursos, la Resistencia depende de las donaciones de personas poderosas y gobiernos. Si quiere mantener su humilde flota, debe gestionar muy bien las finanzas y racionar los suministros.

Los Alas T-70 son más rápidos, están mejor armados que los antiguos T-65 de la Alianza Rebelde y deben su diseño, más elegante y ligero, a los avances tecnológicos en la miniaturización de los componentes de las naves. Aun así, son inferiores a los innovadores T-85 de la Nueva República.

Aunque estos Alas-X son más caros de adquirir y de mantener que los cazas TIE de la Primera Orden, son más versátiles y pueden intervenir en un amplio rango de situaciones de combate. Los cañones láser en las alas tienen tres modos de disparo: único, doble y cuádruple. Los cargadores intercambiables permiten a los pilotos cambiar cargas de ocho torpedos de protones por ojivas de pulso magnético, misiles de impacto y otras armas.

Durante la evacuación de D'Qar, *Negro Uno* recibe una cápsula aceleradora experimental que aumenta su velocidad y permite a Poe lanzar un ataque contra la flota de la Primera Orden que se prepara para atacar la base de la Resistencia. Tras huir del planeta, *Negro Uno* está en el hangar principal del *Raddus* cuando este es destruido por el escuadrón de cazas TIE de Kylo Ren. La matanza resultante es devastadora para la Resistencia, cuya flota de cazas ya estaba muy mermada.

Poe al rescate
Cuando el contacto de C-3PO avisa a la Resistencia de la ubicación de BB-8, Poe vuela a recuperarlo.

Apoyo local
El primer patrocinador del *Bola de Fuego* es Bolza Grool, un vendedor de gorg local.

BOLA DE FUEGO

TIPO Caza estelar de carreras

El *Bola de Fuego* es un viejo caza estelar propiedad de Jarek Yeager, quien dirige un taller de reparaciones en la estación de repostaje Coloso. Se llama *Bola de Fuego* por su desafortunada tendencia a estallar en llamas durante el vuelo. Se rumorea que Jarek Yeager solía competir con él y que lo construyó a partir de un viejo Ala-X rebelde y de un Z-75 Cazacabezas heredado de unos familiares. Dispone de un armamento impresionante, con dos cañones láser Taim & Bak KX11C en las alas y dos lanzadores de torpedos de protones y misiles de concusión Krupx MG7-A miniaturizados. Yeager promete la nave a su empleada Tam Ryvora, si consigue arreglarla. Tam no está nada contenta cuando el espía de la Resistencia Kazuda Xiono llega al Coloso y Yeager deja que pilote la nave en una carrera contra Torra Doza. No obstante, el equipo Bola de Fuego (que toma el nombre de la propia nave) trabaja conjuntamente para adquirir piezas y hacer funcionar la nave. La mayoría de las piezas usadas proceden de Flix y Orka, de la Oficina de Adquisiciones del Coloso. Kaz les acaba haciendo favores a cambio de las piezas que necesita. Kaz casi termina la carrera, pero fuerza demasiado la nave y la estrella en el mar hacia el final de la prueba.

Posteriormente, el equipo Bod dedica mucho tiempo y trabajo a reparar y mejorar la nave. Aunque Kaz y Tam traban amistad, de vez en cuando surgen roces a causa del *Bola de Fuego*. En un momento dado, el torpe Kaz rompe el compensador de aceleración de la nave, recién reparado, y Tam le obliga a arreglarlo. Lo consigue con la ayuda de unos nuevos amigos chelidae. Kaz también aprende una valiosa lección cuando intenta escabullirse con la nave para reunirse con Poe Dameron sin decírselo a Tam. No se da cuenta de que ella estaba arreglando los estabilizadores de la nave hasta que se aleja del Coloso, y corre riesgo de estrellarse.

Durante la ocupación del Coloso por la Primera Orden, Tam se siente traicionada por sus amigos y se une a la Orden, abandonándolos a ellos y al *Bola de Fuego*. Cuando los habitantes de la estación se sublevan para liberar su hogar de los ocupantes, Kaz pilota el *Bola de Fuego* junto a los Ases y Yeager, y derriba al comandante Vonreg. Después de unirse al Escuadrón As, Kaz pilota la nave mientras el Coloso huye de la Primera Orden, y más tarde la pilota durante la batalla de Exegol.

PUNTA CARROÑA

FABRICANTE Sistemas de Flotas Sienar
MODELO IPV-2C (modificado) **TIPO** Corbeta furtiva

Gran Moff Wilhuff Tarkin usa su nave personal, la *Punta Carroña*, tanto para misiones como para transporte. Finalmente cae en posesión del agente Terex de la Oficina de Seguridad de la Primera Orden. La nave, con forma de daga, es formidable y cuenta con innumerables armas y defensas. Terex instala varias mejoras personales, incluida una vitrina de trofeos en la que exhibe varias piezas de armaduras. Utiliza la nave en su tenaz persecución del héroe de la Resistencia Poe Dameron, lo que se convierte en la perdición de su amada nave. Tras desobedecer las órdenes de la capitana Phasma de no enfrentarse a la Resistencia, Terex envía un destructor estelar para darle caza, lo que provoca la rápida destrucción del *Punta Carroña*.

ROMARY

FABRICANTE Motores Estelares Rendili **MODELO** Clase Phelarion
TIPO Buque cisterna de combustible

La *Romary* es una nave cisterna de combustible bajo el mando de la capitana Perrili, una contrabandista xexta y uno de los contactos de la Resistencia en los bajos fondos para obtener recursos. Una entrega programada se convierte en tragedia cuando la Primera Orden llega antes que el Escuadrón Negro de Poe Dameron, acabando con Perrili y su tripulación, robando el combustible y saboteando la *Romary*. Cuando Dameron llega, decide devolver el carguero a los ladrones. Finalmente llega a un trato por la nave de abastecimiento de la Primera Orden, y permite a los oficiales evacuarla antes de que la *Romary* explote.

AS AZUL

FABRICANTE Joben e Hijos
MODELO Personalizado
TIPO Caza estelar de carreras

La hija del administrador del Coloso, Torra Doza, pilota una nave personalizada y no ha escatimado gastos para crear una nave aerodinámica y con tecnología puntera adaptada a su estilo de vuelo único y a sus gustos estéticos. El *As Azul* es una nave magnífica que hubiera encajado perfectamente con los aerodeslizadores de Coruscant en la edad de oro de la Antigua República y tiene más de un truco oculto. Mucho más veloz y aerodinámica que la mayoría de las viejas naves de la Resistencia, su capacidad de fuego puede anular a los cazas TIE de la Primera Orden. Torra pilota el *As Azul* durante todas sus misiones para la Resistencia, incluida la batalla de Exegol.

AS ROJO

FABRICANTES Ingeniería de Sistemas Kuat y Freya Fenris
MODELO Personalizado **TIPO** Caza estelar de carreras

Freya Fenris se inspira en la legendaria línea de Alas-A de Sistemas Kuat para concebir un caza con alas adicionales y cañones láser que mejoran la estabilidad y la capacidad de fuego. El *As Rojo* es un logro del diseño preciso, del progreso tecnológico y de la velocidad, y está impulsado por dos motores subluz Novaldex K-99 Event Horizon. Está armado con dos cañones láser Zija Valkyr-2 en las alas y en la popa cuenta con dos láseres Zija Asgar-4. Fenris suele liderar al resto de Ases desde el *As Rojo* cuando deben defender al Coloso de algún ataque.

AS VERDE

FABRICANTE Incom-FreiTek
MODELO G30 (modificado)
TIPO Caza estelar de carreras

El llamativo *As Verde* de Hype Fazon, que guarda algunas similitudes con los clásicos Alas-X de Incom-FreiTek, está cubierto de nombres y logos de patrocinadores, muchos de los cuales existen desde las Guerras Clon. Los alerones-S plegables cambian de posición para mejorar la velocidad y la maniobrabilidad, además de para apuntar los dos cañones láser Taim & Bak KX10B en la punta de las alas. El ala izquierda lleva un anuncio de la «Compañía de Suministros del Borde Exterior» y la izquierda, otro de «Mantenimiento y reparaciones de naves». Va equipado con lanzamisiles.

AS AMARILLO

FABRICANTE Mecánica Ravager **MODELO** Mark 71NB personalizado («Changeling»)
TIPO Caza estelar de carreras

El As Bo Keevil ha personalizado su nave para que sea más ágil y veloz. Aunque la configuración de las alas del *As Amarillo* cambia para facilitar sus múltiples acrobacias de vuelo, tanta maniobrabilidad tiene un precio: la nave es extraordinariamente difícil de manejar y los mandos son muy sensibles. Bo instala medidas de protección adicionales en caso de aterrizajes de emergencia y ha pilotado la nave en múltiples carreras importantes, como la Clásica de la Plataforma y la Batalla Real de los Ases en el Coloso o el Gran Premio de Ciudad de las Nubes.

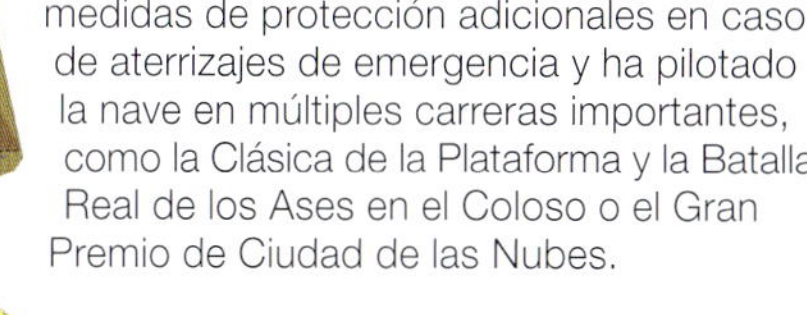

AS NEGRO

FABRICANTE Sistemas de Flotas Sienar y Griff Halloran **MODELO** Personalizado **TIPO** Caza estelar de carreras

Griff Halloran construye su propia nave a partir de un antiguo caza TIE al que añade tantas modificaciones que apenas se parece a la nave imperial que fue, a excepción de su distintiva ventana frontal: hay quien dice que el caza se parece más a un antiguo interceptor Eta-2 de clase Actis que a un TIE. Además de ser una nave rápida y elegante, su estilo imperial intimida a sus rivales. El *As Negro* sufre daños graves en la Clásica de la Plataforma, pero Halloran lo repara a tiempo para ayudar a defender el Coloso cuando un gigantesco rokkna ataca la estación. Durante la batalla del Coloso contra la Primera Orden, la nave de Griff es alcanzada, pero Kaz salva a Griff y al *As Negro* de la destrucción. El vehículo sobrevive para enfrentarse a la Primera Orden en muchas otras batallas.

GALEÓN

FABRICANTE Ave de Guerra **MODELO** Personalizado **TIPO** Nave pirata

El *Galeón* es la nave insignia de la banda Ave de Guerra de Kragan Gorr, un pirata que opera en Castilon. La banda ha ido construyendo y modificando la nave durante décadas, y, poco a poco, ha ido añadiendo piezas de naves imperiales, componentes de segunda mano y cañones a la barcaza de Ubrikkia original. La cabina principal es un antiguo AT-AT, mientras que el pie y la pierna invertidos de un AT-AT hacen las veces de cofa. La popa alberga una plataforma de aterrizaje para naves grandes y las alas de una lanzadera de clase Lambda estabilizan la nave. Los piratas ayudan al Coloso a luchar contra la Primera Orden y se acoplan a la estación antes de que esta salte al hiperespacio. Sin embargo, no resulta ser un amarre permanente, y la nave, con la mayor parte de su tripulación, es expulsada cuando Gorr intenta amotinarse contra el capitán del Coloso, Imanuel Doza.

ESQUIFE DEL AVE DE GUERRA

FABRICANTE Ave de Guerra **MODELO** Personalizado **TIPO** Esquife

La banda Ave de Guerra del pirata Kragan Gorr usa varios esquifes muy modificados como plataformas móviles en Castilon. Se trata de combinaciones destartaladas de piezas recuperadas de naves imperiales, entre otras. Cuando los piratas se introducen en el Coloso y secuestran a la As Torra Doza, huyen en un par de motos barredoras antes de reunirse en un esquife. El piloto Kazuda Xiono intenta seguirlos con su nave, el *Bola de Fuego*, pero los piratas le disparan desde una torreta de cañones en la popa del esquife y se ve obligado a retirarse para no herir a Torra, que sigue en el esquife.

LANZADERA DE KRAGAN GORR

FABRICANTE Ave de Guerra **MODELO** Personalizado **TIPO** Lanzadera de combate

La lanzadera personal de Kragan Gorr, líder de las Aves de Guerra, es una nave única, aunque posee piezas de lanzaderas imperiales clase Lambda recuperadas. La nave está cubierta de láseres y cañones de iones, que suponen una carga para su reserva de energía. Aunque el vehículo es rápido y maniobrable en vuelo atmosférico, sus escudos son mínimos, y el hiperimpulsor, poco fiable. Aun así, la lanzadera posee amplio espacio para cargar botín robado, una cualidad necesaria para cualquier nave pirata. Synara San pilota la lanzadera de Gorr en la batalla de Barabesh, contra el destructor estelar de la Primera Orden *Thunderer*.

CAZA ESTELAR DEL AVE DE GUERRA

FABRICANTE Ave de Guerra **MODELO** Personalizado **TIPO** Caza estelar

Los cazas de la banda Ave de Guerra son un popurrí de varias naves y contienen piezas de Alas-A, interceptores Eta-2 de clase Actis e interceptores TIE. Aunque parece que pueden desmontarse o explotar en cualquier momento, son muy maniobrables, están bien armados y sus sistemas de selección de objetivos son muy precisos. La banda pirata de Kragan Gorr usa estas naves para asaltar el Coloso y otros objetivos vulnerables de Castilon. Si bien las habilidades de los piratas como pilotos no se celebren tanto como las de los Ases, son expertos al mando de estas veloces y letales naves.

GLORIA DE LA GALAXIA

TIPO Caza estelar de carreras

Marcus Speedstar es un piloto de carreras célebre y arrogante que llama *Gloria de la Galaxia* a su nave de carreras personalizada, diseñada para ganar carreras y no para combatir en el espacio. Aunque cuenta con dos cañones láser, son más por una cuestión de estética que para el combate pesado. La nave está pintada de negro, morado y plateado, a juego con el traje de vuelo de Speedstar y con su copiloto, el droide R4-D12.

CAZA DE CARRERAS DE RUCKLIN

TIPO Caza estelar de carreras

El fanático de las carreras Jace Rucklin invierte todos sus ahorros y tiempo en su nave, para hacerla lo más rápida y ligera posible. Elimina todo lo que considera peso superfluo, como el paracaídas del asiento de eyección, y le roba hipercombustible a Yeager para obtener ventaja en su próxima carrera, aunque lo único que consigue es transformar la nave en una bomba voladora. Rucklin está a punto de morir, pero Kazuda Xiono lo salva justo antes de que la nave explote. Aun así, el desagradecido piloto culpa a Kaz de lo sucedido.

NAVE DE CARRERAS DE JAREK YEAGER

TIPO Caza estelar de carreras

El caza personal de Jarek Yeager es un vehículo rápido con el que gana muchas carreras. Cuando llega al Coloso prosigue compitiendo con su nave, pero pronto se da por vencido y decide abrir un taller en su lugar. Su caza estelar permanece en tierra durante años hasta que llega su hermano, Marcus Speedstar. Yeager acepta competir contra Speedstar en la Clásica de la Plataforma. Al principio Jarek está decidido a ganar, pero comprende que su hermano debe vencer para salvar la vida de un amigo, así que deja que Marcus le supere. Yeager pilota la nave durante el combate del Coloso contra la Primera Orden, en el que Kazuda Xiono le salva al derribar al comandante Vonreg, lo que les permite a ambos embarcar en el Coloso antes de que salte al hiperespacio. Yeager se convierte en jefe del Escuadrón As, y pasa más tiempo en la cabina de su nave de carreras. Incluso se permite a Kaz pilotar la nave en la Batalla de Aeos Prime. Junto a Kaz, Yeager es uno de los pilotos que viajan a Exegol, respondiendo a la llamada de Lando Calrissian para ayudar a la Resistencia.

CARGUERO DE CLASE DARIUS G

FABRICANTE Darius **MODELO** Clase G **TIPO** Carguero

Los cargueros de clase Darius G, habituales en toda la galaxia, son naves muy espaciosas con rampas de carga frontales. Cuentan con dieciocho cápsulas de escape monoplaza, que despegan desde la superficie ventral del casco. El mayor Vonreg, de la Primera Orden, entrega un cargamento de combustible a la estación Coloso a bordo de uno de estos cargueros. Más adelante, Kazuda Xiono y Poe Dameron rescatan a la pirata Synara San de un carguero Darius abandonado e infestado de primates kowakianos. Un keteeriano llamado Teroj Kee también posee un carguero Darius y afirma trabajar para el Gremio de Minería aunque, en realidad, es un agente secreto de la Primera Orden. Cuando Teroj roba un conector de fase de la Oficina de Adquisiciones del Coloso, Kazuda sabotea la nave y obliga a Teroj a abandonarla. Mientras, Kazuda, escondido junto a su mascota porg Bitey, regresa al Coloso en una cápsula de escape.

CAZA TIE DE LA PRIMERA ORDEN

FABRICANTE Sistemas de Flotas Sienar-Jaemus
MODELO Caza de superioridad espacial TIE/fo
TIPO Caza estelar

A diferencia del Imperio, la Primera Orden valora mucho a sus pilotos y, aunque estos cazas TIE se parecen a sus predecesores imperiales, los ingenieros han incorporado muchos avances tecnológicos al diseño original. Ahora tienen armas más potentes, paneles solares más eficientes en las alas y, además, cuentan con la incorporación clave de generadores de escudo. Sin embargo, los modelos estándar siguen sin tener hiperimpulsor, por lo que están limitados a misiones de corto alcance. El TIE es el caza reglamentario de la Primera Orden y, además de en la base Starkiller, hay escuadrones en todos los destructores estelares.

CAZA TIE/SF DE LA PRIMERA ORDEN

FABRICANTE Sistemas de Flotas Sienar-Jaemus **MODELO** Caza de superioridad espacial TIE/sf **TIPO** Caza estelar

A diferencia del TIE estándar, el de las Fuerzas Especiales lleva un tripulante adicional (un artillero) y tiene hiperimpulsor, por lo que puede realizar misiones de largo alcance. Gracias a las células de deuterio de alto rendimiento, estos cazas cuentan con energía adicional para alimentar los motores, los escudos y los sistemas de armamento. El TIE/sf tiene cañones láser de proa y, gracias a la torreta de cañones pesados y al lanzador de misiles nucleares, su arco de disparo es de 360 grados. Aunque el piloto puede manejar la torreta, es mejor que lo haga el artillero de popa. Los sistemas adicionales hacen que la nave tienda a sobrecalentarse.

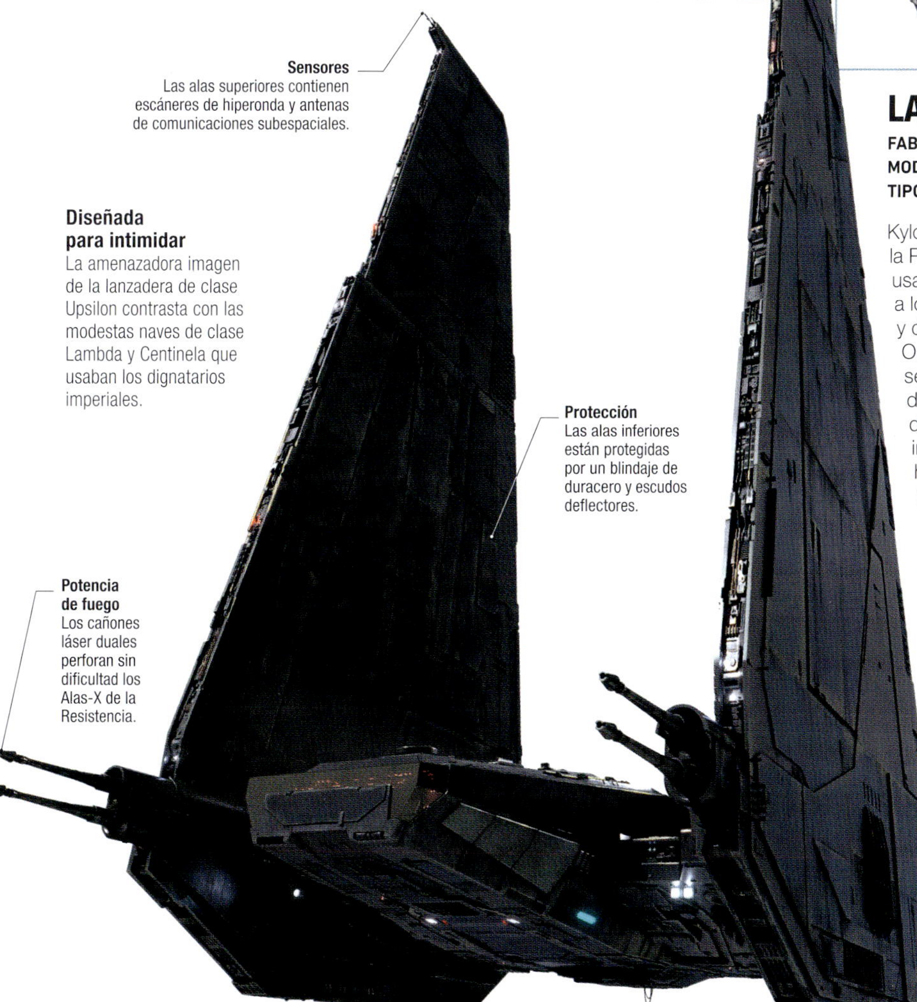

LANZADERA DE KYLO REN

FABRICANTE Sistemas de Flotas Sienar-Jaemus
MODELO Lanzadera de clase Upsilon
TIPO Transporte

Kylo Ren comanda las fuerzas militares de la Primera Orden desde el *Finalizador*, pero usa naves más pequeñas para descender a los planetas. Al igual que otros oficiales y dignatarios de alto rango de la Primera Orden, aterroriza a los mundos a los que se aproxima con su lanzadera de élite de clase Upsilon, cuya tecnología se ha desarrollado a partir de investigaciones imperiales secretas que la Primera Orden ha reanudado en laboratorios de las Regiones Desconocidas de la galaxia.

Durante el vuelo, las alas, similares a las de un murciélago, se extienden hasta casi duplicar su longitud, de modo que los paneles de sensores de largo alcance quedan al descubierto. Cuando aterriza, las alas, de 37,2 m de longitud, se retraen y el blindaje de la base de estas protege la delicada tecnología. Los generadores de escudo también protegen la cabina y a sus distinguidos ocupantes.

Aunque normalmente cuenta con una escolta de cazas TIE, la lanzadera tiene dos cañones láser pesados duales (un par en cada ala) y un sistema de contraataque en la punta de cada ala puede desviar misiles con señales falsas. Las alas superiores llevan escáneres de largo alcance para detectar a las naves que puedan aproximarse y las inferiores tienen bloqueadores de señales que entorpecen las comunicaciones del enemigo. Las lanzaderas de clase Upsilon pueden rastrear sistemas enteros en busca de comunicaciones y detectan las transmisiones de espías de la Resistencia. La lanzadera de mando de Kylo Ren es capaz de aislar rápidamente a naves solitarias y eliminarlas antes de que detecten la inminente aproximación de la nave y pidan ayuda.

La lanzadera de Kylo tiene capacidad para cinco tripulantes y diez pasajeros adicionales. Un piloto y un copiloto hacen guardia permanentemente, a la espera del regreso de Kylo. Cuando aterriza, Kylo baja por una rampa bajo la cabina principal mientras los soldados de asalto montan guardia para impedir el acceso sin autorización a la nave y defenderla de ataques enemigos.

Líder supremo
Kylo Ren mata a Snoke y se convierte en el Líder Supremo de la Primera Orden. Supervisa personalmente el ataque contra la base de la Resistencia en Crait sobrevolando el campo de batalla en su lanzadera.

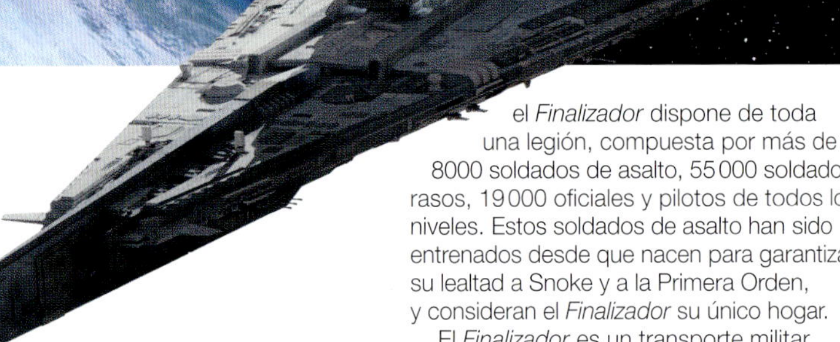

FINALIZADOR

FABRICANTE Ingeniería Kuat-Entralla
MODELO Clase Resurgent **TIPO** Destructor estelar

El *Finalizador* es una nave insignia de la flota de la Primera Orden, y la nave de mando de Kylo Ren y el general Armitage Hux. Los destructores de clase Resurgente simbolizan el poder de la Primera Orden y cuentan con una tripulación muy completa. En concreto, el *Finalizador* dispone de toda una legión, compuesta por más de 8000 soldados de asalto, 55 000 soldados rasos, 19 000 oficiales y pilotos de todos los niveles. Estos soldados de asalto han sido entrenados desde que nacen para garantizar su lealtad a Snoke y a la Primera Orden, y consideran el *Finalizador* su único hogar.

El *Finalizador* es un transporte militar, y alberga dos alas de cazas TIE y más de cien vehículos de asalto y caminantes. Su diseño permite que los cazas puedan despegar desde los muelles dorsales y los hangares laterales con mayor facilidad que desde los destructores estelares imperiales. Las naves enemigas que se le acercan se ven rodeadas rápidamente de escuadrones de cazas TIE antes de que ni siquiera hayan podido detectar que estos han abandonado los hangares del *Finalizador*. La defensa del puente de mando es más eficiente que la de las antiguas naves de guerra imperiales, porque no está tan separado del resto de la nave y los generadores de escudos deflectores no son los objetivos enormes y relativamente indefensos que eran antaño.

En tanto que plataforma de armamento móvil, el *Finalizador* está equipado con más de 3000 turboláseres y cañones de iones, además de rayos tractores, y lanza proyectiles situados en múltiples puntos. La potencia de fuego de estas armas es más que suficiente para enfrentarse a otras naves o bombardear planetas. Las áreas de importancia estratégica clave disponen de torretas y lanzamisiles más pequeños.

El armamento y la capacidad del *Finalizador* violan los tratados entre la Primera Orden y la Nueva República. Durante un tiempo, la Primera Orden mantiene en secreto el desarrollo del destructor estelar de clase Resurgente, aunque la general Leia Organa conoce su existencia. La Resistencia hace lo que puede para registrar los avistamientos y los movimientos de estas naves, pero los Senadores de la Nueva República hacen caso omiso de los informes. Acusan a Leia de belicista y son muy pocos lo que hacen caso de sus advertencias hasta que ya es demasiado tarde.

Kylo Ren observa el destructivo disparo de la base Starkiller, que destruye Hosnian Prime, desde el puente del *Finalizador*. Posteriormente el destructor estelar arrasa el planeta Tah'Nuhna tras rastrear a la Resistencia en esa ubicación. Cuando la nave insignia sufre daños significativos por parte de la flota de la Resistencia en Batuu, Kylo Ren transfiere su mando al *Imperturbable*.

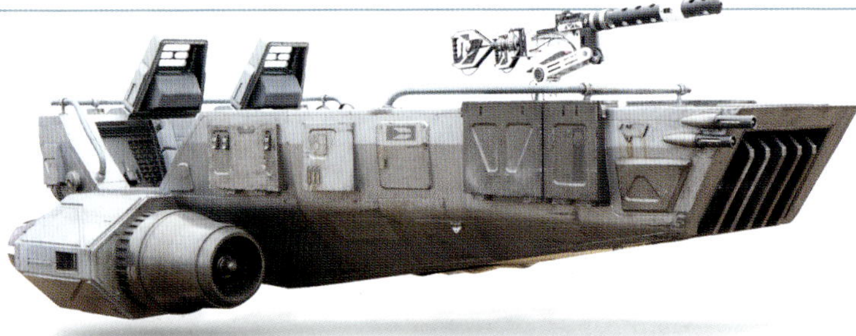

DESLIZADOR DE NIEVE DE LA PRIMERA ORDEN

FABRICANTE Corporación Aratech-Loratus
MODELO Vehículo ligero de infantería **TIPO** Deslizador

La Primera Orden se desplaza por la base Starkiller con deslizadores de nieve con repulsores. Tienen dos asientos, pero en la parte delantera puede viajar un tercer soldado, agachado. En la popa hay un cañón bláster de repetición FWMB-10 con un arco de disparo muy amplio que permite tanto arrasar fortificaciones con disparos horizontales como apuntar al cielo para derribar cazas. El bláster se desmonta si se necesita espacio para llevar algún cargamento en la parte delantera del deslizador. En comparación con los modelos civiles, el motor del deslizador de nieve de la Primera Orden es más potente y lleva convertidores mejorados. El conductor y el artillero quedan expuestos a los elementos, y necesitan asientos térmicos para mantener el calor. Además, carecen de barreras de seguridad, por lo que cuando viajan han de prestar atención para no salir volando si el vehículo choca con un banco de nieve.

ERAVANA

FABRICANTE Corporación Corelliana de Ingeniería
MODELO Clase Baleen
TIPO Carguero

Cuando Han Solo y Chewbacca pierden su amado *Halcón Milenario*, deben buscar otra nave. La legendaria pareja acaba en el *Eravana*, una nave voluminosa, lenta y difícil de manejar que no podría ser más distinta al pequeño, rápido y ágil *Halcón*. La construcción de cargueros pesados como el *Eravana* acostumbra a llevarse a cabo en el espacio. Muy pocas veces entran en atmósferas planetarias, sino que suelen acoplarse a estaciones espaciales o plataformas orbitales para descargar la mercancía. Son pocas las personas que poseen una de estas naves tan caras, que acostumbran a pertenecer a gremios, corporaciones o gobiernos. El *Eravana* contiene un laberinto de contenedores fijados externamente entre el muelle de atraque y los motores. El muelle de atraque se usa para el cargamento más delicado o que necesita atención especial. Con sus 426 m de eslora, esta nave de clase Baleen puede transportar mucha mercancía y, efectivamente, Han y Chewie suelen llevar un cargamento muy diverso para distintos compradores, desde lingotes de kiirium a polvo del cometa Aldo Spachian. Cuando Rey y Finn se encuentran con el *Eravana*, tres peligrosos rathtar para el rey Prana forman parte del cargamento. El tamaño de la nave dificulta que Han y Chewie puedan controlarla del todo, por lo que no se dan cuenta de que un par de bandas se han infiltrado en la nave ni de que Rey ha liberado sin querer a los rathtar.

TRANSPORTE DE TROPAS

FABRICANTE Sistemas Militares Sienar-Jaemus
MODELO Transporte de asalto atmosférico (AAL) **TIPO** Transporte de tropas

El transporte de tropas es uno de los vehículos básicos de la Primera Orden. Cada uno puede transportar a dos escuadrones de soldados de asalto rápida y directamente al campo de batalla desde naves de mando en órbita. Cuando aterrizan, los transportes usan potentes focos para cegar al enemigo y un artillero dorsal cubre a los soldados con un arco de disparo de 240 grados. El AAL puede dejar a sus soldados en tierra, para la operación, y volver con refuerzos o esperar en la base hasta que la batalla haya acabado y pueda recoger a los supervivientes. Escudos y un blindaje reforzado protegen al AAL cuando entra y sale del campo de batalla. La cabina aislada es uno de los mayores puntos débiles. Un arma disparada con precisión podría derribar al piloto en pleno vuelo. Aunque el vehículo dispone de sistemas secundarios, son mucho menos precisos que el sistema principal.

SALTADOR QUAD

FABRICANTE Subpro **MODELO** Remolcador de transferencia aéreo-espacial cuatrimotor **TIPO** Transporte blindado Y-45

Un piloto de saltador quad emplea abrazaderas magnéticas para sujetar pesados contenedores y usa sus cuatro potentes propulsores para mover las cargas por los muelles de embarque. El piloto tiene visibilidad en todas las direcciones, lo que le permite situar a otros remolcadores, droides estibadores y al personal que trabaja a su lado. Aunque diseñada para el transporte planetario de carga, la nave también puede operar en el espacio. Esta versatilidad la hace deseable para contrabandistas, rastreadores y piratas. Cassian Andor y Ruescott Melshi convencen a los pescadores de Narkina 5 de que les dejen utilizar su saltador quad tras su huida de una prisión imperial. Años después, Rey corre hacia un saltador quad en Jakku hasta que el caza TIE que la persigue lo destruye.

DESLIZADOR DE REY

FABRICANTE Ninguno **MODELO** Personalizado **TIPO** Moto repulsora

Rey pilota un deslizador personalizado y construido con piezas de recambio. En realidad, es un híbrido de deslizador y barredora pero no pertenece a ninguna de las dos categorías: está a medio camino de lo uno y lo otro. Rey se siente orgullosa del vehículo que ha adaptado a sus habilidades. Sus reflejos y su capacidad como piloto son dignos de un Jedi y le permiten conducir el deslizador a velocidades que se aproximan a las de competición cuando el resto de pilotos se estrellarían contra las dunas casi con total seguridad.

El vehículo debe su capacidad de propulsión a dos motores turbojet duales de un carguero destruido, que Rey ha modificado con posquemadores de barredoras de carreras y un juego de repulsores de Alas-X estrellados. Un intercambiador de calor principal impide que los potentes motores se sobrecalienten y un disipador técnico estratégicamente colocado evita que Rey se queme con el posquemador posterior. Los estabilizadores verticales mantienen en pie el deslizador, mientras que una red tractora sujeta a Rey en el asiento. Con estas modificaciones, Rey puede ascender a la misma altitud que un aerodeslizador y, cuando nadie la ve, emprende el vuelo.

A pesar de que su deslizador puede llevar cargamento pesado, sabe que así atraería la atención. Tiende a transportar un pequeño cargamento de chatarra que cuelga en redes a sendos lados del deslizador y hace más viajes a mayor velocidad a Colonia Niima.

Aunque este deslizador carece de armas, tiene otros medios de defensa. Si alguien intenta robarlo, Rey puede electrificar el chasis para incapacitar al aspirante a ladrón y el motor no arranca sin un escaneo de su huella dactilar.

TRANSPORTE DE LA RESISTENCIA

FABRICANTE Slayn & Korpil **MODELO** Nave de la Resistencia modificada **TIPO** Transporte

Los transportes de la Resistencia son una mescolanza de componentes procedentes de naves de todo tipo, sobre todo de los Alas B Mark II, pero también de lanzaderas de clase Montura de la República. Son difíciles de maniobrar y las cabinas ofrecen mala visibilidad, por lo que suelen contar con una escolta de Alas-X para defenderse. Si el transportador es atacado cuando va sin escolta, puede usar una amplia variedad de armas adaptadas de cazas Ala-B. Dos compartimentos con asientos tienen capacidad para hasta 20 pasajeros, droides y material. Como están construidos con piezas de segunda mano, los transportadores se estropean con frecuencia, pero acostumbran a llevar a bordo droides astromecánicos que efectúan las reparaciones al instante y restauran los sistemas informáticos del ordenador.

BOMBARDERO PESADO B/SF-17

FABRICANTE Slayn & Korpil **MODELO** MG-100 Fortaleza Estelar SF-17 **TIPO** Bombardero

Los potentes bombarderos de la Resistencia exigen mucha atención a la tripulación, compuesta por un piloto, dos artilleros, un ingeniero de vuelo y un bombardero. Están armados con tres cañones láser de repetición de fuego enlazado EM-1919 de Municiones Merr-Sonn y seis cañones láser medianos, pero la principal potencia de fuego reside en un cargador de bombas modular que puede contener hasta 1048 bombas de protones. Durante la evacuación de D'Qar, la Resistencia envía a toda la flota de bombarderos para que ataquen el acorazado de la Primera Orden, el *Fulminatrix*, y aunque el bombardero de Paige Tico consigue destruir el objetivo, la Resistencia pierde todos su bombarderos en la batalla.

FULMINATRIX

FABRICANTE Ingeniería Kuat-Entralla **MODELO** Clase Mandator IV **TIPO** Acorazado de asedio

Cuando Iden Versio roba datos imperiales sobre el Proyecto Resurrección, también adquiere los planos del acorazado de asedio de clase Mandator IV de la Primera Orden. La nave de guerra posee dos cañones orbitales automáticos, 26 torretas dorsales de defensa, una miríada de cazas TIE y seis rayos tractores. Iden Versio transmite esta información al capitán Poe Dameron, que la usa para destruir el acorazado *Fulminatrix* mientras este bombardea la base de la Resistencia en D'Qar. La destrucción del *Fulminatrix* supone un duro golpe para la Primera Orden, pero también tiene un alto coste para la Resistencia. Poco después de su destrucción, miembros de la tripulación del Coloso abordan los restos del *Fulminatrix* en busca de combustible coaxium.

ALA-A RZ-2

FABRICANTE Ingeniería de Sistemas Kuat **MODELO** Ala-A RZ-2 **TIPO** Caza estelar

Aprovechando la popularidad del caza Ala-A original que la Alianza Rebelde pilotó durante la Guerra Civil Galáctica, Sistemas Kuat desarrolla una versión nueva poco después del final del conflicto. El Ala-A RZ-2 adopta las mejores actualizaciones que las células rebeldes realizaron en el campo de batalla y tiene una proa más alargada, para aumentar la velocidad. Estos Ala-A de segunda generación están armados con dos cañones láser GO-4 y dos lanzamisiles de impacto. Varios Alas-X acompañan a la flota de la resistencia durante la evacuación de D'Qar, como el pilotado por Tallissan Lintra, la Líder Azul. Cuando Kylo Ren ataca la nave insignia de la Resistencia, Tallissan muere y su Ala-X es destruida.

CARGUERO ORBITAL U-55

FABRICANTE Sistemas de Flotas Sienar **MODELO** U-55 **TIPO** Transporte de personal

El U-55 es una lanzadera básica común en toda la galaxia. Las versiones de la Resistencia carecen de armamento o hiperimpulsores, pero cuentan con sistemas de invisibilidad diseñados por Rose Tico. Tienen capacidad para transportar a unos 60 pasajeros y se suelen usar para celebrar reuniones secretas con dignatarios y miembros de la Resistencia. Cuando la Resistencia se ve obligada a abandonar el *Raddus*, el personal escapa a bordo de 30 «botes salvavidas» U-55. Por desgracia, los traicionan, y la Primera Orden destruye 24 de ellos antes de que puedan llegar a Crait.

NINKA

FABRICANTE Corporación Corelliana de Ingeniería
MODELO Revienta-búnkeres clase Free Virgillia
TIPO Corbeta

El *Ninka* es una nave especialmente concebida para superar bloqueos planetarios (oficialmente se conoce a estas naves como «revienta-búnkeres») y otros obstáculos. Cuenta con dos torretas turboláser, cuatro torretas con cañones láser de defensa y ocho cápsulas de artillería. Primero, el *Ninka* está comandado por la vicealmirante Amylin Holdo y es una de las cuatro grandes naves de la resistencia que logra escapar durante la evacuación de D'Qar. La *Supremacía*, la nave insignia de la Primera Orden, lo destruye poco después.

VIGILIA

FABRICANTE Astilleros de Propulsores de Kuat
MODELO Clase Vakbeor **TIPO** Fragata de carga

La Resistencia arrebata el *Vigilia* a unos piratas durante la batalla de los Bajos de Chasidron. Solo cuenta con armamento ligero, con cuatro cañones láser y dos proyectores de rayos tractores, y la tripulación está compuesta por veintiséis miembros. El vicealmirante Jotis de la Resistencia comanda el *Vigilia*, que es una de las cuatro grandes naves que escapa de D'Qar tras la destrucción de la base Starkiller. Transporta suministros vitales para la Resistencia, pero la *Supremacía* lo destruye rápidamente.

LIBERTINO

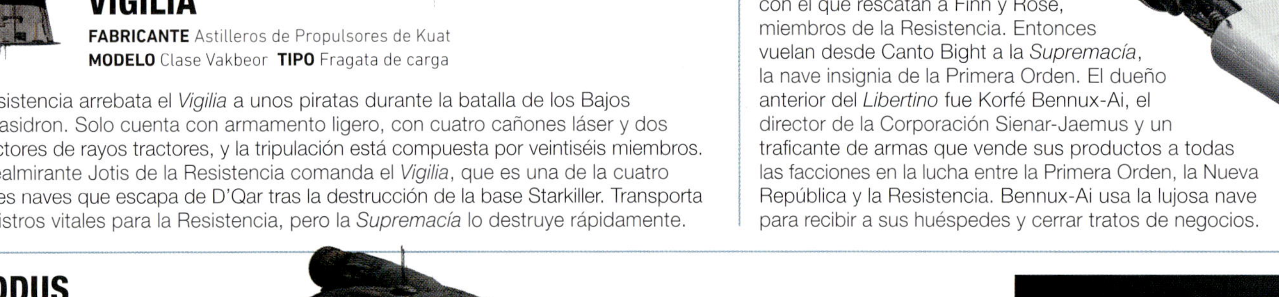

FABRICANTE Gremio d'Lanseaux
MODELO Personalizado
TIPO Yate estelar

El droide BB-8 y el hacker DJ roban el yate estelar *Libertino*, con el que rescatan a Finn y Rose, miembros de la Resistencia. Entonces vuelan desde Canto Bight a la *Supremacía*, la nave insignia de la Primera Orden. El dueño anterior del *Libertino* fue Korfé Bennux-Ai, el director de la Corporación Sienar-Jaemus y un traficante de armas que vende sus productos a todas las facciones en la lucha entre la Primera Orden, la Nueva República y la Resistencia. Bennux-Ai usa la lujosa nave para recibir a sus huéspedes y cerrar tratos de negocios.

RADDUS

FABRICANTE Astilleros de Mon Calamari y Corporación de Ingeniería Corelliana **MODELO** MC85
TIPO Crucero estelar

Destrucción
El ataque final de la vicealmirante Holdo a los mandos del *Raddus* destruye la flota de la Primera Orden.

El *Raddus* es la nave insignia de la Resistencia y el centro de mando móvil de la general Leia Organa. Anteriormente conocido como *Amanecer de Tranquilidad*, la Resistencia lo adquirió después de que la Nueva República lo retirara. El almirante Ackbar solicitó y consiguió que la nave recibiera el nombre del valiente almirante Raddus, que dio la vida en la batalla de Scarif para obtener los planes de la Estrella de la Muerte.

La inmensa nave mide 3438 m de longitud, 707 m de ancho y 463 m de alto. Su casco, de duracero, está fuertemente blindado y protegido por escudos deflectores experimentales. Teniendo en cuenta su tamaño, el *Raddus* es una nave veloz con 11 impulsores de iones subluz y un hiperimpulsor de Clase 1. También está fuertemente armado, con 18 turboláser pesados, 18 cañones de iones pesados, 12 cañones láser de defensa y 6 lanzatorpedos de protones.

Cuando la Resistencia destruye la base Starkiller de la Primera Orden y se ve obligada a evacuar la base de D'Qar, cuatro naves capitales logran escapar y saltar al hiperespacio. Sin embargo, la Primera Orden persigue a la Resistencia y emerge con ellos en el espacio real. Las otras tres naves son destruidas rápidamente y solo el *Raddus* logra escapar. Todos los altos líderes de la Resistencia (excepto Leia, que queda en coma) mueren durante un ataque de Kylo Ren, y la vicealmirante Holdo queda al mando.

Holdo idea un plan para evacuar a los supervivientes a Crait, un planeta próximo, a bordo de una pequeña flota de botes salvavidas U-55. Decide quedarse sola pilotando el *Raddus*, para distraer a la Primera Orden, pero desconoce que el traidor DJ ha informado de sus planes a la Primera Orden, que empieza a destruir las naves salvavidas de la Resistencia. En un esfuerzo para salvar al resto, Holdo se sacrifica y embiste contra la *Supremacía*, de la Primera Orden, mientras salta al hiperespacio. La colisión resultante parte la *Supremacía* por la mitad, pero también destruye al *Raddus*.

SILENCIADOR TIE

FABRICANTE Sistemas de Flotas Sienar-Jaemus
MODELO Caza estelar de superioridad espacial TIE/vn **TIPO** Caza estelar

La nave personal de Kylo Ren es un silenciador TIE, una nave muy ágil, pero muy difícil de pilotar incluso para los pilotos más hábiles. Kylo Ren es un piloto extraordinario gracias a su conexión con la Fuerza. El silenciador TIE es 10,7 m más largo que un caza TIE de la Primera Orden estándar. Cuenta con armas como cañones láser pesados SJFS y lanzamisiles equipados con misiles de impacto, ojivas de pulso magnético y torpedos de protones. Eso lo hace especialmente indicado para atacar naves capitales, tal y como Kylo demuestra cuando ataca al *Raddus*, destruye el hangar principal de la nave y aniquila a todo el cuerpo de cazas estelares de la Resistencia.

DESLIZADOR ESQUÍ

FABRICANTE Máquinas Roche
MODELO Deslizador esquí V-4X-D **TIPO** Aerodeslizador

Los deslizadores esquí son parientes lejanos de los cazas estelares Ala-B, pues ambos están inspirados en diseños de Verpine. La serie V-4 se diseña en origen para las carreras de eslalon entre asteroides, pero el deporte pierde popularidad rápidamente y el diseño pasa a ser uno de los favoritos de los exploradores. La Alianza Rebelde traslada a Crait un pequeño contingente de deslizadores esquí, pero los abandona allí. Cuando la Resistencia huye a Crait décadas después, usa los decrépitos deslizadores para enfrentarse a la Primera Orden. Liderados por Poe Dameron, cargan contra el cañón de asedio del enemigo, pero tienen que retirarse ante la superioridad del armamento de los caminantes enemigos.

AT-M6

FABRICANTE Astilleros de Propulsores Kuat-Entralla
MODELO Todoterreno Mega Calibre Seis
TIPO Caminante

Es el caminante de combate más potente de la Primera Orden, que despliega un contingente de ellos en Crait para que persigan a lo que queda de la Resistencia. Los AT-M6 cuentan con dos cañones láser duales de fuego enlazado pesados, dos cañones antinave y un cañón turboláser Mega Calibre Seis (que da nombre al vehículo). El cañón es tan potente que penetra escudos que supuestamente resisten bombardeos orbitales. Las patas delanteras están modificadas para que puedan soportar el peso adicional del cañón, además de estabilizar al caminante de manera que pueda compensar el retroceso del cañón.

SUPREMACÍA

FABRICANTE Ingeniería Kuat-Entralla **MODELO** Clase Mega
TIPO Acorazado estelar

La *Supremacía* es la nave insignia de la Primera Orden y su capital efectiva, ya que ejerce de cuartel general móvil del Líder Supremo Snoke. La colosal nave mide más de 60 km de ancho, con una tripulación de 2 225 000 miembros de la Primera Orden. La mayor parte de la tripulación se compone de adolescentes que aún se entrenan para convertirse en oficiales y soldados de asalto. La *Supremacía* está protegida por cañones turboláser y de iones pesados, baterías de misiles antinave y múltiples proyectores de rayos tractores. La nave es también una gran fábrica de armamento, capaz de producir AT-M6, AT-AT, AT-ST y cazas TIE. Tiene capacidad para que dos destructores estelares de clase Resurgente atraquen en el interior y otros seis en el exterior.

Cuando la *Supremacía* se une a las naves comandadas por el general Hux, Snoke dirige el ataque contra la flota de la Resistencia. Aunque la Resistencia logra escapar, la *Supremacía* los persigue cuando saltan al hiperespacio y, cuando emerge en el espacio real delante de la Resistencia, reanuda su ataque y destruye casi inmediatamente tres de sus cuatro naves capitales.

Poco después, Rey llega a bordo de la nave y la llevan ante Snoke. Inesperadamente, Kylo Ren ataca y mata a su maestro y Rey debe unirse a él para derrotar a la Guardia Pretoriana de Snoke, antes de escapar sola al mismo tiempo que Finn, Rose y DJ suben a bordo de la nave. Finn y Rose creen que DJ los está ayudando a desactivar el rastreador hiperespacial de la Primera Orden, pero los traiciona a cambio de una cantidad sustancial de dinero. DJ informa a la Primera Orden de los planes de la Resistencia de escapar a Crait y la Primera Orden empieza a disparar a los indefensos U-55 de la Resistencia.

Sin ninguna otra opción, la vicealmirante Holdo, de la Resistencia, embiste contra la *Supremacía* con la nave insignia *Raddus* y lo parte por la mitad en una colisión cataclísmica. El remanente de la Resistencia escapa a Crait, pero Kylo Ren y la Primera Orden los siguen hasta allí desde las ruinas de la *Supremacía* para reanudar la persecución de la Resistencia.

Una máquina de guerra Enormes hangares sirven de zonas de reunión para legiones de soldados de asalto, mientras cargan vehículos de tierra en naves de desembarco para preparar una invasión planetaria.

CAZA TIE DE KYLO REN

FABRICANTE Sistemas de Flota Sienar-Jaemus
MODELO Interceptor TIE/wi modificado
TIPO Caza estelar

El líder supremo Kylo Ren se lanza a la batalla a bordo de un susurrador TIE modificado según sus especificaciones, con mayor alcance, velocidad y potencia de fuego que el modelo estándar. El susurrador lleva una tecnología que confunde los sensores y permite a Ren volar sin ser detectado por el enemigo. Cuando Kylo llega a Pasaana para enfrentarse a Rey, ella corta una de las alas del caza. Más tarde, Kylo lleva una nave similar a Kef Bir, y Rey lleva este TIE a Ahch-To, donde le prende fuego.

TIE DAGA

FABRICANTE Sistemas de Flota Sienar-Jaemus
MODELO TIE/dg
TIPO Caza estelar

Forjada en secreto por fuerzas siniestras, esta nueva generación de cazas TIE entra en acción con alas triangulares que confieren a la elegante nave Sith un perfil amenazador. El TIE daga entra en acción durante la batalla de Exegol, donde se enfrenta a las fuerzas de la Resistencia.

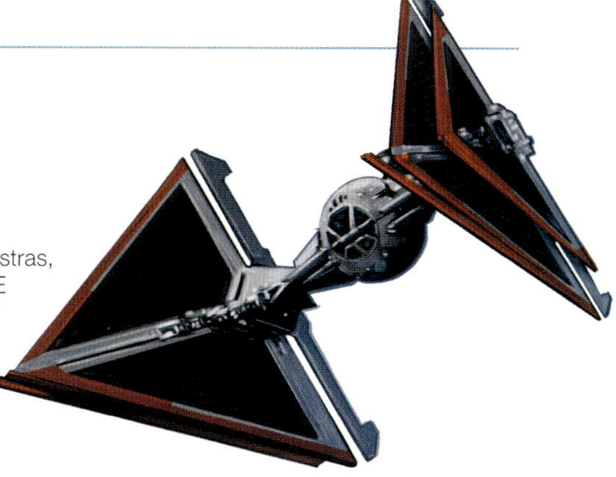

CAZA ESTELAR ALA-Y BTA-NR2

FABRICANTE Koensayr **MODELO** BTA-NR2
TIPO Caza estelar

El BTA-NR2 es la última versión de un venerable diseño de caza estelar que se remonta a las Guerras Clon. Su bodega de armas, inusualmente grande, y sus potentes cañones láser delanteros lo convierten en una formidable nave de ataque, pero como ocurre con todas las variantes del Ala-Y, esta potencia de impacto tiene como contrapartida una pérdida de velocidad y agilidad. Zorii Bliss pilota un caza estelar Ala-Y BTA-NR2 en la batalla de Exegol.

CRUCERO LIGERO DE LA PRIMERA ORDEN

FABRICANTE Ingeniería Kuat-Entralla **MODELO** Crucero ligero de la Primera Orden **TIPO** Lanzadera, transporte de tropas

El crucero ligero de la Primera Orden puede acoplarse a un destructor estelar clase Resurgente y transportar hasta 24 cazas TIE junto con una lanzadera clase Xi. El Escuadrón Negro de Poe Dameron aprovecha un fallo de diseño para inutilizar la nave.

DROIDE DE CARRERAS

TIPO Nave de carreras

Rápidos como las mejores naves, los droides de carreras son una buena apuesta en cualquier pista. Vranki el Hutt, propietario del Hotel y Casino Vranki, los emplea en competiciones de su propio complejo. A sus órdenes, los droides no siguen necesariamente las reglas. Disparan contra sus oponentes y usan sus cuatro alas móviles para agarrarlos, ralentizarlos o dañar sus naves. Los droides de carreras son casi imbatibles para los Ases del Coloso hasta que Neeku Vozo descubre un punto débil: circuito y droides comparten programación con un holojuego de casino. Al hackearlo, Neeku desactiva los obstáculos injustos y da a Kazuda Xiono la oportunidad de ganar.

TITÁN

FABRICANTE Astilleros de Propulsores Kuat
MODELO Clase Trantor
TIPO Depósito de combustible supercisterna

El Titán, una estación de reabastecimiento similar al Coloso, es importante para las operaciones de la flota de la Primera Orden. Sin embargo, a diferencia del Coloso, el Titán es nuevo y se halla en excelentes condiciones, por lo que es un objetivo. Kazuda Xiono, Neeku Vozo y CB-23 se cuelan en él para robar un dispositivo para el averiado Coloso. El deflector transbinario, en la sala de ingeniería, impide que se filtre la mortífera radiación cósmica. Con ayuda de un viejo amigo y cadete de la Primera Orden, Tam Ryvora, el equipo del Coloso huye utilizando las grúas del hangar del Titán para no ser detectado.

DRON ALA-X

FABRICANTE Departamento de Investigación Militar de la Primera Orden
MODELO Clase Microrraptor **TIPO** Dron teledirigido

Construidos para los entrenamientos de la Primera Orden, los drones Ala-X son réplicas reducidas y sin cabina de los famosos cazas de la Alianza Rebelde y la Resistencia. Se usan para prácticas de tiro y para formación de combate, pues son capaces de destruir las naves de los alumnos. Poseen interesantes elementos de diseño, como cuatro pequeñas alas extra como las del ARC-170 de las Guerras Clon. La teniente Galek de la Primera Orden utiliza alas-X para probar a sus cadetes, y da el rango de líder de escuadrón al piloto que más elimine… y sobreviva.

NAVE DE LA CUADRILLA GUAVIANA DE LA MUERTE

FABRICANTE Incom-FreiTek **MODELO** Clase Avandor **TIPO** Caza/transporte

La nave de la Cuadrilla Guaviana de la Muerte es un elegante y poderoso caza. Con una agresiva librea roja y negra, la nave hace juego con la armadura guaviana, un uniforme que abarca a los miembros y al vehículo. La Cuadrilla usa sus naves tanto para explorar como para patrullar, vigilando su espacio en busca de visitantes indeseados. Algo así sucede cuando el Coloso se adentra sin saberlo en territorio guaviano. La banda exige un pago por el paso y esconde sus naves en el interior de un campo de asteroides, al acecho de los Ases de la estación de reabastecimiento.

DAGA DE DALKOR

FABRICANTE Industrias Sabaoth
MODELO Clase Novahawk
TIPO Transporte de ataque

La *Daga de Dalkor*, nave del temible cazarrecompensas Ax Tagrin, está bien blindada y equipada con un impresionante arsenal. Tiene compartimentos para albergar cautivos. Cuando Tagrin atrapa a varios miembros del Coloso y de la Resistencia, incluido Kazuda Xiono, se dispone a entregarlos a la Primera Orden en la *Daga de Dalkor*. El droide de Xiono, CB-23, anula el sistema informático de la nave, cortocircuita un motor y hace que la *Daga* caiga en el rocoso paisaje de Varkana.

HALCYON

FABRICANTE Corporación de Ingeniería Corelliana
MODELO MPO-1400 **TIPO** Crucero estelar clase Purrgil

Líneas Estelares Chandrila opera el lujoso *Halcyon*. Este gran crucero estelar, joya de la compañía, ofrece comodidades inigualables. Shug Drabor supervisa su construcción en Corellia, en los astilleros Santhe, en tiempos de la Alta República. Diseñado para ofrecer el máximo confort y estilo, el *Halcyon* lleva pasajeros por toda la galaxia. Su viaje inaugural tiene como destino el planeta Batuu, en el Borde Exterior. Aunque el *Halcyon* está construido para viajes de lujo, cuenta con doce turboláseres y escudos para protección, ya que viaja por una galaxia turbulenta.

Durante más de 200 años de servicio, varios grupos utilizan la nave, dejando tras de sí un colorido legado en el *Halcyon*. Los piratas Nihil lo atacan; el clan Hutt lo compra para usarlo como casino móvil y el Imperio requisa la nave como refugio para oficiales. El registro de huéspedes del *Halcyon* anota visitantes ilustres a lo largo de las décadas, como el caballero Jedi Anakin Skywalker o los héroes de la Rebelión Han Solo y Leia Organa. Tras haber sido restaurado a su antigua gloria, sigue llevando pasajeros por toda la galaxia.

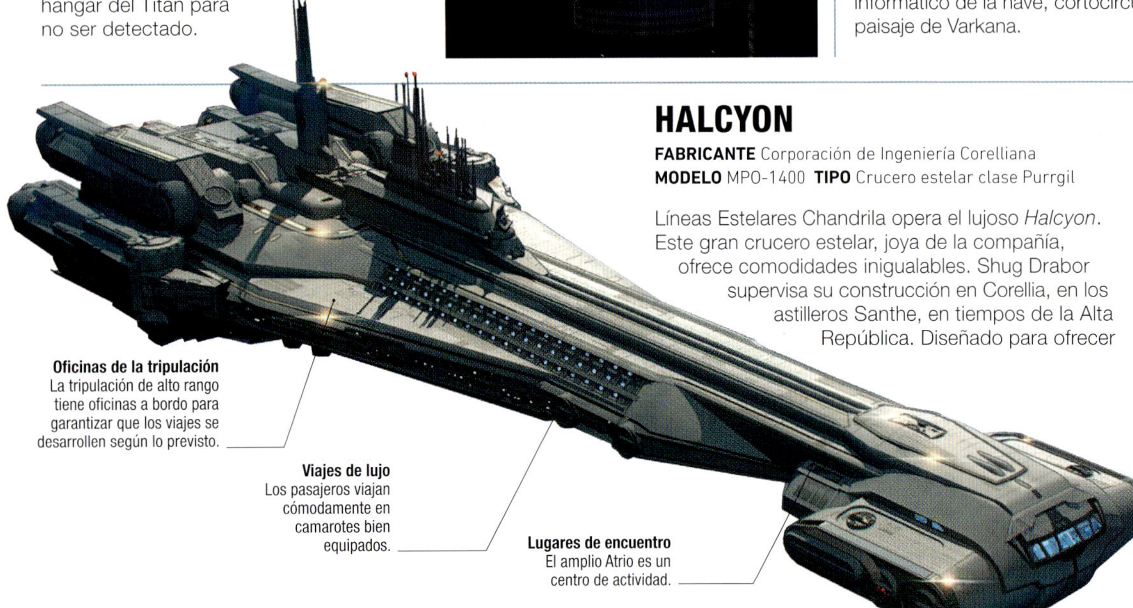

Oficinas de la tripulación La tripulación de alto rango tiene oficinas a bordo para garantizar que los viajes se desarrollen según lo previsto.

Viajes de lujo Los pasajeros viajan cómodamente en camarotes bien equipados.

Lugares de encuentro El amplio Atrio es un centro de actividad.

MESON MARTINET

FABRICANTE Corporación de Ingeniería Corelliana
MODELO Lanzadera estelar corelliana CSS-1 modificada **TIPO** Nave pirata

El *Meson Martinet* pertenece al traficante de armas y pirata Sidon Ithano. Es una lanzadera estelar corelliana CSS-1 muy modificada, reforzada y armada. Sidon la lleva a una reunión con Kragan Gorr, de la banda Warbird, para venderle armamento difícil de encontrar: superdroides de combate de las Guerras Clon. Más tarde, la nave se posa junto al castillo de Maz Kanata en Takodana, donde su capitán recluta para su tripulación al desertor Finn, aunque este se regresa rápidamente con sus amigos de la Resistencia.

TIE ECHELON

FABRICANTE Sistemas de Flota Sienar-Jaemus **MODELO** Transporte de motores iónicos gemelos
TIPO Transporte de carga y tropas

La Primera Orden utiliza el TIE Echelon, de la serie TIE, siempre evolucionando, para transportar pequeñas cargas y hasta 12 tripulantes. Aunque sobre todo es un transporte, el TIE Echelon posee elementos para la batalla: sensores avanzados, grupos gemelos de tres motores iónicos a cada lado, cañones láser pesados, una torreta en la cabina y generador de escudos. La Primera Orden utiliza el TIE Echelon para llevar soldados de asalto de la 709.ª Legión, y más tarde a Kylo Ren a Batuu en busca de Rey y de la base de la Resistencia.

NAVE DE TRANSPORTE INTERSISTEMA

FABRICANTE Corporación de Ingeniería Corelliana **TIPO** Transporte

La Resistencia confía en la Nave de Transporte Intersistema (I-TS), equipada con hiperimpulsor, para trasladar tropas entre bases. Con un interior espacioso para carga y tripulación, la I-TS también cuenta con cañones delanteros y traseros para su protección. Nien Nunb pilota uno de estos transportes, la TR-141, al mando del teniente Bek. Traslada reclutas desde Batuu a una base secreta en Pacara. La Primera Orden captura el I-TS sobre Batuu, pero Nunb realiza una audaz huida, devolviendo el transporte y a Bek a la base de la Resistencia en Batuu.

EL NUEVO ALA-X DE POE DAMERON

FABRICANTE Incom-FreiTek **MODELO** Ala-X T-70 **TIPO** Caza estelar

Después de que su amado caza *Negro Uno* fuera destruido en la evacuación de D'Qar, Poe Dameron pilota un nuevo Ala-X, esta vez pintado de llamativo naranja y gris. Como su nave anterior, este modelo de Ala-X ha sido cuidadosamente actualizado por Incom-FreiTek según las preferencias (y las quejas) de los veteranos de la Alianza Rebelde. El T-70 resultante es más complejo que los cazas TIE de Primera Orden, pero también más versátil. Su gran maniobrabilidad resulta importante para Dameron durante la Batalla de Exegol, al liderar la Flota de los Ciudadanos, con R2-D2 en el foso del astromecánico.

BESTIA TIE DE LA PRIMERA ORDEN

FABRICANTE Sistemas de Flota Sienar **MODELO** Transporte con motor de iones gemelos
TIPO Caza estelar

Como su predecesor el Imperio, la Primera Orden usa el caza estelar pesado TIE/rb cuando necesita potencia de fuego adicional. En comparación con el TIE estándar, el Bestia tiene un blindaje y armamento más pesados y cañones láser gemelos pivotantes en una cápsula estabilizadora que soporta su peso. La tripulación de contrabandistas del *Halcón Milenario* se topa con la versión del Bestia de la Primera Orden en un viaje de suministros a Corellia para el antiguo pirata, ahora empresario, Hondo Ohnaka.

KATOONI

FABRICANTE Industrias Starfeld
MODELO ZH-40 clase Tribuno
TIPO Carguero ligero (modificado)

El pirata weequay Hondo Ohnaka ha modificado su nave, la *Katooni*, para adaptarla a sus operaciones comerciales «totalmente legítimas» en Soluciones de Transporte Ohnaka. Tiene motores JV-74 y siete cañones láser, cuatro de ellos interconectados, lo que aumenta la potencia de las armas. Con componentes adicionales para manipular y almacenar 85 toneladas de carga, la *Katooni* es especialmente adecuada para los viajes de suministro. Hondo parece tener debilidad por el barco, lo que puede tener relación con su nombre, puesto en honor a una joven tholothiana que le impresiona.

CRUCERO ESTELAR MC95

FABRICANTE Astilleros Mon Calamari
MODELO MC95 **TIPO** Crucero estelar

En vista del éxito de los cruceros estelares MC80 y MC85, los Mon Calamari desarrollan el MC95 con cinco submodelos. Elegante y con las fluidas líneas típicas del diseño Mon Calamari, el MC95 está armado con cañones láser suficientemente potentes como para servir de buque insignia. Tras la batalla de Crait, Aftab Ackbar comanda un MC95 y lidera una flota de cruceros tras el ataque de la Primera Orden a Mon Cala. Ackbar y su nave ayudan a reconstruir la flota de la Resistencia, y los cruceros estelares MC95 desempeñan papeles clave en las batallas de Batuu y de Exegol.

CAZA ALA-B DE RESISTENCIA

FABRICANTE Slayn & Korpil **MODELO** Ala-B Mark III
TIPO Caza estelar

Como última incorporación a la línea de «ala cuchilla», el caza Ala-B Mark III de la Resistencia carece de la velocidad y maniobrabilidad de naves coetáneas, pero tiene la potencia de fuego necesaria para enfrentarse a la flota del Sith Eterno. Impulsada por Quarrie, el constructor de naves Mon Calamari, el Ala-B ha sido a menudo el caza estelar mejor armado de los cielos, inspirado en la lanzadera Jedi T-6 y el caza V-19. Pattros Navesh, un piloto de Lantillies, vuela por la Resistencia en la batalla de Exegol en uno de los Ala-B, armados con el temible cañón láser pesado Gyrhil R-9X.

BUITRE NOCTURNO

FABRICANTE Osseriton Assemblages **MODELO** Transporte clase Oubliette modificado
TIPO Nave prisión reconvertida

Durante una misión de ataque al mundo-prisión de Osseriton, los Caballeros de Ren liberan con éxito a los prisioneros, tal y como se les había encomendado. También «liberan» uno de los transportes-prisión del planeta. Esta nave robada se convierte en su propia nave, el *Buitre Nocturno*, y con el tiempo la personalizan y adaptan a sus oscuras maquinaciones. La dotan de un sistema de motores más potente (y tosco), y su armamento pesado aumenta notablemente. Kuruk pilota la nave-prisión reconvertida, que constituye un cuartel general volador perfecto para la despiadada banda de guerreros.

ESQUIFE DE CARGA

FABRICANTE Corporación SoroSuub
MODELO HS-19 **TIPO** Esquife de carga

El HS-19, un vehículo utilitario de morro recortado, es un esquife descubierto que se emplea para transporte por las arenas de Pasaana. Este sencillo esquife puede cargar hasta 120 toneladas de carga, a menudo semillas o suministros. La potencia de repulsión del esquife también puede usarse para aumentar la velocidad, lo que le permite recorrer largas distancias por el vasto planeta desértico a velocidades de hasta 250 kilómetros por hora. Con las habilidades que adquirió en su juventud en Kijimi, Poe Dameron puentea un esquife HS-19, propiedad de un residente de Pasaana, en su huida de la Primera Orden.

MOTO-DESLIZADORA ORUGA

FABRICANTE Aratech-Loratus **MODELO** 125-Z **TIPO** Moto-deslizadora

La deslizadora oruga 125-Z es una robusta moto de patrulla blindada, especialmente diseñada por la Primera Orden para contrarrestar la tecnología que incapacita los repulsores tradicionales. Cuenta con una banda de rodadura delantera que se agarra al suelo y propulsa el vehículo, lo que lo convierte en la opción perfecta para misiones de exploración por terrenos desconocidos. Robusta y fiable, es también sorprendentemente ágil, capaz de llegar a los 200 kilómetros por hora gracias a sus potentes propulsores traseros Aratech. Aplicando el freno correctamente, el piloto puede hacer despegar soldados aéreos.

CAMINANTE UA-TT

FABRICANTE Ingeniería Kuat-Entralla **MODELO** Caminante de transporte y ataque urbano **TIPO** Caminante trípode

A diferencia del caminante AT-M6, más grande, el Transporte Trípode de Asalto Urbano (UA-TT) es pequeño y tiene tres patas, en lugar de cuatro. Se usa específicamente para la «pacificación» de la Primera Orden y es el preferido para operaciones urbanas. En calles estrechas, como las de Kijimi, ejerce un importante control en disturbios sin demoler su entorno. Es ideal para la supresión quirúrgica de células rebeldes atrincheradas. Su garra manipuladora puede mantener cautivas a las víctimas o aplastarlas sin esfuerzo. También posee gran potencia de fuego, con un abrasador cañón láser doble montado en la barbilla y una torreta con un cañón bláster pesado.

TRANSPORTE ESQUIFE

FABRICANTE GoCorp
MODELO Arunskin 75D modificado
TIPO Esquife de transporte

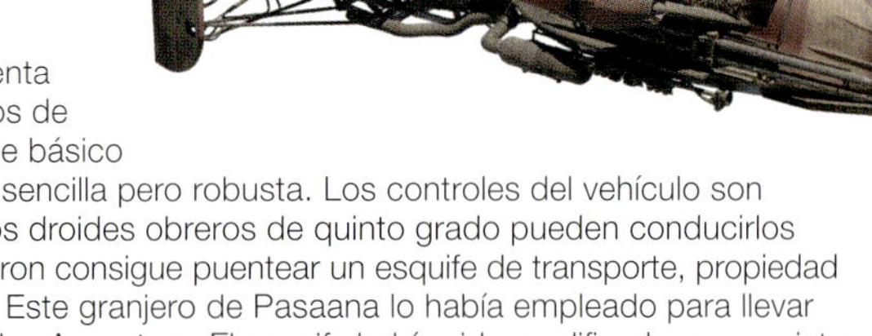

El esquife Arunskin 75D modificado, una herramienta esencial para los granjeros de Pasaana, es un transporte básico y ligero, de construcción sencilla pero robusta. Los controles del vehículo son tan sencillos que hasta los droides obreros de quinto grado pueden conducirlos en las granjas. Poe Dameron consigue puentear un esquife de transporte, propiedad de Jo-Dapshi Gorobunn. Este granjero de Pasaana lo había empleado para llevar suministros al Festival de los Ancestros. El esquife había sido modificado por su nieto, desacoplando los reguladores que limitaban la velocidad máxima de su propulsor, una turbina 75fw.

RODADOR

FABRICANTE Pasaana Kitha-Garra-du («Talleres Pesados») **MODELO** Rodador DN-25 **TIPO** Reptador

Los DN-25 son transportes pesados con orugas, que atraviesan la gama de paisajes desérticos de Pasaana. Los aki-aki, una especie autóctona del planeta, basan el diseño de sus vehículos oruga en los reptadores abandonados por forasteros que visitan el Festival de los Ancestros, que se celebra cada 42 años. La polivalencia de este sencillo vehículo, así como su tripulación de un solo piloto, hacen del rodador una elección popular entre comerciantes y transportistas. La impaciente Kalo'ne pilota uno de estos vehículos. Transporta muchos objetos tentadores, así como a un misterioso ermitaño –Lando Calrissian– y a sus amigos de la Resistencia que huyen de la Primera Orden.

LEGADO DE BESTOON

FABRICANTE Corporación Subpro **MODELO** WTK-85A modificada **TIPO** Transporte interestelar

El infame asesino Sith Ochi de Bestoon caza presas por toda la galaxia en su nave muy personalizada, acertadamente bautizada *Legado de Bestoon*. Fabricada durante los últimos días de la República, la nave está diseñada especialmente para aquellos que prefieren volar con una tripulación mínima, algo que el temperamental Ochi prefiere. Posee un ordenador de navegación de última generación y distintivos motores traseros.

Dathan, hijo de Palpatine, y su esposa, Miramir, roban la nave de Ochi para huir de Jakku y alejar a Ochi de su hija, Rey. La jugada sale bien y salva a Rey, pero Ochi asesina a la pareja. Reclamando su legado, el asesino sigue una pista y se dirige a Pasaana, donde muere. Su nave y su odiado droide, D-O, acaban abandonados en un acantilado, más allá del cañón Lurch.

Cuando la Resistencia descubre el *Legado Bestoon*, la nave se ha conservado bien gracias al desierto y está en condiciones de volar, incluso tras más de una década de inactividad.

Disparar
Los motores iónicos del *Legado de Bestoon* son sorprendentemente potentes, y su impulso pasa por sus toberas vectoriales.

FORTALEZA

FABRICANTE Corporación de Ingeniería Corelliana
MODELO YC-123B
TIPO Transporte blindado

La *Fortaleza*, una de las naves más fiables de la Resistencia, es un vehículo de transporte equipado con hiperimpulsor apodado «descenso afortunado» por su historial. Finn y miembros de la Resistencia lo han empleado con éxito en muchas misiones poco convencionales.

La *Fortaleza* es una nave robusta con buenos escudos, aunque precisa un pilotaje hábil. Con espacio para más de 100 pasajeros, puede soportar duros viajes, como su viaje a través de la Zona de Panal Rojo. Pilotada por la capitana Dreanna Conunda en la batalla de Exegol, la *Fortaleza* descarga un comando sobre un destructor estelar.

ESQUIFE MARINO

FABRICANTE Modelo personalizado **TIPO** Esquife marino número uno

Los esquifes de mar, construidos por ex soldados de asalto de la Primera Orden de la Compañía 77, se emplean para pescar y explorar los encrespados mares de Kef Bir. Son un prodigio del reciclaje, ya que se han fabricado a partir de piezas de naves de la Alianza Rebelde estrelladas y partes de repulsores empleados durante la construcción de la segunda Estrella de la Muerte. Con el piloto adecuado, los esquifes marinos pueden atravesar con pericia las altas olas y oscuras aguas de la luna oceánica de Endor, y solo requieren un ligero toque de timón para navegar con éxito hasta su destino.

DESTRUCTOR ESTELAR SITH

FABRICANTE Ingeniería Kuat-Entralla
MODELO Clase Xyston **TIPO** Destructor estelar

Emergiendo del yermo firmamento de Exegol, cientos de Destructores Estelares Sith conforman la columna vertebral de la flota del Sith Eterno. Todos están equipados con letal tecnología perfeccionada durante años de ensayo y error. Los nuevos Destructores Estelares se basan en el modelo original de la clase Imperial II, así como en elementos del acorazado de la Primera Orden, pero han sido ampliados y dotados de sistemas automatizados para requerir menos tripulación.

Las naves de guerra han estado ocultas en los astilleros desde la época del Imperio, con Darth Sidious acumulando fuerzas en secreto en el antiguo planeta Sith de Exegol, sangrando cristales kyber en el planeta secreto para aumentar su terrible armamento. Darth Vader y el asesino Sith Ochi de Bestoon vislumbran estos retorcidos planes en sus visitas a Exegol, pero no alcanzan a comprender el alcance de los planes de Sidious.

La presencia de leales al Sith en las juntas ejecutivas de fabricantes de naves como Sienar-Jaemus y Kuat-Entralla facilita la canalización encubierta de diseños y suministros durante muchos años de callado trabajo. La construcción de estas naves de guerra requiere tiempo y paciencia, pero el resultado final parece devastador para los pueblos de la galaxia.

Adornadas con las marcas rojas de la flota de los Eternos Sith, las naves de guerra de la recién creada clase Xyston tienen suficiente potencia de fuego para destruir un planeta a gran distancia de su órbita, gracias a un superláser axial alimentado por su reactor. El general leal Pryde recibe la orden de Sidious de desplegar la flota por toda la galaxia conocida. La primera nave de guerra que surge de las Regiones Desconocidas, la *Derriphan*, destruye el mundo helado de Kijimi como muestra del nuevo poderío de la Primera Orden. La victoria de la Flota Ciudadana y de la Resistencia en la batalla de Exegol impide el devastador lanzamiento de más naves de guerra e inspira la paz en toda la galaxia.

Hijos de los Sith
El puente está formado por decididos oficiales y técnicos, casi todos hijos de cultistas Sith, que han entrenado toda su vida para operar estas devastadoras máquinas.

Flota de la oscuridad
La enorme Flota Sith se eleva sobre la atmósfera de Exegol, lista para salir de su oculto mundo natal y atacar finalmente a la Nueva República.

ÍNDICE

Los números de página en **negrita** remiten a las entradas principales.

A

B

C

D

E

F

G

H

I

J

K

L

M

N

O

P

T

U

V

Y

Z

Coordinación editorial Matt Jones
Edición Frankie Hallam
Coordinación de diseño Clive Savage y Nathan Martin
Edición de arte de proyecto Stefan Georgiou, Chris Gould y Jon Hall
Diseño James McKeag y Izzy Merry
Producción editorial Marc Staples
Control de producción Laura Andrews
Dirección editorial Emma Grange
Dirección de diseño Vicky Short
Dirección de publicaciones Paula Regan
Dirección artística Charlotte Coulais
Dirección ejecutiva Mark Searle

Editado por Elly Dowsett y Catherine Saunders
Diseñado por Jim Green, Simon Murrell, Lisa Robb y Rob Perry
Ilustración de cubierta Brian Rood

Lucasfilm
Edición Brett Rector
Dirección creativa Michael Siglain
Dirección artística Troy Alders
Equipo de guion James Waugh, Pablo Hidalgo, Leland Chee, Matt Martin, Phil Szostak, Emily Shkoukani y Kate Izquierdo
Equipo de recursos Steve Newman, Gabrielle Levenson, Tim Mapp, Bryce Pinkos, Erik Sanchez, Nicole LaCoursiere, Kelly Jensen y Shahana Alam

Dorling Kindersley desea expresar su agradecimiento a: Chelsea Alon, Angela Grief, Shana Highfield, Rima Simonian y Thomas Wang, de Disney; Ruth Amos, Alastair Dougall, David Fentiman, Romi Chakraborty, Upamanyu Das, Kingshuk Ghoshal y Nehal Verma por su ayuda en la edición y el diseño; David Fentiman y Emma Grange por el texto adicional; Alex Evangeli por la iconografía; Beth Davies, Emma Grange, Shari Last, Lisa Stock, Lauren Nesworthy, Nicole Reynolds y Cefn Ridout por el trabajo editorial en las ediciones anteriores; Anna Formanek, Lisa Lanzarini, Lynne Moulding, Anne Sharples, Jess Tapolcai y Toby Truphet por el trabajo de diseño en las ediciones anteriores; Cameron + Company por su trabajo en la edición original; Maxine Pedliham por el concepto de diseño inicial; Megan Douglass por proporcionar la revisión preliminar; Victoria Taylor por la revisión, y Vanessa Bird por la elaboración del índice.

De la edición española
Servicios editoriales deleatur, s.l.
Traducción Montserrat Asensio, Joan Andreano Weyland, Robert Falcó, Carmen Gómez Aragón e Irene Oliva
Coordinación de proyecto Helena Peña Del Valle
Dirección editorial Elsa Vicente

Publicado originalmente en Gran Bretaña en 2024 por Dorling Kindersley Limited, 20 Vauxhall Bridge Road, London SW1V 2SA

Parte de Penguin Random House

003-339705-Oct/25

Título original: *Star Wars Encyclopedia*

ISBN 978-0-5939-6305-0

Impreso y encuadernado en China

www.dkespañol.com
www.starwars.com

Incluye los siguientes personajes de *Star Wars:* Battlefront II (2017): Del Meeko, Garrick Versio, Gideon Hask, Iden Versio, droide centinela, Shriv Suurgav y Zay Versio.

Incluye los siguientes personajes de *Star Wars:* Vader Immortal (2019): Dorwin Corvax, Gable Karius, Lady Corvax, sacerdotisa mustafariana, Vylip F'alma, Wannek y Z0-E3.

Incluye los siguientes personajes de *Star Wars:* Jedi Fallen Order (2019): BD-1, Cal Kestis, Cere Junda, Eno Cordova, Greez Dritus, Jaro Tapal, Novena Hermana (Masana Tide), Merrin, Segunda Hermana (Trilla Suduri), Taron Malicos y Prauf.

Incluye los siguientes personajes de *Star Wars:* Squadrons (2020): Ardo Barodai, Frisk, Grace Sienar, Gunny, Havina Vonreg, Keo Venzee, Lindon Javes, LT-514, Rella Sol, Shen, Terisa Kerrill, Varko Grey, Willard Waylin y Zerelda Sage.

Incluye los siguientes personajes de *Star Wars:* Tales from the Galaxy's Edge (2020): Ady Sun'Zee, Gauge, Lens Kamo, Mubo, Neeva, Seezelslak y Tara Rashin.

Incluye los siguientes personajes de *Star Wars:* Jedi Survivor (2023): BD-1, Bode Akuna, Bhima Ook, Cal Kestis, Cere Junda, Eno Cordova, Dagan Gera, Doma Dendra, Greez Dritus, Kata Akuna, Merrin, Novena Hermana (Masana Tide), Pili Walde, Rayvis, Santari Khri, Tulakt, Tulli Mu, Turgle y ZN-A4.

Incluye los siguientes personajes de *Star Wars:* Hunters (2024): Aran Tal, Balada el Hutt, Daq Dragus, Grozz, Imara Vex, J-3DI, Rieve, centinela, Skora, Slingshot, Sprocket, Utooni y Zaina.

Incluye los siguientes personajes de *Star Wars:* Outlaws (2024): Kay Vess, ND-5 y Nix.

Este libro se ha impreso con papel certificado por el Forest Stewardship Council™ como parte del compromiso de DK por un futuro sostenible. Para más información, visita **www.dk.com/uk/information/sustainability**